Knaus
K

Linda Schele · David Freidel

Die unbekannte Welt der Maya

Das Geheimnis ihrer Kultur entschlüsselt

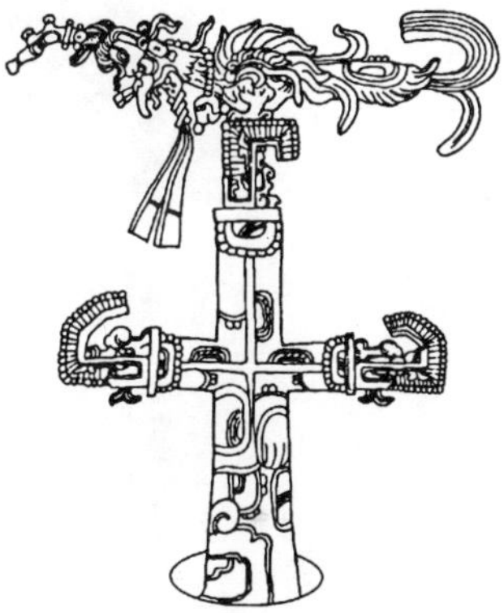

Aus dem Amerikanischen von
Johann George Scheffner

Albrecht Knaus

Die Originalausgabe erschien 1990 unter dem Titel
«A Forest of Kings. The Untold Story of the Ancient Maya»
bei William Morrow & Co., New York

Der Albrecht Knaus Verlag
ist ein Unternehmen der Verlagsgruppe Bertelsmann

1. Auflage

Schutzumschlag von Evelyn Schick unter Verwendung eines Fotos von Justin Kerr
Gesetzt aus: Korpus Sabon
Satz: Filmsatz Schröter GmbH, München
Printed in Germany · Mohndruck Gütersloh
ISBN 3-8135-6342-1

Wir widmen dieses Buch
Floyd Lounsbury und Gordon Willey

Inhalt

ANHANG

Vorwort

Im November 1922 entdeckte der Engländer Howard Carter im ägyptischen Tal der Könige das Grab Tutanchamuns. Nur wenige Ereignisse des 20. Jahrhunderts beschäftigten bisher die Phantasie der Menschen im Westen so intensiv und über so lange Zeit hinweg wie dieses. Widerstandslos ließ sich der moderne Abendländer schon vom bloßen Klang des Wortes Pharao in die vergangene Welt Altägyptens entrücken. In unseren Tagen enthüllt sich im tropischen Tiefland Mesoamerikas durch eine völkerkundliche Revolution ein neues intellektuelles und spirituelles Vermächtnis der Vergangenheit an die zivilisierte Welt: eine altamerikanische Hochkultur, deren Herrscher lebende Götter waren, die sich selbst *ahau* [1] nannten.

Die Blütezeit der Maya-Kultur, die sogenannte klassische Periode, währte rund tausend Jahre (200 v. Chr. bis 900 n. Chr.). Auf dem Höhepunkt ihrer Entwicklung verfügten die Maya, in fünfzig und mehr selbständige Staatsgebilde gegliedert, über mehr als 250000 Quadratkilometer Waldland und Savanne. Die göttlichen Ahauob herrschten über ein Millionenvolk von Bauern, Handwerkern, Kaufleuten, Kriegern und Adeligen; sie führten das Regiment über eine mit Pyramiden, Tempeln, Palästen und riesigen offenen Plätzen üppig ausgestattete Metropole, wo ihre Dienerschaft aus der nach Zehntausenden zählenden Einwohnerschaft bestand. Jenseits ihrer Domänengrenze führten die Maya Kriege oder trieben Handel und unterhielten diplomatische Beziehungen mit anderen Großstaaten in den Bergen Zentralmexikos. Ihre Welt war eine Kulturwelt: eine Welt des großen Staatsapparats, der großen Geschäfte, der großen Probleme und großen Entscheidungen der Machthaber. Die Schwierigkeiten, mit denen sie sich herumzuschlagen hatten, muten aus heutiger Sicht durchaus vertraut an: Krieg, Dürre, Hungersnot, Probleme des Handels, der Nahrungsmittelproduktion, des legitimen Transfers politischer Macht. Wie in einem Spiegel können wir in der Welt der Maya das Bild unseres eigenen Ringens um die Überwindung schwieriger Lebensbedingungen in der Hoffnung auf eine bessere Zukunft wiederfinden.

Gleich uns schrieben die Maya auf Papier; sie besaßen Tausende von Büchern, in denen ihre Geschichte, ihre Genealogie, ihre Religion und ihre Kultübungen niedergeschrieben waren. Aber ihre Bibliotheken und Archive sind, soweit sie nicht von den spanischen Eroberern niedergebrannt wurden, sämtlich zu Staub zerfallen. Gleichwohl haben hieroglyphische Texte und Bilder der Maya als Reliefs oder Ritzungen auf Bauwerken und Steinmonumenten, auf Jade, Knochen und anderen gegen die Zerstörung des Tropenklimas unempfindlichen Materialien überdauert und künden noch heute von dem Erfindungsreichtum ihrer Schöpfer im Umgang mit den sozialen Krisen, die das politische Leben im alten Amerika beherrschten. Diese Chronik der politischen Ereignisse, die von großem philosophischem, wissenschaftlichem und religiösem Weitblick zeugt, repräsentiert ein Regelwerk für die Staatsgewalt, wie es flexibler auch in den USA nicht zu finden ist.

Der Zeitbegriff der Maya unterscheidet sich allerdings erheblich von dem unsrigen. Wollte man William Faulkners geflügeltes Wort: «Wer seine Geschichte nicht kennt, ist dazu verdammt, sie zu wiederholen», auf die Maya übertragen, müßte es wohl lauten: «Wer seine Geschichte nicht kennt, ist unfähig, sein künftiges Geschick vorauszusehen.» Die Maya glaubten an die ewige Wiederkehr des Vergangenen, das symmetrische Aufeinanderbezogensein alles historischen Geschehens – in endlosem Kreislauf wiederholten sich nach ihrer Auffassung die ewiggleichen, in der Struktur von Raum und Zeit selbst angelegten Ereigniskonstellationen. Durch die Erforschung und Manipulation jener zyklischen transzendentalen Rahmenstruktur allen Geschehens hofften die göttlichen Herrscher, ihrem Volk ein günstiges Schicksal zu erwirken. Dabei konnten sie selbst nur die allernächsten Folgen der Ereignisse überblicken, die sie in Gang setzten; wir hingegen sind heute im Begriff, Schritt für Schritt die historische Leistung der Maya-Ahauob in ihrer ganzen Tragweite zu ermessen.

Die Schwierigkeit und der Reiz unserer Aufgabe liegt in der Forderung, die Geschichte der Maya, wie sie in den von ihnen hinterlassenen Worten, Bildern und Ruinen dokumentiert ist, in einer für das moderne Bewußtsein nachvollziehbaren Form darzustellen, ohne dabei die Optik der Akteure zu verfälschen. Was wir hier zu bieten haben, kann demnach nicht ganz auf der Linie herkömmlicher Biographik liegen, da die Maya-Ahauob ihre Geschichte nicht so sehr als Zeugnis für persönlichen Ruhm, denn als Dokument kosmischer Bestätigung ihres Tuns verstanden. Ebensowenig wie Biographik können wir eine Sozialgeschichte aus umfassender Perspektive bieten, denn die Unberechenbarkeit der Zeitläufte hat es so gewollt, daß uns nur die Geschichte der Großen und Siegreichen überliefert ist. Trotzdem ist das, was wir noch zu bieten haben, ein im gesamten vorkolumbischen Amerika einzigartig dastehendes Geschichtsbild, in dem reale Menschen vor dem Hintergrund glanzvoller künstlerischer und geistiger Kulisse auftreten, die erfüllt ist von Schlachtgetümmel, Palastintrigen und heroischer Tragik. Die Geschichtsschreibung erschließt uns die menschliche Seite der Maya in einem Maß, wie es mit anderen Mitteln nicht möglich ist; sie enthüllt uns nicht nur ihre Taten, sondern auch ihre Gedanken und Gefühle über die Art ihrer Existenz.

Es ist wichtig für uns, diese Geschichte unverstellt in den Blick zu bekommen und sie in ihrer vollen Bedeutung zu erfassen, weil wir sonst kein zutreffendes Bild von Amerika im ganzen gewinnen. Die Chronik des amerikanischen Kontinents beginnt nicht erst mit der Entdeckung durch Kolumbus oder der Landung der Pilgerväter, sondern mit Lebensbeschreibungen von Maya-Königen des zweiten vorchristlichen Jahrhunderts. Als Bewohner dieses Erdteils sind wir die Erben einer zweitausendjährigen, schriftlich niedergelegten Geschichte, die für uns genauso wichtig ist wie die des alten Ägypten oder Chinas – eine Geschichte, die sich, was die Länge ihrer Vergangenheit angeht, mit derjenigen Europas und Asiens durchaus messen kann.

Das Verständnis für die Komplexität der altamerikanischen Kulturen fällt uns nicht leicht. Von Kindesbeinen an wurde uns gelehrt, die «Wiege der Kultur» sei der Mittelmeerraum – und nur dieser. In Wahrheit jedoch hat die Menschheit ihre Kultur in zwar anderer, aber mindestens gleichrangiger Form auch in China, Mesoamerika und Peru entwickelt. Die Maya zählen mit zu jenen Gesellschaften, die den Übergang von der dörflichen Agrargemeinschaft zur hochentwickelten Stadtkultur vollzogen. Voraussetzungen dafür waren die Schaffung einer Hochreligion sowie einer außerordentlichen Staatskunst, die das Fundament für eine über tausend Jahre währende stabile Gesellschaftsordnung legte. Wer in der Maya-Religion nichts anderes sieht als eine Sammlung absonderlicher Mythologeme und exotischer Kulte, irrt gewaltig. Sie war eine hocheffiziente Definition des Wesens der Welt, die Fragen über die Herkunft der Menschheit, den Zweck irdischen Daseins und das Beziehungssystem, in das der Mensch einerseits durch Familie und Umwelt und andererseits durch seine Götter eingebunden war, beantwortete. Diese Religion bezog Stellung zu den epochenüberdauernden zentralen Anliegen der Menschheit im Kulturzustand: zu den Problemen der Macht, der Gerechtigkeit, der sozialen Gleichheit, zur Frage nach dem Sinn des individuellen Lebens und dem Schicksal der Gesellschaft.

In dieser Sicht war die Welt durchdrungen von der Kraft des Übernatürlichen. Unsere kategorische Unterscheidung von belebter und unbelebter Materie wäre für die Maya unakzeptabel gewesen, denn in ihren Augen war alles belebt. Das Maya-Universum war von absonderlichen Wesen aller Art bevölkert, und Dinge oder Orte in der materiellen Welt gewannen für sie im Zusammenhang mit dem übernatürlichen Jenseits bedrohliche Macht. Die kosmische Ordnung war nicht zufällig und dem menschlichen Handeln fern. Gleich dem Lebenszyklus der Maispflanze – für die Maya *das* Sinnbild des Lebens – hingen Wohlergehen und Fortbestand des Weltalls auch von der Mitwirkung der menschlichen Gemeinschaft ab, die durch das Ritual erfolgte. Wie der Mais, weil er sich nicht selbst auszusäen vermag, für seinen Fortbestand der Hilfe des Menschen bedarf, so forderte der Kosmos heilige Blutopfer. Durch das Leben der Maya zieht sich eine endlose Kette von Ritualen, die auf Menschen von heute einen bizarren, ja erschreckenden Eindruck machen, für ihre Urheber jedoch die höchste Stufe praktizierter Frömmigkeit darstellten.

Mit der Entzifferung ihres Schriftsystems traten die Maya in die Reihe der großen Kulturen des Altertums ein: Ägyptens, Mesopotamiens, des

Industals und Chinas. Zu klarer Kontur hervorgetreten sind dabei nicht nur eine hohe Kultur, sondern auch ein Weltbild und seine es verkörpernden Individuen. Alle bedeutenden Ereignisse im Leben der Herrscher – Geburt, Thronbesteigung, Eheschließung, militärische Siege und Niederlagen, Tod, Geburt eines Nachkommen – wurden auf Denkmälern verewigt. Nicht nur die Könige, auch ihre Gemahlinnen und Höflinge suchten sich mit Denkmälern ihren Platz in der Nachwelt zu sichern. Monarchen und die Großen in ihren Diensten hinterließen ihre Namen auf Gegenständen jeglicher Art; Künstler und Bildhauer signierten ihre Werke, auf daß die späteren Generationen ihrem Andenken die gebührende Ehre erweisen könnten. Was uns an Gebäuden und steinernen Monumenten, an Keramiken, Geschmeide und Kultgegenständen hinterlassen ist, übermittelt uns ein Stück persönlicher Lebensgeschichte. Diese neue Geschichte Amerikas ist voll von Heldennamen, Namen von Königen, Fürsten, Kriegern, Königinnen, Priestern, Künstlern und Schreibern, von ihrem Wirken und ihrer Lebensleistung. Altamerika brachte seine ihm eigene Weltsicht, Kultur und Hochreligion hervor, zugleich aber auch seine eigenen heroischen Gestalten, vergleichbar mit denen eines Alexander, Myron, Sargon oder Ramses.

In der Geschichte, die wir in diesem Buch rekonstruieren, offenbaren sich Dramatik und Leidenschaft, Humor und Heldentum. Wir wollen unseren Gegenstand nicht wie den ausgestopften Balg einer längst toten Religion und als archivalische Historie von geringem Interesse behandeln, sondern das einstige Leben von Menschen mit den Mitteln unserer Wissenschaft wiedererstehen lassen. Wenn die dem Menschen erreichbare Form der Unsterblichkeit darin besteht, nach dem physischen Tod im Gedächtnis der Nachgeborenen lebendig zu bleiben, dann erleben die Maya heute eine Wiedergeburt.

Wir laden Sie also ein, uns auf einer Reise in die amerikanische Vergangenheit zu begleiten, auf der Sie einigen der großen und glorreichen Persönlichkeiten der Maya-Geschichte begegnen werden.

Zur Schreibweise und Aussprache des Maya

Viele Wörter in diesem Buch werden dem deutschen Leser befremdlich vorkommen, wenn er mit den Schreibkonventionen des Maya nicht vertraut ist. Bald nach der Eroberung durch die Europäer begannen die spanischen Franziskanermissionare, das Maya mit lateinischen Lettern zu schreiben. Dabei hielten sie sich natürlich an die im Spanien des 16. Jahrhunderts gebräuchliche Schreibweise der Lautformen. Da die Buchstaben des lateinischen Alphabets im Spanischen häufig andere Lautwerte aufweisen als im Deutschen und im Laufe der Jahrhunderte auch das Spanische einem gewissen Wandel unterworfen war, dürfte es zweckmäßig sein, hier einige Hinweise zur Schreibweise und Aussprache transkribierter Maya-

Wörter zu geben. Von geringfügigen Ausnahmen abgesehen, verwenden wir hier das gleiche Zeichenrepertoire und folgen denselben Transkriptionsregeln, wie sie in den yucatekischen Quellen aus der Kolonialzeit zu finden sind.

Die Maya-Dialekte haben im allgemeinen fünf oder, so etwa im Fall des modernen Chol, sechs Vokale. Die in der Transkription mit *a, e, i, o, u* bezeichneten Vokale werden im allgemeinen wie im Spanischen ausgesprochen, *ä* steht für das kurze, offene *e* wie im Auslaut von «Birne».

Normalerweise werden zwei aufeinanderfolgende Vokale nicht wie ein Doppellaut ausgesprochen (der Ortsname El Baul wird «El Ba-ul» gesprochen). Eine Ausnahme bildet das *u* in der Stellung am Wortende; das Wort *ahau* wird «A-hau» (nicht «A-ha-u») gesprochen. In der Stellung vor einem anderen Vokal hat das *u* den Lautwert «w»; *Uolantun* wird «Wo-lan-tun» gesprochen.

Da es in den Maya-Dialekten eine Reihe von Konsonanten gibt, die das Spanische nicht kennt, mußten die Franziskanermönche für deren Wiedergabe willkürliche Festsetzungen treffen. So benutzten sie den Buchstaben *x* für die Wiedergabe des Lauts, der dem deutschen «sch» ähnelt. Die Farbbezeichnung *yax* wird «jasch» und der Ortsname *Uaxactún* wird «Wa-schak-tun» gesprochen. Auch am Wortanfang lautet das *x* «sch», selbst wenn ihm ein weiterer Konsonant folgt, wie etwa im Fall *Xphuhil* («Sch-pu-hil») oder *Xcalumkin* («Sch-kal-lum-kin»). Das *c* steht immer für «k», gleichgültig, welcher Vokal folgt: Der Monatsname *Ceh* lautet «Kee» und der Tagesname *Cimi* «Kimi».

Die Maya-Phonologie unterscheidet in einigen Fällen zwischen der nichtglottalisierten (normalen) und der glottalisierten, das heißt unter Kehlkopfverschluß («Glottisschlag») gebildeten Form eines Konsonanten. Da der Unterschied in den meisten europäischen Sprachen bedeutungslos ist, fällt es uns schwer, ein glottalisiertes Phonem auszusprechen, ja es auch nur als solches zu hören. In ihrer glottalisierten Form klingen die Konsonanten hart und explosiv. In diesem Buch wird das nichtglottalisierte «k» mit *c* und das glottalisierte «k» mit *k* wiedergegeben. So zum Beispiel wird das Maya-Wort für «Erde» *cab*, das Wort für «Hand» *kab* transkribiert. Ein deutscher Sprecher/Hörer würde zwar beide Wörter gleichlautend aussprechen, und selbst wenn sie ihm in korrekter Lautung vorgesprochen würden, zunächst keinen Unterschied erkennen; für einen Maya jedoch klingen sie so verschieden wie für uns etwa «Wand» und «Band».

Es gibt noch andere Konsonanten mit glottalisierter Variante: *b, ch, tz, p* und *t*. In diesen Fällen wird der Glottisschlag durch ein beigeschriebenes Apostroph ausgedrückt: *b', ch', tz', p'* und *t'*. Ein glottalisierter Vokal wird durch Verdopplung mit zwischengestelltem Apostroph ausgedrückt: *ca'an*.

Einige Konsonanten der deutschen Sprache sind im Maya unbekannt, so zum Beispiel das «d». Umgekehrt gibt es im Maya einen uns völlig fremden

Konsonanten, der in der Transkription mit *tz* (glottalisiert *tz'*) wiedergegeben wird. Er ähnelt in der Aussprache unserem «z», nur daß er durch scharfes Ausstoßen der Luft bei an den Gaumen direkt hinter den Schneidezähnen angelegter Zunge gebildet wird.

Da der Buchstabe *h* im Spanischen mehr oder weniger stumm ist, benutzten die spanischen Mönche das *j*, um den «h»-Laut des Maya wiederzugeben, der dem deutschen «h»-Laut ähnelt. Der *Abaj Takalik* geschriebene Ortsname lautet also «A-bah Tak-a-lik», und *Kaminaljuyu* wird «Ka-min-nal-hu-ju» gesprochen.

Maya-Wörter tragen die Betonung in der Regel auf der letzten Silbe, so auch in den folgenden, in diesem Buch häufig vorkommenden Namen:

Tikal	«Ti-kál»
Yaxchilán	«Yasch-tschi-lán»
Pacal	«Pa-kál»
Chan-Bahlum	«Tschan Bah-lúm»
Yax-Pac	«Jasch Pák»
Yahau-Chan-Ah-Bac	«Ja-háu Tschan Ah Bák»
Uaxactún	«Wa-schak-tún»
Kakupacal	«Ka-ku-pa-kál»

In diesem Buch wird das Wort *Maya* sowohl substantivisch als auch (in Zusammensetzungen wie z. B. Maya-Wörter) adjektivisch gebraucht, als Substantiv sowohl für die Sprache wie für deren Sprecher. Bei der Substantivbildung von Maya-Wörtern haben wir uns an die im heutigen Yucatekisch und Chol gebräuchliche Form (Anhängen des Suffixes *-ob*) gehalten. Den Plural des Wortes *ahau* bilden wir in der Form *ahauob* (gesprochen: «a-ha-wob») usw.

1
Zeitreisen im Tropenwald

Vor vielen Jahren, als unser Abenteuer mit den Maya gerade erst Gestalt anzunehmen begann, hörten wir von einem Bekannten die Bemerkung, die texanische Grenze in Richtung Mexiko überschreiten hieße eine andere Welt betreten, eine Welt, in der Zeit und Realität einem anderen Rhythmus folgten. Nachdem wir über einen Zeitraum von zwanzig Jahren hinweg in dieser Welt ein und aus gegangen sind, können wir, was uns betrifft, die Richtigkeit dieser Aussage nur bestätigen.

Obschon jeder von uns beiden seine erste Reise in diese «jenseitige Welt» auf ganz persönliche Weise erlebte, deckt sich unsere Erfahrung weitgehend mit dem, was fast jeder der nach Tausenden zählenden Yucatánpilger – seien sie nun aus Neugier oder Bildungsbeflissenheit getrieben – erlebt. Für Linda Schele fiel der Zeitpunkt dieser ersten Reise, die sie entlang der Küste des Golfs von Mexiko in weitem Bogen von Mobile, Alabama, bis zur Landspitze von Yucatán führte, in das Jahr 1970. Mit ihrem Ehemann und drei Schülern im Schlepptau folgte sie ab Matamaros der schmalen, mit Schlaglöchern übersäten Autostraße in südlicher Richtung durch die kaktusbestandenen nordmexikanischen Wüstengebiete am Ostrand der majestätischen Sierra-Madre-Berge. In der Hafenstadt Tampico überquerte sie auf einer klapprigen Fähre den Río Pánuco, um am anderen Ufer mit dem einfältigen Staunen des touristischen Neulings Fuß auf einen Boden zu setzen, der seit fünftausend Jahren Kulturland ist. Am Nordrand dieses riesigen Gebiets – in dem von den mexikanischen Bundesstaaten Veracruz, San Luis Potosí und Tamaulipas gebildeten «Dreiländereck» – leben in Bergen und trockenem Flachland die Huasteken, Vettern der Maya, mit denen die Verbindung jedoch schon vor langer Zeit abgerissen ist.[1] Diese Region wird heute Mesoamerika* genannt, und dieser Name bezeichnet zugleich mit den geographischen Gegebenheiten das Verbreitungsgebiet einer vorkolumbischen Kulturtradition, deren Merkmale ein 260-Tage-Kalenderjahr, eine Religion mit klar definierten Gottheiten und der Blutentnahme als zentraler liturgischer Handlung, der Maisanbau, die Verwendung von Kakao als Getränk und Zahlungsmittel, das Spiel mit einem Kautschukball, Faltbücher, Pyramidenbauten

* Der Ausdruck ist nicht bedeutungsgleich mit dem im Umgangsdeutsch gebräuchlichen «Mittelamerika». In der hier zugrunde gelegten wissenschaftlichen Nomenklatur lautet das Synonym zu «Mittelamerika» vielmehr «Zentralamerika». «Meso»amerika bezeichnet das – hier in Abb. 1.1 gezeigte – Kernstück «Zentral»amerikas (bzw. «Mittel»amerikas) (Anm. d. Übers.).

und Plazas sowie das Gefühl einer gemeinsamen kulturellen Identität waren.[2] Das von den frühen Bewohnern des Landes geformte Weltbild ist noch heute unter den Millionen ihrer Nachkommen als vitales Erbe lebendig.

Wer zum erstenmal diese Welt betritt, spürt unweigerlich eine Veränderung um sich herum vorgehen, auch wenn er das, was ihm da widerfährt, nicht verstandesmäßig zu reflektieren vermag. Aber sicher wird ihm auffallen, daß seine Umgebung grüner wird, als sie zuvor in der Wüste war, und daß die Hinweise auf die Präsenz von Menschen und menschlichen Siedlungen zunehmen. Auf der Weiterfahrt nach Süden sieht er den schmalen Küstenstreifen neben den Wassern des mexikanischen Golfs von den rechterhand heranrückenden hohen Bergen der Sierra Madre immer mehr eingeengt und erahnt den dramatischen Kontrast zwischen dem trockenkühlen Hochland oben und dem feuchtwarmen waldigen Tiefland unten. Dieser starke Gegensatz war es, der das Leben im alten Mesoamerika prägte und die in so nahe beieinanderliegenden und doch so unterschiedlichen Lebensräumen beheimateten Menschen in dynamische Wechselbeziehung zueinander brachte.

Nach Durchquerung des grünen Hügellands, das einstmals Siedlungsgebiet der Totonaken, eines anderen bedeutenden Volkes Alt-Mesoamerikas, war, macht die Autoroute einen Bogen um die moderne Hafenstadt Veracruz, gegründet im Jahr 1519 von Cortés und seiner buntgemischten Abenteurerbande, die hier an Land gingen und ihren ersten Stützpunkt errichteten, von dem aus sie zur Eroberung Mexikos aufbrachen. Hier wechselt man in ein Flachmoorgebiet über, das in grauer Vorzeit die Olmeken-Kultur beherbergte, die sich über die gesamte Südküste des mexikanischen Golfs erstreckte. Aus dem Wagenfenster erblickt man zwischen mäandrierenden Wasserläufen, deren träge Strömung mit den Gezeiten die Richtung wechselt, das Territorium, auf dem die erste Hochkultur im Nordteil des amerikanischen Kontinents entstand (wer sich allerdings von diesem Anblick so sehr ergreifen lassen sollte, daß er dabei den Straßenverkehr vergäße, liefe Gefahr, von einem der gewaltigen Tanklastzüge überrollt zu werden, die massenhaft über diesen Streckenabschnitt rasen). Im weiteren Verlauf erhebt sich die Straße aus der Sumpfniederung und klettert über eine Anhäufung kleiner, teils schwarzer, teils grüngescheckter Vulkanberge – die Tuxtlas, die gleichsam als natürliche Pyramide das Herzstück dieses Landstrichs markieren –, und von der Höhe aus sieht man unten das von Deichen und Altwasserarmen durchzogene Flachmoor sich in alle vier Himmelsrichtungen bis zum Horizont ausbreiten. Hier war einstmals das Reich der Olmeken, die um 1200 v. Chr. Städte anzulegen begannen, an Orten, wo heute San Lorenzo und La Venta liegen. Sie schufen das Muster für ein Weltbild und eine Regierungsform, das die Maya vollständig übernehmen konnten, als sie eintausend Jahre später ihrerseits mit dem Städtebau begannen.

Das südliche Veracruz und Tabasco hinter sich lassend, erreicht die Straße, dem Bogen der Golfküste zuerst ostwärts folgend, schließlich dort, wo sie nordwärts in die Halbinsel Yucatán einschwingt, das Land der Maya. Der schmale Streifen zwischen See und Gebirge, der sich auf dem Isthmus von Tehuantepec zu der Landfläche erweitert, die ehemals das Olmeken-Reich beherbergte, verengt sich von neuem, wenn man jetzt auf Palenque, die am weitesten westlich gelegene Maya-Stadt, zufährt. Uns beiden erscheint es hier immer so, als ob dieses Sumpfgebiet nicht genau wüßte, ob es nun lieber ein Stück Festland oder ein Stück Meer wäre. Da und dort lugt einsam ein Fleckchen trockenen Bodens aus der Blütenpracht des Hyazinthenteppichs hervor, der sich hier anstelle der sonst üblichen Seerosen über die Oberfläche des unbewegten schwarzen Wassers hinzieht, das nach dem Glauben der Maya die Quelle der Schöpfung ist. Hier ist das Tor zum Gebiet der Tiefland-Maya, der Schöpfer einer der faszinierendsten Hochkulturen in den Annalen der Weltgeschichte des Altertums.

Von unseren ersten Besuchen der unvergeßlich schönen Ruinen, mit denen die Halbinsel Yucatán übersät ist, nahmen wir beide zwar unterschiedliche Eindrücke mit nach Hause, in einem jedoch stimmten wir überein: Wir wurden anschaulich darüber belehrt, daß das Volk der Maya nicht etwa nur ein Stück Vergangenheit ist. Maya leben in Mexiko, Guatemala, Belize und im westlichen Honduras heute zu Millionen, und noch immer ist einer der rund fünfundzwanzig Maya-Dialekte ihre Muttersprache. Sie leben und bestellen ihre Felder nach Urvätermanier, der Tatsache zum Trotz, daß sie nur eine Enklave innerhalb einer modernen Großzivilisation bilden, deren Weltbild dem ihrigen in vielem diametral entgegengesetzt ist.

Begegnungen zwischen den modernen Maya und den Besuchern ihres Landes können Befremden auslösen. Linda Schele entsinnt sich noch lebhaft der ersten Person aus diesem Volk, die einen unauslöschlichen Eindruck auf sie machte. Zu der Zeit, als sie noch eine von jeder Landeskenntnis unbeleckte «Gringa»-Touristin war, schlenderte sie einmal unbekümmert über den Markt in Mérida und entdeckte dabei, daß sie unablässig von einer (dem runzligen Gesicht nach zu schließen) offenbar uralten, im Vergleich mit ihr kaum schulterhohen Yucatekin verfolgt wurde. Die dunklen Augen der alten Frau blieben in ungläubigem Staunen auf diese Fremde – die *Ix-tz'ul*, wie der yucatekische Ausdruck lautet – geheftet. Und wer hätte es der Greisin verdenken können? Mit ihrer Körpergröße von einsachtzig, ihren Stiefeln und Jeans mußte Linda hier wie eine Erscheinung aus einer anderen Welt wirken. Für einen flüchtigen Augenblick standen die hochgewachsene «Gringa» und die winzige Yucatekin in «Rapport» – aber in der Tat waren es die sprichwörtlich «fremden Welten», die hier aufeinandertrafen.

Gleich den Millionen anderer Maya von heute ist jene Greisin Erbin einer Kulturtradition, deren Anfänge bis auf die Wildbeuter zurückgehen, die vor elftausend Jahren die Halbinsel Yucatán und das angrenzende Hoch-

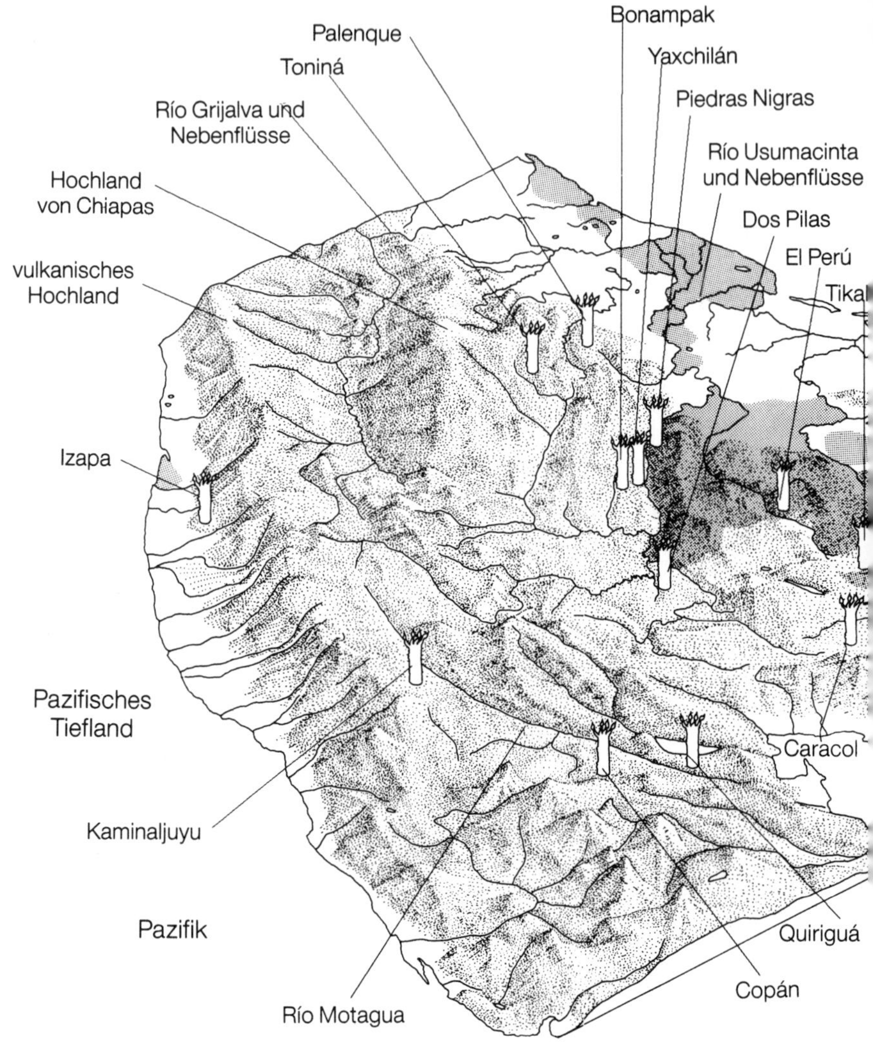

Abb. 1.1 Topographische Karte der Halbinsel Yucatán und des Maya-Gebiets (Zeichnung: Karim Sadr)

land im Süden besiedelten. Die Region, in die ihre Vorväter einwanderten, war – mit einer Fläche von nahezu einer halben Million Quadratkilometern – riesengroß und bot Umweltbedingungen unterschiedlichster Art: Das Spektrum reichte von hohen Vulkangebirgsketten mit eingeschnittenen kühlen Tälern über dichten, von Sumpfgebieten und Stromauen durchsetzten Regenwald bis hin zu den Trockenwäldern in den Ebenen des Nordens (siehe Abb. 1.1). Die Vielfalt des Lebensraums zwang die Maya, als sie vor ungefähr dreitausend Jahren zur Agrarwirtschaft übergingen[3], eine entsprechende Vielfalt von Landbautechniken zu entwickeln, so etwa das Terrassieren von Abhängen, die Bestellung sumpfiger oder überfluteter Böden mittels Hochäckern und «schwimmender Gärten» *(chinampas)* und die Brandrodung von Waldflächen. Das letztgenannte Verfahren – «Brand-

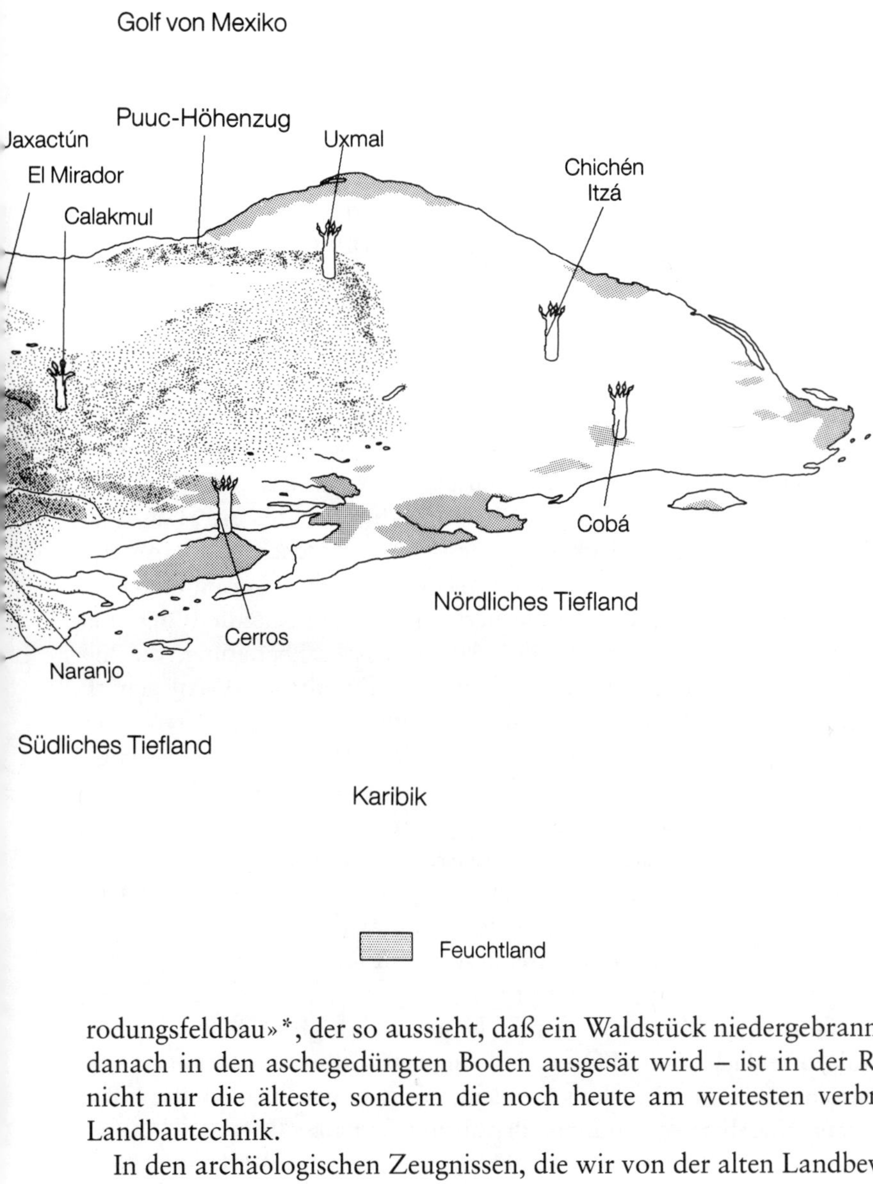

rodungsfeldbau»*, der so aussieht, daß ein Waldstück niedergebrannt und danach in den aschegedüngten Boden ausgesät wird – ist in der Region nicht nur die älteste, sondern die noch heute am weitesten verbreitete Landbautechnik.

In den archäologischen Zeugnissen, die wir von der alten Landbevölkerung besitzen, wie auch – ungeachtet ihrer vorbelasteten Perspektive – in den Augenzeugenberichten der spanischen Eroberer, zeigt sich ein kulturelles Erbe, das in den ländlichen Gemeinschaften der Maya bis heute erhalten ist. Selbstverständlich haben sich im Lauf der Jahrhunderte viele Dinge

* In international gebräuchlicher englischer Terminologie *shifting cultivation, slash and burn agriculture* oder *swidden agriculture* (Anm. d. Übers.).

verändert, aber es bestehen zwischen den alten Maya und ihren modernen Nachfahren ähnliche Verbindungen, wie sie in Europa etwa zwischen den alten Sachsen und den modernen Briten festzustellen sind. Der Blick auf das bäuerliche Leben der Gegenwart kann uns zumindest ein partielles Bild von den Lebensgewohnheiten in den Agrargemeinschaften des Altertums rekonstruieren helfen.

Wie in alten Zeiten leben die Maya-Bauern noch heute in Großfamiliengehöften zusammen. Die einzelne Familie besteht aus einer Gruppe von miteinander verwandten erwachsenen Personen, darunter ein oder mehrere Ehepaare mit versorgungsbedürftigen Kindern; hinzu kommen mehrere unverheiratete Jugendliche oder junge Leute und in mehr als der Hälfte aller Fälle noch ein älteres Paar beziehungsweise ein Großelternpaar. Der Großfamilienverband hat den Vorteil, daß er die für die arbeitsintensive bäuerliche Lebensweise erforderliche Arbeitskraft in ausreichendem Maß zur Verfügung stellt. Der agrarische Jahresablauf mit seiner dichtgedrängten Folge von Bodenvorbereitung, Aussaat, Kultivierung, Ernte und Weiterverarbeitung des Ertrags läßt den Menschen nur wenig freie Zeit.

Die Großfamilienstruktur sorgt nicht nur dafür, daß für die Hauptzeit der Feldarbeit genügend Arbeitskräfte zur Verfügung stehen, sondern stellt darüber hinaus auch die Aufrechterhaltung des normalen Haushaltbetriebs sicher. Das sind Tätigkeiten wie die Errichtung und Instandhaltung von Gebäuden, das Sammeln von Brennholz, die Essenszubereitung, die Instandsetzung und Pflege von Gerätschaften und ähnliches. Dazu gehört auch die Ausführung anspruchsvollerer handwerklicher Arbeiten, wie etwa das Tuchweben und -besticken, die Kleideranfertigung oder die Herstellung von Töpferwaren. Die Produkte aus dieser Handarbeit können entweder für den eigenen Bedarf ihrer Erzeuger oder als Tauschobjekte für von fremder Seite benötigte Güter und Dienstleistungen verwendet werden.

Die Großfamilienhaushalte befinden sich jeweils auf einer Hofanlage, die sich aus mehreren Ein-Raum-Häusern zusammensetzt. Die Hauswände bestehen aus Knüppelgeflecht oder Palisaden mit Kalkmörtelbewurf (neuerdings aus Betonblöcken), auf Pfosten erhebt sich darüber das mit Palmwedeln, Gras oder Maisstroh – alles bequem verfügbare Materialien – gedeckte Satteldach. Die Häuser sind um einen freien Innenhof, meist quadratischen Umrisses, herum angelegt, so daß hier ein vom Einblick neugieriger Nachbarn geschützter Privatraum entsteht. In vielen Maya-Dorfanlagen ist die Küche – zwecks Belüftung der rauchenden Feuerstelle – in einem separaten Gebäude aus luftdurchlässigeren Materialien untergebracht. Für Gerätschaften und Nahrungsmittelvorräte sind häufig eigene Lagerräume vorhanden.

Bei aller Freude an der Abwechslung, mit der die Maya-Dorfgemeinschaften heute ihren Lebensraum gestalten, halten sie gleichwohl so hartnäckig wie stolz an alten Traditionen fest. David Freidel erinnert sich noch gut an seine Begegnung mit einem jungen Bauern der Tzotzil-Maya auf dessen Hof in Chiapas, der sich stolz als überzeugter Anhänger moderner Lebensformen vorstellte und zum Beweis dafür die schicke Taschenuhr hervorzog, die er sich zugelegt hatte. Das Haus, das er bewohnte, war im Rahmen eines Regierungsprogramms zur Verbesserung der Lebensbedingungen seines Volkes errichtet und ihm zugeteilt worden. Es war eine ausgesprochen solide Konstruktion, die freilich nicht in allen Einzelheiten den architektonischen Idealvorstellungen der Tzotzil entsprach. So wies das Bauwerk Fenster auf, die sein Besitzer zur Vorbeugung gegen Zugluft mit Brettern vernagelt hatte. Den offenen Kamin mit Rauchfang benutzte die Frau des Hauses als Abstellkammer, die tatsächlich benutzte Feuerstelle aus den obligatorischen drei Steinen befand sich mitten auf dem Zementfußboden, wie sich das gehört, und der abziehende Rauch schwärzte die Dachsparren, wie sich das ebenfalls gehört. Das Haus stellte dadurch nicht mehr irgendein Bauwerk dar, sondern war zum eigenen Heim geworden. Dieser Konservatismus in Dingen des täglichen Lebens ist ein wesentlicher Faktor für den Brückenschlag von den heutigen Maya zur bruchstückhaften Hinterlassenschaft ihrer Vorfahren.

In der Maya-Familie herrscht klar abgegrenzte Arbeitsteilung: Die Männer bestellen den Boden, die Frauen das Haus. Bei den Yucateken wird diese Rollenverteilung schon in frühester Kindheit eingeübt, nämlich von dem Tag an, an dem das Kleinkind von der Mutter nicht mehr im Rükkenbündel getragen wird, sondern auf ihrer Hüfte Platz nehmen darf. Der Wechsel wird von einer Übergangszeremonie begleitet, die gleichzeitig Persönlichkeitsstatus und sexuelle Identität festlegt: Die Knaben erhalten Miniatur-Ackergerät, die Mädchen Miniatur-Haushaltsgerät als Spielzeug.

Zur Teilnahme an der Zeremonie können auch Erwachsene eingeladen werden, die nicht der Sippe von Mutter und Kind angehören. Dies ist eines der vielen kleinen Rituale, die dazu dienen, soziale Beziehungen mit verschiedenen Familien, ja sogar mit Volksfremden zu knüpfen. Während seiner archäologischen Recherchen im yucatekischen Yaxuná wurde David Freidel von seinen einheimischen Helfern einmal zu einer solchen Feier eingeladen und in deren Verlauf gebeten, den kleinen Jungen, um den es ging, seinerseits auf die Hüfte zu nehmen. Der Kleine trug bei dieser Gelegenheit keine Windeln, und zum großen Vergnügen von Davids Mitarbeiterstab und seiner Maya-Freunde revanchierte er sich für die ihm erwiesene Ehre, indem er seinen erlauchten Gönner kräftig «einwässerte».

Die Rolle, die dem Kind bei dieser Zeremonie übertragen wird, behält es sein Leben lang bei. In den Maya-Dörfern von heute dominieren die Männer in der Gemeindepolitik, während die Frauen die maßgebliche Autorität im häuslichen Bereich verkörpern und im Verein mit den älteren Männern die wirtschaftlichen und sozialen Entscheidungen für die Familie treffen. Eine weibliche Domäne ist auch die Handarbeit, insbesondere das Weben und Schneidern.

Die öffentlichen Autoritäten der Maya-Dörfer haben ihren Ursprung zum einen im Überleben vorkolumbischer Organisationsformen der öffentlichen Gewalt, zum anderen in den von den Spaniern eingeführten Institutionen und drittens in den heute für das Maya-Land zuständigen staatlichen Behörden. In den Maya-Hochländern ist das wichtigste Organ öffentlicher Gewalt die Institution der «Cargo-Amtmänner»: erwachsene Männer, die den *Cargo* – das heißt die Last – der Verantwortung auf sich nehmen, die alljährlich an den Feiertagen der Heiligen stattfindenden Festlichkeiten auszurichten. In vielen Hochlandgemeinden ist das Cargo-Ämterwesen aufgeteilt in einen Zweig für öffentliche Feste und in einen für Zivilangelegenheiten, etwa die Schlichtung von Streitigkeiten, für deren Regelung das Machtwort von Familienvätern oder -müttern nicht ausreicht. Typische Fälle dieser Art sind Zahlungssäumigkeit, Sachbeschädigung, Beleidigung des Schamgefühls, sexuelle Zudringlichkeit und ähnliche Verstöße gegen die öffentliche Ordnung, die von den staatlichen Behörden als Bagatellen behandelt werden. Die Cargo-Amtmänner lassen sich, wenn sie über solche Fälle zu befinden haben, von einer bewunderungswürdigen Rechtsphilosophie leiten, deren Ziel die gütliche Einigung zwischen den Parteien unter Vermeidung eines aufgezwungenen Schiedsspruchs ist. Das Zivilorgan hält seine Sitzungen mit Anhörung und Schiedsrichterbefund im *cabildo* ab, dem gemeindeeigenen Gebäude, das sich in aller Regel am Kirchenvorplatz in der Ortsmitte befindet. Cargo-Amtmannspositionen sind so begehrt, daß sie auf Jahre im voraus vergeben sind; auf den großen Festveranstaltungen, wo um die Aufnahme ins Amt nachgesucht werden kann, tragen die Antragsteller sich in Listen mit bis zu fünfzehnjährigen Wartezeiten ein.

Ein Cargo im Bereich des öffentlichen Lebens der Gemeinde ist für seinen Inhaber eine teure Angelegenheit, die nicht selten auf Jahre hinaus den größten Teil des disponiblen Einkommens der Familie wie das weiterer Verwandter verschlingt. Für die Kosten der von ihnen auszurichtenden Festveranstaltungen haben die Amtmänner aus eigener Tasche aufzukommen, ebenso für die zahlreichen zeremoniellen Gastmahle sowie für Blumen, Räucherwerk, Feuerwerkskörper und andere Dinge, die das unentbehrliche Instrumentarium ihrer Amtsführung sind. Überdies müssen sie für die Dauer ihrer Amtsperiode im Zentrum der Ansiedlung, fern von ihrer Familie und ihren Feldern, Wohnung nehmen. Auf diese Weise wird der akkumulierte Reichtum der Amtmannssippe kollektiv aufgezehrt, und den Amtmännern trägt ihre Opferbereitschaft Ansehen und Autorität ein.

Das Verhältnis der heutigen Maya zu ihren Cargo-Amtmännern gibt uns Aufschluß über die in früheren Zeiten herrschende Einstellung zu Königtum und Adel. Auf diesen Gedanken reagierte unser gemeinsamer Freund Robert Laughlin, ein namhafter Experte für die im Hochland von Chiapas ansässigen Tzotzil, während einer Tagung amerikanischer Fachwissenschaftler, auf der wir unsere Auffassung vom Gottkönigtum der Maya vortrugen, mit der Feststellung: Die Cargo-Amtmänner der heutigen Maya mögen zwar für die Dauer eines Jahres regelrecht Heilige sein, trotzdem aber bleiben sie während dieser Zeit Menschen mit den gleichen Vorstellungen und Bedürfnissen wie die übrigen Gemeindemitglieder. Dazu fiel David Freidel ein Erlebnis ein, das er im Zeremonialzentrum von Zinacantan, einer Tzotzil-Gemeinde, im Domizil des Cargo-Amtmanns Sankt Johannes gehabt hatte. Nach einer unruhigen Nacht auf dem gestampften Lehmboden, auf dem nicht nur wärmende Decken ausgebreitet waren, sondern sich auch überreichlich Flöhe tummelten, wurde David vor Tagesanbruch von Rufen, die von draußen kamen, aus dem Schlaf gerissen. «Sankt Johannes – bist du tot, oder was? Aufwachen! Aufwachen!» Woraufhin sein Gastgeber zurückrief: «Nein, tot bin ich nicht, ein bißchen Leben ist noch in mir. Wartet noch ... nur herein mit euch, herein in die gute Stube.» Während die Ehegefährtin des heiligen Johannes sich an der Feuerstelle zu schaffen machte, kamen, mit bebänderten flachen weißen Strohhüten stattlicher Größe und schwarzen Ponchos elegant herausgeputzt, Sankt Laurentius und Sankt Sebastian hereinspaziert. Alsbald saß man auf niedrigen Schemeln rings um das aufflackernde Feuer beieinander. Von irgendwoher tauchte, begleitet von einem Schnapsglas, eine Flasche selbstgebrannter Zuckerrohrschnaps auf, ein würziges, hochprozentiges Getränk, das nach Ortssitte bei keiner zeremoniellen Verrichtung fehlen darf. Das gefüllte und immer wieder nachgefüllte Glas wanderte unter Beobachtung der protokollarischen Rangfolge reihum; wer gerade an der Reihe war, hatte es, so der Brauch, nach einer höflichen Verneigung vor der Gemeinschaft der anwesenden Heiligen mit einem einzigen Ruck hinunterzuschütten und anschließend durch Ausspucken den unsichtbaren, aber allgegenwärtigen Geistern die gebührende Trankspende darzubringen. Während David sich den zweiten Schnaps einverleibte, begann die Erinnerung an die Flöhe bereits zu verblassen, und an ihrer Stelle verbreitete sich der köstliche Duft zimtgewürzten Kaffees, frischgebackener dicker Maistortillas und über dem Feuer brutzelnder Fleischstreifen. Die Gemeinschaft der Heiligen ging nunmehr zum geschäftlichen Teil der Zusammenkunft über und erörterte die Frage, wie der Blumenschmuck des Kirchenraums beim bevorstehenden Sankt-Laurentius-Fest aussehen solle: ein Arbeitsfrühstück à la Maya ... Nicht anders als ihre Nachkommen in der Heiligenrolle dürften auch die Gottkönige zu ihrer Zeit, wo immer es sich traf, die kleinen Freuden des Alltags in ihr heiliges Geschäft miteinbezogen haben. Zeugnis dafür legt fraglos das schönbemalte Tongeschirr ihrer eigenen Staatstafel ab, das man unter Grabbeigaben und Opfergaben gefunden hat.

Anders als in unserer Zivilisation ist Amtsautorität bei den heutigen Maya das Mittel zum institutionellen Vollzug einer egalitären Lebensform, die dem einzelnen den gleichen Anteil am materiellen Reichtum des Kollektivs zusichert und keinem die soziale Differenzierung durch Wohlstand erlaubt. Privater Reichtum erregt bei den Maya Verdacht; ihre Volkssagen von Menschen, die einen Pakt mit den bösen Geistern schließen und dabei ihr moralisches Gewissen für Geld veräußern, legen beredtes Zeugnis dafür ab. Wer privaten Reichtum anhäuft oder zur Geltung bringt, wird nicht selten der Zauberei bezichtigt und mit dem Tod oder der Verstoßung aus der Dorfgemeinschaft bestraft. Anders als wir betrachten die Maya sozialen Nonkonformismus negativ; dieser führt zu Störungen im Verhältnis des einzelnen zum Kollektiv.

Eine wichtige Rolle im Öffentlichkeitsraum spielen auch die schamanischen Medizinmänner. Sie heilen Krankheiten, sind für eine Vielzahl obligatorischer Rituale auf den Feldern und in den Häusern der Dorfbewohner zuständig und üben auch ihrerseits bestimmte verantwortliche Funktionen im Rahmen von Gemeindefesten aus. Zum Unterschied von den Cargo-Organen und den Instanzen der modernen Verwaltungsbürokratie ist die Medizinmännerzunft nach vollkommen egalitären Grundsätzen organisiert; hier gibt es kein Autoritätsgefälle, alle sind gleichrangig und bei der Berufung des Nachwuchses nur sich selbst verantwortlich. In Gebeten und Anrufungen den uralten Gottheiten seines Volkes treu, schlägt das Schamanentum für die Maya-Bauern von heute die Brücke zur Vergangenheit und hilft ihnen, gegen den nationalen zivilisatorischen Anpassungsdruck die eigene Sprache und Mentalität zu bewahren.

Auch wenn die Zwänge in alter Zeit von anderer Art waren, so besteht die Funktion der Medizinmänner doch schon seit eh und je darin, die Traditionen des Sozialverbandes zu bewahren. Die Schamanen waren und sind die Weltausleger und Sinnverwalter des Kollektivs, wandelnde Archive, in denen Geschichten und Lebensregeln aus Tausenden Jahren bäuerlicher Lebenserfahrung aufbewahrt sind. Ihre Macht hat existentielle Bedeutung, ist nicht ablösbar von Person und Persönlichkeit; wenn sie in die inkantatorische Ekstase eingetreten sind, bringt ihr Charisma jeden Zweifel zum Verstummen. Sie sind die Hüter und Bewahrer eines in poetischer Sprache verschlüsselten hochkomplexen Weltbilds. Dieses Wissen wird als orale Historie bezeichnet, in Wahrheit jedoch handelt es sich um etwas sehr viel Weitreichenderes, Profunderes, als das rein historische Wissen es ist, nämlich um eine unablässige Interpretation des Alltagslebens. Ein aufschlußreiches Beispiel des schamanischen Denkens stellt die Einstellung der Medizinmänner zur Krankheit dar. Ein Schamane betrachtet die Erkrankung nicht als isoliertes Phänomen, das ausschließlich die Physis betrifft, sondern er begreift sie im Kontext der Familien- und Sozialbeziehungen mit ihren Spannungen und Ängsten. Seine Therapie ist somit nicht allein auf die Gesundung des Körpers ausgerichtet, sondern erstreckt sich darüber hinaus auch auf die emotionalen und sozialen Aspekte von Krankheit und schließt auch kurative Bemühungen um den Zusammenhalt des sozialen Netzes mit ein.

Die öffentlichen Rituale der Medizinmänner sind die Gelegenheiten für die Bestätigung der alles überspannenden Existenzerfahrung: des Kreislaufs von Leben und Tod, der agrarischen Jahreszyklen, der Gemeinschaft als dem wahren Zentrum aller Werte. Dank der poetischen Form seines Ausdrucks vermag der Schamane sich nicht nur ein enzyklopädisches Wissen über kommunale Angelegenheiten anzueignen und es zu bewahren, sondern sich auch wirkungsvoll noch aus der ekstatischen Trance heraus auszudrücken, während deren er sich im Reich der Wahrheit aufhält, die, wie jeder Angehörige seines Volkes weiß, hinter dem gewöhnlichen, alltäglichen Erscheinungsbild der Welt liegt.[4]

Das Schamanendasein ist zwar einerseits mit enormen geistigen und emotionalen Strapazen belastet, bringt andererseits aber auch große Anerkennung. Die schreckliche Dürreperiode, von der das yucatekische Yaxuná 1989 heimgesucht wurde, endete wenige Tage, nachdem der Dorfschamane Don Pablo die Cha-Chac-Zeremonie ausgeführt hatte, ein dreitägiges Ritual, bei dem die Sturmgötter angerufen und dazu bewegt werden sollen, dem ausgedörrten Land Regen zu schicken. An diesem Tag beobachtete ein höchst überraschter David Freidel, der bei der vorausgegangenen Zeremonie Gast war, von seinem Archäologencamp aus, wie sich die von Don Pablo beschworenen Regengüsse aus nordöstlicher Richtung über die Pyramiden der bei dem Dorf gelegenen Ruinenstätte näherten. Auf der Kuppe eines nahegelegenen Hügels tauchte im Laufschritt ein freudestrahlender Don Pablo auf und stürmte, den Hut vor der Gewalt mächtiger Windstöße festklammernd, mit scheinbar nur handbreitem Vorsprung vor einer schwarzgrauen Regenwand auf das Lager zu. Im Licht der Abendsonne wölbte sich über ihm ein riesiger Regenbogen, als ob die Natur ihm mit diesem prachtvollen Schauspiel sein schamanisches Können bestätigen wollte.

Die Beziehungen zwischen den heutigen ländlichen Kommunen werden bestimmt durch moderne nationale Einrichtungen wie die Marktwirtschaft, das Bodenpacht-, Schul- und Rechtssystem und anderes. Daneben sind die Dörfer aber auch nach altem Brauch durch Wallfahrten miteinander verbunden. Die Bauern aus dem einen Dorf nehmen an den Festen in anderen Dörfern teil, die Bruderschaft der Schamanen trifft in regelmäßigen Abständen zum Erfahrungsaustausch zusammen. Derlei Anlässe festigen nicht nur die lokale Kulturtradition, sondern bieten auch Gelegenheit, Ehen zu stiften und Patenschaften auszuhandeln, die dann in reale oder fiktive Verwandtschaftsbeziehungen münden.

Die Christianisierung durch die Spanier und die in neuerer Zeit zunehmende häufigere Berührung mit der modernen technologischen Zivilisation haben die bäuerliche Lebensform der Maya verändert. Trotzdem besteht eine erstaunliche Kontinuität zwischen den Maya-Bauern von heute und ihren Vorfahren, wie sie uns von den spanischen Eroberern geschildert wurden. Zwar ist der Festkalender der Maya heute der christliche, doch zeigt sich bei genauerem Hinsehen, daß die Veränderungen nicht über die Ebene der Chronologie hinausgekommen sind, nur die alten kalendarischen Kategorien von *Katun* und *Kalenderrunde* wurden verdrängt und durch Neues ersetzt. Auch die Großfamiliengehöfte sind bei

Hochgestellten wie Niedrigen seit der vorklassischen Periode im Grundtyp unverändert, nämlich «Plazuela-Höfe» geblieben: mehrere Ein-Raum-Häuser, die einen freien Platz umschließen. Ob die Häuser nun aus Stein und aufwendig mit plastischem Dekor verziert waren oder ob es sich um die schlichten, strohgedeckten Holzkonstruktionen der bäuerlichen Unterschicht handelte, im Innern sahen sie alle gleich aus. Und sowohl die Mächtigen als auch ihre Untertanen begruben die Toten der Familie unter den Steinen des Innenhofs, damit sie ihren Angehörigen naheblieben und die Nachkommen ihrer Kinder über ihren Köpfen spielen hören konnten.

Wie weit die Übereinstimmung in der Lebensform der alten und der heutigen Maya tatsächlich geht, wurde uns erst in der Schlußphase der Manuskripterstellung zu diesem Buch wieder bewußt. Schon bevor wir zum allererstenmal den Computer einschalteten und mit dem Schreiben begannen, war uns klar, daß der Schamanismus nicht nur im Leben der heutigen Maya eine herausragende Rolle spielt, sondern diese bereits bei ihren Vorfahren innehatte. Indes hatten wir die vermutete eminente Bedeutung des Schamanen in den älteren Perioden der Maya-Kultur bis heute nur auf dem Weg des Analogieschlusses zu erhärten vermocht, indem wir szenische Darstellungen aus alter Zeit und archäologische Funde rituellen Brauchtums einerseits und die Praktiken heutiger Maya-Medizinmänner andererseits miteinander in Beziehung setzten. Wir verfügten über keinerlei direktes schriftliches Zeugnis aus der alten Geschichte der Maya. Auf der Dumbarton-Oaks-Konferenz von 1989 flüsterte David Stuart David Freidel etwas ins Ohr, das sich wie ein kleines Wunder anhörte: Er, Stuart, hatte gemeinsam mit Stephen Houston eine Glyphe entziffert, die aus einem zur Hälfte mit Jaguarfell bedeckten Ahau-Gesicht bestand. Sie stand für das Wort *way*, das «schlafen», «träumen», «(sich) verwandeln», «Zauberer» und «Schutztier» (bzw. «Schutzgeist») bedeutet. Und da war es auf einmal, das Zeugnis in Maya-Schrift, die Glyphe für den Begriff «Schamane», welche die alten Maya-Schamanen auf Jenseitsreise oder als Verkörperung der Schutzgeister zeigte. Das vielleicht Verblüffendste in dieser Geschichte war aber, daß wir knapp vierzehn Tage später Post aus Deutschland bekamen, eine Nachricht unseres Kollegen Nikolai Grube: Er war seinerseits vollkommen unabhängig auf die *way*-Transkription gekommen und hatte ihre Bedeutung erkannt.[5]

Dieses und viele andere Beispiele kultureller Kontinuität zeigen, daß die Maya-Bauern von heute mehr sind als nur die Erben der vom tropischen Regenwald überwucherten exotischen Ruinen. Die historische Erbschaft erschöpft sich auch nicht in einer Sammlung mündlich überlieferter Mythen und bruchstückhaft erinnerter Geschichten, denn die Vorfahren bedeckten Steinplatten, Tempelwände und Ritualgegenstände mit Informationen in Wort und Bild. Auf diesen stummen Denkmälern sind die Namen und Taten von Königen und ihrem aristokratischen Troß verewigt, hier ist protokolliert, auf welche Weise sie und ihr Volk nach Glück und

Wohlstand und einem Platz in den Annalen der Geschichte trachteten. Dieses Geschichtsarchiv war bis in die allerjüngste Vergangenheit hinein das sprichwörtliche Buch mit sieben Siegeln, heute jedoch sprechen diese Könige – dank des überraschenden Zugangs zu ihrem geschriebenen Wort – wieder zu uns. Die Entzifferung ihres Schriftsystems hat uns eine Tür zu ihrer Welt aufgestoßen. Dieses Buch handelt von der Geschichte der Maya, wie die Akteure sie selbst beschrieben, und von der Welt der Maya, wie deren Bewohner sie selbst erlebt haben.

Auf welchem Weg unser heutiges Wissen von dieser Geschichte zustande kam, gehört – als eines der interessantesten Kapitel in den Annalen der Archäologie – selbst zu den historischen Denkwürdigkeiten. Das Abenteuer begann mit einem exzentrischen Naturforscher des 19. Jahrhunderts von zweifelhaftem Ruf, einem Mann namens Constantine Rafinesque. Immer, so scheint es, hatte er das Pech, den Ruhm um Haaresbreite verfehlt zu haben (so hätte er *beinahe* an der Expedition von Lewis und Clark* teilgenommen). Bei der Lektüre der Reiseberichte Alexander von Humboldts und António del Ríos[6] erwachte sein Interesse für die dort abgebildeten seltsamen Schriftzeichen aus jenem Teil Mexikos, der heute Chiapas heißt. Nachdem er zu der Überzeugung gelangt war, daß es sich um nichts anderes als die Schrift der alten Maya handeln könne, entwickelte er einen Schlüssel für die Interpretation der Zahlzeichen und veröffentlichte das Ergebnis in der *Saturday Evening Post* vom 13. Januar 1827 und 21. Juni 1828, eine Publikation, die heute als der erste ernst zu nehmende moderne Entzifferungsversuch des Maya-Schriftsystems zu betrachten ist. Daß Rafinesque nicht gerade an übertriebener Bescheidenheit litt, geht aus der Tatsache hervor, daß er meinte, die Aufmerksamkeit des – als Entzifferer der ägyptischen Hieroglyphen selbst bereits berühmt gewordenen – französischen Archäologen Jean-François Champollion durch eine Reihe von Briefen auf seine, Rafinesques, Entschlüsselung der Maya-Schrift lenken zu müssen.[7]

Das Interesse eines breiten Publikums wandte sich der Maya-Schrift zu, nachdem John Lloyd Stephens 1881 in New York seinen von Frederick Catherwood illustrierten zweibändigen Reisebericht *Incidents of Travels in Central America, Chiapas and Yucatán* veröffentlicht hatte, dem unter dem Titel *Incidents of Travel in Yucatán* zwei Jahre später noch zwei Ergänzungsbände folgten. Dank Catherwoods detailgenauer Zeichnungen von Ruinenstädten und pflanzenüberwachsenen Steinmonumenten und Stephens' klarer und fesselnder Erzählweise wurde das Werk rasch zu einem in zahlreichen Auflagen und Ausgaben verbreiteten internationalen

* Captain Meriwether Lewis (1774–1809) und Captain William Clark (1770–1838) erkundeten im Auftrag des (mit Lewis persönlich befreundeten) Präsidenten Thomas Jefferson 1803–1806 als erste den Landweg von der Ostküste der USA zum Pazifik (Anm. d. Übers.).

Bestseller. Die Faszination für jene versunkene amerikanische Kultur, die die Reiseabenteuer der beiden Autoren in Amerika und Europa hervorriefen, ist seither geblieben.

Viele von der Begeisterung für den Stoff getriebene Wissenschaftler und Laien haben in den hundert Jahren nach Stephens und Catherwood unser Wissen über die Maya und ihr Schriftsystem erweitert. Die großen deutschen Gelehrten Eduard Seler und Ernst Förstemann und der Amerikaner J. T. Goodman schufen um die Jahrhundertwende die Grundlagen zum Verständnis des Maya-Kalenders und klärten Grundfragen der Anordnung beziehungsweise Leserichtung der Schrift. Nicht minder wichtig als diese Entdeckungen waren die von dem Engländer Alfred Maudslay (in *Archaeology: Biologia Centrali-Americana*) und von Teobert Maler (in den von der Harvard University herausgegebenen *Memoirs of the Peabody Museum*) ebenfalls um die Jahrhundertwende veröffentlichten Zeichnungen und Fotografien.

Wir sind immer wieder erstaunt, wenn wir uns vorstellen, welche Mühen und Strapazen die zuletzt genannten beiden Männer, aber auch andere frühe Maya-Forscher, auf sich nahmen, um ihre Aufgabe auf den vom feuchtheißen Tropenwald überwucherten Ruinenplätzen erfüllen zu können. Die Kameraungetüme, mit denen sie sich abschleppen mußten, verlangten unter den gegebenen Umständen einen solch ungeheuerlichen Kraftaufwand, und die Bromsilbergelatine-Aufnahmetechnik, die ihnen als neueste technische Errungenschaft zur Verfügung stand, setzte eine solche Engelsgeduld voraus, wie sie nur aus einer an Besessenheit grenzenden Liebe zur Sache kommen kann. Aber was diese Männer mit ihren primitiven Mitteln geleistet haben, ist für jeden, der sich um die Entzifferung der Maya-Schrift bemüht, von unschätzbarem Wert[8], denn auf ihren Bromsilbergelatine-Trockenplatten, diesen unhandlichen Glasplatten, haben sie für die Nachwelt in höchst zuverlässiger Wiedergabe das Aussehen von Monumenten erhalten, die in der Folge entweder durch Erosion oder aber auch von Plünderern zerstört wurden.

Im Verlauf der frühen Entzifferungsbemühungen wurde da und dort auch mit dem Gedanken gespielt, es könne sich bei den Texten um historiographische Urkunden handeln. Eines der spektakulärsten Beispiele für solche Vermutungen, die den tatsächlichen Sachverhalt nur wenig verfehlten, findet sich in einer von Herbert Spinden[9] gegebenen Beschreibung von Lintel (= Türsturz) 12 in Yaxchilán aus dem Jahr 1913.

> Diese Gefangenen tragen Glyphen auf dem Leib, die möglicherweise über ihren Namen und den Tag ihrer Gefangennahme Auskunft geben. Auf dem oberen Teil des Steins befinden sich zwei Reihen Glyphen [...], die wohl über den Hergang des Siegs berichten oder andere Informationen historischen Inhalts enthalten.
>
> (Spinden 1913, S. 23)

In seiner zwei Jahre später veröffentlichten *Introduction to the Study of Maya Hieroglyphic Writing* vermutete auch Sylvanus Morley in den Inschriften historiographische Aufzeichnungen. Er meinte, sie wären in dem von ihm so genannten «Textrest» enthalten, der nach Abzug aller rein kalendarischen Angaben übrigbleibe. «Hier und nur hier kann man überhaupt damit rechnen, Bruchstücke aus der Geschichte der Maya aufgezeichnet zu finden, und nirgendwo sonst als hier ist auch der Boden, auf dem die Forschung in Zukunft ihre größten Erträge ernten wird, denn einzig und allein die Entschlüsselung des ‹Textrests› vermag uns den eigentlichen Sinn der Maya-Schriftzeugnisse zu enthüllen.» [10]

Durch eine sonderbare Laune der Wissenschaftsgeschichte wurden diese frühen Spekulationen von der Theorie, die Schriftzeugnisse der Maya kennten kein anderes Thema als den erhabenen Fluß der vergehenden Zeit, überrollt. Tonangebender Vorkämpfer dieser Auffassung war J. Eric Thompson, einer der größten Maya-Forscher unseres Jahrhunderts. Für die Forschung auf diesem Gebiet war es ein reines Unglück, daß er seine Gedanken so überzeugend und elegant auszudrücken vermochte. Von den wenigen Kontrahenten, die überhaupt wagten, die Stimme gegen ihn zu erheben, war keiner Thompsons Sprachgewalt gewachsen, etwa wenn er seiner Überzeugung folgendermaßen Ausdruck gab:

> Man begegnet zuweilen der Ansicht, die Zeitangaben auf den Stelen der Maya könnten sich auf historische Ereignisse, ja womöglich gar auf die Taten bestimmter einzelner beziehen. Ich für meinen Teil halte es nahezu für undenkbar, daß dies zutreffen könnte. Die Daten auf den Stelen sprechen unzweifelhaft – mit dem feierlichen Ernst, der diesem Thema gebührt – von den Stationen auf dem Wanderweg der Zeit. Der Gedanke der endlos fortschreitenden Zeit bezeichnete nach meiner Auffassung für die Maya-Religion das höchste Mysterium – eine Idee, der sich das Denken der Maya in welthistorisch beispielloser Hörigkeit unterworfen hatte. In diesem Rahmen war einfach kein Platz vorhanden für die Aufzeichnung einzelmenschlicher Leistungen, denn im Vergleich mit den Unendlichkeitsdimensionen der Zeit schrumpft der Mensch mit seinem ganzen Treiben zur Bedeutungslosigkeit zusammen. In das Protokoll der feierlichen Prozession der Epochen irgendwelche Belanglosigkeiten über Kriegsausbrüche und Friedensschlüsse, über Ehe und Ehepolitik hineinschreiben zu wollen, das wäre so, als wollte ein Tourist versuchen, in Florenz seine Initialen auf Donatellos David einzukratzen.
>
> (J. Eric Thompson 1950, S. 155)

Als bleibendes Verdienst ist Thompson allerdings anzurechnen, daß er selbst noch kurz vor seinem Tod seinen Irrtum eingestand. Hier sein Widerruf:

> Was die Inschriften der klassischen Periode betrifft, so ist die bedeutendste Leistung auf diesem Sektor der von Tatiana Proskouriakoff für Texte auf steinernen Denkmälern erbrachte Nachweis, daß sie mit ihren Datumsangaben, die sich aller Wahrscheinlichkeit nach auf Dinge wie Geburt, Thronbesteigung, Kriegszüge usw. beziehen, von individuellen Herrscherpersönlichkeiten handeln. Man findet Namensglyphen von Herrschern oder Dynastien, ebenso Hinweise auf historische Ereignisse, wie etwa ein Bündnis.
>
> (J. Eric Thompson 1971, V)

Es war eine wahrhaft gewaltige Leistung, die Tatiana – oder Tania, wie ihre Freunde sie nannten – Proskouriakoff da vollbracht hatte. Mit ihrer sorgfältig aufgebauten Beweisführung überzeugte sie auf Anhieb die gesamte Fachwelt davon, daß die Inschriften Taten von Herrschern und ihren Edlen zum Inhalt haben. Im Rückblick fragt man sich, weshalb es eigentlich so lange gedauert hat, bis diese heute fast selbstverständlich erscheinende Tatsache begriffen und akzeptiert wurde. Die Antwort könnte lauten: Wir alle betrachteten die Welt der Maya durch eine getönte Brille, die bestimmte Zusammenhänge einfach ausfilterte und schluckte, noch ehe wir sie hatten wahrnehmen können – bis Tania kam, uns die falsche Brille wegnahm und uns dafür die richtige gab. In den Jahren von 1960 bis 1964 überschwemmte sie die Fachwelt mit einer wahren Flut von Aufsätzen und Artikeln. Erst ihre Arbeit hat das zuvor Undenkbare selbstverständlich werden lassen.

David Freidel lernte Tania Proskouriakoff unter Umständen kennen, die ihm viel über den Charakter dieser großen Gelehrtenpersönlichkeit verrieten. Im Herbst 1971 bemerkte Davids Lehrer Gordon Willey sein Interesse für Maya-Kunst und lud ihn daraufhin zusammen mit Tania zum Essen in Young Lee's Chinese Restaurant gleich hinter dem Harvard-Wohnheim in Cambridge ein. David, zum fraglichen Zeitpunkt noch himmelstürmendes Erstsemester und langhaariger Hippie, erschien zu diesem Treffen sportlich mit einem langen indianischen Seidentuch um seinen Kopf. Sein extravaganter Aufzug löste keinerlei Verwunderung aus – große Lehrer sehen eben mehr den Verstand eines Menschen als sein Äußeres –, und binnen kurzem war eine lebhafte Unterhaltung im Gang, die vom Schamanismus bis zur Darwinschen Evolutionstheorie reichte.

Im darauffolgenden Frühjahr belegte David bei Tania einen Anfängerkurs im Lesen von Maya-Hieroglyphen, bei dem es aber, wie sich bald zeigte, nicht so sehr um das Lesen- als vielmehr um das Sehenlernen ging. Er verbrachte viele Stunden mit dem Studium von Malers exquisiten Maya-Stelen-Fotografien in ihrem Arbeitszimmer, einem schmucklosen, über und über mit Museumsstücken vollgestopften Kellerraum des Peabody Museums. Tania beschäftigte sich unterdessen am Nebentisch im konzentrierten Licht einer Spezialleuchte mit den prachtvollen Jadeschmuckstücken, die aus dem Schlamm des Heiligen Cenote in Chichén Itzá ausgebaggert worden waren. Tania hatte David angewiesen, sich zunächst mit den realistischen Tierdarstellungen in der Maya-Kunst zu befassen, weil diese am leichtesten zu entziffern sind. Wie alle großen Mayanisten war sie eine Meisterin im Typologisieren: Ihrer Ansicht nach konnten brauchbare Erkenntnisse nur aus einer mit akribischer Sorgfalt erstellten systematischen Bestandsaufnahme aller empirisch belegbaren Strukturen, die eine materialeigene Systematik bedingten, gewonnen werden. Von David erwartete sie, daß auch er sich diesen vernünftigen Ansatz zu eigen machen würde, und ließ ihm Zutritt zu ihrer umfangreichen Kartothek, in der sie – jedes für sich auf einem eigenen Kärtchen nachgezeichnet – sämtliche Bildmotive und -elemente der bis dahin bekannten Monumentalplastik katalogisiert hatte. Dieser Katalog ist das Fundament ihrer berühmten chronologischen Gruppierung von Maya-Stelen. Nachdem sie David auf den sicheren Pfad der Methodologie geleitet hatte, erklärte sie ihm allerdings nicht, worauf er sein Augenmerk zu richten habe: Sie legte Wert darauf, daß er sich sein eigenes Urteil über den Inhalt der Maya-Kunst bildete. In regelmäßigen Abständen lud sie David zum Gedankenaustausch an ihren Schreibtisch ein. Ihre wachen, gescheiten Augen, ihre ruhige, prägnante Ausdrucksweise und ihr von Herzlichkeit getragener Mutterwitz standen in scharfem Kontrast zu ihrer kleinen, zerbrechlich wirkenden Gestalt und ihrem nervösen Kettenrauchen.

Obgleich es ihr nicht an Geduld mangelte, hatte sie mit David ihre liebe Not. Er wollte das szenische Ensemble einer Stele als kompositorische Struktur interpretieren und Regeln dafür aufstellen, wie der Symbolgehalt von gehaltenen oder getragenen Objekten – wie etwa Helme, Gürtel und ähnliches – entschlüsselt werden könnte. Vor allen Dingen aber wollte er über die ersten klaren Strukturen hinaus zu umfassenderen Kategorien vorstoßen, die ihm die historische Entwicklung von der naturalistischen zur grotesken Darstellungsform verständlich machten. Als der Kurs zu Ende ging, meinte Tania: «David, Sie haben gute Ideen, aber Sie müssen lernen, sich zu disziplinieren, bevor Sie etwas mit ihnen anfangen können.» In ihren Augen waren seine gewagten Schlußfolgerungen tollkühne Spekulationen ohne jede Grundlage. Sie erklärte David, daß sie viele Jahre lang mit größter Sorgfalt Material gesammelt und überprüft hatte, bis sie glaubte, ihre «historische Hypothese» guten Gewissens publizieren zu können. Ihrer Ansicht nach sollte man eine Behauptung in bezug auf die Maya-Kunst, und sei es auch nur als Zeitschriftenartikel, erst dann veröffentlichen, wenn sie unwiderlegbar bewiesen war.

Tatiana Proskouriakoffs bedeutender, revolutionärer Beitrag zur Maya-Forschung ist zwar als wissenschaftliche Einzelleistung unübertroffen, nichtsdestoweniger waren aber an der Durchsetzung des von ihr so formvollendet propagierten historischen Ansatzes auch andere Forscher[11] beteiligt. 1962 publizierte David Kelley die erste Geschichte der Herrscherdynastie von Quiriguá; schon zuvor, 1958 und 1959, hatte Heinrich Berlin sowohl die «Emblemglyphen» mehrerer Maya-Städte als auch die Namensglyphen historischer Porträts in Palenque identifiziert.

Mit dem Nachweis des historischen Inhalts der Inschriften hatten die Epigraphiker allerdings noch nicht die Frage nach dem inneren Aufbau der Maya-Hieroglyphik beantwortet. Das Verdienst, dieses Rätsel gelöst zu haben, gebührt einem jungen Russen namens Yuri Knorozov, der 1952 die These aufstellte, daß das Schriftsystem der Maya mit der Keilschrift und den ägyptischen Hieroglyphen insofern Ähnlichkeiten aufweise, als es eine Kombination von Wortzeichen und den Lautwert wiedergebenden Silbenzeichen sei. Von den drei Großen des Fachs – Thompson, Proskouriakoff und Berlin – vermochte keiner sich je mit Knorozovs Ansicht anzufreunden. Grund dafür war einesteils, daß die Veröffentlichung reichlich mit den für die damalige Sowjetunion üblichen politischen und ideologischen Bekundungen versehen war; zum anderen und sicher nicht geringeren Teil lag es daran, daß keiner der drei Wissenschaftler es erlebte, daß die von Knorozovs «Phonetismus» geweckten Erwartungen jemals erfüllt worden wären. In einer seiner zahlreichen Verdammungen des Phonetismus begründet Thompson[12] seine ablehnende Haltung folgendermaßen: «Ein nicht ganz unwichtiger Punkt scheint mir der: Hat man es mit einem phonetischen System zu tun, so steigert sich – nicht anders als beim ‹Kodeknacken› – das Entzifferungstempo mit jeder neugewonnenen Lesung. [...] Der seinerzeit in Gang gekommene Fluß angeblicher Entzifferungen ist aber inzwischen nicht zum breiten Strom angeschwollen; er ist vielmehr längst wieder versiegt.»

Als Ursache für das Versiegen dieses Flusses kann im Rückblick der Umstand gesehen werden, daß so wenige Mayanisten den Mut hatten, auf der Woge des «Phonetismus» mitzuschwimmen. In der westlichen Hemisphäre blieben David Kelley, Michael Coe und Floyd Lounsbury lange Zeit die einzigen, die bereit waren, Knorozov unbefangen zuzuhören – so lange, bis die *Primera mesa redonda de Palenque* («Der erste Runde Tisch von Palenque», eine Konferenz, die im Dezember 1973 eine kleine Gruppe von Fachwissenschaftlern in Palenque zum Gedankenaustausch vereinte) hier nahezu einen Dammbruch bewirkte. Auf dieser Tagung wurde eine neue Epigraphikergeneration, darunter Linda Schele und Peter Mathews, in die Mysterien der Glyphenentzifferung eingeweiht. Nach dem Muster Kelleys und Lounsburys kombinierten sie Knorozovs «Phonetismus» mit Proskouriakoffs «historischem Ansatz». Im Lauf der folgenden fünf Jahre entwikkelte sich in dieser Forschergruppe auf einer Reihe von Dumbarton Oaks[13] gesponserten Minikonferenzen eine außerordentlich fruchtbare Zusammenarbeit, die schließlich das letzte für die Entschlüsselungsaufgabe noch fehlende Instrument hervorbrachte, nämlich das Axiom, daß die Schrift die gesprochene Sprache widerspiegelt und folglich Wortstellungen die Bedeu-
 tung auch inhaltlich noch nicht interpretierter Glyphen erschließen. Mit

anderen Worten: Noch ehe wir wissen, was eine bestimmte Glyphe inhaltlich bedeutet, können wir uns anhand der Zeichenanordnung eine Meinung darüber bilden, ob wir es mit einem Nomen oder einem Verbum zu tun haben. Diese simple Arbeitshypothese erlaubte, Paraphrasierung von Inschriften zu machen und sie als abgeschlossene Texte zu behandeln. Dies war ein Durchbruch von gleicher Tragweite wie zuvor schon der Phonetismus und die «historische Hypothese», denn damit verfügten wir über einen größeren Arbeitsrahmen zum Testen von Lesungen und Rekonstruieren historischer Inhalte.

Die kombinierte Anwendung dieser drei methodologischen Ansätze – Phonetismus, historische Hypothese und Syntaxanalyse – bewirkte die von Thompson als Beweis für die Richtigkeit des gefundenen Systems beschworene Beschleunigung des Entzifferungsprozesses. Heute zieht jede neue Entdeckung weite Kreise und löst ihrerseits neue Entdeckungen aus, die wiederum zu neuen Erkenntnissen führen. Die Anzahl der entzifferten Glyphen und die Ausbeute an inhaltlichen Deutungen wachsen in exponentiellem Maßstab. Angesichts der anhaltenden Publikation epigraphischer Forschungsergebnisse kamen auch immer mehr Archäologen zu der Ansicht, daß die Inschriften und Bildwerke der Maya die wichtigsten Quellen für Informationen über das Selbstverständnis dieses Volks darstellen. Man hat damit begonnen, die epigraphisch-ikonographische Perspektive in archäologische Forschungsprojekte mit einzubeziehen, um herauszufinden, wie die von Epigraphikern rekonstruierte «Geschichte» im Boden aussieht. Wir leben in einer Zeit phantastischer Abenteuer und beispielloser Entdeckungen. Ein Ende des Prozesses ist nicht abzusehen, und uns alle, die wir den Vorzug genießen, dabei mitwirken zu dürfen, erfüllt das Geschehen mit unglaublicher Hochstimmung.

Das Schriftsystem, dessen die Maya sich zur Aufzeichnung ihrer Geschichte bedienten, ist eine hochdifferenzierte, ausdrucksstarke Kurrentschrift, die jede lautliche, semantische und grammatikalische Nuance der gesprochenen Sprache des Schreibers präzise wiederzugeben vermag. Als Kalligraphie betrachtet, ist sie dank ihrer freien, schön geschwungenen Strichführung von unübertroffener Eleganz. Gleichgültig, ob der Schreiber Kalkstein meißelte, Jade schnitt, Muschelschalen oder Knochen ritzte – nie ließ sein Werk jene Formfreude vermissen, die der Maya-Schrift eigen ist. Und in ihrer gesamten Geschichte haben die Maya das ursprüngliche Medium, in dem ihre Schrift sich entwickelte, nie aufgegeben: ein Papier aus dem weichgeklopften, mit Gummisaft getränkten Bast einer wilden Feigenart *(Ficus cotonifolia)*, das einen aus getrockneter Kalkmilch hergestellten hauchdünnen Stucküberzug als Untergrund erhielt; die mit einem Feder- oder Haarpinsel mit Tinte und Farbe bemalten Blätter wurden in Leporello-Manier zu Büchern gefaltet. Vier dieser Bücher[14] haben das Vernichtungswerk der Zeit und der spanischen Eroberer überdauert – ein kläglicher Überrest, gemessen an den Tausenden von Bänden, die einstmals die

Wissensgrundlage der Maya-Kultur bildeten. Bei den vier erhaltenen Kodizes handelt es sich um astronomische Almanache, die zur Berechnung von Ritualterminen dienten; aus anderen Handschriften, die uns aus dem mesoamerikanischen Raum erhalten sind[15], können wir jedoch schließen, daß die Maya auch über alle Einzelheiten ihres Lebens Buch führten – über Abstammungslinien, historische Begebenheiten, Ritualvorschriften, Abgaben, Handelsgeschäfte; über ihre Mythologie, ihr Welt- und Geschichtsbild; wahrscheinlich auch über ihr poetisches Schaffen, ja in bestimmten Fällen sogar über individuelle Gedanken, Ambitionen und Träume. Zum größten Teil ist dieses Wissen in den feuchten Gräbern im Dschungel vermodert, doch immerhin ist uns ein kostbares, aufschlußreiches Fragment dieser Hinterlassenschaft in Texten auf Stein oder Ton erhalten geblieben.

Millionen von Maya sprechen noch heute Dialekte, die sich von jenen zwei Sprachen herleiten, in denen, wie wir wissen, die alten Texte abgefaßt sind: Yucatecan, die Sprache der im nördlichen Drittel und am Ostrand der Halbinsel beheimateten Volksgruppen, und Cholan[16], das am Südrand des Tieflands zwischen Palenque im Westen und Copán im Osten gesprochen wurde (siehe Abb. 1.2).[17] Das Übergangsgebiet in den zwei Regionen dürfte von beiden Volksgruppen besiedelt gewesen sein, die Choles dabei stärker im Westteil und die Yucateken mehr im Osten konzentriert. Ähnlich wie heute in der Schweiz oder in Belgien waren und sind noch viele Bewohner des Gebiets zweisprachige Vertreter einer Mischkultur.

Die sprachliche Homogenität dieses Großraums – Cholan und Yucatecan waren in Vokabular und Grammatik einander so ähnlich wie heute das Spanische dem Italienischen – erwies sich für die Tieflandbewohner als enormer Vorteil bei der Hervorbringung einer regionalen Kultur. In weit auseinanderliegenden Königreichen sprach man praktisch *eine* Sprache: in Palenque am Westrand des Gebiets dasselbe Cholan wie an der Ostgrenze in Copán, in Dzibilchaltún im Norden dasselbe Yucatecan wie in der Gegend von Nab Tunich, einer Höhle im Zentralpetén, nahe der Grenze nach Belize. Es war unter anderem diese einheitliche Sprache, die den Handel und den kulturellen Austausch zwischen den Tieflandpolitien förderte und die Bewohner der Region im Gefühl einer gemeinsamen Identität einte. Mochten sie untereinander noch so sehr in Konkurrenz stehen, Außenstehenden – zumal solchen fremder Sprache gegenüber – traten sie wie die alten Griechen in ethnischer Geschlossenheit gegenüber.

Dort, wo die Sprecher einander nicht verstanden, vermittelte das Schriftsystem – so etwa, wie das chinesische Schriftsystem seit Jahrtausenden funktioniert. Die Wortspiele, die sowohl im Schriftsystem der Maya als auch in ihrer Bildsymbolik eine so herausragende Rolle spielten, verstand man ebensogut in Yucatecan wie in Cholan. Sprache als Quelle visueller Metaphern war die Voraussetzung für die Erneuerung der symbolischen Ausdrucksformen des klassischen Maya-Weltbilds und der Institution des Königtums. Zum Beispiel werden die Maya-Wörter für «Schlange»,

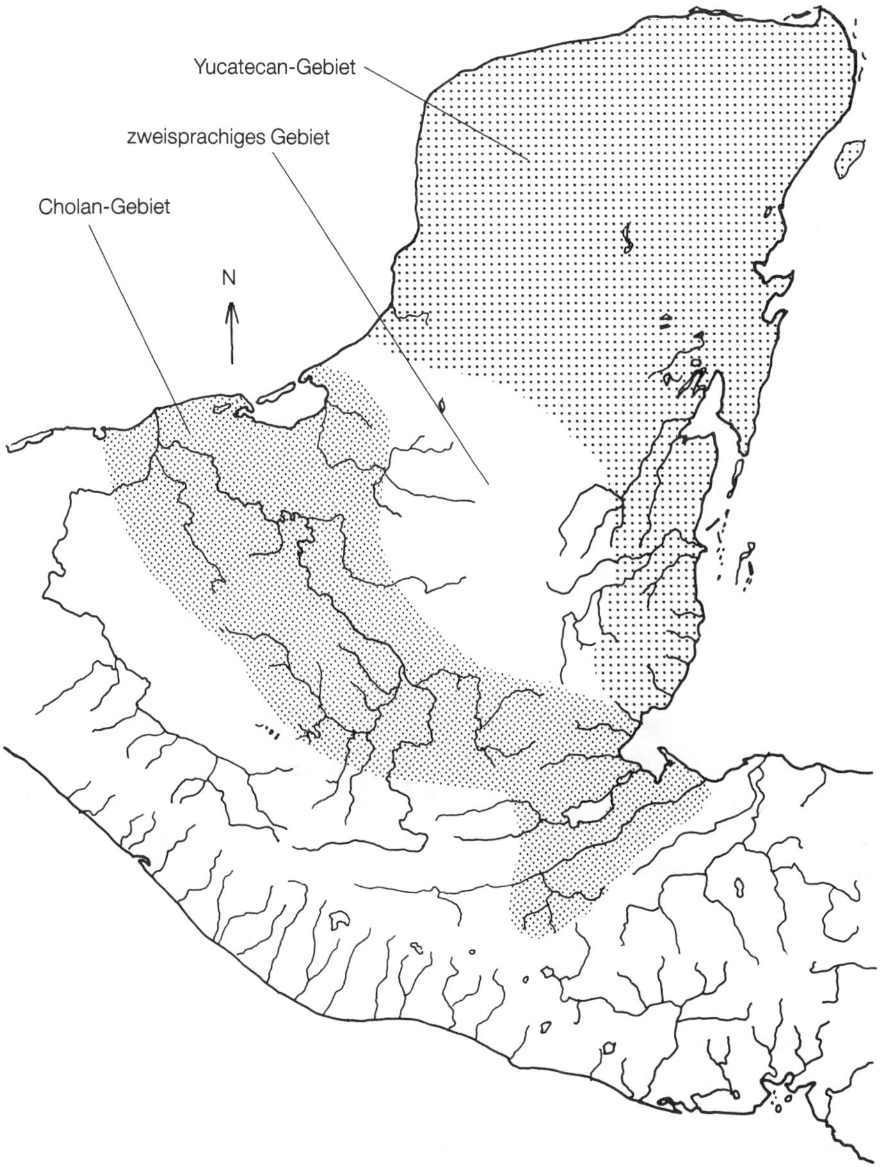

Abb. 1.2 Räumliche Verteilung des Yucatecan und Cholan in der klassischen Periode

«Himmel» und die Zahl «vier» fast gleichlautend ausgesprochen, und zwar in Yucatecan *(can)* so gut wie in Cholan *(chan)*.[18] So war es aus der Sicht eines Maya-Künstlers, der nach einer Metapher für das Himmelsgewölbe suchte, ganz legitim, letzteres als Riesenschlange zu versinnbildlichen. Auch in Namen und Titeln wurden die Glyphen «Himmel» und «Schlange» von Maya-Künstlern synonym gebraucht. Da beide Glyphen beim Lesen mit identischem Ergebnis in die gesprochene Sprache rückübertragen wurden, war es gleichgültig, welche von beiden man beim Schreiben verwendete. Die Tatsache, daß in einer so ausgedehnten geographischen

balam

ba-balam

balam-ma

ba-balam-ma

ba-la-m(a)

Abb. 1.3 a

Region, wie das klassische Maya-Gebiet es war, nur zwei – noch dazu eng miteinander verwandte – Sprachen gesprochen wurden, kann bei der Suche nach Erklärungen für die stilistische Geschlossenheit der Maya-Kulturschöpfungen in der tausend Jahre währenden klassischen Periode nicht außer acht gelassen werden.

Obgleich es Ergebnis einer völlig autochthonen Entwicklung war, funktionierte das Schreibsystem der Maya nach ähnlichen Prinzipien wie die der anderen großen Hieroglyphenschriften der Weltgeschichte, die von den Sumerern entwickelte Keilschrift und die Hieroglyphen der Ägypter. Die Schreiber konnten Worte sowohl aus Silbenzeichen zusammensetzen, die Laute repräsentierten, als auch mit einem einzelnen, die volle Wortbedeutung wiedergebenden Zeichen ausdrücken. Ein solches «Wortzeichen» heißt *Logogramm.*[19] So etwa konnte das Maya-Wort für «Jaguar» *(balam)* einfach als Bild vom Kopf der Großkatze dargestellt werden (siehe Abb. 1.3 a). Nun kannten aber die Maya nicht nur eine einzige Gattung von gefleckten Katzen, sondern es gab da auch Ozelots und Marguays. Da also das Bild in bezug auf seine mögliche Bedeutung hätte Verwirrung stiften können, stellten die Maya dem Logogramm ein Silbenzeichen entweder voran oder nach, das den Anlaut beziehungsweise den Auslaut des Wortes angab. In unserem Beispiel konnte dem Jaguarkopf entweder das Silbenzeichen *ba* vorangestellt oder das Silbenzeichen *ma* angehängt werden, was dann zur Lautfolge *ba-balam* beziehungsweise *balam-ma* wurde. Da in der gesprochenen Sprache der Maya kein Katzenname außer diesem mit *ba* anlautete oder auf *m(a)* auslautete, wußte jeder Leser, daß hier von allen möglichen Katzennamen nur *balam* in Frage kam. Der verwendete Zeichentyp heißt *phonetisches Komplement*, weil er den *Laut*wert der Grundglyphe in dem Kompositum bestimmt.

Da die phonetischen Komplemente an sich schon (einsilbige) Laute repräsentierten, konnten die Maya auf ein Logogramm auch vollständig verzichten und ein Wort als Zusammensetzung solcher Silben(laut)zeichen schreiben. In dem hierfür entwickelten System wurde ein nach dem Schema Konsonant–Vokal–Konsonant lautendes Wort als Kombination zweier Silbenzeichen verschriftet.[20] Das Wort *cab*, «Erde», zum Beispiel wird in phonetischer Schreibweise als Zusammensetzung der Silbenzeichen *ca* und *ba* wiedergegeben: *ca-b(a)* (siehe Abb. 1.3 b). Der auslautende Vokal blieb bei dieser Art phonetischer Verschriftung stumm. Das Maya-Wort für «Jaguar» wurde in diesem System mit Hilfe dreier Silbenzeichen verschriftet, *ba, la* und *ma*, die zusammengesetzt *balam(a)* ergaben (mit wiederum stummem Schlußvokal).

Den Schreibern standen auch Zeichen vom Typ des *semantischen Determinativs* zur Verfügung, die dem Leser signalisierten, in welcher Bedeutungsvariante er einen Ausdruck aufzufassen hatte. Das mit Abstand am weitesten verbreitete dieser semantischen Determinative war die stilisierte Kartusche, mit der die Tagesnamen des 260-Tage-Kalenders umrahmt

Abb. 1.3 b

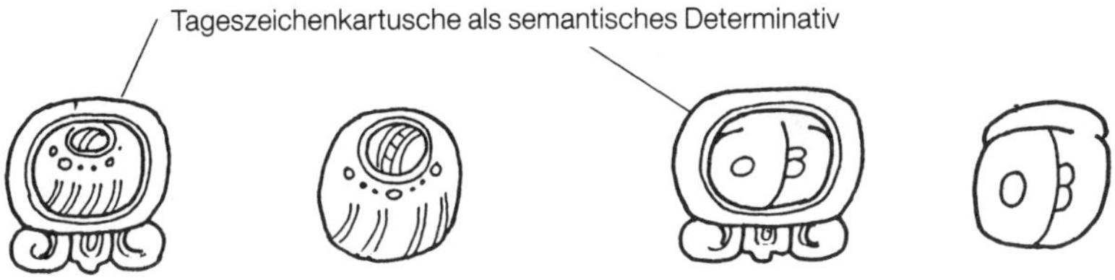

Abb. 1.3 c

Abb. 1.3 d

wurden. Diese Kartusche – ein kreisförmiger Hohlrahmen auf drei schnekkenförmig gerollten Füßen – war für den Leser das Zeichen, daß er einen Tagesnamen vor sich hatte. Begegnete ihm das Zeichen ohne umrahmende Kartusche, war es mit ganz anderem Bedeutungswert zu lesen. So etwa war das Zeichen für den Tag Imix außerhalb der Kartusche das Silbenzeichen *ba*, und das Zeichen für den Tag Muluc war in seiner Absolutform das Silbenzeichen *u* (siehe Abb. 1.3 c).

Was den Epigraphiker von heute zur Verzweiflung treiben und zuweilen auch auf falsche Fährten locken kann, ist der Umstand, daß eine einzelne Glyphe nicht nur mit unterschiedlichen Laut- und Bedeutungswerten, sondern auch in allographischen Varianten auftritt. So etwa tritt der Imix-Graph in vier verschiedenen Formen auf: in normaler, anthropomorpher (Kopfvariante) und zoomorpher Version sowie in einer Ganzfigurvariante (siehe Abb. 1.3 d). Unter den allographischen Varianten eines Zeichens wählte der Schreiber diejenige aus, die ihm aufgrund des vorhandenen Platzes und des künstlerischen Anspruchs des jeweiligen Textes als die zweckmäßigste erschien. Seine Kunstfertigkeit wurde daran gemessen, wie virtuos er die verschiedenen Formen zu kombinieren und wie pointiert er jede einzelne einzusetzen verstand (etwa so, wie die kunstvollen Initialen in mittelalterlichen Handschriften).

Abb. 1.4

Für häufig auftretende Silben oder Wörter – wie etwa *u*, das Personal- wie Possessivpronomen der dritten Person Singular (er/sie/es, sein/ihr/sein) – entwickelte sich im Lauf der Zeit eine beträchtliche Synonymenvielfalt, fast so, als seien die Schreiber es leid gewesen, eine bestimmte Bedeutung immer wieder in gleicher Weise wiederzugeben. Und da jedes Synonym wiederum seine allographischen Varianten hatte, entwickelte sich ein enorm komplexes Schriftsystem, das eine Vielfalt von Schreibweisen aufwies. Eindrucksvolles Beispiel dafür ist das Wort *ahau*, das je nach Kontext als Tagesglyphe oder zur Bezeichnung des Königrangs diente (siehe Abb. 1.4). Die wichtigeren Teile eines Textes wurden häufig durch Verwendung der kunstvolleren Allographen und größere Schrift hervorgehoben.

Die aus dem reichhaltigen Formenrepertoire ausgewählten Glyphen wurden zusammengesetzt zu Satzteilen, Sätzen und schließlich jenen umfangreichen Texten, die sich auf Denkmälern bis heute erhalten haben. In den Inschriften sieht das Standardschema der Wortfolge im Satz normalerweise so aus, daß eine Zeitangabe den Anfang macht, danach stehen – in dieser Reihenfolge – die Handlung, auf die die Zeitangabe sich bezieht, das Objekt der Handlung und der Ausführende. Die Sätze bildeten zusammen mit anderen ein Textganzes, das Zeit- und Handlungsabläufe protokollierte und die an der Handlung Beteiligten verzeichnete und seinerseits mit anderen Texten zu einer Literatur eigenen Stils und bestimmter Qualität verschmolz. Ein großer Teil der literarischen Konventionen von damals lebt noch in der mündlichen Überlieferung der Maya von heute weiter.[21]

Nach unserer Feststellung spaltet sich die erhaltene Maya-Literatur in diverse Gattungen auf: Es gibt die durch die Almanache repräsentierten astronomischen Kalenderrechnungen für den sakralen Gebrauch; es gibt die Eigentumsvermerke auf allen möglichen Gegenständen, von Ohrgehängen bis zu Häusern; es gibt die formellen Widmungsschriften auf Gegenständen, die den Namen des Auftraggebers und des Künstlers beziehungsweise Schreibers nennen; und es gibt schließlich die erzählenden Texte. Letztere teilen sich in mindestens zwei Unterabteilungen auf: Erzähltexte, die in Bildfolgen mit Darstellungen des wiedergegebenen Geschehens eingebunden sind, und solche, die ohne Illustrationen auskommen. Die Kombination aller in den verschiedenen Textsorten enthaltenen Informationen ermöglicht die Rekonstruktion von Geschichte, Glauben und Institutionen der alten Maya.

Die Hieroglyphentexte erschöpfen sich jedoch nicht in ihrer historiographischen Funktion. Sie sind darüber hinaus auch Literatur – die einzige schriftlich fixierte Literatur aus der vorkolumbischen Ära der amerikanischen Geschichte. Das Schreiben war für die alten Maya eine Kunst, die nicht nur darin bestand, Wörter nach grammatikalischen Regeln aneinanderzureihen, sondern unter anderem mit einschloß, ein Bild von dem Wort selbst zu schaffen. Die Maya-Schrift zählt zu den kalligraphisch höchststehenden Schreibschriften des Altertums; mit ein Grund dafür, daß sie mehr als jedes andere Schriftsystem ihren bildhaften und künstlerischen Ursprüngen treu blieb. Allerdings wurde die Kunstfertigkeit eines Schreibers nicht allein an der kalligraphischen Schönheit seines Werks gemessen, sondern auch daran, wie kreativ und innovativ er die Möglichkeiten des Schriftsystems und die Konventionen der Textgestaltung zu nutzen verstand. In den Augen der Maya zählte nicht nur, *was* ein Text mitteilte, sondern auch, *wie* er es mitteilte, ja mehr noch, *wo* und *auf welchem Material* etwas mitgeteilt wurde.

Das System präsentiert sich dem Leser von heute in oftmals verwirrender Kompliziertheit, dürfte allerdings schon zu seiner Zeit auf den Teil der Maya, der die Finessen der Schreibkunst nicht beherrschte, ebenso gewirkt haben. Wir sollten uns in diesem Zusammenhang klarmachen, daß Sinn und Zweck dieser Schrift nicht Massenkommunikation heutigen Stils war. Nur ein kleiner Bevölkerungsteil war des Lesens und Schreibens kundig. Man lebte, was das betraf, in Verhältnissen, die weit entfernt waren vom heutigen Massenmarkt der Publikationen. Schreiben war eine sakrale Verrichtung mit der Eigenschaft, die Ordnung des Weltalls abzubilden, dem historischen Geschehen wie dem religiösen Ritual Form und Gestalt zu verleihen und das Profane des Alltagslebens ins Übernatürliche zu erhöhen.

Am historiographischen Bild von Geschichte haben die Konstruktionen der Geschichtsschreiber einen ebensogroßen Anteil wie das objektive Geschehen selbst, das sie «so, wie es war» zu beschreiben versuchen – das trifft wie in jeder anderen Kultur auch auf die alten Maya zu. Fast ausnahmslos zeigen uns die erhaltenen Maya-Texte die einseitige Sicht der Sieger: derjenigen also, die, wenn sie Krieg führten, ihn auch gewonnen hatten; die die Macht hatten, öffentliche Monumente und Kolossalbauten errichten zu lassen; die reich genug waren, um ihre Gräber mit beschrifteten Kunstbeigaben anfüllen zu können; die es sich leisten konnten, den Göttern wertvolle Kunstgegenstände zu opfern, die sie kauften oder anfertigen ließen. Würden wir in der besten aller möglichen Welten leben, hätten wir heute sicher mehr Material über die Geschichte der Verlierer, dazu Journale aus dem Verwaltungs-, Handels- und fiskalischen Alltag und nicht zuletzt Zeugnisse aus der persönlichen Gedankenwelt der Menschen, die Träger jener Geschichte waren. Aber so, wie die historischen Zeitläufte nun einmal sind, hinterlassen sie so gut wie nie eine derart umfangreiche oder gar lückenlose Dokumentation. Für immer verlorengegangen ist uns von den Maya, was sie in Bild und Schrift in Büchern oder auf anderen vergänglichen Materialien festgehalten haben. Erhalten geblieben ist uns das Geschichtsbild, wie es Könige und Aristokraten ihrem Volk einzuprägen wünschten, erhalten geblieben sind uns Devotionalien, die Menschen über den Tod hinaus bei sich haben wollten, und jene Weiheworte, die sie auf Opfergaben, Sakral- und Alltagsgerät verewigten.

In Anbetracht dessen, daß bei der offiziellen Maya-Geschichtsschreibung (soweit erhalten) kein unbedingter Verlaß auf wahrheitsgemäße Darstellung ist, muß die Epigraphik dankbar sein für jede Zusatzinformation, die ihr die Archäologie liefern kann – gleichgültig, ob diese die schriftliche Urkunde bestätigt oder korrigiert. In der Analyse der beiden Urkunden, der epigraphischen und der archäologischen, gründet unsere Rekonstruktion der historischen Tatsachen.

Aus dem Vergleich von Informationen beiderlei Typs erhält man auch das Zeitgerüst für die Geschichte der Maya. Die archäologische Urkunde beginnt mit den Zeugnissen der ersten Landnahme auf der Halbinsel Yucatán vor ungefähr 11000 Jahren. Jahrtausendelang führten die Einwanderer hier ein gleichförmiges Jäger-und-Sammler-Dasein, als dessen stumme Zeugen uns die Steinabschläge erhalten sind, die sie als Messer, Schaber und Spitzen für ihre Jagdspeere benutzten. Doch etwa um 1000

v. Chr. hatten sie sich die Agrarwirtschaft angeeignet und begonnen, Dorfsiedlungen anzulegen.[22] Diese erste Phase der Seßhaftigkeit wird als vorklassische Periode (1500 v. Chr. – 200 n. Chr.) bezeichnet. An deren Ende hatten die Maya einen hohen Zivilisationsstand erreicht, mit – um das Gottkönigtum als Kern und Mittelpunkt zentrierten – sozialen und politischen Institutionen, die dieses Volk in den folgenden tausend Jahren auf seinem Weg durch die Geschichte begleiten sollten.

Während der ersten Phase der langen vorklassischen Periode, im frühen Vorklassikum (1500–900 v. Chr.), bildete sich die erste mesoamerikanische Hochkultur, die von den Forschern später so genannte Olmeken-Kultur, heraus. In den Flachmooren des südlichen Veracruz und Teilen des Guerrero-Hochlands schufen die Olmeken die ersten Königreiche Mesoamerikas und damit das weltanschauliche und politsymbolische Raster, das die Erben dieses erstaunlichen Volks, die Maya, übernehmen sollten. Die Olmeken schufen als erste einen Kunststil und eine Symbolik, die die unterschiedlichen ethnischen Gruppen Mesoamerikas zu einem geschlossenen kulturellen System einten.

Bis zur mittleren vorklassischen Periode (900–300 v. Chr.) hatte sich die olmekische Symbolik über das ganze Gebiet zwischen dem heutigen Costa Rica und dem Hochtal von Mexiko verbreitet. Überall begannen unterschiedliche ethnische Gruppen große Zentren für das Volk zu bauen und das Königtum und die hierarchische Gesellschaftsordnung zu institutionalisieren. Noch bei den am weitesten südlich lebenden Maya-Völkern stellt man die Übernahme der von den Olmeken eingeführten Symbolik und sozialen Einrichtungen fest. Die Maya in den Gebirgstälern von Westhonduras[23], Guatemala und El Salvador begannen, ihre Gesellschaft hierarchisch nach olmekischem Muster zu strukturieren – eine Tatsache, die durch Grabfunde an mehreren Ausgrabungsstätten erhärtet wird. Manche Mitglieder der Gemeinschaft waren schlicht im Boden ihrer Wohnstätten beigesetzt, während andere mit kostbaren Beigaben – zum Beispiel aus Jade – auf die Reise ins Jenseits geschickt wurden. In der vorklassischen Periode begannen die Maya im Süden, aus aufgehäufter Erde und Steinen Offizialbauten im Olmeken-Stil – von Plattformen gekrönte «Mounds» – zu errichten. An den Berghängen und Gebirgsausläufern der feuchtheißen, sumpfigen Pazifikküste schufen andere Gruppen[24] Steinmonumente mit olmekischen Stilmerkmalen und ein Symbolrepertoire, das auf die monarchistische Ikonographie des um die Zeitenwende sich herausbildenden Maya-Königtums hindeutet. Die ersten Herrschergestalten wurden zusammen mit Götter- und kosmischen Symbolen, die das Weltbild der mittleren vorklassischen Periode widerspiegeln, in Stein gemeißelt. Aus diesen machtvollen Bildnissen sollten sich zuletzt die Stelen der Tieflandkultur entwickeln, die den Herrscher erstarrt im Austausch mit dem Jenseits zeigen.

Obschon im Westen und Norden von Völkern umgeben, die sich für die

Vereinigung unter der Herrschaft eines Oberhaupts entschieden hatten, gingen die bäuerlichen Gemeinschaften des Tieflands während der mittleren vorklassischen Periode einen anderen Weg der sozialen Entwicklung, nämlich den der Stammesföderation, die ein nach Tausenden zählendes Heer in den Krieg schicken konnte, wenn es einen Angriff von außen abzuwehren galt. Diese Population erkannte keine höhere Machtebene an als die des heimischen Dorfpatriarchats.[25] Mit dieser segmentären Stammesorganisation konnte sich eine im wesentlichen egalitäre Gesellschaft sehr großen Umfangs auch in unmittelbarer Nachbarschaft von hierarchisch strukturierten Staaten behaupten. Diese Gesellschaftsform war die Matrix eines nach gleichem Muster in zahlreichen Kleinstaaten eingerichteten Königtums, wie es sich im Lauf des 1. Jahrhunderts v. Chr. in schneller Folge im gesamten Tieflandraum herausbildete und institutionell verfestigte. Die ersten Könige waren herausgehobene Dorfpatriarchen, Oberhäupter von Sippen, die sich gegenseitig als Brüder betrachteten, weil sie alle von denselben mythischen Vorfahren abstammten.[26] Die segmentäre Stammesorganisation expandierte nach und nach zur segmentären Staatsorganisation.[27]

Die späte vorklassische Periode (300 v. Chr. – 100 n. Chr.) sah die Herausbildung der Adelsstufe der *ahau* und den Aufstieg des Königtums im ganzen Maya-Land. Aus den Reihen der noblen *ahau*, der Herren, ging derjenige hervor, der den Rang der allerhöchsten Majestät, der *ahau* der *ahauob*, bekleidete. Von der pazifischen Abdachung des südlichen Hochlands[28] bis zu den Savannen Nordyucatáns[29] verewigten diese Herrscher sich und ihre Insignien auf Steinmonumenten mit eingemeißelten Bildgeschichten, die sie bei ihren sakralen Verrichtungen zeigten. Und erstmals wurden diese szenischen Darstellungen von Texten begleitet, die Zeit, Ort und Personen der Handlung nannten. Für die Maya war dies die Geburtsstunde der Geschichtsschreibung. Zugleich war es auch die Geburtsstunde jener politischen Strategie, deren Mittel und Ausführungswerkzeug die im Namen und Auftrag der Könige geschaffene Monumentalkunst war; denn die Dinge, die in den Tempeln und Offizialbauten ihrer Stadt vor ihren Blicken ausgebreitet wurden, verkörperten für die Maya die transzendierte historische Realität. In weit größerem Maß, als wir uns das vorstellen können, schuf Kunst für sie Wirklichkeit. In dieser Zeit errichteten die Tiefland-Maya ihre ersten dekorierten Tempel, die Hochland-Völker[30] stellten erstmals beschriftete Steinstelen auf, und der monarchistische Herrschaftsanspruch war für die Dauer von tausend Jahren gefestigt.

Unsere Geschichte beginnt in dieser letzten Phase der vorklassischen Periode und führt in die Blütezeit der Maya-Kultur, die klassische Periode, hinein, für die man das früheste auf einer Stele entzifferte Datum ansetzt – derzeit das Jahr 199 n. Chr.[31] Diese Epoche höchster Reife und Vollendung ist ihrerseits in zwei Phasen gegliedert: Frühklassikum (200–600 n. Chr.) und Spätklassikum (600–900 n. Chr.).[32] Die klassische Periode endete mit einem allgemeinen Zusammenbruch, der den größten Teil des Maya-Landes erfaßte. Nur in wenigen Gebieten, so etwa im nördlichen Belize und in Yucatán, konnte sich der klassische Lebensstil unbeeinflußt bis in die Endphase der vorkolumbischen Geschichtsära, die nachklassische Periode, hinein halten. Das Nachklassikum dauerte von 900 n. Chr. bis zur Eroberung Yucatáns durch die Spanier im Jahr 1541; allerdings nahm der Widerstand der Maya gegen die spanische Herrschaft erst mit der Unterwerfung der um den Petén-Itzá-See beheimateten Itzá im Jahr 1697 ein Ende.

Der Vergleich von epigraphischem und archäologischem Material gibt uns auch Aufschluß über die Welt der Maya zur Zeit ihrer kulturellen Hochblüte, die anders war als das, was der Tourist heute noch von ihr vorfindet. Auf dem Höhepunkt der klassischen Kulturperiode, im 8. Jahrhundert, ernährte das Maya-Land mit seiner großen Vielfalt unterschiedlicher Lebensbedingungen Millionen von Menschen. Zwar wissen wir aus den überlieferten Inschriften, daß Tikal, das seinerzeit größte Königtum, etwa 500000 Untertanen zählte[33], doch lag die Populationsstärke der einzelnen Reiche im Durchschnitt sehr viel niedriger, nämlich bei etwa 30000–50000. Ein Maya-König hatte in seiner Politik enorm komplizierte Verhältnisse auf der politischen Landkarte zu berücksichtigen (siehe Abb. 1.5). Die Situation, der er sich gegenübersah, ist vergleichbar etwa mit der verwirrenden Vielfalt von König-, Herzog- und Fürstentümern sowie anderen dynastischen Herrschaften des europäischen Mittelalters. Ein vielleicht noch treffenderer Vergleich ist der mit den Stadtstaaten im alten Griechenland, jenen politisch autarken, jedoch kulturell, sozial und wirtschaftlich voneinander abhängigen kleinen Territorialherrschaften.[34]

Erste Anhaltspunkte in bezug auf die politische Organisationsform der Maya der klassischen Periode ergaben sich mit Heinrich Berlins Entdekkung der sogenannten Emblemglyphen.[35] Nach heutigem Kenntnisstand handelt es sich dabei um Titelbezeichnungen, die den, der sie im Namen führte, entweder als *ch'ul ahau* («heiliger Herr») oder *ahau* («Herr») oder *na ahau* («edle Herrin») eines bestimmten Reichs auswiesen. Wir wissen inzwischen auch, daß diese Reiche hierarchisch strukturiert und die Bevölkerung in eine Vielzahl von Rangstufen gegliedert war. Jedes Reich verfügte über ein Zeremonialzentrum, das in der Regel ein Haupt- oder Oberzentrum mit angegliederten Unterzentren war, die in der Größenordnung zwischen Stadt und größerer Palastanlage schwankten, ja mitunter bis hin zu Weilern und einzelnen Gehöften reichten.[36]

Die Hieroglypheninschriften liefern auch Informationen anderer Art über die Machtstruktur in diesen Reichen, wobei man freilich von der Existenz regionaler Unterschiede ausgehen muß. Der König wird häufig als *ch'ul ahau*, «heiliger Herr», bezeichnet. Er bekleidete stets den Rang eines Ahau, doch gab es neben ihm im selben Reich noch andere, kleinere Ahauob mit anderen Zuständigkeiten. Ahauob übten das Herrscherrecht

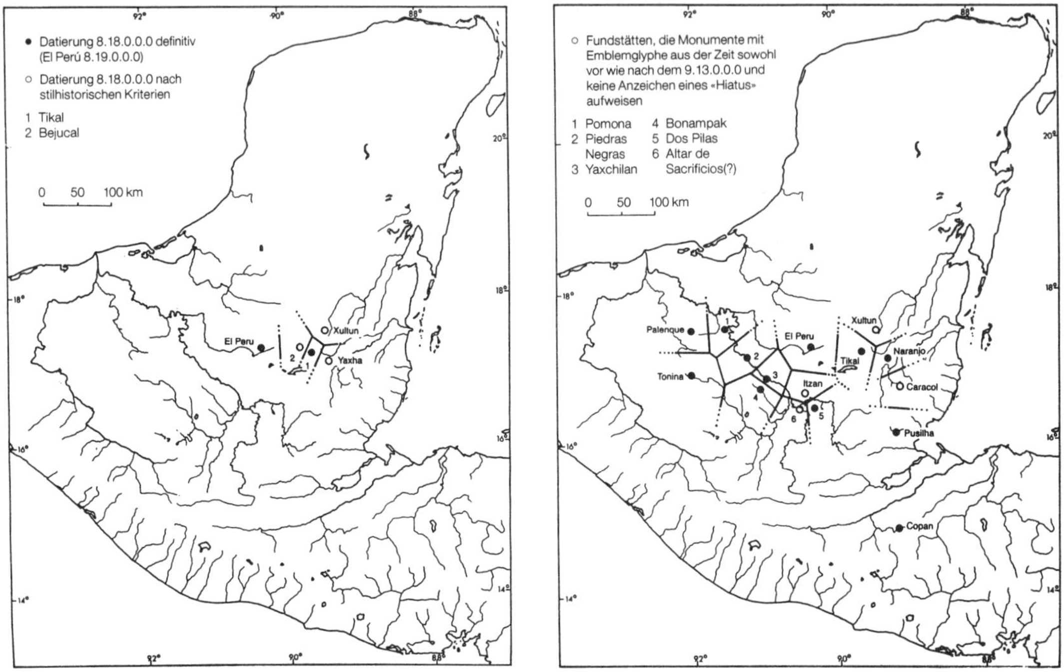

a) Emblemglyphenreiche im Jahr 396 n. Chr.

b) Emblemglyphenreiche im Jahr 692 n. Chr.

Abb. 1.5 Räumliche Verteilung der Emblemglyphenreiche in der klassischen Periode (nach Peter Mathews)

über nachgeordnete Bevölkerungszentren innerhalb desselben Gemeinwesens aus, und sie versahen im Oberzentrum wichtige Ämter, etwa das des Kriegsherrn. So zum Beispiel wurde das Regionalzentrum Tortuguero von einem Ahpo-Balam regiert, der Mitglied der Königsfamilie und Ahau von Palenque war. In Copán herrschte ein Halbbruder des letzten Monarchen über einen bestimmten Stadtsektor. In Naranjo brachte es ein Ahau, der zugleich Sohn des regierenden Königs war, zu Ruhm und Ansehen als Schreiber – was zwar kein politisches Amt, doch eine mit hoher Auszeichnung verbundene herausragende Stellung war. Kurzum, der Ahautitel bezeichnete den Adel höchster Stufe, also den der Könige – obwohl es sehr viel mehr Ahauob als Könige gab. Dieser Adelsrang wurde in jeder Generation auf mehrere Nachkommen vererbt, wie das in der spätklassischen Periode zweifellos der Fall war. Offenbar lag es im Interesse der Herrscher, ihre Sprößlinge und die anderen Ahauob nutzbringend in der Reichsverwaltung unterzubringen.

In den Reichen am Río Usumacinta und in den Wäldern westlich dieser Region[37] wurden Unterzentren bisweilen von einem *cahal* regiert, der zwar nicht auf gleicher Adelsstufe mit den Ahauob stand, aber gleichwohl dem Königshaus eng verbunden war. Die Cahalkaste hatte in eingeschränktem Umfang gleiche Ritualvorrechte wie die Ahauob und stellte sowohl Provinzgouverneure als auch Beamte im Oberzentrum.[38] Der Hofstaat, in

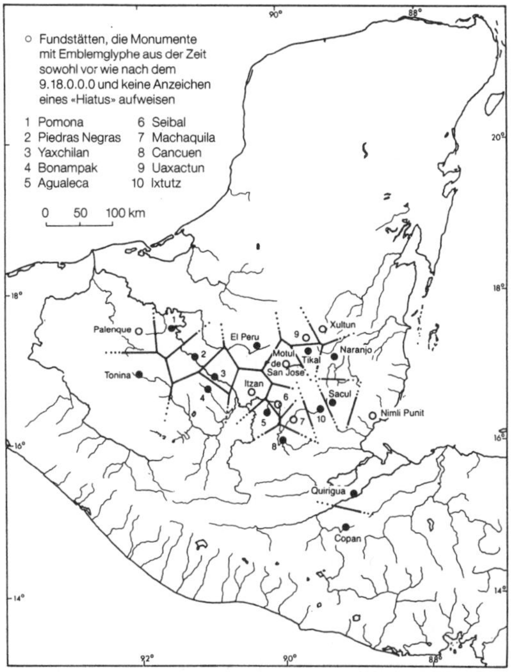

c) Emblemglyphenreiche im Jahr 790 n. Chr.

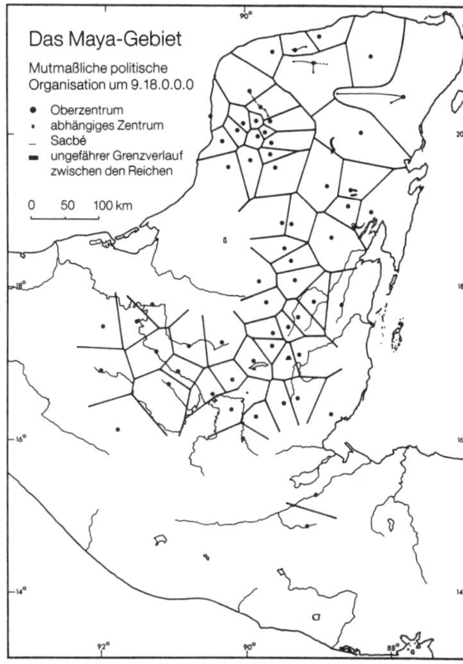

d) Vermutlicher Bestand an Reichen im Jahr 790 n. Chr.

dessen Händen die Verwaltung des Reichs lag, setzte sich also aus Cahalob und Ahauob zusammen, und Könige konnten zur Sicherung politischer Bündnisse Frauen sowohl der einen wie der anderen Kaste ehelichen.

Edle der einen wie der anderen Stufe wurden in diplomatischer Mission an die Höfe anderer Oberzentren entsandt[39], und Vertreter der Ahauob wie der Cahalob waren als unerläßliche Zeugen bei der Einsetzung von Erben und der Thronbesteigung des Königs zugegen. Die Tatsache, daß die Inthronisation nur unter machtvollen und entsprechend gefährlichen Riten vollzogen wurde, wie auch der Umstand, daß der Thronfolger im Idealfall der älteste Sproß seines königlichen Erzeugers sein sollte, legen den Schluß nahe, daß wir es bei den Maya nicht mit einem Wahlkönigtum zu tun haben. Die zahlreichen Abweichungen vom idealen Erbrecht – so etwa der Übergang des Thronfolgeanspruchs vom Erstgeborenen auf einen der jüngeren Brüder[40] – geben freilich auch zu erkennen, in welch entscheidendem Umfang die Thronfolge von der Zustimmung des Adels abhing.

Die Zahl der Maya-Königtümer erhöhte sich in der Zeit vom 1. vorchristlichen Jahrhundert bis zur Hochblüte der Tieflandkultur im 8. nachchristlichen Jahrhundert von ungefähr einem Dutzend auf nicht weniger als das Fünffache (siehe Abb. 1.5 d).[41] Nicht allen Reichen, mochten sie auch noch so fest gegründet sein, war in dieser Zeitspanne dauerhafter Bestand beschieden. Kraft und Können eines Königs wurden durch Kriege, Intrigen und Naturkatastrophen auf vielfältige Proben gestellt. Das Leben eines Herrschers war ständig bedroht, und mehr als einer beschloß sein Leben nicht friedlich durch Altersschwäche, sondern als Gefangener in einem Krieg, den mit Erfolg zu führen er zu alt war.[42] Neben den erwähnten Staatsgebilden gab es auf der politischen Landkarte der Maya aber immer auch die prosperierenden und höchstwahrscheinlich autarken Städte, die nie eine Königsstele aufstellten und sich nie an die Spitze einer Emblemgemeinschaft setzten. Das beständige Werden und Vergehen von Maya-Reichen innerhalb und außerhalb von Emblemgemeinschaften ist typisch für die gesamte Geschichte dieses Volkes.

Das Leben im Machtbereich der Könige war durch politische Anpassung und Reglementierung gekennzeichnet, aber im Grenzland zwischen den einzelnen Reichen dürfte es für Menschen von verwegenerem Schlag die Möglichkeit gegeben haben, in Häuptlingschaften ein unabhängiges Dasein zu führen; ja es ist nicht auszuschließen, daß hier ganze Bauerndörfer außerhalb des Herrschaftsbereichs existierten. Viele Kulturen tolerieren solche Randgruppen, weil sie auf vielfältige Weise ihren Interessen dienen, nicht zuletzt, indem sie aus strategischer Sicht als eine Art Sicherheitskordon gegen Eindringlinge fungieren. In der Waldwelt der Maya bestanden die Aktivitäten dieser Niemandslandpopulation aller Wahrscheinlichkeit nach im Sammeln von pflanzlichen Rohstoffen, die sie zu Arzneien, Giften, Farbstoffen und Räucherwerk weiterverarbeiteten, sowie im Fallenstellen und Jagen zur Erbeutung von Fleisch und Tierhäuten. Diese wertvolle Handelsware verkauften sie dann an ihre Brüder im Reich. Die Siedlungen im Grenzgebiet unter Kontrolle zu halten und dort für die pünktliche Erfüllung der Tributpflicht zu sorgen gehörte mit zu den Aufgaben des Hofadels. Streitigkeiten um die Gerichtszuständigkeit für Ländereien im Grenzgebiet zählten zu den Kriegsursachen.

Die politische Landkarte der Maya präsentiert sich im Bild als ein Archipel von Metropolen, die aus einem Meer von kleineren Städten und Dörfern herausragen. Die Könige hatten alle Hände voll zu tun, das Umland fest im Griff zu behalten und ihre Herrschaft so weit wie möglich gegen die benachbarten Reiche hin auszudehnen. Von Anfang an war im Maya-Königtum der Krieg selbstverständlicher Bestandteil des Lebens und Kriegführen unabdingbare Pflicht der Herrscherpersönlichkeit. Mit wachsender Zunahme der Reiche griff die territoriale Expansion auf Kosten der unabhängigen Landgemeinschaften immer weiter um sich. Bei Anbruch des Spätklassikums sah jeder König von seinem eigenen Territorium aus auf einen von – verbündeten oder feindlichen – königlichen Verwandten bevölkerten Großraum, in dem Hader und Krieg mehr und mehr die Politik bestimmten.

Der Mensch des 20. Jahrhunderts wird sich von der Lebensweise der alten Maya ein etwas klareres Bild machen können, wenn er sich gewisse Eigentümlichkeiten ihres Lebensraums sowie des Lebens in den Tropen überhaupt vor Augen hält und einen Eindruck von ihrem «technologischen» Zivilisationsstand hat. Die Maya waren ein Steinzeitvolk, das erst in der nachklassischen Periode seiner Geschichte, nur wenige Jahrhunderte vor der Conquista, Bekanntschaft mit Metallen machte. Alle ihre heute so bewunderten Monumente errichteten sie ausschließlich mit Steinwerkzeugen und menschlicher Muskelkraft, ohne Last- und Zugtiere. Vor der Ankunft der Spanier gab es in Mesoamerika kein Tier, das groß und kräftig genug gewesen wäre, als Arbeitstier zu dienen. Die Maya legten zwar vereinzelt zwischen bestimmten Gebieten des Reichs befestigte Straßen an, doch gab es in ihrem Siedlungsgebiet zu keiner Zeit so etwas wie ein zusammenhängendes, ausgebautes Straßennetz. Da sie für den Lastentransport über Land weder Wagen noch Tragtiere, sondern nur menschliche Träger einsetzten, hätten ihnen Straßen durch den Dschungel oder zerklüftete Gebirgslandschaften kaum Vorteile gebracht, die den gewaltigen Aufwand gelohnt hätten. Ihren Lastträgern genügten Waldschneisen und Trampelpfade, um so mehr, als die Hauptverkehrsadern für den Lastentransport die zahllosen Flußläufe, *bajos* und Kanäle waren, die in dichtem Netz das Land überzogen. Bis in die allerjüngste Vergangenheit[43] war das Kanu – in der Regel ein Einbaum aus Hartholz – das wichtigste Fortbewegungsmittel ins Innere des Maya-Landes.

Mit ihren Einbäumen durchpflügten die Maya die trägen Tieflandflußläufe, die die während der Regenperiode überfluteten riesigen Sumpfgebiete entwässern. Die Niederschlagsmenge beträgt im südlichen Tiefland (damals wie heute) im Jahresmittel weit über 3000 Millimeter. Ein Teil dieser Wassermenge fließt nach Norden in den mächtigen Usumacinta oder einen seiner Nebenflüsse und erreicht auf diesem Weg schließlich den Golf von Mexiko. Der Rest fließt ostwärts und gelangt über ein Netz von großen und kleinen Flüssen und Wasserläufen zuletzt ins Karibische Meer. Über das Land verzweigt wie die filigranen Adern über ein Baumblatt, waren diese Wasserstraßen die naturgegebenen Reise- und Handelsrouten vom Süden in den Norden des Tieflands. Wenn wir also vom Besuch einer hochgestellten Persönlichkeit bei einer anderen oder vom Handel zwischen zwei Gebieten hören, so haben wir uns dabei vorzustellen, daß Personen oder Waren, die nicht von Trägern in Tragsesseln beziehungsweise als Rückenlasten[44] befördert wurden, in Booten über ein verzweigtes Wassernetz – das eigentliche «Fernstraßennetz» der alten Maya – gerudert wurden.

Diese Wasserläufe waren nicht ständig geebnete Wege. Auf dem Höhepunkt der Regenzeit, zumal wenn vom Golf her die großen Sommergewitter und -stürme hereinbrechen, verwandeln sich die sonst so trägen Flüsse in reißende Ströme von zerstörerischer Kraft. Andererseits kann der Wasserstand in der Trockenperiode so weit absinken, daß sie nicht mehr befahrbar sind. Meist ist Wasser in den Tropen in Überfülle vorhanden, doch in der Trockenzeit gibt es davon zuwenig und während der Regenzeit zuviel. Infolgedessen lag der Schwerpunkt aller sozialen Neuerungen auf der Lösung zweier zentraler Probleme: Wie kann man das überschüssige Wasser für Notzeiten speichern? Und wie kann man das fruchtbare Überschwemmungsland durch Trockenlegung für den Dauerfeldbau gewinnen? Der Bau von Wasserreservoiren und ausgedehnten befestigten Kanalsystemen verlangte den überlegten Einsatz Tausender Arbeitskräfte und trug damit zur Entwicklung des Gemeinschaftssinns und der Zentralgewalt bei. So legten die Maya von Tikal offene Wasserreservoire in den Steinbrüchen an, aus denen sie das Material für ihre Kolossalbauten holten. In den Gebieten im heutigen Staat Campeche zwang der Mangel an beständigen Wasserquellen die Maya, unter ihren Bauten große Zisternen anzulegen. In Edzna in Zentralcampeche schufen sie ein sternförmiges System von kilometerlangen seichten Kanälen, in dem Regenwasser für die Dauer der Trockenperiode gespeichert wurde.

Weiter im Norden der Halbinsel sammelt sich das Regenwasser alljährlich für eine gewisse Zeit in flachen Senken, sogenannten *arroyos*. Zum größten Teil versickert der Niederschlag jedoch rasch im wasserdurchlässigen Kalkboden und fließt unterirdisch zum Meer. An dieses Wasser konnten die Maya nur durch die den gesamten Karst Nordyucatáns durchziehenden Höhlen gelangen. Wenn die durch einsickerndes Regenwasser und hartes, kalkgesättigtes Grundwasser bewirkte Korrosion einen zuvor entstandenen großen unterirdischen Hohlraum zum Einsturz brachte, entstand ein tiefer, schachtartiger natürlicher Brunnen von zehn bis dreißig, manchmal auch von achtzig Metern Durchmesser, der sogenannte *cenote*. Im Nordwesten Yucatáns liegt der Wasserspiegel der Cenotes dicht unter dem Brunnenrand, in anderen Gebieten dagegen, so etwa im «Heiligen Cenote» von Chichén Itzá, erreicht die Differenz zwischen Brunnenrand und Wasserspiegel zwanzig Meter. Die Wassertiefe schwankt zwischen acht und vierundfünfzig Metern. An das Wasser von Karstbrunnen gelangte man nur auf einer beschwerlichen und nicht ganz ungefährlichen Klettertour über eine Holzleiter oder direkt in die Brunnenwand gehauene Steinstufen. Die Cenotes sind ein Charakteristikum im Landschaftsbild des nördlichen Tieflands. Bei einem Volk wie den Maya, in deren Gedankenwelt die Vorstellung eines unterirdischen Jenseits eine so große Rolle spielte, ist es kaum verwunderlich, daß der Platz um diese Brunnen Versammlungsort und Kultstätte wurde.

Das zweite große Element im Leben der Maya war der eindrucksvolle Regenwald mit seinen mächtigen lianenbehangenen Harthölzern wie dem Mahagoni *(Swietenia macrophylla)*, dem Chico Zapote *(Manilkara zapota)* und – allen voran – der als heiliger Baum verehrten Ceiba (dem «Kapokbaum»: *Ceiba pentandra* und *Bombax ceiba*). Der Wald ernährt eine üppige Fauna und Flora, steht jedoch auf dünner Krume, so daß Nährstoffe, die in den Boden gelangen, für die Baumwurzeln unerreichbar im steinigen Untergrund verschwinden. Der Wald hat sich in der Weise angepaßt, daß sich auf seinem feuchten, schattigen Boden Pilze ausbreiten und ein emsiges Treiben von Insekten stattfindet, die auf dem Weg über ihren Stoffwechsel abfallende Blätter und Zweige sowie umgestürzte Bäume kompostieren und so die wertvollen Nährstoffe an die weitausgreifenden Flachwurzeln der Bäume zurückführen. Unaufhörlich spielt sich vor den Augen der Menschheit dieser Kreislauf des Lebens ab – vor immergrüner Kulisse ein ewiges Vergehen und Werden.

Der Rhythmus des Lebens stellt sich in den Tropen anders dar, als wir ihn von unseren gemäßigten Breiten kennen. Das Sinnbild der Wiedergeburt nach dem Tod liegt für uns in der Ablösung des Winters durch den Frühling, der Jahreszeit des neu aufkeimenden Lebens. Für die Maya hingegen ist das Frühjahr die Zeit der Trockenheit und der Brandrodung von Waldstücken zur Gewinnung von Saatfläche. Im Frühling der Tropen brennt erbarmungslos die Sonne vom Himmel herab, während gleichzeitig der stickige Rauch der brennenden Wälder die Lunge mit Aschepartikeln füllt und die Sonne verfinstert.[45] Während ein Teil der Bäume von den Flammen vernichtet wird, wechselt der umliegende Wald im Ascheregen seine Farbe von Grün zu Kalkweiß; viele Bäume werfen die Blätter ab und stehen kahl da. Der Wald strömt Todesgeruch aus und gleicht in Farbe und Form einem Leichengerippe.

Die Trockenperiode war für die alten Maya zugleich die Jahreszeit der Kriege, denn auf dem nunmehr ausgetrockneten Morastboden stellte die Fortbewegung kein Problem mehr dar. Da mit der Aussaat erst beim Einsetzen der Regenfälle begonnen werden konnte, war es auch unter anderen Gesichtspunkten ratsam, militärische Aktionen in die Zeit davor zu verlegen; so behinderten sie nicht die Arbeit der Bauern. Die Feldzüge, von denen auf den folgenden Seiten noch die Rede sein wird, fanden fast ausnahmslos in der Jahreszeit von Ende Januar bis Anfang Mai statt.

Wenn dann Ende Mai bis Anfang Juni die Regenfälle einsetzen, erwacht diese Welt zu neuem Leben und verändert buchstäblich über Nacht ihr Gesicht. Blätter und Stämme saugen sich voll mit lebenspendendem Wasser, und innerhalb von Stunden weicht die Leichenblässe des Waldes einem unglaublich tiefen, satten, lebensprühenden Grün – dem Farbton, den die Maya *yax* nennen. Der Regen bringt nicht das für den Frühling in den nördlichen Breiten typische übersprühende Farbenspiel, sondern tritt mit einem abrupten Wechsel auf, der noch nachdrücklicher den Übergang vom Tod zum Leben unterstreicht.

Im Sommer stürzt der Regen in wolkenbruchartigen tropischen Gewitterstürmen, die mit schreckenerregender Gewalt über das Land hereinbrechen, vom Himmel. In guten Zeiten fallen die lebenspendenden Niederschläge täglich zuverlässig in den späten Nachmittags- oder frühen Abendstunden; aber so, wie sie dem Land Leben bringen, können sie es zeitweilig auch ertränken. Ende Juli und im August werden die Sommerstürme von einer kurzen Trockenperiode, der *canícula*, abgelöst, während derer die durchweichte Erde bis zum Einsetzen des herbstlichen Dauernieselns ein wenig austrocknen kann. Die manchmal tagelang anhaltenden kalten Winterstürme, heute *nortes* genannt, verwandeln das sonst warme Klima in eine unangenehm nasse Kälte, die alles durchdringt.

In den Tropen herrscht ein Rhythmus, der in die Erfahrung ausnahmslos aller hier beheimateten Lebewesen einfließt. In der reichen Urwaldfauna und -flora, den plötzlich hereinbrechenden Regenfällen und den Dürreperioden mit ihren bedrückenden Begleiterscheinungen zeigt sich die Gegensätzlichkeit von Leben und Tod, von Fülle und Entbehrung in eindringlicher Sinnbildhaftigkeit. Aber nicht die auf den Zeitpunkt der Tagundnachtgleiche fallende Wiedergeburt des Frühlings ist für die Maya sinnbildlich, sondern vielmehr das Eintreffen des lebenspendenden Regens um die Zeit der Sommersonnenwende. Doch diese Metaphorik ist weder mehr noch weniger aussagekräftig und tiefsinnig als die der westlichen Welt, welche die großen abendländischen Mythologien begründete.

Sowohl die Institution des Königtums als auch das Weltverständnis, das die treibende Kraft der Maya-Kultur war, hatten ihre Wurzeln in der Erfahrungswelt der bäuerlichen Vorfahren. Die Pflanzen- und Tierwelt des Urwalds, der Wechsel von Trocken- und Regenperiode, der Rhythmus des Aussäens und Niederbrennens – das war der Stoff, aus dem die Könige ihre Herrschaftssymbole formten. Wir haben gerade erst begonnen, ein Verständnis für das Lebensmodell der Maya und seine Anwendung in der materiellen Kultur dieses Volkes zu entwickeln.

Die Verbindung von geistigen und weltlichen Dingen, von Ahnenwelt und Gegenwartswelt, von Königssphäre und Volkssphäre ist weder zufällig noch Ausdruck einer persönlichen Vorliebe. Die Maya stellten diese Dinge in den Vordergrund ihres Lebens, weil sie es waren, die in ihren Augen zählten. In den erhaltenen Inschriften und Bildwerken haben wir die weltanschaulichen Ansichten vor uns, von denen die Könige glaubten, daß sie das Volk beeinflussen würden. Sie repräsentierten die Strategien, von denen ihre Anwender hofften, sie würden ihnen das Leben nach dem Tod ermöglichen.

Diese Texte und Bilder spiegeln das Leben der alten Maya, ihre Gedankenwelt und Geschichte wider, wie eine Landkarte die geographischen Gegebenheiten widerspiegelt. In den Worten und Bildern, die es uns hinterließ, wird dieses Volk in unserer Welt wieder lebendig. Wir erinnern uns ihrer Taten, besinnen uns der Macht und Schönheit ihrer Welt und erkennen ihre Kulturleistung als eine der großen im welthistorischen Zusammenhang an. In der schriftlichen Hinterlassenschaft der Maya ist uns nicht nur die Geschichte ihrer Könige, sondern auch ihr Sinn für Macht und Göttlichkeit überliefert. Die alten Urkunden entziffernd, buchstabieren wir noch einmal ihre Namen – und für die Dauer eines Augenblicks sehen wir die Welt noch einmal mit ihren Augen.

2

Heiliger Raum, heilige Zeit und die Kosmologie der Maya

Auf dem Weg zum Erwachsensein entwickelt jeder Mensch ein spezifisches Welt- und Gesellschaftsbild: das kollektive Realitätskonzept, wie es sich durch das Zusammenleben von Menschen über die Generationen hinweg in Sprache und Institutionen, in Handwerk und Künsten, in gemeinsamen Erfahrungen, gemeinsamer Arbeit und gemeinsamem Spiel herausbildet und äußert. Wir bezeichnen dieses Phänomen, das die Individuen dazu befähigt, die Welt und ihre Vorgänge zu verstehen, als «Kultur».

Daß es so viele «Wirklichkeiten» wie Kulturen gibt, mag für viele von uns eine ungewöhnliche Vorstellung sein. Doch ob wir uns nun dessen bewußt sind oder nicht, daß wir unsere Welt durch eine Brille betrachten: Es ändert nichts daran, daß unser Verhalten nur von einer einzigen Wirklichkeitsvariante gesteuert wird und daß in fremden Kulturen rund um den Erdball andere Varianten diese Funktion in Vergangenheit und Gegenwart erfüllten und erfüllen. Unsere durch die abendländische Kultur bedingte Lebensweise setzt unserer Phantasie, was andere Verhaltensformen betrifft, enge Grenzen. So ist es für uns unvorstellbar, sich – wie die Maya dies taten – Blut abzuzapfen, um mit seinen Ahnen in Verbindung zu treten. Derlei Gewaltakte würden wir als «unzivilisiert» abtun. Die alten Maya hingegen würden unsere Sitte, in Kriegszeiten junge Männer einzuberufen und sie anstelle der politischen Führer in den Kampf zu schicken, als barbarisch und feige verachten. Die Maya-Herrscher trugen ihre Streitigkeiten persönlich aus, und oft bezahlte der König mit seinem eigenen Blut, indem er als Besiegter gefangengenommen und geopfert wurde.

Die westliche Welt wird heute vornehmlich von der Ökonomie beherrscht. Wichtige Themen unseres Lebens, wie Fortschritt und soziale Gerechtigkeit, Krieg und Frieden, Wohlstand und Sicherheit, werden in materiellen Sinnbildern ausgedrückt. Unsere Massenmedien und unsere Gedanken über die Zukunft sind voll von moralischen und militärischen Auseinandersetzungen zwischen den Reichen und den Armen dieser Welt. Das Realitätsmodell der Maya hingegen beinhaltete nicht ökonomische Vorstellungen, sondern drückte sich in Religion und Kult aus. Die Maya-Religion erklärte den Standort des Menschen in der Natur, das Wirken der sakralen Welt und die Mysterien des Lebens und Sterbens, so wie unsere Religion dies in besonderen Fällen, etwa bei Trauungen und Beerdigungen, auch für uns noch tut. Doch das religiöse System der Maya legte auch die politischen und ökonomischen Machtstrukturen fest und damit die Regeln für das Funktionieren des Gemeinwesens.

In unserem Modell von der Welt wird Naturgeschehen durch die Wissenschaft erklärt, und Spiritualität ist in religiösen Grundanschauungen verankert – und beides bleibt logisch wie sachlich fein säuberlich voneinander getrennt. Die Maya hingegen betrachteten die Natur als stoffliche Manifestation des Geistigen und das Geistige als das wahre Wesen der Natur. Für sie hatte die Erfahrungswelt zwei komplementäre Dimensionen: In der einen lebten sie selbst, in der anderen waren die Götter und Ahnen und andere Geistwesen zu Hause. Diese Sehweise ist unter den Nachfahren der alten Maya bis auf den heutigen Tag erhalten.

Jene zwei Seinssphären waren unauflöslich miteinander verbunden. Das, was unter den Bewohnern im Jenseits geschah, beeinflußte aufs nachhaltigste den Lauf des Schicksals in der diesseitigen Welt, brachte Gesundheit oder Krankheit, Sieg oder Niederlage, Leben oder Tod, Wohlstand oder Armut. Umgekehrt waren aber auch die Jenseitsbewohner für ihr Wohlergehen auf die Hilfe der Erdenbürger angewiesen. Nur sie konnten die Nahrung bereitstellen, deren sowohl die Geister im Jenseits als auch, um die Wiedergeburt zu erlangen, die Seelen der Verstorbenen bedurften.[1] Die Verantwortung für das Wohlergehen der Menschheit zwischen Politikern und Priestern aufzuteilen, wäre für die Maya unbegreiflich gewesen. Ihre Könige waren in erster Linie göttergleiche Schamanen, die in beiden Seinsdimensionen wirkten und mit der Kraft ihrer rituellen Zauberkünste die beiden Sphären zum Heil ihres Landes im Gleichgewicht hielten.

Da der König mit der bäuerlichen Bevölkerung im gleichen Sozialverband lebte, mußten seine Ausführungen zu politischen Einrichtungen und kultischen Ritualen in einer allgemeinverständlichen Sprache vorgetragen werden, denn die Bauernschaft war genauso Teil seines Volks wie der Adel.[2] Um zu begreifen, warum die Maya-Könige und ihr Volk logischer- und notwendigerweise so handeln mußten, wie sie es taten, wenn sie die ihnen gestellten Aufgaben lösen wollten, müssen wir uns zunächst einmal das in ihrem kollektiven Realitätskonzept definierte Weltbild betrachten.

Die großen künstlerischen Leistungen, die den Mexiko-Reisenden der Neuzeit so sehr in ihren Bann ziehen, sind der öffentliche wie private Ausdruck dieses Weltbilds in Schrift und Bild. Die erzählerische Darstellung der Taten von Königen und Edelleuten verfolgte einen doppelten Zweck. Auf der elementarsten Stufe wies sie den Akteuren einen Platz im Gesamtgeschehen der Geschichte zu. Aber zugleich – und das war wichtiger – unterstrich sie auch die zyklische Struktur der kosmischen Zeit, in der sich jene Geschichte abspielte. In der Maya-Geschichtsschreibung ging es unentwegt auch um den Nachweis, daß das aktuelle historische Geschehen Folge unabwendbarer kosmischer und vorgeschichtlicher Einflüsse war. Vor dem Hintergrund dieses mächtigen Glaubens spielte sich die Geschichte der Maya ab, die voll von Siegen und Niederlagen, Dramatik, Humor und Leidenschaft war und in der sie sich abmühten, ihrem Dasein große und bleibende Denkmäler zu setzen.

Die Kosmologie der Maya

In der Vorstellungswelt der Maya gliederte sich der Kosmos in drei übereinanderliegende Bereiche: Oben befand sich das bestirnte Himmelsgewölbe, darunter die steinige Mittelwelt der Erde, dazu geschaffen, Blüten und Früchte hervorzubringen durch das Blut der Könige, und zuunterst lagen die schwarzen Wasser der Unterwelt.[3] Es wäre jedoch falsch, sich die drei Bereiche als klar voneinander abgegrenzt zu denken. Nach Auffassung der Maya durchdrangen alle Seinsdimensionen einander. Zudem stellte man sich die Bereiche als lebendige, heilige Wesen vor; der Himmel etwa ist als riesenechsenartiges Ungeheuer symbolisiert. Dieses Kosmische Monster verursachte den Regen, wenn es – gewissermaßen in überirdischer Kontrapunktierung des Blutopfers der Könige auf der Erde – sein Blut vergoß.

Die Unterwelt wurde zuweilen mit dem Namen Xibalba[4] bezeichnet, aber möglicherweise kommt man der ursprünglichen Vorstellung der Maya näher, wenn man Xibalba mit der jenseitigen Parallelwelt gleichsetzt, in die die Könige und anderen Schamanen in der ekstatischen Trance überwechselten. Genau wie in der Menschenwelt gab es in Xibalba[5] Tiere, Pflanzen, verschiedene Bewohner und eine Landschaftskulisse, die natürliche und konstruierte Elemente in sich vereinte. Bei Sonnenuntergang wechselte Xibalba auf den Platz über der Erde, um dort zum Nachthimmel zu werden.

Wie das Jenseits war auch der Platz des menschlichen Daseins eine heilige Stätte. Die Menschenwelt stellten die Maya sich als eine auf der Ursee schwimmende Fläche vor. Da und dort wurde die Erdoberfläche als der Rükken eines Krokodils, in anderem Zusammenhang als Schildkrötenrücken dargestellt.[6] Die vier Himmelsrichtungen lieferten das elementare Koordinatensystem für die Unterteilung der Erdoberfläche und der Volksgemeinschaft. Ihre Hauptachse lag in der Mittelwelt, durch den alltäglichen Lauf der Sonne von Osten nach Westen vorgegeben. Jede der vier Weltgegenden war einem bestimmten Baum, einem bestimmten Vogel, einer bestimmten Farbe und den mit der jeweiligen Gegend verbundenen Gottheiten sowie den ihnen geschuldeten Ritualen zugeordnet. Zum Osten gehörte die Farbe Rot; er war als Geburtsregion der Sonne die höchstrangige Weltgegend. Dem Norden, zuweilen die «Seite des Himmels» genannt, war das Weiß zugeordnet; er war die Gegend, aus der die kühlenden Winterregen kamen. Außerdem war in dieser Richtung der Nordstern zu finden, der Himmelsdrehpunkt. Dem Westen, wo die Sonne verschwand, «starb», gebührte die schwarze Farbe. Der Süden trug die Farbe Gelb und galt als die Seite zur

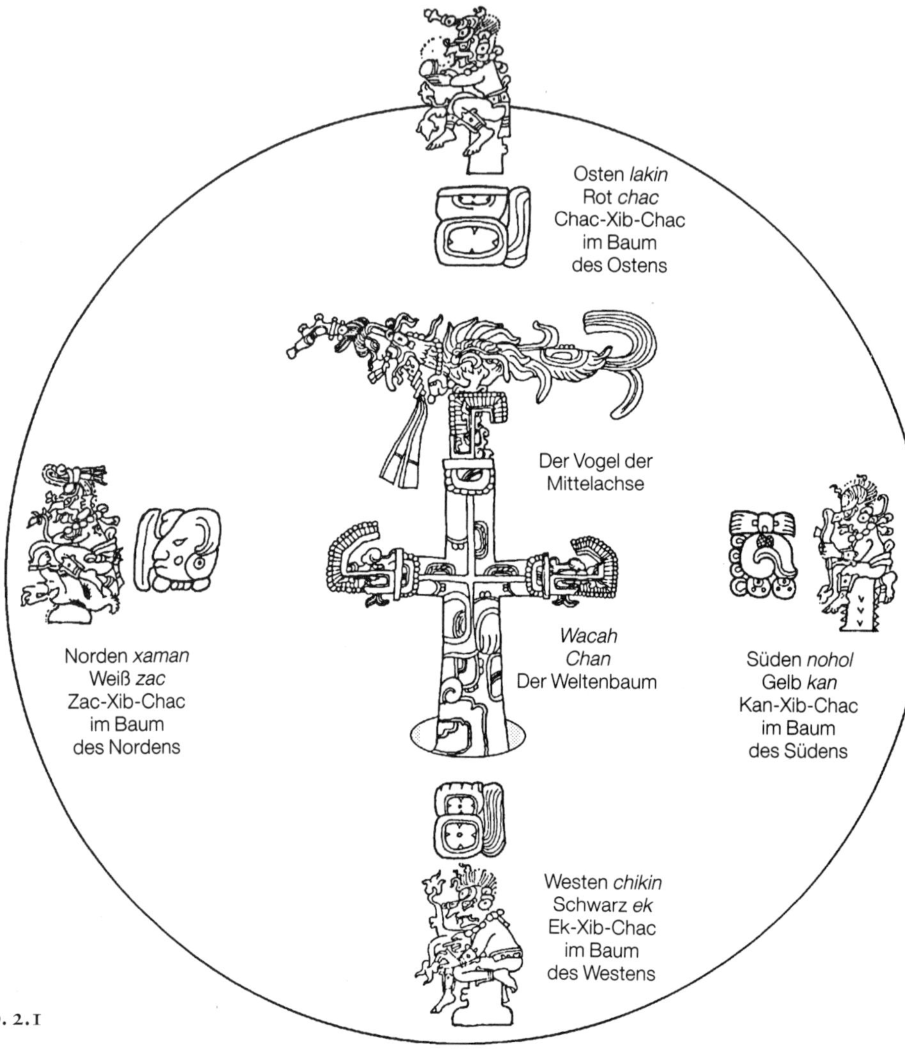

Abb. 2.1

Rechten der Sonne, ihre Vorzugsseite.[7] Ginge es nach den Maya, so müßte auf unseren Landkarten nicht der Norden, sondern der Osten oben liegen.

Das Weltmodell der Maya war sowohl viereckig als auch konzentrisch. Die vier Hauptrichtungen dachte man sich stets in Beziehung auf ein gemeinsames Zentrum, ihren Schnittpunkt, dem seinerseits eine Farbe (Blau-Grün), Götter und ein Baum zugeordnet waren (siehe Abb. 2.1). Senkrecht durch das Zentrum lief in der Vorstellung der Maya eine Achse, die *wacah chan* («sechs Himmel» oder «aufgerichteter Himmel») genannt wurde.[8] Der Baum, der die Weltachse symbolisierte, existierte in allen drei Stufen des Seins zugleich. Sein Stamm befand sich in der Mittelwelt, seine Wurzeln reichten bis zum Nadir in die Wasser der Unterwelt hinab, und die Krone erhob sich bis zum Zenit der obersten Seinsschicht, des himmlischen Jenseits.

Abb. 2.2

Die Gestalt der Menschenwelt setzte sich aus Savannen, Bergen, Höhlen, Cenotes, Flüssen, Seen und Sümpfen zusammen, dazu kamen die von den Menschen angelegten Plätze und von ihnen errichteten Bauwerke – die großen und kleineren Städte mit ihren Häusern, Palästen, Tempeln und Ballspielplätzen (siehe Abb. 2.2). Für die Maya war diese Welt lebendig

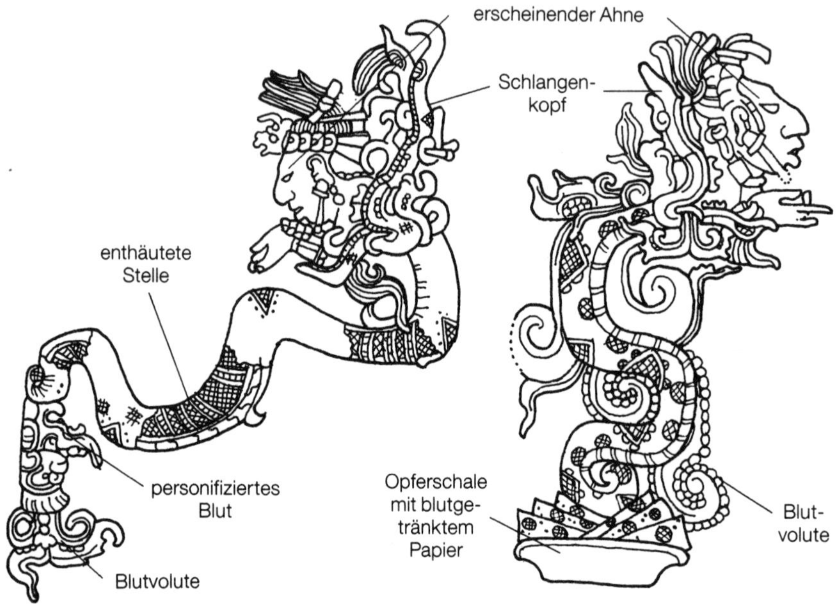

Abb. 2.3
Visionsschlangen

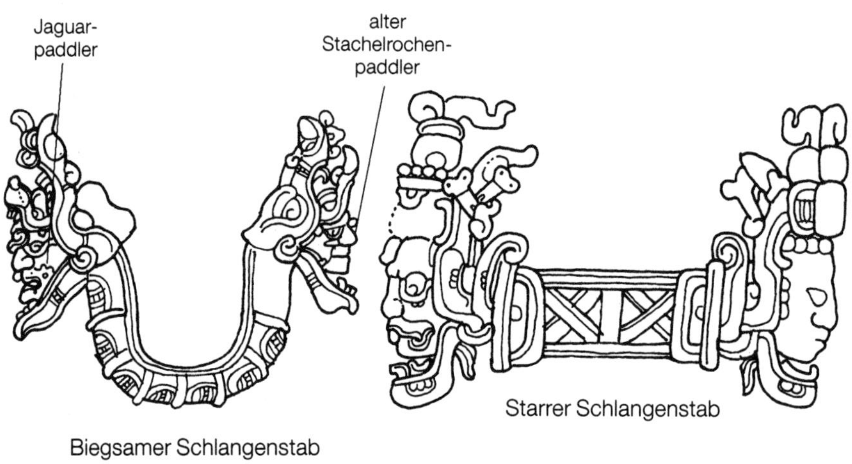

Doppelköpfige
Schlange

und durchdrungen von heiliger Kraft, die an bestimmten Orten, so etwa in Höhlen oder auf Bergen, besonders stark wirkte. Das Grundmuster solcher Kraftzentren war im wesentlichen bei der Erschaffung des Kosmos von den Göttern festgelegt worden. In dieser heiligen Landschaft gründeten die Menschen ihre Gemeinschaften; bei der Standortwahl ihrer Kraftzentren verband sich göttliche Vorgabe mit menschlicher Vorstellung. Die beiden Systeme existierten nicht getrennt, sondern bildeten ein Ganzes.

Wie schon erwähnt, war die Menschenwelt mit dem Jenseits durch die Weltachse *wacah chan* verbunden, die in der Mitte allen Seins verlief.

Wacah chan war nicht an irgendeinem Ort der Erde fixiert, sondern konnte an jeder beliebigen Stelle des naturgegebenen oder von Menschen gestalteten geographischen Raums rituell evoziert werden. In ihrer wichtigsten Manifestation materialisierte sie sich in der Person des Königs, wenn dieser, von ekstatischen Visionen verzückt, auf der Spitze des künstlichen Berges seiner Stufenpyramide stand.

Die Weltachse war in zwei Symbolgestalten verkörpert: einmal in der Erscheinung des Königs, der jene ins Sein brachte, zum anderen in dessen dinggestaltigem Analogon, dem Weltenbaum (oder Kosmischen Baum). Die Kommunikation zwischen Diesseits und Jenseits wurde in den tiefgründigsten Sinnbildern des Maya-Königtums symbolisiert: in der Visionsschlange und dem doppelköpfigen Schlangenstab[9] (siehe Abb. 2.3). In der Ekstase des Aderlaßrituals brachte der König den Weltenbaum in der Mittelachse des Tempels zur Präsenz und stieß das furchtgebietende Portal ins Jenseits auf.[10] Während des öffentlichen wie privaten Aderlasses sah man aus den Weihrauchwolken über dem Tempel, der das Heiligtum umschloß, als Symbol des geglückten Rapports zwischen Diesseits und Jenseits die Visionsschlange sich erheben. Im Tempelheiligtum befand sich das irdische Tor zur anderen Welt.

Wir haben das Glück, eine eindrucksvolle bildliche Darstellung der Maya-Kosmologie von einem der größten Malgenies[11] dieses Volkes zu besitzen. Sie befindet sich als Bemalung auf einer dreibeinigen Schale, die dazu diente, das Blut aufzufangen, das der Schlüssel für das Portal ins Jenseits war (siehe Abb. 2.4). Das offene Portal selbst erscheint hier als der Rachen der Unterwelt in Gestalt einer bärtigen Riesenschlange mit skelettierten Kinnbacken. Aus ihrem Maul kommt das klare, lebenspendende Wasser der Erde, und darunterher fließen die schwarzen, fruchtbaren Wasser der Unterwelt. Am oberen Bildrand wölbt sich der als Lebewesen gedachte Himmel, das Kosmische Monster, das in seinem Leib die großen Urwesen Sonne und Venus birgt. Sein heiliges Blut, der Regen, fließt in großen Voluten aus dem Maul seines Krokodilkopfs und vom Rochenstachel des Viergeteilten Monsters, das den (zweiten) Kopf am Hinterende des Kosmischen Monsters bildet. Der Weltenbaum *wacah chan* wächst aus dem Kopf des aus den schwarzen Wassern der Unterweltpforte aufsteigenden Gottes Chac-Xib-Chac (des Abendsterns) hervor. Der Stamm des Baums spaltet sich weiter oben auf und wird zur Visionsschlange, deren Schlund der Weg ist, den die Ahnen und die Götter nehmen, wenn sie als Natur- und Schicksalsmächte mit dem König in Verbindung treten.

Waren die Jenseitigen erst einmal im Ritual beschworen, konnten sie sich in Kultgegenständen, in Besonderheiten der Landschaft, ja sogar im Körper eines der an der Ausführung des Rituals beteiligten Menschen materialisieren.[12] Instrument der Materialisation war der Aderlaß, das Herzstück aller Kultpraktiken.[13] Die rituelle Kommunikation mit der Geisterwelt wurde auf den Plattformen der Pyramiden und den Plätzen der Zeremonialzentren

Abb. 2.4
Maya-Kosmos
Venus als Abendstern steigt beim ersten Sichtbarwerden nach der oberen Konjunktion aus der Unterwelt empor

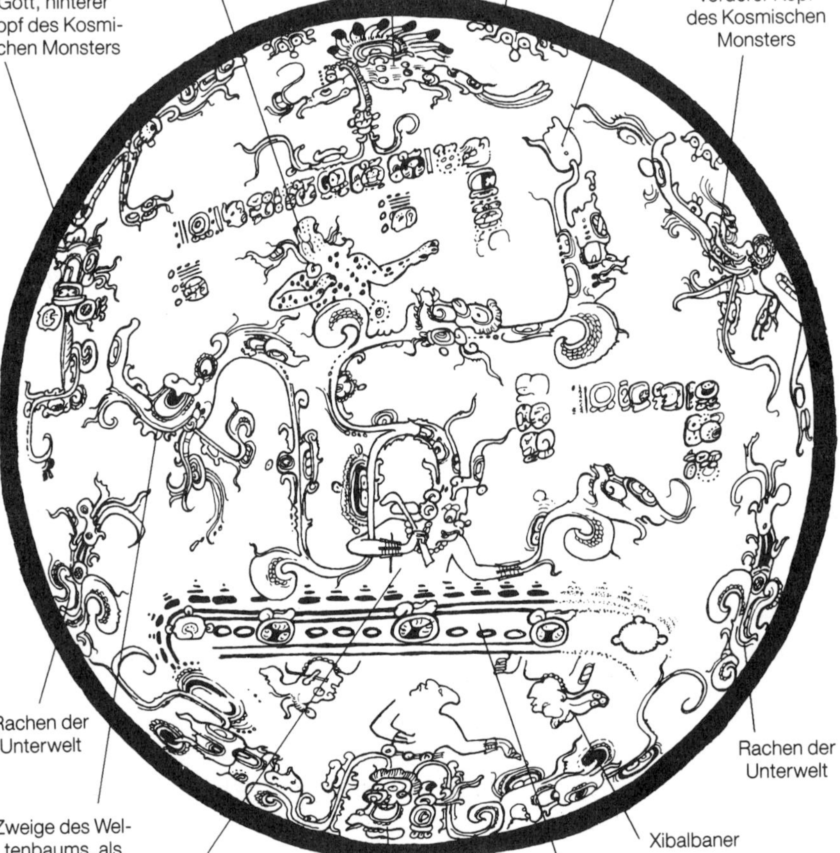

vollzogen, Stätten, die in symbolischer Form die heilige Landschaft nachbildeten, wie die Götter sie in der Schöpfung hervorbrachten.

Verschiedenen Orten ihrer Stadtlandschaft gaben die Maya Namen, die diesen symbolischen Zusammenhang bekräftigten. Die tafelförmigen Stelen, in die sie die Bilder ihrer Könige meißelten, nannten sie *te-tun*, «Baum-Stein». Mit solchen Baum-Steinen übersäte Plazas symbolisierten dann die Erde mit dem Tropenwald (siehe Abb. 2.5). Die Maya-Bezeichnung für «Tempel» lautete *yotot*, «sein Haus» [14], beziehungsweise *ch'ul na*, «heiliges Gebäude». Die Eingänge zu diesen Bauwerken waren als Monsterrachen gestaltet (siehe Abb. 2.6) – ein Spiegelbild des für den Begriff «Tür» gebrauchten «Maul des Hauses» *(ti yotot)*.

Abb. 2.5
Ein Wald von Baum-Steinen in Copán

Pyramiden und Tempel dekorierte man häufig mit Darstellungen des Witz-Monsters[15] (siehe Abb. 2.7), um sie als heilige Berge zu kennzeichnen (*witz*[16] ist das Maya-Wort für «Berg» oder «Anhöhe»). In dieser Metaphorik ist der Tempeleingang zugleich die Höhle, die ins Innerste des Berges führt. Im Innersten der Höhle befand sich das Tor zum Jenseits, dargestellt als der knöcherne Rachen der Unterwelt. Der Berg des Königs umschloß also die Höhle, die ein Stück auf dem Weg in die über-

Abb. 2.6 Skulpturen am Eingang zu Tempel 1 in Tabasqueña (Campeche)

natürliche Welt war. In dieser Höhle wuchs der Weltenbaum, der das Zentrum der Welt – die Stelle, wo sich der Durchgang ins Jenseits[17] befand – bezeichnete: eine Widerspiegelung naturgegebener Verhältnisse, wenn die gewaltigen Ceibabäume aus den Eingängen natürlicher Erdstollen wuchsen. Mehrere auf einer gemeinsamen Plattform errichtete Tempel symbolisierten einen die Waldwelt der Baum-Steine auf der vorgelagerten Plaza darunter überragenden Gebirgszug. Die Architektur des Kultraums bildete also die Elemente der heiligen Landschaft nach: Wald, Gebirge, Höhle.

In ihrer bescheideneren Umgebung bedienten sich Dorfoberhäupter und -schamanen der gleichen Metaphorik. Noch heute fertigen die Medizinmänner in den yucatekischen Dörfern ihre Nachbildungen der natürlichen Welt aus grünen Baumschößlingen und Maisstengeln an und stellen sie inmitten der Felder, an Höhleneingängen oder am Fuß natürlicher Bodenerhebungen auf.[18] Ähnlich schmücken die Maya-Bauern der ganzen Region ihre Altäre und Andachtsbilder mit Blumen, Laub, Kiefernzweigen und anderen Verbindungsgliedern zur Natur. Die bemerkenswerte Übereinstimmung zwischen den Praktiken der Dorfmedizinmänner von heute und denen der Könige des Altertums berechtigt zu dem Schluß, daß die Schamanen der antiken Bauernschaft – höchstwahrscheinlich auch bäuerlicher Herkunft – in schlichterer Form die gleichen kultischen Riten vollzogen wie die Könige. Ungeachtet ihres schlichteren Ablaufs aktivierten diese kultischen Handlungen die heiligen Kräfte ebenso wirksam wie die in den großen Zeremonialzentren der Städte.[19]

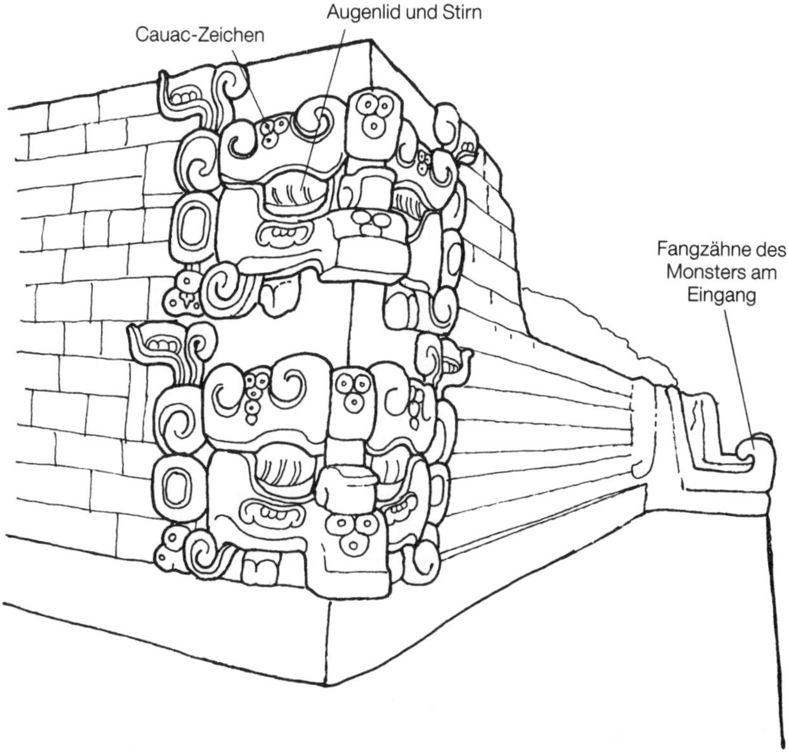

Abb. 2.7 Witz-Monster-Masken an der Südwestecke des Tempels 22 in Copán

Die Wirkung dieser Rituale war so stark, daß Dinge, Menschen, Bauwerke und Orte, in denen sich Übernatürliches materialisierte, mit jeder Wiederholung des Rituals mehr heilige Kraft in sich speicherten.[20] Wenn also, wie es der Fall war, die Könige über Jahrhunderte hin immer wieder an denselben Plätzen Tempel erbauten, so wurde das Heiligtum in diesen Tempeln dadurch immer geheiligter. Daß eine stete Folge göttlicher Ahauob hier ekstatisch-fromm ihre Opfer vollbrachte, machte die dünne Wand zwischen diesseitiger und jenseitiger Welt immer durchlässiger. Ahnen und Götter wechselten durch solche Pforten immer müheloser in den Körper lebender Monarchen über. Zur Steigerung dieses Effekts kopierten Generationen von Königen an den unzähligen Neubauten, die im Lauf der Zeit über ein und demselben Grundriß errichtet wurden, mit äußerster Genauigkeit Bildschmuck und plastisches Dekor der Vorgängerbauten.[21]

Das Ergebnis war eine Überlagerung von Kraftzentren in den jeweiligen königlichen Kapitalen, die von den aufeinanderfolgenden Herrschern zugleich bewahrt und ausgebaut wurden. Im erweiterten Rahmen griff die Geschichte der Herrscherdynastien modifizierend in die von den Göttern geschaffene sakrale Landschaft ein. Je mehr Tempel von Königen und Hochgestellten im Lauf der Zeit zur Festigung ihrer Machtstellung errichtet wurden und je länger der Brauch bei König und Volk anhielt, die Toten im Boden der eigenen Heimstatt zu begraben, desto mehr veränderte sich durch menschliche Hinzufügung quantitativ und qualitativ das geographische Raster der magischen Zentren übernatürlicher Kraft. Das Bild der sakralen Landschaft war also ebensosehr durch den Gang der menschlichen Geschichte wie durch die kosmischen Gegebenheiten determiniert. Überflüssig zu sagen, daß die Maya beides – Kosmologie und Geschichte – als aufeinander bezogene Aspekte identischer Grundkräfte der Natur verstanden.

Die Strategien des politischen Mit- und Gegeneinanders wurden im Koordinatensystem der sakralen Macht entwickelt und ausgeführt. Kultübungen, Kriege, Handel, Eheschließung, Thronbesteigung und andere soziale Aktivitäten – alles war darauf ausgerichtet, daß es am richtigen Ort und zur richtigen Zeit geschah. Sachverständige für die komplizierte Struktur der Zeit und die Bewegungsabläufe des Himmels führten – ähnlich wie unsere Astrologen – sorgfältig Buch über die Bewegungen der Gestirne, um für jede Unternehmung den günstigsten Zeitpunkt zu bestimmen. Um die Zeit und Raum durchdringenden Machtkonfigurationen für ihre Zwecke nutzen zu können, mußten die Maya ein Instrument zur Kontrolle und Steuerung der gewaltigen und – waren sie erst einmal entbunden – außerordentlich gefährlichen Kräfte entwickeln; und dieses Instrument war für sie das Ritual. In ihrem Kult gab es auch Riten, mit deren Hilfe die angesammelte magische Kraft von Dingen, Menschen und Örtlichkeiten wieder zurückversetzt werden konnte, wenn sie nicht länger gebraucht wurde.[22] Umgekehrt ließ eine Maya-Gemeinde, die zu der Überzeugung gekommen war, daß die Kraft ihre Stadt und die Herrscher verlassen hatte, einfach alles stehen und zog davon.

Die Maya schilderten mit beeindruckender erzählerischer Kraft ihren sowohl von menschlichen wie übermenschlichen Wesen bevölkerten Kosmos. Die Mythen der Maya sind wie die der Bibel nicht nur Personenbeschreibungen, sondern auch Analysen der dargestellten Geschöpfe und ihrer Beziehungen. Da sie jedoch überwiegend auf vergänglichem Papier aufgezeichnet wurden, sind sie mit all ihrem Formenreichtum – wie die Maya-Literatur insgesamt – für uns zum allergrößten Teil verloren. Allerdings ist *ein* Beispiel einer «Maya-Bibel»[23] erhalten geblieben, eine Sammlung von Mythen und Legenden, die Wesen, Sinn und Ziel des gelebten Lebens zu erklären suchen. Sie stammt aus der Überlieferung der Quiché, einer Volksgruppe des guatemaltekischen Hochlands, und trägt den Titel *Popol Vuh*, «Buch des Rates».[24]

Es ist ein Fragment ihrer Geschichte, die nach der Conquista von schreibkundigen Maya teils in ihrer eigenen Schrift, teils in der ihrer neuen Herren, der Spanier, aufgezeichnet wurde. Viele dieser Niederschriften kamen auf Verlangen der Spanier zustande und verschwanden, nachdem sie für Dokumentationszwecke ausgewertet worden waren, in den Archiven. Ein Teil jedoch wurde von Maya-Schreibern sorgfältig versteckt gehalten und entging so dem von den Eroberern veranstalteten großen

Autodafé. Daneben gibt es Versionen jener Mythen und Legenden, die über viele Generationen hinweg mündlich weitergegeben und erst in der jüngsten Vergangenheit von ethnologischen Forschern schriftlich fixiert wurden. Tatsächlich sind die im *Popol Vuh* überlieferten Schöpfungsmythen in dieser oder jener Form in allen Perioden der Maya-Geschichte bezeugt: für das Vorklassikum auf den Monumenten von Ruinenplätzen wie Izapa und Cerros[25], für das Klassikum auf Keramiken und öffentlichen Denkmälern, für die Kolonialzeit in den Dokumenten der Kolonialmacht und für die Gegenwart in der mündlichen Tradition. Es besteht kein Zweifel, daß in den Schöpfungsgeschichten des *Popol Vuh* die Kosmogonie der alten Maya überlebt hat und daß jene Mythen in ihren vorkolumbischen Varianten das kollektive Weltbild artikulierten, das als gemeinschaftsstiftendes Moment Bauer und König in ein und demselben Sozialverband zusammenschloß.

Die Heroen der Maya-Mythologie sind Zwillingsbrüder. In der (aus dem 17. Jahrhundert datierenden) *Popol-Vuh*-Variante heißen sie Hunahpu und Xbalanque; mit allergrößter Wahrscheinlichkeit lauteten ihre Namen in der klassischen Periode Hun-Ahau und Yax-Balam. Im *Popol Vuh* sind diese Zwillinge Nachkommen eines älteren Zwillings, der zusammen mit seinem Bruder von den Unterweltlichen nach Xibalba zitiert worden war, weil sie beide beim Ballspiel zuviel Lärm machten. Hun-Hunahpu und Vucub-Hunahpu[26], die älteren Zwillinge, waren von den Herrschern von Xibalba hintergangen, gestürzt und getötet worden. Die Herrscher von Xibalba verscharrten den einen Zwilling unter ihrem Ballspielplatz und hängten den Schädel des anderen in die Zweige eines Kalebassenbaums zur Abschreckung für alle, die sich unklugerweise dazu sollten hinreißen lassen, die mächtigen Unterweltlichen zu erzürnen. Der Schädel schwängerte die Tochter eines der Unterweltherrscher, die ihn in dem Baum entdeckte, indem er ihr in die Hand spuckte. Aus Angst vor seinem wütenden Vater flüchtete das Mädchen aus Xibalba in die Mittelwelt, wo es ruhelos umherstreifte, bis es die Mutter der toten Zwillinge fand. Die gewährte ihm Unterschlupf, und als seine Zeit gekommen war, gebar es neue Zwillinge, die die Namen Hunahpu und Xbalanque erhielten.

Nachdem sie bereits viele Abenteuer bestanden hatten, fanden die Zwillingsbrüder das Ballspielgerät ihrer toten Vorfahren, das ihre Großmutter in Verwahrung genommen hatte. Die beiden entwickelten sich zu geschickten Ballspielern und fielen nun mit den Ballgeräuschen ihrerseits den Unterweltlichen auf die Nerven, die direkt unter dem Spielplatz hausten. Auch sie wurden nach Xibalba beordert, wo sie sich für ihr ungebührliches Betragen verantworten sollten, aber im Gegensatz zu jenem ersten Brüderpaar durchschauten sie die Arglist der Unterweltherrscher und bestanden mit Erfolg eine Reihe von Prüfungen, durch die sie zu Fall gebracht werden sollten. Die erste Nacht verbrachten sie im Haus der Finsternis; man hatte ihnen zwei Zigarren und einen Kienspan ausgehändigt mit dem Auftrag, sie die ganze Nacht lang am Brennen zu halten und anderntags dennoch intakt zurückzugeben. Die Zwillinge täuschten die Unterweltlichen, indem sie Glühwürmchen an die Spitzen der Zigarren und den Schwanz eines Aras an den Kienspan hefteten.

Tags darauf traten die Zwillinge zum Wettkampf im Ballspiel gegen die von Xibalba an und überließen ihren Gegnern den Sieg. Daraufhin wurde ihnen die Aufgabe gestellt, bis zum folgenden Morgen die vier Blumensträuße herbeizuschaffen, die als Kampfpreis vereinbart waren. Um sie an der Lösung der Aufgabe zu hindern, brachten die Unterweltlichen Hunahpu und Xbalanque für die Nacht im Dolchmesserhaus unter, wo steinerne Dolchmesser aufgereiht waren, die sich in ständiger Bewegung befanden, um etwas zum Schneiden aufzutreiben. Die Zwillinge brachten die Messer mit dem Versprechen zur Ruhe, ihnen Tierfleisch zu beschaffen. Dann schickten sie Ameisen aus, die Blumen aus dem Garten der Unterweltlichen herbeizuschaffen. Am folgenden Morgen nahmen die Herrscher von Xibalba ihre eigenen Blumen als Kampfpreis entgegen.

Und so ging es noch eine Weile weiter: Tagsüber ließen sich die Zwillinge von den Herren von Xibalba im Ballspiel bezwingen, um sich in der Nacht deren Prüfungen zu unterziehen. Sie überlebten nacheinander den Aufenthalt im Haus Xuxulim, in dem grimmige Kälte herrschte, die Nacht im Jaguarhaus, das angefüllt war mit vor Hunger halb wahnsinnigen Großkatzen, und die Nacht zwischen den rasenden Flammen im Haus des Feuers.

Den Aufenthalt im Fledermaushaus mit seinen kreischenden Vampiren überstanden sie zusammengerollt in ihren Blasrohren. Aus dieser Prüfung gingen sie allerdings nicht vollkommen ungeschoren hervor. Als die Fledermäuse im Morgengrauen ruhiger wurden, steckte Hunahpu den Kopf aus der Mundöffnung seines Blasrohrs, um die Lage zu erkunden. Im selben Moment kam im Sturzflug eine riesige Fledermaus herabgestürzt und riß ihm den Kopf ab, der auf den Ballspielplatz derer von Xibalba rollte. Xbalanque gelang es jedoch, den Verlust zu verheimlichen, indem er seinem Bruder einen Kürbis auf die Schultern setzte, den er zuvor so zurechtgekerbt hatte, daß er Hunahpus Gesicht glich.

Beim nächsten Ballspiel benutzten die von Xibalba Hunahpus abgetrennten Kopf als Ball, aber Xbalanque hatte sich gegen ihre Arglist gewappnet. Mit einem geschickten Spielzug beförderte er seines Bruders Kopf in das hohe Gras neben dem Spielfeld und scheuchte dabei ein Kaninchen auf, das daraufhin wie ein Kautschukball davonhüpfte. Die von Xibalba ließen sich täuschen und rannten hinter dem Kaninchen her. Xbalanque griff sich rasch Hunahpus Kopf, setzte ihn auf die Schultern zurück und legte den Kürbis an seinen Platz. Dann rief er hinter denen von Xibalba her, er habe den Ball wiedergefunden. Das Spiel war kaum wieder aufgenommen, da zerplatzte der Kürbis und fiel in Stücken zu Boden. Die Beherrscher der Unterwelt schäumten vor Wut, als ihnen aufging, daß sie abermals hereingelegt worden waren.

Da alles andere nicht geholfen hatte, faßten die Herrscher von Xibalba zuletzt den Entschluß, Hunahpu und Xbalanque zu verbrennen. Der Plan blieb den Zwillingen nicht verborgen. Sie zogen zwei Seher, Xulu und Pacam, ins Vertrauen und schärften ihnen ein, welche Auskunft sie den Herrschern geben sollten, wenn diese sie um Rat fragten, wie die Überreste der Zwillinge am besten zu beseitigen wären. Als sie dann von den Herrschern an die Steinbütte gebeten wurden, in der diese eine mächtige Glut unterhielten, um einen alkoholischen Trank zu brauen, nahmen Hunahpu und Xbalanque begeistert an. Von den Unterweltlichen zu einem Wettkampf im Weitsprung über die Bütte hinweg aufgefordert, sprangen die beiden absichtlich zu kurz, so daß sie in der Glut landeten.

Triumphierend folgten nun die Herrscher dem Rat der beiden Seher, die Gebeine der Zwillinge kleinzumahlen und den Staub über den Fluß auszustreuen. Fünf Tage, nachdem das geschehen war, kehrten die beiden als Fische ins Leben zurück. Nach einem weiteren Tag nahmen sie wieder Menschengestalt an und verkleideten sich als Wanderakrobaten, die überall, wo sie hinkamen, magische Tänze aufführten. Als die Nachricht von ihren Wundertaten den Herrschern von Xibalba zu Ohren kam, luden sie die beiden ein, auch bei Hof eine Probe ihres Könnens zu geben.

Am allermeisten brannten die Herrscher der Unterwelt darauf, den Opfertanz zu sehen, bei dem einer der Brüder den anderen enthauptete und zerstückelte. Auf die entsprechende Aufforderung hin zerstückelte Xbalanque seinen Bruder und brachte ihn anschließend wieder heil ins Leben zurück. Die Herrscher waren überwältigt und wünschten, die Prozedur auf der Stelle am eigenen Leib auszuprobieren. Die Zwillinge zeigten sich entgegenkommend, ließen es jedoch diesmal bei Enthauptung und Zerstückelung bewenden – auf die Wiederbelebung der Unterweltherrscher verzichteten sie. So wurden der Tod überlistet und der Menschheit neue Hoffnung gegeben. Wird jetzt die Seele eines Menschen im Tod nach Xibalba gerufen, so darf sie ihre Reise in der Hoffnung antreten, daß es ihr gelingen kann, die Unterweltlichen genauso zu überlisten und ihren Fängen genauso siegreich zu entrinnen wie die Zwillingshelden, um sich zu guter Letzt unter die verehrungswürdigen Ahnen einreihen zu können.

Xibalba wie auch die Menschenwelt beherbergten Wesen vielfältigster Art, die teils sowohl in der einen wie der anderen, teils jeweils nur in einer der beiden Welten lebten.[27] Aus dem Mythos der Helden in Zwillingsgestalt geht hervor, daß Menschen zwar nach Xibalba gelangen konnten, daß die Herrscher der Unterwelt aber in der Mittelwelt nur in nichtkörperlicher Manifestation – als Fäulnis, Krankheit oder Tod – aufzutreten vermochten: Als physische Wesen übten sie hier keine Herrschergewalt aus. Nicht in übernatürlicher, sondern in menschlicher Gestalt war die Gottheit Bürger der verschiedenen Welten, und diese grenzüberschreitende Erscheinungsform des Göttlichen in Menschengestalt war praktisch in letzter Instanz der

König. Er war die irdische Reinkarnation der Zwillingsheroen und erneuerte im Kult deren Triumph über den Tod.

In der Maya-Kunst ist Xibalba häufig als subterrane Region dargestellt, gelegentlich aber auch als Unterwasserreich, dessen Bewohner im Verhältnis zur Menschenwelt auf dem Kopf stehen.[28] Wir kennen jedenfalls eine bildliche Darstellung (siehe Abb. 2.4), die die Unterweltlichen Sohle an Sohle, als lebten sie in einer Spiegelwelt, mit den Bewohnern der menschlichen Sphäre zeigt. Überdies war Xibalba nicht immer und jederzeit antipodisch lokalisiert, denn wie bereits erwähnt, bewegt es sich bei Einbruch der Dunkelheit über die Menschensphäre hinauf, um dort dann seine Rolle als Nachthimmel zu spielen. Die alten Maya betrachteten die Sterne, die Sternbilder, die Planeten und den Mond als Lebewesen, die mit den Naturzyklen und den Lebenszyklen der Menschen in der Mittelwelt in Wechselbeziehung standen. Für sie war der Sternenhimmel genauso belebt wie die Menschenwelt. Astronomische Beobachtungen stellte man nicht aus wissenschaftlichem Interesse an, sondern weil man sich auf diesem Weg Wissen über die Macht von Xibalba verschaffte. Gestirnkonstellationen spiegelten das Mit- oder Gegeneinander zwischen den Bewohnern jener Welten – den Göttern, Geistern, Ahnen – einerseits und den Lebewesen der Mittelwelt andererseits wider. Der König wie der gemeine Mann beugten mißliebigen Konsequenzen vor, wenn sie, jeder auf seine Weise, ihr Leben unter die Regie der Gestirne stellten.

Im Mythos von den Zwillingsheroen gibt es drei Axiome, die sich durch die gesamte religiöse und politische Bilderwelt des Maya-Klassikums ziehen. Erstens bezwang der Held, so wie ihn sich die Maya vorstellten, seine Gegner nicht mit Kraft, sondern mit List. Im Mythos überlisten die Zwillinge die Herrscher der Unterwelt, sich freiwillig dem Opferritual zu unterziehen. Zweitens führte der Weg zu Auferstehung und Wiedergeburt über das Geopfertwerden – zumal das Geopfertwerden durch Enthauptung. Die Zwillingshelden wurden dadurch gezeugt, daß der abgetrennte Kopf ihres Vaters in die Hand ihrer Mutter spuckte. Sie bezwangen den Tod, indem sie sich freiwilliger Enthauptung und Opferung unterzogen. Drittens: Die Stätte der Konfrontation und der Kommunikation war der Ballspielplatz. Das Ballspiel war – wie wir in einem der folgenden Kapitel noch genauer sehen werden – der Ort, wo als Konsequenz von Sieg oder Niederlage Leben oder Tod und womöglich auch Wiedergeburt und Apotheose warteten.

Von den Regeln des altmesoamerikanischen Ballspiels und der Punktwertung haben wir bislang nur eine verschwommene Vorstellung, dafür verfügen wir über zahlreiche Darstellungen aus dem Maya-Klassikum, die Spieler in Aktion zeigen.[29] Gespielt wurde mit einem massiven Kautschukball, der etwas größer als ein heutiger Tennisball war. Die Spieler trugen einen dicken Unterleibsschutz aus drei Teilen, die ihrer Form nach heute als «Joch», «Palme» und «Axt» bezeichnet werden. Weiterer Schutz bestand in Handschuhen sowie gepolstertem Arm- und Knieschutz. Künstlerische Darstellungen von Ballspielszenen zeigen Spieler, die beim «Return» ein Knie auf den Boden stützen oder, um das Auftreffen des Balls an der fraglichen Stelle zu verhindern, sich auf den Boden geworfen haben.

In seiner klassischen Form war der Grundriß des Spielfelds ein längliches Rechteck, an den Schmalseiten um ein quer angesetztes Rechteck zu einem Doppel-T erweitert. Unterschiede gab es in der seitlichen Spielfeldbegrenzung, wenngleich im großen und ganzen gemauerte Schrägen bevorzugt wurden. Seitlich der Spielfeldmittellinie waren erhöht an den Begrenzungsmauern steinerne Markierungen in von Anlage zu Anlage verschiedener Ausführung – in Chichén Itzá große Ringe, in Copán Vogelköpfe – angebracht, von denen wir nicht wissen, ob sie für das Spiel wichtig waren. Auf der Linie, die das Mittelstück des Doppel-T der Länge nach teilte, waren drei runde Markierungen von etwa einem Meter Durchmesser angebracht. Für die Reliefs, mit denen sie dekoriert waren, standen drei Motivkategorien zur Auswahl: Bilder von gefesselten Gefangenen, Bilder von Ballspielen historischer Persönlichkeiten oder Bilder vom Match zwischen den Zwillingshelden und den Herrschern der Unterwelt. Obwohl die Regeln des Ballspiels für uns noch weitgehend im dunkeln liegen, weisen Ikonographie und Archäologie der Spielplätze sie unzweifelhaft aus als Opferstätten von Gefangenen sowie als Orte politischen Geschehens und der Zurschaustellung von Prunk.

Die Form der Zeit

Während diese Zeilen geschrieben werden, ist die Position unserer Welt im Rahmen unserer historiographischen Vermessung durch zwei besonders markante Meßpunkte definiert. 1992 jährt sich zum fünfhundertstenmal die «Entdeckung» des amerikanischen Kontinents durch Christoph Kolumbus. Das zweite große Anniversarium betrifft die christliche Welt: In wenigen Jahren vollendet sich – wir alle werden es hoffentlich noch erleben – das zweite Jahrtausend der Ära «nach Christi Geburt», von Nichtchristen gelegentlich als die Ära «unserer Zeitrechnung» bezeichnet. Das erste Jahrtausend lebte in und von der Hoffnung auf die Wiederkunft Christi, einer Hoffnung, die noch einmal zu einer großartigen Geschichtsvision gestaltet wurde in den Schriften des Abtes Gioacchino da Fiore (1135–1202) zu Beginn des zweiten Jahrtausends, vor dessen Abschluß wir jetzt stehen – mit der Aussicht auf eine fragwürdige Zukunft, die unsere Spezies entweder in ein faszinierendes Abenteuer im Weltraum oder in die Selbstvernichtung führen wird.

Beide Termine, das amerikanische Jubiläum wie die Jahrtausendwende, werden vielen Menschen Anlaß zu besinnlichem Rück- und Ausblick geben. Gleichwohl verfügt weder das eine noch das andere Datum über irgendwelchen besonderen Zauber. Das neue Jahrtausend beginnt mit dem ersten Tag des Monats Januar, der im Jahr 2000 zufällig ein Samstag ist. Der Mond wird sich zum fraglichen Zeitpunkt im letzten Viertel befinden, und Venus wird sechzig Tage zuvor auf ihrer Umlaufbahn den Punkt ihres größten Abstands zur Sonne in westlicher Position oder, anders gesagt, als Morgenstern passiert haben; die Wintersonnenwende wird elf Tage und Heiligabend eine gute Woche hinter uns liegen. Wer sich bei derlei Kalenderarithmetik auf seine nationale Identität besinnt, wird – so er (beispielsweise) US-Amerikaner ist – sich womöglich daran erinnern, daß fünfundzwanzig Tage zuvor der achtundfünfzigste Jahrestag des Überfalls auf Pearl Harbor war und daß ihn im eben beginnenden Jahr die zweihundertvierundzwanzigste Wiederkehr des Tages der amerikanischen Unabhängigkeitserklärung erwartet.

Tage wie die genannten gewinnen für uns Bedeutung, wenn wir sie als Markierungspunkte für den linearen Fluß der Zeit begreifen. Sie geben diesem Fluß Form und den Konzepten von Ursache und Wirkung Gestalt – das, was wir Geschichte nennen.

In gleicher Weise erlebten auch die Maya das Phänomen der Zeit. Auch sie entwickelten Methoden, die es gestatteten, den Ablauf der Zeit zu protokollieren. Genau wie wir hatten sie für einzelne Tage verschiedene Namen und stellten damit einen Zusammenhang zwischen bestimmten Tagen und Ereignissen her. Auf diese Weise versuchten sie, der Ordnung, der menschliches Handeln unterliegt, sowie den Zyklen des lebendigen Kosmos auf die Spur zu kommen. Wir zählen unter Zuhilfenahme der Finger und benutzen ein auf der Zehn basierendes Zahlensystem (Dezimalsystem). Die Maya, die Hände und Füße zum Zählen benutzten, hatten ein Zwanzigersystem (Vigesimalsystem). Beide Systeme funktionieren nach demselben Prinzip, auch wenn sie unterschiedliche Symmetrieverhältnisse aufweisen. Wir gliedern die geschichtliche Zeit in Jahrzehnte, Jahrhunderte und Jahrtausende, die Maya gliederten sie in – *katun* genannte – Zyklen von je zwanzig und – *baktun* genannte – in solche von je vierhundert (20 × 20) Jahren.

Unsere Berechnung des Sonnenjahrs ergibt keine glatte Zahl an Tagen, sondern eine Bruchzahl, nämlich 365¼. Wie aber läßt sich in der Abfolge der Tage ein Vierteltag einschalten? Das geht nicht – und deshalb «sammeln» wir diese Vierteltage, bis sie sich nach Ablauf von vier Jahren zu einem ganzen Tag summiert haben, dem Schalttag, den wir in jedem vierten Jahr, dem Schaltjahr, unterbringen. Die Maya wollten sich in dieser Hinsicht das Leben nicht so kompliziert machen. Ihre kalendarische Grundeinheit war der ganze Tag mit seinen zwei Hälften «Tag» und «Nacht».[30] Sie wichen in ihrer Zählung niemals von der Abfolge der ganzen Tage ab, und was dabei vom Sonnenjahr als Bruchteil aus dem Berechnungsrahmen fiel, wurde einfach ignoriert.

Dieser endlose Ablauf der Tage wurde in Gruppen immer wiederkehrender Zyklen untergliedert, deren Dimensionen vom Überschaubaren und

Nachvollziehbaren bis zum Unvorstellbaren reichten. Ein Teil dieser Zyklen war aus der Naturbeobachtung, zum Beispiel aus der Wahrnehmung des Mondzyklus und der zyklischen Bewegungen der Planeten und der Sternbilder abgeleitet. Andere basierten teils auf der Gesetzmäßigkeit des Zwanziger-Zahlensystems, teils auf der Zuschreibung sakraler und magischer Qualitäten an bestimmte Zahlen und ihr Mehrfaches.

Wie den geographischen Raum, so stellte man sich auch die endlose Folge der Tage nach einem auf den vier Himmelsrichtungen basierenden Strukturschema unterteilt vor. Zur Zeit der Conquista war dieses Schema, wie aus Berichten der Eroberer hervorgeht, noch im Neujahrsbrauchtum der Maya zu erkennen. Bei ihren präkolumbischen Ahnen war es allerdings ein anderes: Sie teilten das Fortschreiten der Zeit in Quadranten von je 819 Tagen auf. In den Inschriften, die diesen Zyklus protokollierten, heißt es, daß Gott K[31] – eine gartenzwergähnliche Göttergestalt namens Kauil (siehe Glossar) – während der 819 Tage dieses oder jenes Quadranten die dem betreffenden Quadranten zugeordnete Himmelsgegend regierte. Gott K trat in vier Gestalten auf, die in den folgenden Attributen übereinstimmten: lange Nase, Spiegel in der Stirn und dieser von einem rauchenden Steinbeil durchbohrt; nicht selten ist eines der Beine durch eine Schlange ersetzt. Im gegebenen Kontext unterschieden sich die vier Gestalten durch ihre Farben: Es waren der rote Kauil des Ostens, der weiße des Nordens, der schwarze des Westens und der gelbe des Südens. Eine genaue Begründung dafür, weshalb als Berechnungsbasis für den Zyklus ausgerechnet die Zeit von 819 Tagen gewählt wurde, läßt sich nach derzeitigem Wissensstand nicht nennen; fest steht bisher nur, daß die Zahl das Produkt aus 7, 9 und 13 ist, drei Zahlen, die bei den Maya als heilig galten.[32]

Der viergeteilte Zyklus strukturierte die Abfolge der Tage nach einem Schema, in dem sich in direkter Widerspiegelung die Gliederung des Raums nach Himmelsrichtungen und Farben wiederholte. Aber jeder einzelne der vollen Tage, die die Elemente dieses Zyklus bildeten, war zugleich auch Element vieler anderer – größerer oder kleinerer – Zyklen. Namen und Charakterisierung eines Tages waren das Gesamtbild seiner Positionen innerhalb der diversen Kalenderzyklen. Von diesen der wichtigste war der 260-Tage-Zyklus, der in der Wissenschaft heute als Zeremonial- beziehungsweise Ritualkalender, «Heilige Runde» oder Tzolkin bezeichnet wird (siehe Abb. 2.8). Er besteht aus zwanzig Tagesnamen, die mit den Zahlen 1 bis 13 kombiniert sind, und war bei allen Völkern Mesoamerikas bekannt. Das Tzolkin beginnt mit der Paarung «1 Imix» und geht weiter mit «2 Ik», «3 Akbal», «4 Kan» usw. Nach dreizehn Tagen kehrt die Zahlenfolge zur Eins zurück, und da die Liste der Tagesnamen mehr Posten als die Zahlenreihe enthält, folgt auf «13 Ben» jetzt «1 Ix» und so fort. Nach der zweihundertsechzigsten Etappe dieser asymmetrisch voranschreitenden Rekombination von Zahlen und Tagesnamen ist wieder die

Der Tzolkin
Die Tageszeichen des 260-Tage-Kalenders

Abb. 2.8

Das Haab
Die Monatszeichen des 365-Tage-Kalenders

Ausgangskonstellation erreicht: Auf «13 Ahau» folgt das anfängliche «1 Imix». Ein einfaches Verfahren, sich die Funktionsweise des Tzolkin zu veranschaulichen, besteht darin, die Großbuchstaben unseres Alphabets stellvertretend für die Tagesnamen zu benutzen; in diesem Modell sehen die Tage 1 bis 25 so aus: 1 A, 2 B, 3 C, 4 D, 5 E, 6 F, 7 G, 8 H, 9 I, 10 J, 11 K, 12 L, 13 M, 1 N, 2 O, 3 P, 4 Q, 5 R, 6 S, 7 T, 8 A, 9 B, 10 C, 11 D, 12 E. Nach zweihundertsechzig Schritten auf diesem Weg ist man wieder bei 1 A angelangt. Und auf demselben Weg schreitet das Tzolkin in alle Ewigkeit fort – in immergleicher Reihenfolge der Tage, so wie in unserem Kalender auf den Sonntag ewig ein Montag folgt.

Ein zweiter bei den alten Maya gebräuchlicher Kalender zählte 365 Tage, unterteilt in 18 Monate von je 20 Tagen, mit fünf überständigen Tagen am Ende des Zyklus. Der fünftägige Kurzmonat hieß Uayeb, «Ruhe» oder «Schlaf» des Jahres (siehe Abb. 2.9).[33] Das 365-Tage-Jahr der Maya, der Wissenschaft sowohl als «Haab» wie als «unscharfes Jahr» geläufig, beruhte zweifellos auf genauer Beobachtung des Sonnenjahrs, doch genau wie das 260-Tage-Jahr zählte und benannte jeder Haab-Zyklus die vollen Tage fort und fort nach unverändertem Schema, ohne daß je ein Ausgleich für den im exakt berechneten Sonnenjahr enthaltenen Tagesbruchteil geschaffen wurde.

Wie die Monate in unserem Kalender hatte jeder Monat des Haab einen individuellen Namen. In ihrer Eigenschaft als Elemente des Haab-Zyklus wurden die Tage durch ihre Zählstelle innerhalb des Monats bezeichnet: So etwa hieß der fünfte Tag des ersten Monats «5 Pop». Indes konnte man sich in der Ideenwelt der Maya den letzten Tag eines Monats auch als die Zeit vorstellen, die es brauchte, dem Folgemonat seinen Platz anzuweisen. Zwar konnte man diesen letzten Tag durchaus auch unter dem Titel «Ende» (des laufenden Monats) verbuchen, doch zogen die alten Maya es gemeinhin vor, ihn als «Plazierung» *(chum)* des Folgemonats zu apostrophieren. Nach dem Haab-Kalender würde also unser Silvester auf die «Plazierung von Pop» (0 Pop) und Neujahr auf «1 Pop» fallen. In der Wissenschaft hat sich die Gepflogenheit eingebürgert, die Zählung dieses Plazierungstags bei der Übertragung in unser arabisches Notationssystem mit der Null wiederzugeben. Das ist insofern irreführend, als es bei Neulingen auf diesem Gebiet den Eindruck erweckt, als ob die Maya die Kalendertage von diesem Tag 0 bis Tag 19 gezählt hätten: In Wirklichkeit wurde mit der Zählung innerhalb eines Monats bei Tag 1 begonnen und der letzte, der zwanzigste Tag (bzw. der fünfte im Monat Uayeb), als Plazierung des Folgemonats betrachtet.

In dem – bei allen mesoamerikanischen Völkern bekannten – Zählzyklus von 52 Jahren zu 365 Tagen wurden die Tage mit der Paarung ihrer Namen nach der (365-Tage-)Haab- und der (260-Tage-)Tzolkin-Zählung bezeichnet – zum Beispiel «4 Ahau 8 Cumku». Es gibt 18980 (52 × 365) unterschiedliche Kombinationsmöglichkeiten in Folge, nach so vielen Tagen

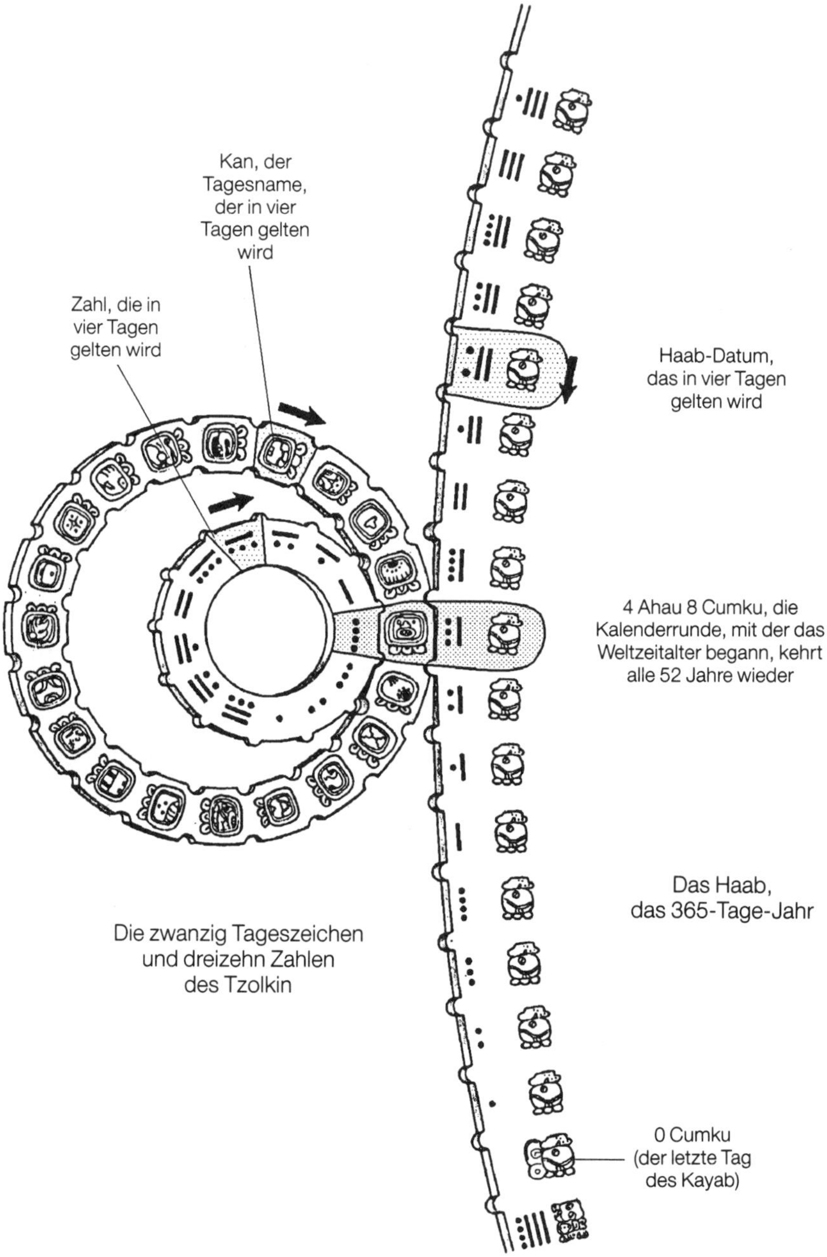

Abb. 2.9 Wie die Kalenderrunde funktionierte (nach dem *National Geographic Magazine*, Dezember 1975)

decken sich die Anfangstage des Haab- und des Tzolkin-Jahres, und die Zählung beginnt von vorn. Der 52-Jahre-Zyklus im Zeitmessungssystem der Maya wird als «Kalenderrunde» bezeichnet.

Darüber hinaus wurde jeder einzelne Kalendertag – gleichgültig, in welchem der drei erwähnten Zählzyklen – von einem der neun «Herren der Nacht» regiert, die einander in endloser, ewig gleichbleibender Folge ablösten wie bei uns die Wochentage. Außerdem registrierten die Maya für jeden Tag den Stand des Mondwechsels sowie seine Stellung im Venusjahr und anderen Planetenjahren. Das Ensemble dieser vielfältigen kalendarischen Detailinformationen verlieh jedem Tag sein individuelles Gesicht, dank dem er sich unverwechselbar vom eintönigen Hintergrund der verfließenden Zeit abhob.

Und zu alledem zählten die Maya die Tage auch noch im Rahmen einer den gesamten gegenwärtigen Äon – ihrer Meinung nach die vierte in der Gesamtfolge göttlicher Weltschöpfungen – umfassenden Langzeitrechnung in absoluter Zählung von einem kalendarischen Nullpunkt an, den sie offenbar mit dem Beginn des gegenwärtigen Weltzeitalters identifizierten.[34] In der Wissenschaft ist für diesen Äonenkalender der Terminus «Lange Zählung» gebräuchlich. Zählgrundlage war ein Jahr von 360 Tagen, in der Wissenschaft gelegentlich als «Rundjahr» bezeichnet, von den Maya selbst *tun*, «Stein», genannt, weil am Ende jedes Jahres ein Gedenkstein errichtet wurde.[35] Das Tun umfaßte 18 Monate von je 20 Tagen. Die Bezeichnung für die Monate war *uinic* (das Zahlwort «zwanzig» in der Bedeutung «Mensch», weil der Mensch insgesamt zwanzig Finger und Zehen besitzt)[36], der Name der Tage war *kin*. 20 Tun waren ein Katun, 400 Tun (20 Katun) ein Baktun, 8000 Tun (20 Baktun) ein Pictun, 160000 Tun (20 Pictun) ein Calabtun – und so weiter bis unendlich mal zwanzig multipliziert. Da der Gregorianische Kalender kein Äquivalent zur Langen Zählung kennt, werden wir im folgenden die Maya-Ausdrücke beibehalten.[37]

Um die Zahl der Jahre zu notieren, die seit dem Nulldatum verstrichen waren, benutzten die Maya ein Positionssystem ähnlich dem unsrigen. Allerdings schrieben sie ihre Zahlen nicht wie wir in horizontalen Zeilen mit abnehmendem Stellenwert von links nach rechts, sondern in vertikalen Kolumnen mit abnehmendem Stellenwert von oben nach unten. Während unser Dezimal-Positionssystem grundsätzlich zehn Ziffern zur Notierung beliebiger Zahlenwerte benötigt, kommt das Maya-System mit nur drei Zahlzeichen aus: einem Punkt für «eins», einem Strich für «fünf» und einem (von mehreren verfügbaren) Zeichen für «null» (siehe Abb. 2.10). Man bezeichnete einen einzelnen Tag mit einem Punkt, 4 Tage mit 4 Punkten, 6 Tage mit 1 Strich plus 1 Punkt, 19 Tage mit 3 Strichen plus 4 Punkten usw. Den Zahlenwert zwanzig notierten die Maya zweistellig, mit einer Null an unterer und einem Punkt an oberer Stelle. Da das Tun 360 Tage zählt, konnten in der Kalenderzählungsnotation an zweitunterster Stelle – der Stelle, die sich auf die Monate bezieht – nur Zahlen von 1 bis 17 erscheinen: 18 Monate wurden also als ein volles Jahr und mit einer Eins an drittunterster Stelle (der Jahresposition) und jeweils einer 0 an der Monats- und Tagesstelle notiert.

Das Nulldatum des Maya-Kalendersystems deckt sich mit dem Tag 13.0.0.0.0[38] der Langzeitrechnung und Tag 4 Ahau 8 Cumku in der Kalenderrunde und galt zudem als Tag, an dem der neunte Herr der Nacht

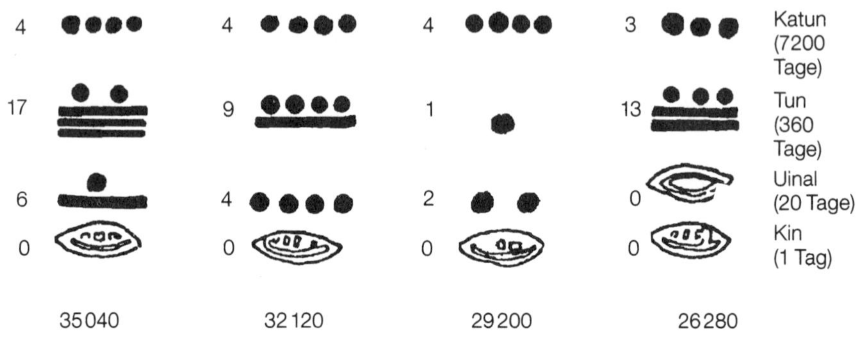

Abb. 2.10 Wie Maya-Zahlzeichen in der Kalenderrechnung funktionierten

regierte (siehe Abb. 2.11). Mit der Fixierung des Nulldatums im Schnittpunkt dieser drei Koordinaten war der Maya-Kalender ein für allemal präzise festgelegt. All die Zyklen, die nach Maya-Auffassung im Zeitablauf wirksam sind, rücken seit jenem Zeitpunkt Tag für Tag um eine Position weiter. Der Tag nach dem Uranfang war Tag 13.0.0.0.1 5 Imix 9 Cumku, regiert vom ersten Herrn der Nacht. Auf ihn folgte Tag 13.0.0.0.2 6 Ik 10 Cumku, regiert vom zweiten Herrn der Nacht. Darauf 13.0.0.0.3 7 Akbal 11 Cumku und dritter Herr der Nacht. Nach dem Gregorianischen Kalender ist das Nulldatum der Maya identisch mit dem 11. August 3114 v. Chr.[39]

Eingangs dieses Kapitelabschnitts erwähnten wir die Jahrtausendwende als einen Meilenstein unserer eigenen Zeitrechnung. In nicht allzu ferner Zukunft nähert sich auch die Zeitrechnung der Maya einem ihrer großen Wendepunkte: Der 23. Dezember 2012 ist in der Langen Zählung Tag 13.0.0.0.0 4 Ahau 3 Kankin, der Tag, an dem – mit vollendeten dreizehn Baktun einer Langzeitperiode – ein neuer Zyklus dieser Art beginnt. Die Maya erwarteten zu diesem Zeitpunkt allerdings nicht das Ende der Schöpfung, wie vielfach angenommen wurde. Pacal, der große Herrscher von Palenque, prophezeite in seinen Inschriften, die achtzigste Wiederkehr des Tages seiner Thronbesteigung in der Kalenderrunde werde acht Tage nach Vollendung des ersten Pictun (8000 «Rundjahre» [*tun*]) der Maya-Zeitrechnung gefeiert werden. Nach dem Gregorianischen Kalender endet der erste Pictun mit dem 15. Oktober des Jahres 4772.

Genauso, wie wir die Meilensteine der Maya-Zeitrechnung in unser Kalendersystem übertragen können, können wir auch den Tag, mit dem für uns das dritte Jahrtausend beginnt, im Maya-Kalender bezeichnen. Der 1. Januar 2000 wird ein 9 Ahau in der «Heiligen Runde» (dem 260-Tage-Tzolkin) und der achte Tag im Monat Kankin des (365-Tage-)Haab sein. Seine Position in der Kalenderrunde ist demnach 9 Ahau 8 Kankin, regiert vom dritten Herrn der Nacht. Der Mond wird zum fraglichen Zeitpunkt 25 Tage alt sein. Die Venus wird 133 Tage nach der unteren Konjunktion, der Jupiter 69 Tage und der Saturn 51 Tage nach der Opposition zur Sonne

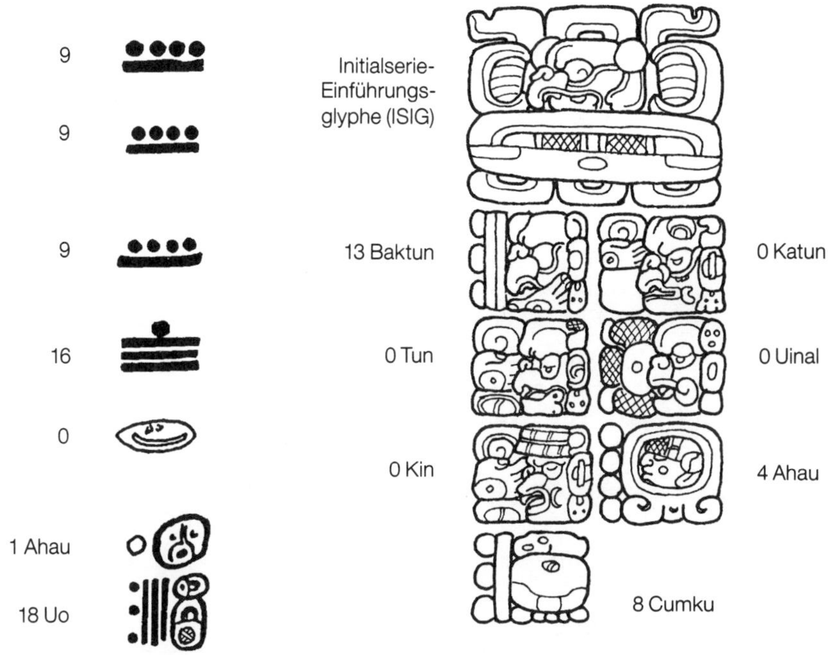

9.9.9.16.0 1 Ahau 18 Uo im *Codex Dresdensis*

13.0.0.0.0 4 Ahau 8 Cumku auf Stele C in Quiriguá

Abb. 2.11

stehen. Man wird 2 Jahre und 50 Tage seit Beginn des 2282. Quadranten des 4 × 819-Tage-Zyklus zählen, und der weiße Gott K wird die nördliche Himmelsgegend regieren. Und schließlich wird der bewußte Tag mit dem 1 867 260. Tag seit dem Anbeginn des Äons beziehungsweise mit Tag 12.19.6.15.0 in der Notation der Langen Zählung zusammenfallen.

Unser Jahrtausendtag hätte natürlich für die alten Maya keine besondere Bedeutung gehabt, aber Achsentage ähnlicher Art hatten auch sie in ihren diversen Kalendern, und sie feierten sie mit dem gleichen Enthusiasmus, mit dem wir heute das Weihnachts- und Osterfest oder den Nationalfeiertag begehen. Allerdings betrachteten die Maya das mit solchen Tagen verbundene zeremonielle Brauchtum nicht als Reminiszenz, sondern als Reaktualisierung, nicht als Vergangenheitserinnerung, sondern als Wiederholung von Ereignissen, die an diesem bestimmten Tag einmal stattgefunden hatten und nach wie vor stattfanden und immer wieder stattfinden würden. So, wie wir uns am 1. Januar 2000 zugleich in Vergangenheitsbetrachtungen und Zukunftshoffnungen ergehen werden, versenkten sich die Maya an den bedeutsamen Kalendertagen sowohl in ihre Geschichte wie in ihre Zukunftsvisionen. Nach ihrer Auffassung griff die Geschichte ebenso in die Struktur der Zeit ein, wie das Ritual den inneren Aufbau der Materie beeinflußte.

Politische Strategien und gesellschaftliche Ereignisse wurden innerhalb einer komplexen sakralen Geographie geplant. Zu diesem Zweck bedurfte es nicht nur einer genauen Kenntnis der Eigenschaften eines Tages im Hauptzyklus des Tzolkin und Haab, sondern grundsätzlich aller Zyklen, die das Kalendersystem kannte. Bestimmte Tage zeichneten sich durch eine besonders wichtige Beziehung zu Xibalba und dem Kosmos im ganzen aus. Die jeweilige Priorität errechneten die Maya anhand ihrer spezifischen Form von Zahlenmystik.[40] In den vier erhaltenen Maya-Kodizes[41] ist verzeichnet, welche Götter beim Zusammentreffen welcher Zahlenkombinationen in der Positionsbestimmung eines Tages welche Handlungen ausführen. Diese göttlichen Eingriffe gehorchten einem sehr viel komplizierteren Schema als die Einflüsse, die die abendländische Astrologie den Gestirnen zuschreibt. Nach Auffassung der Maya waren an jedem beliebigen Tag Hunderte von Göttern am Werk, und sowohl deren individuelle Aktivitäten als auch die daraus folgenden Resultate formten die heilige Zeit und den heiligen Raum, so wie sie ihrerseits von ihnen geformt wurden.[42]

Indes war das Verhältnis der Könige zur Zeit keineswegs ein passives. Zwar gab es unbestreitbar die zyklisch wiederkehrenden sozialen Ereignisse, wie Aussaat und Ernte zum Beispiel, doch drückten die Taten und Schicksale herausragender Menschen – ihre Geburt und ihr Tod, ihre Siege und Niederlagen, ihre Erfolge als Bauherrn und Volksführer – der Zeit ihr unverwechselbares, bleibendes Siegel auf. In der Geschichte der einzelnen Reiche gewannen die Tage je nach Bedeutsamkeit ihrer Dynasten Sakralcharakter. Die Könige legitimierten ihr Handeln, indem sie es zur Reaktualisierung von Episoden aus der Geschichte der Ahnen erklärten. Königliches Tun war göttlichem Tun gleichgesetzt, und Ausnahmen von der legitimen Erbfolge waren begründet, wenn sie als Wiederholung mythischen oder legendären Geschehens ausgewiesen werden konnten. Die Maya beriefen sich bei ihren Handlungsentscheidungen nicht nur auf Götter der vergangenen, gegenwärtigen und nachfolgenden Schöpfung, sondern auch auf die Geschichte der ältesten Kultur ihrer Region – der legendären Olmeken.[43] Und je umfangreicher in den einzelnen Reichen die Geschichte wurde, desto mehr lokale Feiertage gab es auch. So waren Zeit und physische Welt sowohl kosmisch wie menschlich geprägt.

Die Menschengemeinschaft

Heiliger Raum und heilige Zeit gaben dem Gemeinschaftsleben der Maya seinen Rahmen. Auf der untersten Ebene der Sozialstruktur waren die Maya in Familien organisiert, in denen Blutsverwandtschaft in der männlichen und Heiratsverwandtschaft in der weiblichen Linie gerechnet wurde. Dieser Organisationstyp der Verwandtschaftsbeziehungen ist als patrilineale Abstammungsrechnung bekannt. Das Prinzip, wonach die absolute familiale Autorität jeweils nur auf ein einziges Mitglied der nächsten Generation vererbt wird, begünstigte in der Regel den ältesten männlichen Nachkommen. Diese sogenannte Primogenitur-Ordnung[44], also die erbrechtlich verordnete Nachfolge des Erstgeborenen in Autoritätsstellung und Besitztitel, ist die Basis hierarchischer Familienorganisationsformen vom alten China bis ins europäische Mittelalter. Wie im vorigen Kapitel bereits erwähnt, war die Maya-Familie eine Großfamilie, die mehrere Generationen unter einem Dach beziehungsweise in einem gemeinsamen Haushalt vereinte.

Auf der patrilinealen Verwandtschaftsrechnung basierte der Zusammenschluß von Großfamilien zu umfassenderen Sozialeinheiten, von Ethnologen «Lineages» genannt, deren Mitglieder sich allesamt vom selben Vorfahren herleiteten. Maya-Lineages schlossen sich – unter Anerkennung eines gemeinsamen Vorfahren in weit zurückliegender Vergangenheit – ihrerseits wieder zu umfassenderen Sozialeinheiten, Clans, zusammen. Die Clans konnten unter bestimmten Voraussetzungen über Besitz-, Prestige- und Standesschranken hinweg als Wirtschafts- und Solidaritätseinheit nach Art einer sehr großen erweiterten Familie funktionieren.[45] Bei den Maya von heute ist diese Clanstruktur stellenweise noch vorhanden.

In manchen patrilinealen Sozialsystemen galten die einzelnen Familien eines Clans als einander statusgleich, aber ebensogut vertrug sich die Clanstruktur auch mit einer hierarchischen Gesellschaftsordnung. Eine bestimmte Familie konnte einen Anspruch auf Höherrangigkeit begründen und durchsetzen mit dem Nachweis, daß sie in direkter Linie vom gemeinsamen Urahn abstammte. Der Nachweis erfolgte, indem plausibel gemacht wurde, daß die Geschlechtsnachfolge in allen zurückliegenden Generationen jeweils nur einer einzigen Person zuteil geworden war. War durch die Primogenitur-Ordnung erst einmal ein Nachfahre in jeder Generation einer Linie zur Monopolstellung des einzigen Geschlechtsnachfolgers und -fortsetzers gelangt, ließ sich ohne weiteres auch die Behauptung aufstellen, daß es eine direkte männliche Linie zurück bis zum Urahn gebe und alle anderen Familien aus genealogischen Linien zweiten Ranges stammten. Und gleichsam automatisch – nämlich aus der Berechnung der verwandtschaftlichen Nähe oder Entfernung zur zentralen Linie – ergab sich daraufhin eine differenzierte Rangfolge innerhalb des Clans. Diesem Prinzip waren keine Grenzen gesetzt, es endete rein theoretisch erst bei dem Extrem einer durch Abstammungsrechnung systematisch gegliederten Sozialpyramide – ein Sozialsystem, in dem für jedes Individuum innerhalb einer Familie das genaue Verwandtschaftsverhältnis zum Urvater und die daraus resultierende Rangstellung errechnet ist. Wie die meisten anderen hierarchisch strukturierten Gesellschaften brachen auch die Maya ihre genealogischen Spekulationen lange vor Erreichung dieses Extremziels ab, was freilich im gegebenen Zusammenhang ziemlich belanglos ist. Worauf es hier ankommt, ist vielmehr, daß sie die Familienbindungen als flexibles und mächtiges Instrument zur Etablierung sozialer Hierarchie einsetzten.

Die Institution des Königtums der Maya basierte auf der bis zum Urvater zurückgehenden Primogenitur-Ordnung, die jeweils einen aus jeder Generation männlicher Nachkommen zum alleinigen Geschlechtsnachfolger bestimmte.[46] Die Rangfolge unter Familien und Clans war nach deren näherer oder entfernterer Verwandtschaftsbeziehung zu der zentralen Abstammungslinie, der Linie des Königs, geregelt. Politische Macht, die sich auf Familienbindungen gründete, mag in unseren Augen primitiv erscheinen, es hat sich jedoch gezeigt, daß dieses System in der Lage ist, Staatswesen von Zehntausenden Mitgliedern zusammenzuhalten.[47]

Wie wohl kaum verwunderlich, dehnten die Maya die Primogenitur-Ordnung und die Abstammungsrechnung in der Hauptlinie über das Königtum hinaus auch auf andere Spitzen der Gesellschaft aus. In Copán zum Beispiel wurde das Haus einer Großfamilie freigelegt, in der das Oberhaupt traditionell auf die Schreibkunst spezialisiert war.[48] Aus dem Fund geht hervor, daß der Status des Schreibers in Copán mit soviel Sozialprestige verbunden war, daß er den Inhaber und seine Familie «hoffähig» machte. In der westlichen Usumacinta-Region stellte ein anderer Adelsrang, die Cahalob[49], königliche Administratoren und genoß bis zu einem gewissen Grad gleiche Privilegien wie die Ahauob. Auch der Cahal-Rang wurde innerhalb der Familie über die Erbfolge weitergegeben. Archäologische, epigraphische und kunstgeschichtliche Befunde lassen uns noch viel mehr solcher an Blutsverwandtschaftsbeziehungen gebundene Elitepositionen ahnen. Das Prinzip der Erblichkeit des Standes hatte auf allen Ebenen der Gesellschaft Gültigkeit und war die Legitimation für die angestammten Rechte sowohl der höchstgestellten als auch der niedrigsten ihrer Mitglieder.

Die jüngsten Ausgrabungen in Copán geben ein ausgezeichnetes Beispiel dafür, wie einfache Leute und Bessergestellte trotz unmittelbarer Nachbarschaft ihre Integrität zu erhalten vermochten. Die Wohnanlagen blutsverwandter Gruppen in Copán sind nach Größe und Aufwendigkeit der Bauart in vier Kategorien unterteilt, wobei Typ 1 die niedrigste und Typ 4 die höchste Rangkategorie darstellt. Gruppe 9 N-8, auch als «Schreiberhof» bekannt, ist eine Anlage vom Typ 4 – ein sich weit ausdehnendes Gehöft mit zahlreichen, um mehrere Innenhöfe gruppierten Wohngebäuden. Gleich daneben liegt eine Anlage vom Typ 1, der niedrigsten Rangkategorie – die Wohnung einer Familie, die nach heutigen Maßstäben in die unterste Mittelschicht oder die gehobene Unterschicht einzustufen wäre. Verglichen mit der hochherrschaftlichen Nachbarwohnung, ist die Typ-1-Anlage mit ihrem einzigen kleinen Innenhof, den zwei Wohnhäusern und Küchengebäuden eher dürftig. Die Hauswände bestehen aus Steinmauern, im Innern aber herrscht Enge, selbst für die Verhältnisse am Ort Copán mit seinen bekannt winzigen Innenräumen. Aber so bescheiden die Typ-1-

Anlage auch gewesen sein mag, bei den Grabungen hat sich gezeigt, daß die Großfamilie, der sie als Wohnung diente, nie einen Fußbreit Boden an die hochgestellte Nachbarfamilie verlor, auch wenn diese sich mit wachsender Mitgliederzahl räumlich immer weiter ausdehnte und immer mehr Plazuelas anbaute. Durch die gesamte Geschichte der Wohnanlagen der unteren Klassen blieben deren Grundstücksgrenzen unverrückt. Wir glauben daraus schließen zu können, daß auf die Bewohner kein sozialer Druck ausgeübt wurde. Im Sozialsystem der Maya genossen Recht und Autonomie der rangniedrigeren Familien den gleichen Schutz wie die der höheren Schichten.[50]

Die im königlichen Auftrag errichteten öffentlichen Monumente aus der Zeit des Klassikums stellen am Herrscher ebensosehr seine Rolle als Familienoberhaupt wie seine Schamanenfunktion heraus. Die Texte auf den Stelen befassen sich umfänglich mit der Genealogie des Herrschers, auf der seine Legitimität beruht. Nicht nur enthält seine Namensangabe regelmäßig auch Abstammungshinweise, sondern Bildurkunden aller Art zeigen auch die Eltern des Königs, über die Aktivitäten ihres Sprößlings wachend, und das auch dann noch, wenn die Eltern tot waren (siehe Abb. 2.12).

Der Titel des Königs enthielt auch ein Zahlzeichen für seine Position in der Geschlechterfolge, vom Stammvater der Dynastie an gerechnet. Als Dynastiegründer wurden in der Regel reale Personen, zuweilen aber auch übernatürliche Wesen in Anspruch genommen.[51] Von anderer Art war demgegenüber die Situation, wie sie sich im Reich von Copán darstellt. Hier wurde das Unterzentrum in Río Amarillo von Dynasten regiert, die den Ursprung ihres Hauses nicht auf den Stammvater der Allerhöchsten Majestät, sondern auf eine lokale Gründergestalt zurückführten.[52] Der Sachverhalt spricht dafür, daß viele kleinere Herrschergeschlechter nicht in echter Blutsverwandtschaftsbeziehung zum Königshaus standen, also keine Verwandten aus Nebenlinien, sondern verbündete Vasallen waren. Gleichwohl zog der königliche Machtanspruch seine metaphorische Inspiration aus der Vorstellung von Blutsverwandtschaft. Wie anderswo brachten auch in Copán die Könige in den Insignien ihrer Würde und dem amtlichen Zeremoniell ihren Anspruch auf Identität mit den mythischen Ahnengöttern der Maya zur Geltung. Auf diese Weise bekräftigten sie ihre Autorität als auf echter Blutsverwandtschaft beruhende patriarchale Gewalt über alle Untertanen, solche wie die Herren von Río Amarillo nicht ausgenommen.

Gab es Probleme mit der legitimen Erbfolge – etwa weil ein männlicher Erbe ausblieb oder der einzige vorhandene im Krieg gefallen war –, so wurden sie auf sehr kreative Weise gelöst. Einige der ingeniösesten Skulptur- und Architekturplanungen in Yaxchilán und Palenque verdanken ihre Ausführung dem Wunsch, Abweichungen von der rechtmäßigen Erbfolge zu begründen (Einzelheiten dieser Problematik werden in Kapitel 6 und 7

Stele 10
in Yaxchilán

Stele 11
in Yaxchilán

Abb. 2.12

Frau Abendstern und Schild-Jaguar, die Eltern des Königs, auf ihrem Platz im Himmel, der durch das kleinere Register über der Hauptszene repräsentiert wird

behandelt). Daß sich der Machtwechsel beim Tod des Königs unangefochten vollziehen konnte, war von so entscheidender Bedeutung, daß die Einsetzung des Thronfolgers Anlaß für einen großen Reigen von Festtagen war; die magischen Rituale erstreckten sich über ein ganzes Jahr oder länger. Den großartigen farbigen Wandgemälden in der Königsresidenz Bonampak ist zu entnehmen, daß diese Riten die öffentliche Zurschaustellung des Thronfolgers einschlossen sowie dessen Verwandlung in eine besondere Person, was durch die Opferung von Gefangenen, die man eigens für diese Gelegenheit gemacht hatte, geschah.[53]

Die skulpturalen Zeugnisse weisen auch den Schamanismus als Wesenskomponente des Maya-Königtums aus – ein zentraler Aspekt in der

Kosmologie der klassischen Periode –, indem sie den göttlichen Ahau bei der Ausführung von magischen Handlungen zeigen. Von allem Anfang an haben die königlichen Monumente die Herrscher als Beschwörer des Geisterreichs dargestellt. Man denke beispielsweise an die Miniaturstele Hauberg oder das Felsbild von San Diego, das einstmals hoch in den Lüften über ein heute längst vergessenes Königreich wachte (siehe Abb. 2.13). Beide Reliefbilder zeigen einen König in Gesellschaft übernatürlicher Wesen, die er mittels rituellen Aderlasses zur Erscheinung gebracht hat. Von der Szene auf der Stele Hauberg wissen wir, daß der dargestellte Aderlaß zweiundfünfzig Tage vor der Inthronisation des Protagonisten stattfand.[54] Höchstwahrscheinlich sollte dieses Ritual den öffentlichen Beweis liefern, daß er in der Lage war, die Pforte zur Geisterwelt zu öffnen. Obschon es auf beiden Bildwerken heißt: «er ließ Blut», verzichteten die Maya in jener

Abb. 2.13

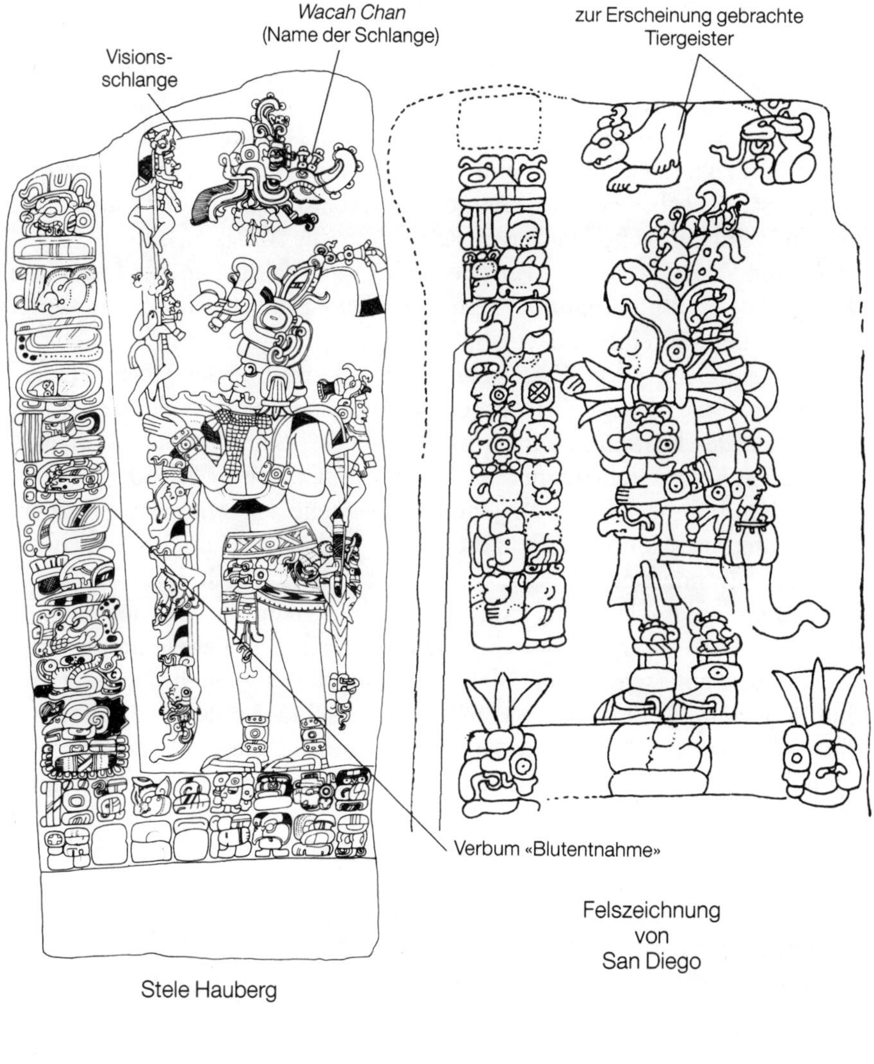

frühen Zeit auf die Darstellung der Blutentnahme als solcher und wählten statt dessen lieber den Augenblick, in dem der beschworene Vorfahre oder Gott in Erscheinung trat. Dafür gibt es einen einleuchtenden Grund: Indem man nicht die Opferhandlung, sondern die Vision abbildete, demonstrierte man der Öffentlichkeit die schamanische Gabe des Herrschers. In der öffentlichen Kunst der klassischen Periode finden sich nur Darstellungen von Kulthandlungen des Königs, sei es bei regulären Feiern – Höhepunkte im Leben der Maya, wie zum Beispiel das Auslaufen eines Kalenderzyklus –, sei es zu außergewöhnlichen Anlässen, die das Leben des Herrscherhauses bot: Hochzeiten, Geburten, Todesfälle und anderes.

Während die kultischen Handlungen der Dörfler und Bauern in der Öffentlichkeitskunst der alten Maya keine Rolle spielten, genossen hohe Würdenträger das Privileg, eigene Denkmäler errichten zu dürfen. Einige dieser Edlen regierten als Stellvertreterkönig ein Unterzentrum und errichteten dort ihre Monumente im Öffentlichkeitsraum, während andere die Innenhöfe und Gebäude ihres Familiensitzes als Aufstellungsort wählten. Diese Abbildungen zeigen entweder den Stifter in einer Handlung mit seinem König oder aber allein. Im ersteren Fall ist der Würdenträger an seiner kleineren Statur, seiner charakteristischen Gewandung und dem Namenskomplex mühelos vom König zu unterscheiden. Beim zweiten Bildtyp ist jedoch ohne Hinzuziehung des beigegebenen Textes unmöglich festzustellen, ob der Dargestellte nur ein Würdenträger oder aber ein König ist (siehe Abb. 2.14).

Während der klassischen Periode drehte sich das Leben der Maya um den Ritus der Blutentnahme.[55] Blut aus dem eigenen Körper als Opfer darzubringen war eine Andachtshandlung, die von den feierlichen Gebräuchen bei der Geburt von Kindern bis hin zur Bestattung der Toten in jedem Ritual stattfand. Das Vollziehen des Ritus reichte vom Ablassen einiger Tröpfchen des kostbaren Saftes bis zu schwerer Selbstverletzung an verschiedenen Körperstellen, um das Blut in Strömen zum Fließen zu bringen. Die Blutentnahme konnte an jeder Körperstelle vorgenommen werden, doch galten bei Mann wie Frau die Zunge und beim Mann zusätzlich der Penis als besonders geheiligte Quellen. Auf Reliefdarstellungen der Opferhandlung – so am Türsturz 24 in Yaxchilán – sieht man Teilnehmer sich eine fingerdicke Schnur durch die durchbohrte Zunge ziehen, um das Blut in ein mit Papierstreifen gefülltes Auffanggefäß zu leiten. Männer mit durchbohrtem Genital führen eine Art Derwischtanz auf, um das Blut auf die an dem verwundeten Glied befestigten langen Papier- und Stoffstreifen auszutreiben. Der Sinn und Zweck dieses kathartischen Rituals bestand darin, Visionen zu erzeugen, das Tor ins Jenseits aufzustoßen und dadurch mit den Göttern und Ahnen in Verbindung treten zu können. Die Maya verstanden den Vorgang als «Geburt» des Gottes oder Ahnen, der auf diesem Weg die Möglichkeit erhielt, verleiblicht auf der diesseitigen Daseinsebene zu erscheinen. Die Visionssuche war die zentrale Kulthandlung der Maya.

Doppelköpfiger Schlangenstab (aus beiden Mäulern tritt Gott K hervor)

Türsturz 39 in Yaxchilán

Vogel-Jaguar, König von Yaxchilán, beim «Hand-mit-Fisch»-Ritual

Zeichnung: Ian Graham

Doppelköpfiger Schlangenstab mit Gott K

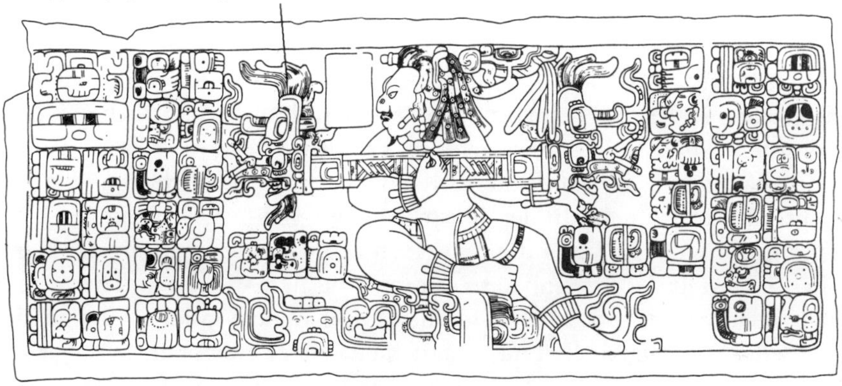

Türsturz 1 in Lacanjá

Der Cahal Ah Zacol, der als Statthalter Glotzauge-Jaguars, des Königs von Bonampak, in Lacanjá regierte

Zeichnung: David Stuart

Abb. 2.14

Die Sitte des Aderlasses am eigenen Leib wurde nicht nur in den Tempeln der Mächtigen, sondern auch an den Altären des einfachen Landvolkes gepflegt. Beweis dafür ist das Vorkommen von Obsidianklingen – dem wichtigsten Instrument dieser speziellen kultischen Praxis – in zahlreichen freigelegten Bauerndörfern. Obsidian ist ein vulkanisches Glas – schnell erstarrte Lava – von schwarzer, grauer oder grüner Färbung, das von den mächtigen feuerspeienden Bergen in der Hochlandregion des Maya-Gebiets ausgeworfen wird. Geschickte Handwerker fertigten aus diesem Werkstoff lange, rasiermesserscharfe Klingen. Und solche Klingen, die ihrer hohen Zerbrechlichkeit wegen nicht für alltägliche, sondern nur für rituelle Zwecke zu gebrauchen waren, wurden in so gut wie jeder freigelegten Tieflandsiedlung gefunden, und sei es auch nur in kleineren Mengen außerhalb städtischer Zentren oder der Dörfer, wo sich die Verarbeitungswerkstätten für den importierten Rohstoff befanden. Obsidian wurde aus mehrerlei Gründen geschätzt, nicht zuletzt, weil er selten war, am meisten jedoch wegen seiner unübertroffenen Eignung als Schneidwerkzeug, mit dem sich blitzschnell eine saubere tiefe Fleischwunde erzeugen ließ. Im Kult der Maya spielte der Schnitt mit der Klinge für die Kommunikation mit dem Göttlichen die gleiche Rolle wie Wein oder Hostie im christlichen Abendmahlssakrament. Und was die Könige mit der Obsidianklinge zum Nutzen aller verrichteten, vollzog der einfache Bauer zum Nutzen seiner Familie. Schenkte der König einem Vasallen als Gegenleistung für Dienste oder Tributzahlungen oder in Anerkennung seiner Ergebenheit ein Stück Obsidian, so übte er damit einen subtilen Zwang aus. Das läßt sich aus der Tatsache ableiten, daß der König sich das Monopol auf die Obsidianversorgung vorbehielt und nach eigenem Gutdünken entschied, wer damit beliefert wurde und wer nicht. Ein Geschenk dieser Art erinnerte an den gemeinschaftlichen Bund mit der Götterwelt und lieferte zugleich das Mittel, der gemeinschaftlichen Pflicht zur Aufrechterhaltung dieses Bundes nachzukommen.[56]

Seinen Teil des Bundes mit der Götterwelt erfüllte der König mit den zahlreichen rituellen Beschwörungen der Kraft des Übernatürlichen, die er zugunsten seines Volkes ausführte. Ja, er selbst *war* diese Kraft, war die heilig-mächtige und manifestierte Kraft des Übernatürlichen und deren wichtigstes Instrument. In der ältesten und am häufigsten benutzten Darstellungsform des Königs auf öffentlichen Monumenten erschien der Herrscher in Gestalt des Weltenbaums. Stamm und Äste waren auf dem Schurz abgebildet, der seine Lenden umhüllte. Die Doppelköpfige Schlange, die sich in den Zweigen des Baumes wand, hielt er als Zeremonialstab quer vor der Brust in den Armen. Und die Baumkrone mit der Höchsten Vogelgottheit darin (siehe Glossar) bildete seinen Kopfschmuck (siehe Abb. 2.15). Dieser Baum war die Verbindung zwischen der menschlichen und der übernatürlichen Welt: Die Seelen der Verstorbenen sanken auf der durch den Baum bezeichneten Bahn nach Xibalba hinab, und die tägliche Wegstrecke von Sonne, Mond, Planeten und Sternbildern führte entlang seinem Stamm. Die Visionsschlange, das Symbol des Rapports mit Ahnen und Göttern, tritt auf der Verlaufsbahn des Baumstamms in Erscheinung. Der König war Achse und Drehpunkt des Kosmos in leibhaftiger Gestalt. Er war der Baum des Lebens.

Für die Maya waren Bäume das Urelement ihres Lebensraums. Sie lieferten Bau- und Werkstoff, Nahrungsmittel, Arzneien, Farbstoffe, das Ausgangsmaterial lebenswichtiger Gebrauchsgüter, wie etwa Papier, dazu Brennholz und bei der Brandrodung mit ihrer Asche einen wirksamen Dünger. Bäume spendeten Schatten auf Innenhöfen und öffentlichen Plätzen. Bäume boten im tropischen Urwald einem üppigen Leben Schutz und Herberge. So war es nur natürlich, daß die Maya sich den Baum als Metapher der menschlichen Macht erkoren. Genau wie der Baum war der König ein lebenspendender Teil der Umwelt und zugleich ein Teil des Materials, das zur menschlichen Ausgestaltung dieser Umwelt diente. In

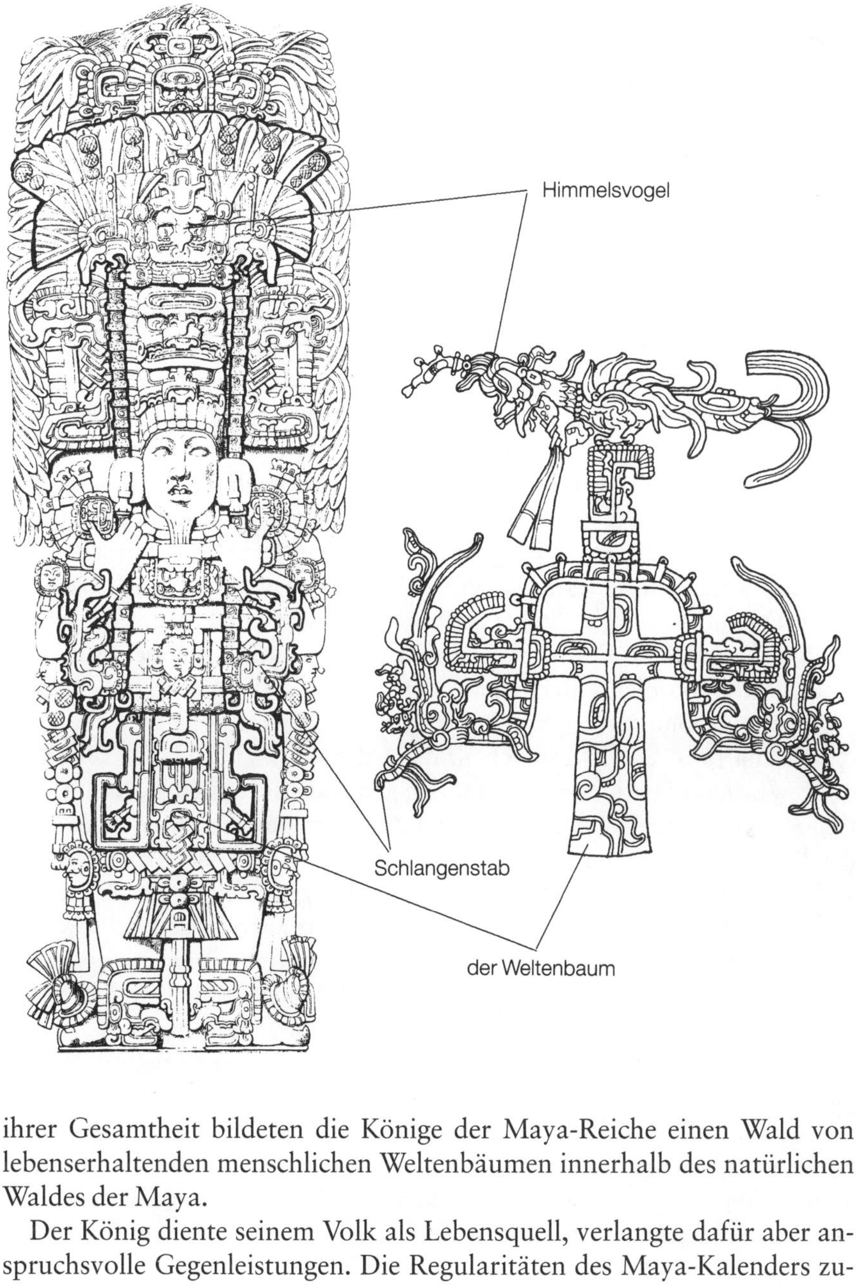

Abb. 2.15 Der Maya-König in der Maske des Weltenbaums

ihrer Gesamtheit bildeten die Könige der Maya-Reiche einen Wald von lebenserhaltenden menschlichen Weltenbäumen innerhalb des natürlichen Waldes der Maya.

Der König diente seinem Volk als Lebensquell, verlangte dafür aber anspruchsvolle Gegenleistungen. Die Regularitäten des Maya-Kalenders zusammen mit den örtlichen Gedenktagen bedingten eine Vielzahl von Feiern und Festlichkeiten.[57] Die prächtigen Zeremonieveranstaltungen in den großen Zentren, denen man in den kleineren Zentren kräftig nacheiferte, verschlangen einen beträchtlichen Teil der menschlichen und materiellen Ressourcen der Maya. Der König und sein Hof nahmen für sich die Arbeitskraft einer großen Menge geschulter wie ungeschulter Kräfte in Anspruch, für deren Grundversorgung wiederum eine noch größere Zahl von Bauern, Jägern und Fischern sorgen mußte. Wir können uns heute kaum vorstellen, wieviel Geduld, Können und Mühe die Schaffung der kunstvoll gearbeiteten Gegenstände und Bauwerke erforderte, die den königlichen Ritualhandlungen dienten. Nur ein Jadefigürchen herzustellen, dürfte einen einzelnen Handwerker Monate gekostet haben; mit der Errichtung eines großen Tempels hatten die damit befaßten Baufachleute, Bildhauer, Stukkateure, Maler und gewöhnlichen Arbeitskräfte nachweislich [58] viele Jahre lang Arbeit.

Der Tribut, den der Königshof zur Realisierung derartiger Projekte von der Allgemeinheit erhob, bedeutete für die Betroffenen zweifellos eine schwere Last, jedoch nicht notwendigerweise Mühsal oder gar Ausblutung. In Perioden allgemeinen Wohlstands – wie etwa in der klassischen – brauchte der einfache Mann in materieller wie spiritueller Hinsicht nichts zu entbehren. In Not- und Krisenzeiten darbten hohe Herren und niedriges Volk gemeinsam. Die Weltanschauung der alten Maya band König und Adel mit unabdingbaren Fürsorgepflichten an das Volk. Ein Herrscher, der sich den Aufgaben seines Amtes nicht gewachsen zeigte oder die Landbevölkerung ausbeutete, stellte damit unter Umständen die ihm entgegengebrachte Loyalität in Frage. Seine Untertanen konnten sich der Autorität eines Nachbarkönigs unterstellen oder aber einfach auswandern. [59] Eine Ausbeutungspolitik, die derartige Folgen provozierte, war aber allenfalls die Ultima ratio eines Monarchen, nicht der Normalfall. Der König und seine Würdenträger lebten sehr gut. Sie genossen die besten Nahrungsmittel, bewohnten die schönsten Gegenden und trugen die feinsten Gewänder. [60] Doch die großen öffentlichen Veranstaltungen der Maya fanden nicht nur deshalb statt, weil die Herrscher Gelegenheit für die Zurschaustellung persönlichen Reichtums suchten. Was da zur Schau gestellt wurde, war das dem Monarchen zu treuhänderischer Nutzung im Interesse aller überantwortete Gemeingut, in dem handwerkliche Mühe und kreative Inspiration vieler Menschen ihren Niederschlag fanden und das in der Berührung mit ihrer aller wertvollstem Besitztum, dem König selbst, den Glanz der Macht auf sich zog.

Informationen darüber, wie die praktische Wirtschaft der alten Maya funktionierte, haben in die öffentliche Urkunde des kommunalen Lebens keinen Eingang gefunden. Wir können jedoch davon ausgehen, daß die Drehscheibe der Maya-Wirtschaft der Jahrmarkt [61] war, der am Rand aller größeren Festivitäten in großen wie kleinen Bevölkerungszentren stattfand. Diese Jahrmärkte schufen zusammen mit den täglichen Märkten in den größeren Ansiedlungen und den Städten die Umgebung, in der die Maya ihre Geschäfte abwickelten. Noch im 20. Jahrhundert strömen alljährlich zum *Señor-de-Escupulas*-(Christus-im-Grab-)Fest in einem verschlafenen Provinznest in der Nähe der Ruinenstätte Copán Zehntausende Maya aus dem gesamten Umland zusammen und verwandeln den Ort in einen überfüllten Basar. Innerhalb einer einzigen Woche bringen auf diesem Fest britische Kaufleute aus dem benachbarten Belize den größten Teil ihrer jährlichen Indigo-Handelsverträge mit den Maya unter Dach und Fach.

Solche Feste waren bereits in älterer Zeit das wichtigste Ereignis im öffentlichen Leben der Maya. Sie hatten in praktischer Hinsicht den Vorteil, daß sie an den jedermann im weiten Umkreis bekannten hohen Kalendertagen stattfanden, und wurden nah und fern durch königlichen Ausruf angekündigt. Häufig wurden sie von den Majestäten oder ihren Würdenträgern als Gelegenheit für einen Staatsbesuch genutzt.[62] Auf den Jahrmärkten am Rand dieser Feste und in den Marktflecken im Grenzgebiet zwischen zwei Reichen wickelten die Kaufleute und Handwerker ihre Geschäfte unter den wachsamen Augen der lokalen Obrigkeiten ab, die schlichtend in streitige Verhandlungen eingriffen und für die Aufrechterhaltung des Marktfriedens sorgten.[63] Zudem wurden Kaufleute auch von den Familienoberhäuptern ihrer Sippe beaufsichtigt, die unrechtmäßige Praktiken unverzüglich dem König anzuzeigen hatten. Den rechnerischen Teil ihrer Verhandlungen führten die Kaufleute mit Steinen und Stöckchen als Zahlzeichen unmittelbar auf dem Boden des Marktplatzes durch[64], und wenn man sich handelseinig geworden war, galt allein das gegebene Wort – ohne irgendwelche formelle Beurkundung – als bindender Vertrag.[65]

Als Zahlungsmittel dienten den alten Maya wertvolle Güter wie Perlen aus Jade oder der Schale der roten Spondylusmuschel, Kakaobohnen sowie bestimmte Maßeinheiten von Meersalz und Baumwollstoffen.[66] Diese Dinge waren im ganzen präkolumbischen Mesoamerika so gefragt, daß sie überall, wo man hinkam, den Wert von barem Geld hatten und damit eine Art internationaler Handelswährung darstellten.[67] Zwar wurde innerhalb der einzelnen Reiche der Kurswert der «Währung» höchstwahrscheinlich von König und Hof festgesetzt, doch dürften die unkontrolliert im Niemandsland zwischen den Reichen tätigen Händler kräftige Spekulationsgewinne sowohl aus den regulären Kursunterschieden wie aus knappheitsbedingten Kurssprüngen gezogen haben. Man sieht, schon die alten Maya kannten das Arbitragegeschäft.[68]

Jedermann nahm an dieser Form der Geldwirtschaft, an Märkten und Jahrmärkten teil. Den Bauern stand die Möglichkeit des Naturalientauschs offen, oder sie konnten einen Teil ihrer Maisernte «zu Geld machen», mit dem sie ihre Aufwendungen für wichtige Veranstaltungen wie Hochzeiten, Feste anläßlich der Geburt eines Kindes, Leichenschmäuse und Richtfeste bestritten.[69] Bei allen derartigen Anlässen mußte eine Vielzahl von Menschen teils beschenkt, teils gastfreundlich bewirtet werden, und das war teuer. Die «harten» Währungen aus Jade und Spondylusschalen trugen Männer wie Frauen als Schmuck, um auf diese Weise den Fleiß und die Geschäftstüchtigkeit ihrer Familie zu demonstrieren. Bauern konnten ihre Tributschuld gegenüber dem Herrscher mit Geld begleichen, gewöhnlich zogen sie jedoch den Frondienst in der königlichen oder herrschaftlichen Landwirtschaft oder als Hilfsarbeiter bei der Ausführung architektonischer Projekte in der Hauptstadt vor. So trugen sie unmittelbar zur Erhaltung derjenigen bei, die ihrerseits den Wohlstand der Gemeinschaft als ganzer erhielten. Die Wirtschaft der einzelnen Reiche wurde vom Hof aus strategisch teils durch Kontrolle der Preise von Währung und Waren, teils durch die Kontrolle von Geschäften und Geschäftsgebaren der Händler auf den Märkten und Jahrmärkten gelenkt.

Kaufleute, die ihr Wirkungsfeld über die Reichsgrenzen hinaus ausdehnten, galten nach beschönigender Sprachregelung als diplomatische Gesandte, die den benachbarten Majestäten «Geschenke» überbrachten, was diese wiederum mit Gegen«geschenken» beantworteten.[70] Dieser königliche Geschäftsverkehr war von so grundlegender wirtschaftlicher Bedeutung, daß er hohen Würdenträgern und sogar Mitgliedern der Königsfamilie anvertraut wurde. Ihr Handeln metaphorisch als «Wallfahrt» interpretierend, «pilgerten» die hochedelgeborenen Kaufleute zu den hohen Festen in benachbarte und weit entfernte Staatswesen, zumal in solche, die ein Monopol in strategischen Gütern hatten.

Was die Maya als Währung benutzten – Jade, Obsidian, Spondylusschalen, Baumwolltuch, Salz und vor allen Dingen die Kakaobohne –, waren von allen Kulturvölkern Mesoamerikas hochgeschätzte Güter, die aus dem Maya-Land in alle Teile dieser Weltgegend exportiert wurden. Umgekehrt hatte von den anderen Völkern jedes sein eigenes Quasi-Monopol auf gewisse Rohstoffe oder Waren, die im Fernhandel gegen andere, im eigenen Machtbereich nicht natürlich vorkommende getauscht wurden. Für den wirtschaftlichen Wohlstand jedes Staates der Region waren daher «internationale» diplomatische Beziehungen eine ganz wesentliche Bedingung. Dem Maya-König oblag die Aufgabe, die Außenhandelsware aus seinem gesamten Herrschaftsbereich zusammenzutragen, den Fernhandel zu organisieren und die heißbegehrten Einfuhrgüter unter Vasallen und Verbündeten zu verteilen, die sie ihrerseits wieder als Geschenke oder auf dem Tauschweg an ihren Anhang weitergaben. Auf diese Weise gelangten die Güter zu einem gewissen Teil auch in den Handelsverkehr der unteren Volksschichten.

Zusätzlich zu seiner Rolle als Verantwortlicher für den Vertrieb nationaler Warenproduktion führte der König auch Arbeitsprogramme zur agrarwirtschaftlichen Erschließung der in vielen Gebieten des Landes anzutreffenden Schwemmlandebenen und feuchten Flußtalauen durch. In diesen Gebieten boten die Bodenverhältnisse dem für das Maya-Dorf typischen Landbau auf Familienbasis kaum eine Chance. Das Ausheben des Schlamms, durch das ein System von Hochäckern und Entwässerungskanälen geschaffen wurde, setzte eine zeitliche und methodische Organisation voraus. Es war ein Aufwand, für den das Ergebnis reichlich entschädigte: Man gewann Wirtschaftsflächen, deren Bebauung durch eine dauerhafte Wasserversorgung gesichert war; das Wasser wiederum konnte dank seines Reichtums an Nährpflanzen wie Seerosen und andere die Verdunstung hemmenden Pflanzen zur Zucht von Süßwasserfischen genutzt werden.[71] Die Fischexkremente verwandelten den Schlamm auf dem Grund der Kanäle in einen nährstoffreichen Ackerdünger. Das Hochäckersystem der Maya war eine äußerst diffizile, auf sorgfältige, intensive Pflege angewiesene, dafür aber mit zwei oder sogar drei Ernten im Jahr auch äußerst ertragreiche Einrichtung.

Diese Möglichkeit der agrarwirtschaftlichen Nutzung des Schwemmlandes der feuchten Niederungen und Talauen war für das Maya-Staatswesen von so überragender Bedeutung, daß die Könige die Seerose zum Hauptsymbol ihrer Herrschermacht erhoben. Ein Adliger war ein *Ah Nab* – ein «Seerosen-Mensch». Das Herzland der Maya ist Sumpfgebiet, und es ist mehr als wahrscheinlich, daß die Königreiche sowohl im Waldbergland als auch in den sumpfigen Niederungen *(bajos)* des Petén sowie in der Selva Lacandona und im nördlichen Belize die größten Erzeuger der strategisch wichtigen Agrarprodukte Kakao und Baumwolle in ganz Mesoamerika waren. In den genannten Regionen begünstigten die riesigen Sumpfgebiete um die Siedlungszentren herum die Anlage ausgedehnter Hochäckersysteme. Die meisten davon befanden sich im Besitz patriarchalischer Bauernsippen, ein bestimmter Teil (möglicherweise beträchtlichen Umfangs) jedoch wurde als königlicher Besitz im Frondienst bewirtschaftet. Zusammen mit ihrer Gemeinde profitierten die Frondienstleistenden ihrerseits wieder vom Wohlstand des Staates, den sie mit ihrer Hände Arbeit schufen. Die Maya-Könige spielten nicht nur für das wirtschaftliche Wohlergehen ihres eigenen Volkes eine zentrale Rolle, sondern auch für ihre Außenhandelspartner in anderen Teilen Mesoamerikas, die auf die zuverlässige Versorgung mit der Maya-«Geldwährung» bauten.

Die Völker Altmesoamerikas hatten ein Verhältnis zum Geld, das sich mit dem unsrigen allenfalls bedingt vergleichen läßt. Zwar hatte das Geld einerseits einen bestimmten Wert als ökonomisches Tauschmittel, aber andererseits symbolisierte es auch Werte, die weit außerhalb dieses Bereichs lagen. Mit einer Perle aus der Schale der roten Spondylusmuschel konnte man eine Handelsware bezahlen. Jedoch von einem jungen Mädchen an den Lenden getragen, verwies die gleiche Perle auf dessen sexuelle Unberührbarkeit und das Abschneiden der Perle im Initiationsritus auf die erlangte Geschlechtsreife. Wurde in einem neuerbauten Tempel eine ganze Muschel als Weihgabe dargebracht, veranlaßte das in ihr enthaltene Hämatit die Götter und die sakrale Energie, hier Wohnung zu nehmen. Auch für eine Jadeperle konnte man sich irgend etwas kaufen, legte man sie jedoch dem dahingegangenen geliebten Ahnen in den Mund, verlieh sie diesem Kräfte für die Reise nach Xibalba. Mit blauem Erdpech und Menschenblut bestrichen, wurde sie vom Schamanen als Los geworfen, das über die Landkarte des heiligen Raums und die Struktur der heiligen Zeit Auskunft gab. Mit eingeritzten Bildern konnten sowohl Jadeplatten als auch Muschelschalen in der Tracht des Königs den Reichtum ihres Trägers signalisieren oder während des Rituals den übernatürlichen Kräften einen Zielpunkt angeben. Für die Maya hatten die Dinge in sich selbst keine zwingende Bedeutung. Vielmehr floß ihnen Sinn und Bedeutung erst aus ihrer Verwendungsweise zu und aus der Form, die Menschen der Materie aufdrückten, um sie in ihren Alltag und das öffentliche Leben der Gemeinschaft zu integrieren.

Gleichwohl waren für die Maya alle Dinge belebt und sinnerfüllt, doch nicht jedes Mitglied der Maya-Gesellschaft verfügte über die Bildung, deren es bedurft hätte, alle gegebenen Sinnebenen zu verstehen. Der Bauer, der den Geistern des Feldes auf seinem Acker eine Kalebasse Maisbrei opferte, verstand gewiß weniger von der Kompliziertheit der offiziellen Symbolik und Religion als der König, der auf einer der großen Plazas seiner Kapitale den Ahnen aller Maya in einer bemalten Keramikschale sein Blut darbrachte. Und doch wußte der Bauer, daß sein Tun und das des Königs im wesentlichen identisch waren. Wenn der Bauer als Zuschauer bei einer der großen Zeremonien auf der Plaza dabei war, hätte er weder die Hieroglyphenschrift auf den Baum-Steinen zu entziffern vermocht noch über die subtilere Bedeutung der Staatsreligion und der Mythologie Auskunft geben können. Aber geht es uns heute nicht ähnlich? Bestimmt verstehen die wenigsten von uns so viel von Atomphysik, daß sie in der Lage wären, einen Stegreifvortrag über dieses Thema zu halten. Und wir brauchen dergleichen auch nicht zu wissen und zu können, um uns als vollwertige Bürger einer Welt fühlen zu dürfen, in der solches Wissen und Können eine maßgebliche Rolle spielt. Nicht anders verhielt es sich mit dem Maya-Bauern der klassischen Periode und dem Wissen seiner Zeit.

König und Bauer bewohnten ein und dieselbe Welt. Die Tatsache, daß sie die symbolische Interpretation dieser Welt auf unterschiedlichem Niveau verstanden, ändert nichts daran, daß ihrer beider Lebensformen dynamisch aufeinander bezogen waren. Mit der erfolgreichen Ausübung seines Amts als Staatsschamane bereicherte der König die bäuerliche Existenz um die spirituelle und kultische Tiefendimension. Mit seiner Leistung auf wirtschaftlichem Sektor verhalf er seinem Reich zu Wohlstand und seinen Untertanen zu Gütern aus fernen Ländern. Der Ritual- und Festkalender des Königshofs unterbrach den Alltag aller Gesellschaftsschichten mit einer Feierlichkeit, die den inneren wie den äußeren Menschen ansprach. In seinen öffentlichen Großbauten schuf der Monarch die Foren, auf denen Ritual und Festlichkeit sich zu ihrer vollen Bedeutung entfalten konnten. Die Geschichten, die die Herrscher in Wort und Bild auf den vor menschengeschaffenen Bergen aufgestellten Baum-Steinen aufzeichnen ließen, gaben Zeit und Raum sowohl in der physischen wie in der metaphysischen Dimension Gestalt.

3
Cerros oder Die Könige nahen

Wir leben in einer Zeit, in der das Wort *Erfindung* gleichbedeutend mit «technischer Fortschritt» ist, und deshalb können wir uns eine andere Art von Erfindergeist als den technologischen kaum noch vorstellen. Einer der großen Mythen unserer Zivilisation, der Mythos des industriellen Zeitalters, besagt, daß der Mensch der Frühzeit, als er das Feuer beherrschen lernte und das Rad erfand, die Weichen der Geschichte auch schon unabänderlich in Richtung Verbrennungsmotor, Luftfahrt und Atomenergie stellte. Dieser Fortschrittsmythos läßt nur solche Energieformen als Antriebskräfte der Kulturentwicklung gelten, die sich an die Kandare der Technik legen lassen. Seine Ergänzung findet das in der Überzeugung, daß der Kulturauftrag der zivilisierten Völker darin bestehe, den technischen Fortschritt in Gang und mit seiner Hilfe der Menschheit den Weg in die Zukunft offenzuhalten. Wir Bewohner des Abendlandes verstehen uns als die Erben der Zukunftsvisionen der bürgerlich-aufgeklärten Denktradition, derzufolge im wissenschaftlich-technischen Entdecker- und Erfindergeist das Heil der Menschheit liegt. Es gibt jedoch auch Erfindergeist ganz anderer und sehr viel elementarerer Art.

Betrachtet man die Maya durch die Brille unserer Definition von Fortschritt, so stellt man fest: An «Wunderwerken der Technik» haben sie wenig zu bieten.[1] Nach unseren Maßstäben waren sie ein Steinzeitvolk, dem selbst so rudimentäre Formen der zivilisatorischen Höherentwicklung wie der Gebrauch von Metallwerkzeugen[2] und die Domestizierung von Last- und Zugtieren[3] unbekannt waren. Und dennoch würde man heute wohl kaum jemanden finden, der bestreiten wollte, daß der Zivilisationsstand der Maya der einer Hochkultur mit komplexer Sozialorganisation war. Aber wenn sie schon keine Erfindungen auf dem Gebiet des wissenschaftlich-technischen Fortschritts machten, auf welchem Sektor haben sie dann eigentlich Erfindergeist bewiesen? Die Antwort ist einfach: Die Maya zeigten sich erfinderisch darin, soziale Energien zu bündeln. Ihr schöpferischer Genius manifestierte sich in visionären Neuerungen im Bereich der Machtgestaltung. Sie erfanden eine politische Symbolik, mit der es gelang, archaische Institutionen wie die Großfamilie, die Dorfgemeinschaft, das Schamanentum und das Patriarchat so umzufunktionieren, daß sie zu Bauelementen einer hochkulturellen Lebensform wurden.

Man würde allerdings den Tatsachen nicht gerecht, wollte man behaupten, daß dieser Umfunktionierungsprozeß ohne technische Hilfe ausgekommen sei. Die Schrift und die Bilder, die zur Interpretation und Fixierung der sozialen Institutionen dienten, konstituierten eine Technologie eigenen Typs – ihrer Natur nach das Maya-Analogon zur modernen Medientechnologie. Und es ist kein Zufall, daß Maya-Schrift und Maya-Königtum zeitlich parallel im ersten vorchristlichen Jahrhundert aufkamen – denn die Technologie des Schreibens diente als Vehikel hierarchischer Sozialorganisation.

Unsere eigenen sozialen Institutionen spielen in unserem Alltagsleben eine so fundamentale Rolle und sind so eng mit ihm verbunden, daß wir uns nur in seltenen Fällen bewußt machen, daß auch sie – gleich der Technik – irgendwann einmal erfunden werden mußten. Und im Fall der Maya war das nicht anders. Die hierarchischen Institutionen, in denen wir die unverwechselbare Physiognomie ihrer Kultur erkennen, wurden unter kulturellem Überlebensdruck als Problemlösungshilfen *neu erfunden*.

Die Erfindungen des Altertums waren zu einem nicht geringen Teil Erfindungen auf sozialem Gebiet. Wie die alten Athener, in denen wir unsere geistigen Vorfahren sehen, die demokratische Regierungsform erfanden, so entwickelten auch die Maya Ideen, die ihr Überleben als kulturelle Entität sicherten. Als leistungsfähigste und folgenreichste dieser sozialen Neuerungen erwies sich die Erfindung des Königtums – die Anpassungsleistung, die die Maya-Kultur zu ihrer Hochblüte in der klassischen Periode führte. Innerhalb eines einzigen Jahrhunderts vollzogen die Maya den Wechsel vom Dorfpatriarchentum zur Herrschaft der Allerhöchsten Majestäten, der *ahauob*.[4]

Es wäre jedoch irreführend, wollten wir behaupten, die Maya hätten bei der Schaffung der neuen Institution nur aus ihrem eigenen Erfahrungsreservoir geschöpft. Denn Könige gab es zur fraglichen Zeit in Mesoamerika schon seit langem, mindestens seit einem Jahrtausend. Denken wir an unsere eigenen Erfahrungen: Technische Erfindungen werden heute immer auf der Grundlage des vorhandenen Wissens und der verfügbaren Technologien gemacht. Ähnlich war es bei den Maya: Sie verwandelten uraltes Ideengut in etwas Neues und ihnen unverwechselbar Eigentümliches. Mit unserer eigenen Regierungsform verhält es sich nicht anders; keineswegs zu Unrecht betrachten wir sie als eine der großen Neuerungen, eines der großen Menschheitsexperimente der Moderne, auch wenn sie das Ideengut der klassischen Antike und die sozialen Erfahrungen aus zweieinhalb Jahrtausenden abendländischer Geschichte verwertet.

Im Vorfeld der Errichtung des Königtums war die Maya-Kultur einer beispiellosen Zerreißprobe ausgesetzt. Unter Einwirkung äußerer Kräfte drohte das bislang sorgsam aufrechterhaltene egalitäre Sozialsystem zu zerbrechen. Durch den florierenden Handel sowohl zwischen den Maya-Gemeinschaften selbst als auch mit den mesoamerikanischen Nachbarvölkern – den Mije an der Pazifikküste, den Post-Olmeken am Golf von Mexiko, den Zapoteken im Tal von Oaxaca und den Teotihuacanos in einem Seitental des Hochbeckens von Mexiko – strömte Reichtum in das

Land, Reichtum, der freilich im Volk nicht gleichmäßig verteilt wurde. In einer Kultur, in deren Wertvorstellungen Reichtum als Verfehlung betrachtet wurde, mußte diese Wendung soziale Spannungen und Unruhe hervorrufen. Gleichzeitig brachte die aufkommende Technik der Hochäckerwirtschaft und ausgedehnter Bewässerungssysteme Wohlstand in Gebiete, die sich der Aufgabe gewachsen zeigten, das für die Schaffung und den Betrieb dieser Systeme erforderliche Arbeitskräftepotential zu organisieren. Der fortgesetzt sich ausweitende Verkehr mit Handelspartnern, die bereits als Königreiche auftraten, brachte nicht nur Waren als Importgüter ins Maya-Land, sondern auch die Idee einer sozialen Rang- und Privilegienordnung, die ihrerseits noch zur Verschärfung der aus Handels- und agrarwirtschaftlichen Erfolgen geborenen Besitz- und Statusdifferenzen beitrug. Mehr und mehr bildete sich in den Maya-Gemeinwesen eine neue Führungsstruktur heraus – eine Führungsstruktur hierarchischen Zuschnitts.

Daß soziale Ungleichheit der Kern des Problems war, für das die Maya nach einer Lösung suchten, wissen wir, weil es eben der Zustand der sozialen Ungleichheit ist, der durch die Institution der Ahau-Herrschaft als legitimes, ja unumgängliches, weil in der Weltordnung als solcher bedingtes soziales Faktum sanktioniert wird.[5] Die Entwicklung von einfacheren Lebensformen zur Hochkultur ist stets mit der Herausbildung eines sozialen Gefälles verbunden, das sich jedoch nicht in jedem Fall als negativ herausstellen muß. Bei den Maya wurde das Königtum zur wichtigsten symbolischen Repräsentanz und Legitimation der Adelskaste der Ahauob. Das Königtum löste die auf der Existenz des Sozialgefälles basierenden Probleme – nicht indem es deren Voraussetzungen abschaffte oder leugnete, sondern indem es die widersprüchliche Natur der Privilegien in der Textur des Lebens selbst verankerte. Das Zeremoniell der Ahauob machte die magische Person des Königs zur Spitze einer aus Familien hierarchisch gegliederten Menschenpyramide, die in ihrer Vollendung jeden im Reich mit einschloß. Die Person des Königs war der Leiter heilig-mächtiger Energieströme, die Verbindung zwischen Diesseits und Jenseits, Mittler zwischen Lebenden und Toten und schließlich auch Helfer bei der Überwindung des Todes und Begleiter in das ewige Leben in den Reihen der Ahnen. Der König brachte Ordnung und Klarheit in die Geheimnisse des täglichen Lebens, die Mysterien von Aussaat und Ernte, Krankheit und Gesundheit. Er nutzte sein Wissen und seine Machtstellung dazu, im Interesse seines Volkes vorteilhafte Handelsverträge abzuschließen. Er wußte die Zeichen am Himmel zu deuten, die ihm sagten, wann es Krieg zu führen oder Frieden zu halten galt. Zwar mußten die Bauern, Steinmetze und Handwerker dem König Tribut zollen, doch er entschädigte sie für ihre Dienste, indem er die Bedingungen für ein angenehmes, äußerlich breiter gefächertes und innerlich geschlosseneres Leben dieser Menschen schuf. Jeder im Volk hatte nutznießerisch Anteil sowohl an der spirituellen Ausbeute der königlichen Reisen in die Geisterwelt als auch an dem

Cerros und Umgebung

Sakralzentrum und Dorf Cerros in Belize

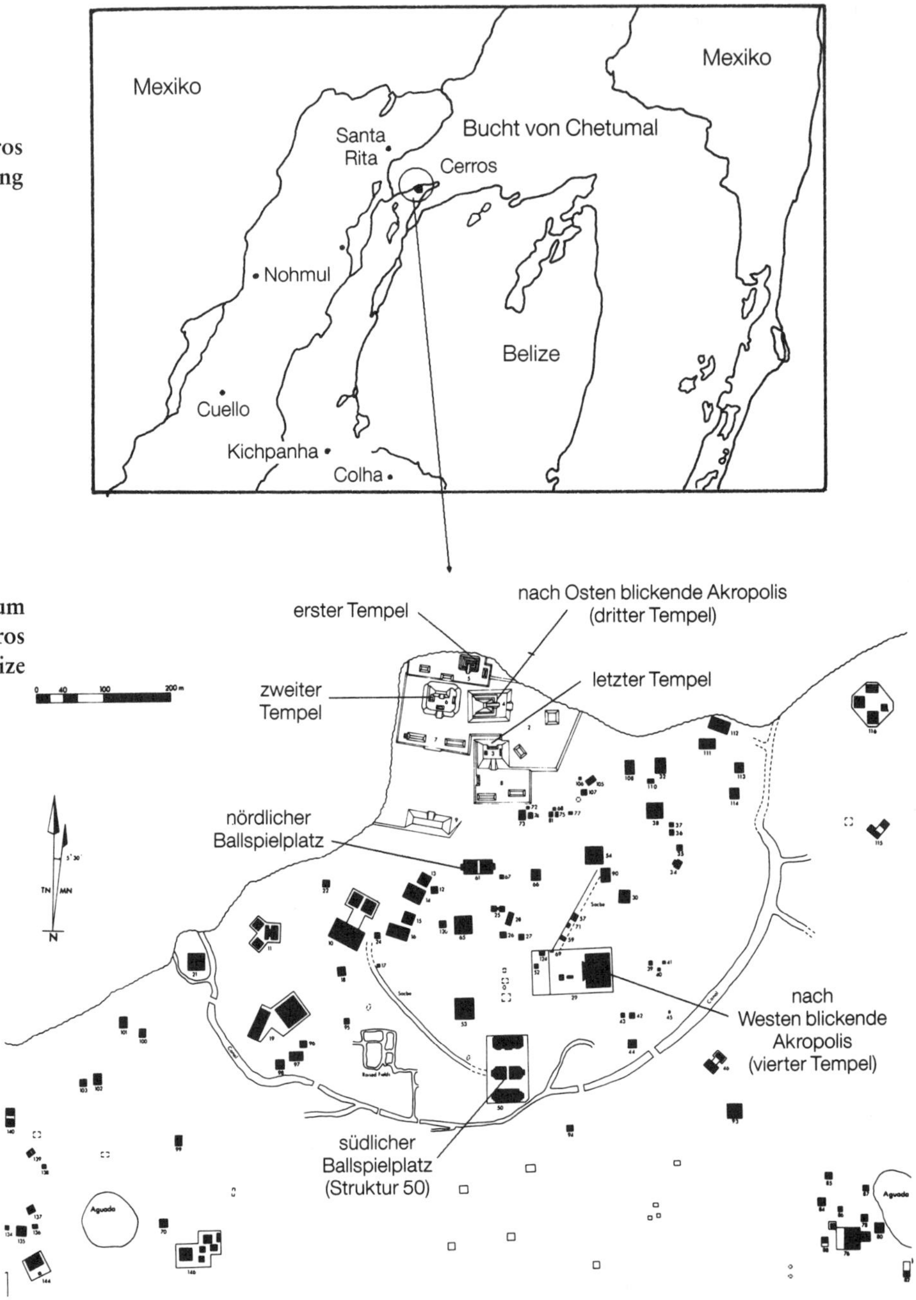

Abb. 3.1

materiellen Reichtum, den ein Herrscher, der sich auf sein Geschäft verstand, dem Gemeinwesen einbrachte.

Die das späte Vorklassikum repräsentierende Ausgrabungsstätte Cerros (siehe Abb. 3.1) gehört zu den Maya-Ansiedlungen, die die Heraufkunft des Königtums von Anfang an miterlebten.[6] Dieses Fischer-, Bauern- und

Händlerdorf in strategisch günstiger Lage beherrschte die Mündung des New River in die Bucht von Chetumal am Ostrand der Halbinsel Yucatán. Sowohl die Haussiedlung, die die ersten Anfänge von Cerros bezeichnet, als auch das später darüber errichtete Zeremonialzentrum waren dicht an das Ufer gebaut. Grenzbezirke, wie etwa der Übergang von Erdoberfläche zu unterirdischen Bereichen in Gestalt der Höhle oder der zwischen Tag und Nacht, Meer und Land, waren für die Maya *per se* Orte der Macht, der Hierophanie. Und Cerros lag an einer solchen Grenze, nicht nur in geophysikalischer, sondern auch in kultureller Hinsicht, denn die Bewohner dieser Ansiedlung waren Seefahrer[7], die Handelsbeziehungen zu weit entfernt lebenden fremden Völkern unterhielten.[8]

Versuchen wir uns einmal einen Tag im Leben der Bewohner von Cerros vorzustellen, nachdem sie sich entschlossen hatten, die Institution des Königtums einzuführen. Der Nachmittag geht in den Abend über, und die grelle Sonnenhitze beginnt den Schatten der weißen, mit Stroh oder Palmblättern gedeckten Ein-Raum-Giebelhäuser zu weichen. Jede Wohneinheit ist um einen gepflasterten, nach oben hin offenen Innenhof angelegt, der im Augenblick vom Lärm spielender Kinder erfüllt ist. Hunde dösen auf schattigen Plätzchen, während die Dorfbewohner mit hunderterlei Dingen beschäftigt sind. Frauen plagen sich bei den plumpen rotbraunen Keramikbottichen, in denen sie die reifen Maiskörner in Kalkbrühe aufweichen, bevor sie die feuchte Masse dann auf den im Sand der Plaza lagernden Reibsteinen aus rotem Granit zu einem feinen Brei zerreiben. Im Schatten der Häuser werden, von leisen Gesprächen begleitet, Handarbeiten erledigt: Auf Bandwebstühlen verwebt man Baumwollgarn zu Stoffen, man repariert Fischernetze und fertigt Hartholzgeräte, letzteres unter Zuhilfenahme von Handbeilen aus dem ein paar Kilometer weiter südlich reichlich vorkommenden honiggelben Hornstein-Feuerstein.

Da kündigen plötzlich vom Strand her die Tritonshorntrompeten und Holztrommeln der Wächter die Ankunft der Boote einer Handelsgesellschaft. Ein paar ältere Männer, die als Kalenderkundige schon mit dem Ereignis gerechnet haben, begeben sich würdevoll zu dem aus Steinen und Kalkzement gemauerten weißen Landeplatz, der als scharf von seiner Umgebung abstechendes künstliches Stück Strand den Dorfplatz bis in das irisierende Grün des Meerwassers hinein verlängert. Mit ihren farbenprächtigen Baumwollumhängen, -lendentüchern und -turbanen, ihren Jade-Ohrgehängen und den Halsketten von orangefarbenen Perlen aus Muschelschalen präsentieren die Greise den Reichtum und die Macht ihres Gemeinwesens. Die Würde ihres Auftritts wird ein wenig beeinträchtigt durch das Geräusch der von allen Seiten neugierig herbeieilenden Dorfbewohner, die sich aufgeregt schnatternd auf den Dorfplatz drängen.

Jetzt passieren die ersten Boote, die Vorhut der Kaufleute, die Spitze der Nehrung und halten im ruhiger werdenden Gewässer der Bucht auf Küste

Abb. 3.2
Struktur 2 A-sub-4-1

und Anlegeplatz zu. Diese seegängigen Boote sind über zwölf Meter lange, von einer Gruppe teils sitzender, teils stehender Paddler bewegte Einbäume. Die Männer bewegen die Paddel im Gleichtakt und, seit sie in Sichtweite der Ansiedlung sind, wo als Willkommensgruß Freudenfeuer aufflackern und Rauchwolken emporsteigen, mit verstärkter Anstrengung. Von der Seeseite aus gesehen präsentiert sich das Dorf als ein kurzer weißer Strich in der nach links und rechts in unabsehbare Ferne sich dahinziehenden grünen Monotonie von Brachfeldern und frisch belaubtem Regenwald. Vereinzelt lösen sich Besucher mit ihren Booten aus dem Verband, um die Anlegeplätze bei den Häusern ihrer speziellen Handelspartner anzulaufen. Indes geht die Mehrzahl der Boote, unter denen sich auch die Honoratioren der Gesellschaft befinden, über die Hauptrampe an Land. Ihnen folgt eine mit Geschenken für die Geschäftsfreunde und Dorfoberen vollbeladene Mannschaft. Die Wortführer der Ankömmlinge und der Einheimischen tauschen knappe, förmliche Begrüßungsworte – die großen Reden und die eingehenden Unterhaltungen spart man sich für das abendliche Festmahl auf.

Die Kaufleute, die man da zu Besuch hat, sind selbst Patriarchen, in den Sitten und Gebräuchen der Maya-Ansiedlungen in ihrer näheren Umgebung ebenso bewandert wie in den Umgangsformen der weiter entfernt wohnenden Völker. Sie kennen sich mit magischen Kräften und ihren Requisiten aus, die sie teils als Handelsware, teils als Geschenke mit sich führen, und sie verstehen sich auf das Kriegshandwerk, denn sowohl zu Hause wie in der Fremde müssen sie sich ihrer Haut zu wehren wissen. Umgeben von lautstarker Musik, Menschenlärm und -gewimmel, zieht die Gruppe der Ankömmlinge langsam über den Dorfplatz bis zu einem aus roten Steinen errichteten niedrigen Podium, dessen Bauweise dem Grundriß eines Wohnhauses nachgebildet ist (siehe Abb. 3.2).[9] Schräge Felder oben imitieren ein Satteldach, und vertiefte Felder an den Seitenflächen darunter sollen Hauswände darstellen. Eine Eingangstür gibt es freilich nicht; an ihrer Stelle führt eine Treppe auf die zuoberst gelegene freie Plattform hinauf. In feierlichem Ernst erklimmen die Anführer der Besuchergruppe die Plattform und tränken Papierstreifen mit Blut, das sie nach ritueller Selbstverwundung ihren Armen und Ohren entnehmen. Im nächsten Akt der Zeremonie werden die Papierstreifen zusammen mit Kopalkügelchen in offenen Schalen verbrannt, die auf zylindrischen, als Masken der Urväter-Zwillinge gestalteten Keramikuntergestellen (siehe Abb. 3.3) ruhen.[10] Das Ritual ist der Dank an die Götter und die vergöttlichten Ahnen für die geglückte Seereise. Mehrere Heilkundige und Schamanen aus dem Dorf sprechen Beschwörungsformeln und den Segen der Lokalgeister über die fremden Honoratioren aus.

In dem Augenblick, da die Sonne im Meer versinkt, um ihre tägliche Reise durch die Unterwelt anzutreten, lassen sich die Dorfältesten gemeinsam mit ihren Gästen zu einem üppigen Festmahl nieder, bestehend aus dem roten Fleisch von Tiefseefischen, jungen Meeresschildkröten, geröstetem Hirschfleisch, einer Vielfalt von Maisgerichten und Gemüsen sowie frisch gepflücktem Obst aus den nahegelegenen Gärten.[11] Der letzte Schluck Honigwein nach abschließenden Trinksprüchen wird erst dann aus den dem Zeremonialgebrauch vorbehaltenen roten Keramikbechern[12] genommen, wenn der Sonnengott und sein Bruder, der Morgenstern, ihre

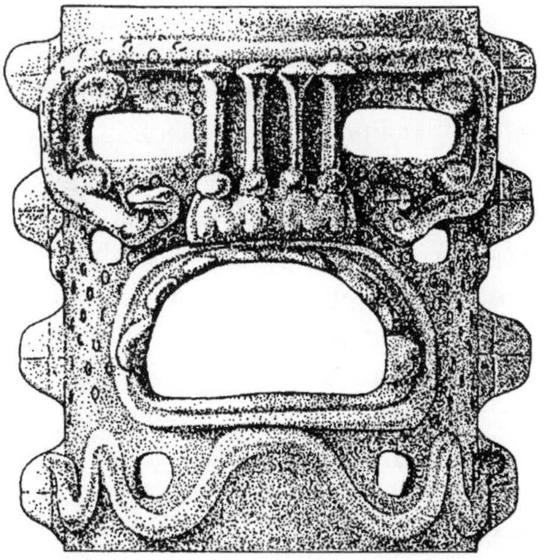

Abb. 3.3
(Rekonstruktion: Robin Robertson)

Rekonstruktion eines zylindrischen Räuchergefäßes, wie es bei den Einwohnern von Cerros in Gebrauch war

Reise durch die Unterwelt beendet haben und am östlichen Horizont aus dem Meer emporsteigen.

Im nächtlichen Dunkel wirft das Feuer einen zuckenden Widerschein auf die markanten Züge der Dorfoberen und ihrer Gäste und läßt gelegentlich ihre Augen aufblitzen. Die Gesichter sind bemalt, um ihre Gottähnlichkeit zu unterstreichen. Das Gespräch schweift von der Erinnerung an kriegerische Ruhmestaten, die man einstmals Seite an Seite im Kampf gegen gemeinsame Feinde vollbrachte, zu den neuesten Gerüchten über die zukünftige Bündnispolitik der Nachbarn. Dann sind da Informationen über die vordringlichsten alltäglichen Belange auszutauschen: Wie steht es mit der Baumwoll- und Kakaoernte in Cerros und bei der auswärtigen Konkurrenz?[13] Eifrig widmet man sich auch der Diskussion der Frage, wie weit wohl derzeit noch auf die Könige im südlichen Hochland Verlaß sei, die so eifersüchtig über ihre Gewinne wachen, die sie aus ihrem Handelsmonopol auf Obsidian und Jade ziehen – jenes schwarze Vulkanglas und jene grünen Steine, die für jedes Götterbeschwörungs- und Fruchtbarkeitsritual unerläßlich sind.

Schließlich, es ist schon tief in der Nacht, bringt der graubärtige Anführer der reisenden Kaufleute das Thema zur Sprache, auf das die Einheimischen die ganze Zeit gewartet haben. Aus irgendeiner Falte seines Gewandes zaubert er einen kleinen Hirschlederbeutel hervor, den er behutsam auf seine Handfläche entleert. Zum Vorschein kommen fünf schimmernde Schmuckstücke aus grüner Jade, jedes als Gesicht einer Gottheit gestaltet. Vier davon sind an einem Baumwollband erlesenster Qualität befestigt: Es ist der Kopfschmuck eines Ahau. Das fünfte Kleinod ist etwas größer; es scheint das Gesicht eines bekümmerten Kindes darzustellen und ist dazu bestimmt, an einem Lederband des Königs Brust zu zieren. Der Händler hat den Dorfpatriarchen von Cerros den Juwelenschmuck eines Königs mitgebracht (siehe Abb. 3.4).[14]

Die schwarzen Augen des obersten Dorfpatriarchen beginnen im Licht des Feuers zu funkeln. Vor sich erblickt er die Gegenstände, die er braucht, um die erhöhte Rangstellung, die er bei seinen eigenen Leuten genießt, in aller Form zu sanktionieren. Diese königlichen Juwelen bekräftigen die dem Träger innewohnende Erhabenheit gegenüber den anderen Mitgliedern des Gemeinwesens und verwandeln einen einfachen Würdenträger in jemanden, der die göttlichen Kräfte, die den Kosmos beherrschen, zu beschwören und zu lenken vermag. Mit Ahauob und einem Ahau der Ahauob gewinnt Cerros auf der politischen Bühne einen neuen Status: Es wird zu einer Größe, mit der die wohlhabenden und mächtigen Monarchien, die das Landesinnere kontrollieren, in Zukunft rechnen müssen. Jetzt, wo sie im Besitz des Mittels sind, das ihnen gestattet, ihr Territorium zum Königreich zu erklären, fühlen sich die Leute von Cerros in der Lage, in der gewandelten Welt, der Welt der Umwälzung zur Herrschaft von Königen und göttlichen Kräften, ihre Stellung zu behaupten.

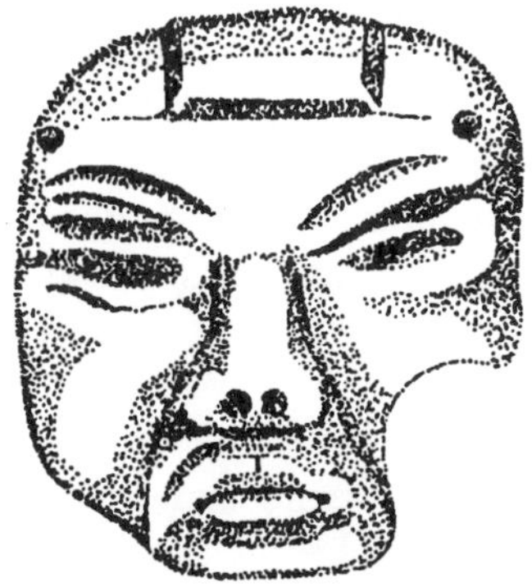

Das Schmuckstück, das als Brustplatte getragen wurde

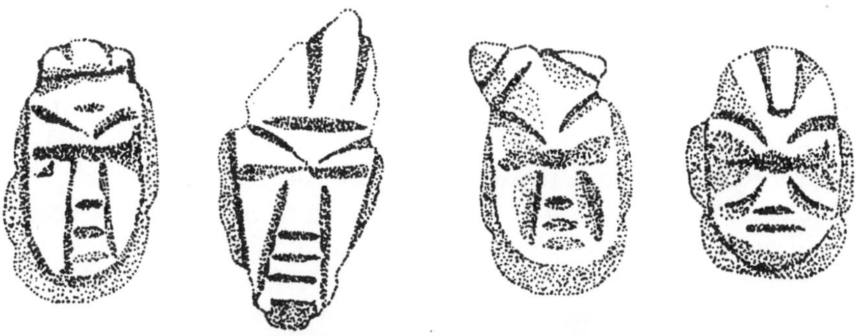

Die kleineren Schmuckstücke, die der König am Stirnband trug

Abb. 3.4
Die Edelsteininsignien des Königtums aus einem Kultdepot im zweiten Hochtempel

Langsam und bedächtig nimmt der oberste Patriarch aus den Händen des Besuchers den Lederbeutel entgegen und verstaut ihn in einem mit roten Kringeln bemalten Töpfchen, dessen vier Füße als junge Maisähren geformt sind. Den Topf neben sich niedersetzend, blickt er, während sich ringsum Schweigen ausbreitet, starr ins Feuer, als könne er dort sein künftiges Schicksal lesen. Seine Gefährten legen den rechten Arm quer über die Brust, umklammern mit der Hand die linke Schulter und verneigen sich in stummer Ehrerbietung. Der Patriarch steht in der Blüte seiner Jahre. Er hat bereits seine Kriegskunst unter Beweis gestellt, und er beherrscht die Rituale, mit denen die Götter und die Ahnen aus Xibalba herbeibeschworen werden. Die Reihe seiner Ahnen ist lang und seine Familie bei allen Gemeindemitgliedern angesehen, nicht zuletzt – aber auch nicht nur – zahlreicher Ländereien und seegängiger Boote wegen, die sich in ihrem Besitz befinden. Die einwilligende Geste, die der Patriarch jetzt macht, ist Fazit und Schlußpunkt sorgfältiger Überlegungen, an denen alle Familien im Dorf beteiligt waren. Ein paar Widersacher und die weniger glücklichen Konkurrenten und ihr Anhang werden im Unfrieden davonziehen, dafür wird jedoch auf die Nachricht von dem neuen König hin eine Vielzahl auswärtiger Familien um das Heimatrecht in Cerros nachsuchen. Und wenn die Leute von Cerros sich nicht unter die Herrschaft eines eigenen

Königs begeben, werden sie früher oder später unter die eines fremden kommen, denn der reiche Ort ist bis weit ins Landesinnere hinein bekannt und für den Handel äußerst wichtig. Für viele Gemeindemitglieder würde ein legitimes Königtum auch die Lösung des Problems bringen, das für sie durch Anhäufung von Reichtum und Macht in den Händen bestimmter Familien entstanden ist.

Zugegeben, das Ganze ist eine erfundene Geschichte, aber die Gedanken und Motive der Akteure entsprechen nach fortgeschrittenem Kenntnisstand durchaus der historischen Wahrscheinlichkeit. Die Bewohner von Cerros haben sich seinerzeit tatsächlich in einem bewußten Willensakt für die Einführung des Königtums entschieden, und dieser Entschluß hatte für sie schwerwiegende Konsequenzen. Innerhalb einer Zeitspanne von zwei Generationen verwandelte sich das kleine Fischerdorf in eine mächtige Akropolis. Auf die eine oder andere Weise wirkte an dieser Umwandlung jede lebendige Seele in Cerros mit, angefangen bei den einfachen Fischers- und Bauersleuten, die dafür sorgten, daß die Bauhandwerker und ihre Handlanger zu essen hatten, über die begnadeten Steinmetze und Stukkatoren, denen die Fassadengestaltung der Bauten oblag, bis hin zu den Schamanen, die die fertigen Tempel einsegneten. Eine derart rapide totale Umgestaltung des Sozialgefüges wie seinerzeit in Cerros ist für uns heute kaum nachvollziehbar: Was da stattfand, war nichts Geringeres als ein radikaler Paradigmenwechsel.

Wir werden niemals die Namen der Bewohner von Cerros erfahren, die an der Entscheidung für die Einführung des Königtums beteiligt waren, und auch nicht die Namen derjenigen, die mit dem Rang und den Aufgaben eines Ahau betraut wurden. Da die Könige von Cerros die Stationen ihres Lebenswegs nicht in Schrift und Bild auf Stein- oder Tontafeln festhielten, werden sie der Nachwelt für alle Zeit unbekannt bleiben. Indes die Werke, die sie und ihre Gefolgschaft hinterließen, verkünden in unmißverständlicher Sprache ihre Verpflichtung zur Vision vom Ahau. Und die erhaltenen Tempel mit den dazugehörigen baulichen Anlagen legen ein beredtes Zeugnis ab von der ehrfurchtgebietenden Energie, mit der sie diese Vision in die Tat umsetzten.

Um das Jahr 50 v. Chr. begann die Kommune Cerros mit dem revolutionären «Stadterneuerungsprogramm», das die vorhandene Dorfsiedlung vollständig unter weiten gepflasterten Plätzen und gewaltigen Tempelanlagen begrub. Die Familien hielten eine letzte Opferzeremonie auf dem Grund und Boden ihres alten Anwesens ab, ein letztes Mal dankten sie den Ahnen, die im Boden der Häuser und Patios begraben lagen. Dann zerbrach man das beim Abschiedsfest verwendete Geschirr, zerschmetterte mit wuchtigen Steinhieben Jadeschmuckstücke und verstreute die Scherben und Splitter in den Häusern, die man nie wieder betreten würde. Der bisherigen Lebensform den Rücken kehrend, zog man hinaus in die Umgebung, um sich rings um das neue Zentrum auf einer Fläche von etwa einem Dreiviertel Quadratkilometer neue Häuser zu bauen. Um ihre Zustimmung und Teilnahme an der neuen Lebensform zum Ausdruck zu bringen, legten die Familienoberhäupter in manchen Fällen die Gebäude so an, daß die Eingangsfront dem neuen Tempel und nicht, wie bisher üblich, der aufgehenden Sonne zugewandt war. Die Leute von Cerros hatten begonnen, ihren Ort von einer Dorfsiedlung in ein Königreich zu verwandeln.

Auch an der Einweihung des Baugrunds für den neuen Tempel nahmen die Dorfpatriarchen teil. Mit einer Reihe von Zeremonien, dem Zerbrechen des bei Kultmählern benutzten Geschirrs und dem Vergraben von Seerosen und Baumblüten in der «weißen Erde» (Kalkmergel), die den zukünftigen Tempel tragen sollte – mit alldem trug man dazu bei, an der betreffenden Stelle die Trennwand zwischen Diesseits und Jenseits dünner und den Ort so zu einem Schauplatz der Hierophanie, der Manifestation heiliger Mächte, zu machen. Dieser Tempel – in der Archäologie 5C genannt – wurde dann direkt an die Wassergrenze gebaut, dicht neben das Meer, von dem das Gemeinwesen lebte. Die Front nach Süden gewandt (siehe Abb. 3.5), bildete er den nördlichen Scheitelpunkt der Nord-Süd-Achse des neuen großstädtischen Zentrums. Am Südende dieser Achse würde zuletzt, unmittelbar am Innenrand des halbkreisförmigen Kanals, den die Bewohner bis dahin würden ausgehoben haben, um die Grenze ihrer Königsresidenz zu markieren, ein Ballspielplatz entstehen (siehe Abb. 3.5). So verfügte der König den Untergang der alten Dorfsiedlung, nicht ohne gleichzeitig die neue Anlage zu planen, die an deren Stelle treten sollte. Der erste Tempel lag im Zentrum der vertikalen Achse, die nach unten in die Erde drang und nach oben in den Himmel stieß, auf diese Weise die natürliche und übernatürliche Sphäre zu einem Ganzen verbindend. Der Plan plazierte das Bauwerk in der Horizontalen zwischen Land und Meer und in der Vertikalen zwischen Himmel und Unterwelt: So stellte es die Materialisation der Kräftebahnen dar, die der König in der kultischen Ekstase durchmaß.

Da der erste Tempel dem königlichen Schamanen als Instrument für seine kultischen Jenseitsreisen dienen sollte, wurde er von seinen Erbauern als Freilichtbühne angelegt. Denn das Ritual, das es dem Herrscher ermöglichte, in die Welt der sakralen Mächte zu gelangen, würde im Beisein aller stattfinden, damit die Gemeinschaft sich geschlossen vom Gelingen der Kulthandlung würde überzeugen können. Der erste Tempel in Cerros war meisterlich vollendeter Ausdruck der Maya-Vision, der mit seiner Wirkung noch heute beeindruckt. Er repräsentiert nicht ein tastendes Neubeginnen, sondern war die überzeugende Verkörperung einer neuen sozialen und kosmischen Ordnung (siehe Abb. 3.6).

Woher hatte ein Volk, das bis dato nur Wohnhäuser und andere Kleinbauten errichtet hatte, auf einmal das Wissen und Können, das ihm erlaubte, in derart grandiosem und architektonisch komplexem Maßstab Tempel zu bauen? Darauf ist nach derzeitigem Wissen keine abschließende

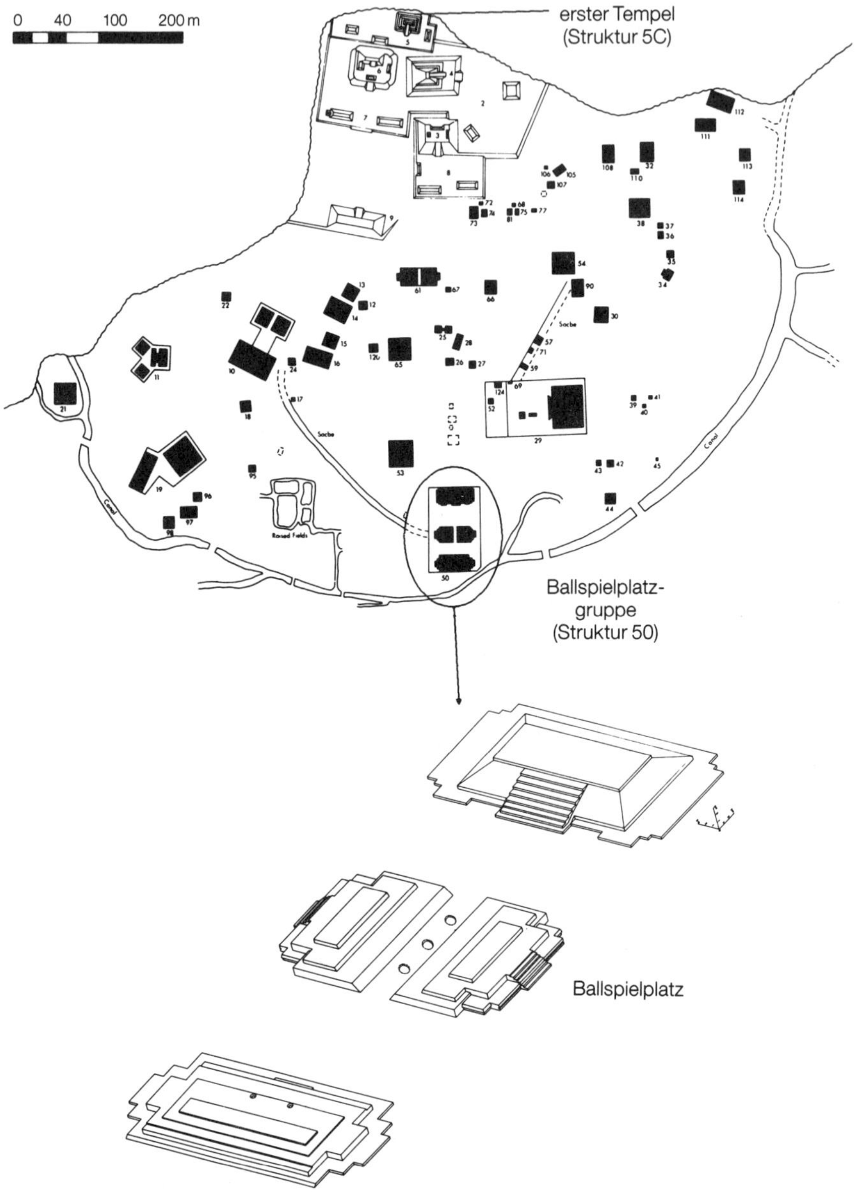

Abb. 3.5
Der Sakralbezirk und die Ballspielplatzgruppe

Antwort möglich, doch spricht vieles dafür, daß die entsprechenden Kenntnisse und Fertigkeiten aus vielerlei Quellen stammten. Die Maya waren nicht die ersten, die in Mesoamerika Pyramiden bauten. Schon tausend Jahre früher hatten die Olmeken künstliche «Berge» errichtet und dieses architektonische Konzept an ihre Nachfolger weitergegeben. Die Pyramide entwickelte sich aus der in Mesoamerika verbreiteten Gepflogenheit, Häuser prinzipiell auf einen aus Erde und Steinen aufgeschütteten Sockel

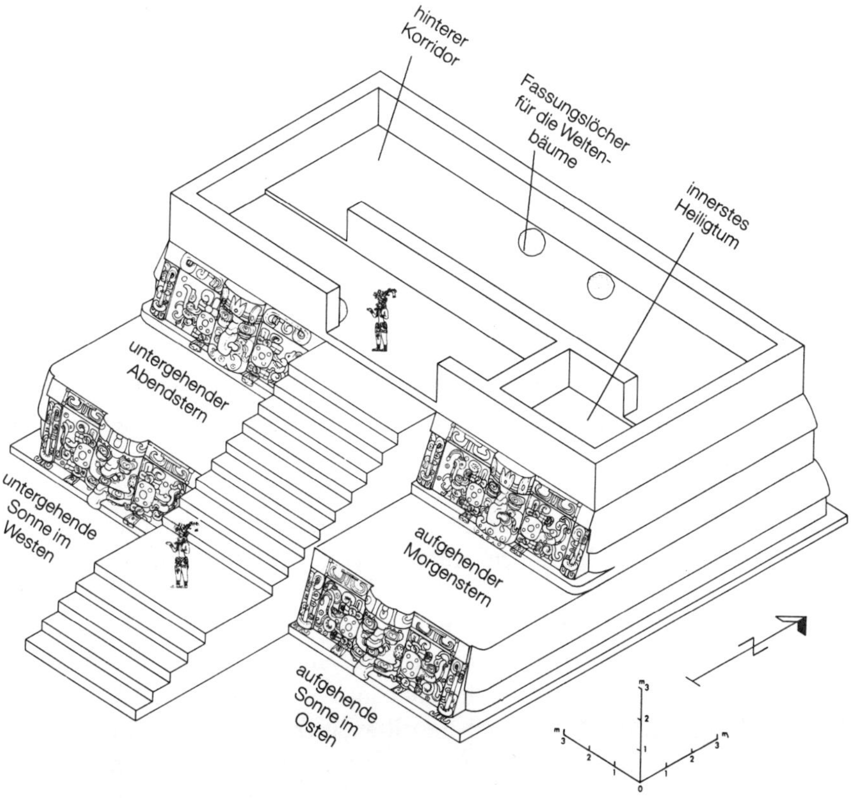

Abb. 3.6
Der erste Tempel in Cerros
(rekonstruierter Grundriß)

(mound) zu setzen. Größere Bauwerke verlangten nach entsprechend größeren *mounds*, ein Tempel schließlich nach einem «pyramidalen» Unterbau, der ihn zum Hochtempel machte. Das so entstandene Gebilde war im Gestaltschema «identisch» mit einem Berg, schuf mithin auf symbolischem Weg ein für kultische Verrichtungen geeignetes Stück Landschaft. Gleich den Kathedralen des Abendlandes waren die Maya-Hochtempel auf ihrem Pyramidensockel die Frucht einer langen, allen Völkern des Großraums gemeinsamen Kulturtradition. Die Tiefland-Maya erfanden allerdings eine neue Funktion für das Tempel-auf-Pyramide-Ensemble: Sie machten es zum Instrument politischer Propaganda, indem sie die Fassaden sowohl des Pyramidenunterbaus als auch des Tempelaufbaus mit kunstvoll skulptierter und bemalter Stuckplastik versahen. Diese grandiosen Bildprogramme wurden zum wichtigsten Mittel der Propagierung politischer und religiöser Doktrin, die hinter der den Maya eigenen Form des Königtums stand.[15]

Sehr wahrscheinlich haben die Bewohner von Cerros bei der Errichtung ihrer ersten Sakralbauten auch die Hilfe von Baumeistern[16], Steinmetzen und Kunsthandwerkern aus anderen Königsstädten in Anspruch genommen. Denkbar wäre auch, daß einheimische Künstler und Baumeister sich bei Aufenthalten in fremden Städten die notwendigen Fertigkeiten erworben hatten. Fest steht jedenfalls, daß die Menschen von Cerros die Königspyramide nicht erfunden haben, sondern vielmehr nur eine von vielen Maya-Gruppen waren, die das Konstruktionsschema dieses Sakralbautyps weiterentwickelten und verfeinerten.

Zu Beginn ihres Unternehmens legten die Bauhandwerker von Cerros die Fundamente des geplanten Tempels und seiner Plaza, indem sie Schicht um Schicht «weißer Erde» – den weichen Kalkmergel, den man in der Region unter den harten Gesteinsdecken findet – aufeinanderhäuften. Es war das gleiche Material, das man gewöhnlich auch für die *mounds* und Patios der Wohnhäuser verwendete. Dann zerschlugen Handwerker und Gemeindehonoratioren kostbare Keramikgefäße – teils aus einheimischer Produktion, teils aus dem Handel mit dem Süden des Landes stammend – und mischten die Scherben unter die weiße Erde. Zu Erde und Tonscherben fügte man noch Obstbaumblüten aus den Plantagen rings um die neue Siedlung hinzu.[17] Von Anfang an wurde der Bau nicht nur als Ort für Kulthandlungen, sondern auch unter ständiger Ausführung von solchen errichtet.

Nachdem die Eröffnungszeremonie vorüber war, verlegten die Bauhandwerker auf der geschichteten weißen Erde ein Pflaster aus Steinplatten. Darauf errichteten sie den ausgedehnten Sockel, der den Tempelbau tragen und die dazugehörige Plaza abgeben sollte: einen gemauerten Rahmen mit einem Netzwerk von Stützmauern im Innern, das den Druck der Einfüllung aufnehmen und damit verhindern sollte, daß der Sockel durch das Gewicht des Aufbaus auseinandergedrückt wurde. Die quadratischen Hohlräume zwischen den Mauern wurden mit gewaltigen Mengen grober Kalksteinbrocken aufgefüllt, die die Arbeiter aus den zum Abbau der weißen Erde in den Boden getriebenen Gruben herausbefördert hatten. Zum Schluß wurde auf den Sockel ein Estrich aus Kalkzement aufgetragen, dem wiederum aus rituellen Zerstörungsaktionen stammende Keramikscherben beigemischt waren. Auf diese Fläche nun zeichneten die Baumeister den Grundriß des projektierten Tempelbaus[18] – ein riesiges T. Der Stamm des T bezeichnete eine große Treppe, die am Fuß der Pyramide begann und von dort in Nordrichtung zu der erhöhten Plaza hinaufführte, die den Querbalken des T bildete (siehe Abb. 3.7). Nach diesem Grundriß würden die Bauhandwerker in ein und demselben Arbeitsgang Tempel und Treppe errichten, im Zuge eines vom Herrscher und seinen Räten koordinierten Großeinsatzes von Baumeistern, Maurern und aus der einheimischen Bevölkerung rekrutierten Handlangern.

Langsam wuchs die Tempelplattform empor: eine steile Pyramide mit glatten Außenmauern aus kastenbrotförmigen kleinen Steinblöcken. Große Sorgfalt wurde den Baumeistern bei der Vorausberechnung der Proportionen abverlangt, denn hier war bereits der optische Effekt der geplanten großen Treppe mit einzukalkulieren und ebenso derjenige der

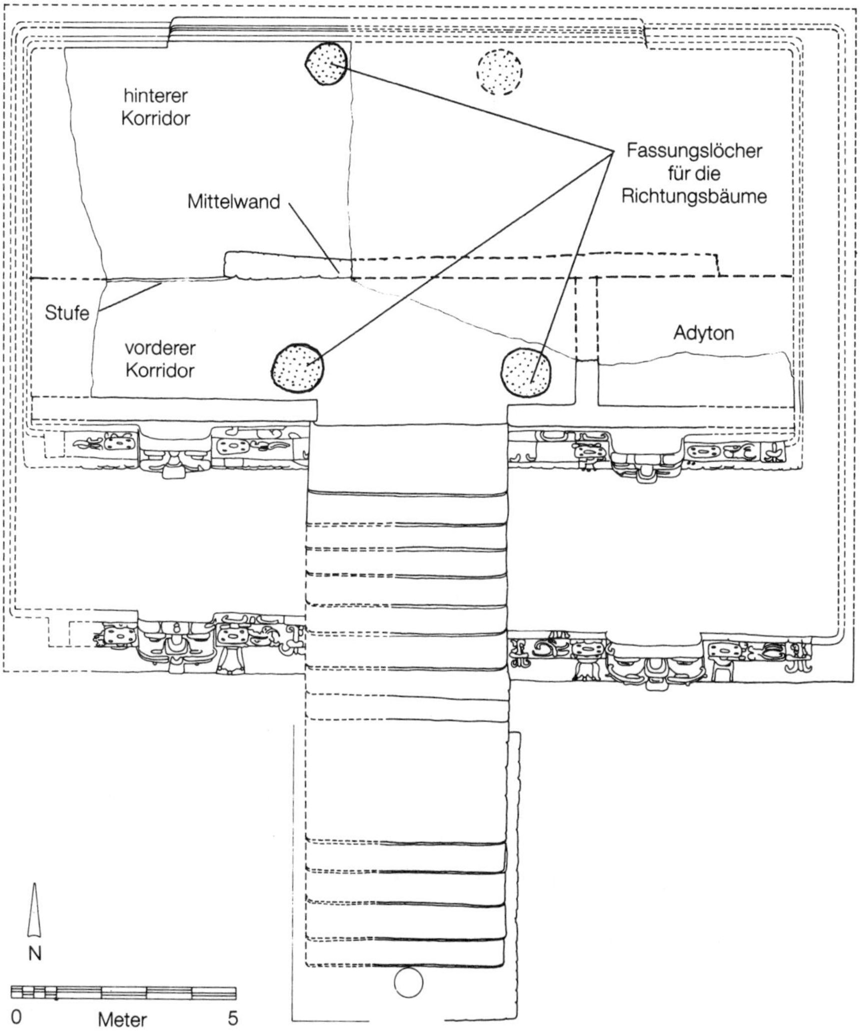

Abb. 3.7
Grundriß des ersten Tempels (Struktur 5 C-2) in Cerros

vier aufwendig dekorierten Stuckplatten, die an der Hauptseite des Bauwerks, der der neuen Plaza zugewandten Südfront, angebracht werden sollten. Während die Handlanger aus Schotter das Pyramidenkorpus errichteten, legten Maurer symmetrisch zur Nord-Süd-Achse des Bauwerks vier brunnenartige Schächte an, die später die hoch über das strohgedeckte Tempeldach aufragenden Bäume der vier Himmelsrichtungen aufnehmen würden (siehe Abb. 3.7).[19]

Als die Fassade sich ihrer vollen Höhe näherte, erhielten Steinmetzmeister das Startsignal für das Zuschneiden und Verlegen der Steine, die als Grundfläche für die großen Masken und den Ohrschmuck der beiden oberen Reliefdekorationen dienen sollten (siehe Abb. 3.8). Während ein Teil der Steinmetze mit den oberen Bildfeldern beschäftigt war, überwach-

Schnitt durch die westlichen Masken

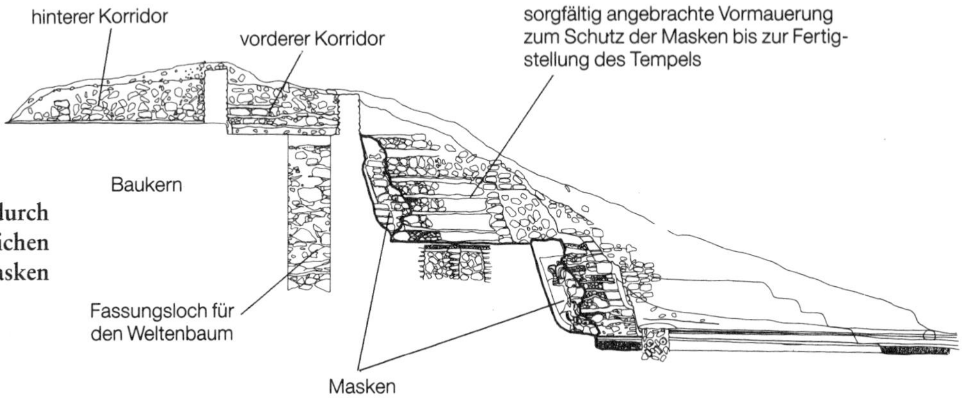

Schnitt durch die östlichen Masken

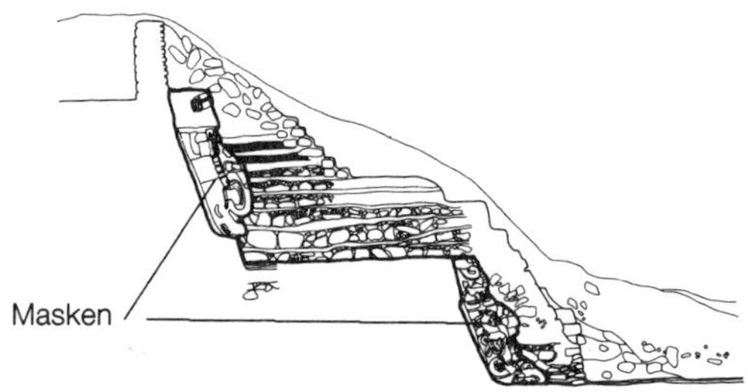

Abb. 3.8

ten andere den Bau der großen Treppe, die als Verbindungsglied zwischen dem Hochtempel und der darunterliegenden Plaza fungierte. Diese Treppe war mehr als nur ein Zugangsweg: Als Schauplatz des für die Öffentlichkeit bestimmten Teils der königlichen Ritualhandlungen bildete sie das Zentrum der Anlage. Sie war viel länger, als der praktische Zweck allein es verlangt hätte, denn an zwei Stellen, auf halber Höhe und dann noch einmal vor der Schwelle des Tempels, mußte sie sich zu geräumigen Absätzen erweitern, auf denen der König im Rahmen der Kultzeremonie vor den Augen seiner unten auf der Plaza versammelten Gefolgschaft seine ekstatischen Tänze aufführte und Opfer darbrachte (siehe Abb. 3.9). Zum unteren Absatz führten vier Treppenstufen, neun weitere zum oberen: Durch diese heiligen Zahlen waren die Abmessungen des Ganzen von vornherein unabänderlich festgelegt.

Auf dieser Etappe nun sahen sich die Baumeister genötigt, eine Pause einzulegen, um sich mit dem König, den Lokalpatriarchen und den Schamanen zu beratschlagen. Dem König schwebte für den Bau ein ganz bestimmtes Dekorationsprogramm vor, und es kam darauf an, seine Vorstellungen in allen Einzelheiten zu verwirklichen. Jetzt war man beim diffizilsten Punkt der Planung angelangt. Die Baumeister mußten definitiv entscheiden, an welcher Stelle die vordere Mauer der unteren Terrasse hochgezogen werden mußte, damit der König auf dem unteren Treppenab-

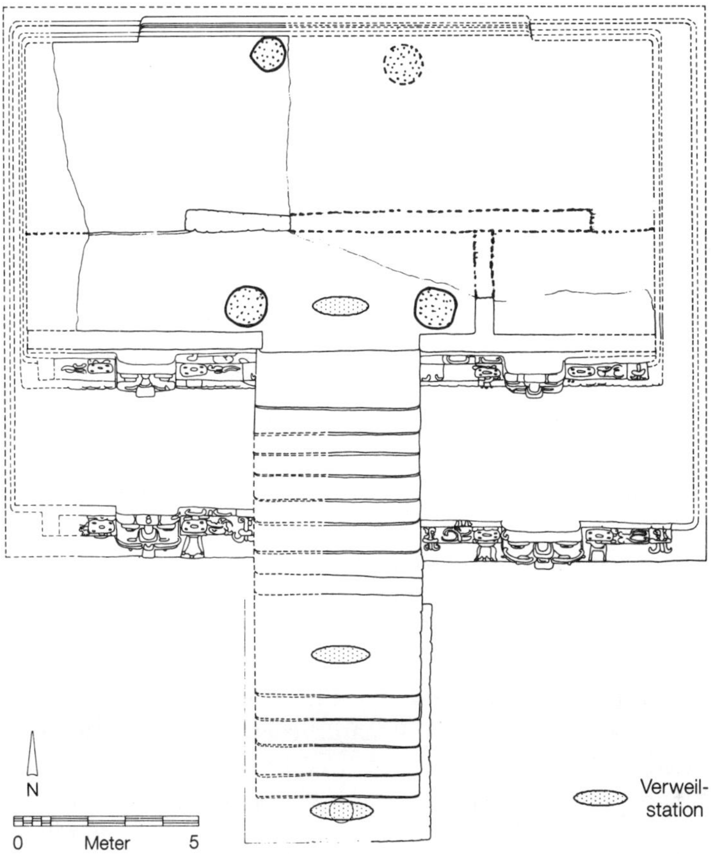

Abb. 3.9
Verweilstationen für rituelle Verrichtungen auf dem Prozessionsweg des Königs vor Betreten und nach Verlassen des Tempels

satz bei den Zuschauern den Eindruck erweckte, als ob er sich genau in der Mitte zwischen den vier großen Masken befände. Das schuf ganz offensichtlich ein vertracktes Perspektivproblem. Um des angestrebten visuellen Effekts willen mußte die mittlere Terrasse bis weit vor das Korpus der Pyramide gezogen werden – rein architektonisch gesehen keine sonderlich gelungene Lösung. Doch die Baumeister hatten in dieser Frage im Grunde keine Wahl, denn wichtiger als die architektonische Perfektion der Fassade war, daß sie ihren kultischen Zweck erfüllte.

Nachdem die Entscheidung über den Standort der unteren Terrassenmauern gefallen war, begannen die Steinmetze, zur Befestigung des unteren Maskenpaars nochmals zwei Steintafeln an der Stützmauer anzubringen. Diese Felder mußten für den Betrachter in Maßstab und Proportion den oberen genau entsprechen. Für die vorbereitende Vermessung der unteren Bildfelder benutzten die Maya Schnüre, Lote und Wasserwaagen, doch die endgültigen Abmessungen legten die hochqualifizierten Steinmetze letztlich nach Augenmaß fest. Während die Bauplaner sich über die genauen Einzelheiten der beiden Felder verständigten, zogen die Maurer zwischen der äußeren Stützmauer und dem Korpus der Pyramide ein Netzwerk von Mauern hoch, das später mit Gesteinsbrocken und Erde aufgefüllt werden würde. Zuletzt würde als Terrassenboden ein Kalkzementestrich aufgetragen werden.

Noch während der Bauarbeiten an dem Pyramidenkorpus und der Terrasse bereiteten Holzfäller die vier mächtigen Baumstämme vor, die in den zuvor angelegten Schächten im Tempelfußboden eingesetzt werden und dort die Bäume der vier Himmelsrichtungen repräsentieren würden. Nachdem die gigantischen Stämme auf dem Wasserweg so nah wie möglich an den Bauplatz gebracht worden waren, zog und wälzte man sie zur Tempelebene hinauf, wo sie behauen, in die Haltelöcher gesenkt und verankert wurden. Jetzt waren sie bereit für die Holzschnitzer und Maler, die sie mit Hilfe ihrer Kunst in die übernatürlichen Bäume – die vier Ecken der Welt – verwandeln würden. Der König wachte über das Aufrichten der kosmischen Bäume, eine Zeremonie, die dem Andenken von Vorgängen diente, die zu Anbeginn der Schöpfung stattgefunden hatten.[20] Nachdem das Bauwerk nun teilweise eingeweiht und aktiviert war, mußte es auf schnellstem Weg fertiggebaut werden, denn jetzt steckte eine hochwirksame Kraft in ihm, die sich noch im Rohzustand befand und der Bändigung bedurfte, wie sie nur durch kultische Handlungen des Königs möglich war. In diesem heiligen Bezirk konnte der König in seiner Eigenschaft als Schamane mit den übernatürlichen kosmischen Kräften kommunizieren.

Die Maurer auf der Hochterrasse der Pyramide unterteilten den Fußboden des eigentlichen Tempels in zwei Ebenen, indem sie den hinteren Teil etwas höher als den vorderen anlegten. Die beiden Raumebenen wurden dann durch eine Zwischenwand voneinander getrennt. Dieses Raumaufteilungsschema war den Luxushäusern der Ortsprominenz nachempfunden, in deren Kreisen man den vorhandenen Wohnraum gern in eine nach vorn hinaus gelegene «öffentliche» und eine erhöht nach hinten hinaus gelegene «private» Zone aufgliederte. Anders als in diesen Fällen jedoch bestanden die Tempelwände nicht aus Palisaden und Kalkmörtel, sondern waren aus Steinen gemauert.

Die Aufteilung des Tempelinnenraums spiegelt freilich nicht profanes Komfortbedürfnis wider, sondern war notwendig für das Ritual. Der Eingang war so breit wie die große Treppe, die zu ihm hinaufführte, was für die Zuschauer die theatralische Wirkung von Verschwinden und Wiedererscheinen des Königs in der Eingangsöffnung erhöhte. Der Durchlaß in den hinteren Teil des Tempels befand sich nicht direkt gegenüber dem Eingang, sondern am Westende der Mittelwand. Dahinter steckte Methode: Nachdem er sich dem Gebäude über die in Nord-Süd-Richtung verlaufende Außentreppe genähert hatte, wurde der König im Innern auf einen in Ost-West-Richtung, der Richtung der Sonnenbahn, verlaufenden Prozessionsweg gewiesen.

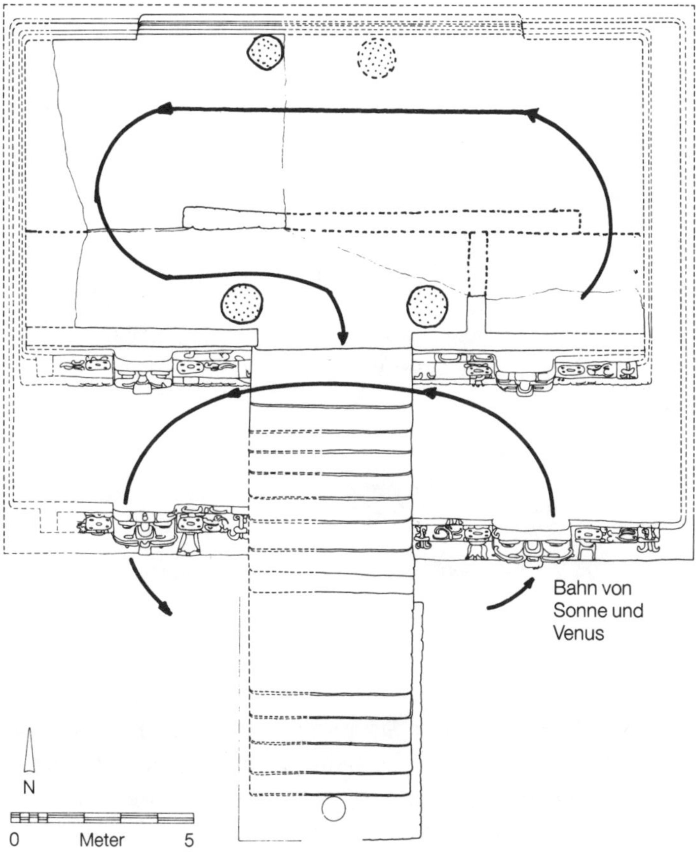

Abb. 3.10 Der Parallelismus zwischen der Sonnenbahn und dem Weg des Königs

Der Weg des Königs durch das Tempelinnere erreichte seinen Kulminationspunkt – oder begann (je nachdem, welches Ritual auf der Tagesordnung stand) – in einem kleinen Raum, der, durch eine Mauer abgetrennt, am östlichen Ende des vorderen Korridors lag (siehe Abb. 3.10). Um dorthin zu gelangen, mußte sich der Monarch hinter dem Eingang nach Westen (nach links) wenden, um am westlichen Ende des Korridors durch die Öffnung in der Mittelwand den hinteren Korridor zu betreten; hier wandte er sich nach Osten und betrat, nachdem er den hinteren Korridor in voller Länge durchmessen hatte, von dessen Ostende her in jenen Raum. Mit anderen Worten, er bewegte sich im Uhrzeigersinn auf einer Kreisbahn vom Eingang zum Heiligtum, dem Adyton. Auf dem Rückweg beschrieb er die Kreisbahn in umgekehrter Richtung, von Osten nach Westen – gleich der Sonne.

Jener kleine Raum also war das Adyton – der Ort, an dem der König allein in totaler Dunkelheit die intimsten Phasen des Blutentnahmerituals am eigenen Leib vollzog und die furchterregendsten Phasen seiner Kommunikation mit dem Jenseits durchlebte.[21] Hier bereitete er sich mit Fasten und anderen Formen tranceerzeugender Selbstkasteiung auf die Begegnung

Abb. 3.11
Die östliche Jaguarsonnen-Maske am Tempel 5C-2

mit den Ahnen und Göttern vor. Hier nahm er die rituelle Selbstverwundung am eigenen Penis vor, und hier erlebte er auch die ersten Schockwellen im Gefolge des Blutverlusts, die ersten Schauer der religiösen Ekstase. Von diesem Raum aus bewegte er sich auf der Bahn der aufgehenden Sonne zu der Plattform am oberen Ende der Treppe, um sich dort seinem Volk zu zeigen (siehe Abb. 3.6). In einem blütenweiß gebleichten Baumwollgewand, auf dem die Spuren seiner Blutentnahme deutlich zu sehen waren, würde der König nun im Namen aller und für alle seinen Dialog mit den Ahnen führen.

Nach Abschluß der Maurerarbeiten begannen die Verputzer, die Gebäudewände und die Treppe mit jenem cremig-weißen Glattstrich zu überziehen, der den frühen Maya-Bauten ihre charakteristischen weichen Konturen verlieh. Auf den noch feuchten Putz trugen sie einen leuchtendroten Anstrich auf, der sich kraß von dem vorherrschenden Grün der Waldkulisse abhob.

Die allerletzte Etappe der Bauarbeiten läßt sich nicht anders denn als Glanzleistung an handwerklich-technischem Können und kollegialer Zusammenarbeit bezeichnen. Die Steintafeln an der Terrassenrückwand und an der Pyramidenbasis waren fertig und warteten auf die Götterbilder, denen sie Halt und Fassung geben sollten. Die Künstler, die den nassen Stuck auftrugen und die komplizierten Einzelheiten der vier Masken mit ihren Ohrgehängen[22] und dem rahmenden Himmelsband formten (siehe Abb. 3.11), mußten ihre Aufgabe schnell und trotzdem mit nachtwandlerischer Sicherheit ausführen. Nur in ganz geringem Umfang konnten sie mit vorgefertigten Applikationsstücken arbeiten, die mit Mauerkleber befestigt wurden; zum allergrößten Teil mußten sie die Bildwerke nach den Wünschen ihres Auftraggebers frei aus dem Kopf schaffen. Die Kunst der Stukkatoren besteht darin, mit der Modellierung fertig zu sein, bevor der sehr rasche Aushärtungsprozeß zu weit fortgeschritten ist. Selbst wenn sie ihrem Material vor der Verarbeitung abbindungshemmende Zusätze beimischten, hatten sie für das Auftragen und Modellieren nicht mehr als etwa dreißig Minuten Zeit.

Im gegebenen Fall waren den Stukkatoren von seiten der Baumeister und Steinmetze noch einige unvorhergesehene Hindernisse in den Weg gelegt worden: So zum Beispiel waren die Bildfelder auf der Westseite der Pyramide etwas kleiner geraten als auf der Ostseite.[23] Die Künstler glichen das aus, indem sie das Format der gesamten Komposition auf die von den westlichen Tafeln verlangten Abmessungen stauchten. Konkret erreichte man das durch Platzeinsparung bei den Feldern für die Ohrgehänge. Da aber die ursprünglichen Bildelemente trotzdem alle erhalten bleiben mußten, blieb den Malern nichts anderes übrig, als jedes Detail, das des verringerten Platzes wegen nicht mehr plastisch ausgeführt werden konnte, nunmehr kurzerhand auf den Stuck aufzumalen.

Die Maler verrichteten ihr Werk, während der Stuck noch feucht war. Mit roter, rosa, schwarzer und gelber Farbe verstärkten sie die Konturen der cremig-weißen Stuckplastik und fügten dem Bildgegenstand oft noch die eine oder andere Einzelheit hinzu. Wie schon erwähnt, oblag es ihnen, mit Pinsel und Farbe die unerläßlichen Details nachzutragen, die von den Stukkatoren in der knappen Zeit nicht hatten ausgeführt werden können. Auch die Maler mußten ihre Aufgabe erledigt haben, ehe der Stuck vollkommen getrocknet war, und arbeiteten deshalb in furiosem Tempo, mit kräftigen, schwungvollen Pinselstrichen, daß manchmal die Farbe nur so spritzte. Aber selbst die so entstandenen Klecksmuster wurden von den Künstlern unverzüglich in die Komposition miteinbezogen.

Ihre Meisterschaft bekundet sich in der Sicherheit der Zeichnung und der souveränen Pinselführung. Die Maler wie die Stukkatoren hatten eine genaue Vorstellung davon, wie die fertigen Relieftafeln auszusehen hatten, weil die Bildkomposition genau wie die Schrift als symbolische Aussage über das Wesen des Königtums und seine Stellung im Kosmos gelesen werden sollte. Und wenn schon die Künstler und Handwerker sich so virtuos auf die Bildersprache der revolutionär neuen Religion verstanden, in welch hohem Maß muß dies dann erst bei ihrem Auftraggeber, dem König, und in dessen nächster Umgebung der Fall gewesen sein!

Daß der Bildschmuck an diesem Tempel dazu da war, gelesen zu werden, wissen wir deshalb so genau, weil wir ihn selbst lesen können. Text im eigentlichen Sinn findet man da freilich nur in sehr begrenztem Umfang. Die Tiefland-Maya waren zwar damals schon im Besitz der Schrift und pflegten bestimmte kleine Gegenstände mit rudimentären Texten zu beschriften[24], doch auf keinem der bisher ausgegrabenen Bauwerke aus der

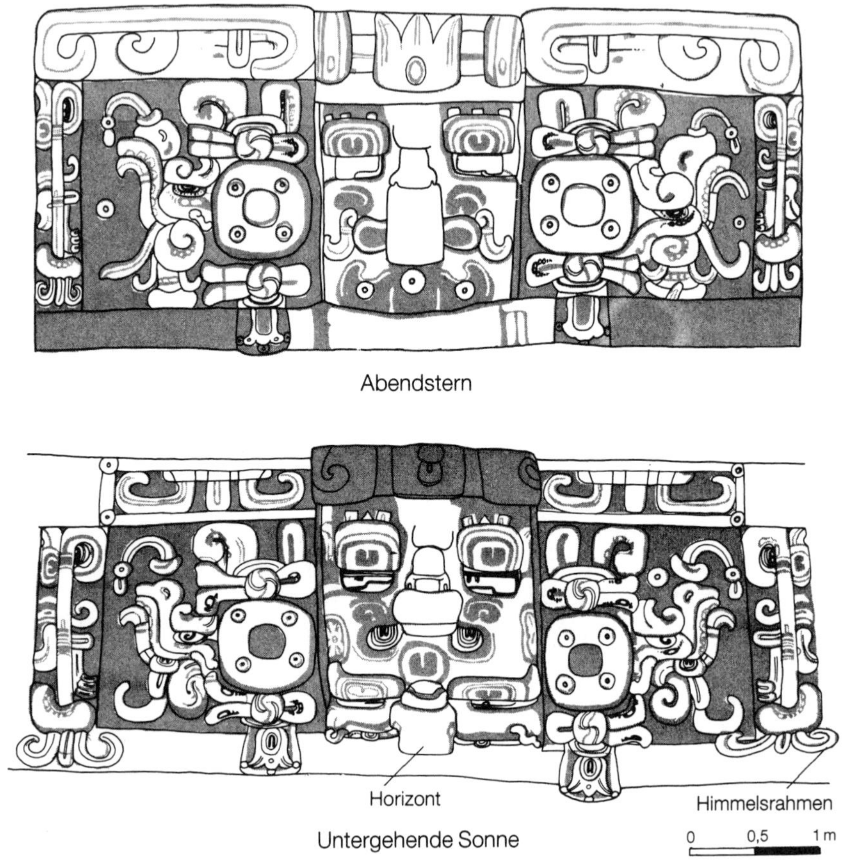

Abb. 3.12

späten vorklassischen Periode hat sich ein voll ausgestalteter Text gefunden. Vielmehr brachten die Maya damals auf Gegenständen und Bildern einzelne Glyphen als «Etikettenschildchen» an, um Sinn und Bedeutung der so gekennzeichneten Dinge zu verdeutlichen beziehungsweise zu erweitern.[25] Unsere Deutung der Kunstwerke am Tempel von Cerros gewinnt aus derlei glyphischen Fingerzeigen eine zusätzliche Dimension.

Die Bedeutung der riesigen Masken, die jeweils die zentrale Position auf den vier Reliefplatten des Tempels von Cerros einnehmen, erschließt sich teils aus den beigegebenen Etikettenglyphen, teils aus dem ikonographischen Umfeld. Das untere Maskenpaar stellt fauchende Jaguarköpfe dar, die in Totempfahlmanier aus dem Rachen langschnauziger Wesen emportauchen, deren untere Gesichtshälfte mit der Pyramide verschmilzt. Die Jaguare sind mit der Vierblattglyphe *kin*, «Sonne», etikettiert und damit als der Jaguar-Sonnengott ausgewiesen (siehe Abb. 3.12).[26]

Wie bei einem Puzzle, in dem ein bestimmtes Teil den Schlüssel zum Ganzen darstellt, ordnen sich die sinntragenden Elemente des Tempels um diese Sonnen-Jaguare herum zu einem klaren Aussagezusammenhang. Da

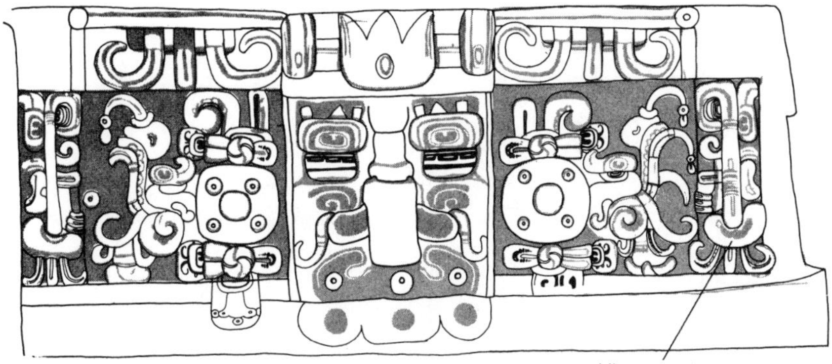

die Gebäudefront südseitig liegt, sieht der Betrachter der farbenfrohen Fassade die Sonne in ihrer Jaguargestalt östlich der Pyramide über dem Meer «aufgehen» und westlich der Pyramide im Meer «untergehen». Somit symbolisieren die beiden Skulpturtafeln an der Vorderfront der unteren Terrasse für ihn die Sonne in den zwei dramatischsten Augenblicken des Tropentags: während der Morgen- und während der Abenddämmerung. Zusammen symbolisieren die zwei Sonnenmasken den Lauf der Zeit sowohl auf seiner linearen Bahn durch den Tag und das Jahr als auch auf seinem ewigen, immer wieder an den Ausgangspunkt zurückkehrenden Kreislauf. Und es ist keinesfalls Zufall, daß die gedachte Sonnenbahn die große Treppe umkreist, über die des Königs Ritualreise führt (siehe Abb. 3.10). In der Tat sagen diese Masken, wie wir sogleich sehen werden, etwas Spezifisches über das Königtum aus.

Wir wissen, daß der Sonnen-Jaguar für die Maya mehr als bloß ein Himmelskörper war. In der klassischen Götterlehre erscheint Yax-Balam, der jüngere der beiden Zwillingshelden, als eine Verkörperung der Sonne.[27] Sein älterer Bruder Hun-Ahau wiederum stand in der gleichen Beziehung

Abb. 3.13
Struktur 5 C-2
in kosmischer
Perspektive

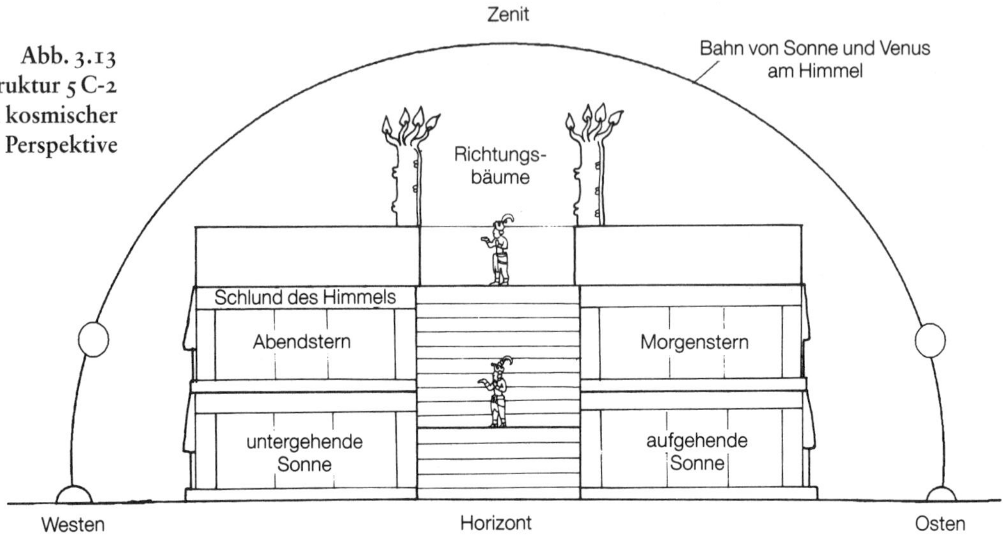

zum Planeten Venus, dem hellfunkelnden Gestirn, das als Morgen- und Abendstern mit der Sonne im Reigen tanzt. Die logische Folgerung, daß man die Masken, die an dem Tempel über den Sonnen-Jaguaren schweben, als Morgen- und Abendstern zu deuten hat, scheint demnach nicht nur naheliegend, sondern zwingend, und zwar aus folgenden Gründen: 1. Wenn die unteren Masken einen Himmelskörper versinnbildlichen, müßten im Interesse einer ausgewogenen Komposition eigentlich auch die oberen dies tun. 2. Der Bildgegenstand im oberen Teil der Komposition müßte dann aber auch einer Himmelserscheinung entsprechen, die in der Morgen- und der Abenddämmerung oberhalb der Sonne zu beobachten ist. 3. Sieht man sich daraufhin im astronomischen Bereich nach einem Himmelskörper um, der in diesem Verhältnis zur Sonne steht, so findet man als einzigen den Planeten Venus, der Stunden vor Sonnenaufgang als Morgenstern leuchtet und am Abend der untergehenden Sonne im Abstand von Stunden auf ihrer Bahn folgt (siehe Abb. 3.13).

Auch andere Indizien sprechen dafür, das obere Maskenpaar am Tempel von Cerros als Darstellungen des Planeten Venus zu interpretieren. An jeder der Masken findet sich die lange Schnauze, die zum Charakteristikum des Kosmischen Monsters wurde, eines Wesens, das in besonderer Beziehung zur Venus und zur Sonne auf ihrer Himmelsbahn stand.[28] Die Masken tragen als Kronen drei Juwelen, die in der gleichen charakteristischen Konstellation an einem Stirnband befestigt sind, wie man sie auch an den Diademen der frühen Maya-Könige findet (siehe Abb. 3.11). Das dreispitzige Gebilde in der Mitte des Stirnbands war während der klassischen Periode das wichtigste symbolische Element an der Königskrone. In personifizierter Form – bekannt unter dem Namen Gott «Narr»[29] (siehe Glossar) – setzte sich das dreispitzige Gebilde nach unten in einem langnasigen Gesicht fort und wurde am Stirnband aus Tuch sowohl von Göttern wie von Menschen getragen. Da es in dieser Form im Schriftsystem als Glyphe mit der Bedeutung *ahau*, «Herr», gebraucht wurde (siehe Abb. 3.14)[30], dürfen wir mit ziemlicher Sicherheit davon ausgehen, daß es auch als Element der Kleidung diese Bedeutung hatte. Unserer Meinung nach sollte der Gott «Narr» an den Stirnbändern des oberen Maskenpaars am Tempel von Cerros den Träger als Ahau und damit als symbolischen Repräsentanten des ersten Königs am Ort ausweisen. Die Ahnherren-Zwillinge sind ohne Frage die Urbilder des Königtums; und in der klassischen Ikonographie ist das Stirnband mit dem Gott «Narr» ein Unterscheidungsmerkmal des älteren Zwillings, dessen Name bezeichnenderweise

Abb. 3.14
Gott «Narr»

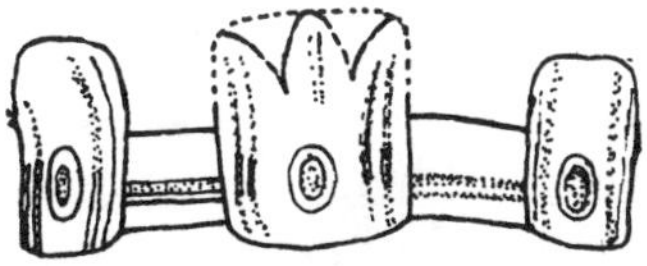

Stirnband aus Cerros

Stirnband auf dem
Beil in Dumbarton Oaks

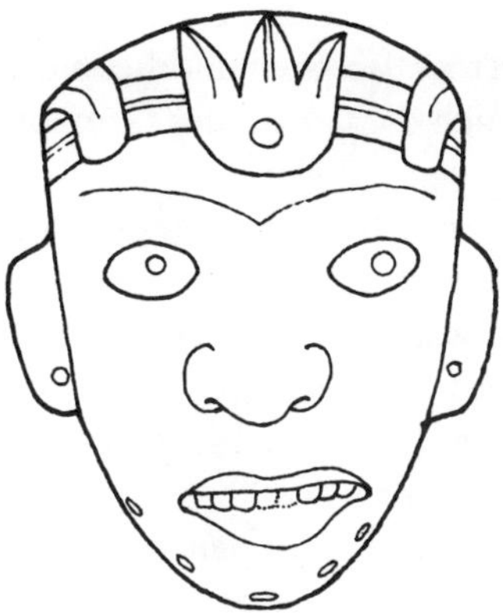

Grünstein-Brustplatte aus Tikal

Stirnband auf der
Ovalen Tafel in Palenque

Stirnband auf Türsturz 24
in Yaxchilán

Gott «Narr»
Stirnband an der Geierform der *ahau*-Glyphe

Gott «Narr»
Stirnband an der Tiervariante der *ahau*-Glyphe

Hun-Ahau lautet.[31] Das Stirnband an den oberen Masken macht diese folglich als Hun-Ahau kenntlich, während das *kin*-Zeichen an den unteren Masken diese als seinen Bruder Yax-Balam ausweist.

Die Tempeldekoration zeigte also mehr an als bloß den Wanderweg der Sonne über den Taghimmel: Sie war eine Darstellung der Ahnherren-Zwillinge und wollte von den Zuschauern der Ritualhandlungen des Königs auch so verstanden werden. Auf dem Treppenabsatz zwischen den vier großen Masken stehend (siehe Abb. 3.6), verkörperte der König den kosmischen Tageszyklus[32], gleichzeitig jedoch stand er auch im Mittel- und Konvergenzpunkt einer viergliedrigen Komposition[33], die den Generationenzyklus innerhalb seiner Abstammungslinie symbolisierte und seine Abkunft zurückverfolgte bis auf die Zwillingsheroen als Stammväter – und erste Ahauob (siehe Abb. 3.15). Die Tiefland-Maya verankerten das Königtum auf institutioneller Ebene, indem sie zunächst ihre Gottheiten krönten[34] und sodann deren lebende Ebenbilder, die Könige, zu direkten Abkömmlingen und geistigen Erscheinungen dieser Gottheiten erklärten.[35] Die Maya beeinflußten ihr Realitätskonzept mit den Mitteln der Kunst, und zwar stets auf mehreren Ebenen gleichzeitig. Der Bildschmuck an diesem Tempel sollte vom Publikum der kultischen Schauspiele, für die er als Kulisse diente, nicht nur als Verkündigung transzendenter, jenseitiger Wahrheiten, sondern ebensosehr auch als politische Botschaft verstanden und angenommen werden. Der König von Cerros als erster und höchster Ahau war letztlich nur deshalb möglich, weil auch die Götter des Gemeinwesens Ahauob waren.[36]

Wie schon erwähnt, war nicht jedermann in der Gefolgschaft des Königs befähigt, die neuen Bildwerke zu lesen und zu verstehen. Was ein Bauer davon zu begreifen vermochte, war sicherlich weniger, als ein Edelmann wußte, der seinerseits nicht das tiefe Verständnis eines Schamanen besaß. Darauf kommt es hier jedoch nicht an. Wichtig ist vielmehr, daß *jedes* Mitglied des Gemeinwesens – gleichgültig, ob mehr oder weniger – Zugang zum Sinn dieser Bilder hatte und seine eigene Realität in ihnen wiedererkannte. Beispiele für Symbole ähnlich universeller Art gibt es auch in unserer eigenen Kultur. Man müßte wohl sehr lange suchen, bis man unter den zivilisierten Zeitgenossen einen fände, der noch nie von der Einsteinschen Gleichung $E = mc^2$ gehört hat. Der Grad des Verständnisses für den Sinn der Formel dürfte allerdings erheblich schwanken. Manche Menschen wissen vielleicht von der Gleichung nicht mehr, als daß es sich um die berühmte Einsteinsche Formel handelt. Andere hatten vielleicht in der Schule Physik und können jetzt immerhin noch sagen, was die Buchstaben bedeuten, ja haben womöglich sogar eine gewisse Ahnung von der Relativitätstheorie. Das größte Wissen aber – vergleichbar dem des Maya-Königs oder -Schamanen – darf man von einem Berufsphysiker erwarten. Aber ganz egal, wie gut oder wie schlecht einer über die Formel $E = mc^2$ Bescheid weiß, so oder so ist sie für ihn ein Stück seines Weltbilds. In einem

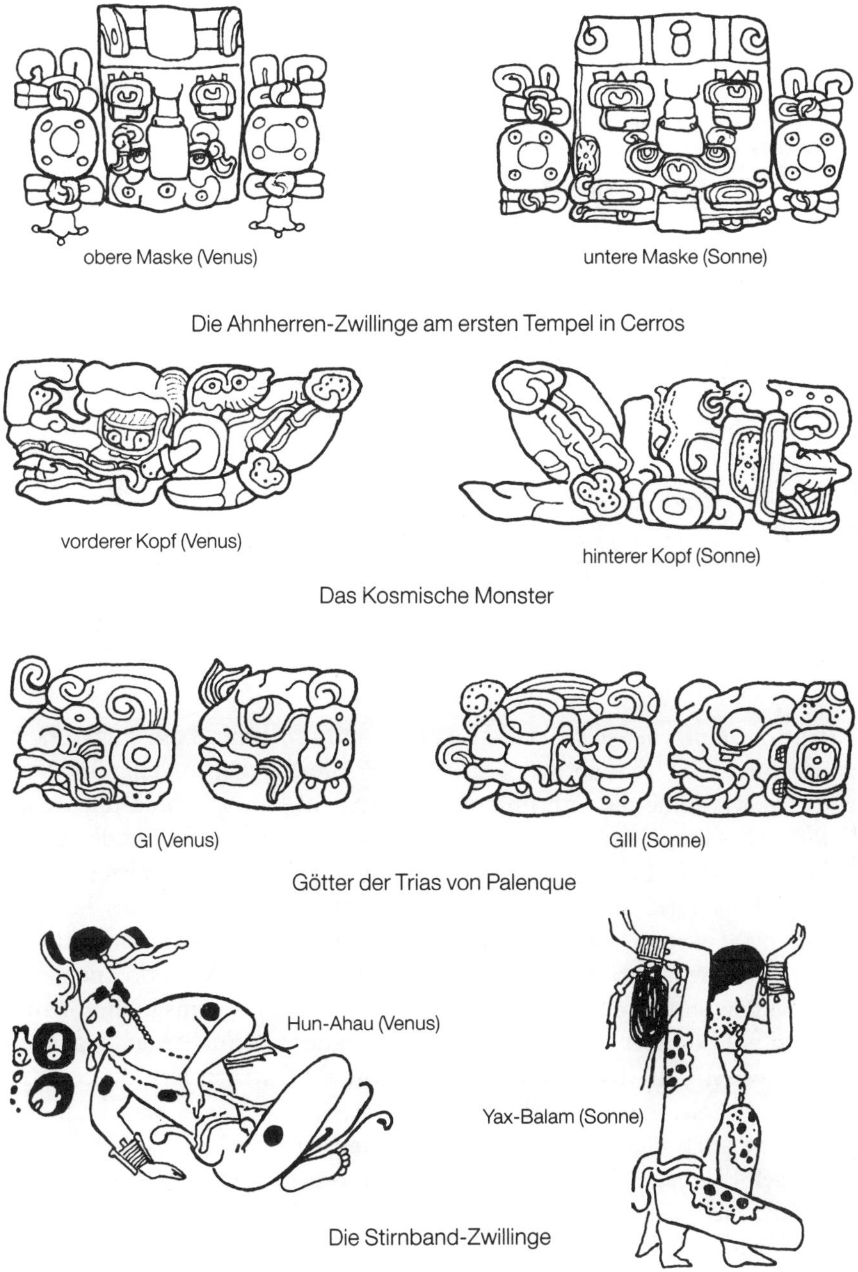

Abb. 3.15

sehr konkreten Sinn leben wir heute alle in einem Einsteinschen Universum, genau wie die Maya der klassischen Periode in einer Realität lebten, zu deren wesentlichen Elementen die Existenz von Gottkönigen zählte.

Für den Bau ihres ersten Königstempels mobilisierten die Maya von Cerros das Kräftepotential des gesamten Gemeinwesens. Ohne die harte

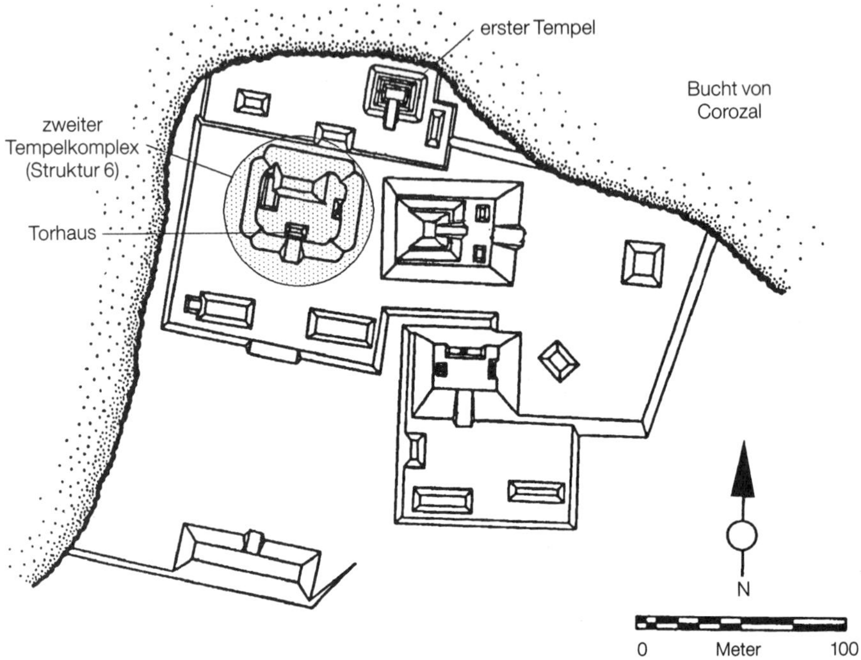

Abb. 3.16
Der zweite in
Cerros errichtete
Tempelkomplex

Arbeit der einfachen Fischer und Bauern und ohne ihre Nahrungsversorgung durch die Frauen wäre das Unternehmen ebensowenig möglich gewesen wie ohne die Führung der Patriarchen, Honoratioren und Schamanen. Und diese Menschen wiederum vereinten ihre Kräfte mit denen der teilweise einheimischen, teilweise wohl auch fremden Baumeister, Steinmetze und Kunsthandwerker, um gemeinsam in Gestalt eines heiligen Berges ein Tor ins Jenseits zu errichten. Diese in einem Gebilde von Stein und Kalkzement verkörperte kollektive Anstrengung läßt erkennen, wie sehr die Bewohner von Cerros die Errichtung des Königtums in ihrer Mitte gut und willkommen hießen. Wann immer in der Geschichte der Maya ein Gemeinwesen zur Institution des Königtums überwechselte, kam es zu kollektiver Leistungsbereitschaft.

Mochte auch den Rivalen von Cerros und so manchem Bewohner des Ortes selbst dieser Übergang zum Königtum nicht gefallen – unwiderruflich hatte sich hier ein neues soziales Muster etabliert. Der kleine Königstempel war nur der Anfang einer gewaltigen Freisetzung von sozialer Begeisterung und Energie. Innerhalb kurzer Zeit – sie dauerte höchstens eine Generation[37] – übertraf in Cerros bereits ein neues und sehr viel ehrgeizigeres Bauprojekt den Glanz des ersten Tempels und erweiterte in beträchtlichem Maß den königlichen Mittelpunkt der Gemeinschaft. Dieses Bauwerk – «Struktur 6» in der Nomenklatur der Archäologen – trägt zu Recht den Namen einer Akropolis (siehe Abb. 3.16). Mit einer Größe von 60 × 60 Metern betrugen seine Abmessungen bereits im Grundriß das

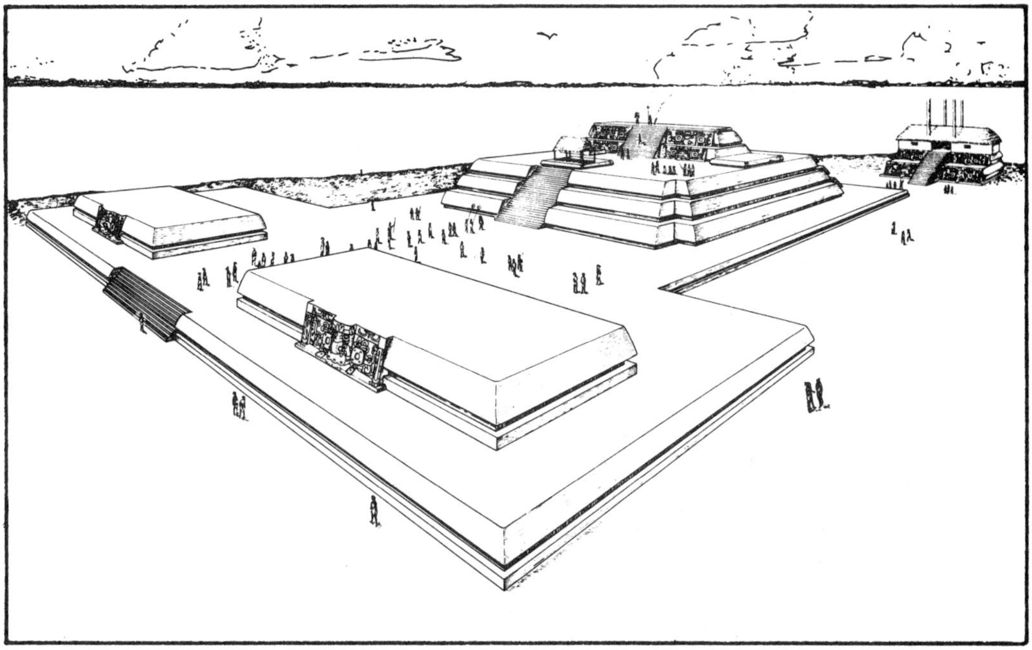

Abb. 3.17 Rekonstruktion des zweiten in Cerros errichteten Tempelkomplexes. Im Hintergrund Struktur 5 C-2 und die Bucht von Chetumal
(Zeichnung: Karim Sadr)

Dreifache derjenigen der älteren Tempelpyramide. Die erhöhte Plaza lag sechzehn Meter über Bodenniveau und war damit dem Einblick des gewöhnlichen Volks am Fuß der Pyramide entzogen. Die Funktion dieser Plaza unterschied sich deutlich von derjenigen vor dem Eingang des älteren Tempels, der niedrig genug lag, um allen, die als Zuschauer unten standen, Einblick zu gewähren. Demgegenüber erlaubte es die erhöhte Fläche der neuen Akropolis dem König, nunmehr auch intimste Riten unter freiem Himmel auszuführen, statt sich zu diesen Handlungen, wie zuvor, in das Tempelinnere zurückziehen zu müssen (siehe Abb. 3.17).

Die Blutentnahme und die Opferhandlungen, die ihm den Weg ins Jenseits öffneten, konnte der König nunmehr vor den Augen der wenigen Auserwählten vollziehen, die das Privileg genossen, die große Treppe an der Vorderfront der Pyramide erklimmen, den Portalbau durchschreiten und auf dem heiligen Boden der oberen Plaza in seiner Nähe stehen zu dürfen. Für den architektonischen Wandel gab es einen einfachen Grund: Die neuentstehende Adelsklasse gewann immer mehr Bedeutung als Stütze der Königsmacht, und durch das veränderte Arrangement war sie als Bürge und Garant für die Rechtmäßigkeit der königlichen Ansprüche ihrerseits nicht auf Mutmaßungen angewiesen. Mit eigenen Augen konnte sie nun verfolgen, wie der Herrscher mit der magischen Kraft seiner Ritualhandlungen die schreckenerregenden Visionen des Übernatürlichen heraufbeschwor.[38]

Unterhalb der Hochterrasse lag eine weitere Plaza, die der Anlage nach das Äquivalent jener Pyramidenhochfläche war, auf der sich im Norden der ältere Tempel erhob. Diese tiefergelegene Fläche war zwar nicht ganz so unzugänglich wie die oberste Terrasse, stand aber trotzdem nicht für jedermann offen, ja war sogar zum Teil durch langgestreckte Bauwerke entlang der Vorderkante gegen unbefugten Einblick geschützt. Diese Terrasse ruhte ihrerseits, durch eine breite Treppe mit ihr verbunden, auf der untersten Plaza, einem riesigen, vollständig mit Kalkzementestrich überzogenen Areal, das mit seiner Ausdehnung von 120 × 125 Metern an Festtagen einer nach Hunderten zählenden Zuschauermenge bequem Platz bot. Die neue Tempelanlage wies also eine sehr viel komplexere Gliederung des Sakralraums auf als ihre Vorgängerin: Es gab drei Ebenen unterschiedlicher Wertigkeit, verbunden durch eine breite Treppe, die dem König für seine rituellen Auftritte dienen konnte. Die Komplexität der Raumgliederung spiegelt die zunehmende Komplexität sowohl der Kultaktivitäten rund um den König als auch der sozialen Hierarchie mit ihrer unterschiedlichen Teilnahmeberechtigung an diesen Aktivitäten wider. Wenn der König im Anschluß an ein Blutentnahmeritual, beiderseits gestützt auf seine höchsten Würdenträger, in ekstatischer Trance die Treppe herabgetanzt kam, so sahen ihn als erste die Zuschauer auf der mittleren Plattform. Dieser Teil des Publikums konnte sich dann dem königlichen Prozessionszug anschließen und mit auf die riesige Plaza hinunterziehen, wo die Volksmenge wartete.

Allein schon die Existenz dieser Pyramide mit ihren mehrfach gestuften und getrennten Blickräumen gibt Aufschluß über die fortgeschrittene Entwicklung der Klassenhierarchie im Cerros der damaligen Zeit. Solange das Königtum am Ort Bestand hatte, wirkte sich diese soziale Differenzierung zugunsten der Regierung aus. Der Bau des neuen Zeremonialbezirks erforderte ein Vielfaches mehr an organisatorischem Aufwand als der des ersten Tempels. Man benötigte sowohl ein enormes Arbeitskräftepotential als auch den entsprechenden Verwaltungsapparat zur Organisation des Ganzen. Wie schon erwähnt, war es den Maya jedoch fremd, Zwangsarbeiter im eigenen Gemeinwesen zu rekrutieren. Genau wie das frühere wurde jetzt auch dieses neue Bauprojekt jenseits von Statusrücksichten als Gemeinschaftswerk aller für alle ausgeführt.

Den Menschen in Cerros brachte das Königtum zugleich mit den Vorteilen auch Belastungen. Das Neubautenprogramm begrub den größten Teil des ursprünglichen Siedlungsgebiets unter der Kalkzementdecke der riesigen Plaza. Die Bewohner des alten Dorfkerns mußten notgedrungen ins Umland hinaus umsiedeln; daß sie es bereitwillig taten, ändert nichts an der Tatsache als solcher. Das Umland des neuen urbanen Zentrums wiederum wurde zur Gewinnung der Tausende Tonnen von Steinen und Kalkmergel, die man als Baumasse benötigte, auf großen Flächen in einen Steinbruch verwandelt. Tatsächlich senkten die Einwohner von Cerros während des Tempelbaus das Bodenniveau des Umlands so erheblich, daß sie ein

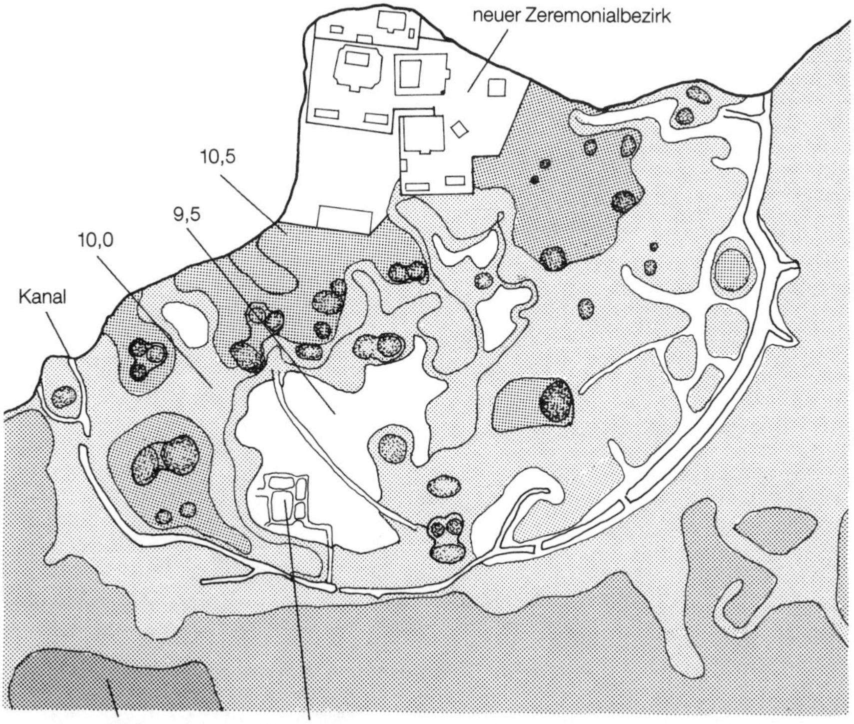

Abb. 3.18 Topographische Karte von Cerros mit Entwässerungssystem

verzweigtes System von Wasserabzugsgräben, Staubecken und Kanälen anlegen mußten, um ihre Häuser und Patios während der Regenzeit vor Überflutung zu schützen (siehe Abb. 3.18).[39]

Ein weiteres Problem, mit dem sich die Umsiedler konfrontiert sahen, war die Baumaterialknappheit. Über welchen Rang und wieviel Vermögen eine Familie verfügte, zeigte sich jetzt deutlich darin, welchen Typ Wohnanlage sie sich als neue Unterkunft leisten konnte. Einzelne Familien errichteten ihre neuen Häuser auf Plattformen von beträchtlicher Höhe und Ausdehnung, während andere sich mit einer eher bescheidenen Hausplattform begnügen und wieder andere sogar ebenerdig bauen mußten. Daß er sich das alleinige Verfügungsrecht über die vorhandenen Baumaterialien vorbehielt, stärkte die Machtposition des Königs, denn er konnte Wohlverhalten und Ergebenheit zur Voraussetzung einer Zuteilung machen.

Die politische Botschaft des zweiten Tempels herauszufinden ist schwieriger als die des ersten. Die Dekorationen an der Außenwand der Fassade – die einzigen, die bisher freigelegt wurden[40] – sind stark zerstört, und zwar nicht allein durch Erosion, sondern auch durch Schwelbrände, die von den Maya im Rahmen der rituellen Tötung an die Mauern gelegt wurden, als das Königtum in Cerros zusammenbrach und der Tempel aufgegeben wurde. Doch obgleich von der figürlichen Stuckdekoration nur Fragmente erhalten sind, können wir sagen, daß sie von der gleichen Art war wie diejenige am ältesten Tempel des Ortes: vier große Masken, höchstwahrscheinlich die Ahnherren-Zwillinge darstellend, zu beiden Seiten einer Treppe. An der Qualität der erhaltenen Stuckteile, ihrer differenzierten Detailgestaltung und Bemalung läßt sich erkennen, welch hohes Maß an künstlerischer Meisterschaft bei der Ausschmückung dieser Pyramide zur Entfaltung kam. Die Schönheit und Komplexität dieses Bauwerks sind Ausdruck der charismatischen Macht des Königs von Cerros, ohne die es diesem Herrscher wohl kaum möglich gewesen wäre, derart fähige und in der Theologie wie Ikonographie der neuen Religion versierte Künstler an sich zu ziehen und auf Dauer zu halten.

Zum Zeitpunkt des zweiten Tempelbaus war der erste König von Cerros bereits tot und das Amt an einen Nachfolger übergegangen. Das können wir einer politischen Botschaft besonderer Art entnehmen, die im zweiten Tempel niedergelegt wurde. Unter der Hochterrasse, die als Bühne seiner öffentlichen Auftritte als Kultpriester diente, ließ der Herrscher einen kompletten Königsschmuck vergraben, einschließlich der Nephritkleinodien aus dem Stirnband und der Brustplatte aus dem gleichen Material.[41] Diese Schmuckstücke waren so über den Boden eines großen Toneimers verteilt, daß die mit dem Gesicht nach unten liegenden Stirnbandjuwelen das gleiche viergliedrige Muster bildeten wie die großen Masken am ersten Tempel (siehe Abb. 3.19). In der Mitte lag, das Gesicht nach oben, die Brustplatte aus grüner Jade. Das Arrangement war beabsichtigt und von symbolischer Bedeutung. Der Brustschmuck lag inmitten einer viergliedrigen Konfiguration von Jadestücken, wie der erste König auf dem Treppenabsatz des ersten Tempels im Mittelpunkt der viergliedrigen Maskenkonfi-

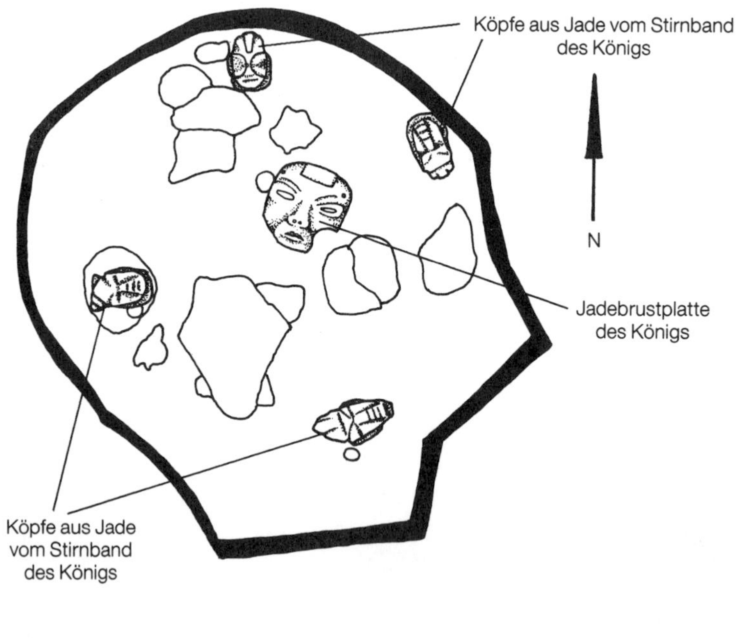

Abb. 3.19 Vorgefundene Anordnung des Königsschmucks in dem Depoteimer in Struktur 6B

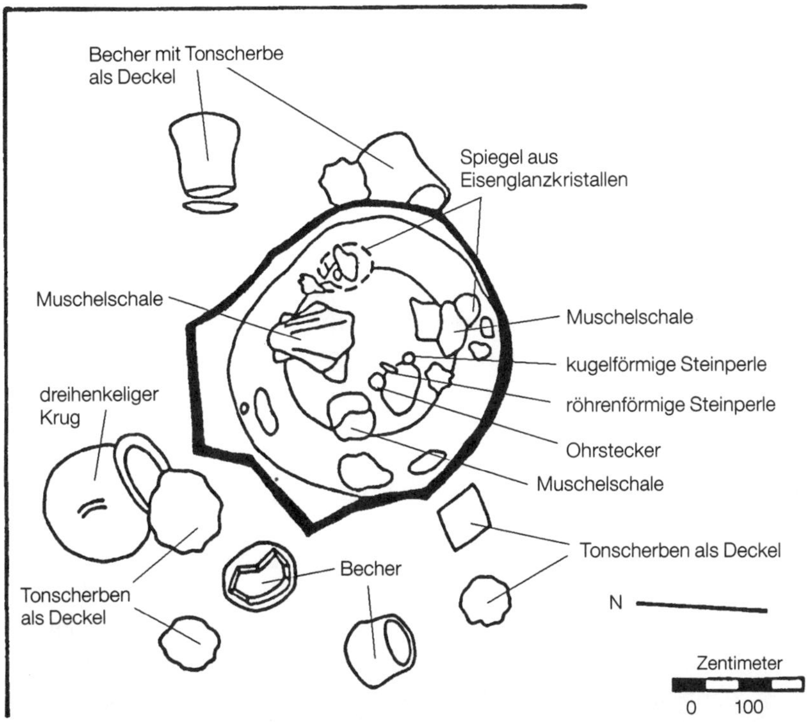

Abb. 3.20 Inhalt des Depots auf der Hochterrasse der Struktur 6B

guration gestanden hatte. Diese zauberkräftigen Sakralgegenstände waren bedeckt mit Schichten von Spiegeln[42] – bestehend aus einem Mosaik hellblauer Eisenglanzkristalle, die auf eine abgelöste Perlmuttfläche aufgeleimt waren – und Schalen der roten Spondylusmuschel von der Sorte, die später zu einem Bestandteil der Tracht königlicher Würdenträger werden sollte (siehe Abb. 3.20). Der Eimer war mit einer großen Keramikschale an Stelle eines Deckels verschlossen und von vier Keramiktrinkbechern sowie einem Getränkekrug umgeben.[43]

Dieser vergrabene Schatz war mehr als nur eine der üblichen Weihegaben von kostbaren Dingen an die Götter. Nach unserer Überzeugung hatten diese Kleinodien über den bloßen Materialwert hinaus noch einen zusätzlichen Wert, weil sie einmal dem ersten König von Cerros gehört hatten und von ihm getragen worden waren (es sind die Juwelen aus unserer Geschichte am Anfang dieses Kapitels). Die Anordnung der Kleinodien wiederholt die äußere Form von Macht, die wir bereits am ersten Tempel beobachten konnten, und überträgt sie auf das neue Bauwerk. Der zweite König vergrub den Schmuck des ersten in seinem eigenen Tempel, um sich dessen magischer Kraft zu versichern und zugleich eine Verbindung zwischen sich und dem toten König herzustellen, dessen blutsverwandter Nachfahre er wahrscheinlich war. Diese Juwelen würden ihm den Zutritt zur Welt des Heiligen und der übernatürlichen Dinge erleichtern.

Spätere Maya-Könige, so etwa der große Pacal von Palenque, betrachteten ihre Tempelpyramide als einen heiligen Berg und ließen ihren Leichnam in ihm beisetzen. In den Anfängen des Ahautums jedoch sah man die Macht des Königs nicht in seinen leiblichen Überresten, sondern in den Kulthandlungen und den magischen Gegenständen. So galt das Interesse des zweiten Königs von Cerros nicht dem Grab seines Vorgängers, sondern den von ihm hinterlassenen heilig-mächtigen Objekten. Indem er sich dieser versicherte, glaubte er seine Herrschaft nahtlos an die des Vorgängers anzuschließen. Alle, die in irgendeiner Form am Bau der neuen Akropolis mitwirkten und damit die Legitimität der Thronfolge bekräftigten, verstanden die symbolische Bedeutung der Opfergabe im vergrabenen Eimer. Wie die Einwohnerschaft von Cerros mit ihrer Arbeitskraft das Wertvollste, das sie besaß, für die Vollendung des Bauwerks hingab, so opferte der König dafür sein kostbarstes Erbstück.[44]

Nach der Fertigstellung des neuen Königstempels nahm die Gemeinde Cerros ihr bis dahin ehrgeizigstes Bauvorhaben in Angriff: die Vervollständigung der von dem ersten König angelegten baulichen Nord-Süd-Achse durch eine Ost-West-Achse. Der kurze Abstand, in dem das Projekt auf die Fertigstellung des zweiten Tempels folgte, läßt vermuten, daß auch diese Unternehmung zum Bauprogramm des zweiten Königs gehörte. Wenn das stimmt, dann muß dieser Herrscher über eines der frühesten Maya-Reiche in der Tat eine außerordentliche Machtfülle besessen haben.

Östlich vom zweiten Tempel und unmittelbar daneben (siehe Abb. 3.1) errichtete der König das Bauwerk, das der größte aller Tempel in Cerros werden sollte: die von den Archäologen als «Struktur 4» bezeichnete Akropolis mit Front nach Osten. Es steht fest, daß diese Anlage mindestens einmal überbaut wurde, denn direkt unter dem vorhandenen Bau sind die Grundmauern eines älteren Tempels zu erkennen. Die Praxis, einen Kultbau auf den Fundamenten eines niedergerissenen Vorgängerbaus zu errichten, war bei den Maya durchaus gebräuchlich, denn ihrer Überzeugung nach lud sich ein sakraler Ort im Lauf der Zeit mit heilig-mächtiger Kraft auf. War an der fraglichen Stelle erst einmal ein Tor ins Jenseits aufgetan, ein Machtzentrum fixiert, dann wurde die Trennwand zwischen Diesseits und Jenseits hier mit jeder weiteren Kulthandlung durchlässiger.

Während die älteren Tempel ihre Front dem Wohnbereich von Cerros zugewandt hatten, blickte der neue, der sich auf einer leuchtendweißen Kalkzementplaza erhob, in die Richtung der aufgehenden Sonne. Mit einer Fläche von 60 × 60 Metern und einer Höhe von 22 Metern wies er eine für den Maya-Standard durchaus beachtliche Größe auf. Auch die neue Akropolis begrub wie ihre beiden Vorläuferinnen eine Reihe von Wohnhäusern und archaischen Kultstätten – die letzten Relikte der alten Dorfsiedlung und der in ihr verwurzelten Lebensweise – unter sich.

Wie schon im Fall der älteren Tempel errichteten die Baumeister, Maurer und Handlanger die neue Akropolis in einer einzigen mächtigen Kraftan-

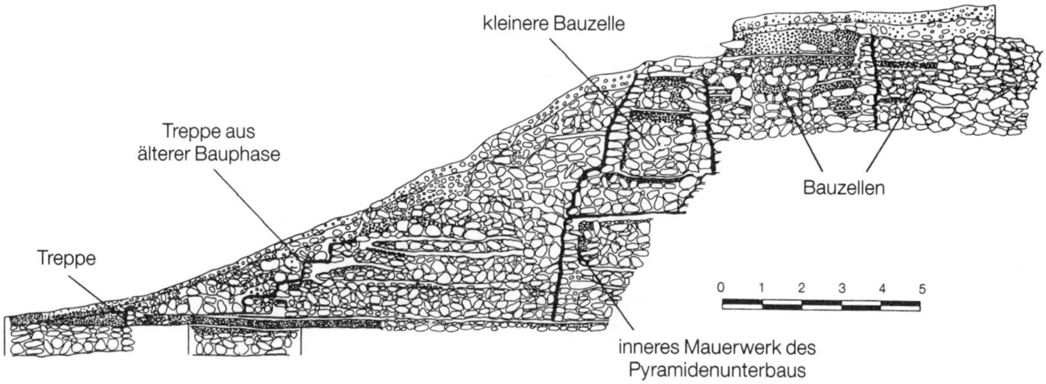

Abb. 3.21 Bauzellen im Kern der Struktur 4 A (der nach Osten gerichteten Akropolis)

strengung. Seiner gewaltigen Ausmaße wegen benötigte das Bauwerk ein dichtes Netzwerk von inneren Stützmauern. Nachdem die Mauern erstellt waren, wurden die Hohlräume zwischen ihnen von den Arbeitern im Eiltempo mit alternierenden Schichten von Gesteinsbrocken, Schotter und Kalkmergel gefüllt. Die Auffüllung der quadratischen «Zellen» dieser «Mauerwabe» (siehe Abb. 3.21) verlangte einen enormen Arbeitsaufwand, der von Bauern- und Fischergruppen unter den aufmerksamen Augen ihrer Familienoberhäupter geleistet wurde. Wie stets bei den Maya, war diese Art Arbeit eine Form des Gottesdienstes. Die Handlanger, die sie ausführten, taten als Opfergaben an die Ahnengötter Maisreibesteine, Gewichte zum Beschweren der Fischernetze und Haushaltsgegenstände aus dem eigenen Besitz in das Füllmaterial mit hinein.

Vom Skulpturenschmuck des Bauwerks ist verschwindend wenig erhalten, doch unverkennbar war es als Grabstätte eines Königs konzipiert gewesen, denn die steilwandige Pyramide war von einem Grabmal gekrönt. Die Grabkammer im Innern war für Maya-Verhältnisse ziemlich geräumig und enthielt an der Nordwand ein stucküberzogenes Postament, das dem König als letztes Ruhelager hätte dienen sollen (siehe Abb. 3.22). Die aus großen Steintafeln bestehende Decke der Kammer ist ein frühes Beispiel des für die Architektur der Tiefland-Maya typischen «falschen Gewölbes» (auch Kraggewölbe oder Scheingewölbe genannt). Eigenartigerweise wurde die Kammer nie ihrer eigentlichen Bestimmung zugeführt – ein Problem, auf das wir noch zurückkommen werden.

Nachdem die Ost-West-Achse im Lageplan der Stadt klar definiert war, setzte der amtierende Herrscher seine Bautätigkeit auf der anderen Achse fort. Als nächstes Objekt folgte weiter im Süden «Struktur 29 C», ein Tempel mit Front nach Westen (siehe Abb. 3.23), der einerseits ein kompositorisches Gegenstück zu dem nach Osten gerichteten Grabbau darstellte, zum anderen die Nord-Süd-Achse von Cerros fortsetzte. Dieser letzte Kolossalbau bildete ein Dreiecksarrangement mit dem nördlichen und dem südlichen Ballspielplatz (siehe Abb. 3.1 und 3.24).

Abb. 3.22
Das unbenutzte Grab in der nach Osten gerichteten Akropolis

Die neue Pyramide war kleiner als die nach Osten blickende Akropolis und wies an der Spitze eine charakteristische, für Cerros atypische Gestaltung auf. Die Hochterrasse war nämlich mit drei separaten Tempelplattformen bebaut, deren mittlere nach Westen zeigte, während die beiden anderen die Front der mittleren zukehrten (siehe Abb. 3.23). Zu jeder dieser Plattformen führte eine beiderseits von charakteristischem Bildwerk flankierte Mitteltreppe hinauf. An der mittleren Plattform bestand die Dekoration aus skulptierten Jaguarköpfen, aus deren Mäulern Blutvoluten hervortreten; zu ihren Häuptern tauchten aus dem Steinhintergrund fratzenhafte kleine Menschengesichter auf (siehe Abb. 3.25). Dieses blutrünstige Bildwerk sollte den abgetrennten Kopf des Sonnen-Jaguars darstellen – des jüngeren der Zwillingsheroen, der zur Überwindung der Herren von Xibalba geopfert und wiedergeboren wurde.

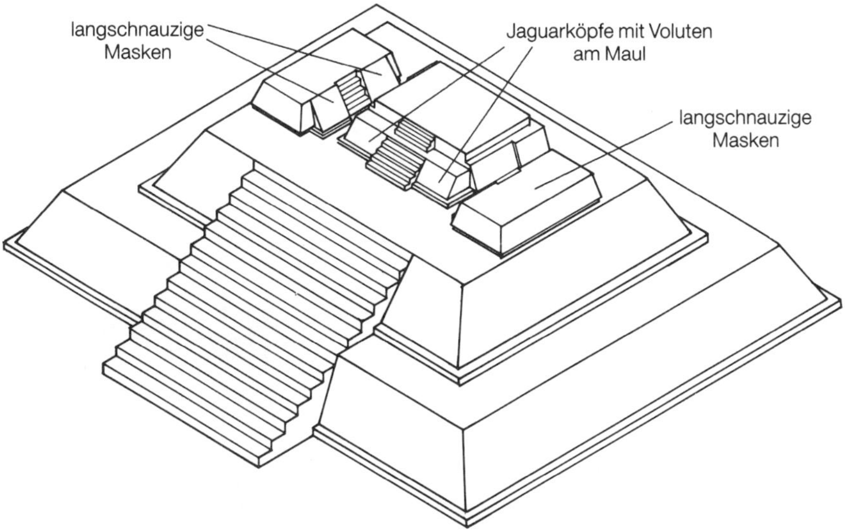

Abb. 3.23
Die nach Osten gerichtete Akropolis (Struktur 29 C)

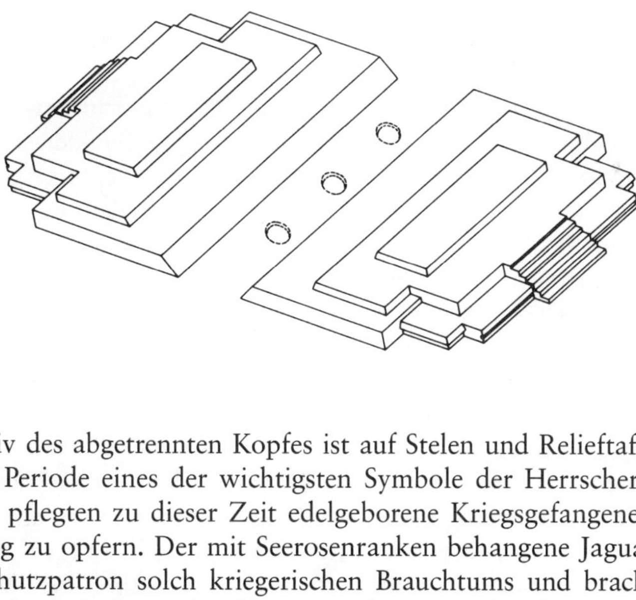

Abb. 3.24
Der Ballspielplatz aus Gruppe 50 bei der nach Westen gerichteten Akropolis

Das Motiv des abgetrennten Kopfes ist auf Stelen und Relieftafeln der klassischen Periode eines der wichtigsten Symbole der Herrschermacht. Die Könige pflegten zu dieser Zeit edelgeborene Kriegsgefangene durch Enthauptung zu opfern. Der mit Seerosenranken behangene Jaguar-Gott war der Schutzpatron solch kriegerischen Brauchtums und brachte zugleich metaphorisch dessen Sinnhintergrund zum Ausdruck: der Krieg als königliches Jagdvergnügen. Kriegführende von Geblüt waren Jäger und Gejagte in einem, und je nachdem, wie das Schicksal es wollte, waren sie entweder Beutemacher oder Beute. Wenn die Maya-Könige in die Schlacht zogen, banden sie sich Stricke an die Arme, als wollten sie der Anstrengungen ihrer Gegner, sie zu fangen, spotten. Dieser Motivkomplex von Krieg, Opfer und Geopfertwerden spielt, wie wir noch sehen werden, die Schlüsselrolle in der Ikonographie des Sonnentempels in Palenque, den der

Abb. 3.25 Zähnefletschende Jaguare an der mittleren Plattform auf der nach Westen gerichteten Akropolis (Struktur 29 C)

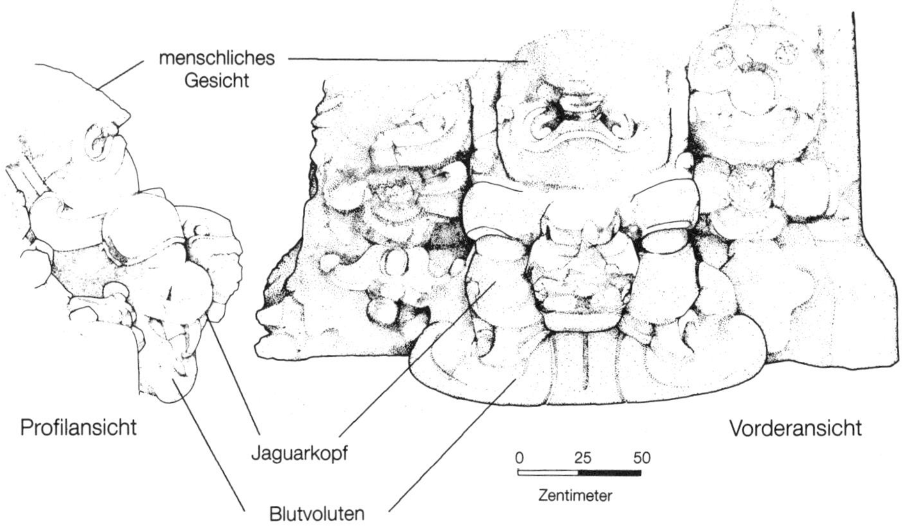

Herrscher Chan-Bahlum zum Gedenken an seine Ernennung zum Thronerben erbauen ließ. Der nach Westen gerichtete Tempel in Cerros mit seiner Dekoration von abgetrennten Jaguarköpfen war der Prototyp dieses später klassischen Gebäudetyps: des Triumphmonuments.

Die zwei anderen Tempelplattformen auf der Hochterrasse waren zum mittleren Tempel hin ausgerichtet.[46] Ihre Treppen flankierten langschnauzige und ebenfalls von fratzenhaften Menschengesichtern gekrönte Masken (siehe Abb. 3.26). Wie die Jaguardarstellungen der mittleren Plattform das Bildthema der Relieftafeln an der Basis des ältesten Tempels von Cerros wiederaufnehmen, so wiederholen die langschnauzigen Masken an den seitwärts gelegenen Plattformen die Masken auf halber Höhe jenes ersten Tempels. Daraus dürfen wir schließen, daß es sich auch am vierten Tempel von Cerros bei den langschnauzigen Wesen um Darstellungen des Planeten Venus, des älteren der Zwillingsheroen, handelt – jenen, der seinen Bruder, den Jaguar-Sonnengott, als Schlachtopfer zerstückelte und dann wieder zum Leben erweckte, um damit die Herrscher der Unterwelt zu vernichten. Wann immer in der klassischen Periode das Jaguarmotiv mit dem Venusmotiv zur Linken und zur Rechten auftaucht, steht es für den König und seine nächsten Blutsverwandten. In aller Regel ist mit dem Venussymbol der Vater beziehungsweise sind die Eltern gemeint, von dem/denen das Thronrecht auf den Stifter des Bildwerks überging.[47]

Lage und Anlage der unweit des vierten Tempels befindlichen Ballspielplätze waren sowohl auf die Nord-Süd- wie die Ost-West-Achse der Stadt ausgerichtet. Diese Ballspielplätze dienten als Bühne für kriegerische und Opferrituale sowie für Selbstlegitimierungsrituale der neuen Herrscherdynastie. Das Ballspiel erfüllte vielerlei Zwecke. Im einfachsten Fall wurde es zwischen befreundeten Amateuren oder Berufsspielern zum Vergnügen

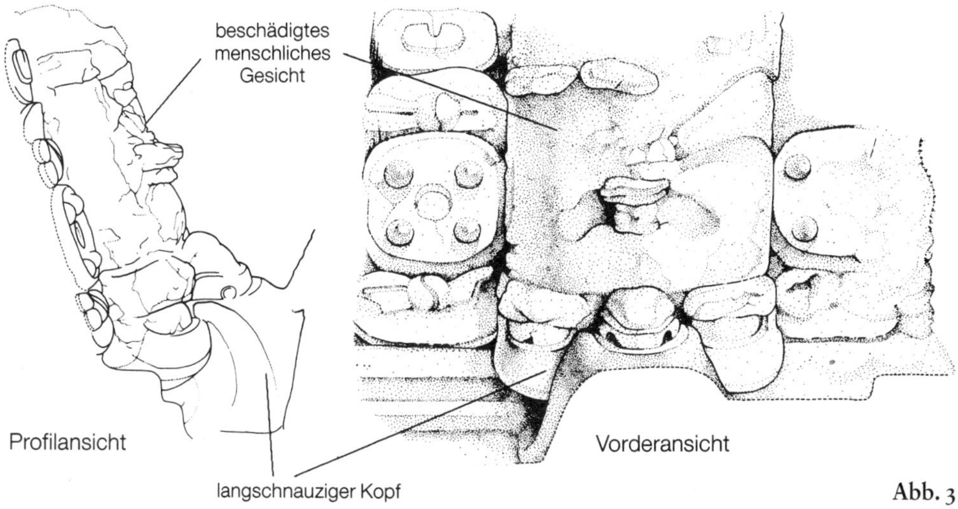

Abb. 3.26 Langschnauziges Monster an der nördlichen und südlichen (seitlichen) Plattform auf der nach Westen gerichteten Akropolis (Struktur 29C)

beziehungsweise als Preiskampf ausgetragen. In der Mehrzahl der Fälle jedoch diente es einem kultischen oder sakralen Zweck. Kriegsgefangene von hoher Geburt wurden häufig gezwungen, vor einheimischer Bevölkerung ein Ballspiel auszutragen. Die Verlierer wurden durch Enthauptung geopfert. Nicht selten schnürte man diese menschlichen Weihopfer zusammen, bis sie die Form eines Balls hatten, und rollte sie die Stufen einer Tempeltreppe hinunter. In seiner erhabensten Ausprägung war das Ballspiel die kultische Neuinszenierung des im *Popol Vuh* berichteten Sieges der Ahnherren-Zwillinge über die Herren des Totenreichs.

Derlei Ballspiele lieferten die symbolische Kulisse für die sakralen Handlungen, mit denen ein König die Legitimität seines Herrschaftsanspruchs untermauerte.[48] Gleichgültig, ob der Monarch als überlegener Athlet auftrat, ob er in die Rolle eines der Ahnherren-Zwillinge schlüpfte oder ob er einen gefangengenommenen fremden König oder Edelmann opferte – das Ballspiel war stets ein Geschehen von höchster religiöser Bedeutung.

Wir können nicht sagen, ob es der zweite oder der dritte König von Cerros war, der die Ballspielplätze und den nach Westen schauenden Tempel erbauen ließ, doch ist dieses Wissen nicht ausschlaggebend für unser Verständnis der Entwicklung des Königtums in dieser Stadt. Verstärkter Ehrgeiz auf städtebaulichem Sektor zeigt verstärkten politischen Ehrgeiz an. Allein schon die Existenz eines Kriegsmonuments und eines Ballspielplatzes verrät, daß man in Cerros den Blick über die Stadtgrenzen hinaus zu richten begonnen hatte und daß die neue Dynastie immer energischer ihren eigenen Platz in dem für die Welt der Tiefland-Maya charakteristischen kosmopolitischen Wettkampf der Königtümer beanspruchte.

Mit der Zeit freilich scheinen die Belastungen, denen sich das neuerstandene Königtum im Innern wie Äußeren gegenübersah, das Maß seiner Leistungsfähigkeit überstiegen zu haben. Der König, der sich auf der Höhe der nach Osten gerichteten Akropolis sein Grab hatte errichten lassen, hat seine letzte Ruhestätte nie bezogen – sie blieb leer, der Eingang unvermauert. Warum, wissen wir nicht. Nicht auszuschließen ist, daß der glücklose Herrscher in Kriegsgefangenschaft geriet und fern der Heimat den Tod fand. Aber was immer ihm auch zugestoßen sein mag, sein Nachfolger war letztlich nicht in der Lage, die Verheißungen, die für die Maya mit der Vision des Königtums verknüpft waren, Wirklichkeit werden zu lassen.

Das gescheiterte Projekt, auf der Höhe der ostwärts blickenden Akropolis ein Königsgrab einzurichten, bezeichnete für Cerros den Anfang vom Ende des Experiments mit der Institution Königtum. Dem Erben des verschollenen Königs gelang es noch, zeitweilig das Volk für sich zu mobilisieren und den Bau eines neuen Tempels nach dem Muster des ersten und zweiten Sakralbaus zu beginnen. Auf der Südseite unmittelbar neben die nach Osten gerichtete große Akropolis gebaut, betont dieser letzte in Cerros errichtete Kultbau noch einmal die Nord-Süd-Achse der Stadtanlage. Wie die beiden ältesten Tempel blickt auch dieser letzte wieder nach Süden. Äußerlich unterschied sich die neue Akropolis nicht von ihren Vorläuferinnen, doch in der Substanz war sie schlecht gearbeitet, zudem hatte man diesmal keine Opfergaben in den Boden der Hochterrasse mit eingesenkt.

Bald nach dieser letzten Kraftanstrengung beendeten die Maya von Cerros ihren kurzen Flirt mit dem Königtum und begannen mit der systematischen Desakralisierung, der Ent-Machtung der heiligen Berge, die sie aus dem Boden ihrer Heimaterde herausgestampft hatten. Eine königliche Dynastie existierte nicht mehr. Die Vornehmen, die sich einstmals von den Verheißungen glanzvollen Herrschertums hatten anlocken lassen, kehrten auf ihre Ländereien in der Umgebung zurück. Die Zurückbleibenden häuften große Mengen Brennstoff gegen die Masken ihrer Ahnen und Herren und steckten ihn in Brand. Sie erstickten das Feuer unter Schichten von Kalkmergel, um alsdann den Brand von neuem zu entfachen. Sie zerschlugen ihre Ohrgehänge mit den charakteristischen trichterförmigen Steckern und verstreuten die Fragmente über die Schutthaufen, die sich unter den Stuckreliefs zu bilden begonnen hatten. Im letzten Akt der Vernichtung zerbrachen sie das Tongeschirr, das sie beim feierlichen Abschlußmahl benutzt hatten. Dann kehrten sie zu ihren Wohnstätten zurück, um im Schatten der Ruinen einstiger Herrlichkeit wieder ihr altes Leben als Fischer und Bauern aufzunehmen.

Viele Jahre später, nachdem die Tempelpyramide bereits zu zerbröckeln begonnen hatte, stiegen fromme Maya von neuem zum Gipfel der nach Osten gerichteten Akropolis hinauf, um durch rituelle Tötung die an diesen Ort gebundene Macht zu befreien. Die Tongefäße mit Opfergaben, die sie zurückließen, blieben dort unberührt und vergessen stehen, bis die Steindecke der Grabkammer einstürzte und sie zermalmte.

Die Gründe für das Scheitern der Ahauob von Cerros werden wir niemals genau erfahren, aber wir können die eine oder andere plausible Vermutung in dieser Richtung anstellen. Eines der größten Probleme dürfte aus der Machtvergabe innerhalb der königlichen Stammlinie erwachsen sein. In einem System, dessen Stabilität nicht so sehr von der Legitimität der Thronfolge als vielmehr vom Charisma des Herrschers und der Macht seiner Persönlichkeit abhing, konnte ein schwächlicher König sich kaum lange halten. Eine zweite unüberwindliche Schwierigkeit könnte darin bestanden haben, daß die Menschen von Cerros nicht in der Lage waren, ihr Leben innerhalb eines so großen Gesellschaftszusammenhangs zu organisieren. Zwar entsprach die Einführung des Königtums dem Willen des Volkes und wurde von ihm begeistert begrüßt, doch ist zwischen Wollen und Können ein Unterschied. Um die fragliche Zeit war die Institution des Königtums bei den Maya noch ein historisches Novum, das von seinen Anhängern in der Praxis ein bestimmtes Maß an Improvisationstalent verlangte. Und eine Gesellschaftsordnung, die sich noch so tief im Versuchsstadium befindet wie die der Maya von Cerros, vollführt immer einen Seiltanzakt.

Die Annahme scheint gerechtfertigt, daß diese beiden Probleme unter den Tiefland-Maya allgemein verbreitet waren, denn mit anderen frühen Königtümern ging es genauso rasch zu Ende wie mit Cerros. Allerdings verband sich die Abkehr vom Königtum in Cerros nicht mit dem Exodus aller Einwohner. Das Gemeinwesen als solches blieb erhalten, nur daß seine Mitglieder jetzt ebenso entschlossen, wie sie einmal ja zum Königtum gesagt hatten, nein sagten. In den Maya-Reichen gab es zu keiner Zeit so etwas wie eine stehende Armee oder eine Polizeitruppe; den Herrschern standen also keine Zwangsmittel zu Gebote, mit denen sie sich ihre Untertanen hätten gefügig machen können. Ohne freiwillige Gefolgschaft ihres Volkes, ob adlig oder einfach, waren die Maya-Könige machtlos.

Die Ahauob von Cerros schufen für sich und das Gemeinwesen buchstäblich eine neue Welt, indem sie ihr Heimatdorf in einen Königssitz verwandelten. Das wäre nicht gelungen, wenn nicht die Gemeinschaft ihrerseits bereit gewesen wäre, sich der Vision des Herrschers anzuschließen und deren Macht zu huldigen. Allerdings war in den Augen der Maya das magische Fluidum den Königen nicht bedingungslos für alle Zeiten gegeben, sondern mußte seine Wirksamkeit immer wieder neu unter Beweis stellen: in Erntesegen, prosperierendem Handel, Volksgesundheit und Kriegsglück. In späteren Kapiteln dieses Buches werden wir sehen, daß die Maya-Könige immer dem Risiko ausgesetzt waren, in den Augen ihrer Anhängerschaft auf die eine oder andere Weise zu versagen, was eine Schwächung, ja im ungünstigsten Fall den Untergang ihrer Dynastie bedeuten konnte. Die von den Herrschern in Auftrag gegebenen Kunstwerke waren großenteils politische Propaganda als Antwort auf solche Fälle, in denen der Monarch versagt und die Erwartungen des Volkes enttäuscht hatte.

Manchen heutigen Beobachtern mag die neue Regierungsform der Maya im letzten vorchristlichen Jahrhundert – eine Regierungsform, deren Erfolg ausschließlich von der Persönlichkeit und der Qualifikation einiger weniger Zentralfiguren und ihrer nächsten Anverwandten abhing – als fragwürdige Anpassungsleistung erscheinen. Nichtsdestoweniger breitete sich die Vision vom Ahau im Lauf jenes Jahrhunderts explosionsartig über das gesamte Maya-Tiefland aus und bezeugte ihre Vitalität und Wirkungskraft in einer Fülle von eindrucksvollen Bildwerken aus Stuck und Farben. Die ersten «Bäume des Lebens» trugen Frucht genug, um innerhalb kurzer Zeit einen Wald von Königen hervorzubringen – eine Umweltanpassung in bester Tropenmanier, nämlich in Form so weiter Streuung, daß es noch so vielen örtlich begrenzten Katastrophen nicht gelingen würde, sämtliche Exemplare auszurotten. Mochten auch einzelne Königtümer scheitern und untergehen, die Vision vom Priesterkönigtum des Ahau erwies sich als so beständig, daß sie zum langlebigsten und geographisch am weitesten verbreiteten Herrschaftsprinzip in der Geschichte des alten Mesoamerika wurde.

Die Ahauob von Cerros – wie übrigens auch die der anderen bislang bekanntgewordenen frühen Königtümer, heißen sie nun Lamanai, Tikal, El Mirador oder Uaxactún – sind für uns gesichts- und namenlose Gestalten, die neben den hochtrabenden Proklamationen ihrer Erfolge und Siege kaum Hinweise auf ihre Person und ihren Lebenslauf hinterließen. Das sollte sich bald ändern, denn in den ersten zwei Jahrhunderten unserer Zeitrechnung entwickelte sich die Schreibschrift der Maya zu bleibender Form, und damit begannen die Herrscher als identifizierbare Protagonisten des mesoamerikanischen Königsdramas in Erscheinung zu treten. Ungeachtet ihrer Anonymität hinterließen die Urkönige der vorklassischen Periode ihren Nachfolgern eine Erbschaft in Form stummer Anordnungen aus Tempel, Pyramide, Plaza und Stuckmasken. Sie propagierten das Hierarchieprinzip, wobei sie eine fortgesetzte Bau- und Umbautätigkeit als Hauptinstrument zur Durchsetzung ihrer politischen Ziele einsetzten – deren vornehmstes in Absicherung und Erhalt der eigenen Dynastie bestand. Sie schufen die ersten urbanen Zentren und definierten damit gleichzeitig den Begriff politischer Herrschaft. Wie die Bäume der vier Himmelsgegenden an den vier Ecken des Welthauses den Himmel stützten, so stützte der König im Zentrum der Welt als der «Baum des Lebens» den Himmel, der sich über seinem Reich wölbte.

4

Ein Eroberungskrieg: Tikal unterwirft Uaxactún

Während der ersten explosionsartig ausbrechenden Blüte urbaner Zivilisation im Maya-Kosmos waren im hohen Regenwald des Tieflands noch mehrere Städte in der Art von Cerros aus dem Boden geschossen. In den feuchten Niederungen und dem niedrigen Hügelland des Petén, des geographischen Herzstücks der Halbinsel Yucatán, lag das größte dieser vorklassischen Zentren, El Mirador.[1] Doch bereits auf der Höhe seines Ruhms, als seine Ahauob noch die Herren über ausgedehnte Tempelanlagen waren, wuchsen etwa fünfundsechzig Kilometer weiter südlich die Reiche heran, die ihm dereinst den Rang ablaufen sollten. Die späteren Rivalen Uaxactún und Tikal steigerten durch das gesamte späte Vorklassikum hindurch kontinuierlich ihre Macht, ihre Bevölkerungszahlen und ihr Können auf dem Gebiet der grandios-plakativen Kunst, und schließlich fand dieser Eifer auch ein konkretes Ziel, als beide Stadtstaaten versuchten, das politische Vakuum auszufüllen, das der Niedergang El Miradors zu Beginn der klassischen Periode hinterließ.[2] Die Entfernung zwischen Tikal und Uaxactún betrug weniger als zwanzig Kilometer, also noch nicht einmal einen vollen Tagesmarsch: Die Nachbarschaft war wohl doch zu eng, als daß beide zugleich sich zu Zentren ersten Ranges hätten entwickeln können. Der Konkurrenzkampf zwischen den zwei Reichen, der im jetzt folgenden Abschnitt unser Thema sein wird, wurde im Jahr 378 n. Chr. gewaltsam entschieden, und zwar durch eine neuartige Form der Kriegführung, die wir hier als Tlaloc-Venus-Krieg, manchmal auch ein bißchen salopper als «Krieg der Sterne» bezeichnen wollen.[3] Symbolik und Methode dieses neuen Konflikts waren der anderen großen mesoamerikanischen Zivilisation damaliger Zeit entlehnt, nämlich von Teotihuacán, jener Riesenstadt in einem Seitental des Hochbeckens von Mexiko, die während des dritten und vierten nachchristlichen Jahrhunderts ihre Hochblüte erreichte. Zusammen mit der neuen Form der Kriegführung trat auch ein neues Begriffselement in die Vorstellungswelt der Maya: die Imperialherrschaft.

Wie andere Maya-Metropolen im inneren Tiefland hatte auch Tikal als Bauernansiedlung in erhöhter Lage über weitausgedehnten Feuchtlandflächen begonnen. Spätestens um 600 v. Chr. siedelten sich bereits die ersten kleinen Menschengruppen auf dem Hügel an, wo sich später der Zentralbezirk der Stadt befinden sollte (siehe Abb. 4.1). Diese Menschen deponierten ihren Abfall an einer Stelle, über der sich in ferner Zukunft einmal die

Abb. 4.1

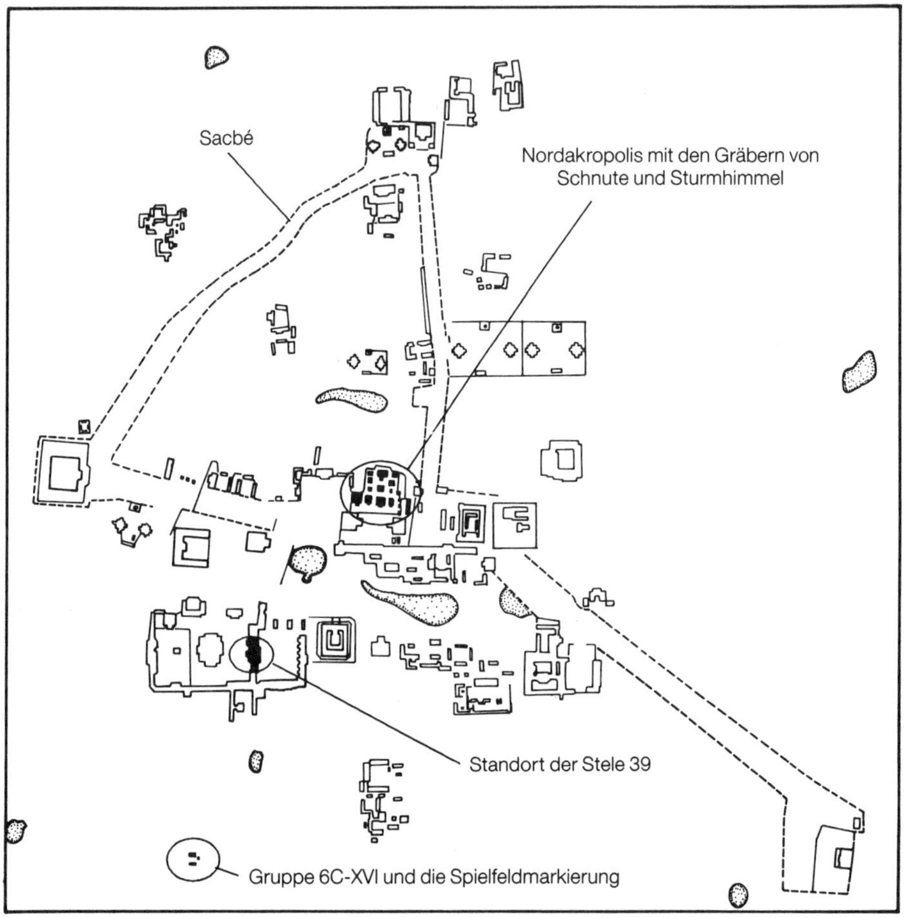

Plan des Zentralbezirks von Tikal
(Zeichnung: Kathryn Reese)

Nordakropolis, die Residenz der Herrscher von Tikal, erheben sollte (siehe Abb. 4.2)[4], und in einem ungefähr anderthalb Kilometer östlich davon gelegenen *chultun*[5]. Bereits zu diesem frühen Zeitpunkt benutzten die Bewohner des Hügels den späteren Standort der Nordakropolis als Begräbnisplatz. Außer Abfällen brachten die Grabungen unter den Grundmauern des Kultzentrums auch ein Grab mit dem Leichnam eines erwachsenen Dorfbewohners zum Vorschein. Bei dem abgetrennten Menschenkopf, der in der Nähe gefunden wurde, dürfte es sich um ein Begleitopfer handeln.[6] Aus solch bescheidenen Anfängen entwickelte sich die Praxis des Menschenopfers als Grabbeigabe in der Folge zum integrierenden Teil des Beisetzungsritus der Könige von Tikal. In den um die Grabstätte herum freigelegten Haushaltsabfällen hat man die Schalen von Süßwasserschnecken gefunden, die Bestandteil der Nahrung jener Ursiedler waren, sowie

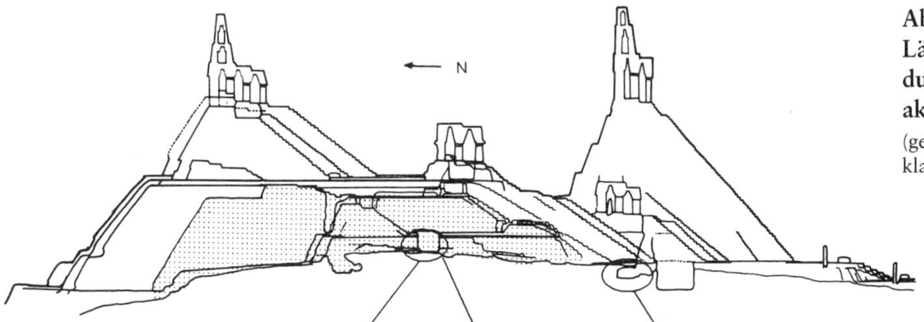

Abb. 4.2 Längsschnitt durch die Nordakropolis in Tikal (gerastert = vorklassisch)

Obsidian- und Quarzitsplitter – Materialien, die nur als Importgüter zu haben waren und somit die Existenz von Handelsbeziehungen zum Hochland (Obsidian) und zum nördlichen Belize (Quarzit) anzeigen.

Wir besitzen keine Auskünfte darüber, wie das Leben der frühesten Ansiedler im einzelnen aussah, fest steht jedoch, daß sie im Lauf der nächsten vierhundert Jahre prosperierten und an Zahl zunahmen. Zu Beginn des zweiten vorchristlichen Jahrhunderts hatten sie sich bereits über einen großen Teil der späteren «Innenstadt» von Tikal ausgebreitet. Um diese Zeit begannen sie mit dem Bau von Steinplattformen – die bereits die später bei allen Tiefland-Maya beliebten charakteristischen schrägen Wände mit erhöhten Simsen und tieferliegenden Innenfeldern aufwiesen – ein Gemeinschaftszentrum zu errichten. Diese Podien waren die ältesten Vorläufer der Nordakropolis und dienten zweifellos als Bühne für rituelle Handlungen, mit deren Hilfe Patriarchen und Schamanen die neu entstehende Gemeinschaft in Abgrenzung von den nächsten Nachbarn und der übrigen Menschheit definierten.

Im 1. Jahrhundert v. Chr. folgten Ausbau und Erweiterung der Akropolis durch Hinzufügung mächtiger Repräsentationsbauten und Grabgewölbe für Könige und hohe Würdenträger. In diesen öffentlichen Bauten waren bereits alle Charakteristika der späteren Staatsarchitektur angelegt: großflächige Mauerschrägen mit tafelartigen Vertiefungen, gestufte Pyramiden, steile Treppen und – das Wichtigste von allem – Terrassen, die an der Rückwand von großen bemalten Stuckmasken, die die Gottheiten der neuerstandenen Institution des Königtums darstellten, überragt wurden.

Die aus jener Zeit datierenden Gräber auf der Nordakropolis geben uns Aufschluß über die Welt der aufkommenden Herrschaftselite[7], deren Mitglieder sich in jenen Gruftgewölben unter kultstättenähnlichen Gebäuden beisetzen ließen. Man findet da nicht nur die leiblichen Überreste der Verstorbenen und Dinge, die ihnen im Leben teuer waren, sondern manchmal auch Bilddarstellungen von Menschen damaliger Zeit. In einem dieser

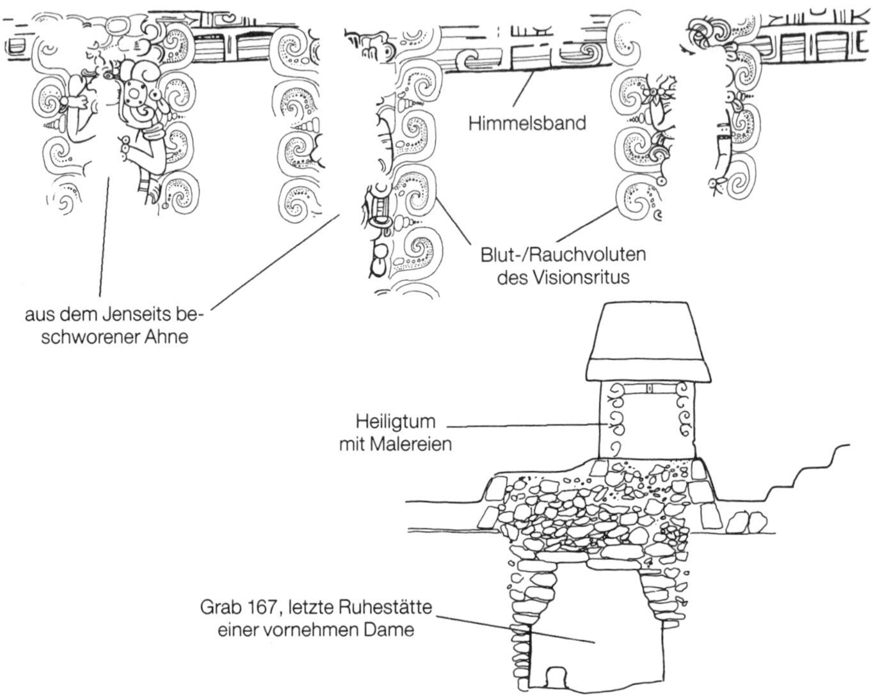

Abb. 4.3 Malereien an der Außenwand der Struktur 5 D-sub-10-1 in Tikal

Gräber sind die rotgestrichenen Wände mit schwarzen Strichzeichnungen von Maya-Aristokraten bemalt, die vermutlich die Ahnen oder die nächsten Verwandten der hier begrabenen Frau[8] darstellen sollen. Zusammen mit den um den Leichnam gruppierten kostbaren Grabbeigaben weisen diese Zeichnungen die Gruft als die «älteste Grabstätte einer unverkennbar hochstehenden Persönlichkeit»[9] in Tikal aus. Besonderes Interesse verdient der Umstand, daß es eine Frau ist, die hier begraben wurde, denn die Statuszuschreibung nach der bei den Maya üblichen patrilinealen Abstammungsrechnung erstreckte sich an erster Stelle auf die Vertreter des männlichen Geschlechts. Dieses Grab nun beweist, daß die soziale Rangstellung sich von der Geschlechtsbedingtheit befreit hatte und gleichermaßen weiblichen wie männlichen Mitgliedern edelgebürtiger Familien zukam. Damit waren die Voraussetzungen geschaffen für die Existenz einer Erbadelselite, zusammengesetzt aus Clans von Ahauob.

Andere Grabstätten desselben Jahrhunderts waren ebenfalls als Gewölbegruften unter kleineren Kultbauten angelegt und reichlich ausgestattet mit Beigaben von Keramik, Nahrungsmitteln, Rochenstacheln und Menschenopfern (falls man die ungegliederten Skelette eines Erwachsenen und eines kleinen Kindes dahingehend deuten darf). Zu den Grabbauten aus dieser Zeit zählt auch die Struktur 5D-sub-10-1, ein kleiner Tempel, dessen Innenwände vom Rauch der Opferfeuer geschwärzt sind. Die Außenseite war von Künstlerhand mit geschmackvollen polychromen

Figurenzeichnungen bedeckt, die jedoch im Zuge der rituellen Zerstörung der Akropolis am Ende ihrer Nutzungsphase in frommer Absicht größtenteils ausgelöscht wurden. Diese Figuren stellen Menschen, möglicherweise auch Götter in Menschengestalt dar; da allerdings die Nordakropolis in ihrer gesamten späteren Geschichte als Wohn- und Tätigkeitsbereich des Königs dienen wird, neigen wir eher der Ansicht zu, daß es sich bei den dargestellten Personen um den in einer Aureole von roten Blutvoluten schwebenden Herrscher von Tikal und andere Edelleute bei der Ausführung des Visionsritus handelt (siehe Abb. 4.3).[10]

Ein ausgesprochen reich ausgestattetes Grab schließlich – «Grab 85» in der Nomenklatur der Archäologen (siehe Abb. 4.4) – enthielt einen Leichnam ohne Kopf und Oberschenkel, der zusammen mit einer Spondylusmuschel und einem Rochenstachel (beides Gegenstände, die im Blutentnahmeritual verwendet wurden) in ein mit zinnoberroter Farbe getränktes Stoffbündel eingeschnürt war.[11] Oben an dem Bündel war ein aus einer Platte von grünem Fuchsit (einer Glimmerart) geschnittenes Porträt festgenäht, das dem in dieser Verpackung beigesetzten Herrscher zu Lebzeiten als Brustschmuck gedient hatte.[12] Das Porträt auf der Brustplatte ist mit dem Gott-«Narr»-Kopfschmuck gekrönt, der für die Dauer des nachfolgenden Jahrtausends das Abzeichen der Königswürde sein sollte.[13] Schwer zu sagen, weshalb von den Gebeinen des Herrschers einige nicht mitbestattet wurden. Man kennt Fälle, in denen die Maya Gebeine teurer Anverwandter als Reliquien aufbewahrten; es mag also durchaus sein, daß der Schädel und die Femora des Toten über viele Generationen

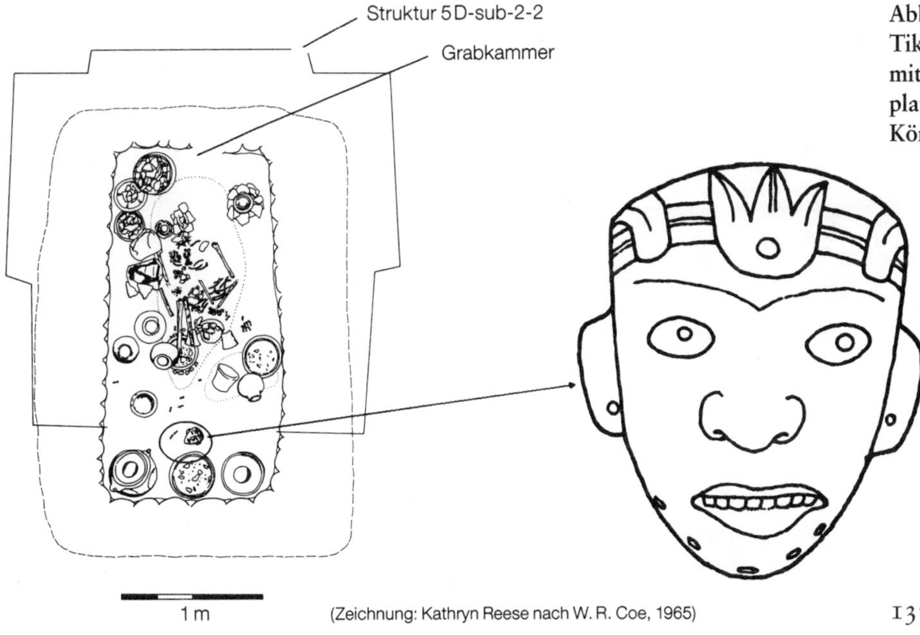

Abb. 4.4 Tikal: Grab 85 mit der Brustplatte eines Königs

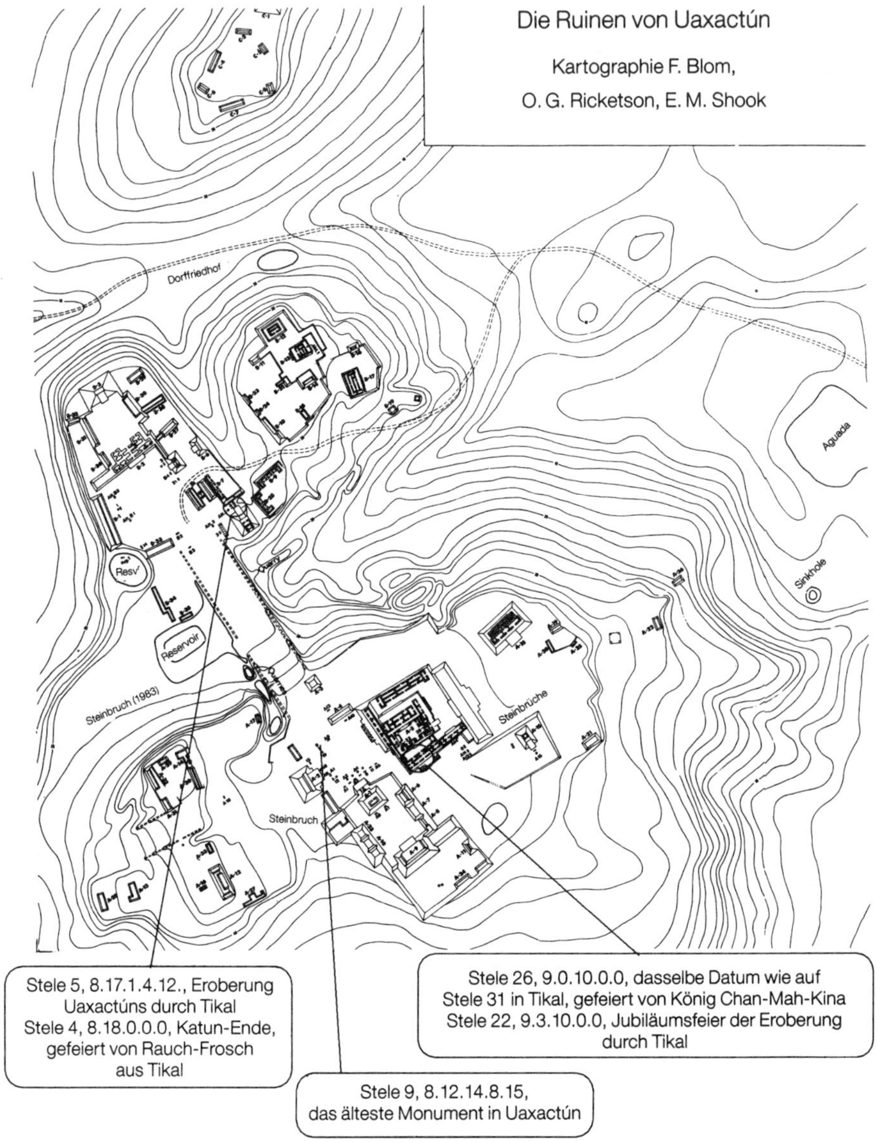

Abb. 4.5

hin ihre Bleibe im Haus seiner Nachfahren hatten. Sicher ist das jedoch nicht, und ohne konkrete Beweise gibt es keine Bestätigung für diese Annahme.

Der Adelsrang der auf diese Weise Beigesetzten zeigt sich nicht nur in den Reichtümern, die sie mit ins Jenseits nahmen, sondern auch in der Qualität ihres Knochenbaus. Diese Toten sind kräftiger gebaut als die einfachen Leute, die andernorts in der Stadt begraben liegen.[14] Sie ernährten sich von besserer Nahrung als das einfache Volk und waren im allgemeinen von höherem Wuchs.

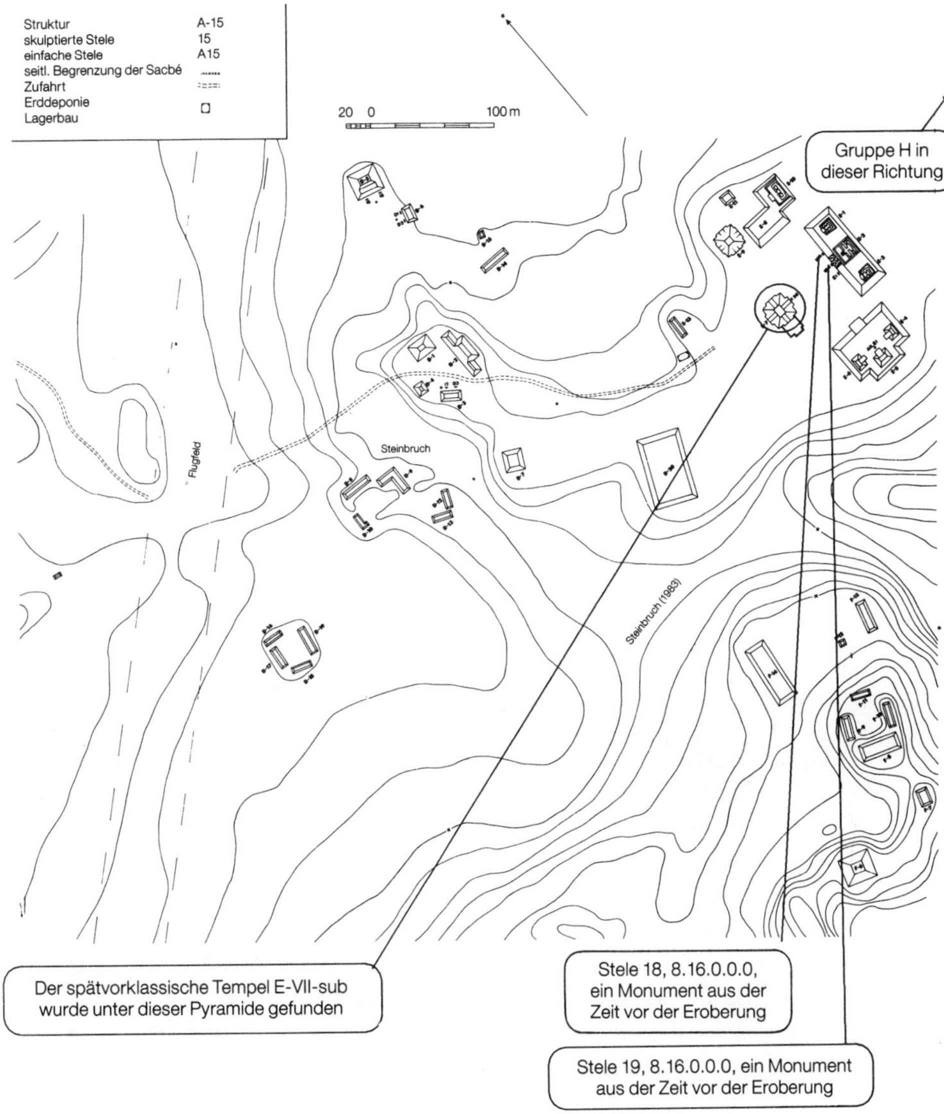

Der Ehrgeiz der neuen Oberschicht gab sich nicht mit ein, zwei Neubauten zufrieden. Während des 1. Jahrhunderts v. Chr. hatte das Volk von Tikal die Aufgabe, die Zentralregion der Stadt baulich völlig neu zu gestalten – zweifellos mit Blick auf ähnliche Aktivitäten in den als Rivalen empfundenen Stadtstaaten El Mirador und Uaxactún. Der Umbau vollzog sich in drei Etappen. Die erste[15] umfaßte eine Überbauung der Nordakropolis sowie die Neuanlage der Großen Plaza und der Westplaza. In der zweiten Etappe wurde die riesige Ostplaza angelegt. Die Nordakropolis im Herzen der Stadt war nun im Osten wie im Westen von einer ausgedehnten freien Kalkzementfläche flankiert.[16] In der dritten Etappe – die möglicherweise in die Regierungszeit des in Grab 85 gefundenen Herrschers fiel oder im Anschluß an dessen Beisetzung erfolgte[17] – wurden alle drei Plätze nochmals mit einem neuen Belag versehen. Die drei riesigen Areale dienten als Zuschauerräume, von denen aus die versammelte Volksmenge die Ritualhandlungen des Königs verfolgen konnte. Der Arbeitsaufwand, der für das Brechen und Herbeischaffen der Steine, das Gipsbrennen und zuletzt das Bauen notwendig war, muß gewaltig gewesen sein. Aus der Tatsache, daß die herrschende Elite in Tikal immer wieder die öffentlichen Versammlungsplätze erneuern und erweitern ließ, dürfen wir schließen, daß Wohlstand und Ansehen des Gemeinwesens einen anhaltenden Zustrom von Neusiedlern bewirkten, für die Platz zur Teilnahme am Ritualleben der Gemeinschaft geschaffen werden mußte.[18]

Während dieser sechs Jahrhunderte erlebte auch Uaxactún – in weniger als zwanzig Kilometer Entfernung nördlich von Tikal gelegen – einen nicht minder kraftvollen, nicht minder dramatischen Aufschwung. Plattformen aus dem späten Vorklassikum, die man unter den Gebäudekomplexen («Gruppen») A, E und H in Uaxactún gefunden hat (siehe Abb. 4.5), tragen Skulpturenschmuck, der zum Eindrucksvollsten gehört, was von der Maya-Bildhauerkunst der späten vorklassischen Periode erhalten ist. Als ersten der aus dem frühen Vorklassikum stammenden Großbauten legten die Archäologen, die hier im Jahr 1926 im Auftrag der Carnegie Institution mit den Ausgrabungen begannen, aus dem Innern der Pyramide VII in Gruppe E den Tempel E-VII-sub frei, unter dessen kunstvollen Verzierungen insbesondere achtzehn groteske Monumentalmasken hervorstechen.[19] Zu damaliger Zeit war unter Altamerikanisten und Archäologen noch die Ansicht verbreitet, daß die Maya bis um 300 n. Chr. nur eine Bodenbaukultur einfachsten Typs hervorgebracht hätten, und da sich die hochentwickelte Formgebung eines Bauwerks wie E-VII-sub mit dieser Ansicht nicht vereinen ließ, wurde der Tempel in der Maya-Archäologie ein halbes Jahrhundert lang als Absonderlichkeit abgetan. Inzwischen sind jedoch bei Grabungen in Tikal, Cerros, Lamanai, El Mirador und anderen Ruinenplätzen ähnliche Bauten zutage gekommen, womit der Tempel E-VII-sub als eine für das Königtum des späten Vorklassikums typische Ausdrucksform erwiesen ist.

Auch in Uaxactún selbst ist E-VII-sub nichts Außergewöhnliches mehr. Tief in und unter der Südplaza-Anordnung – der Gruppe H[20] (siehe Abb. 4.6) – steckt ein hochinteressanter Gebäudekomplex mit der umfangreichsten spät-vorklassischen Monumentalmaskendekoration, die bisher entdeckt wurde. Diese Gruppe, bestehend aus sechs auf einer kleinen Akropolis verteilten Tempeln, war seit frühklassischer Zeit mit einer jüngeren Akropolis überbaut. Die größten Masken finden sich am Hauptbau Sub-3 auf der Ostseite der überbauten Akropolis (siehe Abb. 4.7). Diese mächtigen Stuckreliefs schmückten die oberen und unteren Terrassenwände in der für den Architekturstil der Maya typischen Weise, wie wir

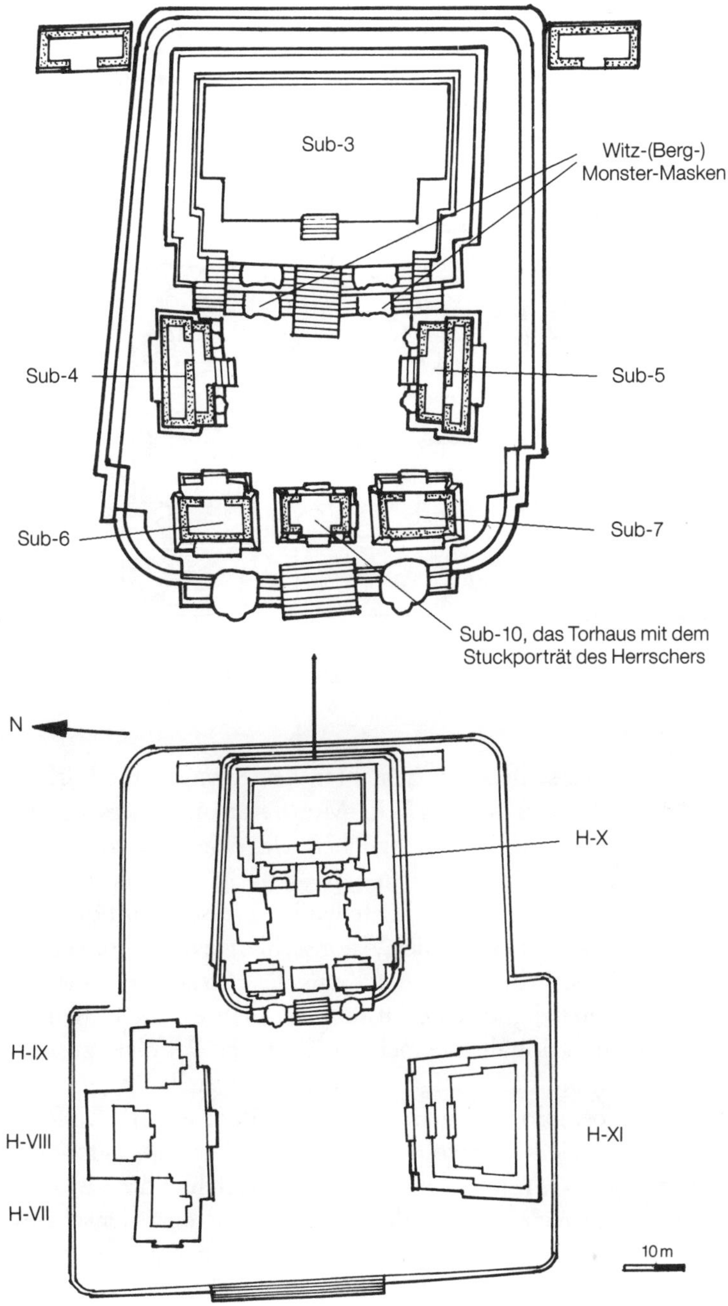

Ostakropolis, Ausschnitt

Uaxactún, Südplaza (Gruppe H)
(nach Valdés, 1988)

Abb. 4.6

sie ähnlich bereits von Cerros her kennen, nur daß in diesem Fall der Bilder-«Stapel», zu dem sich die Masken im Gesichtsfeld des Betrachters addieren, nicht (wie an Struktur 5C-2 in Cerros und übrigens auch an Struktur E-VII-sub in Uaxactún[21]) den Lauf von Sonne und Venus über den Himmel abbildet, sondern vielmehr den lebenden heiligen Berg («Witz»), wie er

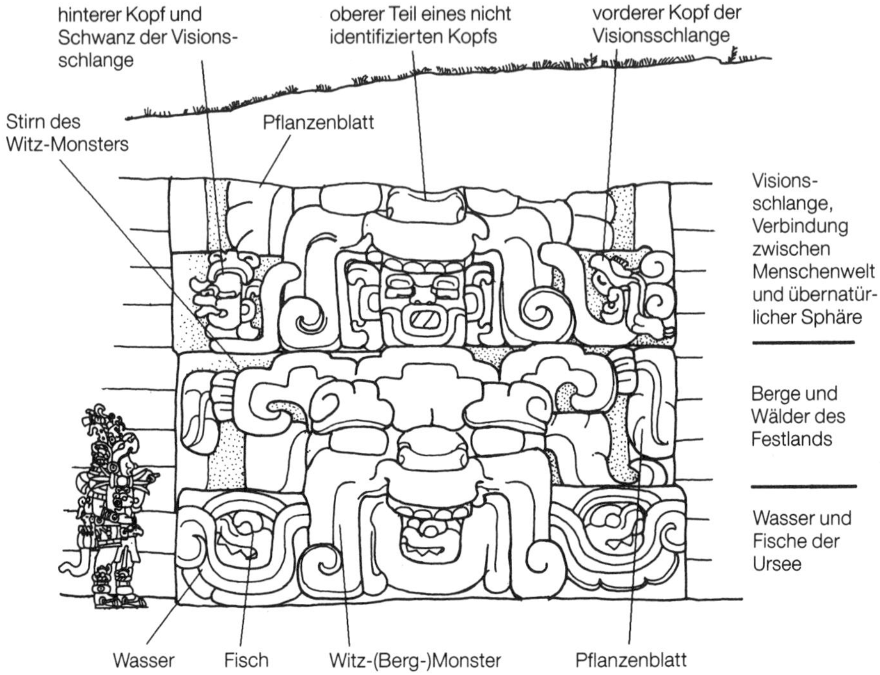

Abb. 4.7 Darstellung des Kosmos im Dekor der Struktur H-X-sub-3 in Uaxactún (nach Valdés, 1987)

aufstrebend die verschiedenen Schichten des Kosmos durchdringt.[22] Die untere Bildtafel zeigt ein großes Witz-Monster, dem beiderseits Vegetation aus dem Kopf wächst, im fischreichen Urgewässer sitzend. Die Tafel darüber bildet ein Monster gleichen Typs ab (möglicherweise den über dem Wasser aufragenden Berggipfel darstellend[23]), dessen Kopf quer zur Blickrichtung des Betrachters von einer Visionsschlange durchbohrt ist.

Es ist wichtig, sich klarzumachen, daß die Fassade von Struktur H-X-sub-3 in Uaxactún lediglich eine Ausdrucksvariante der sakralen Kosmologie und unter funktionalem Aspekt eine genaue Parallele zu der Sonne/Venus-Ikonographie der Könige von Cerros darstellt. In jener speziellen Variante der Kosmologie taucht der heilige Berg aus der Ursee auf und bildet das Land, wie das bewohnbare Land im Petén aus den Sumpfniederungen aufsteigt. Wie immer, so symbolisiert auch hier die Visionsschlange den Verbindungsweg zwischen der sakralen und der Menschenwelt. Im vorliegenden Fall durchdringt der Leib der Schlange den Berg in gleicher Weise, wie der spirituelle Pfad, den der König beschreiten muß, in den felsigen Untergrund der Pyramide eindringt, um bis ins Herz der Erde selbst zu gelangen. Wie seine Standesvettern in Cerros und Tikal beschwor auch der Ahau von Uaxactún jenen Verbindungsweg durch ein Ritual auf der Tempeltreppe, dem Symbol des Pfades, der ins Jenseits führt. Hinter ihm ragte dabei sein lebender heiliger Berg empor, der seinem Handeln Sinn und Kraft verlieh.

Der Ahau, in dessen Auftrag der Gebäudekomplex entstand, hinterließ sein Porträt an dem Portalbau am Westrand der Akropolis.[24] Dieser kleine Tempel (Sub-10) an der Ost-West-Achse des Areals hatte zwei einander gegenüberliegende Türöffnungen und ermöglichte es daher dem König und seinem Gefolge, ihren Auftritt besonders feierlich zu gestalten, indem die Prozession ihren Weg durch diesen Portalbau nahm. Zu bestimmten Zeiten im Jahr fielen die Strahlen der Abendsonne in gerader Linie durch die zwei Türöffnungen von Sub-10. Die Treppenstufen vor jeder der beiden Türen waren beiderseits von Jaguar-Ahau-Masken[25] flankiert; die in die Tempelmauer selbst eingelassenen Bildfelder darüber trugen Stuckreliefs in Gestalt stilisierten Mattengeflechts, eines der wichtigsten Symbole der Königswürde (siehe Abb. 4.8). Auf hochformatigen Feldern zwischen diesen Matten waren Stuckporträts des Königs angebracht (siehe Abb. 4.9).

Daß es sich bei der dargestellten Person um den König handelt, geht aus verschiedenen Einzelheiten hervor. Zunächst einmal trägt die Gestalt Königstracht: einen zweizipfligen Lendenschurz und darüber einen Gürtel, an dem eine Reihe kunstvoll gestalteter Menschenhäupter und Beile befestigt ist. Diese Zusammenstellung sollte in der klassischen Periode zur geheiligtesten Komponente der Königstracht werden. Überdies hat die Figur eine Thronmatte unter den Füßen. Das wichtigste Indiz jedoch ist, daß der Dargestellte von den gleichen Voluten umgeben ist, die wir bereits auf dem Bild des Herrschers von Tikal, seines Zeitgenossen, gesehen haben (siehe Abb. 4.3). Hier – am Beispiel der Struktur H-sub-10 in Uaxactún wie

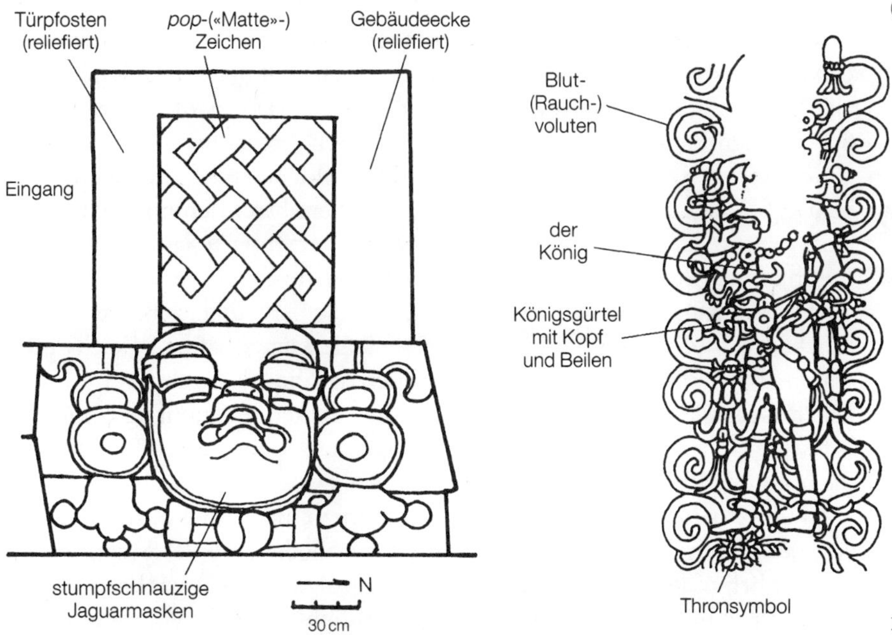

Abb. 4.8 Uaxactún, Gruppe H: Stuckdekor am Torhaus des Innenhofs der Ostakropolis
(nach Valdés, 1987)

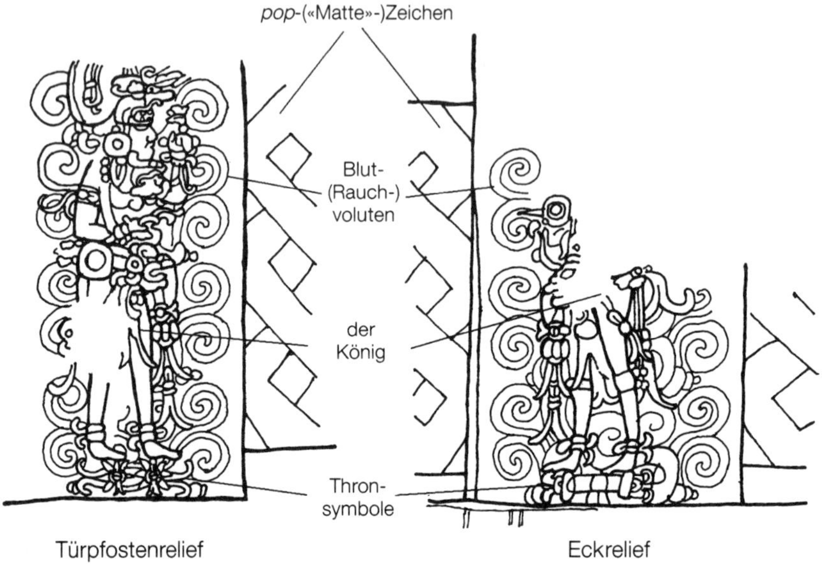

Abb. 4.9 Uaxactún, Gruppe H, Stuckrelief: der König, umgeben von Blutvoluten (nach Valdés, 1987)

auch des vergleichbaren Heiligtums 5D-sub-10-1 in Tikal – begegnen wir erstmals Herrschern der späten vorklassischen Periode, die sich selbst ein Denkmal setzen. Als Ort dafür wählen sie einen Platz auf der Hauptachse des Sakralbereichs mit Blick auf den Haupttempel. Diese Handlungsweise ist der Prototyp eines zukünftigen Brauchtums, denn an solchen Orten werden die Könige der klassischen Periode ihre dieser Gestaltungsweise verpflichteten Stelen aufstellen.

Im ersten nachchristlichen Jahrhundert gelang es weder Tikal noch Uaxactún, einander den Rang abzulaufen, doch hielt man in beiden Städten an der Institution des Königtums fest. Davon zeugen die aufwendigen öffentlichen Bauten und andere, kleinere durch Archäologenfleiß vor dem Untergang gerettete Kultgegenstände. Die Bildersprache, in der man in beiden Städten die Eigenschaften des Herrschers beschrieb und den sakralen Ursprung der königlichen Autorität dokumentierte, war demselben Weltbild verpflichtet. Auch wenn Uaxactún vielleicht ein geringes Übergewicht gehabt hat, läßt sich doch sagen, daß die öffentlichen Bauten beider Reiche, was Größe und künstlerische Vollendung betraf, gleichwertig waren.[26] Tikal und Uaxactún wechselten in die klassische Periode der Maya-Geschichte als zwei einander vollkommen Ebenbürtige hinüber, beide gleichermaßen bereit und in der Lage, nach dem Zerfall El Miradors die führende Rolle zu übernehmen.[27]

Die Inschriften in Tikal berichten von einer einzigen Dynastie, die hier von der frühen klassischen Periode bis zum Niedergang des Staatswesens im 9. Jahrhundert in ununterbrochener Erbfolge den Königsthron besetzt hielt und es im Lauf ihrer langen Geschichte auf die Zahl von mindestens

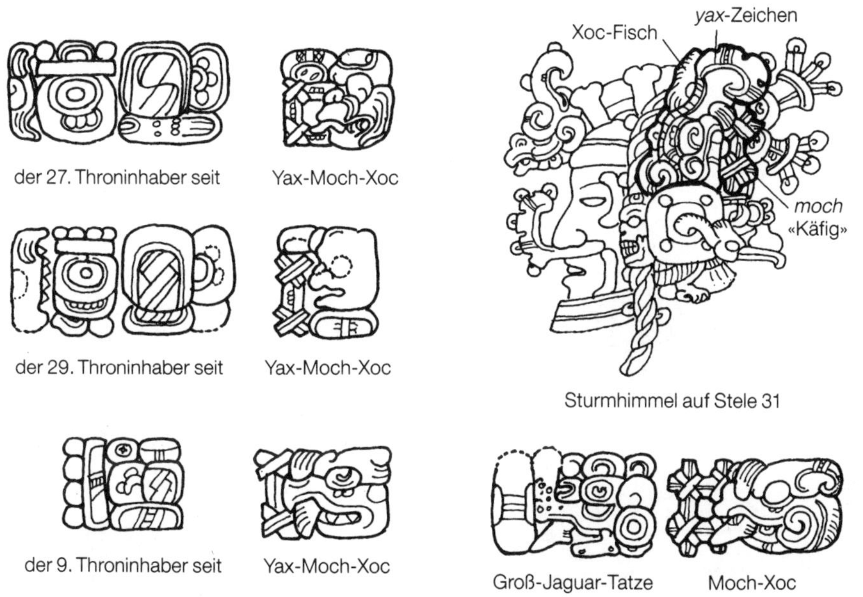

Abb. 4.10 Yax-Moch-Xoc, der Gründer der Dynastie von Tikal

neununddreißig Herrschergenerationen brachte. Historischer Gründer dieses außergewöhnlichen Geschlechts war eine Gestalt namens Yax-Moch-Xoc[28] (siehe Abb. 4.10). Aus der Regierungszeit Yax-Moch-Xocs sind keine Monumente erhalten, aber wir können rekonstruieren, daß sie in die Jahre 219–238 n. Chr. fiel[29], also mindestens anderthalb Jahrhunderte nach der Herrschaft des Königs lag, der sich auf Struktur 5D-sub-10-1 der Nordakropolis verewigte. Der Dynastiegründer war also keineswegs der erste Monarch in Tikal, muß sich indes als König in so überragender Weise hervorgetan haben, daß seine Nachfolger ihn als *die* Führergestalt verehrten, die ihr Geschlecht in den Augen der Welt zu allseits anerkannter Größe und Bedeutung brachte. Noch in anderer Hinsicht ist es von Interesse, daß die späteren Könige von Tikal Yax-Moch-Xoc als den Gründer ihrer Dynastie betrachteten: Hier zeigt sich in den alten Schriftzeugnissen nach unserem derzeitigen Kenntnisstand zum erstenmal das Prinzip der Berufung auf einen gemeinsamen Stammvater. Dieser Mann wird später als Ahnherr der gesamten königlichen Sippschaft von Tikal in Anspruch genommen werden.

Der älteste historisch belegte König von Tikal, von dem wir ein Porträt besitzen, ist die auf Stele 29 mit dem Datum vom 8.12.14.8.15 13 Men 3 Zip (8. Juli 292 n. Chr.) abgebildete Herrschergestalt.[30] Der Monarch – es ist Voluten-Ahau-Jaguar[31] (siehe Abb. 4.11) – erscheint hier inmitten eines komplizierten Arrangements von Emblemen, das seinen Rang und seine Macht bezeichnet. Das verdrehte Seilstück, das vor seinem Ohrschmuck herabhängt, macht aus seinem Kopf die zu Leib und Leben inkarnierte Namensglyphe der Stadt: Er ist das fleischgewordene König-

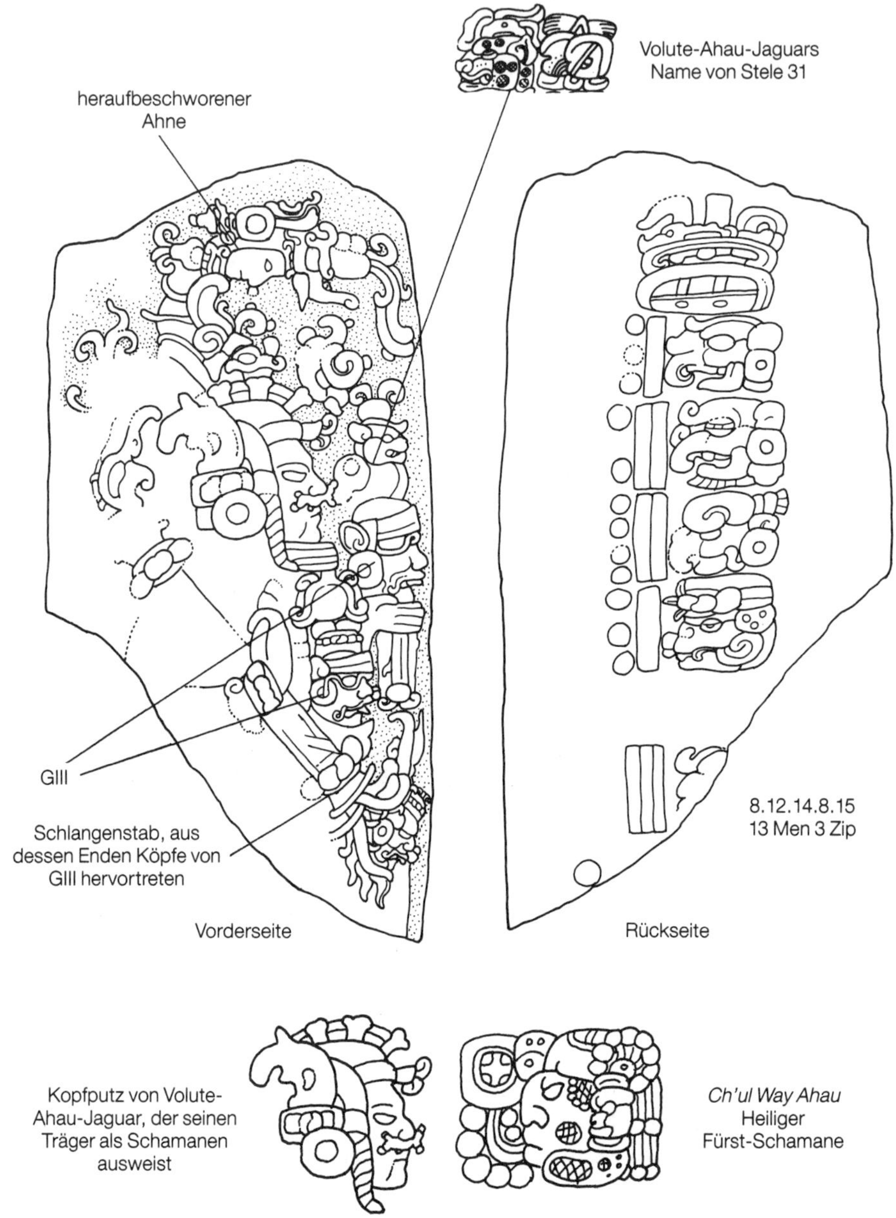

Abb. 4.11
Stele 29, das älteste datierte Monument in Tikal, und König Volute-Ahau-Jaguar

reich.[32] Ihm zu Häupten schwebt als Geistererscheinung der dynastische Vorfahre, von dem die Herrschaft auf ihn übergegangen ist.[33] In einem anderen Bildelement tut sich das «Gottesgnadentum» des Herrschers kund: Im rechten Arm hält er einen Schlangenstab, aus dessen einem Ende der Sonnengott als Menschenhaupt hervortritt. Diese anthropomorphe Erscheinungsform der Sonne als isolierter Menschenkopf ist niemand anderer als GIII aus der (vor allem aus Palenque) bekannten Göttertrias, ein

Abkömmling der noch aus dem vorigen Weltzeitalter stammenden Urmutter der Götter. GIII ist auch das Urbild des zweitgeborenen der Zwillingsheroen, dessen Name während der klassischen Periode Yax-Balam, «Erster Jaguar», lautete. Der Schlangenstab des Königs bestätigt dessen Fähigkeit, Götter und Ahnen in der Welt seines Volkes erscheinen zu lassen.

Eine weitere Nachbildung des Yax-Balam-Hauptes ziert des Königs Brust, und eine dritte ruht auf seiner erhobenen Linken. Das Bildelement des Kopfes ohne Körper als Symbol des Königtums ist mesoamerikanisches Gemeingut aus vorklassischer Zeit. Als eine der ersten bediente sich in Form der mannshohen Kolossalhäupter, in denen sie ihre Schamanenkönige darstellten, die Olmeken-Kultur dieser Symbolik. Sowohl über dem am Gürtel des Königs befestigten Kopf als auch über dem Kopf, den er aus dem Schlangenstab beschwört, ist die Bündelglyphe für den Namen von Tikal zu sehen, während die Namensglyphe des Königs selbst, ein Miniatur-Jaguar mit einem Voluten-Ahauzeichen, auf dem Kopf in seiner Linken ruht. In dieser äußerst komplexen Bildersprache drückten die Maya aus, was sie über ihre Herrscher zu sagen hatten, und ebendiese Bildersprache ist es, die ihrer Kunst diese Kraft und Eindringlichkeit verleiht.

Der nächste für uns identifizierbare Herrscher von Tikal, Mond-Null-Vogel mit Namen[34], ist auf einem königlichen Gürtelornament abgebildet, das als Leidener Platte bekannt wurde (siehe Abb. 4.12). Die Beschriftung auf der Rückseite der Nephritplatte datiert Mond-Null-Vogels Thronbesteigung auf den 17. September 320 n. Chr. Wie sein Vorgänger hält der aufrecht stehende König einen Schlangenstab umfaßt, aus dem man jedoch in diesem Fall nicht nur den Sonnengott, sondern auch Gott K, den Gott der Abstammung, hervorkommen sieht. Wieder trägt der Herrscher als Zeichen seiner Würde auch einen kunstvoll gearbeiteten Gürtel, von dem im Rücken bis in Höhe der Kniekehlen eine Kette mit einer Gottheit als Anhänger herabbaumelt. Sein Haupt ist mit einem mächtigen Kopfputz geschmückt, in dem die ikonographischen Elemente «Jaguar» und «Gott ‹Narr›» vertreten sind, womit des Königs Abkunft von diesen beiden Ahnen und sein Ahau-Rang bekräftigt werden. Zu Füßen der Figur windet sich ein adliger Gefangener in hilfloser Auflehnung gegen sein Schicksal, das den Opfertod vorsieht.[35]

Die Anwesenheit des Gefangenen auf dem Bild belegt die eminente Wichtigkeit, die das Kriegführen und das Gefangennehmen von Gegnern für die frühen Maya-Könige hatte: In der Schlacht suchten sie den Feind nicht zu töten, sondern gefangenzunehmen. Die Gefangennahme des Gegners machten sich die Könige nicht leicht, voraus ging ihr jedesmal ein gnadenloser Zweikampf. Der besiegte Herrscher oder Würdenträger wurde seines Putzes beraubt, gefesselt und in die Residenz des Siegers gebracht, wo er in einem öffentlichen Opferritual gefoltert und getötet wurde. Königliche Gefangene bedeuteten für den Sieger enormes Prestige, und häufig fügte ein Herrscher seinem eigenen Namen auf Lebensdauer die

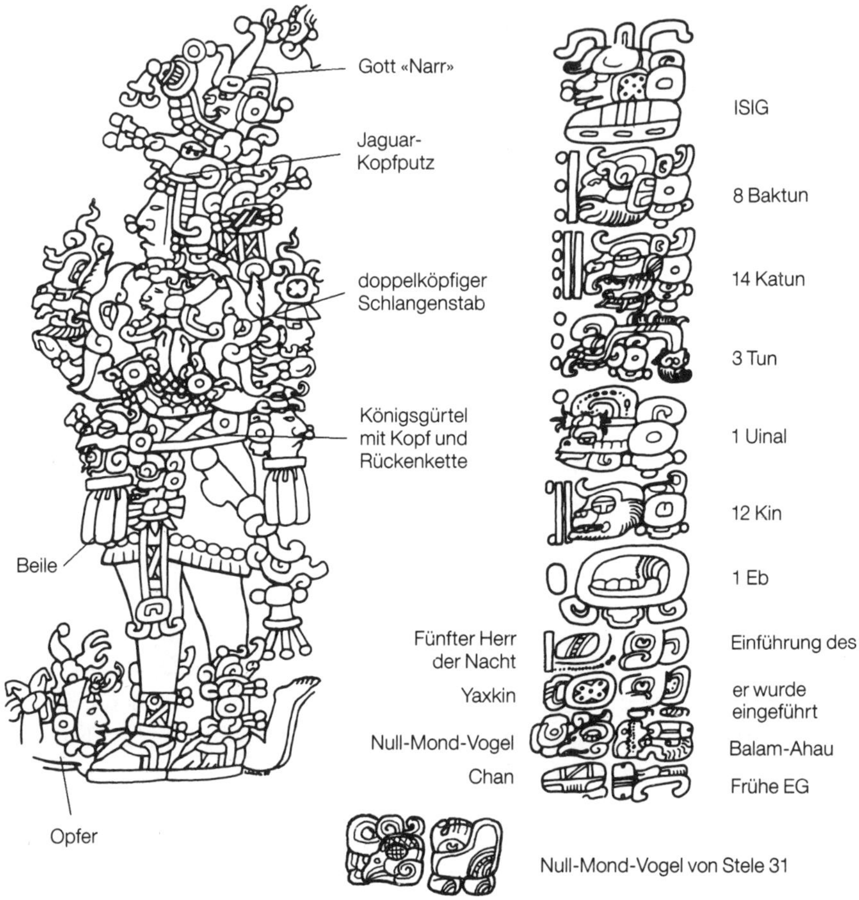

Abb. 4.12 Die Leidener Platte und Null-Mond-Vogel

Namen seiner bedeutendsten Gefangenen hinzu. Mit Gefangenen bewiesen die Könige ihren Heldenmut und ihre Fähigkeit, ihre Feinde zu vernichten.[36]

Wie Tikal trat auch Uaxactún unter einer mächtigen Dynastie in die klassische Periode ein, und wiederum wie im Fall Tikal sind auch hier die ältesten öffentlichen Urkunden dieses Königsgeschlechts nur fragmentarisch und lückenhaft erhalten. Das älteste erhaltene Monument in Uaxactún, Stele 9, trägt das Datum 8.14.10.13.15 (11. April 328 n. Chr.). Den Namen des darauf abgebildeten Herrschers kennen wir nicht, denn die Namensglyphe ist erodiert. Das feierliche Ereignis, dessen mit dem Monument gedacht wird, fand achtunddreißig Jahre nach der Aufstellung von Stele 29 mit dem Bild Voluten-Ahau-Jaguars und knapp acht Jahre nach der Inthronisation von Mond-Null-Vogel statt. Trotz starker Verwitterung ist zu erkennen, daß die Darstellung im wesentlichen das gleiche Thema hat wie die zeitgenössischen Stelenbilder in Tikal: Ein prachtvoll herausgeputzter Herrscher trägt den Kopf einer Gottheit in der Armbeuge (siehe

Abb. 4.13 a). Der Anlaß für die Aufstellung der Stele ist für den heutigen Betrachter nicht mehr festzustellen, denn alle Hinweise in dieser Richtung sind dem Zerstörungswerk von Zeit und Verwitterung zum Opfer gefallen. Aus der Datierung geht jedoch hervor, daß es ein Ereignis in der persönlichen Lebensgeschichte des dargestellten Königs war und nicht etwa ein außergewöhnliches Datum im Kalenderzyklus, beispielsweise das Ende eines Katun. Wie auf der Leidener Platte kauert auch hier ein dem Opfertod geweihter Gefangener zu Füßen des Königs[37], womit abermals unterstrichen wird, wie wichtig Kriegführen und Erbeuten von Gefangenen für die Reputation des Herrschers war.

Uaxactún kann sich der ältesten erhaltenen Maya-Monumente rühmen, mit denen öffentlicher Feiern zum Ende eines Katun gedacht wurde; es sind die Stelen 18 und 19 in Gruppe E.[38] Das Bild auf Stele 18 ist restlos verwittert, dagegen ist auf Stele 19 eine Reprise des Bildthemas von Stele 9 zu erkennen, die den konventionellen Charakter des Lokalstils der Herrscherdarstellung unterstreicht (siehe Abb. 4.13 b). Der Monarch trägt den Königsgürtel, von dem am Rücken herab an einer Kette ein Götterbild baumelt; in den Armen hält er ein Objekt, das entweder einen Götterkopf oder einen Schlangenstab darstellt. Vor ihm kniet ein Gefangener adligen

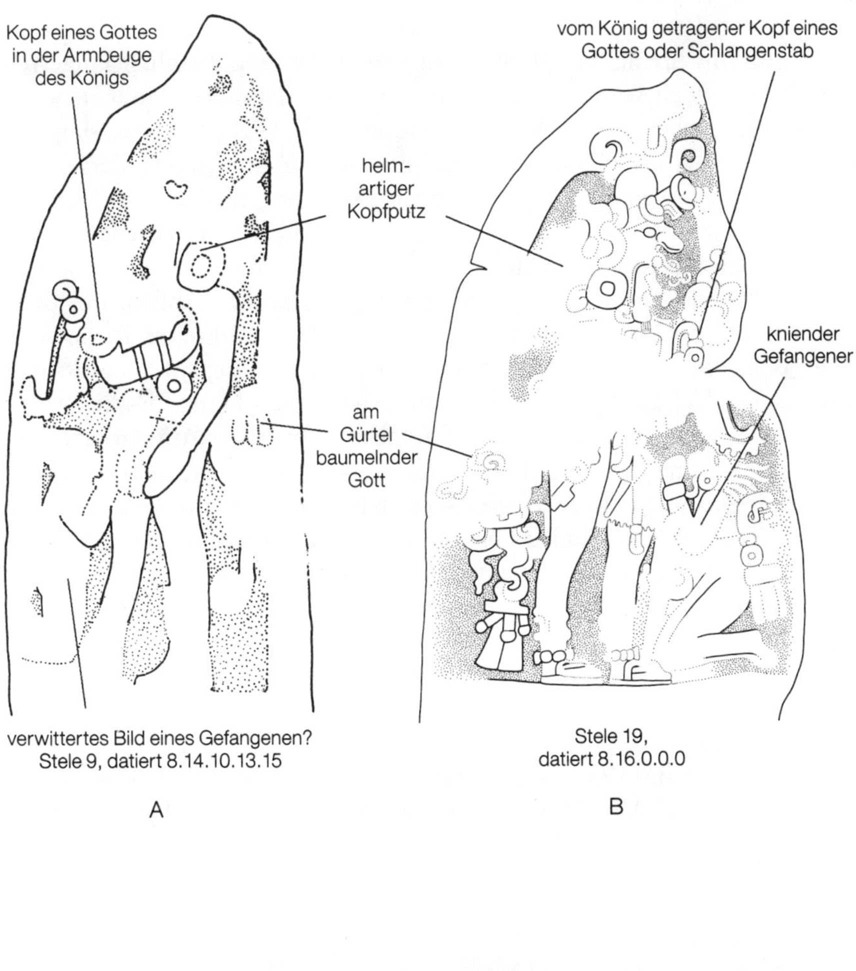

Abb. 4.13 Stelen in Uaxactún aus der Zeit vor der Eroberung
(Zeichnung: Ian Graham)

Standes, die an den Handgelenken gefesselten Arme wie bittend erhoben. Aus der regelmäßigen Wiederkehr des Gefangenenmotivs auf den Herrscherporträts dürfen wir den Schluß ziehen, daß sowohl die Zeremonien anläßlich der turnusmäßigen Feiertage des Maya-Kalenders als auch der Inthronisationsritus und andere dynastische Anlässe dem König von Uaxactún die Pflicht auferlegten, auf die fürstliche Menschenjagd zu gehen. Und mit hoher Wahrscheinlichkeit fand er die Jagdgründe, in denen er seine Beute aufspürte, in der unmittelbaren Nachbarschaft im Süden seines Herrschaftsgebiets: in Tikal.

Die Rivalität zwischen den beiden Stadtstaaten spitzte sich während der Regierungszeit eines ganz und gar außergewöhnlichen Königs dramatisch zu. Groß-Jaguar-Tatze, der neunte Nachfolger von Yax-Moch-Xoc, bestieg irgendwann in der Zeit von 320 bis 376 n. Chr. den Thron von Tikal. Dieser Herrscher griff nicht nur in entscheidender Weise in das Schicksal von Tikal und Uaxactún ein, sondern veränderte auch für alle Maya die Grundprinzipien der Kriegführung. Unter seiner Führung brachte Tikal Uaxactún die entscheidende Niederlage bei und trat in Macht und Herrlichkeit die Nachfolge El Miradors als dominierende politische Kraft im Zentralpetén an.

Trotz der eminenten historischen Bedeutung dieses Königs wissen wir vom Leben Groß-Jaguar-Tatzes über den spektakulären Feldzug gegen Uaxactún hinaus vergleichsweise wenig. Er muß ziemlich lange regiert haben, doch was wir an gesicherter Datierung haben, fällt in seine letzten drei Lebensjahre. Am 21. Oktober 376 zelebriert Groß-Jaguar-Tatze das Ritual zum Ende des siebzehnten Katun, und zum Gedenken an dieses Ereignis wird eine Stele – für die Archäologen ist es «Stele 39» – aufgestellt (siehe Abb. 4.14).[39] Das nur fragmentarisch erhaltene Monument[40] zeigt den König lediglich von den Hüften abwärts, indes mit den gleichen Abzeichen der Königswürde wie seine noblen Ahnen, mit dem Gott Chac-Xib-Chac am Gürtel baumelnd. Auf den Fußreifen ist an dem einen Bein das Tag-, am anderen das Nachtzeichen abgebildet. Statt des Schlangenstabs hält er jedoch ein Henkersbeil in der Hand, dessen Feuersteinklinge die Form einer Jaguartatze besitzt. In dieser Aufmachung als Krieger und Opferpriester steht er auf einem am Boden liegenden Kriegsgefangenen. Das unglückliche Opfer – ein bärtiger Würdenträger, der noch ein paar Teile einer Tracht am Leib trägt, die seinen Rang bezeugt – windet sich mit vor der Brust gefesselten Händen unter den Füßen seines Besiegers. Sein Opfertod wird der krönende Abschluß des Katun-Endes in Tikal sein.[41]

Kriege waren für die Maya gewiß nichts Neues. Bewaffnete Überfälle auf fremdes Gebiet zum Zweck des Menschenraubs waren seit Jahrhunderten gang und gäbe, wie man aus dem Umstand ersieht, daß schon in den frühesten Tagen des Königtums das Thema Enthauptung in den Gebäudedekorationen zur Verherrlichung dieser Institution eine leitmotivische

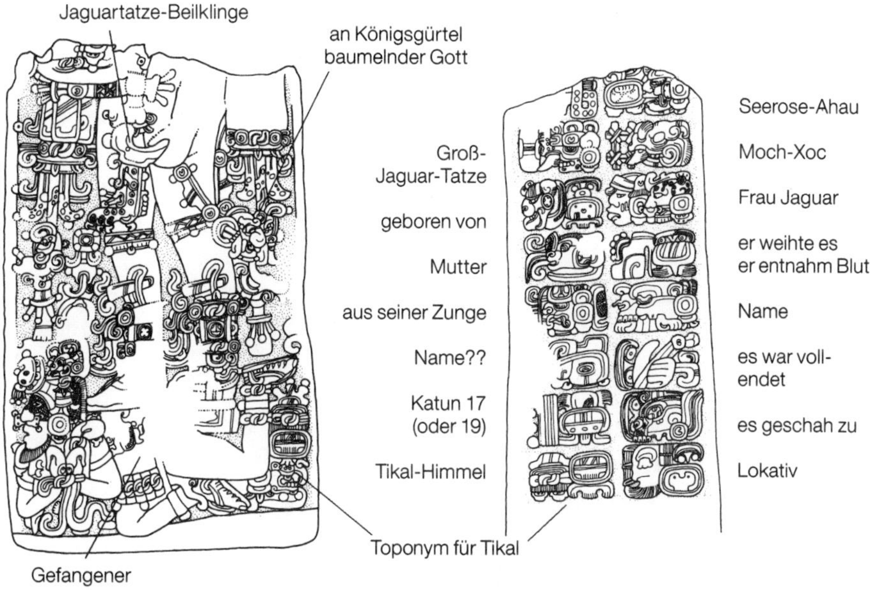

Abb. 4.14 Tikal, Stele 39 und Groß-Jaguar-Tatze

Rolle spielte. Die Jagd nach Menschenopfern für die Götter und die damit verbundene Erprobung des persönlichen Mutes waren Teil der akzeptierten Wertordnung, und Gefangene zu opfern gehörte mit zu den selbstverständlichen Aufgaben, die Könige und Würdenträger in ihrer Rolle als Kultpriester zu erfüllen hatten. Denn die Götter brauchten Nahrung, und sie nährten sich nicht allein vom königlichen Blut, das beim Selbstverwundungsritual floß, sondern auch vom Lebenssaft edelgeborener Kriegsgefangener. Überdies ist die Darstellung von zum Opfertod bestimmten Gefangenen keine Besonderheit von Uaxactún und Tikal, sondern tritt auch in der Kunst von Río Azul, Xultún und anderen Fundstätten aus der frühklassischen Periode auf.

Der Feldzug Groß-Jaguar-Tatzes, des Herrschers von Tikal, gegen Uaxactún war nicht der traditionelle Zweikampf standesbewußter Edelleute, bei dem man neben Menschenopfern für die Götter Ruhm und Ansehen für sich selbst gewinnen konnte. Es war ein Krieg ganz anderer Größenordnung, ein Kampf nach ganz neuen Regeln und um einen sehr viel höheren Einsatz als Ehre und Leben. Bei dieser im Maya-Land bis dahin beispiellosen Art der Kriegführung, die auf Vernichtung und Eroberung abzielte, fiel dem Sieger das Reich des Verlierers als Beute zu. Und Tikal sicherte sich diese Beute am 16. Januar des Jahres 378 unserer Zeitrechnung.

Das Datum des großen Sieges – 8.17.1.4.12. 11 Eb 15 Mac – ist zweimal in Uaxactún (auf Stele 5 und *ex post* auf Stele 22) und zweimal in Tikal (*ex post* auf Stele 31 sowie auf einer Spielfeldmarkierung in Gruppe 6C-XVI) beurkundet. Es ist einer der ganz seltenen Fälle, in denen man ein Datum in mehr als einer Maya-Ruinenstätte verzeichnet findet. Wie wir noch sehen

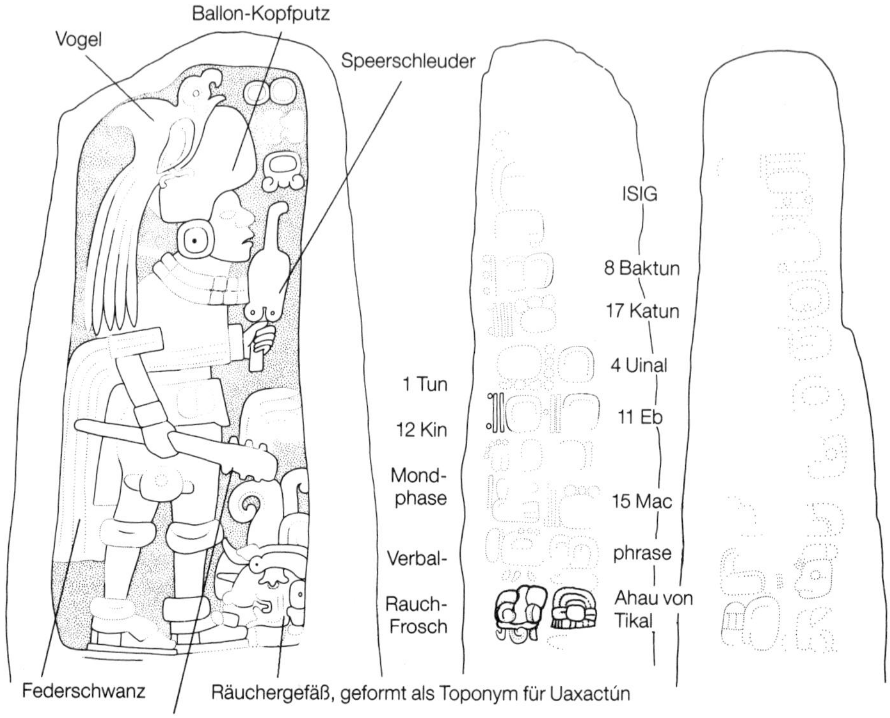

Abb. 4.15 Uaxactún, Stele 5: Rauch-Frosch, der Eroberer

werden, erlangte dieser Tag für beide Städte schicksalhafte Bedeutung. Die Hauptrolle in diesem historischen Drama spielten Groß-Jaguar-Tatze, der König von Tikal, und eine Person namens Rauch-Frosch.[42]

Die einzige bildliche Darstellung zu diesem Ereignis befindet sich auf Stele 5 in Uaxactún, auf der Rauch-Frosch als siegreicher Anführer der Streitmacht von Tikal dargestellt ist (siehe Abb. 4.15). Im Textteil auf der Rückseite des Gedenksteins nennt er sich stolz Ahau von Tikal, während er sich im figürlichen Teil auf der Vorderseite im vollen Heerführerornat präsentiert. In der Rechten hält er eine mit Obsidianklingen besetzte Keule und in der Linken die Speerschleuder, neben seinem Turban flattert ein großer Vogel, vermutlich ein Quetzal. Ein Federbündel hängt ihm hinten als Schweif vom Gürtel herab, neben seinen Beinen steht ein Räuchergefäß ganz ähnlich dem, das auf Stele 39 in Tikal neben der Figur von Groß-Jaguar-Tatze zu sehen ist (siehe Abb. 4.16).[43]

Stele 5 in Uaxactún ist nicht nur als Gedenkstein zur Erinnerung an den Krieg zwischen Tikal und Uaxactún, sondern auch aus einem zweiten Grund interessant: Sie trägt die älteste Abbildung der Tlaloc-Venus-Kriegsbekleidung, die wir kennen. Diese Heerführertracht mit dem ballonförmigen Kopfputz und der Speerschleuder unterscheidet sich gewaltig von dem Habit, in dem wir in Tikal und Uaxactún die Ahauob früherer Zeiten

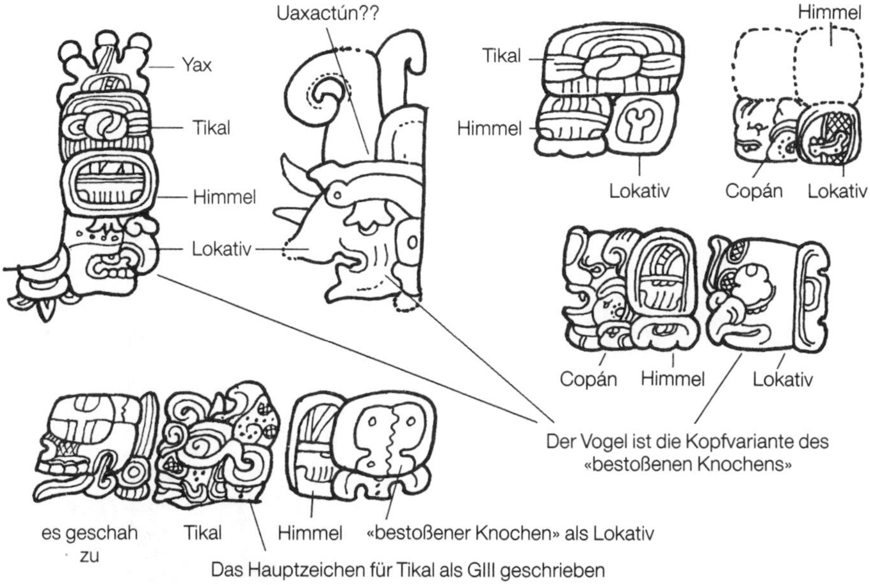

Abb. 4.16 Der Vogel mit dem dreizipfligen Gebilde und die Toponyme für Tikal, Uaxactún und Copán

die Kriegs- und Opferhandlungen zelebrieren sehen. Wir wissen, daß dieser Ornat die Heraufkunft einer neuen Form der Kriegführung kennzeichnet – den Eroberungskrieg. Rauch-Frosch mag zwar der erste gewesen sein, der mit der Verherrlichung seines Sieges auf Stele 5 in Uaxactún die Tlaloc-Venus-Tracht in die Ikonographie der öffentlichen Monumente einführte, der einzige, der sie trug, ist er nicht geblieben; sie wurde in verschiedenen Abwandlungen zu einer Art Standarduniform der Maya-Könige auf ihren Kriegs- und Eroberungszügen (siehe Abb. 4.17).[44]

Die Maya übernahmen die Tracht und wohl auch das dazugehörige Ritual von den Teotihuacanos, deren Kundschafter um die fragliche Zeit erstmals im Tiefland auftauchten. Obgleich die Symbolik der Kleidung und ihres rituellen Kontextes ihren neuen Anhängern zunächst nur die Rechtfertigung für Eroberungsfeldzüge lieferte, wurde sie doch bald zu einem festen Bestandteil ihres Weltbilds. Nachdem sie sich hier etabliert hatten, blieben die Tlaloc-Venus-Bildwerke für das nachfolgende Jahrtausend im Herzen der Maya-Kultur fest verwurzelt. Nicht nur für die Maya, auch für andere mesoamerikanische Völker suggerierte diese Tracht mit gleichsam hypnotischer Kraft einen bestimmten Kriegs- und Opferstil.[45] Bald nachdem sie zu dieser Form der Kriegführung – die wir im folgenden als Tlaloc-Venus-Krieg bezeichnen werden[46] – übergegangen waren, begannen die Maya, die Termine für ihre Feldzüge auf markante Punkte im Venuszyklus (insbesondere das erste Erscheinen des Abendsterns) sowie auf die stationären Punkte von Saturn und Jupiter zu verlegen.[47]

Wir wissen nicht, was die Maya veranlaßte, dem Bezug zu den Planeten, zumal der Venus, derartige Bedeutung für ihre militärischen Planungen

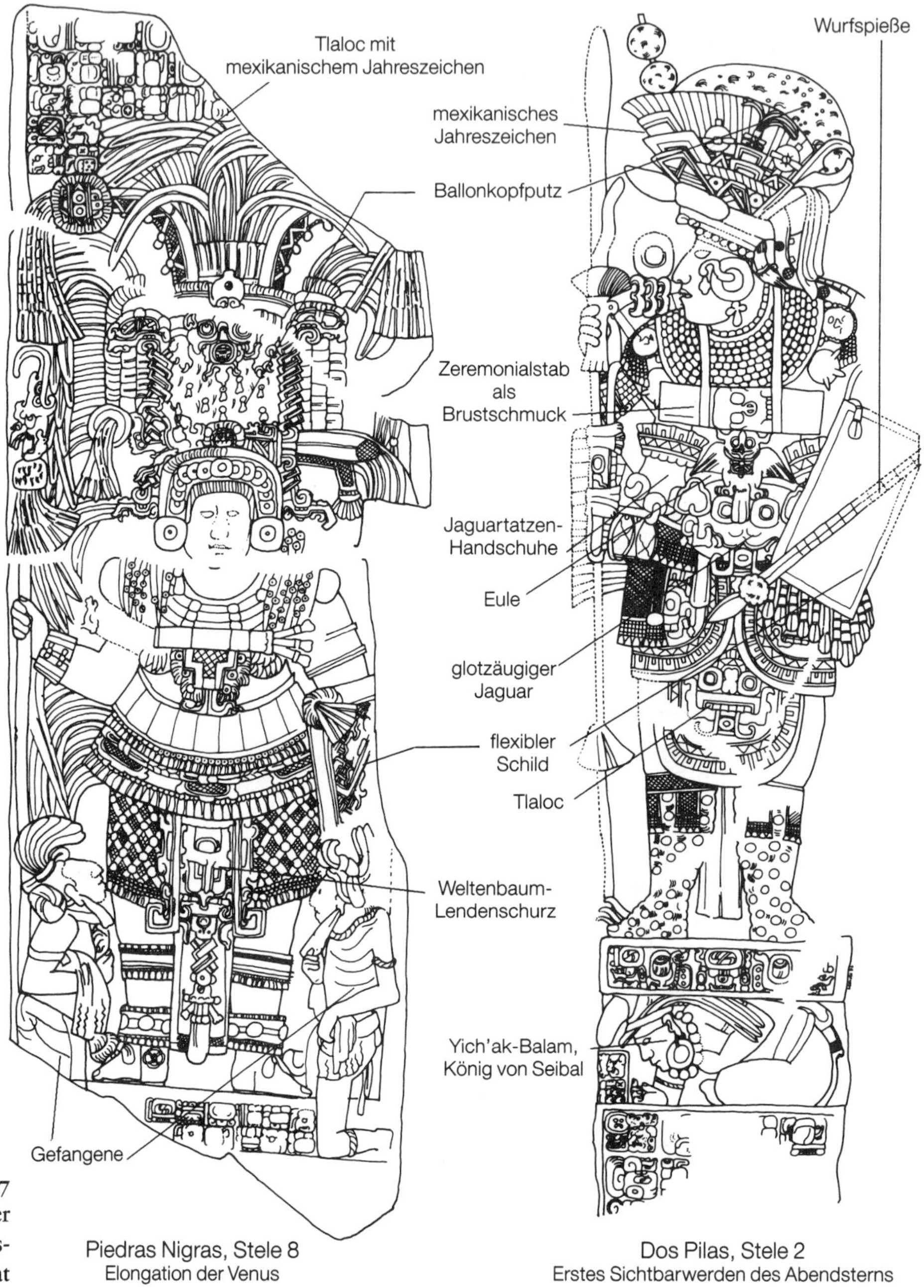

Abb. 4.17 Spätklassischer Tlaloc-Kriegsornat

beizumessen. Der Umstand jedoch, daß auch spätere Kulturen, wie etwa die Azteken und Mixteken, in diesen – möglicherweise von den Teotihuacanos oder den Maya oder beiden übernommenen – Zusammenhängen dachten, deutet darauf hin, daß man es hier mit einem Gemeingut der mesoamerikanischen Kulturentwicklung zu tun hat. Der 16. Januar 378,

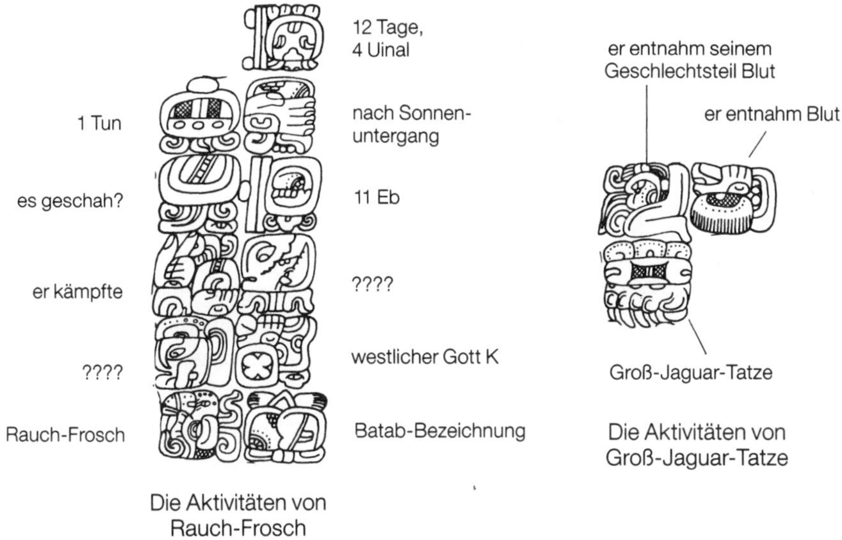

Abb. 4.18
Tikals Aufzeichnung der Eroberung Uaxactúns
(Zeichnung: John Montgomery)

das Datum der Eroberung von Uaxactún, weist keinerlei erkennbaren astronomischen Bezug auf, allerdings tritt dieser neue Kriegsstil an diesem Tag zum erstenmal im Land der Maya in Erscheinung. Es ist sehr gut möglich, daß der Bezug zur Astronomie erst später hinzukam und dann von hier aus zu anderen Kulturen diffundierte, die diesen Kriegsstil kultivierten. Man weiß jedoch, daß dieser Zusammenhang innerhalb von vierzig Jahren nach der Eroberung Uaxactúns bei den Maya seinen Platz gefunden hatte, denn unter den nächsten zwei Königen von Tikal, Schnute und Sturmhimmel, wurde der Zeitpunkt für zwei Aktionen, die auf jenes Ereignis Bezug nahmen, in Abhängigkeit von astronomischen Konstellationen gewählt (siehe Anm. 57 und 58 [5]).

Die Unterwerfung Uaxactúns durch Groß-Jaguar-Tatze und Rauch-Frosch, die für das Maya-Land den Durchbruch des neuen Kriegsstils und seiner Rituale bedeutete, ist in der epigraphischen Urkunde fast nur in Rückblicken auf das Ereignis dokumentiert, die spätere Herrscher von Tikal in Stein meißeln ließen. Die Tatsache, daß man das Geschehen noch im nachhinein für denkmalwürdig hielt, beweist zum einen, welch außerordentliche historische Bedeutung ihm die Nachfahren der damaligen Eroberer beimaßen, und zum anderen, welch hohen propagandistischen Nutzen sie daraus zogen. Der erste der Texte – zu finden auf Stele 31 – besagt, daß die Eroberung zwölf Tage, 4 Uinal und 1 Tun nach dem Ende des siebzehnten Katun stattfand (siehe Abb. 4.18), und nennt zwei Protagonisten des Geschehens: Rauch-Frosch, der die Bauten von Uaxactún «niederriß und dem Erdboden gleichmachte *(hom)*» [48], und Groß-Jaguar-Tatze, den König von Tikal, der seinem Geschlechtsteil Blut entnahm [49], um den Tag des Sieges seiner Streitmacht zum geweihten Tag zu machen.

In dem zweiten Text – der sich auf einer Spielfeldmarkierung im Komplex 6C-XVI findet – wird des Ereignisses (siehe Abb. 4.19) unter Verwendung einer Glyphe gedacht, die den Kopf eines alten Gottes wiedergibt. Sein Auge ist von einem dreispitzigen Gebilde überdeckt, und seitlich am Schädel trägt er eine vierblättrige Blumenblüte. Von demselben Gott wurde in Tikal in Grab 10 eine Vollplastik gefunden. Hier sitzt er auf einem Schemel aus menschlichen Oberschenkelknochen und balanciert einen abgeschlagenen Kopf in den Handflächen. Den Lexemwert der betreffenden Glyphe kennen wir nicht genau, doch handelt es sich bei dem Dargestellten zweifellos um einen Patron des Menschenopfers durch Enthauptung. Im fraglichen Kontext soll der Kopf des alten Gottes eine der Handlungen symbolisieren, die am Tag der Eroberung vorgenommen wurden – und deren Objekt sehr wahrscheinlich die bedauernswerten Gefangenen aus Uaxactún waren. Man kann wohl davon ausgehen, daß sie durch Enthauptung geopfert wurden, vermutlich zu Ehren jenes grausamen Gottes. Denn mochte dieser Krieg mit all seiner Symbolausrüstung und seinen politischen Konsequenzen noch so sehr aus dem gewohnten Rahmen fallen – das Enthauptungs- und Opferritual, mit dem er endete, war noch das gleiche, wie es von den Ahauob seit eh und je praktiziert worden war. Aber wir werden noch sehen, daß die auf die herkömmlichen Maya-Bräuche aufgepfropfte internationale Symbolik eine wichtige Funktion in der Propaganda erfüllte, mit deren Hilfe der Usurpator Rauch-Frosch sich auf den Thron von Uaxactún hievte.

Bilddarstellungen der Schlacht um Uaxactún sind nicht erhalten, aber wir sind über die Art und Weise, wie die Maya ihre Kriege führten, ausreichend informiert, um uns von dem wahrscheinlichen Verlauf dieser kriegerischen Begegnung ein Bild machen zu können.[50] Eines steht fest: Diese Schlacht war anders als alles, was die kampferprobten Krieger beider Seiten jemals erlebt hatten. Und für die Bevölkerung von Uaxactún waren die Konsequenzen verheerender, als sie sich das in ihren schrecklichsten Träumen hätte vorstellen können.

Man stelle sich das wachsende Entsetzen vor, mit dem die Menschen in Uaxactún an jenem Tag beobachteten, wie ihre geschlagene Aristokratie in wirren Haufen auf die blendendweiße Plaza in der Stadtmitte zurückgeflüchtet kam. Vor der Kulisse des *yax*-farbenen Winterhimmels mit seinem klaren, harten Licht sahen sie mit schreckgeweiteten Augen ihre Welt zusammenstürzen. Hoch über ihnen auf der blutroten Flanke seines Berges rang der König um Fassung, damit er mit wachem, zielgerichtetem Geist ins Jenseits würde eintreten können, um seine Ahnen anzurufen. Warum dieser Verstoß gegen alle geheiligten Regeln, die für den Kampf zwischen Männern gelten? Wo war der Ausweg aus dieser Katastrophe?

Dabei hatte alles so vielversprechend begonnen. Unter seiner Anleitung hatten seine Krieger tagelang gefastet und die vorgeschriebenen Reinigungs- und Opferriten vollzogen. In der Nacht vor der Schlacht hatte er

Abb. 4.19

*geschrieben: G5
**geschrieben: 10 Mac
Zeichnung der Spielfeldmarkierung nach Fialko (1988)

a) Die Spielfeldmarkierung aus Tikal mit dem Protokoll der Eroberung

b) Der Name des Sippenpatriarchen auf der Spielfeldmarkierung

d) Alter Gott aus Grab 10 in Tikal

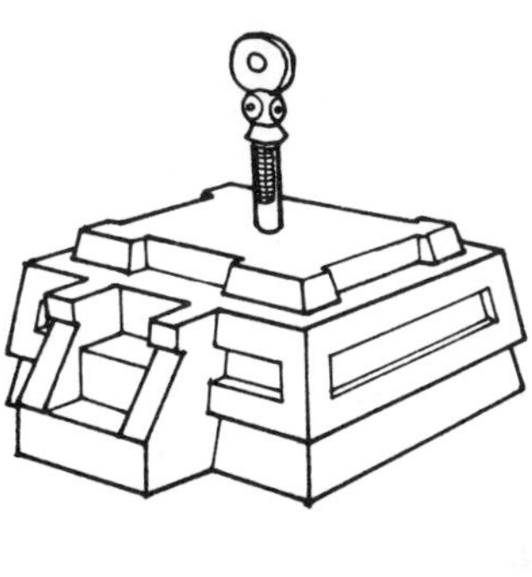

c) Die Altarplattform in Gruppe 6C-XVI mit aufgestellter Spielfeldmarkierung

eigenhändig die Kriegsbemalung auf die entschlossenen Gesichter seiner Angehörigen aufgetragen. Im flackernden Schein der Kienholzfackeln hatte er sie in der aus vielen Kammern bestehenden Männerhalle kunstfertig mit den schwarzroten Mustern bemalt, die jeden, der sich ihnen entgegenzustellen wagte, in Schrecken versetzen würden. Voll Stolz hatte er zugesehen, wie die Frauen ihren Männern die großen honigfarbenen Steinmesser aushändigten und die Schilde, die sie sich zusammengerollt über den Rücken hängten. Zuletzt überreichten die Frauen die großen Lanzen, die mit den Zähnen des Blitzes bewehrt waren – große Feuersteinspitzen, die zu solcher Schärfe geschliffen waren, daß sie mühelos in die Leiber der Gegner eindrangen.

Die Hauptfrau des Königs, die mit ihrem nächsten Kind schwanger war, hatte gewartet, bis die Männer minderen Ranges fertig waren, ehe sie ihm die Kampfausrüstung brachte.[51] Die Nebenfrau stand mit ihrem Säugling im Arm dabei, und der Erstgeborene seiner Hauptfrau verfolgte mit weit aufgerissenen Augen das Geschehen. Eines Tages würde auch er, genau wie jetzt sein Vater, die Männer in die Schlacht führen, um die heiligen Berge mit ihren Toren ins Jenseits vor Fremden zu schützen. In vollem Kriegsornat lächelte der König seinem Sohn zu, ehe er seiner Familie voran in das Dunkel vor der nahen Morgendämmerung hinaustrat.

Draußen in der lautlosen Dunkelheit warteten bereits seine Krieger auf ihn, die Kampfweste vor der muskulösen Brust locker verschnürt. Ein kehliger Ruf begrüßte ihn, als er im Flackerlicht der Kienholzfackeln auftauchte, dann begann seine Streitmacht mit den letzten Vorbereitungen. Die Krieger banden sich ihre nach dem Bild des Schutztiers geformten Helme auf. Seine Ahauob legten die furchterregenden Göttermasken an, die sie der beilschwingenden Henkergottheit Chac-Xib-Chac oder einem anderen Unterweltbewohner ähnlich sehen ließen. Dazu hängten sie sich die Schrumpfköpfe von Gefangenen aus früheren Feldzügen um den Hals, damit die derzeitigen Gegner von Anfang an wußten, daß sie es mit kampferprobten edlen Recken zu tun hatten.

Ein leichter Schauer, gemischt aus Furcht und Ruhmeserwartung, erfaßte die Krieger von Uaxactún, als sie die offene Savanne im Süden der Stadt erreichten. Hier würde die Schlacht mit dem Erzfeind seit Menschengedenken, den Menschen aus der Stadt hinter den Sümpfen im Süden, rechts von der Sonne, stattfinden. Die wärmenden Strahlen der aufgehenden Sonne hatten den Bodennebel vertrieben, so daß die auf beiden Seiten in gespanntem Schweigen auf den Beginn der Auseinandersetzung harrenden Schlachtreihen klar zu erkennen waren.

Begonnen hatte es dann nach den seit zwanzig Katunen oder länger bestehenden alten Regeln des Krieges. Die Alten hatten im hüfthohen Gras Aufstellung genommen und die großen Holztrompeten geblasen, deren durchdringender Ton in das dumpfe Grollen der Kriegstrommeln, der *tunkul*, hineinschnitt, um von den großen Taten zu künden, die da bevorstanden. Wie eine flirrende Vision vielfarbig erstrahlender Glorie sah der König seine Leute vor der grünen Kulisse des Waldes stehen und hörte, wie sie den zu Hunderten aufmarschierten Kriegern von Tikal Beschimpfungen ihrer Ahnen zuriefen. Reihum schrien seine Ahauob einzeln oder gruppenweise über die Savanne hinweg ihrem Gegner ihre Einschüchterungen und Herausforderungen zu. Sie stürmten auf das Schlachtfeld, stießen ihre Schmähungen aus und zogen sich dann wieder in die Sicherheit der geschlossenen Phalanx zurück. Ihr halsbrecherischer Wagemut und ihre entfesselte Kampfwut pflanzten sich durch die Reihen fort und verwandelten die Truppe in ein wogendes Meer verzerrter Gesichter und bebender Leiber.

Plötzlich hatte die Nervenanspannung ihren Höhepunkt erreicht, und die aufgestaute Wut der Krieger entlud sich explosionsartig. Wie rasend stürzten sich die beiden Armeen aufeinander, das hohe Gras unter den stampfenden Füßen zu einer federnden Matte niedertrampelnd. In der Mitte des Schlachtfelds trafen sie in einer Orgie entfesselter Gewalt aufeinander. Überall sausten blitzende Klingen gegen die Mattenschilde – die ebenso rühmliche wie riskante Jagd nach menschlichen Schlachtopfern für die Götter war eröffnet.

Wo die beiden Schlachtreihen ins Handgemenge geraten waren, glich die Szene einem tosenden Hexenkessel, grelle Schmerzensschreie skandierten das anhaltende Kampfgebrüll. Eine Zeitlang schien es klar, wer als Sieger aus dem Kampf hervorgehen würde, als die Krieger aus Uaxactún, ihre Gegner vor sich hertreibend, sich wie eine Flutwelle über die Walstatt wälzten und gegen den Schutzwall von Menschenleibern brandeten, der Groß-Jaguar-Tatze umlagerte, um dann langsam wieder nach Norden, in Richtung der Frontlinie von Uaxactún, zurückzuebben. Schließlich ließen die da und dort noch miteinander kämpfenden Schlachtreihen voneinander ab, und in der blendendhellen Morgensonne zogen sich blutbedeckte, erschöpfte Krieger in die Sicherheit der wartenden Nachhut zurück. Es war Zeit, die trockenen Kehlen zu befeuchten und die blutenden Wunden mit Papierstreifen zu verbinden. Manche hatten auch Gefangene gemacht, die jetzt ihrer Kleider entledigt und gefesselt werden mußten, damit sie im Schlachtgetümmel nicht noch entwischten. Bei dem gewaltigen Aufgebot an Streitkräften auf beiden Seiten würde der Kampf den ganzen Tag dauern.

Diesen Augenblick nutzte der hinterhältige Feldherr von Tikal zum Gegenschlag. Heimlich gab Rauch-Frosch, der Anführer der Streitmacht, ein Signal, und daraufhin stürzten aus einem Versteck im Wald Hunderte von ausgeruhten Kriegern auf den Kampfplatz. In unheimlicher Ruhe, ohne auch nur einen einzigen Laut der Drohung oder Herausforderung von sich zu geben, überschütteten sie die Männer von Uaxactún genau dort, wo sie am dichtesten standen, mit einem Hagel von Wurfspießen. Zu seinem namenlosen Entsetzen sah der König, daß die gegnerischen Kräfte Speerschleudern einsetzten – ein Jagdwerkzeug, mit dessen Hilfe sie seine Leute wie Treibwild abschlachteten.[52]

Der Überraschungsschlag war gelungen. Viele seiner besten Leute konnten sich nicht mehr in Sicherheit bringen und wurden von dem Speerhagel getroffen. Ein großer Teil war sofort tot, der größere Rest wurde verstümmelt von dieser Waffe, die der König bisher nur beim Kriegseinsatz der Fremden gesehen hatte, die aus Teotihuacán, der Riesenstadt im fernen Westen, ins Maya-Land gekommen waren. Die Hundertschaften aus dem Hinterhalt rückten vor, und jeder Krieger führte ein Bündel leichter, mit einer Obsidianspitze bewehrter Wurfspieße und eine Schleuder mit sich. In der Nähe des Königs schrie einer aus seiner Sippe auf, ein Speer war ihm durch die Backe gedrungen, und das Blut, das aus der Wunde quoll, färbte sein schwarzbemaltes Gesicht rot.

Ihre Wut auf den Gegner laut hinausschreiend, setzten der König und seine Hauptleute zum Angriff auf Rauch-Frosch, den Heerführer von Tikal, an, der drüben am jenseitigen Rand des Kampfplatzes stand. Ihre blutigen Lanzen in Keilformation zwischen die Leiber der jungen Kämpfer von Tikal rammend, bahnten die Krieger von Uaxactún ihrem racheschnaubenden König einen Weg durch die feindlichen Reihen. Aber es war bereits zu spät. Noch lauter als das Schmettern der langen hölzernen Trompeten und das dumpfe Röhren der Muschelhörner klang das Triumphgeschrei der Krieger von Tikal über das zertrampelte, leichenübersäte Schlachtfeld. Der Speerhagel ging weiter, und dem König von Uaxactún blieb nichts anderes übrig, als zusammen mit den kläglichen Überresten seiner Streitmacht die Flucht zu ergreifen. Die jungen Männer aus der königlichen Sippe und viele von den Tapfersten der Tapferen aus den Aristokratenfamilien Uaxactúns waren entweder gefallen oder in Gefangenschaft geraten und blickten ohne Hoffnung auf Rettung Folterung und Opfertod entgegen, die ihnen in der Gewalt von Rauch-Frosch und seinen Ahauob sicher waren.

Und hier im Dunkel seines Heiligtums vernahm der König jetzt von neuem jenen schauerlichen Siegesgesang. Die Krieger aus Tikal drangen in seine Stadt ein, und er spürte, wie die Welt, die ihm von den Ahnen anvertraut worden war, seinem Griff entglitt. Unvorstellbares Unheil war über ihn und sein Volk gekommen. Er trat in das blendende Tageslicht hinaus; als seine Augen sich wieder an die Helligkeit gewöhnt hatten, sah er Rauchwolken von den ausgedehnten Wohnsiedlungen und den öffentlichen Gebäuden im Zentralbezirk aufsteigen, an denen die Feuer der Zerstörung leckten. Die Aristokratie von Uaxactún sammelte sich auf den Flanken ihrer lebenden Berge, von wo aus sie den heranrückenden unerbittlichen Kriegern von Tikal verzweifelt Schimpfworte, Speere und Steine entgegenschleuderte, um zuletzt mit den eigenen Leibern den Eindringlingen den Weg zu verlegen.

Es half alles nichts. Rauch-Frosch und seine Leute umbrandeten die Basis der Königspyramide wie eine Sturmflut, und wen sie von den tapferen Streitern aus der Herrschersippe nicht töteten, den nahmen sie gefangen. Der König und seine Mannen kämpften bis zuletzt. Noch im Moment der

Gefangennahme versuchte der Herrscher von Uaxactún in rasender Wut, Rauch-Frosch an die Kehle zu fahren. Lachend zwang ihn der Feldherr aus Tikal mit einem Ruck an seinen langen aufgebundenen Haaren in die Knie. Mit funkelnden Blicken starrte der überwältigte König zu dem hochmütigen Sieger in der Ausrüstung der neuen, barbarischen Kriegskunst hinauf – auf den ballonförmigen Helm, die Speerschleuder und die obsidianbewehrte Keule. Lauthals verfluchte er seinen Überwinder, während dessen Günstlinge ihm die Kleider vom Leib rissen und seine Arme mit einem groben Sisalstrick auf dem Rücken zusammenbanden.

Der Tod war ihnen allen sicher. Einen Freikauf würde es nicht geben. Nach dem Kodex dieser neuen, importierten Kampfstrategie würde Rauch-Frosch ohne weiteres seine eigenen vergöttlichten Ahnen, die Ahnengötter von Tikal, an der Jenseitspforte von Uaxactún beschwören können. Er und seine Nachfahren würden nicht nur über die noch lebenden Einwohner der Stadt, sondern auch über deren Ahnen herrschen. Es war ein Schritt von unglaublicher Kühnheit, einen Krieg zu führen nicht nur um den König, sondern auch dessen Portal ins Jenseits zu erbeuten – und dieses Portal nach Möglichkeit besetzt zu halten. Denn solange Rauch-Frosch und seine Sippschaft regierten, würden die Menschen von Uaxactún die liebevolle Belehrung ihrer Ahnen entbehren müssen.

In den darauffolgenden Zeiten würde dieser Kriegsstil ganz neuartige Allianzen mit den Jenseitsbewohnern erforderlich machen: eine Entfesselung der Kräfte Xibalbas, zumal der Venus-Gottheit, zu dem Zweck, sich nicht nur der lebenden Glieder einer königlichen Sippe zu bemächtigen, sondern auch ihre sämtlichen vergöttlichten Ahnen zu unterjochen. Den Herrschern würde nun ein politisches Konzept und eine militärische Strategie zur Verfügung stehen, die dazu angetan wären, überall im Land Eroberungswünsche zu wecken. Und bei dem Bemühen, diese Wünsche in die Wirklichkeit umzusetzen, würde sich der Venus-Gott als mächtiger, aber zuweilen auch trügerischer Bundesgenosse erweisen.

Das faszinierendste Problem, das sich aus heutiger Sicht im Zusammenhang mit der Eroberung von Uaxactún stellt, ist die Identität von Rauch-Frosch. Wer war dieser Krieger, der auf Inschriften sowohl in Uaxactún als auch in Tikal erscheint? Wir wissen, daß er ein Ahau aus Tikal war, denn er führte durchgängig die Emblemglyphe von Tikal im Namen. Und wir wissen auch, daß er bei der Eroberung von Uaxactún die Hauptrolle spielte, auch wenn der Feldzug unter der Kriegsherrschaft von Groß-Jaguar-Tatze, dem König von Tikal, stand. Beides zusammen begründet aus unserer Sicht die Annahme, daß Rauch-Frosch höchstwahrscheinlich den Oberbefehl über die Streitmacht von Tikal im Feldzug gegen Uaxactún besaß und von seinem siegreichen königlichen Herrn in Anerkennung seiner Verdienste zum regierenden Ahau von Uaxactún ernannt wurde. Wir wissen, daß Rauch-Frosch auch achtzehn Jahre nach der Eroberung von Uaxactún

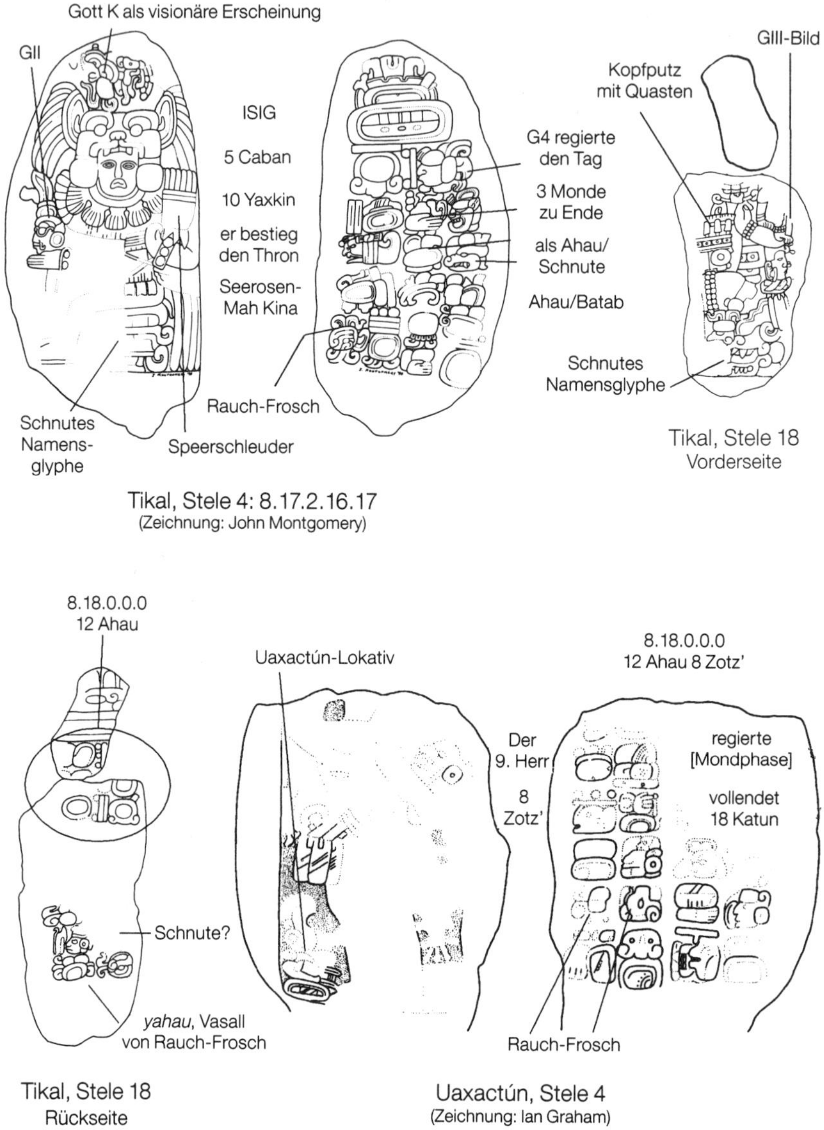

Abb. 4.20 Rauch-Frosch in Tikal und Uaxactún

noch in dieser Stadt weilte. Am 8.18.0.0.0 des Maya-Kalenders (8. Juli 396) zelebrierte er das Ritual zur Feier des Katun-Endes und ließ das Ereignis auf Stele 4 (siehe Abb. 4.20) verewigen, die er unmittelbar neben der Stele plazierte, die ihn als siegreichen Eroberer zeigt (siehe Abb. 4.15). Auch in Tikal wurde bei dieser Gelegenheit seiner gedacht. In seiner Heimatstadt setzte man seinen Namen mit auf Stele 18, die man dort zur Erinnerung an eben jenes Katun-Ende aufstellte (siehe Abb. 4.20). Eine hervorgehobene Rolle spielt Rauch-Frosch ferner in den auf Stele 31 und der Spielfeldmarkierung festgehaltenen historischen Rückblicken.

Abb. 4.21 Stele 31: Schnute im Land von Rauch-Frosch
(Zeichnung: John Montgomery)

Ungeachtet seiner herausragenden Rolle in der epigraphischen Urkunde sowohl von Tikal wie von Uaxactún sind wir ziemlich sicher, daß Rauch-Frosch niemals König von Tikal war. Vielmehr bestieg in Tikal am 13. September 379, also noch nicht einmal zwei Jahre nach der Eroberung von Uaxactún, ein Ahau namens Schnute (siehe Abb. 4.20) den Thron. Aber allem Anschein nach war Schnute in Tikal Herrscher von Rauch-Froschs Gnaden und letzterer Oberherrscher über das Großreich, das durch die Annexion von Uaxactún entstanden war. Wir möchten hier die Hypothese aufstellen, daß Rauch-Frosch der Bruder Groß-Jaguar-Tatzes, der höchsten Majestät von Tikal zum Zeitpunkt der Eroberung von Uaxactún, und Schnute Rauch-Froschs Neffe war.

Für die Annahme spricht eine Reihe von Anhaltspunkten. Rückschlüsse auf das Verhältnis zwischen Schnute und Rauch-Frosch lassen sich einesteils aus den Inschriften in Tikal ziehen, in denen Schnute als *yahau*, «Würdenträger von» beziehungsweise, in einem speziellen Fall, «Vasall von» Rauch-Frosch (Stele 18) oder als sein Amt *u cab*, «im Lande von» Rauch-Frosch ausübend (Stele 31) bezeichnet wird. Als Schnute auf Stele 4 seine Inthronisation und auf Stele 18 seine Zelebration des Katun-Ende-Rituals verewigen ließ, hielt er es für ratsam, in die öffentliche Beurkundung dieser Ereignisse auch einen Hinweis auf sein Verhältnis zu Rauch-Frosch aufzunehmen. Der wohl wichtigste Hinweis dieser Art findet sich auf Stele 31, wo es von einer bedeutsamen Station in Schnutes Leben, möglicherweise seiner Thronbesteigung, heißt, sie habe «im Lande von Rauch-Frosch» stattgefunden (siehe Abb. 4.21).[53] Daraus dürfen wir folgern, daß Schnute als König in Tikal amtierte, indes als Herrscher von Rauch-Froschs Gnaden und unter dessen Oberherrschaft.[54]

Aber es gibt noch mehr Hinweise auf die Identität von Rauch-Frosch und sein Verhältnis zu Schnute. Der Text auf der mehrfach erwähnten Spielfeldmarkierung bezeichnet Rauch-Frosch als *ihtan*[55], «Geschwister», einer Person namens «Speerschleuder-Eule». Interessant ist in diesem Zusammenhang, daß auf der viele Jahre später von Schnutes Sohn Sturmhimmel aufgestellten Stele 31 Schnute als «Kind von» einer Person auftritt, die mit einer nahezu identischen Namensglyphe, nämlich «Speerschleuder-Schild», bezeichnet wird (siehe Abb. 4.22). Wir sind uns inzwischen darüber klar, daß die zwei äußerlich verschiedenen Glyphen lediglich verschiedene Schreibweisen für ein und denselben Inhalt sind – austauschbare Varianten jenes aus den Elementen Schild – Eule – Speerschleuder beste-

Abb. 4.22 Verwandtschaftsbeziehung zwischen Rauch-Frosch und Schnute von Tikal

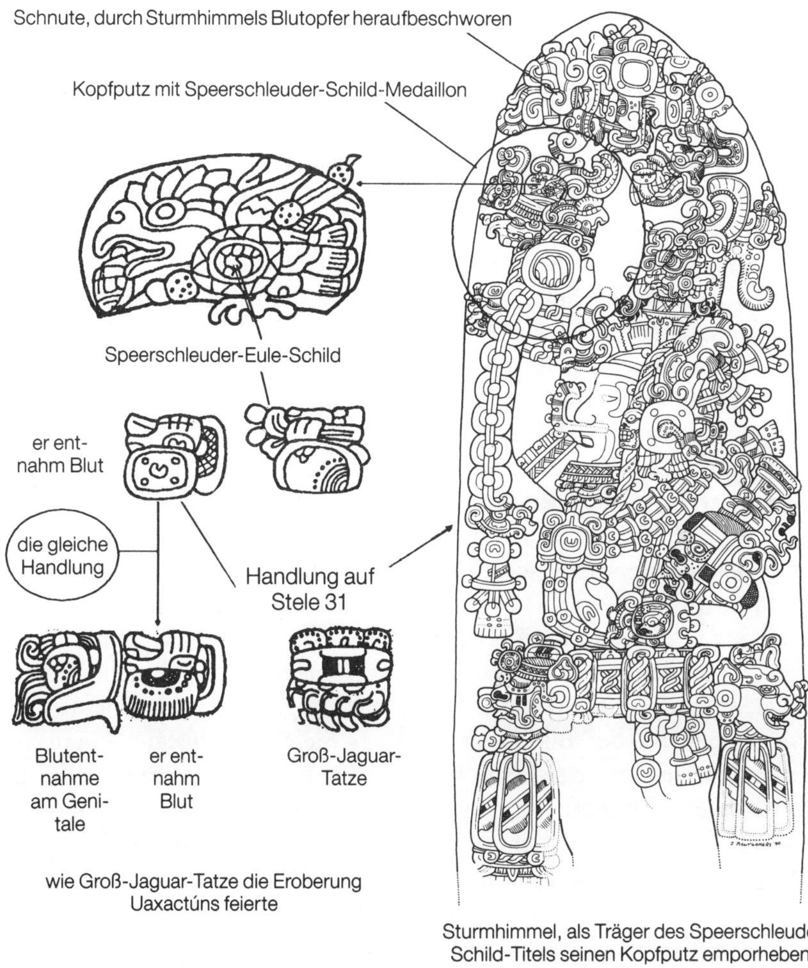

Abb. 4.23
Tikal: Sturmhimmel und der Speerschleuder-Titel
(Zeichnungen: John Montgomery)

henden permutativen Ensembles, das später in den Namen Pacals von Palenque und des Dritten Herrn der Nacht einfließen wird.[56] Wenn wir mit unserer Annahme der Glyphenaustauschbarkeit recht haben, dann war Rauch-Frosch der Bruder und Schnute der Sohn einer Person, die in beiden Fällen ein und dieselbe war. Danach wäre noch herauszufinden, wer mit den «Speerschleuder»-Namensglyphen gemeint ist.

Die Lösung dieses Rätsels setzt ein Stück komplizierter Detektivarbeit voraus. Der «Speerschleuder»-Name taucht auf Stele 31 nochmals in anderem Kontext auf. Das Bild auf der Vorderseite stellt Sturmhimmel dar: In der Rechten hält er einen Kopfputz hoch, den er sich im nächsten Moment – im Vollzug des Rituals, dem das ganze Denkmal gewidmet ist – aufsetzen wird (siehe Abb. 4.23). Vorn an dem Kopfputz ist ein Medaillon befestigt, das eine von einem Wurfspieß durchbohrte Eule mit einem Schild auf dem Flügel zeigt. Das Medaillon gibt den mit dem Kopfputz verbundenen Titel wieder. Das Aufsetzen des Kopfputzes signalisiert also: Sturmhimmel ist im Begriff, durch Vollzug des entsprechenden Rituals die zur Führung des «Speerschleuder-Eule-Schild»-Titels berechtigte Person zu werden.

Das letzte entzifferbare Textstück auf Stele 31 informiert darüber, daß Sturmhimmel das Ritual am 11. Juni 439 vollzog, einem Tag, an dem sich Venus nahe ihrem größten östlichen Winkelabstand zur Sonne befand.[57] Die Glyphe, die die Ritualhandlung beschreibt, ist die gleiche wie diejenige, mit der die Blutentnahme bezeichnet wird, die Groß-Jaguar-Tatze aus Anlaß der Eroberung von Uaxactún vornahm (siehe Abb. 4.23). Daß im einen wie im anderen Zusammenhang das gleiche Verb verwendet wird, hat den Sinn, die «Artgleichheit» zwischen den beiden Akteuren zum Ausdruck zu bringen. Wenn Sturmhimmel durch die Ausführung des Rituals zur «Speerschleuder-Eule» wurde, dürfen wir davon ausgehen, daß Groß-Jaguar-Tatze sich diese Identität auf dem gleichen rituellen Weg erwarb. Der als Bruder von Rauch-Frosch und Vater von Schnute aktenkundig gewordene «Speerschleuder-Eule» war also niemand anderer als der König von Tikal, der als erster jenen Titel für sich reklamierte – Groß-Jaguar-Tatze, der die Kriegführung mit Wurfspießen zu seiner Sache machte. Zu bedenken ist hier auch, daß die Hervorkehrung gerade dieser Äquivalenz von Großvater und Enkel ja die eigentliche Absicht war, die Sturmhimmel mit der Bilddarstellung auf Stele 31 verfolgte. Nicht von ungefähr bezeichnet er sich selbst bei der rituellen Neuinszenierung der denkwürdigen Blutentnahme seines Vorfahren als «Speerschleuder-Schild»: Damit erinnerte er sein Volk daran, daß er der Enkel dieses mächtigen und kreativen Mannes war.

In unserer szenischen Rekonstruktion der Vorgänge überwanden Truppen aus Tikal unter militärischer Führung von Rauch-Frosch, dem Bruder des Königs, am 16. Januar 378 die Streitmacht des benachbarten Königreichs Uaxactún. Der Sieg brachte Rauch-Frosch den Thron von Uaxactún ein, und von dort überwachte er die Inthronisation seines Neffen Schnute in Tikal am 13. September 379. In den darauffolgenden achtzehn Jahren – vielleicht sogar sechsundzwanzig[58] – herrschte Rauch-Frosch über Uaxactún, wo er möglicherweise auch in die entmachtete Dynastie einheiratete. Aber obgleich Rauch-Frosch in Uaxactún König war, wurde er in Tikal als äußerst wichtige Persönlichkeit behandelt. Es ist nicht auszuschließen, daß er die Oberherrschaft über das aus seinem Sieg in jener Schlacht hervorgegangene Doppelreich ausübte.

Daß die Eroberung von Uaxactún sowohl in Tikal als auch in Uaxactún selbst als Ereignis glorreichen Andenkens in die Überlieferung einging, macht die epigraphische Urkunde beider Städte augenfällig. In Uaxactún errichteten die Nachfahren von Rauch-Frosch in regelmäßiger Folge Monumente zum Andenken an die Begebenheit. Noch am 9.3.10.0.0 des Maya-Kalenders (9. Dezember 504), also einhundertsechsundzwanzig

Jahre nach der Einnahme der Stadt, rief der damalige Herrscher von Uaxactún auf Stele 22 dem Volk noch einmal die Eroberung ins Gedächtnis. Was an jenem glorreichen Tag 11 Eb geschah, ist hier mit demselben Verbum wiedergegeben, das auch auf Stele 31 in Tikal die Handlungen des Siegers bezeichnet: *hom*, «niederreißen», «dem Erdboden gleichmachen». Selbst zu einem so späten Zeitpunkt mußte der geborgte Glanz des Triumphs von Uaxactún dazu herhalten, die Taten der Nachfahren Rauch-Froschs zu verherrlichen.

Auch Stele 31 in Tikal ist ein Beispiel dafür, gegenwärtiges Geschehen in einen verklärenden historischen Kontext zu stellen. Der Gedenkstein wurde im Auftrag Sturmhimmels, des Enkels von Rauch-Frosch, aufgestellt und kreist thematisch um die Unterwerfung Uaxactúns.[59] Gewiß spielten pietätvolles Gedenken an die Ruhmestaten des Großvaters und den Triumph des eigenen Reiches über den Erzrivalen bei der Errichtung des Monuments für Sturmhimmel keine geringe Rolle; doch förderte er zugleich sein eigenes Ansehen, indem er sein Volk an das Ereignis von damals erinnerte. Ohnehin schon Rückschau in die Vergangenheit haltend, nutzte der Stifter des Monuments die Gelegenheit auch dazu, auf das ungewöhnliche Zusammentreffen von Jupiter, Saturn und Venus auf dem gleichen Längenkreis am 8.18.15.11.0 (27. November 411, siehe Anm. 58 [5]), also während der Regierung seines Vaters Schnute, aufmerksam zu machen. Die Hinweise auf die Eroberung und die himmlische Hierophanie dienten dem Zweck, die Bedeutung von Sturmhimmels eigener Blutentnahme am 10. Juni 439 zu erhöhen. Diese Strategie erwies sich als so wirkungsvoll, daß noch dreizehn Katune später – am 9.13.3.9.18 beziehungsweise 17. September 695 – ein Nachfahre Sturmhimmels namens Ah-Cacaw dem Aderlaß des Ahns Groß-Jaguar-Tatze eine Gedenkfeier widmete.[60]

Die interessanteste Reminiszenz an die Eroberung findet sich zweifellos auf der kürzlich in einer Großfamilien-Wohnanlage südlich der «Lost-World»-Gruppe in Tikal gefundenen Spielfeldmarkierung.[61] Das Ballspiel mit seinem Bezug zu Enthauptungs- und Opferritualen nahm im religiösen Leben der Maya seit dem späten Vorklassikum eine dominierende Stellung ein. Doch die Spielfeldmarkierung mit dem Hinweis auf die Eroberung von Uaxactún ist nicht die auf Maya-Ballspielplätzen übliche auf den Boden plazierte Steinscheibe, sondern besteht aus einem dünnen zylindrischen Schaft, der in einer Kugel endet, die wiederum eine aufgestellte Scheibe trägt: Sie ist fast identisch mit den Spielfeldmarkierungen, die man auf dem berühmten Tlalocán-Wandgemälde in Teotihuacán abgebildet findet.[62] Sie steht auf einer im Baustil von Teotihuacán ausgeführten Plattform, und der zylindrische untere Teil ist rundum von einer auf zwei Felder verteilten Inschrift bedeckt (siehe Abb. 4.19c). Diese Spielfeldmarkierung imitiert die Machart der in Teotihuacán gebräuchlichen Spielfeldmarkierungen und unterstreicht damit die Wichtigkeit des Tlaloc-Venus-Krieges, den zu dokumentieren ihr Zweck ist.[63]

Die Inschrift selbst ist so außergewöhnlich wie ihr Träger. Ein Feld ist der Eroberung Uaxactúns durch Rauch-Frosch gewidmet, das gegenüberliegende erinnert an die Ernennung des Stifters zum Oberhaupt der in dem betreffenden Gebäudekomplex ansässigen Familie, dem vierten in der Reihe der Familienpatriarchen.[64] Vermutlich handelt es sich bei ihm um einen Mann, der seinerzeit Rauch-Froschs Eroberungsfeldzug mitmachte. Die Spielfeldmarkierung wurde am 24. Januar 414, also sechsunddreißig Jahre nach der Eroberung Uaxactúns, auf dem Altar aufgestellt. Bemerkenswert ist, daß dies nicht auf Veranlassung des Königs geschah, sondern daß der Stifter des Monuments ein Würdenträger war, der sich selbst als «*ahau* [das heißt hier: Vasall] von Rauch-Frosch aus Tikal» bezeichnet (siehe Abb. 4.19 b).

Bewohnt wurde der fragliche Zeremonial- und Wohngebäudekomplex von einer Großfamilie, die der Oberschicht angehörte, jedoch nicht mit dem Königshaus verwandt war. Aber nicht anders als der König und seine Nachkommen hielten auch die Angehörigen dieser Sippe die Eroberung Uaxactúns als glorreichstes Ereignis seit Menschengedenken in ihrer Familienüberlieferung fest. Und wie für König Sturmhimmel war es auch für sie mit Prestigegewinn verbunden, das Ereignis in den Urkunden der Familiengeschichte zu feiern. Diese Familie hatte vermutlich Krieger, womöglich sogar Führer für Rauch-Froschs Streitmacht gestellt und sich durch ihre Teilnahme an dem Feldzug Ansehen und Ruhm erworben.

Die Konsequenzen dieses Krieges erstreckten sich nicht nur auf die unmittelbar beteiligten zwei Stadtstaaten. Der Sieg über Uaxactún verschaffte Tikals Herrscherklasse den Machtvorsprung, den sie brauchte, um für die folgenden einhundertachtzig Jahre im Zentralpetén die Hegemonie ausüben zu können. Aber der große Sieg stand auch in zeitlicher Parallele zu einer Intensivierung der Beziehung zwischen Tikal und Teotihuacán, jener Kultur, deren Einfluß, wie wir sahen, um diese Zeit in der Maya-Ikonographie seinen Niederschlag fand. Was bedeutete diese Wechselbeziehung für die Kultur der Maya? Wie tief standen sie in der Schuld der Teotihuacanos? Um diese Fragen beantworten zu können, müssen wir einen kleinen Exkurs in die Vorgeschichte machen.

Zur selben Zeit, in der die Tiefland-Maya den Wechsel zur Institution des Königtums vollzogen, gelangte in einem nordöstlichen Seitental des Hochbeckens von Mexiko der junge Staat von Teotihuacán zur Hochblüte (siehe Abb. 4.24). Kontakte zwischen den Tiefland-Maya und den Teotihuacanos muß es spätestens seit dem ersten nachchristlichen Jahrhundert gegeben haben. An den Maya-Ruinenplätzen Nohmul und Altun Ha in Belize wurden aus der späten vorklassischen Periode stammende Opfergaben aus dem unverwechselbaren grünen Obsidian aus Teotihuacán gefunden.[65] Und Waren flossen zwischen den beiden Kulturen nicht allein in eine Richtung. Ebenso wie man Dingen von eindeutiger Teotihuacán-Machart in Tikal und andernorts im Tiefland begegnet, findet man Gegenstände im

Teotihuacán: Straße der Toten und Sonnenpyramide

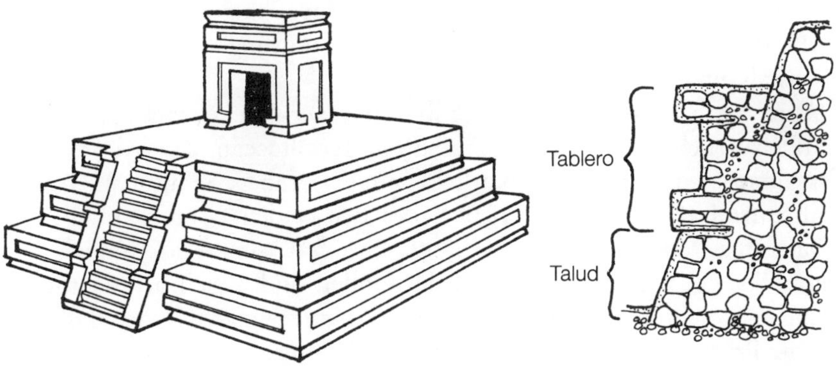

Die für Teotihuacán typische Talud-Tablero-Architektur

Abb. 4.24

Maya-Stil in Teotihuacán. Doch selbst vor dem Hintergrund dieser seit langem bestehenden Handelsbeziehungen nimmt sich das, was im Zusammenhang mit dem Feldzug der Maya von Tikal gegen die Nachbarstadt Uaxactún geschah, als ein – zumindest in der Bedeutungsdimension – ganz neuartiger, besonderer Vorgang aus. Denn da wurden auf einmal nicht mehr materielle Güter, sondern es wurde eine ganze Philosophie ex- und importiert. Die Maya übernahmen von den Teotihuacanos die Idee und die Bildersprache des Eroberungskriegs und machten sich beides zu eigen.

Auf Stele 5 in Uaxactún (siehe Abb. 4.15) ließ der Eroberer Rauch-Frosch sich im Kriegsornat der Teotihuacanos abbilden. Auf Stele 4 in Tikal (siehe Abb. 4.20) präsentierte sich Schnute – Sohn und Nachfolger von Groß-Jaguar-Tatze, der zum Zeitpunkt der Eroberung König in Tikal war – bei seiner Inthronisation mit einem Muschelhalsband ebenfalls nach

Art der Teotihuacanos. Auf Stele 31 tritt Schnute abermals in Erscheinung (siehe Abb. 4.25), diesmal in der gleichen Kriegstracht wie Rauch-Frosch auf dem Gedenkstein in Uaxactún. Wir brauchen uns nur daran zu erinnern, daß die Maya ihre für die Öffentlichkeit bestimmte Kunst zu propagandistischen Zwecken einsetzten, um den Sinn dieser Kostümierung zu begreifen. Stele 31 ist der Gedenkstein, den Sturmhimmel anläßlich seiner Thronbesteigung errichten ließ, und dieser Anlaß gab ihm auch Gelegenheit, die Machtvollkommenheit seines Vaters (des Vorfahren, auf dem sein Thronanspruch beruhte) in möglichst vorteilhaftes Licht zu rücken. Und was hätte Schnutes Rang mehr betonen können als ein Auftritt in der Tracht, die seinerzeit Rauch-Frosch im Augenblick seines höchsten Triumphes getragen hatte?

Um dem Betrachter den Eindruck zu vermitteln, er sehe Schnute im Rücken seines Sohnes stehen, ließ Sturmhimmel seinen Vater auf beiden Schmalseiten der Stele abbilden: Auf der einen Seite ist die Speerschleuder in Schnutes Hand von außen und der Schild von innen zu sehen, auf der anderen Seite sieht man die Außenseite des Schilds und die Innenseite der Speerschleuder. Auf dem Schild prangt ein Bild Tlalocs, des glotzäugigen Gottes, der in der Vorstellungswelt der Maya bald eine unauflösliche Verbindung mit jenem speziellen Stil der Kriegführung und des Blutentnahmerituals eingehen sollte.[66]

Auch die in Tikal gefundenen Gräber aus jener Zeit liefern Belege für den Handelsverkehr und Kulturaustausch mit Teotihuacán. Zwei der genannten Akteure wurden auf der Nordakropolis begraben: Schnute in Grab 10 und Sturmhimmel in Grab 48.[67] Jedes der beiden Gräber enthält eine beachtliche Menge Töpferwaren, die in Form und Bildschmuck dem Keramikstil von Teotihuacán nachempfunden sind. Eine noch deutlichere Sprache spricht der Inhalt einer versteckt angelegten Grube, das sogenannte Problematische Depositum 50.[68] Es könnte sehr wohl sein, daß die hier gelagerten Gegenstände die vergrabene Hinterlassenschaft in Tikal ansässiger ranghoher Teotihuacanos mit umfassen. Der interessanteste Gegenstand des Depositums ist eine Vase mit einer Ritzzeichnung, die allem Anschein nach die Ankunft einer Schar von Teotihuacanos in einer Maya-Stadt darstellt (siehe Abb. 4.26).

Auf der Vase sieht man sechs Teotihuacanos, kenntlich an ihrer Kleidung, von einem Ort in Talud-Tablero-Bauweise (dem ethnischen Merkmal mit der Bedeutung «Teotihuacán»; siehe Abb. 4.24) aufbrechen und zu einem Ort gelangen, an dem es sowohl Talud-Tablero-Tempel als auch die Maya-typischen Stufenpyramiden gibt. Am Ausgangsort lassen sie ein Kind und eine hockende Gestalt zurück; möglicherweise symbolisieren diese beiden Figuren die Familien der Reisenden. Vier von den Teotihuacanos tragen die langgeschwänzte Tracht, die uns auf Stelen in Uaxactún und Tikal begegnet ist. Sie sind mit Speerschleudern und Wurfspießen ausgerüstet und scheinen die Leibwächter der anderen beiden zu sein, die jeweils

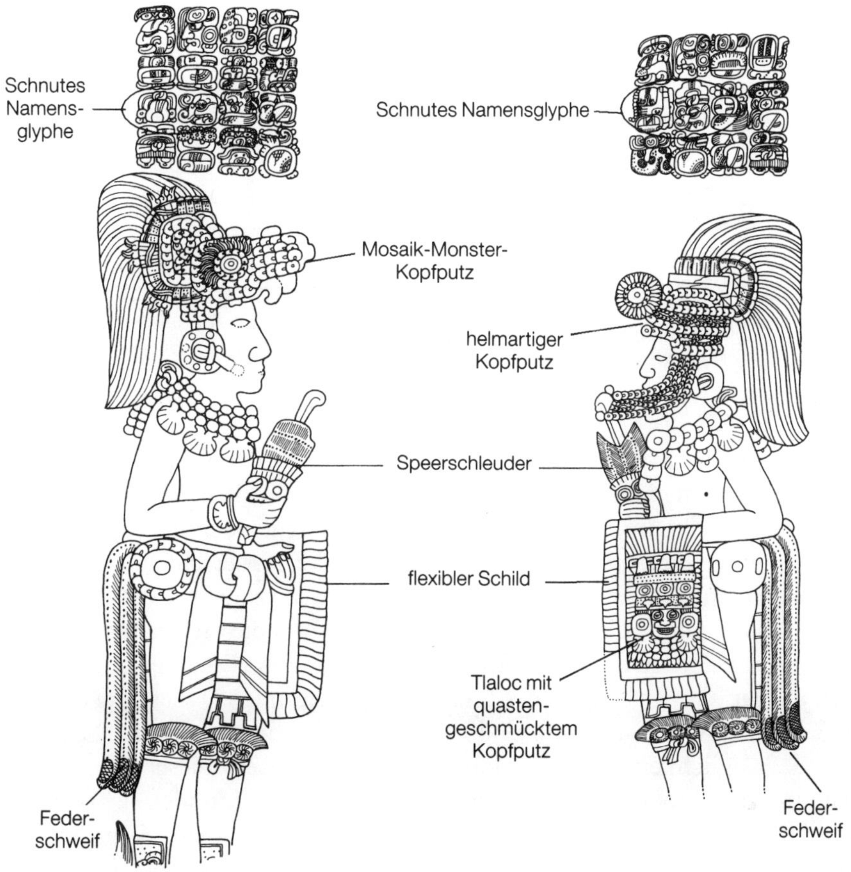

Abb. 4.25 Schnute als Speer-schleuder-Krieger auf den Seiten der Stele 31

ein – für den Teotihuacán-Keramikstil charakteristisches – zylindrisches Deckelgefäß in Händen halten.[69] Am Ziel ihrer Reise werden die eintreffenden Teotihuacanos von einer Figur in Maya-Tracht begrüßt.

Obschon wir nicht mit Sicherheit sagen können, welche Städte sich der Künstler bei der Anfertigung des Vasenbildes vorstellte, scheint es plausibel, Teotihuacán als Ausgangspunkt und Tikal als Zielpunkt der «Reisegesellschaft» anzunehmen.[70] Die vier bewaffneten Teotihuacanos sind offenbar die militärische Eskorte der beiden Vasenträger, die durch einen quastengeschmückten Kopfputz ähnlichen Typs auffallen, wie er in hervorstechender Weise auch in Kaminaljuyu und Monte Alban auftritt – an Orten also, wo die autochthone Kultur unverkennbar von Teotihuacán beeinflußt ist. Die Träger des Kopfputzes auf dem Vasenbild sind höchstwahrscheinlich Abgesandte oder Kaufleute mit diplomatischem Sonderstatus, die im Auftrag ihrer Regierung im westlichen Mesoamerika auf Goodwilltour unterwegs waren.[71]

Für das Auftreten solcher Bildelemente in Tikal gibt es mehrere Erklärungen, die von der militärischen Eroberung durch Teotihuacán bis zur

Abb. 4.26
Teotihuacanos kommen zu Besuch: Gravur auf einem zylindrischen Gefäß aus dem Problematischen Depositum 50

Usurpation des Königsthrons durch Dynasten aus Teotihuacán oder Kaminaljuyu reichen.[72] Bereits die letztgenannte Möglichkeit ist mehr als unwahrscheinlich. Am Vater-Sohn-Verhältnis zwischen Schnute und Sturmhimmel gibt es keinen Zweifel. Und wenn wir die «Speerschleuder-Schild»-Glyphe richtig gedeutet haben, dann ist davon auszugehen, daß Groß-Jaguar-Tatze Schnutes Vater und Rauch-Froschs Bruder war. Damit wäre gerade für die Zeit, in der die Teotihuacano-Symbolwelt Eingang in Tikal findet, die geradlinige Thronfolge innerhalb der legitimen Dynastie erwiesen.

Scheiden also Usurpation und militärische Eroberung als ernst zu nehmende Möglichkeiten aus, wie hat man sich die Präsenz dieser Symbolik in Tikal dann zu erklären? Daß sich Teotihuacanos zumindest in geringer Zahl in Tikal aufhielten, unterliegt kaum einem Zweifel; umgekehrt hielten sich auch, gleichfalls in geringer Zahl, Tiefland-Maya in Teotihuacán auf. Das hatte nichts mit militärischer Besetzung zu tun. Vielmehr hielt Teotihuacán im 5. und 6. Jahrhundert in Mesoamerika ein weitgespanntes Handels- und Warenverkehrsnetz zwischen den einzelnen Völkerschaften und Gemeinwesen aufrecht.

Auf ihren Reisen durch die verschiedenen Gebiete ihres Handelsnetzes traten die Teotihuacanos als Diplomatenkaufleute mit Quastenkopfputz und Militäreskorte auf. Zu Hause in ihrer Riesenstadt kündeten Wandgemälde – von denen wir fragmentarische Reste aus Atetelco und dem Tempel des Quetzalcoatl kennen – von der Idee und Ausführung des heiligen Krieges.[73] Die Symbolsprache dieser Bilder steht in unverkennbarem Zusammenhang mit der Symbolik des Tlaloc-Kriegsstils der Maya, wenn sie nicht überhaupt identisch mit ihr ist. Als die Teotihuacanos aufbrachen aus ihrer Stadt – von der sie glaubten, daß sie der Ort sei, wo die übernatürliche Welt sich auf Erden manifestiere[74] –, um Handelsverbindungen zu knüpfen, führten sie auch ihre Form der Kriegführung und des Opferrituals im Warengepäck mit sich.

Das Auftreten der Diplomaten-Kaufleute aus Teotihuacán im Zentralpetén könnte sehr wohl Ursache für eine Verschärfung der seit langem

bestehenden Rivalität zwischen Tikal und Uaxactún gewesen sein. Auf jeden Fall hat es die Einsätze, um die es in der Auseinandersetzung ging, enorm gesteigert. Mit einemmal war die Kontrolle über ein Handelsnetz im Zentralpetén und damit die wirtschaftliche und ideologische Vormachtstellung in der Region zu gewinnen. Daß Rauch-Frosch sich selbst und später Sturmhimmel seinen Vater in der Tracht der Teotihuacano-Krieger porträtieren ließ, ist sicher darauf zurückzuführen, daß diese Tracht in den Augen der Bevölkerung Uaxactúns und Tikals ein hohes Ansehen und großen Propagandawert besaß. Um wieviel mehr muß die Teotihuacano-Symbolwelt die Menschen in der gesamten Petén-Region beeindruckt haben, als gleichzeitig mit ihrer Übernahme durch die Oberschicht von Tikal dieser Stadtstaat sich seinen alten Rivalen Uaxactún unterwarf.

Der Sohn und der Enkel des Siegers Groß-Jaguar-Tatze waren sich über den Propagandawert des Tlaloc-Komplexes vollauf im klaren. Sie machten sich diese Symbolwelt mitsamt dem dazugehörigen rituellen Brauchtum begeistert zu eigen und feierten planmäßig, wann immer es sich einrichten ließ, die Ruhmestat ihres Vorfahren auf ihren eigenen Monumenten. Zu dem Zeitpunkt, als Sturmhimmel Stele 31 aufstellen ließ, waren Tlaloc-Krieg und -Opferritus bereits eine feste Verbindung mit speziellen Erscheinungen im Venuszyklus beziehungsweise außergewöhnlichen Konstellationen der Trias Venus/Jupiter/Saturn eingegangen: höchstwahrscheinlich die Zutat der Maya zu diesem Phänomenkomplex.

Mit dem Eifer der Frischbekehrten lebten sich die Maya in die neue Symbol- und Ritualpraxis ein. Sie überdauerte das Ende der klassischen Kulturperiode und beherrscht heute das Bild, das Chichén Itzá und andere Ruinenplätze der nachklassischen Periode im Norden bieten. Ja, es mag sogar sein, daß sie auf dem Weg über Cacaxtla und Xochicalco in abgewandelter Form wieder nach Zentralmexiko zurückkehrte – denn es ist die Maya-Version des Tlaloc-Komplexes, der man an diesen Fundorten vom Ende der klassischen Periode begegnet.

Worauf mag es zurückzuführen sein, daß die Maya sich der neuen Ritualpraxis mit soviel Bereitwilligkeit und Eifer anschlossen? Der Wahrheit am nächsten kommt man wohl mit der Antwort, daß Tikal auf diesem Weg einen triumphalen Sieg errang, in dessen Folge die Könige dieses Staatswesens zu den mächtigsten Ahauob im Zentralpetén wurden. Eine weitere Folge dieses Sieges dürfte der Ausbau des Handels und der politischen Verbindungen mit Teotihuacán gewesen sein. Gleichsam über Nacht zur Imperialmacht aufgerückt, erlebte Tikal einen Prestigezuwachs, wie er in diesem Umfang in den vorausgegangenen Epochen der Maya-Geschichte wohl ohne Beispiel war und sich auch nicht wiederholte. Dieser Sieg ging in die Legende ein, und in Tikal selbst sorgte man dafür, daß er nie aus dem Andenken des Volkes verschwand. Noch dreizehn Katune später rief ein Nachkomme der Dynastie, der nach einer katastrophalen Niederlage auf dem Schlachtfeld Tikal wieder zu alter Größe emporbringen wollte, dem Volk jenen legendären Eroberungsfeldzug ins Gedächtnis.

Aber was für die Maya damals auf der historischen Tagesordnung stand, war mehr als bloß die Übernahme einer neuen Art der Kriegführung. Seit den frühesten Zeiten seiner Geschichte hatte dieses Volk dem Blut von Menschen den höchsten Stellenwert unter den Opfergaben für die Götter eingeräumt. Häufig wurden Menschen geopfert, um einem Bauwerk die nötige Weihe zu geben. Ja, die Bewohner von Cuello töteten und zerstükkelten um 400 v. Chr. sechsundzwanzig Personen, um sie anschließend im Boden einer neuerrichteten Plattform zu begraben.[75] Instrumente und versteckte Plätze für die Ausführung des Blutentnahmerituals findet man an allen Ausgrabungsstätten des späten Vorklassikums. Der Umstand, daß manche frühen Maya-Siedlungen befestigt waren, begründet die Vermutung, daß kultisch bedingte Kriegszüge zur Erbeutung von Menschenopfern seit ältesten Zeiten eine wichtige Rolle im Dasein dieses Volkes spielten. Die dreifach gegabelten Blutvoluten, wie sie aus dem Mund von Tlaloc hervorquellen, finden sich bereits an den großen Stuckmasken der Maya-Architektur des späten Vorklassikums. Symbolik und Ritualpraxis des Teotihuacano-Kriegsstils fielen also im Land der Maya auf fruchtbaren Boden.

Sie begnügten sich jedoch nicht damit, eine Symbolik und ein Ritual nur sklavisch nachzuahmen, sondern paßten beides ihren eigenen Bedürfnissen an. Für sie deutete der Tlaloc-Komplex mit den Bildern des Jaguars, des Vogels, der Speerschleuder und des Mosaik-Kopfputzes (siehe Anm. 45) hauptsächlich auf Kriegs- und Opferhandlungen hin. Die Korrelation zwischen Kriegs- und Opferwesen einerseits und Planetenkonstellationen andererseits mag schon bei den Teotihuacanos existiert haben; das ist jedoch weder beweisbar noch widerlegbar, denn in der Kunst der Teotihuacanos gibt es keine Datierungen. Daher wissen wir nicht, zu welchen Zeiten sie ihre Rituale vollzogen, noch, ob die berühmten Wandgemälde in Teotihuacán überhaupt historisches Geschehen widerspiegeln. Für die

Maya jedoch war der Tlaloc-Komplex Symbol für Kriege und Opfer, deren Zeitpunkt jeweils nach dem Stand der Venus und/oder des Jupiter festgesetzt wurde.[76]

Die Vorliebe für Bildwerke im Teotihuacano-Stil als Grabbeigaben und auf Stelen hat in Tikal die Regierungszeit Sturmhimmels nicht überdauert. Spätestens bis zum Jahr 475 hatten die Herrscher von Tikal diesen Stil der Selbstdarstellung aufgegeben, um andere Aspekte ihrer Rolle als König in den Vordergrund zu rücken. Die regen Verbindungen zwischen Tikal und Teotihuacán dauerten nur hundert Jahre, dann wurde Kaminaljuyu als Zwischenstelle in die Beziehung eingeschaltet.[77] Kontakte zwischen den Teotihuacanos und den Tiefland-Maya muß es gegeben haben, bis Teotihuacán im 8. Jahrhundert aufhörte, seine interkulturelle Vormachtstellung in Mesoamerika zu behaupten. Was wir am Beispiel Tikals gesehen haben, war das erste Aufflackern solch intensiver Kontaktpflege, die beiden Seiten Ansehen und Wohlstand brachte.

Aus der Begegnung mit den Teotihuacanos nahmen die Maya eine neue Form des Opferrituals und der Kriegführung mit, die in ihrer Religion bis ins 9. Jahrhundert eine Zentralstellung einnahm. Worin der kulturelle Gewinn auf seiten der Teotihuacanos bestand, ist aus den historischen Quellen nicht mit gleicher Deutlichkeit ersichtlich. Fest steht jedoch, daß im Endergebnis dieser Kontaktaufnahmen Mesoamerika mit einem Netz internationaler Handelswege überzogen war, auf denen sowohl Ideen wie Güter transportiert wurden. Dieser Verkehr zwischen den mesoamerikanischen Völkern resultierte in einer zivilisatorischen und kulturellen Hochblüte, die mit ihrem Glanz und ihrer Fülle selbst die Errungenschaften der Olmeken, der Erzväter mesoamerikanischer Stadtkultur, übertraf.

5
Sternenkriege im siebten Jahrhundert

Das Vorspiel

Das Königtum Tikal erlebte eine neue Blüte, nachdem es Uaxactún erobert hatte, und wurde zum größten und prosperierendsten frühklassischen Königreich im Herzland der Maya. Der Wohlstand des Gemeinwesens läßt sich an der erstaunlichen Vermehrung der Tempel und der öffentlichen Kunst ablesen, die unter den Ahauob der nachfolgenden Generationen eintrat. Die Nachfahren des Siegers Groß-Jaguar-Tatze verschrieben sich ehrgeizigen Bauprogrammen, die das Gesicht der Stadt veränderten, und errichteten einen Wald von Baum-Steinen auf dem Platz vor der Nordakropolis. Diese Stelen verraten uns einiges über den Schwerpunktwechsel der Könige von Tikal. Die Herrscher, die im Anschluß an Groß-Jaguar-Tatzes Enkel Sturmhimmel den Platz auf dem Thron einnahmen, wählten einen anderen Stil der Selbstdarstellung, der auf die Überladung der Bildfläche mit Symbolen verzichtete und so die personale Komponente des Porträts stärker zur Geltung brachte.[1] Statt im vollen Kriegsornat wie ihre Vorgänger, ließen die Könige sich nunmehr mit einem einfachen Zeremonialstab in der Hand beim Weiheritual zum Abschluß einer Kalenderperiode abbilden (siehe Abb. 5.1a, b).[2] So lenkten sie die Aufmerksamkeit der Annalistik weg von individual- und dynastiegeschichtlichen Ereignissen wie Geburt, Inthronisation und siegreichem Eroberungsfeldzug und setzten den Akzent auf den Rhythmus des Zeitflusses und auf die großen Festtagszyklen zur Weihe und Feier dieses Rhythmus.

Nach dreißigjährigem Gebrauch hatte auch dieser Porträtstil ausgedient, und die Herrscher von Tikal veranlaßten ihre Bildhauer von neuem, die ausgetretenen Pfade zu verlassen und künstlerisches Neuland zu betreten. Die Künstler entledigten sich dieser Aufgabe mit phantasievollen Kombinationen alter und neuer Stilelemente. So ging man um den 9.4.0.0.0 (514 n. Chr.) dazu über, die Könige auf den Stelen in Frontalansicht darzustellen, und zwar in so tief ausgehobenem Relief, daß die Gesichter im Dreiviertelrund ausmodelliert werden konnten. Dazu experimentierte man mit einer Stelenform, bei der – in zeitgemäßer Reprise von Sturmhimmels meisterlicher Stele 31 – auf den Schmalseiten die Eltern des Herrschers zu sehen waren (siehe Abb. 5.1c). Altbekannte Motive wie der gefesselte Gefangene zu Füßen des Königs wurden wieder aufgenommen (siehe Abb. 5.1d). Und schließlich griff man bei der Herrscherdarstellung auf die

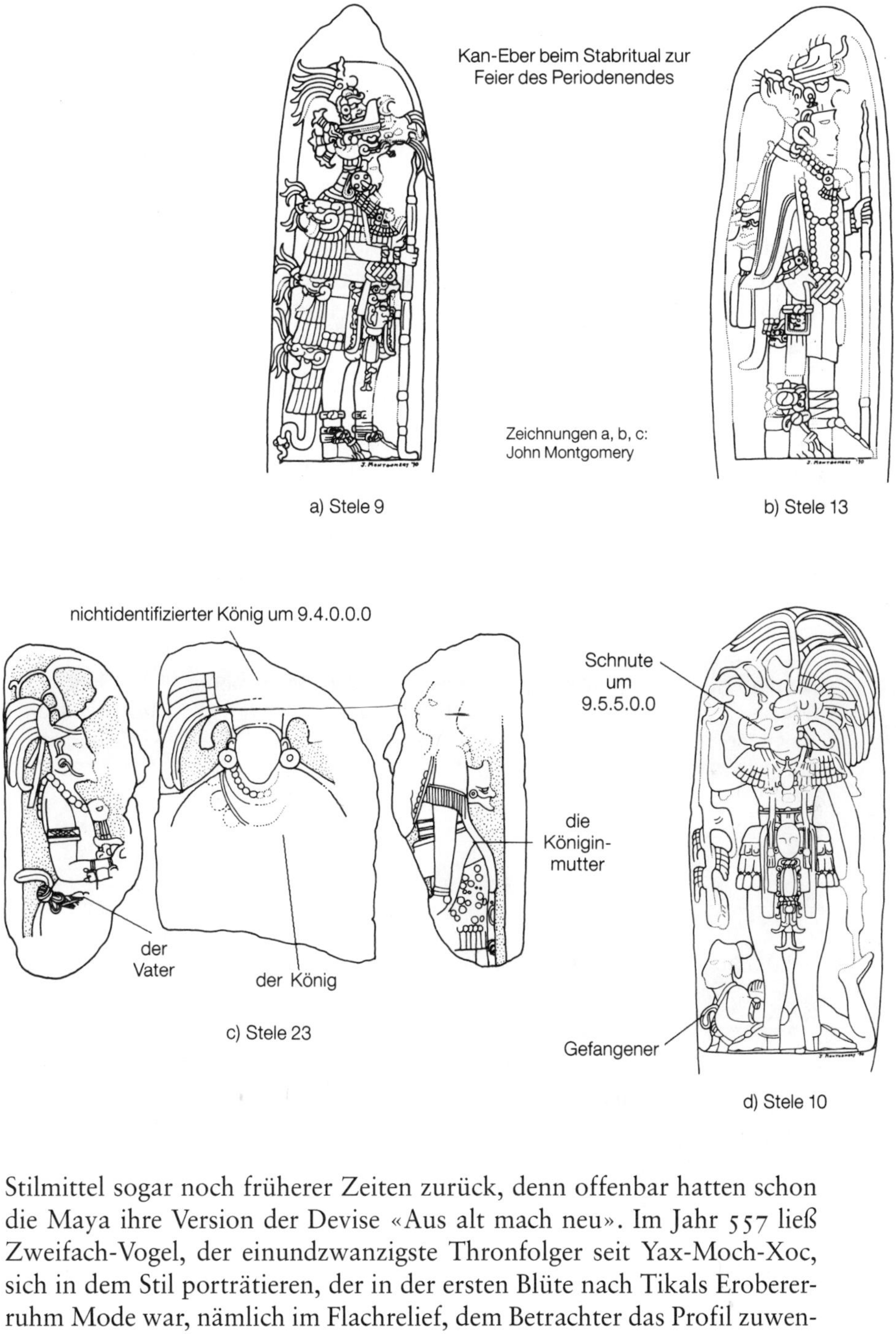

Abb. 5.1

Stilmittel sogar noch früherer Zeiten zurück, denn offenbar hatten schon die Maya ihre Version der Devise «Aus alt mach neu». Im Jahr 557 ließ Zweifach-Vogel, der einundzwanzigste Thronfolger seit Yax-Moch-Xoc, sich in dem Stil porträtieren, der in der ersten Blüte nach Tikals Erobererruhm Mode war, nämlich im Flachrelief, dem Betrachter das Profil zuwendend (siehe Abb. 5.5).

Dieses Monument – Stele 17 – nimmt unter den Gedenksteinen Tikals eine Sonderstellung ein: Es sollte das letzte Denkmal vor einer einhundertdreißig Jahre dauernden Unterbrechung der epigraphischen Geschichtsschreibung dieses großen Stadtstaates bleiben. Ursache der Unterbrechung war die Eroberung Tikals durch eine fremde Macht, die im Südosten zu bedrohlicher Größe herangewachsen war.

Es ist schwierig, aus den erhaltenen Zeugnissen ein tatsachengetreues Bild der Geschichte Tikals während des zweihundertjährigen kulturellen Aufschwungs der Stadt zu formen. Die vorhandenen Stelen und Kunstgegenstände wurden in der Zeit nach der Aufstellung von Stele 17 von den Eroberern größtenteils planmäßig blankgekratzt oder zertrümmert. Doch selbst die Bruchstücke künden noch von der außerordentlichen Schönheit und Kraft der Kunstgegenstände im Tikal der damaligen Zeit. Bedauerlicherweise ist die epigraphische Hinterlassenschaft jener Zeit genauso lückenhaft und fragmentarisch wie ihre Plastik. Was an inschriftlichen Zeugnissen der rasenden Zerstörungswut von Tikals Eroberern entging, handelt zum größten Teil von den Weihezeremonien am Ende von Kalenderzyklen, die damals in dieser Stadt den Mittelpunkt des Kultlebens bildeten. Nur zum Teil sind uns die Könige aus jener Periode bekannt.[3] Was wir immerhin von ihnen wissen, ist in der folgenden Tabelle zusammengefaßt:

Datum (Maya-Kalender)	**Name**	**Position in der Thronfolgezählung**	**Monumente**	**Jahr (Gregorianischer Kalender)**
	Stab-Stelen			
9.2.0.0.0	Kan-Eber	12	St. 9, 13	475
	Mah-Kina-Chan	13	Topf, St. 8?	
9.2.13.0.0	Jaguartatze-Schädel	14	St. 7	488
9.3.0.0.0	Jaguartatze-Schädel		St. 3, 15, 27	495
9.4.0.0.0	?	?	St. 6	514
	Frontalansicht-Stelen			
9.3.9.13.3	Hohe Dame von Tikal geboren	?	St. 23	504
9.3.16.18.4	Inthronisation von ?	?	St. 23	511
9.4.3.0.0	?	?	St. 25	517
9.4.13.0.0	Ringelkopf	19	St. 10, 12	527
9.5.0.0.0?	?	?	St. 14	534
	Profilbild-Stelen			
9.5.3.9.15	Zweifach-Vogel	21	St. 17	537

Maya-Datum	Datum u. Z.	Tikal	Naranjo	Dos Pilas	Caracol	Calakmul
9.5.3.9.15	31. 12. 537	Aktion Zweifach-Vogels (Thronbesteigung)				
9.5.12.0.4	7. 5. 546		Herrscher I inthronisiert			
9.5.19.1.2	18. 4. 553				Herr Wasser inthronisiert	
9.6.2.1.11	11. 4. 556				Beil-Krieg gegen Tikal	
9.6.3.9.15	17. 9. 557	Zweifach-Vogels letztes Datum				
9.6.8.4.2	1. 5. 562				Sternenkrieg in Tikal	
9.9.4.16.2	9. 3. 618				Herr Kan II. inthronisiert	
9.9.5.13.8.	9. 1. 619					Edler aktiv in Naranjo
9.9.13.4.4	28. 5. 626				Opferung des «Mannes aus Naranjo»	
9.9.14.3.5	4. 5. 627				rituelles Ballspiel und Opferhandlung	
9.9.17.11.14	4. 10. 630				Tod eines Adligen aus Naranjo	
9.9.18.16.3	27. 12. 631				Sternenkrieg gegen Naranjo	
9.10.3.2.12	4. 3. 636				Sternenkrieg gegen Naranjo	
9.10.4.16.2	24. 11. 637				1-Katun-Regierungsjubiläum Herr Kan II.	
9.10.10.0.0	6. 12. 642		Siegestreppe von Caracol geweiht			
9.10.12.11.2	5. 7. 645			Feuerstein-Himmel-Gott K inthronisiert		
9.10.16.16.19	9. 10. 649					Jaguartatze geboren
9.11.11.9.17	2. 3. 664			Gefangennahme Tah-Mo's		
9.12.9.17.16	6. 5. 682	Ah-Cacaw inthronisiert				
9.12.10.5.12.	30. 8. 682		Frau Wac-Chanil-Ahau trifft aus Dos Pilas ein			
9.12.13.17.7	6. 4. 686					Jaguartatze inthronisiert
9.12.15.13.7	6. 1. 688		Rauch-Hörnchen geboren			
9.13.0.0.0	18. 3. 692	Katun-Ende und Zwillingspyramidengruppe mit Stele 30				
9.13.1.3.19	31. 5. 693		Rauch-Hörnchen inthronisiert			
9.13.1.4.19	20. 6. 693		Kinichil-Cab gefangengenommen			
9.13.1.9.5	14. 9. 693		Rauch-Muschel-Aktion			
9.13.1.13.14	12. 12. 693		Rauch-Muschel-Aktion			
9.13.2.16.0	1. 2. 695		Krieg gegen Ucanal			
9.13.3.7.18	8. 8. 695	Ah-Cacaw nimmt Jaguartatze von Calakmul gefangen				Jaguartatze gefangengenommen
9.13.3.8.11	21. 8. 695	Opferung von Gefangenen				
9.13.3.9.18	17. 9. 695	Weihe des Tempels 33-1 mit Blutentnahmeriten				
9.13.3.13.15	3. 12. 695	Opferritual (kriegerisches Ritual?), ausgeführt an Ox-Ha-Te aus Calakmul				
9.13.6.2.0	27. 3. 698			Schild-Gott K inthronisiert		
9.13.6.4.17	23. 5. 698		Rauch-Muschel-Aktion, ausgeführt an Kinichil-Cab aus Ucanal			
9.13.6.10.4	7. 9. 698		Rauch-Muschel-Aktion, ausgeführt an Schild-Jaguar aus Ucanal			
9.13.7.3.8	19. 4. 699		Opferritus, ausgeführt von Frau Wac-Chanil-Ahau			
9.13.10.0.0	26. 1. 702		Rauch-Hörnchen weiht zwei Stelen und führt der Öffentlichkeit Schild-Jaguar in Opferriten vor			
9.13.18.4.16	23. 3. 710		Rauch-Hörnchen greift Yaxhá an			
9.13.18.9.15	28. 6. 710		Opferung eines Gefangenen aus Yaxhá			
9.13.19.6.3	12. 4. 711		Rauch-Hörnchen greift Sacnab an			
9.14.0.0.0	5. 12. 711	Zwillingspyramidengruppe mit Stele 16	Venus- und Katun-Ende-Feier			
9.14.0.10.0	18. 6. 711		Sommersonnenwende; Schild-Jaguar aus Ucanal rituell geopfert			

Zeitfolge der Ereignisse in den Kriegen zwischen Caracol, Tikal und Naranjo

Von den Lebensgeschichten dieser Herrscher wissen wir wenig. Bleibende Spuren ihres Wirkens haben sie in den Prachtbauten der Stadt hinterlassen, die unter ihrem Patronat entstanden sind. Ein großer Teil dieser Bautätigkeit betraf die Nordakropolis, und eines der außergewöhnlichsten Projekte, das dort ausgeführt wurde, war der Umbau von Tempel 5D-33-2 (siehe Abb. 5.2), unter dem Sturmhimmel begraben lag.[4] In der darauffolgenden mittleren Phase der Geschichte Tikals war dieser neue Tempel am Südrand der nördlichen Akropolis ein herausragendes Symbol des Königtums und die der Großen Plaza zugewandte Prunkbühne Hintergrund öffentlicher Kulthandlungen und dynastischer Feiern.

Im Gegensatz zur zeitgenössischen Stelenkunst mit ihrer Freude am Stilexperiment war Tempel 5D-33-2 das Sinnbild der Traditionsverhaftetheit. Die monumentalen Stuckmasken an der Pyramiden- und Tempelfassade griffen noch einmal auf die Symbolsprache der späten vorklassischen Periode zurück, und die Botschaft, die sie verkündeten, gleicht derjenigen, die wir bereits von Gruppe H in Uaxactún her kennen. Sie betrifft eine Kosmologie, in der nicht die Himmelsbahnen von Sonne und Venus, sondern die heiligen Berge die fundamentale Rolle spielen.[5] Die Masken auf der untersten Ebene stellen Witz-(Berg-)Monster dar, deren Mäuler Höhleneingänge symbolisieren (siehe Abb. 5.2). Auch auf der mittleren Ebene sind die Masken als Witz-Monster gestaltet; sie sind kleiner und haben die Form von abgeschlagenen Menschenköpfen, aus denen oben Blutvoluten (oder Maisschößlinge) hervortreten. Die Masken auf der obersten Ebene, an der Fassade des Tempelbaus, stellen den vorderen Kopf des Himmelsmonsters dar, einen Drachen mit aufgerissenem Maul, der sehr wahrscheinlich Venus symbolisiert; aus dem Schädeldach des Ungeheuers wachsen Pflanzenranken hervor, die den Waldbestand der Welt versinnbildlichen.[6] Wie die großen Maskenarrangements im Cerros, Tikal und Uaxactún der vorklassischen Periode, die wir in früheren Kapiteln kennengelernt haben, stellte auch diese Fassadendekoration den König in seiner Rolle als Ritualpriester in eine Kulisse, die die uralten Vorstellungen des Maya-Volks vom Aufbau des Kosmos widerspiegelte.

Tempel 5D-33-2 repräsentiert freilich nur ein einzelnes Teilprodukt einer Erneuerung, die in Tikal über rund siebzig Jahre bis ins 6. Jahrhundert hinein anhielt (siehe Abb. 5.3) und unter der Führung zehn aufeinanderfolgender Herrscher, deren Regierungszeit häufig nur von sehr kurzer Dauer war[7], vorangetrieben wurde. Die Gründe für diesen schnellen Thronwechsel kennen wir nicht, aber es wäre möglich, daß wir es hier mit einem Fall zu tun haben, in dem das Thronrecht infolge vorzeitigen Todes aufeinanderfolgender Herrscher wiederholt auf ein und derselben Generationsstufe weitervererbt wurde.

Um 9.4.0.0.0 (514 n. Chr.) begannen auf der Nordakropolis die Umbauarbeiten, in deren Verlauf jener aus acht Einzelelementen bestehende Gebäudekomplex entstand, der, von allen nachfolgenden Königen Tikals

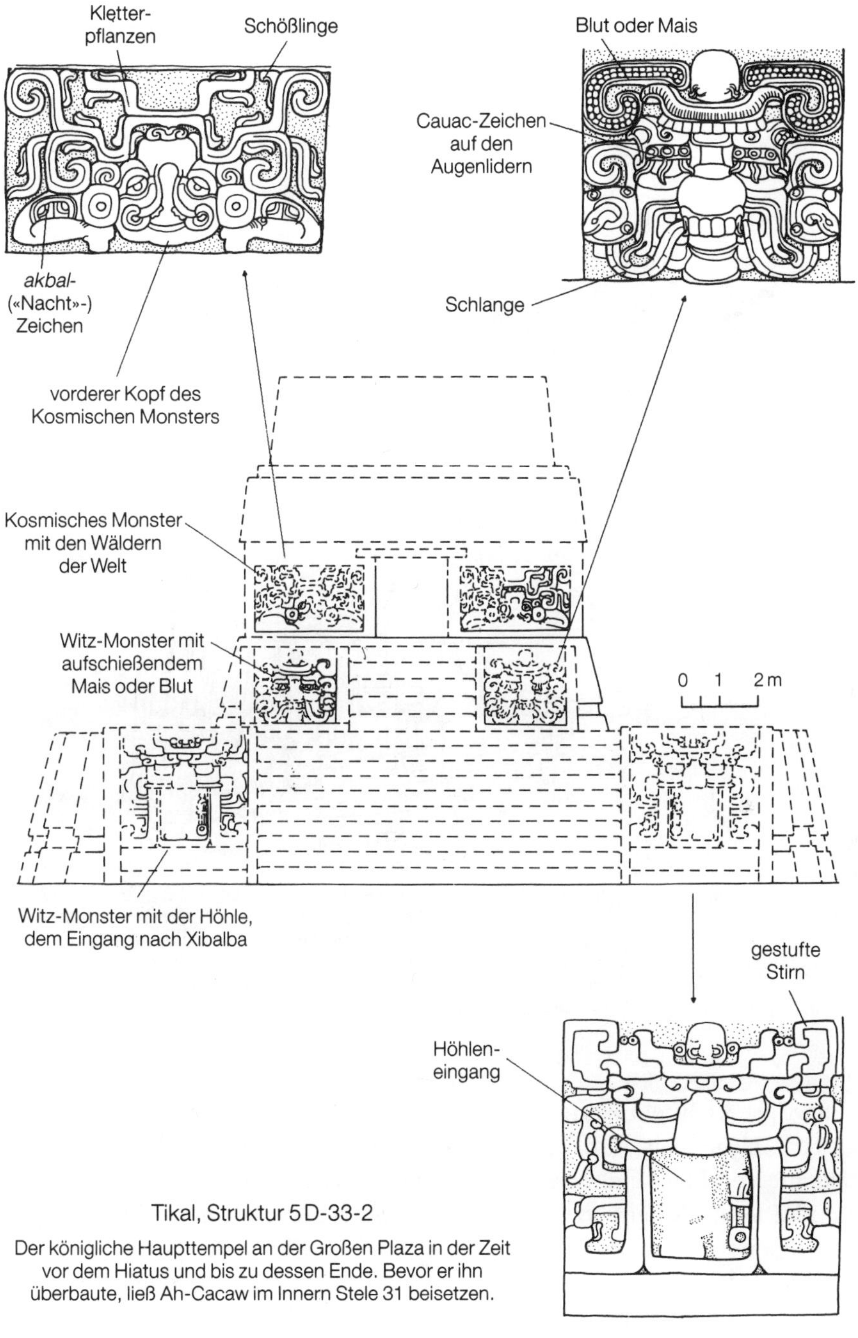

Tikal, Struktur 5D-33-2

Der königliche Haupttempel an der Großen Plaza in der Zeit vor dem Hiatus und bis zu dessen Ende. Bevor er ihn überbaute, ließ Ah-Cacaw im Innern Stele 31 beisetzen.

Abb. 5.2

akzeptiert und respektiert, auf Dauer das Gesicht dieses Teils des Sakralbezirks prägen sollte. Mit zu den dauerhaftesten architektonischen Konzepten, die man damals in Tikal neu entwickelte, zählt das der Zwillingspyramidengruppe, deren Prototyp auf der Ostplaza errichtet wurde.[8] Dieser

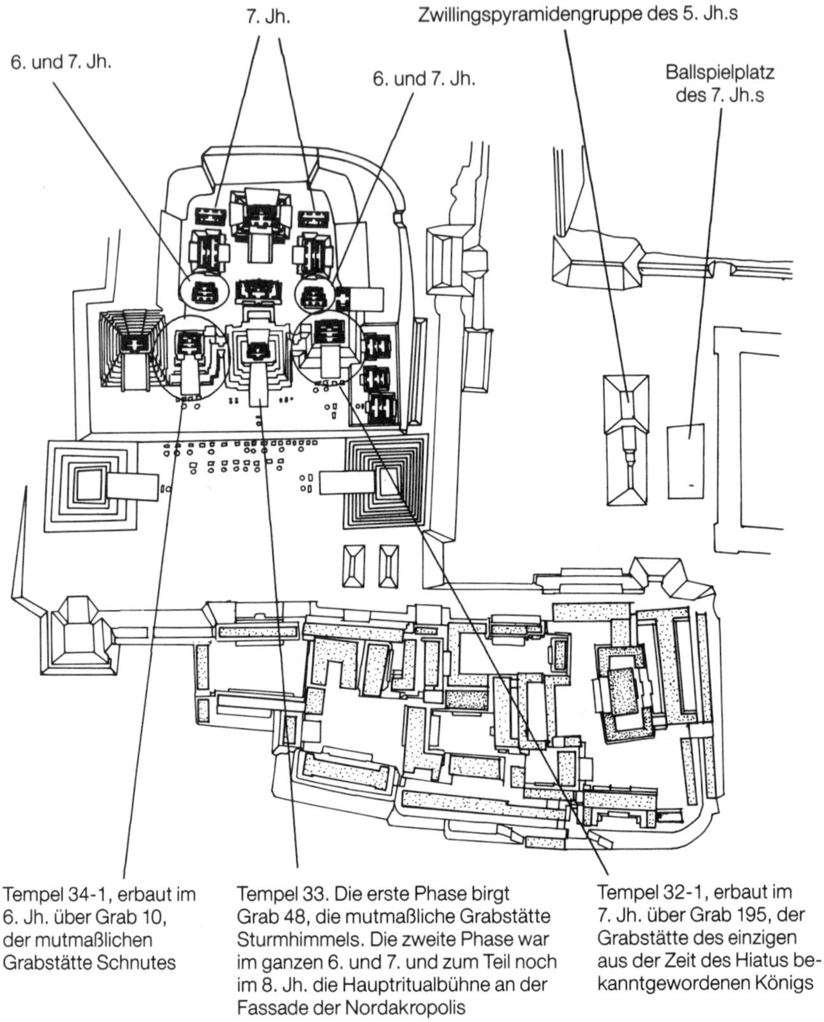

Abb. 5.3 Plan des Zentrums von Tikal

neuartige Architekturtyp bot mit seiner ostentativen Schmucklosigkeit keine Gelegenheit zur Beurkundung der Individual- und Familiengeschichte von Herrscherpersönlichkeiten und rückte statt dessen die Feiern zum Ende von Kalenderzyklen ins Zentrum der öffentlichen Aufmerksamkeit, einen Ritus, der in Tikal erstmals von Schnute mit der Aufstellung von Stele 18 zelebriert worden war. Schnutes Nachfolger behielten diese Ritualpraxis bei und schufen in diesem Zusammenhang mit dem Zwillingspyramidenkomplex eines der architektonischen Signete der Stadt Tikal.[9]

Aber in einem Augenblick, in dem sein Reich im höchsten Glanz erstrahlte, nahm das Schicksal des einundzwanzigsten Königs von Tikal im 6. Jahrhundert unversehens eine katastrophale Wendung. Mitsamt seinem Volk wurde er zur Kriegsbeute eines neuen und aggressiven Herrschergeschlechts, das im Lauf des 5. Jahrhunderts in den Wäldern südöstlich von Tikal emporgekommen war. Die kriegslüsternen Herrscher des neuen Königreichs – dem die Archäologen den Namen Caracol gegeben haben – eroberten Tikal, ja die gesamte Petén-Region im Sturm und bestimmten über ein Jahrhundert lang die Politik im klassischen Herzland der Maya. [10]

Caracol schlägt zu

Der epigraphisch dokumentierte Abschnitt der Geschichte Caracols beginnt mit dem Jahr 495 n. Chr. Die Hauptfigur des folgenden Berichts, ein König namens Herr Wasser, gelangte allerdings erst am 18. April 553 n. Chr. (dem Tag 9.5.19.1.2 des Maya-Kalenders) auf den Thron. Herr Wasser hat Teile seiner Vita auf den Stelen Nr. 6 und 14 aufzeichnen lassen; indes bekam die wissenschaftliche Welt erst durch einen in Caracol freigelegten Altar eine Vorstellung davon, was für eine entscheidend wichtige, ja todbringende Rolle dieser Herrscher in den Geschicken Tikals gespielt hat.

Herrn Wassers Wirken hinterließ in der geschichtlichen Welt der Maya so nachhaltige Spuren, daß Archäologen und Epigraphiker bereits vor der Entdeckung und Entzifferung der entsprechenden Schlüsseltexte für die fragliche Zeit ein Katastrophenszenarium entwarfen. Dahingehende Mutmaßungen wurden erstmals von Tatiana Proskouriakoff im Rahmen ihrer 1950 veröffentlichten wegweisenden Studie über die «Stile» der Maya-Plastik vorgetragen. [11] Aus dem Fehlen von Monumenten aus der Zeit zwischen den Jahren 9.5.0.0.0 (534 n. Chr.) und 9.8.0.0.0 (593 n. Chr.) schloß sie auf einen katastrophenbedingten Hiatus [12] in der Maya-Kultur. Darüber hinaus stellte sie fest, daß diese Periode zeitlich übereinstimmte mit dem Wechsel vom frühklassischen zum spätklassischen Keramikstil. Auch Gordon Willey kam bei Betrachtung der archäologischen Urkunde zu dem Schluß, daß die Maya um die fragliche Zeit eine regionale Krise durchlebt haben mußten, und zwar eine Krise, die den definitiven Zusammenbruch der klassischen Kultur, wie er dann im 9. Jahrhundert nicht mehr abzuwenden war, in manchen Zügen bereits modellhaft vorwegnahm. [13]

Dank Tatiana Proskouriakoffs zweitem überragenden Beitrag zur Maya-Forschung, der «historischen Hypothese» [14], konnte die zeitliche Ausdehnung dieser Lücke dann etwas enger gefaßt werden. Bis zur Veröffentlichung dieser Hypothese in den sechziger Jahren stellte man sich die Maya der klassischen Periode allgemein als sanftmütige priesterliche Sterngucker und Kalendermacher vor, die in friedfertiger Beschaulichkeit mit unermüdlichem Eifer den ewigen Kreislauf der kosmischen Zeit auf Gedenksteinen aufzeichneten – in einer Schrift, deren Geheimnis wir niemals ganz ergründen würden. Tatiana Proskouriakoff nun bewies zweifelsfrei nicht nur, daß die Texte auf den Stelen der Maya zu lesen und zu verstehen sind, sondern darüber hinaus auch, daß sie die bei den Maya gebräuchliche Form der Geschichtsschreibung darstellen, einer Geschichtsschreibung, die von Königen und Königreichen handelt. Dank Proskouriakoffs Entdekkungen konnten für viele Ruinenplätze historische Zusammenhänge rekonstruiert und scheinbare Lücken in der Chronologie geschlossen werden. Rätselhaft blieb nach wie vor die Tatsache, daß die archäologische Hinterlassenschaft in Tikal zwischen Stele 17 vom 9.6.3.9.15 (17. September 557) und Stele 30 vom 9.13.0.0.0 (18. März 692) eine unübersehbare Lücke aufweist; für diesen Zeitraum brachten die Grabungen keine einzige Stele zutage. Überdies waren die vor dem Hiatus in Tikal errichteten Stelen, wie schon erwähnt, durch Beschaben oder Behauen vorsätzlich unleserlich gemacht worden.[15] Es scheint, daß da jemand *mit Gewalt* ein ganzes Kapitel aus den Akten der Geschichte zu löschen suchte. Nach allem, was wir inzwischen wissen, müssen wir annehmen, daß der Übeltäter niemand anderer als der räuberische König von Caracol, Herr Wasser, war, der mit einem Angriff auf seinen Nachbarstaat Tikal eine militärische Eroberungskampagne großen Stils eröffnete.

Der erste Anhaltspunkt für die verhängnisvolle Rolle, die Herr Wasser in den Geschicken der Stadt Tikal spielte, ergab sich, als die in Caracol tätigen Archäologen 1986 einen Ballspielplatz freilegten.[16] Auf dessen Mittelachse entdeckten sie eine runde Spielfeldmarkierung mit einer langen, aus 128 im Kreis angeordneten Glyphen bestehenden Inschrift auf der Oberseite (siehe Abb. 5.4). Der Text auf diesem (nicht ganz zutreffend so genannten) «Altar» beginnt mit der Geburt des königlichen Monumentstifters, Herrn Kans II., und protokolliert in der Folge die Inthronisation seines Vorfahren Herrn Wasser am 18. April 553. Aus unserer Sicht sind freilich die interessantesten Textteile diejenigen, die von Herrn Wassers Übergriffen auf Tikal berichten. Am 11. April 556 (9.6.2.1.11), nach Beendigung von Katun 6, heißt es da, führte Caracol eine «Beil-Krieg»-Aktion «im Lande des» Ahau von Tikal durch.[17]

Freilich war dieser erste «Beil-Krieg», wie wir uns vorstellen können, für das Opfer des Aggressors noch nicht existenzbedrohend. Bald darauf nämlich, am 17. September 557, ließ Tikals Herrscher Zweifach-Vogel aus Anlaß irgendeines Ein-Katun-Jubiläums (möglicherweise zum Gedenken an die Vollendung des ersten Katun seiner Regierungszeit) Stele 17 aufstellen (siehe Abb. 5.5). Die Erinnerung an diese Feier sollte jedoch für lange Zeit der letzte Eintrag in den öffentlichen Annalen der Stadt Tikal bleiben. Denn wie die Inschrift auf Altar 21 in Caracol vermeldet, fand fünf Jahre später, am 1. Mai 562 (9.6.8.4.2), eine «Stern-in-Tikal»-Aktion statt – und das war ein Ereignis, das sich gewöhnlich verheerend auf die unterlegene Seite auswirkte.[18] Das Blatt hatte sich gewendet. Jetzt zeigte sich Caracol als Meister der Tlaloc-Venus-Kriegsstrategie, der zweihundert Jahre zuvor Uaxactún zum Opfer gefallen war. Für Tikal hatte eine lange Phase der Dunkelheit und Erniedrigung begonnen.

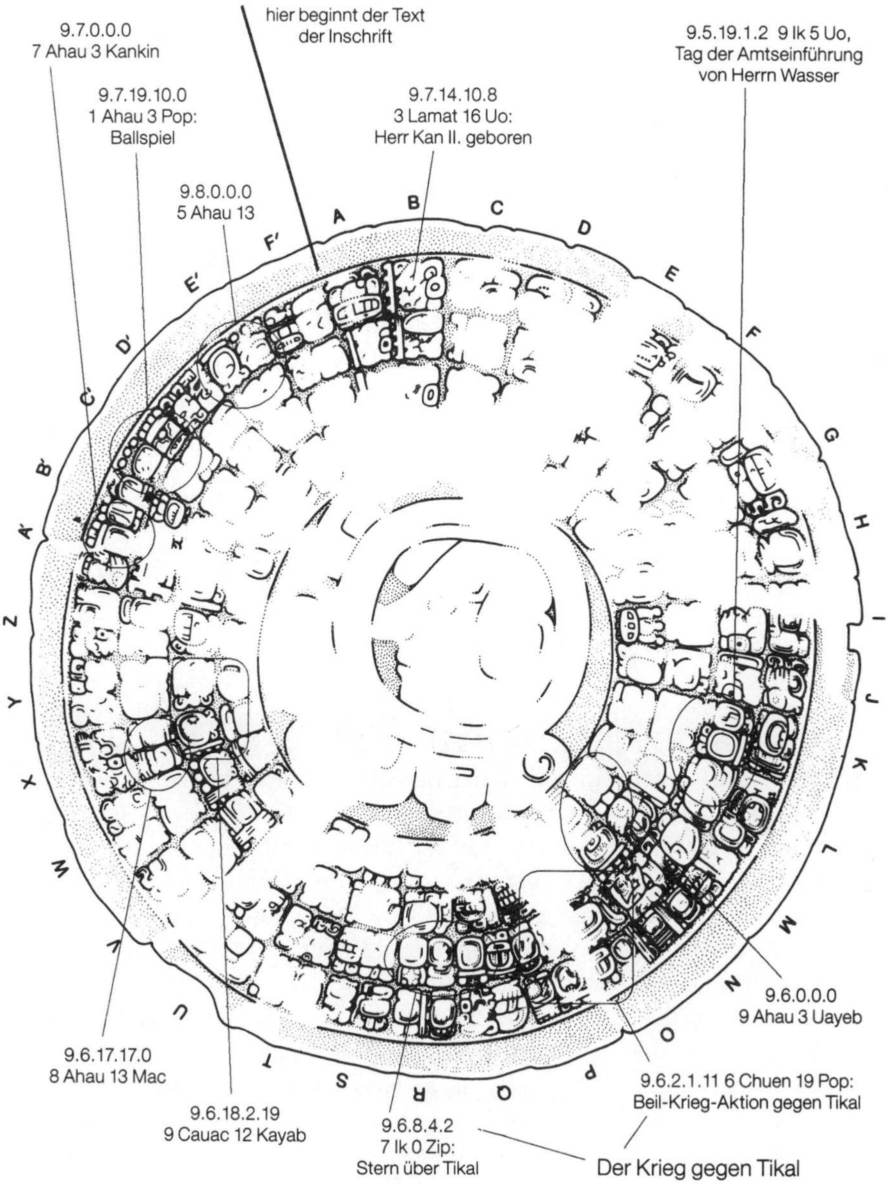

Abb. 5.4 Altar 21 in Caracol
(Zeichnung: Stephen Houston)

Die zeitliche Übereinstimmung zwischen der Triumphmeldung auf dem Denkmal in Caracol und der Vernichtung Tikals beweist, daß die Meldung keine Erfindung war. Herr Wasser hatte mit seinem Feldzug den Stolz des Nachbarstaats gebrochen: Mit dem politischen Führungsanspruch, der Unabhängigkeit und dem Reichtum Tikals war es jäh vorbei. Indessen läßt sich nicht mit Sicherheit feststellen, bis zu welchem Grad Caracol die politische Hegemonie über den riesigen Nachbarstaat auszubauen und wie lange es sie aufrechtzuerhalten vermochte.

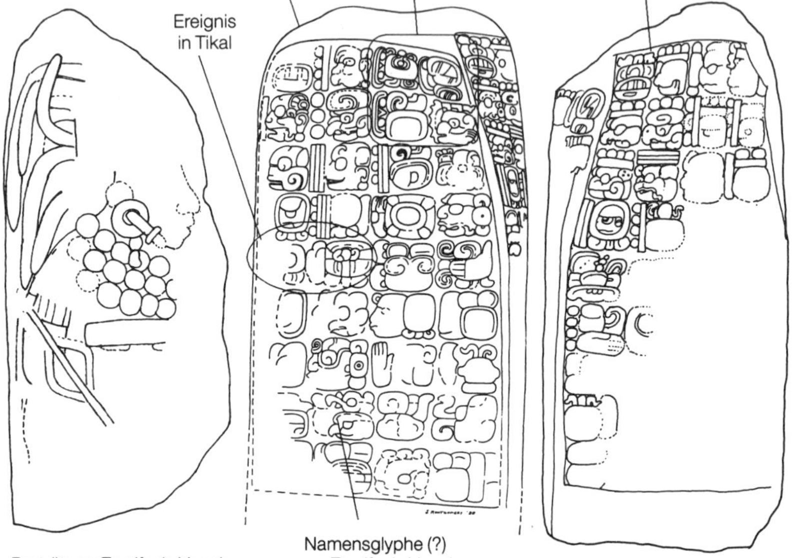

Abb. 5.5
Tikal, Stele 17:
Der letzte König von Tikal vor dem Überfall Caracols
(mittlere Zeichnung: John Montgomery)

Der vorliegende archäologische Befund liefert gewisse Indizien für die Allgegenwart Caracols im Alltag der Bewohner von Tikal. So zum Beispiel lassen sich in Tikal sowohl im Kunstschaffen als auch in den Bestattungsbräuchen vom fraglichen Zeitpunkt an Einflüsse aus der Caracol-Region feststellen.[19] Nicht zu übersehen ist auch – wir erwähnten es bereits –, daß Zweifach-Vogel und seine Dynastie keine Stelen und sonstigen Monumente mehr errichteten; beim Tempel- und Pyramidenbau ging die Aktivität stark zurück. Die Gründe dafür können wir nur vermuten. Zweifach-Vogel war sicherlich gefangengenommen und getötet, seine Dynastie ihrer Macht enthoben und die Oberschicht, soweit noch am Leben, aus dem internationalen Handelsgeschäft, das in der Vergangenheit ihren Reichtum begründet hatte, verdrängt worden. Die Auswirkungen dieser Deklassierung sind deutlich in den Bestattungsgepflogenheiten der Ahauob zu erkennen. Die ehemals reich ausgestatteten Nobelgruften machten Grabstätten Platz, die in Quantität und Qualität der Beigaben nur mehr dürftige Karikaturen der einstigen Pracht waren. Die Unterdrücker tolerierten in Tikal nur noch ein einziges Mal ein Luxusgrab alten Stils: Grab 195, die letzte Ruhestätte des zweiundzwanzigsten Thronfolgers der Dynastie Yax-Moch-Xoc. Nachdem man ihm ein Leben lang das Recht verweigert hatte, sich auf öffentlichen Monumenten zu verewigen, gewährte man ihm wenigstens im Tod mit einem prunkvollen Begräbnis einen würdevollen Abgang ins Jenseits – vielleicht als Ausgleich für die Schmach, daß man ihn um seinen angestammten Platz in der Geschichte gebracht hatte.

Herr Wasser übte eine ungewöhnlich lange und segensreiche Herrschaft aus – segensreich zumindest aus der Perspektive Caracols. Als er nach sechsundvierzigjähriger Regierungszeit starb, ging der Thron an den älteren von zwei Brüdern über, die vermutlich seine Söhne waren.[20] Sein unmittelbarer Nachfolger, 575 geboren, wurde am 26. Juni 599 inthronisiert und regierte danach neunzehn ereignisarme Jahre lang. Der jüngere Bruder hingegen erwies sich als ein König ganz vom Schlage seines Vaters. Am 6. März 618 auf den Thron gelangt, setzte er umgehend alle Hebel in Bewegung, um zu beweisen, daß die Siege, die sein Vater errungen hatte, keine historischen Eintagsfliegen waren. Er startete einen Feldzug, der mit der Unterwerfung Naranjos, eines Königreichs von bedeutender Größe im Osten von Tikal, endete.

Herr Kan II. protokollierte die Geschichte seiner kriegerischen Aktivitäten einesteils auf Stele 3 in seiner eigenen Hauptstadt, zum anderen auf der Hieroglyphentreppe, die er im Hauptzentrum des besiegten Gegners, Naranjo, errichten ließ. Die Aufzeichnungen über die frühesten Begebenheiten seiner Regierungszeit haben bisher allen Entzifferungsbemühungen widerstanden, jedoch gibt es Anhaltspunkte dafür, daß dieser Herrscher schon bald nach seiner Thronbesteigung ein für ihn wichtiges strategisches Bündnis schloß. Am 9.9.5.13.8 (9. Januar 619), lesen wir (siehe Abb. 5.6a), unternahm Herr Kan II. einen noch unentschlüsselten Schritt «im Lande eines» Ahau von Calakmul, einem nördlich von Tikal in Sichtweite der verlassenen Berg-Tempel von El Mirador gelegenen Riesenreich.[21] Worum auch immer es bei dieser Aktion gegangen sein mag, sie bezeichnet auf jeden Fall den Beginn einer Allianz zwischen Kan II. und den Königen von Calakmul, die in den nachfolgenden Katunen verhängnisvolle Konsequenzen sowohl für Tikal als auch für Naranjo haben sollte. Mit diesem und ähnlichen Bündnissen trieb der König von Caracol seine künftigen Opfer in eine tödliche Falle.

Calakmul war kein Neuling auf der historischen Szene. Die Stadt besaß Monumente aus der frühklassischen Periode und zählte bereits im späten Vorklassikum zu den aufstrebenden Siedlungsplätzen. Höchstwahrscheinlich hatte sie die Nachfolge El Miradors im Norden angetreten und rivalisierte schon lange mit Tikal.

Ein König von Calakmul wird auf der supranationalen politischen Bühne der damaligen Zeit erstmals in der epigraphischen Urkunde Yaxchiláns, eines Zentrums westlich von Tikal, erwähnt. Ein Text auf Türsturz 35 der frühklassischen Struktur 12 verzeichnet unter anderem, daß ein Tributfürst des Königs von Calakmul am 9.5.2.10.6 (16. Januar 537) in Yaxchilán bei einem Ritual zugegen war. Der Name des Königs von Calakmul ist hier mit einer «Cauac-in-der-Hand-Ix»-Glyphe wiedergegeben; der Einfachheit halber werden wir das im folgenden zu «Cu-Ix» verkürzen.[22]

Der Name Cu-Ix erscheint auch auf Stele 25 in Naranjo, hier mit dem Datum 9.5.12.0.4 (7. Mai 546), das offenbar den wichtigsten Tag im

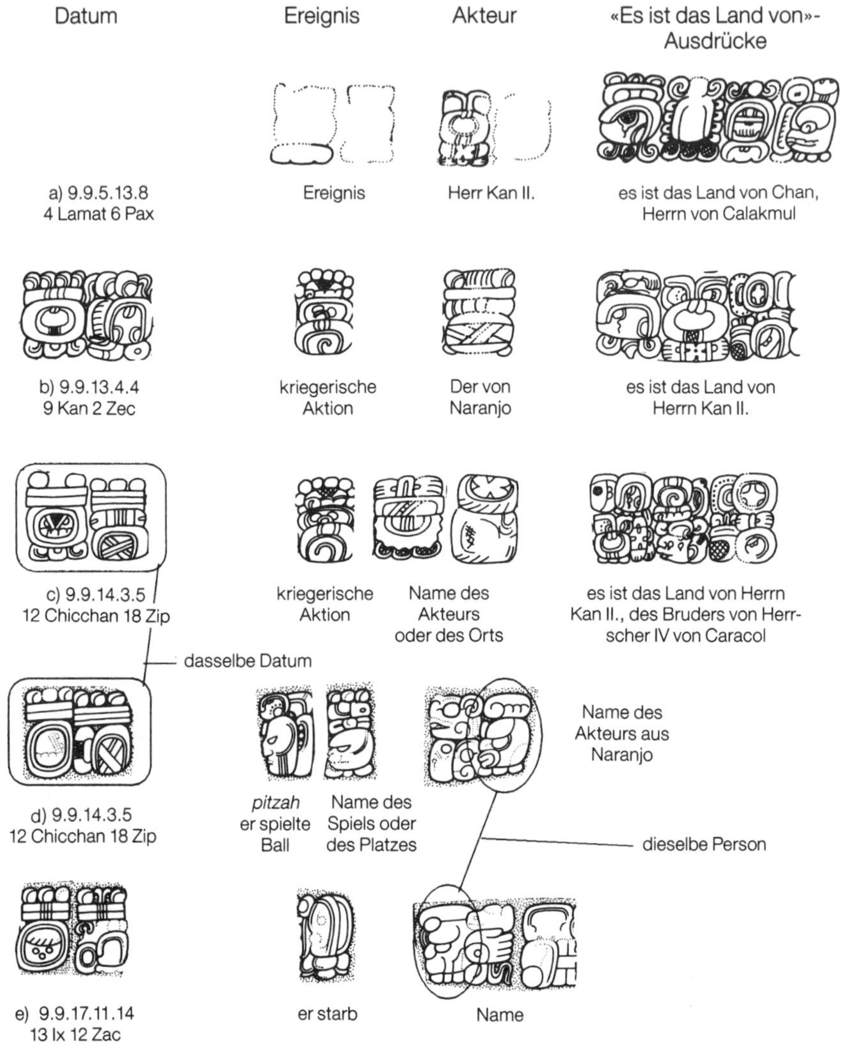

Abb. 5.6 Das Kriegsprotokoll in Caracol und Naranjo a–c: Caracol, Stele 3 d–e: Naranjo, Hieroglyphentreppe

Dasein des damaligen Königs von Naranjo, des sogenannten Herrschers I, bezeichnet, denn bis zu seinem Lebensende widmete er ihm zu den kalendarischen Anniversarien immer wieder Gedenkfeiern. Wir neigen zu der Annahme, daß es sich bei dem Ereignis um seine Inthronisation handelte, aber was immer es gewesen sein mag, aus dem Text auf Stele 25 geht jedenfalls hervor, daß es *u cab*, «im Lande des», Cu-Ix, des Ahau von Calakmul, stattfand. Das Ganze legt die Vermutung nahe, daß der König von Calakmul eine wichtige, wenn nicht sogar die ausschlaggebende Rolle bei der Einsetzung von Herrscher I zum König von Naranjo spielte. Auf jeden Fall bezeugen die beiden Hinweise einen weitreichenden Einfluß von Cu-Ix. Darüber hinaus deuten sie auf eine gegen Tikal gerichtete Einkreisungsstrategie hin, getragen von Calakmul im Norden, Caracol im Süden, Naranjo im Osten und – möglicherweise – Yaxchilán im Westen.[23]

Freilich, wenn es in der Tat jemals ein Bündnis zwischen Calakmul und Naranjo gegeben hat, so war es nicht von Dauer. Wir wissen nicht, was sich zwischen Herrscher I von Naranjo und seinem Bündnispartner in Calakmul zugetragen haben mag; wir haben jedoch Anhaltspunkte dafür, daß in späteren Jahren die Könige von Caracol ungeniert Streit mit Naranjo suchen konnten, ohne dadurch ihre Allianz mit Calakmul zu gefährden. So überfiel Herrn Wassers jüngerer Sohn, der räuberische Herr Kan II., am 28. Mai 626 Naranjo aus heiterem Himmel mit einem Krieg. Die militärische Aggression leitete er damit ein, daß er an einem Würdenträger, der auf Stele 3 in Caracol schlicht als «Der von Naranjo» (siehe Abb. 5.6b) bezeichnet wird, etwas verübte, das wir lediglich in groben Zügen, nämlich als Aggressions- oder Opferhandlung zu bestimmen vermögen. Am fraglichen Tag befand sich Venus in ihrer Position als Morgenstern[24], das heißt in einer Stellung, die Schlachtenglück verhieß.

Am 4. Mai 627, ein Jahr nach jener ersten Feindseligkeit, provozierte Herr Kan II. eine zweite Konfrontation mit Naranjo. Wiederum war das Endergebnis ein Krieg oder ein Opferritual, diesmal jedoch lag der Schauplatz der Ereignisse in seiner eigenen Stadt (siehe Abb. 5.6c). Der Begebenheit wurde auch im Text der Hieroglyphentreppe zu Naranjo ein Denkmal gesetzt, hier ist sie allerdings unmißverständlich als «Ballspiel» apostrophiert (siehe Abb. 5.6d).[25] Wir können zwar nicht mit Sicherheit sagen, was der Ausdruck «Ballspiel» in diesem speziellen Zusammenhang bedeutet, wissen jedoch, daß rituelle Ballspiele häufig die Gelegenheit zur Liquidierung von Gefangenen boten. Die hier als «Spieler» («Gefangener») bezeichnete Person kam jedoch nicht vor Ablauf weiterer drei Jahre zu Tode. Der Name des Betreffenden taucht nämlich zusammen mit einer Glyphe, die sein Ableben verzeichnet, noch einmal unter dem Datum vom 4. Oktober 630 auf (siehe Abb. 5.6e). Obwohl es nicht mit Sicherheit zu beweisen ist, nehmen wir an, daß die fragliche Person Herrscher I war, der König, der im Jahr 546 (9.5.12.0.4) mit Hilfe des Königs von Calakmul in Naranjo auf den Thron gekommen war. Da die Inschrift auf Stele 25 in Naranjo von Herrscher I als einem «Fünf-Katun-Ahau»[26] spricht, war er vermutlich zum Zeitpunkt seines Todes schon über achtzig Jahre alt.

Doch gleichgültig, ob es nun der Tod von Herrscher I oder der eines anderen mächtigen Aristokraten war, der in Herrn Kans II. Protokoll der Ereignisse verzeichnet ist, das Resultat war im einen wie im anderen Fall das gleiche: eine Störung des Kräftegleichgewichts in Naranjo, die für Caracol das Signal war, die nächste Phase des Krieges einzuleiten. Am 27. Dezember des darauffolgenden Jahres 631 – dem Tag, an dem Venus am Himmel über Naranjo zum erstenmal als Abendstern aufleuchtete[27] – ging Herr Kan II. zum Generalangriff über und brachte der glücklosen

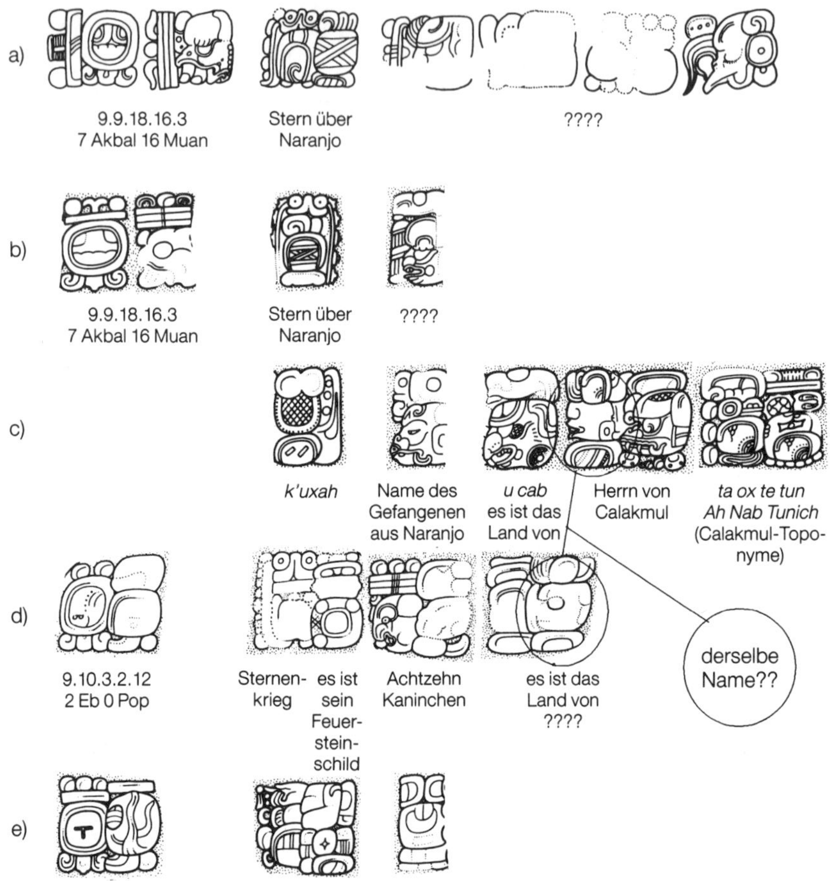

Abb. 5.7 Sternenkrieg in Caracol und Naranjo
a: Caracol, Stele 3; b–e: Naranjo, Hieroglyphentreppe

Streitmacht dieses Königreichs die entscheidende Niederlage bei (siehe Abb. 5.7 a, b).

Was war der Grund dafür, daß Herr Kan II. von Caracol sich nach der Niederwerfung Tikals als nächstes Opfer Naranjo aussuchte? Möglicherweise könnte Herrscher I von Naranjo diese Entwicklung selbst verschuldet haben. Nachdem Tikal geschlagen und die Oberschicht der Stadt ihrer Macht und ihres Reichtums beraubt war, könnte das so entstandene Machtvakuum den König von Naranjo dazu verleitet haben, von seinen bisherigen Verbündeten abzurücken. Offenbar war ihm das politische Schicksal Tikals nicht gleichgültig, und er suchte deshalb die freundschaftliche Annäherung an und die Bundesgenossenschaft mit dieser Stadt.

Indes, hinter der Geste der Freundschaft mag sich ein anderes, interessanteres Motiv verborgen haben, nämlich eine Liebesromanze. Irgendwann zu Anfang des 7. Jahrhunderts betrauerte die Aristokratie von Tikal den Tod einer Standesgenossin höchsten Ranges und außergewöhnlicher Stellung. Diese Frau wurde mit einem Übermaß an Pomp und Ehre bestattet. Um die letzte Ruhestätte für sie zu schaffen, höhlten die Ahauob

Abb. 5.8 Polychrom bemalte Schale aus dem Grab in Struktur 5 G-8 in Tikal

von Tikal den gewachsenen Stein unter der Mittelachse von Struktur 5G-8 im Wohnbezirk ihrer vom Unglück geschlagenen Stadt aus. Dann versahen die Steinmetze die Grabkammer mit einem Gewölbe nach Art der Gräber auf der Nordakropolis, in denen die verehrten Ahnen ruhten, die einzigen Verstorbenen sonst, die man der Ehre einer gewölbten Grabkammer würdigte. Die Abschiedsgabe an den Geist der Toten war eine einzige wundervolle polychrome Keramikschale, bemalt mit Bildern des Himmelsvogels (siehe Abb. 5.8). Am Rand trägt sie eine Aufschrift, die besagt, daß sie früher einmal dem Herrscher I von Naranjo gehört hatte. Wie die Schale nach Tikal gelangt ist, entzieht sich unserer Kenntnis; ihr Auffinden in dem Grab läßt jedoch vermuten, daß dessen Bewohnerin in einer besonderen Beziehung zu Naranjo stand, sei es durch Heirat, sei es in irgendeiner anderen Form, die den Austausch von Geschenken rechtfertigte. Es könnte sehr wohl sein, daß es gerade die in dieser Keramik zu symbolischem Ausdruck verdichtete Lage der Dinge war, die dem greisen König von Naranjo den Zorn des Herrschers von Caracol zuzog.

Weder in Caracol noch in Naranjo wird im Protokoll dieser «Sternenkriegs»-Aktion der Name des Königs von Naranjo zur Identifikation eines Gefangenen gebraucht. Das beweist jedoch nicht, daß der Betroffene *nicht* der König war. Es steht außer Zweifel, daß *irgendeine* Person hohen Standes aus Naranjo zuletzt während einer ziemlich grausamen Siegesfeier, die im Hauptzentrum von Caracols Bündnispartner Calakmul stattfand, geopfert wurde. Auf der Hieroglyphentreppe in Naranjo, dem Denkmal der Unterwerfung, das die Unterworfenen mit eigenen Händen zu erbauen gezwungen worden waren, liest man (siehe Abb. 5.7c), daß die fragliche Person «im Lande des» Königs von Calakmul einer Nachbehandlung unterzogen wurde, deren Bezeichnung – *k'uxah*[28], «foltern», vielleicht aber auch «essen» – auf einigermaßen abstoßende Prozeduren hindeutet. Für den Augenblick profitierte Calakmul noch von der Allianz mit dem starken Mann der Region, Herrn Kan II.; aber wir werden noch sehen, daß seine Teilnahme an diesem tödlichen Spiel um Krieg und Menschenopfer es am Ende teuer zu stehen kommen sollte.

Der Triumph scheint den militärischen Ehrgeiz Herrn Kans II. wenigstens zeitweilig gestillt zu haben, denn für die Dauer von fünf Jahren griff er

Naranjo nicht mehr an, noch nahm er während dieser Zeit einen Würdenträger der Stadt als Geisel. Vielmehr begnügte er sich damit, in aller Ruhe abzuwarten, bis Venus wieder eine höchstes Kriegsglück verheißende Position eingenommen hatte. Am 9.10.3.2.12 (4. März 636) war es soweit. Der Morgenstern hatte seinen größten Winkelabstand zur Sonne im Lauf der zurückliegenden fünfzehn Tage um sechzig Grad verringert, als Herr Kan II. von neuem gegen Naranjo losschlug. Bei der Eintragung dieser Aktion in die steinernen Annalen hob er als seine besondere persönliche Leistung die Gefangennahme eines Ahau namens Achtzehn Kaninchen hervor (siehe Abb. 5.7d). Es zählt zu den Ironien der Geschichte, daß Achtzehn Kaninchen als Opfer auf seine Weise Unsterblichkeit erlangte.

Etwas über ein Jahr später, am 9.10.4.16.2 (24. November 637), feierte Herr Kan II. die Vollendung des ersten Katun seiner Regierungszeit (siehe Abb. 5.7e) und machte daraus den krönenden Schlußakt des Geschichtsdramas, das er vor langer Zeit in Szene zu setzen begonnen hatte. Wie zum Hohn auf seine Opfer ließ er die Erinnerung an diese Feier nicht in seiner eigenen Heimatstadt, sondern auf der Hieroglyphentreppe in Naranjo, dem Denkmal der Unterwerfung dieser Stadt, aufzeichnen. Das hieß Salz in die Wunden der Unterjochten streuen.

Caracols Wüten im Petén veränderte in vielen alten Zeremonialzentren die Lebensbedingungen der ahnenstolzen Oberschicht. Herr Kan II. und seine Verbündeten verlangten von ihren besiegten Gegnern zweifellos enorme Reichtümer als Tribut. Aus unterworfenen Städten wurde herausgepreßt, was gut und wertvoll war: Obsidian und Muschelgeld, Familienschmuck, handgewebte Stoffe, dazu die fähigsten Handwerksleute und Künstler. Diese gewaltsam durchgesetzte Tributpflicht spielte die Schlüsselrolle für Caracols Vorherrschaft im Petén. Da die Einrichtung eines stehenden Heeres bei den Maya unbekannt war, konnten Eroberer in einer unterjochten Stadt keine Besatzungstruppen als Aufpasser zurücklassen. Aber das war auch gar nicht nötig. Ein Zentrum, dem man seine Reichtümer und seinen König genommen hatte, war kaum in der Lage, Vergeltung zu üben. Der Prestigeverlust bedeutete mehr als nur eine Demütigung, er kam einer Verringerung oder völligen Einbuße des politischen Einflusses gleich, was wiederum zur Folge hatte, daß der Zustrom von Menschen und Gütern aus dem Hinterland ausblieb. Ein in dieser Weise von seinen Ressourcen abgeschnittenes Zentrum war am Lebensnerv getroffen.

Zu den wohl schwerwiegendsten Folgen einer Eroberung gehörte die Liquidierung der öffentlichen Kunst. Indem Caracol die Monumente des Gegners auslöschte und ihn obendrein so sehr ausplünderte, daß er nicht mehr in der Lage war, neue zu schaffen, brachte es ihn um seinen kostbarsten Besitz – seine Geschichte. Sowohl Tikal als auch Naranjo hatten in dieser Beziehung Schreckliches zu erdulden. Während einer Zeitspanne von einhundertdreißig Jahren nach der Niederlage Tikals fand in dieser

Stadt nur ein einziger König, Thronfolger Nummer 22, Eingang in die epigraphische Urkunde, aber auch er nicht an öffentlicher Stelle. Er wäre für uns ein völlig Unbekannter geblieben, hätte man ihm nicht – möglicherweise einem Verbot aus Caracol trotzend – auf Keramik und Holz geschriebene Texte mit in seine letzte Ruhestätte, Grab 195, gegeben.

Auch im verbündeten Uaxactún bekam die Oberschicht die Folgen von Caracols Sieg zu spüren. Hier war man sich gewiß der bitteren Ironie bewußt, daß Tikal nun selbst der Tlaloc-Venus-Kriegsstrategie zum Opfer gefallen war, die das Brüderpaar Groß-Jaguar-Tatze und Rauch-Frosch einhundertachtzig Jahre zuvor gegen Uaxactún angewandt hatte: Die Sieger von damals waren jetzt nach demselben Muster bezwungen worden, das sie einstmals selbst im Maya-Land eingeführt hatten. Trotzdem war man in Uaxactún über diese Ironie der Geschichte nicht gerade froh, denn als Teil von Tikals Hegemonialreich fand man sich aufs schwerste mitbetroffen. Mit der Entmachtung der Dynastie in Tikal verlor auch Uaxactún die Königsherrschaft, und das öffentliche Kultleben der Stadt kam zum Erliegen. Am 9.6.0.0.0 wurde in Uaxactún die letzte Stele vor einer zweihundertjährigen Unterbrechung dieser Praxis aufgestellt.[29]

Für Naranjo brachte die Niederlage nicht ganz so langwierige, jedoch kaum weniger dramatische Folgen mit sich. Am 6. Dezember 642 (9.10.10.0.0) mußte die unterdrückte Bevölkerung dort die Weihe der Hieroglyphentreppe miterleben, des vom Herrscher Caracols ihr abgenötigten Denkmals zur Verherrlichung seines Triumphs über sie. Solche Treppen dienten nicht nur zur Feier von Sieg und Niederlage, sondern auch zur Exekution von Gefangenen, die nach vorausgegangenem rituellem Ballspiel zu Bündeln geschnürt die Treppenstufen hinuntergerollt wurden. Den Überlebenden der Oberschicht von Naranjo war die Treppe verhaßt, hielt sie ihnen doch beständig die Hegemonialherrschaft Caracols vor Augen. Nach diesem Denkmal der Entehrung wurde vierzig Jahre lang kein Hieroglyphenmonument mehr in Naranjo errichtet.

Während Katun um Katun langsam verstrich, entzündeten Vertreter neuer Eliten, die nach Rache und Wiederherstellung der Ehre ihrer Vaterstadt dürsteten, auf den Altären des Petén heilige Feuer, um das über Tikal und Naranjo schwebende Unheil zu bannen. Im Gegensatz zu Rauch-Frosch aus Tikal, dessen Siege in der ganzen Region Bewunderung ausgelöst und die Phantasie der Menschen angeregt hatten, gelang es Herrn Kan II. und seinen Verbündeten aus Calakmul nie ganz, den Haß ihrer Opfer zu ersticken und die Unterwerfung zu konsolidieren. Innerhalb kurzer Frist hatten sie mit ihrem fehlgeschlagenen Versuch, ein Imperium zu errichten, ehrgeizige Machtstrategen aus der Petexbatún-Region im Süden dazu herausgefordert, gegen sie auf den Plan zu treten. Diese neuen Herren aus dem Königreich Dos Pilas sollten Naranjo aus seiner Erniedrigung führen und Tikal dazu ermuntern, sich wieder das zu nehmen, was ihm einst gehört hatte. Aber indem sie Vergeltung übten an den Siegern von einst, besiegelten die Herren von Dos Pilas im selben Zug, in dem sie die Dynastien der erniedrigten Reiche restaurierten, den Ruin der Maya-Kultur. Auf lange Sicht sollte das Bemühen der Maya um eine Form der politischen Einheit, die einer ihnen allen gemeinsamen Vision von der Göttermacht gleichkäme, an der Dünkelhaftigkeit und dem Rachedurst der Könige scheitern.

Dos Pilas mischt mit

Selbst in einer Epoche, in der große Herrscherfiguren, die ihre Macht über die ererbten Landesgrenzen hinaus auszudehnen suchten, gleichsam zum historischen Alltag gehörten, hebt sich die lange und glanzvolle Laufbahn des Königs Feuerstein-Himmel-Gott K von Dos Pilas als eine der bemerkenswertesten dieser Zeit ab. Zu Hause war er in einer erhöht zwischen Petexbatún-See und Río de la Pasión gelegenen Ansiedlung, in einer Region also, die seit dem mittleren Vorklassikum in der Kulturgeschichte der Maya eine wichtige Rolle spielte. Hier gründete Feuerstein-Himmel-Gott K um die Mitte des 7. Jahrhunderts ein neues Königreich, und möglicherweise ruhten dabei die Hoffnungen der Dynastie Groß-Jaguar-Tatzes von Tikal auf ihm, denn das neue Fürstentum und das weit ältere Tikal führten dieselbe Emblemglyphe als Wappen. Es wäre denkbar, daß es sich bei dem Herrscherhaus von Dos Pilas um einen Nebenzweig der Königsfamilie von Tikal handelte – Nachkommen der Familie, die nach Tikals Niederwerfung emigrierten und sich hier im Süden ansiedelten.[30]

Feuerstein-Himmel-Gott K war ein Meisterstratege im politischen Machtspiel. Er erklärte Dos Pilas am 9.10.12.11.2 (5. Juli 645) zur Monarchie und begann unverzüglich, durch Eheverbindungen mit den Herrscherfamilien benachbarter Reiche seine Stellung zu festigen. Er selbst heiratete eine Frau aus Itzan, die ihm zwei Söhne schenkte. Der eine der beiden erbte vom Vater nicht nur das Thronrecht, sondern auch dessen militärisches Genie; der andere ist zwar in der epigraphischen Urkunde von Dos Pilas erwähnt, indes gelangte er nie auf den Thron.[31] Feuerstein-Himmel-Gott K sorgte auch dafür, daß weibliche Mitglieder seines Hauses – vermutlich seine Schwestern oder Töchter – durch Heirat an die Seite der Herrscher im nahegelegenen El Chorro und El Pato gelangten.[32]

Zugleich leitete Feuerstein-Himmel-Gott K eine Familientradition der imperialen Eroberungspolitik ein. Über eine Periode von zwanzig Jahren hinweg, von 664 bis 684, verbreitete er mit einer langen Reihe von Feldzügen Furcht und Schrecken unter seinen Gegnern. Den Katalog seiner Großtaten (siehe Abb. 5.9 a) eröffnete er am 2. März 664 mit der Gefangennahme eines Ahau namens Tah-Mo' («Kienholzfackel-Ara»). Nach Maya-Kriegersitte ließ Feuerstein-Himmel-Gott K zwar die Personennamen seiner Gefangenen, jedoch nicht die Namen ihrer Heimatreiche aufzeichnen,

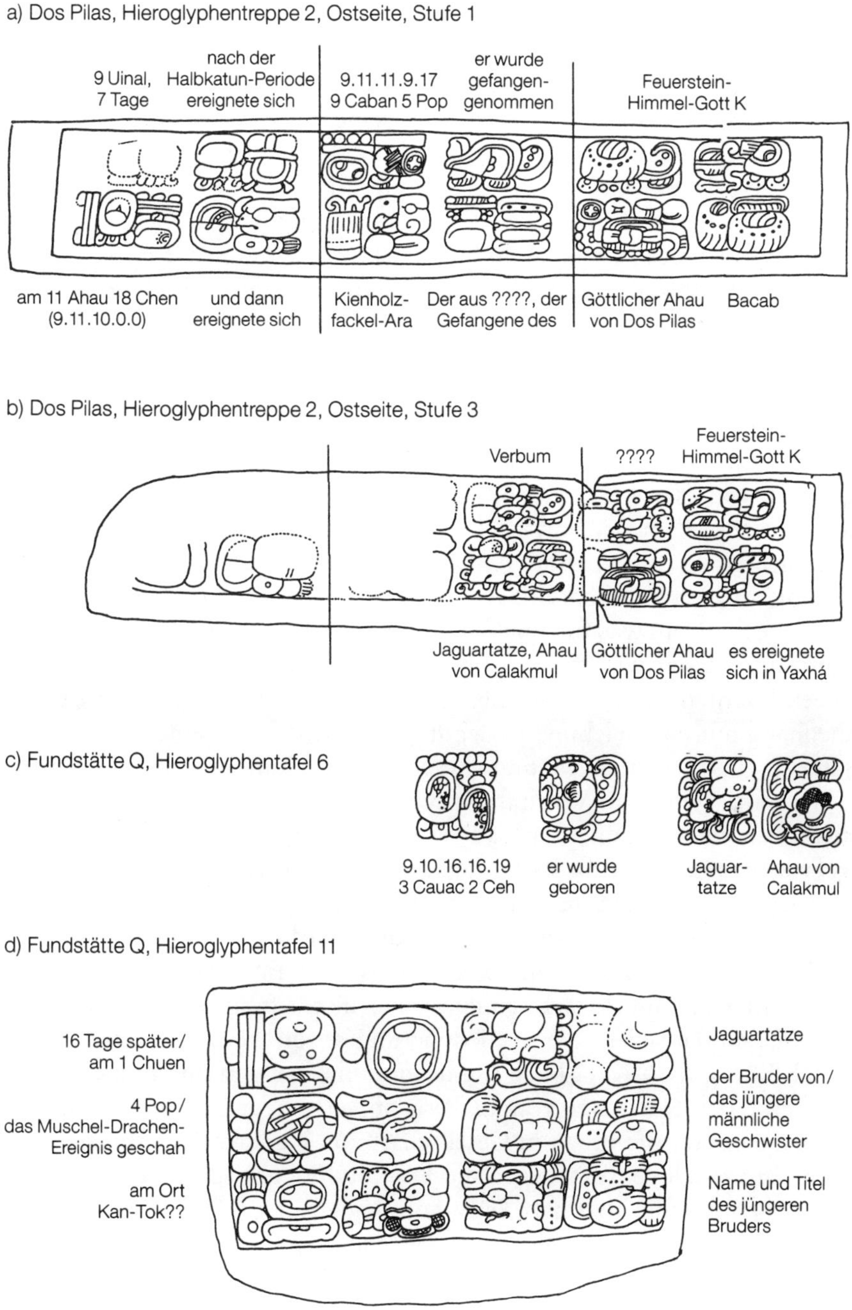

Abb. 5.9 Jaguartatze in Dos Pilas und Fundstätte Q (Calakmul?)

so daß wir in diesem Fall nicht sagen können, aus welchem Gebiet sein unglückseliges Opfer stammte. Diesem ersten Triumph ließ Feuerstein-Himmel-Gott K eine Serie von erfolgreichen militärischen Aktionen – zum Teil im Tlaloc-Venus-Stil – folgen. Sein Ehrgeiz ließ nicht eher nach, bis er auch an der Politik des Zentralpetén beteiligt war, wo vorläufig noch Caracol die Führung besaß – und er ging dabei, wie wir noch deutlicher sehen werden, höchst umsichtig und schlau zu Werke.

Mit dem Machtzuwachs, den ihm seine militärische Siegesserie bescherte, zog Feuerstein-Himmel-Gott K schließlich die Aufmerksamkeit der Herrscher des Großreichs Calakmul auf sich, der einst mit Caracol Verbündeten und Todfeinde Tikals und Naranjos. Die Geschichte des damaligen Königs von Calakmul, Jaguartatze mit Namen, findet sich teils auf einer Reihe von (aus der Region Calakmul?) geraubten Hieroglyphentafeln, teils in einigen Textpassagen auf der Hieroglyphentreppe in Dos Pilas. In einer der geraubten Tafeln ist als Jaguartatzes Geburtsdatum der 9. Oktober 649 vermerkt (siehe Abb. 5.9c). Auf der Hieroglyphentreppe wird berichtet, daß der junge Kronprinz um den 9.11.10.0.0[33] gemeinsam mit Feuerstein-Himmel-Gott K bei einer Feier an einem Ort namens Yaxhá zugegen war (siehe Abb. 5.9b), unter dem man sich möglicherweise das Seengebiet bei Naranjo vorzustellen hat. Am 25. Februar 683 wiederum ist Jaguartatze im Petexbatún-Gebiet zu finden, wo er an einer Feier teilnimmt, die am Petexbatún-See unweit von Dos Pilas stattfindet (siehe Abb. 5.9d).[34] Um was für eine Art von Feier es sich in diesen beiden Fällen handelte, wissen wir nicht, denn die Textstücke, die darüber Auskunft geben könnten, sind verlorengegangen; auf jeden Fall deutet der Zusammenhang auf eine wichtige Beziehung, möglicherweise eine Allianz, zwischen Jaguartatze und dem draufgängerischen Feldherrn aus Dos Pilas hin.

Wie auch immer die Verbindung zwischen den beiden Männern gewesen sein mag, sie war auf jeden Fall wichtig genug, um auch die Teilnahme Feuerstein-Himmel-Gott Ks an Jaguartatzes feierlicher Inthronisation am 6. April 686 in Calakmul zu rechtfertigen (siehe Abb. 5.10a, b).[35] Jaguartatzes Thronbesteigung wurde auch in dem nördlich von Dos Pilas gelegenen Königreich El Perú epigraphisch registriert. Ein diesbezüglicher Hinweis findet sich im Zusammenhang einer Inschrift auf einem Paar aus El Perú geraubter Stelen, die der Erinnerung an die Feier des Katun-Endes durch König Mah-Kina-Balam und seine Ehefrau geweiht sind. Er habe, vermerkt der Herrscher von El Perú auf einem der Gedenksteine, das Figurinenzepter öffentlich in Gesellschaft von Jaguartatze getragen (siehe Abb. 5.10a). Diese Texte legen die Vermutung nahe, daß die Könige des westlichen Peténgebiets zur Feier von Jaguartatzes Thronbesteigung in Calakmul anreisten und er diesen Ehrengästen dann seinerseits wieder Gegenbesuche in ihrer Heimat abstattete.

Auch Feuerstein-Himmel-Gott K widmete dem Andenken an Jaguartatzes Inthronisation einen Gedenkstein (Stele 13; siehe Abb. 5.10b), den er auf der Plattform seines großen Siegesmals, der Hieroglyphentreppe 2, aufstellen ließ. Damit erwies er Jaguartatze eine große Reverenz, denn die Nebeneinanderstellung seines eigenen Triumphmonuments und des Erinnerungstexts zu Jaguartatzes Thronbesteigung suggeriert dem Betrachter

a) El Perú, Stele 30: Jaguartatzes Thronbesteigung

b) Dos Pilas, Stele 13: Jaguartatzes Thronbesteigung

c) Jaguartatze als Vasall in Dos Pilas

(Zeichnung: Stephen Houston)

Abb. 5.10
Jaguartatze in El Perú und in Dos Pilas

einen Zusammenhang zwischen der Gründung von Dos Pilas und dem Thron Calakmuls.

Stele 13 in Dos Pilas, die nur Schriftzeichen, keinen Figurenschmuck trägt, teilt dem Betrachter als erstes mit, daß Jaguartatzes Inthronisation am 9.12.13.17.7 (6. April 686) stattfand, sodann, daß Feuerstein-Himmel-Gott K, der Überwinder Tah-Mo's, «Augenzeuge war» *(yilah)*[36] und daß sich das Ganze an einem Ort namens Nab Tunich abspielte (den man sich irgendwo innerhalb der Reichsgrenzen von Calakmul vorzustellen hat[37]). Sehr wahrscheinlich war also Feuerstein-Himmel-Gott K als Beobachter und Gast zur Feier von Jaguartatzes Inthronisation höchstpersönlich nach Nab Tunich gereist.

Ungeachtet der «freundschaftlichen» Beziehung gibt es gewisse Anhaltspunkte dafür, daß Jaguartatze – möglicherweise vor seiner Thronbesteigung – zumindest unter gewissen Bedingungen gegenüber Feuerstein-Himmel-Gott K in der Rolle eines Abhängigen auftrat. Auf einem geraubten Keramikgefäß ist zu sehen, wie Jaguartatze auf den Knien einem Ahau von Dos Pilas huldigt (siehe Abb. 5.10c).[38] Wir vermuten, daß es sich um Feuerstein-Himmel-Gott K oder seinen Erben handelt.[39] Indes die eigentlich interessante Frage, die diese Szene aufwirft, lautet: Wie kommt ein Mitglied der Herrscherschicht von Calakmul und Verbündeter des mächtigen Caracol überhaupt in eine solche Lage? Da weder die Epigraphik noch die Archäologie uns das Material für eine akkurate Antwort liefern können, sind wir in diesem Punkt auf Spekulationen angewiesen. Denkbar wäre, daß Feuerstein-Himmel-Gott K dem jungen Thronfolger gegenüber so etwas wie eine «Paten»-Rolle spielte, um sich für spätere Zeiten, wenn Jaguartatze erst einmal König wäre, seiner Unterstützung für Dos Pilas' Hegemonialbestrebungen im Westen der Region zu versichern. Bedenkt man andererseits Feuerstein-Himmel-Gott Ks gleichzeitiges militärisches Engagement im Zentralpetén, so scheint es genausogut möglich, daß er auf ein Bündnis oder zumindest ein Stillhalteabkommen mit Calakmul hinarbeitete. Wie dem auch sei, auf jeden Fall machte Feuerstein-Himmel-Gott K den Herren von Calakmul auf die eine oder andere Weise ein Angebot, das sie nicht ablehnen konnten.

Welches Drehbuch auch immer den diplomatischen Aktivitäten, die sich da abspielten, zugrundegelegen haben mag, im Ergebnis erhielt Feuerstein-Himmel-Gott K die Möglichkeit, seinen Einflußbereich ostwärts bis zu dem von Caracol geknebelten Naranjo auszudehnen. Dank seinem strategischen Geschick sollte es ihm in der Zukunft gelingen, Caracol als politische Größe auszuschalten. Das wichtigste politische Instrumentarium der Zeit waren Krieg und Heiratspolitik, und genau diese Werkzeuge handhabte Feuerstein-Himmel-Gott K meisterlich – so meisterlich, daß er mit ihnen ein ganz neues Machtgefüge im Petén hervorbringen sollte.

Der geniale Politiker Feuerstein-Himmel-Gott K war er nicht zuletzt deshalb, weil er das Fingerspitzengefühl besaß, das man brauchte, um auf die komplexen Kräfteverhältnisse in der Politik, je nach Zeit, Ort und Situation, mit äußerster Subtilität zu reagieren. Während er im Norden die Region Calakmul neutralisierte, expandierte er gleichzeitig nach Osten in das Machtvakuum hinein, das dort mit dem Sturz Tikals und Naranjos entstanden war. Eigenartigerweise machte er Naranjo und damit die kleinere Siegestrophäe zum Ziel seiner Anstrengungen. Diesmal schien dem Meisterstrategen nicht der Krieg oder die Bündnispolitik, sondern die Heiratspolitik das geeignete Mittel für die Ausführung seines Vorhabens. Er schickte eine Tochter[40] namens Hohe Frau Wac-Chanil-Ahau («Sechs Himmelsherr»)[41] nach Naranjo, mit dem Auftrag, in diesem altehrwürdigen Gemeinwesen, dessen Dynastie von Caracol zerschlagen worden war, wieder ein Königsgeschlecht zu gründen. Wenngleich wir nicht alle Einzelheiten kennen, können wir uns in der Phantasie ein ziemlich plastisches Bild von der Übersiedlung Frau Wac-Chanil-Ahaus nach Naranjo machen.

Der Weg in die neue Heimat war schwierig und gefährlich, denn er führte mitten durch das von Kriegen erschütterte Herzland des Petén. Der Gefahren nicht achtend, die in dem hohen Wald und den sonnendurchglühten Feldern längs des Weges nach Naranjo lauern mochten, entfaltete der Brautzug den Pomp, der einer Prinzessin gebührte. Vor den zudringlichen Blicken des Landvolks durch einen dichten Gazeüberwurf geschützt, ruhte Frau Wac-Chanil-Ahau auf dem Jaguarfellpolster ihres königlichen Tragsessels aus blankpoliertem dunklem Ebenholz. Eine stattliche Truppe von kräftigen Ersatzleuten, jeder von ihnen zur Verteidigung bereit, umringte die vier schwitzenden Männer, die die langen Griffstangen der Sänfte mit der kostbaren Fracht auf den Schultern hielten. Dahinter folgten weitere Träger mit in Baumwoll- oder Bastgewebe eingeschlagenen Ballen, die Preziosen aus Jade, bemalte Keramiken, kostbare Stoffe, Kästchen aus mit wohlriechenden Harzen imprägniertem Holz und darin Diademe aus Muschelschnitzwerk enthielten.

An der Spitze des Zuges marschierten in voller Kampfausrüstung die tapfersten und erprobtesten Männer aus der Schar der adligen Krieger von Dos Pilas, prachtvoll und schrecklich zugleich anzusehen mit ihren von ausgestopften Hirsch-, Nabelschwein- und Jaguarbälgen gekrönten Helmen. Buntes Waldvogelgefieder und die geschrumpften Köpfe getöteter Feinde baumelten ihnen um Schultern und Hüften. Bewaffnet waren sie mit Wurfspießen und Speerschleudern, Lanzen mit langen, blattförmig geformten Steinspitzen und Keulen, die mit rasiermesserscharfen Obsidianklingen versehen waren. Gewohnt, Gefangene zu erbeuten und sie als Menschenopfer darzubringen, würden diese Männer im Falle eines Angriffs nicht zaudern: Eher würden sie sich bis zum letzten Mann zerhacken lassen, als ihre Herrin dem Angreifer preiszugeben. Und schließlich begleiteten den Zug noch, in weitem Umkreis verteilt, flink und geschmeidig die

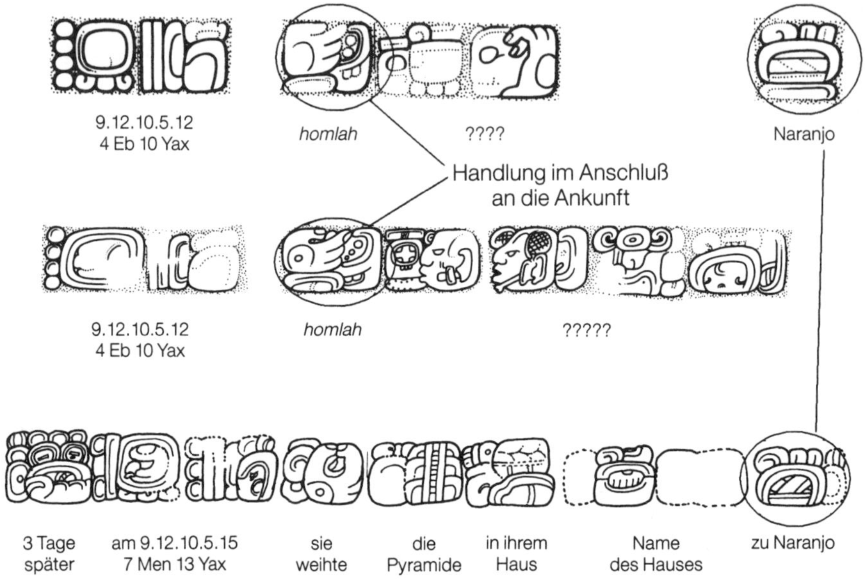

besten Jäger, Waldläufer und Kundschafter, die Dos Pilas aufzuweisen hatte, um jeden Hinterhalt zu vereiteln.

Es muß eine Frau von großem Mut und eisernem Willen gewesen sein, die da als wandelnde Kriegserklärung an die Mächtigsten unter den Feinden ihrer Familie durch den Urwald der neuen Heimat entgegenzog. Die ersten Weihehandlungen nach ihrer Ankunft nahm sie in der segenbringenden spätsommerlichen Regenzeit vor; sie begannen am 30. August 682 (9.12.10.5.12) und dauerten drei Tage. Einhundertsechzehn Tage zuvor hatte Ah-Cacaw in Tikal das Königtum restituiert. Vier Jahre später würde Frau Wac-Chanil-Ahaus Vater nach Calakmul reisen, um als Ehrengast an der Inthronisationsfeier Jaguartatzes teilzunehmen. In dieser Epoche schicksalhaften Wandels stand im Herzland der Maya eine junge Königin an der Spitze des Reiches. Am höchsten Punkt der Pyramide vergoß sie in ekstatischer Verzückung ihr Blut, um die Ahnen heraufzubeschwören, damit sie den neuen Weg, den sie dem Volk wies, sähen und segneten, während unten auf den großen Plazas die Massen tanzten und sangen und die Erbauer der verhaßten Hieroglyphentreppe, die das Zentrum ihres Gemeinwesens verunstaltete, verhöhnten. Von den hochaufragenden roten Tempelbergen Naranjos hallten hämmernder Trommelrhythmus und das tiefe Klagen der Tritonshorntrompete wider und trugen über das grüne Blätterdach des Regenwaldes hinweg zu Freund und Feind die Kunde: Es gibt wieder einen Ahau in Naranjo. Die königliche Herrin aus Dos Pilas und ihr neuer Adel sollten fortan den Beginn ihrer Geschichte auf dieses Freudenfest datieren, und unter der Herrschaft von Frau Wac-Chanil-

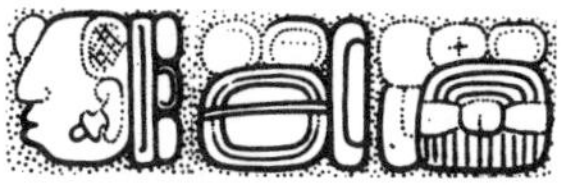

Frau Wac | Chanil-Ahau | Göttlicher Ahau von Dos Pilas

a) Naranjo, Stele 24: Handlung bei der Ankunft

Frau Wac | Chanil-Ahau | Göttlicher Ahau von Dos Pilas

b) Naranjo, Stele 29: Handlung bei der Ankunft

Frau Wac | Chanil-Ahau | Göttlicher Ahau von Dos Pilas

c) Naranjo, Stele 29: Die Pyramidenweihe

Abb. 5.11
Frau Wac-Chanil-Ahaus Handlungen im Anschluß an die Ankunft in Naranjo

Ahaus Sohn Rauch-Hörnchen sollten wieder gefangene Feinde in die Stadt geschleppt werden und im Angesicht der diesem Schicksalstag geweihten Monumente sich aufbäumend den Opfertod erleiden.

Es existieren vier verschiedene Hieroglyphentexte über die Ereignisse im Zusammenhang mit Frau Wac-Chanil-Ahaus Ankunft in Naranjo, aber nur zwei davon sind heute noch lesbar. In beiden Texten (siehe Abb. 5.11 a, b) ist die Ritualhandlung, die sie vornahm, mit einer Glyphe ähnlich jener Hand-Glyphe *hom*[42] bezeichnet, die Sturmhimmel auf Stele 31 in Tikal für die Aktivitäten bei der Eroberung Uaxactúns verwendete. In diesem Fall jedoch kann das Zeichen unmöglich Eroberung im Sinne der «Zerstörung von Bauwerken» bedeuten. Die Handlung, auf die sich die betreffenden Steleninschriften beziehen, zog drei Tage später die Weihe einer Pyramide nach sich (siehe Abb. 5.11 c), die wahrscheinlich mit der Wiedereinsetzung einer Herrscherdynastie in Naranjo verbunden war. Wie wir bereits in unserer historischen Rekonstruktion der Zusammenhänge ausführten, waren diese Ereignisse die unmittelbare Folge der Heirat einer Tochter des Königs von Dos Pilas mit einem Vertreter der Oberschicht von Naranjo. Eine Bedeutungsvariante von *hom* ist «Grenze», und ganz ohne Frage ist damit eine wichtige Vorbedingung für ein funktionierendes Staatswesen bezeichnet. Als Frau Wac-Chanil-Ahau drei Tage nach ihrer Hochzeit die Pyramide weihte, öffnete sie auch von neuem das Portal ins Jenseits und stellte die heilige Verbindung mit den Ahnen wieder her, die vor langer Zeit von Naranjos Bezwingern gewaltsam unterbrochen worden war. Diese Deutung des Geschehens findet eine zusätzliche Bestätigung in dem Umstand, daß der Eigenname der Pyramide unter Verwendung der Emblemglyphe von Naranjo gebildet wurde: ein Indiz dafür, daß der Bau für die neue Dynastie das Portal ins Jenseits darstellte. Naranjo war jetzt wieder eine Königsresidenz und eine politische Kraft, mit der in Zukunft zu rechnen sein würde.

Naranjo schlägt zurück

Wac-Chanil-Ahau bemühte sich nicht vergeblich, eine neue Dynastie zu gründen. Fünf Jahre nach der feierlichen Konstituierung des Herrscherhauses in Naranjo, am 6. Januar 688, kam in der Königsfamilie ein männlicher Erbe zur Welt, der den Namen Rauch-Hörnchen erhielt. Bereits im zarten Alter von fünf Jahren wurde der Knabe am 31. Mai 693 auf den Königsthron erhoben.[43] Im gesamten Hieroglyphenschrifttum Naranjos ist kein einziges Mal ausdrücklich davon die Rede, wer Rauch-Hörnchens Eltern waren; so blieb seine Abstammung lange Zeit im dunkeln. Erst der Scharfblick der großen Mayanistin Tatiana Proskouriakoff enthüllte, daß Rauch-Hörnchen mit an Sicherheit grenzender Wahrscheinlichkeit der Sproß von Frau Wac-Chanil-Ahau war.

Zahlreiche Indizien bekräftigen diese Annahme. So etwa nicht allein, daß Wac-Chanil-Ahaus Lebensspanne weit in Rauch-Hörnchens Regierungszeit hineinreichte, sondern auch, daß dieser niemals ein Monument zur Feier eines Jubiläums seiner Thronbesteigung errichtete, ohne es mit einem dieser Frau gewidmeten Denkmal zu vereinen. Auf letzteren war stets das Datum von Frau Wac-Chanil-Ahaus Ankunft in Naranjo vermerkt, dazu sie selbst bei der Ausführung ritueller Staatshandlungen von gleicher Art wie die ihres Sohnes abgebildet (siehe Abb. 5.12). Für Rauch-Hörnchen gab es einen höchst wichtigen Grund, seine symbolische Präsenz in der Öffentlichkeit immer mit der seiner Mutter zu verbinden: Sie begründete die Legitimität seines Anspruchs auf Thron und Herrschaft.

Dagegen hielt Rauch-Hörnchen es nicht für notwendig, auf irgendeinem seiner Monumente seinen Vater zu verewigen. Wahrscheinlich waren dessen Sozialstatus und Lebensleistung nicht so prestigeträchtig, daß der Sprößling damit hätte viel Ehre erlangen können. Dafür aber machte Rauch-Hörnchen sich den Ruhm seiner Mutter zunutze, der Tochter des illustren Feuerstein-Himmel-Gott K von Dos Pilas, seines Großvaters mütterlicherseits (siehe Abb. 5.13). Die Hieroglyphentexte in Naranjo lassen vermuten, daß die königliche Abstammungslinie von Dos Pilas für historisch wichtiger gehalten wurde als Rauch-Hörnchens Deszendenz aus dem lokalen Adel und sein Enkelverhältnis zu Feuerstein-Himmel-Gott K wiederum wichtiger als sein Sohnverhältnis zu Frau Wac-Chanil-Ahau.

Das Wiederaufleben des Königtums in Naranjo und die Inthronisation dieses Kindes machten dem unsicheren Frieden im Zentralpetén ein jähes
 Ende. Die wiedererstandene Aristokratie Naranjos kannte keine dring-

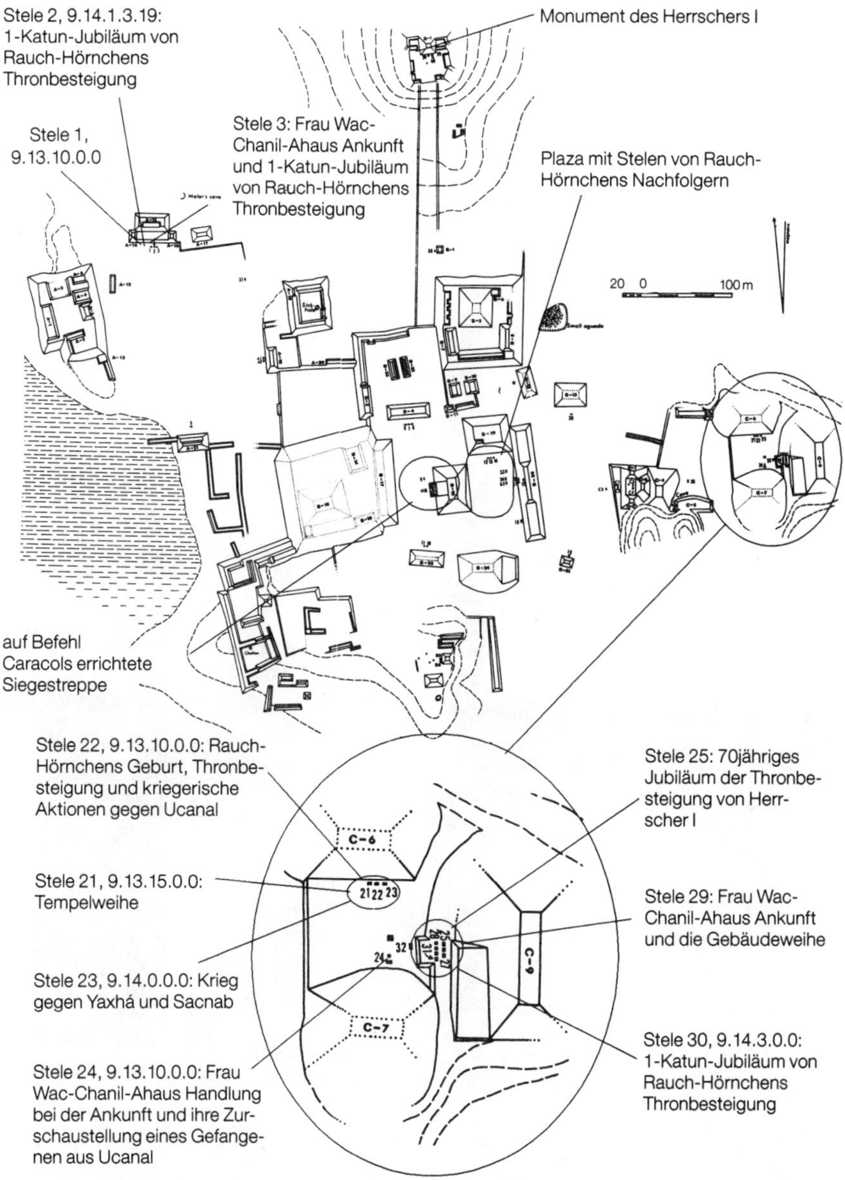

Abb. 5.12
Lageplan der Kriegsmonumente in Naranjo

lichere Aufgabe, als die Macht ihres Herrscherhauses in ausgedehnten Feldzügen gegen ihre Feinde auf dem Schlachtfeld wiederherzustellen. Hier, unter der gnadenlosen Tropensonne, trieb ihnen das Kriegsglück die Söhne gegnerischer Adelsfamilien scharenweise in die Arme.

Aber nicht den Erbfeind Caracol nahm sich Naranjo als ersten vor, sondern ein Gemeinwesen namens Ucanal, in strategisch wichtiger Position im Grenzland zwischen Naranjo, Tikal und der Stadt von Herrn Kan II. gelegen. Die Kapitale dieses Königreichs lag auf einem Hügel südlich des

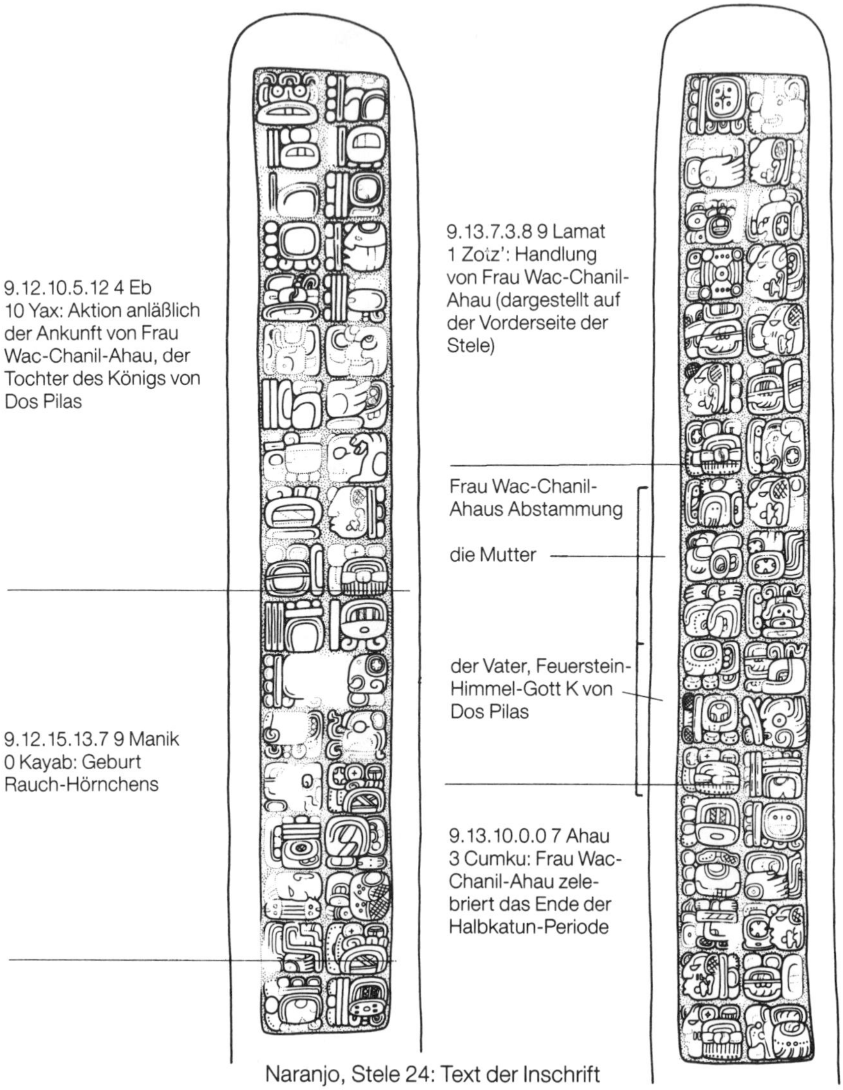

Abb. 5.13 Handlungen und Abstammung der Frau Wac-Chanil-Ahau

Yaxhá-Sees am Westufer des Mopán-Flusses.[45] Sehr wahrscheinlich war Ucanal mit Caracol verbündet, denn es lag an der kürzesten Strecke, die Herrn Kans beutehungrige Krieger für ihre Raubzüge ins Petén benutzen konnten; es wäre also möglich, daß Naranjo mit seinem Angriff zwei Fliegen mit einer Klappe schlagen wollte, nämlich einen militärischen Sieg über Ucanal erringen und damit zugleich Caracol eine Demütigung zufügen.

Der Feldzug begann am 20. Juni 693, also nur zwanzig Tage nach der Inthronisation des fünfjährigen Rauch-Hörnchen. Es war der Tag vor der Sommersonnenwende, und der Abendstern erschien zum letztenmal; tags darauf würde er vom Licht der Sonne verschluckt werden, um als Morgen-

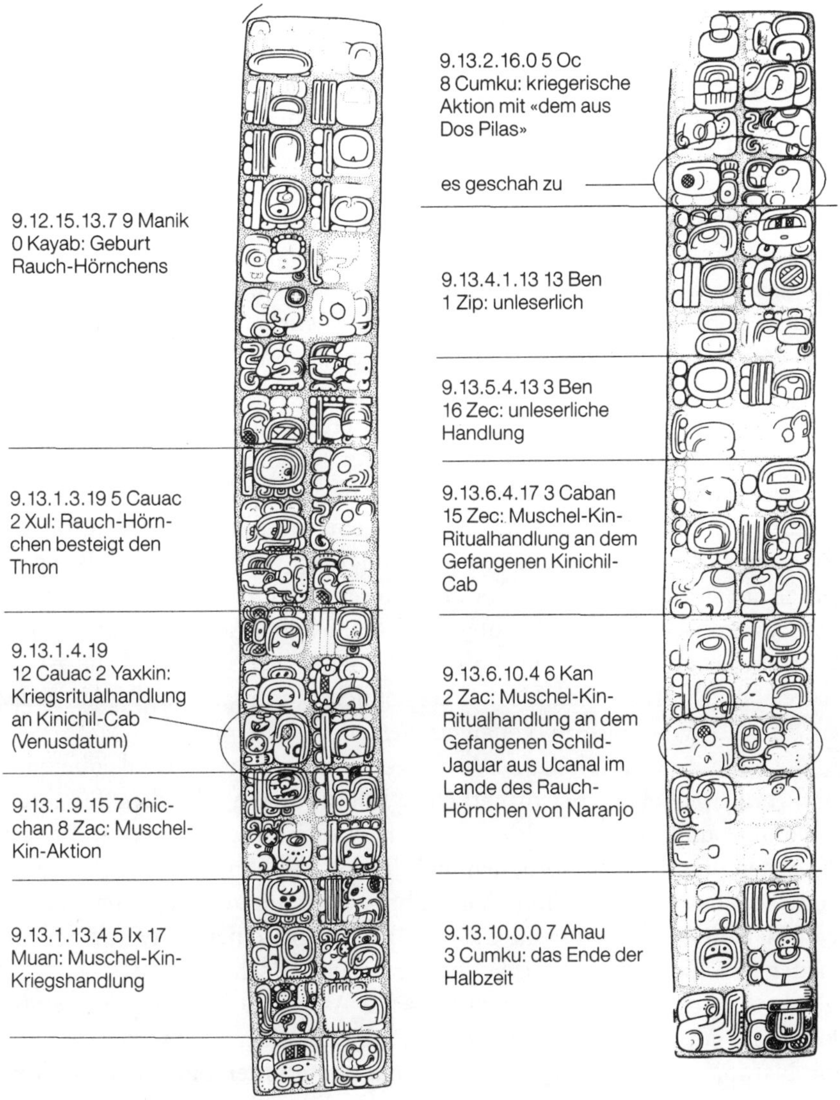

Naranjo, Stele 22: Text der Inschrift

Abb. 5.14 Rauch-Hörnchens kriegerische Aktionen in den ersten Jahren seiner Regierung

stern wiederzukehren. Die Krieger von Naranjo führten einen Angriff, der ihnen einen Edlen aus Ucanal namens Kinichil-Cab als Gefangenen bescherte (siehe Abb. 5.14). Daß der kindliche König wohl kaum in der Lage war, seine Truppe selbst zu befehligen, dürfte auf der Hand liegen. Die Gefangennahme des glücklosen Kinichil-Cab mag wohl Frau Wac-Chanil-Ahaus Verdienst gewesen sein, denn Stele 24 zeigt sie auf dem Rücken des plattgedrückt am Boden liegenden Gefangenen stehend (siehe Abb. 5.15 b).

Dieser Feldzug und die Gefangennahme eines Ahau aus Ucanal waren nur der Auftakt zu einer Reihe von Angriffen mit dem Ziel, die Vorherrschaft Caracols im Petén zu brechen. Naranjo nutzte jede Gelegenheit, den Erzfeind zu schwächen. Hundert Tage nach der ersten Attacke, am 14. September 693, verwickelten die Krieger aus Naranjo die Streitmacht Ucanals erneut in Kampfhandlungen, die diesmal allerdings nicht über ein bloßes Geplänkel hinausgelangten. Am 12. Dezember desselben Jahres setzte der nächste größere Angriff ein, der am 1. Februar 695 mit einer blutigen Schlacht seinen Höhepunkt erreichte; diesmal war auch ein Ahau aus Dos Pilas beteiligt, um vom Siegesruhm zu partizipieren. Die wichtigste Siegestrophäe, die Naranjo in dieser zweiten offenen Feldschlacht des Krieges errang, war der Ahau Schild-Jaguar, jener bedauernswerte Gefangene, der dann die Hauptrolle in den auf Stele 22 (siehe Abb. 5.15 a) und 2 (siehe Abb. 5.17) dokumentierten grausamen Ritualen spielen sollte.[46]

Nun funkelte der Stern des Krieges hell für Naranjo. Wie einst in Caracol orientierte man sich jetzt auch in Naranjo bei der Wahl des Zeitpunkts für militärische Operationen und kriegsbezogene Ritualhandlungen am Stand der Venus. Rauch-Hörnchen wurde zum König proklamiert, als Venus gerade am stationären Punkt vor der unteren Konjunktion verweilte. Seine erste kriegerische Unternehmung fand beim heliakischen Untergang des Abendsterns am Tag vor der Sommersonnenwende statt. Und die zweite siegreiche Schlacht gegen Ucanal schließlich wurde auf den heliakischen Aufgang des Morgensterns genau ein Venusjahr später gelegt.

Wie schon erwähnt, ließ man Gefangene von Ansehen oftmals über viele Jahre hin am Leben. Bei öffentlichen Feiern wurden sie dem Publikum vorgeführt und an den Kulthandlungen in demütigender und grausamer Weise beteiligt. Rauch-Hörnchen und Frau Wac-Chanil-Ahau hielten diese Kulttradition in hohen Ehren. Vier Jahre nach seiner Gefangennahme, am 23. Mai 698, wurde Kinichil-Cab aus Ucanal bei einer Festveranstaltung wieder ans Licht der Öffentlichkeit gebracht – sehr wahrscheinlich als Objekt für irgendeinen Folterritus (siehe Abb. 5.14). Am 23. September desselben Jahres wurde Schild-Jaguar «im Lande von Rauch-Hörnchen von Naranjo» derselben qualvollen Behandlung unterzogen. Am 16. April des folgenden Jahres war dann die Reihe an Frau Wac-Chanil-Ahau, jenes Ritual an dem unglückseligen Kinichil-Cab erneut zu vollziehen. Auf Stele 24 in Naranjo sieht man sie auf dem nackt und gefesselt am Boden liegenden Gefangenen stehen (siehe Abb. 5.15 b). Am 9.13.10.0.0 (26. Januar 702) schließlich, dem Tag, an dem Rauch-Hörnchen sowohl Stele 22 als auch Stele 24 weihte, führte der König dem Volk im Rahmen eines Blutentnahmerituals seinen berühmtesten Gefangenen, Schild-Jaguar, vor (siehe Abb. 5.15 a). Das Stelenbild zeigt den unglückseligen Schild-Jaguar fast nackt, aller Rang- und Würdeabzeichen beraubt, am Boden hocken und die gefesselten Hände flehentlich dem in prachtvollem Ornat auf einem Jaguarfellkissen über ihm thronenden vierzehnjährigen König entgegenstrecken.

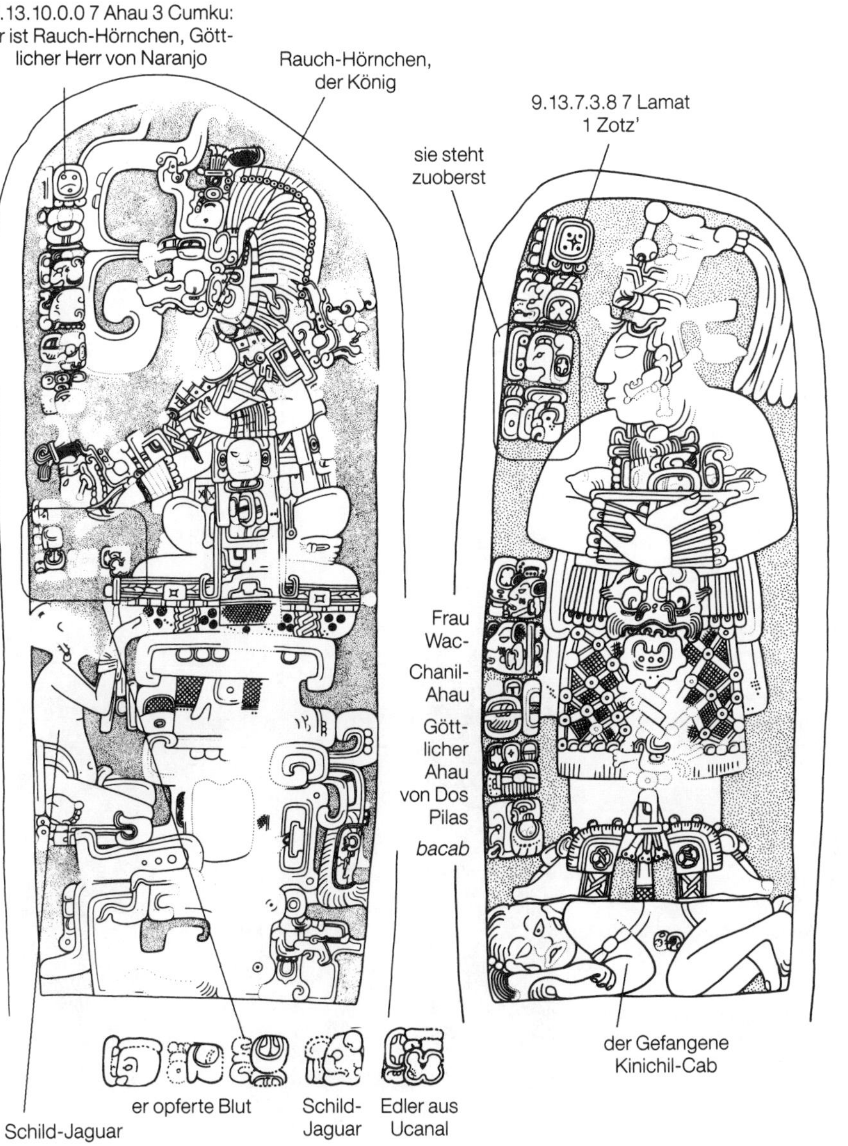

Abb. 5.15 Rauch-Hörnchen und Frau Wac-Chanil-Ahau

Ungeachtet aller glanzvollen Erfolge war der militärische Ehrgeiz des energiegeladenen jungen Königs zu diesem Zeitpunkt noch lange nicht befriedigt. Gegen Ende des Katun 14 leitete er eine neue Offensive ein, die er später auf Stele 23 beurkunden sollte (siehe Abb. 5.16). Diesmal richtete sich der Angriff gegen ein Ziel in größerer Nähe, nämlich das Königreich Yaxhá im Süden von Naranjo, bei dem gleichnamigen See gelegen, wo möglicherweise der Großvater von Rauch-Hörnchen, Feuerstein-Himmel-

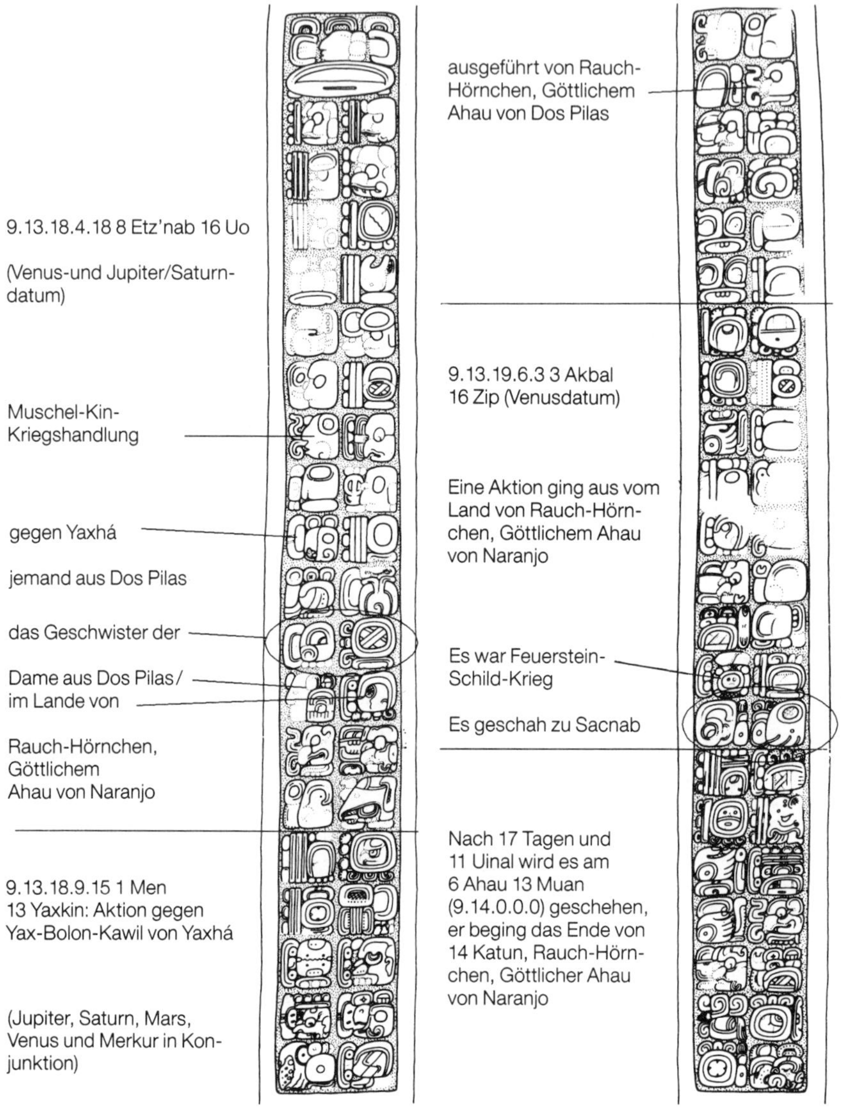

Naranjo, Stele 23: Text der Inschrift

Abb. 5.16
Die Kriegshandlungen gegen Gemeinwesen am Yaxhá- und Sacnab-See

Gott K, und Jaguartatze von Calakmul vor Jahren eine gemeinsame Feier abgehalten hatten. Am 23. März 710, unmittelbar nach der Frühjahrstagundnachtgleiche, befehligte Rauch-Hörnchen zusammen mit einem Mann, der der Bruder entweder seiner Mutter oder seiner Ehefrau war[47], den Angriff gegen Yaxhá. An diesem Tag erschien Venus zum letztenmal als Morgenstern, dazu standen Jupiter und Saturn, jeder gerade an seinem zweiten stationären Punkt im Lauf erstarrt, in Konjunktion miteinander.[48] Siebenundneunzig Tage später, am 28. Juni, kurze Zeit nach der Sommersonnenwende, gab es eine noch spektakulärere Planetenkonstellation, bei der Jupiter, Saturn, Mars, Venus und Merkur auf dem gleichen Längenkreis standen.[49] Rauch-Hörnchen nahm dies zum Anlaß, einen seiner Riten an einem Gefangenen aus Yaxhá zu vollziehen. Die Glyphen, die den Vorgang beschreiben, sind noch nicht entziffert, doch wurde auf jeden Fall Blut vergossen. Ein Jahr später, am 12. April 711, dem Tag des Frühaufgangs von Venus als Morgenstern, startete Rauch-Hörnchen einen neuen Feldzug, diesmal gegen ein Gemeinwesen, das unweit von Yaxhá an einem zweiten Gewässer namens Sacnab, «Klarer See», gelegen war.[50]

Die Rekapitulation historischer Ereignisse auf Stele 23 endet mit der Schlacht am Sacnab-See, doch wird der Handlungsfaden auf Stele 2 wieder aufgenommen (siehe Abb. 5.17). Als erstes ist hier Rauch-Hörnchens Feier zum Katun-Ende am 9.14.0.0.0, dem Tag der Rückkehr der Venus als Abendstern, aufgezeichnet. Dieses Ereignisses am Himmel wurde nicht allein in Naranjo, sondern auch in Copán und Tikal bei den Riten zum Katun-Ende gedacht, woraus hervorgeht, daß Venusriten in der Welt der Maya inzwischen weit verbreitet waren.[51]

Zweihundert Tage später, am 22. Juni 712, dem Tag der Sommersonnenwende, erscheint Schild-Jaguar von Ucanal erneut bei einer Kulthandlung, die anläßlich der maximalen Elongation des Abendsterns ausgeführt wird. Achtzehn Jahre der öffentlichen Demütigung sind seit seiner Gefangennahme vergangen. Wir vermuten, daß er diesmal den Ritus nicht überlebte, denn danach taucht sein Name in der epigraphischen Urkunde nicht mehr auf.

Zur großen Erleichterung der Herrscher der benachbarten Reiche, wie man annehmen darf, stellte Rauch-Hörnchen seine Kriegszüge durch das Zentralpetén bei Vollendung des ersten Katun seiner Regierungszeit am 16. Februar 713 ein. Der dem Andenken an sein Katun-Jubiläum geweihten Stele fügte er, wie es von Anfang an seine Gewohnheit war, eine zweite, seiner Mutter als der Begründerin seiner Dynastie gewidmete Stele hinzu. Gleich neben Stele 2, die im wesentlichen ein Siegesmonument ist, wurde Stele 3 errichtet (siehe Abb. 5.12), die Frau Wac-Chanil-Ahau bei der Teilnahme an der Jubiläumsfeier ihres Sohnes zeigt (siehe Abb. 5.18). Der Textteil erinnert nochmals an ihre Ankunft in Naranjo. Im übrigen nutzte Rauch-Hörnchen diese Gelegenheit zur politischen Propaganda, indem er sein erstes Katun-Jubiläum mit dem gleichen Gedenktag von Naranjos Herrscher I verband. Herrscher I war, wie wir uns erinnern, der König, unter dem Naranjo einundachtzig Jahre zuvor in die Hände von Caracol gefallen war. Mit der Verknüpfung dieser zwei Inschriften schlug Rauch-Hörnchen einen Bogen von Naranjos tiefster Erniedrigung bis zum gegenwärtigen Triumph: Der alte Glanz, den das Reich vor dem Konflikt mit Caracol einmal besessen hatte, war mit der neuen, vitalen Dynastie wieder zurückgekehrt.

Rauch-Hörnchen dürfte als Feldherr in der gesamten Petén-Region legendären Ruhm besessen haben. Mit seinen erfolgreichen militärischen

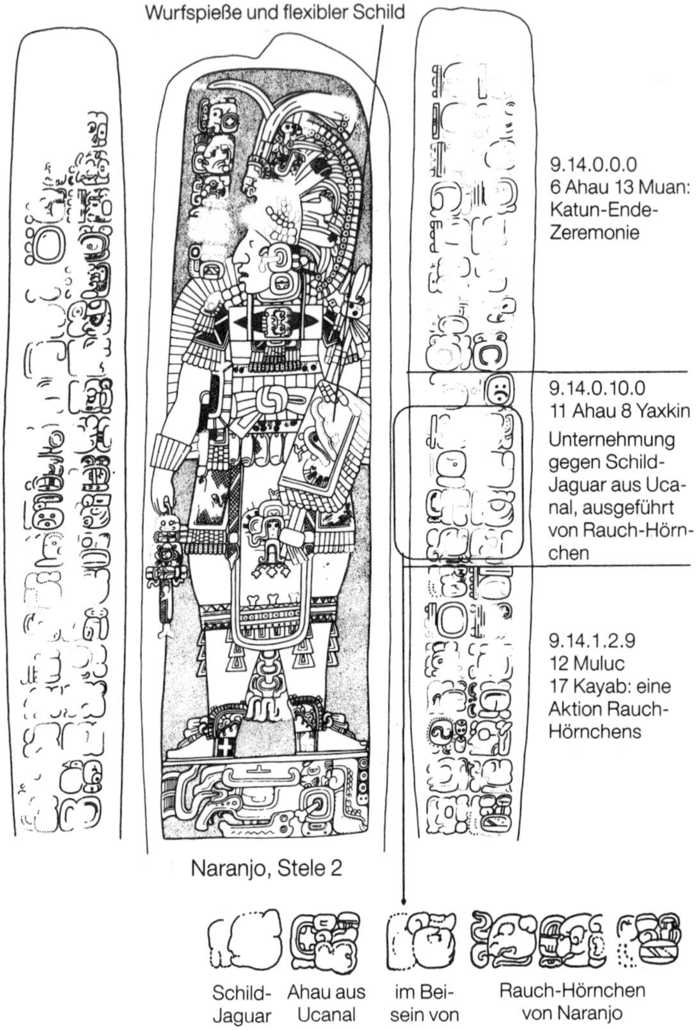

Abb. 5.17 Das Ende des Schild-Jaguar aus Ucanal

Feldzügen griff er genauso nachhaltig in die Geschicke der betroffenen Politien ein, wie es vor ihm sein verhaßter Erbfeind Caracol getan hatte, und nach erfolgter Eroberung hielt er seine Opfer mit raffinierten Mitteln im Zustand der Ohnmacht.

So zum Beispiel ließ er seine erlauchten Gefangenen Schild-Jaguar und Kinichil-Cab wohl nicht zuletzt auch deshalb so lange am Leben, weil er damit die Erbfolge in deren Familien und Heimatreich unterbrach. Mit dieser eleganten Strategie richtete er in einer Sozialordnung, in der ein Amt zu Lebzeiten des legitimen Inhabers nicht neu besetzt werden konnte, ohne großen Aufwand ein Chaos an. Indem er die Gefangenen über Jahre hinweg bei rituellen Anlässen öffentlich zur Schau stellte, hielt der junge König einerseits bei seinem eigenen Volk das Bewußtsein seiner kriegerischen

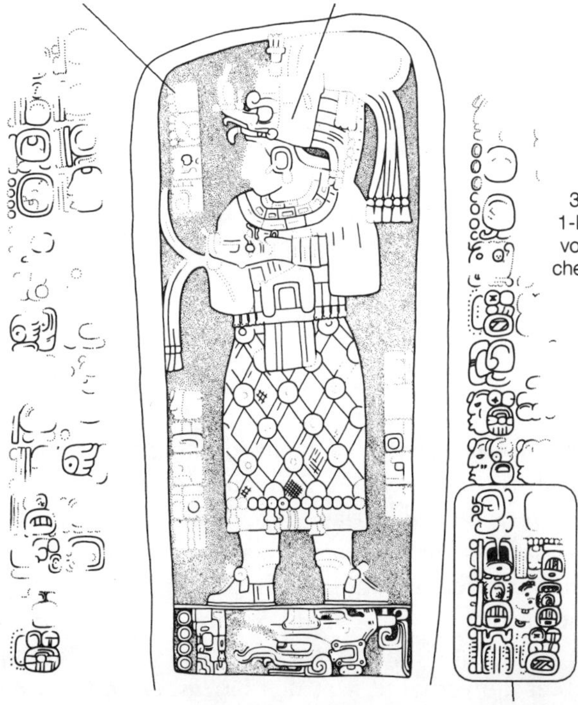

Abb. 5.18
Frau Wac-Chanil-Ahau und das erste Amtsjubiläum ihres Sohns

Bravour und politischen Macht wach und verbreitete andererseits Furcht und Hochachtung bei den Gegnern Naranjos. In seinen Verwandten mütterlicherseits hatte Rauch-Hörnchen mächtige Bundesgenossen, deren Hilfe er sich klug zu bedienen wußte. Seine Kriege führte er mit dem Beistand seines gefürchteten und streitbaren Großvaters Feuerstein-Himmel-Gott K und höchstwahrscheinlich auch des Halbbruders seiner Mutter, Schild-Gott K, der am 9.13.6.2.0 (27. März 698) auf den Thron von Dos Pilas nachrückte. Mit seinen erfolgreichen militärischen Aktionen brachte Rauch-Hörnchen das gesamte Gebiet um den Yaxhá-See in seine Gewalt und machte so den Verkehr zwischen Naranjo und der Petexbatún-Region, in der seine Verwandtschaft mütterlicherseits lebte, einfacher und sicherer.

Aber nicht nur Rachedurst und Eroberungshunger waren die Motive für die Serie von Kriegen, mit der Rauch-Hörnchen und sein Volk ihre Nachbarn überzogen, auch ein religiöses Moment war hier mit im Spiel, insofern jeder dieser Feldzüge ein Gebot der inzwischen geheiligten Tradition des Tlaloc-Venus-Kriegs erfüllte. Rauch-Hörnchen richtete sich in der Planung seiner militärischen Aktionen nach den Bewegungen des Planeten

Venus und war sich des Segens jener Schutzgottheit der kriegerischen Eroberung sicher. Die Feldherrntracht, in der ihn Stele 2 zeigt (siehe Abb. 5.17), erweist sich bei näherer Betrachtung als die spätklassische Variante des Kriegsornats, in dem Rauch-Frosch und Schnute von Tikal als erste im Maya-Land ihre siegreichen Venus-Kriege führten. Indem er als Zeitpunkt für seine kriegerischen Attacken Höhepunkte des Venusjahrs wählte, schuf Rauch-Hörnchen überdies auf kosmischer Ebene den gleichen Handlungsrahmen, in dem sein Vorgänger, Herrscher I, seinerzeit geschlagen und Naranjo in der Folge aufs schändlichste erniedrigt worden war.

So wirkten die militärischen Erfolge des neuen Herrschers auch in dem Sinn, daß sie die Niederlage seines Vorgängers auslöschten und den Beweis dafür erbrachten, daß der Gott von neuem seine Gunst Naranjo zugewendet hatte und die Wiedereinsetzung des Herrscherhauses guthieß.

Nach Lage der Dinge ist wohl kaum daran zu zweifeln, daß Rauch-Hörnchens höchstes Ziel stets die Befreiung seiner Heimatstadt von den Folgen der verheerenden Niederlage gegen Caracol war. Die Strategie, mit der er dieses Ziel verfolgte, bestand darin, sich systematisch Caracols Verbündete zu unterwerfen und damit in den Augen der gesamten Region als ernst zu nehmende Großmacht anerkannt zu werden. Sobald er davon überzeugt war, daß sich die Gunst des Schicksals wieder Naranjo zugewendet hatte, ließ er die verhaßte, von den Kriegsherren Caracols mitten im Zentrum seiner Heimatstadt errichtete Treppe auseinandernehmen und anschließend wieder so zusammensetzen, daß die Schriftzeichen ein unleserliches Durcheinander ergaben. So bereitete Rauch-Hörnchen dem Monument, das seinem Volk den Platz in der Geschichte hatte streitig machen sollen, das ihm gebührende Ende, indem er es in ein Unsinnsmonument verwandelte.

Einer seiner aussagekräftigsten Racheakte bestand darin, einen mit Glyphen bedeckten Gesteinsblock aus jener Treppe nach Ucanal transportieren und dort auf dem Mittelfeld des Ballspielplatzes aufstellen zu lassen[52] – vielleicht verbunden mit einigen für ein paar Würdenträger der besiegten Stadt höchst unangenehmen Opferriten. Die feine Ironie dieser Zeremonie dürfte den dortigen Machthabern kaum entgangen sein, doch konnten sie nichts anderes tun, als der Entweihung des Monuments, das ihre Vorfahren einst zur Demütigung Naranjos errichtet hatten, aus der Ferne tatenlos zuzusehen.

Hätte sich Rauch-Hörnchen eine elegantere Form der Rache ausdenken können, als diesen Steinblock für alle sichtbar gerade in einer mit Caracol verbündeten Stadt aufzustellen?

Der Riese erwacht aus seiner Betäubung

Fast zeitgleich mit der Rückkehr Naranjos auf die politische Bühne des Petén begann auch Tikals Bemühen, die alte Position im Maya-Kosmos wiederzuerlangen. Die Strategie, die der neue König dabei anwandte, lag auf der gleichen Linie wie diejenige, derer sich Rauch-Hörnchen bedient hatte: Man suchte den Erfolg im Krieg gegen Mitglieder der Allianz, die den Vorfahren die Niederlage beigebracht hatten.

Es erstaunt, daß keiner der beiden Hauptleidtragenden des militärischen Wütens Caracols, Naranjo und Tikal, von den Bemühungen des anderen, das Joch des gemeinsamen Feindes abzuschütteln, Notiz genommen hat. Gründe für dieses ziemlich gewollt wirkende Schweigen lassen sich nicht mit letzter Sicherheit ausmachen. Denkbar wäre, daß das Mitwirken Feuerstein-Himmel-Gott Ks von Dos Pilas in der Politik Naranjos Mißtrauen zwischen zwei Staatswesen säte, die nach Lage der Dinge eigentlich Verbündete hätten sein müssen. Wie dem auch sei, wir sind uns vorerst noch nicht im klaren darüber, ob die Zeit des Wiedererstarkens von Tikal auf irgendeine Weise mit den Ereignissen in Naranjo zusammenhängt, und ebensowenig wissen wir, in welchem Maß sich die beiden Staatswesen mit ihrem Kampf um die Rückgewinnung der früheren Größe gegenseitig beflügelten.

Hingegen sind wir uns sicher, daß Tikals Freiheitsbestrebungen um einiges früher eingesetzt haben dürften als diejenigen Naranjos. Zwar haben wir aus der Zeit von 557 bis 692 n. Chr. nicht eine einzige Stele, die uns über den Lauf der Dinge in Tikal Auskunft geben könnte, trotzdem wissen wir, daß um die Mitte des 7. Jahrhunderts ein Herrscher namens Schild-Schädel ein ehrgeiziges Umbauprojekt, die Nordakropolis und die Ostplaza betreffend, begann.[53] Man sieht, noch während die Dynastie Groß-Jaguar-Tatzes ihre Rachepläne schmiedete, leiteten ihre Könige mit der Erneuerung des Zeremonialbezirks auch schon den Heilungsprozeß ein. Damit begannen sie, die Spuren ihrer Demütigung durch Herrn Wasser zu verwischen und erneut ihre kosmische Rangstellung herauszustellen. Schon allein die Tatsache, daß sie ihr Bauvorhaben ungehindert realisieren konnten, zeigt, wie weit die Petén-Region in den letzten Jahrzehnten des 7. Jahrhunderts dem Würgegriff Caracols bereits entkommen war.

Am 9.12.9.17.16 (6. Mai 682) – um die Zeit, als in Dos Pilas Feuerstein-Himmel-Gott K die Vorbereitungen für die Übersiedlung seiner Tochter Frau Wac-Chanil-Ahau nach Naranjo traf – gelangte in Tikal ein tatkräftiger neuer Herrscher namens Ah-Cacaw[54] auf den Thron und setzte sogleich alle Hebel in Bewegung, um die verlorene Ehre seiner Familie wiederherzustellen. Ah-Cacaw war für seine Zeit von ungewöhnlicher Körpergröße: mit seinen einhundertsiebenundsechzig Zentimetern fast ein Riese[55], der die normal großen Männer seines Reiches um zehn Zentimeter überragte. Seine Lebensspanne reichte bis in den vierten Katun hinein, das heißt, er war bei seinem Tod über sechzig Jahre alt.

Kaum war er zum König proklamiert, da begann Ah-Cacaw auch schon mit einem gewaltigen Neubauprogramm, das mit seinem ungeheuren Bedarf an Facharbeitern wie einfachen Arbeitskräften den Leistungswillen seines Volkes anstachelte und seinen Einfallsreichtum weckte. Er mobilisierte Steinmetze, Maurer, Maler und Bildhauer für den Umbau des bedeutendsten Sakralraums des Gemeinwesens, der Nordakropolis und der ihr im Süden vorgelagerten Großen Plaza. Diese waren nicht nur das Zentrum des Zeremonialbezirks, sondern die Verkörperung fünfhundertjähriger Dynastie- und Kultgeschichte, waren der immerwährende Ausdruck für das Herrscherhaus von Tikal. Bezeichnenderweise hinterließen die Eroberer auch an diesen Baudenkmälern ihre Spuren. Aber Ah-Cacaws visionärer Plan beinhaltete nicht nur die Restaurierung der Monumente, sondern zugleich auch die Neuerrichtung gewaltiger Bauwerke, wie sie die Maya-Welt noch nie zuvor gesehen hatte, eine neue Tempelanlage rings um die Große Plaza, die in seinem erneuerten Reich das eigentliche Zeremonialzentrum sein sollte.

Der erste Schritt zur Verwirklichung von Ah-Cacaws Vorhaben bestand darin, die Nordakropolis als Sakralsphäre stillzulegen, indem man sie optisch und physisch von der Großen Plaza isolierte. Dann verlegte er das Zentrum der dynastischen Feiern auf die Große Plaza. Zunächst wurden die Bauten entlang der Südfront der Nordakropolis neu gestaltet. Drei Pyramiden, die zum Anspruchsvollsten gehören, was Tikal je hervorbrachte, grenzten die Nordakropolis gleich zu Beginn der Umbauarbeiten gegen die Große Plaza ab. Diese «heiligen Berge» standen in gerader Reihe hinter dem von Tikals Königen errichteten «Baum-Stein»-Wald von Stelen (siehe Abb. 5.19). Von der Großen Plaza aus gesehen auf der äußersten rechten Position befand sich Tempel 32-1[56], der Bau, der über Grab 195, der letzten Ruhestätte des zweiundzwanzigsten Thronfolgers, erstellt worden war. Dieser König – er regierte um 600 n. Chr. – war der erste Herrscher, der sein Amt im Dunkel der Geschichtslosigkeit ausübte, in die Tikal unter der Knute Caracols geraten war. Am gegenüberliegenden Ende der Reihe ragte Tempel 34-1 empor, unter dem sich Grab 10 befand, die Gruft Schnutes, Sohn des Eroberers von Uaxactún und Vater von Sturmhimmel.

Mittel- und Glanzstück der Nordakropolisfassade war jedoch der prachtvolle Tempel 33-2 (siehe Abb. 5.2) aus Tikals großer Zeit vor der vernichtenden Niederlage. Noch in der Ära der Stabstilstelen erbaut, hatte er mit seiner exquisit geformten und bemalten Stuckmaskendekoration das große Architekturprogramm des späten Vorklassikums neu zur Entfaltung gebracht. Wie kein zweiter wurde dieser heilige Berg zum traditionsgeheiligten Schauplatz königlicher Ekstasen, vor dessen dramatischer Kulisse die Gedenksteine von den Visionen der Könige Tikals zeugten. Während Tikals dunkelster Zeit blieb dieser Tempel Verkörperung der unbezwingbaren Größe seines Königtums. Unter der Pyramide befand sich Grab 48,

Abb. 5.19 Ah-Cacaws Überbauung auf der Nordakropolis

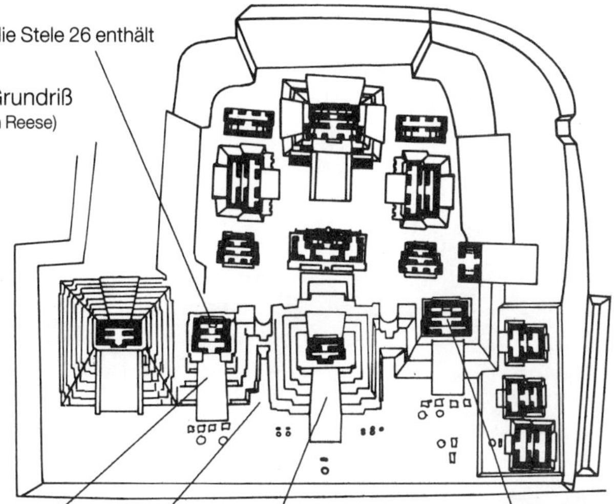

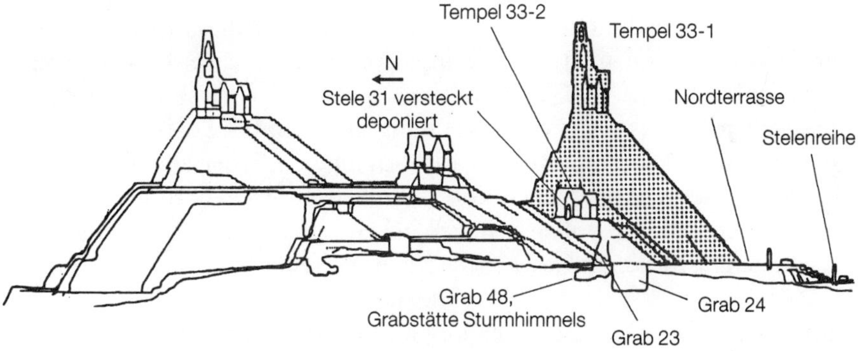

Nordakropolis, Längsschnitt in Nord-Süd-Richtung

die Gruft Sturmhimmels, und in jüngerer Zeit hatte man unter der Basis noch die Gräber 24 und 23 angelegt – letzteres vermutlich die letzte Ruhestätte von Schild-Schädel, Ah-Cacaws Vater. Kein Wunder also, daß Ah-Cacaw genau dies der richtige Ort schien, seinen großartigen Tempel 33-1 darüber zu erbauen.

Ah-Cacaws erste politische Handlung bestand darin, zwei entweihte, zerschlagene Stelen, die von den Eroberern aus Caracol wie Schutt auf der Großen Plaza liegengelassen worden waren, neu zu weihen und ehrenvoll zu begraben. Aus der archäologischen Urkunde läßt sich teilweise der Vorgang der Wiederweihe rekonstruieren. Mindestens zweimal konzentrierte sich die feierliche Handlung auf die vorhandenen Bruchstücke der

Abb. 5.20 Stele 26, ein Monument aus der Zeit vor der Eroberung, von den Eroberern zerschlagen. Die Bruchstücke wurden in der Bank in Tempel 34-1 beigesetzt

schönen Stele 26 (siehe Abb. 5.20) und der Stele 31, des von Sturmhimmel in Auftrag gegebenen Meisterwerks zur Erinnerung an den nunmehr über dreihundert Jahre zurückliegenden Sieg Tikals über Uaxactún. In einem mehrere Tage währenden Ritual setzte Ah-Cacaw diese Monumente mit großem Pomp im Innern von Tempel 33 beziehungsweise Tempel 34 bei (siehe Abb. 5.21). Man darf davon ausgehen, daß diese Zeremonie den feierlichen Auftakt zur Verwirklichung eines umfassenden Aktionsplans darstellte, der darauf abzielte, die Schande, mit der die Eroberer das Andenken seiner königlichen Vorfahren befleckt hatten, restlos zu beseitigen. Im folgenden wollen wir versuchen, ein anschauliches Bild dieses wichtigen historischen Geschehens zu entwerfen.

Ah-Cacaw, der seine Begleiter um Kopfeslänge überragte, gab das Zeichen zum Anhalten, und die Männerschar, die im rötlichen Licht der eben über dem Horizont aufsteigenden Sonne langsam die weite Plaza überquert hatte, blieb stehen. Ah-Cacaws langer Schatten reckte sich wie ein ausgestreckter Finger zu dem Wald von Baum-Steinen vor den hochaufgetürmten Tempel-Bergen hinüber. Die Schatten der Stelen liefen ihrerseits im Zickzack über die Stufen der Treppen, die zu den Ahnenhäusern hinaufführten, in denen seine vergöttlichten Vorfahren ruhten. Er blickte hinauf zu dem Tempel in der Mitte. Die riesigen Göttergesichter aus Stuck leuchteten noch genauso hell von diesem heiligen Berg herab wie zu der Zeit, als sie von seinen Ahnen dort angebracht worden waren – einer Zeit lange vor der katastrophalen Niederlage des einundzwanzigsten Vertreters seiner Dynastie. Die Spanne der Lebenszeit von vier Königen hatte es gebraucht, bis das Gemeinwesen sich wieder aufzurichten vermochte aus der erlittenen Schmach. Jetzt war es endlich soweit, die Stunde der Wie-

Tempel 34-1. Die Bruchstücke der Stele 26 wurden in der Bank im hinteren Gemach deponiert.

Tempel 33-1. Stele 31 wurde vor der letzten Bauphase im älteren Teil des Gebäudes beigesetzt.

Abb. 5.21 Tempel 33 und 34 an der Vorderfront der Nordakropolis (Foto: Peter Harrison)

dergeburt war gekommen. Er, Ah-Cacaw, sechsundzwanzigster Nachfolger des Yax-Moch-Xoc, war fest entschlossen, sich und Tikal unter den Königen der Region wieder den gleichen Respekt zu verschaffen wie zu der Zeit, als Groß-Jaguar-Tatze und Rauch-Frosch das große Uaxactún niederwarfen.

Zwei jener vier Könige seit Thronfolger 21 waren in dem heiligen Berg beigesetzt, der auch das Grab Sturmhimmels barg. Einer der beiden war Ah-Cacaws Vater Schild-Schädel, der mit den Monumenten, die er auf der mittleren Akropolis und der großen Plaza östlich der Ahnen-Berge hatte errichten lassen, den Anfang damit gemacht hatte, der Stadt den alten Glanz wiederzugeben.[57] König Nummer 22 lag unter der Pyramide an der Ostflanke des Tempelgrabmals von Sturmhimmel, so daß drei der die Erniedrigung eines geschichtslosen Daseins erduldenden Könige hier in der alten Akropolis ruhten.[58]

Ah-Cacaws schweigende Träumerei wurde von dem heftigen Keuchen sich abmühender Männer unterbrochen. Er wandte sich zu der Stelenplattform vor dem am weitesten westlich gelegenen der drei Tempel vor der Nordakropolis hinüber, wo ein halbes Dutzend Männer ein mächtiges Stelenbruchstück vom Boden hievte. Der Stein hing jetzt in einem aus dicken Stricken geknoteten Netz von einem auf den Schultern der Männer ruhenden Tragbalken, und ächzend unter seiner Last, schlug der Trupp wankend den Weg zu der steilen Treppe ein, die zu der dunklen Cella des westlichen Tempels hinaufführte. An der Basis der sockelbildenden Pyramide hatte der dem Andenken des Volks von Tikal heilige Schnute, der Vater Sturmhimmels, unter Tonnen von Schottersteinen seine letzte Ruhestätte in einer Höhlung gefunden, die Hunderte von Arbeitern im Schweiße ihres Angesichts aus dem gewachsenen Fels herausgehauen hatten. Während die ersten sechs Edelleute die Treppe hinaufwankten, spannte drunten auf der Plaza bereits eine andere Gruppe ihre Seile um das zweite Baum-Stein-Bruchstück. Dieses heilige Denkmal war Stein gewordene Geschichte Tikals. Es trug als Inschriften die Namen des neunten Thronfolgers und Eroberers von Uaxactún, Groß-Jaguar-Tatze, seines Enkels Sturmhimmel, des elften Thronfolgers, und Kan-Ebers, des zwölften Thronfolgers, sowie des dreizehnten Thronfolgers, der nach seinem illustren Vorfahren Groß-Jaguar-Tatze genannt war. Nachdem sie den Tragebalken mit den Schultern emporgehievt hatten, machte sich jetzt im warmen Licht der Morgensonne auch die zweite Gruppe auf.

Die jungen Männer – allesamt Mitglieder des Königshauses oder Söhne hoher Würdenträger – benötigten den ganzen Vormittag für ihre Arbeit. Man kam nur im Schneckentempo und mit vielen Unterbrechungen voran. Nur jeweils fünf oder höchstens sechs Schultern hatten gleichzeitig an den Tragebalken Platz. Und da die Last über die Maßen schwer war, mußten schon nach kurzer Strecke immer wieder die Träger ausgetauscht werden. Zusätzliche Zeit kostete die Sorgfalt, mit der man jede weitere Beschädigung und damit Entweihung der kostbaren Hieroglyphentexte durch unbedachte oder fahrlässige Bewegungen zu vermeiden suchte. Drei Stunden lang standen der König und seine engsten Vertrauten auf der Treppe des heiligen Bergs und beobachteten den langsamen, immer wieder stokkenden Aufstieg der jungen Leute. Drunten auf der Plaza hatten sich inzwischen aus Stadt und Umland Familienoberhäupter mit ihrem Gefolge als Zeugen des Vorgangs eingefunden; es war bereits eine stattliche Menge, die fortwährend neuen Zulauf erhielt. Alles schwieg und verfolgte das Geschehen mit gespannter Aufmerksamkeit. Endlich ließen Ah-Cacaws junge Helfer das erste Bruchstück in die Mulde gleiten, die sie im rückwärtigen Gemach der Cella knapp vor der schmucklosen Tempelrückwand ausgehoben hatten. Dieses Gemach war das Adyton, das Allerheiligste, das Portal ins Jenseits.[59] Kurz danach konnte auch das zweite Bruchstück in die Vertiefung gesenkt werden.

Nachdem die jungen Leute wieder aus dem Tempelinnern herausgetreten waren, begab sich Ah-Cacaw hinunter zu der Stelle, wo der Baum-Stein gelegen hatte, und füllte sich die Hände mit Gesteinsschutt, der auf der Zementdecke der Plaza zurückgeblieben war. Die Splitter in seinen Händen ehrfurchtsvoll gegen die nackte Brust pressend, trug er sie über die große

Treppe in die Kühle und Dunkelheit des Tempelinnern. Im Hintergemach legte er sie behutsam in die Mulde zu den größeren Stücken. Seine Angehörigen und die Vertreter des Hochadels folgten seinem Beispiel: Nacheinander zogen sie die Treppe hinauf und hinunter, bis auch der letzte Rest des großen Baum-Steins in der Mulde lag – mit Ausnahme eines größeren Fragments, das Ah-Cacaw hatte beiseite legen lassen. Dieses Stück würde in Kürze zusammen mit dem Altar von Sturmhimmels Baum-Stein in eine zweite Opfermulde drüben im mittleren Tempel versenkt werden. Wenn er das Baum-Stein-Bruchstück und den Altar gemeinsam begrub, schuf Ah-Cacaw eine Verbindung zwischen den beiden kultischen Grabstätten, die den Ahnen die Beweggründe seines Vorgehens verständlich machen würde. Denn mit dieser Handlung wollte er die Schande tilgen, die von den Eindringlingen aus dem Südosten dem Andenken der Ahnen zugefügt worden war. Und es sollten die Ahnengeister wieder herbeibeschworen werden, um ihm im bevorstehenden Krieg Beistand zu leisten.[60]

Der König wartete schweigend, bis die feierliche Prozession zu Ende war. Dann begab er sich an der Spitze der Schamanen und Patriarchen seiner Sippe in das Hintergemach, wo die Stelenfragmente in ihrem Grab ruhten. Vor der Hauptmulde hatte man im Boden drei weitere tiefe Löcher ausgehoben. Sie sollten Weihegaben aufnehmen, die die Kraft, die von der alten Stele ausging, verstärken und sie hier, an der Schwelle zum Jenseits, bannen würden.

Auf der Plaza steigerte sich in dem von allen Seiten widerhallenden Lärm der Trommeln die Feststimmung der Menge. Es schien, als habe sich inzwischen die ganze Stadt hier versammelt. Die Kinder von Tikal entlockten ihren Flöten und Tonpfeifen schrille Töne. Die Rasseln an den Knöcheln der tanzenden Bauern und Handwerker begleiteten den dumpfen Rhythmus der die Treppe hinauf aufgereihten brusthohen Trommeln. Volk und Adel sangen und tanzten ohne Unterschied nach einer schwermütigen Weise, um die Geister der geschändeten Baum-Steine der alten Könige wiederzuerwecken.[61] Auf dem Höhepunkt dieser Gedächtnis- und Trauerfeier würde es geschehen, daß die Götter und Ahnen sich von neuem in Huld dem großen Königreich in der Mitte des Kosmos zuwandten. Fortan würde Tikal im Bewußtsein seiner wiederhergestellten Ehre regieren.

Nach Rang und Leistung ausgewählte Mitglieder des Hochadels traten aus den Palastgebäuden[62] und bewegten sich in feierlichem Zug durch die Menge dem Allerheiligsten zu. In den Händen hielten sie große, *zac lac* genannte Opferschalen.[63] Um die Hüften trugen sie einen wulstig geschlungenen Lendenschurz und einen Rock, die aus den edlen Baumwollstoffen mit teils eingefärbten, teils eingewebten Mustern in leuchtenden Naturfarben gefertigt waren.[64] Als Kopfputz hatten sie Turbane aus feinstem Tuch um die aufgesteckten langen Haare geschlungen und mit jadebesetzten Stirnbändern aus Leder befestigt. Eine lange Vogelschwanzfeder bog sich elegant vom Stirnband weg und nickte im Takt des würdevoll-gemessenen

Schritts des Trägers. An Ohren und Brust der Prozessionsteilnehmer prangten sattgrüne Jadeperlen und blutroter Spondylusmuschelschmuck.

Zufrieden registrierte Ah-Cacaw, daß die Gaben in den großen Schalen an Reichhaltigkeit nichts zu wünschen übrig ließen. Da waren Muscheln und Korallen aus den fernen Meeren im Süden, Osten und Westen[65], die man von durchreisenden Händlern erworben und eigens für diese Gelegenheit aufgehoben hatte. Indes noch kostbarer waren Algen, Schwämme und andere lebende Meerestiere, die vom Jungvolk der Stadt in salzwassergefüllten Steingutbehältern, damit sie trotz Tropenhitze frisch blieben, direkt von der See ins Binnenland befördert worden waren. Eine nach der anderen nahmen die Schamanen die Opfergaben von den einzeln dargereichten Schalen. Neben jeder Opfermulde lag ein Tuch aus gewirktem Bast, weitere waren am Fuß des zerstörten Baum-Steins auf den Boden gebreitet. Während sie mit geübter Hand die Gaben Stück für Stück auf die hellbraunen Tücher verteilten, trugen die Schamanen in ununterbrochenem Singsang das Lied von der schwarzen Ursee vor, die seit Anbeginn aller Zeit existierte. Nachdem das frische Seegetier und auch die Muscheln und Korallen sorgfältig arrangiert worden waren, legten sie das Rückgrat von Fischen und Rochenstachel zuoberst auf die Haufen. Wo es den Handelsbeauftragten des Königs nicht gelungen war, Rochenstachel in ausreichender Menge zu besorgen, behalf man sich mit aus Knochen geschnitzten Nachbildungen. Zusammengenommen symbolisierten diese Dinge die Ursee, aus der die Kraft für jenen steinernen Baum in Tikal kommen würde, so wie einst die See den ersten Baum, die Weltachse, genährt hatte.

Dann zog ein alter Schamane, der zum königlichen Hofstaat gehörte, die Orakelsteine – Obsidianplättchen mit kunstvoll eingearbeiteten Ritzbildern der jenseitigen Mächte – hervor. Auf acht von ihnen war Gott «Narr», das älteste Symbol des Königtums, dargestellt, drei andere trugen den Mond als Bild, und die letzten zwei zeigten den Beutel mit magischen Gerätschaften, den der König bei offiziellen Kulthandlungen umhängen hatte.

Als nächster trat, beladen mit aus weichem Hirschfell geschnürten Ballen, ein Heerführer adligen Geblüts vor. Der erste Ballen wurde aufgeschnürt, und zum Vorschein kamen sieben geschliffene Feuersteine, zwar alle von kleiner Größe, doch von den geschicktesten Handwerkern mit einem unregelmäßig geformten, schillernden, facettenartigen Dekor versehen. Andere Bündel enthielten Speerspitzen und Wurfspieße, wieder andere exzentrische Gebilde der Art, wie sie an den Stöcken und Stäben befestigt waren, die bei ekstatischen Riten Verwendung fanden. Die Feuersteine glitzerten im Schein der Kienholzfackeln. Tikals weithin berühmtes Kunsthandwerk brachte den Baum-Stein zu Ehren und versah die Ahnen mit Waffen. In den Formen dieser Steine waren die Kräfte des Jenseits gebunden: Feuerstein und Obsidian waren die Fingernägel des Blitzes, die zurückblieben, wenn Chac-Xib-Chac ins irdische Gestein einschlug.[66]

Aus seinem bestickten Beutel zog nun der König einen Mosaikspiegel hervor, hergestellt aus Jade und den silbrigblauen Eisenglanzkristallen, wie man sie im Umkreis der großen Feuerberge im Süden fand. [67] Dieser Spiegel stellte ein kostbares Familienerbstück dar. Die reflektierende Schicht war auf einen Perlmuttuntergrund aufgeleimt. Ah-Cacaw legte ihn jetzt auf den zu beträchtlicher Höhe angewachsenen Stapel von Weihegaben in der Hauptmulde. Jedem Gabenstapel wurden dann noch Kügelchen aus weißem Stein und Obsidian hinzugefügt, ehe zuletzt ausgewählte Familienpatriarchen kostbaren roten Farbstoff, Symbol für ihr Blut, darübergossen. Sie nahmen ihre Ohrgehänge aus Jade und Nephrit ab, zertrümmerten sie, zerrieben die Trümmer wie Mais auf Reibsteinen und streuten sie als letztes über die Farbe. [68]

Mit Hilfe von Rochenstacheln führten die anwesenden Edelleute und Schamanen daraufhin an Zunge oder Ohr das Blutentnahmeritual aus, das den Opfergaben Leben verlieh. Unter feierlichen Gesängen hoben sie dann die Ecken der Umschlagtücher vom Boden, wobei sie sorgfältig darauf achteten, die Anordnung der Gaben auf den Tüchern nicht zu verändern. Die Ecken wurden vorsichtig übereinandergeschlagen, so daß Bündel entstanden, die, wie sich jetzt zeigte, außen blau und rot bemalt waren. [69] Während ein Mann das Bündel zusammenhielt, schlang ein anderer einen aus Bastfasern geflochtenen Strick darum, den er oben fest verknotete. Mit äußerster Behutsamkeit und Ehrfurcht wurde dann in jede der kleineren Mulden das ihr zugehörige Bündel gesenkt, die übrigen lehnte man in der Hauptgrube an den Fuß des zerbrochenen Monuments.

Während sich die Sonne im Westen dem Horizont näherte, stach sich Ah-Cacaw eine Obsidianlanzette in die Vorhaut, um nunmehr auch sein eigenes Blut als Nahrung und Stärkung für den neugeweihten Baum-Stein zum Fließen zu bringen. Mit einem Gesang auf den Lippen, damit sein Opfer der Aufmerksamkeit der Ahnen nicht entging, bestrich der König die Schmalseiten der Stele mit seinem Blut. [70] In der Gewißheit, daß die Toten die Ehre, die er ihnen erwies, bemerkt hatten und sich dafür revanchieren würden, indem sie die Dämonen der Eroberung gegen seine Feinde losließen, erhob sich der König und zog im Gehen eine Blutspur auf dem Boden. Damit wies der göttliche Ahau den Ahnengeistern den Weg, den sie bei der Rückkehr nach Tikal nehmen müßten.

Sobald Ah-Cacaw in die Hitze und den Sonnenglanz des Spätnachmittags hinausgetreten war, um für sein Volk zu tanzen, eilte eine bereitstehende Gruppe von Maurermeistern in das hintere Tempelgemach, wo einer der Hofschamanen zurückgeblieben war, um ihre Arbeit mit stummen Winken zu befehligen. Gemeinsam versiegelten sie die Mulden mit Kalkzementestrich, so daß keinerlei Unebenheit zu sehen war. Junge Männer aus den Adelshäusern niedrigerer Stufe wetteiferten jetzt miteinander beim Herauftragen vorbereiteter Steine von der Plaza, aus denen die Maurermeister eine Schutzwand um die zerbrochene Stele errichteten, damit sie vor weiterer Beschädigung sicher war. In einem stützenden Bett aus Lehm und Sandmörtel lehnten sie die Steine lagenweise behutsam gegen das Monument, bis ein hoher Sockel entstanden war – ein Altar, der einen großen Teil des Adytons ausfüllte. Nachdem sie mit der Form des Altars zufrieden waren, überzogen sie das Ganze mit einem Glattstrich aus Stuck, damit der kostbare Inhalt für alle Zeit geborgen und konserviert sei. Damit war die Geschichte Tikals gegen weitere Erniedrigungen gefeit und ermächtigt, als lebendiges Portal ins Jenseits der Entscheidungen des Königs zu harren. Das Signal zum Krieg sollte schon bald ertönen.

Draußen auf den Plazas wogte das festliche Treiben wie die Wellen einer stürmisch bewegten See. Da gab es Tanzprozessionen, Maskenzüge und Festbankette, bei denen in erlesenem Geschirr seltene Speisen und Getränke serviert wurden. Mitglieder der königlichen Familie vollzogen das Blutentnahmeritual und wirbelten in Trance über die weiten Terrassen rings um die Große Plaza.[71] Die Volksmenge, von ihrem Beispiel angestachelt, tat es ihnen gleich, so daß Bäche von Blut über den Boden flossen und das Weiß des Kalkestrichs rot färbten. Als schließlich der letzte Sonnenstrahl hinter dem Horizont verschwunden war, hatte auch der Glattstrich an dem Altar im hinteren Tempelgemach abgebunden, und Ah-Cacaw stieg jetzt in Begleitung seiner Schamanen und der wichtigsten Patriarchen aus seiner Sippe abermals die Treppe hinauf, um das feierliche Ritual auszuführen, das den heutigen Teil der Zeremonie beschließen sollte.

Der alte Schamane reichte ihm eine erst kurz zuvor vom Block geschlagene Obsidianlanzette. Ah-Cacaw brachte sein Blut zum Fließen und ließ es so lange gewähren, bis der Augenblick gekommen war, die Visionsschlange, die ihm seine Ahnen bringen würden, heraufzubeschwören. Während der König in tiefe Trance sank, hob der Schamane das mit dem Blut des Herrschers getränkte Basttuch auf und legte es in eine flache Mulde, die vor dem neuerrichteten Altar ausgehoben worden war. Ah-Cacaws Sippenangehörige hatten ihr Blut mit Papierstreifen aufgefangen, die, ebenfalls in die Mulde gelegt, zusammen mit dem Basttuch einen beachtlichen Haufen bildeten, den der Schamane jetzt mit Kautschuk, Kopalharz und Holz beschwerte, um ein kräftiges, loderndes Feuer zu erzielen. Dann drehte er mit dem Bogen das Reibholz, bis die entstandene Hitze das trockene Gras entzündete, das er auf den Haufen in der Mulde verteilt hatte. Es dauerte eine ganze Weile, bis das Feuer richtig brannte, aber schließlich schlugen die Flammen an der Altarfront empor und hinterließen eine Spur der Opferhandlung. In den Rauchschwaden, die bis in die Wölbung des Dachs hinaufstiegen, erblickte Ah-Cacaw die Gesichter seiner Ahnen und vernahm, daß sie seine Bemühungen, den alten Ruhm zurückzugewinnen, mit Erfolg zu krönen gedachten.

Dieser rituelle Kontakt mit den Ahnen öffnete von neuem das Tor ins Jenseits, das in dem sechs Katune zurückliegenden Krieg vom Feind zerstört worden war. Die Beisetzung des Baum-Steins gab den heiligen

Bergen des Königreichs ihre Kraft zurück. In den kommenden Tagen würde das Fest weitergehen, und Ah-Cacaw würde auch dem entweihten Baum-Stein Sturmhimmels seine Ehre zurückgeben, um ihn dann in dem großen Tempel-Berg in der Mitte aufzustellen. Nach Abschluß des Zeremoniells würde sein Volk mit dem Bau des neuen Bergs beginnen, der die Ruhestätte der Ahnen schützend umschließen würde. Die Arbeiten würden zügig vorangehen müssen, denn der König beabsichtigte, den neuen Berg anläßlich des dreizehnten Katun-Jubiläums von Sturmhimmels Blutentnahme zu weihen. Solche Symmetrien in der Zeitfolge und im Handeln waren den Ahnen und Göttern wohlgefällig.

In ekstatischer Verzückung trat Ah-Cacaw aus dem raucherfüllten Adyton ins Freie, wo ihn die Menge stürmisch jubelnd empfing. Überall in der nun im Dunkeln versinkenden Stadt stiegen Feuer- und Weihrauchsäulen auf. Man wußte, der König würde alle zu Ruhm und Wohlstand zurückführen. Siegerruhm und Opferhandlungen würden die Feinde von den Grenzen des Reiches fernhalten. Man hatte begriffen, daß dieser tatkräftige neue König mit unerschütterlicher Entschlossenheit die Ehre seiner Vorfahren wiederherstellen und das Schicksal seines Volkes in neue Bahnen lenken würde. Die alte dynastische Glorie würde zurückkehren und ihrer aller Zukunft bestimmen. In ihren Gebeten erflehten sie Kräfte, wie sie die Könige alter Zeit besessen hatten, denn sie wußten, daß die Dämonen des Krieges entfesselt und gegen das Land ihrer Feinde gehetzt werden mußten. Einmal losgelassen, würden sie alles verschlingen, was sich ihnen in den Weg stellte.

Bald nachdem er Stele 26 beigesetzt hatte, begrub Ah-Cacaw mit dem gleichen Zeremoniell auch Stele 31, das ehrwürdigste Denkmal der glorreichen kriegerischen Vergangenheit Tikals, auf dem kein Geringerer als Sturmhimmel selbst die Geschichte der Eroberung Uaxactúns hatte aufzeichnen lassen.[72] Diesen herrlichen Baum-Stein hatten die Unterdrücker Tikals mit brutaler Gewalt von seinem Platz vor dem Tempel 5D-33-2, dem Nachbargebäude des Tempels, in dem Ah-Cacaw später Stele 26 beisetzen sollte, entfernt. Jetzt holten die Edlen der Stadt das Monument von seiner unehrenhaften Lagerstätte weg und schafften es mit würdevollem Zeremoniell über die große Freitreppe in den alten Tempel, wo sie es im hinteren Gemach in einer eigens zu diesem Zweck ausgehobenen Bodenmulde aufstellten. Bei einem ähnlichen Ritual, wie schon im Zusammenhang mit Stele 26 beschrieben, häufte man Brennstoff um den Fuß der Stele und entzündete ein Feuer, um die heilig-mächtige Kraft, die in dem Stein gebunden war, aus- und aufzulösen. Zugleich diente das Feuer dem Zweck, die Schande auszulöschen, die dem Geist der Stele widerfahren war. Mitglieder des Hofstaats und Abgesandte derjenigen unter den alten Vasallenstädten, die schon beherzt genug waren, sich offen gegen Caracol und für den neuen König von Tikal auszusprechen, spendeten kunstvoll gearbeitete irdene Räuchergefäße und verbrannten Weihegaben darin.

Nach Beendigung der Zeremonie wurden die Räuchergefäße im Zuge einer rituellen Tötung zerschlagen; die Scherben blieben auf dem Boden verstreut liegen, denn bald würde niemand mehr die Gemächer dieses Tempels betreten können.

Nachdem Stele 31 in ihrem künftigen Versteck untergebracht war, schütteten Arbeitergruppen die Innenräume des alten Tempels mit Füllmaterial auf und brachten dann die Gewölbe und Dachkämme zum Einsturz: Jetzt war, was dem Ort an Kraft innewohnte, für immer in ihm versiegelt. Danach wurde das zerstörte Gebäude mit einer zwölf Meter hohen, oben abgeflachten Pyramide überbaut, die den Unterbau eines neuen heiligen Berges von alles in allem 18,8 Meter Höhe bildete. Planer und Baumeister führten den Bau im Schnellverfahren durch, denn Ah-Cacaw mußte erst das neue Tor ins Jenseits fertiggestellt haben, ehe er gegen den Erzfeind losschlagen konnte – und das wollte er so bald wie möglich tun. Jede Stufe der emporwachsenden Pyramide wurde mit der Errichtung einer «Mauerwabe» aus quadratischen «Zellen» begonnen, die dann mit Lehm, Mörtel und Schotter gefüllt wurde. Nach der Fertigstellung bildeten Unterbau und Hochtempel eine imposante neue Hintergrundkulisse für die Stelenreihe vor der Nordakropolis (siehe Abb. 5.21). Der gewaltige Umfang von Tempel 5D-33-1 schloß die bauliche Vielfalt der Nordakropolis für das Auge des Betrachters zu einem Massiv lebendiger Berge am nördlichen Horizont zusammen, mit einem einzelnen herausragenden Tor ins Jenseits. Durch dieses Tor würden die Ahnengeister kommen, wenn sie nach Tikal zurückkehrten, um dem neuen König zu helfen, der Stadt den alten Glanz zurückzugeben, den sie selbst ihr vor jener katastrophalen Niederlage verliehen hatten.[73]

Wir wissen nicht, wann genau das Tötungsritual für den alten Bau, Tempel 5D-33-2, beendet war und mit der Arbeit an Tempel 5D-33-1 begonnen wurde. Wir dürfen aber davon ausgehen, daß dieses Bauvorhaben bereits in Angriff genommen war, als Ah-Cacaw im Jahr 692 den Zwillingspyramidenkomplex erbauen ließ, mit dem er das Ende des dreizehnten Katun feierte. Im Hof ließ er die erste Stele seiner Regierungszeit aufstellen; der dazugehörige Altar trägt das Datum 9.13.0.0.0 (siehe Abb. 5.22). Diese Zwillingspyramide war das erste Bauwerk dieser Art, das seit dem – inzwischen längst unter der Ostplaza begrabenen – Originalkomplex aus Tikals vergangener Glanzzeit hier errichtet wurde. Es ist wohl kaum daran zu zweifeln, daß Ah-Cacaw mit der Wiederaufnahme dieses Baustils weithin sichtbar seinen Willen zur Erneuerung dynastischer Traditionen bekunden wollte. So griff er auch die von seinem Vorfahren Sturmhimmel initiierte Sitte, das Katun-Ende zu feiern, wieder auf, zumal den Stabritus, wie er bei den Herrschern Tikals während der ruhmreichen Jahre im Anschluß an Sturmhimmels Regierungszeit Brauch gewesen war. Diese Ritualpraxis sollte im Kultleben des spätklassischen Tikal bis zum Niedergang der Stadt eine zentrale Rolle spielen.

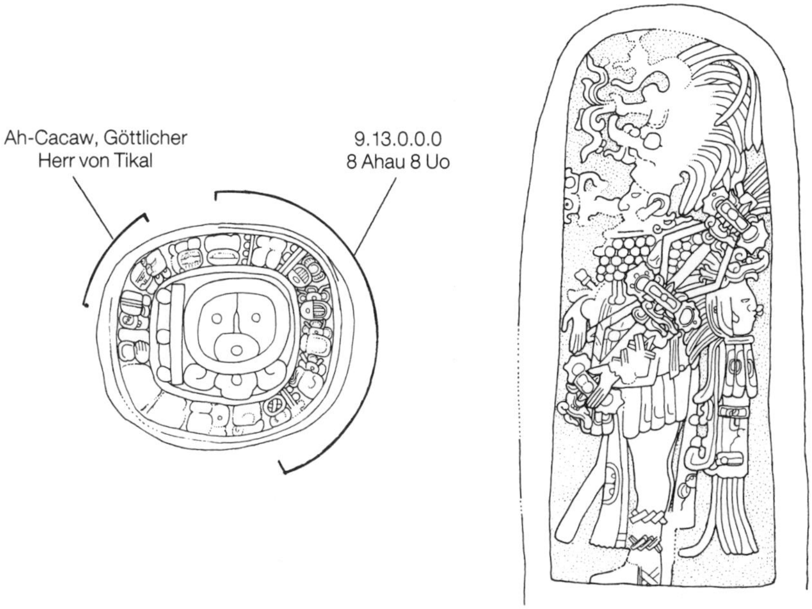

Abb. 5.22 Tikal, Stele 30 und ihr Altar: Die erste von Ah-Cacaw nach seiner Inthronisation errichtete Stele.

Ungeachtet der Tatsache, daß Ah-Cacaw eifrig bemüht war, alle Spuren der Niederlage von damals aus dem Öffentlichkeitsraum des Gemeinwesens zu entfernen, sind in den Kunstwerken, die in seinem Auftrag entstanden, Parallelen zum Kunststil Caracols nicht zu verkennen. In der Tat repräsentiert der steinerne Rundaltar, den er vor sein erstes Stelenporträt plazierte (siehe Abb. 5.22), in Form und Reliefverzierung einen Stil, wie er zur selben Zeit bei den Eroberern Tikals populär war (siehe Abb. 5.4): In der Mitte der Altaroberfläche steht der Name des Katun, der Hieroglyphentext verläuft im Kreis darum herum.[74] Die Vermutung hat etwas für sich, daß Ah-Cacaw den Altar, der dazu bestimmt war, vor seinem ersten Monument zu stehen, deshalb im Caracol-Stil ausführen ließ, um in einer Art Gegenzauber die einstige Schande Tikals auszulöschen. Bestärkt findet man sich in dieser Vermutung, wenn man das Porträt auf der Stele selbst betrachtet; dessen Stil ähnelt stark dem von Stele 17, dem letzten Denkmal des glücklosen Thronfolgers Nummer 21, der seinerzeit gegen Caracol unterlegen war.

Wüßten wir über Tempel 33 nichts weiter als das, was die archäologischen Grabungen am Ort selbst über die Baugeschichte mitsamt dem Einschluß von Stele 31 aussagen, so bliebe uns jetzt über die Vorgänge im Zusammenhang mit seiner Weihe nicht mehr allzuviel zu sagen. Doch Ah-Cacaw betrachtete mit Recht das neuerliche Entfachen des spirituellen Feuers seiner Dynastie in Tempel 33-1 und auf der Großen Plaza als das wichtigste Geschehen in seinem Leben, und deshalb sind diese Vorgänge auf den skulptierten Zapote-Türstürzen verewigt, die in Ah-Cacaws Grabmal, dem sogenannten Tempel I, das Andenken an die Regierungsperiode

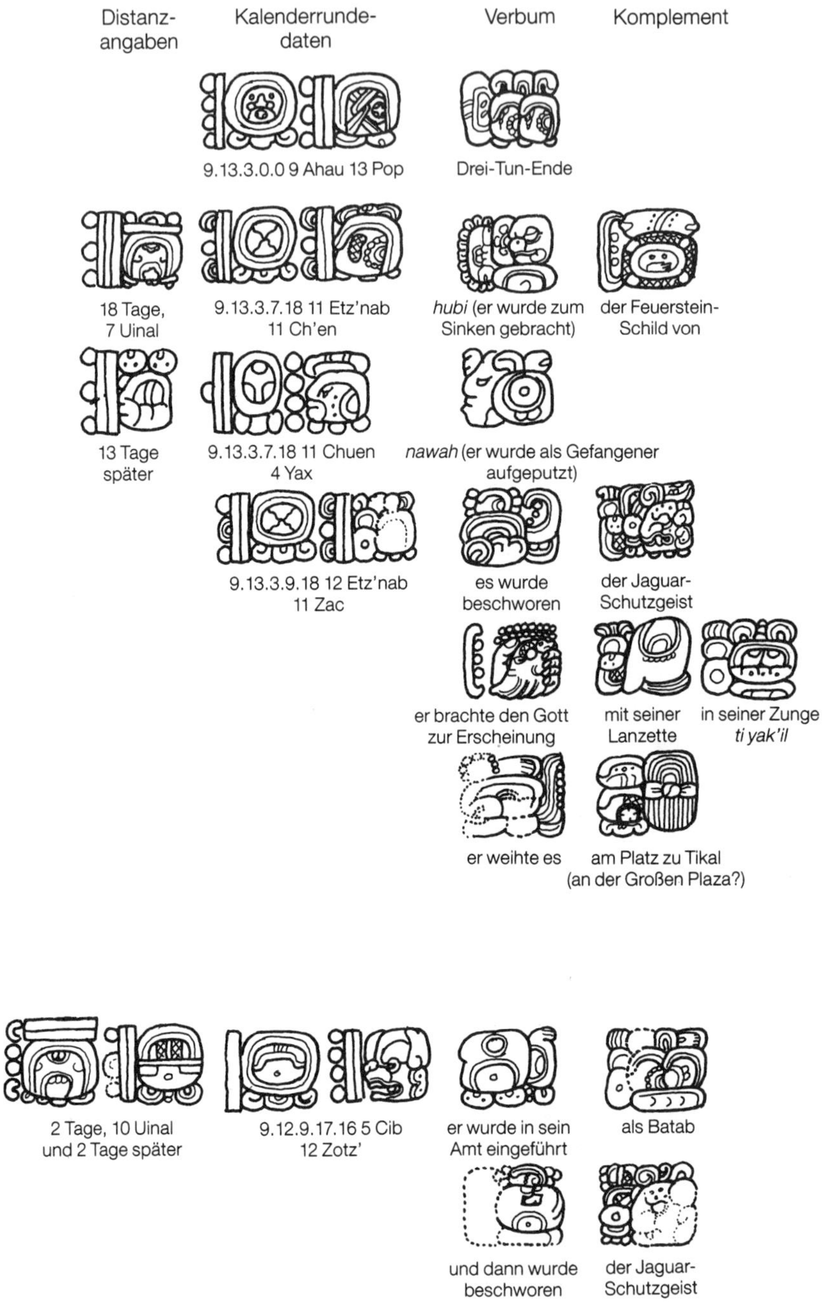

Abb. 5.23 Epigraphische Protokolle der Weihezeremonien für Tempel 33 auf Türsturz 3 des Tempels I und in Tempel 5 D-57

dieses Herrschers bewahren sollten. Tempel I, auch «Tempel des Großen Jaguars» genannt, erhebt sich auf der Hochterrasse einer riesigen neunstufigen Pyramide, die über der Grabkammer Ah-Cacaws errichtet wurde, und auf den geschnitzten Türstürzen seiner drei inneren Gemächer ist die Geschichte von Tempel 33 in schöner Ausführlichkeit aufgezeichnet.

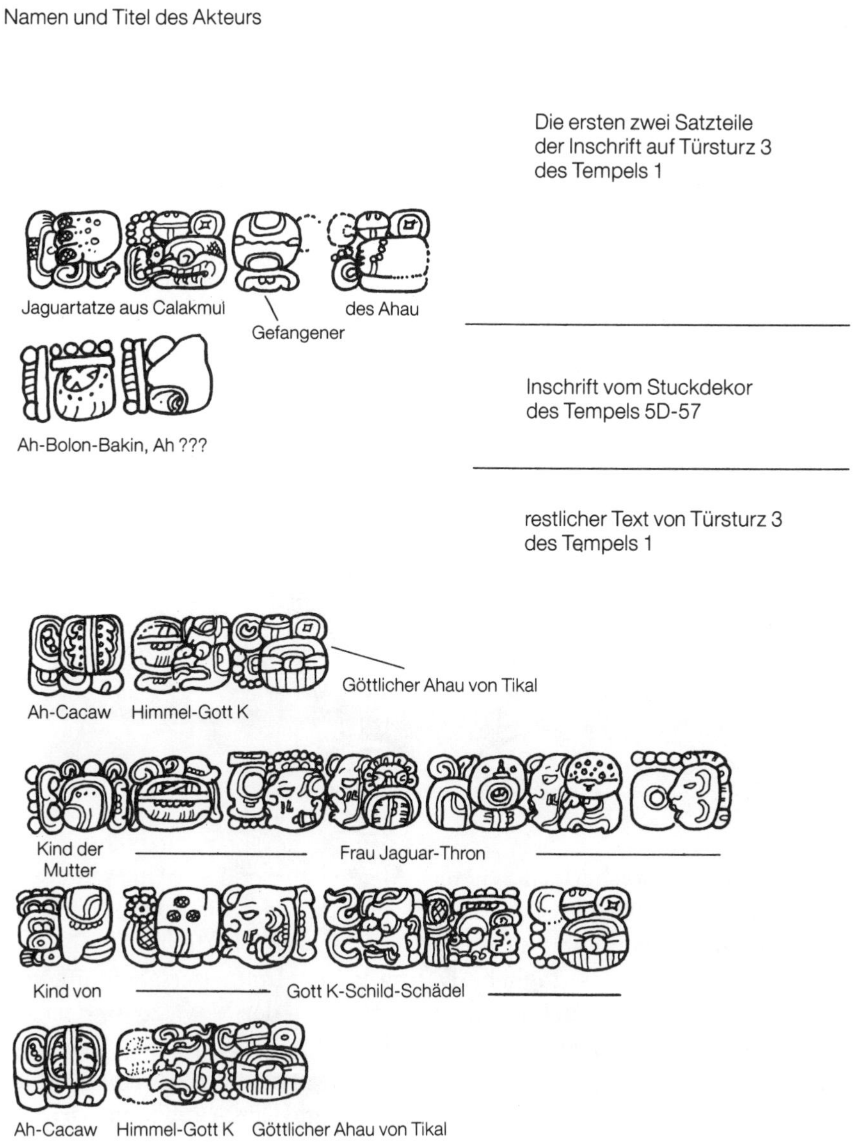

Die Bauarbeiten an Tempel 33-1 müssen bald nach dem 9.13.3.0.0 (3. März 695) abgeschlossen gewesen sein, denn auf Türsturz 3 liest man, daß die Weihehandlungen mit dem Ende dieser Kalenderperiode einsetzten (siehe Abb. 5.23). Einhundertfünfzig Tage später führte Ah-Cacaw Krieg und nahm König Jaguartatze von Calakmul gefangen. Die Schlacht[75], aus der er mit diesem bekannten Gefangenen heimkehrte, war vom selben Typ wie achtundsechzig Jahre zuvor Caracols Krieg gegen Naranjo (siehe Abb. 5.6) und in jüngerer Zeit Rauch-Hörnchens Feldzug gegen Ucanal (siehe Abb. 5.14): ein Tlaloc-Venus-Krieg – freilich mit einer bedeutsamen

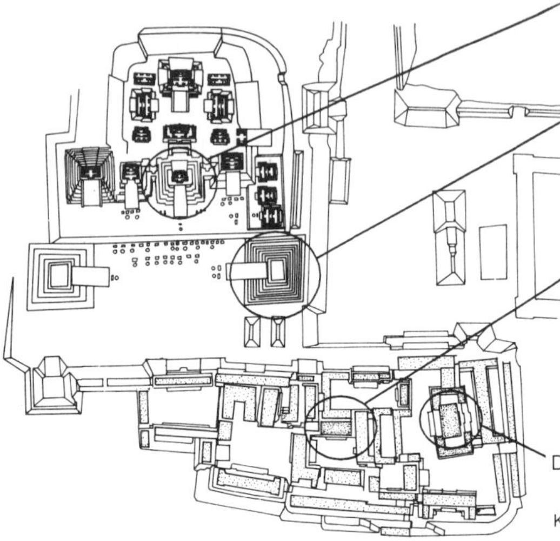

Abb. 5.24 Struktur 5D-57 und die Weihezeremonien

Abweichung vom bisherigen Schema. Abgesehen von dem Umstand, daß Jaguartatze am 8. August 695, zwei Tage, nachdem die Sonne auf ihrer Bahn ihre größte Annäherung an den Zenit erreicht hatte, in Ah-Cacaws Hände fiel, war für das fragliche Datum keine Himmelserscheinung von der Art zu verzeichnen, die wir mit Kriegführung der Maya zu assoziieren gelernt haben. Ah-Cacaw hatte die Wahl des Zeitpunkts für diesen Sieg nicht nach dem Himmel, sondern nach dem historischen Kalender seines Volkes getroffen, in dem für diese Zeit das dreizehnte Katun-Jubiläum der auf Stele 31 festgehaltenen Blutentnahme seines Ahnen Sturmhimmel anstand.

Dreizehn Tage nach der Schlacht, bei der ihm Jaguartatze in die Hände gefallen war, stellte Ah-Cacaw seine Gefangenen aus Calakmul in einem Ritual, das mit Demütigungen und wahrscheinlich auch Folterung der menschlichen Siegestrophäen verbunden war, öffentlich zur Schau.[76] Diese dramatische Szene findet sich in Stuck modelliert auf einer Zierleiste an der Fassade der – zu dem als «Mittlere Akropolis» bezeichneten Komplex von Tempeln und Palästen gehörenden – Struktur 5D-57 (siehe Abb. 5.24). Man sieht einen der Gefangenen mit auf den Rücken gefesselten Armen am Boden sitzen; er ist an eine Leine gebunden, deren freies Ende der hinter ihm stehende siegreiche König in der Hand hält. Ah-Cacaw trägt das

Mosaik-Monster-Kostüm, eine Tlaloc-Aufmachung, wie sie in ähnlicher Form auch seine Vorfahren bei der Eroberung Uaxactúns getragen hatten. Bei dem abgebildeten Gefangenen handelt es sich nicht um König Jaguartatze von Calakmul, sondern um einen Mann namens Ah-Bolon-Bakin, der vermutlich ein Bundesgenosse oder Vasall des gefangenen Monarchen war.

Nach weiteren siebenundzwanzig Tagen opferte Ah-Cacaw diese unglücklichen Gefangenen in einem Weiheakt für Tempel 33. Den Vorgang ließ er in drei Versionen, die das Geschehen jedesmal aus einem anderen Blickwinkel zeigen, auf Türsturz 3 des Tempels I aufzeichnen (siehe Abb. 5.23). Die erste Version hebt an der Weihezeremonie hervor, daß sie mit einer Blutentnahme an Ah-Cacaws Zunge verbunden war.[77] In Kapitel 7 dieses Buches werden wir noch genauer erfahren, daß bei dieser Prozedur die Zunge durchbohrt und anschließend eine Schnur durch die Wunde gezogen wurde. Der dabei auftretende Blutverlust versetzte den Betroffenen zusammen mit den starken Schmerzen in einen Trancezustand, der das Erscheinen der Visionsschlange begünstigte. Die Visionsschlange war der Verbindungsweg, auf dem die Ahnen ins Diesseits gelangten, um sich ihren Nachfahren zu offenbaren. Nach unserer Vermutung beschwor Ah-Cacaw bei jener Gelegenheit im Tempel 33 Sturmhimmel herauf, um ihn zum Zeugen der von seinem Nachfahren inaugurierten dynastischen Wiedergeburt zu machen.

Die zweite Version des Hieroglyphenberichts erläutert, daß die Weihehandlung[78] an einem Ort stattfand, der mit der Hauptglyphe aus der Emblemglyphe Tikals bezeichnet wird. Dieser Ort war aller Wahrscheinlichkeit nach das Zentrum des gemeinschaftlichen Kultlebens, die Große Plaza. Weiterhin bekräftigt Ah-Cacaw hier seine Legitimation, das Tor ins Jenseits zu öffnen, indem er auf seine Abstammung von den königlichen Eltern Frau Jaguarthron und König Schild-Schädel verweist. Die dritte Version des Hieroglyphenberichts schließlich verbindet die Tempelweihe mit Ah-Cacaws Thronbesteigung.

Woher aber wissen wir, daß die in Tempel I aufgezeichnete Chronik der Ereignisse sich auf die Weihe von Tempel 33 und der renovierten Großen Plaza bezieht? Die Antwort lautet: Das läßt sich nur auf indirektem Weg beweisen, allerdings anhand von Indizien, die uns stichhaltig erscheinen. Das in Tempel I verzeichnete Datum von Ah-Cacaws Weiheakt ist das dreizehnte Katun-Jubiläum des letzten auf der beschädigten Stele 31 erwähnten Datums, und dieses bezieht sich, wie wir wissen, auf den Tag, an dem Sturmhimmel anläßlich des maximalen Winkelabstands des Morgensterns ein Blutentnahmeritual ausführte.[79]

Daß Ah-Cacaw sein Weiheritual ausgerechnet auf einen Zeitpunkt verlegte, der jenes Dreizehn-Katun-Jubiläum einschloß, kam nicht von ungefähr. Anders als die Maya-Könige seiner Zeit, die sich in der Terminplanung für ihre kriegerischen oder friedlichen Staatsakte nach dem Venusjahr richteten, wählte Ah-Cacaw für seine Zwecke einen Termin, der einen

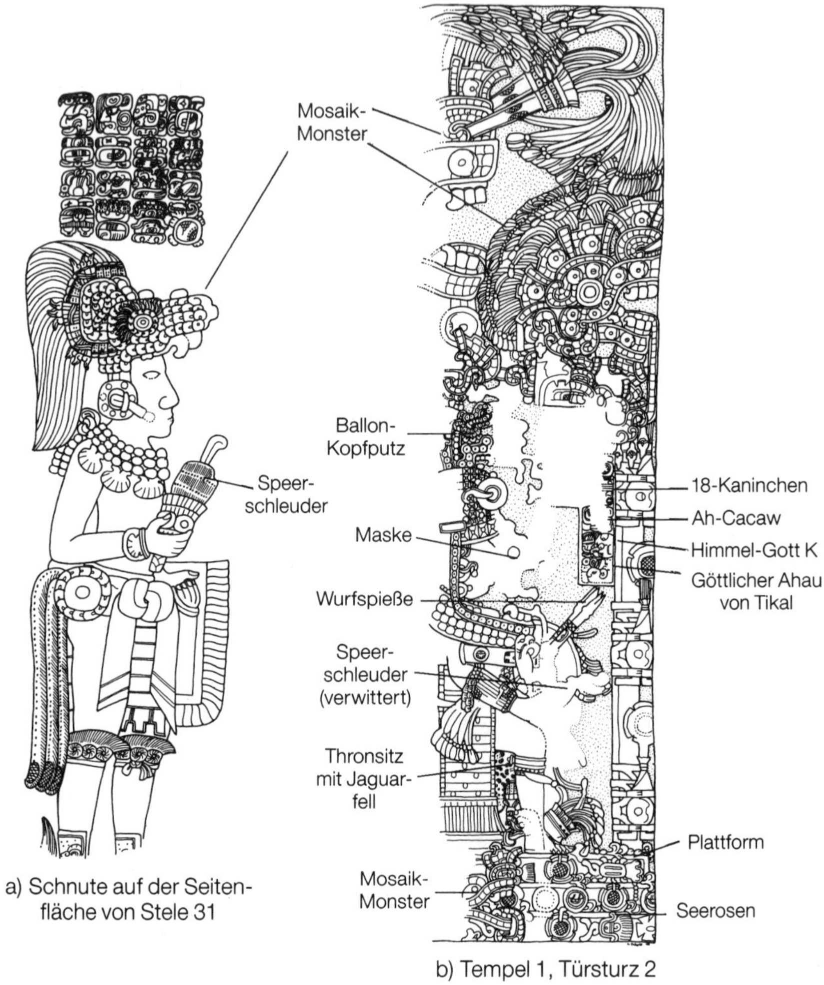

Abb. 5.25 Die Weihezeremonie für Tempel 33 und Stele 31 in figürlicher Darstellung

Zusammenhang zwischen der Wiedergeburt der Dynastie und Tikals früheren Glanzzeiten herstellte. Aus seiner Sicht war Sturmhimmel die zentrale Heldengestalt in der Geschichte seines Geschlechts. Unserer Meinung nach ist es kein Zufall, daß Ah-Cacaw seinen Prachttempel 33 über der Grabstätte Sturmhimmels errichtete und zuvor als Teil des Tötungsrituals Stele 31, das großartige Siegesdenkmal jenes Königs, beisetzte. Wie wir bereits sahen, hatte Ah-Cacaw auch den Zeitpunkt für seinen Feldzug gegen Calakmul mit Blick auf das Dreizehn-Katun-Jubiläum gewählt. Dreizehn Katune (260 Jahre) waren für die Maya eine der heiligsten Kalenderperioden. Sie als einzige der alten Kalenderzyklen hat die Conquista überdauert und, wie die berühmten Katun-Räder der yucatekischen Chilam-Balam-Bücher zeigen, im Bewußtsein der postkolumbischen Maya weitergelebt.

Weiteres Beweismaterial für unsere Vermutung liefert ein Vergleich der ikonographischen Elemente im Figurenschmuck von Stele 31 einerseits und den Türstürzen in Tempel I andererseits. Unverkennbar geben die auf den Türstürzen dargestellten Szenen die wichtigsten Einzelheiten vom Auftritt des Königs auf der Großen Plaza anläßlich der Weihe von Tempel 33 wieder. Auf Türsturz 2 (siehe Abb. 5.25 b) sieht man Ah-Cacaw breitbeinig auf einem mit Jaguarfell bezogenen Thron sitzen; seine Füße ruhen auf einem mit umlaufenden Seerosenbändern ornamentierten mehrstufigen Podest, das die dunkle, bedrohliche Oberfläche von Xibalba darstellt. Er trägt den ballonförmigen Kopfputz des Tlaloc-Kriegers und eine schreckenerregende Göttermaske, die wahrscheinlich das letzte war, was seine Opfer von dieser Welt sahen. In den Händen hält er Wurfspieße und einen Schild, die gleiche Waffenausstattung, mit der sich auch seine Ahnen Rauch-Frosch (auf Stele 5 in Uaxactún) und Schnute (auf den Schmalseiten von Stele 31 in Tikal) präsentierten. Das Mosaik-Monster, das der sitzende König heraufbeschworen hat, zeigt sich hinter ihm bis hoch über seinen Kopf aufgerichtet, um in dieser Haltung allen Feinden Tikals mit Niederlage und Untergang zu drohen. Dieses Monster ist dasselbe Wesen, das auf dem Bild Schnutes auf der linken Schmalseite von Stele 31 im Kopfputz zu erkennen ist (siehe Abb. 5.25 a). Das Bildwerk auf Türsturz 2 bezieht sich jedoch auf mehr als nur das Ahnenporträt von Stele 31. Tikals Herrscherhaus und der gesamte Stadtstaat hatten über Katune hinweg die Dulderrolle spielen müssen, während der Stern des Krieges für ihre Feinde leuchtete. Jetzt hatte sich ihr Schicksal gewendet. Ah-Cacaw beherrschte jetzt wieder die Ungeheuer und Dämonen des Tlaloc-Krieges, die seine Vorfahren einst bei der Eroberung von Uaxactún entfesselt hatten. [80]

Der Türsturz über dem Eingang zum hintersten der drei Gemächer von Tempel I zeigt Ah-Cacaw in der zweiten Tracht, die er im Verlauf der Weihefeierlichkeiten trug (siehe Abb. 5.26). Wiederum scheint die Ikonographie der Stele 31 die Inspiration geliefert zu haben. Auf Stele 31 trägt Sturmhimmel Gott GIII, den jaguargestaltigen Zweitgeborenen der Zwillingsheroen mit der Tränenvolute unter den Augen, in der Armbeuge. Von Sturmhimmels Gürtel hängen zwei weitere Jaguarsonnenmasken herab, und zwar vorn eine anthropomorphe, hinten eine zoomorphe Variante. Dieser Jaguar ist die große Schutzgottheit von Tikal und dasselbe Wesen, das die Jaguarmasken im Dekor der späten vorklassischen Tempel in Cerros, Uaxactún, El Mirador und Tikal beschworen. Man findet ihn auch auf dem ältesten erhaltenen Herrscherbild aus Tikal, Stele 29, in der Hand des Königs. Wir vermuten sogar, daß «Jaguar» einer der Namen des Königreichs Tikal war. [81]

Auf Türsturz 3 begegnen wir erneut der GIII-Jaguargottheit: Hier hat sie sich hinter dem thronenden Ah-Cacaw schützend zu riesenhafter Größe

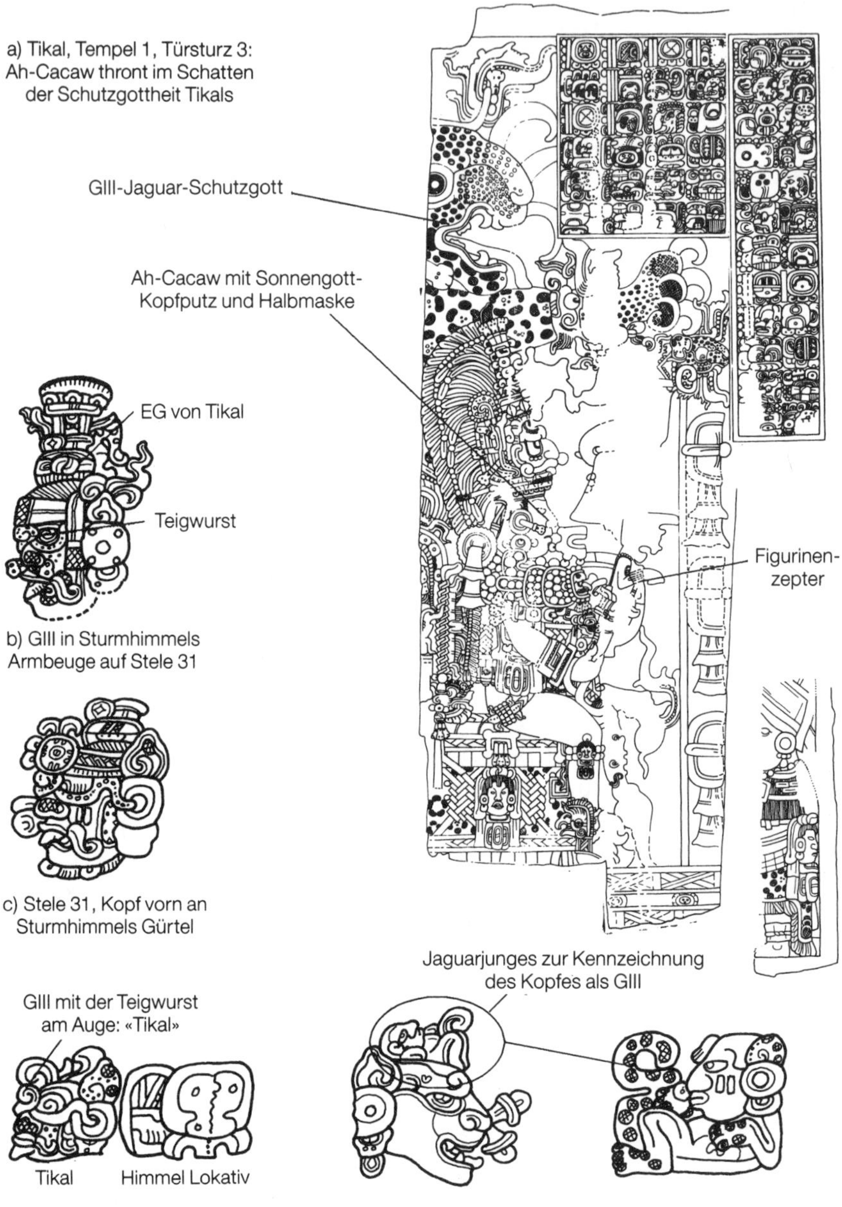

Abb. 5.26 Tempel 1, Türsturz 3 und der Jaguar-Schutzgott (Zeichnung des Türsturzes: John Montgomery)

aufgerichtet. Auch dieses Bild zeigt den Herrscher auf einem mit Jaguarfell bedeckten Thronsessel sitzend, der auf einem mehrstufigen Podest steht. In der Rechten hält er ein Figurinenzepter (Gott K), in der linken einen runden Schild. Üppiger Juwelenschmuck bringt seinen Rang und seine kultische Bedeutung zum Ausdruck. Sein Kopfputz besteht aus einer von einem stattlichen Federschmuck gekrönten adlernasigen Halbmaske des Sonnengotts; von dem mächtigen Rückengestell mit Federputz sind auf dem Bild nur noch Spuren erhalten. Ein über einem großflächigen Brustschmuck aus unterschiedlich großen Jadeperlen getragener Gott «Narr» signalisiert den Ahau-Rang seines Trägers. Ah-Cacaw thront im Innern einer Sänfte, in der er zur Kultstätte (möglicherweise der Großen Plaza selbst) getragen wurde, um die öffentlichen Opferungen vorzunehmen, die Teil des Tempelweiherituals waren.[82]

Auf den Trümmern von Tikals Geschichte errichtete Ah-Cacaw ein riesenhaftes neues Macht- und Sakralzentrum. Mit der Erinnerung an die Großtaten seines Vorfahren Sturmhimmel beseitigte er den Riß in der Geschichte seiner Heimatstadt. Doch bleibt eine Frage offen: Weshalb griff Ah-Cacaw Calakmul an?

Calakmuls Bundesgenossenschaft mit Caracol im Krieg gegen Naranjo trug zweifellos mit dazu bei, daß der junge König Jaguartatze sich Tikals Feindschaft zuzog. Noch stärker jedoch dürfte die Rachsucht dadurch geschürt worden sein, daß die vorangegangenen Herrscher Calakmuls sich zusammen mit Bundesgenossen und mit Feinden an der Einkreisungsstrategie Caracols gegen Tikal beteiligt hatten. Ein einstiger Verbündeter Calakmuls, Herrscher I von Naranjo, wurde am Ende seines Lebens selbst Objekt der Angriffslust jener Allianz. Doch während seine Nachfahren ihre Rache nach Süden auf Caracols Nachbarn richteten, wandte sich Ah-Cacaw von Tikal nach Norden direkt gegen Calakmul.

Welche Rolle spielte König Feuerstein-Himmel-Gott K von Dos Pilas, abgesehen davon, daß er sich das resultierende Machtvakuum zunutze machte und seine eigene Nachkommenschaft auf den Thron von Naranjo setzte? Schwer zu sagen, denn am Anfang seiner Regierungszeit hatte er den jungen Kronprinzen von Calakmul hofiert und in der Rolle des mächtigen Freundes und Gönners dessen Inthronisation beigewohnt. Machtpolitisch hatte Feuerstein-Himmel-Gott K in Naranjo einen großartigen strategischen Sieg errungen, deshalb dürfte es für ihn einen Prestigeverlust bedeutet haben, daß sein mächtigster Verbündeter unter den Händen des neuen Herrschers von Tikal den Tod fand. Die vor Vitalität strotzende neue Dynastie, die Feuerstein-Himmel-Gott K gegründet hatte, war möglicherweise eine Nebenlinie des Herrschergeschlechts von Tikal; in Anbetracht der Bündnispolitik ihres Gründers muß man jedoch davon ausgehen, daß dieser dem wiedererstarkenden Tikal eher feindlich gegenüberstand.

Das Durcheinander von Machtbestrebungen, Vergeltung und Blutrache, das wir in diesem Kapitel geschildert haben, braucht, was die Kompliziertheit der Verhältnisse angeht, in der uns bekannten Geschichte den Vergleich nicht zu scheuen. Caracol unterwarf Tikal und im Bunde mit Calakmul später auch Naranjo. Sehr wahrscheinlich ist, daß es ein emigrierter Zweig des geknebelten Herrscherhauses von Tikal war, der in der Petexbatún-Region das neue Königreich Dos Pilas gründete. Feuerstein-

Himmel-Gott K, der Stammvater der Dynastie von Dos Pilas, startete eine Serie von Feldzügen, die ihm unter anderem die Freundschaft des mächtigen Thronerben von Calakmul eintrugen. Überdies entsandte Feuerstein-Himmel-Gott K eine Tochter nach Naranjo, damit sie dort – wo ein König entthront worden war, dessen Einsetzung einst im Beisein des damaligen Herrschers von Calakmul stattgefunden hatte – eine eigene Dynastie ins Leben rief. Tikal fiel über das mit Dos Pilas verbündete Calakmul her, und Naranjo tobte seine Wut in Richtung Süden, nach Caracol zu, aus; dabei unterwarf es Yaxhá (das möglicherweise ein Vasallenstaat Tikals war) und Ucanal. Soweit sich aus den vorhandenen Urkunden eine Reaktion Caracols auf das Ganze erschließen läßt, bestand sie darin, den Kopf einzuziehen und in Deckung zu gehen in der Hoffnung, die Angelegenheit ungeschoren zu überstehen. Auf jeden Fall bedeutete die Rückkehr Tikals und Naranjos zur Großmachtstellung für Caracol, daß nun sein Abstieg auf der Erfolgsleiter eingesetzt hatte.

Perspektiven und Fragen

Soweit die Skizze der Ereignisse, wie sie sich dem vorhandenen spärlichen Tatsachenmaterial entnehmen läßt. Mit einigem Glück dürfen wir hier für die Zukunft auf Vervollständigung und Präzisierung rechnen. Aber schon hinter den derzeit bekannten Fakten können wir ein subtileres Bild der diplomatischen Zusammenhänge ahnen, zu dessen Elementen auch die politische Intrige und der Verrat gehören. Hat, um nur ein Beispiel zu nennen, womöglich Feuerstein-Himmel-Gott K selbst den arglosen Jaguartatze der Rache Ah-Cacaws ausgeliefert? Man kann sich die Lage sehr gut vorstellen: Auf dem Schlachtfeld in zunehmende Bedrängnis geraten, wartet der junge Herrscher von Calakmul, rasend vor Enttäuschung, vergebens auf die verabredete Hilfe aus Dos Pilas, während Ah-Cacaw mit seinen blutdürstigen Gesellen immer näher rückt. Fest steht, daß man in Dos Pilas vom Ausgang dieser Schlacht profitierte. Die Allianz zwischen Calakmul und Caracol hatte das ganze Zentralpetén in die Hörigkeit gegenüber den Bündnispartnern gebracht. Jetzt, wo diese Achse gebrochen war, Tikal seinen Sieg feierte und im östlich von Tikal gelegenen Naranjo Mitglieder der eigenen Sippe an der Macht waren, hatte der König von Dos Pilas die Hände frei, in der Petexbatún-Region sein eigenes Hegemonialimperium aufzubauen und zu konsolidieren.

Für Caracol hatten diese Verschiebungen gravierende Folgen. Nach derzeitigem Kenntnisstand wurde hier in der Periode vom Ende der Regierung Herrn Kans II. bis zum Ende des Katun 17 keine einzige Inschrift angebracht. Das epigraphische Schweigen währte siebzig Jahre. Aus Calakmul sind ähnlich einschneidende Konsequenzen nicht bekannt. Möglicherweise verdankte es dieses Königreich seiner Größe und seiner abgelegenen

Lage im Norden, daß es die Niederlage seines Königs ohne größeren Schaden überstand. Beim nächsten Kalenderperiodenende nach Jaguartatzes Tod hatte man in Calakmul bereits wieder mit dem Aufstellen von Stelen begonnen.

Im Sinne einer Enthegemonialisierung des Petén mögen sich Ah-Cacaws Aktionen ausgewirkt haben, wie sie wollen, ihren primären Zweck haben seine Kultaktivitäten und das von seinen Nachkommen fortgesetzte Neubauprogramm jedenfalls erfüllt. Tikal stieg wieder in die frühere Rangstellung eines der größten und wohlhabendsten Reiche im Zentralpetén auf. Aber mochte dieser frische Lorbeer noch so üppig sein, der König sah keinen Anlaß, sich auf ihm auszuruhen. Das Ende sowohl der architektonischen Erneuerung von Tikals Stadtkern als auch der Feldzüge Ah-Cacaws war noch lange nicht abzusehen. Noch nicht einmal ein volles Jahr war seit der Weihe von Tempel 33 vergangen, da führte er bereits wieder Krieg mit Calakmul und brachte diesmal als Gefangenen einen Würdenträger namens Ox-Ha-Te Ixil Ahau mit nach Hause, der dann als Gegenstand einer der ästhetisch gelungensten Zeichnungen, die wir überhaupt von den Maya besitzen, unsterblich wurde (siehe Abb. 5.27). Es handelt sich um eine Gravierung auf einem Knochen, der unter den Beigaben in Ah-Cacaws Grab gefunden wurde. Zu sehen ist der aufrecht mit gesenktem Kopf dastehende Gefangene, wie er, bis auf das Lendentuch entblößt und an Handgelenken, Oberarmen und Knien gefesselt, der öffentlichen Erniedrigung preisgegeben ist. Die Schlacht, in der er unterlag, fand «im Lande» einer Person namens Spalt-Erde statt, bei der es sich um den Nachfolger Jaguartatzes auf dem Thron von Calakmul gehandelt haben dürfte.[83] Ox-

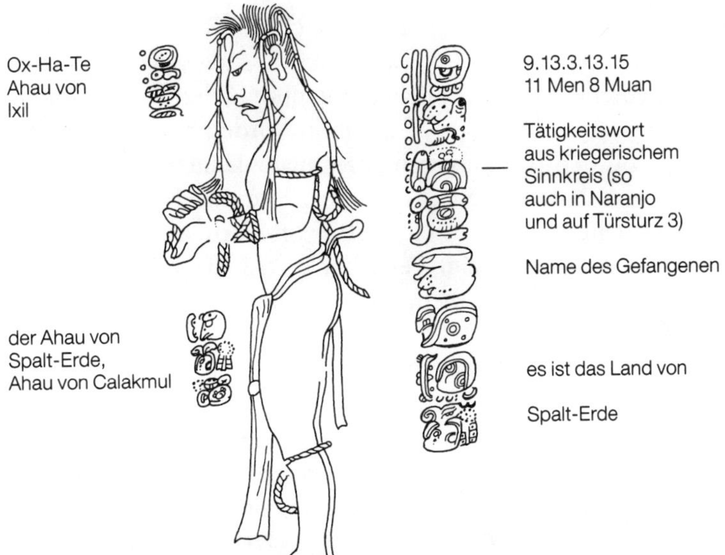

Abb. 5.27 Ein gefangener Ahau aus Calakmul. Gravur auf einem Knochen aus Ah-Cacaws Grab

Abb. 5.28
Ah-Cacaw begeht das Katun-Ende beim Erscheinen der Venus als Abendstern

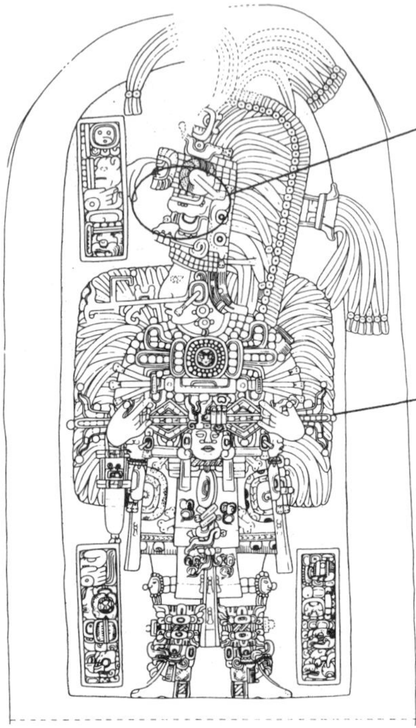

Tikal, Stele 16

Ha-Te Ixil Ahau war einer seiner Würdenträger. Ironischerweise sind diese zwei politischen Exponenten Calakmuls in die Geschichte nur deswegen eingegangen, weil ihr Schatten einen großen König der Gegenseite ins Grab begleitete.

Zum Ende des Katun 14 – kurze Zeit, nachdem Rauch-Hörnchen Yaxhá angegriffen hatte – ließ Ah-Cacaw seinen zweiten Zwillingspyramidenkomplex errichten und im nördlichen Innenhof Stele 14 und Altar 5 (siehe Abb. 5.28) aufstellen. Die Stele zeigt ihn in Vorderansicht, einen Zeremonialstab des von den frühklassischen Königen Tikals favorisierten Typus auf den Armen balancierend. Der fächerförmig ausgebreitete Federschmuck auf dem Rückengestell hüllt, von vorn gesehen, den ganzen Oberkörper in eine Aura. Zur Feier der ersten Erscheinung des Abendsterns trägt er die Maske der Venusgottheit, kenntlich an den skelettierten Zügen, als Kopfschmuck.

Es kann sein, daß Ah-Cacaw noch einen weiteren, nämlich den zur Feier des darauffolgenden Katun-Endes (9.15.0.0.0) errichteten Zwillingspyramidenkomplex in Auftrag gab; da in diesem Komplex jedoch keinerlei dekorierte Monumente aufgestellt wurden, ist die Identität des Stifters nicht zweifelsfrei zu bestimmen. Im Tikal der spätklassischen Periode war es nicht Sitte, Stelen mit der Chronik des Herrscherlebens aufzustellen. Vielmehr demonstrierten die Könige jetzt Macht und historisches Bewußtsein in Form von persönlichen Zwillingspyramidenbauten und von Feiern zum Ende der Kalenderperioden. Dieser neue Stil war nach Sturmhimmels Tod im 5. Jahrhundert aufgekommen und erhielt durch Ah-Cacaw großen Auftrieb. Infolgedessen sind unsere Informationen über die letzten zwanzig Jahre Ah-Cacaws mehr als dürftig. Sie umfassen ein paar Daten von obskuren Ereignissen, die auf den gravierten Knochen in seiner Grabbeigabe verzeichnet sind. Eine einzelne historische Angabe aber sticht daraus hervor; sie betrifft den Tod von Schild-Gott K, dem Sohn Feuerstein-Himmel-Gott Ks von Dos Pilas.[84] Danach ist zumindest eines sicher: Sollten die guten Beziehungen zwischen Ah-Cacaw und dem Herrscherhaus von Dos Pilas durch die Gefangennahme Jaguartatzes einen Riß bekommen haben, so hatte Ah-Cacaw diesen Schaden vor seinem Tod wieder behoben.

Ah-Cacaws Sohn, Herrscher B, trat am 9.15.3.6.8. (12. Dezember 743) die Thronfolge an. Sehr wahrscheinlich ließ er das Grabmal seines Vaters errichten, den berühmten Tempel I, denn nach Lage der Dinge vor Ort wurde mit dem Bau der Pyramide erst begonnen, nachdem der Zugang zu Ah-Cacaws Grabkammer verschlossen war. Die Tatsache jedoch, daß in den Hieroglyphentexten auf den meisterhaft skulptierten Türstürzen dieses Tempels nichts auf diesen jungen Mann hindeutet, rechtfertigt die Vermutung, daß die Fertigstellung der Kunstwerke noch unter Aufsicht des alternden Ah-Cacaw erfolgte. Der pietätvolle Sohn hat sie zweifellos nur anbringen lassen.[85]

Über Rauch-Hörnchens letzte Jahre und seinen Tod in Naranjo ist so gut wie nichts bekannt. Wir wissen lediglich, daß sein Sohn Rauch-Batab am 22. November 755 die Thronfolge antrat.[86]

Zwischen der Vita Ah-Cacaws auf der einen und derjenigen Rauch-Hörnchens auf der anderen Seite läßt sich so manche Parallele ziehen. Beide erbten die Herrschaft über ein Reich, das von einem mächtigen Gegner – und zwar in beiden Fällen von ein und demselben: dem Königreich Caracol – lange Zeit unterdrückt und gedemütigt worden war, und beide machten es sich zur – erfolgreich bewältigten – Lebensaufgabe, das Ansehen und die dominierende Position ihres Staatswesens im politischen Kosmos der Maya des Spätklassikums wiederherzustellen. Und beide erreichten ihr Ziel auf im wesentlichen gleichen strategischen Wegen. Ah-Cacaw eröffnete seine Herrschaftsperiode damit, daß er entweihten Monumenten eine ehrenvolle Beisetzung in den älteren Tempelbauten vor der Nordakropolis, dem Zentrum des Sakralbezirks von Tikal, zuteil werden ließ. Zwar war die Erneuerung des Staatswesens mit einer architektonischen Auffrischung der Nordakropolis bereits von Ah-Cacaws Vater Schild-Schädel eingeleitet worden, doch bestand der schwierigere und verantwortungsvollere Teil der Aufgabe in der Fortführung des Bauprogramms bis zur Vollendung – und dieser Part fiel an Ah-Cacaw. Über der Stele, auf der die Geschichte der bedeutendsten Eroberung, die Tikal jemals gemacht hatte – das Lebenswerk seiner Vorfahren Groß-Jaguar-Tatze, Schnute und Sturmhimmel –, verzeichnet war, errichtete er den riesigen Tempel 33. Zum dreizehnten Katun-Jubiläum des letzten lesbaren Datums auf jener entweihten Stele unternahm er einen Feldzug, von dem er einen Gefangenen mitbrachte, dessen Rang und Ansehen genügten, den Makel der Schande von Geist und Geschichte seines Reiches zu tilgen. Mit dem Bau von Tempel 33 eröffnete er im Herzen des Sakralbereichs seiner Stadt eine neue architektonische Gestaltungsdimension, die der zurückgewonnenen Glorie würdig war.

Rauch-Hörnchen bediente sich desselben Instrumentariums, um seinem Reich die verlorene Ehre zurückzugewinnen. Mit seinen Erfolgen als Feldherr bewies er, daß Naranjo die alte militärische Macht zurückgewonnen hatte und daß die Götter der Stadt von neuem ihre Gunst schenkten. Sein außergewöhnliches Charisma bewies er weithin sichtbar damit, daß es ihm gelang, die Handwerker- und Arbeitermassen zu mobilisieren, die notwendig waren, um das Zentrum des Königreichs in noch größerem, glanzvollerem Maßstab umzubauen. Rauch-Hörnchen ließ die Gebäudekomplexe A 15 und C (siehe Abb. 5.12) errichten, die beide jeweils als Dreiergruppe angelegt waren und damit einen im späten Vorklassikum beliebten Typus der baulichen Anlage – wir haben ihn am Beispiel Cerros' und Uaxactúns kennengelernt – wiederaufleben ließen. Im Ausdruck strebte er mit seinem Baustil nicht nur das Monumentale an, sondern, wichtiger noch, ebenso die Erinnerung an die Formenwelt des alten Maya-Königtums. Auch Ah-Cacaw griff dieses Muster der baulichen Anlage wieder auf. Indem er die Prozessionswege in die Innenhöfe des alten Tempelkomplexes verbaute, machte er die Nordakropolis zur nördlichen Spitze einer neuen Dreiecksgruppe, deren zwei andere Spitzen die Tempel I und II bildeten. So stellten beide Könige das Ansehen ihrer gedemütigten Reiche wieder her, indem sie ihr kriegerisches und architektonisches Können überzeugend und für jedermann sichtbar unter Beweis stellten.

Mit diesem Blick in die Geschichte der Königreiche des Petén haben wir anschaulich zu machen versucht, wie sich durch das Beziehungsgeflecht der zahlreichen in dieser Region beheimateten Staatswesen das verwirklichte, was wir die Maya-Kultur nennen. Indem sie Bündnisse schlossen, Kriege führten und Heiratspolitik betrieben, schufen die regierenden Adelsfamilien ein Gebilde daseinsbestimmender Sinnbezüge, das an Feinheit und Kompliziertheit nicht hinter den prunkvollsten Staatsgewändern zurückstand. Zerstörung und Erneuerung folgten überall dem gleichen Schema. Was aber wichtiger war: Glück und Unglück der einzelnen Reiche erschöpften sich nicht darin, wie gut oder wie schlecht sie innerhalb ihrer eigenen Grenzen funktionierten, sondern bestanden zu einem wesentlichen Teil auch darin, welche Rolle sie unter den kritischen Blicken von Freunden und Feinden spielten. Geschichte war eine Sache gemeinsamer Rezeption und gemeinsamer Verwirklichung innovativer Ideen, wie zum Beispiel des Konzepts der Tlaloc-Venus-Kriegführung. Wenn wir in den folgenden Kapiteln mehr und mehr dazu übergehen, den inneren Funktionsmechanismus bestimmter Reiche zu betrachten, sollten wir dabei nie vergessen, daß die Maya-Ahauob alles, was sie taten, immer auch in dem Bewußtsein taten, unter den prüfenden Blicken eines Publikums zu handeln, das sich aus ihren Standesgenossen in den Nachbarpolitien zusammensetzte. Jede ihrer Taten mußte vor der überstaatlichen Gemeinschaft der illustren «wahren Menschen» bestehen können. Maya sein, das hieß für die Oberschicht wie auch für alle anderen Mitglieder eines Gemeinwesens in einer historischen Welt zu leben, deren Gliederung und Ordnung geschaffen und erhalten wurde durch die Taten und Werke, die Könige innerhalb des heiligen Raums und der heiligen Zeit vollbrachten.

6

Urmutterkinder: genealogische und dynastische Folge in Palenque

Wie ein schimmerndes weißes Juwel thront Palenque über dem dunstverschleierten tiefgrünen Waldteppich des Feuchtlands, das sich vom Fuß der Chiapas-Berge nach Norden bis zur sumpfigen Küste des Golfs von Mexiko erstreckt. Auf der Südseite des Orts erhebt sich das zerklüftete, urwaldbedeckte Bergland, allmählich ansteigend, immer höher und höher, bis es schließlich in die Vulkanberge des Hochlands übergeht. Die Tempel, Paläste und Herrenhäuser von Palenque, alle mit dem für die lokale Bauweise typischen Mansardendach gekrönt, sind am Ufer klarer Bäche gebaut, die weiter oben aus den Bergen hervorquellen, um sich sprudelnd und gurgelnd über die Felshänge in die sanft gewellte Ebene hinabzustürzen. Wie um die Menschheit über den Kreislauf von Tod und Wiedergeburt zu belehren, dringen diese lebenspendenden Wasser aus dem Grund der Tiefe durch den Kalkstein an die Erdoberfläche. Auf ihrem weiteren Weg schaffen sie, kalkhaltig wie sie sind, eine Phantasiewelt aus kristallinem Filigran, indem sie Laub und abgefallene Zweige mit einem weißen Schleier überziehen und sie so in die Vorstufe dessen verwandeln, was in einer Million Jahren mit Pflanzenfossilien befrachtetes Kalksedimentgestein sein wird. Diese perlenweiß schimmernden Ablagerungen hüllen Baum wie Bauwerk ein, so daß die Oberfläche wie ein Spiegel, wie die dimensionslose Grenze zum Jenseits, wie ein nach auswärts gestülptes Höhleninneres wirkt. Noch heute spürt man hier, am Westtor zur Welt der alten Maya, intuitiv, daß man auf heiligem Boden steht.

Seit Abenteurer und Forscher des 18. und 19. Jahrhunderts die ersten Berichte über den Ort veröffentlichten, hat der Zauber Palenques das westliche Bewußtsein immer wieder von neuem fasziniert. Den stärksten Eindruck auf die Phantasie des Lesepublikums machten im 19. Jahrhundert die klassischen Reisebeschreibungen von John Lloyd Stephens, zu deren weltweitem Erfolg auch die Zeichnungen Frederick Catherwoods beitrugen: Mehr als alle anderen einschlägigen Veröffentlichungen halfen sie, in der westlichen Welt das Bild von Palenque als der staunenswerten Hinterlassenschaft einer untergegangenen Kultur, die die autochthone Schöpfung eines hochintelligenten und hochzivilisierten Eingeborenenvolks war, zu verbreiten.[1]

Aber natürlich erschöpft sich Palenques historische Bedeutung nicht in der Rolle, die es als Kristallisationspunkt für die romantischen Phantasien westlicher Bücherleser spielte. Der Ort hat der modernen Forschung wichtiges Material für das Studium von Religion und Geschichte der Maya und entscheidende Anstöße für die Entschlüsselung ihres Schriftsystems geliefert. Auf die feinkörnige Oberfläche ihrer Kalksteinmonumente haben die Könige von Palenque ein umfangreiches und bedeutungsvolles Textkorpus einmeißeln lassen. Und auffallend viele dieser Denkmäler sind einem einzigen großen Thema gewidmet: dem Zusammenhang zwischen dem legitimen Erbanspruch auf den Status des göttergleichen Herrschers aufgrund der Familienabstammung einerseits und dem persönlichen Charisma des Herrschers andererseits. Wie wir aus Beispielen anderer Königreiche schließen können, hatte die Geschichtsbesessenheit der Könige von Palenque praktische Gründe.

Zwei der Könige von Palenque haben sich als Historiographen ihrer Stadt besonders hervorgetan: Pacal – dessen Name «Schild» bedeutet – und sein ältester Sohn Chan-Bahlum[2], «Schlange-Jaguar». Beide zählen zu jenen Ausnahmeerscheinungen, denen ihre Kultur jeweils das verdankt, was wir als ihr «Goldenes Zeitalter» bezeichnen. Nicht nur verschafften sie ihrem Reich unter den zahlreichen dynastisch regierten Maya-Politien des 7. Jahrhunderts eine Großmachtstellung, sondern sie leiteten darüber hinaus als Stifter und Mäzene für das Kunstschaffen und die Architektur Palenques eine Blütezeit ein. Es entstanden Werke von großer Originalität und Schönheit, Bilder und Inschriften, die von den politischen und theologischen Visionen der Herrscher kündeten. Diesen beiden Männern haben wir das detailreichste Kapitel dynastischer Geschichtsschreibung zu verdanken, das uns aus der klassischen Periode der Maya überliefert ist. In ihren Visionen hat das religiöse und mythologische Grundprinzip des Maya-Königtums seinen ästhetisch gelungensten, inhaltlich umfassendsten und differenziertesten Ausdruck gefunden.

Pacal und Chan-Bahlum verzeichneten die wichtigsten Einzelheiten aus der dynastischen Vergangenheit ihrer Linie in vier separaten Herrscherlisten. Laut diesen Abstammungsrechnungen begann die Geschichte der Dynastie von Palenque am 11. März 431, dem Tag, an dem ein vierunddreißigjähriger Ahau namens Bahlum-Kuk («Jaguar-Quetzal») König wurde. Vom Stammvater führte die Generationenfolge in der Dynastie von Palenque in gerader Linie – mit lediglich zwei kleinen Abweichungen – zur glorreichen Herrschaft unserer beiden Protagonisten. Unter deren Nachkommen ging es dann mit dem Königtum bergab und zuletzt, um das Jahr 799 (das letzte in Palenque inschriftlich erwähnte Datum), ganz zu Ende. Die erwähnten «kleinen Abweichungen» werden uns in diesem Kapitel noch ausgiebig beschäftigen. Sie sind der Grund für die außergewöhnliche Detailfülle, die in der epigraphischen Urkunde von Palenque enthalten ist.

Pacal nahm seine selbstgestellte historiographische Aufgabe mit der Erbauung seines eigenen Grabmals – des Tempels der Inschriften (siehe Abb. 6.1) – in Angriff. In der Vorhalle dieses grandiosen Tempelbaus ließ er auf drei riesige Steinplatten die erste seiner drei Herrscherlisten einmeißeln.

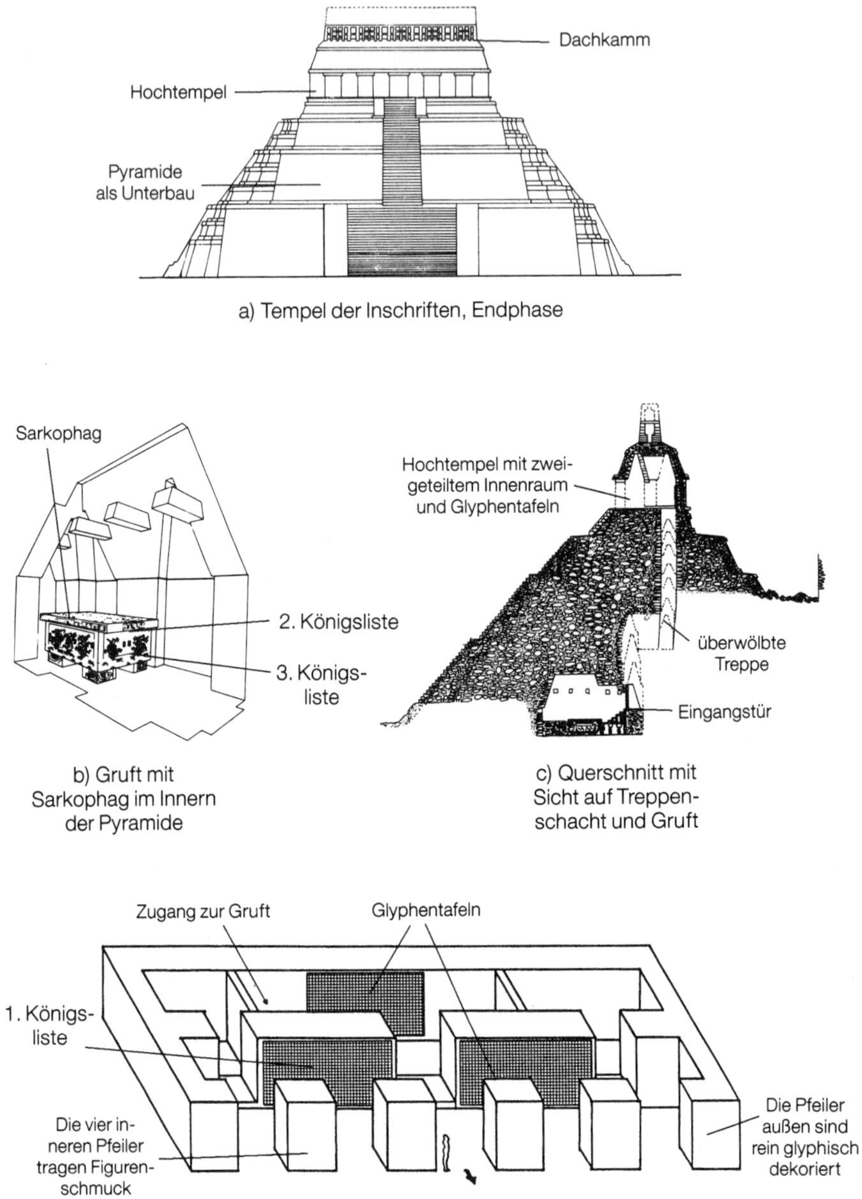

a) Tempel der Inschriften, Endphase

b) Gruft mit Sarkophag im Innern der Pyramide

c) Querschnitt mit Sicht auf Treppenschacht und Gruft

Abb. 6.1

d) Der Hochtempel im Schnitt

Der Text auf den drei Platten ist die zweitlängste[3] bekanntgewordene Maya-Inschrift überhaupt (siehe Abb. 6.1 d).[4] In seiner tief unterhalb des Höhentempels im Kern der Pyramide gelegenen Grabkammer hat Pacal die Todesdaten der oben in der Tempelhalle genannten Könige aufzeichnen lassen. Außerdem ließ er diese als einen Baumgarten von aus Erdspalten herauswachsenden Ahnen figürlich auf den Seitenwänden seines Sarkophags darstellen. Pacals Sohn Chan-Bahlum verfolgte dann die Ahnenreihe weiter zurück in die Vergangenheit bis zum Gründer der Dynastie – und noch weit darüber hinaus, bis hin zu den Gottheiten, die zu Beginn des gegenwärtigen Schöpfungszyklus die Ordnung des Kosmos schufen.

Zusammengenommen ergeben diese sich überschneidenden vier Herrscherlisten das umfangreichste und in sich vollständigste dynastiegeschichtliche Dokument, das uns aus der klassischen Periode überliefert ist (siehe Abb. 6.2). Kommt ein König in allen vier Verzeichnissen vor, so bedeutet dies, daß wir sein Geburts-, Inthronisations- und Todesdatum und dazu noch eine ganze Menge über seine Verwandtschaftsbeziehungen zu anderen Familienmitgliedern erfahren. Von den Königen, die ausschließlich in Chan-Bahlums Katalog vorkommen, lernen wir die Daten der Geburt und der Thronbesteigung kennen; das sind Informationen, die uns zusätzlich die einigermaßen fundierte Schätzung von Lebensspannen ermöglichen, denn gewöhnlich liegt zwischen der Inthronisation und dem Tod des Vorgängers nur ein kurzer Zeitraum. Ist ein König nur auf dem Sarkophag und den Hieroglyphentafeln im Inschriften-Tempel aufgeführt, so erfahren wir von ihm lediglich sein Inthronisations- und Todesdatum, und daraus können wir weder seine Lebensjahre errechnen, noch wie alt er bei diesem oder jenem Vorkommnis war. Aber alle vier Listen zusammengenommen erlauben uns, für die Zeit unmittelbar vor König Chan-Bahlum eine zehn Generationen umfassende Dynastiegeschichte von Palenque zu rekonstruieren.[5]

Schon die bloße Existenz dieser Listen wirft Fragen auf; als erste die nach der Motivation ihrer Verfasser. Was hat diese Männer veranlaßt, so wichtige Monumentflächen mit dermaßen umfangreichen und gründlichen dynastiegeschichtlichen Aufzeichnungen zu bedecken? Wie bei allen historischen Niederschriften zielt die Absicht der Chronisten auch hier nicht so sehr auf die Tatsachen an sich als vielmehr auf eine bestimmte Deutung, zu der sie Anlaß geben sollen. Nicht bloß der besessene Eifer, mit dem die beiden Könige die Dynastiegeschichte protokollierten, sondern auch Hinweise aus anderer Richtung deuten auf eine gewisse Dubiosität hin.

Das Problem, das, so vermuten wir, in öffentlichen Veranstaltungen mit der Darlegung einleuchtender Gründe aus der Welt geschafft werden sollte, lag im wesentlichen in der Abkoppelung der Erbfolgeordnung von eben dem Patrilinealitätsprinzip, aus dem sie hervorgegangen und mit dem sie lange Zeit weitgehend übereingestimmt hatten. Wie wir noch sehen werden, erbte Pacal den Thron von seiner Mutter: ein klarer Verstoß gegen die bei den Maya geltende, auf der patrilinealen Abstammungsrechnung basierende Erbfolgeordnung. Sein vordringlichstes Anliegen mußte es demnach sein, diese Abweichung von der normalen Thronfolgeregelung auf irgendeine plausible Weise zu legitimieren. Pacal und sein Sohn – der das Problem vom Vater geerbt hatte – meisterten diese Aufgabe so elegant

Abb. 6.2

Die Dynastie von Palenque

a) Abstammungsreihe vom Gründer bis zu Chan-Bahlum II.

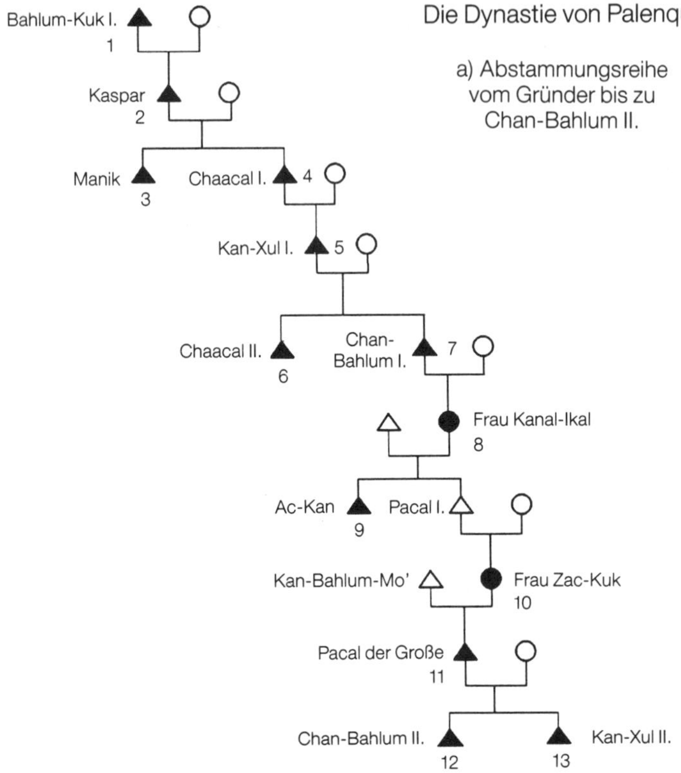

b) Die Chronologie der Dynastie

	Name	Geburtstag	Inthronisation	Alter	Todestag	Alter	Amtszeit
	Kix-Chan	11. 3.993 v. Chr.	28. 3.967v. Chr.	26			
1.	Bahlum-Kuk	31. 3.397 n. Chr.	11. 3.431n. Chr.	34			4
2.	Kaspar	9. 8.422	10. 8.435	13			52
3.	Manik	15.11.459	29. 7.487	28			14
4.	Chaacal I.	6. 7.465	5. 6.501	35	1.12.524	59	23
5.	Kan-Xul I.	4. 5.490	25. 2.529	38	8. 2.565	74	35
6.	Chaacal II.	5. 9.523	4. 5.565	41	23. 7.570	46	5
7.	Chan-Bahlum I.	20. 9.524	8. 4.572	47	3. 2.583	58	11
8.	Frau Kanal-Ikal		23.12.583		7.11.604		20
9.	Ac-Kan		4. 1.605		11. 8.612		7
	Pacal I.				9. 3.612		–
10.	Frau Zac-Kuk		22.10.612		12. 9.640		3
	Kan-Bahlum-Mo'				1. 1.643		–
11.	Pacal der Große	26. 3.603	29. 7.615	12	31. 8.683	80	67
	Frau Ahpo-Hel		22. 3.626		16.11.672		46
12.	Chan-Bahlum II.	23. 5.635	10. 1.684	49	20. 2.702	67	18

wie einfallsreich mit dem Rückgriff auf den Teil der Maya-Mythologie, der die ideologische Basis der Gesellschaftsordnung und des Königtums war.

In der Porträtgalerie seiner unmittelbaren Vorfahren, die er auf seinem Sarkophag anbringen ließ, beschwört Pacal seine Ahnen für uns einzeln

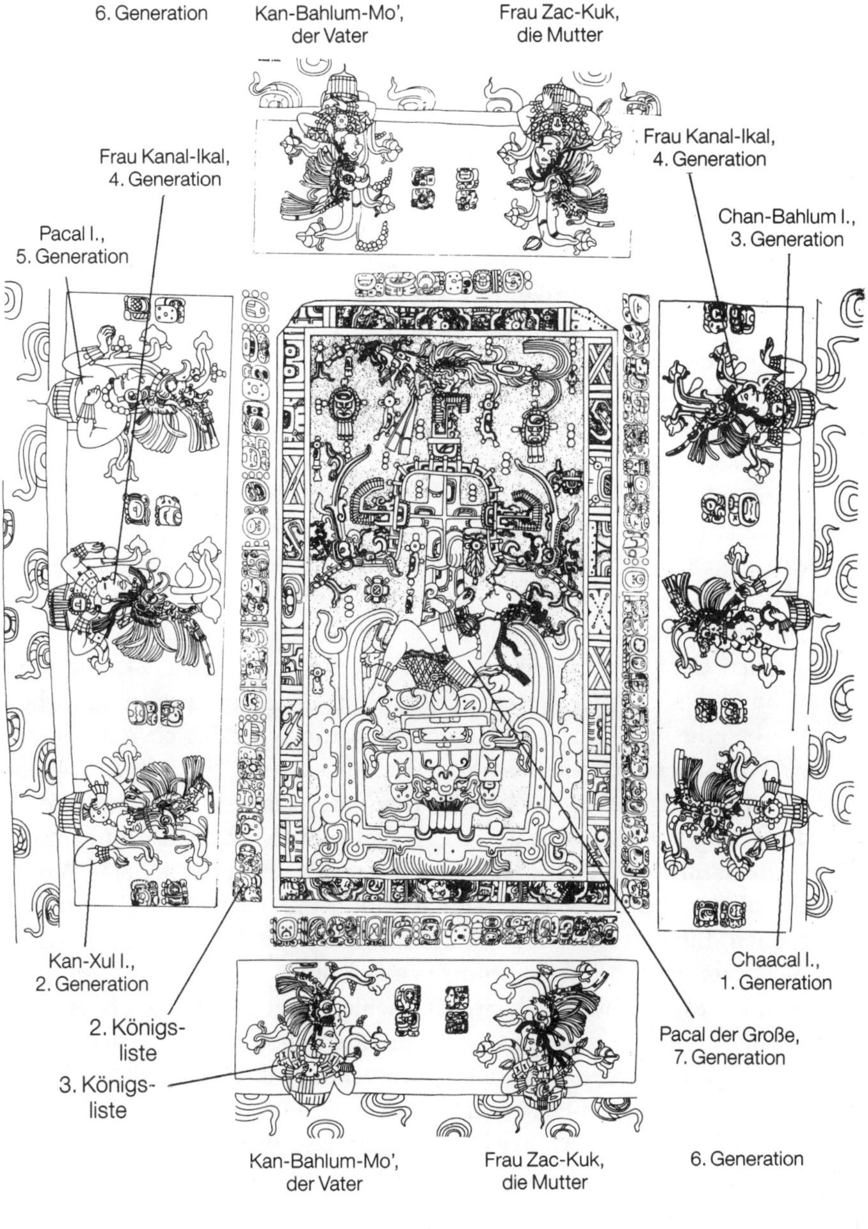

Abb. 6.3
Pacals Sarkophag mit der Ahnengalerie
(Zeichnung: M. G. Robertson)

aus dem Jenseits herbei (siehe Abb. 6.3). Jeder erhebt sich zusammen mit einem Obstbaum aus einer Erdspalte, zusammen bilden sie einen Obstgarten von vergöttlichten Ahnen. Die Reise durch Zeit und Genealogie beginnt mit Chaacal I. an der Südostecke des Sarkophags und gelangt zu ihrem End- und Kulminationspunkt bei Pacals Eltern, die man in zweifacher Ausfertigung, einmal an jeder der beiden Schmalseiten, aus dem Boden emporsteigen sieht.

Unter den Mitgliedern dieser Ahnengalerie befinden sich zwei Frauen: Frau Zac-Kuk, Pacals Mutter, und Frau Kanal-Ikal, seine Urgroßmutter, und beide sind sie zweimal abgebildet. Was mag Pacal dazu bewogen haben, die Bilder der zwei Frauen zu verdoppeln, statt die zweier männlicher Vorfahren, oder – was ja auch eine Möglichkeit gewesen wäre, den verfügbaren Platz auszufüllen – statt die Ahnenreihe um zwei Stellen weiter in die Vergangenheit zu verlängern? Im Fall seiner Mutter mag der Grund einfach der gewesen sein, daß sie eben seine Mutter war. Schließlich hat er ja auch seinen Vater Kan-Bahlum-Mo' zweimal in die Galerie mit aufgenommen, obwohl der zu keinem Zeitpunkt ein Herrscheramt bekleidete. Die Logik dieser Überlegung versagt jedoch vor der Frage, wie Urgroßmutter Kanal-Ikal zu ihrem Ehrenplatz auf dem Sarkophag gekommen sein mag. In diesem Fall muß die Erklärung für den Sonderstatus woanders liegen.

Aus unserer Sicht der Dinge hatten diese beiden Frauen es allerdings sehr wohl verdient, daß ihnen besondere Aufmerksamkeit zukam. Denn sie sind die einzigen Frauen in der Geschichte der Maya, die nach gesicherter Erkenntnis als voll- und eigenberechtigte «echte» Könige das Herrscheramt ausübten – und nicht lediglich als «First Lady» an der Seite eines königlichen Gemahls an den Amtsgeschäften mitwirkten oder, wie Frau Wac-Chanil-Ahau, stellvertretend für den unmündigen männlichen Thronerben die interimistische Regentschaft führten. Aber eben mit ihrem echten Herrscherstatus stellten Frau Kanal-Ikal und Frau Zac-Kuk das Verwaltungssystem ihres Reichs jeweils auf eine schwere Belastungsprobe. Als der Thron von Palenque an Frau Kanal-Ikals Nachkommen überging, wechselte damit zugleich der legitime Herrschaftsanspruch auf eine andere Familie über, denn die Maya rechneten die Familienzugehörigkeit in der väterlichen Linie. Frau Kanal-Ikal und Frau Zac-Kuk waren legitime Herrscher, da sie beide Nachkommen eines Königs und damit der Abstammungslinie des derzeitigen Herrschergeschlechts zuzurechnen waren. Die Kinder aus ihren Ehen zählten jedoch zur väterlichen Linie. In jedem dieser Fälle, in dem eine Frau legitim das Thronrecht ausübte und es dann an ihre Kinder weitergab, wechselte die Thronfolge *eo ipso* in eine neue Abstammungslinie über. Diese Sprünge in der Thronfolge hatten immer den Bruch des Bindeglieds zwischen Abstammungsrechnung und Legitimität in der Erbfolgeordnung zur Folge.

Das zweimal mit einem Wechsel des Herrschergeschlechts verbundene Auftreten dieser zwei Könige weiblichen Geschlechts hatte also zur Folge, daß die Dynastie von Palenque nicht eine einzige väterliche Linie aufweist, sondern daß in ihr drei Abstammungslinien vertreten sind (siehe Abb. 6.4). Die Linie, die als erste für sich die Rechtmäßigkeit der Herrschaft in Anspruch nahm, reicht vom Dynastiegründer Bahlum-Kuk über acht Nachfolger bis zu Frau Kanal-Ikal. Obwohl Pacal und seine Nachfolger auf dem Thron von Palenque eine andere väterliche Linie repräsentierten,

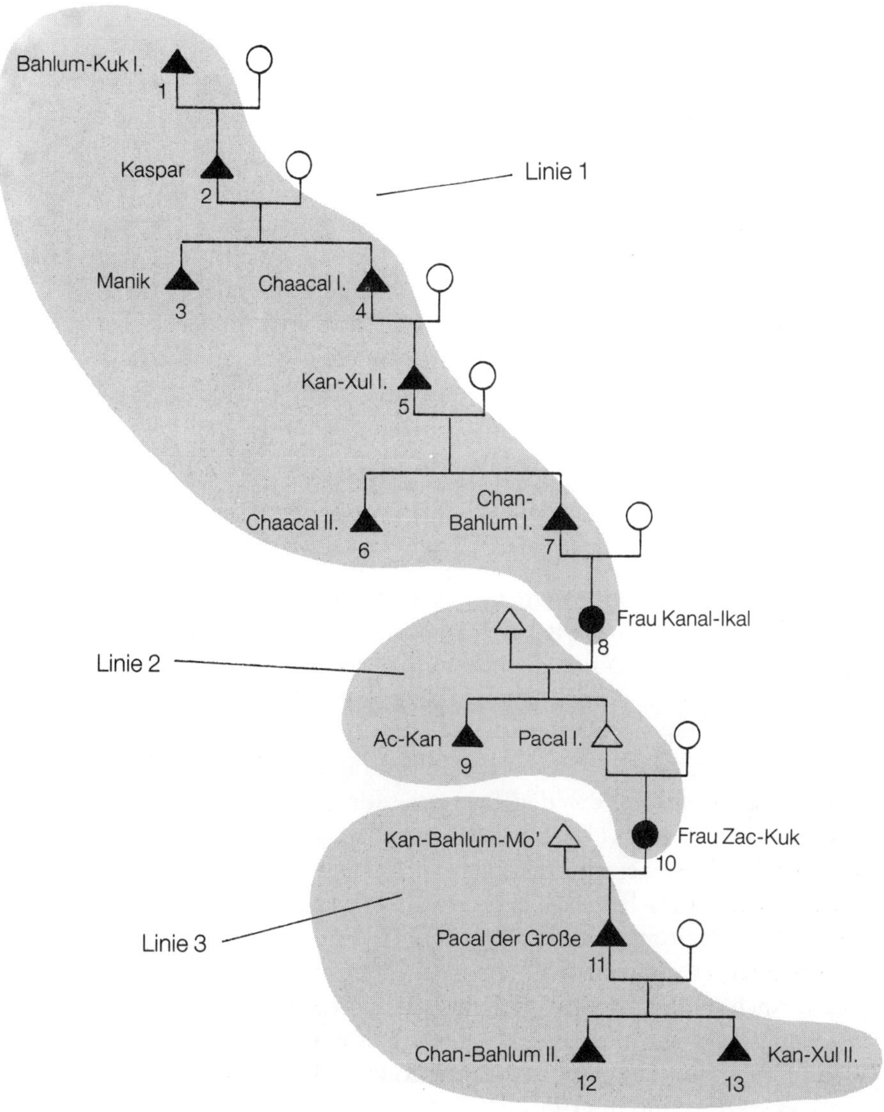

Abb. 6.4
Die drei Abstammungslinien in der Dynastie von Palenque

führten sie ihre Legitimität bis auf Bahlum-Kuk zurück. Zwar folgten sie damit in gewisser Hinsicht der auch in anderen Maya-Dynastien gebräuchlichen Praxis, die eigene Herkunft auf eine königliche Gründerfigur zurückzuführen; zugleich wichen sie jedoch insofern von der allgemeinen Gepflogenheit ab, als sie die dynastische Nachfolge der patrilinealen Abstammung als Legitimationsprinzip überordneten.

Frau Kanal-Ikal muß eine ungewöhnliche und charismatische Persönlichkeit gewesen sein, sonst hätte sie wohl kaum in einem Maya-Reich die Thronfolge antreten und sich erfolgreich an der Macht behaupten können. Was sie an historiographischen Urkunden schuf – *falls* sie überhaupt das königliche Privileg genoß, ihre persönliche Geschichte auf öffentlichen Monumenten aufzeichnen zu dürfen –, liegt tief verborgen unter späteren Überbauungen. Aber aller Wahrscheinlichkeit nach war sie ganz die Frau dazu, ihren Status als Nachkomme eines legitimen Herrschers zur Grundlage ihres Thronanspruchs zu machen. Nach ihr erhoben ihre leiblichen Nachkommen mit Erfolg Anspruch auf den Thron, ungeachtet der Tatsache, daß sie der Sippe des Ehemanns von Frau Kanal-Ikal angehörten – eines Mannes, der in der Chronik von Palenque nicht ein einziges Mal namentlich erwähnt wird. Zu den Persönlichkeiten des neuen Herrschergeschlechts gehörten König Ac-Kan und sein Bruder Pacal, der starb, bevor er selbst auf den Thron hätte nachrücken können.

Obgleich er also selbst kein König war, wurde jener erste Pacal in den Hain von Königsbäumen auf dem Sarkophag im Tempel der Inschriften mit aufgenommen. Und dafür gab es einen guten Grund. Auf jeder Generationsstufe konnte das Herrschergeschlecht nur über einen einzigen Nachkommen fortgepflanzt werden. In diesem Fall war Pacal I. sehr wahrscheinlich der Vater von Frau Zac-Kuk, dem nächsten König nach Ac-Kan und letzten Sproß des zweiten Herrschergeschlechts.[6] Die Anwesenheit Pacals I. auf dem Sarkophag belegt, daß es Pacal dem Großen hier um mehr ging als um bloße Katalogisierung von Herrscherpersönlichkeiten zu rein dokumentarischem Zweck. Die Dokumentation war Instrument für eine wohldurchdachte politische Manipulation eines überlieferten Glaubens. Indem er seine unmittelbaren Vorfahren, ob König oder nicht, in einem Kontext präsentierte, der den Prinzipien der Abstammungsrechnung sowohl Reverenz erwies als sie auch überschritt, arbeitete er zielstrebig an der Errichtung eines unerschütterlichen Thronanspruchs.

Das dritte Herrschergeschlecht begann mit Pacal dem Großen selbst. Als Sohn eines legitimen Regenten, nämlich Frau Zac-Kuks, hatte er den gleichen rechtmäßigen Anspruch auf die Thronfolge, wie ihn Frau Kanal-Ikals Nachkomme Ac-Kan gehabt hatte. Schwierigkeiten ergaben sich allerdings, als Pacals eigene Kinder Chan-Bahlum und Kan-Xul ihrem berühmten Vater auf dem Thron nachfolgten. Diese beiden Männer rechneten zur Abstammungslinie ihres Vaters und wiederum dessen Vaters Kan-Bahlum-Mo'. Daher war die Problematik des Anspruchs auf den Herrschertitel in ihrem Fall eine andere als im Fall Pacals und glich eher derjenigen der nachgeborenen Könige des zweiten Herrschergeschlechts, Ac-Kan und Frau Zac-Kuk. Sie gehörten einer Sippe an, die keinen legitimen Anspruch darauf hatte, einen Thronerben zu stellen.

Wir wissen nicht, unter welchen Begleitumständen die erste Abweichung in der Abstammungslinie der Herrscherdynastie vonstatten ging, denn aus der Zeit Frau Kanal-Ikals und ihrer Kinder sind bisher keine Inschriften bekannt.[7] Aber als sich der Vorgang in ähnlicher Weise bei ihrer Enkelin, Frau Zac-Kuk, wiederholte, löste die Kollision zwischen dem Prinzip der Abstammungsrechnung und den Erfordernissen der dynastischen Nachfolgeregelung eine Krise aus, der Frau Zac-Kuks unmittelbarer Nachfahre Pacal und dessen Sohn Chan-Bahlum mit den zwei in diesem Kapitel behandelten innovativen Bauprojekten begegneten: dem Inschriften-Tempel und der Kreuzgruppe. Diese in jeder Hinsicht überaus bemerkenswerten Monumente sollten die Geschichte der Herrscherdynastie von Palenque in einer Form darstellen, aus der mit unwiderlegbarer Beweiskraft die Legitimität ihrer Stifter hervorging.

In ihrer Darstellung der Verhältnisse verquickten Pacal und Chan-Bahlum so geschickt dynastische und genealogische Folge, daß es aussah, als habe es niemals Brüche gegeben. Gleichzeitig untermauerten sie ihren Legitimitätsanspruch mit einer mythologischen Konstruktion, die die faktischen Unterbrechungen der Abstammungslinie in der Dynastiegeschichte als bereits von der kosmischen Schöpfungsordnung bestimmt erscheinen ließ.

Diese Doppelstrategie war raffiniert angelegt. Als erstes wurde Frau Zac-Kuk, Pacals Mutter, für artgleich mit der Urmutter der Götter und Könige am Anfang des derzeitigen Äons erklärt, der Gebärerin jener drei Zentralgottheiten der Maya-Religion, die man heute allgemein als «Göttertrias von Palenque» bezeichnet. Als nächstes erklärten Pacal und Chan-Bahlum, daß Pacals Geburtstag, unter dem Gesichtspunkt der zeitlichen Symmetrien betrachtet, die exakte Entsprechung zum Geburtstag jener Göttin darstelle. Nach Maya-Denkkategorien hieß dies, daß er von gleichem göttlichen Wesen wie die Göttin selbst war. Nachdem nun auf diese Weise die Götternatur von Mutter und Sohn hinreichend erwiesen war, zeigten Pacal und Chan-Bahlum als nächstes, daß der Übergang des Thronanspruchs von Pacals Mutter auf ihre Linie nur die Wiederholung dessen sei, was die Götter schon zu Anbeginn der Schöpfung praktiziert hatten – denn damals sei das Herrschaftsrecht über Frauen so gut wie über Männer weitergegeben worden. Damit war man bei einem radikal neuen Verständnis der dynastischen Nachfolgeordnung angelangt, das der patrilinealen Deszendenz als alleiniger Herrschaftslegitimation ein Ende machte. Aber welcher Maya hätte wohl nicht mit einem historischen Akt übereinstimmen können, der nachgewiesenermaßen dem Schema der Schöpfung folgte?

Insgesamt gesehen bediente sich Pacal zur ideologischen Begründung seines Legitimitätsanspruchs subtilerer Mittel als sein Sohn, was möglicherweise damit zu tun hat, daß er im Alter von zwölf Jahren inthronisiert wurde und seine Mutter zu diesem Zeitpunkt nach dreijähriger Regierungszeit noch am Leben war. Frau Zac-Kuk hat uns zwar keine historiographischen Dokumente über ihre Tätigkeit im höchsten Staatsamt hinterlassen, wir dürfen aber davon ausgehen, daß sie ihrer Großmutter Kanal-Ikal als Meisterin im politischen Handwerk nicht nachgestanden hat: Beiden Frauen war es gelungen, die Thronfolgeansprüche ihrer väterlichen Sippschaft zugunsten des eigenen Nachwuchses abzuwehren – entweder indem sie Zwietracht unter den von der Tradition begünstigten Prätendenten zu säen verstanden oder deren Energien auf äußere Feinde lenkten. Im Fall Frau Zac-Kuks dürfte auch ihr Ehegatte, der Prinzgemahl, nicht unwesentlich zu ihrem Erfolg mit beigetragen haben, indem er nicht nur als Kriegsheld für ihre Sache auftrat, sondern auch seine ganze adlige Sippschaft in ihrem Sinn beeinflußte. Schon allein die Tatsache, daß es Frau Zac-Kuk gelang, ihren zwölfjährigen Sohn auf den Thron zu hieven, bedeutete einen Triumph. Um allerdings der damit geschaffenen neuen Lage Bestand zu verleihen, mußten einleuchtende historische und theologische Begründungen gefunden werden, die die Kritiker in den Reihen der Aristokratenclans, deren Status ja ganz auf dem Abstammungsprinzip beruhte, zum Verstummen brachten.

Frau Zac-Kuk überlebte Pacals Inthronisation um fünfundzwanzig Jahre. Während dieser Zeit scheint sie gemeinsam mit ihrem Gemahl Kan-Bahlum-Mo' dafür gesorgt zu haben, daß ihr Sohn im Adel über eine ausreichende Hausmacht verfügte, die seinen Thronanspruch stützte; sehr wahrscheinlich jedoch ließ sie die Zügel der Macht nie wirklich aus der Hand. Erst nach ihrem Tod im Jahr 640 trat Pacal als Bauherr auf, der in der archäologischen Urkunde von Palenque seine unverwechselbare Handschrift hinterließ.

Im Jahr 647, sieben Jahre nach dem Tod seiner Mutter und vier Jahre nach dem Tod seines Vaters, feierte Pacal seine neugewonnene Selbständigkeit mit der Weihe des Tempels Olvidado (siehe Abb. 6.5) im Westteil der Stadt.[8] In den Hügeln oberhalb eines Wohngebiets, das sich links und rechts von einem der zwei den Ort durchschneidenden Wasserläufe hinzog, errichteten Pacals Baumeister einen Tempel neuen Typs, der den Keim einer architektonischen und bautechnischen Revolution in sich trug.[9] Der durch eine massive Trennwand in zwei überwölbte Hallen gegliederte Innenraum, die von mehreren Türöffnungen durchbrochenen Außenwände von geringer Dicke und die mit Dreipaßmedaillons geschmückten Gewölbe kündigten bereits die Bauweise an, die in Palenque innerhalb kurzer Zeit Gebäude mit den größten und hellsten Innenräumen in der gesamten Geschichte der Maya-Architektur hervorbringen sollte.

Die erfolgreiche Fertigstellung dieses seines ersten Bauprojekts war für Pacal das Signal, mit der Realisierung eines umfangreichen städtebaulichen Programms zu beginnen, das den Tempel des Grafen, die unterirdischen Hallen des Palastes sowie die Gebäude E und B des Palastes umfaßte; als letztes kam noch Gebäude C hinzu, dessen Weihe der inzwischen sechsundfünfzigjährige Pacal im Jahr 659 vornahm.[10] Jedes einzelne dieser Bauwerke verkörpert ein Stilexperiment, das bautechnisches Neuland erschloß.

Zu Beginn seines achten Lebensjahrzehnts wurde Pacal wohl von Todesahnungen befallen, denn jetzt nahm er das letzte große Bauprojekt seines Lebens in Angriff: das riesige Grabmal, das heute den Namen Tempel der Inschriften trägt. Dieses Bauwerk, in dem der Stifter seine abschließende

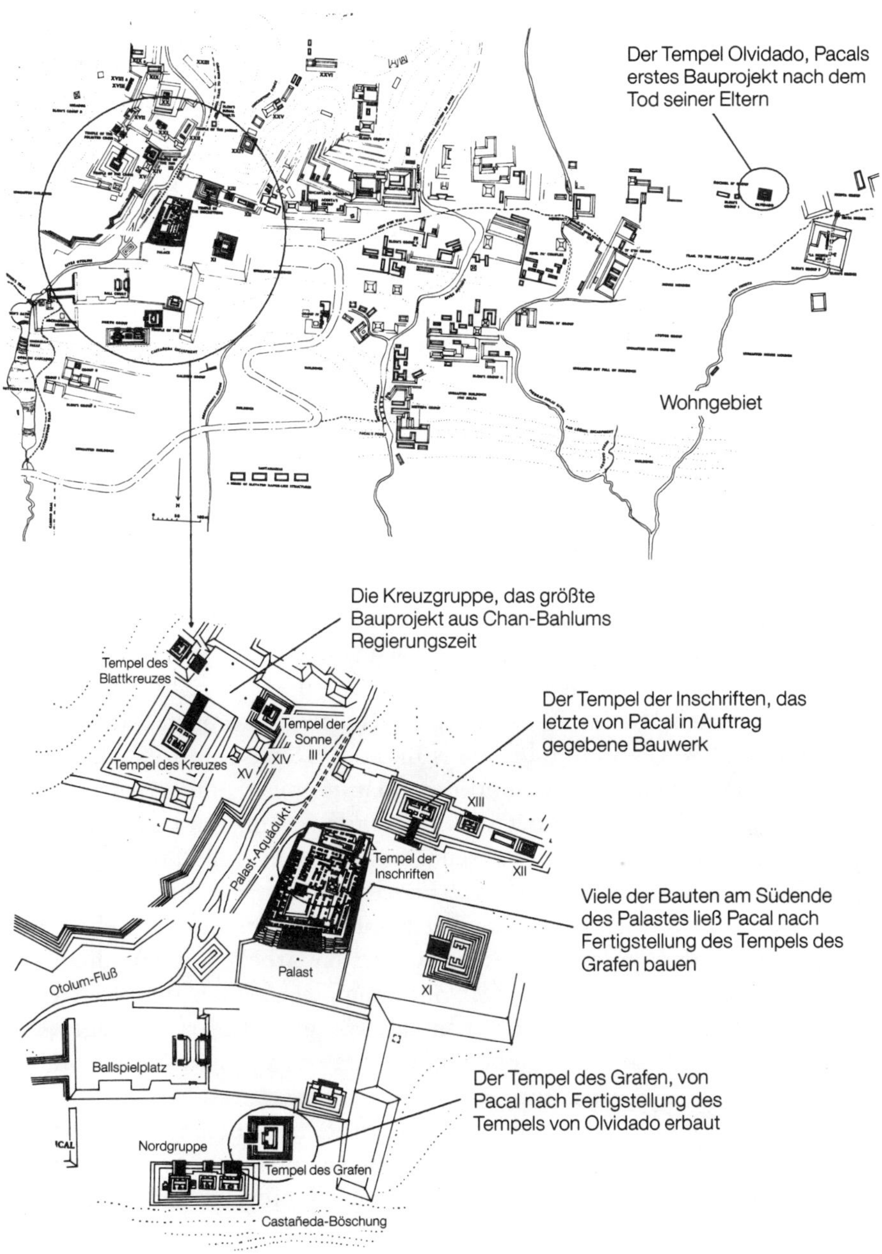

Abb. 6.5 Die öffentlichen Bauten Pacals und Chan-Bahlums in Palenque

Meinung zur dynastischen Nachfolgeregelung hinterließ, wurde zu einem der bekanntesten Monumente Mesoamerikas. Es setzt mit vermehrter architektonischer Phantasie und technischer Bravour die mit dem Tempel Olvidado begonnene Stiltradition fort. [11] Als erstes rodeten und planierten die Arbeitsgruppen ein Areal in nächster Nähe des Palastes. Der Baugrund lag direkt am Fuß des natürlichen heiligen Bergs, der neben der großen, nach Norden hin offenen zentralen Plaza emporragte. In eine vor der Bergwand ausgehobene Grube wurde ein gewaltiger Kalksteinblock gesetzt, der nach Fertigstellung durch Steinmetzen und Bildhauer Pacals Sarkophag werden sollte (siehe Abb. 6.1).

Nachdem man mit dem König darüber beratschlagt hatte, entwarfen die besten Künstler am Hof ein Bild, das den Herrscher am Stamm des Weltenbaums in den offenen Rachen der Unterwelt hinabsinkend zeigt (siehe Abb. 6.3). Doch gleichzeitig nahmen sie in das Grabbild auch das Wiedergeburtsmotiv mit auf. Dem fallenden Pacal ist ein halb skelettiertes Monsterhaupt beigesellt, das eine Opferschale mit der Sonnenglyphe trägt. Diese spezielle Glyphe, die Sonne an der Grenze zur Unterwelt, im Übergang vom Leben zum Tod, darstellend, ist ein Zeichen von außerordentlicher Symbolkraft. So wie die Sonne würde auch der König Xibalba durchwandern, um am Ende seiner Reise am östlichen Horizont wieder aufzutauchen. Denn schließlich war er die gegenwärtige Inkarnation der Zwillingsheroen, die exemplarisch gezeigt hatten, wie die Macht der Herrscher des Totenreichs zu brechen war.

Auf den Außenwänden des steinernen Trogs, der den Leichnam des Königs aufnehmen sollte, brachten die Künstler Bildnisse der unmittelbaren Vorfahren des Herrschers an. Sie waren von Süden nach Norden und von Osten nach Westen in aufsteigender Folge angeordnet; Mittelpunkt und krönenden Abschluß bildete das Bild des Königs selbst. Nachdem sie ihre Arbeiten beendet hatten und Pacal damit einverstanden war, stiegen Arbeiter in die Grube und umgaben das Kunstwerk mit einer Schutzmauer. Dann wurde der zukünftige Grabraum mit Sand aufgefüllt, und die Maurer und Baumeister begannen mit der Errichtung der Pyramide, in die ein zweiundzwanzig Meter langer überwölbter Treppenschacht eingebaut wurde, durch den später, nach Abschluß der Bauarbeiten, die Bildhauer zu dem Sarkophag hinuntergelangen konnten. Über diese dunkle Treppe würde man auch später den Leichnam des Königs in die Krypta tragen, um ihn dort in den Sarkophag zu betten, ehe man den Deckel darüberwälzte und ihn für alle Zeit verschloß.

Pacals Tod lag jedoch noch in weiter Ferne, als eine ungeheure Masse von Steinen und Erde nach und nach zu jener neunstufigen Plattform emporwuchs, auf der zuletzt ein fünftüriger Tempel stehen würde. Zunächst bauten die Arbeiter einen Sockel und errichteten darauf die Rück- und Mittelwand des Tempels, die beide die Hauptlast des Dachs würden zu tragen haben. Noch aber waren sie frei von dem schweren Dachgewölbe, als die Bildhauer zu den Steinbrüchen hinauszogen, um sich dort das Arbeitsmaterial der anerkannt besten Qualität zu beschaffen. Sie schnitten die riesigen dicken Platten zurecht, die auf die tragenden Wände des Tempels gelegt werden würden – zwei auf die Trennwand zwischen vorderem und hinterem Tempelraum, links und rechts des Durchgangs in die Cella, und eine auf die Rückwand der Cella selbst, und zwar so, daß sie

a) (9.8.19.7.18 3 Etz'nab 6 Ceh) – 2 Tage, 10 Uinal danach

sie wurde eingesetzt – als Ahau

Biest (Pacals Mutter) – Göttlicher Ahau von Palenque

der Stein wurde gesetzt – am 3 Ahau

3 Zotz' – des Katun 9

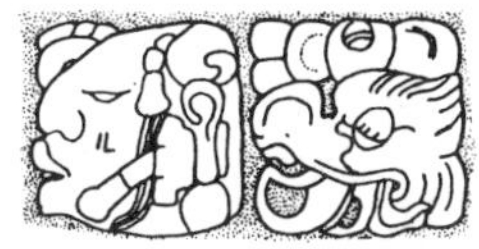

b) Inschriftentempel: vollständiger Name der Frau

c) Kreuztempel: Namenshieroglyphe der Göttermutter

Abb. 6.6 Pacals Mutter wird in Zusammenhang mit der Urmutter gebracht

noch vom Licht, das durch die Türöffnungen fiel, erreicht würde. Nachdem das alles ausgeführt war, zeichneten Pacals Hofschreiber auf die Steinplatten einen Netzplan für insgesamt sechshundertvierzig Glyphen, in denen Pacals Katun-Chronik und die wichtigsten Ereignisse während seiner Regierungszeit festgehalten wurden. Die letzte Doppelspalte blieb für seinen Tod reserviert. Wie schon beim Sarkophag wurden dann auch hier vor den Inschriften Schutzmauern errichtet, die stehenbleiben sollten, bis die Arbeiten an den Dachgewölben und dem Verputz beendet sein würden.

Die Aufzeichnungen auf diesen Inschriftentafeln vermitteln uns einen ersten Eindruck von der Strategie, deren man sich in dieser Familie zur Bestärkung des eigenen Legitimitätsanspruchs bediente. Für einen Zeitpunkt, der nicht ganz drei Jahre vor seiner eigenen Inthronisation liegt, ließ Pacal die Thronbesteigung einer Frau vermerken, deren Namen er in höchst ungewöhnlicher, geheimnisvoller Form wiedergab (siehe Abb. 6.6). Diese Frau gelangte am 22. Oktober 612, zweihundertzwei Tage vor dem Ende des Katun 9, auf den Thron; Pacal war zu diesem Zeitpunkt neun Jahre alt. Ihr Name ist mit einer Glyphe wiedergegeben, die einen kreischenden Vogel darstellt: Der gewölbte obere Teil des aufgerissenen Schnabels befindet sich nahe der Stirn, die Öffnung darunter ist voller Federn. Da dieser seltsame Vogel eine Variante der Emblemglyphe von Palenque ist, können wir annehmen, daß Pacal einen Zusammenhang zwischen jener Frau und dem geheiligten Namen seines Reichs herstellen wollte. Noch interessanter ist, daß dieselbe Glyphe auch zur Wiedergabe des Namens der noch vor dem gegenwärtigen Zeitalter geborenen Urmutter diente, die unter Fachleuten deswegen auch familiär als Frau Biest apostrophiert wird. Wie bereits erwähnt, spielt sie in der Maya-Mythologie die Rolle der Schöpfergottheit und ist als solche die Mutter der Götter.

Will Pacal zum Ausdruck bringen, daß die Person, die vor ihm auf dem

Abb. 6.7 Pacals Inthronisation auf der Ovalen Tafel

Thron saß, die Urmutter war? In gewisser Weise will er genau das. Diese geheimnisvolle Frau war ja in der Tat eine Mutter, wenn auch nur eine menschliche, nämlich Pacals eigene, Frau Zac-Kuk[12], die ihm zuerst das Leben und dann, bei seiner Inthronisation, die Herrscherkrone schenkte (siehe Abb. 6.7). Indem er sie mit dem Namen der Göttin bezeichnete, setzte Pacal sie in Analogie zur Göttermutter. Als logische Konsequenz daraus folgt, daß Pacal zur Nachkommenschaft der ersten Göttin zählte und von gleicher Art wie jene höheren Wesen war, die die Göttertrias von Palenque – die spätklassische Version der späten frühklassischen Ahauob auf den Tempeldekorationen in Cerros – bildeten.

Pacal der Große starb in seinem achtzigsten Lebensjahr und wurde mit einem von seinem Sohn vollzogenen Ritual beigesetzt, an dem Vertreter sowohl der obersten wie der untersten Gesellschaftsschichten Palenques teilnahmen. Sein Grab, das der große mexikanische Archäologe Alberto Ruz Lhuillier im Jahr 1952 entdeckte, enthielt das zu Stein gewordene Dokument des Bestattungsritus. Es ist nicht schwer, sich dieses Ritual vorzustellen, dessen letzter Akt Pacals Abstieg in das Reich von Xibalba einleitete, wo er den Herrschern des Totenreichs würde gegenübertreten müssen.

Chan-Bahlum schmeckte den salzigen Schweiß, der ihm in die Mundwinkel rann, während er sich am Ende der Treppe, die durch das Gestein des heiligen Berges seines Vaters in die Tiefe führte, behutsam auf die letzte Stufe hinunterließ.[13] Er befand sich jetzt nahe der überwölbten Krypta, in der sein Vater der Ausführung der Riten harrte, die seinen Sturz in die Unterwelt einleiten würden. Benommen von dem dreitägigen Fasten, mit dem er sich auf diesen Tag vorbereitet hatte, von dem mühseligen Aufstieg über die Außentreppe und dem nicht minder anstrengenden Abstieg in die Gruft, streckte Chan-Bahlum die Hand aus, um sich an der stuckverputzten Wand abzustützen. Dann stieg er von den letzten Stufen hinunter und stand in dem von Rauchschwaden durchzogenen dumpfen Gang, der sich am Ende der Treppe anschloß. Der Weihrauch, der den süßlichen Totengeruch überlagern sollte, waberte erst eine Weile im Lichtkreis einer Kienholzfakkel, ehe er sich, wie die leibhaftige Visionsschlange, durch den dunklen Treppenschacht in die Menschenwelt hinaufwand. [14]

Mit wogender Brust hielt Chan-Bahlum nochmals inne, diesmal, um seine Atmung zur Ruhe kommen zu lassen. Siebenundsechzig Stufen hatte er von der Welt des Lichts oben bis hier unten an das Tor von Xibalba zurückgelegt. Als ältestem Sohn des verstorbenen Königs und Kronprinzen war ihm die Aufgabe zugefallen, in diesen hochheiligen Berg hinabzusteigen, um seinen Vater auf die Reise zu geleiten, die nur wenige gut vorbereitete Menschen überlebten: die Reise nach Xibalba mit dem Ziel, den Herrschern des Totenreichs ein neues Leben abzulisten.

Die Tage des Fastens und Trauerns waren an Chan-Bahlum nicht spurlos vorübergegangen. Er fühlte das Gewicht seiner achtundvierzig Jahre auf sich lasten, wie ein Arbeiter die Ladung Steine auf seinem Rücken fühlte. Sich seiner Pflicht entsinnend, schüttelte er die Erschöpfung ab, straffte sich und rückte seinen Brustschmuck zurecht. Nachdem er so die Würde in seinem äußeren Erscheinungsbild wieder hergestellt hatte, wandte er sich um und blickte in die dunklen Augen seines jüngeren Bruders. Der jetzt achtunddreißigjährige Kan-Xul, so hatte der Vater es verfügt, würde nach Chan-Bahlum zum König aufrücken. Der Ältere ließ den Blick über die Züge des Bruders gleiten, die feiner geschnitten waren als seine, und ihm war, als sähe er das Bild seines Vaters in jüngeren Jahren. Gemeinsam setzten sie ihren Weg zur Grabkammer fort.

Aus seiner Konzentration aufgeschreckt, sah der Bildhauer, der soeben eilig letzte Hand an das Bildwerk des Sarkophags legte [15], die Prinzen durch die wallenden Rauchschwaden näherkommen. Er machte seiner Beschäftigung, die darin bestand, das Todesdatum des großen Königs auf den Südrand des massiven Sarkophagdeckels einzumeißeln, hastig ein Ende. Mit flinken Bewegungen sammelte er sein Werkzeug und den Abfall seiner Arbeit ein und verstaute alles in einem Netzbeutel, den er sich über die schweißnasse Schulter warf. Mit gemurmelten Entschuldigungen drückte er sich in dem engen Gang an den Prinzen vorbei und machte sich an den Aufstieg in die Oberwelt. Kan-Xul lächelte seinem nervösen Bruder beruhigend zu: Auch wenn es zum Schluß etwas hektisch zugegangen war, die Bilder der toten und wiedergeborenen Könige auf dem Sarkophag von der Umrißzeichnung ins Relief zu übertragen, der Beisetzungsritus würde schon ohne Schwierigkeiten vonstatten gehen. Chan-Bahlum wußte, daß er als Oberhaupt der Sippe dafür verantwortlich war, daß die Bestattung seines Vaters in angemessener Form verlief, damit die Wunde, die sein Tod in den Herzen der Angehörigen hinterlassen hatte, um so eher heilen konnte. Er war fest entschlossen, den Ritus ohne Komplikationen über die Bühne zu bringen und so die Gefahren, die diese Zeit barg, zu bannen.

Chan-Bahlum sprach ein paar leise Worte zu seinem Bruder und wandte sich dann wieder den drei Stufen und der schweren steinernen Tür zu, die in die Krypta führten. Unter der Tür wartete Xoc[16], ein hochrangiges Mitglied der königlichen Sippe und Pacals Ratgeber, auf die Ankömmlinge. Zusammen mit dem Kader der Hofschamanen würde er bei dem Ritus assistieren, mit dem die Brüder ihren Vater in die Unterwelt schickten. Zuvor jedoch galt es, den toten König mit der Macht auszustatten, die ihn befähigte, wie die aufgehende Morgensonne aus dem Totenreich wieder aufzuerstehen. Durch die trapezförmige Türöffnung in Höhe des Ganggewölbes trat Chan-Bahlum in die drückendheiße Vorkammer der Krypta, in der sich bereits die Schamanen drängelten, die die bevorstehende Zeremonie mit Gesängen begleiten würden, um die gefährlichen Energien zu binden, die der entschwebende Geist des Königs hinterlassen würde.

In der Türöffnung am oberen Ende der fünfstufigen Treppe, die in die Krypta hinabführte, hielt Chan-Bahlum eine Weile an, um aus der Höhe den Leichnam seines Vaters zu betrachten. Der tote Pacal ruhte in Rückenlage, die Arme seitlich ausgestreckt, in der armestiefen Höhlung, die aus dem als Sarkophag dienenden mächtigen Kalksteinblock herausgehauen worden war. Die Beine waren ausgestreckt, die Füße hingen locker zur Seite, als schliefe er nur. Die trockene, runzlige Haut des Achtzigjährigen wirkte im Licht der von einigen Schamanen emporgehaltenen Kienholzfakkeln durchscheinend. Der Jadeschmuck auf seiner Brust und die Armbänder aus dem gleichen Material an seinen Handgelenken bildeten einen leuchtenden Farbkontrast zu den roten Wänden des Sarges. Auf der Stirn des Toten lag sein grünes Stirnband mit der Nachbildung von Gott «Narr»: Daran würden die Herren von Xibalba sogleich erkennen, daß da ein großer König vor sie hintrat.

Zwischen den beiderseits des Eingangs zur Krypta angebrachten Stuckporträts ihres Vaters traten Chan-Bahlum und sein Bruder auf die fünfstufige Treppe und schritten würdevoll hinab. Bei jedem Schritt brachten ihre schwieligen Füße auf den kalten Kalksteinstufen ein schabendes Geräusch hervor, bis sie die Trittplattform erreicht hatten, die um den Sarkophag herum in gleicher Höhe mit dem Rand errichtet worden war. In abgestimmter Bewegung traten sie gleichzeitig auf den Sargrand hinüber. Chan-Bahlum begab sich auf die rechte, sein Bruder auf die linke Seite des Leichnams. Wiederum gleichzeitig fielen sie auf die Knie und schauten zum letztenmal in das Gesicht ihres Vaters. Kan-Xul streckte die Hand aus, um den Schmuck an Pacals linkem Ohr zu ordnen und den rechteckigen Glimmerrahmen an seinem Mund geradezurücken.

Die Brüder verschränkten fest die Blicke ineinander, als Chan-Bahlum jetzt den Schamanen das Signal gab, sich zur Ausführung der letzten Riten zu ihnen auf die schmale Fläche um die Sargmulde zu treten. Xoc stellte sich neben Chan-Bahlum und reichte ihm eine aus Jade, Muschelschale und Obsidian den Zügen seines Vaters nachgebildete Mosaikmaske. Vorsichtig, um nicht das Gleichgewicht zu verlieren, beugte sich Chan-Bahlum zum Sarg hinunter und legte die Maske auf das Gesicht des Toten. Unter grünschimmernden Lidern starrten die Obsidianaugen des toten Pacal himmelwärts. Das Antlitz des großen Königs würde nicht vergehen, auch wenn sein Fleisch verwesen und nur mehr Knochen bleiben würden.

Nachdem die Maske zur Zufriedenheit der beiden angelegt war, rutschten Chan-Bahlum und Kan-Xul auf dem Sargrand weiter, bis sie in Höhe von ihres Vaters Hüfte knieten. Ein Schamane reichte Chan-Bahlum einen Jadewürfel, den dieser ehrfürchtig auf die geöffnete rechte Hand des Toten legte, an deren Fingern bereits fünf dunkelgrüne Jaderinge glänzten. Ein zweiter Schamane händigte Kan-Xul eine Jadekugel aus, die für die ebenfalls reichlich mit Ringen bestückte linke Hand bestimmt war, als Gegenstück zu dem Würfel in der rechten. Sich nochmals behutsam vorbeugend, legte Chan-Bahlum eine Jadestatuette auf das reichbestickte Lendentuch über seines Vaters Zeugungsglied, aus dem Same und Blut des Größten unter den Großen des Reiches hervorgegangen waren.

Zusammen bewegten die Brüder sich zu den Füßen des Toten hinunter, wo jeder an der Sohle des ihm nächstgelegenen Fußes eine Jadekugel plazierte. Als letztes Stück legte Chan-Bahlum eine Jadefigurine in den Sarg, die den Schutzgott des Monats Pax darstellte. Als Schriftzeichen bedeutete die Figur das Wort *te* – das Wort für den Baum, der auf dem Sarkophagdeckelrelief den Weg des Königs bezeichnete und den dieser zu Lebzeiten in seiner Person verkörpert hatte. In dem beruhigenden Gefühl, daß der Leichnam jetzt in der ehrenvollen Form vorbereitet war, die sich für die Allerhöchste Majestät schickte, erhoben sich die Brüder wieder und traten am Südende des Sarkophags vom Sargrand auf die Plattform zurück.

Chan-Bahlum richtete ein paar leise Worte an Xoc, der daraufhin durch die Tür verschwand und etwas den Treppenschacht hinaufrief, laut genug, um oben im Tempel gehört zu werden. Kurz darauf mischte sich in den Singsang der Schamanen das schlurfende Geräusch von über die Treppe sich nähernden Füßen. Schließlich erschien in der Türöffnung das verstörte Gesicht eines kleinen Jungen. Es gehörte Chac-Zutz', dem Sproß einer bedeutenden und hochgestellten Cahal-Familie, die seit vielen Generationen königliche Würdenträger stellte. Chac-Zutz' hielt den vierjährigen Chaacal am Arm und zog den Widerstrebenden mit sanfter Gewalt hinter sich her. Chaacal war neben den beiden Prinzen der einzige männliche Nachkomme Pacals, und sollte weder Chan-Bahlum noch sein Bruder einen Erben hinterlassen, der lange genug am Leben blieb, um sein Thronfolgerecht ausüben zu können, so würde dieses Kind eines Tages Thronerbe sein.[17]

Chan-Bahlum heftete den durchdringenden Blick seiner schwarzen Augen auf die beiden Knaben und wies sie im Befehlston an, sich noch einmal den großen König zu betrachten, der dem Reich ein neues Gesicht gegeben und sie alle zu Ruhm und Ansehen gebracht hatte. Dann stellten sich die beiden Prinzen in würdevoller Haltung nebeneinander auf und beobachteten geduldig, wie die Großen ihres Clans hinter den Knaben her zum Sarg paradierten und eilends wieder die Treppenstufen zum Ausgang erklommen, sobald sie einen letzten Blick auf den großen Pacal geworfen hatten, bevor dieser für immer in der jenseitigen Welt der Ahnen verschwunden sein würde.

Nachdem auch das vollzogen war, winkte der designierte König die Männer aus seiner Sippe heran, die dazu auserlesen waren, beim Verschließen des Sargs zu helfen. Nach kurzer flüsternder Beratschlagung sprangen zwei Männer von der Plattform auf den Boden der Krypta hinunter. Von dort hievten sie die paßgenau zur Abdeckung der Grabmulde bearbeitete schwere Steinplatte zu den vier anderen hinauf, die auf dem Sarkophagrand Posten bezogen hatten. Diese zogen Seile durch die Löcher, mit denen die Platte an den vier Ecken versehen war, und senkten sie behutsam in die vorgesehene Aussparung am Oberrand der Grabmulde. Die Platte schloß exakt mit der Randleiste des Sargs ab, so daß die Oberseite des Steinblocks jetzt als glatte Fläche erschien. Nachdem mit der Auflage des Deckels die Hauptarbeit getan war, entfernten die vier Helfer die Seile und verschlossen die Löcher mit Steinstöpseln. Der Stöpsel in der Südwestecke war mit einer Längsrille versehen, an die der Seelenkanal angeschlossen werden würde, der die letzte Ruhestätte des dahingegangenen Königs mit der Oberwelt, in der seine Nachkommenschaft lebte, verband.

Nun war auch der Zeitpunkt gekommen, die mächtige skulptierte Abdeckplatte an ihren Platz zu bringen. Erst danach konnte der Sarg als ordnungsgemäß verschlossen gelten, denn damit ging der Verstorbene in die Welt der Symbole ein, die allein die Gewähr dafür bot, die Begegnung mit den Herren des Totenreichs siegreich zu bestehen. Chan-Bahlum und sein Gefolge verließen die Krypta, damit sie den Männern, die mit der Ausführung dieser schwierigen Aufgabe betraut waren, nicht im Weg standen. Es waren junge Athleten im Ahau- und Cahalrang, die man für diese zwar unter der Oberaufsicht des Baumeisters stehende, aber nicht ungefährliche Schwer- und Maßarbeit ausgesucht hatte. Das Psalmodieren der Schamanen ging innerhalb kurzer Zeit im Lärm unter, der jetzt in der Krypta losbrach. Unter heiserem Geflüster schleppten die Männer die Gerätschaften, die sie für ihre Arbeit benötigten, in die Gruft. Dann verteilten sie Holzrollen auf der Oberfläche des riesigen Quaders, der jetzt den Leichnam des Königs barg, und reihten sich, so gut es unter den beengten Raumverhältnissen eben ging, beiderseits der skulptierten Platte auf. Kehlige Laute unterstrichen den Kampf der Muskeln gegen das schier unvorstellbare Gewicht des Ornamentsteins. Von der obersten Treppenstufe aus beobachtete Chan-Bahlum, wie die große Abdeckplatte sich schließlich zu heben begann, in ruckweise Bewegung geriet und ganz langsam auf die Holzrollen hinüberglitt. Die Männer waren in Schweiß gebadet, als sie ihre Last in der engen Krypta schließlich genau an der Stelle hatten, wo sie sie haben wollten. Jetzt wurden die von den steinernen Strebebalken des Gruftgewölbes herabhängenden Taue unter der Platte durchgeführt und festgebunden. Nachdem wiederum mit großer Anstrengung die Holzrollen entfernt waren, konnte die Abdeckplatte mit Hilfe der Taue vorsichtig in ihre endgültige Lage gebracht werden.

Schließlich war auch das geschafft. Die jungen Männer bildeten eine Kette, über die sie die Holzrollen aus der Krypta und über die Treppe hinauf bis zu den Entlüftungsschächten in der Flanke des heiligen Bergs beförderten. Und schneller als Chan-Bahlum dachte, waren sie alle mitsamt ihren Gerätschaften verschwunden. Das laute Durcheinander verebbte, bis erneut der unablässige Singsang der Schamanen von den Wänden der Grabkammer widerhallte. Die Prinzen verließen ihren Beobachtungsposten an der Tür und begaben sich hinunter auf die Plattform, um das Bild ihres Vaters auf der Abdeckplatte aus der Nähe zu betrachten. Es zeigte den Verstorbenen mit dem rauchenden Beil in der Stirn, das ihn als die Inkarnation des Zweitgeborenen der Urmutter auswies, wie er rücklings am Weltenbaum entlang seinen Sturzflug in den knöchernen Rachen der Unterwelt angetreten hatte.

Schweigend ließ sich der jüngere der beiden Brüder an der Südwestecke des Sarkophags auf die Krypta hinunter. Die an den Wänden eingemeißelten Ahnenporträts hatte er jetzt in Augenhöhe vor sich. Chan-Bahlum, der an der Südostecke auf den Boden hinabgesprungen war, streckte die Hand zu dem oben auf der Plattform stehenden Xoc aus, um einen aus Stuck modellierten Kopf entgegenzunehmen. Er wartete, bis auch Kan-Xul ein Stuckhaupt in der Hand hielt. Dann knieten sich beide gleichzeitig auf den Boden. Chan-Bahlum als dem älteren stand bei dem jetzt bevorstehenden Akt die Präzedenz zu. Er legte sich bäuchlings auf den Boden und zwängte sich, das Stuckhaupt in beiden Händen, langsam zwischen den Tragpfeilern der Plattform auf der südlichen Schmalseite des Sarkophags durch. Es war ziemlich eng hier unten, aber es gelang ihm schließlich, bis zu einer Stelle vorzudringen, von der aus er mit der Hand weit unter den auf sechs niedrigen Quadern postierten Sarkophag reichen konnte.[18] Mit einem lautlosen Stoßgebet an die Ahnen fuhr er, so weit er konnte, mit der Hand unter den gigantischen Steinblock und legte behutsam seine Fracht, das lebensgroße Stuckhaupt, ab. Es stellte seinen Vater in der Blüte seiner Jahre dar und war eigens zu dem Zweck, als Grabbeigabe Pacals Seele den Weg ins Jenseits zu erleichtern, aus der Dekoration eines anderen Bauwerks herausgebrochen worden. Dann war Kan-Xul an der Reihe, sich zwischen den Pfeilern durchzuzwängen, um seine Plastik neben die der ersten legen zu können. Der zweite Kopf stellte Pacal als Zwölfjährigen dar, in dem Alter also, in dem er den Thron bestieg.[19]

Schweißüberströmt durch die Hitze, die in der Krypta herrschte, krochen die beiden rückwärts zum Ausgangspunkt zurück und richteten sich auf, um nunmehr von Xoc einen Zeremonialbecher, randvoll mit einem Getränk, und eine Zeremonialschale, randvoll mit Eßbarem gefüllt, entgegenzunehmen. Beides sollte die Seele des verstorbenen Königs auf ihrer Reise ins Jenseits kräftigen. Wieder knieten die Brüder gleichzeitig nieder. Sorgfältig darauf achtend, daß nichts von dem Inhalt verlorenging, stellten sie die gefüllten Gefäße unter der Plattform gegenüber der südlichen Schmalseite des Sarkophags ab. Damit war dieser Teil des Beisetzungsrituals ordnungsgemäß ausgeführt. Während die Schamanen weiter ihre Gebete psalmodierten, die Pacals Unterweltreise kurz und seinen Sieg über die Herren des Totenreichs sicher machen sollten, ließen sich Chan-Bahlum und Kan-Xul von Xoc wieder auf die Plattform hinaufhelfen.

Chan-Bahlum ließ den Blick noch einmal prüfend über alle Einzelheiten der Grabkammer schweifen. Das Flackerlicht der Kienholzfackeln brachte auf den Reliefbildern von Pacal an den Stuckwänden ein bewegtes Schattenspiel hervor. Auf dem roten Sarkophagdeckel ließ der Kronprinz zuletzt die Augen gedankenverloren verweilen. Ihm gegenüber, am jenseitigen, dem nördlichen Ende der Abdeckplatte, war das Bild seines Vaters eingemeißelt. Chan-Bahlum kam es beinahe so vor, als sei der König leibhaftig zugegen, als säße er mit übereinandergeschlagenen Beinen da drüben auf der jenseitigen Plattform, wo zuvor, ehe sie auf den Sarkophag geschoben worden war, die Abdeckplatte gelegen hatte. Der Prinz versank in Erinnerungen an den Vater, die vom träumerischen Blick auf den Tag, an dem er sich selbst in einen König verwandeln würde, abgelöst wurden. Mit seinen achtundvierzig Jahren gelangte er als Drei-Katun-Herrscher auf den Thron. Nach den Maßstäben seines Volkes war er bereits ein alter Mann. Er fragte sich, ob die Götter ihm wohl Zeit dazu geben würden, im Strom der Geschichte ebensolche herausragenden Zeichen zu setzen wie sein Vater.

Zu seinen Füßen hatte ein Gipser damit begonnen, den Seelenkanal zu verlegen, der von dem gerillten Steinstöpsel in der Südwestecke des Sargdeckels über die Plattform und die fünf Stufen der Treppe hinaus in den überwölbten Treppenschacht führen würde, um dort an die schon früher verlegte Röhre angeschlossen zu werden, deren Ausgangsöffnung sich oben im Boden des Hochtempels befand. Die Könige von Palenque waren so glaubensfromm wie praktisch denkend. Um ihren Ahnen bei der Rückkehr in die Welt der Lebenden behilflich zu sein, fertigten sie aus sehr diesseitigem Material einen Durchgang, dessen sich die Visionsschlange bedienen konnte, wenn ein toter König sich seinen Nachfahren zu offenbaren wünschte.

Nachdem das untere Ende des Seelenkanals verlegt und angeschlossen war, konnte der nächste Akt des Rituals beginnen. Chan-Bahlum wandte sich zu seinem Bruder, der ihm den mächtigen Jadegürtel überreichte, den ihr Vater als Zeichen seines göttlichen Ahautums getragen hatte. Die Feuersteingehänge unter den Ahauköpfen an dem Gürtel schlugen klingend aneinander, als Chan-Bahlum mit beiden Händen die Lederriemen ergriff und das schwergewichtige Accessoire der Königstracht entbreitete. Ehrfürchtig betrat er die rote Oberfläche der skulptierten Abdeckplatte und kniete auf dem Bild seines Vaters nieder. Vornübergebeugt legte er den Gürtel auf die Platte, so daß er quer über das Götterbild gebreitet war, das den sakralen Charakter des Weltenbaums symbolisierte. Der Königsgürtel lag jetzt genau über der Körpermitte dessen, der ihn im Leben getragen hatte und jetzt tot unter dieser schweren Platte ruhte. Und jetzt endlich konnte seine Seele ihre Reise beginnen: der irdischen Hülle ledig und für den Sturzflug in die Unterwelt gerüstet mit Nahrungsmitteln, mit Bildern seiner irdischen Existenzform und mit dem Gürtel, der den Herrschern des Totenreichs den göttlichen Rang des Ankömmlings signalisierte.

Die Schamanen stimmten ein anderes Lied an, als Chan-Bahlum und sein Bruder jetzt mit lauter Stimme Abschied von ihrem Vater nahmen und ihn baten, ihnen nach seiner Rückkehr aus Xibalba immer zur Seite zu stehen. Kummerbeladen stiegen sie die fünf flachen Stufen zum Ausgang hinauf, um sich draußen vor der Krypta für den nächsten Akt des Rituals zu sammeln. Nachdem sie über die drei äußeren Stufen in den Korridor hinuntergetreten waren, sahen sie, wie die Schamanen droben die schwere trapezförmige Eingangstür zur Krypta schlossen. Von den Entlüftungsschächten kamen Handwerker mit Körben voll angerührtem Stuck gelaufen, um ihn mit lautem Klatschen gegen die Türritzen zu werfen. Dann wurde der Bewurf mit hölzernen Spachteln oder nur mit den Händen glattgestrichen, bis nichts mehr verriet, daß hier eine Tür war. Einer der Männer ließ einen lauten Kommandoruf ertönen, und im Nu war eine neue Arbeitsgruppe mit Mauersteinen und frischem Stuck zur Stelle. Mit der gleichen Geschwindigkeit und Effektivität wie ihre Vorgänger teilten sie das letzte Stück im hinteren, erhöhten Teil des Korridors vor der Grabkammer mit einer halbhohen Mauer ab, deren eines Ende gegen die nun unsichtbare Eingangstür der Krypta stieß. Nachdem sie ihre Arbeit in Windeseile erledigt hatten, rafften sie ihr Werkzeug zusammen und machten sich in stummer Hast davon, denn sie wußten, was jetzt kam. Ein großer König hatte diese Welt verlassen – ein Anlaß für Menschenopfer, die seine Wiedergeburt begünstigen würden.

In der tiefen Stille, die nach dem Verschwinden der Arbeiter entstanden war, vernahm Chan-Bahlum jetzt die Geräusche einer sich von oben – diesmal vom Tempel her – nähernden Menschengruppe. Er wandte sich um und sah mehrere hochrangige Sippenangehörige die Treppe herabkommen und dabei fünf Gefangene mit sich zerren. Eine Frau und vier Männer würden Pacal auf dem Weg nach Xibalba begleiten. Einige Gefangene stöhnten vor Angst, doch einer von ihnen, ein junger Mann, schritt äußerlich ungerührt, ja mit anmaßendem Stolz seinem Schicksal entgegen.

Er war ein kriegsgefangener Ahau, den man gerade seiner Überheblichkeit und seines unbeugsamen Heldenmuts wegen zum Begleiter für Pacal bestimmt hatte.

Chan-Bahlum packte den jungen Ahau bei seinem langen Haarschopf und zwang ihn in die Knie, gleichzeitig drehte er das Gesicht des Gefangenen zu sich, damit er seinem Opfer in die Augen sehen konnte. Die andere Hand schloß sich fest um den Griff des Feuersteindolchs, den er eigens für diese Opferung mitgebracht hatte. Stumm stieß er den Dolch in die Brust des Gefangenen und bohrte ihn mit einem Ruck tief ins Herz hinein. Das war das Signal. Mit bestialischem Gebrüll, das im Treppengewölbe bis in den Tempel widerhallte, fielen seine Sippengenossen mit ihren alsbald blutspritzenden Messern wie rasend über ihre Opfer her und metzelten sie nieder. Die leblosen Körper warf man wahllos übereinander in die frischgemauerte Opferleiste.

Nach vollendeter Opferhandlung kehrte Chan-Bahlum dem mit Blut verschmierten Korridor den Rücken und machte sich würdevoll an den Aufstieg durch den Treppenschacht zum Höhentempel, dabei sorgsam darauf bedacht, seine Kräfte für die Ritualhandlung zu schonen, die er dort als Schlußakt für den heutigen Tag würde vollziehen müssen. Er verspürte bereits Schmerzen in der Beinmuskulatur, als er den Absatz erreicht hatte, von dem aus ein noch längeres Stück Treppe geradlinig zum Tempel hinaufführte. Seine blutbespritzten Sippengenossen folgten ihm in ehrfürchtigem Schweigen, das nur dann und wann von einem geräuschvollen Atemzug unterbrochen wurde, ausgelöst teils durch den mühsamen Aufstieg, teils durch die beim Opferritual freigewordenen Emotionen.

Dort, wo der vom Sarkophag des Vaters ausgehende Seelenkanal im Kopf der Visionsschlange mündete, tauchte Chan-Bahlum aus dem Tempelfußboden auf. Nachdem er mit behutsamen Schritten um das Sims neben der Schachtöffnung gegangen war, hielten ihn Schamanen an den Armen fest, während andere ihm das Lendentuch abstreiften. Einer von ihnen überreichte ihm eine frisch vom Block abgeschlagene Obsidianklinge. Chan-Bahlum nahm seinen Penis und drückte ihn fest zusammen, während er mit der rasiermesserscharfen schwarzglänzenden Spitze dreimal die Eichel durchbohrte. Er gab die Klinge zurück, zog dann lange Papierstreifen durch die Wunden und beobachtete, wie sie sich rot verfärbten vom heiligen Opferblut. Es war das erste Opfer dieser Art, das er als Oberhaupt der Königsfamilie darbrachte, ein Akt, der die Geburt im Tod symbolisierte.

Sein Bruder opferte in gleicher Weise, ebenso die Männer, die an der Tötung der Gefangenen beteiligt gewesen waren. Blutbefleckt verließ Chan-Bahlum das Allerheiligste. Zwischen der in Stein gehauenen Geschichte der Katune, die sein Vater links und rechts der Tür zum hinteren Gemach hatte anbringen lassen, gelangte er in die Vorhalle, um dann zwischen den zwei mittleren Pfeilern an der Vorderfront ins Freie zu treten.

Drunten auf der Plaza brach die versammelte Menge in lautes Wehklagen aus, als sie ihn erblickte. Zu Tausenden war das Volk ins Zentrum geströmt, um dabeizusein, wenn der große König die Reise nach Xibalba antrat. Und als jetzt die Gestalt Chan-Bahlums auftauchte und ihren Schatten an die weiße Wand des Tempelpfeilers zu ihrer Rechten warf, wußten alle: Es ist vollbracht. Gleich der untergehenden Sonne, die mit ihren letzten Strahlen die Szene beleuchtete, war der König jetzt auf dem Weg nach Xibalba. Viele der Versammelten sangen Trauerlieder und ließen in frommer Fürbitte für den Verstorbenen ihr Blut fließen. Trommeln schlugen einen sinnbetäubenden Rhythmus, begleitet vom durchdringenden Klang der Tonpfeifen, deren Bläser vom tagelangen Tanzen und Fasten, mit dem sie sich auf diesen Augenblick vorbereitet hatten, erschöpft waren.

Von seinem erhöhten Standplatz aus blickte Chan-Bahlum leicht schwankend auf die brodelnde Volksmasse hinunter. Die Papierstreifen, die ihm zwischen den Beinen herabhingen, an ihnen klebten, waren so mit Blut vollgesogen, daß es jetzt den Boden, auf dem er stand, rot färbte. In einigem Abstand rechts hinter ihm stand, vom eigenen Blut befleckt, sein jüngerer Bruder. Hinter ihnen, in der vorderen Tempelhalle, hatten sich die wichtigsten Persönlichkeiten des Königsclans aufgereiht. Auf der Terrasse gleich unterhalb der Tempelplattform waren Ahauob anderer Sippen und die Cahalob, die als Statthalter die Unterzentren des Reichs verwalteten, versammelt. Auch sie hatten sich dem Blutentnahmeritual unterzogen, und die Stoffbänder, die ihnen von den Handgelenken, Ohren oder Lenden herabhingen, wiesen die Spuren ihres Opfers auf.

Neben hüfthohen Räuchergefäßen, die nach dem Bild der Zwillingsheroen geformt waren, nahmen Schamanen ihren Platz ein, die Chan-Bahlum nicht mehr aus den Augen ließen. Er begann langsam auf der Stelle zu tanzen, um in den Trancezustand zu gelangen, der die Verbindung mit den Toten herstellte. Als die Schamanen bemerkten, daß es soweit war, warfen sie Kopalharz und Kautschuk (das «Blut der Bäume») in die auf einem zylindrischen Untergestell aus Keramik ruhenden hochwandigen Räucherpfannen. In Keramikschalen brachten andere Schamanen die mit dem Blut des zukünftigen Königs und seines Bruders getränkten Papierstreifen. Zusammen mit den schwarzen Rauchschwaden aus den Räucherpfannen stiegen von der Plaza unten die staunenden Rufe der Menge zum Himmel empor. Die letzten Strahlen der Abendsonne warfen ihr Licht auf die Rauchsäulen und verkündeten die Ankunft der Ahnengeister. Die klagenden Töne der Tritonshorntrompeten hallten von den Bergwänden wider in die weite Ebene hinaus. So erfuhren die Ahnen des toten Königs, daß ihr großer Nachfahre auf dem Weg zu ihnen war. Und sie würden ihm beistehen, wenn er seinen Kampf mit den Herrschern des Totenreichs ausfocht.

Der achtundvierzigjährige Chan-Bahlum wartete nach dem Tod seines Vaters hundertzweiunddreißig Tage bis zu seiner feierlichen Inthronisation. Seine Amts- und Sohnespflicht, den Grabbau seines Vorgängers zu vollenden, bot ihm Gelegenheit, seinen legitimen Anspruch auf den Thron zu untermauern. Er tat dies mit der Behauptung, daß sein Vater ihm aus dem Jenseits direkt die Herrschaftsautorität übertragen hätte, und zwar in einer Begegnung, in der sich ein Schöpfungsgeschehen wiederholte. Damit definierte er das Thronfolgerecht dahingehend neu, daß es auf der in ritueller Ekstase hergestellten übersinnlichen Kommunikation zwischen dem im Jenseits befindlichen toten König und seinem Erben beruhte.

Bereits mit dem ersten Bauprojekt seiner Amtszeit demonstrierte Chan-Bahlum, wie besessen er von dieser Neudefinition war, derzufolge die Macht nicht automatisch durch lineare Abstammung, sondern durch transzendente persönliche Begegnung übertragen wird. Nach Fertigstellung des väterlichen Grabmals ließ er auf den beiden äußeren Pfeilern des Tempels die Zeremonie darstellen, in der sein Vater ihn zum rechtmäßigen Thronerben und fleischgewordenen Gott erhob (siehe Abb. 6.8).[20] Die in buntbemaltem Stuck ausgeführte Szene zeigt Pacal und drei andere erwachsene Personen, wie sie vom Rand der Hochterrasse herab den sechs Jahre alten Chan-Bahlum präsentieren. Durch die Höhe der Pyramide wurde dem Publikum unten – das wir uns sowohl aus Aristokraten als auch aus einfachen Leuten bestehend vorstellen dürfen – in unmißverständlicher Form die Botschaft vermittelt, daß es hier von allen Kindern Pacals dasjenige vor sich hatte, dem es von Anfang an bestimmt war, seinem Vater auf den Thron zu folgen.[21] Aber Chan-Bahlum ging noch weiter und schmückte die Darstellung der realen Zeremonie mit Szenen aus, die der soeben erworbenen neuen Würde die übernatürliche Sanktion verliehen.

An dem Knaben, der in der dargestellten Szene auf dem Arm seines Erzeugers ruht, treten sowohl göttliche wie rein menschliche Züge in Erscheinung. Sein Götterstatus zeigt sich in der Verschmelzung einzelner Körperteile mit Attributen von Gott GII, dem Drittgeborenen der Urmutter (siehe Abb. 6.8 a). So zum Beispiel läuft ein Bein Chan-Bahlums in der für jene Gottheit charakteristischen Art in eine rachenaufsperrende Schlange aus. Und in der Stirn des Knaben steckt die gleiche rauchende Beilklinge, wie man sie auf Bildern von GII häufig in dessen Stirnspiegel eingeschlagen findet – ein Attribut, dem man auch auf dem Sarkophagdeckel in der Inschriftenpyramide begegnet, wo es an der Stirn des in die Unterwelt versinkenden Pacal zum Zeichen seiner Göttlichkeit angebracht ist. Um jedoch beim Betrachter der Tempelpfeiler nicht den Eindruck zu erwecken, daß es sich bei dem abgebildeten Kind um Gott GII selbst handle, wurde der Knabe mit einem Fuß dargestellt, der sechs Zehen aufweist, eine Anomalie, die wiederholt auch in Darstellungen des erwachsenen Chan-Bahlum

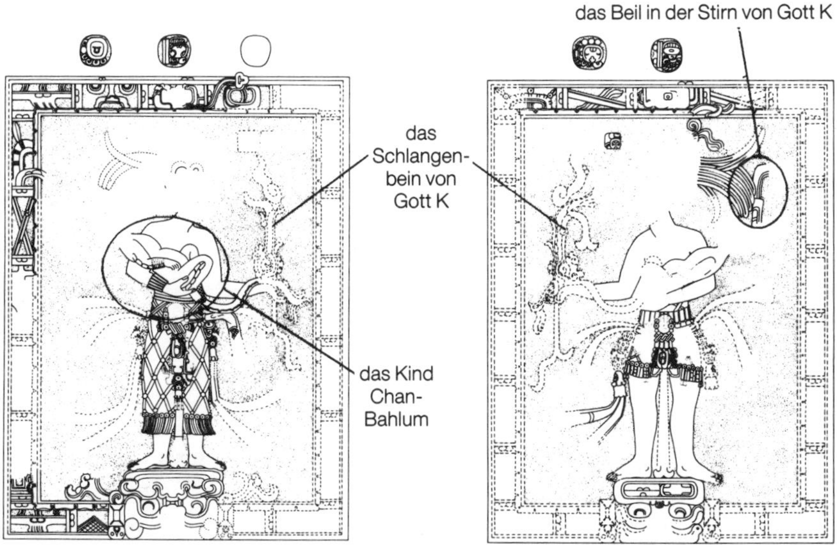

a) Die Pfeiler des Inschriftentempels

b) Die Pfeiler des Tempels

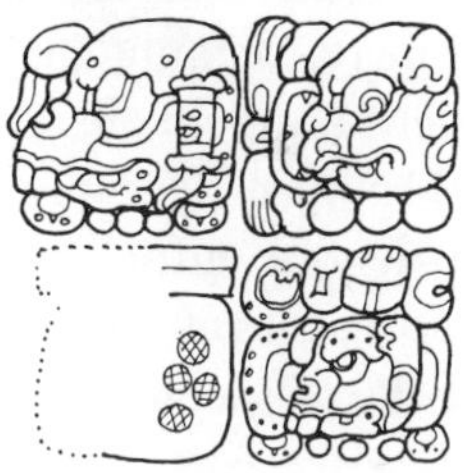

c) Chan-Bahlums Name auf dem Außenpfeiler

Abb. 6.8
Die Darstellung Chan-Bahlums als Thronerbe

anzutreffen ist (siehe Abb. 6.9). Die Aufnahme der charakteristischen körperlichen Mißbildung als Bildmotiv diente zur Bekräftigung der Menschennatur des Knaben und zu seiner Identifikation mit dem sechszehigen Thronerben Chan-Bahlum. Die Kombination der gegensätzlichen Attribute in ein und demselben Bildgegenstand bestätigt die Gottnatur des menschlichen Erben.

Die zeremonielle Präsentation des kindlichen Thronerben lief somit auf die öffentliche Anerkennung von Chan-Bahlums neuer Identität als «Gottmensch» hinaus. Diese neue Identität mußte mit der Opferung von Gefan-

Abb. 6.9
Chan-Bahlum mit
den sechs Zehen

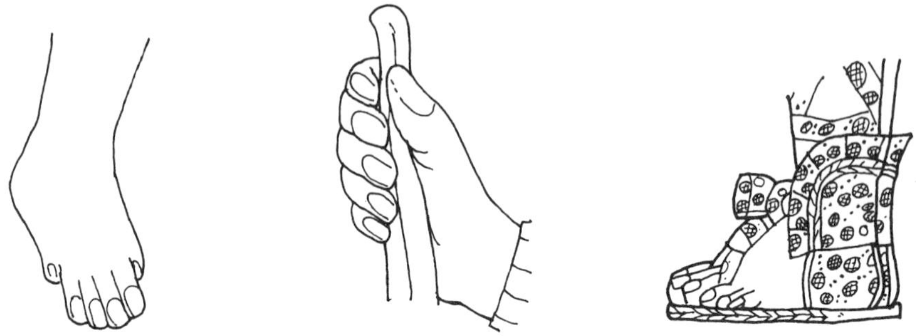

a) Der Fuß des Kindes auf Pfeiler C des Inschriftentempels

b) Die Hand mit sechs Fingern der Figur auf Pfeiler E des Gebäudes A

c) Fuß mit sechs Zehen auf der nördlichen Tür-Tafel am *pib na* des Sonnentempels

genen, die Pacal gemacht hatte, geweiht werden. Ein anderer stolzer Vater, König Chaan-Muan, stellte die gleichen Ereignisse in den Wandbildern von Bonampak, einem zeitgenössischen, spätklassischen Königreich in der Usumacinta-Region, dar.[22] Wie der König von Bonampak verewigte Chan-Bahlum den Vorgang der Proklamation seiner Legitimität auf der Fassade des Tempels, der den öffentlichen Platz im Zentrum seines Reichs beherrschte. Der Umstand, daß dieser Tempel das Grab seines Vaters beherbergte, verlieh der Botschaft um so mehr Nachdruck.

Noch während er die letzten Arbeiten am Grabmal seines Vaters ausführte, begann Chan-Bahlum mit der Arbeit an der Kreuzgruppe, dem aus den Tempeln des Kreuzes, des Blattkreuzes und der Sonne bestehenden Komplex, der einmal seine eigene Darstellung der Dynastiegeschichte von Palenque aufnehmen sollte. In Bildern und Hieroglyphentexten von großer Aussagekraft schuf der neue König eine neue Doktrin der dynastischen Folge als einer Institution, die über die bloße genealogische Folge hinausging. Aus diesem Grund mußte er auf das ursprüngliche Grundkonzept der königlichen Autorität zurückgreifen. Chan-Bahlum begegnete den Fragen, die sich ihm im Zusammenhang mit der nebulösen und paradoxen Natur der politischen Macht stellten, mit dem visionären Blick des großen Theologen und Staatsmannes. Seine in Bildern und Hieroglyphen festgehaltenen Aufzeichnungen zu diesem Thema hat er – auf das für die späte vorklassische Architektur des Maya-Königtums charakteristische Prinzip der Dreigliedrigkeit[23] zurückgreifend – auf drei Tempel verteilt. Damit erweckte er beim Volk den Eindruck eines «Bekenntnisses zu den Ursprüngen» – ähnlich wie wir heute in unserer profanen oder sakralen Denkmalsarchitektur «Anleihen» etwa beim Parthenon oder beim Pantheon machen, um uns zum Ursprung unserer Kultur in der griechisch-römischen Antike zu bekennen.

Die drei Tempel der Kreuzgruppe erheben sich auf pyramidenförmigen Unterbauten. Der höchste, der Kreuztempel, liegt nordöstlich der anderen Gebäude. Der Blattkreuztempel, der zweithöchste, befindet sich im Osten

Abb. 6.10
Das Zentrum von Palenque, aus der Vogelperspektive

und der Sonnentempel im Westen des Areals (siehe Abb. 6.10). Nach Süden hin ist die Fläche unbebaut, um die triadische Form der Gruppe zu wahren und für eine große Zuschauermenge Platz und damit Gelegenheit zur Teilnahme am Ritualgeschehen zu schaffen. Schon die Anordnung der Tempel war Teil der Strategie, mit der Chan-Bahlum den weit zurückliegenden Ursprung seines Herrschaftsanspruchs hervorheben wollte. Das Anlageprinzip steht zwar im Widerspruch zu den landschaftlichen Gegebenheiten, die sich eher dazu angeboten hätten, die Fassade des Hauptbaus der weiten Ebene zu- als von ihr abzuwenden, stimmt aber mit der Prädominanz der Südorientierung bei den ältesten Königstempeln in Cerros und anderen Reichen des späten Vorklassikums überein.

Die triadische Form wurde dann von Chan-Bahlum im Plan der einzelnen Bauten weiterverfolgt. Drei Eingänge führen jeweils in eine Vorhalle, die den Durchgang zu den drei inneren Gemächern im hinteren Teil bildet (siehe Abb. 6.11). Im mittleren und zugleich größten der hinteren Gemächer eines Tempels ließ Chan-Bahlum seine Handwerker das heilige Tor zum Jenseits errichten. Es hat die Form eines kleinen Hauses; *pib na*[24], «unterirdisches Haus», nannten es die Maya. Zwar befanden sich diese kleinen Häuser zur damaligen Zeit nur in symbolischem Sinn unter der Erde, verwiesen aber im Prinzip auf die realen unterirdischen Bauten in Palenque: die Grabkammern Pacals und anderer in Pyramiden beigesetzter Könige.

Künstler versahen die Außenfassade der Tempel mit großflächigen Stuckreliefs, die die Stützpfeiler zwischen den Türen, Dachfries und

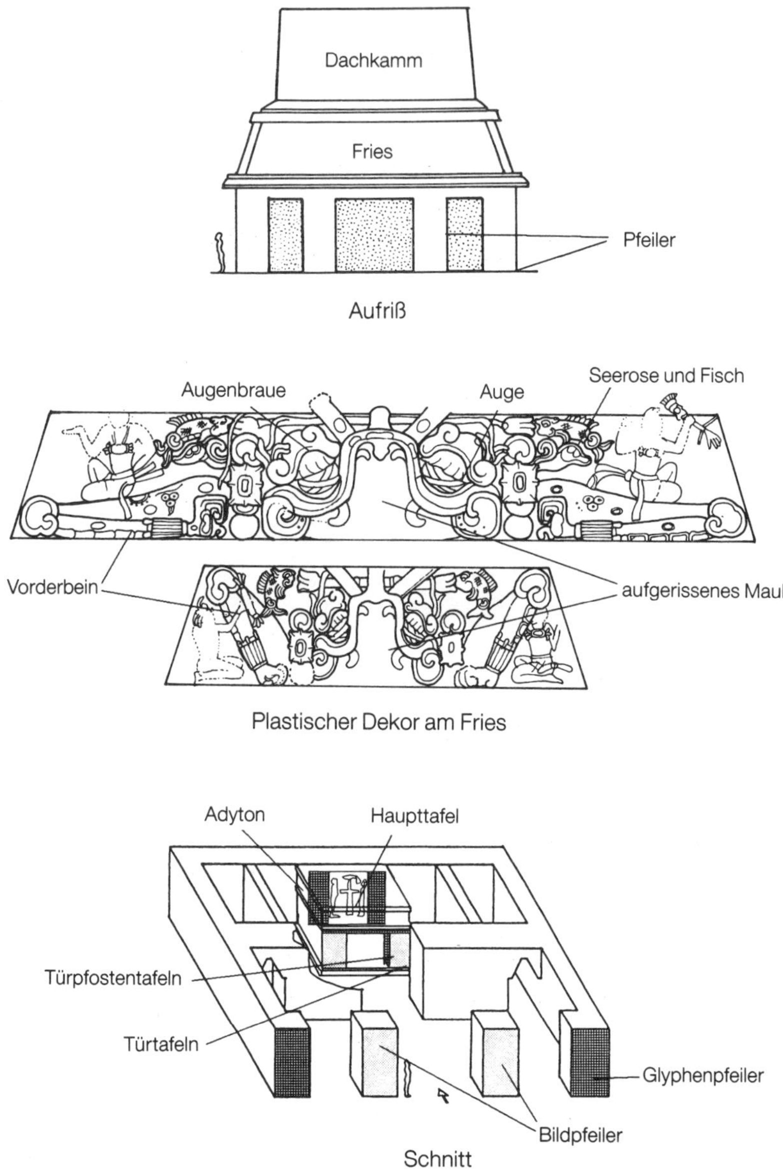

Abb. 6.11 Gliederung der Kreuzgruppe-Tempel

Dachkamm bedeckten (siehe Abb. 6.11). Bedauerlicherweise ist heute nur noch der Dekor am Dach des Kreuztempels zu erkennen. Er besteht an allen vier Seiten aus Frontalansichten des Witz-Monsters: Für die Maya war dieser Tempel ein lebender Berg, und deshalb war auch das Allerheiligste ein «unterirdischer» Raum – befand es sich doch im Innern eines Berges.

In eines dieser «unterirdischen Häuser im Berginnern» begab sich, allein und alles irdischen Glanzes entledigt, der König, wenn er seinen Vater und seine Ahnen in Xibalba aufsuchen wollte. Gleich den Zwillingsheroen trotzte er allen Gefahren der Unterwelt, um Kraft und Wohlstand für sein Volk mit auf die Erde zurückzubringen. Der Stuckdekor auf dem Fries des *pib na* verkündete dessen übernatürliche Zweckbestimmung. Auf großen Steinplatten, die aus speziellen Steinbrüchen stammten, waren die Worte und Bilder eingemeißelt, die das Tor zum Jenseits öffneten. Diese Tafeln waren an der Rückwand des Adytons sowie innen und außen an den Stützpfeilern angebracht (siehe Abb. 6.11).

Die jedem *pib na* eigenen Bildtafeln, die seine Art von Visionen verdeutlichten, waren alle nach demselben Grundschema gestaltet: Komplementär- und Kontrastfiguren weisen aus unterschiedlichen Richtungen auf den gemeinsamen geistigen Ursprung. In allen drei Tempeln findet sich auf der Mittelachse der Haupttafel an der Rückwand des *pib-na*-Adytons eine figurale Komposition (siehe Abb. 6.12), die einen der drei Wege nach Xibalba darstellt sowie eine der drei Formen, in denen sich die übernatürliche Macht für den König in der Trance manifestieren konnte. Und in allen drei Tempeln ist dieses zentrale Motiv von zwei unterschiedlich großen männlichen Figuren eingerahmt, von denen die eine Chan-Bahlum in einfacher Gewandung, die andere einen in eine aufwendige Staatstracht eingehüllten kleineren Mann zeigt. Von der Haupttafel an der Rückwand läuft das Geschehen – parallel zu dem Weg, den der König bei seiner Rückkehr aus der jenseitigen in die diesseitige Welt beschritt – zu den Tafeln auf der Außenseite der Stützpfeiler. Dort sieht man ihn im Triumph von seiner Verwandlungsreise heimkehren: Aus dem Thronerben hat er sich in den regierenden König von Palenque verwandelt.

In diese erzählenden Bilder sind Hieroglyphentexte eingefügt, die präzise Auskunft darüber geben, welche historischen Ereignisse die entscheidenden Stationen auf diesem Verwandlungsweg waren. Große Bedeutung wurde dem Textstück beigemessen, das die Ernennung Chan-Bahlums zum Kronprinzen verkündet: Es kommt relativ häufig vor, und zwar immer in der Nähe der kleineren, eingehüllten Männergestalt. Man erfährt daraus, daß die Feierlichkeiten, die den Rahmen für die öffentliche Präsentation des Knaben auf dem Gipfel der Pyramide bildeten, am 17. Juni 641 begannen und fünf Tage später, am Tag der Sommersonnenwende, an dem er zur Inkarnation der Sonne wurde[25], zu Ende gingen. Andere wichtige Textstellen verzeichnen, daß Chan-Bahlum am 10. Januar 684, hundertzweiunddreißig Tage nach dem Tod seines Vaters, im Alter von achtundvierzig Jahren den Thron bestieg. Die Hieroglyphen, die von dieser Zeremonie berichten, sind neben Chan-Bahlums Bild angebracht. Man findet sie mehrfach auf den Tafeln im Innern des Adytons von Kreuztempel und Blattkreuztempel sowie über dem Schild in der Mitte der Sonnentafel.

Auf den Tafeln auf der Außenseite der Stützpfeiler sind andere bedeutsame Vorkommnisse in den Bildhorizont gerückt. Im Blattkreuztempel und im Sonnentempel sieht man jeweils zwei verschiedene Stadien der Inthroni-

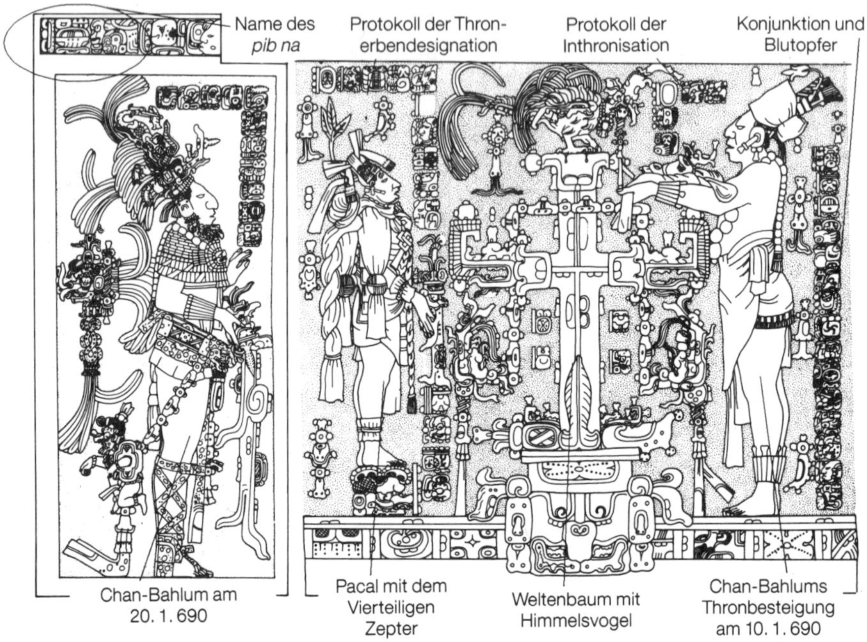

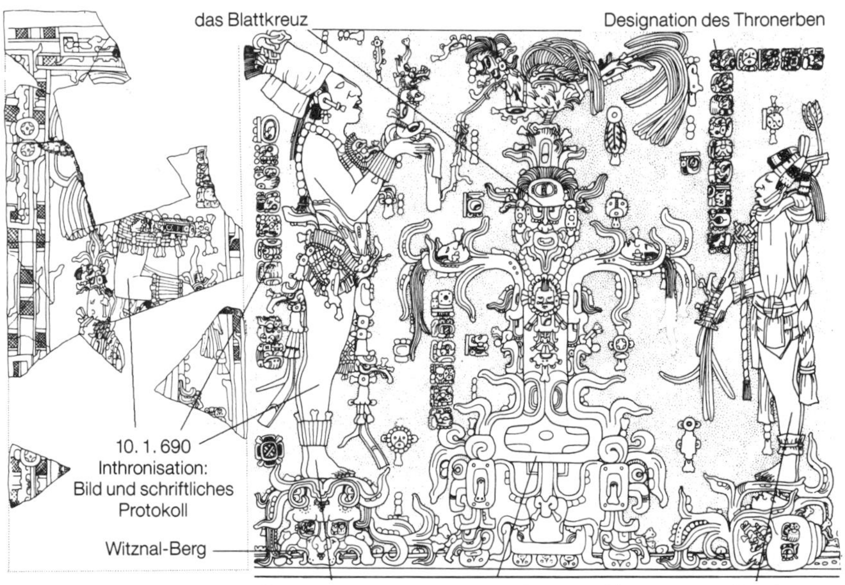

sation Chan-Bahlums.[26] In beiden Fällen zeigt ihn die linke Tafel zu Beginn und die rechte Tafel zehn Tage später, am letzten Tag der Feierlichkeiten. An diesem Tag erreichte die Venus als Abendstern gerade ihren größten Winkelabstand zur Sonne. Dagegen wurde im Kreuztempel auf beiden

Abb. 6.12

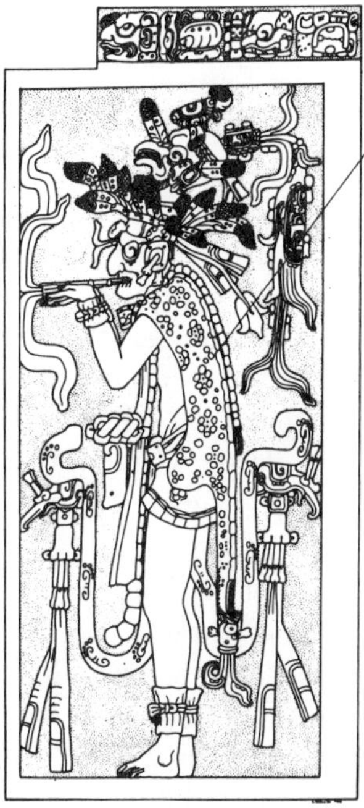

a) Tafeln des Kreuztempels

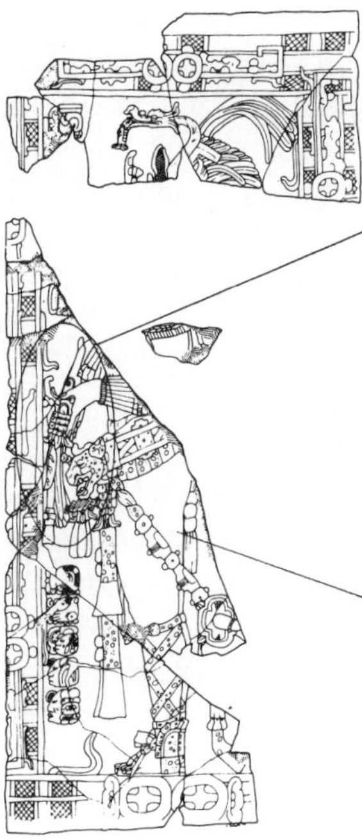

b) Tafeln des Blattkreuztempels

Tafeln nur der Höhepunkt der Thronbesteigung dargestellt: Links steht Chan-Bahlum in prunkvoller Aufmachung, dem rechten Pfeiler zugewandt, von wo ihm Gott L. entgegenblickt, einer der wichtigsten Unterweltgötter, der wohl soeben Chan-Bahlum aus dem Jenseits ans Licht und ins Leben zurückgeführt hat. Auf der Tafel des Kreuzes setzt dann der Text im Rücken von Chan-Bahlum mit der Protokollierung der dreitägigen Weihe des fertiggestellten monumentalen Bauwerks am 23. Juli 690 einen Schlußpunkt hinter die historische Chronik.

Wenn unsere Deutung der protokollierten historischen Begebenheiten – Chan-Bahlums Ernennung zum Thronerben, seine Inthronisation und die Tempelweihe – richtig ist, wer ist dann der geheimnisvolle kleine Mann, der in allen drei Tempeln jeweils auf der Haupttafel Chan-Bahlum gegenübersteht? Die Antwort ist einfach: Es ist niemand anderer als der tote Pacal, der Vater des designierten Königs, in dessen Gegenwart und unter dessen Mitwirkung der Ritus stattfindet, der aus dem Thronerben einen echten Herrscher macht.[27] Die Bilder auf den Haupttafeln der Kreuzgruppe stellen die Orte in Xibalba dar, an denen Chan-Bahlum mit seinem Vater zusammentraf, um von ihm die Königswürde direkt übertragen zu bekommen. Im Rahmen eines Rituals, das die Parallele zur Verwandlungszeremonie bildet, die er vor zweiundvierzig Jahren mit einem sechsjährigen Knaben vornahm, verwandelt Pacal jetzt seinen Sohn in den König, indem er ihm persönlich seine Macht übergibt. Chan-Bahlum ist auf diesen Bildern nur mit dem bekleidet, was wir als «Unterwäsche» bezeichnen würden. Sein langes Haar ist in der Art aufgesteckt, die üblicherweise die Vorbereitung für das Anlegen des königlichen Kopfputzes ist. Pacal steht ihm nicht weit entfernt gegenüber, die Brust dick mit Stoffbinden umwikkelt. Sein Hals ist von einem gedrehten Tuch, dessen Ende ihm über den Rücken hängt, verdeckt. Diese Aufmachung ist vermutlich nichts anderes als das Totengewand, in dem er begraben wurde. Auf jeden Fall weist diese Art der Gewandung Pacal eindeutig als Bewohner Xibalbas aus.

Auf den Haupttafeln ist es noch immer Pacal, der die Insignien des Herrschers trägt. Chan-Bahlums Metamorphose und der Machtwechsel vollzogen sich nach und nach im Lauf des zehntägigen Inthronisationsrituals. Nach Ablauf dieser Periode des ununterbrochenen Fastens, wiederholten Opferns und der Besuche im Reich der Toten erscheint Chan-Bahlum mit genau jenen heilig-mächtigen Symbolgegenständen ausgestattet und bekleidet mit der traditionsgeheiligten Königsrobe aus dem *pib na*. Der Königsgürtel ist um seine Lenden geschlungen. Der mächtige Kopfputz mit dem kunstvollen Federschmuck und das schwere Rückengestell mit dem Götterbild zeigen die Last der Verantwortung, mit der die Macht und die eigene Göttlichkeit auf den Herrscher drücken. Eine solche Kleidung trugen Tikals Könige, als sie Uaxactún eroberten. Indem er diese altehrwürdige Tracht anlegte, wurde Chan-Bahlum zum Ahau der Ahauob, zum «Herrn der Herren».

Die Mittelachse der Haupttafeln der Kreuzgruppe wird in allen drei Fällen von einer figürlichen Komposition gebildet, die Auskunft darüber gibt, welche Art kosmischer Macht und königlicher Verantwortung gegenüber dem Gemeinwesen jeweils mit dem einzelnen Tempel assoziiert war.

Im Adyton des Kreuztempels ist eine Variante des Weltenbaums (siehe Glossar) zu sehen. Dieser kreuzförmige Baum, um dessen Zweige sich der Schlangenstab des Königtums windet und auf dessen Krone der Himmelsvogel steht, war für die Maya die Zentralachse des Kosmos (siehe Abb. 6.12a). Entlang dieser Achse stiegen die Seelen der Toten und die Götter aus dem Jenseits auf, wenn sie im Visionsritus herbeibeschworen wurden, und auf demselben Weg kehrten sie auch wieder dorthin zurück.[28] Es war derselbe Weg, den auch das Himmelsmonster nahm, während Sonne und Venus auf ihrer täglichen Bahn seinen Leib durchquerten.[29] Der König selbst war die irdische Erscheinungsform der Weltenachse und als solche im Besitz magischer Kräfte – nicht nur oberster Ritualpriester, der Verbindung mit dem Jenseits hielt, sondern Brücke zum Jenseits (siehe Abb. 2.11). Auf der Tafel des Kreuzes überreicht der tote Pacal seinem Sohn ein Zepter in Gestalt des Monsters, das am Fuß des Weltenbaums liegt, desselben mit einem Sonnenemblem gekennzeichneten Ungeheuers, das Pacal nach Xibalba trug. Wie die Könige des frühklassischen Tikal und andere Herrscher vor ihm führt Chan-Bahlum als Insignie seiner Macht einen abgeschlagenen Kopf mit sich.

Die Tafel des Blattkreuztempels zeigt einen belaubten Weltenbaum (siehe Abb. 6.12b); er wächst hervor aus einem Wasserband und dem Kan-Kreuz-Seerosen-Monster (siehe Glossar), einem Symbol der Hochäcker und Sümpfe. In der Krone des belaubten Baums sitzt ein großer Wasservogel, der die Maske des Himmelsvogels trägt. Die Zweige sind Maisähren, die als Menschenköpfe gestaltet sind, denn in der Sicht der alten Maya bestand das Fleisch des Menschen aus Maismehlteig. «Der erste Mensch war aus Mais gemacht», heißt es in den Mythen der Maya, und im *Popol Vuh* wird der Mais als «Urstoff des Menschen» bezeichnet. Das Blattkreuz als Symbol der aus dem wasserreichen Untergrund hervorsprießenden lebenspendenden Maispflanze versinnbildlichte somit den kultivierten Lebensraum der Gemeinschaft. Mais war insofern in einem ganz realen Sinn der Urstoff, aus dem der Mensch gemacht war, als er für die Maya-Landwirtschaft die wichtigste Kulturpflanze darstellte. Als Stütze des Lebens und als Pflanze, die sich in ihren kultivierten Spielarten der Hüllenblätter um den Kolben wegen nicht selbst auszusäen, d. h. ohne menschliches Eingreifen nicht selbst fortzupflanzen vermag, symbolisierte der Mais die soziale Existenz der Maya in ihrem naturgebundenen Aspekt. Neben dem Blattkreuz ist Pacal zu sehen, wie er Chan-Bahlum die personifizierte Blutentnahmelanzette übergibt, das Instrument für den Blutentnahmeritus und die Erzeugung von Visionen. Die Lanzette brachte das Blut der Könige zum Fließen und versetzte sie in den Trancezustand, in dem sich das Tor zum Jenseits öffnete, um die Götter ins Diesseits einzulassen.

Bilder von Krieg und Tod durch Opferung zeigt die hinterste Tafel im *pib na* des Sonnentempels. Das Abbild des Sonnenjaguars auf einem Schild vor zwei gekreuzten Lanzen ist hier das zentrale Motiv (siehe Abb. 6.13). Es

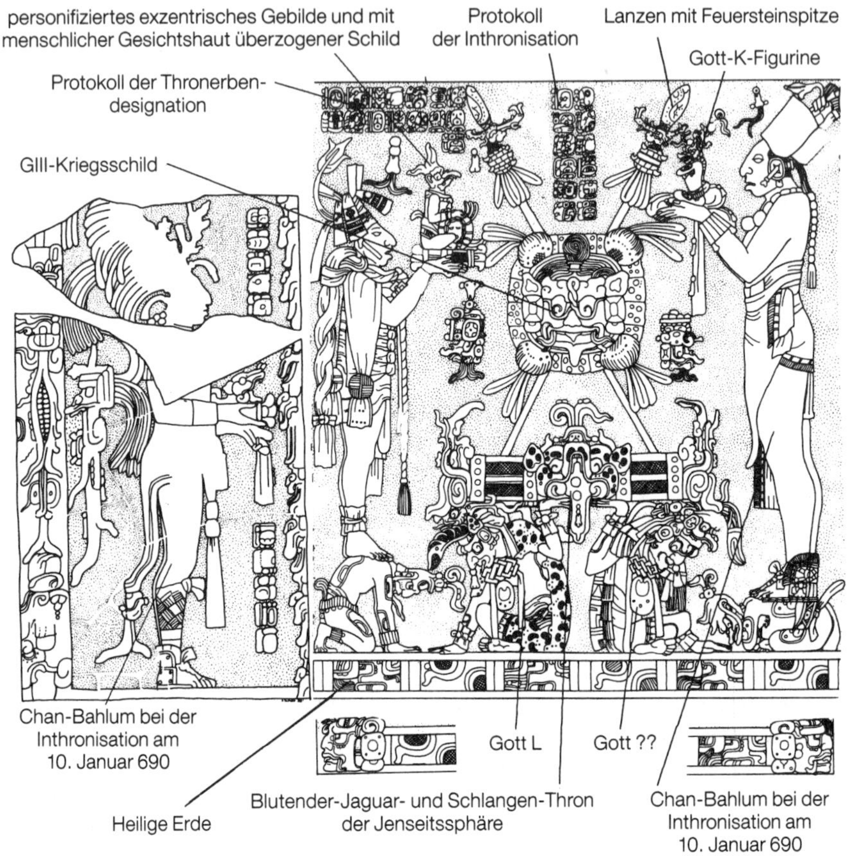

wird von einem Thronsessel getragen, aus dem in beiden Richtungen der einen Horizontalachse blutende Jaguarköpfe und der anderen blutende Drachenköpfe herausragen; wie in Cerros deuten die Köpfe auf Menschenopfer durch Enthauptung. Der Thronsessel mitsamt seiner Last von Kriegsgerät ruht auf den Schultern von Gott L und einem zweiten «alten Gott» der Unterwelt, die hier beide die gleiche gebeugte Haltung einnehmen wie Kriegsgefangene auf den Bildern siegreicher Könige.[30] Die Szene erinnert an die Überwindung der Herren des Totenreichs durch die Zwillingsheroen am Anfang aller Zeiten. Die Opferung von Gefangenen war eine Quelle der Lebenskraft, insofern sie die Vergegenwärtigung der magischen Wiedergeburt jener heldischen Urahnen des Maya-Volks darstellte. Gott L, der im Kreuztempel noch die Huldigung Chan-Bahlums entgegennimmt, hält jetzt die Last von Krieg und Opfer in der Schwebe. In beiden Fällen schließen die kultischen Handlungen des Königs die Bewohner Xibalbas in die menschliche Gemeinschaft mit ein.[31]

Hier nun, in der Bilderfolge des Sonnentempels, wandert das Machtobjekt nicht wie in den anderen Tempeln von innen nach außen, trotzdem

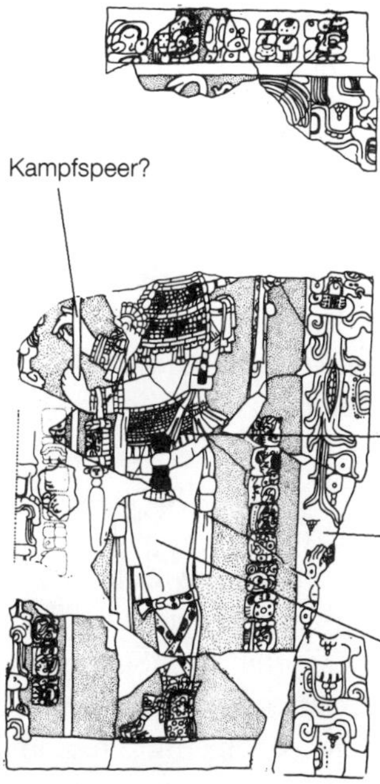

Tafeln des Sonnentempels

Abb. 6.13

verfolgt die Komposition des Dekors die gleiche Absicht. Auf der Haupttafel im Innern des Adytons hält Pacal ein figürlich gestaltetes «exzentrisches Gebilde» und einen aus einem geschundenen Menschenkopf gefertigten Schild in den Händen: Beide Dinge waren für die Oberschicht Palenques wie auch anderer Maya-Reiche bekannte Kriegssymbole. Eine der Tafeln an der Außenseite der Stützpfeiler zeigt Chan-Bahlum mit einem blutenden Jaguar auf einem Miniaturthron – einem Sinnbild des Menschenopfers – in Händen, während er auf der anderen Tafel ein baumwollenes Panzerhemd und einen zusammengerollten Schild auf dem Rücken trägt. Bei dem langen Stab in seinen Händen handelt es sich wahrscheinlich um einen Speer, wie er als Teil der königlichen Kampfausrüstung auch von anderen Maya-Ausgrabungsstätten bekannt ist. Die Komplementärbeziehung zwischen beiden Tafeln ist unübersehbar. Auf der einen Seite geht Chan-Bahlum als Kriegsheld, auf der anderen als Opferpriester aus dem *pib na* hervor: Mit der Opferung der Kriegsgefangenen vollendet dieser, was jener mit seinen Triumphen vorbereitet hat.

Nachdem Chan-Bahlum die Schlüsselszenen seiner Metamorphose in seinen lebenden Bergen in das Gedächtnis der Zeiten eingegraben hatte, umgab er diese Bilder mit dynastiegeschichtlichen Hieroglyphentexten, die zum Beeindruckendsten gehören, was die alten Maya der Neuzeit an literarischen Dokumenten hinterlassen haben. Natürlich wissen wir, daß diese Literatur politischem und persönlichem Ehrgeiz entsprang. Das ändert jedoch nichts an der Tatsache, daß diese Texte Ausdruck einer großartigen poetischen Weltsicht sind und zugleich Zeugnis ablegen vom hohen Niveau des philosophischen und religiösen Bewußtseins dieses Volkes. Hier erhalten wir Einblick in den Schöpfungsmythos der Maya und seine Beziehung zur Institution des Ahautums, wie ihn so einzigartig keine andere Quelle der klassischen Periode bietet. Sie geben uns auch Auskunft über den göttlichen Ursprung der Königsmacht und das Charisma ihrer Träger.

In den Hieroglyphentexten der Kreuzgruppe löste Chan-Bahlum den Widerspruch zwischen linearer Abstammung und dynastischer Nachfolge, wie sie in Palenque stattgefunden hatte, in der Weise, daß er mit Hilfe der Ursprungsmythen der Maya bewies, daß sein Anspruch darauf, als legitimer Nachkomme seiner Großmutter zu gelten, nur die Wiederholung dessen war, was die Götter bereits in den ersten Schöpfungstagen praktiziert hatten. Er berief sich auf dieselbe Strukturgleichheit zwischen den Verhältnissen innerhalb der Familie von Urmutter, Urvater und deren Nachkommenschaft einerseits und den Verhältnissen, wie sie in der Dynastiegeschichte von Palenque eingetreten war, andererseits. Die Urmutter – jene «Frau Biest», die wir als Mutter der Götter und Schöpfergottheit bereits vorgestellt haben – sahen die Palencanos in erster Linie in ihrer Erscheinungsform als Mondgöttin aktiv in ihr Leben eingreifen. Ehemann der Urmutter und Vater ihrer Kinder ist ein Gott, für den in der heutigen Mayanistik die Bezeichnung GI′ (gesprochen: G-eins-Strich) gebräuchlich ist. Am Anfang der vierten Schöpfung, in der wir gegenwärtig leben, schuf GI′ die Ordnung von Raum und Zeit. Die Urmutter und auch GI′ wurden bereits in der vorhergehenden Schöpfung geboren, ihre Kinder jedoch kamen erst ab dem Jahr 754 des gegenwärtigen Äons zur Welt.

Diese Kinder, drei an der Zahl, sind in der Forschung als «Göttertrias von Palenque» bezeichnet worden, weil ihr Entdecker Heinrich Berlin sie zuerst in den Inschriften von Palenque als zusammengehörige Göttergruppe erkannte.[32] Er nannte sie GI, GII und GIII (als Abkürzung für Gott I, Gott II und Gott III). Inzwischen wissen wir auch, daß der Erstgeborene dieser Götter, GI, genauso hieß wie sein Vater, der deshalb GI′ genannt wird. GI ist ein Anthropomorph mit einer Fischflosse an der Backe und Muschelschmuck an den Ohren (manchmal auch Muschelschmuck anstelle der Ohren). Er steht in besonderer Beziehung zur Venus und zum Menschenopfer durch Enthauptung. Bei GII – bekannt auch unter den Namen Gott K, Bolon Tz'acab und Kauil – ist ein Bein durch eine Schlange ersetzt; er trägt einen Obsidianspiegel an der Stirn, in der ein rauchendes Beil steckt. GII ist der Gott der genealogischen Folge und des Blutopfers. GIII, der Jaguar-Gott mit der Tränenvolute an den Augen, ist auch als Ahau-Kin, «Herr Sonne», bekannt. (Eine ausführliche Beschreibung der Götter mit Abbildungen findet sich im Glossar.)

Diese ältesten und ehrwürdigsten aller Götter des Maya-Pantheons spielten eine zentrale Rolle in der frühesten Ikonographie und Symbolik der Königtümer von Cerros, Tikal und Uaxactún. Chan-Bahlum machte die Trias zum Dreh- und Angelpunkt seines Anspruchs auf Legitimität. In den einschlägigen Texten ist jeweils die rechte Hälfte der Darstellung ihrer Werke und Taten in der Frühzeit des gegenwärtigen Äons gewidmet, während auf der linken Seite die Symmetrien zwischen den Geschehnissen der heiligen Urzeit und der Geschichte von Palenque aufgezeigt werden. Auf den Seiten 278 bis 283 geben wir einen tabellarischen Überblick über die mythischen Ereignisse in der Reihenfolge ihrer Erwähnung in den Originaltexten. (Die vollständige Wiedergabe und Interpretation der Hieroglyphentexte bieten die Abbildungen 6.14, 15 und 16.)

Die Reihenfolge, in der die Ereignisse aufgezählt werden, ist Teil von Chan-Bahlums Strategie. Im Kreuztempel steht die Geburt der Urmutter «Frau Biest» an erster Stelle. Erst im darauffolgenden Textabschnitt wird uns mitgeteilt, daß GI′, der Urvater, noch früher geboren ist.[34] Die Geburtsdaten der beiden Götter liegen im vorangegangenen Äon, was soviel heißt wie: Ihre Macht ist älter als diese Welt. Am Tag 4 Ahau 8 Cumku wurde der gesamte Kosmos in eine neue Schöpfungsordnung umgestaltet, und es entstand die Welt, in der wir gegenwärtig leben. Der Hieroglyphentext schildert im weiteren, wie Urvater GI′ am 1.9.2, also fünfhundertzweiundvierzig Tage nach Anbruch des gegenwärtigen Äons, die neue Weltordnung schuf.

Keineswegs beschränkt sich Chan-Bahlum in seiner Chronologie auf nackte Daten und Fakten der Ereignisse, sondern er ergänzt sie reichlich mit Informationen. Seine eigentlichen theologischen wie politischen Absichten gibt jedoch weniger der präsentierte Inhalt zu erkennen als vielmehr die Art und Weise, wie er präsentiert wird. Im Kreuztempel ist die Geburt der Urmutter so dargestellt, daß der Eindruck entsteht, sie stehe an erster Stelle in der Chronik der historischen Ereignisse. Und wenn Chan-Bahlum dann verspätet doch noch die davor liegende Geburt des Urvaters erwähnt, so tut er das zunächst ohne Namensnennung. Erst später im Text erfährt der Leser, daß diese geheimnisvolle Person, die da acht Jahre vor der gegenwärtigen Schöpfung und sogar noch fünfhundertvierzig Tage *früher* als die weibliche Gottheit geboren wurde, kein anderer als GI′, der Urvater, war. Chan-Bahlum manipuliert gezielt die Bedeutungsakzentuierung zu ungunsten von GI′, weil die Person der Urmutter die tragende Säule seiner apologetischen Konstruktion war.

Kein Wunder also, daß Chan-Bahlum in den Inschriften des Kreuzkomplexes Frau Biest und ihre Beziehung zu der Göttertrias von Palenque ins thematische Zentrum rückte. Den ersten Schritt in diese Richtung hatte bereits Pacal getan, als er Frau Biests Namen mit dem seiner Mutter, Frau Zac-Kuk, verband und so zu verstehen gab, daß seine Mutter das menschliche Analogon der Muttergottheit aller Maya war. Chan-Bahlum ging noch einen Schritt weiter, indem er eine «Artgleichheit» oder Äquivalenz zwischen dem Geburtstag der Göttin und dem seines Vaters Pacal konstruierte.[35] Mit einer kleinen kalendarischen Manipulation ließ sich das leicht bewerkstelligen.

Am 7. Dezember 3121 v. Chr.,
da der achte Herr der Nacht regierte,
fünf Tage nach der Geburt des neuen Mondes
und dem Ende des zweiten,
da hieß der Mond X, und er hatte 29 Tage.
Es war 20 Tage, nachdem Gott K am
16. November 3121 v. Chr.
den südlichen Himmelsort aufgerichtet hatte:
Da wurde Frau Biest geboren. [A 1 – C 1]

8 Jahre, 5 Monate und null Tage nach seiner Geburt,
da endete der vergangene Äon.
Am 13. August 3114 v. Chr.
waren 13 Baktun vollendet.
1 Jahr, 9 Monate und 2 Tage nach dem Anfang des
neuen Äons
ging GI' in den Himmel ein.
Am 5. Februar 3112 v. Chr. vollzog GI' die Weihe.
Es hieß «*Wacah chan xaman waxac na* GI».
Es war sein Haus des Nordens. [D 1 – C 13]

753 Jahre und 12 Monate, nachdem GI' den *wac chan*
aufgepflanzt hatte,
da wurde die *matawil*-Person geboren.
Am 21. Oktober 2360 v. Chr. *matawil*,
das Blut der Frau Biest, berührte die Erde.
[D 13 – F 4]

827 Jahre, 11 Monate und 2 Tage
nach ihrer Geburt,
am 13. August 2305 v. Chr.,
da krönte sie sich. [E 5 – F 8]

1330 Jahre, 12 Monate und 2 Tage danach,
nach dem 13. August, da geschah es
und U-Kix-Chan, der Göttliche Herr von Palenque,
wurde geboren.
26 Jahre, 7 Monate und 13 Tage
nach U-Kix-Chans Geburt ... [E 10 – F 17]

Alfardas beiderseits der Haupttreppe

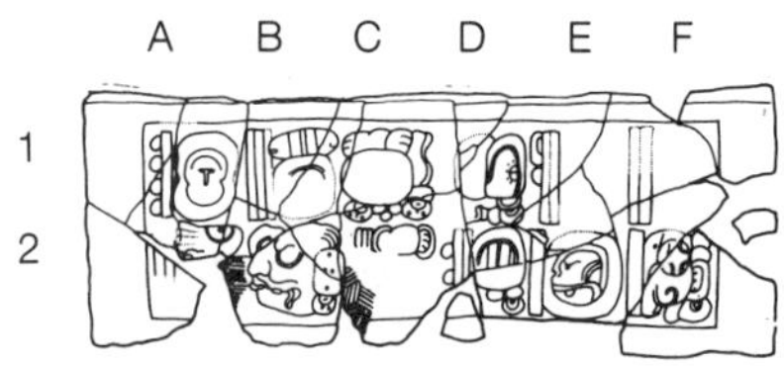

Am 21. Oktober 2360 v. Chr.,
da berührte GI, der *matawil*, die Erde.
3094 Jahre, 11 Monate, 10 Tage danach,
am 10. Januar 692 ...

Abb. 6.14 Tafel des Kreuzes: Hieroglyphentafeln und paraphrasierende Übersetzung

Der Tempel des Kreuzes

7. Dezember 3121 v. Chr.:	Geburt der Urmutter (Frau Biest)
16. Juni 3122 v. Chr.:	Geburt des Urvaters (GI')
13. August 3114 v. Chr.:	Ende des dreizehnten Baktun und Anfang der neuen (vierten) Schöpfung
5. Februar 3112 v. Chr.:	GI' geht in den Himmel ein und weiht das Haus «*wacah chan xaman waxac na* GI» (Weltenbaum-Haus des Nordens)[33]

. . . am 28. März 967 v. Chr.,
da krönte sich U-Kix-Chan.
Er war Göttlicher Herr von Palenque. [P 1–Q 3]

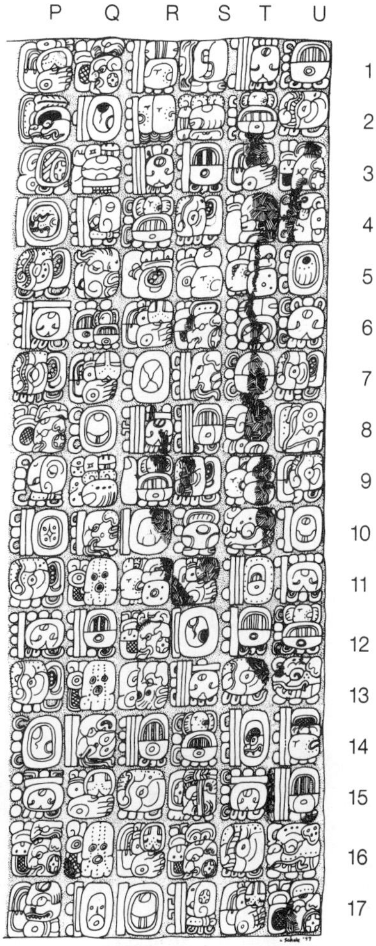

Am 31. März 397 wurde Kuk geboren.
Und 22 Jahre, 5 Monate, 14 Tage nach seiner Geburt,
am 11. März 431, da krönte er sich.
Er war Göttlicher Herr von ?????. [P 4–Q 9]

Am 9. August 422 wurde «Kaspar» geboren.
13 Jahre, 3 Monate, 9 Tage nach «Kaspars» Geburt,
am 8. August 435, da krönte er sich.
123 Tage nach «Kaspars» Krönung,
am 11. Dezember 435, an diesem Tag,
da geschah es, daß 3600 Jahre (9 Baktun)
vollendet waren. [P 10–S 2]

28 Jahre, 1 Monat, 18 Tage,
nachdem «Manik» geboren war,
am 29. Juli 487, da krönte er sich. [R 3–S 7]

36 Jahre, 7 Monate, 17 Tage
nach seiner Geburt
am 6. Juli 465,
da, am 5. Juni 501,
krönte sich Chaacal-Ah-Nab. [R 8–R 13]

39 Jahre, 6 Monate, 16 Tage nach seiner Geburt,
am 25. Februar 529, da krönte sich Kan-Xul.
[S 13–S 18]

42 Jahre, 4 Monate, 17 Tage nach seiner Geburt,
am 4. Mai 565, da krönte sich Chaacal-Ah-Nab.
[T 1–T 6]

1 Jahr, 1 Monat, 1 Tag nach dem 5. September 523,
dem Tag der Geburt von Chaacal-Ah-Nab,
da wurde Chan-Bahlum geboren. [U 6–T 11]

48 Jahre, 4 Monate, 7 Tage
nach dem 20. September 524,
dem Tag der Geburt von Chan-Bahlum,
und 18 (?) Jahre, 8 Monate, 2 Tage. [U 11–U 18]

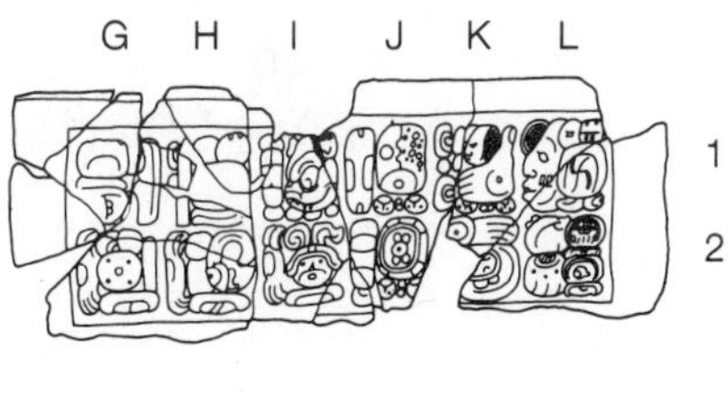

da wurde dem *wacah-can* («Sechs Himmel»)
ein Haus gegeben
es war das Heiligtum von
Herrn Chan-Bahlum, Nachkomme von Herrn Pacal
und Nachkomme von Frau Ahpo-Hel.
Es geschah am Ort der Seerose.

21. Oktober 2360 v. Chr.: Geburt von GI, dem Sohn von Frau Biest
13. August 2305 v. Chr.: Frau Biest wird mit 815 Jahren als erstes Wesen des gegenwärtigen Äons zum König gekrönt
11. März 993 v. Chr.: Geburt von U-Kix-Chan
28. März 967 v. Chr.: U-Kix-Chan, der Göttliche Herr von Palenque, wird mit 36 Jahren zum König von Palenque gekrönt

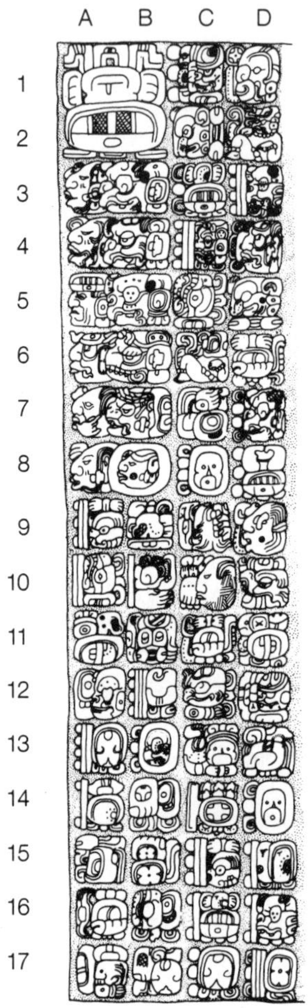

Am 8. November 2360 v. Chr.,
da der achte Herr der Nacht regierte,
es war zehn Tage vor der Geburt des Mondes,
5 Monde waren zu Ende gegangen,
er hieß X und hatte 30 Tage.
Es war 14 Monate und 19 Tage,
nachdem Gott K den Westquadranten
aufgerichtet hatte.[1]
Es war die dritte Geburt, und geboren wurde GII.
[A1–D2]

34 Jahre, 14 Monate, nachdem GII,
der *matawil*, geboren war,
am 16. Februar 2325 v. Chr.,
da waren 2 Baktun (800 Jahre) zu Ende.
An diesem Tag brachte Frau Biest,
Göttliche *Matawil*-Herrin,
durch Aderlaß eine Gottheit zur Erscheinung.
[C3–D11]

Es hatte sich zugetragen
auf dem *Yax-Hal Witznal*
am Muschel-Ort
im *Na-Te-Kan*[2]
am 8. November 2360 v. Chr.
2947 Jahre, 3 Monate, 16 Tage danach[3] . . . [C12–D17]

[1] Dem Schreiber unterlief hier ein Irrtum: Er addierte die Distanzangabe, statt sie zu subtrahieren. Die richtige Stelle in der langen Zählung ist 1.18.4.7.1 1 Imix 19 Pax (östlicher Quadrant, Farbe Rot).
[2] Die drei Ortsangaben beziehen sich auf das Berg-Monster unter Chan-Bahlums Füßen, die Muschel unter Pacals Füßen und das Blattkreuz im Zentrum der Tafel (vgl. Abb. 6.12).
[3] Die Distanzangabe müßte 7.14.13.1.16 lauten.

Abb. 6.15 Tafel des Blattkreuzes: Hieroglyphentafeln und paraphrasierende Übersetzung

Alfardas beiderseits der Haupttreppe

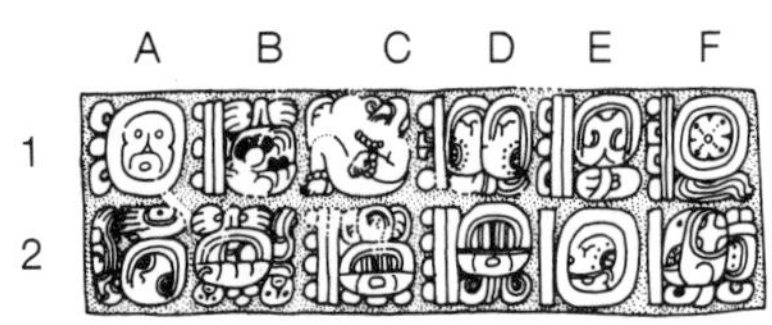

Am 8. November 2360 v. Chr.,
da berührte GII, der *matawil*, die Erde.
3050 Jahre, 63 Tage danach,
am 10. Januar 692 . . .

Der Tempel des Blattkreuzes

8. November 2360 v. Chr.: Geburt von GII

17. Februar 2325 v. Chr.: 34 Jahre später feiert Frau Biest das Ende ihres zweiten Baktun mit einem Aderlaß

. . . am 23. Juli 690 befanden sich GII und GIII
in Konjunktion. [L 1–M 4]

Am darauffolgenden Tag
wurde im Haus des Herrn Chan-Bahlum,
Göttlichen Ahaus von Palenque,
der Mah-Kina-Bahlum-Kuk-Bau geweiht. [L 6–19]

Am dritten Tag ließ er sich zur Ader
mit einer Obsidianklinge,
Herr Chan-Bahlum, Göttlicher Ahau von Palenque,
er nahm das Bündel,
nachdem es so geschehen war
am Ort der Seerose.
Wac-Chan-Chac Ox-Waxac-Chac
trat als Akteur auf. [L 10–L 17]

49 Jahre, 6 Monate, 4 Tage nach seiner Geburt,
am 10. Januar 690,
da krönte er sich,
Herr Chan-Bahlum, Göttlicher Ahau von Palenque.
[M 17–P 5]

6 Jahre, 11 Monate, 6 Tage nach seiner Einsetzung in
das Amt des *ahau*,
da traten GI, GII, GIII
und ihre göttlichen Gefährten
in Konjunktion.
Herr Chan-Bahlum vollzog einen Ritus.

In 1 Jahr, 12 Monaten, 4 Tagen wird es eintreten,
das Ende des Katun 13 am 17. März 692.
Und es war am 23. Juli 690,
daß sie in Konjunktion standen,
die Götter, die Gegenstand seiner Pflege sind,
des Herrn Chan-Bahlum,
Göttlichen Ahau von Palenque.

P Q R S

1 2 3 4 5 6 7 8 9 10 11 12 13 14 15 16 17

da wurde dem *Na-Te-Kan* («Blattkreuz»)
ein Haus gegeben
es war das *pib na* von
es war das Heiligtum von
Herrn Chan-Bahlum, Nachkomme von Herrn Pacal
und Nachkomme von Frau Ahpo-Hel.
Es geschah am Ort der Seerose.

G H I J K L

1 2

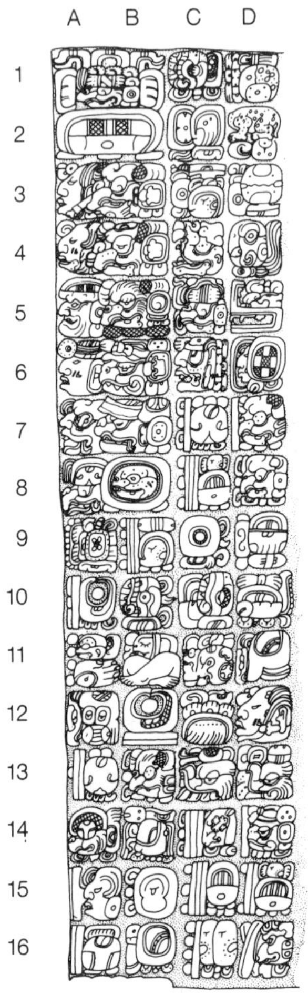

Am 25. Oktober 2360 v. Chr.
da der dritte Herr der Nacht regierte,
es war 26 Tage, nachdem der Mond geboren war,
vier Monde waren zu Ende gegangen,
er hieß X und hatte 30 Tage . . .
Es war 1 Jahr, 46 Tage,
seit dem 24. Juli 2587 v. Chr.,
da Gott K den Nordquadranten aufgerichtet hatte.
An diesem Tag wurde er geboren,
Mah Kina Ta-Waybil-Ahau,
Kin-tan, «enthaupteter Jaguar».
Ti Nah, Zac-Bac-Na-Chan, Atin-Butz', ????,
Mah Kina Ahau-Kin. [A 1 – D 6]

765 Jahre, 3 Monate, 6 Tage,
nachdem der *wac-chan* aufgepflanzt worden war,
da wurde der *matawil*, der Abkomme Frau Biests,
Göttlicher Herr von Palenque, geboren. [C 7 – D 13]

3858 Jahre, 5 Monate, 6 Tage . . . [C 1 – D 16]

Abb. 6.16
Tafel der Sonne: Hieroglyphentafeln und paraphrasierende Übersetzung

Alfardas beiderseits der Haupttreppe

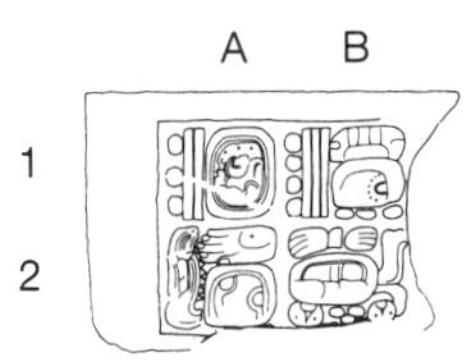

Am 25. Oktober 2360 v. Chr.,
da berührte GIII, der *matawil*, die Erde.
[3894 Jahre, 11 Monate, 6 Tage danach,
am 10. Januar 692 . . .]

Der Tempel der Sonne

25. Oktober 2360 v. Chr.: Im Jahr 754 des neuen Äons wird GIII, Frau Biests zweiter Sohn, geboren

... nach Beginn des gegenwärtigen Äons
am 13. August 3114 v. Chr.,
da geschah es, daß am 23. Juli 690
GIII in Konjunktion trat. [D 16–06]

Tags darauf, am 24. Juli 690,
wurde das Kinich-Bahlum-Kik-Gebäude geweiht
im Haus des *Bacel-Way*
Herr Chan-Bahlum
[N 7–O 12]

Drei Tage später brachte er mittels Aderlaß
die Gottheit zur Erscheinung.
So geschehen an dem Ort der Seerose
mit dem Alten Gott des *Kuk-Te-Witz*.[1]
[N 13–N 16]

146 Jahre, 12 Monate, 3 Tage
nach dem 20. November 496,
an dem Kan-Xul zum Thronerben erhoben wurde.
Der Ort des Geschehens war das *Toc-tan*
und die Zeit der 17. Juni 641.
Da wurde er [Chan-Bahlum] Thronerbe.
Und am fünften Tag danach [22. Juni 641],
da wurde Herr Chan-Bahlum zur Sonne,
und mit dabei war GI. [O 16–Q 10]

6 Jahre, 2 Monate, 17 Tage
nach dem Tag seiner Geburt, am 23. Mai 635,
da wurde er zum Thronerben erhoben. [P 11–Q 13]

Da waren es noch 1 Jahr und 167 Tage
bis zum 6. Dezember 642, dem Halbkatun-Ende,
da er Krieg führte[2] in seiner Eigenschaft als Erbe.
[P 14–Q 16]

[1] *Kuk-Te-Witz* ist der alte Name des Bergs hinter dem Blattkreuztempel, der heute *El Mirador* heißt.
[2] Gemeint ist die gleiche Kampfhandlung, die Rauch-Hörnchen in Naranjo gegen Ucanal (Stele 22) und Ah-Cacaw von Tikal gegen Jaguartatze von Calakmul richtete.

Es war eine Aktion im Mah Kina ???? Cab,
es war das *pib nail* von
er beging das Ende von 13 Katun
am 18. März 692
Herr [Chan-Bahlum]

Für die Maya waren Tage zweier Kalenderzyklen, die auf denselben Zeitpunkt fielen, «artgleich», hatten also die gleiche Bedeutung in der sakralen Dimension. Tage, die auf den gleichen Zeitpunkt mehrerer Kalenderzyklen fielen, waren um so heiliger. Analog dazu galten auch Ereignisse, wie etwa Geburten, die auf solche Tage fielen, als einander artgleich. Aufgrund der «Artgleichheit» der Geburtsdaten konnte also Chan-Bahlum seinen Vater Pacal und die Göttermutter für aus ein und demselben heiligen Urstoff geschaffene Wesen erklären.

Die Symmetrie der Heiligkeit zwischen Urmutter und Pacal ließ weitere Folgerungen zu. Die Göttermutter war im vorherigen Äon geboren; in ihr gelangte die kumulierte Macht der vorausgegangenen in die neue Schöpfung.[36] Das Datum 4 Ahau 8 Cumku bezeichnete die Trennwand, die in Gestalt des schrecklichen Chaos der Schöpfung zwischen der Symmetrie und Ordnung des vergangenen und der des gegenwärtigen Weltzeitalters lag. Der konstruierte Zusammenhang zwischen der Geburt der Göttin und der von Pacal besagte nun auch, daß auf Pacal das gleiche heilige Schicksal wartete wie vordem auf die Göttin und daß dieser Parallelismus bis in die Zeit vor der gegenwärtigen Schöpfung zurückreiche.

Mit Hilfe einer Analogiekonstruktion machte Chan-Bahlum seinem Volk auf ebenso elegante wie überzeugende Weise einen problematischen Sachverhalt plausibel. Zunächst einmal lenkte er die Aufmerksamkeit darauf, daß vor der gegenwärtigen eine ältere, vergangene Schöpfung existiert hatte, um als nächstes zu beweisen, daß Frau Zac-Kuk und ihr Clan in Palenque ein der Vergangenheit angehörendes älteres Herrscherhaus repräsentierten, ihr Sohn Pacal hingegen ein die Ordnung einer neuen Zeit verkörperndes patrilineales Herrschergeschlecht – gewissermaßen eine «neue Schöpfung». Als Frau Zac-Kuk das heilige Wesen des Königtums an Pacal weitergab, überwand sie sicher die Grenzzone des Verstoßes gegen das patrilineale Thronfolgerecht, um auf der anderen Seite zu der gegenwärtigen neuen Ordnung zu gelangen. Die Legitimität des Herrschaftsanspruchs Chan-Bahlums beruhte auf dem Prinzip der Direktübertragung des heiligen Wesens der Königsmacht von Herrscher zu Herrscher, unabhängig von Geschlecht und Familienzugehörigkeit.

Den Vergleich zwischen dem Königtum in Palenque und der Götterwelt dehnte Chan-Bahlum noch weiter aus, indem er jeweils auf der linken Seite der Tafeln im Innern der *pib na* des Kreuzkomplexes die Geburtsdaten der Göttertrias aufzeichnen ließ. Deren Beziehung zur Urmutter hob er hervor, indem er den Namen des erstgeborenen GI und des zweitgeborenen GIII jeweils die Glyphe mit dem Wortlaut «er ist das Kind von Frau Biest» beifügte. Und so wie diese Götter deren Kinder waren, war Pacal das Kind von Frau Zac-Kuk. Kind von Frau Biest war fraglos auch GII, der Gott, der den Maya-Königen traditionell am nächsten stand, doch in seinem Fall zog Chan-Bahlum es vor, die besondere Beziehung zum Urvater in den Vordergrund zu stellen, indem er mit Hilfe einer ausgeklügelten Zahlenakrobatik Analo-

Abb. 6.17 Geburt und Thronbesteigung der Urmutter

gien zwischen den Geburtsdaten der beiden herstellte – in exakt der gleichen Manier, wie er zuvor die «Artgleichheit» zwischen den Geburtsdaten Pacals und Frau Biests konstruiert hatte.[37] Dies lief natürlich auf die Unterstützung seines eigenen Legitimitätsanspruchs hinaus: So wie GII vom Urvater abstammte, so war Chan-Bahlum der Sohn des göttlichen Pacal.

Das Aufzeigen dieser Parallelen hätte genügt, um jeden Zweifel an der Rechtmäßigkeit seines Anspruchs auf den Thron auszuräumen, aber Chan-Bahlum gab sich damit nicht zufrieden. Auf der Tafel des Kreuzes teilte er mit, daß Frau Biest, nachdem sie ihren Erstgeborenen zur Welt gebracht hatte, im Alter von achthundertfünfzehn Jahren als erstes Lebewesen des neuen Äons einen Königsthron bestieg. Die Krone, die sie trug, wird in der Glyphenschrift als *zac uinic*, «reiner» oder «strahlender Mensch», bezeichnet und bildlich als das Stirnband mit dem Gott «Narr»-Emblem dargestellt, das wir erstmals in Cerros sahen. Die erwähnte Glyphe kehrt in der Folge als Haupttitel im Namen aller in den historischen Teilen der Tafel erwähnten Könige von Palenque wieder. Es verdient nochmals Erwähnung, daß Chan-Bahlum *nicht* sagte, der Urvater sei König geworden: In seiner Perspektive rückte die Göttin in den Vordergrund. Der Text selbst lautet: «2 Kin, 11 Uinal, 7 Tun, 1 Katun, 2 Baktun, nachdem sie geboren war, dann krönte sie sich zur *zac uinic* Biest am 9 Ik 0 Zac» (siehe Abb. 6.17).

Hier nun hätte Chan-Bahlum sich wirklich getrost von seinen Anstrengungen erholen können. Er hatte längst eine verständliche und einleuchtende Verbindung zwischen der Urmutter und ihren göttlichen Kindern auf der einen und Frau Zac-Kuk und ihrer Nachkommenschaft auf der anderen Seite hergestellt. Doch ihn befriedigte das so lange nicht, als in der Chronik der Ereignisse nicht auch die Lücke zwischen der Thronbesteigung der Urmutter und der Inthronisation des historischen Gründers der Dynastie, Bahlum-Kuk, geschlossen war. Das erreichte er mit der Berufung auf die

Legende von einem König namens U-Kix-Chan. Daß dieser eine legendäre Gestalt ist, geht daraus hervor, daß Chan-Bahlum ihn am 11. März 993 v. Chr. geboren sein und am 28. März 967 sich selbst krönen läßt: Beide Termine fallen in die Blütezeit der Olmeken-Kultur, der ältesten urbanen Kultur Mesoamerikas. Das Olmeken-Reich lebte im Gedächtnis der Maya der klassischen Periode als Wiege der eigenen Kultur in ähnlicher Form weiter, wie das Troja Homers bei den alten Römern. Obschon also der Name U-Kix-Chan keine historische Person bezeichnet, legt Chan-Bahlum seine Lebensdaten absichtlich in die Olmeken-Zeit. Damit konnte er den Anspruch erheben, daß die Wurzeln der Dynastie von Palenque nicht nur im anfänglichen Walten der Götter, sondern auch in den Ursprüngen der menschlichen Kultur liegen. Der Text auf der Tafel des Kreuzes, der sich auf U-Kix-Chan bezieht, beginnt im mythologischen Teil mit der Geburt und wird dann im historischen Teil mit der Thronbesteigung fortgesetzt. Der Protagonist, mochte er auch in legendären Zeiten existiert haben, war an der Zeitspanne seines Lebens auf den ersten Blick als menschliches Wesen zu erkennen. Mit sechsundzwanzig Jahren wurde er König von Palenque; die Urmutter war, als sie am selben Ort den Thron bestieg, achthundertfünfzehn gewesen. Da die Mitteilung über die Thronbesteigung in beiden Fällen die Altersangabe mit einschließt, liegt der in U-Kix-Chan verkörperte Gegensatz zwischen göttlichem und menschlichem Wesen für jeden Betrachter klar auf der Hand.

Von dem legendären «Olmeken» U-Kix-Chan ging Chan-Bahlum zu Geburt und Inthronisation des Dynastiegründers Bahlum-Kuk über, um dann die Reihe der Herrscher von Palenque bis zu Chan-Bahlum I., seinem Namenspatron, durchzugehen. Klar wird bei alldem: Die Dynastie von Palenque war für ihn durch den Akt konstituiert, in dem die Göttermutter sich zur Herrscherin krönte.

Aber Frau Biest tritt nicht nur als erster König von Palenque auf, sondern auch als die Person, die erstmals in der Geschichte für die Gemeinschaft ihr Blut vergoß, um den Damm zwischen dem Diesseits und Xibalba zu durchbrechen und den Menschen Glück und Wohlergehen zu bringen. Die Tafel des Blattkreuzes protokolliert, daß Frau Biest vierunddreißig Jahre nach der Geburt von GII, dem drittgeborenen ihrer Kinder, die Vollendung ihres zweiten Baktun mit einer Tätigkeit beging, die mit der «Hand-mit-Fisch»-Glyphe[38] wiedergegeben wird (siehe Abb. 6.18), der Glyphe, die regelmäßig das Verb von Sätzen bildet, die die Beschwörung der Visionsschlange durch Aderlaß zum Inhalt haben. Nicht zufällig verlegte Chan-Bahlum die Protokollierung des Visionsritus in den Blattkreuztempel. Man erinnere sich, daß es die personifizierte Blutentnahmelanzette ist, die Chan-Bahlum auf der Haupttafel im Adyton dieses Tempels von Pacal überreicht bekommt und mit der in der Hand er dann auf der äußeren Tafel wieder auftaucht. Als Chan-Bahlum beim Vollzug der dem *pib na* des Blattkreuztempels vorbehaltenen Riten sein eigenes Blut

Abb. 6.18
Die Urmutter und der erste Visionsritus dieses Schöpfungsäons

vergoß, stieß er damit sein eigenes Tor ins Jenseits auf und aktivierte so die Energien, um die es in diesem speziellen Abschnitt der Bilderserie ging: Erntesegen für die Menschengemeinschaft, der er vorstand. In Chan-Bahlums Version der Schöpfungsgeschichte also war die Urmutter nicht nur das erste Wesen, das im gegenwärtigen Zeitalter zu königlicher Herrschaft gelangte, sondern sie lehrte die Menschen auch das lebenspendende und -erhaltende, die Gemeinschaftsordnung sichernde und die Verbindung mit den Ahnen im Jenseits ermöglichende Blutopfer. Wiederum ist hervorzuheben, daß die archetypischen Modelle menschlichen und monarchischen Handelns von der Urmutter, nicht vom Urvater geschaffen wurden.

Natürlich sparte Chan-Bahlum den Göttervater in seinem Geschichtsbild nicht vollständig aus. Im Kreuztempel berichtete er davon, wie Urvater GI' als zehnjähriger Knabe eineinhalb Jahre nach Anbruch des gegenwärtigen Äons die kosmische Ordnung errichtete. Der Hieroglyphentext bezeichnet den Vorgang als «in den Himmel eingehen» oder «zum Himmel werden» *(och chan)*. Eine sehr schöne bildliche Darstellung der Episode findet sich auf einem Keramikgefäß (siehe Abb. 6.19): Sie zeigt GI', nachdem er soeben den Weltenbaum aufgerichtet hat, der den Himmel von der Ursee trennt. Jetzt kauert er unter den Zweigen des Baumes, das Blasrohr auf den Himmelsvogel gerichtet, der im Wipfel den Strahlenglanz

Abb. 6.19 Das Och-Chan-Ereignis als Sujet eines Vasenbilds

der Sonne nachahmt. Indem er so die Elemente der natürlichen Welt voneinander trennte und jedem seinen passenden Platz zuwies, brachte er den anfänglich chaotischen Zustand der Natur in eine bleibende Ordnung.[39]

Aus diesem bedeutenden kosmischen Ereignis in den Inschriften von Palenque erfahren wir auch, daß dieses «Eingehen in den Himmel» mit der Weihe eines Hauses namens «*wacah chan xaman waxac na* GI» verbunden war (siehe Anm. 33). So hieß der Bau, den GI′ schuf, indem er den Weltenbaum errichtete: Es ist das Himmelsgewölbe mit den um die große Himmelsachse im Norden – den Polarstern – kreisenden Sternbildern. Indes *Wacah Chan* hieß auch das *pib na* im Kreuztempel, und es hieß so nach dem Bildelement auf der Mittelachse der Haupttafel – eben dem Weltenbaum. Das bedeutet: Mit der Weihe seiner Kreuzgruppentempel wiederholte Chan-Bahlum den Akt, mit dem der Urvater die kosmische Ordnung geschaffen hatte.

Das Weiheritual für die Kreuzgruppe protokollierte Chan-Bahlum in allen drei Tempeln, in prononcierter Form jedoch vor allem im Blattkreuz- und im Sonnentempel. In beiden Fällen schlug er Verbindungsbrücken zwischen dem in den Hieroglyphenspalten auf der linken Seite der Tafel verzeichneten mythischen Geschehen und dem auf der rechten Seite beschriebenen Weiheritual. Damit gab er zu verstehen, daß Wesen und Wirken seiner rituellen Aktivität ihren Ursprung in den Werken und Taten von Urmutter und Urvater haben (siehe Abb. 6.15 und 16).[40]

Die Rituale selbst fanden an drei verschiedenen Tagen innerhalb eines viertägigen Zeitraums statt. Am ersten Tag (9.12.18.5.16 2 Cib 14 Mol/ 23. Juli 690) standen Jupiter, Saturn, Mars und der Mond im Sternbild Skorpion in Konjunktion, wobei der Winkelabstand zwischen den am weitesten voneinander entfernten Planeten weniger als fünf Grad betrug.[41]
Für Chan-Bahlum und sein Volk stellte sich die Himmelserscheinung

Abb. 6.20 Gebäudeweihe-Akte für die Kreuzgruppe Oben: BKT, L5–M9; Mitte: ST, N7–O12; unten: KT, C9–C13

offenbar als Wiedervereinigung der Urmutter (Mond) mit ihren drei Kindern (verkörpert in den drei Planeten) dar. So gesehen war das ungewöhnliche Phänomen ein Omen von weitreichender Bedeutung. Am darauffolgenden Tag (3 Caban 15 Mol) weihte Chan-Bahlum seine Tempelgruppe mit dem exakt gleichen Ritual, mit dem seinerzeit schon der Urvater die Errichtung des *Wacah Chan* im Zentrum des Kosmos begleitet hatte. Seinem eigenen Bauwerk gab Chan-Bahlum den Namen *Mah Kina Bahlum-Kuk Na*, «Herr Baluhm-Kuk-Haus» (siehe Abb. 6.20), es so zum Haus des Dynastiegründers deklarierend.[42] Indem er diese neuen Tore ins Jenseits nicht nur als die seinen, sondern auch als die des Stammvaters der Dynastie proklamierte, verband Chan-Bahlum die drei in der Dynastie von Palenque vertretenen patrilinealen Abstammungslinien zu einem kohärenten Ganzen. Nach ihrer Fertigstellung vereinigten die drei Tempel der Kreuzgruppe in sich die göttliche Zustimmung zur Dynastie als einer Ganzheit, rational begründet in ihrer Fortführung sowohl der matrilinealen wie patrilinealen Erbfolge.

Zwei Tage nach der Gebäudeweihe, am 5 Cauac 17 Mol[43], beendete Chan-Bahlum die Feierlichkeiten mit einem «Hand-mit-Fisch»-Visionsritus. Der Zeitpunkt dieser Blutentnahme – 26. Juli 690, nur drei Tage vor dem fünfundsiebzigsten Tropenjahr-Jubiläum von Pacals Thronbesteigung (29. Juli 615) – sorgte dafür, daß in Chan-Bahlums Weiheritus auch der symbolische Hinweis auf seinen Vater nicht fehlte. Mit der abschließenden Opferhandlung krönte er sozusagen das von ihm geschaffene außergewöhnliche Dokument. Nachdem er die Feierlichkeiten der Gebäudeweihe zu einem Zeitpunkt begonnen hatte, an dem die Urmutter am Himmel ihre Kinder um sich versammelte, vollzog er jetzt, genau wie sie einst, ein Blutentnahmeritual und vervollständigte damit die Symmetrie zwischen den Schöpfergottheiten und seiner eigenen Person.

Das letzte von Chan-Bahlum auf den Tafeln der Kreuzgruppe protokollierte Ereignis ist die Aktivierung der *pib na* selbst, die er am 9.12.19.14.12 5 Eb 5 Kayab (10. Januar 690), am Tag des achten Tropenjahr-Jubiläums seiner Thronbesteigung, vornahm. Der Bericht darüber steht auf den Türpfosten des Adytons, auf den Pfeilern an der Fassade und auf den Alfardas am Pyramidenunterbau der Tempel links und rechts der Haupttreppe. Die Weihe der Alfardas und der Eingangspfeiler konnte von jeder Stelle des freien Platzes vor der Tempelanlage aus vom Volk mitverfolgt werden.

Der Text auf den Alfardas (siehe Abb. 6.15 und 16) beginnt jeweils mit der Geburt der Schutzgottheit des betreffenden Tempels (das ist GI beim Kreuz-, GII beim Blattkreuz- und GIII beim Sonnentempel). Links von der Treppe ist die seit der Geburt des Gottes und der Tempelweihe vergangene Zeit, rechts sind die Ausführenden des Weihezeremoniells mit ihrer jeweiligen Funktion angegeben. So stellte Chan-Bahlum einen Zusammenhang her zwischen der Geburt des Gottes in mythischer Zeit und der Weihe des *pib na* in der realen Zeit seiner Gegenwart.

Auch die Fassadenfläche der vier Eingangspfeiler jedes Tempels benutzte Chan-Bahlum zur Protokollierung der Weihezeremonie. Und auch hier ließ er sich wieder in seiner Eigenschaft als Ausführender des Rituals darstellen. Wie der Dekor an den Pfeilern des Inschriftentempels sind auch diese den Blicken einer breiteren Öffentlichkeit zugänglichen Protokolle seiner politischen Strategie als Stuckreliefs ausgeführt. Der Hieroglyphentext, der über das Datum der Weihefeier und die einzelnen Riten Auskunft gibt, bedeckt die Vorderflächen der beiden äußeren Pfeiler, während die beiden inneren den Vorgang im Bild wiedergeben. Bedauerlicherweise haben nur die Bilder auf den zwei Pfeilern des Sonnentempels die Zeiten überdauert. Da die Bildwerke dieses Tempels speziell dem kriegerischen Aspekt des Königtums gewidmet sind, überrascht es nicht, Chan-Bahlum hier im Kriegerornat abgebildet zu finden. Im einzelnen gleicht die Aufmachung des Königs derjenigen, die wir bereits am Beispiel der Herrscher von Tikal, Naranjo und Dos Pilas kennengelernt haben. Chan-Bahlum trägt einen quadratischen flexiblen Schild mit einem Tlaloc-Bild[44], der besagt, daß er in einen Tlaloc-Krieg verwickelt ist. In diesem Fall dürfte das Kriegsziel darin bestanden haben, Gefangene zu machen, deren Blut den *pib na* die Weihe geben würde, die die Götter, die hier wohnen sollten, verlangen konnten.[45]

Wie auf den Alfardas besteht auch auf der Innenseite der Adyton-Türpfosten der Dekor ausschließlich aus Hieroglyphentext[46], der über die Protokollierung der Weihezeremonie hinaus keine Informationen enthält. In allen drei Tempeln geben diese Inschriften das Geschehen in der gleichen Form wieder. Auf das Verb «beherbergen» folgt der Eigenname des jeweiligen Heiligtums, gefolgt von der Glyphe *u pib nail*, «sein unterirdisches Haus». Die einzelnen *pib na* waren nach der Haupttafel in ihrem Innern benannt[47] (siehe Abb. 6.21): das *Wacah Chan* nach dem Weltenbaum auf der Tafel des Kreuzes, das *Na Te Kan* nach dem der Maispflanze nachempfundenen Baum auf der Tafel des Blattkreuzes und das *Mah Kina ????-Cab* nach dem Kriegsgerätestapel auf der Tafel der Sonne.

Chan-Bahlums abschließende Mitteilung an sein Volk lautete, daß die Ausführenden der «Beherbergungs»-Handlung niemand anderer als die Götter der Trias von Palenque selber waren. Auf den Türpfosten bezeichnet er die Gottheiten als die «Schützlinge Chan-Bahlums»[48], auf den Alfardas heißen sie die «Gottheiten Chan-Bahlums». Wenn Chan-Bahlum sich in diesem Zusammenhang in der Tlaloc-Kriegstracht darstellen ließ, so symbolisierte die Aufmachung hier mehr als bloß seinen Feldherrnstatus. Mit dieser Tracht gab er sich auch als der «Ernährer» der Götter[49] zu erkennen, zu dessen willig ausgeführten Amtsfunktionen es gehörte, seine «Schützlinge» mit ihrem Lebenselixier, nämlich menschlichem Opferblut, zu versorgen. Und er opferte ihnen nicht nur das Blut der Gefangenen, die er aus der Schlacht mit nach Hause brachte, sondern auch sein eigenes.

Aber wenn Chan-Bahlum bei alldem stets die Hauptrolle spielte, weshalb sagt er uns dann, die Götter seien die Ausführenden der Handlung? Vielleicht sollen wir das so deuten, daß sie sich des göttlichen Königs als des Mediums ihrer Handlungen bedienten. Wir besitzen zwar keine genaue phonetische Lesart des betreffenden Verbs, nehmen jedoch an, daß es besagt, daß jeder der Trias-Götter am fraglichen Tag in sein *pib na* einkehrte, um die Tempel der Kreuzgruppe mit der Kraft aus dem Jenseits zum Leben zu erwecken. Wie die hohe Gesellschaft auf der Plaza drunten, bezeugten auch sie mit ihrer bloßen Anwesenheit die ehrfurchtgebietende Macht des Königs von Palenque.

In seinem Bemühen, seinen Platz in der dynastischen Folge gegen Vorrechtsansprüche des patrilinealen Clans zu behaupten, nutzte Chan-Bahlum für sich die Grundprinzipien der Religion, die das Maya-Reich als kulturelle Einheit zusammenhielten. Als Jaguarsonne und Tlaloc-Krieger schützte er das Reich vor äußeren Feinden. Auf seinen Feldzügen machte er die Könige und Würdenträger anderer Reiche zu Gefangenen, damit sie zum höheren Ruhm Palenques den Opfertod starben. Er war die Reinkarnation des Urvaters GI', der den Himmel geschaffen und die Urheimat der Schöpfung eingerichtet hatte, in der sein Volk auf grüner Bergeshöhe friedvoll leben konnte. Und er war gleichzeitig die Reinkarnation von GI, der wiederum die Reinkarnation des Venusgotts war. Wie die Urmutter ihr Blut vergossen und damit den Mais – den Urstoff des Menschen – zum Hervorsprießen aus den Wassern des Jenseits gebracht hatte, so vergoß Chan-Bahlum sein Blut, um die Götter zu nähren und zu «gebären». Die in der menschlichen wie göttlichen Dimension Sinn aus Sinnbildern schöpfende Kraft des Königtums reichte von Visionen der Weltschöpfung bis hin zum profanen Alltag des Maisbauern, der die getrockneten Kolben erntete, um ihre Körner zum Urstoff des Lebens zu zermahlen.

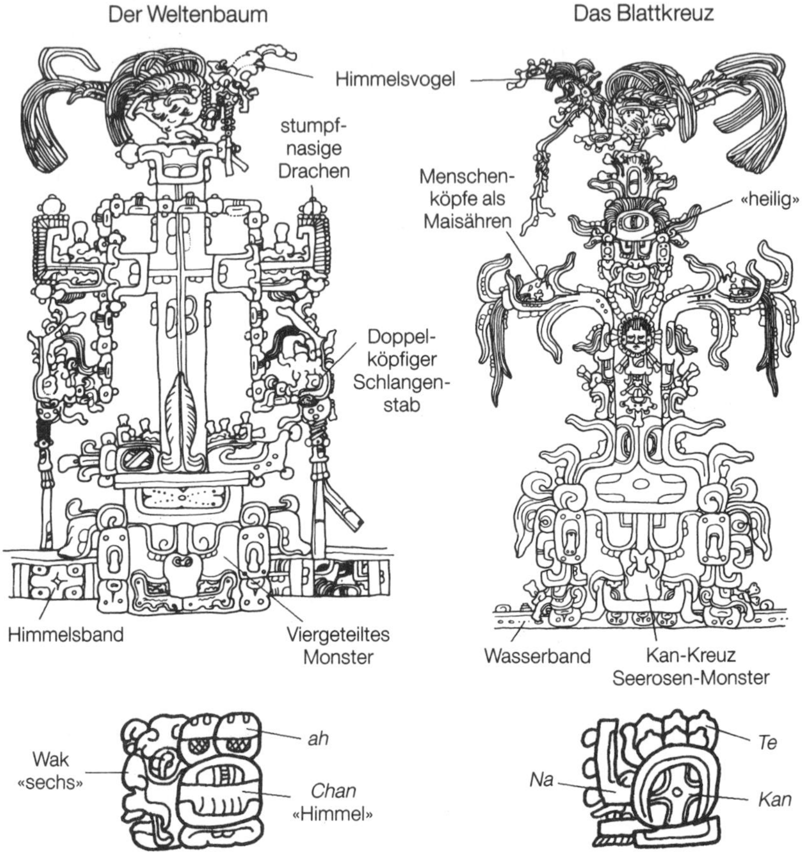

Abb. 6.21 *Das Wacah Chan* auf der Tafel des Kreuzes — Das *Na Te Kan* auf der Tafel des Blattkreuzes

Die Göttertrias von Palenque war bei allen Tiefland-Maya-Ahauob bekannt und verehrt, indes Chan-Bahlum und Pacal beschworen sie mit ganz besonderer Emphase. Sie verhalfen ihnen zur «Geburt» in Tempeln, die dem feierlichen Gedenken sowohl an die Schöpfung der Welt als auch an die Gründung der Dynastie durch den Urahnen Bahlum-Kuk geweiht waren. Durch den einzigartigen Mut und das ungewöhnliche Charisma des herrschenden Königs wurden die drei Götter hier vor aller Augen ins Diesseits beschworen, so wie die drei in Chan-Bahlum mündenden Abstammungslinien sich an diesem Ort für jedermann sichtbar manifestierten. Alles vergangene menschliche und mythische Geschehen kreiste um Chan-Bahlum: Die Dynastie existierte in der Person des herrschenden Königs.

Ja, sogar das Weltall hatte sich verschworen, um Chan-Bahlums Verbundenheit mit den Göttern zu bekräftigen. An dem Tag, an dem er mit der Weihe seiner Bauwerke begann, die den Lauf der Weltgeschichte

Die Kriegspyramide

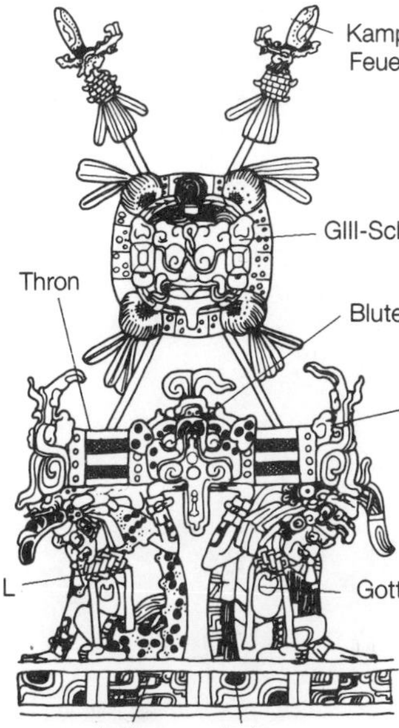

Das *Mah Kina ???? Cab*
auf der Tafel der Sonne

symbolisierten, versammelten sich Frau Biest und ihre Kinder zu einem Familientreffen am Himmel über dem freien Platz südlich der Kreuzgruppe.

Eineinhalb Jahre später, am Tag von Chan-Bahlums achtem Sonnenjahr-Jubiläum im Amt, nahmen die Gottheiten der Trias «Herberge» in ihren Tempeln. Dabei erweckten sie die Heiligtümer in deren innersten Gemächern, die *pib na*, mit ihrer Macht zum Leben. Durch die überzeugende und wirksame Darlegung der Ursprünge seiner Dynastie und deren von den Göttern bestimmte Thronfolge mußte kein Herrscher nach Chan-Bahlum wieder Beweise in dieser Richtung erbringen. Und wenn später ein König doch Probleme mit der Erbfolge hatte, so brauchte er sich nur auf Chan-Bahlum zu berufen.[50]

Chan-Bahlums und Pacals Bild der Maya-Welt hat die Jahrhunderte überdauert und spricht heute noch einmal in seiner beredten Sprache zu uns, den Zeitgenossen des 20. Jahrhunderts. Die Leistungen dieser beiden

a) Pacal, der Vater
Der Porträtkopf aus Stuck, der in Pacals Gruft unter dem Sarkophag abgelegt worden war

b) Chan-Bahlum, sein erstgeborener Sohn
Porträtkopf aus Stuck, gefunden in den Trümmern des Tempels XIV

Abb. 6.22
Die beiden überragenden Herrscher von Palenque

Herrscher sind außergewöhnlich. Pacals Grabpyramide mit der im Innern verborgenen überwölbten Treppe und ihren bautechnischen Neuerungen steht unter allen Monumentalbauten der Neuen Welt bis heute einzigartig da. Der Bildschmuck auf seinem Sarkophagdeckel ist in der ganzen Welt berühmt, und das lebensgroße Herrscherporträt aus Stuck, das man unter dem Sarkophag fand, wurde zum Emblem des modernen Mexiko (siehe Abb. 6.22a).

Chan-Bahlum (siehe Abb. 6.22b) hat auf seine Art die Leistung seines Vaters sogar noch übertroffen, indem er der Nachwelt die detailreichste Auslegung des Maya-Königtums hinterließ. Seine Relieftafeln haben seit 1841, als sie von John Lloyd Stephens und Frederick Catherwood in ihrem Buch *Incidents of Travels in Central America, Chiapas, and Yucatán* erstmals der abendländischen Öffentlichkeit bekanntgemacht wurden, nie aufgehört, die Phantasie des westlichen Publikums anzuregen – was manchmal auch zu unglaublichen Spekulationen führte. Chan-Bahlum spricht mit seinen Werken in klarster und überzeugendster Sprache von den längst vergangenen Zeiten der Maya-Könige und von der Religion, auf die sich ihre Macht gründete.

Chan-Bahlum und Pacal diente die Verquickung von Politik und Religion, mit deren Hilfe die Thronfolge legitimiert wurde, auch dazu, persönliche Größe zu demonstrieren. Der Erfolg, zu dem sie es dabei brachten, übertraf freilich alles, was menschliche Größe vermag. In den knapp hundert Jahren der Geschichte, über die sich die Lebenszeit der beiden Herrscher erstreckte (603–702 n. Chr.), stieg Palenque zur Großmacht im Westteil des Tieflands auf, deren Hegemonialherrschaft im Westen bis nach Tortuguero und im Osten bis nach Miraflores reichte. Unter der Herrschaft dieser beiden genialen Könige sicherte sich Palenque Rang und Namen in der politischen Landschaft der Maya-Welt. Freilich konnte auch die Neudefinition der Erbfolgeordnung Palenque nicht vor dem allgemeinen Untergang der Maya-Kultur retten, mit dem deren klassische Periode endete. Als die Institution des Maya-Königtums zusammenbrach, blieb auch den Nachfahren Pacals, des «Mannes der Pyramide», der Absturz ins Chaos nicht erspart, und genau wie die anderen Tiefland-Maya fielen am Ende auch sie auf die Kulturstufe des Dorfbauerntums zurück, die ihre Vorfahren vor langer Zeit verlassen hatten, um Königreiche zu gründen.

7
Vogel-Jaguar und die Cahalob

Einst schmückte eine leuchtendweiße Stadt[1] die schroffen Hänge innerhalb einer großen Schleife des Flusses, den wir heute unter dem Namen Usumacinta kennen (siehe Abb. 7.1). Einer der ersten westlichen Besucher, die zu den Ruinen dieser einstmals prächtigen Anlage vordrangen, war der österreichische Ingenieur, Zeichner und Fotograf Teobert Maler. Er nannte die Fundstätte Yaxchilán.[2] Seit Tatiana Proskouriakoffs bahnbrechender Studie über die Inschriften dieses Ortes stellt Yaxchilán für die moderne Amerikanistik eine der Hauptquellen für Materialien zur Geschichte der alten Maya dar.[3]

Zur Glanzzeit Yaxchiláns erhoben sich die Gebäudekomplexe dieses reichen und mächtigen Staatswesens teils auf einer Terrasse längs des Flusses, der für Besucher von außerhalb den natürlichen Zugangsweg darstellte, teils auf den bewaldeten Hängen darüber. Von den auf den Hügelkuppen errichteten Tempeln (siehe Abb. 7.2a) überblickten die Herren von Yaxchilán die sich weit ausdehnende üppige grüne Waldfläche unten, die sich am jenseitigen Flußufer bis zu dem im Dunst verschwimmenden nordöstlichen Horizont hinzog. Am Tag des Sommersolstitiums[4] fielen die Strahlen der aufgehenden Sonne geradewegs durch die dunklen Türschwellen in die königlichen Heiligtümer, deren bloße Existenz schon bedeutete, daß die Ahau von Yaxchilán die Macht über alle hatten, die dort im Tal wohnten.

Yat-Balam, «Penis des Jaguar» oder – feiner ausgedrückt – «Stammvater-Jaguar»[5], gründete am 2. August 320 n. Chr. die Dynastie, die über dieses Königreich vom Anfang bis zum Ende seiner fünfhundertjährigen Geschichte in ununterbrochener Erbfolge herrschte.[6] Die bedeutendsten unter Yat-Balams zahlreichen Nachfolgern sind Schild-Jaguar und Vogel-Jaguar, Vater und Sohn, die zusammen über neunzig Jahre – von 681 bis ungefähr 771 n. Chr. – regierten. Diese beiden Herrscher prägten mit soviel Kraft und Überzeugung das Geschichtsbild der Stadt, daß sie die ersten Könige der alten Maya wurden, deren Namen wir nachbuchstabieren lernten.[7] Doch unbeschadet ihrer ruhmreichen Herrschaft und des nachhaltigen Eindrucks, den sie damit in der Geschichte hinterließen, ging damals der Machtwechsel vom Vater zum Sohn nicht problemlos vonstatten. Vogel-Jaguars Erbanspruch auf den Thron wurde von einflußreichen Adelsfamilien und Teilen des königlichen Clans energisch bestritten. Auch nachdem Vogel-Jaguar allen Anfechtungen zum Trotz seinen Anspruch durchgesetzt und den Thron bestiegen hatte, dienten noch zahlreiche

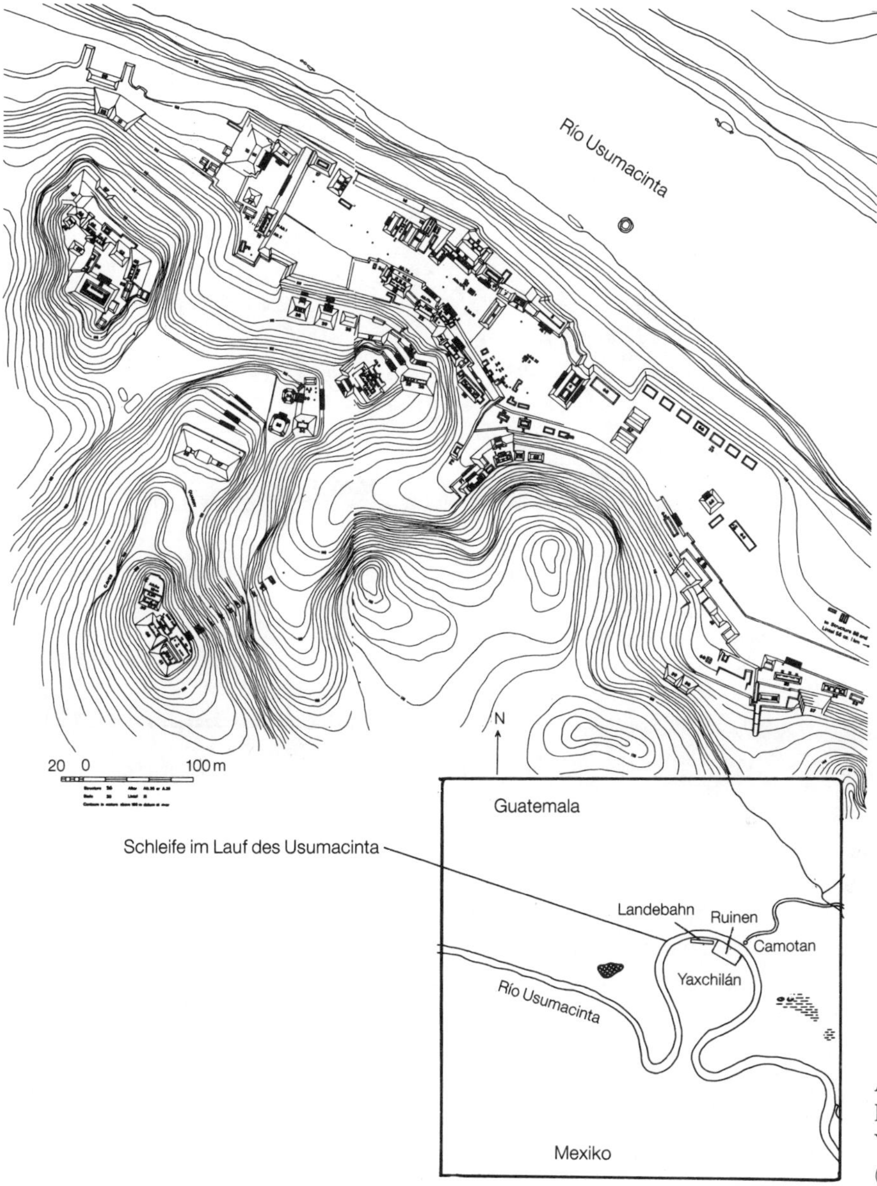

Abb. 7.1
Karte von Yaxchilán
(nach Graham, 1977)

öffentliche Bauten, die in seinem Auftrag entstanden, dem Zweck, nachträglich die Legitimität seines Vorgehens zu untermauern und seinem eigenen Erben den Thron zu sichern. Diesen Problemen sowie der politischen Strategie, mit der Vogel-Jaguar ihnen begegnete, wollen wir in diesem Kapitel unsere Aufmerksamkeit zuwenden.

Über Vogel-Jaguars Vorfahren im frühen Klassikum ist nicht allzuviel Konkretes bekannt. Die meisten Monumente jener Zeit wurden von späteren Königen im Zuge eigener Bauprojekte entweder überbaut oder zerstört.

Abb. 7.2a
Tempel 33 in
Yaxchilán

Abb. 7.2b
Die Bildhauer
Yaxchiláns
bearbeiteten mit
Vorliebe die steinernen Oberschwellen der
Tempeleingänge

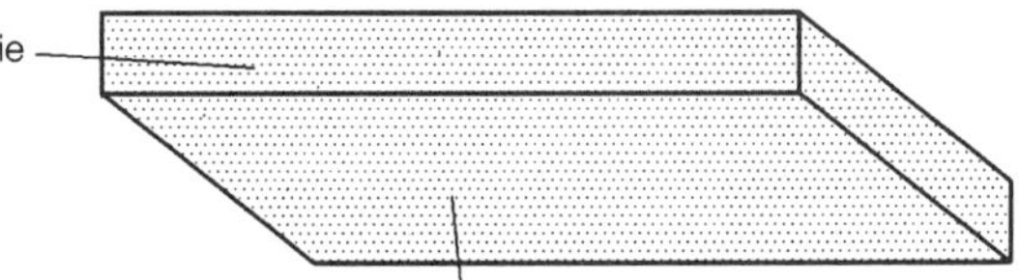

Dem Umstand jedoch, daß Vogel-Jaguar Hieroglyphentexte aus älterer Zeit in seine eigenen Bauwerke (Tempel 12 und 22) integrierte, verdanken wir es, daß wir immerhin einige Details über die ersten zehn Herrscher Yaxchiláns kennen. Einer jener Texte ehrwürdigen Alters – zu lesen auf einer stark verwitterten Hieroglyphentreppe – nennt die Daten einer Reihe von Königskrönungen in den Anfangsjahren des Reiches und berichtet über Besuche fremder Würdenträger. Diese knappen, skizzenhaften Inschriften vermitteln ein ungefähres Bild der ersten dreihundert Jahre des Königreichs Yaxchilán. Die Dynastie stand zu dieser Zeit in ihrer Blüte und spielte eine wichtige Rolle auf der politischen Bühne in der Welt der alten Maya.[8]

Bei den erwähnten fremden Besuchern handelte es sich um Ahauob, die als Abgesandte ihrer Könige selbst aus so weit entfernten Reichen wie Bonampak, Piedras Nigras oder Tikal angereist kamen, um an Feierlichkeiten in Yaxchilán teilzunehmen. Gegenbesuche gehörten mit zur diplomatischen Etikette. Knotenauge-Jaguar, der neunte König von Yaxchilán, machte im Jahr 519 einen Staatsbesuch in Piedras Nigras. Die guten Beziehungen zwischen den beiden Reichen waren offenbar auf ein solides

Fundament gegründet, denn noch zweihundertdreißig Jahre später, im Jahr 749, nahm ein Ahau aus Yaxchilán – sehr wahrscheinlich Vogel-Jaguar – an der Feier des ersten Katun-Jubiläums von Herrscher 4 in Piedras Nigras teil. Solche Staatsbesuche zeigen, welchen Wert die Könige von Yaxchilán darauf legten, daß hohe Würdenträger an den Festen und Feiern ihrer Stadt teilnahmen. Traten bei öffentlichen Veranstaltungen des Königs Abgesandte des heimischen oder auswärtigen Hochadels in Erscheinung, so kam das der Bestätigung seiner Macht und der öffentlichen Unterstützung seiner Entscheidungen gleich. Wir werden bald sehen, daß die geschickte Miteinbeziehung solcher *dramatis personae* in das Motivrepertoire seiner Monumentalkunst einer der Schlüssel zur Selbstlegitimierungsstrategie Vogel-Jaguars war.

Unsere Geschichte beginnt um das Jahr 647[9], denn ungefähr zu dieser Zeit brachte Frau Pacal, die Lieblingsfrau König Sechs-Tun-Vogel-Jaguars[10] von Yaxchilán und Sproß eines mächtigen Hauses, das durch diese Heirat zum Bundesgenossen des Königs geworden war, einen Sohn zur Welt. Dem Kind, dem die stolzen Eltern den Namen Schild-Jaguar gaben, war eine glanzvolle Laufbahn beschieden: Er wurde mindestens zweiundneunzig Jahre alt und herrschte mehr als sechs Jahrzehnte lang als Allerhöchste Majestät über Yaxchilán. Er prägte das Gesicht der Stadt in ebenso profunder wie dauerhafter Form: Spätere Könige ließen viele seiner Bauwerke unverändert. Mit zu seinen großartigsten Hinterlassenschaften gehört die Unzahl von Baum-Steinen, die er zwischen seinen Plazas und vor den Pyramiden seiner Bergtempel aufstellen ließ. Schild-Jaguar erbte mit dem Thron eine von seinen Vorgängern mit öffentlichen Bauwerken ausgestaltete Stadt, doch was er dann im Lauf seines langen Lebens selbst auf diesem Gebiet hervorbrachte, stellte alles Vorangegangene weit in den Schatten. Während die Bauten seiner Vorgänger in späteren Zeiten weitgehend dem Vergessen anheimfielen, begraben unter Schild-Jaguars und seines Sohnes Vogel-Jaguar eigenen Monumenten, sind die letzteren größtenteils bis heute erhalten.

Über Schild-Jaguars frühe Jahre ist kaum etwas bekannt. Aus dem einzigen, dürftigen biographischen Hinweis, den wir aus dieser Lebensphase besitzen, geht lediglich hervor, daß er elf Jahre alt war, als eines seiner männlichen «Geschwister» auf dem Schlachtfeld gegen Pacal kämpfte, den König von Palenque, den wir im letzten Kapitel kennengelernt haben.[11] Obwohl das Ereignis das Ansehen der königlichen Familie bei der Bevölkerung von Yaxchilán erhöht haben muß, ist es in der epigraphischen Urkunde der Stadt nirgends erwähnt. Einzig auf der Hieroglyphentreppe von Gebäude C im Palast von Palenque ist die Episode überliefert. Dem Umstand, daß Pacal seinen Gefangenen ausdrücklich als «Geschwister» des elfjährigen Schild-Jaguar bezeichnet, können wir entnehmen, daß Schild-Jaguar wahrscheinlich bereits zu diesem frühen Zeitpunkt zum Thronerben ernannt war. Sonst hätte der König von Palenque, um den Wert seiner menschlichen Kriegsbeute herauszustellen, sich zweifellos damit begnügt, sie als Sohn eines Mitglieds der königlichen Familie zu charakterisieren.[12]

In fortgeschrittenerem Alter war es für den Thronerben in politischer Hinsicht besonders wichtig, einen unwiderlegbaren Beweis seiner außergewöhnlichen Feldherrnkunst zu erbringen, denn als mindestes konnte die Adelsschicht des Reiches von jemandem, der König werden wollte, verlangen, daß er gewissermaßen als Eignungsnachweis noch vor der Thronbesteigung einen hochrangigen Kriegsgefangenen machte. Also führte Schild-Jaguar vor seiner Inthronisation Krieg gegen ein Reich, das zwar bis heute von der Archäologie noch nicht wiederentdeckt werden konnte, im Maya-Kosmos jener Zeit jedoch eine bedeutende Rolle gespielt haben muß.[13] Von diesem Feldzug brachte Schild-Jaguar einen Ahau namens Ah-Ahaual als Gefangenen mit nach Hause. Wenig später als ein Jahr, am 23. Oktober 681, wurde er, mit vierunddreißig Jahren gerade im richtigen Alter, Allerhöchster Herrscher von Yaxchilán.

Seltsamerweise sieht man auf dem einzig erhaltenen Bilddokument zur Erinnerung an Schild-Jaguars Thronbesteigung nicht den neuen König, sondern dessen Hauptfrau, Frau Xoc, in verzückter Kommunikation mit dem Dynastiegründer Yat-Balam. Mit dieser sowie zwei anderen rituellen Blutentnahmen, die sie gemeinsam mit ihrem königlichen Gemahl oder stellvertretend für ihn zelebrierte, sicherte sich Frau Xoc eine Hauptrolle im dramatischen Geschehen der Geschichte Yaxchiláns.[14] Der Umstand, daß sie verwandtschaftlich mit zwei der mächtigsten Familien Yaxchiláns verbunden war, machte ihre Unterstützung seiner Politik für Schild-Jaguar so wertvoll, daß er sie ermächtigte, einen eigenen Tempel – die prachtvolle Struktur 33 in Yaxchilán – zu erbauen und zu weihen. Auf den Türstürzen dieses Bauwerks sind jene drei Ritualhandlungen verewigt, die die Höhepunkte von Frau Xocs politischer Karriere darstellen.

Frau Xoc zählt demnach zu den ganz wenigen Ausnahmen in der Geschichte der Maya, in denen eine Frau Vorrechte der Art genoß, die sonst nur dem Herrscher vorbehalten waren, und sehr wahrscheinlich war sie nicht nur mit Billigung, sondern auch auf aktives Betreiben ihres Gatten in den Besitz dieser Privilegien gekommen. Aber anders als Frau Zac-Kuk in Palenque herrschte sie nicht kraft eigener Macht. Die unsichtbare Hand ihres Gemahls ist in dem außergewöhnlichen Tempelbau 23 – dessen Errichtung politische Absichten zugrunde lagen und der, in zentraler Lage auf der weiten Uferterrasse alle Plazas entlang dem Flußufer beherrschend, eines der uns von den Maya hinterlassenen großartigsten Kunstdenkmäler ist – überall zu spüren: sowohl in den Bildinhalten als auch in der Aussage der Hieroglyphentexte auf den Oberschwellen der Außentüren.[15]

Die skulptierten Türstürze an den Eingängen zu Tempel 23 stellen eine für Schild-Jaguars Zukunftsplanungen entscheidend wichtige und sorgfältig ausgearbeitete politische Botschaft dar. Diese aus großen Steinplatten bestehenden Türstürze, unter Wissenschaftlern als Linteln (Einzahl: Lintel) bezeichnet, weisen zwei skulptierte Flächen auf (siehe Abb. 7.2b). Eine davon, die der Öffentlichkeit draußen vor dem Tempel zugewandte Vorderseite, ist ausschließlich mit Schriftzeichen bedeckt. Die zweite, die dem Boden zugewandte Unterseite, ist jeweils mit einem Bild erzählenden Inhalts geschmückt. Ein vor dem Tempel stehender zeitgenössischer Betrachter nahm von der Dekoration der Türstürze lediglich den Textteil auf der Vorderseite wahr, in dem die Weiherituale für die einzelnen Bauabschnitte protokolliert sind. Diesem Text zufolge wurde der Gebäudedekor (gemeint sind wahrscheinlich die Stuckskulpturen an Fries und Dachkamm) am 5. August 723 und das Gebäude selbst am 26. Juni 726 geweiht.[16] Den sehr viel wichtigeren und aufschlußreicheren Teil der Eingangsdekoration hingegen bekamen nur die wenigen Auserwählten zu Gesicht, die den Tempel betreten durften und somit Gelegenheit erhielten, die Unterseite der Türstürze zu betrachten.

Hier sind jene drei Blutentnahmeakte dargestellt, denen Frau Xoc ihre heutige Berühmtheit verdankt (siehe Abb. 7.3). Die drei Szenen bilden zusammen eine höchst raffinierte erzählerische Komposition. Betrachtet man sie in abstrakter Perspektive, losgelöst von ihrem jeweiligen kalendarischen Ort, stellen sie den Vollzug des Blutentnahmerituals in drei verschiedenen Etappen dar. Über der linken Türöffnung zieht sich Frau Xoc eine dornenbewehrte Schnur durch die soeben perforierte Zunge, in der Mitteltür materialisiert sich vor ihren Augen die Visionsschlange, und im Eingang rechts assistiert sie ihrem Herrn und Gemahl beim Anlegen des Kriegsornats. Schon bei geringfügiger Verschiebung der Perspektive zeigt sich jedoch, daß diese Szenen auf mehreren Ebenen gleichzeitig gedeutet werden wollen. Sowohl die Begleittexte als auch die Kleidung der Protagonisten klären darüber auf, daß diese rituelle Blutentnahme in identischer Form bei mindestens drei verschiedenen Anlässen[17] vollzogen wurde: bei Schild-Jaguars Thronbesteigung, bei der Geburt seines Sohnes, die der Vater mit einundsechzig Jahren erlebte, und bei der Weihe von Tempel 23.

In der Mitteltür ist Frau Xoc zu sehen, wie sie gebannt zu der bis hoch über ihren Kopf sich aufbäumenden Visionsschlange hinaufstarrt, aus deren aufgesperrtem Rachen soeben der Dynastiegründer Yat-Balam hervortritt, um Zeuge der Inthronisation seines Nachfahren Schild-Jaguar im Jahr 681 zu sein (siehe Abb. 7.3 a).[18] Dieses Schlüsselereignis im Leben der beiden Hauptfiguren des Historiendramas von Yaxchilán schmückt den mittleren Türsturz und nimmt damit in der Bilderfolge die bedeutende zentrale Position ein. Schild-Jaguar selbst glänzt in dieser Szene durch Abwesenheit, indes taucht sein Name in den Hieroglyphen des beigeschriebenen Texts hinter der «Hand-mit-Fisch»-Verbalphrase auf. Einziger Protagonist ist Frau Xoc, die durch rituelle Selbstverwundung den Stammvater der Dynastie herbeibeschwört, um die Thronbesteigung seines Nachfahren zu sanktionieren. Da wir bis heute kein weiteres der Inthronisation Schild-

Jaguars gewidmetes Bildmonument kennen[19], liegt die Vermutung nahe, daß der König den Aderlaß seiner Frau als den wichtigsten Akt dieser politischen Transformation betrachtete.

Über der linken Türöffnung zieht sich die kniende Frau Xoc eine dornenbewehrte Schnur durch die durchbohrte Zunge, um auf diesem Weg die Visionsschlange zur Manifestation zu bringen. Vor ihr steht Schild-Jaguar mit einer Fackel, was man vielleicht so deuten kann, daß die Zeremonie in der Dunkelheit des innersten Tempelgemachs oder bei Nacht stattfand. Während diese Szene die erste Etappe des Blutentnahmerituals darstellt, das dann über der Mitteltür seine Fortsetzung findet, bildet sie in der Dimension der historischen Zeit ein konkretes Ereignis ab, das dem am mittleren Eingang wiedergegebenen im Abstand von beinahe achtundzwanzig Jahren folgte.[20]

Anlaß dieser Opferhandlung war hier eine Konjunktion zwischen Jupiter und Saturn, die am fraglichen Tag in unmittelbarer Nähe des Sternbilds Zwillinge in weniger als zwei Bogengrad Entfernung voneinander jeder an einem stationären Punkt seiner Himmelsbahn im Lauf erstarrt waren. Es war eine planetarische Konstellation wie zur Zeit von Chan-Bahlums Weihe der Kreuzgruppe in Palenque, wenn auch in Yaxchilán vielleicht nicht ganz so spektakulär, da hier nur zwei und nicht vier Planeten beteiligt waren. Bemerkenswerterweise ereignete sich die Hierophanie («heilige Erscheinung») nur zweiundsechzig Tage, nachdem Schild-Jaguar ein Sohn geboren worden war. Die Geburt des Kindes am 24. August 709 und das darauffolgende Blutopfer am 28. Oktober wurden zu den besonderen Ereignissen in Schild-Jaguars Regierungszeit gezählt. Das Blutopfer sollte später zum Dreh- und Angelpunkt der Argumentation werden, mit der jener Sohn seinen Anspruch auf den Thron von Yaxchilán begründete.

Über der rechten Türöffnung hilft Frau Xoc, den Mund noch blutverschmiert von der eben beendeten Opferhandlung, ihrem Gemahl in die Kriegerrüstung (siehe Abb. 7.3 b). Seinen baumwollenen Küraß hat er bereits übergestreift, und mit der Rechten hält er den Griff seines Feuersteindolchs umfaßt, indes Frau Xoc den flexiblen Schild und den Jaguarhelm bereithält, die er als nächstes anlegen wird. Schild-Jaguar rüstet sich hier zur Jagd auf Gefangene, die für den entweder am 24. Februar 724 oder am 26. Juni 726 stattfindenden Weiheakt als Opfer benötigt werden.

Die Darstellung einer Frau als Ritualpriesterin hat in der Kunstgeschichte Yaxchiláns nicht ihresgleichen und in der übrigen Maya-Kunst kaum Parallelen.[21] Frau Xocs eminente Bedeutung wird auch aus der Art und Weise ersichtlich, in der Vogel-Jaguar später ihren Tempel zum Mittelpunkt seiner Selbstlegitimierungsstrategie machte. Jeder der drei dargestellten Anlässe – Schild-Jaguars Thronbesteigung, Blutopfer anläßlich der Jupiter-Saturn-Hierophanie und Tempelweihe – war ein bedeutendes Ereignis, doch das Blutopfer am Tag der Himmelserscheinung fokussierte die politische Botschaft, die nach Schild-Jaguars Willen hier zum

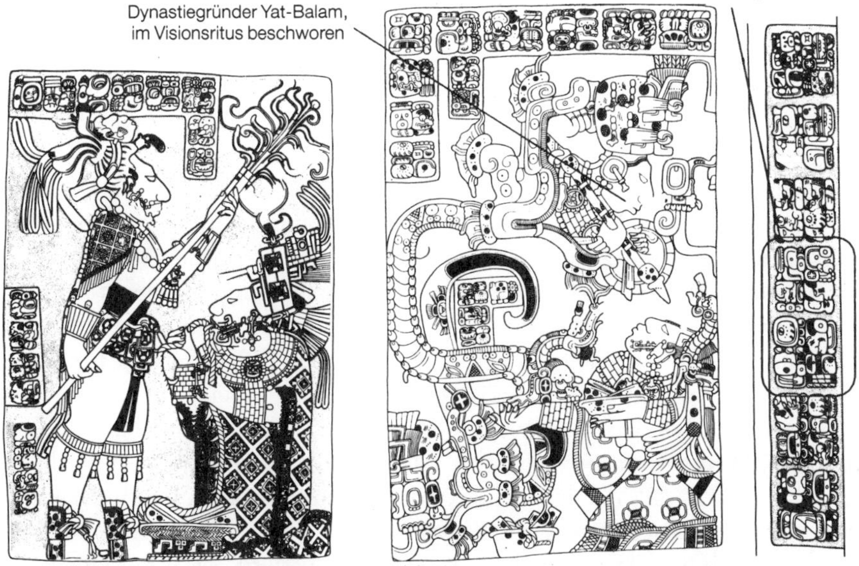

a) Türsturz 24: Ritualakt am 28. Oktober 709, zur Feier der Geburt Schild-Jaguars

b) Türsturz 25: Frau Xocs Beschwörung des Dynastiegründers zur Inthronisationsfeier Schild-Jaguars

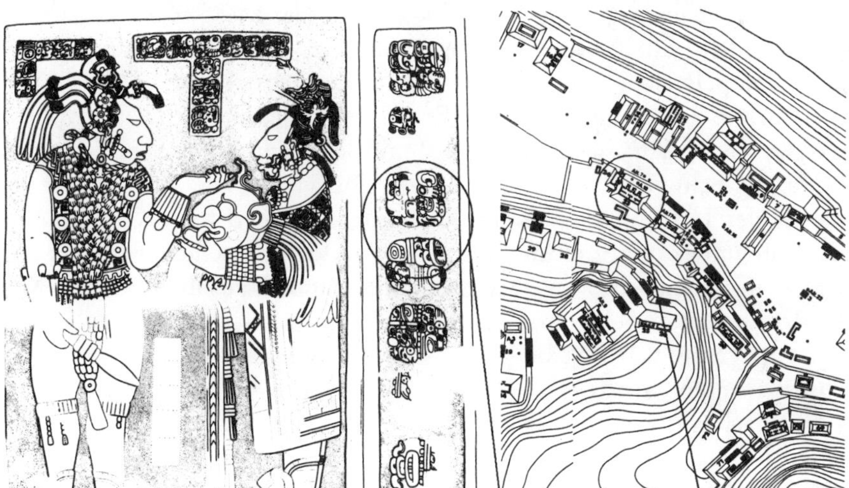

c) Frau Xoc hilft Schild-Jaguar beim Anlegen der Rüstung zum Kampf, bei dem er Gefangene machen wird

Abb. 7.3 Tempel 23, das Bauwerk der Frau Xoc
(Zeichnungen: Ian Graham)

Ausdruck kommen sollte. Zwar ist nicht auszuschließen, daß die Planetenkonstellation an sich schon Anlaß genug war für eine rituelle Blutentnahme. Doch wir vermuten, daß komplexere Motive im Spiel waren. Später, als Vogel-Jaguar ein Monument nach dem anderen errichtete, um klar und deutlich zu zeigen, wer er und, wichtiger noch, wer seine Mutter waren, betrachtete er vor allem dieses Ereignis als den Schlüssel zu seinem Königtum.

An jenem Blutopfer und der vorausgegangenen Geburt gibt es interessante Aspekte herauszustellen. Frau Xoc, die Erbauerin des Tempels und ihr eigenes Blut Opfernde, stand zum Zeitpunkt besagter Geburt mindestens im mittleren Lebensalter.[22] Im Zusammenhang mit der achtundzwanzig Jahre früher liegenden Inthronisation Schild-Jaguars war sie als erwachsene Frau dargestellt worden, und es ist durchaus nicht unwahrscheinlich, daß sie zum Zeitpunkt der späteren Blutentnahme bereits über das gebärfähige Alter hinaus war. Auf jeden Fall geht aus anderen Inschriften klar hervor, daß das fragliche Kind nicht ihr eigenes war, sondern das von Frau Abendstern, einer der Nebenfrauen Schild-Jaguars. Wie kommt aber nun Frau Xoc dazu, ein Himmelsereignis zu feiern, das ihre Zeitgenossen im Zusammenhang mit der Geburt des Thronerben sahen, der das Kind einer anderen Frau war?

Eine Information, die ein überraschendes Licht auf Frau Xocs Stellenwert in Schild-Jaguars politischen Machinationen wirft, findet sich an der Oberschwelle der Osttür von Struktur 23. Es handelt sich um einen Türsturz mit rein hieroglyphischem Dekor (Türsturz 23). An der Unterseite sind Schild-Jaguars fünfundzwanzigjähriges Regierungsjubiläum und Frau Xocs Tempelweihe protokolliert. An der Außenseite ist eine ziemlich unerwartete Einzelheit zur Person Frau Xocs zu lesen. Der Hieroglyphentext sagt aus, daß dieser spezielle Tempeleingang[23] von Schild-Jaguars Tante, der Schwester seiner Mutter, geweiht wurde. Die Titelsequenz im Namen der Tante nun ist das eigentlich Interessante, denn sie enthüllt eine bis heute unbekannte geneaologische Verbindung zwischen Frau Xoc und dem König (siehe Abb. 7.4).[24] Wir erfahren nämlich aus ihr, daß Frau Xoc die Tochter einer Schwester des Vaters von Schild-Jaguars Mutter war, einfacher gesagt war sie eine Kusine mütterlicherseits seiner Mutter – eine Kusine zweiten Grades.

Demnach war Frau Xoc entfernt verwandt mit der väterlichen Linie von Schild-Jaguars Mutter. Indes hatte er sie nicht ihrer Verwandtschaft mütterlicherseits wegen geheiratet, sondern weil ihr Vater einer einflußreichen Adelsfamilie angehörte. Aber woher wissen wir, daß die Familie ihres Vaters so bedeutend war, wenn sie in der epigraphischen Urkunde noch nicht einmal erwähnt ist? Nun, wir können den hohen Rang dieser Familie aus der Tatsache ableiten, daß sie für würdig erachtet wurde, in die Familie einzuheiraten, der die Frau von König Sechs-Tun-Vogel-Jaguar und Mutter von dessen Sohn und Erben Schild-Jaguar entstammte. Anders gesagt: Wer

Türsturz 23, Inschrift

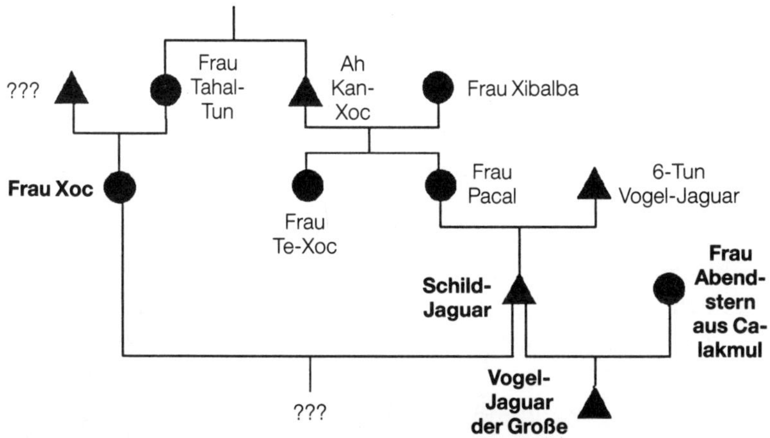

Frau Xocs Ahnentafel

Frau Abendstern, Weiblicher Ahau aus Calakmul

Abb. 7.4 Schild-Jaguars Ehefrauen

in die Familie der Königinmutter einheiratete, mußte seinerseits einer Familie ungewöhnlich hoher Rangstufe angehören. Daß Frau Xocs väterliche Sippe auf der politischen Bühne eine bedeutende Rolle spielte, findet zudem Bestätigung darin, daß sie in der folgenden Generation dem Herrscherhaus eine Ehefrau stellen durfte. Es handelte sich also um eine Familie, deren Machtstellung einerseits erlaubte, daß ihre Mitglieder in die höchsten Kreise einheirateten, sie andererseits aber auch für die herrschende Dynastie zu einem begehrten Allianzpartner machte, dessen Solidarität man sich durch Einheirat sichern wollte. In der Tat war es die durch die Verbindung entstandene Allianz mit seinem Schwiegervater, die Schild-Jaguar dazu veranlaßte, Frau Xoc als Ehefrau auf den ersten Platz zu stellen.

In höchstem Maß verwunderlich ist deshalb, daß die Schrift- und Kunstdenkmäler Yaxchiláns nicht den kleinsten Hinweis auf Frau Xocs Vorfahren väterlicherseits enthalten. Auf Türsturz 23 wird die väterliche Abstammungslinie gar nicht erst erwähnt, dagegen großes Gewicht auf Frau Xocs Verwandtschaftsbeziehungen zur mütterlichen Familie gelegt. Wie bereits erwähnt, war der König aber schon vor seiner Heirat mit Frau Xoc mit deren Sippe mütterlicherseits verbündet, denn Schild-Jaguars eigene Mutter zählte zu deren patrilinealer Nachkommenschaft. Im Idealfall hätte Schild-Jaguar eine so gut verbürgte und gesicherte Allianz in den öffentlichen Annalen übergehen können. Weshalb ließ er dann aber zur höheren Ehre Frau Xocs und ihrer Verwandtschaft mütterlicherseits jenen ungewöhnlichen Tempel 23 erbauen? Weshalb verbannte er Frau Xocs väterliche Familie konsequent aus der öffentlichen Geschichtschronik und stellte Rang und Bedeutung seiner Ehefrau heraus, indem er ihre Verwandtschaft mit Menschen betonte, die längst – und ohne Frau Xoc – seine Verbündeten waren?

Die Antwort, so vermuten wir, liegt in der Eheverbindung, die Schild-Jaguar noch in vorgerücktem Alter einging. Die neue Ehefrau, Frau Abendstern, die ihm, als er schon einundsechzig war, einen Sohn gebar, entstammte offensichtlich aus fremdem Hochadel. Auf Stele 10, die Rechenschaft über seine Herkunft gibt, fügt ihr Sohn Vogel-Jaguar ihrem Namen den Zusatz «Weiblicher Ahau von Calakmul» bei (siehe Abb. 7.4).[25] Schild-Jaguar freilich behandelte seine neue Gemahlin und den starken Bundesgenossen, den er durch sie gewann, auf eine Weise, die uns einigermaßen überrascht: Ungeachtet aller Macht und allen Ruhms des Königreichs Calakmul erwähnte er Frau Abendstern auf seinen Monumenten mit keiner Silbe. Vielmehr verfolgte er mit den Bauwerken, die er in späteren Jahren errichten ließ, in erster Linie das Ziel, eine große Anhängerschaft für Vogel-Jaguar, den Sohn, den Frau Abendstern ihm schenkte, zu gewinnen.

Und genau das war auch der Zweck von Tempel 23, der entstand, als Vogel-Jaguar dreizehn war.[26] Der Dekor des Bauwerks feierte Frau Xoc, die mit ihren Verbindungen zu zwei einflußreichen einheimischen Adelsgeschlechtern für Schild-Jaguar die Garantin seiner Hausmacht war, als die wichtigste Person bei Staatsakten in der bisherigen Regierungszeit des Königs. Und gleichzeitig wird an denselben Türstürzen auch Frau Xocs Verbindung zu ihrer Mutter und deren Verwandtschaft väterlicherseits betont.[27] Aber wo bleibt die väterliche Verwandtschaft, ganz zu schweigen vom Herrscherhaus von Calakmul?

Hätte Schild-Jaguar ein Kind Frau Xocs zum Thronerben ernannt, so hätte er damit sein strategisches Bündnis mit der väterlichen Sippe seiner Frau und damit wiederum seine Hausmacht gefestigt und ausgebaut. Frau Abendsterns Sohn zum Kronprinzen zu machen bedeutete dagegen einen durch Blutsbande besiegelten Pakt mit einem der größten und streitbarsten

Reiche des Petén – freilich auch einen Pakt mit einer fremden Macht.[28] Die Entscheidung dürfte Schild-Jaguar nicht leichtgefallen sein. Auf der einen Seite bot sich die Aussicht auf befriedete und stabile Verhältnisse im Innern, auf der anderen ein Zuwachs an Macht und Bedeutung im internationalen Kräftespiel, das alle großen Maya-Reiche in Krieg oder Bundesgenossenschaft miteinander verband.

Tempel 23 verkörpert Schild-Jaguars Bemühen, sich mit einem geschickten Kompromiß aus der Klemme zu ziehen, nämlich einerseits durch große Ehrerbietung Frau Xoc gegenüber die Allianzen im Innern zu erhalten und zum anderen mit Sympathiewerbung für den Sprößling der fremden Frau die Solidarität mit der auswärtigen Macht zu stärken. Die begnadetsten Bildhauer Yaxchiláns schufen hier im königlichen Auftrag Meisterwerke der Kunst – Werke, die auch nach heutigem Verständnis zum Besten gehören, was die Maya im Lauf ihrer Geschichte in der Reliefplastik hervorgebracht haben. Sie zeigen die Hauptfrau des Königs beim Treuegelöbnis in seiner heiligsten und intimsten Form, der Beschwörung des Dynastiebegründers. Das Blutopfer für den neugeborenen Erben vollzog Frau Xoc in einer beispiellos grausamen Variante der Zungenperforation; in der gesamten bekannten Maya-Geschichte ist dieser Ritus nur auf Türsturz 24 in Yaxchilán in der Form dargestellt, daß eine dornenbewehrte Schnur durch die frische Wunde gezogen wird. Was für Frau Xoc mit enormer Steigerung ihres Ansehens verbunden war – ihre öffentliche Darstellung in der Rolle der pietätvollen Ritualpriesterin –, war für Schild-Jaguar ein kühner Schachzug, denn indem er Frau Xoc ins Licht der Öffentlichkeit stellte, stieß er gleichzeitig die Mutter des Thronerben, die Frau aus Calakmul, ins Dunkel der Namen- und Geschichtslosigkeit. Der König vollbrachte mit der Dekoration des Tempels 23 eine äquilibristische Meisterleistung. Indem er Frau Xoc zu einzigartigen öffentlichen Ehren verhalf, ehrte er zugleich ihre patrilineale Sippe. Im Hieroglyphentext auf den Türstürzen hob er an einigen Stellen die Verbindung seiner Frau zur patrilinealen Familie ihrer Mutter hervor – und bekräftigte so auch diese Allianz. Und nicht zuletzt verschaffte er seinen auswärtigen Bundesgenossen die Genugtuung, daß der Sohn aus seiner Ehe mit der Frau aus ihrem Herrschergeschlecht zum Thronerben eingesetzt wurde.

Und diese Kompromißstrategie zeigte tatsächlich die gewünschte Wirkung, jedenfalls solange Schild-Jaguar am Leben war. Das hohe Alter, das der König erreichte, trug möglicherweise zur Dramatik der Ereignisse in Yaxchilán bei. Daß er in vorgerücktem Alter noch einmal eine Ehe einging und mit der neuen Frau ein Kind zeugte, dürfte die Familien, mit denen er durch seine früheren Ehen verbunden war, einigermaßen überrascht und befremdet haben. Hinzu kam, daß die Kinder, die ihm in jüngeren Jahren geboren worden waren, bei der Geburt Vogel-Jaguars alle schon mittleren Alters gewesen sein müssen. Als Schild-Jaguar dann Anfang/Mitte Neunzig starb, dürften einige seiner Kinder schon tot gewesen sein, während die

Übriggebliebenen selbst schon in vorgerücktem Alter standen. In Anbetracht dieser Sachlage wäre es nicht verwunderlich, wenn Vogel-Jaguar zu gegebener Zeit Mitbewerber um den Thron gehabt hätte, die ihren Anspruch auf die legitime Erbfolge genauso überzeugend zu begründen vermochten wie er; ja, wir halten es für mehr als wahrscheinlich, daß Söhne und Enkel aus der Verbindung zwischen Schild-Jaguar und Frau Xoc tatsächlich als Prätendenten mit Vogel-Jaguar in Konkurrenz traten. Gewiß, wir können die Existenz solcher Rivalen nicht beweisen, da sie, auch wenn es sie gab, nie das Vorrecht erlangten, Monumente errichten zu dürfen, die über ihr Sein und Wirken Auskunft gegeben hätten. Dies ist ein Beispiel dafür, was es bedeutet, Geschichte allein als Geschichte der Sieger kennenzulernen. Mit Sicherheit jedoch können wir sagen, daß nach Schild-Jaguars Tod Umstände eintraten, die dafür sorgten, daß der Thron Yaxchiláns volle zehn Jahre lang verwaist blieb, obwohl ein legitimer Erbe ausreichenden Alters und mit nachgewiesener Befähigung für das Amt zur Verfügung stand. Wir vermuten, daß Vogel-Jaguar die Zehnjahresfrist dazu benötigte, seine Rivalen aus dem Feld zu schlagen. Für die Dauer dieses Interregnums ist in den epigraphischen und archäologischen Quellen keine Inthronisation verzeichnet. Yaxchilán hatte in der fraglichen Zeit keinen offiziellen König, wenngleich es wohl einen De-facto-Herrscher gegeben hat.

Die Verzögerung zwischen dem Tod des alten und dem Regierungsantritt des neuen Königs könnte natürlich viele Gründe gehabt haben. Indes den Skulpturen, mit deren Realisierung Vogel-Jaguar sofort nach seiner Inthronisation begann, läßt sich unschwer entnehmen, was ihn am meisten bedrückte. Seine dringendste Sorge war, die öffentliche Anerkennung der Gleichrangigkeit seiner Mutter mit Frau Xoc durchzusetzen.[29] Und kaum weniger eifrig versuchte er, Anhänger unter den großen Cahal-Familien Yaxchiláns zu gewinnen, die seinen Anspruch auf den Thron unterstützten und auf beschleunigten Vollzug des Inthronisationsrituals drängten. Er baute einen Tempel nach dem anderen, ließ einen Türsturz nach dem anderen anfertigen, alles zu dem Zweck, in immer neuen Anläufen den hohen Rang seiner Mutter herauszustellen oder ihn selbst bei offiziellen Auftritten in der Gesellschaft jener mächtigen Cahalob zu zeigen. Wie sein Vater heiratete Vogel-Jaguar in die Familie seiner wichtigsten Bundesgenossen ein und erkaufte sich deren Loyalität mit der Preisgabe eines Teils der historischen Wahrheit.

Mit einundsechzig Jahren noch einen Erben gezeugt zu haben war durchaus nicht das letzte, was Schild-Jaguar in seinem Leben leistete. Als vitale Führerpersönlichkeit blieb er auf der politischen Bühne wie auf dem Schlachtfeld noch viele Jahre präsent. Er war zweiundsiebzig, als im Jahr 723 mit dem Bau von Tempel 23 begonnen wurde. Und noch in seinem neunten Lebensjahrzehnt führte er als Feldherr seine Krieger in die Schlacht und feierte in seinem hoch über Yaxchilán gelegenen Tempel 44 (siehe

Abb. 7.1) noch manchen Sieg. Als Vierundachtzigjähriger machte Schild-Jaguar noch eigenhändig einen Gefangenen. Doch wurde er spätestens zu dieser Zeit auch von Todesahnungen heimgesucht. Kurz nach seinem letzten Feldzug begann er mit einer Reihe von Zeremonien, die nachdrücklich sein Eintreten für Vogel-Jaguar als legitimem Thronerben bekundeten – vorausgesetzt, daß Vogel-Jaguars Darstellung der Ereignisse in diesem Punkt zu glauben ist. Daß seine Version der seinem Regierungsantritt unmittelbar vorausgehenden Begebenheiten zumindest im wesentlichen der Wahrheit entspricht, scheint glaubhaft, wenn man sie im Licht der politischen Botschaft betrachtet, die Schild-Jaguar auf dem Höhepunkt seiner Macht in Frau Xocs Tempel 23 hinterließ.

Die Ritualhandlungen vor Schild-Jaguars Tod und Vogel-Jaguars Nachfolge begannen am 27. Juni 736. An diesem Tag vollzog Schild-Jaguar, inzwischen achtundachtzigjährig, einen Klappenstab-Ritus (siehe Abb. 7.5 a und b), eine Zeremonie, die gewöhnlich in der Zeit kurz nach der Sommersonnenwende abgehalten wurde. Über deren Form und Inhalt wissen wir nur wenig; die Bilder, die ihr gewidmet sind, zeigen Herrscher oder Würdenträger mit einem mannshohen Holzstab in der Hand, an dem auf ganzer Länge ein zehn bis fünfzehn Zentimeter breites Tuch befestigt ist. Dieses schmale Tuch war verziert mit kunstvoll gewebten Mustern und – meist in T-Form – eingeschnittenen Löchern, an denen das nicht vollständig entfernte Stück Stoff als Klappe belassen wurde. Seinen ersten Auftritt mit dem Klappenstab ließ Schild-Jaguar bildlich auf Stele 16 dokumentieren, die am höchsten Punkt der Stadt, vor Tempel 41, aufgestellt wurde. Auf Türsturz 50 präsentierte Vogel-Jaguar dann aus der Rückschau seine eigene Version dieses Vorgangs (siehe Abb. 7.5 b).

Die nächste Klappenstab-Zeremonie ist neben anderen Begebenheiten, die er als Vorbereitung seiner Amtsnachfolge verstanden wissen wollte, auf Stele 11 abgebildet, die Vogel-Jaguar nicht lange nach seiner Thronbesteigung aufstellen ließ. Das Ereignis fand am 26. Juni 741 statt, genau fünf Jahre nach Schild-Jaguars zuvor erwähnter Klappenstab-Zeremonie. Auf dem Stelenbild (siehe Abb. 7.5 c) stehen der kleinere Schild-Jaguar[30], jetzt dreiundneunzig, und sein Sohn einander gegenüber; über ihren Köpfen schwebt eine doppelköpfige Schlange, die den Himmel repräsentiert, und darüber wiederum sind Vogel-Jaguars Vorfahren zu sehen.[31] Beide Männer halten nun einen Klappenstab des Typs, wie ihn Schild-Jaguar auf Stele 16 zeigt. Vogel-Jaguar scheute keine Mühe, die Bedeutsamkeit des gemeinsamen Auftritts hervorzuheben, indem er die Szene unten und an den Seiten mit Hieroglyphen umgab, die seine Thronbesteigung protokollierten, so daß Bild und Text sich zu der Aussage summierten, daß der Vater die Zeremonie gemeinsam mit dem Sohn vollzogen habe, um diesen als seinen legitimen Nachfolger auf dem Thron zu designieren. Zudem ließ Vogel-Jaguar die Stele vor Tempel 40 aufstellen, der auf derselben Hügelkuppe wie Tempel 41 stand, vor den Schild-Jaguar die Stele mit dem Bild

Abb. 7.5
Die Klappenstab-Zeremonien

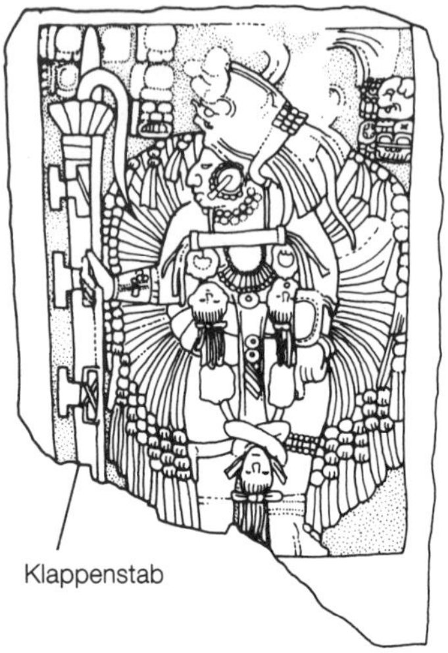

a) Stele 16: Die erste Klappenstab-Zeremonie, ausgeführt von Schild-Jaguar am 27. Juni 736 (?)

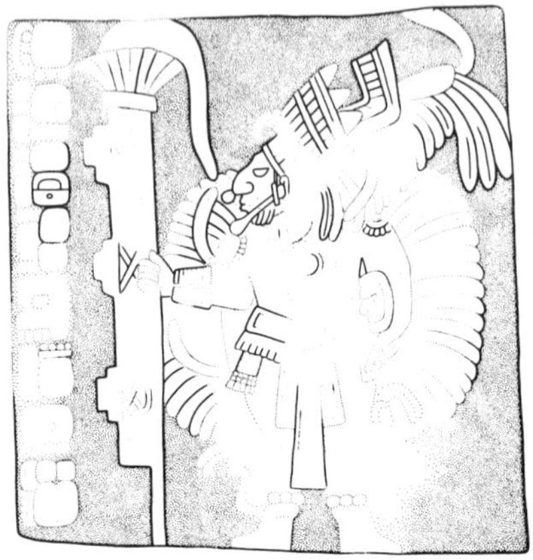

b) Türsturz 50: Schild-Jaguar bei der ersten Klappenstab-Zeremonie (??)

(Zeichnung: Ian Graham)

c) Stele 11: Schild-Jaguar vollzieht die Klappenstab-Zeremonie am 26. Juni 741 mit seinem Sohn

d) Türsturz 33: Vogel-Jaguar bei der Klappenstab-Zeremonie am 25. Juni 747

seiner sechs Jahre zuvor ausgeführten Klappenstab-Zeremonie plaziert hatte (siehe Abb. 7.5 c und e). Durch die Nebeneinanderstellung sollten der enge Zusammenhang zwischen den beiden Ritualen betont und die politischen Bestrebungen unterstützt werden.

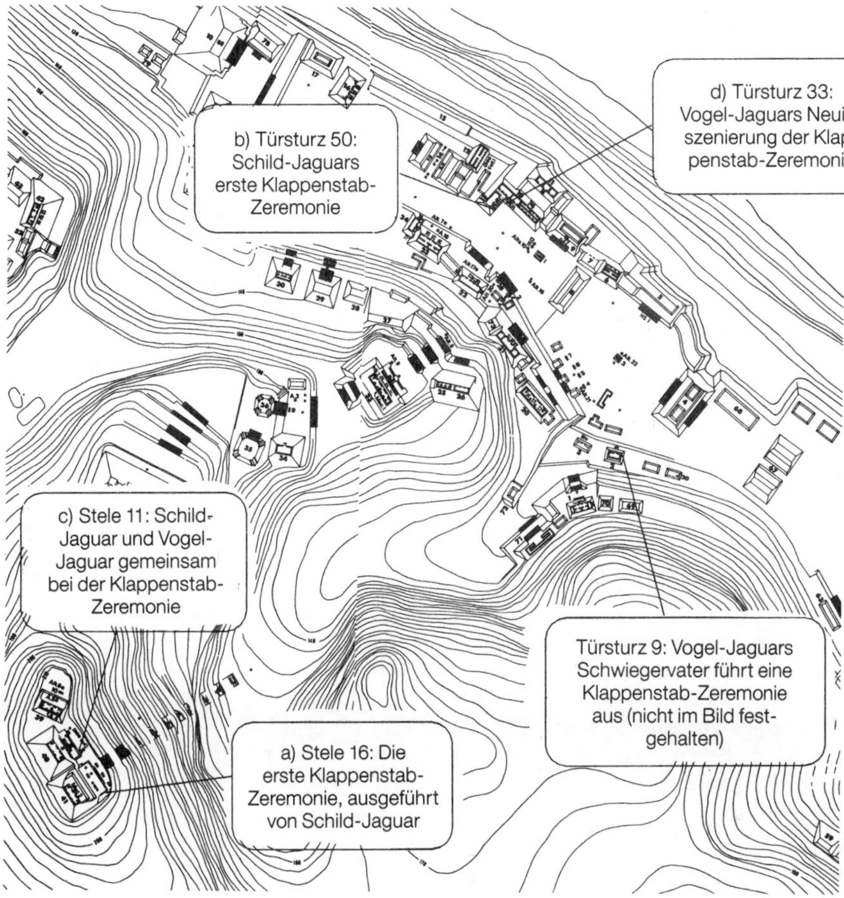

e) Schauplätze der Klappenstab-Zeremonien

Die Vater-Sohn-Klappenstab-Zeremonie fand nur vier Tage vor dem Ende des zehnten Tun im fünfzehnten Katun (9.15.10.0.0) statt. Fünf Tage später, am 9.15.10.0.1 (1. Juli 741), wurde eine Ritualhandlung anderer Art vollzogen, bei der sich so viele Hochgestellte zu einem so bedeutsamen Akt zusammengefunden hatten, daß Vogel-Jaguar den Vorgang in Bild und Hieroglyphenschrift gleich dreimal und an drei verschiedenen Stellen protokollierte (siehe Abb. 7.6). Sie alle liegen thematisch und geographisch im Umkreis von Tempel 23, dem Bauwerk, das der Prüfstein für die Legitimität des Thronfolgeanspruchs Vogel-Jaguars war.

Auf dem am weitesten von Tempel 23 entfernten Bild – es findet sich auf Türsturz 14 in Tempel 20 – sind zwei Personen zu sehen, eine weibliche namens Frau Groß-Schädel-Null und eine männliche mit demselben Familiennamen, Herr Groß-Schädel-Null (siehe Abb. 7.6 a). Diese Frau sollte in der Folge die Mutter von Vogel-Jaguars Sohn und Erben werden. Der Mann, der als ihr Bruder identifiziert wird[32], war zur fraglichen Zeit

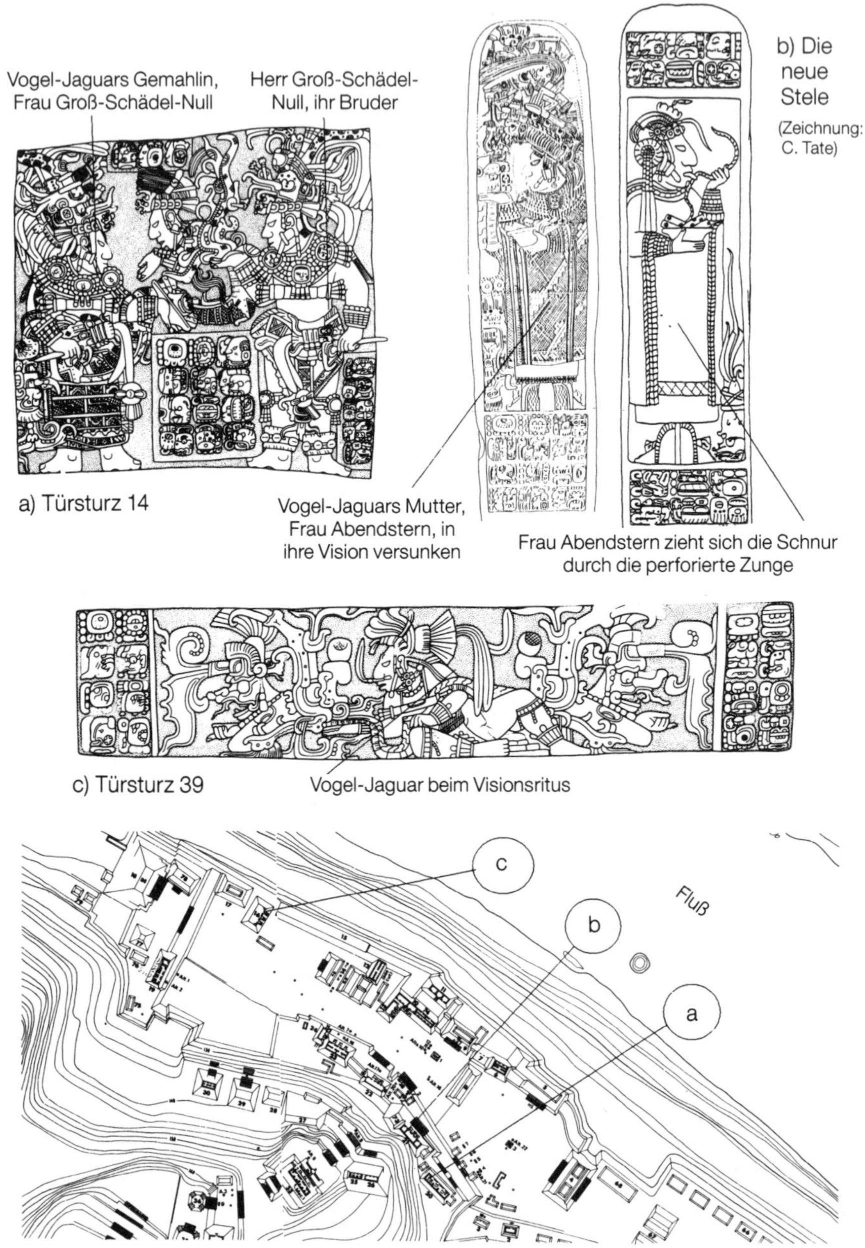

Abb. 7.6
Das Blutopfer
vom 9.15.10.0.1

(Türstürze und Karte: Ian Graham)

vermutlich das Oberhaupt der Familie, eines Cahal-Geschlechts, das anscheinend über gewaltigen politischen Einfluß verfügte, denn anders kann man sich kaum erklären, daß Vogel-Jaguar Groß-Schädel-Null noch auf seinen Monumenten abbildete, als er selbst längst König war. Auf Türsturz 14 tragen Frau Groß-Schädel-Null und ihr Bruder eine Visionsschlange, die sie durch gemeinsames Blutopfer zur Erscheinung gebracht haben.[33] Die Frau hält überdies eine Opferschale mit einer Obsidianklinge und blutgetränktem Papier darin, der Mann hingegen stützt den Kopf der Schlange, aus deren Rachen ein weiblicher Ahne hervortritt. Der Name der Ahnfrau, «Weiblicher Ahau von Yaxchilán, Frau Yaxhal», steht in kleinen Glyphen über dem Kopf der Geistererscheinung.

Es ist möglich, daß dieses Blutopfer Teil des Hochzeitszeremoniells war, mit dem die Ehe zwischen Vogel-Jaguar und Frau Groß-Schädel-Null geschlossen wurde; allerdings bezieht sich nicht eine einzige der Glyphen des Türsturzes 14 auf Hochzeit oder Ehe. Aber was immer der Anlaß des Ritualakts gewesen sein mag, wir dürfen in jedem Fall davon ausgehen, daß die Solidarität dieser Frau und ihrer Sippschaft für Vogel-Jaguar von unersetzlichem Wert und womöglich der Schlüssel zum Erfolg in seinem Kampf um das Erbe seines Vaters war. Sonst hätte er sich wohl kaum über jegliche Tradition hinweggesetzt und dem Geschwisterpaar mit dem Bild von seiner Teilnahme an einem entscheidend wichtigen Blutentnahmeritual einen Ehrenplatz in der Chronik Yaxchiláns angewiesen.

Gleich nebenan, in Tempel 21, begegnen wir derselben Blutentnahmezeremonie zum zweitenmal, diesmal in der figuralen Komponente einer retrospektiven Stele (siehe Abb. 7.6b). Tempel 21 wurde von Vogel-Jaguar zur Feier der Geburt seines Erben ikonographisch als Neufassung des Bildprogramms von Frau Xocs Tempel 23 konzipiert.[34] Die erwähnte Stele, ein relativ junger Fund[35], zeigt den Vorgang in veränderter Perspektive: Im Blickfeld steht hier Vogel-Jaguars Mutter, Frau Abendstern, im Vollzug eines Blutopfers ähnlich dem von Frau Xoc auf Türsturz 24 begriffen. Im übrigen kopiert Stele 14 den Darstellungsstil und die ikonographischen Details von Türsturz 25, auf dem Frau Xoc zur Feier von Schild-Jaguars Thronbesteigung den Dynastiegründer beschwört. Mit diesem – nicht sonderlich raffinierten – Kunstgriff bringt Vogel-Jaguar zum Ausdruck, daß alles, was seine Mutter tut, genauso wichtig und bedeutsam ist wie das, was seines Vaters Hauptfrau getan hat.

Die der Eingangstür zugewandte Vorderseite der Stele zeigt Frau Abendstern mit der papiergefüllten Blutopferschale in der einen und einem Schädel-Schlange-Gebilde in der anderen Hand; hinter ihr richtet sich eine riesige Visionsschlange mit skelettierten Zügen zu voller Höhe auf. Wie auf Türsturz 25 hat die Visionsschlange auch hier zwei Köpfe und setzt Erscheinungen mit Tlaloc-Charakteristika frei. Im Begleittext ist der Zeitpunkt des Geschehens (4 Imix 4 Mol) protokolliert mit dem Vermerk, daß an diesem Tag *u cab chan kina*, «im Land der Himmelsherren», eine «Hand-mit-Fisch»-Vision stattfand. Eine zweizeilige Reprise bekräftigt: «Frau Abendstern entnahm Blut.» Das Bild auf der Rückseite des Monuments zeigt die Protagonistin, wie sie sich eine Schnur durch die perforierte Zunge zieht; der dazugehörige Text präsentiert sie als die «Mutter des Drei-Katun-Herrn Vogel-Jaguar, Bluthérrn von Yaxchilán, Bacab».

Höchstwahrscheinlich verfolgte Vogel-Jaguar mit der Aufstellung dieser Stele das Ziel, die legitime Stellung seiner Mutter an der Seite seines Vaters wie auch ihre zentrale Rolle im Kultleben zu Lebzeiten des verstorbenen Königs zu beweisen. Auf jeden Fall sollte das Monument die Legitimität seines eigenen Sohnes und designierten Erben bekräftigen, dessen Geburt auf dem mittleren Türsturz von Tempel 21 gefeiert wird.[36]

Ein drittes Bilddokument von dieser für ihn so wichtigen Blutentnahmezeremonie (siehe Abb. 7.6c) ließ Vogel-Jaguar über der Mitteltür von Struktur 16, einem am Ostende der Uferterrasse des Flusses gelegenen Bauwerk, anbringen. Das Relief auf der Außenseite von Türsturz 39 zeigt ihn selbst auf dem Boden hingestreckt, einen Schlangenstab mit skelettierten Zügen in den Armen, aus dem als materialisierte Vision GII hervortritt. Wiederum ist 4 Imix 4 Mol[37] als Zeitpunkt des Geschehens vermerkt und das Geschehen selbst als «Hand-mit-Fisch»-Visionsritus charakterisiert. Protagonist ist in diesem Fall jedoch der angehende König selbst.

Auf der Grundlage dieser drei Reliefbilder sowie von Abbildungen der Blutentnahmezeremonie, die an anderen Ruinenplätzen[38] gefunden wurden, können wir uns eine anschauliche Vorstellung vom Ablauf dieser wichtigen Ritualhandlung machen.

Die sternenklare Dunkelheit der Nacht löste sich auf, noch bevor die ersten Lichtblitze der über den schwarzen Wassern des Flusses aus Xibalba heraufziehenden Sonne Yaxchilán trafen. Der Venusstern, der die Unterwelt zwei Stunden früher als sein Bruder verlassen hatte, verweilte jetzt unweit der sieben Lichter des Plejadengestirns und dem hell leuchtenden Stern Aldebaran.[39] Neunmal hatten die Herren der Nacht einander abgelöst seit dem Tag des Sommersolstitiums, an dem die Sonne ihre längste Strecke über den Himmel zurückgelegt hatte. In den Bäumen am jenseitigen Flußufer und auf den Hügeln oberhalb der Stadt erwachten die Vögel und begannen im Wettstreit mit den bellenden Hunden in der Siedlung und den am Flußufer kreischend hin und her flatternden grellroten langschwänzigen Papageien in einem mächtigen Crescendo ihre Stimmen zu erheben. In weiter Ferne sandte ein Brüllaffe dem neuen Tag seinen ganz speziellen Gruß entgegen. Die Bühne war bereit für eine wichtige Feierlichkeit, und das Volk, das in den Häusern entlang des Flusses lebte, harrte unruhig der Rituale, die bald beginnen sollten.

Scharen von Ahauob, Cahalob und Edelleuten minderen Ranges irrten ruhelos über die morgenkühle große Plaza neben dem Fluß. Die in allen Farben schillernden Federn des Kopfputzes wiegten sich über ihren in angeregte Gespräche vertieften Trägern wie ein phantastischer Vogelschwarm. Die lebhaft gemusterten und leuchtend gefärbten Gewänder bildeten ein wogendes Farbenmeer, das sich grell vom harten Weiß des Plazabodens und dem etwas entfernteren grünen Hintergrund des in Nebel gehüllten Tropenwaldes abhob. Mit zunehmender Helligkeit strömten von den fernen Berghängen immer mehr Menschen auf die Plaza zu. Andere näherten sich in Scharen vom Flußufer; dem gefährlich hohen Wellengang des hochwasserführenden Usumacinta trotzend, hatten sie vom jenseitigen Ufer mit dem Kanu übergesetzt, um die vom König angekündigte große Ritualveranstaltung nicht zu versäumen.

Die königliche Familie hatte sich vor den blendendweißen Mauern des *Tz'ikinah-Nal*, des Bauwerks, das vor vielen Jahren von Frau Xoc geweiht worden war, und vor dem *Chan-Ah-Tz'i*[40], dem Tempel des siebten Nachfolgers Yat-Balams, versammelt und beobachtete den Sonnenaufgang über der riesigen steinernen Landungsmole, die man am Südufer des Flusses errichtet hatte. Jetzt war die Mole nicht zu sehen, denn man befand sich in der Regenzeit, und der große *Xocol Ha*[41] führte Hochwasser von den vielen vorausgegangenen Unwettern. Das Brausen und Tosen der reißenden Fluten bildeten den Hintergrund zum Lärm der Trommeln und Pfeifen, der sich über die ganze weite Fläche entlang des mit Kanus übersäten Ufers ausgebreitet hatte. Kaufleute, Besucher, Pilger und Bauern aus nah und fern hatten dort unten am Fluß ihre Waren ausgebreitet, um sie einer Prüfung der Einwohner von Yaxchilán unterziehen zu lassen. Bemüht, den Lärm zu übertönen, verstärkten die Ausrufer und Marktschreier ihn nur noch; er breitete sich wie ein gärender Sauerteig über alle Plätze der Stadt aus.

Die Sippe des Königs war in zwei Gruppen gespalten, und die bedrohlich aufgeladene Spannung, die zwischen ihnen herrschte, war noch in der Zuschauermenge unten auf der Plaza deutlich zu spüren. Auch die Cahalob und Ahauob des Hofstaats hatten sich in Gruppen zusammengefunden und brachten so unmißverständlich ihre Parteinahme für die eine oder andere Fraktion der Königsfamilie zum Ausdruck. Die hochbetagte, doch unbeugsame Frau Xoc[42] hatte zusammen mit ihrer Verwandtschaft vor dem *Tz'ikinah-Nal* Aufstellung genommen. In diesem Bauwerk, dem Denkmal ihres Ruhms, machte sie sich Gedanken über die Ironie ihres Schicksals. Hier hatte sie in Bildwerken, wie sie in vergleichbarer Großartigkeit kein zweitesmal in der Stadt anzutreffen waren, ihrer Ergebenheit Schild-Jaguar gegenüber für Zeit und Ewigkeit öffentlichen Ausdruck verliehen. Die hervorragendsten Künstler des Königreichs hatten die Türstürze des Gebäudes in ihrem Rücken gestaltet, die öffentlich und zu jeder Zeit verkündeten, daß sie, Frau Xoc, aus Anlaß der Inthronisation ihres Herrn und Gemahls in blutigem Opferritus den Ahnvater der Dynastie aus dem Jenseits herbeibeschworen hatte. Und was war der Dank dafür? Man hatte sie genötigt, ihres Vaters Familie zu verleugnen und ihr Blut zu lassen für die Erhöhung des letzten Sprosses, der aus ihres betagten Gatten Lenden hervorgegangen war: Vogel-Jaguar – der Sohn einer Fremden.

Noch in diesem Augenblick bestand bei den Männern der väterlichen Linie nicht die geringste Neigung, die Vergünstigungen aufzugeben, die sie als Verwandte der Hauptfrau des Königs immer wie selbstverständlich beansprucht hatten, und ebensowenig beabsichtigte Frau Xoc selbst, künftig auf ihre Privilegien zu verzichten. Die Götter hatten Schild-Jaguar eine ungewöhnlich lange Lebensdauer gewährt. Er lebte jetzt schon so lange, daß er die meisten Söhne, die sie ihm geboren hatte, ja sogar noch viele von *deren* Söhnen, überlebt hatte.[43] Die Erinnerung an vergangenen Kummer fuhr schneidend wie ein Schwert durch ihre Gedanken. Die alte Dame – demnächst würde sie in ihren fünften Katun eintreten – ließ den Blick erst verstohlen über ihre verbliebene Nachkommenschaft wandern, dann über ihre enttäuschten und erbosten Anverwandten väterlicherseits und die mächtigen Cahalob, die sich mit diesen verbündet hatten. Allesamt standen sie mit verschlossenen, finsteren Gesichtern da und wahrten respektvolles Schweigen, um Frau Xoc nicht in ihren bitteren Gedanken zu stören.

Der größte Teil der als offizielle Zeugen aus den Städten entlang dem Fluß angereisten Ehrengäste hatte sich in Erwartung der angekündigten Zeremonie direkt unterhalb des Standorts der zweiten Gruppe der Königsfamilie versammelt. Vogel-Jaguar, der Krieger mit dem klangvollen Namen, Schutz und Schirm des Reiches und dessen zukünftiger König, unterhielt sich leise mit seiner Mutter, Frau Abendstern, und seiner Braut, Frau Groß-Schädel-Null. Die Pracht des *Chan-Ah-Tz'i* bot ihrem Auftritt die angemessene Kulisse. Der einunddreißigjährige Thronerbe strahlte ein hohes Maß an körperlicher Kraft und Vitalität aus, das seine Tapferkeit und seinen Ehrgeiz erklärte. Der Bruder der Braut, Herr Groß-Schädel-Null, der zugleich Oberhaupt seiner Sippe war, stand neben seiner Schwester und hatte eine Reihe weiterer Cahalob um sich geschart, die sich mit ihrer Anwesenheit zu Verbündeten des Königssohns erklärten. Ihr Anführer, Kan-Toc, ließ seine Blicke stolz und kühl über mögliche Freunde oder Feinde dort unten schweifen, bereit, seine Tapferkeit in einem Krieg für den zukünftigen König einzusetzen.

Die Edelleute, die heute nur den Rahmen für dieses Schauspiel bildeten, standen gruppenweise auf den Tempelstufen. Die Arme vor der Brust verschränkt, unterhielten sie sich über die Veranstaltungen des heutigen Tages, den Stand der Ernte und hunderterlei andere Dinge von allgemeinem Interesse. Manche waren barbrüstig, die wichtigsten Würdenträger jedoch trugen blendendweiße Schultertücher, die am Hals mit drei riesigen roten Spondylusschalen geschlossen waren. Dieses baumwollene Ehrenkleid war den Privilegierten vorbehalten, die als königliche Begleiter oder als Abgesandte an Festveranstaltungen teilnahmen.[44] Etwas weiter entfernt standen Krieger in ihrem prunkvollsten Ornat mit anderen Standespersonen zusammen, die die sowohl auf Feldzügen wie bei Kultveranstaltungen mitgeführten, mit einem Wappenbild geschmückten Stabfächer in Händen hielten. Andere Edelleute saßen in zwanglosen Gruppen beisammen und führten unbeeindruckt von dem turbulenten Licht- und Schattenspiel des anbrechenden Tages lebhafte Gespräche. Mehr und mehr erschienen jetzt auch Bauern und Dorfbewohner aus dem Umland. Die Menge verharrte in gespannter Erwartung der nun kommenden Ereignisse.

Schild-Jaguar, der dreiundneunzigjährige Herrscher, saß, nur mit einem weißen Lendenschurz bekleidet, altersgeschwächt zwar, doch in aufrechter Haltung auf der langen steinernen Sitzbank im mittleren Raum des *Chan-Ah-Tz'i*. Durch die Eingangstür schien die Morgensonne wärmend auf seinen hageren Oberkörper. Er dachte an die vielen, vielen Stunden seines Lebens, die er, zitternd vor Kälte, im Dunkel vor dem Morgengrauen in solchen Räumen verbracht hatte. Nun saß er mit seinen ebenso hochbetagten Freunden und Ratgebern, den letzten Getreuen, die ihm aus früheren Tagen noch geblieben waren, hier in diesem ehrwürdigen Gebäude, das vor zweihundertsechsundachtzig Jahren von dem siebten Nachfolger Yat-Balams geweiht worden war.

Die Last seiner Jahre drückte den König schwer. Er war sich im klaren darüber, daß dies die letzte große Feier seines Lebens sein würde – und die letzte Gelegenheit, vor den Göttern, den Ahnen und seinem Volk Vogel-Jaguar seinen Segen zu erteilen. Vor vier Tagen war er gemeinsam mit seinem Sohn vor sein Volk getreten, um mit ihm zusammen die Klappenstab-Zeremonie auszuführen. Es war von allergrößter Wichtigkeit, daß alle, Adelige und einfaches Volk, es miterlebten und guthießen, daß er Vogel-Jaguar die Macht übertrug. Das Nachfolgeproblem beschäftigte ihn noch so stark, daß er befürchtete, noch nicht gerüstet zu sein für den Kampf mit den Herrschern des Totenreichs. In den großen Häusern am Fluß empfand man es als großes Ärgernis, daß Frau Xocs männliche Verwandtschaft väterlicherseits noch immer nicht von ihren Ansprüchen abließ, als hätte er nicht schon genug für jeden von ihnen getan, Frau Xoc mit eingeschlossen. Die Verwandten seiner Hauptfrau hatten sich in ernst zu nehmende Gegner verwandelt. Kein Zweifel, sie würden alles versuchen, um schließlich doch noch einen aus Frau Xocs Nachkommenschaft auf den Thron zu hieven, wenn sein, Schild-Jaguars, Leichnam erst einmal in der Gruft läge und sein Sturz nach Xibalba begänne. Vogel-Jaguar würde als politischer Führer nicht nur eine harte Hand, sondern auch viel diplomatisches Geschick brauchen, um die rechtmäßige Nachfolge seines Vaters antreten und behaupten zu können.

Ein Aufschrei, der jetzt draußen durch die Menge ging, brachte Schild-Jaguar in die Gegenwart und zu seiner dringendsten Pflicht gegenüber der Dynastie von Yat-Balam zurück. Der Ahnherr Sonne hatte sich über dem östlichen Horizont erhoben und schwebte jetzt frei über der Erde. Trotz des gleißenden Lichts, in das die Sonne die Welt tauchte, behielt der Venusstern an diesem besonderen Tag seine Kraft, so daß die zwei Brüder gleichzeitig am morgendlichen Himmel zu sehen waren – Augenblicksgefährten wie der greise König und sein tatkräftiger Sohn. Der heutige Tag folgte unmittelbar auf den Halbzeitpunkt von Katun 15. Und die Blutopfer des heutigen Tages würden diesen herausragenden Meilenstein im Zeitenlauf heiligen und zugleich aller Welt Schild-Jaguars Eintreten für seinen jüngsten Sohn als Thronerben demonstrieren.

Die Augen des Alten leuchteten auf, als jetzt Frau Abendstern, die Mutter des Erben, mit anmutiger Bewegung in die Helligkeit vor seiner Tür trat. Sie würde als erste ihr Blut fließen lassen und damit das Tor zum Jenseits öffnen.[45] Mit einem strahlendweißen Gaze-Huipil (kurze oder lange Bluse, die lose über dem Rock getragen wird), Sandalen mit hoher Fersenkappe und einem blumengeschmückten Kopfputz angetan, trat sie vor ihren Sohn. Schild-Jaguars Hand war nicht mehr kräftig und sicher genug, um mit der nötigen Präzision den zeremoniellen Schnitt in das Fleisch seiner Frau auszuführen, und so fiel diese Aufgabe jetzt Vogel-Jaguar zu. Mit verschränkten Armen eine flache Schale umspannend, kniete Frau Abendstern vor Vogel-Jaguar nieder. In der Schale befanden sich Baumrindenpapierstreifen, auf denen eine Schnur in der Dicke des kleinen Fingers und ein großer Rochenstachel lagen. Frau Abendsterns Augen wurden starr, als sie sich jetzt zur Vorbereitung auf das Kommende in eine tiefe Trance versenkte. Sie schloß die Augen und streckte die Zunge heraus, so weit sie konnte. Vogel-Jaguar ergriff den Rochenstachel und durchbohrte sie mit einer geübten Drehung des Handgelenks genau in der Mitte. Frau Abendstern verzog keine Miene, noch gab sie den leisesten Ton von sich, während sie nun nach der Schnur griff und sie durch die Wunde zog.[46] Sie hatte sich inzwischen erhoben und war dicht an den Rand der Plattform getreten, damit alle Anwesenden beobachten konnten, wie sie die Schnur nach und nach durch ihre Zunge zog. Ihr Blut tränkte das Papier in der Schale, die sie an die Brust gepreßt hielt; im Hinabrinnen färbte es ihr Kinn rot, so daß ein scharfer Farbkontrast zum Grün ihres Umhangs entstand.

Vogel-Jaguar nahm ein paar Streifen des blutgetränkten Papiers aus der Schale und warf sie in die Räucherpfanne, die in Kniehöhe neben dem linken Bein seiner Mutter stand. Nachdem er frisches Papier in die Schale gelegt hatte, nahm er seiner Mutter den Kopfputz mit den Blumen ab und ersetzte ihn durch den mit dem Totenkopf, der das Emblem des Venus-Kriegers und das Zeichen der Verehrung für den Bruder der Sonne war.[47]

Frau Abendstern zog das letzte Stück der Schnur durch die Wunde und ließ sie in die Schale fallen; ihr Körper wankte leicht, als die Trance jetzt ganz von ihr Besitz ergriff. Im selben Moment entdeckte Vogel-Jaguars spähender Blick in den Augen seiner Mutter, worauf er gewartet hatte: Der Große Schlangenpfad ins Jenseits hatte sich in ihrem Innern aufgetan. Er legte den Ahnenschädel in ihre Hand und trat beiseite. Das war das Zeichen. Das tiefe Klagen einer Tritonshorntrompete hallte durch die Stadt und verkündete die Ankunft der Visionsschlange. Aus dem göttergestaltigen Räuchergefäß hinter Frau Abendstern stieg in Wolken und Wirbeln schwarzer Rauch auf und verdichtete sich auf seinem weiteren Weg himmelwärts zu einer geschlängelten Säule, in der Vogel-Jaguar und sein Volk den Doppelköpfigen Drachen und den Venusgott wahrnahmen, die Frau Abendstern mit ihrem Blutopfer zur Epiphanie gebracht hatte. Ein Lied zur Begrüßung und zur Ehre ertönte aus der Zuschauermenge, in der man jetzt begann, das eigene Blut zum Fließen zu bringen, um es dem Gott zu opfern, der vor aller Augen geboren wurde.

Die Menschen in der Menge wurden vom Taumel ergriffen; eine Woge der Ekstase brandete durch die Stadt. Trompeter und Trommelschläger, vom Rhythmus ihrer eigenen Musik aufgepeitscht, steigerten das Tempo bis zur schieren Raserei. Tanzende Edelleute wirbelten über die Terrasse, die unterhalb des Standplatzes des Königs und seiner Familie lag. Überall floß jetzt Blut und tränkte die an Handgelenken und Armen befestigten Stoffstreifen. Im Nu war das Weiß des Plazabodens vom naßglänzenden Rot der Opferung bedeckt. Von den allerorten auf der Plaza aufgestellten Räuchergefäßen stiegen jetzt Rauchsäulen auf, die verkündeten, daß auch Ahauob und Cahalob begonnen hatten, ihre Ahnen an das Tor zu rufen, das Frau Abendstern geöffnet hatte.

Vogel-Jaguar spürte die ehrfurchtgebietende Kraft der Vision seiner Mutter. Ihm wurde klar, daß er wohl kaum einen günstigeren Zeitpunkt hätte wählen können, um das Bündnis mit dem Clan Groß-Schädel-Nulls, das er durch seine Ehe eingegangen war, öffentlich zu bestätigen. Wenn seine Gegner heute sahen, wie viele kampferprobte und mächtige Cahalob sich auf seine Seite schlugen, müßten sie eigentlich die Aussichtslosigkeit ihrer Bestrebungen einsehen. Auf jeden Fall brachte die Veranstaltung ihn, Vogel-Jaguar, seinem Ziel – der Durchsetzung seines legitimen Erbanspruchs – einen bedeutenden Schritt näher.

Durch die Rauchschleier hindurch, die vom Opferfeuer seiner Mutter über die Terrasse wallten, bedeutete er Frau Groß-Schädel-Null und ihrem Bruder, nun ihre eigenen Visionen hervorzurufen. Seine Frau trug einen prachtvoll gemusterten Huipil, darüber einen jadegrünen Umhang aus schwerem Tuch und als Brustgehänge einen Zeremonialstab. Ihren Kopf schmückte – als Gegenstück zum Venussymbol auf dem Kopf von Frau Abendstern – das Bild des Sonnengottes. Herr Groß-Schädel-Null, das Oberhaupt seiner Sippe, war prachtvoll ausgestattet mit einem Schädel-Kopfputz, einem Umhang, einem Zeremonial-Brustgehänge, Kniebändern aus Jade, einem mit kostbarer Zierborte versehenen Lendenschurz, einem schweren Gürtel, einem Hüftrock aus Brokatstoff und Armbändern. Die Geschwister waren barfuß und hielten die vergöttlichte Lanzette für das Blutentnahmeritual in der Hand.

Die flache Schale mit den Papierstreifen vor der Brust erhoben, machte Frau Groß-Schädel-Null ihrem Bruder mit dem Kopf ein Zeichen. Wie zuvor ihre Schwiegermutter streckte sie die Zunge, so weit sie konnte, hervor. Groß-Schädel-Null bohrte die Obsidianklinge mit einer einzigen zielgerichteten Handbewegung durch die Zunge seiner Schwester; dann händigte er die blutige Klinge Vogel-Jaguar aus. Den Blick unverwandt in die Augen seines neuen Anverwandten, des zukünftigen Königs von Yaxchilán, versenkt, verharrte Groß-Schädel-Null in vollkommener Reglosigkeit, während Vogel-Jaguar seine Zunge durchbohrte. Heftig blutend vollführten Frau Groß-Schädel-Null und ihr Bruder in tiefer Trance gemeinsam einen Tanz und brachten so die unter dem Namen *Chanal-Chac-Bay-Chan*[48] bekannte Visionsschlange zur Erscheinung. Als der Drache sich in ihren Armen wand, zeigte sich ihr Ahne Na-Yaxhal. Tosender Jubel stieg von der Plaza auf, am lautesten von dort, wo sich die adligen Anhänger Vogel-Jaguars und der Familie seiner Frau zusammengefunden hatten.

Nun war auch die Reihe am Königssohn, den Tag mit seinem Blutopfer zu weihen. Vogel-Jaguar war schlichter gewandet als Groß-Schädel-Null. Sein Haar – das er, um seine Gegner in der Schlacht zu verhöhnen, lang trug – war mit einem Federbusch aufgebunden, der weit über den Rücken hinabhing. Um den Hals trug er eine einfache Perlenkette und ein Lederband, an dem ein Zeremonialstab hing, der auf seiner nackten Brust lag. Die Handgelenke, Fußknöchel und Knie waren geschmückt mit Schnüren aus blau-grüner Jade, und in der durchbohrten Nasenscheidewand steckte ein Federschmuck. Sein Lendenschurz war mit einem einfachen Muster verziert und blütenweiß, damit jeder das Opferblut sehen konnte, das er aus seinem heiligsten Körperteil vergoß.

Frau Groß-Schädel-Null, obwohl noch geschwächt vom eigenen Opfer, trat neben ihren Gatten, um ihm beim Vollzug des Ritus beizustehen.[49] Sein wichtigster Helfer würde jedoch ein im Umgang mit den Göttern erfahrener Ahau sein. Der weiße Umhang, den dieser trug, stand in scharfem Kontrast zu Vogel-Jaguars dunkler Haut. Frau Abendstern ergriff mit der einen Hand einen flachen Korb, der mit frischen Papierstreifen gefüllt war, in der anderen hielt sie den Rochenstachel bereit. Noch ein wenig benommen trat Groß-Schädel-Null herbei, nahm den Korb aus Frau Abendsterns Hand und stellte ihn auf den Boden zwischen Vogel-Jaguars Füße. Mit unbewegtem Gesicht ging Vogel-Jaguar in die Hocke und spreizte die muskulösen Oberschenkel über dem Korb. Er zog den Lendenschurz beiseite, nahm den mächtigen Rochenstachel und stieß ihn durch die lose Haut an der Spitze seines Penis. Er tat dies dreimal, dann griff er nach den dünnen Rindenpapierstreifen im Korb. Durch jede Wunde zog er bis zur Hälfte je einen dieser Streifen, bis sie alle von seinem Glied herabhingen. Langsam saugte sich das Papier mit seinem Blut voll. Von den gesättigten Streifen an Vogel-Jaguars Membrum tropfte die Flüssigkeit auf den Papierhaufen in dem Korb. Als es genug war, bückte sich seine Gattin nach dem Korb, legte das mit Vogel-Jaguars Opferblut getränkte Papier in eine Räucherpfanne und tat Maiskörner, Kautschuk und das *pom* genannte Baumharz als weitere Weihegaben hinzu.

Die aufsteigende Rauchsäule lenkte die Aufmerksamkeit der Menge wieder ins Zentrum des Geschehens zurück. Der größte Teil der Zuschauer, der inzwischen auf andere Plätze und zum Flußufer geeilt war, um die Waren der fremden Händler und Besucher zu begutachten, strebte jetzt eilends zur Hauptplaza zurück. Die Epiphanie, die Vogel-Jaguar bewirkte, wollte man auf keinen Fall versäumen. Das Leben in der Xocol-Ha-Region war unsicher und gefährlich, und die Menschen dort wünschten sich nichts sehnlicher als einen jungen, energischen Herrscher, der sich sowohl auf das Kriegshandwerk als auch auf die Diplomatie verstand und mutig allen Gefahren begegnete.

Hoch über den Köpfen der Menge begannen jetzt Vogel-Jaguars Beine ihm den Dienst zu versagen, als er von der Trance ergriffen wurde. Er setzte sich auf seine rechte Gesäßhälfte und streckte seine Beine aus. In den Armen hielt er die Doppelköpfige Schlange, die den ausschließlich den Königen vorbehaltenen Verbindungsweg zur Götterwelt erschloß. Aus den Schlangenrachen trat Gott K hervor, der Gott, der Kauil genannt wurde und der Letztgeborene der drei Hauptgötter war. Zum drittenmal erklangen die großen Tritonshorntrompeten und verkündeten die Botschaft, daß ein Gott aus dem Jenseits erschienen war, diesmal von Vogel-Jaguar, dem Königssohn, beschworen.

Der Morgen war zur Hälfte vorüber, als die königliche Familie ihre Pflicht zum Blutopfer erfüllt hatte. Behutsam seine Schritte abwägend, geleitete Vogel-Jaguar Mutter, Gattin und Groß-Schädel-Null zur steinernen Bank im *Chan-Ah-Tz'i*, auf der Schild-Jaguar den Ablauf der Zeremonie beobachtet hatte. Die mit weißen Umhängen bekleideten Bediensteten entfernten sich schweigend von der Seite des Königs und traten in den Hintergrund, um Platz zu machen für Vogel-Jaguar, der sich jetzt zur Rechten seines Vaters niederließ.[50] Den Platz zu seiner Rechten wiederum nahm seine Gattin ein. Frau Abendstern begab sich an Schild-Jaguars linke Seite, um dort Platz zu nehmen, aber noch ehe ihr dies gelang, war schon Frau Xoc herangetreten und ihr zuvorgekommen. In stummer Gehässigkeit zwang sie die Jüngere an den Rand der Gruppe und brachte damit für alle sichtbar zum Ausdruck, daß weder sie noch ihre Verwandten die Absicht hatten, das Feld kampflos zu räumen. In einer gespannten Atmosphäre des erzwungenen Burgfriedens verfolgte die königliche Familie den weiteren Verlauf der Feierlichkeiten, der das Publikum von der morgendlichen Ekstase langsam in die nachmittägliche Erschöpfung führte.

Vogel-Jaguar wußte sehr genau, was er seinem Vater verdankte. Da hatte als erstes vor vier Tagen die gemeinsame Klappenstab-Zeremonie stattgefunden und heute dann, direkt im Anschluß an den Feiertag zum Ende der Kalenderperiode, dieses grandiose Blutopferritual. Daß sein Vater ihn begünstigte, uneingeschränkt und in aller Öffentlichkeit, war von niemandem zu bestreiten und würde auch in Zukunft nicht vergessen sein. In den kommenden Jahren würde die feierliche Anerkennung seines Anrechts auf den Thron für sich allein die stärkste Waffe im Kampf um die Durchsetzung dieses Anspruchs sein. Es würde ein harter Kampf werden, aber er wie alle anderen wußten jetzt, daß nicht allein sein Vater, sondern auch alle Ahnen der königlichen Familie ihn zum Ruhm Yaxchiláns zum Thronerben erwählt hatten. Danach war alles nur noch eine Frage der Zeit und des geduldigen Abwartens.

Stufe VI — Schild-Jaguar, Vogel-Jaguars Vater, beim Ballspiel

Ein Gefangener, zum Ball verschnürt

Stufe VII — Vogel-Jaguar beim Ballspiel am 21. Oktober 744

Stufe VIII — 6-Tun-Vogel-Jaguar, der Großvater Vogel-Jaguars des Großen, beim Ballspiel am 27. August 636

(Zeichnungen: Ian Graham)

Abb. 7.7 Vogel-Jaguar und das Ballspiel. Die Szene im Zentrum der Treppe des Tempels 33

Zum Zeitpunkt der eben geschilderten Kulthandlungen stand Schild-Jaguar hoch in den Neunzigern und kurz vor seinem Tod. Wir vermuten, daß sein hohes Alter ihn davon abhielt, selbst eine aktive Rolle bei der wichtigen Zeremonie zu übernehmen. Aber wie wir sahen, waren so gut wie alle, die für die Durchsetzung des Thronanspruchs von Vogel-Jaguar eine Bedeutung hatten, beteiligt: seine Ehefrau und ihr Bruder, der Sippenpatriarch, dazu Vogel-Jaguar selbst und seine Mutter. Der Zeitpunkt für die Feierlichkeiten, die mit der Klappenstab-Zeremonie begannen und vier Tage darauf mit dem kollektiven Blutopfer endeten, war gut gewählt. Knapp ein Jahr später, am 19. Juni 742, starb der greise Monarch, und für den zweiunddreißigjährigen Vogel-Jaguar begann der Kampf um die Durchsetzung seines Anspruchs, als Amtsnachfolger seines Vaters anerkannt zu werden.

Vogel-Jaguars erste öffentliche Handlung von einiger Bedeutung nach dem Tod seines Vaters war ein Ballspiel (siehe Abb. 7.7), das er am 21. Oktober 744 vorführte. Auf der Treppe vor Struktur 33, Vogel-Jaguars großem Inthronisationsmonument, ließ er eine Szene einmeißeln, in der ein zum Ball zusammengeschnürter Gefangener eine Hieroglyphentreppe hinabgerollt wird, an deren Fuß ihn ein kniender Spieler erwartet.[51] Der umrahmende Hieroglyphentext zieht eine Parallele zwischen dem abgebildeten Spiel und Ereignissen in mythischer Vergangenheit und siedelt auf diese Weise Vogel-Jaguars Auftritt in der sakralen Dimension des Ballspiels an, in der es Sinnbild kosmischer Vorgänge ist.[52] Vogel-Jaguar umrahmte die Darstellung seines Auftritts mit Bildern von Begebenheiten, von denen er annahm, daß sie seinen politischen Zielsetzungen am besten nutzen würden. Auf beiden Seiten ist die Mittelszene an der obersten Stufe der Treppe[53], die zur Tempelplattform hinaufführt, von einer Reihe zusammenhängender Relieftafeln flankiert. Auf dem ersten Bild links von seinem eigenen Ballspiel ließ Vogel-Jaguar seinen Vater darstellen, wie er am Fuß einer Hieroglyphentreppe kniend einen herabrollenden menschlichen Ball erwartet. Auf der Tafel unmittelbar rechts von der Mittelplatte ist es Vogel-Jaguars Großvater Sechs-Tun-Vogel-Jaguar, der dasselbe tut. Auf anderen Tafeln der Serie sieht man bedeutende Cahalob beim Ballspiel, auf wieder anderen sind Frauen aus dem Königsclan mit Visionsschlangen in den Händen mit zeremoniellen Verrichtungen befaßt, wie sie anscheinend diesen Ballspielen vorausgingen.

Zwei Jahre später, am 4. Juni 746 (9.15.15.0.0) zelebrierte Vogel-Jaguar erstmals das Ende einer größeren Kalenderperiode. Er protokollierte dieses Ereignis in ungewöhnlicher Weise, indem er die Mitteilung darüber in das Bild auf Stele 11 einbetten ließ, das ihn selbst und seinen Vater bei der gemeinsamen Ausführung der Klappenstab-Zeremonie zeigt (siehe Abb. 7.8). Die hieroglyphische Legende zu dem Bild vermeldet, daß Schild-Jaguar am fraglichen Tag einen Baum-Stein errichtete und den Klappenstab führte[54], eine Feststellung, die sich einigermaßen seltsam ausnimmt, da Schild-Jaguar zu diesem Zeitpunkt bereits seit vier Jahren in seinem Grab ruhte (er starb am 19. Juni 742). In Wahrheit also kann Schild-Jaguar an dem bewußten Tag weder einen Baum-Stein geweiht noch einen Stab geführt, noch irgend etwas anderes getan haben. Aber das war den Lesern bekannt, und sie wußten auch, daß ihnen das Monument sagen wollte, Vogel-Jaguar habe die genannten Dinge *an Schild-Jaguars Stelle* getan.

Was indes noch seltsamer ist: Am Ende dieses Textes heißt es, das Ganze habe sich *u cab*, «im Lande von», Vogel-Jaguar abgespielt. Wie konnte das Königreich «Land von» Vogel-Jaguar sein, wenn der zum fraglichen Zeitpunkt noch gar nicht die Thronfolge angetreten hatte, dieses Ereignis vielmehr noch sechs Jahre in der Zukunft lag? Daß die Aufzeichnung über die Feier zum Ende der Fünf-Tun-Periode in das Bilddokument von der Vater-Sohn-Klappenstab-Zeremonie integriert wurde, diente einem speziellen Zweck. Vogel-Jaguar wollte damit zum Ausdruck bringen, daß er und sein Vater sich in beiden Fällen (sogar über den Tod hinaus) zu gemeinschaftlichem Handeln verbunden hatten und die Herrschaftsgewalt, wenn auch nur *de facto*, bereits zum damaligen Zeitpunkt ganz in seine Hände übergegangen war.[55]

Abb. 7.8 Stele 11: Ein Beispiel rückblickender Geschichtsschreibung

Auf dem nächsten Monument sehen wir Vogel-Jaguar abermals mit dem Klappenstab (siehe Abb. 7.5 d). Zeitpunkt der Handlung ist jetzt der 25. Juni 747, ein Tag, der elf Jahre nach Schild-Jaguars erstmaliger Ausführung dieses Rituals und etwa sechs Jahre nach dem gemeinschaftlichen Auftritt von Vater und Sohn liegt. Mit der neuerlichen Wiederholung der Klappenstab-Zeremonie rief er in Erinnerung, daß er sich auf dem Weg zum Gebieter über das Kultleben Yaxchiláns befand.

Zwei Jahre später, am 3. April 749, starb Frau Xoc, Schild-Jaguars Hauptfrau, und folgte ihrem Gatten nach Xibalba. Sie hatte den König um sieben Jahre überlebt. Etwa ein Jahr später, genau vier Jahre nach der zuvor erwähnten Fünf-Tun-Ende-Feier am 9.15.15.0.0, vollzog Vogel-Jaguar einen Ritus, bei dem er in der Rolle des Kriegers und Opferpriesters auftrat. Auf der dem Tempel zugewandten Seite von Stele 11 (deren dem Tempel abgewandte Bildfläche die erwähnte Vater-Sohn-Klappenstab-Zeremonie mit dem darin enthaltenen Hinweis auf das Fünf-Tun-Ende zeigt) ist er zu sehen, wie er am 4. Juni 750 in der Maske des Gottes Chac-Xib-Chac drei namenlose Gefangene dem Opfertod überantwortet (siehe Abb. 7.8).[56] Diese drei Begebenheiten – Klappenstab-Zeremonie, Periodenende-Feier und Menschenopfer für GI – spielten in Vogel-Jaguars Kampf um den Thron eine so entscheidende Rolle, daß er sie zusammen mit seiner Inthronisation aufzeichnen ließ. Ein Hieroglyphentext, der seine Thronbesteigung mit der Wendung *hok'ah ti ahauel*, «er ging als König daraus hervor», verzeichnet, findet sich auf einer Schmalseite von Stele 11; ein zweiter diesbezüglicher Text, der das Ereignis als *chumwan ti ahauel*, «er thronte als Herrscher», überliefert, steht unter der Klappenstab-Szene. Den letzten Schliff verlieh Vogel-Jaguar seinem Bildwerk auf Stele 11, indem er im Register über der Opferungsszene seine Eltern *en miniature* darstellen ließ: Von ihrer höheren Warte in der Ahnenwelt verfolgen die beiden sein Tun mit Wohlgefallen.

Vogel-Jaguars Kampf um sein Erbe ging nun seinem erfolgreichen Ende entgegen, nur wenige Hürden blieben ihm noch zu überwinden. So mußte er zum einen seine Tapferkeit und sein kriegerisches Können, zum anderen seine Zeugungsfähigkeit unter Beweis stellen: ersteres, indem er in offener Feldschlacht einen Gefangenen machte, der Ansehen genug besaß, um bei Vogel-Jaguars Inthronisation als Opfer dienen zu können; letzteres durch Zeugung eines männlichen Nachkommens und Erben. Seiner Mutter war es nicht mehr vergönnt, die Bewältigung dieser Aufgaben zu erleben. Am 13. März 751 segnete Frau Abendstern das Zeitliche und machte sich auf, ihre Rivalin, Frau Xoc, im Jenseits zu treffen.

Nachdem die weiblichen Hauptpersonen des historischen Dramas die Bühne verlassen hatten, trat Vogel-Jaguar in die letzte Phase seines Feldzugs. Am 10. Februar 752, dreihundertsiebenundfünfzig Tage nach Ende des sechzehnten Katun, nahm er in einem Krieg gegen ein bislang noch nicht identifiziertes Königreich einen Cahal namens Yax-Cib-Tok gefangen.[57] Und nur acht Tage später, am 18. Februar, gebar ihm Frau Groß-Schädel-Null einen Sohn, der den Namen Chel-Te-Chan-Mah-Kina erhielt (sich allerdings später, nachdem er selbst an die Macht gelangt war, nach seinem Großvater Schild-Jaguar nannte). Und damit war Vogel-Jaguars langer Kampf um den Thron von Yaxchilán erfolgreich beendet. Fünfundsiebzig Tage später fand die Krönung statt.

Wie das kollektive Blutopfer, das Schild-Jaguars Tod vorausging, so

Abb. 7.9
Das Geschehen vor Vogel-Jaguars Inthronisation

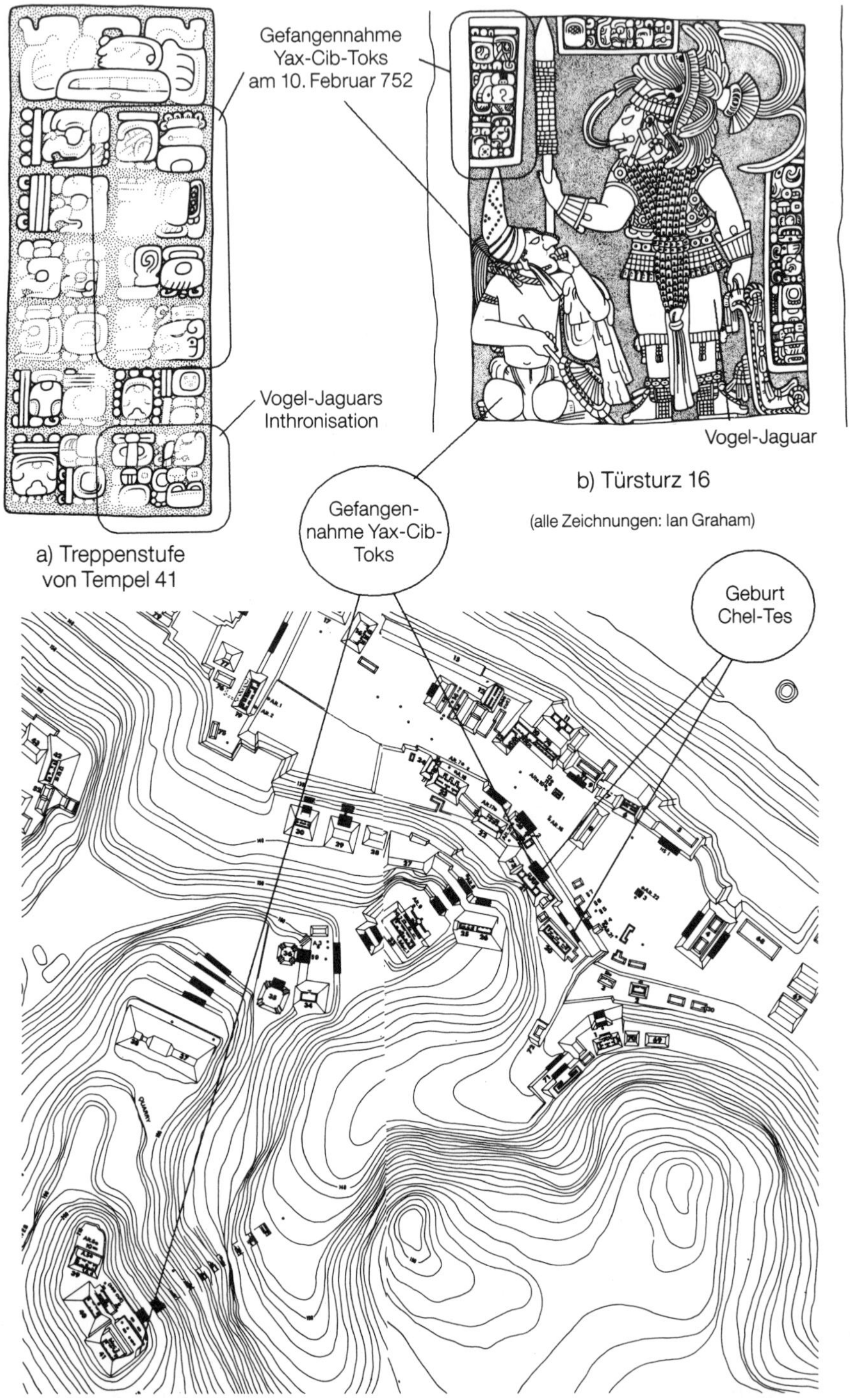

Blutopfer zur Feier von Chel-Tes Geburt am 18. Februar 752

c) Türsturz 17

Visionsritus der Frau Tun am 28. März 755

d) Türsturz 15

wurden auch die neuen Ereignisse – Gefangennahme eines Prominenten und Geburt von Vogel-Jaguars Sohn – propagandistisch ausgeschlachtet. Yax-Cib-Toks Gefangennahme wurde auf einer Inschriftentreppe vor Tempel 41, dem Sakralbau auf dem höchstgelegenen Platz des Stadtgebiets, festgehalten (siehe Abb. 7.9 a). Hier hatte Schild-Jaguar seine erste Klappenstab-Zeremonie und die bedeutendsten Gefangennahmen seiner kriegerischen Laufbahn protokollieren lassen. Indem nun Vogel-Jaguar genau dieses Bauwerk zu der Stätte machte, an der auch sein kriegerischer Erfolg verewigt wurde, setzte er sein eigenes Feldherrngeschick mit dem seines Vaters gleich.

Zudem ließ Vogel-Jaguar im Innern von Tempel 21 ein Bild von der Gefangennahme anbringen (Türsturz 16; siehe Abb. 7.9). Tempel 21 ist das Bauwerk, das, wie man sich erinnert, seinerzeit dem grandiosen Tempel 23 der Frau Xoc den Rang der Einmaligkeit und Unvergleichlichkeit ablaufen sollte. Die Szene auf dem Türsturz zeigt Vogel-Jaguar in vollem Kriegsornat vor dem gefangenen Yax-Cib-Tok stehen, der auf dem Boden kniet und sich – entweder aus Angst oder als demonstrative Geste der Unterwerfung – auf den Daumen beißt.

Auch die Kulthandlungen im Zusammenhang mit der Geburt seines Sohnes protokollierte Vogel-Jaguar an zwei verschiedenen Stellen und unterstrich damit aufs nachdrücklichste die politische Bedeutung des Ereignisses. Das Blutentnahmeritual zur Feier der Geburt des Erben ist auf dem Türsturz des rechten Eingangs zu Tempel 21 dargestellt, also gleich neben der Gefangennahmeszene, die den mittleren Eingang schmückt. Auf Türsturz 17 (siehe Abb. 7.9 c) sieht man Vogel-Jaguar im Begriff, sein Ge-

Abb. 7.10
Die Vorgänge in
Tempel 20

a) Türsturz 12

Vogel-Jaguar mit Gefangenen (Datum und Namen der Gefangenen sind verwittert)

Vogel-Jaguar

b) Türsturz 13

Blutopfer, dargebracht von Vogel-Jaguar und Frau Groß-Schädel-Null anläßlich der Geburt Chel-Tes am 18. 2. 752

Frau Groß-Schädel-Null

c) Türsturz 14

Herr Groß-Schädel-Null, Oberhaupt der Familie Frau Groß-Schädel-Nulls

9.15.10.0.1: Das Blutopfer gegen Ende von Schild-Jaguars Leben

(Zeichnungen: Ian Graham)

schlechtsteil zu perforieren, während eine seiner Ehefrauen, Frau Balam, Weiblicher Ahau von Ix Witz[58], über einer mit blutgetränktem Papier gefüllten Schale eine Schnur durch ihre perforierte Zunge zieht.

Die Szene stellt thematisch und formal eine so augenfällige Parallele zu Türsturz 24 in Tempel 23 dar, daß sie den Betrachter unweigerlich zum Vergleich herausfordert, und genau dies hat ihr Stifter wohl auch beabsichtigt. In der älteren Szene in Tempel 23 akzeptiert die Hauptfrau, Frau Xoc, die Geburt des Sohnes der Nebenfrau Frau Abendstern. Dasselbe geschieht nun auch hier: Frau Balam erkennt die Geburt des Erben, der das Kind einer anderen ist, an. Der einzige Unterschied ist der, daß Frau Groß-Schädel-Null im Gegensatz zu Frau Abendstern nicht von außerhalb, sondern aus einer prominenten Cahalfamilie Yaxchiláns stammt. Überdies birgt Tempel 21 auch die Stele, die Vogel-Jaguars Mutter bei dem in unserer fiktiven Geschichte plastisch ausgemalten Blutopfer vom 9.15.10.0.1 (siehe Abb. 7.6b) zeigt. Damit wird die Geburt des Erben noch mit einem weiteren bedeutenden Blutentnahmeritual verbunden.

Im Dekor eines benachbarten Tempels (Tempel 20) geht Vogel-Jaguar noch einmal auf die Riten anläßlich der Geburt ein, diesmal mit einem Bild, das ihn zusammen mit Frau Groß-Schädel-Null, der Mutter des Neugeborenen, zeigt. Sie hält in der einen Hand das personifizierte Blutentnahmestilett und in der anderen die Blutauffangschale (siehe Abb. 7.10b). Gegen ihren Brustkorb preßt sie den Schwanz der Visionsschlange, die sich quer durch den leeren Raum windet, um sich in der Hand des Kindvaters niederzulassen. Der Hieroglyphentext, der die Geburt vermeldet, befindet sich direkt vor dem Menschenkopf, der aus dem Rachen der Schlange hervortritt. Bei dieser Erscheinung handelt es sich entweder um einen Ahnen, der gekommen ist, die Geburt des Erben zu bezeugen, oder um Chel-Te-Chan-Mah-Kina selbst, dessen Geburt hier als Aufsteigen aus dem Rachen der Visionsschlange symbolisiert ist. Diese Darstellung der Geburt des Thronfolgers schmückt dasselbe Bauwerk wie Türsturz 14 mit dem Bild von Frau Groß-Schädel-Null und ihrem Bruder, das die beiden zeigt, wie sie während des großen Blutopfers am 9.15.10.0.1 gemeinsam die Visionsschlange halten (siehe Abb. 7.6a und 7.10c). Im Dekor der Tempel 20 und 21 brachte Vogel-Jaguar also sowohl die Geburt seines Erben als auch die Gefangennahme des Cahal Yax-Cib-Tok in Zusammenhang mit der für seine politischen Ziele so wichtigen kollektiven Blutentnahme.

Nach der Gefangennahme des Cahal und der Zeugung eines Erben stand Vogel-Jaguars Thronbesteigung nichts mehr im Weg. Es verwundert nun, daß er nach so langem und anstrengendem Kampf um den Thron keinen allzu großen Eifer darauf verwendete, das Ereignis für die Nachwelt in Bildern festzuhalten. Er begnügte sich mit Hieroglyphentexten auf Stele 11, den Treppenstufen des Tempels 41 und den Türstürzen von Struktur 10, die er genau Frau Xocs Tempel 23 gegenüber an der Großen Plaza erbauen ließ.

Das einzige erhaltene Bild von Vogel-Jaguars feierlicher Inthronisation findet sich im – oberhalb und hinter den Bauwerken, die sein Thronfolgerecht dokumentieren sollen (Tempel 13, 20, 21, 22 und 23) – an den Hang gebauten Tempel 33, einem der größten und bedeutendsten Bauten, die der neue Herrscher in der ersten Hälfte seiner Regierungszeit errichten ließ. Er ist in jedem seiner drei Eingänge mit einem skulptierten Türsturz geschmückt; die breite Treppenstufe an der obersten Plattform trägt die bereits genannten Reliefdarstellungen denkwürdiger Ballspielereignisse (siehe Abb. 7.7). Das Bild, das Vogel-Jaguar während der Inthronisationszeremonie zeigt, befindet sich auf dem Türsturz über dem linken Eingang (Türsturz 1; siehe Abb. 7.11 a). Der Herrscher streckt hier einem Publikum außerhalb des Bildausschnitts in der erhobenen Hand eine Figurine des Gottes GII[59] entgegen. Hinter ihm steht die Mutter seines neugeborenen Sohnes, Frau Groß-Schädel-Null, und hält ein Bündel an die Brust gepreßt.[60] Die Verbalphrase in dem Hieroglyphentext über ihrem Kopf verkündet, daß sie – genau wie Frau Xoc es am Tag seiner Thronbesteigung für Schild-Jaguar tat (Türsturz 25; siehe Abb. 7.3 b) – in Kürze ein Blutopfer darbringen wird.[61] Sehr wahrscheinlich fiel ihr als Stellvertreterin des Königs beim Blutentnahmeritual die Aufgabe zu, genau wie ihre Vorgängerin Frau Xoc den Dynastiegründer zur Epiphanie zu bringen. Erwähnenswert ist ferner, daß ihr Name in einer Form geschrieben ist, die sie als die Mutter des Thronerben ausweist, des Knaben, aus dem später der zweite Schild-Jaguar werden sollte.

Die Feierlichkeiten anläßlich Vogel-Jaguars Thronbesteigung kulminierten am neunten Tag in der Weihe des Tempels 22, den der neue Herrscher an der Uferterrasse unmittelbar neben Frau Xocs Denkmalbau, dem Tempel 23, errichten ließ. Für den Neubau wurden vier sehr alte Türstürze wiederverwendet, die man vermutlich vor Beginn der Umbauung aus dem uralten Vorgängerbau entfernt hatte. Wir erwähnten ja schon, daß einer der strategischen Schachzüge Vogel-Jaguars darin bestand, Türstürze und Hieroglyphen aus den von den Ahnen hinterlassenen Bauten in seine eigenen Monumente zu integrieren.

Auf dem nagelneuen Türsturz über dem mittleren Eingang des Tempels 22 erinnerte Vogel-Jaguar an die Weihe des Vorgängerbaus, die am 16. Oktober 454 stattgefunden hatte. Sein erster Erbauer, König Mond-Schädel, der siebte Thronfolger seit Gründung der Dynastie, hatte dem Gebäude den Namen *Chan-Ah-Tz'i* gegeben. Mit dem Einschluß der älteren Hieroglyphen sollte ein magischer Zusammenhang zwischen der Handlung des königlichen Ahnen und Vogel-Jaguars Weihe des neuen *Chan-Ah-Tz'i* hergestellt werden, die am 12. Mai 752, neun Tage nach der Thronbesteigung des neuen Herrschers, stattfand.

Es ist offensichtlich, daß Vogel-Jaguar mit dem Bau von Tempel 22 lange vor seiner Thronbesteigung begonnen haben muß, damit die Weihe des fertigen Gebäudes – wie geschehen – in das Inthronisationsritual mit

Abb. 7.11
In Tempel 33 protokollierte historische Handlungen

a) Türsturz 1

b) Türsturz 2

c) Türsturz 3

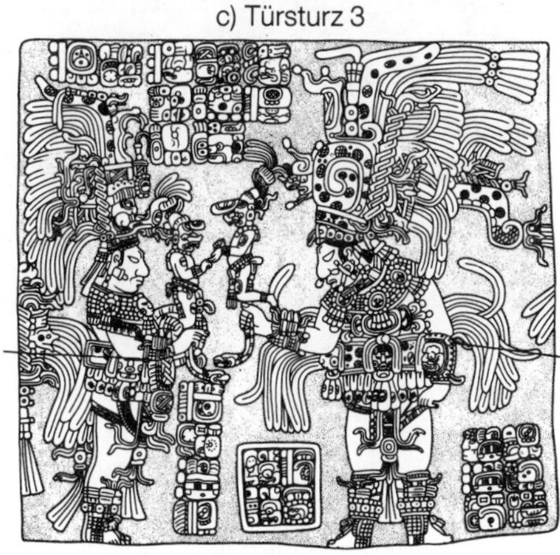

(Zeichnungen: Ian Graham)

einbezogen werden konnte. Dieses Beispiel zeigt deutlich, über welche Machtfülle er bereits vor seinem offiziellen Regierungsantritt verfügte. Daß er gerade dieses Gebäude zu seinem ersten Bauvorhaben erkor und ihm überdies eine Rolle in den Thronbesteigungsfeierlichkeiten zuwies, war nicht zufällig: Nicht nur bot sich ihm hier die Gelegenheit, eine beeindrukkende neue Version des *Chan-Ah-Tz'i* seines illustren Ahnen Mond-Schädel zu schaffen, sondern Tempel 22 stand auch direkt neben Frau Xocs Ehrenmal. So konnte Vogel-Jaguar mit seinem Projekt den Beweis dafür antreten, daß er sowohl die Symbolsprache Frau Xocs meisterlich beherrschte als es auch verstand, sich wie sie in eine Reihe mit einem berühmten und erfolgreichen Ahnen zu stellen. Zweck dieses Baus (wie übrigens auch des Tempels 12, in den Vogel-Jaguar ebenfalls mehrere ältere Türstürze integrierte) war es, ein bedeutendes Monument aus alter Zeit zu umbauen und für die Nachwelt zu erhalten, damit es ihn, Vogel-Jaguar, als legitimen Nachfolger der Könige jener Zeit ausweise.

Tempel 22 war allerdings nur der Auftakt zu einer regen Bautätigkeit, die im Lauf der folgenden zehn Jahre das Gesicht Yaxchiláns vollkommen verändern sollte (siehe Abb. 7.12). Das neue *Chan-Ah-Tz'i* wurde von Vogel-Jaguar schon neun Tage nach seinem offiziellen Regierungsantritt geweiht. Linkerhand des benachbarten Tempels 23 und an diesen angebaut, ließ er Tempel 24 errichten (Weihetag 2. September 755). Auf den Türstürzen sind die Todesdaten seiner nächsten Angehörigen in den unmittelbar vorausgegangenen Generationen verewigt: das seiner Großmutter (12. September 705), Schild-Jaguars (19. Juni 742), Frau Xocs (3. April 749) und seiner Mutter (13. März 751).

Während die Bauarbeiten auf der weiten Terrasse um den Komplex der Tempel 22, 23 und 24 noch im Gang waren, begann Vogel-Jaguar bereits mit der Errichtung eines weiteren Tempels, der Struktur 21. Auch in diesem Gebäude sind die Türstürze so prächtig gestaltet wie ihre Vorgänger in Frau Xocs Tempel. Die Reliefbilder sind folgenden Themen gewidmet: der Gefangennahme Cahal Yax-Cib-Toks, Vogel-Jaguars Blutopfer zur Feier der Geburt seines Sohnes und einem Blutentnahmeritual, das am 28. März 755 – wahrscheinlich als Teil der Tempelweihe – stattfand (siehe Abb. 7.9d). Bei dem zuletzt genannten Ritual war die Opfernde eine von Vogel-Jaguars Ehefrauen, die aus Motul de San José stammende Frau Sechs-Tun. Die Reliefbilder sind, wie erwähnt, bewußt als Wiederholungen der Türstürze von Tempel 23 gestaltet. Die Parallele zu Frau Xocs Monumentalbau unterstrich Vogel-Jaguar noch dadurch, daß er im neuen Tempel die Stele zum Gedenken an das Blutopfer seiner Mutter am 9.15.10.0.1 aufstellen ließ. Dieses Monument, das bereits im Darstellungsstil den meisterlichen Türsturz 25 auf Frau Xocs Tempel imitiert, zeigt Frau Abendstern im gleichen Gewand wie ihre Rivalin die gleiche Schlange mit den zwei Tlaloc-Köpfen beschwören wie diese (siehe Abb. 7.6b). Aus der Gestaltung dieses wie auch anderer Bilder ist klar zu ersehen, wie besessen

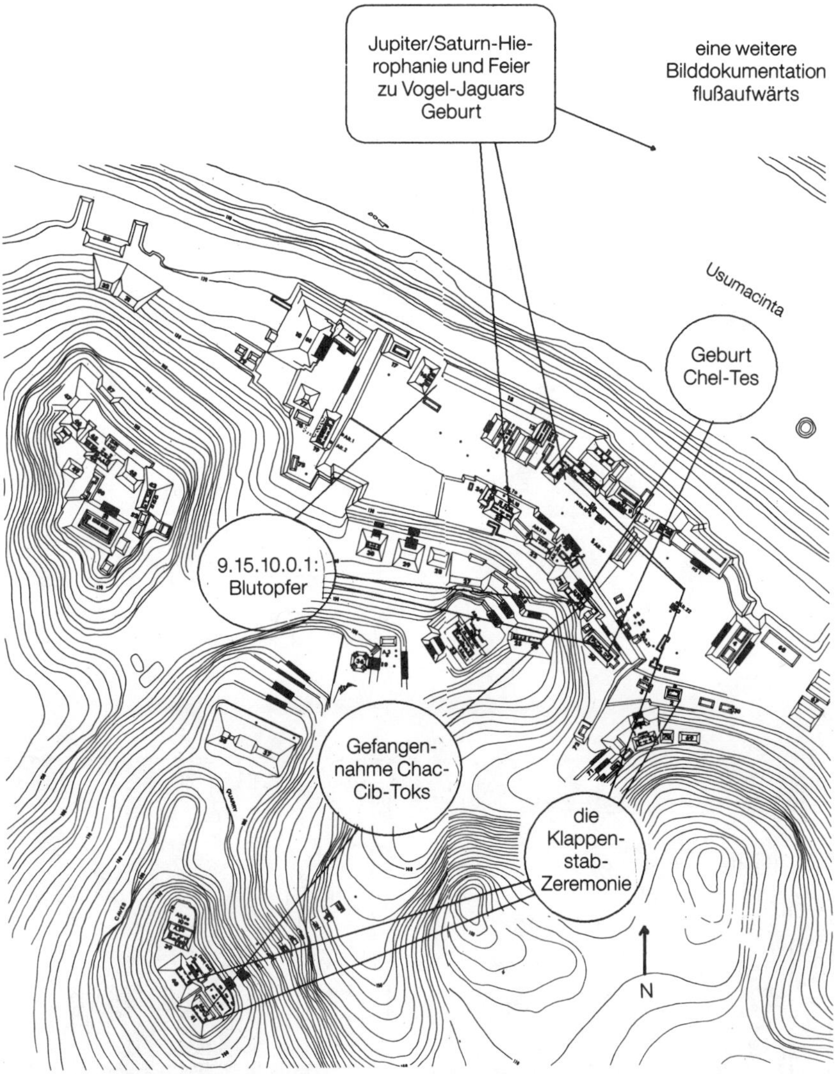

Abb. 7.12 Unternehmungen zur Legitimation von Vogel-Jaguars Herrschaftsanspruch

Vogel-Jaguar von der Vorstellung war, die Gleichrangigkeit seiner Mutter mit Frau Xoc beweisen zu müssen.

Neben Tempel 21 errichtete er Tempel 20, dessen drei Türstürze in ihren Bildinhalten größtenteils das Programm des Nachbarbauwerks wiederholen. Einer zeigt Vogel-Jaguars Ehegattin Frau Groß-Schädel-Null und ihren Bruder beim Blutopfer des 9.15.10.0.1. Auf dem zweiten ist Frau Groß-Schädel-Null zusammen mit ihrem Gatten bei der Ausführung des Blutentnahmerituals zur Feier der Geburt ihres Sohnes zu sehen. Der dritte Türsturz schließlich zeigt Vogel-Jaguar und einen anonymen Würdenträger bei der rituellen Zurschaustellung von vier Gefangenen. Dieses Monument wurde in der Forschung vorläufig auf den 13. November 757 datiert.[62]

Abb. 7.13
Die in Tempel 13 protokollierten historischen Ereignisse

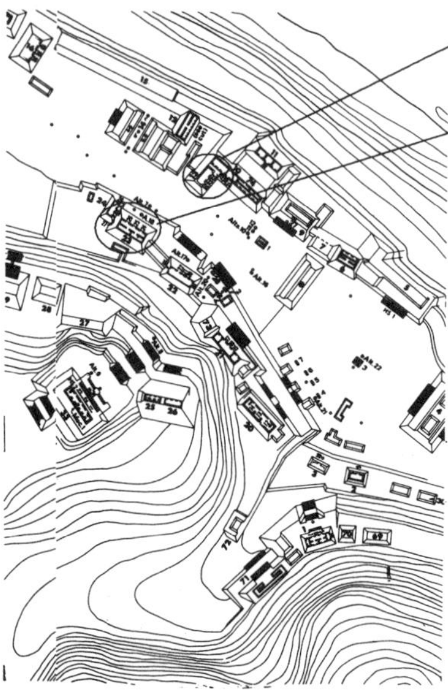

a) Türsturz 50: Schild-Jaguar bei der ersten Klappenstab-Zeremonie am 27. Juni 736 (???)

b) Türsturz 32: Frau Abendstern (Vogel-Jaguars Mutter) beim Bündel-Ritus mit Schild-Jaguar am 29. Oktober 709 (dem Tag nach Frau Xocs – auf Türsturz 24 dargestelltem – Blutopfer)

c) Türsturz 33: Vogel-Jaguars Klappenstab-Zeremonie vom 25. Juni 747

(Zeichnungen: Ian Graham)

Auf der Tempel 23 gegenüberliegenden Seite der Plaza ließ Vogel-Jaguar drei weitere Bauten errichten, die Tempel 10, 12 und 13. In den Dekor von Tempel 12 wurden wieder eine Reihe frühklassischer Türstürze integriert. Sie verzeichnen die Thronfolger Nummer 1 bis 10 der Dynastie sowie die Inthronisation des zehnten Königs (Ta-Schädel) am 13. Februar 526. Dieses Bauwerk sicherte den Mitgliedern der Dynastie von Yaxchilán, aus der Vogel-Jaguar hervorgegangen war, ein ehrenvolles Andenken und rettete zugleich ein wichtiges Kapitel aus der öffentlichen Chronik der Stadt vor dem Untergang, der durch Vogel-Jaguars eigenen furiosen Um- und Überbauungseifer nicht mehr lange hätte auf sich warten lassen.

Westlich von Struktur 12 ließ der neue Herrscher eine L-förmige große Plattform errichten und mit zwei Tempeln bebauen, jeder mit einer dreiteiligen Gruppe von Türstürzen ausgestattet. Eine Gruppe, bestehend aus Türsturz 29, 30 und 31, zeigt rein hieroglyphische Dekoration; die Texte verzeichnen Geburt und Thronfolge des Herrschers sowie die Weihe des betreffenden Tempels (Struktur 10) am 1. März 764. Die Türstürze des Nachbarbaus (Struktur 13) hingegen tragen ein außerordentlich interessantes Bilddekor (siehe Abb. 7.13). Auf Türsturz 50 (im linken Eingang) ist Schild-Jaguar bei der Ausführung jener ersten Klappenstab-Zeremonie zu sehen, die Vogel-Jaguars Kampf um die Thronfolge einleitete.[63] Das kompositorische Gegengewicht dazu bildet im rechten Eingang Türsturz 33, der Vogel-Jaguar zeigt, wie er elf Jahre später, am Tag der Sommersonnenwende (25. Juni) 747, nun seinerseits die Klappenstab-Zeremonie ausführt.

Türsturz 32 im mittleren Eingang zeigt Vogel-Jaguars Mutter, Frau Abendstern, bei einem Bündel-Ritual (siehe Abb. 7.13 b). Die Bildlegende teilt mit, daß diese Handlung einen Tag, nachdem Frau Xoc auf Betreiben von Schild-Jaguar Vogel-Jaguars Geburt mit einem Blutopfer gefeiert hatte, stattfand. Die meisterhafte Darstellung von Frau Xocs heldenmütiger Selbstkasteiung befindet sich genau gegenüber auf der anderen Seite der Plaza. Wir können demnach davon ausgehen, daß Vogel-Jaguar mit der Darstellung auf Türsturz 32 klarstellen wollte, auch seine Mutter habe in den Riten anläßlich seiner Geburt eine – nicht geringe – aktive Rolle gespielt. Das Bündel, das sie umklammert, dürfte denn sehr wahrscheinlich das Instrumentarium der blutigen Selbstkasteiung wie Schale, Schnur und Lanzette enthalten. Damit gab Vogel-Jaguar zu verstehen, daß die Bedeutung des Parts seiner Mutter in den Weiheritualen derjenigen Frau Xocs um nichts nachstand. Um seine Botschaft noch zu unterstreichen, rahmte er die Bündel-Zeremonie mit jenen zwei Klappenstab-Zeremonien ein, auf denen zu einem wesentlichen Teil sein Legitimitätsanspruch beruhte. Die Dekoration von Struktur 13 stellt so gesehen entscheidende historische Begebenheiten in einen kausalen Zusammenhang – und bietet damit retrospektive Geschichte in ihrer Höchstform: Vogel-Jaguars meisterhaft inszenierte Veranstaltungen mit ihren vielen Bedeutungsnuancen und Sinnbezügen

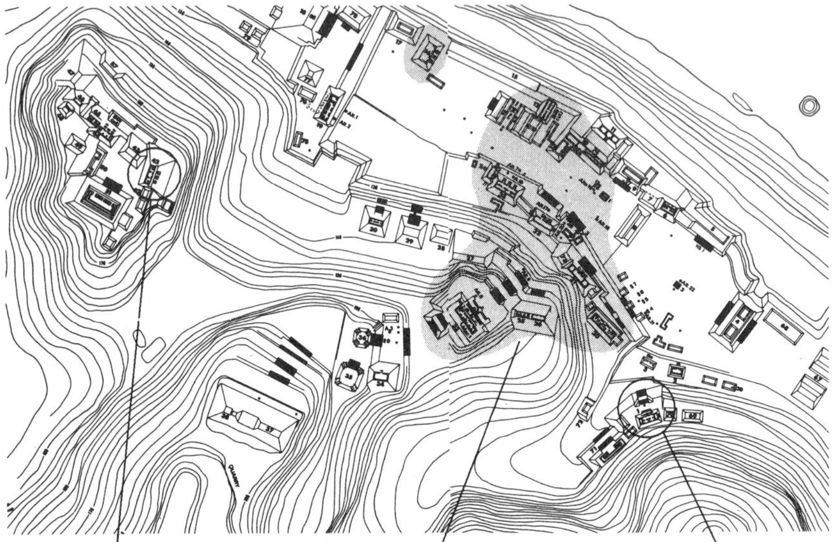

Abb. 7.14 Vogel-Jaguars Bauprogramm: Die zweite Phase

suggerierten seinem Publikum das Geschichtsbild, das er ihm als Tatsache einzureden wünschte.

Mit der Fertigstellung von Struktur 13 war zugleich auch Vogel-Jaguars politische Selbstlegitimierungskampagne erfolgreich beendet. Danach bestand seine Aufgabe hauptsächlich darin, sich die Loyalität der Oberschicht zu erhalten und diese für die Unterstützung seines Sohns als Thronfolger zu gewinnen. Die Anstrengung, die es ihn gekostet hatte, sein Erbe anzutreten und zu sichern, hat ihn stark gezeichnet – so sehr, daß er für den Rest seines Lebens seine ganze verbleibende Energie darauf verwendete, dem eigenen Erben ein vergleichbares Schicksal zu ersparen.

Den neuen Propagandafeldzug eröffnete Vogel-Jaguar mit dem Bau eines neuen Tempelkomplexes auf den Hängen oberhalb des steil abfallenden Flußufers. Kernstück war der riesige Tempel 33, den im Westen Tempel 1 und im Osten Tempel 42 flankieren (siehe Abb. 7.14). Die drei Bauwerke besitzen insgesamt zehn Türstürze, die sich zu einer historischen Chronik der Ereignisse zwischen Vogel-Jaguars Thronbesteigung und seinem Fünf-Tun-Regierungsjubiläum summieren. Wieder ist die gleiche Erzähltechnik wie in der um Tempel 23 zentrierten Bausequenz angewendet: die wiederholte Darstellung von Schlüsselszenen an verschiedenen Orten. Damit war es ihm möglich, mehr von seinen Würdenträgern und Anhängern mit der Ehre auszuzeichnen, gemeinsam mit ihrem König in die öffentlichen Annalen der Geschichte einzugehen (siehe Abb. 7.15).

Das erste der in diesem Zusammenhang protokollierten Ereignisse, eine
 Bündel-Zeremonie, fand vierzig Tage nach Vogel-Jaguars Thronbestei-

Die Wasserfälle von Palenque schlugen mit ihrem Zauber Linda Schele schon bei ihrem ersten Besuch in Bann. Die alten Maya, die ihre Stadt nahe dieser lebenspendenden Gewässer erbauten, müssen in ihrem Lauf ein Symbol des ewigen Rhythmus von Vergehen und Neuentstehen gesehen haben. (Foto: © 1972 Justin Kerr)

Tempel 33 (ca. 400–700 n. Chr.) in Tikal, hier durch Archäologen noch teilweise abgetragen, war das erste bedeutende Bauwerk Ah-Cacaws. Der König ließ Stele 31 im Innern des alten Tempels beisetzen, bevor man diesen mit dem hier zu sehenden letzten Bau umschloß. Der gewaltige neue Sakralbau wurde am 17. September 695 n. Chr., genau 260 Jahre nach dem letzten auf Stele 31 vermerkten Datum, geweiht. (Foto: Peter Harrison)

Luftaufnahme von Cerros. Unten rechts, direkt am Ufer, sieht man Struktur 5 C-2 (ca. 50 v. Chr. – 50 n. Chr.), den ersten Tempelbau in diesem Zentrum , aus dem Wald herausragen. Die von einem späteren König errichtete nach Osten blickende Akropolis steht am Beginn des in der Bucht von Chetumal liegenden modernen Piers. Im 1. Jahrhundert v. Chr. machten die Bewohner von Cerros einen Versuch mit der Institution des Königtums, den sie jedoch nach hundert Jahren abbrachen, um zur dörflichen Lebensform zurückzukehren. (Foto: William M. Ferguson und John Q. Royce)

Luftaufnahme von Tikal. Ganz oben die Nordakropolis. In der Bildmitte die Große Plaza, rechts davon Tempel I, links Tempel II. Im Vordergrund rechts die Mittlere Akropolis. Die Architektur der Nordakropolis, soweit sichtbar, stammt größtenteils aus dem Frühklassikum (ca. 300–600 n. Chr.), die Große Plaza sowie der überwiegende Teil der Mittleren Akropolis aus dem Spätklassikum (ca. 600–800 n. Chr.). (Foto: William M. Ferguson und John Q. Royce)

Copán: Eine Luftaufnahme, auf der viele von 18-Kaninchens bedeutendsten Bauwerken zu sehen sind. Die Große Plaza mit ihren Baum-Steinen *(oben)* wurde im frühen 8. Jahrhundert angelegt. Sechs Monate, nachdem er den Neubau des Ballspielplatzes *(unten rechts)* beendet hatte, wurde 18-Kaninchen vom König von Quiriguá gefangengenommen und rituell geopfert. Die Stele am oberen Ende des Ballspielplatzes ließ 18-Kaninchens Vater aufstellen, der winzige Altar daneben stammt von dem tragischen letzten König von Copán, dem Maya-Königreich, das die Hegemonialherrschaft über das westliche Honduras und das Motagua-Tal in Guatemala ausübte. (Foto: William M. Ferguson und John Q. Royce)

Panoramaaufnahme, auf der zwei der drei Bauten der Kreuzgruppe (692 n. Chr.), der bedeutendsten Monumente König Chan-Bahlums von Palenque (Mexiko), zu sehen sind. Der Blick vom Eingang des Blattkreuztempels umfaßt den Sonnentempel *(links)*, den Palast *(Bildmitte)* und den Kreuztempel *(am rechten Bildrand, von Zweigen halb verdeckt)*. (Foto: MacDuff Everton)

Diese Panoramaaufnahme zeigt im Vordergrund das südliche Ende des palenkanischen Palastes. Links Gebäude E (in dessen Innerem sich die Ovale Tafel mit dem Protokoll Pacals der Inthronisation befindet), darüber im Hintergrund die Kreuzgruppe. Am rechten Bildrand erhebt sich der Tempel der Inschriften, Pacals Grabmal, vor der Bergwand. (Foto: MacDuff Everton)

Farbenfroh bemalte Kleinplastik aus Ton (ca. 600–800 n. Chr.), die einen spätklassischen Maya-König in der Maske des Gottes Chac-Xib-Chac darstellt. Zu der prächtigen Tracht gehören ein Königsgürtel, ein mächtiges Brustgehänge, ein bestickter Schurz und mit einer Quaste besetzte Sandalen. Am linken Handgelenk befestigt trägt der Herrscher einen runden Schild, und sehr wahrscheinlich hielt er ursprünglich auch einen kleinen Speer in der Rechten. Um den Mund trägt er einen Schmuck, wie er ähnlich im Sarg Pacals gefunden wurde. (Foto: © 1972 Justin Kerr)

Polychrom bemalte Deckelschale (426 n. Chr.), gefunden im Grab Schnutes (Grab 10) in Tempel 33 in Tikal (Guatemala). Die Form ist typisch für den Maya-Keramikstil, in den Motiven der Bemalung verrät sich jedoch der Einfluß Teotihuacáns, des mächtigen Stadtstaats nahe dem heutigen Mexiko City. (Foto: © 1964 Justin Kerr)

Türsturz 41 schmückte einstmals den Eingang in die Struktur 16 auf dem Ruinenplatz Yaxchilán in Mexiko. Das steinerne Reliefbild zeigt Vogel-Jaguar mit einer seiner zwei Ehefrauen aus Motul de San José, Frau 6-Himmel-Ahau, die ihm beim Anlegen seiner Kriegerrüstung hilft. Der König hält einen Kampfspeer in der Hand und trägt einen Tlaloc-Kopfputz. (Foto: © 1985 Justin Kerr)

Türsturz 24 (ca. 700–725 n. Chr.), die ehemalige Oberschwelle des linken Eingangs in die Struktur 23 in Yaxchilán (Mexiko). Das Steinrelief zeigt eine rituelle Blutentnahme anläßlich der Geburt eines männlichen Nachkommens des zweiundsechzigjährigen Königs Schild-Jaguar. Er hält eine brennende Fackel über Frau Xoc, seine Hauptfrau, die sich zur Feier der Niederkunft einer jüngeren Nebenfrau eine dornenbewehrte Schnur durch ihre durchbohrte Zunge zieht. Das Kind namens Vogel-Jaguar sollte später nach zehnjähriger Auseinandersetzung mit Rivalen, wahrscheinlich Nachkommen Frau Xocs, König werden. (Foto: © 1985 Justin Kerr)

Tempel 22 in Copán, 715 n. Chr. geweiht, wurde von 18-Kaninchen zur Feier seines 1-Katun-Jubiläums auf dem Königsthron erbaut. Der abgebildete Eingang mit dem außergewöhnlichen Skulpturenschmuck führt ins innerste Heiligtum, wo der Erbauer und seine Nachfolger ihre rituellen Blutopfer darbrachten und mit ihren Ahnen sprachen. Die Skulptierung stellt das Himmelsgewölbe dar, das von Pauahtunob genannten Gottheiten weit über die Unterwelt der Totengebeine emporgehoben wird. (Foto: © 1987 Justin Kerr)

Jadeohrstecker (ca. 50 v. Chr. – 50 n. Chr.), der ehemals fest mit der Krempe des Kopfputzes eines vorklassischen Königs von Pomoná (Belize) verbunden war. Die eingeritzten Glyphen bilden zusammen mit dem Loch in der Mitte ein Quincunx-Muster. Die Inschrift beschwört den Sonnen- und Maisgott und gemahnt an die Riten zur Huldigung ihrer Macht. (Foto: © 1985 Justin Kerr)

18-Kaninchen, einer der bedeutendsten Könige Copáns, wie er auf der Ostseite von Stele C, des ersten von ihm auf der Großen Plaza aufgestellten Baum-Steins, abgebildet ist. Das kräftige Rot stammt noch von der originalen Bemalung. (Foto: Linda Schele)

Kolossal-Stuckmasken (ca. 50 v. Chr.) an den Wänden der östlichen Terrasse von Struktur 5 C-2 in Cerros (Belize). Sie stellen den Sonnengott *(unten)* und den Venusgott *(oben)* beim Aufgang über dem Horizont im Morgengrauen dar. (Foto: James F. Garber)

Die dem Tempel der Krieger (ca. 850–950 n. Chr.) in Chichén Itzá (Yucatán/Mexiko) vorgebaute Säulenhalle in ihrem heutigen Zustand. (Foto: © 1975 Barbara Kerr)

Stele 31 (447 n. Chr.), der Baum-Stein des großen Königs Sturmhimmel, an ihrem Fundort in Tempel 33 in Tikal. Auf der hier gezeigten Seitenfläche sieht man Sturmhimmels Vater, Schnute, in der Tracht des Tlaloc-Kriegers. (Foto: © 1964 Justin Kerr)

Jadekleinodien aus einem Kultdepot auf der Hochterrasse der Struktur 6, des zweiten in Cerros erbauten Tempelkomplexes. Die Maske in der Mitte wurde als Brustplatte getragen, die kleineren Steine waren an einem Stirnband befestigt, das als Königskrone diente. (Foto: Linda Schele)

Yukatekische Maya beim *primicia*-Ritual in Yaxuná (Yucatán) 1986. Die Zweige an den vier Tischecken stellen die Bäume an den vier Ecken der Welt dar. Die Eßwaren und Getränke sind auf der Mittelachse verteilt, die in alter Zeit den Weltenbaum *Wacah Chan* symbolisierte. Die Symbolik des Rituals und des dabei benutzten Altars leitet sich direkt von vorkolumbischen Glaubensvorstellungen und Ritualpraktiken her. (Foto: Debra S. Walker) ▽

Die Westgalerie (geweiht 654 n. Chr.) des von den Einwohnern des antiken Palenque *Zac Nuc Nah*, «Weißes Großes Haus», genannten Gebäudes. *Gegenüber:* Die Ovale Tafel in Gebäude E des Palastes zeigt Pacal, wie er während des Initiationsrituals aus den Händen seiner Mutter einen Kopfputz empfängt. Die meisten der Nachfolger Pacals nahmen zum Vollzug der Inthronisationszeremonie auf dem Thron Platz, der sich unter der Ovalen Tafel befand. (Foto: MacDuff Everton)

Fotografische Abrollung einer Schale (ca. 590–630 n. Chr.), die Herrscher 1 von Naranjo einer hochgestellten Dame in Tikal als Geschenk überreichen ließ und die ihrer Eigentümerin ins Grab (in Struktur 5 G-8) mitgegeben wurde. Der Rand zeigt Darstellungen des mit Schlangen im Schnabel das heilige Maya-Land überfliegenden Himmelsvogels. (Fotografische Abrollung: © 1986 Justin Kerr)

Diese ungewöhnliche Statuette des Schutzgottes der Schreiber und Künstler (ca. 725–750 n. Chr.) schmückte einst Struktur 9 N-82 in Copán (Honduras), das Haus einer adligen Schreiberfamilie. Haarnetz *(paua)* und *tun*-Zeichen auf der Schulter der Figur ergeben zusammen gelesen deren Namen: Pauahtun. Das Gesicht ist das des Brüllaffen, der in der Mythologie der Maya die Verkörperung der Handwerkskunst ist. Hier hält er das Arbeitswerkzeug des Schreibers, Zeichenpinsel und Farbtopf, in den Händen. (Foto: © 1985 Justin Kerr)

Fotografische Abrollung eines Vasenbilds (ca. 600–800 n. Chr.), das Aufschluß über Einzelheiten der Kriegführung in alter Zeit gibt. Gezeigt werden mit kunstvollem Kopfputz und Schrumpfköpfen getöteter Feinde geschmückte, mit Lanzen, Streitäxten und flexiblen Schilden bewehrte Krieger in kurzärmeliger Kampfjacke, die bereits entwaffnete, aber noch mit ihrer Kriegertracht bekleidete Gefangene bei den Haaren packen, um sie gefügig zu machen. Einer von ihnen hält mit einer Hand das Bein seines Überwinders umklammert, während er die Leiden seiner Kameraden verfolgt. (Fotografische Abrollung: © 1987 Justin Kerr)

Eine Orakelzeremonie, die sich in unseren Tagen vor einer antiken Skulptur in La Democrácia (Guatemala) abspielt. Kopalrauchschwaden ziehen um das Kolossalhaupt, und auf dem steinernen Altarblock liegt der Medizinbeutel des Schamanen, gefüllt mit Bergkristallen und Maiskörnern. Auf dem Foto nicht zu sehen ist der Schokoladenriegel, den der Medizinmann in den Mund der Skulptur gelegt hat, um sie für die Dauer der Zeremonie zum Leben zu erwecken. Gleichartige Requisiten und Rituale waren schon vor zweitausend Jahren bei den vorkolumbischen Schamanen Brauch. (Foto: © 1987 Justin Kerr)

Fotografische Abrollung eines zylindrischen Gefäßes (ca. 600–800 n. Chr.), auf dem ein beleibter Würdenträger aus Motul de San José zu sehen ist, der, in seine Kissen zurückgelehnt, sich selbst in einem von einem Zwerg gehaltenen Spiegel bewundert. Er ist von anderen Hochgestellten umgeben, zu seinen Füßen sitzen ein zweiter Zwerg, ein Buckliger und ein Edler mit einer Blume in der Hand. Gleich hinter der Palastwand, die mit dem linken Bildrand zusammenfällt, spielt eine mit drei Männern besetzte Kapelle: Die Instrumente – zwei Holz- und eine Tritonshorntrompete – ragen noch ins Bild. Im Vordergrund stehen drei Irrigationskrüge sowie ein bauchiger Krug, der offenbar die von dem einen Zwerg aus einer Trinkschale geschlürfte Flüssigkeit enthält. (Fotografische Abrollung: © 1981 Justin Kerr)

Palenque von Norden, vom Tempel der Inschriften aus gesehen. Im Vordergrund der Palast, das wichtigste Wohn- und Zeremonialzentrum der Könige. Rechts die von Chan-Bahlum zur Feier seiner Inthronisation im ausgehenden 7. Jahrhundert erbaute Kreuzgruppe. (Foto: MacDuff Everton)

Fotografische Abrollung eines mehrfarbigen zylindrischen Gefäßes (ca. 600–800 n. Chr.). Es zeigt einen Palastraum, der ausgemalt ist mit Bildern des Jaguargotts und vierpaßähnlichen Mustern aus Wasserpflanzen, die das skelettierte Antlitz eines Totengotts umrahmen. Auf einer Bank thront, gegen ein Rückenkissen gelehnt, ein Würdenträger aus Dos Pilas; zu seiner Linken stapeln sich auf der Bank Bündel und Kästen. Vor ihm auf dem Boden sitzen vier hohe Herren, ein kniender Diener hält von der Seite her irgendeinen Gegenstand zu ihm empor. Zwei der Würdenträger blicken mit gebannter Aufmerksamkeit zu dem Thronenden, während die anderen beiden, einander zugewandt, in ein Gespräch – möglicherweise über Geschäfte – vertieft sind. (Fotografische Abrollung: © 1981 Justin Kerr)

◁ Fotografische Abrollung einer polychrom bemalten Vase (ca. 600–800 n. Chr.). Ein Würdenträger aus Dos Pilas thront mit einem großen Kissen im Rücken auf einer Bank. Zwei Edelleute bringen ihm Blumensträuße, deren Verwendungszweck möglicherweise mit dem Irrigationskrug mit dem runden Boden zusammenhängt, der zwischen ihnen auf dem Fußboden steht. Um den Thronenden herum sind auf Bank und Fußboden weitere Gefäße von unterschiedlicher Form angeordnet. Der aus drei Glyphen zusammengesetzte Schriftblock hinter dem Kopf der Hauptfigur nennt den Namen des Künstlers dieses Vasenbilds, der sich möglicherweise in der mittleren Figur mit dem im Kopfputz steckenden Malerpinsel selbst darstellte. (Fotografische Abrollung: © 1989 Justin Kerr)

Frühklassisches Deckelgefäß (ca. 200–450 n. Chr.). Der Deckelgriff stellt den Sonnengott dar, wie er im Kanu über die Wasser der Unterwelt paddelt. Die vier als Nabelschweinköpfe geformten Beine tragen nicht nur realiter das Gefäß, sondern auf symbolische Weise zugleich auch die auf Gefäß und Deckel abgebildeten Wasser der Welt. (Foto: © 1986 Justin Kerr)

Jadekopf (ca. 350–500 n. Chr.), der den Alten Gott des Menschenopfers durch Enthauptung darstellt, wie er auch im Protokoll der Eroberung Uaxactúns durch Tikal auf der Spielfeldmarkierung in Komplex 6C-XVI in Tikal erscheint. (Foto: © 1984 Justin Kerr)

Fotografische Abrollung einer polychrom bemalten zylindrischen Vase (ca. 600–800 n. Chr.), auf der eine Szene in einem mit Wandteppichen drapierten Palastraum wiedergegeben ist. Eine Frau aus Dos Pilas, bekleidet mit einem Huipil aus feiner, durchsichtiger Spitze, kniet vor einem Würdenträger aus Motul de San José, der im Schneidersitz auf einer mattenbedeckten Bank thront. Mit einer Hand drückt er ein kleines Götterbild an seine Brust, mit der anderen hält er der Knienden eine Rassel (oder Klistierspritze) entgegen. Hinter ihm befindet sich ein mächtiges Kissen, vor ihm auf dem Boden stehen zwei große Keramikgefäße. (Fotografische Abrollung: © 1984 Justin Kerr)

gung, am 12. Juni 752 (zehn Tage vor der Sommersonnenwende dieses Jahres), statt (siehe Abb. 7.15 a). Auf Türsturz 5 in Tempel 1 ist zu sehen, wie sich der Herrscher bei dieser Gelegenheit mit einem Baumzepter in jeder Hand präsentiert; neben ihm steht, das Kultbündel im Arm, eine seiner von auswärts stammenden Ehefrauen, in diesem Fall Frau Sechs-Himmel-Ahau aus Motul de San José.[64] Das zweite Bild vom Ritualgeschehen jenes Tages (Tempel 42, Türsturz 42) zeigt Vogel-Jaguar ohne seine Frau, aber in Begleitung von Kan-Toc, einem seiner treuesten Cahalob.[65] Der König streckt dem Würdenträger, der Streitaxt und Schild in den Händen hält, in der erhobenen Hand ein (Gott GII-)Figurinenzepter entgegen.

Den konkreten Anlaß für die Feier an jenem 12. Juni kennen wir nicht. Unübersehbar ist jedoch, daß Vogel-Jaguar es für politisch opportun hielt, das rituelle Tagesgeschehen an zwei verschiedenen Orten auf Türstürzen zu verewigen: Im einen Fall tritt er zusammen mit einer Ehefrau in Erscheinung, die ihm wahrscheinlich eine Bundesgenossenschaft mit einer auswärtigen Macht eingebracht hat; im anderen Fall zeigt er sich in Begleitung eines seiner bedeutendsten Würdenträger. In der Tradition der Maya war es nicht üblich, untergeordnete Edelleute zusammen mit ihrem Souverän abzubilden. Das legt die Vermutung nahe, daß wir es hier mit einem gezielten Hofieren des betroffenen Cahal zu tun haben; wahrscheinlich wollte man sich durch das Herausstellen seiner Person seiner Loyalität versichern. Und ähnlich dürfte es sich auch im Fall der fremdgebürtigen Ehefrau verhalten haben. Als Mitgift muß sie die Unterstützung mächtiger Bundesgenossen in die Ehe mit dem König von Yaxchilán eingebracht haben.

Zu einem späteren Zeitpunkt in diesem Jahr, beginnend am 16. Oktober 752, inszenierte Vogel-Jaguar eine Reihe von Ritualfeiern, die er wiederum einzeln in doppelter bildlicher Darstellung protokollieren ließ. Während der ersten Zeremonie sieht man Vogel-Jaguar mit einem sonderbar aussehenden Stab in der Hand, an dessen oberem Ende sich ein Korb befindet, der einem GII-Figürchen als Sitzgelegenheit dient (siehe Abb. 7.15 b). In der auf Türsturz 6 in Tempel 1 wiedergegebenen Szene erkennt man Kan-Toc – den Cahal, den wir bereits kennengelernt haben –, in einer Hand Papier haltend, wie es bei der Blutentnahme verwendet wurde, in der anderen eine Keule in Form einer Jaguartatze, vor dem König stehen. Die Ergänzung dazu auf Türsturz 43 in Tempel 42 zeigt Vogel-Jaguar in Gesellschaft einer seiner Ehefrauen, Frau Balam aus Ix Witz, die wir von Türsturz 17 in Tempel 21 her kennen, wo sie beim gemeinsamen Blutopfer mit Vogel-Jaguar anläßlich der Geburt Chel-Te-Chan-Mah-Kinas, des Thronerben, zu sehen ist. Hier, auf Türsturz 43, tritt Vogel-Jaguar lediglich in der Beobachterrolle auf, während Frau Balam neuerlich das Blutopfer darbringt. Sie trägt die für dieses Ritual benötigte Schale in Händen, über deren Rand eine blutgetränkte Schnur herabhängt. Der Zeitpunkt liegt

a) Die Ereignisse des 12. Juni 752

Türsturz 5
Vierzig Tage nach seiner Thronbesteigung präsentiert Vogel-Jaguar ein Vogelzepter, während seine Frau ein Bündel bereithält

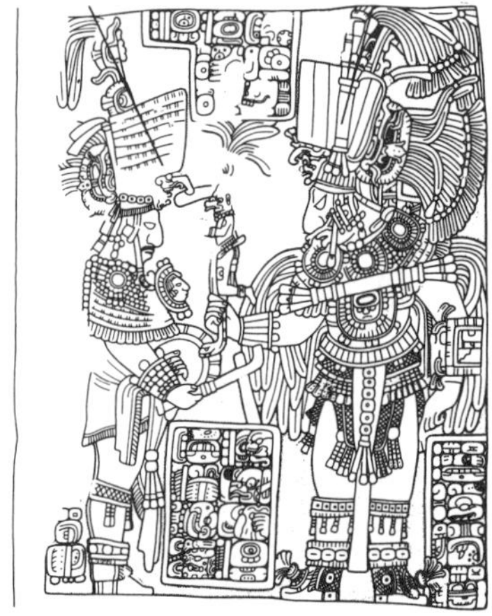

Türsturz 42
Am selben Tag präsentiert Vogel-Jaguar, seinem für die Schlacht gerüsteten Cahal Kan-Toc gegenüberstehend, ein Figurinenzepter

b) Die Ereignisse des 16. Oktober 752

Türsturz 6
Vogel-Jaguar präsentiert gemeinsam mit seinem Cahal Kan-Toc den Korbstab

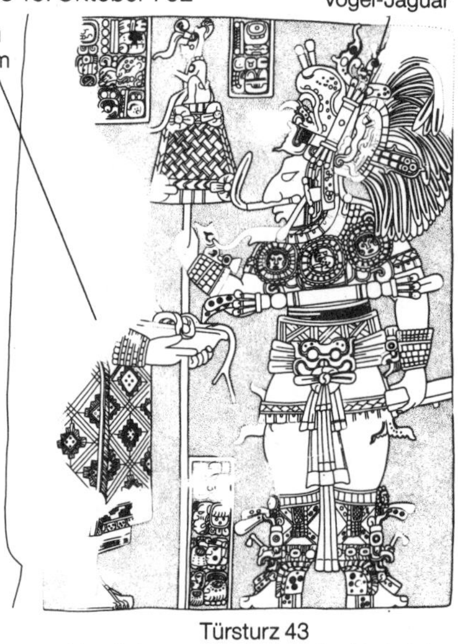

Türsturz 43
Vogel-Jaguar präsentiert den Korbstab gemeinsam mit seiner Ehegefährtin Frau Balam aus Ix Witz

entweder unmittelbar vor oder unmittelbar nach der Szene mit dem Cahal. Man beachte, daß Vogel-Jaguar hier das Papier in der Hand hält, das sich auf dem anderen Bild in Kan-Tocs Hand befindet. Daß dieses Papier in beiden Szenen erscheint, ist ein Indiz dafür, daß wir es mit zwei verschiedenen Augenblicken ein und derselben Handlung zu tun haben.

Abb. 7.15
Einander ergänzende Ereignisprotokolle in Tempel 1 (links) und Tempel 42 (rechts)

c) Türsturz 7: Eine Aktion am 18. Oktober 752

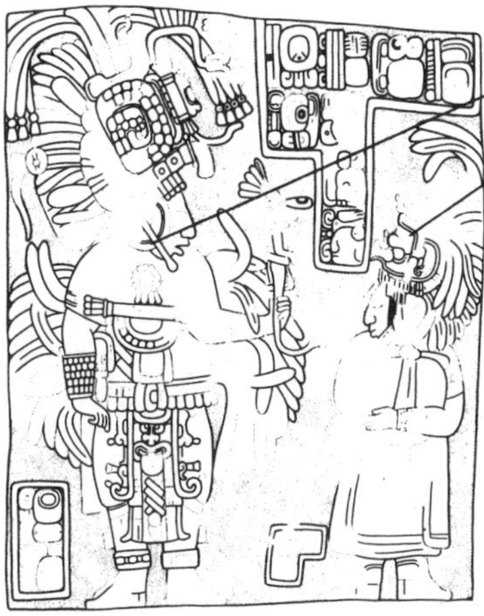

Zwei Tage nach dem Korbstab-Ereignis präsentiert Vogel-Jaguar das Figurinenzepter im Beisein einer Ehefrau, die ein Bündel trägt

Im Bildprogramm des Tempels 42 erscheint das Ereignis vom 18. Oktober nicht

d) Die Ereignisse des 9. Mai 755

Türsturz 8
Vogel-Jaguar und Kan-Toc, jeder mit einem Kriegsgefangenen

(alle Zeichnungen: Ian Graham)

Türsturz 41
Frau 6-Himmel-Ahau mit Vogel-Jaguar bei einem Ritualakt vor dem Auszug in die Schlacht (evtl. Anlegen der Rüstung oder Blutentnahme)

Diese besonderen Feierlichkeiten zogen sich allem Anschein nach über mehrere Tage hin, denn zwei Tage später trat Vogel-Jaguar mit dem Figurinenzepter in der Hand im Rahmen des auf Türsturz 7 in Tempel 1 dokumentierten Ritus auf (siehe Abb. 7.15 c). Neben ihm steht, ein großes Kultbündel an die Brust gepreßt, eine seiner Frauen. Da ihre Namensglyphe bis zur Unleserlichkeit verwittert ist, können wir sie zwar nicht zweifelsfrei identifizieren, trotzdem sind wir ziemlich sicher, daß es sich um die zweite der aus Motul de San José stammenden Frauen handelt.[66]

Als letzte Begebenheit ist in dieser Folge von Türstürzen Vogel-Jaguars Gefangennahme des Ahau Juwelengeschmückter-Schädel protokolliert, des berühmtesten und bedeutendsten Gefangenen, den er je nach Hause brachte (siehe Abb. 7.15 d). Wieder ist das Geschehen in zwei Versionen dargestellt. Und nach inzwischen schon vertrautem Muster wird der Herrscher in gemeinsamer Aktion einmal mit einem Cahal, das andere Mal mit einer seiner Ehefrauen gezeigt. Auf Türsturz 41 stehen Frau Sechs-Himmel-Ahau aus Motul de San José und Vogel-Jaguar einander gegenüber. Letzterer ist in vollem Kriegerornat einschließlich Baumwollpanzer und Lanze abgebildet, und seine Frau hat ihm – in einer Zeremonie der gleichen Art, wie sie (auf Türsturz 26 protokolliert; siehe Abb. 7.3 c) einunddreißig Jahre früher zwischen Schild-Jaguar und Frau Xoc stattfand – beim Anlegen der Kleidung assistiert. In dieser Szene ist die Handlung etwas weiter fortgeschritten: Vogel-Jaguar ist bereits vollständig in die Tlaloc-Tracht gehüllt und zum Kampf bereit.

Der Vorgang der Gefangennahme selbst ist auf Türsturz 8 in Tempel 1 festgehalten. Vogel-Jaguar, im Kriegerornat, den seine Frau ihm anlegen half, hat den glücklosen Juwelengeschmückter-Schädel am Handgelenk gepackt. Kan-Toc – der, wie wir gesehen haben, nicht zum erstenmal die Bildfläche eines Monuments mit seinem Herrscher teilen darf – macht seinerseits einen Gefangenen, indem er seinen Gegner an den aufgebundenen Haaren zu Boden reißt. Der Darstellungsstil, den Vogel-Jaguar für dieses Bild wählte, verdient unser besonderes Interesse. Nicht nur teilt der Herrscher den Augenblick des Triumphs vor den Augen der Öffentlichkeit mit einem Untergebenen, nein, die Bildkomposition schreibt den beiden Gefangennahmen[67] auch gleiche Bedeutung zu.[68] Abgesehen von der kunstvolleren Ausgestaltung des Kriegerornats und dem größeren Format der Hieroglyphen, die seinen Anteil am Geschehen verzeichnen, gibt es für den unvorbereiteten Betrachter keinen Hinweis, der ihm die Entscheidung erleichtern könnte, wer von den beiden Hauptpersonen auf dem Bild der König und wer sein Würdenträger ist. Beide haben ungefähr die gleichen Körpermaße, und beide beanspruchen gleichwertigen Bildraum.

Wie kommt Vogel-Jaguar dazu, den Platz im Rampenlicht der Geschichte mit seinen Ehefrauen und seinen Cahalob zu teilen? Nach uralter politischer Tradition der Maya bestätigte der Allerhöchste Herrscher mit seinen öffentlichen Kulthandlungen die Legitimität seiner Macht und gewann öffentliche Zustimmung für seine Entscheidungen. Vor Vogel-Jaguar hatte kaum ein Herrscher es für nötig befunden, diesen gemeinschaftlich mit anderen vollzogenen Ritualhandlungen einen Platz in der erzählenden Monumentalkunst einzuräumen. Indem Vogel-Jaguar es Untergeordneten erlaubte, neben ihm auf dem Forum der Geschichte zu

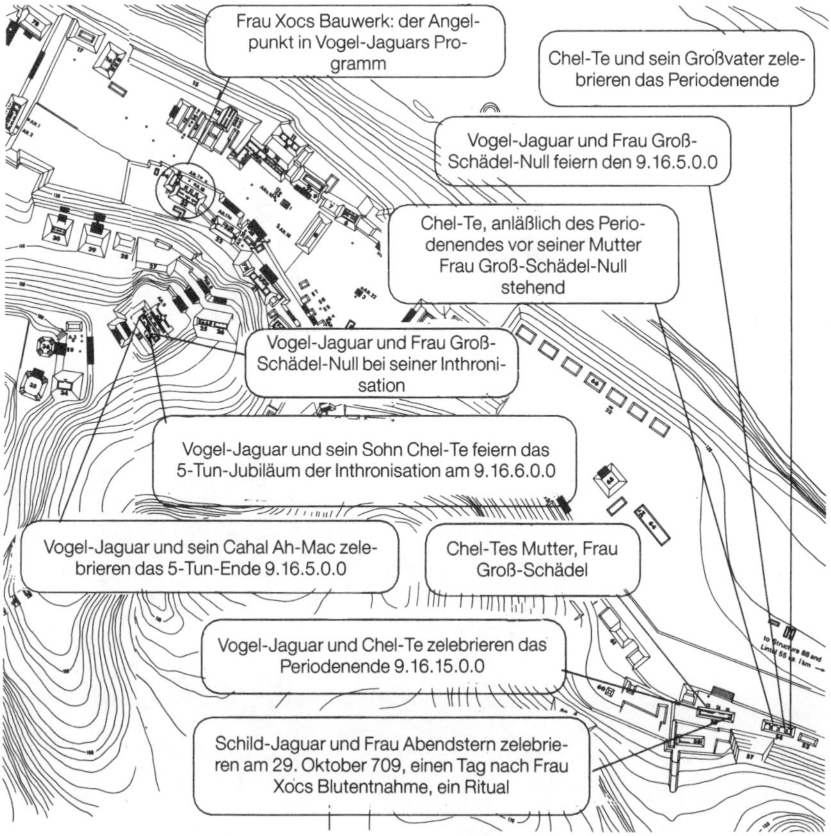

Abb. 7.16 Vogel-Jaguars Kampagne zur Unterstützung seines Erben

erscheinen, ließ er sie bis zu einem gewissen Grad an seinen königlichen Privilegien partizipieren.

Bereits Schild-Jaguar war mit Frau Xoc und ihrer Sippe väterlicherseits in diesem Stil verfahren. Vogel-Jaguar tat nichts weiter, als diese Strategie auf Cahal-Familien auszudehnen, die er als Bundesgenossen brauchte, um mit ihrer Hilfe seine eigene Stellung zu sichern und seinen Sohn zum unangefochtenen Thronerben machen zu können. Man beachte jedoch, daß Vogel-Jaguar seinen Erben mit einer Frau aus einer einheimischen Cahal-Sippe zeugte und sich damit für einen anderen Weg entschied als den von seinem Vater vorgezeichneten. Es scheint, daß Vogel-Jaguar seinem Sohn Chel-Te-Chan-Mah-Kina den Widerstand der einheimischen Aristokratie von vornherein ersparen wollte, der wahrscheinlich der Grund dafür war, daß er selbst, der Sohn einer Frau aus der Fremde, sein Thronerbe erst mit zehnjähriger Verzögerung antreten konnte.

Seinen Sohn und Erben in ein Netz von Bundesgenossenschaften einzubinden war in der zweiten Hälfte seiner Regierungszeit Vogel-Jaguars größte Sorge, und diese neue Zielsetzung findet ihren Niederschlag in der neuen politischen Kunstausrichtung (siehe Abb. 7.16). In der Dekoration

Abb. 7.17
Tempel 54:
Vogel-Jaguar unterstützt seinen Erben
(alle Zeichnungen: Ian Graham)

a) Türsturz 57

b) Türsturz 54

Chel-Te

Frau Groß-Schädel-Null

Vogel-Jaguar

c) Türsturz 58

yichan, «Mutterbruder»

Chel-Te

Groß-Schädel-Null, Chel-Tes Onkel mütterlicherseits

a) In Ballspielerkleidung hat Chel-Te anläßlich des Periodenendes vor seiner Mutter Aufstellung genommen

b) Anläßlich des Hotun-Endes 9.16.5.0.0 (12. April 756) präsentiert Vogel-Jaguar das Figurinenzepter, seine Frau ein Bündel

c) Chel-Te mit seinem Onkel mütterlicherseits bei der rituellen Feier des Periodenendes

des in zentraler Lage angelegten Tempels 33 nahm der Herrscher diese Aufgabe erstmals entschlossen in Angriff. Dabei verlegte er sich auf eine Strategie, zu der man außerhalb Yaxchiláns keine Parallele findet. Im Dekor der Kreuzgruppe in Palenque und auf den Wandgemälden in Bonampak sieht man spezielle Riten wiedergegeben, mit denen andere Maya-Könige einen ihrer Nachkommen öffentlich in den Stand des designierten Thronfolgers erheben. Eine derartige feierliche Einsetzung zum Thronerben ist für Vogel-Jaguars Sohn Chel-Te-Chan-Mah-Kina in der historischen Chronik Yaxchiláns nirgends belegt. Dagegen wird er wiederholt bei gemeinsamen öffentlichen Auftritten mit seinem Vater oder einem bedeutenden Mitglied des Hofstaats abgebildet.

Dieses neue propagandistische Bildarrangement tritt erstmals anläßlich der Feier zum Fünf-Tun-Ende am 9.16.5.0.0 (12. April 756) in Erscheinung. Auch diesmal läßt Vogel-Jaguar das Ereignis an verschiedenen Orten in unterschiedlichen Versionen dokumentieren. Die erste Abbildung findet sich auf dem Türsturz (Nummer 3) über dem rechten Eingang des Tempels 33 (siehe Abb. 7.11 c). Sie zeigt Vogel-Jaguar mit einem Figurinenzepter in der erhobenen Hand, das er einem ihm gegenüberstehenden Cahal von kleinerer Statur entgegenstreckt. Dieser Würdenträger, der uns nirgends zuvor begegnet ist, wird als Ah Mac bezeichnet. Auch er trägt ein Figurinenzepter in der Hand und ist – mit Ausnahme des Kopfputzes – in gleicher Manier gekleidet wie der König.

Mehrere hundert Meter flußaufwärts von Tempel 33 liegt Tempel 54 (siehe Abb. 7.16), der zu den ersten Bauwerken zählt, die in diesem neuerschlossenen Gebiet errichtet wurden. Auf dem mittleren Türsturz[69] dieses Tempels ist die zweite Darstellung jener Feier wiedergegeben. Hier sieht man Vogel-Jaguar zusammen mit Frau Groß-Schädel-Null das Fünf-Tun-Ende in einer Bündel-Zeremonie zelebrieren (siehe Abb. 7.17 b). Das gezeigte Bündel enthält die Instrumente, die der Herrscher gleich dazu benutzen wird, sein heiliges Blut zum Fließen zu bringen. Der Bildaufbau erinnert an die Inthronisationsszene auf Türsturz 1 in Tempel 33 (siehe Abb. 7.11 a) sowie an die (auf Türsturz 32 abgebildete; siehe Abb. 7.13 b) Bündel-Zeremonie, die Vogel-Jaguars Eltern anläßlich der Geburt ihres Sohnes ausführten. Die Reproduktion der früheren Ritualhandlungen sollte alle drei Ereignisse in den Augen des Betrachters von Türsturz 54 als Glieder einer einzigen langen Kausalkette erscheinen lassen: wie zu ihrer Zeit Schild-Jaguar und Frau Abendstern, so heute – in zeitlicher wie logischer Folge «nach» diesen beiden – Vogel-Jaguar und Frau Groß-Schädel-Null bei der Thronbesteigung wie beim Ende der Kalenderperiode. Die eigentlich von Vogel-Jaguar angestrebte Parallele ist eindeutig: Wie das ältere Paar den derzeitigen Herrscher hervorbrachte, so das jüngere den zukünftigen, Chel-Te.

Eine direktere Verbindung zwischen der von Vogel-Jaguar und Frau Groß-Schädel-Null zelebrierten Bündel-Zeremonie und der Person Chel-

Tes stellen die Abbildungen auf den beiderseits von Türsturz 54 plazierten Türstürzen 57 und 58 her. Im rechten Eingang zu Tempel 54 sieht man Chel-Te vor Groß-Schädel-Null, dem Oberhaupt der Sippe seiner Mutter, stehen (siehe Abb. 7.17c). Herr Groß-Schädel-Null gelangte in das Dekor des Tempels 54 nur deshalb, weil er der Bruder von Chel-Tes Mutter war: Der Maya-Terminus für exakt dieses Verwandtschaftsverhältnis (*yichan*[70]) nimmt in der Bildlegende den Platz zwischen seinem Namen und dem des Thronerben ein.

Auf dem Türsturz über dem linken Eingang sieht man Chel-Te vor seiner Mutter stehen; Frau Groß-Schädel-Null sitzt auf einer steinernen Bank und streckt ihrem Sohn gestikulierend die rechte Hand entgegen (siehe Abb. 7.17a). Türsturz 54 und 58 sind beide nicht datiert, wir nehmen jedoch an, daß alle drei Türstürze des Tempels 54 Szenen aus dem Geschehen eines einzigen Tages wiedergeben. Als erstes zelebrierten Vogel-Jaguar und seine Gemahlin eine Bündel-Zeremonie, als nächstes machte Chel-Te Frau Groß-Schädel-Null seine Aufwartung, und zuletzt trat er seinem Onkel mütterlicherseits, dem Sippenoberhaupt, gegenüber. Das Ziel dieser Personenkonstellation ist nicht auf die Verherrlichung Vogel-Jaguars gerichtet, sondern auf die öffentliche Demonstration der Tatsache, daß Chel-Te als Thronprätendent auf die Unterstützung der Sippe seiner Mutter zählen kann.

Ein Jahr später ließ Vogel-Jaguar sich gemeinsam mit seinem Sohn im mittleren Eingang von Tempel 33 abbilden (siehe Abb. 7.11b). Damit gedachte Vogel-Jaguar der Feier seines Fünf-Tun-Regierungsjubiläums am 9.16.6.0.0 (7. April 757). Vater und Sohn halten jeder das gleiche Vogelzepter in der Hand, das Vogel-Jaguar bereits in der auf Türsturz 5 abgebildeten Zeremonie (siehe Abb. 7.14a) am vierzigsten Tag nach seiner Inthronisation Frau Sechs-Himmel-Ahau entgegenstreckte. Der Ort für die Wiedergabe der Szene war sorgfältig gewählt. In Tempel 33 befindet sich, wie man sich erinnert, die einzige bildliche Darstellung der Thronbesteigung Vogel-Jaguars. Außerdem erhebt sich der Bau in beherrschender Hanglage direkt über den geplanten Tempelbauten, die die Realisierung von Vogel-Jaguars Selbstlegitimierungsstrategie darstellen. Indem er seinen Sohn an einem derart bedeutenden Ritual mitwirken und den Vorgang nachher an so wichtiger Stelle protokollieren ließ, hoffte Vogel-Jaguar, Chel-Te im Bewußtsein der Öffentlichkeit als legitimen Thronerben verankert zu haben.

Neun Jahre später ließ Vogel-Jaguar zur Unterstützung seines Sohns eine weitere Serie von Türstürzen errichten, in der er sich unter anderem auch wieder der bewährten Bildersprache bediente. Ein Stück weiter flußaufwärts ließ er neben Struktur 54 einen neuen Tempel (Struktur 55) errichten; den Anlaß boten die Feierlichkeiten zum Ende einer Fünfzehn-Tun-Kalenderperiode am 9.16.15.0.0 (19. Februar 766). Der Türsturz über dem mittleren Eingang zeigt Vogel-Jaguar und Chel-Te, jeder mit einem Figuri-

a) Türsturz 51: Frau Groß-Schädel (??), mit einer Visionsschlange in den Händen auf einem zoomorphen Altar sitzend

b) Vogel-Jaguar vollzieht gemeinsam mit Chel-Te die Riten zum Periodenende 9.16.15.0.0 (19. Februar 766)

c) Am 29. Oktober 709 (einen Tag nach Frau Xocs auf Türsturz 24 dargestellter Blutentnahme) präsentiert Schild-Jaguar das Figurinenzepter im Beisein von Frau Abendstern, die ihrerseits ein Bündel hält

(Zeichnungen: Ian Graham)

a) Türsturz 51

b) Türsturz 52

c) Türsturz 53

Abb. 7.18 In Tempel 55 protokollierte historische Handlungen

nenzepter in der Hand, beim gemeinschaftlichen Vollzug einer Ritualhandlung (siehe Abb. 7.18 b).[71]

Auf den Türstürzen der äußeren Türen jedoch zog Vogel-Jaguar andere Register der Bildrhetorik. Im rechten Eingang ist eine Frau zu sehen – vermutlich Frau Groß-Schädel-Null –, die mit der Schlange im Arm eine Vision heraufbeschwört (siehe Abb. 7.18 a). Das Bild auf dem Türsturz über dem linken Eingang (siehe Abb. 7.18 c) ist eine Nachbildung der Szene auf Türsturz 32, die Frau Abendstern und Schild-Jaguar um die Zeit der Saturn-Jupiter-Hierophanie bei der gemeinsamen Bündel-Zeremonie anläßlich Vogel-Jaguars Geburt zeigt. Die Zusammenstellung der Bilder ist äußerst bedeutungsvoll. Der Türsturz in der Mitte dokumentiert eine

Gemeinschaftshandlung Vogel-Jaguars mit seinem Sohn, während der Türsturz über dem linken Eingang noch einmal Vogel-Jaguars Legitimität bekräftigt, indem er zum wiederholten Mal zu verstehen gibt, daß die Mutter des Herrschers seinerzeit bei seiner Geburt mit dem Vater genau das gleiche Ritual ausführte, das Schild-Jaguar für Frau Xoc in Tempel 23 protokollieren ließ. Wir haben es hier schlicht mit einer Neuauflage von Vogel-Jaguars unermüdlich wiederholtem Vorbringen zu tun, demzufolge seine Mutter Schild-Jaguars Hauptfrau an Bedeutung und Erhabenheit um nichts nachstand. Man muß sagen, in diesem Punkt tat Vogel-Jaguar des Guten eher zuviel als zuwenig.

Alle Schwierigkeiten, die Vogel-Jaguar als Thronprätendent gehabt hatte – etwa durch die Rangstellung seiner Mutter oder weil Konkurrenten mit plausibel begründeten Ansprüchen auftraten –, würde er, wenn er nicht vorbaute, an seinen Sohn weitervererben. Angesichts dieser Situation lag ihm nichts ferner, als sich auf seinen Lorbeeren auszuruhen. Deshalb nahm er offenbar das Fünfzehn-Tun-Ende am 9.16.15.0.0 zum Anlaß, seinem Sohn auch gleich die Unterstützung eines weiteren einflußreichen Cahal zu sichern. Der Betreffende – ein Mann namens Tilot – herrschte in der untergeordneten Stadt La Pasadita über ein Territorium, das am jenseitigen Ufer des Usumacinta lag. Auf drei Türstürzen eines in La Pasadita freigelegten Bauwerks ist Vogel-Jaguar in gemeinschaftlicher Aktion mit Tilot zu sehen. Das zentrale Monument zeigt den Herrscher, wie er unter Assistenz jenes Cahal nach ritueller Selbstverwundung sein Blut zur Weihe des Fünfzehn-Tun-Endes vergießt (siehe Abb. 7.19 b). In der linken Tür sieht man Vogel-Jaguar und Tilot am 1. Juni 759 neben einem Kriegsgefangenen stehen (siehe Abb. 7.19 a). In der rechten Tür macht der Cahal dem als König oder Prätendent auf dem Thron sitzenden Chel-Te seine Aufwartung (siehe Abb. 7.19 c).

Zwei dieser Bilder erhöhten Tilots Ansehen, indem sie ihn zusammen mit der Allerhöchsten Majestät in der offiziellen Geschichtsschreibung verewigten. In der dritten Szene jedoch erfolgt die Abrechnung: Sie zeigt den mächtigen Cahal bei einem öffentlichen Auftritt mit Vogel-Jaguars Sohn Chel-Te. Es war ein Geschäft auf Gegenseitigkeit: Vogel-Jaguar steigerte Tilots persönliches Prestige, indem er ihn öffentlich an seiner Seite zeigte und so ein Privileg des Monarchen mit ihm teilte. Als Gegenleistung trug der Cahal zur Sicherung der Herrschermacht sowie des Thronanspruchs des Prätendenten bei.

Auch das letzte Monument, das Vogel-Jaguar in seinem Leben erbauen ließ, diente dem Zweck, den reibungslosen Übergang der Macht an seinen designierten Erben zu sichern. Zugleich schloß es die Lebensgeschichte des Herrschers zum Kreis. Auf Türsturz 9 – dem einzigen des unmittelbar unterhalb von Tempel 1 gelegenen Tempels 2[72] – sind Vogel-Jaguar und Groß-Schädel-Null bei der gemeinschaftlichen Ausführung einer Klappenstab-Zeremonie zu sehen (siehe Abb. 7.20). Wie bereits erwähnt, wurde

a) Vogel-Jaguar und der Cahal Tilot von La Pasadita machen am 14. Juni 759 einen Kriegsgefangenen

b) Vogel-Jaguar mit Tilot beim Blutverstreuen anläßlich des Periodenendes 9.16.15.0.0 (19. Februar 766)

c) Der Erbe nimmt sitzend Tilots Huldigung entgegen

a) Türsturz 1 (Zeichnung: Ian Graham)

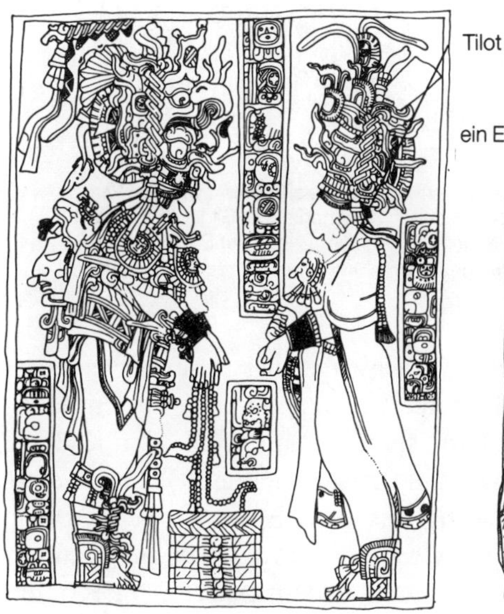

b) Türsturz 2

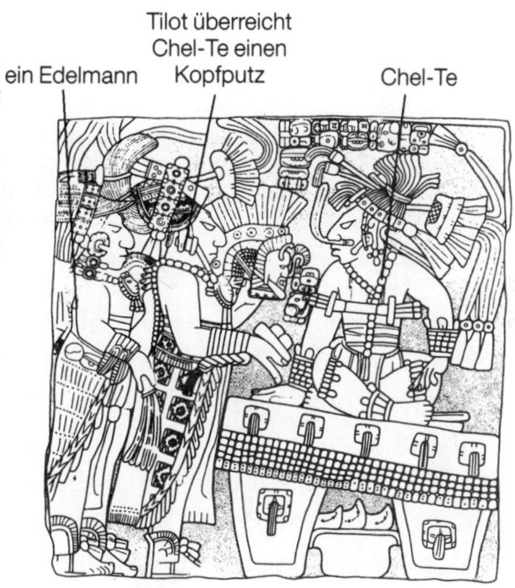

c) Türsturz 3 (Zeichnung: Ian Graham)

Abb. 7.19 Vogel-Jaguar und der Cahal Tilot von La Pasadita

dieser Ritus erstmals am 27. Juni 736 von Schild-Jaguar zelebriert (siehe Abb. 7.5 a, b). Am 26. Juni 741, kurz vor seinem Tod, vollzog Schild-Jaguar die Zeremonie noch einmal gemeinschaftlich mit seinem Sohn (siehe Abb. 7.5 c). Am 26. Juni 747 nahm Vogel-Jaguar, wie auf Türsturz 33 zu sehen, die Zeremonie allein vor (siehe Abb. 7.5 d). Das auf Türsturz 9 abgebildete Ereignis fand am 20. Juni 768 statt – fast zweiunddreißig Jahre nach der ersten Zeremonie dieser Art.

In Vogel-Jaguars Selbstlegitimierungskampagne hatten die Klappenstab-Zeremonien von Anfang an eine zentrale Rolle gespielt. Wenn er sich

Abb. 7.20
Vogel-Jaguar und Groß-Schädel bei der letzten Klappenstab-Zeremonie

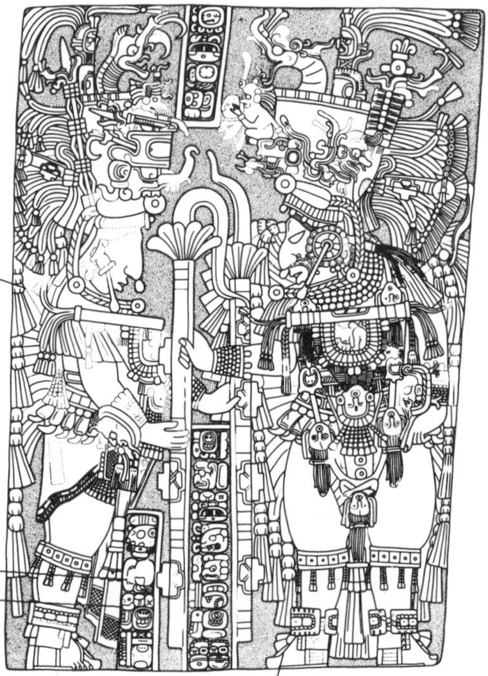

Vogel-Jaguar trägt bei dieser Klappenstab-Zeremonie die gleiche Tracht wie sein Vater Schild-Jaguar bei der auf Stele 16 wiedergegebenen Zeremonie. Der Bildaufbau erinnert an Schild-Jaguars und Vogel-Jaguars gemeinsames Auftreten auf Stele 11 sowie an die 32 Jahre zurückliegende erste Ausführung der Zeremonie durch Schild-Jaguar.

jetzt in Gemeinschaftsaktion mit seinem Schwager bei dieser Ritualhandlung abbilden ließ, so bedeutet dies für den Cahal einen außerordentlichen Prestigegewinn. Aber Vogel-Jaguar hatte seine guten Gründe dafür, Herrn Groß-Schädel-Null mit einer solchen Ehre auszuzeichnen. Welches diese Gründe waren, geht ziemlich eindeutig aus dem Hieroglyphentext von Türsturz 9 hervor. Groß-Schädel-Null wird dort als *yichan ahau*, «Mutterbruder des Ahau» (sprich «Thronprätendent»), identifiziert. Vogel-Jaguar ließ sich also zu dem gemeinsamen Auftritt mit anschließender Protokollierung in der öffentlichen Chronik nur deshalb herbei, weil er damit sicherzustellen hoffte, daß Groß-Schädel-Null nach seinem, Vogel-Jaguars, Tod Chel-Tes Thronfolgerecht anerkennen würde. Und seine Strategie scheint erfolgreich gewesen zu sein, denn Chel-Te rückte zu gegebener Zeit unangefochten zum König auf und ging, nachdem er sich in Schild-Jaguar umbenannt hatte, unter demselben Namen wie sein berühmter Großvater in die Geschichte ein.

Daß Vogel-Jaguar auf heimischem Boden sein Thronfolgerecht gegen Widerstände durchsetzen und behaupten mußte, er jedoch in der ganzen umliegenden Region lange vor seinem offiziellen Amtsantritt ein hohes Ansehen genoß, war eine Ironie der Geschichte. Dem König von Piedras

Abb. 7.21 Piedras Nigras, Türsturz 3: Vogel-Jaguar in Piedras Nigras beim Erben von Herrscher 4

Nigras erschien Vogel-Jaguars Anwesenheit bei der Feier Ehre genug, um ihn zur offiziellen Designation seines Thronerben einzuladen – und dieses Ereignis fand drei Jahre vor Vogel-Jaguars Inthronisation statt. Der Besuch in Piedras Nigras ist an Ort und Stelle auf einem außergewöhnlichen Wandrelief dokumentiert, das Herrscher 7 von Piedras Nigras lange nach dem Ereignis anfertigen ließ (siehe Abb. 7.21). Die Szene auf der Tafel zeigt einen Palastsaal, in dem eine Feier stattfindet. Anlaß ist die Ernennung von Herrscher 5, dem Vorgänger von Herrscher 7, zum Thronerben. In der hieroglyphischen Umrahmung des Bilds ist folgendes Ereignis aufgezeichnet: Am 31. Juli 749 (9.15.18.3.13) feierte Herrscher 4 von Piedras Nigras das erste Katun-Jubiläum seines Regierungsantritts im Beisein von Jaguar aus Yaxchilán[73], der eigens zur Teilnahme an der Feier mit dem Kanu den Fluß heruntergekommen war. Das Jubiläumsdatum fällt in die Zeit des Interregnums in Yaxchilán. Eine zweifelsfreie Identifikation des Besuchers ist anhand des verfügbaren Faktenmaterials nicht möglich, aber die Wahrscheinlichkeit spricht dafür, daß es sich um den De-facto-König von Yaxchilán, also um Vogel-Jaguar handelte.

Beim nächsten Auftauchen Vogel-Jaguars in Piedras Nigras sind die Identität des Besuchers und die Umstände seines Besuchs eindeutig. Die auf der erwähnten Relieftafel abgebildeten Cahalob sind in vier Gruppen unterteilt. Der König von Piedras Nigras sitzt auf einem Thron und unterhält sich mit sieben auf einer Stufe vor dem Thron sitzenden Cahalob. Ein zylindrisches Deckelgefäß trennt diese Würdenträger in zwei Gruppen von vier beziehungsweise drei Personen. Zur Linken des Königs steht eine Gruppe, die sich aus einem Erwachsenen und mindestens drei kleineren Figuren[74] zusammensetzt, von denen eine der zukünftige Nachfolger auf dem Thron von Piedras Nigras ist. Zur Rechten des Königs stehen drei hohe Herren, die sich unterhalten; im beigeschriebenen Hieroglyphentext werden sie als Besucher aus Yaxchilán bezeichnet, und der Textteil direkt neben der Figur des Königs besagt, daß einer von ihnen der große Vogel-Jaguar persönlich sei.

Die in dem Reliefbild festgehaltene Szene ereignete sich in der Realität am 20. Oktober 757 (9.16.6.9.16), im fünften Jahr von Vogel-Jaguars Regierungszeit. Der König von Yaxchilán war auf dem Wasserweg nach Piedras Nigras gereist, um dort zur Feier der Ernennung des Thronerben eine Bündel-Zeremonie durchzuführen. Die Veranstaltung fand offenbar gerade noch rechtzeitig statt, denn schon einundvierzig Tage später, am 30. November, verschied Herrscher 4. Herrscher 5, für dessen Legitimität Vogel-Jaguar öffentlich bürgte, trat am 30. März 758 (9.16.6.17.17) die Thronfolge an.

Interessanterweise wurde Vogel-Jaguars Abstecher nach Piedras Nigras in der öffentlichen Chronik von Yaxchilán nie erwähnt. Wie es scheint, lag der Prestigegewinn in diesem Fall auf seiten des Thronerben von Piedras Nigras und seines Anhangs, so daß diese auch ein ausgesprochenes Interesse daran haben mußten, den Besuch für ihre Mit- und Nachwelt aufzuzeichnen. Wo aber lag Vogel-Jaguars Vorteil bei diesem politischen Handel? Vermutlich bewegte ihn das Motiv «Eine Hand wäscht die andere», als er auf Wunsch von Herrscher 4 dem designierten Thronerben von Piedras Nigras seine Unterstützung zusicherte; so konnte er darauf hoffen, daß man sich dort seinem Erben gegenüber genauso loyal verhalten würde.

Weder Vogel-Jaguars politische Probleme noch die Anwendung von Monumentalkunst zu ihrer Lösung waren zu jener Zeit in der Geschichte der Maya etwas Neues; man kannte dergleichen längst bevor Vogel-Jaguar seinen Kampf um die Thronfolge antrat, und nicht etwa nur in Yaxchilán. Auch anderswo hatten Thronprätendenten und Herrscher – so zum Beispiel in Palenque Pacal und Chan-Balum – Schwierigkeiten, ihren Herrschaftsanspruch durchzusetzen und die Nachfolge zu regeln. Neu in der Geschichte des Maya-Klassikums war indes die konkrete Strategie, die Vogel-Jaguar zur Lösung seiner Probleme anwendete: in die öffentlichen Geschichtsakten Darstellungen aufzunehmen, die den Herrscher in Gesellschaft mächtiger Bundesgenossen zeigten. Der Umstand, daß diese Strategie sich als wirksam erwies, sollte sie in den folgenden Jahren für die Herrscher flußauf und flußab am Usumacinta nachahmenswert machen.

Vor Vogel-Jaguar ließen sich Maya-Könige auf den der Öffentlichkeit zugänglichen Monumenten niemals zusammen mit Cahalob abbilden, ganz gleich, wie hochstehend und mächtig diese sein mochten oder wie weit sie bei der Durchsetzung der eigenen politischen Ziele von Bedeutung waren. Für Wandgemälde in geschlossenen Räumen galten natürlich andere Regeln. Schon auf den allerältesten Wandgemälden in Uaxactún ist der gesamte Hof und nicht bloß der Herrscher abgebildet. Stelen und

 Türstürze jedoch behielten die Könige der eigenen Person und sporadisch einzelnen Familienmitgliedern vor, bevorzugt den Eltern, die in diesen Fällen die Legitimität des Nachkommen und Erben zu verbürgen hatten. Cahalob war es natürlich erlaubt – und sie taten es auch ausgiebig –, eigene Monumente anfertigen zu lassen, um wichtige Stationen ihres Lebens festzuhalten; sie konnten diese Monumente allerdings nur innerhalb des eigenen Anwesens errichten, und nur wer als Statthalter des Königs ein Subzentrum regierte, durfte sie dort auch öffentlich zeigen. Vogel-Jaguar war der erste Maya-König, der seinen Cahalob erlaubte, mit ihm in der öffentlichen Monumentalchronik aufzutreten. Dahinter stand die Absicht, sich die Zustimmung der Betreffenden für seinen Anspruch auf den Thron zu erkaufen. Die Bündnisse, die in dieser Form besiegelt wurden, scheinen allerdings sehr brüchiger Natur gewesen zu sein, denn wie aus der Monumentalchronik ersichtlich, mußten sie sowohl im Hinblick auf Vogel-Jaguars eigene Interessen wie auch auf die seines Sohnes immer wieder erneuert oder bekräftigt werden.

Vogel-Jaguar war nicht der erste Maya-König, der Schwierigkeiten hatte, die Thronfolge nach eigenen Vorstellungen zu regeln. Die Primogenitur-Ordnung konnte funktionieren oder auch nicht; sie funktionierte zumal dann nicht reibungslos, wenn ehrgeizige Nachkommen von verschiedenen Ehefrauen um die Thronfolge rivalisierten. Vogel-Jaguar war nicht der erste Sprößling einer von auswärts stammenden Frau, der in einem Maya-Reich nach der Krone griff. Vor ihm hatte es schon andere gegeben, die die politische Ordnung in ihrem Sinn zu verändern suchten und sich deshalb der Unterstützung der Aristokratie versichern mußten. Vogel-Jaguar war freilich unbestrittenermaßen der erste, der Angehörigen der Aristokratie die Ehre zuteil werden ließ, sie auf öffentlichen Bilddokumenten an seiner Seite zu zeigen – und wir wissen, daß es keineswegs Großherzigkeit war, was ihn dazu veranlaßte. Die Cahalob zahlten mit Ergebenheit dafür, daß sie gemeinsam mit dem Helden auf der Bühne der Geschichte vor dem Volk erscheinen durften. Aber worum es für sie – und die Bevölkerung – in diesem Handel mit dem König ging, war auf Dauer gesehen mehr als bloßes Vasallentum. Dieses Beispiel, das Vogel-Jaguar gegeben hatte, war gefährlich, und schließlich schwächte es das Maya-Königtum. Ein König mit dem persönlichen Charisma und dem militärischen Talent eines Vogel-Jaguar konnte es sich leisten, einige seiner Vorrechte mit anderen zu teilen; seine Nachfolger jedoch vermochten die oligarchische Macht, die der Monarch an von ihm umworbene Cahal-Geschlechter abtrat, bei weitem nicht so geschickt zu handhaben wie er.

8

Copán oder Frühlicht stirbt am Papageienberg [1]

Auch durch das Maya-Land zieht sich das «Rückgrat» des amerikanischen Kontinents, die insgesamt mehr als fünfzehntausend Kilometer lange Kette der Kordilleren, das längste Faltengebirge der Welt, und schafft hier eine kühle Hochgebirgsregion mit dunstverschleierten Vulkanbergen. Vom Fuß der Kordilleren erstreckt sich nach Norden hin die Halbinsel Yucatán, das Land der Könige. Am Südostrand des Maya-Landes windet sich der Fluß Copán durch das Tälersystem, das er zwischen den dichtbewaldeten Höhenzügen von Westhonduras gegraben hat. Bei Zacapa ergießt sich der Copán in den mächtigen Motagua, der westlich von Omoa in den Golf von Honduras mündet. Das weiteste jener Täler heißt wie der Fluß, der es durchzieht, Copán. [2]

Dem Fluß verdankt der Boden im Copán-Tal seine Fruchtbarkeit. Jahr für Jahr wird während der Regenperiode im Sommer und Herbst durch die Überflutungen schlickreiche Erde angeschwemmt und auf dem Talgrund abgelagert. Das Resultat ist eine ertragreiche Ackerkrume, die sich auf beiden Seiten des Flusses an seinem gewundenen Lauf zwischen Hügelland und Höhenkämmen hinzieht (siehe Abb. 8.1). Auf ihren höchsten Höhen sind die Berge links und rechts des Copán von Kiefernwäldern gesäumt, weiter unten im Tal dagegen gedeiht tropische Flora – einschließlich der mächtigen Ceiba («Kapokbaum»), des heiligen Baums aller Ureinwohner Mesoamerikas.

Schon früh wurde das Copán-Tal als von der Natur begünstigter Lebensraum entdeckt. Um 1100–900 v. Chr. zogen aus dem guatemaltekischen Hochland, vielleicht auch aus dem benachbarten Bergland von San Salvador, die ersten Siedler hierher, Menschen, die gerade dabei waren zu lernen, wie man sich durch Ackerbau ernährt. Diese ältesten Einwanderer lebten als schweifende Jäger in temporären Camps in den hohen Wäldern entlang des Flußufers und genossen ihr Leben. Sie jagten Hirsche, Schildkröten, Kaninchen und Nabelschweine (Pekaris), und auf den Lichtungen, die sie mit ihren Steinbeilen freigelegt hatten, ernteten sie Mais und Bohnen. [3] Bis um 900 v. Chr. hatten ihre landbebauenden Abkömmlinge Siedlungen angelegt und sich über das ganze Tal ausgebreitet. Überall im Schwemmland des Talgrunds und im Boden der Vorberge findet man in Form von Tonscherben die Spuren ihres täglichen Lebens. Im Lauf der Zeit gründeten die Siedler im Copán-Tal mindestens drei Dörfer: eines an der Stelle, wo heute die Las-Sepulturas-Gruppe steht, das zweite im Gebiet von El Bosque

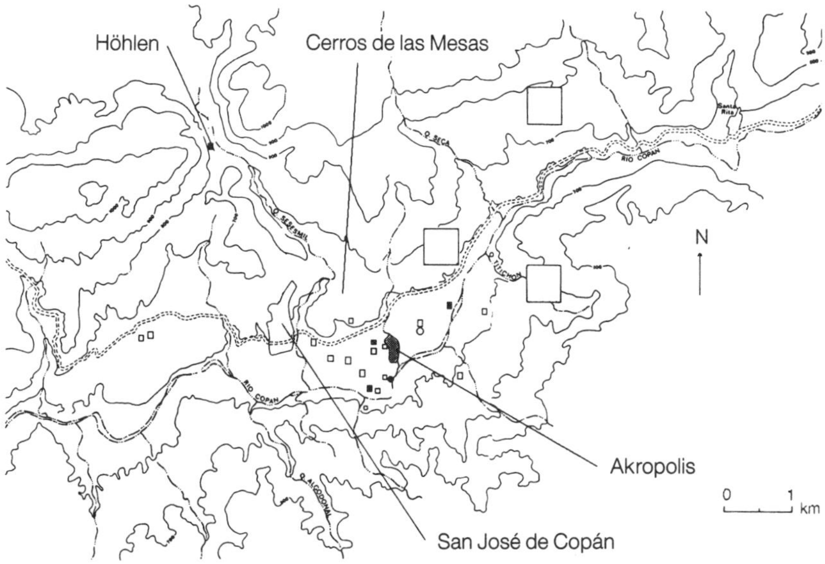

Abb. 8.1 Fundstellen frühzeitlicher Keramiken in Copán

und das dritte an der Stelle, an der später die Könige von Copán die Große Plaza anlegten (siehe Abb. 8.9).

Die Bewohner dieser Dörfer begruben ihre Toten im Boden der Patios ihrer Gehöfte, damit die Verstorbenen ihrer Nachkommenschaft und deren Kindern lauschen konnten, wenn sie über ihren Köpfen der Arbeit oder ihren Spielen nachgingen. So nah bei ihrem Heim und ihrer Familie fühlten sich die Ahnengeister im Jenseits wohl. Wenn der Familienpatriarch im Patio ein Blutopfer darbrachte, wußte er die Ahnen unter seinen Füßen – ganz in seiner Nähe, sollte er sie herbeibeschwören wollen. Den Dahingegangenen wurde eine reichhaltige Auswahl von Geschenken und Gegenständen ihrer persönlichen Habe ins Grab mitgegeben, so auch beträchtliche Mengen kostbarer Jade sowie Keramiken mit eingeritztem und gemaltem Dekor, dessen Motive die Maya von den Olmeken, den Schöpfern des ersten bedeutenden überregionalen Gedanken- und Kunstsystems Mesoamerikas, übernommen hatten.[4]

Aus diesen Grabbeigaben erfahren wir, daß unter den Siedlern im Copán-Tal bereits der Prozeß der sozialen Stratifikation eingesetzt hatte, denn nicht alle Toten konnten gleich viele wertvolle Gegenstände nach Xibalba mitnehmen: Es gab unter ihnen Reiche und weniger Reiche. Unterschiedliche Ernteerträge und Erfolg oder Mißerfolg in geschäftlichen Unternehmungen hatten Unterschiede im Sozialstatus der Dorfbewohner geschaffen – und diese Unterschiede sollten sich in den folgenden Jahrhunderten zum Fundament und zugleich auch zur Bürde der Institution des Königtums entwickeln. In der mittleren vorklassischen Periode jedoch besaßen alle Menschen im Copán-Tal das, was sie zum Leben brauchten, im Überfluß. Ihr Wohlstand übertraf wahrscheinlich sogar den ihrer

Zeitgenossen im Tiefland des Petén, denn nirgendwo sonst hat man in Gräbern jener Zeit solche Mengen Jade gefunden wie hier.[5]

Im Gegensatz dazu haben wir nur wenige Informationen über die Copaneken der späten vorklassischen Periode (300 v. Chr. bis 150 n. Chr.). Ihre Vettern im Tiefland bekannten sich um diese Zeit in Gemeinwesen wie Cerros, Tikal oder Uaxactún zu ihren ersten Königen. Anders in Copán: Hier gingen in jener vierhundertfünfzigjährigen Zeitspanne die Bevölkerungszahlen und die Bautätigkeit merklich zurück. Für die ersten dreihundert Jahre dieser Periode konnten die Archäologen Spuren menschlicher Aktivität nur an zwei Stellen des Fundorts Copán ausmachen: die eine südlich, die andere südwestlich der Akropolis. Aber für das letzte Drittel des genannten Zeitraums verzeichnet die Archäologie noch nicht einmal solche schwachen Lebenszeichen, sondern einfach gar nichts.

Die Forschung zur Geschichte des Copán-Tals hat für diesen sonderbaren Ausfall keine Erklärung. Und das unbegreifliche Verschwinden der Bevölkerung in einer bislang blühenden Region wird noch rätselhafter, wenn man die gleichzeitige Entwicklung in der pazifischen Maya-Region und im nördlichen Tiefland zum Vergleich heranzieht. In allen anderen Teilen des Maya-Gebiets war das späte Vorklassikum eine Phase der Neuerungen und des sozialen Experiments. Es war die Zeit, als die institutionalisierte Herrschaft durch das Königtum ihre klassische Form erhielt. Das Copán-Tal jedoch war zur selben Zeit allem Anschein nach weitgehend unbevölkert, und die wenigen Menschen, die hier zwischen den Relikten aus glanzvollerer Vergangenheit noch lebten, nahmen an der stürmischen Entwicklung, wie sie andernorts stattfand, keinerlei Anteil. Das Königtum gelangte erst viel später ins Tal der Copaneken, als Mythologie und Symbolik dieser Regierungsform bereits voll entwickelt waren.

Bis zum Jahr 200 n. Chr. hatte sich dann das Copán-Tal erholt und seine Bevölkerung wieder Anschluß an die historische Entwicklung der Maya-Kultur gefunden. Mit dem Bau der ersten Ebenen der Akropolis kam eine Reihe von Bauprojekten in Gang, darunter auch Zementestriche und Plattformen, die in späteren Jahrhunderten die Fundamente für die Große Plaza, den Ballspielplatz und, auf dem Höhepunkt der copanekischen Kulturentwicklung, die Akropolis (siehe Abb. 8.1) bilden sollten. Während dieser frühen Zeit siedelten nördlich des Flusses – auf ertragreichem Schwemmland und zugleich so nahe wie möglich dem neuentstehenden Machtzentrum – Bauern und Handwerker.

Aus dieser Siedlungsstruktur ergaben sich anfangs noch keine Probleme, denn Ackerboden war reichlich vorhanden und die Zahl der Menschen, die es zu ernähren galt, klein. Doch langsam mußten Maisfelder und Wald, die die Stadt umgaben, weißen und roten Plazas und eleganten Bauten aus Stein, Holz und Palmwedeln Platz machen – und damit begann der Streit um Grund und Boden. Bald standen im Wertsystem der Stadtbewohner Sozialprestige und ein Wohnsitz nahe dem Machtzentrum an erster Stelle, noch vor der Nahrungsmittelproduktion. Meter um Meter wurde im Lauf der Jahrhunderte das ertragreichste Ackerland in Baugrund für Wohnanlagen verwandelt und die Bauern immer weiter an den Talrand hinausgedrängt.[6] Besonders hoch war die Bebauungsdichte rund um die Akropolis, dann im Stadtteil, der unter dem heutigen Dorf Copán begraben liegt, und auf dem darüber emporragenden Bergkamm an der Stelle, die heute El Cerro de las Mesas heißt. Adel und Volk rissen sich um die Ehre, in Sichtweite und damit gewissermaßen im Abglanz des strahlenden Machtsymbols zu wohnen, das die Akropolis in ihren Augen darstellte.

Die dynastische Chronik Copáns aus der klassischen Periode gibt die Ereignisse aus der Frühzeit des Königreichs in einer Form wieder, die mit den archäologischen Fakten weitgehend übereinstimmt. Für die späteren Könige war das Jahr 160 n. Chr. das Jahr der Reichsgründung. Mindestens drei Herrscher verzeichneten den 8.6.0.0.0 (18. Dezember 159 n. Chr.) als bedeutendes Datum in der Frühgeschichte der Stadt, und auf Stele 1 (siehe Abb. 8.2) findet sich das Datum 13. Juli 160 in Verbindung mit der Namensglyphe für Copán als Ort wie als politische Größe. Bedauerlicherweise ist das Textstück, das die Handlung wiedergibt, zerstört; wir glauben jedoch, daß die Copaneken späterer Zeit mit dem fraglichen Datum die Gründung ihres Königreichs verbanden.[7]

Um das Jahr 426 n. Chr. wurden in Copán eine Herrscherdynastie gegründet und das Königtum von den nach der ruhigen Periode des späten Vorklassikums sich im Tal neu bildenden sozialen Eliten als Regierungsform akzeptiert. Zweifellos trug die Einführung dieser Institution – wie überall im Maya-Land – auch hier zur Konsolidierung des Staatswesens bei, indem sie einen politisch homogenen Hofstaat schuf, der es den Ahauob erlaubte, Differenzen und Rivalitäten unter sich auszutragen und sich nach außen hin dennoch in geschlossener Phalanx zu präsentieren.

Yax-Kuk-Mo' («Blauer-Quetzal-Ara»), der Gründer der Herrscherdynastie, taucht in den epigraphischen und archäologischen Urkunden[8] ungefähr zweihundertsechzig Jahre nach Ende der spätvorklassischen Krise in der Stadtgeschichte auf. Wir wissen von ihm, daß er die Dynastie der Herrscher gründete, die in der klassischen Periode die Geschicke Copáns lenkten. Alle copanekischen Könige nach Yax-Kuk-Mo' zählten ihre Position in der Herrscherliste beginnend mit jenem, indem sie sich beispielsweise als «Herrscher Nummer 12 seit Yax-Kuk-Mo'» bezeichneten.[9] Insgesamt hatte der Dynastiegründer sechzehn Nachfolger auf dem Thron von Copán, und alles in allem regierten diese Könige vierhundert Jahre lang in ununterbrochener Folge über das Tal.

In Wirklichkeit war Yax-Kuk-Mo' nicht der erste König von Copán. Wahrscheinlich wies man ihm in der Geschichte des Herrschergeschlechts den Platz des Gründers und Stammvaters zu, weil er die charismatischen Eigenschaften des göttlichen Ahau besser als jeder seiner Vorgänger verkörperte. Es ist wichtig, sich zu erinnern, daß die Praxis, sich auf einen

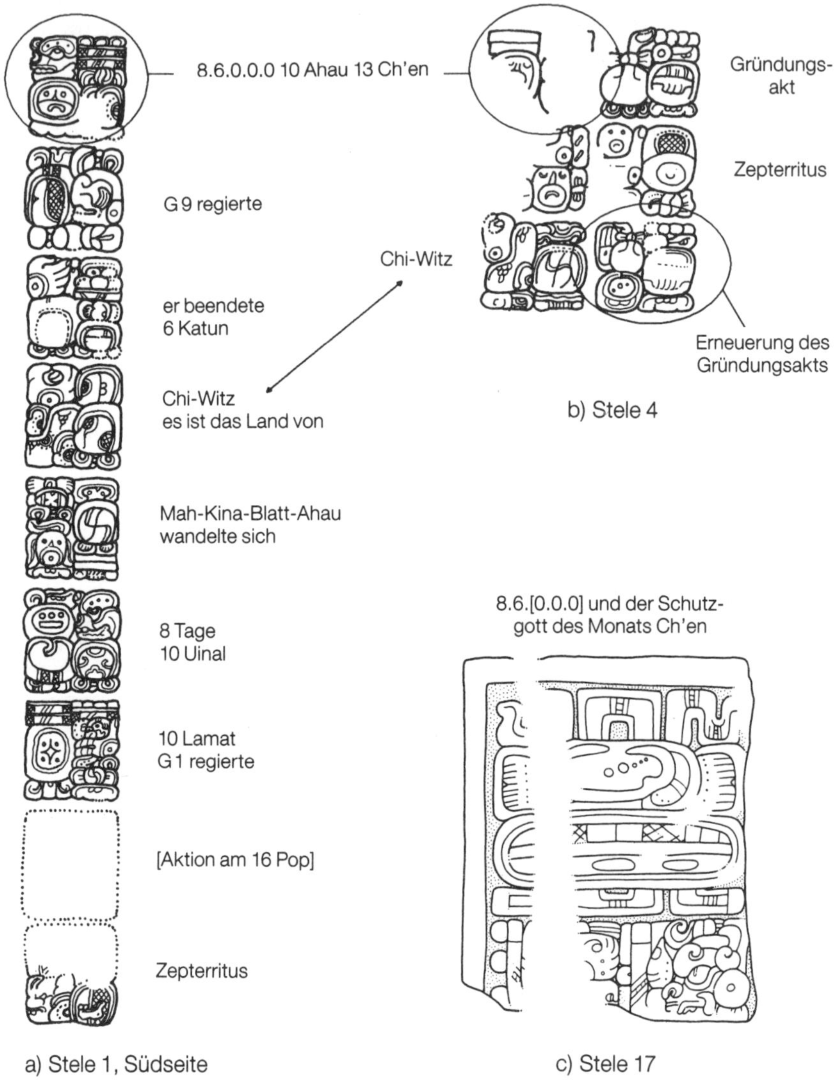

Abb. 8.2
Die Gründung des Königreichs am Ort Copán
(Zeichnungen b, c: B. W. Fash)

solchen großen Staatsmann als Stammvater der Dynastie zu berufen, in Copán wie in Palenque und allen anderen Königreichen im Grunde eine soziale Absicht verfolgte. Adelsfamilien, die ihre Linie auf Yax-Kuk-Mo' zurückführen konnten, bildeten sogar noch innerhalb der Aristokratie eine Klasse für sich, den Clan des Königs, dessen Mitglieder von Geburt an höher standen als alle anderen Edelleute von Copán. Im Prinzip schuldeten die Angehörigen dieser Gruppe dem herrschenden König besondere Loyalität und Unterstützung.

Das früheste kalendarische Datum, das im Zusammenhang mit dem Namen Yax-Kuk-Mo' erscheint, ist der 8.19.0.0.0 (1. Februar 426); es findet sich auf Stele 15, einem von Seerose-Jaguar, dem siebten in der dynastischen Folge, errichteten Monument. Am zeitlich entgegengesetzten Ende der epigraphischen Urkunde ließ dann auch Yax-Pac, Nummer 16 in der dynastischen Folge, der letzte große König von Copán, Ereignisse aus dem Leben Yax-Kuk-Mo's protokollieren. Als Platz dafür wählte er Altar Q (siehe Abb. 8.3 a), dem er selbst den Namen «Altar des Yax-Kuk-Mo'» gab. An den Seiten des Altars ließ Yax-Pac alle sechzehn Glieder der dynastischen Folge vom Gründer bis zu ihm selbst abbilden. Auf der Oberseite sind zwei wichtige Handlungen Yax-Kuk-Mo's beschrieben.[10] Der Hieroglyphentext teilt mit, daß Yax-Kuk-Mo' am 8.19.10.10.17 (6. September 426) das Gott-K-Zepter der Königsmacht präsentierte. Drei Tage später, am 8.19.10.11.0 (9. September), fand etwas statt, das der Text als «Kommen» beziehungsweise «Ankommen» oder «Eintreffen» Yax-Kuk-Mo's als Gründer der dynastischen Linie bezeichnet (siehe Abb. 8.4 a, b).[11] Yax-Pac stellte diese Ereignisse so dar, als seien sie die entscheidenden Schritte auf dem Weg zu Dynastie und Königreich gewesen. Ihre Dokumentation auf einem seiner Monumente war Teil der Propaganda, mit der er um die politische Unterstützung all der Ahauob warb, die Yax-Kuk-Mo' als Stammvater ihres Geschlechts reklamierten. Später in diesem Kapitel werden wir genauer erfahren, weshalb Yax-Pac so erpicht darauf war, daß die öffentliche Meinung sein Bild mit dem des charismatischen Gründers der Dynastie assoziierte.

Auch Nummer 13 in der dynastischen Folge, eine außerordentlich imposante Herrschergestalt namens Achtzehn-Kaninchen, führte die frühen Ritualhandlungen Yax-Kuk-Mo's an, wenn es darum ging, sein Herrschaftsmonopol gegenüber den Ahauob zu behaupten. Auf Stele J protokollierte Achtzehn-Kaninchen in einem in Form einer Matte – des Symbols des Königsthrons – geschriebenen Hieroglyphentext seine eigene Thronbesteigung sowie die seines unmittelbaren Vorgängers Rauch-Imix-Gott K. Auf dem ersten Strang des Mattengeflechts stellte er eine Beziehung her zwischen dem 9.13.10.0.0, dem Tag der Weihe jenes ausgefallenen Monuments, und dem 9.0.0.0.0 (11. Dezember 435), dem Tag, an dem Yax-Kuk-Mo' abermals einen «Hand-mit-Gott-K»-Akt ausführte (siehe Abb. 8.4 c).

Bei Grabungen unter der Akropolis ist in jüngster Zeit ein Bauwerk zum Vorschein gekommen, das entweder noch während oder kurz nach der Regierungszeit Yax-Kuk-Mo's errichtet wurde. Der freigelegte Tempel, der bisher unter dem Tempel der Hieroglyphentreppe (Struktur 10L-26) begraben lag, beherbergte zu seiner Zeit im rückwärtigen Gemach eine Stele mit dem Datum 9.0.0.0.0.[12] Der Text bezeichnet Yax-Kuk-Mo' als amtierenden Herrscher zum Zeitpunkt der Baktun-Wende, weist aber dessen Sohn, Nummer 2 in der dynastischen Folge, als den Stifter des Monuments aus. Das unserer Meinung nach wichtigste Detail dieses Baum-Steins, der Name Yax-Kuk-Mo', erscheint hier in Verbindung mit demselben Datum, das ihm später auch von Achtzehn-Kaninchen zugeordnet werden sollte. Yax-Kuk-Mo' war also nicht etwa die Erfindung späterer Könige, die aus

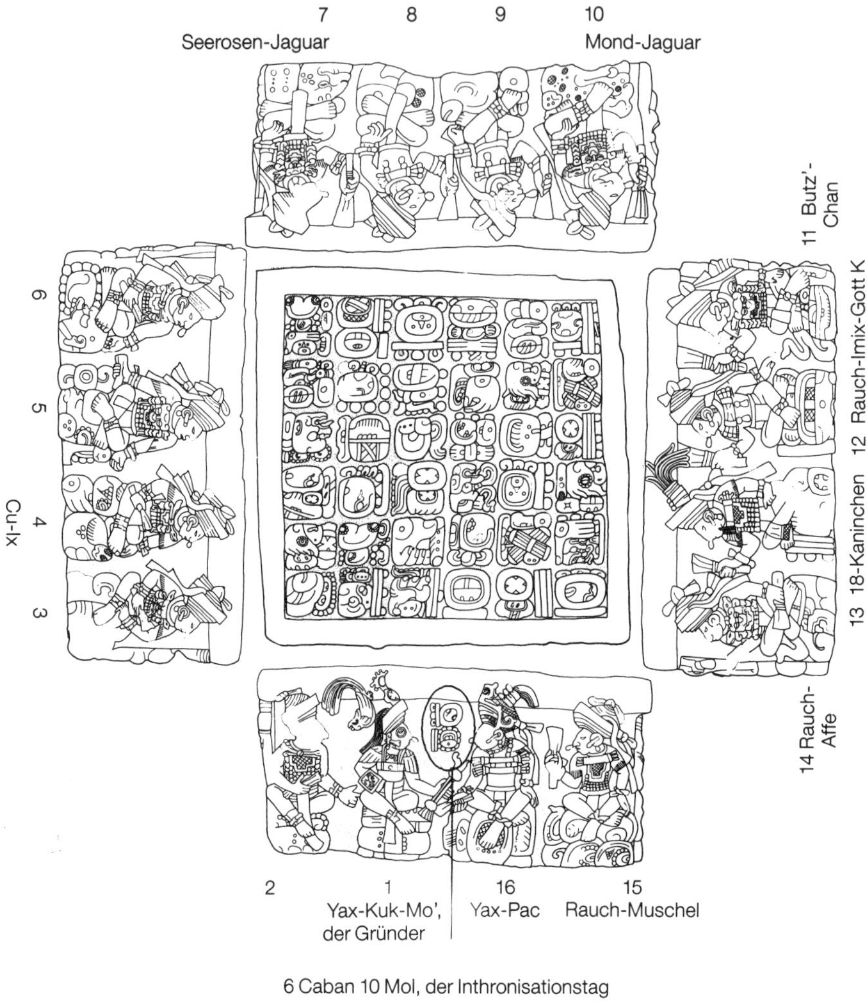

Abb. 8.3 a Altar Q mit den sechzehn Monarchen der Dynastie von Copán

politischen Gründen mit dieser Phantasiegestalt ihrer Linie eine rühmliche Vergangenheit geben wollten, sondern er hat wirklich gelebt und über Copán geherrscht und seinen Nachfolgern ein heiliges Vermächtnis von Baum-Steinen und Tempeln hinterlassen, das heute durch die Freilegung der Akropolis langsam zum Vorschein kommt.

Jener frühe Tempelbau, den die Archäologen «Papagayo» [13] nennen, war nur wenige Meter von dem in vordynastischer Zeit angelegten ältesten Ballspielplatz Copáns errichtet worden. Diese beiden Bauwerke – der Kulttempel des Königs und das Jenseitstor in Gestalt eines Ballspielplatzes – blieben für die Copaneken während der Dauer ihrer historischen Existenz zentrale Sinnbilder der Macht. Im Lauf der Jahrhunderte bauten die Nachfolger Yax-Kuk-Mo's Tempel auf Tempel, türmten eine Bauebene auf die andere, bis sich der erste Tempel und seine Nachbarn in ein Massiv

Nr.	Name	Inthronisation	Tod	weitere Daten
1	Yax-Kuk-Mo'			426–435?
2	unbekannt			
3	unbekannt			
4	Cu-Ix			465 ± 15 Jahre
5	unbekannt			
6	unbekannt			
7	Seerose-Jaguar			504–544+
8	unbekannt			
9	unbekannt		30. Dez. 551	????
10	Mond-Jaguar	26. Mai 553	26. Okt. 578	
11	Butz'-Chan	19. Nov. 578	23. Jan. 626	
12	Rauch-Imix-Gott K	8. Febr. 628	18. Juni 695	
13	18-Kaninchen-Gott K	9. Juli 695	3. Mai 738	
14	Rauch-Affe	11. Juni 738	4. Febr. 749	
15	Rauch-Muschel	18. Febr. 749	????	
16	Yax-Pac	2. Juli 763	6. Mai 820 – 6 Mon.	
17	U-Cit-Tok	10. Febr. 822	????	

Abb. 8.3 b

heiliger Berge verwandelt hatten, das seinen Schatten auf die mit einem Wald von Baum-Steinen bestandene Große Plaza warf.[14]

Außer dem Baum-Stein mit dem aufschlußreichen Datum 9.0.0.0.0 beherbergte der Papagayo-Tempel auch eine Treppenstufe, die von dem Dynasten Nummer 4, einem Herrscher namens Cu-Ix, im Zuge eines Umbaus hier verwahrt worden war. Sie trägt eine Inschrift, die zusammen mit dem ständig zunehmenden Quellenmaterial aus den laufenden Ausgrabungen dokumentiert, daß der Papagayo einst Teil eines umfassenderen Architekturprogramms vordynastischer Zeit war und auch noch in den Jahrhunderten nach dem Tod des Dynastiegründers ein Hauptschauplatz kultischer Handlungen blieb.[15] Dieses wundervolle Tempelchen tauchte in einem Stollen, den die Archäologen in die Südwestecke des Tempels der Hieroglyphentreppe trieben, aus den Tiefen der Vergangenheit empor.[16] Die Treppenstufe wie die zuvor erwähnte Stele sind nur ein kleiner Teil des ständig wachsenden Korpus von Inschriften aus dem frühen Klassikum, das im Zuge der derzeitigen Ausgrabungen nach und nach ans Tageslicht tritt. Unter den frühen Königen, die wir aus diesem Material identifizieren können, befindet sich Yax-Kuk-Mo', Gründer der Dynastie; Nummer 2 der Folge, sein Sohn; Nummer 4, Cu-Ix; Nummer 7, Seerose-Jaguar, der uns auf der Großen Plaza zwei Baum-Steine (Stele 15 und Stele E) hinterließ; Nummer 10, Mond-Jaguar, der dort, wo heute das Dorf San José de Copán steht, mindestens einen Baum-Stein hinterließ; und Nummer 11, Butz'-Chan, der sowohl im heutigen Dorfgebiet als auch auf dem später

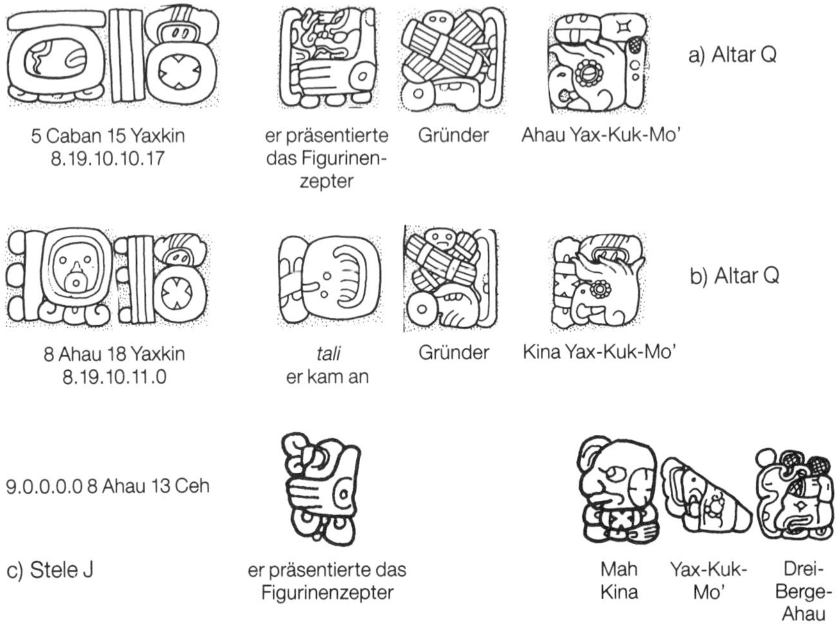

Abb. 8.4 Yax-Kuk-Mo', der Gründer der Dynastie von Copán

von der Akropolis überbauten Terrain eine Stele aufstellte. (Eine tabellarische Aufstellung der bisher gesicherten Namen und Daten im Herrscherkatalog von Copán gibt Abb. 8.3 b.)[17]

Die spätklassischen Könige Copáns leiteten ihre Autorität von der überragenden Leistung Yax-Kuk-Mo's als Herrscher ab. Mit Beginn seiner Regierungszeit entwickelte sich die Dynastie beständig weiter, bis vierhundert Jahre später die klassische Kultur der Maya insgesamt zusammenbrach. Die Bauten der frühesten Könige von Copán liegen zum größten Teil noch unter der Akropolis und im Innern anderer Bauwerke begraben. Mit ihrer Ausgrabung ist gerade erst der Anfang gemacht. Aber selbst wenn wir einmal einen solchen Bau freilegen oder Fragmente einer Stele entdecken, haben wir in den seltensten Fällen das Glück, daß der Fund uns Auskunft über seinen Erbauer oder andere Personen gibt. Der Grund dafür liegt auf der Hand. Die Inschriften sind häufig unleserlich, weil sie entweder schon zu dem Zeitpunkt, als man sie überbaute, alt und verwittert waren, oder weil man sie rituell «tötete», ehe man sie zur letzten Ruhe bettete. Die Maya rissen alte Monumente ab, um Platz für neue zu schaffen; vorhandene Bauwerke wurden entweder überbaut oder als Steinbruch und Materiallager benutzt, aus dem man sich die Baustoffe für die neuen Projekte holte. Es gibt jedoch Anhaltspunkte dafür, daß die Zerstörung von epigraphischem Material und dessen Wiederverwendung als Baustoff nicht planlos erfolgte. Wie bei den anderen Maya war es sehr wahrscheinlich auch bei den Copaneken Sitte, die in Plätzen und Objekten, die man überbauen oder beseitigen wollte, akkumulierte heilig-mächtige Kraft durch spezielle Tötungsrituale zu eliminieren, die das Auslöschen von Inschriften sowie die Zertrümmerung von Gegenständen mit einschlossen. Die Beschädigungen an den alten Inschriften in Copán gehen großenteils auf das Konto dieses Brauchtums.

Die geschriebene Geschichte Copáns in irgendeinem ernst zu nehmenden Sinn des Wortes beginnt für uns mit Rauch-Imix-Gott K, dem zwölften König seit Yax-Kuk-Mo'. Selbst in einer Welt, in der große Könige zum alltäglichen Erscheinungsbild gehörten, stach dieser Herrscher mit seinen außergewöhnlichen Talenten und Leistungen unter seinen Standesgenossen hervor. Er war einer der am längsten lebenden Könige in der Geschichte Copáns: Seine Amtszeit dauerte von 628 bis 695 n. Chr. Unter seiner Regierung erlebte das spätklassische Copán den kometenhaften Aufstieg zur Großmacht in der Welt der Maya und erreichte die größte Flächenausdehnung seiner gesamten Geschichte. Das Katun-Ende 9.11.0.0.0 (652 n. Chr.) war einer der Höhepunkte seiner Herrschaft. Zur Feier des Tages ließ er, über das Copán-Tal verteilt, eine Reihe neuer Stelen aufstellen und machte, wie andere Könige dies mit einem Pyramidengipfel und einer Plaza taten, das ganze weite Tal zur heiligen Arena seiner ekstatischen Kommunikation mit den vergöttlichten Ahnen.[18] Am Osteingang zum Tal ließ er die Stelen 23, 13 und 12, am Westeingang die Stelen 10 und 19 und als Dreh- und Angelpunkt des ganzen Arrangements auf der riesigen Hauptplaza nördlich der Akropolis die Stelen 2 und 3 errichten (siehe Abb. 8.5 a). Auf diese Weise machte Rauch-Imix-Gott K die Stadt Copán samt dem Tal, in dem sie lag, zu seinem persönlichen Portal ins Jenseits. Selbst dem widerspenstigsten Adligen dürfte es danach schwergefallen sein, im Dunstkreis eines solchen von Ahnen begünstigten Herrschers noch Ränke zu schmieden.

Rauch-Imix-Gott Ks Umwandlung des gesamten Gemeinwesens im Copán-Tal zu einem magischen Vehikel seines Wollens war mehr als nur eine prahlerische Geste. Unter seiner Ägide genoß die copanekische Oberschicht in nie zuvor gekanntem Ausmaß Ansehen und Wohlstand, die zu Lasten konkurrierender Nachbarstaaten gingen. Die Aristokratie von Copán war die in jeder Hinsicht führende Elite in der Südostregion des Maya-Kulturkreises.[19] An dem besagten Katun-Ende 9.11.0.0.0 feierte Rauch-Imix-Gott K seine Vorherrschaft über Copáns nächsten Nachbarn Quiriguá mit der Aufstellung eines Altars in dieser Politie (Altar L; siehe Abb. 8.5 b).[20] In späteren Jahren sollte das beiderseits des Motagua-Flusses, einer bedeutenden Handelsroute, gelegene Nachbarkönigreich in einem dramatischen Kampf das Joch der copanekischen Herrschaft abschütteln. Zu der Zeit jedoch, als Rauch-Imix-Gott K seine imperialen Träume verfolgte, lag dieser Tag noch in ferner Zukunft. Während der König im Norden und Westen Territorien am Motagua annektierte, ließen sich – sehr wahrscheinlich aus Copán kommende – Maya-Eliten im La-Venta-Tal am Chamelecón-Fluß, dem östlichen Grenzgebiet zwischen Copán und den Nicht-Maya-Nachbarvölkern, nieder.[21] Unter dem Zepter des machtbe-

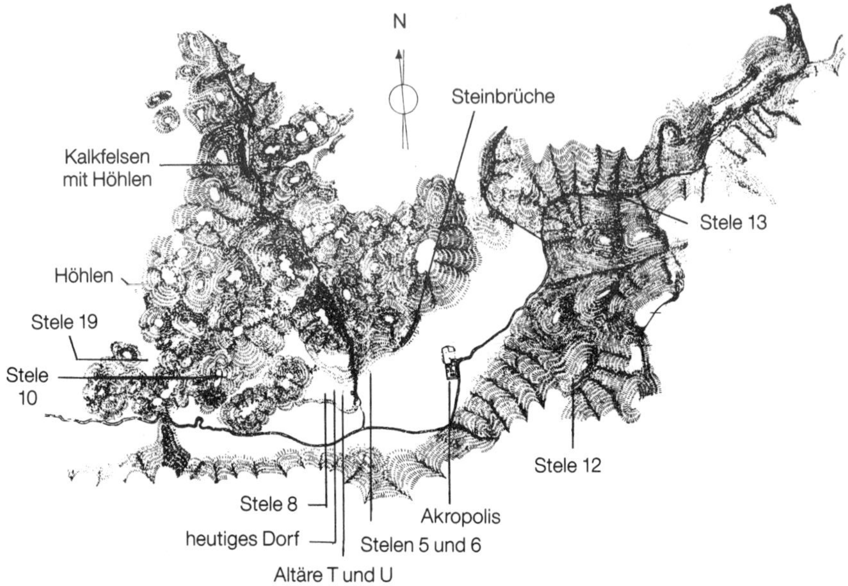

a) Die Monumente außerhalb der Akropolis
(nach Gordon, 1898)

Abb. 8.5 Rauch-Imix-Gott K und seine Monumente

b) Altar L aus Quiriguá

wußten und ehrgeizigen Rauch-Imix-Gott K dürfte Copán eines der ausgedehntesten Maya-Königreiche seiner Zeit gewesen sein.

Rauch-Imix-Gott Ks Nachfolger auf dem Thron wurde im Jahr 695 n. Chr. Achtzehn-Kaninchen, der die Leistung seines Vorgängers auf seine Weise umzugestalten begann. Hatte dieser mit seinen Monumenten die Grenzen des heiligen Tals abgesteckt, so wählte jetzt Achtzehn-Kaninchen den Zentralbezirk Copáns als Bühne für seinen eigenen Beitrag zur Ruhmesgeschichte der Dynastie. Er versammelte die besten Bildhauer, Baumeister, Kalligraphen und Kunsthandwerker seiner Zeit um sich und spornte

Abb. 8.6
Die Große Plaza mit ihrem Wald von Baum-Steinen

sie zu wahrhaft großen Leistungen an. Achtzehn-Kaninchen verwandelte den Stadtkern von Copán in einzigartiger Weise zu einem Symbol der Macht der Maya-Könige, der die Zeiten bis heute überdauert hat und dessen Anblick jeden Betrachter berührt.

Eines der zahlreichen Projekte Achtzehn-Kaninchens war die Neugestaltung des Ballspielplatzes. Dabei ließ er in die alten Markierungssteine neue Bilder einmeißeln, die ihn als Inkarnation der Zwillingsheroen in ihrem Sieg über die Herren des Totenreichs zeigen. Auf der dem Ballspielplatz benachbarten Großen Plaza ließ Achtzehn-Kaninchen einen symbolischen Wald von Te-Tunob entstehen (siehe Abb. 8.6). Jeder einzelne Baum-Stein dieses prachtvollen Hains zeigt ihn als die Verkörperung einer der Gottheiten, die er in der rituellen Ekstase beschworen hatte. Sämtliche auf der Großen Plaza gefundenen Baum-Steine wurden dort in der Zeit vom 9.14.0.0.0 bis zum 9.15.5.0.0 (711–736 n. Chr.) errichtet.[22]

Eines der letzten Projekte Achtzehn-Kaninchens war der Umbau eines altehrwürdigen heiligen Bergs auf der Akropolis, südlich des Ballspielplatzes. Das Bauwerk wird heute als Tempel 22 bezeichnet.[23] Von den hervorragendsten Künstlern, die er aufzubieten vermochte, ließ der König dieses faszinierende Monument innen und außen mit tiefen Steinreliefs verzieren. An den vier äußeren Ecken des Tempels, die die vier Ecken des Kosmos symbolisierten, erhoben sich mächtige Witz-Monster, während im Gebäude die Tür zum innersten Heiligtum, das Tor des Königs zum Jenseits, umrahmt wurde von einem gewölbten Himmelsmonster – himmlischer Aufenthaltsort der vergöttlichten Ahnen –, das mit Voluten des königlichen Opferbluts besetzt war. Gehalten wurde dieser Königshimmel von Pauahtunob, den uralten Lastträgern, die an den vier Ecken der Windrose stehen und den Himmel tragen. Hier im Tempel wiesen sie dem König den Weg in das Dunkel, aus dem nur göttliche Ahauob lebend zurückkehrten.

Das Außergewöhnliche an den Kunstwerken Achtzehn-Kaninchens liegt nicht in ihrer Thematik – die im konventionellen Rahmen bleibt –, sondern in der Art und Weise ihrer Ausführung. Anders als bei Pacal und Chan-Bahlum von Palenque enthüllt sich in seinen künstlerischen Anstrengungen keine spezielle politische Zielsetzung. Vielmehr konzentrierte er sich ganz auf die Darstellung des Königs als Mittelpunkt des öffentlichen Lebens und der Staatsmacht. Von Rauch-Imix-Gott K hatte er einen Hofstaat geerbt, der sich daran gewöhnt hatte, über andere Staatswesen zu herrschen. Um seine Edelleute in Ergebenheit zu halten, mußte Achtzehn-Kaninchen als König ebenso eindringlich wie nachhaltig seine Vorrechte ihnen gegenüber geltend machen. Wie wir an den Beispielen seiner Monumentalkunst sehen können, bewältigte er diese Aufgabe mit theologischer Bildung und poetischer Leidenschaft. Wenige Herrscher in der Geschichte der Maya haben die Spielregeln der Königsmacht so virtuos – mit solch atemberaubenden Resultaten – gehandhabt wie Achtzehn-Kaninchen. Aber die Machtbalance zwischen König und Hof sollte nicht lange anhalten. In der historischen Rückschau ist die Ursache des Desasters, in dem seine Amtszeit endete, leicht zu erkennen. Seine Darlegungen über die zentrale Rolle des göttlichen Königs im Staat wurden von einer Aristokratie vernommen, die mehr und mehr zu der Überzeugung kam, daß sie auch ohne König in der Lage wäre, ein Reich zu verwalten.

Der Anfang vom Ende zeichnet sich denn auch in den von dieser Aristokratie in Auftrag gegebenen Werken der Monumentalkunst ab. Der wachsende Wohlstand des Königreichs übertrug sich vom König auf die Oberschicht des Copán-Tals. Mit zunehmendem Reichtum begannen auch die sozialen Eliten, Monumente zu errichten, Monumente, die nur in privater Umgebung, nicht im Öffentlichkeitsraum aufgestellt wurden, mit denen man aber den königlichen Gestus, den königlichen Habitus imitierte. So zum Beispiel ließ in der Regierungszeit Achtzehn-Kaninchens die das Anwesen 9N-8 bewohnende Familie eines Schreibers ein ungewöhnliches Familienheiligtum errichten (Struktur 9N-82-sub), das dem Gott N, dem Schutzgott der Schrift und damit der Geschichtsschreibung, geweiht war. Auf den Inschriften dieses Tempels ist der oberste Souverän erwähnt und wahrscheinlich auch dessen Vorgänger, Rauch-Imix-Gott K.[24] Zur Zeit Achtzehn-Kaninchens genossen die Angehörigen der Oberschicht nicht nur das Vorrecht, reichdekorierte Bauwerke für sich selbst in Auftrag zu geben, sondern es stand ihnen uneingeschränkt auch das gesamte zu damaliger Zeit im Copán-Tal in Überfülle vorhandene künstlerische Potential zur

Verfügung. Die erwähnte Schreiberfamilie in Struktur 9N-82 konnte sich für den Skulpturenschmuck ihres Tempels einen der besten Bildhauer der ganzen Region leisten.

In den zweiundvierzig Jahren der Regierungszeit Achtzehn-Kaninchens blühte Copán nicht nur zu einem Kunstzentrum ersten Ranges auf, sondern entwickelte sich auch zu einer Vielvölkergemeinschaft, indem es Menschen aus den Gebieten um den Yojoa-See und das heutige Comayagua im Inneren Honduras anzog.[25] Die Integration fremdstämmiger Bevölkerungsteile in das Staatsgefüge erforderte eine gewisse Anpassungsleistung auf mythologischer Ebene. Traditionsgemäß stellte der König seit jeher die lebende Manifestation des speziellen Bundes dar, der zwischen dem Maya-Volk und seinen vergöttlichten Ahnen bestand. Damit dies auch von der fremden Population angenommen werden konnte, mußte Achtzehn-Kaninchen gewisse Zugeständnisse machen. Sicher, alle Monumente dieses Herrschers dokumentieren, daß er nicht im geringsten von der orthodoxen Ritualpraxis abwich. Allein die verschwenderische Ausweitung des Herrscherkults mit der Betonung der übernatürlichen und göttlichen Aspekte des Königs dürfte sein öffentliches Zugeständnis an die Barbaren gewesen sein, die wenig über die Maya-Theologie wußten und sich leichter als die einheimische Aristokratie von Pomp und Gepränge beeindrucken ließen. Mit solchen Mitteln mag er den neuen Bekehrten der Maya-Kultur die Überzeugung beigebracht haben, daß er genausogut *ihr* Sachwalter im Jenseits sei wie der seiner Volksgenossen. Aber ob Achtzehn-Kaninchen sich nun tatsächlich von solchen Überlegungen leiten ließ oder nicht, es gelang ihm jedenfalls, die Machtbasis des Königtums zu verbreitern und die Zahl der Menschen, die das Copán-Tal bevölkerten, zu erhöhen.[26]

Wie zuvor schon anderen spätklassischen Königreichen mit ehrgeiziger Zielsetzung erging es dann auch Copán: Krieg und Expansion wendeten sich zuletzt gegen dieses Reich. Der bedauernswerte Achtzehn-Kaninchen erntete schließlich den Wirbelwind, den seine Vorgänger als Brise gesät hatten. In der zweiten Hälfte seiner Regierungszeit, auf dem Höhepunkt seiner ruhmreichen Karriere, setzte er in Quiriguá, dem Reich, das sein Vater Rauch-Imix-Gott K unter die Oberherrschaft von Copán gebracht hatte, einen neuen Herrscher namens Cauac-Himmel ein (siehe Abb. 8.7). Der Inthronisationsritus in Form einer «Hand-mit-Gott-K»-Zeremonie fand am 2. Januar 725 n. Chr. «im Lande von» *(u cab)* Achtzehn-Kaninchen von Copán statt.[27] Dreizehn Jahre danach erhob sich Cauac-Himmel mit Waffengewalt gegen seinen Lehnsherrn, nahm Achtzehn-Kaninchen in der Schlacht gefangen und opferte ihn am 3. Mai 738 auf öffentlicher Bühne in Quiriguá.[28]

Das weitere Schicksal von Copán unterschied sich allerdings beträchtlich von dem Los, das Tikal und Naranjo nach ihrer Niederlage gegen Caracol ereilte. Die Arbeit der Archäologen hat keinerlei Anhaltspunkt dafür ergeben, daß Quiriguá jemals so etwas wie eine Hegemonialherrschaft über

Quiriguá, Stele E, Westseite

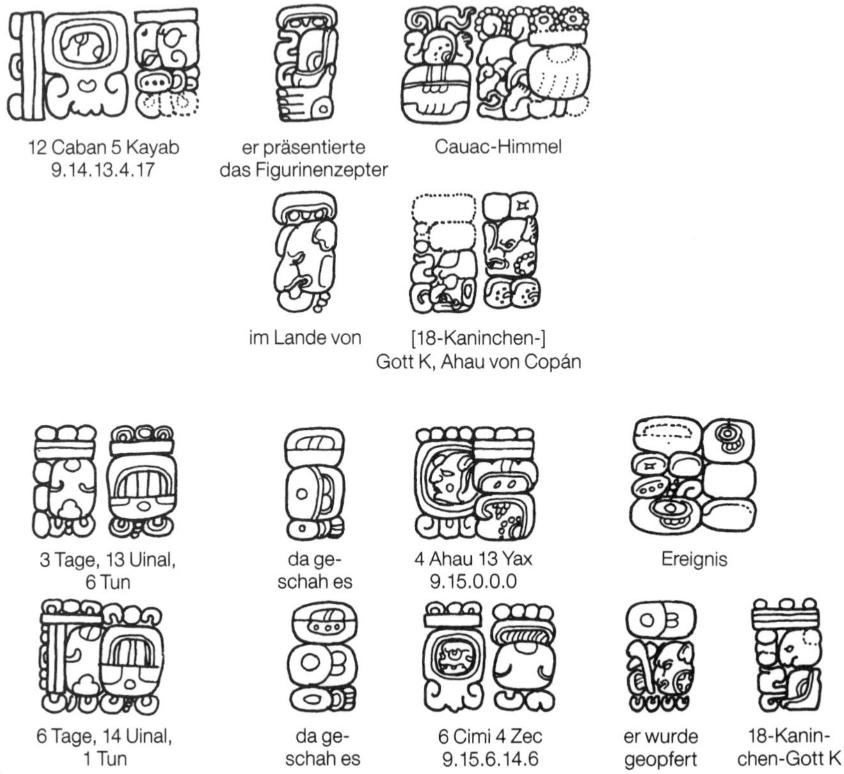

den unterlegenen Gegner ausgeübt hätte. Das Bevölkerungswachstum in Copán stieg weiter an, und die Oberschicht setzte ihre Bauprogramme so uneingeschränkt fort, wie die copanekischen Kaufleute rege ihren Handel mit dem honduranischen Hinterland trieben. Anders gesagt, in Copán ging alles seinen gewohnten Gang. Wer nur die überlieferten Zeugnisse des wirtschaftlichen und sozialen Lebens betrachtet, würde nie vermuten, daß sich damals etwas verändert hatte.[29]

Denkbar wäre, daß Cauac-Himmel einfach nicht in der Lage war, einen im Vergleich mit seinem kleiner dimensionierten Staatswesen so großen Nachbarn zu «beherrschen». Zwar würde dies zur Erklärung des Rätsels ausreichen, doch scheint ein weiterer Sachverhalt nicht weniger einleuchtend. Das Fehlen jeglicher Spuren einer Änderung in der archäologischen Urkunde könnte eine grundlegende Einstellungsänderung der Bevölkerung von Copán zum Ausdruck bringen. Der Tod des Königs verursachte möglicherweise deswegen nicht die kleinsten Schwankungen im geordneten Tageslauf von Adel und Volk, weil beide Gruppen zu der Überzeugung gelangt waren, auch ohne König auskommen zu können. Und allem

Abb. 8.7
Cauac-Himmel, Göttlicher Ahau von Quiriguá, der Überwinder des copanekischen Königs 18-Kaninchen

Anschein nach verfügte die herrschende Dynastie vorerst nicht über die Mittel, dieser Überzeugung entgegenzuwirken. Aus der epigraphischen Aufzeichnung ergibt sich, daß es beinahe zwanzig Jahre dauerte, bis die Dynastie das mit Achtzehn-Kaninchens unrühmlichem Ende verlorengegangene Prestige wieder zurückgewonnen hatte. Letztlich war es diese Niederlage, die die Oberhäupter der Adelsgeschlechter dazu verleitete anzunehmen, ihre zivilisierte Welt könne auch sehr gut ohne einen König in ihrer Mitte überleben.

Einen König gab es in Copán aber noch immer, auch wenn er unbedeutend war. Neununddreißig Tage nach Achtzehn-Kaninchens Ende – Venus stand nahe ihrer maximalen Elongation als Morgenstern[30] – bestieg ein Nachfolger namens Rauch-Affe den Thron. Es ist bisher nicht gelungen, diesem Herrscher irgendwelche Stelen oder Bauten in Copán zuzuschreiben. Das einzige denkwürdige Ereignis, das aus seiner Regierungszeit bekannt wurde, ist uns durch ein Monument eines seiner Nachfolger überliefert. Der Anlaß dafür war ein Frühaufgang des Abendsterns, den Yax-Pac, der sechzehnte Dynast, in Tempel 11 verzeichnen ließ.[31] Nach zehnjähriger unspektakulärer Herrschaft segnete Rauch-Affe das Zeitliche, und am 18. Februar 749 trat sein Sohn Rauch-Muschel die Nachfolge an.[32]

Schon bald nach seiner Machtübernahme begann Rauch-Muschel mit dem Umbau eines der ältesten und heiligsten Baukomplexe im Zentrum von Copán – der Bauwerke, die über dem «Papagayo»-Tempel von 9.0.0.0.0 und dem benachbarten Ballspielplatz errichtet wurden.[33] Das großartige Resultat seiner Bemühungen ist der Tempel der Hieroglyphentreppe (Struktur 10L-26), eines der bedeutendsten Kulturdenkmäler der Neuen Welt und einzigartiger Ausdruck des königlichen Wegs zur Welt des Übernatürlichen.[34] In die vertikalen Flächen der großen Blocksteintreppe ist die längste Inschrift des präkolumbischen Amerika eingemeißelt; sie besteht aus mehr als zweitausendzweihundert Glyphen[35] und verzeichnet in bestechender Kalligraphie Inthronisation und Tod jedes einzelnen Königs der Yax-Kuk-Mo'-Dynastie. Wie eine prophetische Offenbarung aus dem All entsteigt diese Chronik der von Göttern gelenkten Geschichte Copáns dem Rachen einer auf dem Kopf stehenden Visionsschlange, die mit unwiderstehlicher Macht die Ahnen Rauch-Muschels durch das Tor führt, das er für sie geöffnet hat. Der Text wird von fünf lebensgroßen sitzenden Figuren ergänzt, die in regelmäßigen Abständen entlang der Treppenmittelachse angeordnet sind und Rauch-Muschels unmittelbare Vorgänger in der Dynastiefolge darstellen: Rauch-Affe, Achtzehn-Kaninchen, Rauch-Imix-Gott K, Butz'-Chan und Mond-Jaguar (siehe Abb. 8.8). Diese Ahnen sind in den Ornat des Tlaloc-Venus-Kriegertums gehüllt, dessen Aufstieg wir in Tikal, Caracol und Dos Pilas beobachten konnten. Rauch-Muschel schrieb Geschichte nicht zuletzt, um die Kriegskunst seiner Vorfahren zu glorifizieren, und dabei störte es ihn offenbar nicht, daß einer von ihnen, Achtzehn-Kaninchen, von seinem eigenen Vasallen bezwungen worden war.

Während die Bauarbeiten an seinem Jenseitstor noch andauerten, ließ Rauch-Muschel seine Abgesandten in exotisch fernen Landen um eine Gattin für sich werben. Vom entgegengesetzten Ende der Maya-Welt, aus dem berühmten Königreich Palenque, kam, der Gefahren des Weges nicht achtend, eine Frau fürstlichen Geblüts angereist, um die Ehe mit ihm einzugehen und ihm einen Sohn zu gebären, der nach ihm König sein sollte.[36] Diese politische Strategie folgte dem gleichen Schema wie die durch Eheschließung entstandene Allianz zwischen Dos Pilas und Naranjo, die Naranjos Dynastie nach der Niederlage gegen Herrn Kan von Caracol wiederbelebte. Rauch-Muschel befand sich allem Anschein nach zum Zeitpunkt seiner Verehelichung bereits in fortgeschrittenem Lebensalter, denn sein Sohn war, als er die Thronfolge antrat, noch keine zwanzig Jahre alt.

Rauch-Muschels Bemühen, seiner Dynastie eine Renaissance zu bescheren und den Adel von neuem hinter sich zu bringen, war offenbar nur ein kurzzeitiger Erfolg beschieden. Als Erbe hinterließ er seinem Sproß Yax-Pac die verschiedenartigsten Probleme, deren Ursprünge in allen Schichten der Gesellschaft lagen, von den höchsten bis zu den niedrigsten. In jeder

Abb. 8.8
18-Kaninchen, aus dem aufgerissenen Maul einer Visionsschlange hervortretend

langlebigen Herrscherdynastie verbreitert sich von Generation zu Generation die Basis der Stammespyramide, bis sie schließlich zu einer enormen Menschenmasse angewachsen ist, die alle die mit der Zugehörigkeit zur königlichen Sippe verbundenen Privilegien ausschöpft. Nicht nur zehren diese Menschen als Schmarotzer an der Gesellschaft, sondern sie schaffen mit ihren privaten Intrigen auch politische Probleme. Im Fall des spätklassischen Copán kam hinzu, daß die Adelsschicht insgesamt immer mehr Macht und Reichtum in ihren Händen konzentrierte. Überflüssig zu betonen, daß Yax-Pac ein ebenso großes taktisches Geschick wie Durchsetzungsvermögen würde beweisen müssen, wenn er sich unter diesen Umständen als absoluter Souverän behaupten wollte. Zugleich wurde das Copán-Tal zur fraglichen Zeit von einer Vielfalt ökonomischer und ökologischer Probleme geplagt. Die Herrscher von Copán hatten, grob gesagt, in der Vergangenheit ihre Sache zu gut gemacht. Der Raubbau an den Ressourcen des Tals näherte sich den Grenzen der Verträglichkeit. Der Fortschrittstrend schien in die rückläufige Bewegung umkippen zu wollen.

Die Übervölkerung des Copán-Tals war eines der Hauptprobleme, mit denen es Yax-Pac während seiner Regierungszeit zu tun hatte. Nach Achtzehn-Kaninchens Gefangennahme war sowohl unter dem nachfolgenden vierzehnten wie fünfzehnten Dynasten die Population des Reichs

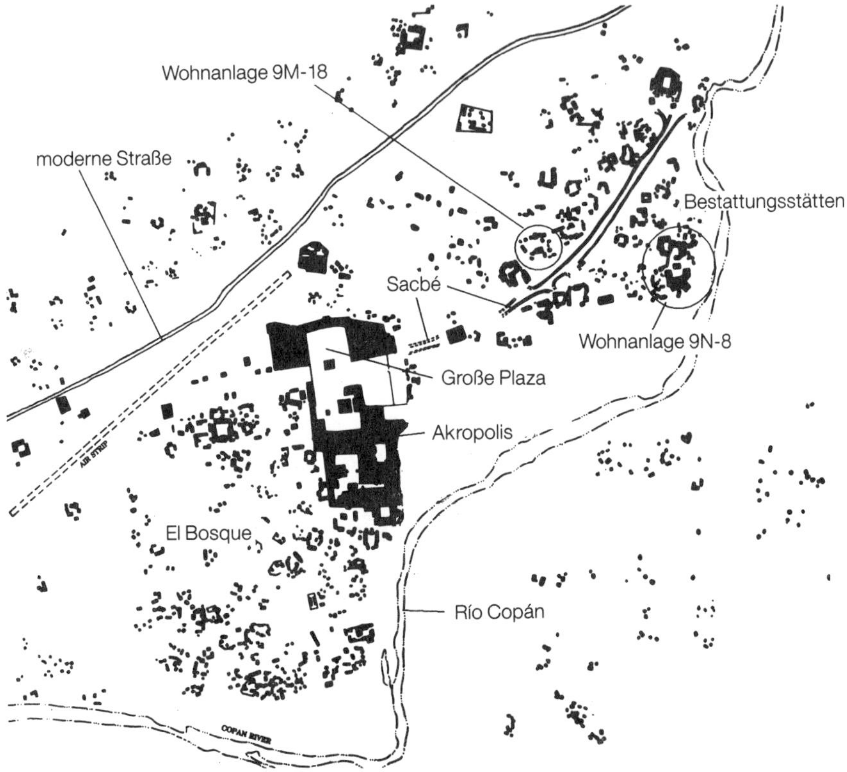

Abb. 8.9 Städtische Konzentrationen nahe der Akropolis

ständig gewachsen. Das ganze 8. Jahrhundert hindurch entstanden auf dem fruchtbaren Schwemmland rund um die Akropolis immer mehr Wohnanlagen[37] (siehe Abb. 8.9). Im Umkreis eines Kilometers um den Ballspielplatz standen über eintausendfünfhundert Gebäude; die geschätzte Bevölkerungsdichte betrug hier dreitausend Einwohner pro Quadratkilometer. Insgesamt waren es mindestens zwanzigtausend Menschen, die sich im Copán-Tal mühten, den arg strapazierten Ressourcen die Subsistenzmittel abzuringen. Die einheimische Landwirtschaft allein vermochte eine so hohe Bevölkerung nicht mehr zu ernähren, zumal das beste Ackerland unter den Wohnsiedlungen rund um die Akropolis verschwunden war.[38]

Zusammen mit dem Thron erbte Yax-Pac die Verantwortung für eine Situation, die auf eine Katastrophe hinauslief. Über Generationen hinweg hatte der expandierende Wohnungsbau im Zentrum das beste Ackerland verschlungen und die Bauern an die Talränder und auf die Berghänge verdrängt. Hier mußten sie immer mehr Waldfläche roden, um Maisfelder anzulegen. Die Entwaldung hatte Erosion zur Folge. Verkürzte Brachen erschöpften den Boden und beschleunigten damit den Schwund des agrarwirtschaftlich nutzbaren Landes genau zu der Zeit, als es galt, die zahlenmäßig stärkste Bevölkerung in der gesamten bisherigen Geschichte des Königreichs zu ernähren.[39]

Die Entwaldung zog noch andere Probleme nach sich. Holz war ein begehrter Bedarfsartikel; man benötigte es als Brennstoff für das heimische Herdfeuer, aber auch, um den Kalk für die Tempelbauten zu brennen[40], als Baumaterial für Wohnungen und für Dutzende von anderen häuslichen und kultischen Zwecken. Je mehr Menschen sich im Copán-Tal niederließen, desto weiter nach oben in die Berge wich die Waldgrenze zurück, und desto größere Flächen des mageren Hangbodens waren schutzlos den Kräften der Erosion preisgegeben. Das Abholzen der Wälder blieb nicht ohne negativen Einfluß auf Klima und Regenmenge, mit dem Ergebnis, daß es für die Menschen im Tal noch schwerer wurde, dem Boden das Nötigste abzugewinnen. Nahrungsmittelknappheit hatte Unter-, Fehl- und Mangelernährung, diese wiederum hatten die üblichen Krankheiten zur Folge, und davon war nicht nur das einfache Volk betroffen, sondern auch der Adel.[41] Die Lebensqualität, die in den vorindustriellen Großstädten der antiken Welt ohnehin nicht gut war, sank in Copán unter seinem letzten großen König zu dessen Leidwesen auf das unterste Niveau.

Wie sein Vater machte auch Yax-Pac die Dynastiegeschichte zum Mittelpunkt seines öffentlichen Wirkens als Priesterkönig und gab damit zu verstehen, daß er das Wertsystem seiner Vorgänger hochhalten werde, um mit ihm die gegenwärtige Gefahren- und Krisensituation zu überwinden. Nach seiner Inthronisation am 2. Juli 763 nutzte Yax-Pac seinen ersten öffentlichen Auftritt dazu, auf der Großen Plaza zwischen den Baum-Steinen seines rehabilitierten Vorgängers Achtzehn-Kaninchen einen kleinen skulptierten Altar mit dem Bild der Visionsschlange aufzustellen (siehe Abb. 8.20).[42] Anlaß war die Feier des Fünfzehn-Tun-Endes 9.16.15.0.0, des ersten größeren kalendarischen Festtags seit seiner Thronbesteigung.

Kurze Zeit danach wandte der junge Ahau seine Aufmerksamkeit einem alten Tempelbau am Nordrand der Akropolis zu, der von dem siebten Herrscher in der Dynastiefolge erbaut worden war und von diesem – wie auf der Treppenstufe zu lesen, auf der die Weihe protokolliert ist – den Namen «Heiliger Tempel von Copán, Haus des Mah Kina Yax-Kuk-Mo'» erhalten hatte.[43] Am Fuß der Tempeltreppe hatte Yax-Pacs Vater Rauch-Muschel Stele N, seinen letzten Beitrag zur Lokalgeschichtsschreibung aufstellen lassen. An dem Ort, den jetzt dieser alte Tempel einnahm, sollte nach Yax-Pacs Willen das größte und eindrucksvollste seiner Monumente entstehen: Tempel 11, eines der ehrgeizigsten Bauprojekte, die in Copán jemals verwirklicht wurden. Nach alter Tradition umgab er den alten mit dem neuen Sakralbau, in dessen Dekor er in einzigartigen und eindrucksvollen Darstellungen einesteils die kosmische Ordnung vergegenwärtigte und zum anderen die geheiligten Satzungen, die das Schicksal des Reiches unauflöslich mit dem des Königs verbanden. Mit der Errichtung dieses

Bauwerks und des Tors ins Jenseits, das es im Schnittpunkt seiner dunklen Gänge beherbergte, begann Yax-Pacs lebenslanges Bemühen, das Verhängnis abzuwenden, das Copán bedrohte.

Wann mit dem Bau dieses Tempels begonnen wurde, läßt sich nicht genau bestimmen, doch dürfte es fraglos noch in den Anfangsjahren von Yax-Pacs Regierung gewesen sein. Sechs Jahre nach seiner Inthronisation, am 27. März 769, nach den Feierlichkeiten zur Tagundnachtgleiche, weihte er die «Zuschauertribüne» auf der Südseite des Tempels, die zum Westhof der Akropolis hinaus lag. Diese an die erste Terrassenstufe des Pyramidenunterbaus angrenzende «Zuschauertribüne» war die symbolische Darstellung des Ballspielplatzes von Xibalba, mit drei rechteckigen Markierungssteinen, nach gleichem Muster wie auf einem realen Spielfeld auf der darunterliegenden Plaza angelegt (siehe Abb. 8.10). Über die Stufen der auf den Westhof hinausragenden «Zuschauertribüne» wurden zusammengeschnürte menschliche Opfer hinabgerollt, als ob sie Bälle wären.[44] In die vertikalen Flächen der Treppenstufen war eine Inschrift eingemeißelt, die das Protokoll der Ritualhandlungen enthielt und das Bauwerk auch ausdrücklich als Ballspielplatz bezeichnete. Große aus Stein gehauene Tritonshornmuscheln an der Terrassenwand kennzeichneten die Terrasse als die Oberfläche der Wasser von Xibalba, aus denen die beilschwingende

Abb. 8.10
Yax-Pacs Tempel 11

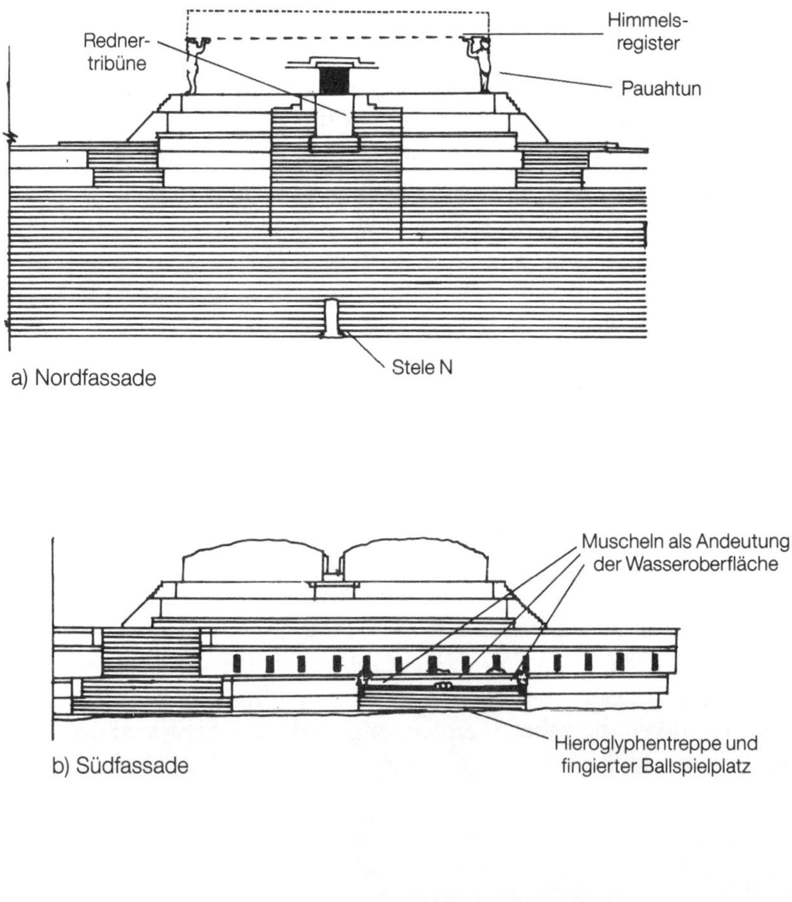

Henkersgottheit Chac-Xib-Chac (eine Erscheinungsform des Venusgotts, des Erstgeborenen der Ahnherren-Zwillinge) hervortauchte, wenn ihn der König in Ekstase zu sich rief.

Indem er auf der Plattform gegenüber der «Zuschauertribüne» zwei schwimmende Kaimane[45] anbringen ließ, deutete Yax-Pac an, daß der ganze Westhof unter dem schwarzen Wasserspiegel der Unterwelt lag. Die Südseite der Tempelpyramide 11 und der vorgelagerte Platz waren also eine symbolische Darstellung von Xibalba. Sie waren der «Schreckensort», an dem menschliche Opfer ins Jenseits gerufen wurden, um mit den Herrschern des Totenreichs Ball zu spielen und ihnen Botschaften des göttlichen Ahau zu überbringen.[46] Mit der Gestaltung einer derart raffinierten Ballspielplatzkulisse machte Yax-Pac eine bedeutsame Aussage darüber, wie er als König sein politisches Programm zu verwirklichen gedachte: Er erlegte sich die Verpflichtung auf, im Kampf hochrangige Gegner zu bezwingen, um sie dann hierherzubringen und zu opfern.

Während der Arbeiten an seinem neuen Tempel und dessen übernatürlicher Kulisse richtete Yax-Pac seinen Blick immer wieder zurück auf Achtzehn-Kaninchen, den Herrscher, mit dessen Namen man sowohl die größten Erfolge als auch die schwerwiegendsten Mißerfolge in der Dynastiegeschichte verband. Im August desselben Jahres, in dem er die «Zuschauertribüne» weihte, errichtete er auf der Akropolis das erste einer Reihe von Monumenten, mit denen er Verbindungsbrücken zu diesem widersprüchlichen Ahnen schlug. Den Altar Z plazierte er auf die Plattform zwischen Tempel 22, dem großartigen Sakralbau, den Achtzehn-Kaninchen anläßlich seines ersten Katun-Jubiläums hatte errichten lassen, und Tempel 11, der Yax-Pacs eigene bauliche Repräsentation des Kosmos sein würde (siehe Abb. 8.11). Wohl auch in anderer Hinsicht hatte dieses kleine Denkmal eine wichtige Bedeutung: Wir glauben nämlich, daß die Altarinschrift auch einen jüngeren Bruder des Königs erwähnt.[47] Das ist deshalb so bemerkenswert, weil sich darin ein neuer Stil der vom König veranlaßten öffentlichen Geschichtsschreibung ankündigt. Yax-Pac ließ im Lauf seines Lebens immer mehr Ahauob auf der Geschichtsbühne von Copán auftreten – eine Strategie des Machterhalts, die wir bereits in Yaxchilán beobachten konnten: Die Macht zu teilen ist immer besser, als sie ganz zu verlieren.

Das erste Katun-Ende (9.17.0.0.0) seines Lebens war für Yax-Pac ein bedeutsames Datum. Nicht nur war es der erste wichtige kalendarische Feiertag in seiner neuen Laufbahn, sondern der Zufall wollte es auch, daß an diesem Tag eine partielle Sonnenfinsternis auftrat und nur sechzehn Tage später Venus erstmals als Abendstern erschien.[48] Zur Feier dieses Katun-Endes[49] zwängte Yax-Pac ein winziges Tempelchen, Struktur 21a, zwischen Achtzehn-Kaninchens bauliches Kosmossymbol, Tempel 22, und den inzwischen unrettbar zerstörten Tempel 21.[50] Die kleinen Maße von Tempel 21a und sein Platz zwischen den beiden Kolossalbauten deuten darauf hin, daß Yax-Pac die vorhandenen Arbeitskräfte vorrangig für die

Abb. 8.11
Copán: Die Akropolis mit Yax-Pacs Baudenkmälern

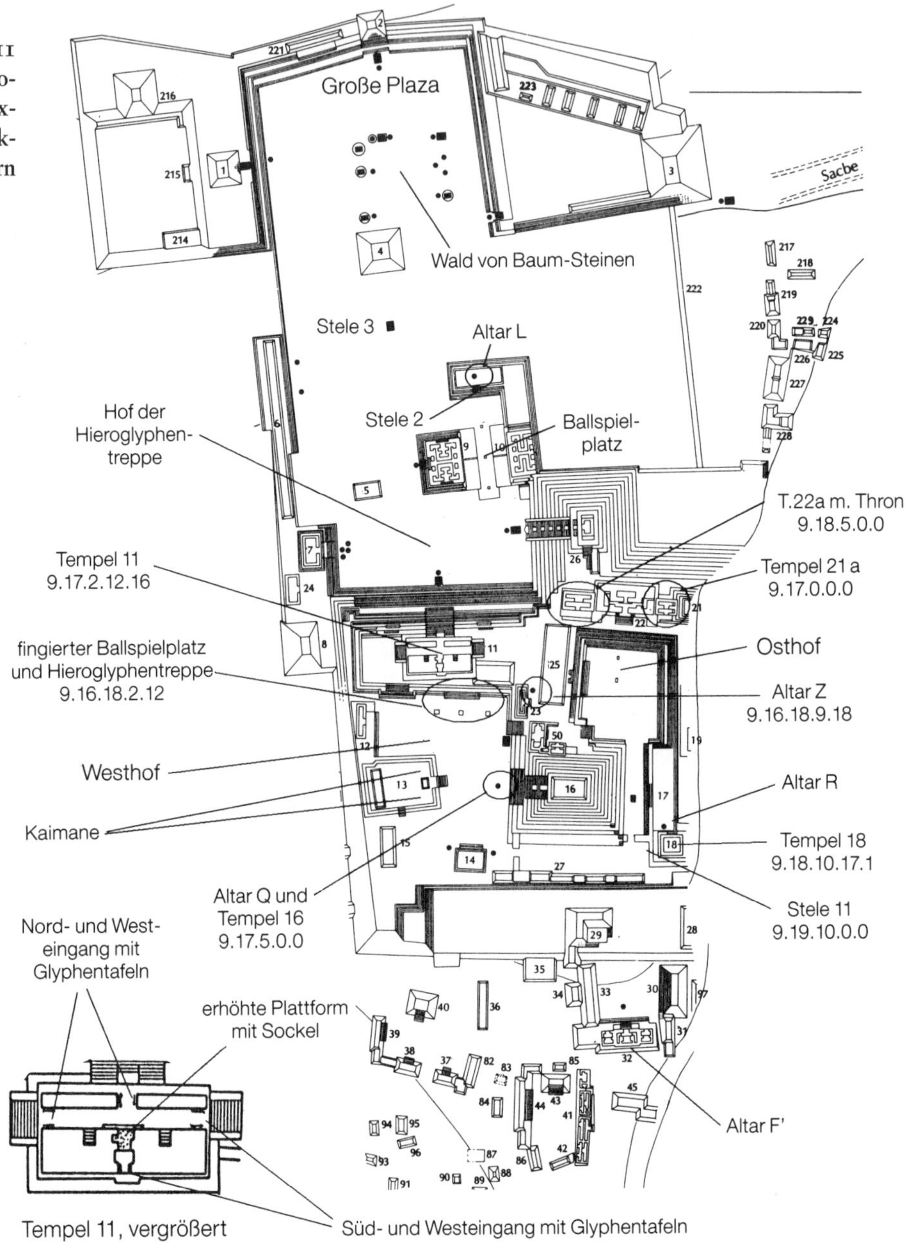

Arbeiten an Tempel 11 einsetzte. Doch gleichgültig, wie groß oder wie klein das Bauwerk war, es zeigt deutlich, wieviel Yax-Pac daran lag, mit Achtzehn-Kaninchen in eine Reihe gestellt zu werden. Möglicherweise war es Rauch-Muschel gelungen, den dreizehnten Thronfolger vom Makel der Niederlage zu befreien, so daß man sich zur fraglichen Zeit in Copán ausschließlich seiner großartigen Leistungen erinnerte. Aber durch die

Abb. 8.12 Tempel 11, architektonische Einzelheiten

wiederholten Anstrengungen, mit denen Yax-Pac das Andenken dieses Ahnen aufrechterhielt, verrät sich auch, daß es dringende Gründe gab, nicht bloß Achtzehn-Kaninchen, sondern die Dynastie selbst in den Augen einer ernüchterten Adelskaste wieder aufzuwerten.

Am 9.17.2.12.16 1 Cib 19 Ceh (26. September 773), zwei Jahre nach der Feier zum Ende von Katun 16, weihte Yax-Pac Tempel 11. Es war vor allem die in der Komposition dieses Bauwerks ausgedrückte großartige kosmologische Vision, die den Ruhm ihres Erbauers begründete. Bevor die Zeit ihr Zerstörungswerk an ihm vollbracht und ihn seiner ursprünglichen Schönheit beraubt hatte, war der Bau einer der außergewöhnlichsten und faszinierendsten Tempel der präkolumbischen Maya-Welt. Mit seiner Fassade dem nördlichen Horizont zugewandt, erhob sich der zweistöckige Bau mit seinen weiten Innengewölben über dem Ballspielplatz und der Großen Plaza. Der Haupteingang an der Nordfront führte in den Rachen eines gewaltigen Witz-Monsters[51], das an Festtagen den wilden Blick auf die unten versammelte Volksmenge gerichtet hielt. An jeder der zwei nördlichen Ecken dieses baulichen Mikrokosmos stand ein riesiger Pauahtun (siehe Abb. 8.10a und 8.12), der mit seinen gewaltigen Händen den Dachfries mit dem Reliefbild des Kosmischen Monsters stützte – eine symbolische Darstellung des Himmelsgewölbes und der planetarischen Wesen, die dort ihre jenseitigen Bahnen zogen.[52] Es war, als hätten sie die prächtigen Skulpturen aus dem inneren Sanktuarium von Tempel 22, Achtzehn-Kaninchens Meisterwerk, herausgelöst und hierhergebracht, um sie der Welt zu präsentieren. Heute sind von dem schuppenbedeckten Leib des Himmelsmonsters nur noch einzelne Bruchstücke rings um den zerfallenen Tempel zu finden.

Das untere Tempelgeschoß ließ Yax-Pac als eine in Ost-West-Richtung verlaufende breite, in Nord-Süd-Richtung von einem kleineren Gang ge-

Abb. 8.13
Das Tor zur Unterwelt in Tempel 11

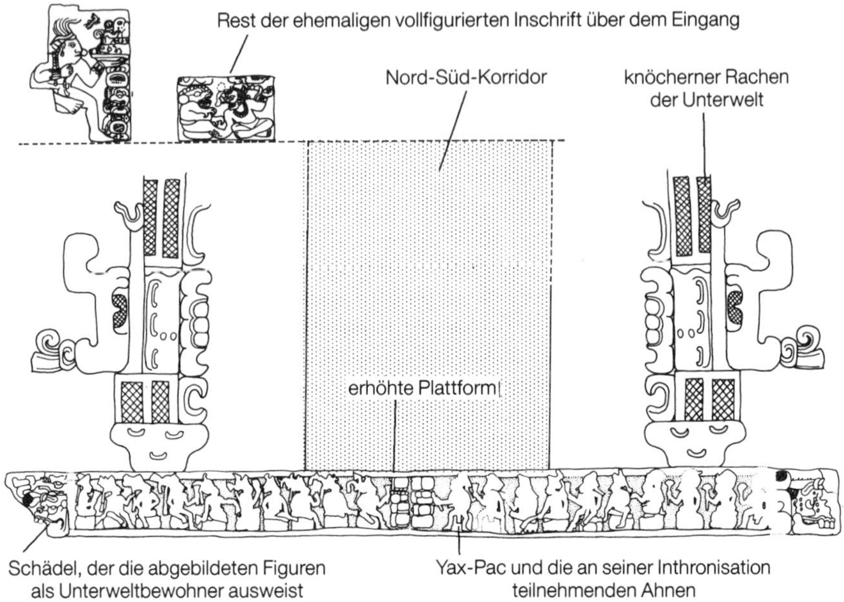

kreuzte Halle ausführen. Damit schuf er die technischen Voraussetzungen, das Gebäude für Zugänge aus den vier Himmelsrichtungen zu öffnen. Im Innern befindet sich unmittelbar hinter jeder Tür links und rechts an der Wand eine Inschriftentafel mit Protokollen von für Yax-Pacs politische Strategie bedeutsamen historischen Ereignissen und der Tempelweihe.[53] Eigenartig an diesen paarweise im Eingang angebrachten Inschriftentafeln ist nun, daß die Zeichenfolge auf der einen in der normalen Leserichtung verläuft, während auf der gegenüberliegenden alles in Spiegelschrift geschrieben steht. Es ist so, als stünde man beim Betreten eines modernen Bankgebäudes zwischen den zwei Glastüren des Eingangs: Die Beschriftung der Glastür vor uns ist normal zu lesen, während die hinter uns liegende Tür sie uns spiegelbildlich zeigt. Steht man aber vor dem Gebäude, kann man die Aufschrift auf beiden Türen normal lesen. Nun hat der Tempel 11 zwar keine durchsichtigen Wände, aber für unseren Gedanken-

Abb. 8.14
Sockel (Bank) in Tempel 11

gang ist das belanglos, denn jene Inschriftentafeln waren nicht für irdische Betrachter bestimmt, sondern für die Ahnen und Götter – und die konnten eine Schrift auch durch solides Mauerwerk lesen. Außerdem ist der Text eines jeden Tafelpaars aus einer ganz bestimmten Blickrichtung zu lesen, beginnend mit den Tafeln im Nordeingang. Wer also die ganze Inschrift richtig und vollständig entziffern wollte, müßte einmal um das ganze Gebäude herumgehen und dabei «durch die Wände sehen». Diese Einbeziehung der göttlichen «Perspektive» ist in der Maya-Kunst durchaus nichts Außergewöhnliches.

Im Südteil des Nord-Süd-Gangs, direkt an die Vierung angrenzend, ließ Yax-Pac eine kleine Plattform errichten, die in den aufgerissenen Rachen der Unterwelt eingelassen war: Die herausgemeißelten Kiefer schmückten sowohl den südlichen (siehe Abb. 8.12) wie den nördlichen Zugang zur Plattform (siehe Abb. 8.13). An der Nordseite war der Unterkiefer durch einen Sockel ersetzt, dessen senkrechte Fläche zwanzig Ahnenbilder zeigte, jeweils zehn links und rechts von einer Inschrift, die Yax-Pacs Thronbesteigung protokollierte (siehe Abb. 8.14). Dies waren seine Vorgänger auf dem Thron von Copán.[54] Yax-Pac hatte sie aus der Welt der Ahnen heraufbeschworen, damit sie an seiner Inthronisation teilnähmen. Durch ihr Erscheinen hatten sie ihre Zustimmung erteilt. Diese Tatsache war nun unabänderlich in ihren steinernen Abbildern verewigt zum Zeugnis für jene Auserwählten, die den Tempel betreten durften, um das, was sie dort sahen, draußen zu verkünden.

Tempel 11 war Yax-Pacs größtes Werk. Gewiß, er ließ noch andere Bauwerke errichten, doch keines davon erreichte dessen Bedeutung an Größe und Ausdruckskraft.[55] Tempel 11 war eine Nabelschnur, die Yax-Pacs Reich mit dem nährenden, aber auch fordernden Kosmos verband: der letzte große Ausdruck der Maya-Weltsicht in Copán. Die untere Tempelebene, zumal die Südseite, verkörperte die subaquatische Welt von Xibalba.[56] Die hoch aufragende Akropolis, die den Tempel trug, war der heilige Berg, der noch andere Tore ins Jenseits beherbergte. Das Tempeldach stellte den Himmel dar, der von den Pauahtunob an den Ecken der Welt emporgehalten wurde. Der Haupteingang an der Fassade war das riesige Maul des Berges, die Höhle, durch die der König in den heiligen

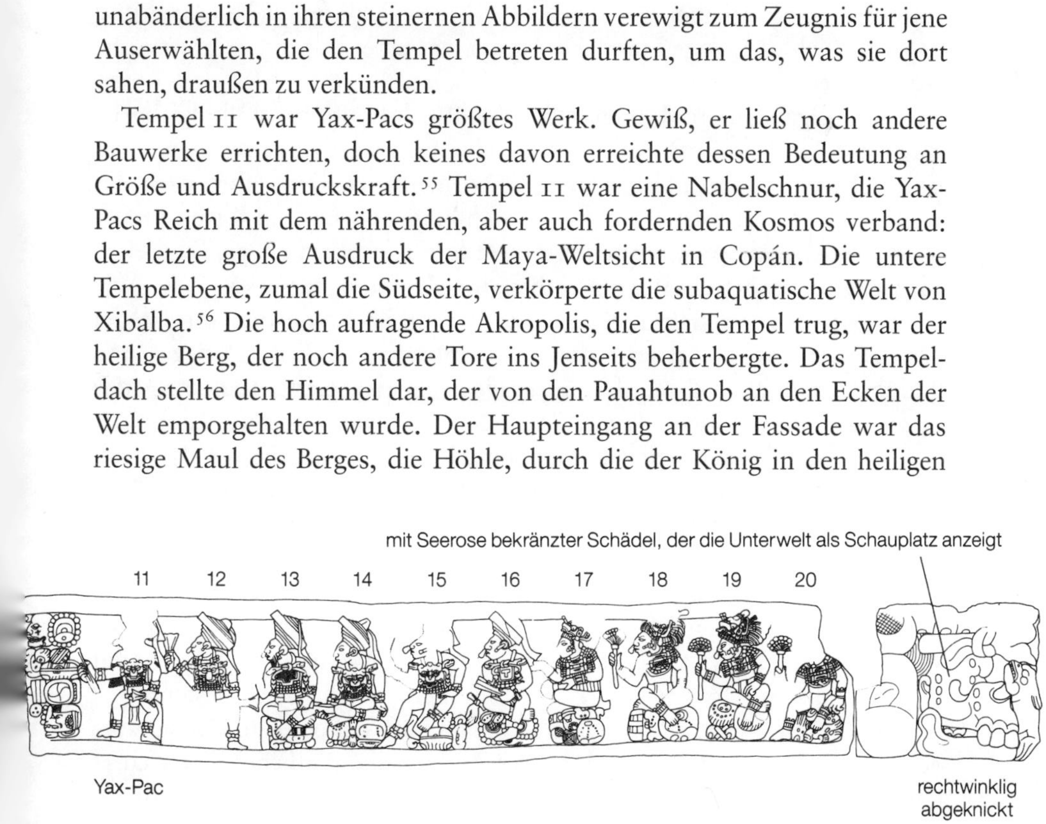

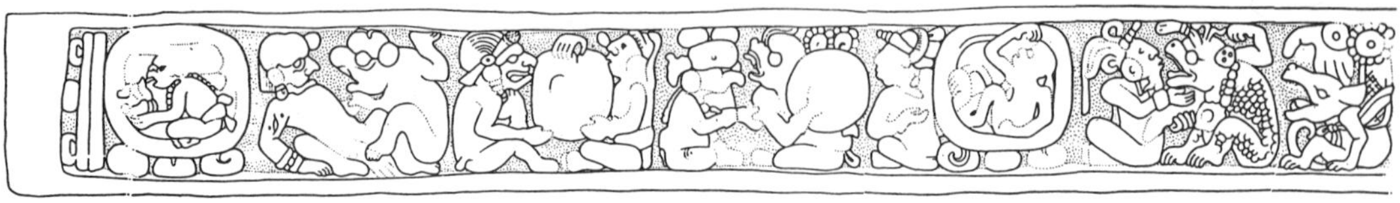

Raum gelangte. Im Zentrum des Tempels befand sich die Plattform, die das Tor zum Jenseits darstellte. Das Bauwerk besiegelte den unauflöslichen Bund, der Yax-Pac mit seinem Volk und ihrer aller Schicksal verband. Mit seinen gewaltigen Abmessungen und seinem grandiosen Stil sollte es die Macht des Königs verkünden, sein Volk zu vereinen, wenn es galt, Schwierigkeiten zu überwinden. Tempel 11 war nicht der schönste unter den Maya-Tempeln – sein Figurenschmuck reichte nicht entfernt an die ästhetische Vollendung des Dekors von Achtzehn-Kaninchens Tempel 22 heran. Auch seine architektonische Solidität war nicht die bestmögliche – die Gewölbe waren zu weit und mußten nachträglich gestützt werden, weil sie einzustürzen drohten, als mit dem Bau des zweiten Stockwerks begonnen wurde. Trotz allem aber war der Tempel Ausdruck königlicher Autorität, von dem sich der junge Herrscher versprach, eine drohende Katastrophe abzuwenden.

In den folgenden drei Jahren setzte Yax-Pac die Zurschaustellung charismatischer Macht mit weiteren Bauprojekten im westlichen Abschnitt der Akropolis in zunehmend verfeinerten Formen fort. Drei Jahre nach der Weihe von Tempel 11 stellte er zum ersten Fünf-Tun-Ende in Katun 17 den Altar Q (siehe Abb. 8.3) vor dem soeben fertiggestellten neuen Tempel 16 auf, einem mächtigen Pyramidenbau im Zentrum der Akropolis. Wie Tempel 11 eine Nachahmung des von Achtzehn-Kaninchen errichteten Tempels 22 war, so variierte der mit Symbolen des Tlaloc-Krieges und Bildern von Schädeln geopferter Feinde reich dekorierte Tempel 16 das Bildprogramm von Tempel 26, dem großen Werk von Yax-Pacs Vater.[57]

Altar Q, ein flacher quadratischer Steinblock, war wohl besser als Thron denn als Altar geeignet. An den Seiten sind – in der historisch korrekten Reihenfolge im Uhrzeigersinn um das ganze Monument herum angeordnet – die sechzehn Herrscher von Yax-Kuk-Mo' bis zu Yax-Pac abgebildet, jeder auf seiner Namensglyphe thronend. Der regierende König und seine Ahnen sitzen vor einem Monument, das dem Krieg geweiht ist; sie befinden sich unter dem Wasserspiegel des symbolischen Meeres, das Yax-Pac auf dem Westhof geschaffen hatte. Dieses Bildprogramm ist insgesamt eine ebenso kunstvolle wie eindringliche Proklamation der eigenen Macht. Aber der Eindruck des kriegs- und eroberungsbereiten göttlichen Herrschers täuschte über Yax-Pacs tatsächliche Situation hinweg, und seine Versuche,

Abb. 8.15 Die Bank aus dem Wohnbereich 9M-18 (Zeichnung: B. W. Fash)

das Königtum noch einmal mit den bewährten Mitteln der Monumentalkunst zu beleben, sollten die letzten ihrer Art im Copán-Tal bleiben.

Aber trotz der kunstvollen Gestaltung und der zentralen Lage markierten der Westhof und Altar Q eine Wende in der Strategie Yax-Pacs. Bisher hatten die Herrscher den Lauf der heiligen Zeit mit Werken der Bau- und Bildhauerkunst sowie mit Inschriften ausschließlich im Zeremonialbezirk des Gemeinwesens dokumentiert. Yax-Pac jedoch begann jetzt, Geschichte auch außerhalb der Akropolis zu schreiben, indem er die Wohnkomplexe seiner Würdenträger aufsuchte, um dort königliche Riten zu zelebrieren. Es gibt keinen Zweifel daran, daß dies für einen «Ahau der Ahauob» einem sozialen Abstieg gleichkam – einem Abstieg, bedingt durch die Notwendigkeit, sich angesichts der drohenden zivilen Katastrophe mit allen Mitteln der Loyalität der Adelsschicht zu versichern.[58]

Den nächsten größeren kalendarischen Feiertag, das Zehn-Tun-Ende 9.17.10.0.0, beging Yax-Pac in der angemessenen zeremoniellen Form nicht mehr nur im königlichen Sakralbezirk auf der Akropolis, sondern auch im Kreis einer in der Stadt ansässigen Adelsfamilie. Zusammen mit dem Datum ist das Aussä-Ritual, das der Herrscher bei dieser Gelegenheit vollzog, inschriftlich protokolliert auf einer Bank im Hauptgebäude der Gruppe 9M-18[59], einer ausgedehnten Aristokraten-Wohnanlage im Osten der Akropolis (siehe Abb. 8.9). Diese Zeremonie ist hier als ein Ereignis verzeichnet, das zu dem Zeitpunkt, an dem der Familienpatriarch sein Haus – den Ort, an dem er Angelegenheiten seiner Familie und seiner Untergebenen regelte – weihte, noch in weiter Zukunft lag (siehe Abb. 8.15). Seltsamerweise ist der Name des Patriarchen in dem Text auf der Bank nicht erwähnt. Statt dessen ist von einem Weiheopfer die Rede, das im Namen von Yax-Pacs Vater Rauch-Muschel vorgenommen wurde.[60] Es wäre denkbar, daß es dem Patriarchen unziemlich erschien, seinen eigenen Namen so dicht neben den seines höchsten Herrn zu setzen, so daß er lieber anonym blieb. Wie dem auch sei, durch das Auftreten der Allerhöchsten Majestät bei seinen heimischen Kulthandlungen mehrte er das Ansehen seines Hauses.

Nicht lange nach dem Zehn-Tun-Ende zog eine andere Adelssippe Nutzen aus Yax-Pacs Entgegenkommen in Ritualangelegenheiten und prahlte damit im neuen Haus ihres Oberhaupts. Die Schreiberfamilie, die

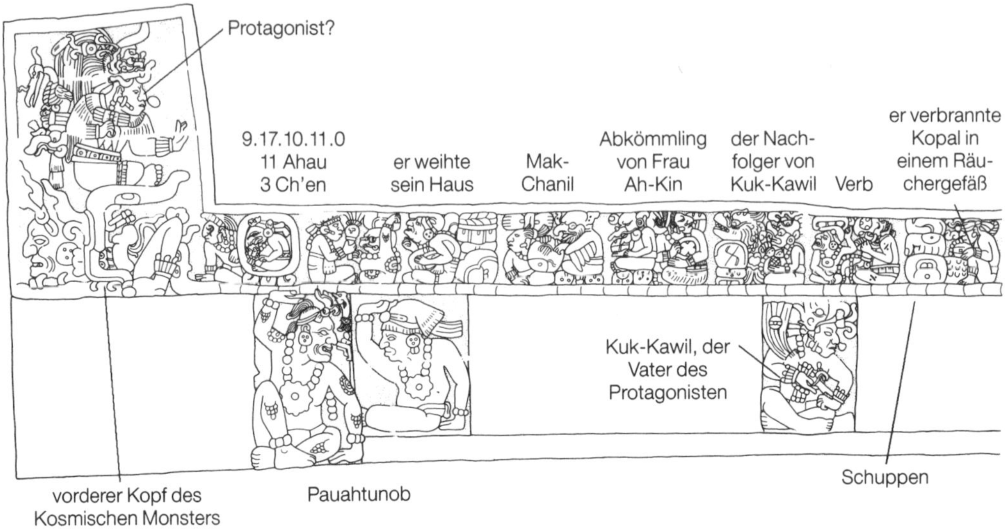

den Komplex 9N-8 (siehe Abb. 8.9) bewohnte, entschloß sich, ein an sich prächtiges Gebäude, das ein früheres Sippenoberhaupt noch unter Achtzehn-Kaninchen hatte bauen lassen, abzureißen und durch einen größeren Neubau zu ersetzen. Die Vornehmheit des neuen Gebäudes war unübersehbar. Im oberen Bereich war es mit Mosaiken des derzeitigen Familienoberhaupts geschmückt, und links wie rechts der Tür zum großen Innenraum entstieg in dramatischer Gestaltung ein Pauahtun (der Schutzgott des Schreiberhandwerks) dem Rachen Xibalbas.

Fast die ganze Grundfläche des Raums wurde von der Bank eingenommen, auf der der Patriarch Platz nahm, wenn Entscheidungen in Familienangelegenheiten zu fällen waren.[61] Eine Inschrift auf dieser Bank (siehe Abb. 8.16) vermeldet, daß der Patriarch am 9.17.10.11.0 11 Ahau 3 Ch'en (10. Juli 781)[62] sein neues Haus weihte und der König bei diesem Ritual mitwirkte. Yax-Pac gewährte also diesem Patriarchen die gleiche Gunst, die er auch dem von Komplex 9M-18 gewährt hatte: Er nahm an einer rituellen Zeremonie in dessen eigenem Wohnbereich teil. Der König brach mit einer überlieferten Regel, indem er sich persönlich zu einem Rangniederen aufmachte, statt diesem die Mühe des Weges zu überlassen. Wir haben gesehen, daß auch Vogel-Jaguar von Yaxchilán einen Rangniederen aufsuchte, als er auf der anderen Seite des Usumacinta, in La Pasadita, ein Ritual zelebrierte. Aber in diesem Fall war der König der Hauptakteur, und der Cahal hatte die untergeordnete Rolle. Auf der Bank im Haus des Schreibers nimmt der Name Yax-Pacs am Ende der Inschrift zwar den Ehrenplatz ein, Name und Tätigkeit des Patriarchen werden jedoch mit gleichem Respekt zitiert. Außerdem bildet die Inschrift das Himmelsmonster nach, und diese Symbolik war beinahe so etwas wie ein Markenzeichen des Königshauses von Copán. Vier Pauahtunob stützen die Sitzfläche der

Abb. 8.16 Die Bank aus Struktur 9N-8

Bank in derselben Weise, wie sie in den Tempeln 22, 26 und 11 den Himmel stützen. Der Schreiber bediente sich demnach derselben Symbolik wie sein König – und allem Anschein nach geschah das auch mit dessen Billigung.

Yax-Pac gab also einen Teil des hart erworbenen königlichen Charismas seiner Ahnen ab, um dieses Sippenoberhaupt zu ehren. War das ein Akt der Verzweiflung? Man kann davon ausgehen, daß der König sich völlig des Risikos bewußt war, das er mit diesem Zugeständnis an die Adelskaste einging, daß er es jedoch als einen notwendigen Schritt betrachtete, um den wirtschaftlichen Zusammenbruch seines Reiches abzuwenden. Zweifellos ging es ihm bei allem, was er tat, um die Lösung der drängenden Probleme, die den inneren Frieden und die Stabilität des Staatswesens gefährdeten, für das ihm das Schicksal die Verantwortung auferlegt hatte. Wie Vogel-Jaguar von Yaxchilán im Westen des Maya-Landes strebte Yax-Pac danach, sich für die Zukunft der ungebrochenen Treue der Adelsclans zu versichern, indem er die königlichen Vorrechte und zumal das Privileg, in der öffentlichen Geschichtsschreibung zu erscheinen, mit ihnen teilte.

Nachdem er mit dieser Politik erst einmal begonnen hatte, verfolgte er sie in der zweiten Hälfte von Katun 17 systematisch und einfallsreich. Er errichtete im gesamten Stadtbezirk Monumente, nicht zuletzt auch im eigentlichen Zeremonialbezirk, und «verlieh» seine Kompetenz zu historischem Handeln an die herausragenden Matadore der politischen Arena Copáns. Im Gebiet des heutigen Dorfs San José de Copán (siehe Abb. 8.5) errichtete der König zwei Monumente zur Feier des ersten Katun-Jubiläums seines Regierungsantritts. Eines davon ist Stele 8 (siehe Abb. 8.17), auf der außer diesem Jubiläum ein damit in Zusammenhang stehendes Blutentnahmeritual, das fünf Tage später stattfand, protokolliert ist. Wie wir schon so häufig feststellen konnten, fiel das Jubiläumsdatum auch

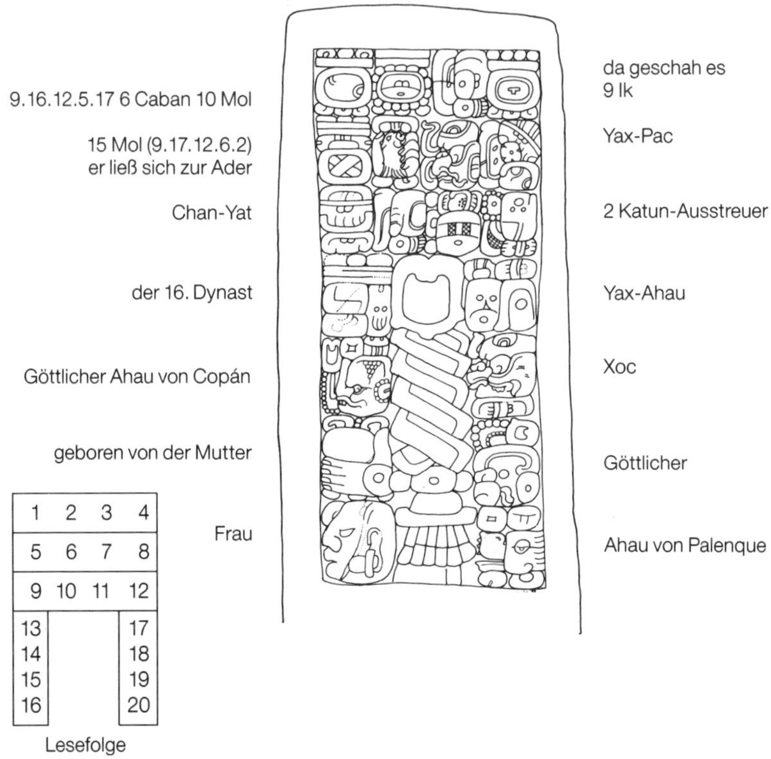

Abb. 8.17 Stele 8 in Copán und Yax-Pacs Mutter

diesmal wieder mit einem besonderen Stand der Venus zusammen, hier mit der maximalen Elongation des Morgensterns.[63] Außerdem nutzte Yax-Pac die Gelegenheit, auf der Stele seine elterlichen Vorfahren zu nennen, um die Copaneken daran zu erinnern, daß er der Sohn der Frau aus Palenque war. Dies ist das einzige Mal, daß er auf einem Monument seine Mutter erwähnt, und es ist denkbar, daß er es in diesem Fall zur größeren Ehre seines Halbbruders tat.

Auch das zweite Monument, das an Yax-Pacs erstes Katun-Jubiläum erinnern sollte, Altar T, schmückte den Platz, der heute unter dem Dorf San José de Copán begraben liegt. Hier erscheint erstmals in aller Form Yahau-Chan-Ah-Bac – der Halbbruder des Königs von der Frau, die Rauch-Muschel zur Auffrischung seiner Linie von Palenque nach Copán geholt hatte – auf der historischen Bühne.[64] Wie wir bald sehen werden, fiel diesem Bruder im letzten Akt des Schicksalsdramas der Dynastie von Copán eine bedeutende Rolle zu.

Altar T war an drei Seiten mit zwölf teils menschen-, teils tiergestaltigen Figuren geschmückt, die alle auf die Inschrift blickten, die den Namen des Halbbruders wiedergab (siehe Abb. 8.18). Der Figurenschmuck auf Altar T ist dem Skulpturstil von Altar Q, Yax-Pacs zwanzig Jahre älterem großen dynastiegeschichtlichen Monument, nachempfunden[65], und auch

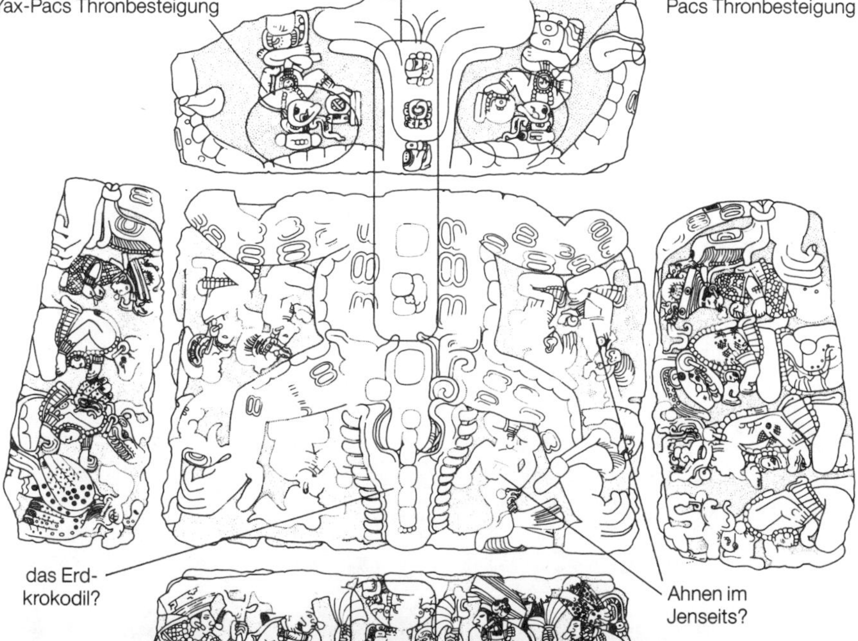

Abb. 8.18 Altar T und Yahau-Chan-Ah-Bac

dies ganz in der Absicht, den Halbbruder des Königs zu ehren. Auf der Oberseite des Monuments ist ein auf den Wassern der Erde ausgestrecktes großes Krokodil abgebildet. Die Gliedmaßen des Reptils sind mit Seerosen geschmückt, die Hinterbeine und der Schwanz verlaufen von der Oberseite über die Kante auf die Rückseite des Altars. Über das Rückgrat zieht sich die Namensglyphe des Königs herunter, als sei sie Teil des stilisierten Schuppenpanzers, und seitlich hängt der Schwanz des Ungeheuers zwischen zwei halbmenschlichen Figuren herab, die die Daten von Yax-Pacs Thronbesteigung und Ein-Katun-Jubiläum personifizieren. Zwischen den gespreizten Beinen des schwimmenden Krokodils sind in der subaquatischen Welt unterhalb seines Bauchs sechs menschliche Gestalten zu erkennen, die vermutlich Ahnen darstellen. Kein Zweifel, mit Altar T und seiner Symbolik wird das Ein-Katun-Jubiläum des Herrschers Yax-Pac gefeiert. Aber die Person, deren Name sich direkt unter der Nase des Krokodils befindet, ist sein Halbbruder Yahau-Chan-Ah-Bac.

Daß Yahau-Chan-Ah-Bac der Halbbruder des Königs war, wissen wir,

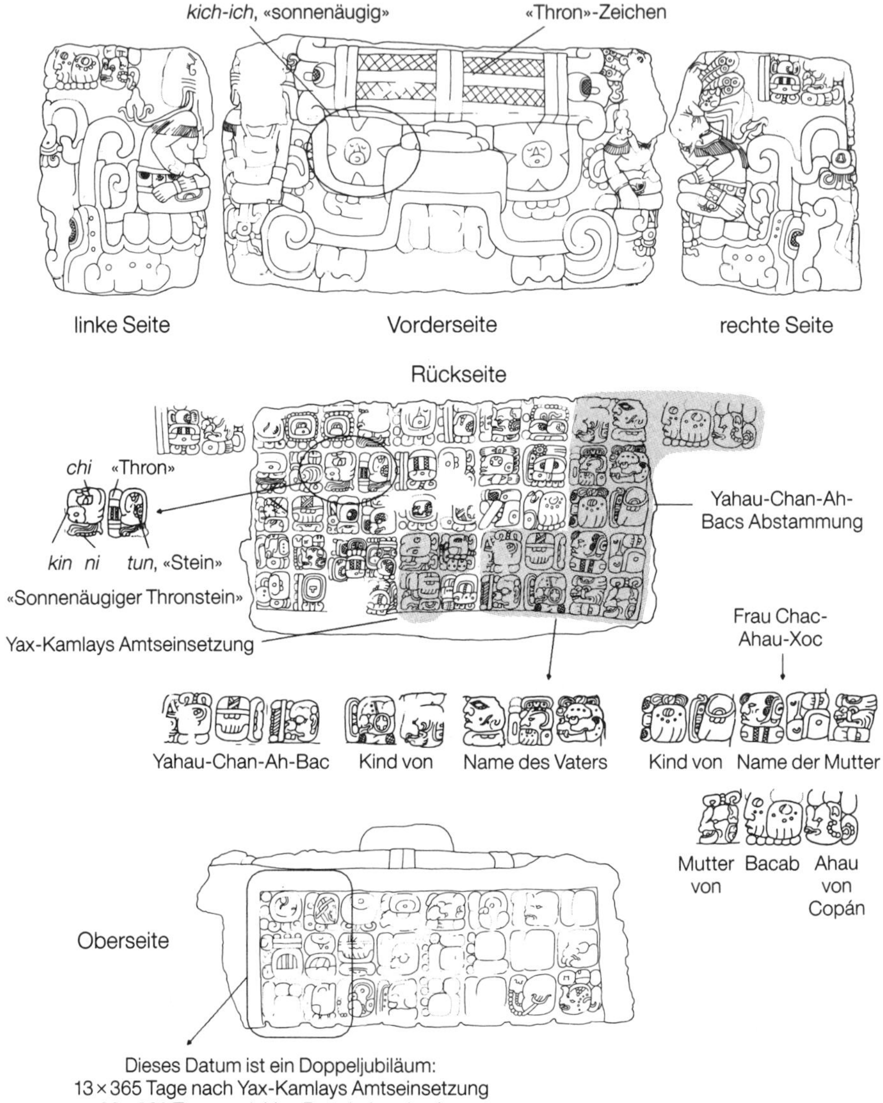

Abb. 8.19 Altar U und Yahau-Chan-Ah-Bac, der Halbbruder des Königs

weil er seinen Status als Abkömmling der Königinmutter an unübersehbarer Stelle inschriftlich dokumentiert hat, nämlich auf Altar U (siehe Abb. 8.19), einem Monument, das er in dem Ort, über dem heute das Dorf San José de Copán liegt, errichten ließ. Der «sonnenäugige Thronstein»[66], wie die Copaneken den Altar nannten, trägt auf der Vorderseite das Bild eines sonnenäugigen Monsters, das auf beiden Seiten von einem im Rachen der Unterwelt sitzenden alten Gott flankiert ist. Die Inschriften auf der Rück- und Oberseite protokollieren retrospektiv Yahau-Chan-Ah-Bacs Mitwirkung bei einer Ritualhandlung am 9.18.2.5.17 3 Caban 0 Pop

(25. Januar 793) sowie den am 29. Januar 780 erfolgten Auftritt eines neuen Akteurs namens Yax-Kamlay auf der historischen Bühne von Copán. Er – möglicherweise ein jüngerer Bruder des Königs – sollte in der zweiten Hälfte der Regierungszeit Yax-Pacs ebenfalls eine wichtige Rolle spielen. Yax K'amlay bedeutet «Erster Verwalter»[67], was zu der Annahme berechtigt, daß der Träger dieses Namens eine Art «Ministerpräsidenten»-Funktion ausübte, während Halbbruder Yahau-Chan-Ah-Bac möglicherweise als königlicher Statthalter den Bezirk regierte, der heute unter San José de Copán begraben liegt. Diese Art von Regierung mit einem aus Brüdern des Königs gebildeten Rat schlug in Copán letzten Endes fehl, bewährte sich aber, wie wir im folgenden Kapitel sehen werden, in Chichén Itzá.

Altar U wurde am 24. Juni 792 (das ist der Tag nach der Sommersonnenwende) geweiht, die Inschrift verzeichnet jedoch auch Ereignisse, die nach diesem Termin stattfanden. Wir vermuten deshalb, daß der Altar im Hinblick auf seine zukünftige Funktion als historisches Forum in Auftrag gegeben wurde. Die dabei ins Auge gefaßte Zeremonie fand am 9.18.2.5.17 3 Caban 0 Pop (25. Januar 793) statt, einem Tag, auf den ein glücklicher Zufall gleich zwei Jubiläen hatte fallen lassen: das Dreißig-Tun-Jubiläum (30 × 360 Tage) von Yax-Pacs Thronbesteigung und das Dreizehn-Haab-Jubiläum (13 × 365 Tage) von Yax-Kamlays Amtseinführung. Yahau-Chan-Ah-Bac, der den Altar weihte, ehrte mit der inschriftlichen Erwähnung des Doppeljubiläums sowohl seinen königlichen Halbbruder als auch den ersten Mann im «Kanzler»-Amt. Es gibt jedoch keinen Zweifel daran, daß die eigentlich wichtige Person der Inschrift Yahau-Chan-Ah-Bac selbst ist.

Wir wollen an dieser Stelle der Faktendarstellung innehalten und uns vorzustellen versuchen, was der König erlebt haben könnte, als er an jenem Jubiläumstag den feierlichen Prozessionszug anführte, der sich von der Akropolis zu dem Stadtbezirk bewegte, wo heute San José de Copán liegt.

Der Fußpfad, auf dem der Prozessionszug sich bewegte, führte jetzt dicht an einem alten Baum-Stein vorbei, und Yax-Pac hielt an, um das Monument zu betrachten, das sein Vorfahre Rauch-Imix-Gott K hier in einer glücklicheren Zeit hatte aufstellen lassen, in der die Menschen im Tal noch voller Hoffnung waren. Die Schatten, die das klare Morgenlicht warf, ließen die Konturen der skulptierten Züge seiner Ahnen scharf hervortreten. Der große Baum-Stein zeigte zwei Gesichter – ein stolzes menschliches, das sich der aufgehenden Sonne zuwandte, und ein mit der Maske der nächtlichen Sonne bedecktes, das in die Richtung des endenden Tages blickte. Für alle Zeit war Rauch-Imix-Gott K hier bei seiner Opferhandlung in Stein gebannt, in alle Ewigkeit brachte er hier mit seinem vergossenen Blut für sein Volk die heilige Welt des Übernatürlichen zur Epiphanie.[68]

Was mochte das für eine Unsterblichkeit sein, dachte Yax-Pac, die sein Vorfahre erlangt hatte, als er diesen großen Baum-Stein auf halber Wegstrecke zwischen der Akropolis und jenem Teil des Gemeinwesens aufstellte, der jetzt von seinem jüngeren Halbbruder, gleich ihm ein Abkömmling der Frau aus Palenque, regiert wurde. Yax-Pac war den Ahnen dankbar dafür, daß sie ihm einen so tüchtigen Bruder zur Seite gestellt hatten. Der tatkräftige und optimistische Yahau-Chan-Ah-Bac mühte sich nach Kräften, Arbeits- und Tributleistungen zu erbringen, wie sie in diesen schweren Zeiten erforderlich waren, um das Königreich vor dem Niedergang zu retten. Und heute beaufsichtigte Yahau-Chan-Ah-Bac auch die Feierlichkeiten zu Yax-Pacs Dreißig-Tun-Jubiläum. Der Zufall hatte es gewollt, daß sein eigenes Anniversarium mit dem Dreizehn-Haab-Jubiläum von Yax-Kamlays Amtseinführung zusammenfiel. Man würde beide Jubiläen mit einer gemeinsamen Zeremonie begehen.

Yax-Pac setzte seinen Weg fort, blieb jedoch zwanzig Schritte weiter an der Stelle stehen, von der aus er den kleineren Baum-Stein[69] sehen konnte, der in dem etwas westlich des Ahnen-Doppelbildnisses gelegenen kleinen Anwesen stand. Dieses zweite Bildnis von Rauch-Imix-Gott K besaß nicht das gleiche imposante Format wie das erste, war aber nicht weniger wichtig, bewahrte es doch das Andenken an den König in seiner Eigenschaft als Feldherr. Es war zur Feier des Zehn-Tun-Endes im Katun 12 aufgestellt worden. An jenem Tag hatte der Venusstern – nachdem er über das Gesicht seines Bruders gewandert war und sich dabei in den Morgenstern verwandelt hatte – seinen Lauf unterbrochen.[70] Der zukünftige Thronerbe Achtzehn-Kaninchen war bei dieser Gelegenheit erstmals in offizieller Funktion in Erscheinung getreten. Wer erinnerte sich im Adel heute noch an solche Dinge? Wem bedeuteten sie noch etwas, wer respektierte sie? Das Hüsteln und Füßescharren hinter seinem Rücken verrieten ihm, daß sein Gefolge bereits ungeduldig wurde. Er achtete nicht darauf.

Yax-Pac seufzte und wandte sich um in die Richtung, aus der jetzt die Sonne über den Bergen erschien. Er ließ den Blick über das Tal schweifen und voller Stolz auf dem Kan-Te-Na Pat-Chan-Otot[71] verweilen, dem Bau, den er kurz nach der Sonnenfinsternis am Ende von Katun 17 geweiht hatte. Er ragte als scharfe Silhouette vor der strahlenden Morgensonne[72] hoch über der Akropolis auf, als wolle er mit den natürlichen Bergen wetteifern, die in der Ferne emporwuchsen. Die heiligen Berge waren kahl wie ein in der Sonne verdorrendes Gerippe. Es war Winter, und eigentlich sollten diese Berge jetzt durch den Herbstregen ganz mit frischem Grün bedeckt sein, aber Yax-Pac sah nur das knöcherne Weiß des kahlen Gesteins mit den roten Streifen an den Stellen, wo Erdrutsche Narben in den Gesichtern der Witzob hinterlassen hatten. Der Baumbestand, der einst die Hügelkämme schmückte, war nur mehr ein blasses Erinnerungsbild vor dem inneren Auge der Ältesten. Auch die vereinzelten Baumgruppen und die verkümmerten Bäume, die er in seinen Jugendjahren auf Streifzügen gelegentlich noch entdeckt hatte, gab es jetzt nicht mehr – nicht ein einziger Schößling hob sich vor dem Blau des Himmels ab.

Vor dreißig Jahren hatte er als Nachfolger seines Vaters Rauch-Muschel den Thron bestiegen. Damals war er ein junger Mann gewesen, der noch nicht einmal seinen ersten Katun vollendet hatte. Voll der Hoffnung, eine ruhm- und segensreiche Herrschaft ausüben zu können, war er angetreten, aber die Götter schienen sich vom Volk am Papageienberg abgewendet zu haben.

Yax-Pac ließ seinen Blick über das Tal wandern. Ab und zu blitzte vom fernen Flußlauf her ein Lichtreflex auf. Doch was er vor allem sah, waren die weißen Wohnhäuser seines Volks – Hunderte von Häusern –, und in ihnen lebten Scharen von Kindern, und viele davon waren ausgehungert und krank. Von den Feuerstellen in den Küchen stieg noch Rauch auf, aber Yax-Pac wußte, daß die jungen Männer der Familie tagelang über sich ständig ausbreitendes Ödland wandern mußten, um Brennholz herbeizuschaffen. Seit undenklichen Zeiten hatte die Erde stets eines hervorgebracht: Holz, mit dem sie ihre überreichen Ernten zu Nahrung verarbeiten und den Kalk für die Häuser und Plazas, die die Ahnen von ihnen verlangten, brennen konnten. Aber was fing man in einer Welt ohne Bäume an? Die Erde selbst lag im Todeskampf, und mit ihr würden schließlich all ihre Bewohner sterben.

In den ruhmreichen Tagen seiner Großväter glaubte das Volk an die Gunst der Götter und an den endlosen Zyklus von Regen- und Trockenperioden, die den Lauf der Zeit und des Lebens bestimmten. Immer mehr Kinder wurden geboren, und immer mehr Menschen waren aus entlegenen Landstrichen herbeigezogen, um sich im Tal von Copán anzusiedeln. Je mehr Menschen es wurden, desto mehr Brenn- und Bauholz wurde verbraucht und desto mehr Wald abgeholzt. Der Fluß war rot vom weggeschwemmten Mutterboden der Berge, die nun kahl und nackt nach den schweren Stürmen des Sommers und den reißenden Fluten des Winters zurückblieben. Es gab entweder zuviel oder zuwenig Regen. Die starken Güsse spülten die Krume weg, und der steinige Untergrund konnte den Samen der heiligen Maispflanze nicht den Nährboden bieten, den sie brauchten. Der gute Ackerboden entlang dem Flußlauf lag unter den Gebäuden der Adelssippen begraben. Die Bauern hatten sich auf der Suche nach bebaubarem Land höher und höher auf die Berghänge zurückziehen müssen. Manche konnten ihre Felder nur angeseilt bestellen, um nicht von den steilen Hängen abzustürzen. Wo immer sich in einer Bergmulde eine Erdschicht gebildet hatte, brachten die Bauern ihr Saatgut aus in der Hoffnung, daß die jungen Maistriebe genug Feuchtigkeit und Nahrung bekämen, um ihre zarten Blätter auszutreiben.

Yax-Pac spürte, wie ihm in der Morgenkälte ein Schauer über den Rücken lief. Die Wintersonnenwende lag erst fünfunddreißig Tage zurück, aber es stand schon jetzt fest, daß die Regenfälle in diesem Herbst und

Winter nicht ergiebig genug gewesen waren. Sein Volk sah einem schlechten Jahr entgegen: Zu viele hungrige Mäuler waren zu stopfen, als daß das wenige, das die Erde noch hergab, dafür ausreichen würde. Tief im Innern wußte er, daß es für sie alle keine Rettung gab, wenn es ihnen nicht gelang, auf irgendeine Weise den Wald wiederherzustellen, die Quelle ihres Lebens. Aber was konnte man tun? Sein Volk war von Krankheit und Tod gezeichnet. Die kümmerlichen Büsche, die da und dort wie Flechten noch die Erde bedeckten, mußten für den Maisanbau niedergebrannt werden, sonst würde der Tod über die Bewohner des Landes von Yax-Kuk-Mo' bald die Oberhand gewonnen haben. Yax-Pac sah keinen anderen Ausweg, den Kampf mit den Herren des Totenreichs zu bestehen, als den Göttern und Ahnen im Jenseits noch mehr Gebete und Opfer darzubringen. Vielleicht erhörten sie das Klagen seines Volkes und machten der Erde das Geschenk eines milden Regens, der sie berührte und verwandelte – und vielleicht kehrten dann die Zeiten der Väter zurück.

Yax-Pacs Blick erfaßte wieder seine nähere Umgebung und fiel auf das steinerne Antlitz von Rauch-Imix-Gott K, und er erschauerte von neuem. Er hatte jetzt das nach Westen gewandte Gesicht des Ahnen vor sich. Yax-Pac straffte sich und verbannte entschlossen alle Gedanken an Unheil aus seinem Geist, während er jetzt den Weg zum Haus seines Bruders fortsetzte. Man feierte heute gemeinsam die Jahre der Regierungszeit: Yax-Pac, der König, und seine jüngeren Brüder und Ratsmitglieder Yahau-Chan-Ah-Bac und Yax-Kamlay. Vielleicht würde sich zwischen den zeremoniellen Auftritten eine Gelegenheit bieten, mit den beiden Männern, die die Last des Regierungsamts mit ihm teilten, zu sprechen. Ihrer aller Sehnsucht war es, die alten Zeiten zurückzubringen, in denen die Copaneken im Überfluß lebten und dem Ruhm ihres Reiches weder Maß noch Ziel gesetzt schien. Vielleicht konnten sie gemeinsam die Aufmerksamkeit der Ahnen auf das Elend der Kinder Yax-Kuk-Mo's lenken. Im Nachsinnen über die Vergangenheit und das düstere Bild, das ihm die Zukunft bot, reifte in Yax-Pac der Entschluß, die letzten Energien und Willenskräfte seines Volkes zu mobilisieren. Solange er noch in dieser Welt weilte, sollte all sein Streben auf die Errettung seines Volkes und seines Reiches gerichtet sein, und die ganze Weisheit seiner Ahnen, das ganze Können seiner Schreiber und Künstler wollte er diesem Ziel dienstbar machen.

Das bemerkenswerte Doppeljubiläum und die beiden Männer, die es gemeinsam mit dem König begingen, wurden fast zur selben Zeit auch auf der Akropolis gefeiert. Am 9.18.5.0.0, kurz vor der endgültigen Fertigstellung von Altar U, ließ Yax-Pac im hinteren Gemach von Tempel 22a – dem Ratspalast *(Popol Nah)*, den Rauch-Affe neben dem Tempel 22 seines Vorgängers Achtzehn-Kaninchen hatte bauen lassen[73] – einen kleinen Thron aufstellen. Die Inschrift darauf verzeichnet sein Ein-Katun-Jubiläum als Herrscher (das zugleich auch auf Altar T und Stele 8 im Bereich des heutigen Dorfs protokolliert ist), dazu sein und Yax-Kamlays Doppeljubiläum und schließlich auch noch das Hotun-Ende. Den letztgenannten Anlaß brachte er mit Yahau-Chan-Ah-Bac in Verbindung, so daß alle drei Namen an diesem ehrenvollen Ort erscheinen. So feierte Yax-Pac in dem Tempel, den sein Großvater in den finsteren Zeiten nach Achtzehn-Kaninchens Ende hatte erbauen lassen, seinen eigenen Rat, der aus seinen Brüdern bestand.[74]

Die Altäre für Yahau-Chan-Ah-Bac und Yax-Kamlay dokumentieren Yax-Pacs radikale Entschlossenheit, sein Königreich mit allen ihm zur Verfügung stehenden Mitteln regierungsfähig zu erhalten. Die beiden Brüder müssen dem Status von Mitregenten so nahe gekommen sein, wie das im Rahmen des orthodoxen Gottkönigtums überhaupt nur möglich war. Ferner stellen die beiden im Stadtbezirk unter dem heutigen Dorf errichteten Altäre eine bedeutende historische und theologische Aussage dar. Nicht nur waren es die besten Künstler und Kalligraphen, die der neuen Machtvision des Königs und seines Halbbruders Ausdruck verliehen, sondern dieser Ausdruck erfolgte in einem Stil, der selbst in der traditionell expressiven und wagemutigen Kunst Copáns überraschend innovativ erschien.[75] Diese aufwendig skulptierten, erratisch anmutenden Altäre vereinen erstmals Hieroglyphen und tiergestaltige Figuren und sind die ersten Altarmonumente, die nicht als Komplement einer Stele auftreten.

Um der wachsenden Probleme Herr zu werden, die aus der fortschreitenden Verschlechterung der Lebensbedingungen im Copán-Tal resultierten, ließ Yax-Pac seine Brüder an bestimmten königlichen Privilegien teilhaben. Dasselbe Motiv liegt seinem Entschluß zugrunde, auch dem niederen Adel, so etwa den Herren in Komplex 9M-18 und 9N-8, das Recht auf monumentale Dokumentation des mit dem König vollzogenen Rituals einzuräumen. Auf diese Weise verbreiterte er seine Machtbasis. Die Probleme mögen zwar anders geartet gewesen sein, aber sowohl Yax-Pac von Copán als auch Vogel-Jaguar von Yaxchilán machten sich die Strategie der Machtteilung zwecks Machterhalt zunutze. Und für eine kurze Zeit hatte diese Strategie tatsächlich Erfolg. Am Ende jedoch zerstörte sie die Basis, auf die sich das copanekische Königtum mehr als siebenhundert Jahre lang gegründet hatte: seine Göttlichkeit.

Als es mit Copán zu Ende ging, entglitt den Bewohnern des Tals langsam ihre Geschichte. Weder Yax-Pac noch seine Würdenträger hinterließen zur Katun-Wende 9.18.0.0.0 irgendwelche nennenswerten Monumente. Aus unerfindlichen Gründen wurde jedoch das nächstfolgende Fünf-Tun-Ende 9.18.5.0.0 (15. September 795) mit großem Aufwand gefeiert. Es ist auf Yahau-Chan-Ah-Bacs Altar U erwähnt und wurde in Tempel 22a in der bereits erwähnten Form begangen. Noch mehr Interesse verdient vielleicht die Tatsache, daß Yax-Pac sich aus Anlaß des Hotun-Endes wieder dem von Achtzehn-Kaninchen errichteten Baum-Stein-Wald auf der Großen Plaza zuwandte: Auf der Ostseite der Plaza ließ er zwischen Stele F und

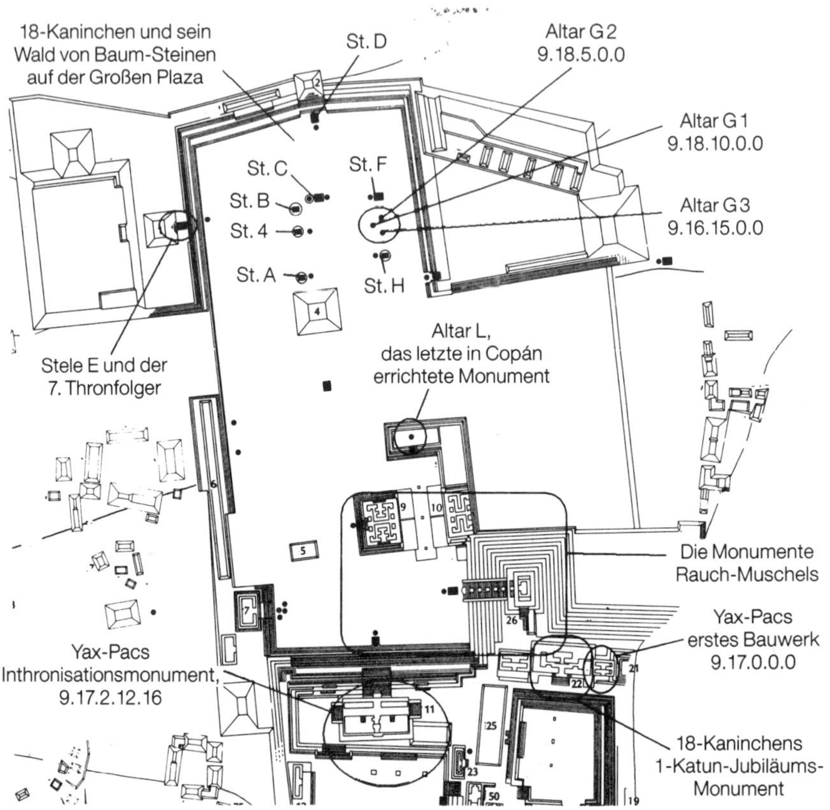

Abb. 8.20 Yax-Pac und die Visionsschlangenaltäre auf der Großen Plaza

Stele H und genau neben dem Visionsschlangenaltar G 3, den er dort unmittelbar nach seiner Inthronisation hatte aufstellen lassen, jetzt ein zweites Monument gleichen Typs (G 2) errichten (siehe Abb. 8.20).

Fünf Jahre später wurde zum Zehn-Tun-Ende 9.18.10.0.0 der dritte Visionsschlangenaltar (G 1) seinen Vorgängern zugesellt. Damit war der dreigliedrige Portalbau am Eingang zu Achtzehn-Kaninchens Baum-Stein-Wald vollendet. Mitten im innerstädtischen Zeremonialbezirk unterstrich Altar G 1 noch einmal die enge politische Bindung zwischen Yax-Pac und seinem Halbbruder Yahau-Chan-Ah-Bac. Dieses Meisterwerk der Bildhauerkunst, das die Copaneken «*na-chan*-Altar» nannten, stellt das doppelköpfige Kosmische Monster mit dem skelettierten Kopf am einen und dem lebendigen Kopf am anderen Ende dar (siehe Abb. 8.21). An beiden Körperseiten trägt es eine spezielle Inschrift. Auf der Nordseite ist die Altarweihe «im Lande von Yax-Pac» protokolliert, auf der Südseite steht der Name Yahau-Chan-Ah-Bac. Eine wichtige Bedeutung kommt dem Aufstellungsort des Altars zu: In dem Ort, der heute unter dem Dorf San José de Copán begraben liegt, eine herausragende Rolle in der Geschichte spielen zu dürfen, war für den Halbbruder eine große Sache; eine ganz andere, geradezu außergewöhnliche jedoch war es, im zentralen Sakralbe-

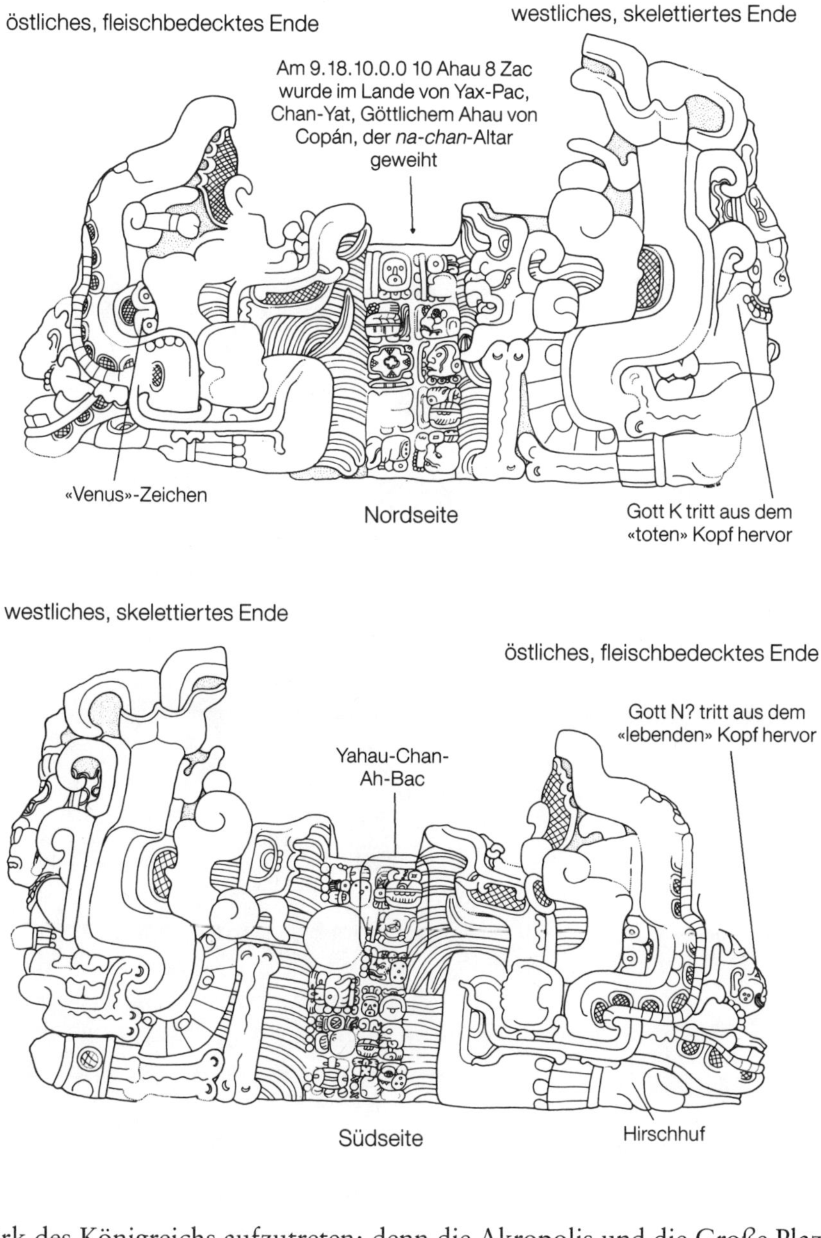

Abb. 8.21
Altar G 1: Yahau-Chan-Ah-Bac auf der Großen Plaza

zirk des Königreichs aufzutreten; denn die Akropolis und die Große Plaza waren bislang stets das Heiligtum der Gottkönige gewesen.

Zum Zeitpunkt des Zehn-Tun-Endes 9.18.10.0.0 muß sich Yax-Pacs nächstes Projekt, Tempel 18 (siehe Abb. 8.22a), bereits im Bau befunden haben. Tempel 18 war Yax-Pacs letzter Monumentalbau, den er auf der Akropolis errichten ließ, und seine vergleichsweise bescheidenen Maße dokumentierten anschaulich, wie sehr sich die Mittel des Königs in weniger als fünfundzwanzig Jahren seit der Weihe des kolossalen Jenseitsportals in

Stele 11 stand hinter dieser Mauer

a) Blick auf Tempel 18 von Tempel 22

b) Die Gebäudeweihe auf den Hieroglyphentafeln im äußeren Gemach des Tempels 18

Abb. 8.22 Tempel 18: Die Gedenktafeln zur Gebäudeweihe (Zeichnung: Ann Dowd)

Tempel 11 verringert hatten. Dieses letzte königliche Heiligtum lag an der Südostecke der Akropolis und enthielt eine gewölbte Grabkammer, die bereits in alter Zeit geplündert wurde.[76]

Yax-Pac erstellte den Bau an einem der Kraftpunkte seiner Stadt, einem Areal, auf das er seit dreißig Jahren seine Aufmerksamkeit gerichtet hatte. Tempel 18 bildete zusammen mit Tempel 21a und Tempel 22a die Südspitze eines verschobenen gleichschenkligen Dreiecks, und die Basis dieses Dreiecks war Tempel 22, der das Jenseitsportal von Yax-Pacs Vorfahren Achtzehn-Kaninchen beherbergte (siehe Abb. 8.11). Die Inschrift an der

Wand des vorderen Gemachs von Tempel 18 gibt als Weihedatum 9.18.10.17.18 4 Etz'nab 1 Zac an (12. August 801), den Tag, an dem die Sonne den Zenit passierte (siehe Abb. 8.22b). Die Reliefbilder auf den Türpfosten an der Außen- und Mittelwand markieren eine radikale Abkehr von der ikonographischen Tradition Copáns und lassen etwas von den Lebensbedingungen in den letzten, düsteren Tagen der Dynastie ahnen. Man sieht Yax-Pac und einen Gefährten (höchstwahrscheinlich sein Halbbruder) speerschwingend und in vollem Kriegsornat am Ort der Wasserrose (siehe Abb. 8.23). Sie tragen Baumwollpanzer und sind mit Schrumpfköpfen, Stricken zum Fesseln von Gefangenen und den Knochen geopferter Gegner behängt. Ihre Schilde und Waffen fest umklammernd, sind sie bereit, allen Widersachern Copáns im Kampf entgegenzutreten.

In dem Stilwandel, der sich in der Symbolik der beiden Tempeltüren zeigt, spiegelt sich der heftige Todeskampf dieses Staatswesens wider. Im letzten Monumentalbau seines Lebens verzichtete Yax-Pac darauf, die kosmische Legitimation seiner Herrschaft zu bekräftigen. Im Gegensatz dazu hob er seine Talente und Leistungen als Feldherr hervor. Obwohl alle Könige vor ihm schon Feldherren und Opferpriester waren, stellte diese Form der Selbstdarstellung jedoch ein Novum in der copanekischen Geschichte dar.

Zwar betonte Rauch-Muschels Hieroglyphentreppe die Rolle des Königs als Kriegsherr, und die Tlaloc-Ikonographie bestimmte noch einmal das Dekor von Tempel 16 und Tempel 21, aber es ist nicht zu übersehen, daß man es in diesen Fällen nur mit Ahnenporträts zu tun hat, die als Kulisse für Ritualhandlungen dienten. Mochte das Ritualleben auch verlangen, daß Kriege geführt wurden, um nach alter Maya-Tradition Gefangene opfern zu können – in Copán war es gleichwohl seit den Tagen Yax-Kuk-Mo's Brauch gewesen, den Herrscher auf der Schwelle seines Tors zum Jenseits abzubilden. Der Schwerpunkt in der Darstellung des Dynasten nach klassischer copanekischer Tradition lag auf der Rolle des Königs als Vermittler zwischen den Lebenden und den Ahnen und als Beschwörer der Götter.

In der langen Geschichte der Stadt ist Tempel 18 das einzige Monument, das einen ernsthaft kriegführenden, waffenschwingenden König zeigt.[77] Wir können daraus nur den Schluß ziehen, daß mit zunehmender Verschärfung der Probleme die militärische Kompetenz des Königs sowohl tatsächlich wie auch für sein Bild in der Öffentlichkeit immer größere Bedeutung gewann. Yax-Pacs Gegner werden zwar nicht namentlich erwähnt, aber es ist gut vorstellbar, daß benachbarte Reiche oder nicht von den Maya abstammende Grenzvölker sich angesichts des geschwächten Copán zu Überfällen und Plünderungen verleiten ließen. Auch interne politische Probleme mögen eine Rolle gespielt haben. Die Edelleute, die als Statthalter des Königs in Subzentren regierten, könnten sich entschlossen haben, ihren eigenen Weg zu gehen. Krieg scheint das einzige Mittel gewesen zu sein, das Yax-Pac noch geblieben war, um die Bedrohung abzuwehren. Auch hier

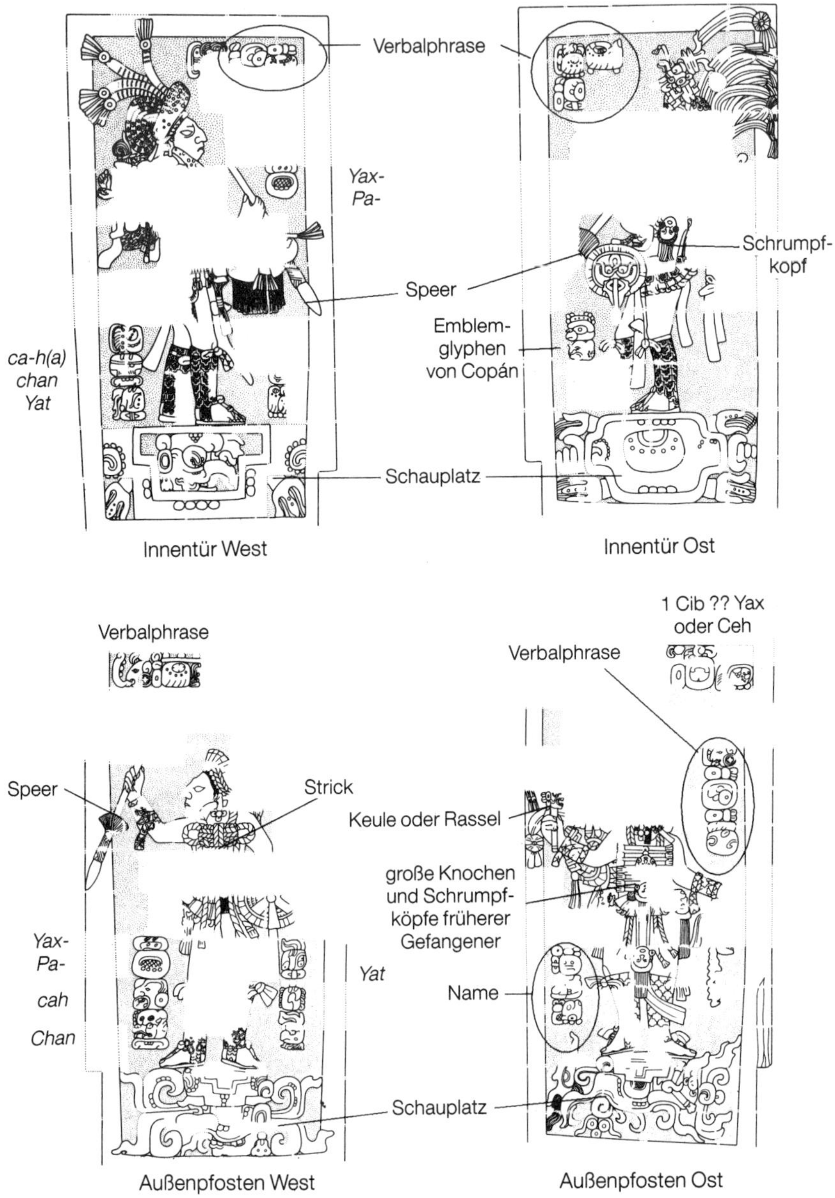

Abb. 8.23
Tempel 18: Türpfosten und Kriegertafeln
(Zeichnungen: Ann Dowd)

bestätigte sich die traurige Wahrheit, daß, wo Autorität versagt, Gewalt an ihre Stelle tritt.

Aber ungeachtet all dieser Umwälzungen lief die Verwaltungsmaschinerie weiter. Yax-Pac protokollierte sein zweites Katun-Jubiläum als Herrscher am 9.18.12.5.17 2 Caban 15 Pax (4. Dezember 802) auf einem skulptierten steinernen Räucherbecken – bisher das einzige Monument, das wir zweifelsfrei in die zweite Hälfte des Katun datieren konnten.[78]

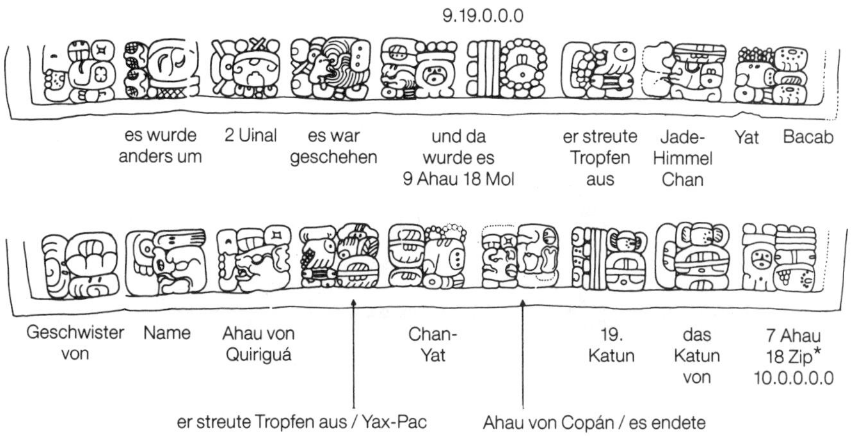

Abb. 8.24 Quiriguá, Struktur 1: Yax-Pacs Aussä-Ritus
(* Die Punkte in den Zahlen sind rekonstruiert)

Aber es existiert noch ein weiteres Zeugnis von Yax-Pacs Aktivitäten zum Katun-Ende, wenn auch ein etwas ungewöhnliches. Yax-Pac machte nämlich einen Staatsbesuch bei Copáns früherem Gegner Quiriguá, um dort am 9.19.0.0.0 (28. Juni 810) ein Aussä-Ritual zu vollziehen (siehe Abb. 8.24). An diesem Besuch war zweierlei ungewöhnlich. Zum einen war es bei den Maya eine Seltenheit, daß Könige in eigener Person ihre Nachbarn besuchten; sie zogen es vor, sich von Abgesandten vertreten zu lassen.[79] Zum zweiten wurden solche Rituale nur auf dem eigenen Territorium, nicht im Herrschaftsgebiet eines anderen Königs vollzogen. Nach unserer Kenntnis hat Yax-Pac die gleiche Opferhandlung später in Copán nicht mehr ausgeführt, obwohl er noch an der Regierung war, wie wir einer Aufzeichnung entnehmen, die dort rund zehn Jahre später seinen Tod vermerkte.

Yax-Pac starb kurz vor dem 9.19.10.0.0 (6. Mai 820).[80] Er hatte sich die größte Mühe gegeben, sich die Loyalität der Oberschicht zu erhalten und ihre Mithilfe bei der Bewältigung der Probleme zu sichern, doch seine Politik erwies sich schließlich als Fehlschlag. Nach seinem Tod blieb der Zentralgewalt im Copán-Tal nach über siebenhundertjährigem Bestand eine Existenzfrist von gerade noch einem knappen Jahrzehnt.

Yax-Pacs genaues Todesdatum kennen wir nicht. Seine Zeitgenossen nahmen die Feier des Zehn-Tun-Endes 9.19.10.0.0 zum Anlaß, seinen Eintritt ins Jenseits festzuhalten. An jenem Tag stellten sie an der Südwestecke der Plattform von Tempel 18, Yax-Pacs letztem Bauwerk, Stele 11 auf (siehe Abb. 8.11 und 8.22). Das Bild auf diesem Monument zeigt Yax-Pac mit dem Zeremonialstab als Zeichen seiner Würde in der subaquatischen Jenseitssphäre stehen (siehe Abb. 8.25). Am Zeremonialstab fehlen die Schlangenköpfe, die den Verbindungsweg zwischen dem Jenseits und dem Diesseits symbolisieren.[81] Die brauchte Yax-Pac nun allerdings auch nicht mehr, denn er befand sich ja bereits bei den übernatürlichen Wesen – ein Sachverhalt, der durch das rauchende Beil, das in seiner Stirn steckt,

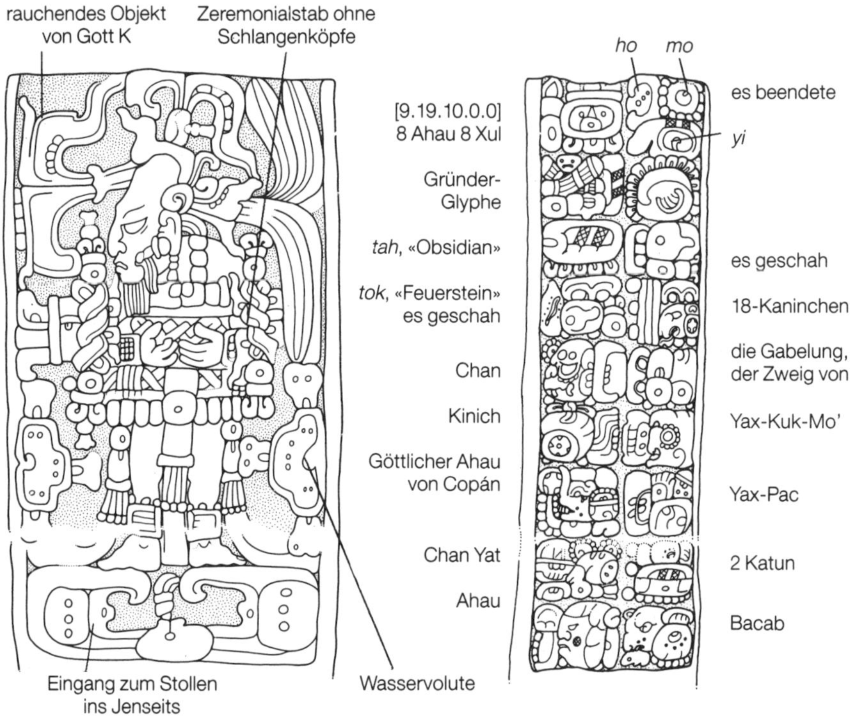

Abb. 8.25 Copán, Stele 11: Yax-Pac in der subaquarischen Welt von Xibalba (Zeichnung: B. W. Fash)

bezeichnet wird. Im Jenseits hatte Yax-Pac die Erscheinungsform von Gott K, dem Schutzgott der Könige und ihrer Abstammungslinie.[82]

Die Inschrift auf dieser sonderbar gerundeten Stele gibt Rätsel auf, doch aus gewissen Anhaltspunkten können wir auf ihre Bedeutung schließen. Das Prädikat ist eine phonetische Umschreibung des Verbs *hom*, das wir bereits als Bezeichnung von Rauch-Froschs kriegerischen Aktivitäten in Uaxactún kennengelernt haben. Im vorliegenden Fall bezeichnet es freilich kein militärisches Zerstörungswerk, sondern wird vielmehr in der Bedeutungsvariante «(be)enden» beziehungsweise «(be)endigen» gebraucht – im gleichen Sinn wie etwa «ein Katun beenden». Auf *hom* folgt die Glyphe, die in anderen copanekischen Inschriften «Gründer» oder möglicherweise auch «Abstammungslinie» beziehungsweise «Dynastie» bedeutet. Verbindet man das alles miteinander, so kommt man zu der Vermutung, daß die Copaneken mit dieser Inschrift zum Ausdruck bringen wollten, die Dynastie Yax-Kuk-Mo' sei mit Yax-Pac zu Ende gegangen.[83]

Aber Yax-Pac war nicht der letzte König von Copán. Es war ein schweres Amt gewesen, das er ausübte, aber in einer Hinsicht hatte er noch Glück gehabt. Er lebte lange genug, um sich einen Platz in der Geschichte zu sichern, aber er starb noch früh genug, um das Ende der Tragödie nicht erleben zu müssen. Der Herrscher, der das Königtum in Copán in den Tod begleitete, hieß U-Cit-Tok. Von allen Maya-Königen, die wir in diesem

Buch kennengelernt haben, hatte er vielleicht das traurigste Schicksal, denn sein Erbteil war eine Welt, die bereits in unaufhaltsamem Zerfall begriffen war. Es gab zu viele Menschen und zu wenig Wald; zu viele Adelige, die selbstsüchtig nach Macht und Ehre griffen; zuwenig Vertrauen in die alten Wahrheiten und Traditionen; zuwenig Regen und zuviel Tod.

U-Cit-Tok bestieg den Thron am 9.19.11.14.5 3 Chicchan 3 Uo (10. Februar 822)[84], einem Tag, der eine von den Maya so geschätzte astronomische Besonderheit aufzuweisen hatte. Es war der Tag, an dem der Morgenstern verschwand, während Mars und Jupiter – sichtbar in den Stunden vor der Dämmerung – in Konjunktion standen. Die Inthronisationszeremonie wurde auf einem Altar protokolliert, der auf dem Hügel nördlich des Ballspielplatzes Aufstellung fand (siehe Abb. 8.11), unweit der Stele 2, dem alten Monument, das an Rauch-Imix-Gott K und Copáns glorreiche Zeit erinnerte.

Auf der Südseite von Altar L befindet sich ein Relief, das – in Nachahmung der Bildrhetorik von Altar Q und in der Tradition des Monuments Yahau-Chan-Ah-Bacs – den neuen König und Yax-Pac einander gegenübersitzend zeigt (siehe Abb. 8.26). Wie auf Altar Q ist auch hier das Kalenderrundendatum zwischen den beiden Figuren vermerkt, wobei allerdings U-Cit-Tok das Bedürfnis verspürte, den Sinn der Datumsangabe klarzustellen, indem er ihr ein *chumwan*, «er wurde bestallt», beischrieb.[85] In linker Position – auf dem Platz also, den auf Altar Q Yax-Kuk-Mo'

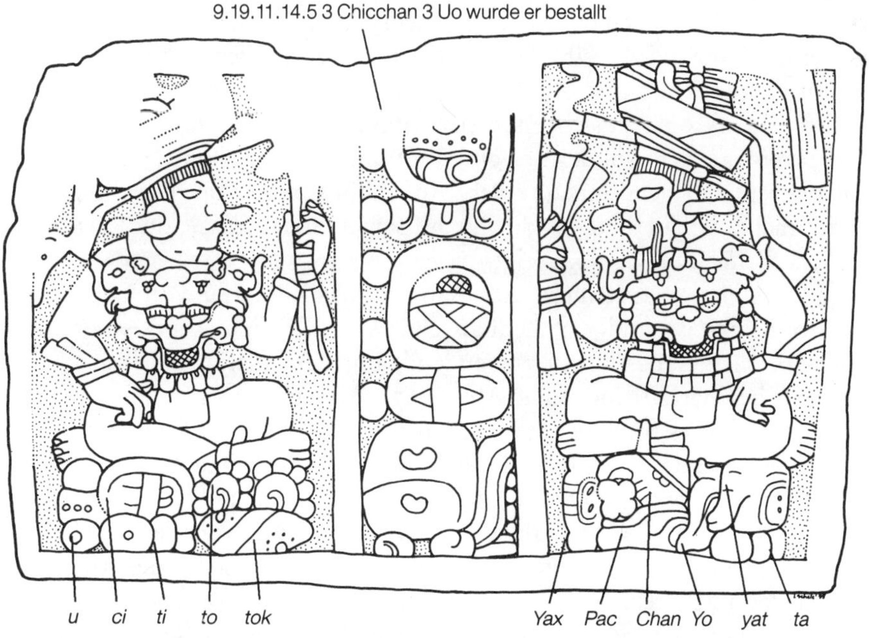

Abb. 8.26 U-Cit-Tok, der letzte König von Copán

Abb. 8.27
Altar L, Nordseite

einnimmt – thront der neue Herrscher auf seiner Namensglyphe und reckt seinem Vorgänger die Hand mit einem fächerähnlichen Gegenstand entgegen. Rechts – also in der gleichen Position, die er auch auf Altar Q einnahm – sitzt Yax-Pac auf seiner eigenen Namensglyphe; in Haltung und Kleidung ist er das genaue Spiegelbild seines Nachfolgers, an den er hier, analog zu Altar Q, die Kraft und Autorität seiner Göttlichkeit weitergibt. Es war nicht U-Cit-Toks Absicht, seinen Vorgänger in verjüngter Gestalt zu vergegenwärtigen, sondern es ging ihm um die göttlichen Qualitäten des gealterten und gereiften Yax-Pac. Auf Altar L trägt Yax-Pac die gleiche Barttracht wie auf Stele 11, die ihn auf seiner letzten Reise, der Reise ohne Wiederkehr nach Xibalba, zeigt.

Altar L ist der versteinerte Abgesang auf das Königtum von Copán. Auf seiner Rückseite sind schemenhaft zwei sitzende Figuren erkennbar, die, dem Betrachter das Profil zuwendend, mit der Ausführung irgendeines Rituals beschäftigt sind (siehe Abb. 8.27). Aber niemals werden wir genau erfahren, was es für eine Szene war, die der Bildhauer hier wiederzugeben beabsichtigte, denn der Künstler ließ das Monument unvollendet.[86] Während er noch damit beschäftigt war, das Relief aus dem Stein zu schlagen, brach in Copán die Zentralgewalt zusammen. Der Künstler packte sein Handwerkszeug ein und ging nach Hause, um nie wieder die Arbeit am Altar aufzunehmen. Die Dynastiegeschichte Copáns verabschiedete sich mit dem Echo der Schritte dieses Bildhauers, der sich in seinen Sandalen von Akropolis, Königtum und tausendjähriger Geschichte entfernte. Die

Könige gab es nicht mehr, und mit ihnen verschwand alles, was sie je errungen hatten.

Die Wohnanlagen hinter der Akropolis erfüllten noch ungefähr ein Jahrhundert lang ihren Zweck. Einige Familien zogen noch genug Nutzen aus der Auflösung des Reiches, um ihren Hausstand auch weiterhin vergrößern zu können. Aber ohne die königliche Zentralgewalt, die die Gemeinschaft zusammenhielt, war alles verloren. Ohne einen König, der mit seiner Autorität den Konkurrenzkampf zwischen ihnen entschärfte und den Rahmen für einen übergreifenden Sozialverband schuf, waren die Sippen zu einem kooperativen Miteinander nicht in der Lage. Kurz vor dem Ende der Tragödie stürzte im Anwesen 9N-8 eines der Gebäude ein und begrub einen Bewohner unter sich. Seine Angehörigen machten sich nicht einmal mehr die Mühe, die Leiche auszugraben. Dieser Vorfall war der Tropfen, der das Faß zum Überlaufen brachte: Man versah sich mit dem Nötigsten und verließ Copán.[87] Innerhalb von zwei Jahrhunderten nach dem Tod des letzten Königs war die Bevölkerung im Tal des Copán-Flusses und seiner Nebentäler auf ein Zehntel ihrer vorherigen Stärke zurückgegangen.[88] Die Menschen, die das Land verließen, hatten es so verwüstet zurückgelassen, daß die Bevölkerungszahl erst in in unserem Jahrhundert dort wieder das Niveau erreichte, das sie unter Yax-Pac gehabt hatte. Und heute wiederholt sich auf tragische Weise die Geschichte: Wieder haben die Menschen im Copán-Tal begonnen, den Wald zu vernichten, und erneut treten die bleichen Knochen der heiligen Witzob zutage – aber dieses Mal bedroht das Zerstörungswerk uns alle.

9

Königtum und Imperialpolitik in Chichén Itzá

Während der zehnte Baktun sich seinem Ende zuneigte, zerfielen die Maya-Königreiche. Wie eine Epidemie breitete sich das politische Chaos an der Wurzel der Halbinsel Yucatán bis nach Palenque und Copán aus. Im südlichen Tiefland hatten nur wenige Dynastien über das 8. Jahrhundert hinaus Bestand. Im nördlichen Teil der Halbinsel hingegen – in dem Trockenwaldgebiet und in der Hügelregion im Nordwesten, auf den weiten Flächen im Nordwesten und im Küstengebiet – gab es nicht nur blühende Maya-Reiche auch noch in der endklassischen Periode, sondern hier nahmen sie zu dieser Zeit an Größe und Bevölkerungszahl sogar noch zu (siehe Abb. 9.1).[1]

Die Kulturen des nördlichen Tieflands unterschieden sich von denen des südlichen in mehrfacher Hinsicht. So zum Beispiel hatte man im Norden einen eigenen Architekturstil[2] entwickelt, bei dem das mit Mörtel verbundene Mauerwerk mit Steinplatten verblendet wurde. Diese Blendmauer-Bauweise wandten die nördlichen Tiefland-Maya zur Realisierung von – als Steinmosaik oder -plastik ausgeführten – kunstvollen Fassadenschmuckprogrammen politischen und religiösen Inhalts an (siehe Abb. 9.2). Des weiteren entwickelten die Maya des Nordens in den Chilam-Balam-Büchern eine eigene, von der des Südens deutlich unterschiedene historiographische Tradition. Die Chilam-Balam-Bücher sind mythologisch-historische Chroniken, die in jedem Gemeinwesen in einer eigenständigen Variante geführt wurden; nach der Conquista wurden sie aus dem ursprünglichen Hieroglyphentext in das von den Spaniern entwickelte lateinschriftliche Transkriptionssystem übertragen.[3] Unter anderem sind in diesen Sammelwerken auch Einfälle von Invasoren verzeichnet, die von außerhalb Yucatáns, in einzelnen Fällen bis von Zentralmexiko gekommen waren. Da die Reiche im nördlichen Tiefland in der klassischen Periode bedeutend mehr Kontakte mit Menschen fremder Herkunft hatten als die Maya im Süden, assimilierten sie in entsprechend höherem Maß fremdes Kulturgut. So fanden sie auf politischer wie kommerzieller Ebene zu einer deutlich weltoffeneren Orientierung.

Aber auch die Weltoffenheit der Maya im Norden ändert nichts daran, daß im Grenzland zwischen Norden und Süden Yucatáns keine geographischen Barrieren existieren und die beiden Regionen hier unmerklich ineinander übergehen. So ist es nicht verwunderlich, daß die sprachlichen Gemeinsamkeiten zwischen den beiden Regionen immer bestehen blieben

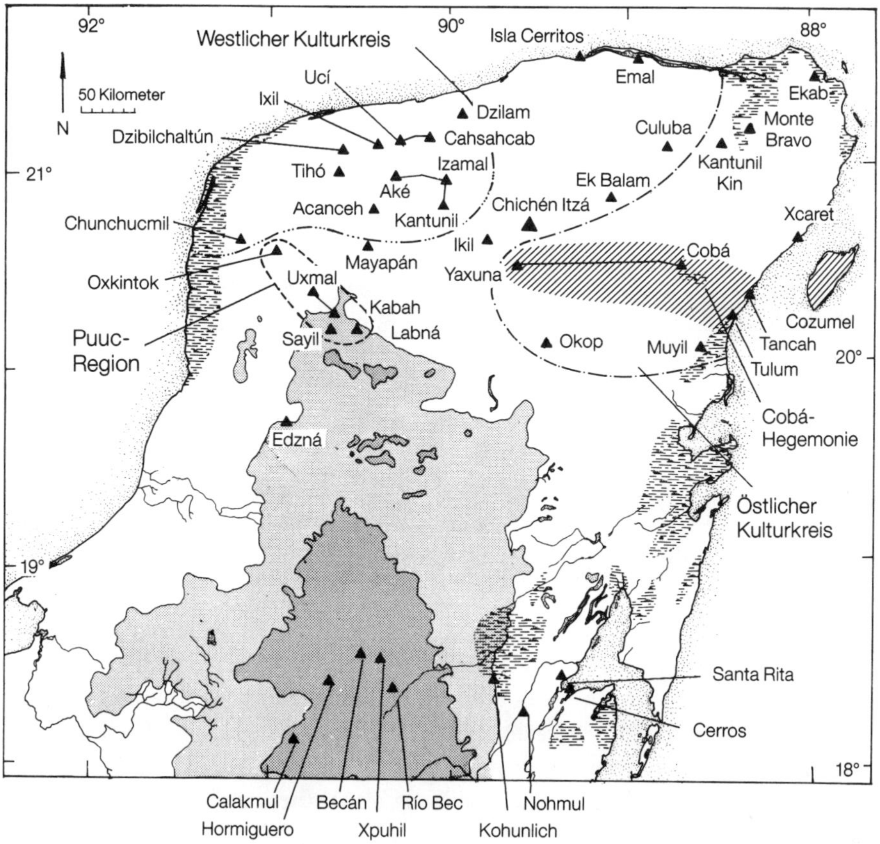

Abb. 9.1
Die Halbinsel Yucatán und das nordwestliche Tiefland
(Graustufen: 75 m u. 150 m ü. d. M.)

und die kulturellen, wirtschaftlichen und politischen Verbindungen seit den Anfängen des Königtums nie abrissen.[4] Auch wenn sich die Schicksalswege der Maya-Könige des Nordens und des Südens am Ende der klassischen Periode trennten, hatten sie doch denselben Ursprung. Da die Institution des Ahautums in beiden Regionen das Kernstück des Regierungssystems bildete, müssen wir sehen, welche besonderen Veränderungen die Maya des Nordens in ihrem Verhältnis zur Zentralmacht vornahmen, um zu verstehen, weshalb es im Norden gelang, die Schwierigkeiten zu überwinden, die im Süden den Zusammenbruch des Systems zur Folge hatten.

Die soziale Katastrophe des 9. Jahrhunderts war lediglich die dramatische Zuspitzung eines tausendjährigen Prozesses, in dessen Verlauf sich das Königtum letztlich als unfähig erwies, mit dem sozialen Wandel fertig zu werden. Aber am Ende war es gerade diese Kettenreaktion, in der ein Königreich nach dem anderen stürzte, die bei einigen verantwortlichen Köpfen des Nordens zum auslösenden Moment für grundlegende Korrekturen an der Institution des Ahautums wurde.

Abb. 9.2 Blendmauerwerk an der Ostseite des Nonnenklosters und an der Kirche (Foto: Justin Kerr)

Nur wenige Maya-Königreiche schafften den schwierigen Übergang von einer Regierungsform zur anderen. Man kann von den südlichen Reichen der endenden klassischen Periode nicht sagen, daß sie keine ernstgemeinten Versuch in dieser Richtung unternommen hätten; aber sie erfuhren Fehlschläge, weil die Herrscher die ständig zunehmenden sozialen Probleme mit alten Methoden angingen: mit den Politstrategien der Gottkönigdynastien. Die Großreiche von Männern wie Groß-Jaguar-Tatze und Herr Kan II. brachten es nie zur inneren Stabilität eines Imperiums, weil es ihnen nicht gelang, den Stolz und die Unnahbarkeit der Könige zu überwinden – den Stolz, der es einer besiegten Dynastie verbot, sich einer dauernden Fremdherrschaft zu unterwerfen; die Unnahbarkeit, die es einem aufstrebenden König verbot, eine Teilung der Macht auch nur zu erwägen. Andererseits ist es im nördlichen Tiefland einigen Ahauob gelungen, der Macht auch in dieser Zeit des Umbruchs eine gesicherte Basis zu erhalten. Sie bewerkstelligten dies, indem sie im Zentrum der Nordregion ein aus Eroberung und Unterwerfung hervorgegangenes Hegemonialreich rings um die Kapitale Chichén Itzá schufen. Dort entstand eine neue soziale und politische Ordnung, die auf dem neuen Regierungsprinzip der *mul tepal*, der «kollegialen Herrschaft», gründete.

Ein paar Jahrhunderte lang war Chichén Itzá im Norden der Maya-Welt die konkurrenzlose Vormacht. Die Ahauob von Chichén Itzá beachteten weitgehend die religiösen und politischen Satzungen, wie sie von früheren Königen über Generationen hin entwickelt worden waren. Aber gleichzeitig veränderten sie das alte Institutionsgefüge des Königtums, indem sie – teilweise durch fremde Kulturen angeregt – neue Umgangsformen, Rituale

Abb. 9.3
Blick auf das Castillo vom Tempel der Krieger
(Foto: Justin Kerr)

und Symbole einführten. Auf dem Höhepunkt ihrer Macht über das Tiefland hatten sie die Grenzen ihrer militärischen und ökonomischen Interessensphäre – und auch ihrer religiösen und politischen Vision – so weit ausgedehnt, daß alle in Mesoamerika Chichén Itzá kannten und es entweder als wertvollen Verbündeten oder als furchtbaren Gegner ins politische Kalkül miteinbezogen.

In unserer letzten Geschichte von Königtum und Königen werden wir von Chichén Itzás Verwandlung, Aufstieg und Triumph erzählen. Dabei werden wir von Invasion, Fremdherrschaft und Bündnispolitik zu berichten haben, von Kriegen beispiellosen Ausmaßes, von Diplomatie und herausragenden politischen Neuerungen. Unsere Geschichte handelt auch von Chichén Itzás Gegnern: den orthodoxer Maya-Tradition verhafteten Ahauob von Cobá und den innovativen, weltoffenen Ahauob der Puuc-Region. Das Aufeinanderprallen dieser Mächte bedeutete für den nördlichen Teil der Maya-Welt eine Erschütterung, die nach heutigen Maßstäben einem Weltkrieg gleichkam und bis zur Ankunft der weißen Eroberer das Gewaltigste blieb, was die Maya je erlebt hatten.[5]

Im nördlichen Teil des Stadtzentrums von Chichén Itzá sieht man heute «El Castillo» in die klare Luft über dem Trockenwald ragen, der bis zum fernen Horizont die weite Fläche des zentralyucatekischen Tieflands bedeckt (siehe Abb. 9.3). Dieses Bauwerk ist ein stummes, aber eindrucksvolles Zeugnis für die elegante Bauweise und die revolutionäre Vision einer Stadt, die in ihrer Glanzzeit mindestens fünfundzwanzig Quadratkilometer[6] im Umkreis der weiten Plazas ihres Zentralbezirks bedeckte (siehe Abb. 9.4). Hier, im Herzen des Gemeinwesens, artikuliert sich die Vision,

Abb. 9.4 Plan von Chichén Itzá
(nach Kilmartin, 1924)

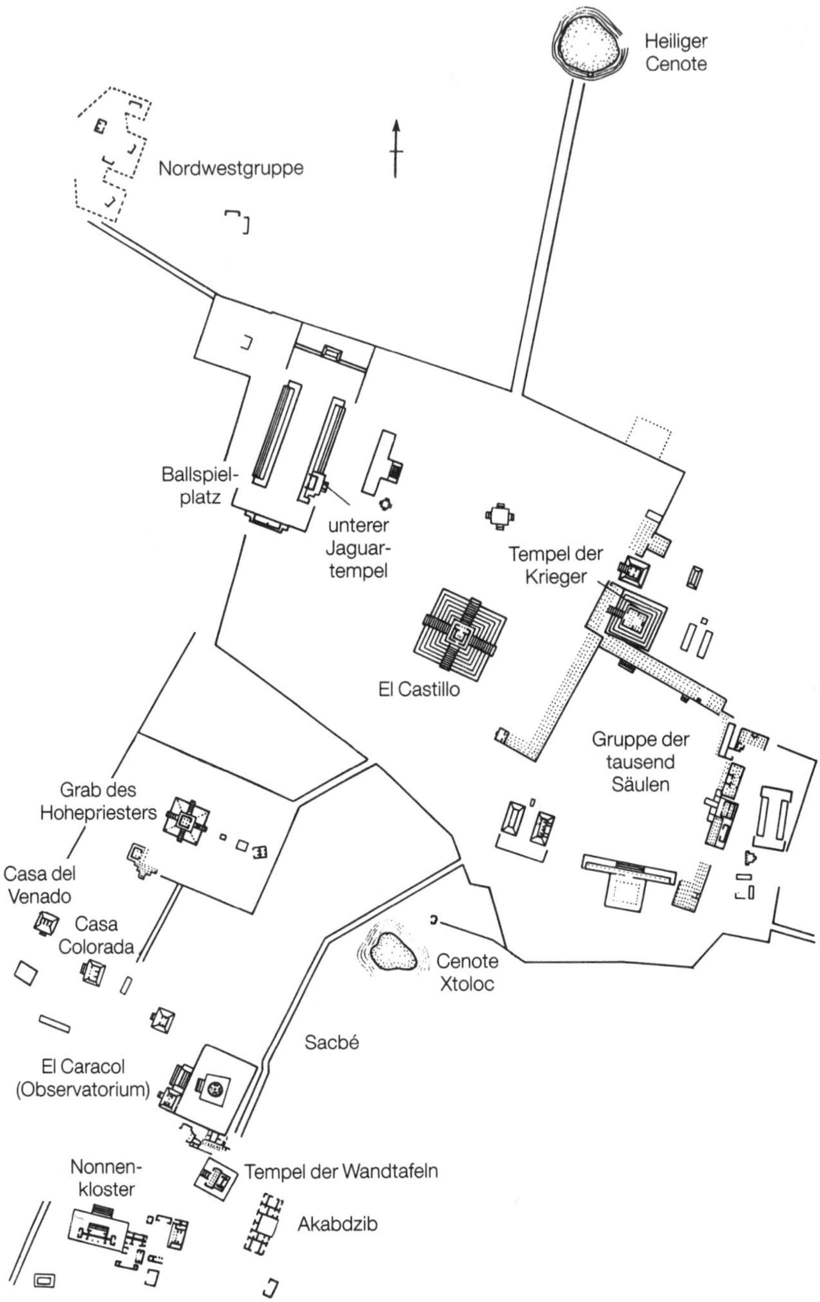

die Chichén Itzá bewegte, ohne Sprache. Denn anders als die Könige des Südens legten die letzten göttlichen Herrscher in der alten Stadt der Itzá keinerlei Wert darauf, ihre Geschichte auf Stelen und Bauwerken und ihre Großtaten in Hieroglyphentexten zu verewigen. Sie richteten alle künstlerische Energie auf Gebäude mit prachtvollen Basreliefs auf Pfosten, Wänden,

Pfeilern und Türstürzen. Der Entschluß, ihre Geschichte in Bildern ohne Worte mitzuteilen, war überlegt, denn für diese weltoffenen Maya hatte sich die Institution des Ahautums und die daraus abgeleitete Regierungsform verändert.

Archäologische Zeugnisse und in Stein gemeißelte Inschriften, die in anderen Teilen der Stadt gefunden wurden, belegen diesen planvollen Wandel. Das unterschiedliche Quellenmaterial erzählt freilich ganz verschiedene, letztlich aber dann doch miteinander zusammenhängende Versionen der Geschichte Chichén Itzás.[7] Im Lauf der spätklassischen Periode, der Blütezeit der südlichen Königreiche, stiegen in der Region um die – «Puuc» genannte – Hügelkette im Nordwesten der Halbinsel Yucatán neue Staatswesen zu überregionaler Bedeutung auf.[8] Diese Reiche wurden zwar von Ahau-Gottkönigen regiert[9], ihre Kultur jedoch weist starke Bindungen an die Golfküstenregion und das mexikanische Hochland auf. Am deutlichsten zeigen sich diese Bindungen im Gebäudedekor und in der Keramik. Eine bestimmte ausländische Volksgruppe – die Archäologen bezeichnen sie als «Putún-» beziehungsweise «Chontal-Maya»[10] – unterhielt in der spätklassischen Periode intensive Handelsbeziehungen zu den Städten der Puuc-Region und übte dabei einen nachhaltigen Einfluß auf deren Kultur aus. Ja, es ist nicht auszuschließen, daß die Eliten in der Puuc-Region sich selbst dem Putún-Volkstum zurechneten, sich andererseits aber auch als politische Erben der großen klassischen Traditionen der südlichen Maya-Königreiche betrachtete. In Handschriften der yucatekischen Maya aus späterer Zeit werden diese Chontal-sprechenden Volksgruppen zwar als rohe Barbaren geschildert, indes dürfte ihr Barbarentum kaum größer gewesen sein als das der Germanen, die sich mit diplomatischem und militärischem Geschick die niedergehende Kultur des Römischen Reichs unterwarfen.

Während in der Puuc-Region im Westen der Halbinsel neue prosperierende und weltoffene Städte entstanden, erlebte der Osten den Aufstieg eines gigantischen spätklassischen Staatswesens mit der Hauptstadt Cobá. Mit einer Flächenausdehnung von über siebzig Quadratkilometern war Cobá zweifellos die größte unter den Großstädten im nördlichen Teil des Maya-Landes.[11] Die Herrscher über dieses von wimmelndem Leben erfüllten Kultzentrum hatten sich frühzeitig den Zugriff auf die landwirtschaftliche Produktion und das Arbeitskräftepotential der Ansiedlungen des Umlands gesichert. Mit seinen Satellitenstaaten war Cobá durch gepflasterte Straßen (Maya: *sacbé*, Mehrzahl: *sacbeob*) verbunden, die den Verkehr zwischen den Vasallensippen und den Ahauob in der Hauptstadt erleichterten.[12] Im Unterschied zu den Puuc-Städten pflegten Volk und Führung Cobás die kulturelle Verbindung zu den südlichen Königreichen. In den Pyramidenbauten Cobás sind stilistische Einflüsse aus der Petén-Region zu erkennen, und die göttlichen Ahauob der Stadt ließen Baum-Steine mit umfangreichen Hieroglyphentexten aufstellen, die heute leider stark verwittert sind. Wie die Ahauob von Palenque und Copán betrachtete sich offenbar auch der Adel von Cobá als Grenzwächter einer großen Maya-Kulturtradition, deren Wurzeln im südlichen Tiefland lagen.

Archäologische Funde zeigen, daß bald nach der – mit Ende des 8. Jahrhunderts abgeschlossenen – Konsolidierung jener zwei Reiche unterschiedlichen Typs im Westen und Osten des nördlichen Tieflands ein mit Kanus von See her gekommener Volksstamm entlang der Küste eine Reihe strategischer Befestigungen anlegte. Die Archäologen nennen die Angehörigen dieser Volksgruppe «Itzá» nach dem Beispiel der Chilam-Balam-Bücher.[13] Diese Küstensiedler pflegten den Keramikstil, der später für Chichén Itzá charakteristisch werden sollte, und brachten fremdländische Importwaren ins Land, so etwa schwarzen und grünen Obsidian aus Mexiko.[14] Schließlich gründeten diese waffentüchtigen Händler auf einer kleinen Insel an der Nordküste Yucatáns, vor der Mündung des Lagartos, einen festen Hafen, von dem aus sie einen schwunghaften Handel mit dem in Mexiko und anderen Binnenlandregionen begehrten Meersalz betrieben. Die Isla Cerritos[15], wie das Inselchen heißt, wurde dabei buchstäblich in eine einzige runde Plattform umgebaut und mit gemauerten Anlegeplätzen für die riesigen Einbäume der Bewohner versehen.

Zu irgendeinem Zeitpunkt während ihrer Ausbreitung entlang der Küste begannen die Itzá, ins Landesinnere vorzudringen, um im Norden der Halbinsel einen neuen Staat zu gründen. Nach Auskunft der Chilam-Balam-Bücher sollen die Itzá zwar auf dem Weg über die Insel Cozumel und die Ostküste ins Innere Yucatáns eingedrungen sein, die archäologischen Funde sprechen jedoch eher für einen Einfall direkt von den bestehenden Küstenbasen aus. Es ist wohl kaum Zufall, daß sie ihre endgültige Kapitale Chichén Itzá im Zentrum der weiten nördlichen Ebene, genau südlich von ihrem Hafen auf Isla Cerritos, anlegten. Die Zentralregion im Norden war freilich bereits Grenzland zwischen dem Riesenstaat im Osten und den Puuc-Stadtstaaten im Westen und Süden. Die Itzá ergriffen also provokativ von einem Territorium Besitz, das bereits in der Interessensphäre respektgebietender politischer Kräfte lag. Und sie richteten sich auf einen dauerhaften Aufenthalt ein. Den ersten Schritt dazu unternahmen sie mit der Eroberung von Izamal, einem Königreich, das sich einer der größten und berühmtesten Pyramiden im nördlichen Tiefland rühmen konnte.[16] Danach marschierte die Armee der Itzá weiter, um als nächstes Ziel eine Stadt ins Auge zu fassen, die genau an der Grenze zwischen Cobá und der Puuc-Region lag: das alte Zentrum Yaxuná (manchmal auch Cetelac genannt).

Die mächtigen Pyramiden von Yaxuná, die größten Bauwerke ihrer Art im zentralen nördlichen Tiefland, waren von den Königen der vorklassischen und der klassischen Epoche errichtet worden. Nach einer Periode des Niedergangs im Spätklassikum erlebte Yaxuná jetzt im ausgehenden Klassikum eine neue Blüte, die sich in wachsenden Bevölkerungszahlen und steigendem Ansehen ausdrückte. Zur Zeit der Itzá-Einfälle war

Yaxuná aller Wahrscheinlichkeit nach ein Ort mittlerer Größe, der die Grenze zwischen dem Einflußgebiet Cobás und dem Territorium der Puuc-Städte des Westens bezeichnete. In dieser flachen Landschaft ohne Flüsse gab es nur zwei Arten der geographischen Markierung: die – *cenotes* genannten – tiefen Dolinenbrunnen und die von den Vorfahren aufgetürmten heiligen Berge. Beide wurden von den Maya des Nordens zur Kennzeichnung politischer Zentren und Grenzen genutzt. Yaxuná verfügte über gewaltige alte Pyramidenbauten und damit über den Nimbus von Macht und Legitimität, der von solchen Stätten ausgeht. Und es hatte einen großen Cenote. Damit war es für die Rolle einer Grenzstadt förmlich prädestiniert.

Weil sowohl der König von Cobá als auch die Herrscher in den Puuc-Städten Yaxuná als Teil ihres Territoriums betrachteten, gelang es den Itzá nicht, es im Handstreich zu nehmen. Die etablierten Königreiche hielten entweder mit diplomatischen Mitteln oder mit Waffengewalt den Vormarsch der Eindringlinge auf, so daß die Itzá gezwungen waren, sich einen anderen heiligen Ort in der Umgebung zu suchen, um dort ihr neues Zentrum zu gründen. Den fanden sie bei einem rund zwanzig Kilometer nördlich von Yaxuná gelegenen anderen Cenote, der später unter dem Namen *Chichén Itzá*, «Brunnen der Itzá», berühmt wurde.

Die erste Konfrontation zwischen den etablierten Mächten und den Eindringlingen war nur die erste Runde eines erbitterten Kampfs um die Vorherrschaft im Norden der Halbinsel. Als Antwort auf das Erscheinen der Invasoren gab der König von Cobá den Auftrag für den Bau des ehrgeizigsten politischen Monuments der Maya: einer einhundert Kilometer langen *sacbé* – einer Steinstraße – zwischen Cobá und Yaxuná. Die Bewohner der Städte und Dörfer, die an der Trasse lagen, brachen eine Dreiviertelmillion Kubikmeter Steine, schütteten sie zwischen gemauerte Seitenwände und gossen Tonnen von weißem Kalkzement darüber, von dem diese heiligen Wege ihren Namen haben (*sacbé* = «weiße Straße»), um den Belag dann mit riesigen Walzen aus Stein zu glätten. Mit dieser Sacbé erklärte sich Cobá zum Herrscher über ein Territorium von mindestens viertausend Quadratkilometern, fast doppelt so viel, wie das Herrschaftsgebiet Tikals zu der Zeit, als die Stadt sich auf dem Gipfel ihrer Macht befand.[17]

In Yaxuná löste die Sacbé eine hektische Bau- und Umbautätigkeit aus (siehe Abb. 9.5). Gebäude aus dem frühen Klassikum wurden als Steinbrüche benutzt, von wo man sich das Material für die Tempel- und Palastneubauten holte, mit denen man die breite Plaza säumte, in die die Straße einmündete. Aus dem Schutt der Seitengebäude der vorklassischen Akropolis errichteten die Maurer eine neue, fünfundzwanzig Meter hohe, nach Osten – nach Cobá – gerichtete Pyramide. Diesem Konglomerat aus alt und neu fügten die Bewohner von Yaxuná noch einen Ballspielplatz mit dazugehörigen Tempeln und Plattformen hinzu. Die Neubauten dieser Gruppe

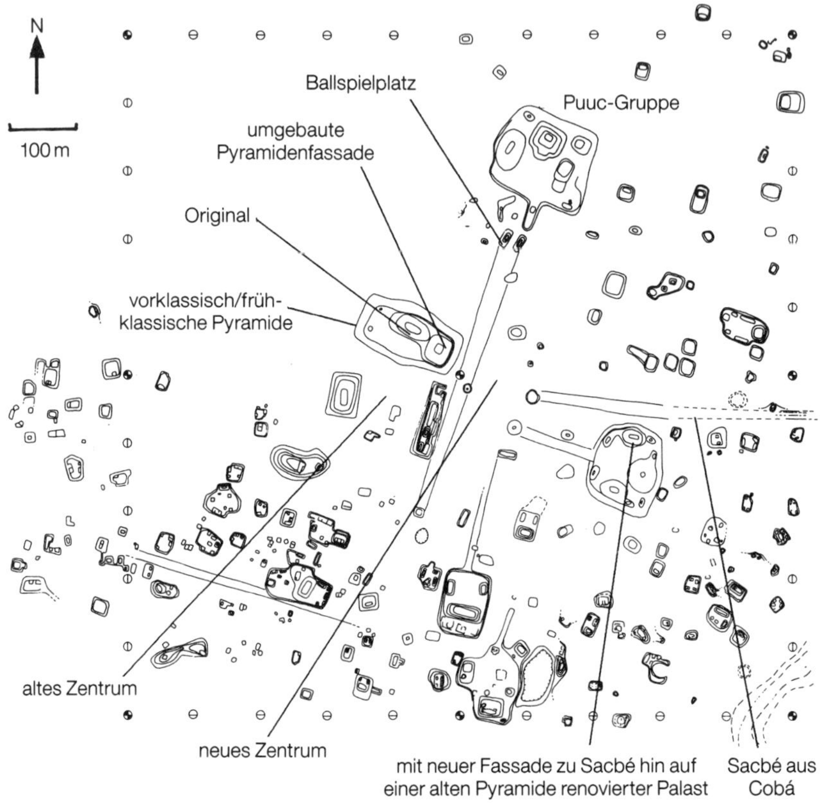

Abb. 9.5
Yaxuná mit den baulichen Neuerungen des Endklassikums

sind stilistisch nicht allein am Vorbild Cobás, sondern hauptsächlich an dem der Puuc-Region orientiert, weshalb wir wissen, daß auch die Puuc-Städte ihren Teil am Umbau Yaxunás beigetragen haben.

Im Umkreis dieses neuen Machtzentrums gründeten die Bewohner kleinere Gemeinwesen, eines davon genau auf halber Strecke zwischen Chichén Itzá und Yaxuná (siehe Abb. 9.6). In diesen kleineren Orten bestand der Gebäudedekor aus Basreliefs mit Darstellungen von Gefangennahmen durch Krieger des lokalen Adels (siehe Abb. 9.7 und 9.8). Auch die Amtseinsetzung einzelner Edler – so etwa in den Rang eines *cah*, die nördliche Variante des *cahal*-Status der südlichen Königreiche (siehe Abb. 9.9) – findet man auf den Reliefs wiedergegeben.

Aber alle Bemühungen der Puuc-Städte und Cobás, das Zentrum des nördlichen Tieflands im Griff zu behalten, waren letztlich vergebens. Nach jahrelangem erbittertem Ringen trugen die Truppen Chichén Itzás auf dem Schlachtfeld Yaxuná den Sieg davon. Mit dem Umbau der Stadt war es ebenso schnell wieder vorbei, wie es begonnen hatte. Um alte Tempelplattformen herum blieben die herausgebrochenen Mauersteine unbenutzt liegen, weil die Maurer, noch ehe sie das Werk hatten beenden können, die

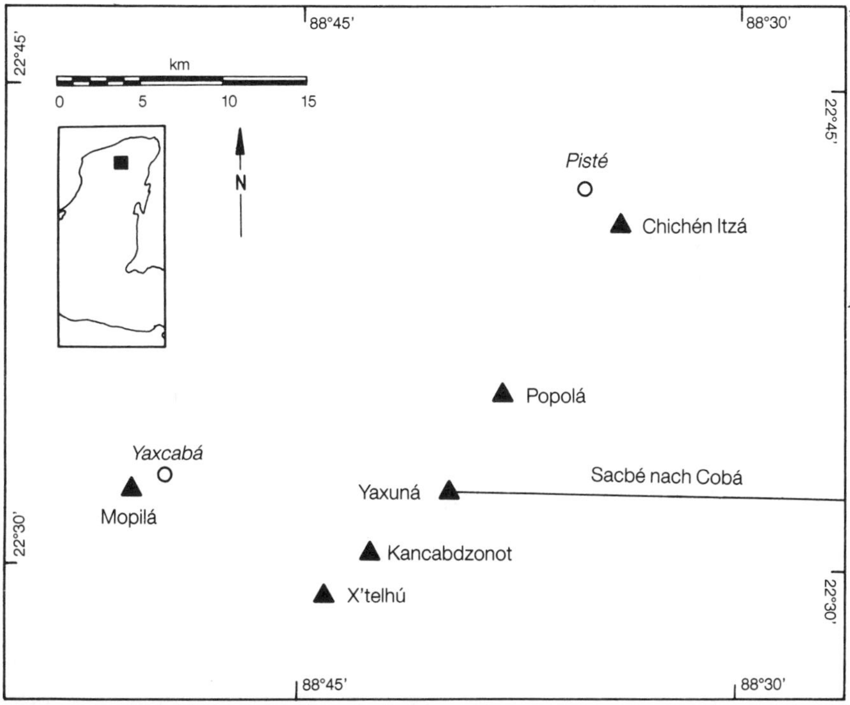

Abb. 9.6 Yaxuná, Chichén Itzá und die regionalen Satellitenstädte

Flucht ergreifen mußten. Und auch die Bewohner der Trabantenstädte suchten ihr Heil in der Flucht und gaben ihre schön dekorierten kleinen Paläste und Wohnhäuser dem Verfall preis.

Die Dauer des Kriegs läßt sich nicht mit Sicherheit bestimmen, aber in bezug auf das Ergebnis gibt es keinen Zweifel. Die Reliefs mit den Kriegsdarstellungen in Yaxuná[18] wurden von den Gebäuden gerissen und in den Boden gestampft, aus dem sie erst ein Jahrtausend später von Archäologen wieder hervorgeholt wurden (siehe Abb. 9.10). Die Bewohner von Chichén Itzá hingegen machten ungestört weiter mit der Vergrößerung ihrer Stadt und deren von Sieg und stolzem Triumph kündender ehrgeiziger Verschönerung. Ebenso wie die Städte der Puuc-Region sank auch Dzibilchaltún[19], die alte politische Großmacht im äußersten Nordwesten des Tieflands, zur politischen Bedeutungslosigkeit herab. Und mit dem unaufhaltsamen Aufstieg Chichén Itzás wurden diese rivalisierenden Städte von ihren Bewohnern schließlich ganz aufgegeben. Bevor dieses Schicksal auch Uxmal widerfuhr, hatte auch hier der Töpfereistil von Chichén Itzá Fuß gefaßt.[20] Cobá blieb zwar nach der Katastrophe die völlige Entvölkerung erspart, doch trat hier ein langsamer, aber stetiger Niedergang des öffentlichen Bauwesens ein.[21]

Die archäologische Urkunde von Chichén Itzá selbst zeigt ein problematisches und kontroverses Bild der Vorgänge.[22] Unter Archäologen vertritt

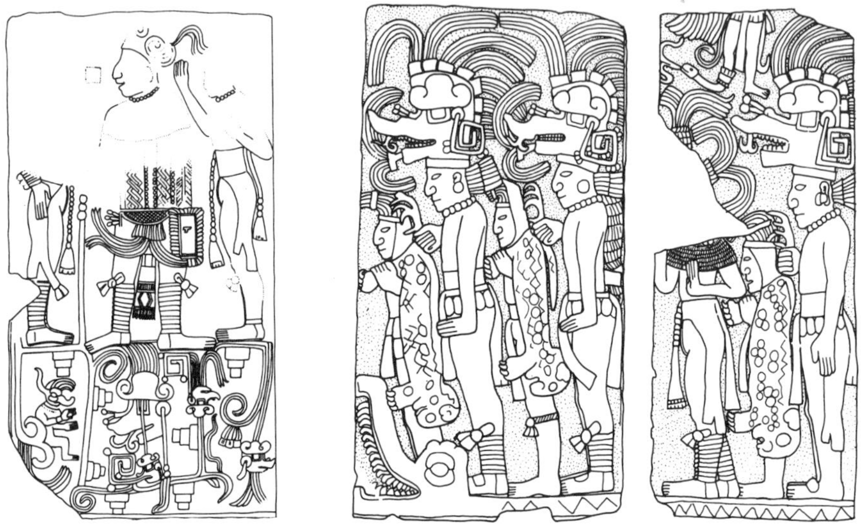

Tafel A Tafel D Tafel C

Abb. 9.7 Relieftafeln aus X'telhú: Edelleute im Kriegerornat und mit Gefangenen (Zeichnung: M. G. Robertson)

man seit jeher die Ansicht, daß demographische Substanz der Politie zur Zeit der ausgehenden klassischen Periode ein Mischgebilde aus zwei verschiedenen Komponenten gewesen sei: aus einer frühen «Maya»-Volksgruppe einerseits und einer jüngeren Besatzergruppe von «Tolteken» beziehungsweise mexikanischen Eroberern und deren Maya-Verbündeten andererseits. In Wirklichkeit finden sich in Chichén Itzá jedoch Anhaltspunkte dafür, daß die Stadt stets ein demographisch homogenes Gemeinwesen war, das lediglich von einer immer stärker kosmopolitisch ausgerichteten Oberschicht beherrscht wurde. Diese Aristokratie bediente sich verschiedener politischer Ausdrucksmittel, teils Maya-, teils mexikanischen Ursprungs, die jedoch allesamt dem Ziel dienten, ihre Machtposition zu festigen.

Die revidierte Auffassung, die das Volk von Chichén Itzá als demographisch und kulturell homogene Gruppe begreift, kann sich auf die Erkenntnis stützen, daß der Keramikstil des «toltekischen» Chichén Itzá und der des «Maya»- und Puuc-Chichén Itzá zumindest teilweise zur gleichen Zeit existierten. Ferner ist hier von Belang, daß die Siedlungsstruktur der Stadt sich insgesamt gesehen einheitlich darstellt: Die größeren Gebäudegruppen sind durch ein Netz von Sacbés miteinander verbunden. Ein wichtiges Argument ist schließlich auch die Tatsache, daß die «toltekischen» Stadtteile zwar in der Tat einen von der «Maya»-Tradition klar unterschiedenen Kunststil repräsentieren, daß dieser Stil jedoch andererseits Hieroglyphentexte in typischer Maya-Manier verwendet.[23] Die fürstlichen Bauherrn des «Tolteken»-Komplexes im Nordteil der Stadt mögen zwar Wandgemälde und Skulpturen als Ausdrucksmittel höher geschätzt haben als die Schrift,

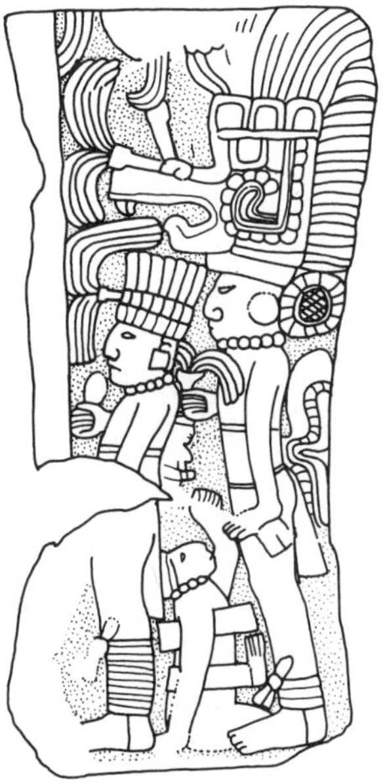

Tafel aus Popolá: Edelleute mit flehendem Gefangenen

Abb. 9.8

Tafel aus Mopilá: Sitzender Adliger in Göttermaske, in der Inschrift mit Cahal-Titel bezeichnet

Abb. 9.9

Tafel aus Yaxuná: Ein Adliger tanzt auf einem Seerosen-Monster

Abb. 9.10

aber sie waren auf keinen Fall analphabetische Fremdherrscher: Sie waren echte Maya.

Der archäologische Befund in Chichén Itzá deutet darauf hin, daß hier mehrere Herrschergenerationen ihre anhaltenden militärischen und kommerziellen Erfolge in Bauten und Skulpturen demonstrierten. Je weiter die Ahauob von Chichén Itzá im Aufbau eines Imperiums fortschritten, das expandierte, indem es sich die Territorien unterworfener Gegner einverleibte, desto mehr rückten sie im Stil ihrer Propaganda von den alten Mustern ab, für die ihnen die Könige des Südens die Vorbilder geliefert hatten. Das geschichtsreferierende Individualporträt mit eingearbeitetem Text gab man auf zugunsten von Gruppenreliefs auf Säulen oder Innenwänden. Oft genug hatten wir in diesem Buch Gelegenheit festzustellen, daß ein Stilwandel in der politischen Propagandakunst ein Experimentieren mit der Institution des Ahautums signalisiert. Im Fall der Itzá dienten die veränderten Stilmerkmale nicht nur der Legitimierung ihrer Eroberungspolitik, sondern sie sollten auch auf deren Konsolidierung hinwirken. Ein ähnliches Improvisieren auf institutioneller und kommunikativer Ebene haben wir bereits am Beispiel des frühklassischen Tikal kennengelernt; in Chichén Itzá jedoch geht es um weit mehr; hier wird ein Grundelement des Ahautums in Frage gestellt – nämlich dessen Bindung an die Hauptlinie einer patrilinealen Geschlechterfolge.

Die politische Organisationsform Chichén Itzás, wie sie sich in den

Hieroglyphentexten dieser Fundstätte darstellt, war bereits vor Einführung einer schriftlosen Propagandakunst revolutionär. Diese Neuerungsfreude tritt, wie wir gleich noch genauer sehen werden, vor allem in der Einschätzung der Verwandtschaftsbeziehungen innerhalb von Ahauob-Familien zutage.[24] Die Würdenträger dieses Staatswesens teilten in außergewöhnlichem Umfang die Privilegien des Herrschers. Über die ganze Stadt verstreut sind in Chichén Itzá Inschriften an Stellen angebracht, die nach alter Maya-Tradition den Königen vorbehalten waren: auf den Türstürzen und Pfosten der Eingänge von Kultbauten sowie an Freipfeilern in diesen Eingängen (einer architektonischen Eigenheit des Endklassikums) und auf Friesen im Innern der Gebäude.

Die geschriebene Geschichte Chichén Itzás erfaßt nur einen vergleichsweise knappen – für ein Staatswesen dieser Bedeutung sogar erstaunlich knappen – Zeitraum. Die in den betreffenden Inschriftentexten genannten kalendarischen Daten fallen nahezu sämtlich in den zweiten Katun des Baktun mit der Ordinalzahl Zehn. Das früheste eindeutig identifizierbare Datum – 2. Juli 867 – wurde auf einem am Boden liegenden Monument gefunden, in das in tiefem Profil eine Maisreibstein-Oberflächenstruktur eingemeißelt ist und das von den Archäologen den Namen «Viehtränke-Türsturz» erhalten hat. Seit kurzer Zeit hat sich für Mayanisten die interessante Perspektive ergeben, daß die Inschrift auf einem als «Grab des Hohepriesters» bezeichneten Tempel[25], deren Datum (10.8.10.11.0 2 Ahau 18 Mol oder 13. Mai 998) bis jetzt allgemein als das jüngste an diesem Fundort erwähnte angesehen wurde, schon sehr viel früher ausgeführt worden sein könnte. Wir für unseren Teil optieren dafür, die Angabe «10.0.12.8.0» (20. Juni 842) zu lesen, das Datum mithin als das älteste in Chichén Itzá angegebene zu betrachten. Diese Deutung erscheint angesichts der vielen anderen Datumsangaben in der Stadt als die sinnvollere. Die Zeitangabe auf dem Tempel des Hohepriesters ist nur eine aus einer ganzen Reihe von Inschriften auf diesem Bauwerk, darunter mehrere noch unentzifferte historischen Inhalts. Sie stammt also zweifellos noch aus der Schriftkulturperiode dieser Stadt.

Gleichzeitig ist der Tempel des Hohepriesters auch der architektonische Prototyp des über quadratischem Grundriß errichteten Castillo mit seinen berühmten Schlangenskulpturen an den Treppenrampen[26], das den kompositorischen Schwerpunkt des nur wenige Meter weiter nördlich und östlich des Hohepriestertempels gelegenen jüngeren nördlichen Zentrums bildet. Der Bildschmuck im Innern des Tempels – so zum Beispiel ein gefesselter Edelmann auf einer Säule oder ein schlangenumwundenes Individuum über der Estrade – nimmt unverkennbar bereits die Bildersprache der Bauten des nördlichen Zentrums, etwa des Tempels des Chac Mool oder des der Krieger, vorweg. Die frühere Datierung des Hohepriestergrabs würde also sowohl eine architektonische als auch eine räumliche Verbindung zwischen dem «toltekischen» Nordzentrum und dem «Maya»-Südzentrum schaffen. Läßt sich diese Datierung erhärten, so ergäbe sich daraus auch, daß die Anfänge des «toltekischen» Architektur- und Bildstils, der keine Inschriften kennt, in der Zeitdimension vollständig übereinstimmen mit dem «Maya»-Stil der allerorts im Süden der Stadt anzutreffenden Weihemonumente.

Daß die Hieroglyphentexte in Chichén Itzá mit Datumsangaben geizen, steht in vollkommenem Einklang mit ihrer Zweckbestimmung, denn anders als die Inschriften, die wir in den südlichen Königreichen kennengelernt haben, sollen sie nicht den Grundriß einer Dynastiegeschichte liefern. Im Süden sollten die Hieroglyphentexte das Andenken bedeutender Ereignisse im Leben der Könige und der für sie wichtigsten Mitmenschen bewahren, wobei sie in vielen Fällen zu markanten Punkten der kalendarischen oder kosmischen Zyklen in Beziehung gesetzt wurden. In den Hieroglyphentexten von Chichén Itzá hingegen stehen von *mehreren* Aristokraten gemeinsam ausgeführte Weiheriten im Mittelpunkt der Aufmerksamkeit. Historische Auskunft wird nicht über eine individuelle Lebensgeschichte, sondern über Art und Zeitpunkt bestimmter Riten sowie die Namen der Teilnehmer und ihre Beziehungen zueinander erteilt.

Der Tempel der vier Türstürze ist eines von drei Bauwerken im Puuc-Stil innerhalb der Gruppe am südlichen Ende der in Nord-Süd-Richtung das Stadtzentrum durchquerenden Haupt-Sacbé (siehe Abb. 9.11). Die Türstürze dieses Baus veranschaulichen beispielhaft den Aufbau dieses Inschriftentyps. Zusammen mit dem Datum der Inschrift und der Handlung, die protokolliert werden soll, wird der Name des Hauptakteurs genannt. Daran schließt sich eine Information über seine Beziehung zu einer anderen Person an. Diese zweite Person kann unter Umständen als der Ausführende eines anderen Ritus im Gesamtzusammenhang des Weihevorgangs gekennzeichnet sein. Schließlich wird in einer Reprise nochmals der Weiheakt des Hauptakteurs referiert; dem folgen dann Angaben über zwei weitere Personen, von denen erwähnt wird, daß sie miteinander verwandt sind. Im konkreten Fall ist das Weihedatum (13. Juli 881 n. Chr.) auf den Türstürzen des Tempels dreimal erwähnt.

Indem sie sich in dieser Weise auf Weiheriten und die dabei Mitwirkenden konzentrieren, bieten die Inschriften von Chichén Itzá nur äußerst knappe und schwer zu deutende Auszüge aus der Geschichte der lokalen Prominenz. Anders als im Fall der südlichen Königreiche erfahren wir hier nicht, wann diese Menschen geboren wurden, wann sie in ihr Amt gelangten, wann sie Kriege führten und wann sie gestorben sind. Immerhin vermitteln die Texte eine vage Vorstellung von der Art der ausgeführten Riten. In den Inschriften des Tempels der vier Türstürze ist von der Quirlbewegung die Rede, mit deren Hilfe ein neues Feuer[27] erzeugt wird, und mehrere der erwähnten Personen tragen einen zusammengesetzten Titel, in dem das Wort «Feuer» vertreten ist. Überdies sind auf zwei Türstürzen Bilder zu sehen, die auch anderswo in Chichén Itzá erscheinen

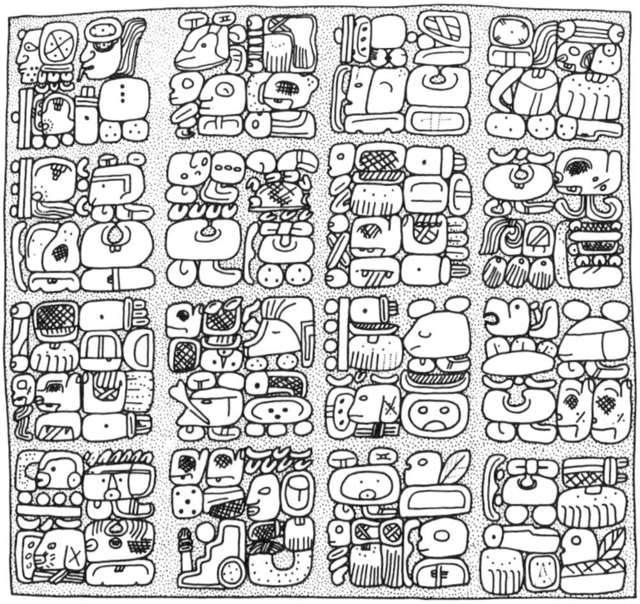

Abb. 9.11 Tempel der vier Linteln, Lintel (Türsturz) 1
(Zeichnung: Ruth Krochock)

und sich jeweils auf eine Opferhandlung beziehen. Die hervorstechendsten Bilder dieser Art sind der Vogel, der mit den Klauen die Brust des Opfers öffnet, um ihm das Herz herauszureißen, und die Schlange, die sich über dem Opfervorgang erhebt.[28]

Die Casa Colorada ist ein kleinerer Tempel, südlich des Hauptbezirks neben der Sacbé, die zu der Gruppe mit dem Tempel der vier Türstürze führt, gelegen. Sie trägt einen Hieroglyphenfries, auf dem eine Reihe von Ereignissen protokolliert ist, die zu zwei verschiedenen Zeitpunkten stattfanden, nämlich am 10.2.0.1.9 6 Muluc 12 Mac (15. September 869[29]) und am 10.2.0.15.3 7 Akbal 1 Ch'en (16. Juni 870). Wieder finden wir hier die Namen mehrerer Edelleute erwähnt, zusammen mit den Ritualhandlungen, die sie an den betreffenden Tagen ausführten. Unter anderem sind eine «Hand-mit-Fisch»-Blutentnahme protokolliert sowie eine zeremonielle Quirlhandlung, wie sie zur Erzeugung von Feuer vorgenommen wurde (siehe Abb. 9.12). Wie bei den Inschriften am Tempel der vier Türstürze liegt auch hier wieder die Betonung auf Menschen, die in einer

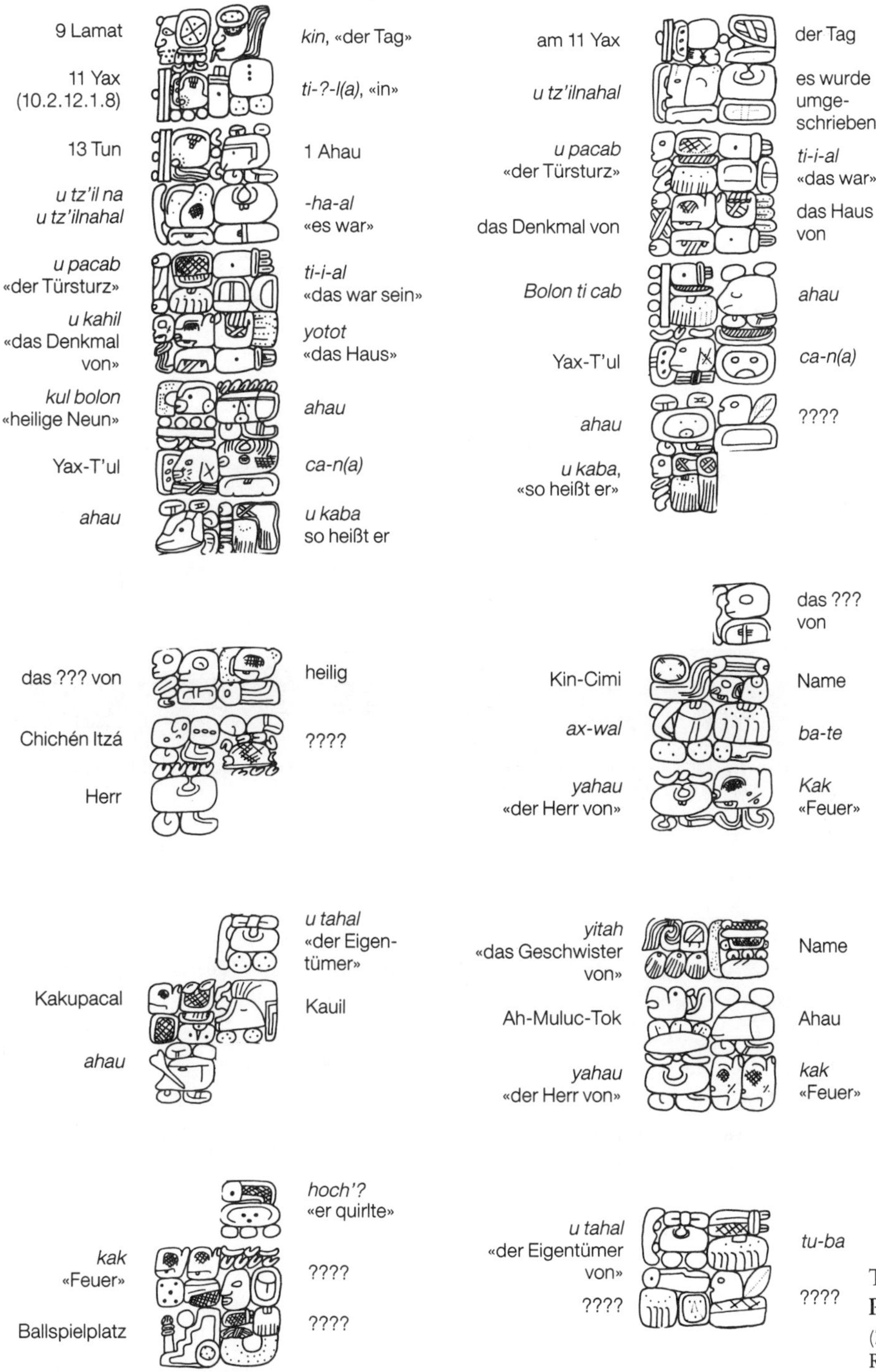

Türsturz 1, Paraphrase
(Zeichnung: Ruth Krochock)

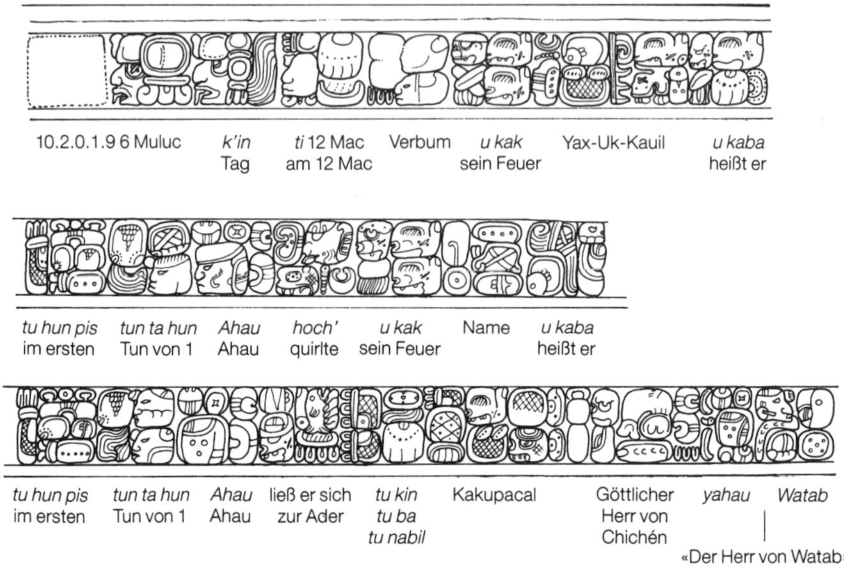

a) Die ersten drei Sätze vom Fries der Casa Colorada

Abb. 9.12 b) Der letzte Satz vom Fries der Casa Colorada

Gruppe auftreten, um in unterschiedlichen Rollen gemeinsam ein Ritual zu vollziehen.

Die Übergangsform zwischen reinem Text- und reinem Bildprogramm findet sich in Chichén Itzá in dem Flachrelief auf dem Türpfeiler von Struktur 6E1[30] (siehe Abb. 9.13). In diesem einen Fall gab der Künstler die Namen der dargestellten Personen in Glyphenschrift, ihre Handlungen jedoch nur im Bild wieder. Auf der Bildfläche sind vier schreitende Figuren zu sehen. Eine von ihnen trägt ein Bündel Wurfspieße und einen abgeschlagenen Menschenkopf. Die anderen tragen Beile, wie sie bei rituellen Enthauptungen verwendet wurden[31], und Messer von der Art, wie man sie in Chichén Itzá beim Herausschneiden von Menschenherzen benutzte.[32] Wir haben hier also eine Gruppe von Edelleuten[33] vor uns, die entweder Mitwirkende oder Zeugen eines Menschenopfers sind. Eine weitere Inschrift findet man in nächster Nähe davon im Tempel der Hieroglyphenpfosten (Struktur 6E3). Dieser Tempel ist Teil einer Herrschaftsresidenz

Abb. 9.13
Südliche Säule des Tempels 6E1

vom Typ der sogenannten Patio-Quad-Struktur[34], deren luxuriöseste Ausführung der Mercado, ein Säulenpalast im nördlichen Hauptbezirk, darstellt. In der Vergangenheit wurde der Patio-Quad-Gebäudetyp grundsätzlich den «Tolteken-Chichén-Itzá» zugeordnet, ungebildeten Fremdlingen, die in der Stadt lebten. Daß an jenem Gebäude, das innerhalb der betreffenden Wohnanlage unverkennbar die Funktion eines Familienheiligtums erfüllte, Hieroglyphen im traditionellen Maya-Stil angebracht waren, beweist einmal mehr, daß «Maya»- und «Tolteken»-Stil als Elemente einer einheitlichen Kultur koexistierten.[35]

Der Blick auf die Monumentalkunst in Chichén Itzá wirft fast ebenso viele neue Fragen auf, wie er alte beantwortet. Wer waren diese rätselhaften Führerpersönlichkeiten, denen zum Unterschied von Maya-Herrschern früherer Zeiten nichts daran lag, ihre Geburtstage, Amtsjubiläen und kriegerischen Triumphe zu feiern? Die Antwort darauf ist nicht einfach zu geben. Bei der Suche nach ihr irritiert zunächst der Umstand, daß unter Wissenschaftlern immer noch umstritten ist, wie viele historische Personen es denn nun genau sind, die in jenen Inschriften genannt werden. Soweit die Betreffenden vergleichsweise zweifelsfrei identifiziert werden konnten – aber eben doch nur *so*weit –, sind ihre Namen in Abbildung 9.14 zusammengestellt. Des weiteren ist es ein schwieriges Unterfangen, Klarheit in die Verwandtschaftsbeziehungen innerhalb des Herrscherclans von Chichén Itzá zu bringen. Wieweit uns das bisher gelungen ist, darüber gibt Abbildung 9.15 Auskunft. Erfaßt ist dort die Beziehung zwischen Frauen unter-

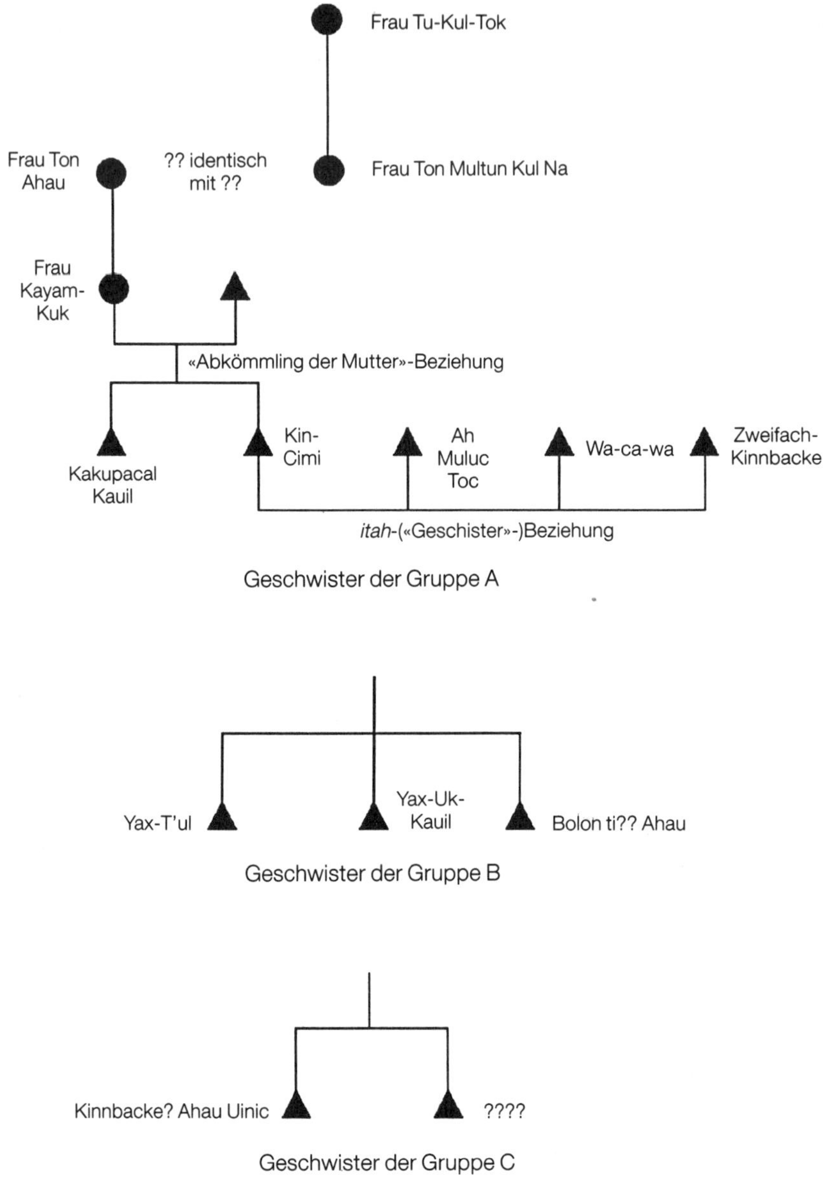

Abb. 9.14 Hypothetische Verwandtschaftsbeziehungen in Chichén Itzá

schiedlicher Generationsstufen, die mit der Glyphe «Mutter von» beziehungsweise «Kind der Mutter» bezeichnet wird.

Die betreffenden Glyphen sagen äußerstenfalls etwas über die Existenz von Frauen zweier, möglicherweise auch dreier Generationen aus, die im Verhältnis von Mutter und Großmutter – möglicherweise auch Urgroßmutter – zu Mitgliedern einer der in den Inschriften genannten Gruppe von männlichen «Geschwistern» stehen, und zwar zu Mitgliedern der Hauptgruppe. Im Verhältnis der Geschwistergruppe werden folgende Verwandt-

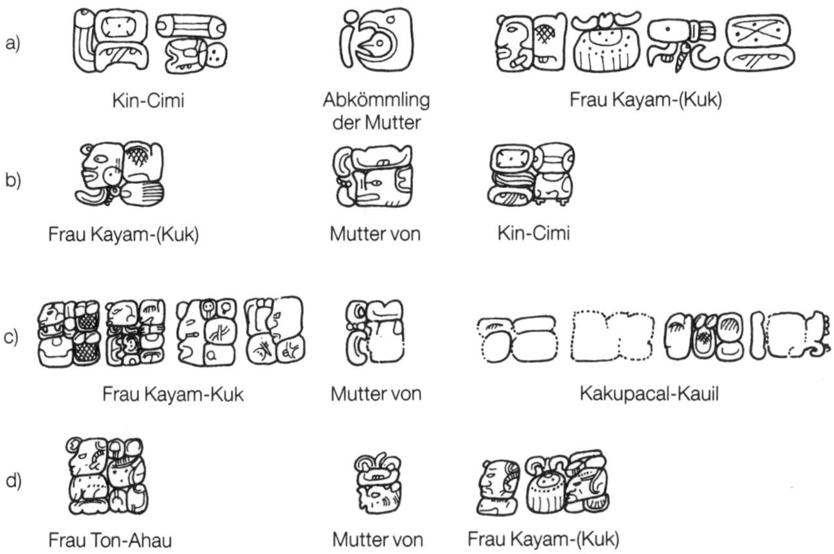

a) Tempel der drei Türstürze, Türsturz 3; b) Tempel des einen Türsturzes; c) Nonnenkloster, Türsturz 3; d) Nonnenkloster, Türsturz 3a

Abb. 9.15 Verwandtschaftsbezeichnungen aus Chichén Itzá

schaftsbezeichnungen gebraucht: 1. Eine Untergruppe von zwei Mitgliedern, Kakupacal und Kin-Cimi, sind als Söhne derselben Mutter identifiziert. 2. Für die vier Mitglieder einer zweiten Untergruppe wird die Art von *yitah-* oder «Geschwister»-Beziehung angegeben, wie wir sie bereits in Caracol und Tikal inschriftlich registriert fanden. Als «Geschwister» sind in dieser Manier Kin-Cimi, Ah-Muluc-Tok, Wacaw und Doppel-Kinnbacke gekennzeichnet. Da Kakupacal und Kin-Cimi dieselbe Mutter haben, kann man auch Kakupacal in diese Gruppe männlicher Geschwister einordnen.

Geschwister traten in der Geschichte von Maya-Königshäusern schon früher in Erscheinung, allerdings nicht in Fünfergruppen. Überdies gibt es in diesen Inschriften zwar noch viele Rätsel zu lösen, aber zumindest nach derzeitigem Kenntnisstand existiert kein einziger Anhaltspunkt dafür, daß irgendein Mitglied dieses Personenkreises sich diesem oder jenem gegenüber in ranghöherer Position befunden hätte. Alle tragen Adelstitel wie Ahau oder *yahau kak*, «Feuer-Herr», aber keiner ist darunter, der sich einwandfrei als König identifizieren ließe. Die Problematik wird noch verstärkt durch den Umstand, daß die Inschriften neben der ersten noch mindestens eine zweite, wenn nicht sogar eine dritte derartige Geschwistergruppe nennen (siehe Abb. 9.14). Nun ist zwar nicht auszuschließen, daß künftig noch Hinweise auf die Existenz von Generationenbeziehungen zwischen den verschiedenen Gruppen auftauchen, derzeit ist jedoch in der epigraphischen Urkunde Chichén Itzás kein einziges klares Vater-Sohn-

Verhältnis zu erkennen. Die kalendarischen Daten in den betreffenden Inschriften liegen sämtlich innerhalb einer für Maya-Verhältnisse ziemlich kurzen Zeitspanne, und der Inhalt der Hieroglyphentexte impliziert gleichzeitiges Handeln der erwähnten Personen. Nach der Stammesüberlieferung der Itzá, wie sie in einer späteren Epoche schriftlich fixiert wurde, soll Chichén Itzá in der Zeit seiner Hochblüte von Brüdern regiert worden sein[36], und genau dies – das Bild einer Kollegial- und Kollektivherrschaft von fürstlichen «Brüdern» – tritt uns auch aus jenen alten Hieroglyphentexten entgegen.

Für die Machtteilung zwischen Maya-Königen und Angehörigen oder Gefolgsleuten in wichtigen Positionen kennen wir Präzedenzfälle. Rauch-Frosch und Schnute von Tikal herrschten zusammen über ihr sprunghaft vergrößertes Territorium. Yax-Pac von Copán hatte in seinem Halbbruder eine Art Mitregenten. Vogel-Jaguar von Yaxchilán wertete Cahalob, Verwandte und Gefolgsleute im Rang so weit auf, daß sie sich in seinem Reich auf den zuvor dem König vorbehaltenen Monumentalbildern an seiner Seite zeigen durften. Kein Zweifel, der König war immer auch Ahau gewesen und in dieser Beziehung vielen Edelleuten seiner Umgebung gleich. Trotzdem bedeutete die Auflösung des Königtums in ein Kollegium von Fürsten für ein Volk, das ein Jahrtausend lang dem Prinzip des Gottkönigtums gehuldigt hatte, eine Revolution der politischen Machtstruktur und Regierungsform.

Zur Zeit der spanischen Eroberung lautete das Maya-Wort für eine Regierungsform dieses Typs *mul tepal*, das heißt kollegiale oder kollektive Regierung.[37] Eine Multepal regierte Mayapán, die letzte regionale Metropole der Maya im Norden, deren Aufstieg in die späte nachklassische Periode (1200–1450 n. Chr.), die Zeit nach dem Untergang Chichén Itzás und kurz vor dem Eintreffen der Spanier, fällt.[38] Unter den führenden Familien Mayapáns war eine besonders mächtige, die Familie Cocom, deren Oberhaupt im Herrschaftsapparat die Rolle eines *Primus inter pares* spielte. Es gab auch eine rivalisierende politische Gruppe, die Sippe der Xiu, deren Patriarch als Hohepriester des Kukulcan-Kults den Titel Ah Kin Mai, «Priester des Zyklus», trug. Keiner dieser beiden politischen Matadore indessen verfügte mit ähnlich absoluter Machtvollkommenheit über seine Gefolgschaft wie die Könige der klassischen Periode im Süden. Wir glauben, daß das inschriftliche Material in Chichén Itzá darauf hindeutet, daß hier eine ältere Multepal an der Regierung war.

Die Cocom der Kolonialzeit betrachteten sich als Abkömmlinge eines der Fürstengeschlechter des alten Chichén Itzá. Der Legende zufolge kehrten die Cocom nach dem Untergang Mayapáns im Jahr 1450 in das Gebiet um den alten Heiligen Brunnen der Itzá zurück.[39] Die Hieroglyphentexte in Chichén Itzá vom Ende der klassischen Periode stützen bis zu einem gewissen Grad die Behauptung der Cocom, daß ihre Vorväter einstmals über diese Stadt geherrscht hätten. Auf dem bereits erwähnten

Hieroglyphenfries der Casa Colorada werden Yax-Uk-Kauil, Kakupacal und andere prominente Edelleute mit einem gewissen Hun-Pik-Tok in Verbindung gebracht, der den Titel «Göttlicher Cocom, Ahau [im Sinne von Vasall] des Kinnbacke-Fächer» führt (siehe Abb. 9.12).[40] Der Name Hun-Pik-Tok taucht auch auf dem Türsturz des Akab Tzib auf, abermals mit dem Vermerk, daß es sich um einen Vasallen des «Göttlichen Cocom» und Oberherrschers Kinnbacke-Fächer handle. Der Ahnenstolz der Cocom erweist sich also dadurch, daß die Sippe bereits in der Frühgeschichte Chichén Itzás in den Inschriften Kakupacals und seiner Geschwister erwähnt wird, als berechtigt.

Da weder für Hun-Pik-Toc noch für Kinnbacke-Fächer Genaueres über ihr Verhältnis zu den Geschwistergruppen angegeben ist, haben wir keinen Anhaltspunkt dafür, in welcher Verwandtschaftsbeziehung die beiden zu Kakupacal und seinen Geschwistern standen. Überdies wird Hun-Pik-Toc nicht das Maß an historiographischer Beachtung geschenkt, wie wir es von anderen Maya-Herrschern kennen. Für die Geschwistergruppe ist er höchstenfalls eine Autoritätsperson der älteren Generation, die man als Aushängeschild oder Verbündeten erwähnt. Wie dem auch sei, im ganzen gesehen legt das epigraphische Material in Chichén Itzá den Schluß nahe, daß die Multepal-Regierungsform sehr wahrscheinlich in dieser Stadt entstand und nicht erst in Mayapán, wie einige meinen.

Bekannt ist auch, daß Chichén Itzá, hierin gleich den traditionellen Maya-Königreichen, eine Emblemglyphe besaß; deren Bedeutung läßt sich etwas frei mit «göttlicher Herrscher von Chichén Itzá» wiedergeben.[41] Das Hauptzeichen der Glyphe war aus dem Bild des männlichen Geschlechtsteils und dem Zeichen *le* zusammengesetzt. Die Penis-Glyphe bezeichnet einen der ältesten und verehrungwürdigsten Titel, den sich die Könige zulegten; sehr wahrscheinlich ist mit ihr die Vorstellung der Ahnenreihe verbunden.

In Chichén Itzá wurde die Emblemglyphe gern in die Namen der politischen Führer aufgenommen; mehrere Mitglieder der erwähnten Geschwistergruppen führten sie im Titel. Ja, die Penis-Glyphe ist sogar Teil des Namens der ältesten in den Inschriften erwähnten Frauen, der Großmutter der fünf männlichen Geschwister in Gruppe A; hier hat sie wohl schlicht die Bedeutung «Ahne». In den südlichen Königreichen konnten auch Zeitgenossen des Herrschers den Emblemglyphentitel führen; in diesen Fällen stand jedoch immer außer Zweifel, wer von den Personen der Souverän und wer ihm untergeordnet war. Die Zweideutigkeit der hierarchischen Etikettierungen in Chichén Itzá ist nur ein weiterer Beweis dafür, daß hier kollegial regiert wurde.

Von Chichén Itzás ereignisreicher und komplexer Geschichte vermitteln die Hieroglyphentexte, die wir bisher betrachtet haben, nur einen schwachen Eindruck. Um mehr über die Kultur und die politische Organisation der Stadt zu erfahren, müssen wir uns den differenzierteren und ausführ-

Abb. 9.16 Säulengang vor dem Kriegertempel

licheren politischen Aussagen der Bildwerke zuwenden. Hier stellt man zunächst in der Thematik einen deutlichen Gegensatz zu der Kunst der Maya-Königreiche des südlichen Tieflands fest, zumal der spätklassischen Periode. Die in Chichén Itzá so zahlreich vorhandenen skulptierten Steinplatten, Pfeiler, Pfosten und Türstürze, die Vollplastiken und Wandgemälde dienen nicht der Verherrlichung von Königen, sondern von Menschengruppen, bei denen es sich meist um solche handelt, die einen Prozessionszug bilden.

Eine der spektakulärsten Ansammlungen solcher steinernen Bilder ist die Galerie von Edelleuten auf den quadratischen Säulen der Nordwestlichen Säulenhalle und des Tempels der Krieger (siehe Abb. 9.16). Die Nordwestliche Säulenhalle ist eine – ehemals mit einer Konstruktion aus Balken und Zement überdachte – weiträumige Anlage am Fuß der Pyramide des Tempels der Krieger. Die Galerie der Edelleute, die sie enthält, ist buchstäblich ein versteinerter Prozessionszug von zweihunderteinundzwanzig Männern, der den Prozessionsweg zur Tempeltreppe säumt (siehe Abb. 9.17).[42]

Bei den dargestellten Männern handelt es sich größtenteils um Krieger. Die Mehrzahl ist mit Speerschleudern bewaffnet, indes befinden sich auch einige darunter, die gebündelte Wurfspieße oder mit Steinklingen bewehrte Keulen tragen. Man findet auch eine Defensivwaffe abgebildet, einen gebogenen Stock, der offenbar dazu diente, gegnerische Wurfspieße abzuwehren.[43] Diese Art Waffen gehört zur Tlaloc-Kriegstechnik, wie wir sie als Mittel der Auseinandersetzung zwischen den Königreichen des Südens kennengelernt haben. Aber anders als im Süden sieht man hier zahlreiche

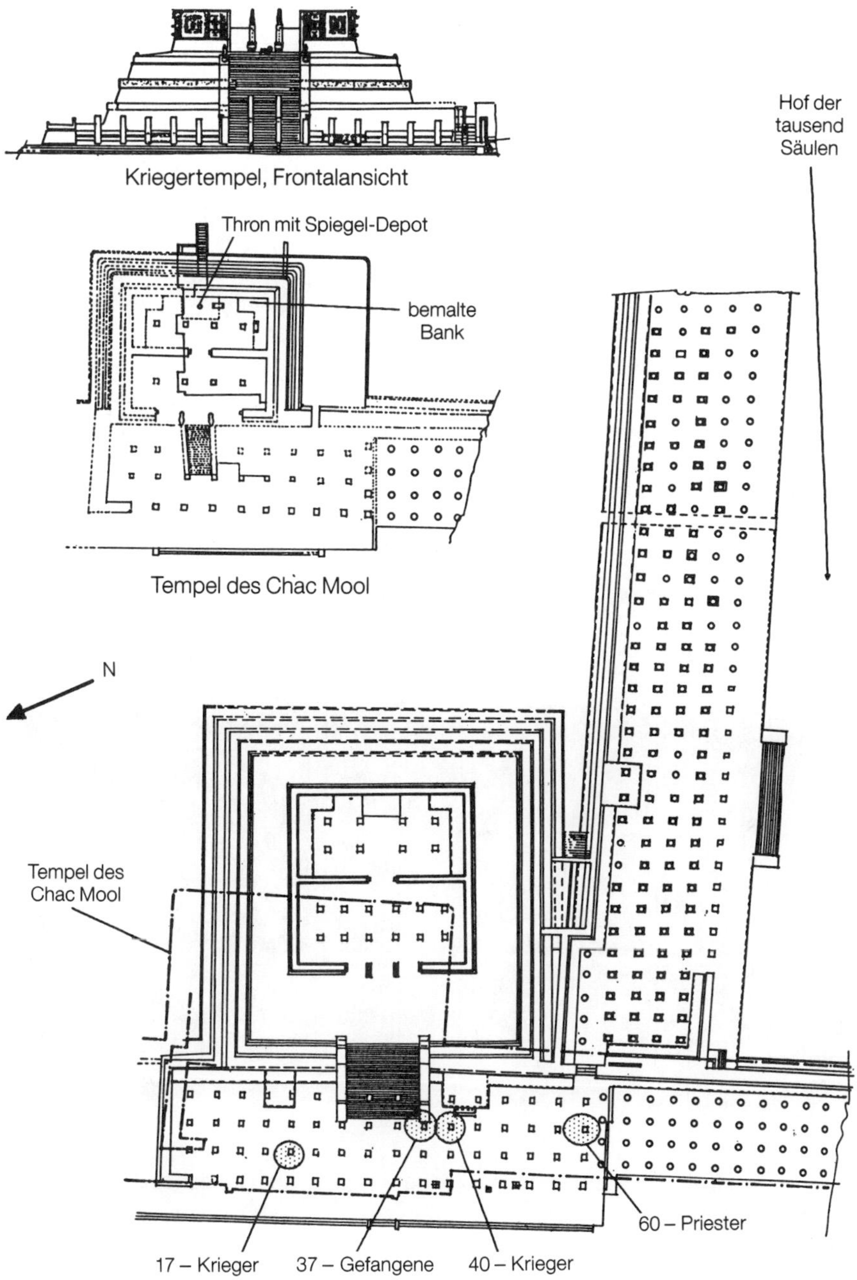

Abb. 9.17 Kriegertempel (nach Marquina, 1950)

präzise Darstellungen dieser Waffen im Einsatz. Manche Krieger in dem Zug sind eindeutig als Veteranen zu erkennen: Stolz zeigen sie ihre amputierten Gliedmaßen her. Jedes Bild ist ein individuelles Porträt, das sich in charakteristischen Einzelheiten von seinen Nachbarn unterscheidet (siehe Abb. 9.18). Neben Kriegern sind andere wichtige Rollenträger vertreten,

a) Säule 17: Krieger

b) Säule 40: Krieger

c) Säule 37: Gefangene mit gefesselten Händen

d) Säule 60: Priester Opfergaben tragend

Abb. 9.18 Kriegertempel: ausgesuchte Beispiele für den Dekor der Säulen in der Säulenhalle (nach Morris, Charlot und Morris, 1931)

zum Teil konnten sie anhand ihres Ornats sowie der Tatsache, daß sie keine Waffen tragen, als Zauberer beziehungsweise Priester identifiziert werden (siehe Abb. 9.18 d). Inmitten dieses Aufmarsches befindet sich auch eine furchtgebietende alte Dame.[44] Es handelt sich entweder um die Sippenmutter der profiliertesten Brüdergemeinschaft oder um eine Repräsentantin der Mondgöttin Ix-Chel alias «Regenbogenfrau», die Gefährtin des Obergottes Itzamna und Patronin der Webkunst, des Kindbetts, der Zauberei und der Heilkunst. Die Züge der Göttin Ix-Chel finden sich auch in Bildern an anderen Stellen der Stadt und in dem genau gegenüber dem Kriegertempel liegenden Jaguartempel.

In der Mitte des steinernen Prozessionszugs – auf den Säulen vor der zum Opferstein, dem Chac Mool, hinaufführenden Treppe – marschiert ein Trupp Gefangener. Die Gegenwart dieser Gruppe gefesselter Menschen weist den Komplex als Ort der Feier militärischer Siege aus. Ungeachtet der Neuartigkeit der glanzvollen architektonischen Kulisse wird auf dem öffentlichen Forum Chichén Itzás noch die alte politische Botschaft verkündet, die sich durch die gesamte hier geschilderte Geschichte zieht, eine Botschaft, die von der Gefangennahme und Opferung fremder Edelleute durch die einheimischen Machthaber handelt – hier allerdings mit einem bezeichnenden Unterschied. Die Monumentalkunst der südlichen Reiche zeigte bis auf die Haut entblößte, gedemütigte und nicht selten auch verstümmelte Gefangene. In Chichén Itzá dagegen sind die Gefangenen in einen festlichen Ornat gehüllt, der sich nur wenig von der Staatstracht der Nobelsten unter den siegreichen Kriegern unterscheidet (siehe Abb. 9.18c). Offenbar lag den Itzá mehr daran, ihre Gegner zu integrieren, als sie zu vernichten.

Die Aristokratie von Chichén Itzá unterhielt ohne Frage Beziehungen zu mesoamerikanischen Reichen, deren Völker nicht von den Maya abstammten, aber die feiernden Sieger auf diesen Reliefs präsentieren ein ebenso eindeutiges «Maya»-Erscheinungsbild wie ihre Gefangenen. Nehmen wir uns an dieser Stelle ein wenig Zeit für den Versuch, uns vorzustellen, wie ein solcher Prozessionszug zu jener Zeit, als Chichén Itzá sich anschickte, in seine glanzvollste Epoche einzutreten, vonstatten gegangen sein mag.

Ein graubärtiges Gesicht erschien vor den Augen des Jungen, als er von dem alten Verwalter in der klammen Kälte der Säulenhalle geweckt wurde. Draußen auf dem Platz vor dem Wohnkomplex der Familie herrschte noch Dunkelheit. Hier drinnen ließ der zuckende Fackelschein die Waffen und Geräte, die an den rotgestrichenen Wänden und mächtigen Dachbalken hingen, aufblitzen. Der Junge sah, daß die Männer bereits ihre bestickten ärmellosen Baumwoll-Panzerjacken angelegt hatten. Die goldgefiederten, jadebesetzten Helme schimmerten in der schwachen Beleuchtung. Vorn an den Helmen baumelten Diademe von kleinen blauen Vögeln, die bei der angeregten Unterhaltung unablässig hin und her tanzten. Sie erinnerten den Jungen an die hübschen kleinen Vögel, die bei Anbruch der Nacht über die Insektenschwärme herfielen und zu Tausenden mit ihnen aufräumten – wie die Itzá mit ihren Gegnern auf dem Schlachtfeld. Die grüngefiederten Schilde auf dem Rücken der Männer waren mit furchteinflößenden Familien- und Stadtwappen geschmückt. Die Kinder aus den Dörfern rundherum wetteiferten miteinander beim Herbeischaffen der langen Baumwollbinden, mit denen die Männer sich gegenseitig Arme und Beine bandagierten, ehe sie in die Schlacht zogen.[45]

Gelächter und Gesprächsfetzen schlugen an die Ohren des Jungen. Der Magen knurrte ihm, als ihm jetzt der Duft von köstlichem, mit Kakao und

Chilipfeffer gewürztem heißen Maisbrei in die Nase stieg. Er sprang schnell auf, um sich den anderen anzuschließen. Heute würde es keine Schlacht geben, statt dessen würde man im Triumphzug zum großen Ratspalast der Fürsten marschieren.

Gefolgt von seinen greisen Schamanen erschien drüben auf der anderen Seite des Platzes sein Vater in der Tür des Familienheiligtums, das dort auf einer steilen Plattform errichtet war. Das Blut von den Opferhandlungen des Vorabends klebte ihnen allen noch an den Kleidern und den wallenden Haaren. Dem Jungen schwoll vor Stolz die Brust, als er an die Edelleute dachte, die den Männern seiner Familie bei dem Feldzug gegen die Hügelstädte in die Hände gefallen waren. Sein älterer Bruder hatte ihm eindrucksvoll geschildert, wie sich in das Triumphgeheul der Sieger das Angst- und Wehgeschrei der aus ihren brennenden Häusern flüchtenden Frauen der Besiegten mischte.

Der Junge wußte: Wenn die Opferriten vorbei waren, dann war es höchste Zeit. Während er hastig in die Kleider fuhr, hörte er, wie seine Geschwister draußen auf der Plaza vor dem großen Saal schon die in vollen Ornat gehüllten gefangenen Edelleute versammelten. Die Trommeln des Clans begannen den Marsch zu schlagen. Im Lauf seinen Helm schließend, stürzte der Junge hinaus und die Treppe hinunter, hinter dem davonmarschierenden Prozessionszug her, der auf ein Zeichen seines Vaters, des Hauptmanns dieser Kompanie, hin aufgebrochen war.

Trommellaute und der Rauch morgendlicher Tempelfeuer stiegen aus den wie Laubengänge die Straße säumenden hohen Baumzeilen und Obstpflanzungen auf. Die Morgendämmerung war eben angebrochen und färbte den Himmel blaßblau, als der Clan des Jungen bei der Hauptstraße anlangte und sich dort mit den anderen Kriegern vereinigte, die in unübersehbarer Zahl von allen Seiten gruppenweise aus dem Schatten der Bäume herbeigeströmt kamen. Gemeinsam zog man auf der großen Sacbé in nördlicher Richtung weiter. Die rhythmische Bewegung der Krieger um ihn herum zog den Jungen wie ein Sog mit sich fort, mochte er auch noch so sehr den Hals recken, um einen Blick auf jene hochrangigen Gefangenen zu erhaschen, die die Mitglieder des Fürstenrats in ihre Mitte genommen hatten. Der ganze Zug bewegte sich im Kriegstanz der Itzá vorwärts, der ein furchterregendes, in Schlangenlinien ausgeführtes Vorwärtsbranden von Kriegerleibern war, das jedem, der sich in den Weg stellte, den Tod brachte. Sobald der Junge zu seiner Rechten die gewaltige rote Mauer des ersten Hauses der fürstlichen Brüdergemeinschaft aufragen sah, wußte er: Jetzt war man auf der Plaza des alten Sakralzentrums angekommen. Aus der zu beiden Seiten des weiteren Prozessionswegs harrenden Menge schlug den Eintreffenden tosender Beifall entgegen.

Die Hauptleute tanzten aus der Marschreihe heraus und stellten pantomimisch die Gefangennahme der feindlichen Edelleute dar. Der Junge
 hörte seinen Vater den charakteristischen raubvogelhaften Schlachtruf

ausstoßen und sah ihn dabei einen hünenhaften Ahau bei den Haaren packen und auf die Knie zwingen, während er gleichzeitig mit seiner Lanze in die Luft stach. Die Spitze des Zugs war jetzt auf der breiten Prachtstraße angelangt, die links vom Roten Haus (Casa Colorada) und rechts vom Observatorium (El Caracol) flankiert war; hier floß der Menschenstrom in ein breiteres Bett, und das Marschtempo des Zuges verlangsamte sich. Die Ellbogen gebrauchend, bahnte sich der Junge einen Weg durch die Mitglieder seines Clans und ihre Verbündeten aus dem Umland, die gebannt die Vorführung verfolgten; ihm war eingefallen, daß er sich ja am Rand ihres Kriegertrupps halten mußte. Er hatte die Aufgabe übertragen bekommen, die eigenen Leute nach den Zeichen seines Vaters und seiner älteren Brüder zu dirigieren.

Mit den Kriegern seiner Familie Schritt haltend, zog der Junge an dem alten Castillo[46] vorüber, dessen heilige Höhle jetzt mit den Gräbern sieben großer Herren verschlossen war. Der Zug ließ das hochaufragende Bauwerk links liegen und bewegte sich weiter nach Norden, auf das noch im Bau befindliche imposante neue Castillo zu, das von einem Menschenmeer umgeben war. Die Menge teilte sich unter Freudenrufen, und das Kriegerheer bewegte sich tanzend über die blendendweiße Plaza zum Großen Ballspielplatz hinüber. Obwohl auch dieser Monumentalbau noch nicht vollendet war, gab er doch schon seine noch die kühnsten Vorstellungen übertreffenden Maße zu erkennen, mit denen er im Herzen der mächtigen Stadt eine beklemmende Vision von Siegen und Menschenopfern beschwor. Von dem *tzompantli*, dem riesigen hölzernen Schädelgerüst, vor dem Ballspielplatz her drang dem Jungen süßlicher Verwesungsgeruch in die Nase. Aus leeren Augenhöhlen gaben die überwundenen Gegner den Blick zurück, den er schaudernd über ihren hier reihenweise ausgestellten letzten Erdenrest wandern ließ. Die nackten, ausgebleichten Knochen der älteren Siegestrophäen leuchteten cremig-weiß im Morgenlicht, während an den neueren der letzten Zeit noch Fleisch und Haare klebten. All das war ein grausames Memento, das den Gefangenen vor Augen hielt, was ein Teil von ihnen von den kriegerischen Kampfspielen des heutigen Tages zu erwarten hatte.

Völlig entfesselt wirbelte das Heer jetzt zu dem Takt der großen Holztrommeln und dem Klang der Tritonshorntrompeten um das Castillo. Tausende und Abertausende von Kriegern wanden sich mit der Disziplin, wie sie nur jahrelange Kampferfahrung lehrt, in langen Schlangenlinien über die weite Fläche und drängten die Zuschauermenge an den Rand der Plaza oder an die Flanken der Tempel zurück. Die Gefangenen befanden sich währenddessen in ihrer Mitte, jeder von einem verdienten Veteranen bewacht. Der Junge erhielt von seinem Vater ein Zeichen, die Kampfgruppe der Familie auf der Ostseite der Plaza, wo bereits die Freunde aus dem Umland Aufstellung genommen hatten, in Formation zu bringen. In wenigen Augenblicken würden die Kampfspiele beginnen.

Bebend vor Spannung blickten die Männer über die Plaza hinweg zu den ihnen auf der anderen Seite gegenüberstehenden Landsleuten hinüber. Da kamen die Pfiffe und Rufe ihrer Hauptleute – und wie eine Meute wilder Tiere stürzten sie aufeinander zu und waren im Nu in ein Handgemenge verwickelt, als hätten sie noch einmal den Feind vor sich. Die Menge brach in anfeuerndes Gebrüll aus. Andere Krieger griffen in den Kampf ein, um Unfälle zu verhindern. Da und dort wurden den tapfersten Gefangenen die Fesseln abgenommen und Waffen ausgehändigt, damit sie in einem pantomimischen Tanz einen tödlichen Kampf mit den tapfersten Helden der Itzá vorführen konnten, und alsbald bildete die Menge einen Kreis um die Szene. Wo Zweikämpfer mit Wurfspießen gegeneinander antraten, brachten sich die Umstehenden schnell in Sicherheit, und es entstanden lange Schneisen in dem Menschengewimmel.[47] Der Todestanz nahm seinen Fortgang, jetzt eine Attacke, jetzt eine Parade, jetzt ein überraschtes Aufstöhnen, ausgelöst durch eine jähe Verwundung. Durchaus möglich, daß einige Itzá heute zu ihren Ahnen eingingen, wenn sie nicht aufpaßten.

Mitten im Handgemenge entdeckte der Junge seinen Vater, der eben zum Zweikampf mit dem Ranghöchsten seiner Gefangenen antrat. Beide Männer waren mit Stechlanzen bewaffnet und prallten jetzt heftig aufeinander, rangen, lösten sich voneinander, um mit verstärkter Anstrengung nochmals aufeinander loszustürzen. Der Fremde war ein guter Kämpfer, aber der Vater des Jungen hatte die bessere Kondition, und bald lag sein Gegner am Boden, die Lanzenspitze am Hals. Einen Moment lang stockte das Geschehen. Die Zuschauer hielten den Atem an. Doch mit einemmal half der Vater des Jungen seinem Gegner auf die Beine und gab ihm seine Lanze zurück. Er blickte dem Fremden in die Augen und wandte ihm dann den Rücken zu, als ob er es mit einem Bruder und vertrauten Kampfgenossen zu tun hätte: Er stellte es seinem Gegner frei, zu sterben und seinen Überwinder ins Jenseits mitzunehmen. So zu sterben wäre freilich eine schändliche Feigheit gewesen. Bei weitem besser war es, als ein jüngerer Bruder und Fürst der verhaßten Itzá in ihrer neugeschaffenen Staatsordnung weiterzuleben. Der Gefangene umklammerte mit festem Griff seine Lanze, und einen Moment lang dachte der Junge, um seinen Vater sei es geschehen. Doch dann lockerten sich die verkrampften Finger um den Lanzenschaft, der fremde Edelmann schlug die Augen nieder und reihte sich hinter seinem Überwinder in die Gruppe ein, die jetzt wieder zur alten Formation zusammenfand und in Richtung Ratspalast zog.[48] Der Junge spürte eine Aufwallung von Stolz. Nicht jeder der Fürsten wäre ein solches Risiko eingegangen, aber er wußte, daß die Stellung seines Vaters im Hohen Rat ebensosehr auf seinem Mut wie auf seiner Weisheit beruhte.

Die Kampfgruppe vom Clan des Jungen zog hinüber vor die Stufen des Kriegertempels, des Ratspalastes der Itzá. Entlang der Front der Säulenhalle hatten, mit kostbaren Geschenken beladen, die Botschafter der in den weit entfernten Bergen des Westens gelegenen verbündeten Städte Aufstellung genommen. In lange Röcke gehüllt, ihre Krummstäbe und Weihrauchfässer schwingend und Zauberformeln gegen Arglist murmelnd, schritten die ehrwürdigen Schamanen der Stadt unter den Gästen hin und her. Zusammen mit den Ranghöchsten ihrer Gefangenen stellten sich die Ratsherren an den Stufen auf und verkündeten die Namen derjenigen, die sich entschlossen hatten, der Itzá-Gemeinschaft beizutreten, und derjenigen, die es vorzogen, heute ins Jenseits einzugehen. Die Todeskandidaten aus eigenem freien Entschluß wurden mit einem feierlichen Ritual geehrt, ehe man sie durch die Säulenhalle und über die Pyramidentreppe zum Opferstein hinaufführte. Von dem Zeitpunkt an, da die Mittagssonne den Zenit erreicht hatte, empfingen sie dort der Reihe nach den sanften Tod – so genannt, weil keiner, dem man das Herz herausschnitt, je einen Schmerzenslaut hatte hören lassen. Die große Visionsschlange erhob sich in den Weihrauchwolken, die rings um ihre leblosen Körper aufstiegen.

Die Opferriten zogen sich über den ganzen Nachmittag hin, während die Krieger auf der Plaza mit ihren Kampfspielen beschäftigt waren und nicht eher ruhten, bis die Sonne in blutroter Pracht hinter dem Horizont versank. Der Junge hatte sein Vergnügen an den Spielen, und wenn sein Blick auf den Großen Ballspielplatz fiel, fragte er sich, ob er wohl später einmal, wenn die Baumeister und die Fronarbeiter aus den unterworfenen Hügelstädten den Bau vollendet hätten, die Opferrituale dort miterleben würde. Meist jedoch dachte er an seinen Vater, der im Ratspalast die Zukunft der Stadt mitplante. Jetzt, wo Frieden in ihrem Land herrschte, konnten die Itzá den Blick über die Staatsgrenzen hinaus nach außen richten und den Herausforderungen begegnen, die dort auf sie warteten.

Auf der für die Ewigkeit bestimmten steinernen Nachbildung jenes Prozessionszugs im Tempel der Krieger sieht man Figuren, in deren Tracht drei Grundmotive aus der Symbolik des Tlaloc-Kriegsstils enthalten sind, die wir bereits von den südlichen Königreichen her kennen: die Tlaloc-Maske, den Kopfputz mit der Jahresglyphe und den Klauenvogel-Krieger (siehe Abb. 9.18a). Im Innenraum des Tempels, der sich über diesem versteinerten Aufmarsch erhebt, ist auf zwanzig Säulen eine weitere Porträtgalerie eingemeißelt. Hier sieht man keine Gefangenen, sondern nur Krieger und Würdenträger. Diese Figuren, die entlang der Rückwand der Halle vor dem Thronpodest aufgereiht sind, zeigen bestimmte Momente des zugrundeliegenden künstlerischen Programms in besonders schöner Ausgestaltung. Obwohl wir diese vertrauten Bilder von Kriegern und hohen Würdenträgern, die den Zeremonialbezirk der Herrscher schmücken, nicht anders in den dynastischen Tempeln der ältesten Maya-Königreiche erwarten, so sind sie doch unterschiedlich. Denn diese Prozession von «Very Important Itzá-Persons» *ersetzt* das traditionelle Herrschaftssymbol der klassischen Kulturepoche – das in Stein gemeißelte Porträt des siegreichen Königs.

Die südliche Bank: sechs der vierzehn skulptierten Figuren auf der Seitenfläche

Abb. 9.19
Tempel des Chac Mool: Bänke im Inneren Gemach
(nach Morris, Charlot und Morris, 1931)

Bruchstücke der nördlichen Bank: Krieger auf Jaguarthronen

Zwar wird auch in Chichén Itzá der Thron immer noch von den altbekannten Kriegergestalten gestützt, aber hier machen sich die Maya nicht mehr die Mühe, die Identität des Individuums, das auf diesem Thron saß, in den Annalen der Geschichte zu vermerken.

Diese Regel gilt auch für den Tempel des Chac Mool, den vom Kriegertempel überbauten älteren Ratspalast. Im Adyton des Chac-Mool-Tempels sind die Wände oberhalb der umlaufenden Sitzbank mit farbenprächtigen Malereien geschmückt, auf denen Göttermasken tragende, auf Kissen aus Jaguarfell ruhende Fürsten zu sehen sind. Manche halten gefüllte Opferschalen in den ausgestreckten Händen, andere haben einen Schild umhängen und tragen ein Beilzepter, das unten in einen Schlangenleib ausläuft (siehe Abb. 9.19, südliche Bank). Diese Zepter ähneln in gewisser Weise dem Figurinenzepter, das in der Ikonographie der südlichen Reiche Zeichen der Königswürde ist. Wieder andere Fürsten thronen, mit Speerschleudern und Wurfspießen bewaffnet, auf vollplastischen Jaguaren (siehe Abb. 9.19, nördliche Bank). Und mehr noch als Jaguarfellkissen waren solche Jaguarthrone bei den Maya des Südens nur Königen vorbehalten. In Chichén Itzá jedoch sieht man ganze Versammlungen von Fürsten auf ihnen sitzen.

Was diese Wandgemälde aussagen, ist klar. Auch im Chac-Mool-Tempel ist der Thron verwaist. Hier wird symbolisch die historisch neue Idee einer zentralen Persönlichkeit innerhalb der Stadtregierung und nicht ein konkretes Individuum dargestellt. Jede einzelne der abgebildeten Figuren

Hauptmann Sonnenscheibe Hauptmann Schlange

Hauptmann Schlange Hauptmann Sonnenscheibe

Abb. 9.20 Türstürze vom Oberen Jaguartempel (nach Maudslay)

trägt individuelle Züge. Unverkennbar wollen die Bilder real existierende Menschen wiedergeben. Sowohl in der älteren Darstellungsform im Chac-Mool-Tempel als auch in der späteren, glanzvolleren Präsentation im Tempel der Krieger will sich die Regierung von Chichén Itzá als Kollektiv – als Multepal – zeigen. Doch was soll man von den historischen Legenden halten, die besagen, daß die Stadt von Kukulcan regiert wurde? Was von den inschriftlichen Erwähnungen der heroischen Führer Kakupacal und Hun-Pik-Tok vom Clan der Cocom? Die Beantwortung dieser Fragen wird bis zum Auftauchen neuer archäologischer Funde warten müssen, denn in der Politkunst scheinen diese Gestalten nicht gerade im Zentrum der Aufmerksamkeit gestanden zu haben.

Genau gegenüber dem Kriegertempelkomplex liegt der Große Ballspielplatz, der in seiner Ausführung unser Bild von der lokalen Eigenart der politischen Programmatik erweitert und zugleich verkompliziert. Hier finden wir zum Motiv der Fürstenversammlung andere wichtige Bildmotive. Es handelt sich um die als Hauptmann Sonnenscheibe und Hauptmann Schlange bekanntgewordenen Gestalten (siehe Abb. 9.20).[49] Hauptmann Sonnenscheibe ist mit Speerschleuder und Wurfspießen ausgerüstet und von einer Aureole umgeben, die an ihren dreieckigen Vorsprüngen als Sonne zu erkennen ist. Hauptmann Schlange führt ebenfalls Kriegsgerät mit sich, sitzt jedoch inmitten der Windungen einer großen Federschlange.

Die große Bedeutung der Gestalten mit diesen Insignien sticht auf Gruppenkompositionen wie der im Unteren Jaguartempel (siehe Abb. 9.21) ins Auge: Hauptmann Sonnenscheibe blickt da von seinem Platz auf der Mittelachse der Gesamtkomposition auf den zu ihm aufschauenden Hauptmann Schlange hinunter. Man kommt jedoch in Schwierigkeiten bei dem Versuch, die beiden als reale Personen zu identifizieren. Als erstes ist zu beachten, daß die Aureole in der Bildersprache der Maya der klassischen

Abb. 9.21 Unterer Jaguartempel: die oberen Register (nach Maudslay)

Periode nur das Zeichen dafür ist, daß es sich bei der dargestellten Person um einen verehrten Ahnen handelt.[50] Im Dekor des Großen Ballspielplatzes variiert die Position des Sonnenscheiben-Hauptmanns im Gesamtaufbau der Bilder. Auf zwei der wichtigsten Abbildungen jedoch – auf einer Darstellung im Nordtempel an der Schmalseite des Ballspielfelds und einer weiteren im Unteren Jaguartempel genau gegenüber dem Kriegertempel – ist Hauptmann Sonnenscheibe im oberen Feld plaziert, dem bevorzugten Platz für die toten Vorfahren in der Maya-Kunst der klassischen Periode. Zweitens sind die Schlangen-Insignien noch nicht einmal im Bildprogramm des Großen Ballspielplatzes auf ein einzelnes Individuum beschränkt. So zum Beispiel kommen im Unteren Jaguartempel zwei verschiedene Schlangen-Hauptleute vor, einer mit einer Federschlange und einer, dessen Attribut-Tier mit Wolkenvoluten verziert ist.[51]

Das Vorkommen zweier Schlangen-Hauptleute innerhalb eines Bildwerks könnte man allenfalls noch als Zeichen dafür deuten, daß man es eben mit zwei besonders wichtigen Personen zu tun hat. Sehen wir uns jedoch daraufhin noch einmal im Tempel der Krieger um, so finden wir dort ein ganzes Aufgebot von Schlangen-Hauptleuten (siehe Abb. 9.22). Daraus kann nur der Schluß gezogen werden, daß der Attributkomplex nicht Kennzeichen eines Individuums, sondern eines bedeutenden Status ist. Noch aufschlußreicher ist in diesem Zusammenhang der Umstand, daß sich sogar unter den vor der Treppe des Kriegertempels dargestellten Gefangenen ein Schlangen-Hauptmann befindet (siehe Abb. 9.18 c, linke Tafel). Es handelt sich also um einen Status, der noch nicht einmal ausschließlich in der Elite von Chichén Itzá zu finden war.

Es ist schwierig, in Bildprogrammen, die auf die Darstellung eines Kollektivs hin angelegt sind, einzelne Personen auszumachen, die eindeutig

Ausschnitt der Bildmitte mit je zwei Figuren links und rechts eines dreifüßigen Opferbehälters. Wie bei vielen anderen Figuren auf der Estrade bäumt sich hinter jeder von ihnen eine Schlange auf.

Abb. 9.22 Kriegertempel, Westseite der Estrade

als Führer zu identifizieren wären. Das Sonnenscheiben-Attribut weist zweifellos auf eine herausragende Figur, in diesem Fall vielleicht auf einen historischen Vorfahren. Aber die Ikonographie des Bildmotivs kennt keine Szene, in der Hauptmann Sonnenscheibe aktiv eine Führerrolle ausübte. Das Schlangenattribut ist ebenfalls von Bedeutung, aber zu vielen Vertretern der Oberschicht Chichén Itzás zugeordnet, als daß es als Insigne des Führertums aufgefaßt werden könnte.

Mit Sicherheit jedoch läßt sich diesen Monumenten entnehmen, daß die Regierung Chichén Itzás erfolgreiche Kriege gegen ihre Feinde führte. Die Wandgemälde im Oberen Jaguartempel (siehe Abb. 9.23) zeigen, wie die Tlaloc-Kriegführung mit Speerschleudern und Wurfspießen, die im südlichen Tiefland während der gesamten klassischen Periode üblich war, in der Realität aussah. Aus dieser und anderen im Oberen Jaguartempel abgebildeten Schlachtszenen geht hervor, daß bei dieser Art Krieg die Kampfhandlungen bis in die Städte der Besiegten hineingetragen wurden. Man sieht Frauen, die mitten im Kampfgetümmel aus ihren Häusern flüchten. Dies war der Typ Krieg, der mit dem «Niederreißen der Gewölbe und Bauwerke» endete – mit dem *hom*, wie es in den Hieroglyphentexten aus Tikal und Caracol heißt.

Wie immer büßte der Unterlegene seine Niederlage mit Gefangenschaft und Opfertod. Den Opfern wurde von Kriegern in Vogelmasken das Herz herausgerissen, während die große Federschlange über der Szene schwebte.[52] Andere wurden mit Pfeilen durchbohrt oder mit dem Beil enthauptet. Das Menschenopfer durch Enthauptung stand in besonderer Beziehung zum Ballspiel, wie aus den Reliefs auf dem Großen Ballspielplatz hervorgeht (siehe Abb. 9.24), wurde aber auch im Zusammenhang mit Feuerriten praktiziert, wie Wandgemälde am Fuß der Mauer des Krieger-

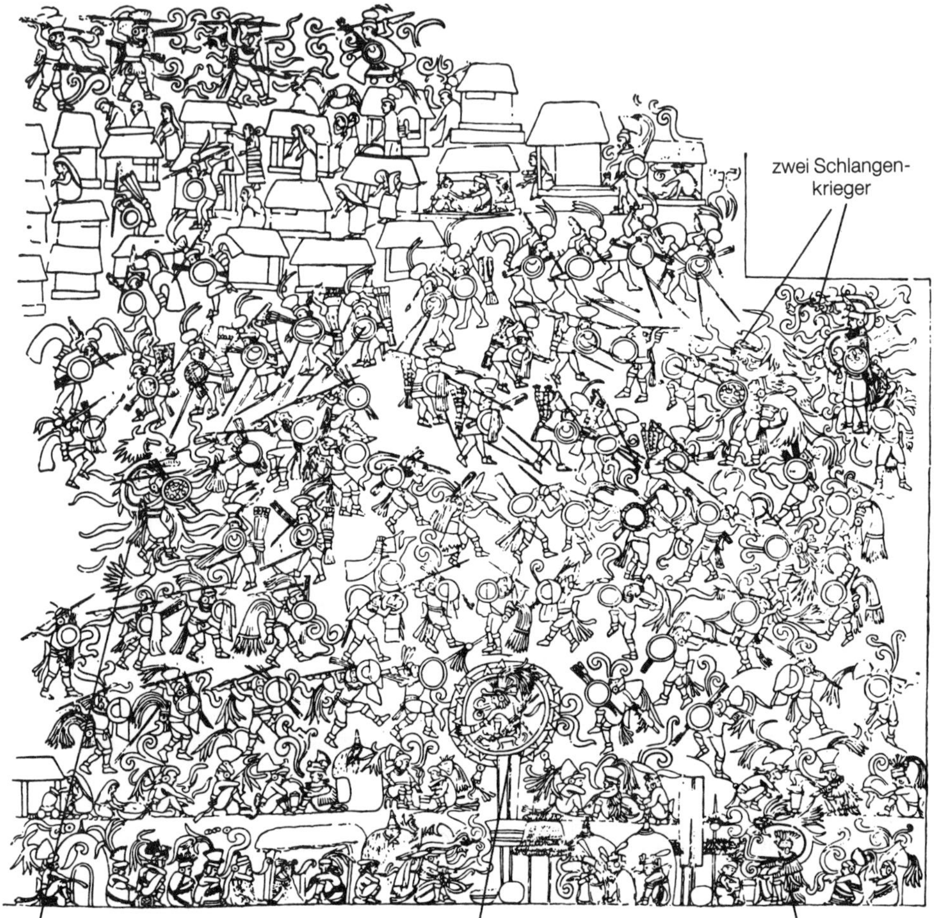

Abb. 9.23 Schlachtenbild: Wandgemälde im Oberen Jaguartempel (nach Tozzer 1957)

tempels belegen. Wie ihre kulturellen Vorläufer hielten die Bewohner von Chichén Itzá an den alten Vorstellungen der Maya vom Ballspiel als einem Symbol des Krieges und vom Ballspielplatz (und seinen architektonischen Surrogaten, den Treppen und Plazas[53]) als dem bevorzugten Schauplatz von Enthauptungen fest. Tatsächlich wurde der Große Ballspielplatz in Chichén Itzá allem Anschein nach als Denkmal für den erfolgreichen Abschluß der Eroberungsfeldzüge der Itzá gebaut.[54]

In welchem Ausmaß in Chichén Itzá Menschen geopfert wurden, bezeugt auf denkbar grausige Weise der Tzompantli, eine den üblichen hölzernen Schädelgerüsten in Stein nachgebaute Plattform, östlich neben dem Großen Ballspielplatz gelegen.[55] Es gibt jedoch Grund zu der Annahme, daß nicht alle der gefangengenommenen Könige und Edelleute unter dem Beil des Henkers endeten. Die gutgekleideten Gefangenen, die in der steinernen Parade in der Nordwestlichen Säulenhalle des Krieger-

Abb. 9.24 Enthauptungsszene aus dem Relief auf dem Großen Ballspielplatz

tempels mitmarschieren, wären ohne ihre Fesseln von den Siegern nicht mehr zu unterscheiden. Im Unteren Jaguartempel sieht man unter den Würdenträgern auf den Relieftafeln auch einige, die eine erstaunliche Ähnlichkeit mit den Ahauob aus der Gegend von Yaxuná aufweisen (siehe Abb. 9.25). Die Aussage ist eindeutig. Wo eine Regierungsform auf den Prinzipien der Kollegialität und Kollektivität basiert, braucht die wichtigste politische Konsequenz eines Krieges nicht mehr in der Entmachtung und Demütigung einer rivalisierenden Dynastie zu bestehen. Vielmehr kann diese jetzt in einen wachsenden Vielvölkerstaat eingegliedert werden. In einer Stadt, die schon so viele Ahauob beherbergte, mochte auch noch für die Besiegten Platz sein.

In der Zeit seiner höchsten Blüte übte Chichén Itzá die unangefochtene Vorherrschaft im Maya-Tiefland aus. Wir wissen nicht, wie weit der Herrschaftsanspruch der Führungsschicht der Stadt reichte, doch dürfte er sich weit bis in das nördliche Tiefland erstreckt haben. Nach der Gründung des Itzá-Reichs wurden die Puuc-Städte unterworfen, und Cobá sank nach und nach in die Bedeutungslosigkeit zurück. Im südlichen Tiefland gab es noch einige Gemeinwesen, die widerstanden; aber diese furchtlosen Überlebenden der Katastrophe stellten für ein Staatsgebilde von der Größe Chichén Itzás keine Gefahr dar und dürften wohl bestrebt gewesen sein, im guten Einvernehmen mit den Machthabern im Norden zu leben. Wie weit über das Tiefland hinaus die Fürsten von Chichén Itzá ihren Einflußbereich ausgedehnt haben mögen, ist noch ungeklärt. Für die fragliche Epoche sind für viele befestigte Stadtstaaten des Hochlands von Mexiko – so zum Beispiel in Cacaxtla, Xochicalco und Tula, um nur einige zu nennen – bemerkenswerte Verbindungen zu den Maya nachgewiesen. Wir glauben, daß im Laufe weiterer Forschungen in den anderen mexikanischen Kultu-

Abb. 9.25
Krieger aus
Chichén Itzá und
der Region von
Yaxuná

Krieger in GI-Maske aus dem Unteren Jaguartempel in Chichén Itzá

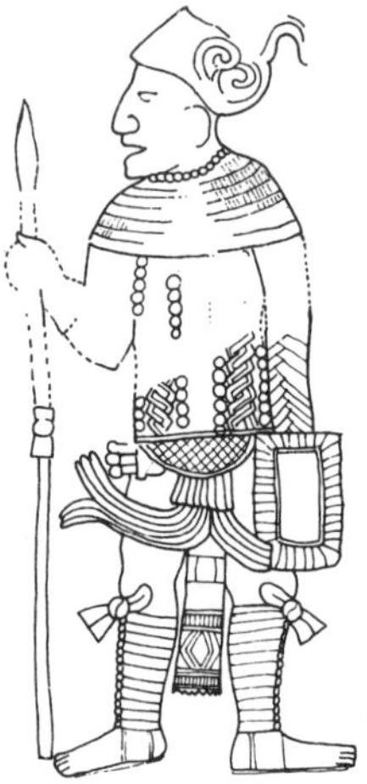
Krieger von Tafel 1 in X'telhú

ren, die den Spaniern soviel Staunen abnötigten, noch mehr vom Erbe Chichén Itzás ans Tageslicht kommen wird.

Was allerdings die Maya von Chichén Itzá nicht an ihre mesoamerikanischen Nachbarn weitergaben, war das Konzept des Gottkönigtums und die damit verbundene Hieroglyphenliteratur. Das stellt jedoch keineswegs einen Widerspruch dar zu unserer Auffassung von letzten großen sozialen Innovationen des Maya-Volks. Das Paradox, das sich hier abzuzeichnen beginnt, liegt nicht in unserer Sicht der Dinge, sondern in den Dingen selbst. Um das Prinzip des Königtums – die Reichsidee – über eine kritische Phase seiner Geschichte hinüberzuretten, um ihm die Hemmschuhe abzustreifen, die es im Süden so sehr gelähmt hatten, daß es sich dort den Problemen der sozialen Entwicklung nicht gewachsen zeigte, gaben die Maya-Fürsten von Chichén Itzá das Königsamt auf und mit ihm das dynastische Prinzip, aus dem es hervorgegangen war. Wir teilen nicht die mancherorts vertretene Ansicht, daß die Bevölkerung Chichén Itzás aus fremdstämmigen Barbaren bestand. Die Führungselite des Reichs setzte sich aus Maya-Ahauob zusammen, die als Nehmende und Gebende am kulturellen Leben Mesoamerikas Anteil hatten. Von ihren Gegnern besaßen zumindest die Puuc-Städte eine gleichermaßen kosmopolitische Einstellung. Wenn man der Ikonographie der vorausgegangenen klassischen Periode im fraglichen Punkt nicht jeglichen Aussagewert absprechen will, muß man davon ausgehen, daß die Itzá auf militärtechnischem Gebiet keinerlei Neuerungen einführten. Ihre Eroberungskriege führten sie in dem mittlerweile vierhundert Jahre alten Tlaloc-Venus-Stil, den wir im südlichen Tiefland kennengelernt haben.

Den Schlüssel zum Erfolg fanden die Herrscher von Chichén Itzá, als sie die politischen Konsequenzen der militärischen Niederlage für ihre Gegner neu definierten. Indem sie dem alten Prinzip der dynastischen Blutfehde abschworen, machten sie den Weg frei für eine wirksame Bündnis- und Vereinigungspolitik. Diese wurden dann zum Leitprinzip der Imperialpolitik der nächsten großen mesoamerikanischen Zivilisation, der Culhua-Mexica-Kultur. Kern solcher Bündnispolitik war bei den Maya das Konzept des *itah*, des «Bruders» beziehungsweise «Verwandten derselben Generationsstufe». Es waren zwei «Brüder» gewesen, die das erste Maya-Hegemonialreich, das Konglomerat Tikal–Uaxactún, regiert hatten. Und genau dieses Bruderschaftsprinzip sprach dann auch Vogel-Jaguar an, als er seine adligen Gefolgsleute umwarb. Sogar in den Städten der Puuc-Region begannen die Könige während ihres verzweifelten Kampfs gegen Chichén Itzá *itah*-Beziehungen untereinander zu knüpfen und zu plakatieren.[56]

In Chichén Itzá, der ersten und letzten Metropole «mexikanischen» Typs bei den Maya, kehrt die Geschichte des Maya-Königtums auf höherer Ebene an ihren Ausgangspunkt zurück. Die Gottkönige, die im späten Vorklassikum mit ekstatischen Tänzen auf den Gipfeln reliefdekorierter Pyramiden in Erscheinung traten, waren zuerst und vor allem Ahauob, Mitglieder einer Seinskategorie, innerhalb derer sie mit allen anderen wesensgleich waren. Sie waren Mitglieder einer Brüdergemeinschaft, die mit den Ahnherren-Zwillingen begonnen und in der ganzen seitherigen Geschichte Bestand gehabt hatte. Das Wiedererstarken der Idee der Bruderbeziehung ging Hand in Hand mit der Demontage des Prinzips, in dem das Königtum zunächst Halt gesucht hatte: des Prinzips der dynastischen Machtverwaltung. Indem die Ahnherren-Zwillinge auf der Ballspielplatz-Opferstätte in Xibalba in magischer Opferhandlung einander den Tod und wieder das Leben gaben, wurde einer für den anderen Vater und Sohn zugleich. Und so wie sie schufen die Gottkönige Leben aus dem Tod und empfingen ihrerseits das Leben aus den Opfern, die lange vor ihnen ihre Väter dargebracht hatten. Die Herrscher von Chichén Itzá dagegen feierten weder das dynastische Prinzip, noch begriffen sie das Opfer als königliches Privileg. Sie waren Ahauob und als solche eine Gemeinschaft von Brüdern – wie ihre Urahnen am Anbeginn der Zeiten.

10

Das Ende einer Schriftkultur und ihr Vermächtnis an die Zukunft

An seinen nackten Füßen spürte Naum-Pat, Halach Uinic («wahrer Mensch»), das sanfte Geplätscher der Meereswellen, während er die sonderbaren Boote beobachtete, die vor dem Hintergrund des Sternenhimmels auf der schwarzen, glitzernden Wasserfläche schaukelten. Eigentlich waren es gigantische schwimmende Paläste. Aus dem Schiffsrumpf heraus. von Laternen und Fackeln angeleuchtet, wiegten sich Masten und Takelage im kühlen Mondlicht von Frau Ix-Chel.

«O Mutter des Alls», flüsterte der Beobachter leise vor sich hin, «wie um alles in der Welt kamen bloß diese stinkenden Barbaren hierher?»

Er machte seinem Staunen und seinem Kummer in einem tiefen Seufzer Luft. Sein Leben lang war er zur See gefahren. Wie es bei seinem Volk seit tausend Jahren Brauch war, hatte er mit seinen großen Kanus, in denen er Honig, Salz, Sklaven, Kakao und vielerlei andere kostbare Güter geladen hatte, die Wasser über der abgründigen blauen Tiefe und die tückischen Untiefen befahren. Er hatte auf rollender See mit Feinden gekämpft; er hatte in den sturmgepeitschten Wellen gewaltige Unwetter überstanden; die ganze Küste entlang kannte er jeden Hafen und beinahe jeden seiner Bewohner. Das Meer war seine Domäne, die Welt seiner Vorfahren, eine weite, gefahrvolle Welt voller kostbarer und heiliger Dinge. Und nun auf einmal hatte das Meer diese Scheußlichkeit ausgespuckt – ein Kanu, groß wie ein Haus. Die hellhäutigen Barbaren übten große Macht aus, keine Frage. Ein Schauer lief Naum-Pat über den Rücken. Sie würden sich bestimmt als noch viel schlimmer und gefährlicher erweisen als die aztekischen *pochteca* – diese tückischen Händler aus Mexica.

Der Priester, dieser alte Narr, hatte die Fremden gestern auf dem Tempelberg empfangen, als ob sie Götter wären. Er hatte ihnen Weihrauchwolken entgegengewedelt, aber sie hatten ihn einfach beiseite geschoben und waren ins Allerheiligste eingedrungen. Dort hatten sie erst die heiligen Götterbilder entweiht und zerstört und dann die Bündel aufgerissen, um mit gierigen Händen den heiligen Besitz der Ahnen zu durchwühlen und alles an sich zu raffen, was aus dem Exkrement der Sonne gemacht war – aus dem gelben Metall, von dem die Fremden gar nicht genug bekommen konnten. Das Herz dieser sonderbaren Kreaturen hing an Metallen: Sie trugen Helme, Kürasse und große Klingen aus glänzendem harten Metall. Wunderschöne Dinge, dachte er und rechnete aus, was er dafür auf den Märkten der Häfen von Mexica erhalten könnte. Dann verfluchte er die bärtigen Fremden und beschwor die Unterweltlichen, den Rachen des Meeres aufzutun, damit er sie verschlinge – und das möglichst bald.

Daß die Fremden den Tempel geplündert hatten, war nicht das Schlimmste, das hatten andere Piraten schon vor ihnen getan. Viel schlimmer war, daß sie den Weltenbaum in Form von zwei gekreuzten Balken aufgestellt und ein Buch aufgeschlagen – ein kleines schwarzes, schlechtgemaltes Buch, aber unleugbar ein Buch – und in ihrer unartikulierten Sprache daraus vorgelesen hatten. Der Chilam, der Prophet, durch den die Götter sprachen, hatte in der Menge am Fuß der Tempelpyramide gestanden und zugehört und traurig den Kopf geschüttelt.

Bei der Erinnerung daran, was die Fremden getan hatten, wurde Naum-Pat von Entsetzen erfaßt. Die Worte der berühmten Prophezeiung des Chilam Balam gingen ihm durch den Sinn.

«Laßt uns sein Zeichen erhöhen, laßt es uns erhöhen, auf daß wir es heute hoch droben aufgerichtet sehen», hatte sie der große Prophet vor so vielen Jahren ermahnt. «Groß ist die Zwietracht, die sich heute erhebt. Der Erste Weltenbaum wird wiedererstehen, aller Welt wird er zur Schau gestellt. Dies ist das Zeichen Hunab-Kus hoch droben. Betet es an, o Itzá! Ihr sollt heute dieses sein Zeichen hoch droben anbeten. Anbeten sollt ihr es ferner wahrhaft guten Willens, und ihr sollt heute den wahren Gott anbeten. Ihr sollt zum Wort Hunab-Kus bekehrt werden, das vom Himmel kam.»

Naum-Pat hatte in staunender Ungläubigkeit das Geschehen beobachtet, als die Fremden in dem Heiligen Haus die *kulche'*, die Götterbilder, umgestürzt und an ihrer Stelle den kahlen Baum aufgepflanzt hatten. Ein Stöhnen entrang sich seiner Brust, als er die Prophezeiung vor seinem inneren Auge Wirklichkeit werden sah. Sie hatten den Yax-Cheel-Cab, den Ersten Weltenbaum, aufgepflanzt. Das Volk hatte das als ein vielsagendes Omen aufgenommen. Der Chilam des Orts war immerhin so beunruhigt, daß er die Chilamob auf dem Festland per Kurierboot von dem Vorfall in Kenntnis setzen ließ.

Wie der Chilam hatte auch Naum-Pat in der Aufrichtung des Baums ein Zeichen mit ominöser Vorbedeutung gesehen, aber aus irgendeinem Grund hatte ihn das kleine schwarze Buch noch mehr erschreckt. In der ganzen Welt hatten nur die wahren Menschen, die Maya, Bücher. Andere, etwa die Leute in Mexica, hatten Bilder, das wollte er gar nicht bestreiten; aber sie hatten nicht das schriftlich fixierte Wort der Ahnen und der Heroen und nicht die Prophezeiungen des Doppelgestirns. Bücher waren die Vergangenheit, waren die Wahrheit und waren die Deuter der Himmelszyklen. Die metallenen Messerklingen der Fremden waren starke Waffen, aber viele der Maya-Waffen konnten ebensogut töten. Es waren die Bücher, die Naum-Pat fürchtete – Bücher waren der Schlüssel zum wahren Wissen, mit dem man sich die Gegenwart unterwarf und die Zukunft erschloß.

Naum-Pat glaubte nicht, daß die Fremden sich hier auf Cozumel, der heiligen Insel Frau Ix-Chels, die eine Art neutrales Territorium war, auf Feindseligkeiten einlassen könnten. Sie waren an Land gekommen mit lächelnden Gesichtern und mit Geschenken aus einem wäßrig-klaren Stein, der wie unnatürlich gefärbter Obsidian aussah. Für den morgigen Tag hatte er im Rathaus ein Fest für sie vorbereitet; er würde ihnen bei dieser Gelegenheit, seiner Würde eingedenk, höflich, aber distanziert begegnen. Aber was brachte die Zukunft? Bedeutete das den Anfang von Zwietracht und Wandel, die von den großen Chilamob vorausgesagt worden waren? Die Angst in seinem Körper bestätigte diese Ahnung. Während Naum-Pat dem stillen, leeren Strand den Rücken kehrte und den Heimweg einschlug, wandten sich seine Gedanken seinen Kindern zu.

Wer in der Welt der Maya lesen und schreiben konnte, war ein *its'at*. Das Wort bedeutet, «in künstlerischen und naturkundlichen Dingen beschlagen, dazu erfindungsreich und intelligent sein», denn all diese Dinge sind für die Maya in dem Wort enthalten, das aus der Bezeichnung für «Künstler» und «Schreiber» abgeleitet ist. Genau wie für uns war auch für die Maya das geschriebene Wort der Schlüssel zum Überleben. Wissen war Macht und die Schrift ihre materialisierte und künstlerische Form. Die Schrift war die technische Voraussetzung für Reichtum, Wohlstand und das Funktionieren des Staatswesens. Sie war der Brunnen, aus dem das Wissen und die Legenden geschöpft wurden, die das Volk in seinen Liedern von Mund zu Mund weitergab.[1] Mit der Ankunft der Spanier veränderte sich alles, und die Schriftkultur der Maya fiel den Bestrebungen der weißen Eroberer zum Opfer.

Aber der Anfang vom Ende der Maya-Schriftkultur liegt Jahrhunderte vor der Conquista: im Zusammenbruch der Königreiche des südlichen Tieflands im Lauf des 9. Jahrhunderts n. Chr. Von der Epoche des Kolumbus trennt uns der gleiche Zeitabstand, der zwischen Naum-Pat und den klassischen Königen lag. Er und sein Volk waren immer noch Maya, immer noch Angehörige einer hochstehenden Zivilisation, mit einer des Lesens und Schreibens kundigen Elite, aber die Zeit, in der sie lebten, war ein «finsteres Mittelalter» unbedeutender Fürsten und kleiner Tempelberge.[2] Nur noch schwach wurde diese Epoche vom verlöschenden Licht der Schriftkultur und der gemeinsamen Erinnerung an vergangene ruhmreiche Zeiten erhellt, und die Hoffnungen der Menschen, in der Zukunft neue Größe zu erlangen, wurden von den weißen Eroberern erstickt. Was war aus der einst ehrfurchtgebietenden Machtfülle der Könige geworden, die wir in unserem Buch beschrieben haben, daß nur noch eine unklare Erinnerung an sie existierte, als die Spanier kamen?

Das Ende der klassischen Kulturperiode ging mit einem tiefgreifenden Wandel in der Welt der Maya einher, der das südliche Tiefland zum rückständigsten Gebiet in der weiteren mesoamerikanischen Geschichte machte. In manchen Fällen, so etwa in Copán, brach die öffentliche Chronik dramatisch ab – sozusagen mitten im Satz. Andere Königreiche, so Dos Pilas, fanden den Untergang in einer letzten, vernichtenden militärischen Niederlage. Für viele jedoch sah das Ende einfach so aus, daß das Volk, wie wir es in ähnlicher Form schon am achthundert Jahre älteren Beispiel von Cerros beobachten konnten, dem König die Gefolgschaft aufkündigte und zu einer weniger komplizierten Lebensführung zurückkehrte. Aber auf welche Weise auch immer die Reiche im Süden geendet haben mögen: das Verblüffende, ja Unfaßliche an dem ganzen Vorgang ist das wahrhaft atemberaubende Ausmaß der Katastrophe. Hier liegt das eigentliche Geheimnis der Maya-Kultur, über das sich sowohl die Fachwelt wie das Laienpublikum schon so lange den Kopf zerbrechen.[3]

Von der restlosen Aufklärung des Falls sind wir zwar noch weit entfernt, aber wir haben – wie immer bei ungeklärten Fällen – jede Menge Indizien. Copán erlebte während der letzten Jahrzehnte der Zentralregierung die größte Bevölkerungsdichte seiner Geschichte. Die aus den freigelegten Grabstätten geborgenen Leichname sprechen von Unterernährung, Entkräftung, Krankheit oder einfach von einem schweren Leben. Im Zentralpetén, wo das Hochäckersystem eine Schlüsselrolle in der Nahrungsmittelversorgung spielte, konnte die Agrarwirtschaft nur bei anhaltender Pflege und Melioration des Ackerlands funktionieren. Jede Nachlässigkeit auf diesem Gebiet, wie sie in Zeiten sozialer Unruhe und im Gefolge zunehmender kriegerischer Auseinandersetzungen zwischen den herrschenden Dynastien des späten Klassikums unvermeidlich war, rächte sich mit schnell voranschreitender Bodenerosion und Ertragsminderung.[4] War ein solches komplexes System agrarwirtschaftlicher Nutzung der Sumpffläche erst einmal ruiniert, so war der Schaden von individuellen bäuerlichen Familienbetrieben allein – ohne Zusammenarbeit mit einer funktionierenden Zentralgewalt – nicht mehr zu beheben. Die Folge war, daß die Bauern in fremde Regionen abwanderten, wo sie nutzungsfähige Böden fanden, wobei sie sich nicht darum kümmerten, daß sie ihrer neuen Heimat damit entweder ein Übervölkerungsproblem neu bescherten oder das ohnehin vorhandene verschärften.

Der Zusammenbruch war in gewisser Weise auch Resultat einer Vertrauenskrise. Der König besaß die Macht aufgrund seiner Eigenschaft als Patriarch der ranghöchsten Sippe und Inkarnation der Götter und Ahnen. Ein ökologisches oder politisches Debakel konnten ihm als Versagen in seiner ureigensten Domäne, im Verkehr mit den Göttern, angerechnet werden. Hinzu kam, daß die Maya-Könige mit ihrem Selbstverständnis sich selbst den Weg zur Schaffung dauerhafter Imperien verstellten – den Weg, der über neue Organisationsformen des Wirtschaftslebens am zuverlässigsten zur Beendigung der Zwistigkeiten hätte führen können, die statt dessen im Lauf des 8. Jahrhunderts an Zahl und Schärfe ständig zunahmen. Ein König konnte wohl ein fremdes Reich erobern, aber er blieb dort immer der Usurpator, denn er konnte niemals glaubwürdig als Sprecher der Ahnen des Königs auftreten, den er gefangengenommen und geopfert hatte. Jeder König nutzte das geschriebene Wort und die Geschichtsschreibung ausschließlich dazu, seine eigenen Ahnen und seine eigene lebende Familie zu glorifizieren.

Je mehr Zeit verging, desto mehr sahen sich die Könige in endlose Eroberungsfeldzüge verstrickt, die ihnen neue Einkünfte aus Tributen bringen sollten. Bis zu einem gewissen Grad war die treibende Kraft bei dieser Entwicklung die Adelsschicht. In der frühklassischen Periode war der Anteil des Adels an der Gesamtbevölkerung vergleichsweise gering, aber schon um die Zeit, als im ersten vorchristlichen Jahrhundert in Tikal Grab 167 angelegt wurde, stiegen sowohl Anzahl als auch Privilegien dieser Kaste. Sie übertraf den Bevölkerungsdurchschnitt um Zentimeter an Körpergröße. Ihr fiel der größte Anteil am gesellschaftlichen Reichtum zu, sie erfreute sich der besten Ernährung und hatte damit auch die besten Chancen, überlebensfähige Kinder zu zeugen. Da jeder Nachkomme einer adligen Familie die Standesprivilegien für sich in Anspruch nehmen konnte, reichten schon wenige Jahrhunderte des Wohlstands, um eine Adelsschicht von solcher Zahlenstärke hervorzubringen, daß sie für die Zentralgewalt zum Problem und für die Bauern zur Bürde wurde. Die zunehmende Rivalität zwischen dem Königshaus und dem niederen Adel trug zum Untergang beider Gruppen mit bei.

So, wie die Dinge lagen, zwangen sie die Aristokratie immer häufiger, ihr Augenmerk auf benachbarte Königreiche zu richten und sich dabei zu fragen, wieviel Tribut die Eroberung bringen könnte. Auf kurze Sicht half diese Strategie Probleme lösen, auf Dauer gesehen jedoch schuf sie mehr Probleme, als sie lösen half, und schließlich trug die Widerspenstigkeit der Adelskaste auch zur Aushöhlung der königlichen Zentralgewalt mit bei.

Auch von außen sah sich die Welt der Maya zum Ende der klassischen Periode mit Problemen konfrontiert. In dem Machtvakuum, das der Niedergang Teotihuacáns im ausgehenden 7. Jahrhundert zurückließ, suchten andere Regionalkulturen – El Tajín, Xochicalco und Cacaxtla – eine Vormachtstellung zu erlangen. Barbaren und halbzivilisierte Volksstämme in den Grenzgebieten zwischen den alten Großmächten, wie etwa die Chontal-Maya sprechenden Stämme im Küstengebiet von Tabasco – die Putún, wie sie genannt werden –, begannen die Handelsrouten zu kontrollieren und im Hoch- wie im Tiefland neue Staaten zu gründen. Die kriegerischen Putún mischten sich in die Politik der Maya-Königreiche ein, setzten schließlich sogar neue Dynastien gemischter Abkunft ein, die auf Kosten der traditionellen Maya-Regierungen zur Blüte gelangten.

Das Scheitern ihrer Lebensform brach über die Maya nicht mit der dramatischen Plötzlichkeit eines Vulkanausbruchs, einer Erdbeben- oder Seuchenkatastrophe herein. Ein Jahrhundert lang, in dem sich ihr Lebensstil zum Schatten seines früheren Selbst wandelte, konnten sie den Nieder-

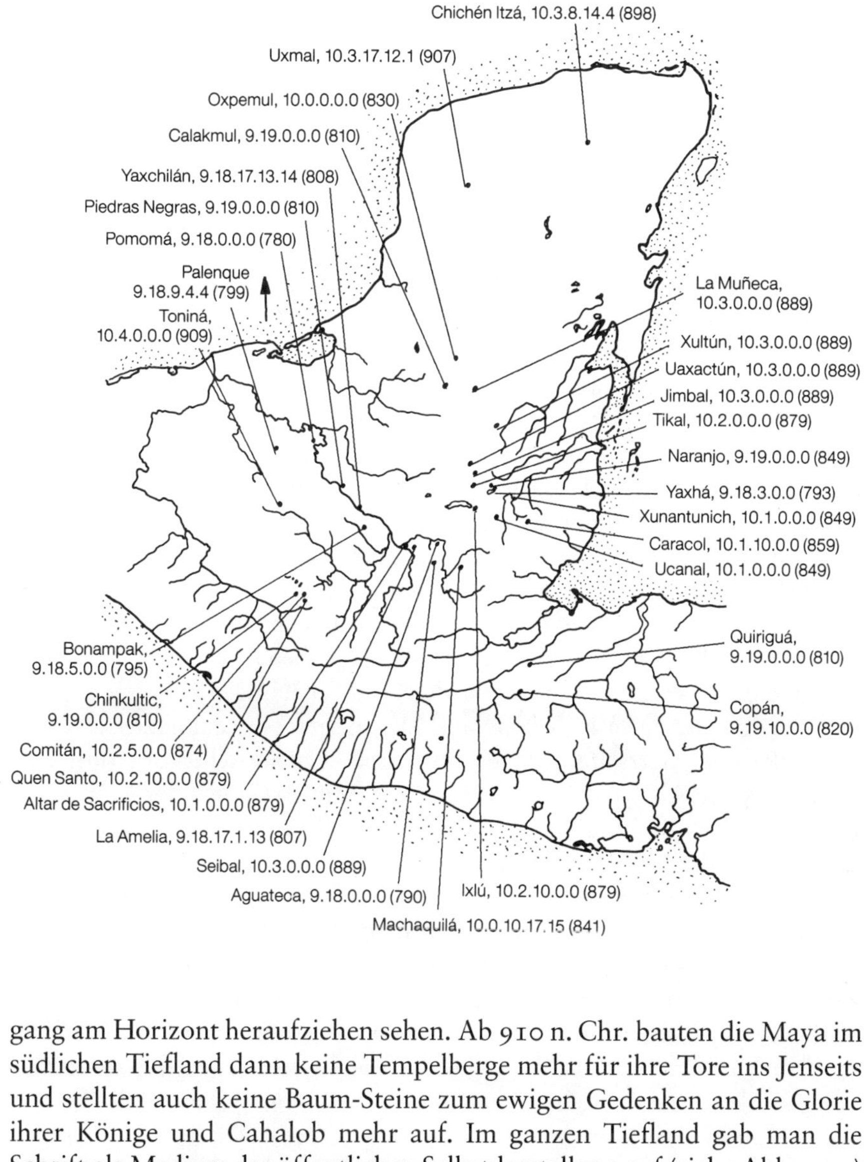

Abb. 10.1 Die letzten datierten Inschriften vor dem Zusammenbruch der klassischen Maya-Kultur

gang am Horizont heraufziehen sehen. Ab 910 n. Chr. bauten die Maya im südlichen Tiefland dann keine Tempelberge mehr für ihre Tore ins Jenseits und stellten auch keine Baum-Steine zum ewigen Gedenken an die Glorie ihrer Könige und Cahalob mehr auf. Im ganzen Tiefland gab man die Schrift als Medium der öffentlichen Selbstdarstellung auf (siehe Abb. 10.1) und kehrte der Gesellschaftsstruktur den Rücken, die man einstmals gemeinsam mit den Königen aufgebaut hatte.

Wir haben das traurige Ende der Könige von Copán mitverfolgt, aber U-Cit-Tok war nicht der einzige und nicht der erste, dem das Schicksal die leidvolle Rolle zuschrieb, mitansehen zu müssen, wie die Zentralgewalt unter dem Druck wachsender Probleme auseinanderbrach. Am anderen Ende der Maya-Welt, in Palenque, besteht die letzte Eintragung in die Annalen der Geschichte in einer kümmerlich kleinen Inschrift, die in eine Steingutvase eingeritzt ist. Sie wurde noch nicht einmal in höfischer

Umgebung gefunden, sondern in einem Grab im Fußboden einer bescheidenen Wohnanlage unterhalb der natürlichen Terrasse, auf der sich die Zeremonialbauten aus glanzvollerer Zeit erheben. Der Mann, der hier seine Thronbesteigung protokollierte, versuchte sein Ansehen zu erhöhen, indem er sich selbst 6-Cimi-Ah-Nab-Pacal[5] nannte, nach dem großen König, der sechshundertfünfzig Jahre zuvor Palenque zu Glanz und Ruhm geführt hatte. Die Vase freilich stammte aus irgendeinem obskuren Ort in der Sumpfebene nördlich von Palenque und war möglicherweise das Geschenk eines barbarischen Putún-Maya an den ansonsten nirgendwo mehr erwähnten König.[6] Die Inschrift darauf datiert vom Jahr 799; innerhalb der nächsten fünfzig Jahre wurde Palenque von seinen Bewohnern verlassen, und nur einmal noch kamen Menschen an diesen Ort zurück: umherziehendes Volk, das auf der Ebene der Stammeskultur lebte, sich eine Zeitlang im Schutt der zerbröckelnden Bauwerke niederließ und als Zeugnisse seiner Existenz «Joche» und «Hachas», von Ballspielern gebrauchte Ausrüstungsstücke, in den Palastgängen verstreut zurückließ. Ähnlich wie bei dem Vorfall, den wir aus Copán berichteten, kam einer dieser Leute im Palast unter den Trümmern eines einstürzenden Gebäudes ums Leben[7], und seine Gefährten machten sich nicht einmal die Mühe, den Leichnam zu bergen, um ihn ordentlich zu begraben.

In Piedras Nigras, einem ehrwürdigen und mächtigen Königreich, südöstlich von Palenque am Usumacinta gelegen, beschloß der letzte König die Chronik seines Herrschaftsgebiets mit einem künstlerischen Bravourstück. Stele 12 (siehe Abb. 10.2), ein Meisterwerk dieses Genres der Monumentalkunst, zeigt die rituelle Zurschaustellung Gefangener aus einem Krieg mit dem flußabwärts am Usumacinta gelegenen kleinen Königreich Pomoná[8], der möglicherweise mit dem Ziel geführt wurde, die noch weiter flußabwärts beheimateten Putún von dem Versuch abzuhalten, auf dem Wasserweg über den Usumacinta in das Gebiet der alten Reiche einzudringen. Wenn es tatsächlich diese Strategie war, die Piedras Nigras mit dem Krieg verfolgte, dann blieb sie erfolglos. Die Aristokraten von Pomoná, die man zu Vasallen machte, waren in der Folge offenbar weder sonderlich vom Glück gesegnet, noch vermochten sie etwas zur Sicherung des Fortbestands von Piedras Nigras beizutragen: Das letzte in Pomoná inschriftlich verzeichnete Datum ist ein Tag des Jahres 790, und auch das siegreiche Piedras Nigras überlebte diesen Termin nicht länger als um zwanzig Jahre. Die letzte Inschrift in Piedras Nigras protokolliert die Feier zum Ende von Katun 19 im Jahr 810.

Innerhalb dieser Zwanzigjahresperiode ging flußaufwärts am Usumacinta auch Yaxchilán zugrunde. Wie Palenque endete Yaxchilán, um es mit T. S. Eliot zu sagen, *«not with a bang, but a whimper»* («nicht mit einem großen Knall, sondern mit Gewimmer»), doch wie in Piedras Nigras ist auch hier in der letzten Inschrift Krieg das Thema. Vogel-Jaguars Sohn Chel-Te hatte zu gegebener Zeit die Herrschaft angetreten und damit den

Abb. 10.2
Piedras Nigras,
Stele 12

Beweis für die erfolgreiche Politik seines Vaters erbracht. Chel-Te seinerseits zeugte einen Sohn, den er Ta-Schädel nannte, nach dem berühmten Vorfahren, der im 6. Jahrhundert das Bündnis mit Cu-Ix[9] von Calakmul geschlossen hatte. Der letzte Ta-Schädel machte freilich dem Andenken seines Namenspatrons keine Ehre. An Kunstwerken hinterließ er nur einen einzigen Türsturz in einem winzigen Tempelchen, das er neben jenem Tempel 2 bauen ließ, in dem auf Türsturz 9 das Klappenstab-Ritual verewigt ist, das sein Großvater väterlicherseits gemeinsam mit Groß-Schädel-Null, dem Bruder seiner Großmutter, zelebrierte (siehe Abb. 7.20). Ta-Schädels eigener, rein glyphischer Türsturz über dem einzigen Zugang zu dem neuen Tempel feiert einen Kriegssieg seines Erbauers, der freilich ein nutzloser Sieg gewesen sein muß. Daß es mit Yaxchilán steil bergab gegangen war, läßt sich nicht nur aus den bescheidenen Abmessungen jenes Tempelbaus ersehen, sondern auch aus der Tatsache, daß die Inschrift das

Werk eines miserablen Künstlers ist. Am Textbeginn auf der linken Seite sind die Glyphen noch großformatig, da der Schreiber sich jedoch den vorhandenen Platz schlecht eingeteilt hatte, werden sie nach rechts, zum Ende des Texts hin, immer kleiner. Wie sein hoher Herr hatte der Schreiber sich bei der Zukunftsplanung verschätzt. Yaxchilán war in dieser Hinsicht freilich kein Einzelfall, denn um dieselbe Zeit verstummten auch die Herrscher von Bonampak und anderen kleineren Zentren in der Region.

Noch weiter flußaufwärts, in Dos Pilas in der Petexbatún-Region, finden wir das gleiche Bild. In der Kapitale des berühmten Feuerstein-Himmel-Gott K und seiner eroberungswütigen Nachkommenschaft schützte eine verzweifelte Adelskaste das Sakralzentrum mit einem hohen Palisadenzaun[10] vor der Rache ihrer früheren Opfer. Die Könige, die das letzte Kapitel der öffentlichen Chronik des todgeweihten Königreichs zu schreiben hatten, sahen sich gezwungen, ihre Baum-Steine weit außerhalb der Hauptstadt aufzustellen. Einer von ihnen ließ 790 n. Chr. sein Bild auf einer Stele verewigen, die in Aguateca, am Südrand des von seiner Dynastie eroberten Territoriums, stand. Und der letzte bekanntgewordene König von Dos Pilas mühte sich, an der nördlichen Reichsgrenze, am Río de la Pasión, nicht die Kontrolle zu verlieren. In der kleinen Ansiedlung La Amelia nahe der Mündung des Pasión in den Usumacinta ließ er zwei Stelen aufstellen. Mehrere Baum-Steine errichtete er ferner in dem strategisch wichtigen Ort Seibal. Diese letzten bekanntgewordenen Bilder eines Königs von Dos Pilas (siehe Abb. 10.3 a), elegante, schwungvolle, in selbstbewußter Manier ausgeführte Meisterwerke der Bildhauerkunst, zeigen den Herrscher im Jahr 807 n. Chr. in siegesgewisser Ballspielerpose. Dieses Spiel fand üblicherweise dann statt, wenn ein Sieg zu feiern war, und ging einher mit Menschenopfern, so wie die Ahnherren-Zwillinge am Anfang der Zeiten gesiegt und geopfert hatten. Aber wir wissen rückschauend, daß hier am Ende die Herrscher des Totenreichs die Oberhand behielten. Das Reich dieses Mannes ging sehr wahrscheinlich schon bald in einer gewaltigen Katastrophe unter. Innerhalb weniger Jahre nach dem Datum der Ballspiel-Stele hatten – wahrscheinlich vom Unterlauf des Usumacinta kommende – Barbarenkönige Seibal, den wichtigsten Vasallenstaat des ballspielenden Herrschers, erobert und diesem die Handelswege zum Usumacinta und zur Petén-Region versperrt.

Zum Ende des Katun 19 im Jahr 810 n. Chr. lagen im Tiefland viele Königreiche in den letzten Zügen. Das Datum 9.19.0.0.0 bezeichnet auch das Ende der einstmals von großen Dynastien geschriebenen Geschichte zweier Königreiche im Herzen des Zentralpetén, der alten Rivalen Naranjo und Calakmul. Calakmul war um die fragliche Zeit in der überlegeneren Position, denn sein König konnte es sich leisten, zu jenem Katun-Ende drei Stelen (Nr. 15, 16 und 64) aufzustellen. Alle drei zeigen ihn in Frontalansicht, mit Schild und Figurinenzepter in den Händen und auf einem Gefangenen stehend. Offenbar hat er jedoch mit dieser Machtdemonstra-

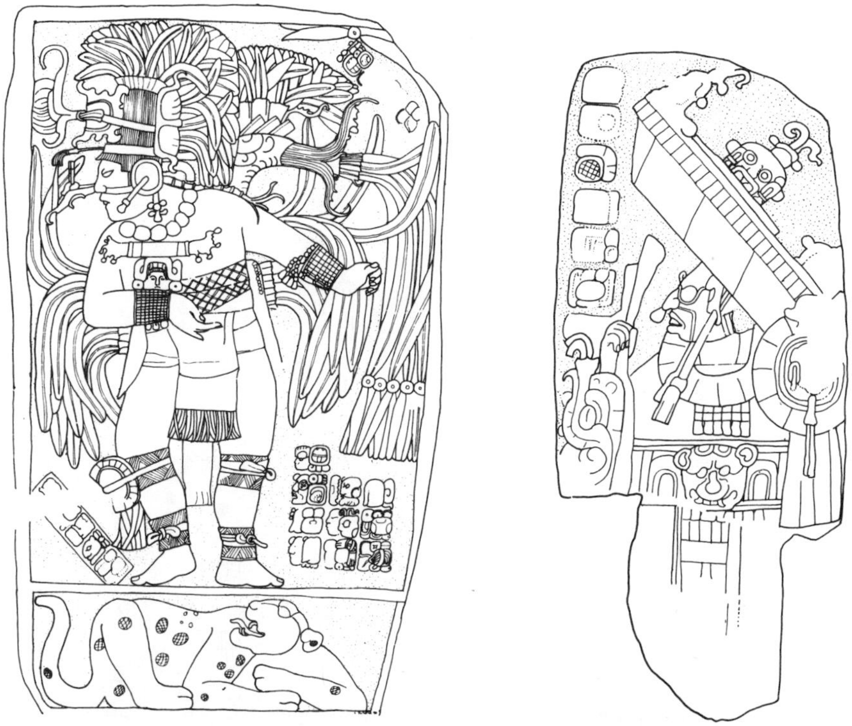

a) La Amelia, Stele 1 b) Chinkultic, Stele 9 **Abb. 10.3**

tion den Vorrat an Begeisterung bei den Bewohnern der Stadt für öffentliche Feiern vollständig ausgeschöpft, denn man hörte nie wieder von ihm. Eine gewisse Zeit könnten danach in Calakmul noch Könige ohne Geschichte (oder zumindest ohne zur Kenntnis der Archäologen gelangte epigraphische Hinterlassenschaft) geherrscht haben, denn neununddreißig Jahre später nahm ein hoher Herr aus dieser Stadt an einer Katun-Feier in Seibal teil. Auf diesem indirekten Weg erfahren wir, daß Calakmul auch über das Ende der epigraphischen und archäologischen Urkunde hinaus noch fortbestand.

Naranjos letzter historisch belegter König hinterließ nur ein einziges Monument, allerdings ein ziemlich ausgefallenes. Stele 32, ein außergewöhnlich großer Baum-Stein, protokolliert sowohl die Thronerhebung des Herrschers als auch das Katun-Ende. Man sieht den König auf einem großen, den Kosmos darstellenden Thron sitzen; er trägt einen Schlangenstab, den das manierierte Dessin in ein Bündel flatternder Voluten verwandelt.

Die vielleicht interessanteste dieser Stelen zum Andenken an das Ende von Katun 19 hat sich im äußersten Südwesten der Maya-Welt, in Chinkultic im Hochland von Chiapas, gefunden (siehe Abb. 10.3 b). Das Relief weist im Stil eine gewisse Übereinstimmung mit der aufkommenden Kunst

Abb. 10.4 a) Chichén Itzá, Grab des Hohepriesters (Zeichnung: Peter Mathews) b) Machaquilá, Stele 5 (Zeichnung: Ian Graham)

der Puuc-Region im nördlichen Tiefland und letztlich auch mit den Itzá-Monumenten in Chichén Itzá auf.[11] Da es in der Zeit davor in Chiapas keine datierten Monumente gegeben hat, könnte Chinkultics Erscheinen auf der Bühne der Geschichte darauf hindeuten, daß hier eine «Diaspora» von schriftkundigen Maya-Edelleuten, die sich unter dem Druck der Verhältnisse aus dem Tiefland ins Hochland absetzten, im Entstehen war.[12] Möglicherweise hielten sie sowohl nach politischem wie geographischem Neuland Ausschau und hefteten dabei ihre Blicke auf die Chontal-sprechenden Putún und das revolutionär neue Staatsgebilde Chichén Itzá.

Da die vierhundert Jahre des zehnten Baktun (9.0.0.0.0 – 10.0.0.0.0) die ereignisreichsten der gesamten Maya-Geschichte waren, könnte man annehmen, das Ende dieser Periode mit seinen Verheißungen von Neubeginn müsse von den überlebenden Maya-Königen hoffnungsvoll und stürmisch gefeiert worden sein. Ironischerweise ist das Gegenteil der Fall, gerade so, als hätte jeder das Kalenderereignis diesmal für ein böses Omen gehalten. Nur der Dynast aus dem wiedererstarkenden Herrscherhaus von Uaxactún und der König von Oxpemul, einem kleineren Zentrum nördlich von Calakmul, feierten das Ende dieser großen Periode mit Monumenten.

Im Jahr 12 des neuen Baktun, am 10.0.12.8.0 (20. Juni 842), dokumentiert die Darstellung einer Ritualhandlung mit Gefangenen im Grab des Hohepriesters in Chichén Itzá die Anwesenheit der Itzá an diesem Ort. Das Grab des Hohepriesters ist ein Tempel auf einer mächtigen Pyramide mit quadratischem Grundriß, dessen Balustraden die Gefiederte Visionsschlange darstellen. Das Bauwerk ist über der archetypischen «Ursprungshöhle» der mesoamerikanischen Mythologie errichtet und damit – aber nicht nur damit – in Chichén Itzá der Vorläufer des späteren Castillo. Die Erbauung des Hohepriester-Tempels mit seinem dem Gefangenenthema verpflichteten Bildprogramm (siehe Abb. 10.4 a) symbolisiert den Triumph einer neuen sozialen und politischen Ordnung im nördlichen Tiefland und den Anbruch einer neuen Epoche von auf «barbarischen» und Maya-Kulturelementen basierenden Staatswesen in der gesamten Maya-Welt. Durch die Höhlensymbolik wird gleichzeitig auch auf den Ursprung des neuen Staatsgebildes hingewiesen, der in den großen Reichen früherer Zeiten liegt.

Indes nicht alle neuen Herrscher entschieden sich für die revolutionäre Neuerung. Das früheste inschriftlich erwähnte Datum in Chichén Itzá liegt erstaunlich eng beim ältesten erwähnten Datum (10.0.10.17.15 / 841 n. Chr.) in Machaquilá, einem unweit der Westgrenze des – zur fraglichen Zeit bereits untergegangenen – Hegemonialreichs von Dos Pilas gelegenen Königreich. Im Bild des letzten Königs von Machaquilá, Eins-Hand-mit-Fisch-Feuerstein (siehe Abb. 10.4 b), fehlen die Schädeldeformation und die Stufenschnitt-Haartracht, die in der Maya-Ikonographie der klassischen Periode die Volkstumsmerkmale von Angehörigen der Maya-Oberschicht sind. Das kann zweierlei bedeuten: Entweder er war ein Maya, dessen Volk den alten Lebensformen den Rücken gekehrt hatte; oder er und sein Volk waren Invasoren, die gelernt hatten, die Maya-Ikonographie in altüberlieferter Manier zu handhaben. In Anbetracht der gleichzeitigen Ereignisse im benachbarten Seibal neigen wir zu der Ansicht, daß es sich bei dem dargestellten Herrscher um einen Putún handelt, der sich vergeblich bemühte, das erloschene Feuer des alten Königscharismas neu zu entfachen. In Machaquilá machte sich der König zum Verfechter altorthodoxen Petén-Brauchtums, in Seibal hingegen versuchte er, wie wir noch genauer sehen werden, aus den Scherben des alten Königtums eine neue visionäre Form der Machtpraxis zusammenzukitten.

Das Ende des ersten Katun der neuen Baktun-Periode (10.1.0.0.0) brachte im südlichen Tiefland die letzten Aufschwünge königlicher Historiographie. Zur Feier dieses Tages ließen ein Herrscher in Ucanal, der alten Grenzstadt zwischen Naranjo und Caracol, ein anderer in Xunantunich, einer Bergfestung am Westrand der im Osten ans Karibische Meer grenzenden Río-Belize-Region, jeweils ein Monument errichten. Besonders interes-

Abb. 10.5
Ucanal, Stele 3
(Zeichnung:
Ian Graham)

sant ist das Monument in Ucanal, weil es in einem Stil erbaut ist, der bereits gegen Ende des neunten Baktun in der Region um Tikal bekannt war. Stele 3 (siehe Abb. 10.5) zeigt den Herrscher gemeinsam mit einem seiner Würdenträger auf einem bäuchlings am Boden zappelnden Gefangenen stehen und zur Weihe des Katun-Endes ein Aussä-Ritual vollziehen. Über ihm schwebt in einer S-förmigen Blutvolute ein Tlaloc-Krieger vom gleichen Typ, wie er einhundertfünfzig Jahre zuvor in den Kriegen mit Naranjo die Bewohner von Ucanal heimsuchte. Beide Könige, der von Ucanal und der von Xunantunich, die über Städte im Quellgebiet von Flüssen, die ins Karibische Meer fließen, herrschten, legten gemeinsam eine neue Ostgrenze für das alte königliche Territorium fest. Weiter im Osten, in den fruchtbaren Flußtälern von Belize, gab es einige Gemeinwesen, die überlebten, ja sogar prosperierten, aber diese Maya ließen sich auf dynastische Geschichtsschreibung nie ein.[13]

In der Diversität der gleichzeitigen Äußerungsformen des nachklassischen geschichtsschreibenden Königtums in den noch bestehenden alten Zentren geben sich die unterschiedlichen Problemlösungsstrategien der Könige zu erkennen. Während im Pasión-Gebiet die Herrschaft inzwischen an Putún-Könige gefallen war, die nach neuen und effizienteren Ritualformen suchten, war nördlich davon das alte Herzland des Petén in der Hand konservativer Könige, die am alten Brauchtum festhielten. Diese Monarchen sahen sich von allen Seiten bedrängt: im Süden und Südwesten von den flußaufwärts vom Golf von Mexiko her ins Landesinnere vorstoßenden Händler-Kriegern, im Norden und Nordwesten von dem aufstrebenden Itzá-Imperium und im Osten von Barbarenvölkern, die ihren Handel über die ganze karibische Küste und landeinwärts über die Flüsse von Belize ausdehnten. So schrumpfte die Welt der heiligen Herrscher am Ende auf das Geburtsland des Maya-Gottkönigtums, das Petén, zusammen, und die alten Großreiche zerfielen dabei in eine Schar kleiner Fürstentümer.

In Seibal ließ ein neuer Herrscher zur Feier des ersten Katun-Endes im neuen Baktun eines der großartigsten Zeugnisse schöpferischen Künstlertums errichten, die das Endklassikum hervorgebracht hat: den höchst außergewöhnlichen Tempel A3. Dieser König scheint wie Eins-Hand-mit-Fisch-Feuerstein von Machaquilá Angehöriger eines fremden Volksstamms gewesen zu sein[14], denn auch er trug das Haar lang und hatte den unverformten Schädel der barbarischen Eindringlinge. Gleichwohl kannte er sich aus in den Maya-Sitten und -Gebräuchen der klassischen Periode und nutzte diese Kenntnis, um eines der originellsten Beispiele für künstlerischen Selbstausdruck des Königtums in der Geschichte der Maya zu schaffen.

Der neue Herrscher mit Namen Ah-Bolon-Tun-Ta-Hun-Kin-Butz' (kurz: Ah-Bolon-Tun) kam nach Seibal, nachdem der letzte König von Dos Pilas verschwunden war. Er übernahm die Führung und gab Seibal wieder soviel Aufschwung, daß es auf der politischen Bühne jener Zeit nochmals eine ernst zu nehmende Rolle spielte. Zur Feier des ersten Katun-Endes im neuen Baktun ließ Ah-Bolon-Tun auf einer kleinen, dreistufigen Pyramide einen Tempel errichten, zu dem von jeder der vier Himmelsrichtungen eine Treppe hinaufführt: In dieser Hinsicht ähnelt der Bau dem Grab des Hohepriesters in Chichén Itzá.[15] Im Unterschied zu diesem jedoch diente Struktur A3 in Seibal eindeutig zur Verkündung und Glorifizierung der persönlichen Macht seines Herrschers. Als Außendekor wählte Ah-Bolon-Tun einen modellierten und polychrom bemalten Stuckfries, der über jedem der vier Eingänge die überlebensgroße Gestalt des Herrschers mit Opfergaben in den Händen in seinem Tor zum Jenseits stehend zeigte. Daneben waren auf dem Fries menschliche Gesichter – möglicherweise von Zeugen der Katun-Ende-Feier – dargestellt sowie Affen, Vögel und andere Tiere, alles in eine Überfülle von Maispflanzen eingebettet. Auf den zeitgenössischen Betrachter hat dieser Fassadenschmuck zweifellos einen enormen Eindruck gemacht, bot er ihm doch das Schauspiel einer Welterneuerungszeremonie, die jedermann verstehen und der jedermann zustimmen konnte.

Vor jeder Treppe ließ Ah-Bolon-Tun eine Stele aufstellen (Nr. 8, 9, 10, 11), eine fünfte (Nr. 21) wurde mit ihrem Altar im mittleren Raum des

Abb. 10.6 a) Seibal, Stele 11 b) Seibal, Stele 13 (Zeichnung: Ian Graham)

Tempels errichtet, was die in der Maya-Ikonographie so beliebte Quincunx-Ordnung ergab. Auf dem Baum-Stein vor der Osttreppe hält der Herrscher einen Stab in der linken Hand und streckt die rechte in der Geste des Aussäens aus. Auf dem nördlichen Baum-Stein (siehe Abb. 10.6 a) trägt er einen Zeremonialstab in Gestalt des Kosmischen Monsters; der Hieroglyphentext teilt mit, daß drei Kul-Ahauob – einer aus Tikal, einer aus Calakmul und einer aus Motul des San José – als Zeugen bei den Riten zum Periodenende in Seibal zugegen waren.[16] Die Textstelle belegt, daß die drei alten Zentren sich – beziehungsweise die Diadochenstaaten, die sich als die legitimen Erben sahen – zur fraglichen Zeit noch diplomatisch betätigten und die politische Landschaft stabil genug war, daß königliche Besuche als sich lohnend empfunden wurden. Weiter geht aus dem Protokoll der Zusammenkunft der heiligen Maya-Herrscher in Seibal hervor, daß die konservativen Könige im Petén sich gegen den historischen Wandel zu wehren versuchten, daß sie aber durchaus nichts dagegen hatten, Maya-Könige barbarischer Herkunft anzuerkennen und mit ihnen zu verkehren.

Der Te-tun auf der Westseite zeigt einen Ah-Bolon-Tun, der die Visionsschlange Hun-Uinic-Na-Chan hält, als ob sie ein Zeremonialstab wäre. Auf dem Te-tun vor der Südtreppe trägt der König das Jaguarkostüm von Gott GIII und hält den Kopf von Gott K in der rechten Hand. Auf der Stele im Innern des Tempels sieht man ihn mit einem runden Schild in der linken und dem Figurinenzepter in der rechten Hand und zu seinen Füßen einen Gefangenen. Die fünf Stelenbilder zeigen Ah-Bolon-Tun in einigen der wichtigsten Trachten der klassischen Maya-Könige, die aber bis dahin nie in dieser Art in einer einzigen Komposition zu sehen waren; auch das Kosmische Monster und die Visionsschlange waren zuvor noch nie in dieser Weise mit dem Zeremonialstab kontaminiert worden. Aber nicht nur die Behandlung dieser Themen des Maya-Bilderkanons war neu, Ah-Bolon-Tun führte darüber hinaus auch neue Symbole ein – Symbole, die sich mit der Bilderwelt der Itzá von Chichén Itzá überschneiden.[17]

Nach Ansicht vieler Vertreter der neueren Mayanistik war Ah-Bolon-Tun ein Chontal-sprechender Eindringling vom Unterlauf des Usumacinta.[18] Nun ist zwar durchaus nicht auszuschließen, daß er tatsächlich einer zugewanderten Volksgruppe angehörte; das ändert jedoch nichts an der Tatsache, daß er mit der klassischen Bilderwelt des Maya-Königtums ausgesprochen geschickt umzugehen wußte. Und Tatsache bleibt auch, daß die Zeitgenossen aus den alten Dynastien anderer Reiche ihn als legitimen Ahau behandelten. Aber welche Art Synthese aus traditionellem Königtum und barbarischem Gedankengut es auch immer gewesen sein mag, die er anstrebte – sie löste sich nach kurzer Zeit wieder auf.

Ah-Bolon-Tuns Nachfolger bemühten sich, sein angefangenes Werk fortzusetzen, doch fehlte es ihnen dazu wohl an der notwendigen Vertrautheit mit der alten Orthodoxie. Sie stellten sowohl zum nächsten als auch zum übernächsten Katun-Ende Baum-Steine auf, die aber nur den bestürzenden Eindruck von einem Volk hinterlassen, das im Begriff ist, seine Wurzeln in der kulturellen Tradition zu verlieren. Die neuen Reliefbilder waren eins konfuser als das andere; nicht nur war die Qualität der Zeichnung schlecht, die Künstler kannten sich auch mit der Syntax der Symbole nicht mehr aus, anhand derer die Maya-Kunst der klassischen Periode ihre vielschichtigen Sinnkonstruktionen geschaffen hatte (siehe Abb. 10.6 b). Die Bilder auf den letzten Monumenten in Seibal wären einem einige Generationen älteren gebildeten Maya unsinnig erschienen.

Den Königreichen des Zentralpetén gelang es größtenteils, sich der Eindringlinge zu erwehren, nur am Ostende des Petén-Itzá-Sees, in Ixlú, konnten die Barbaren allem Anschein nach einen Außenposten errichten. Dessen Bewohner entschieden sich allerdings dafür, sich der alten Maya-Orthodoxie anzuschließen; zwar bauten die Neusiedler im gleichen Stil wie ihre Vettern in Seibal[19], aber die Reliefbilder, die ihr König in seine Baum-Steine einmeißeln ließ, entsprachen ganz dem Maya-Standard und hielten sich an den speziell in Tikal für Periodenende-Monumente geltenden

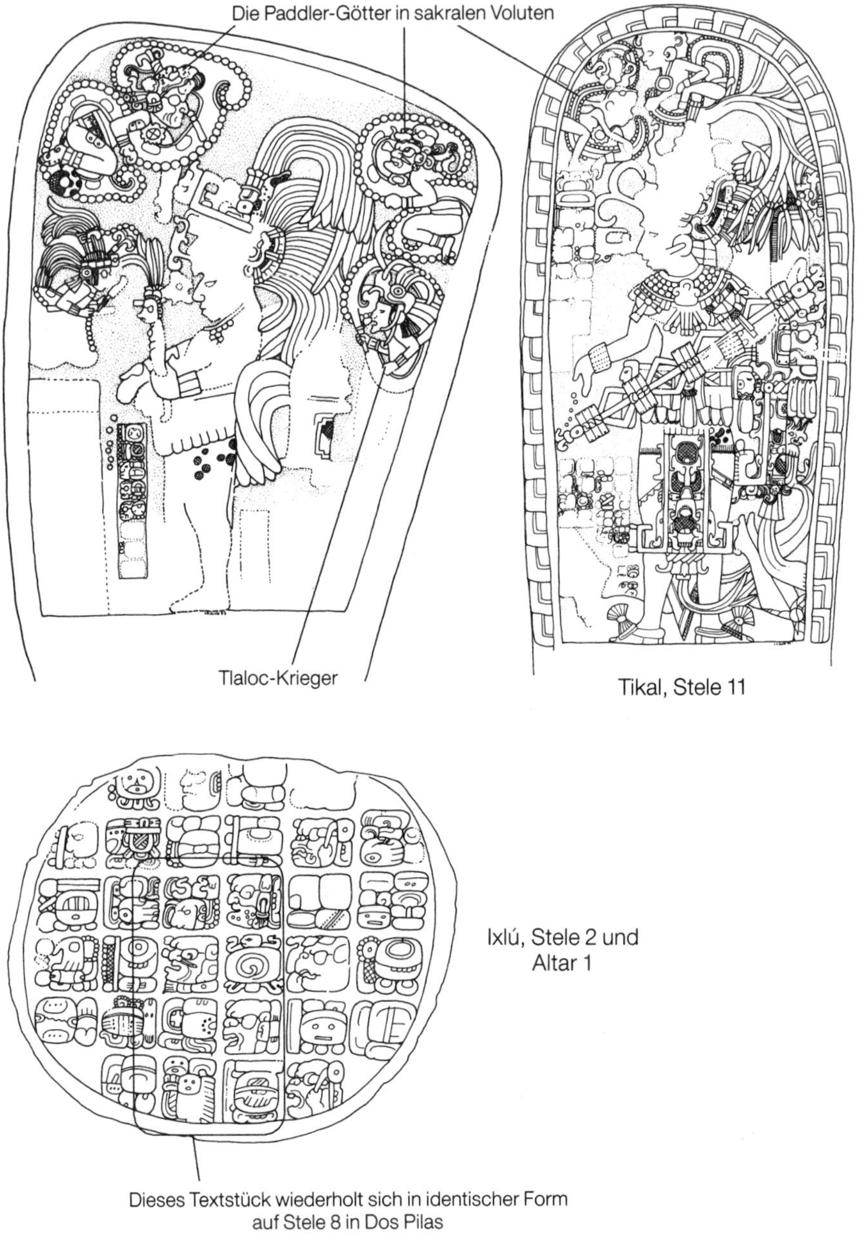

Abb. 10.7

Regelkanon. Am 10.1.10.0.0 und am 10.2.0.0.0 (879 n. Chr.) stellte dieser König jeweils einen Baum-Stein auf, der ihn bei der Beschwörung der Paddler-Götter durch Blutentnahme zeigt (siehe Abb. 10.7). Der speerschleuderschwingende Tlaloc-Krieger, der uns bereits auf Stele 3 in Ucanal begegnete, schwebt hier in Blutvoluten auf der Bildebene der Paddler-Götter. Noch aufschlußreicher als die Stele selbst ist der dazugehörige

Altar. In der darauf eingemeißelten Namensglyphe reklamiert der Herrscher von Ixlú den Status eines Kul-Ahau von Tikal, während die Passage über die Götter die genaue Wiederholung einer bereits auf einer älteren Stele in Dos Pilas vorkommenden Textstelle ist.[20]

Die Könige von Tikal hatten mehr als nur das Gebiet an der Ostspitze des Petén-Itzá-Sees verloren. Der letzte von ihnen hinterließ nur einen einzigen Baum-Stein, den er in den Wald von Königen vor der Nordakropolis plazierte. Das einigermaßen gut gearbeitete Reliefbild zeigt den Herrscher in Frontalansicht, einen bändergeschmückten Zeremonialstab haltend, wie er vierhundert Jahre früher üblich war (siehe Abb. 5.1 a, b). Um dem Betrachter nach traditioneller Manier Einzelheiten des Rückengestells zu zeigen, klappte der Künstler es in vollkommen unrealistischer Weise seitwärts hinter der Figur hervor. Ein gefesselter Gefangener, der bäuchlings zu Füßen des Königs liegt, erinnert an die traditionelle Bildkomposition und längst vergangene glorreiche Zeiten. Wie in Ixlú und Ucanal schweben auch hier, von den Blutvoluten der Vision des Königs umgeben, kleine Gestalten am oberen Bildrand. Das Monument gibt sich insgesamt konservativ und verrät ein angestrengtes Bemühen, in allem den alten Sitten und Gebräuchen zu folgen. Im Gegensatz zu dem neuerungsfreudigen Herrscher von Seibal war der Ahau von Tikal ein Fundamentalist.

Vielleicht aus gutem Grund: Sein Königreich war nur mehr ein Schatten seines einstigen Selbst. Ehe es vollends unterging, war Tikal in eine Unzahl kleiner Diadochenstaaten zersplittert, die sich um die Oberherrschaft stritten. Jeder erhob den Anspruch, der einzig legitime Sitz des Kul-Ahau von Tikal zu sein. Während die Dynastie von Tikals Erbfeind Caracol am 10.1.10.0.0 (859 n. Chr.) ihren letzten Baum-Stein aufstellte, hatte der älteste Vasallenstaat Tikals, Uaxactún, seine Unabhängigkeit zurückgewonnen. Die Könige von Uaxactún errichteten jetzt wieder Monumente in eigenem Namen, und das selbst noch am 10.3.0.0.0 (889 n. Chr.), zwanzig Jahre nach dem Verstummen ihres einstigen Herrschers.

Dazu hatte sich in der kleinen Grenzstadt Jimbal auf halbem Weg zwischen Uaxactún und Tikal ein weiterer Ahau als unabhängiger König etabliert (siehe Abb. 10.8 a). Dieser Herrscher errichtete am 10.2.0.0.0, am selben Tag wie sein Rivale in Tikal, einen Baum-Stein, und wie sein Zeitgenosse in Ixlú führte er die Emblemglyphe von Tikal in seinem Namen. Auch hier schweben wieder, von Blutvoluten umgeben, die Paddler-Götter über dem Haupt des Königs. Der Ahau von Jimbal überlebte den König von Tikal um zwanzig Jahre und errichtete wie der Herrscher von Uaxactún zur Feier des 10.3.0.0.0 (889 n. Chr.) eine nur mit Hieroglyphentext bedeckte Stele.

Nördlich von Tikal, in der Nähe von Calakmul, stellte der König eines Orts, der heute La Muñeca heißt, zur Feier des Katun-Endes im Jahr 889 einen Baum-Stein auf. In Xultún, einem bisher wenig erforschten Königreich nordöstlich von Uaxactún, hatte das Aufstellen von Stelen seit dem

Abb. 10.8 a) Jimbal, Stele 1 b) Xultún, Stele 10 (Zeichnung: Eric von Euw)

Baktun mit der Ordinalzahl 8 Tradition, die indes auch hier am 10.3.0.0.0 (889 n. Chr.) zu Ende ging. Wie in Tikal pflegten auch die Künstler von Xultún in ihren letzten Werken (Stele 3 und 10) die alte ikonographische Tradition, doch verlangte die Konvention in Xultún die Darstellung des Herrschers mit kleinen Figuren des Jaguarjungen und des Gottes Chac (siehe Abb. 10.8 b).

Die Auswanderung der Tiefland-Aristokratie in die Diaspora im Quellgebiet des Usumacinta dokumentieren zwei weitere Stelen im Hochland von Chiapas, eine in Comitán mit Datum 874 n. Chr. und eine in einem Ort namens Quen Santo mit Datum 879 n. Chr. Der letzte historiographische Selbstausdruck des klassischen Maya-Königtums findet sich, nicht weit davon entfernt und ebenfalls in Chiapas, in dem Außenseiterkönigreich Toniná, einem während der spätklassischen Periode äußerst kriegerischen Staatswesen, das seinen größten Triumph feierte, als sein König den bejahrten zweiten Sohn König Pacals von Palenque, Kan-Hok-Xul, gefangennahm. Dieser König von Toniná hatte eine Zeitlang auch einen Herrscher von Bonampak zum Vasallen.[21] Vielleicht war es das militärische Geschick der Krieger von Toniná, vielleicht aber auch die isolierte Lage am Westrand des Maya-Gebiets, in einem Hochtal weitab von den großen Handelswegen, die den Bestand dieses Staatswesens verlängerten. Was immer der Grund

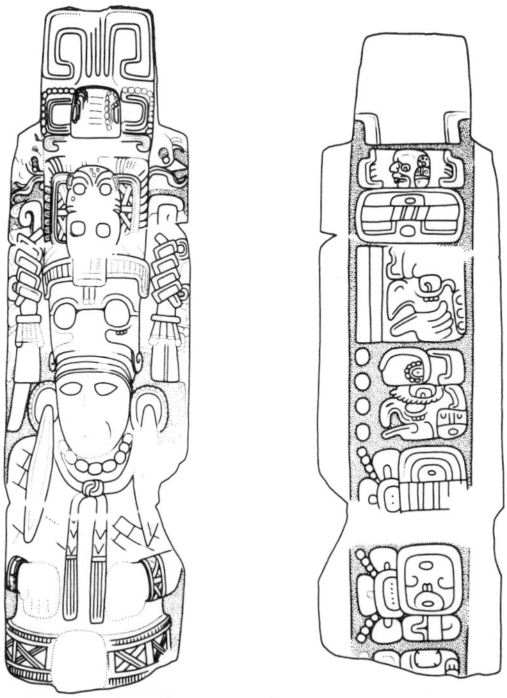

Toniná, Monument 101
(Zeichnung: Peter Mathews)

Abb. 10.9

dafür gewesen sein mag, in Toniná wurde das klassische Erbe länger gepflegt als in den anderen Maya-Königreichen. Hier feierte der letzte König noch das Katun-Ende 10.4.0.0.0 (20. Januar 909 n. Chr.) mit einem Baum-Stein (siehe Abb. 10.9), der – in den nordöstlichen Bergen von Chiapas aufgestellt – das letzte öffentliche Herrscherporträt und die letzte öffentliche Inschrift in der Kunsttradition des südlichen Tieflands trägt.

Aber der Zusammenbruch der Königreiche des südlichen Tieflands bedeutete nicht das Ende der Maya-Kultur. Im nördlichen Tiefland, wo nicht das Hochäckersystem, sondern die Regenfälle das Rückgrat der Agrarwirtschaft waren, prosperierten die Königreiche wie nie zuvor im 9. und 10. Jahrhundert. Hier im Norden war es schließlich, wo die Maya Imperien eines anderen Typs, als ihn die Königreiche darstellten, schufen. Wie wir bereits sahen, hatte das größte dieser Imperien seine Hauptstadt in Chichén Itzá, einer Metropole, deren diplomatische Verbindungen bis nach Tula im Hochland von Mexiko reichten und die in Mesoamerika das ganze 11. Jahrhundert hindurch mit nichts zu vergleichen war. Die Itzá – ethnische Vettern von Ah-Bolon-Tuns Volk in Seibal – schufen eine Welt ohne Könige, in der die Regierungsgewalt in den Händen eines Fürstenkollegiums lag.

Für die Maya der klassischen Zeit bedeutete eine Welt ohne Könige

Abb. 10.10 a) Sonnenscheibe mit Schlangen an den Enden der Diagonalachsen. Aus einem Wandgemälde in Chichén Itzá (nach Spinden 1913)

b) Ahnenkartusche aus Gebäude A in Palenque (Zeichnung: M. G. Robertson)

etwas, das weit über ihr Verständnis hinausging: ein Bereich ohne wahre Ordnung, die Heimat des Barbarentums. Die Chilam-Balam-Bücher des nördlichen Tieflands weisen darauf hin, daß die Ahauob von Chichén Itzá Barbaren genug waren, sich ein solches Staatswesen auszudenken. Andererseits fühlten sich diese verbrüderten Fürsten aber auch so sehr als Maya, daß sie ihre Neuschöpfung als Fortsetzung altehrwürdiger Praktiken verstanden. Sie verwandelten das Königtum in eine durch Dinge, Bilder und Orte vergegenständlichte Abstraktion, die sich von der Individualität und dem geschriebenen Wort einer konkreten Person abgewandt hatte. Das wichtigste Symbol des Königtums war nicht der lebende, sondern ein toter König auf einer Sonnenscheibe, ein ikonographisches Motiv, das sich aus der Ahnenkartusche der klassischen Periode entwickelt hatte. Hauptmann Sonnenscheibe mag eine reale Person darstellen oder auch nicht: Seine individuelle Identität war auf jeden Fall belanglos. Dieses ikonographische Motiv sollte die Vorstellung von einem Urvater-König symbolisieren, der als Geist über das Territorium von Chichén Itzá wachte.

Für die Itzá war das Bild vom Urvater-König ein anonymer Mensch, der, Speerschleuder und Wurfspeer des Tlaloc-Kriegers schwingend, im Kreis einer Sonnenscheibe saß (siehe Abb. 10.10a). Dieses Bildelement konnte durch einen Spiegel ausgetauscht werden, ein anderes altvertrautes Symbol des Königtums der klassischen Periode. Und genau diese zwei zentralen Symbole des Königtums enthielt ein Versteck in einem der ältesten und bedeutendsten Tempelbauten in Chichén Itzá, im Tempel des Chac Mool, dem Bauwerk, das später unter dem Tempel der Krieger verschwand. Unter den im früheren Tempel aufgestellten Thronsessel hatte der regierende Rat eine ausgehöhlte Steinsäule plaziert. Sie enthielt, sorgfältig in ein Heiliges Bündel verschnürt, eine Sonnenscheibe (siehe Abb. 10.11), Orakelsteine und zwei präparierte Vögel: einen Fink, der die Krieger von Chichén Itzá symbolisierte, und ein Zwergkäuzchen, ein Symbol des Tlaloc-Kriegs.[22]

In der Mitte der Scheibe befand sich ein goldgelber Mosaikspiegel aus Pyrit, der umgeben war von einem in acht Sektoren unterteilten schimmernden Türkismosaik, das die Sonnenscheibe darstellte. Jeder zweite Sektor enthielt das Profilbild eines Schlangenkopfs mit Federkrone, so daß ein Analogon zu den vier schlangengestaltigen Aufsätzen der klassischen Ahnenkartusche (siehe Abb. 10.10b) entstand. Diese Schlangenköpfe mit ihren Federkronen stellen eine späte Variante der Visionsschlange dar, die wir auf einem der Gedenksteine zur Erinnerung an Schild-Jaguars Thronbesteigung (Türsturz 25 in Yaxchilán; siehe Abb. 7.3 b) sich aufrichten und die Erscheinung des Dynastiegründers in Tlaloc-Tracht hervorwürgen sahen.

In Chichén Itzá wurde der Mosaikspiegel nicht durch die Generationen von einem König auf den nächsten weitervererbt, sondern in den Thron integriert, um ihm Macht und Autorität zu verleihen. Der Mensch auf dem Thron war das zeitweilige Medium der Macht der Ahnen, «einer, der zwei Tage lang auf der Matte sitzen durfte», wie die Feinde der Itzá diese Herrscher verächtlich nannten.

Kukulcan, die «Gefiederte Schlange» – der «Quetzalcoatl» der mexikanischen Völker, die «Visionsschlange» der Maya –, wurde das zweite große abstrakte Symbol des Königtums. Zwar begegnet man in der Kunst Chichén Itzás immerzu Schlangen – gefiederten, volutenbedeckten oder nackten –, doch ist das Reptil in den erhaltenen Texten niemals mit einem individuellen Namen bezeichnet. Wenn sich die Federschlange auf den Bildern der Itzá zwischen dem Opfer und dem hoch oben schwebenden Ahnen windet, so ist der Einfluß der Visionsschlangen-Ikonographie des

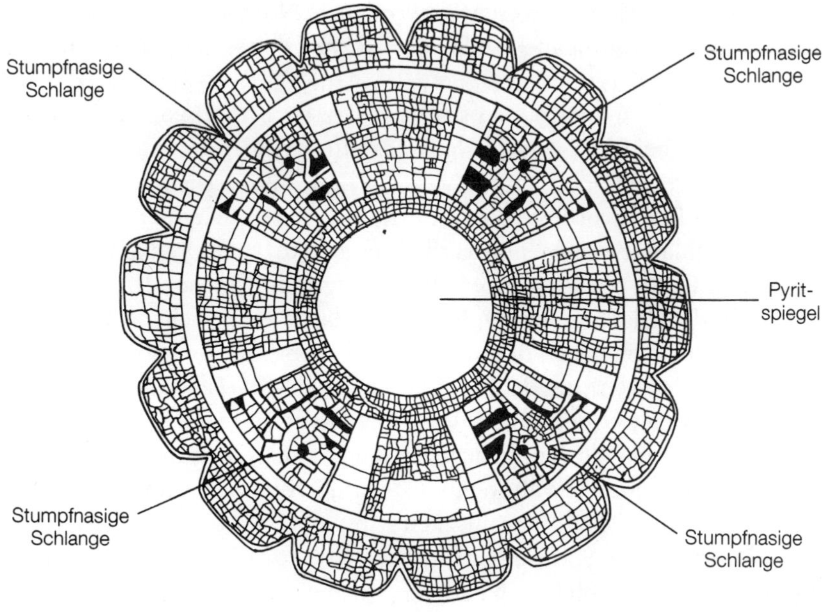

Abb. 10.11 Türkismosaik mit Pyritspiegel auf einem Träger aus Holz. Weihegabe aus der Bank im Chac-Mool-Tempel

a) Chichén Itzá. Goldene Scheibe B

Abb. 10.12

b) Mayapán, Stele 1

klassischen Maya-Königtums unverkennbar. Doch für die Itzá-Maya hatte die Visionsschlange aufgehört, die Verbindungsbrücke für den Verkehr des Königs mit der Welt der Ahnen zu sein, und war statt dessen zum Symbol der Göttlichkeit des Staatswesens geworden.[23] Noch zu Beginn der Kolonialzeit war der Kukulcan-Kult in der Maya-Oberschicht Yucatáns verbreitet.

Die Neuerer in Chichén Itzá und die letzten orthodoxen Könige des Petén scheinen bei aller Verschiedenheit der Strategien im Kampf um das politische Überleben doch immer noch ein gemeinsames Ritual ausgeführt zu haben: die Beschwörung von Göttern und Ahnen, wie sie im Bildmotiv der Visionsschlange symbolisch verdichtet ist. Auf mehreren Scheiben aus getriebenem Gold, die aus dem Heiligen Cenote in Chichén Itzá geborgen wurden, sind Schlacht- und Opferszenen dargestellt (siehe Abb. 10.12). Und nicht selten schweben über der Szene Federschlangen, Visionsschlangen oder Blutvoluten, die Tlaloc-Krieger, Vogel-Krieger und selbst GIII, den alten Sonnengott, einhüllen. Die Übereinstimmungen mit den gleichzeitigen Bildwerken des südlichen Tieflands sind verblüffend, und zwar nicht nur in den eben erwähnten, sondern auch in vielen anderen ikonographischen, aber auch epigraphischen Motiven.[24] Doch während man im Süden die Ahnen zur Stärkung altüberlieferten royalistischen Brauchtums heraufzubeschwören suchte, wandten sich die Fürsten von Chichén Itzá an dieselbe Adresse, um von dort den Segen für eine neue Herrschaftsstruktur zu erhalten. Daß Chichén Itzá in diesem Wettstreit den größeren wirtschaftlichen und militärischen Erfolg hatte, war unbestritten und möglicherweise am Schicksal der royalistischen Fluchtburgen im Petén schuld.

Die Maya des nördlichen Tieflands mochten zwar mit der Umwandlung ihres Regierungssystems in der Lage gewesen sein, ein regelrechtes Imperium aufzubauen, doch auf dem Höhepunkt seiner Entwicklung war Chichén Itzá eine Kapitale ohne öffentliche Geschichtsschreibung: ohne die schriftlichen Selbstdarstellungen von Königen auf Monolithen, Mauern und Wänden. Es war ein Weltmachtzentrum, in dem man der tausendjährigen Praxis des Königtums den Rücken kehrte und die Kunst des Lesens und Schreibens einzig den Chilamob und ihren Büchern überließ – den Chilamob, die Zauberer und Propheten, aber keine Könige waren. Um den Preis des freiwilligen Eintretens in den Kreis der nichtalphabetisierten Völker Mesoamerikas setzte Chichén Itzá seine Hoffnungen auf Bestand und Prosperität in die Angleichung an die Lebensform der außerhalb der Maya-Welt, im Hochbecken und am Golf von Mexiko lebenden Völker. Das Resultat des Erfolgs der Fürsten von Chichén Itzá war die Mayanisierung Mesoamerikas.[25]

Chichén Itzá war unleugbar die Metropole eines Riesenreichs, aber nachdem die Zentralgewalt sich von der Geschichtsschreibung verabschiedet hatte, waren die Maya-Fürsten nicht mehr in der Lage, sich den Glauben und die Hoffnungen ihres Volks nutzbar zu machen. Wie lange das Reich von Chichén Itzá Bestand hatte, darüber gehen unter den Experten die Meinungen noch auseinander; unzweifelhaft scheint jedoch, daß es zum Urbild einer Regierungsform mit zyklischem Zeitschema wurde, das *in praxi* so aussah, daß alle Macht sich in der Metropole eines Gebiets sammelte, um nach einer gewissen Zeit zu zerfallen und sich anderswo neu zu bilden. Nach dem Niedergang Chichén Itzás erwuchs dem nördlichen Hochland ein neues Machtzentrum in Mayapán, einem Staatswesen, das von Angehörigen der Cocom-Sippe gegründet wurde, die ihre Linie auf die Herrscher von Chichén Itzá zurückführten.

Auch die Herrscher von Mayapán errichteten Baum-Steine, aber diese unterschieden sich beträchtlich von den Monumenten der klassischen Könige. Die Reliefbilder darauf zeigen Götter (siehe Abb. 10.12b), ähnlich denen, die man im Dresdner und Madrider Codex findet, jenen Büchern, in denen die Vorschriften für die Zeitplanung und die Abwicklung der Riten protokolliert sind. Auf einem stark beschädigten Stelenbild glaubt man, den Yax-Cheel-Cab, den Ersten Weltenbaum, zu erkennen, der später in der berühmt gewordenen Prophezeiung des Chilam Balam erwähnt wird. Über dem Baum flattert ein Vogel, der an die Weltenbäume von Chan-Bahlums Kreuzgruppe in Palenque erinnert. Mayapán stieg zu einer gewissen Blüte auf und zerfiel dann ebenfalls: eine Folge der Flügelkämpfe innerhalb der herrschenden Elite. Zwar machte die Ankunft der Spanier dem Gezänk der Kleinstaaten, deren Vertreter in der Zentralregierung jeweils eine der streitenden Parteien bildeten, ein Ende, doch darf man davon ausgehen, daß der Zyklus von Machtzentrierung, -auflösung und erneuter Zentrierung, hätte die Conquista nicht stattgefunden, das vorherrschende politische Muster geblieben wäre.

Der letzte unabhängige Maya-König war ein Mann namens Can-Ek, der Herrscher über die Itzá, die nach dem Zusammenbruch Mayapáns aus dem ehemals von den Kul-Ahauob von Tikal regierten Gebiet geflohen waren. Jener letzte Can-Ek war mindestens der dritte Herrscher dieses Namens (der wahrscheinlich «Schlange-Stern» bedeutet[26]), der in die Berichte der spanischen Chronisten Eingang fand. Dem ersten begegnete Cortés' Trupp, als er im Jahr 1525 auf seinem Weg nach Honduras das Petén durchquerte.

Einen zweiten Can-Ek lernten die beiden spanischen Franziskaner-Missionare Fuensalida und Orbita kennen, die 1618 eine *entrada*, eine «Expedition», zu den Itzá unternahmen. Die Reaktion dieses Can-Eks auf die Missionsversuche der Patres bezeugt, welche Macht das geschriebene Wort bei den Maya auch damals noch besaß. Dem Bericht der Missionare zufolge eröffnete er ihnen, daß die Katun-Prophezeiungen – die Projizierung vergangener Ereignisse, um die Zukunft vorauszusagen – sich als falsch erwiesen hätten. Die Patres faßten Can-Eks Ausführungen wie folgt zusammen:

«Die von den Priestern des Altertums geweissagte Zeit, sich vom Kult der Götter loszusagen, sei für sie noch nicht gekommen; denn sie lebten damals in der Epoche, die sie Oxahau, das heißt: Dritte Epoche, nannten, [...] und daher baten sie die Patres, von jedem weiteren Versuch in dieser Richtung abzusehen, vielmehr in den Ort Tipú zurückzukehren und besser ein andermal wiederzukommen.»[27]

In Anbetracht der Unzugänglichkeit der Itzá entschlossen sich die Missionare zum Rückzug, und im Lauf der darauffolgenden siebzig Jahre wurde allen weiteren Missionsversuchen mit der gleichen Unnachgiebigkeit, ja manchmal sogar mit Gewalt begegnet. Das änderte sich erst im Jahr 1695, als Bruder Andrés de Avendaño y Layola zusammen mit zwei weiteren Franziskanermönchen und einer Schar Maya aus dem Ort Tipú eine Missionsreise zu der am Petén-Itzá-See gelegenen Maya-Stadt Chacan unternahm.[28] Als die drei Missionare nach einer schier endlosen Nacht voller Ängste und übersteigerter Phantasien, die um die Massaker der Vergangenheit kreisten, am Morgen nach ihrer Ankunft aus ihrer Hütte traten, sahen sie auf der im Licht der aufgehenden Sonne glitzernden Wasserfläche in Keilformation eine Schar blumengeschmückter Boote liegen. In den Kanus befanden sich prächtig herausgeputzte flötespielende und trommelschlagende Krieger. Im größten Einbaum an der Spitze des Keils saß König Can-Ek, den die spanischen Chronisten als eine hochgewachsene Erscheinung mit schöngeschnittenen Zügen und von sehr viel hellerer Hautfarbe als die anderen Maya schildern.[29]

Seiner Würde entsprechend trug Can-Ek eine Goldkrone mit goldfarbenem Federbusch. Sein Ohrschmuck bestand aus großen Goldscheiben mit bis auf die Schultern herabfallenden Goldschnüren, die bei jeder Kopfbewegung baumelnd mitschwangen. Seine Finger waren mit goldenen Ringen und seine Arme mit goldenen Reifen geschmückt. Sein Hemd war aus feinstem weißen Tuch gefertigt und mit einem kunstvollen blauen Muster bestickt; zum Zeichen seiner priesterlichen Würde trug er eine breite schwarze Schärpe um die Hüften. Seine Sandalen bestanden aus blauer Faser mit aufgenähten Goldpailletten. Um die Schultern trug er einen Umhang aus weißem Stoff mit blauen Tupfen und einer geflochtenen blauen Bordüre, auf dem in Hieroglyphenschrift sein Name stand.[30]

Gefolgt von seinen Leuten, die ihre Musik nicht einen einzigen Moment lang unterbrachen, stieg Can-Ek aus dem Boot auf eine am Ufer ausgebreitete Matte. Schweigen breitete sich auf der Plaza aus, als er jetzt den Steinstab mit der Federkrone, den er in der Hand hielt, hoch emporhob. Die schwarzgekleideten Priester von Chacan traten vor, um dem König ihre Ehrerbietung zu erweisen. Danach begab sich Can-Ek wieder in sein Kanu und hieß die Spanier und ihr Gefolge ebenfalls einsteigen.

Die Priesterschaft von Chacan hatte die Ankömmlinge eigentlich opfern wollen, aber der König betrachtete sie als seine persönlichen Gäste und Schutzbefohlenen. Nach zweistündiger Bootsfahrt erreichte man die Insel, auf der Can-Ek residierte. Dort wurden Avendaño und seine Mitbrüder im Haus des Königs als Ehrengäste empfangen und von je zwei unverheirateten Prinzen und Prinzessinnen bedient, die dem spanischen Berichterstatter zufolge alle von überaus ansprechendem Äußeren waren. Mit Hilfe zweier Dolmetscher namens Gerónimo Zinak und Ah-Balan-Chel versuchte Avendaño, Can-Ek davon zu überzeugen, daß die von den Chilam-Balam-Priestern in ihren Katun-Prophezeiungen vorausgesagte Zeitenwende unmittelbar bevorstehe.

Can-Ek hörte sich höflich an, was Bruder Avendaño ihm zu sagen hatte, und meinte dann, der Mönch möge ein andermal wiederkommen. Dieses andere Mal ließ nicht lange auf sich warten, denn noch im selben Jahr machte Avendaño neuerlich eine Missionsreise, die ihn von Mérida durch das Gebiet der Cehaches, vorbei an den Ruinen von Tikal[31] zu den Ufern des Petén-Itzá-Sees führte. Abermals warteten der Franziskaner und seine Begleiter in Chacan auf Can-Ek. Die Itzá «trafen mit ungefähr achtzig Kanus ein», schrieb Avendaño, «bemannt von Indianern in voller Kriegsbemalung und -rüstung, mit großen Köchern voller Pfeile, die sie jedoch in den Booten zurückließen – und all diese Kanus waren die Eskorte des unbedeutenden Königs, der in Begleitung von ungefähr fünfhundert seiner Indianer an Land kam, um uns zu begrüßen.»

Nun sollte es sich bald lohnen, daß Avendaño soviel Zeit geopfert hatte, um die Sprache der Maya zu erlernen und sich in ihren Prophezeiungen genausogut auszukennen wie ein echter Chilam. So konnte er sich der historischen Erinnerung der Maya bedienen, um ihre Zukunft nach seinen Absichten zu gestalten.

Can-Ek schien seinerseits geahnt zu haben, daß dies ein besonderer Moment war, denn auf der Überfahrt nach Tayasal unterzog er Avendaño einer Mutprobe. Während die bemalten und federgeschmückten Krieger um sie herum finstere Gesichter machten, legte Can-Ek seinem spanischen Gast genau über dem Herzen die Hand auf die Brust. «Fürchtest du dich?» fragte er. Wenn er gehofft hatte, ein Anzeichen von Furcht zu entdecken, so sah er sich getäuscht. Vielmehr fand er sich einem Mann gegenüber, der bereit war, für seinen Glauben zu sterben. Avendaño blickte dem Ahau furchtlos in die Augen und erklärte ihm, daß er mit seinem Kommen die Weissagungen der Maya erfülle, die jener frühere Can-Ek damals den Patres Fuensalida und Orbita entgegengehalten habe.

«Warum sollte mein Herz beunruhigt sein?» fragte er. «Es ist vielmehr zufrieden und vergnügt bei dem Gedanken, daß ich der Glückliche bin, der eure eigenen Weissagungen erfüllt, die da besagen, daß ihr eines Tages zum Christentum würdet bekehrt und daß euch diese Wohltat von irgendwelchen bärtigen Männern aus dem Osten würde erwiesen werden. Und nach den Kriterien eurer eigenen Propheten sind diese niemand anderer als wir, denn wir sind viele Meilen Wegs über das Meer von Osten hergekommen, um keines anderen Ziels willen, als um aus reiner Liebe zu euren Seelen (und um den Preis großer Mühe und Plage) diese eure Seelen der Gnade des wahren Gottes teilhaftig werden zu lassen.» [32]

Avendaño hatte den Spieß umgedreht. Wagemutig und vielleicht auch mit bemerkenswertem Scharfblick spielte er Can-Eks Herausforderung nach, indem er nun seinerseits dem König die Hand auf die Brust legte und ihn fragte: «Könnte es sein, daß du jetzt derjenige bist, der beunruhigt ist – beunruhigt über die Worte eurer eigenen Propheten und Wahrsager?» Can-Ek verneinte, aber er tat es nur, um Haltung zu bewahren, denn wie sich bald herausstellen sollte, war er selbst überzeugt, daß der geweissagte Zeitpunkt herangekommen war.

Nach der Landung in Tayasal, der Hauptstadt der Itzá, wurden Avendaño und seine Begleiter zum zweitenmal in diesem Jahr zum königlichen Palast geführt. Das Zentrum des Gebäudes bezeichnete eine auf einem runden Sockel stehende Säule, die von den Maya *Yax-Cheel-Cab*, «Erster Weltenbaum», genannt wurde. Auf der Westseite dieses Sockels ruhte die (Avendaño zufolge) schlecht gearbeitete Maske einer Gottheit namens *Ah-Cocah-Mut* auf dem Boden. Da *mut* sowohl «Vogel» als auch «Weissagung» bedeuten kann, nehmen wir an, daß es sich bei dem Bildwerk um die Degenerationsform des Himmelsvogels handelte, der in der Ikonographie der klassischen Periode auf der Spitze des Weltenbaums *Wacah Chan* saß.

Dies also war der letzte, traurige Rest, der von den großen Baum-Steinen der klassischen Zeit noch geblieben war. Dieser Baum war es, den man auf den Stelen in Mayapán eingemeißelt fand und den Naum-Pat in dem Tempel auf Cozumel von den Spaniern aufgerichtet sah.

In einem Tempel hinter dem Yax-Cheel-Cab entdeckte Avendaño eine Opferkiste, in der ein großer Knochen lag. Erst später wurde ihm klar, daß er hier den Überrest des Pferdes gesehen hatte, das Cortés hundertzweiundsiebzig Jahre zuvor bei dem ersten Can-Ek zurückgelassen hatte.

Avendaño und seine Begleiter verbrachten mehrere Tage in Tayasal, immerzu umringt von neugierigen und argwöhnischen Maya. In seinem Bericht klagte der Franziskanermönch darüber, daß weder die Vorhaltungen des Königs noch die Einwände der Spanier selbst die neugierigen Maya davon abzuhalten vermochten, die Besucher zu begaffen und zu berühren, und zwar auch «an den intimsten Körperstellen eines Mannes».[33] Die ganze Zeit über versuchte Avendaño, die Meinung des Herrschers mit den alten Weissagungen zu beeinflussen. Schließlich erklärte sich Can-Ek bereit, sich taufen zu lassen. Doch selbst zu diesem Zeitpunkt hatte er seinen Argwohn noch nicht ganz aufgegeben und wollte genau wissen, was der bärtige Mönch mit ihm vorhatte, «denn sie glaubten, daß irgendein Blutvergießen oder Beschneiden oder sonstige Leibesversehrung mit im Spiel seien».

Wie die mißtrauischen Xibalbaner im *Popol Vuh* wollte Can-Ek den Vorgang erst einmal probehalber ausgeführt sehen und bot ein Kind für das Experiment an. Nachdem er sich davon überzeugt hatte, daß ihm kein Leid geschehe, ließ er sich taufen, und innerhalb kurzer Zeit folgten dreihundert seiner Leute seinem Beispiel.

Mitten im Bekehrungseifer wurde Avendaño unversehens gebremst durch die überraschende Ankunft von «Gouverneuren, Hauptleuten und Anführern der vier anderen *petén* oder Inseln»[34], die alle in voller Farbenpracht ihres Kriegerornats in Tayasal erschienen. Der Franziskaner besänftigte die Gemüter der Ankömmlinge, indem er sie zu einem gemeinsamen Essen einlud. Nach seinen eigenen Worten «behandelte [er] sie zuvorkommend und richtete häufig und ausgiebig und in freundlichem Ton das Wort an sie, wobei er sich ihrer eigenen Sprache bediente, nicht anders als sei jetzt bereits (nach der Weissagung ihrer Propheten) die Zeit gekommen, da wir, die Spanier, uns mit ihnen vereinen würden, um gemeinsam mit ihnen von *einem* Teller zu essen und gemeinsam mit ihnen aus *einem* Becher zu trinken«.[35]

Im Gespräch mit diesen neu hinzugekommenen Edelleuten, die sich bald als ernst zu nehmende Gegner erweisen sollten, gebrauchte Avendaño den yucatekischen Dialekt; er las ihnen aus ihren eigenen Büchern vor und zitierte die Katun-Prophezeiungen ihrer Wahrsager, um sie zu überzeugen, daß die Zeit für sie gekommen sei, sich bekehren zu lassen. Die Bücher der Maya beschrieb er folgendermaßen:

> Das alles ist in gewissen aus Baumrinde gemachten Büchern aufgezeichnet, die erst nach der einen, dann nach der anderen Seite gefaltet sind, wie Wandschirme, mit Blättern von der Stärke eines mexikanischen Acht-Realen-Stücks. Diese Blätter sind auf beiden Seiten bemalt mit einer Vielfalt von Bildern und Schriftzeichen (von derselben Art wie diejenigen, die seinerzeit auch bei den Indianern Mexikos in Gebrauch waren), die nicht nur die Zählung besagter Tage, Monate und Jahre wiedergeben, sondern auch die Zeitalter und die Weissagungen, die ihre Götzen und Bildwerke ihnen geoffenbart haben, oder genauer gesagt: die der Teufel ihnen bei seinem Dienst, den sie vermittels gewisser Steine auszuüben pflegen, eingegeben. Dieser Zeitalter sind dreizehn an der Zahl, und hat ein jedes sein eigen Götzenbild und seinen eignen Priester für sich, mitsamt Weissagung dessen, was es bringen wird.
>
> (Means 1917, S. 141)

Den ungnädigen Anführern, zumal einem namens Covoh, mißfiel aber, was Avendaño zu sagen hatte, und so warfen sie ihn und seine Begleiter kurzerhand aus Tayasal hinaus. Der überstürzte Rückzug durch den Urwald hätte für die Missionare beinahe tödlich geendet. Ein Jahr später jedoch stellte sich eine neue Expedition am Petén-Itzá-See ein, diesmal bewaffnet und bereit, sich die widerspenstigen Itzá mit Gewalt gefügig zu machen. Nach wenigen Stunden der – kaum als ernsthaft zu bezeichnenden – Gegenwehr mußten die Itzá sich geschlagen geben; sie flüchteten aus ihrer Inselheimat und überließen ihre Gotteshäuser und das Gebäude, in dem ihr Yax-Cheel-Cab stand, den plündernden Spaniern. Nach hundertachtundsiebzig Jahren des Widerstands gaben sich die Itzá am 13. März 1697, dem Tag 12.3.19.11.14 1 Ix 17 Kankin des Maya-Kalenders, fast kampflos geschlagen.[36]

Das Datum des Falls von Tayasal nach der Langen Zählung ist nicht unbedingt wichtig, denn zum fraglichen Zeitpunkt hatten die Maya die Lange Zählung als chronologisches System schon lange aufgegeben. Die Katun-Zählung allerdings hatten sie beibehalten; die Katun-Enden trennten die von Avendaño erwähnten «Zeitalter», und der Kalenderrunden-Tag, auf den das Katun-Ende fiel, gab dem Katun seinen Namen. Die Kalenderrunden-Tageszählung, wir erinnern uns, kombiniert das Datum aus der Zählung nach dem Tzolkin (dem 260[13 × 20]-Tage-Jahr) und dem Haab (dem 360[18 × 20]-Tage-Jahr). Der Katun hat 7200 Tage, und da bei der Teilung der Zahl 7200 durch 13 ein Rest von –2 bleibt, fällt die Ahau-Zahl im Kalenderrunden-Datum mit jedem Katun um 2 zurück: Auf Katun 13 Ahau folgt 11 Ahau, dann 9 Ahau, 7 Ahau, 5 Ahau, 3 Ahau, 1 Ahau, 12 Ahau, 10 Ahau usw., bis der gesamte Zyklus von dreizehn Stationen durchlaufen ist. Dieser Dreizehn-Katun-Zyklus war der Zeitrahmen der «Katun-Prophezeiungen» der Chilam-Balam-Bücher, die Avendaño sich zu eigen machte, um sie als Argumente gegen Can-Ek zu verwenden. Für jeden der dreizehn Katune gab es eine eigene Prophezeiung. Avendaños Besuch bei Can-Ek fiel in den Katun, der mit dem 12.4.0.0.0 10 Ahau 18 Uo (27. Juli 1697 n. Chr.) zu Ende ging.

Im *Buch des Chilam Balam von Chumayel* lautet die Prophezeiung für den Katun 10 Ahau folgendermaßen:

> Katun 10 Ahau, der Katun wird in Chablé errichtet. Die Leiter wird über die Beherrscher des Landes aufgerichtet. Der Huf wird brennen; der Sand am Meeresstrand wird brennen. Der Fels wird [vor Hitze] zerspringen; die Katun-Wende ist Dürre. Es ist das Wort unseres Herrn, Gottes des Vaters, und der Himmelskönigin, das Omen des Katun. Niemand wird das Wort unseres Herrn und Gottes aufhalten, Gott der Sohn, der Herr des Himmels, und seine Macht kommen über die ganze Welt. Das heilige Christentum wird kommen und mit ihm die Zeit, da die Toren, die sich schlecht auf unsere Sprache verstehen, von ihrer Arglist lassen werden. Niemand wird es verhindern; dieses also ist die Dürre. Dem Maya-Priester genügt das Wort, das Wort Gottes.
>
> (Roys 1967, S. 159f.)

Für den darauffolgenden Katun 8 Ahau war die Prophezeiung noch ominöser als die zitierte, denn nach dem Geschichtsverständnis, das den Katun-Prophezeiungen zugrunde lag, galt Katun 8 Ahau seit eh und je als ein Zeitalter des politischen und religiösen Wandels. Die Prophezeiungen der Chilam-Balam-Bücher waren letztlich der Grund für Avendaños Erfolg und für Can-Eks resignierten Übertritt zum Christentum sowie schließlich auch für seine militärische Niederlage.[37] Der Fatalismus, von dem Can-Eks Gedankenwelt geprägt war, wurzelte in den Katun-Prophezeiungen mit ihren Konzepten vom Kreislauf der Zeit und vom Walten übernatürlicher Kräfte, die ein Erbe der Maya-Geschichte der klassischen Periode waren. Die Hieroglyphenschreiber des Klassikums hatten in ihren Texten immer wieder die Parallelität zwischen dem Wirken des amtierenden Königs und dem Wirken seiner Ahnen in geschichtlicher wie legendärer Vergangenheit, ja sogar mit dem Wirken der Götter in mythischer Vorzeit herausgestellt. Wir glauben nicht, daß Männer wie Jaguartatze, Rauch-Frosch, Chan-Bahlum, Vogel-Jaguar und Yax-Pac der Ansicht waren, daß die Vergangenheit die Gegenwart bestimme, aber daß sich im gegenwärtigen und zukünftigen Geschehen die Symmetrie von heiligem Raum und heiliger Zeit enthüllte. Sie strebten nach Symmetrie und Parallelität als Teil ihrer politischen Strategie, und wenn sie sie nicht finden konnten, wurden sie wahrscheinlich hergestellt. Das Ergebnis dieser Denkweise war – durch den Zusammenbruch der klassischen Maya-Kultur und der späteren Conquista bedingt – prophezeite Geschichte und hatte Can-Eks Fatalismus zur Folge.

Die Spanier, die Naum-Pat auf der Insel Cozumel landen sah und die hundertachtundsiebzig Jahre später Can-Ek davon überzeugten, daß für die Welt seiner Väter das Ende herangekommen sei – diese Spanier brachten ein anderes Geschichtsbild und eine andere Auffassung davon mit, was wichtig und was unwichtig war in der Welt. Nach dieser Auffassung – die alle Abendländer sich als Erbe kritiklos zu eigen gemacht haben – begann die Geschichte der Neuen Welt mit ihrer Entdeckung durch Kolumbus. Die zeitgenössischen Augenzeugenberichte von der Conquista und ihren Auswirkungen dokumentieren einen kataklysmischen Zusammenprall zweier Welten und Wirklichkeiten; aber genau wie im Fall der Geschichte von Can-Ek werden uns auch hier die Vorgänge aus der Sicht der Eroberer präsentiert, nicht aus der Sicht der kolonisierten und für immer verwandelten Völker.

Aber die Völker Mesoamerikas, wir sahen es, besaßen eine lange und reiche geschichtliche Tradition, kultiviert in vielfältiger Form – Mythos und mündliche Literatur, Kultleben, Plastik, Malerei und Kalligraphie mit eingeschlossen. Zu dem Zeitpunkt, als die ersten Spanier den Boden von Cozumel betraten und Naum-Pat zutiefst erschreckten, konnten die Maya auf eine eintausendsechshundertjährige und in all dieser Zeit von fremden Einflüssen verschont gebliebene geschriebene Geschichte zurückblicken. Die Eroberer wußten sehr gut, welch wichtige Rolle die geschriebene Geschichte im Selbstverständnis und für das Selbstbewußtsein der von ihnen unterdrückten Völker spielte. Sie mühten sich ab, die Kenntnis der Hieroglyphenschrift unter den Maya auszurotten, indem sie ihre Bücher verbrannten und ihren Kindern, sofern sie ihnen überhaupt eine Schulbildung angedeihen ließen, die spanische Sprache und das lateinische Alphabet beibrachten.[38] Dahinter stand eine Überlegung von ebenso einfacher wie zwingender Logik: Die einheimische Schriftkultur stärkte den Widerstand gegen die Eindringlinge und ihre Religion. Da man ihnen eine öffentliche Geschichtsschreibung verweigerte, schrieben die widerspenstigen Maya ihre Bücher im geheimen weiter, zuletzt sogar mit lateinischen Buchstaben. In Yucatán gibt es noch heute *h-menob* (Schamanen), die ein Buch der Prophezeiungen nach Art der Chilam-Balam-Bücher führen, und die Maya im guatemaltekischen Hochland zählen die Tage immer noch nach alter Sitte, weil das mit ihrer Lebensauffassung und -weise besser übereinstimmt.

In den Untergrund verbannt, ging die Kenntnis der Glyphenschrift und der glyphischen Geschichtsschreibung schließlich vollends verloren und blieb es, bis es in unseren Tagen dank den Entzifferungsbemühungen der Wissenschaft gelang, den Schleier des Geheimnisses zu lüften, der sich über Sinn und Inhalt der Maya-Hieroglyphentexte gebreitet hatte. Erst jetzt, da wir ihre Worte lesen und deren Sinn verstehen können, sind die alten Maya nicht mehr nur eine schweigende Projektionsleinwand für die Bilder, die wir uns von ihnen machen. Wir heutigen Wissenschaftler sehen die Maya anders als unsere geistigen Väter. Ihre Eliten sind für uns nicht mehr die stillvergnügten Sterngucker, die ihren Schäfchen den richtigen Zeitpunkt für die Aussaat signalisieren. Ebensowenig waren die alten Maya die «rationalen Ökonomen», als die sie in den Theorien einiger moderner Sozialwissenschaftler herumgeistern, noch waren sie, wie ein vielzitierter Psychohistoriker unserer Tage meint, seelenlose Automaten ohne Wollen und Selbstbewußtsein, die sich einfach nur so «verhielten», daß dabei eine archäologische Urkunde entstand. Sie waren – je nach Anlaß – kriegerische, diplomatisch geschickte, fromme, philosophische, kurzsichtige oder weitblickende selbstverantwortliche Menschen. Ihre Herrscher gingen ganz in den Amtsgeschäften auf, die zur Bewältigung der Aufgabe nötig waren, große Populationen mit den Mitteln einer allen gemeinsamen Mythologie und Symbolik zu regieren. Dies war eine Sprache, die ihre Nachfahren noch heute verstehen.

Linda Schele machte erst vor kurzem eine Erfahrung, die sie darüber belehrte, welch große Bedeutung für die Maya von heute darin liegt, daß ihre vorkolumbischen Ahnen nicht länger zum Schweigen verurteilt sind, sondern ihre Stimme wiedergefunden haben. Während ihrer Mitarbeit bei den archäologischen Ausgrabungen in Copán (Honduras) fiel ihr 1987 einmal die Aufgabe zu, für eine Besuchergruppe, die sich aus US-amerikanischen Sprachwissenschaftlern und Hochland-Maya aus Guatemala und dem mexikanischen Chiapas zusammensetzte, bei der Besichtigungstour durch die Ruinen den Führer zu spielen. Einen Nachmittag und einen vollen Tag lang trug Linda den Besuchern ihr Wissen von den alten Königen des Ortes vor. Der eine oder andere in der Gesellschaft zeigte sich gelangweilt, und manch einer war nur halb bei der Sache oder gab sich skeptisch; doch zum weitaus überwiegenden Teil waren die Besucher geradezu hingerissen davon, was wir bei unserer Arbeit herausgefunden hatten. Was sie am meisten beeindruckte, war die Tatsache, daß man die alten Inschriften tatsächlich lesen und verstehen kann. Einige von ihnen hatten auch begriffen, welche Geschichtsfülle diese stummen Steine beinhalteten.

Bevor die Besucher ihre Busse bestiegen und die lange Heimreise antraten, machte man einen letzten Rundgang und traf sich dann zum Mittagessen. Während der Mahlzeit richtete der Sprecher der Maya, ein Cakchiquel namens Martín Chacach Cutzal[39], an Linda die Frage, ob sie nach Antigua in Guatemala kommen würde, um dort für eine Gruppe von Maya-Interessenten einen Kurs über das alte Schriftsystem abzuhalten. Linda dachte genau fünf Minuten darüber nach, und dabei wurde ihr bewußt, daß da ein Lebenstraum für sie in Erfüllung gehen könnte. Maya von heute hatten den Wunsch geäußert, etwas über die Schrift und die Geschichte ihrer Vorfahren zu erfahren. Sie reiste nach Antigua, um in der Erdbebenruine einer Kirche aus der Kolonialzeit vierzig Maya beiderlei Geschlechts auf eine viertägige Entdeckungsreise in die Vergangenheit ihres Volkes zu führen.[40]

Am letzten Tag stand die Tafel der sechsundneunzig Glyphen, eine der kalligraphisch schönsten Inschriften der alten Maya, auf dem Programm. Jeder Teilnehmer erhielt eine Zeichnung der Tafel zum Zerschneiden; unter Lindas Anleitung wurden dann die Einzelteile mit Zwischenräumen auf einen großen Bogen Papier geklebt, damit unter jede Glyphe die Übersetzung geschrieben werden konnte. Der entstehende Raster machte die Textstruktur mit Zeitangaben, Verben und Aktanten sichtbar.

Als die letzte Zusammenkunft zu Ende ging, war der Text erst zur Hälfte übersetzt; eine Verlängerung über die vorgesehene Zeit hinaus war nicht möglich, denn für den Abend war die für Maya bei solchen Veranstaltungen unverzichtbare traditionelle Abschlußfeier vorgesehen, und die Zeit bis dahin brauchte man für die Vorbereitungen. Begeistert über das Resultat, auch wenn man es nur zur Hälfte geschafft hatte, scharten sich die Kursteilnehmer um Linda. Jeder drückte auf seine Weise aus, wie sehr ihn das Geschehen der vergangenen vier Tage in seinen Bann gezogen hatte. Linda war froh, daß alles so gut verlaufen war; ein wenig getrübt wurde ihre Freude nur – ja, sie fühlte sich sogar ein wenig verletzt –, als sie sah, wie einer der eifrigsten Teilnehmer, ein Kekchi namens Eduardo Pacay, von seinen Freunden Guayo genannt, sich grußlos davonmachte.

Zwei Stunden später hatten sich alle im Hauptsitz des Proyecto Lingüistico «Francisco Marroquín» zur Abschlußfeier versammelt. Die Getränke und Snacks zum Auftakt nahmen die Gäste unter Marimbaklängen und einem babylonischen Stimmengewirr von mindestens zehn Sprachen zu sich. Nachdem die leiblichen Bedürfnisse gestillt waren, begab man sich hinaus in den Patio des alten Hauses, um sitzend oder stehend den zeremoniellen Teil der Veranstaltung zu verfolgen. Kurz vor dem Ende erschienen Guayo und die zwei anderen Kekchi, die eine Arbeitsgruppe gebildet hatten, mit dem meterhohen Schaubild, das sie im Kurs angefertigt hatten. Das Papier wurde entrollt, und während die beiden anderen den Riesenbogen ausgebreitet hielten, las Guayo vor, was sie zu dritt erarbeitet hatten: eine Übersetzung ins Kekchi. Vierzig Zuhörer lauschten in ehrfürchtiger Andacht, als hier zum erstenmal seit vierhundertfünfzig Jahren wieder ein Maya den Text einer alten Inschrift in seiner eigenen Sprache vortrug.[41] Das geschah am Tag 12.18.14.3.5 1 Men 3 Xul des alten Maya-Kalenders, zweihunderteinundneunzig Jahre nach Can-Eks Bekehrung und tausendachtundsiebzig Jahre nach dem letzten auf einem Monument der klassischen Periode aufgezeichneten Datum.[42]

Der Zauber dieser Stunde dürfte wohl Guayo und seine Freunde in ganz besonderer Weise berührt haben, doch uns erging es nicht anders. Im Geschichtsunterricht der Schule lernen wir schon als Kinder, mit der geschriebenen Geschichte einen besonderen Wert zu verbinden und ihren Besitz als eine besondere Auszeichnung zu empfinden. Im Altertum galt Geschichte als seltener und erlesener Ausdruck von Bewußtsein, und noch in unseren Tagen zählt es als bedeutsames Ereignis, wenn es gelingt, eine untergegangene Wirklichkeit aus den Schriftzeugnissen, die sie hinterließ, zu rekonstruieren. Die Entschlüsselung der Maya-Inschriften hat uns den Zugang zu den frühesten Anfängen der Geschichtsschreibung des amerikanischen Kontinents eröffnet.

Die Geschichte der Maya, so wie wir sie in diesem Buch geschildert haben, ist natürlich eine Konstruktion unserer Zeit, unserer Empfindungen und intellektuellen Fragestellungen. Die alten Maya selbst hätten sie mit Sicherheit anders gesehen, und wieder anders ihre modernen Nachfahren. Ja, unsere eigenen Fachkollegen, die andere Materialauswertungsschemata benutzen, werden bestimmte Einzelheiten unserer Angaben und Auslegungen in ihrem Sinne korrigieren, und erst recht werden neue Ausgrabungsfunde sowie neue Entzifferungen und Lesungen Korrekturen an unserem Bild unvermeidlich machen. Auch für die Geschichte der Maya, die wir in diesem Buch aufgerollt haben, gilt also der unumstößliche Grundsatz, daß es keine vom Geschichtsschreiber unabhängige Geschichtsschreibung geben kann. Nur sollte man nicht vergessen, dieser Vorbehalt gilt natürlich auch für alle Korrekturen an unserer Darstellung. Jede Epoche, ja jede Generation der Menschheit schreibt sich ihre eigene Geschichte: Die Geschichte ist nichts Erstarrtes, sondern etwas Dynamisches, das nicht nur das Bild der Vergangenheit, sondern immer auch das der Gegenwart widerspiegelt. Diese Dynamik hat sich in der amerikanischen Geschichtsschreibung sowohl vor wie nach Kolumbus gezeigt, und sie zeigt sich besonders kraß in der Geschichtsschreibung der letzten fünfzig Jahre mit ihrem Bemühen, mit dem sinnverwirrenden Tempo der Ereignisse und des Perspektivenwechsels – ein Tempo, das wir ja selbst täglich in den Abendnachrichten miterleben können – Schritt zu halten. Auch in der Geschichte der Maya, die wir hier entworfen haben, wird sich diese Dynamik bemerkbar machen. Aber gerade das ist ja das Wunderbare, daß es jetzt überhaupt eine Geschichte der Maya gibt, zu der Gegenwart und Zukunft durch Fragen, Zweifel, Untersuchungen und Korrekturen in eine dynamische Beziehung treten können. Und diese Beziehung zur Geschichte der Maya verändert auch unser Bild von der Geschichte der Menschheit insgesamt.

Epilog

Anläßlich des Erscheinens des gleichnamigen Buches von Linda Schele und Mary Ellen Miller zeigte das Kimbell Art Museum in Fort Worth (Texas) im Jahr 1986 die Ausstellung *The Blood of Kings*. Die Eröffnung feierten die beiden Autorinnen des Buches und ich an einem warmen Maiabend gemeinsam mit vielen Freunden, indem wir uns an einem Finger ein bißchen Blut abnahmen und auf ein Stück Papier tropfen ließen, das wir anschließend mit einigen Körnern Kopal verbrannten. Die Asche wickelte ich dann zusammen mit den Obsidianklingen, die wir benutzt hatten, in Papier ein. Im Sommer begrub ich das «Kultbündel» im frischen Zement des Festpunkts im Zentrum von Yaxuná, dem Ort, der, wie ich hoffe, in den nächsten zehn Jahren der Schauplatz meiner Arbeit sein würde. So brachten wir unsere Gedanken und Gefühle für die alten Maya von diesem Buch und unserer fernen Heimat zurück an die Maya-Stätten – Linda nach Copán und ich nach Yaxuná. Mag sein, daß dies ein bißchen abergläubisch wirkt, ich würde aber lieber von Einfühlsamkeit sprechen; denn der Schein der Jenseitswelt ruht noch immer auf der Maya-Landschaft, auch wenn wir aus dem Westen Kommenden in blinder Ahnungslosigkeit durch sie hindurchgehen.

Don Emetario, der Einsatzleiter der Maya-Hilfskräfte in Yaxuná, der mein Freund ist, nahm mich am Ende der Arbeitsperiode des Sommers 1988 beiseite, um mir die folgende Geschichte zu erzählen. Es war ein paar Jahre zuvor gewesen, am Abend, als er sich auf der neuen Straße aus gestampftem Erdreich, die durch den Ruinenplatz führt, auf dem Heimweg von der Feldarbeit befand. Die Abenddämmerung begann sich herabzusenken, da sah er auf einmal im rötlichen Schein der untergehenden Sonne in einiger Entfernung einen nackten, kahlköpfigen kleinen Jungen stehen. In der Annahme, es sei vielleicht sein Sohn, rief Emetario ihn, aber das Kind rannte die Straße entlang davon und verschwand in einem Spalt im Steinboden des Ruinenplatzes. Emetario lief nach Hause und holte eine Taschenlampe, mit der er in die Erdspalte leuchtete, aber alles, was er sah, war ein haariges Etwas, ein nachtaktives Tier. Ob das vielleicht der «Herr des Geldes», der «Erdherr» gewesen sei, wollte er jetzt von mir wissen. Ich sagte ihm, daß man an einer Ruinenstätte immer auf die sonderbarsten Überraschungen gefaßt sein müsse, daß ich aber keine präzise Vermutung hätte, was er da gesehen haben könnte.

Meine Vermutung geht vielmehr dahin, daß Don Emetarios Cousin Don Pablo sich in derlei Dingen viel besser auskennt als ich. Don Pablo ist ein H-Men, ein «Wissender», das heißt der Dorfschamane. Auch er arbeitet als Hilfskraft an der Ausgrabungsstätte. Am letzten Arbeitstag des Sommers

1988 ging er am südlichen Ende des Ruinenplatzes unserem Fotografen zur Hand, indem er das Gras von den Steinfundamenten entfernte, die dieser fotografieren wollte. Während der Unterhaltung, die die beiden miteinander führten, fiel Don Pablos Blick auf die südliche Hauptakropolis, einen Komplex mit drei Gebäuden auf einer Plattform, alle aus der vorklassischen Periode, der Morgendämmerung der Maya-Geschichte.

«Hier war einmal ein großer Tempel», sagte er, «aber das Tor zum Jenseits ist jetzt geschlossen.»

Mit Ausgrabungen allein, seien sie auch noch so gründlich und sorgfältig, können wir die Jenseitstore der alten Maya nicht mehr öffnen. Denn diese Tore haben ihren Platz in den Seelen und den Herzen. Wir, als Pilger aus einer anderen Zeit und einer anderen Realität, müssen uns den zerfallenen Toren in die Vergangenheit mit Demut nähern und mit der Aufmerksamkeit für all das, was uns die Maya des Altertums und auch die der Gegenwart durch Worte und Taten lehren können. So verstehen wir unser Buch als einen ersten Schritt auf diesem Weg – und ich bin gespannt, ob Don Pablo uns demnächst Fortschritte bescheinigen wird.

Dallas, Texas, im September 1988 *David Freidel*

Glossar der Götternamen und ikonographischen Motive

Das **Blattkreuz** (auch Blätterkreuz oder beblättertes Kreuz) ist eine Maispflanze, die in Symbolen der vom Menschen kultivierten Natur die Mittelachse der Welt veranschaulicht. Die Basis, auf der sie steht, ist das Kan-Kreuz-Seerosen-Monster (siehe dort), das die Sümpfe und Kanäle des Hochäckersystems symbolisiert. Der Stengel trägt – wie der Stamm des *Wacah Chan* – das Bild von Gott C mit der Bedeutung «heilig», «sakral». Die Arme des Kreuzes sind Maiskolben, in denen lebende Menschenköpfe die Stelle der körnertragenden Spindel einnehmen: eine Reverenz vor dem Schöpfungsmythos, demzufolge das Menschenfleisch aus Maismehlteig gemacht ist. Auf der Spitze sitzt der große Vogel des Zentrums, hier als der Wasservogel dargestellt, was auf die Kanäle zurückzuführen ist, von denen die Hochäcker umgeben sind. Der Wasservogel trägt die Maske des Himmelsvogels (siehe dort). Siehe auch Weltenbaum.

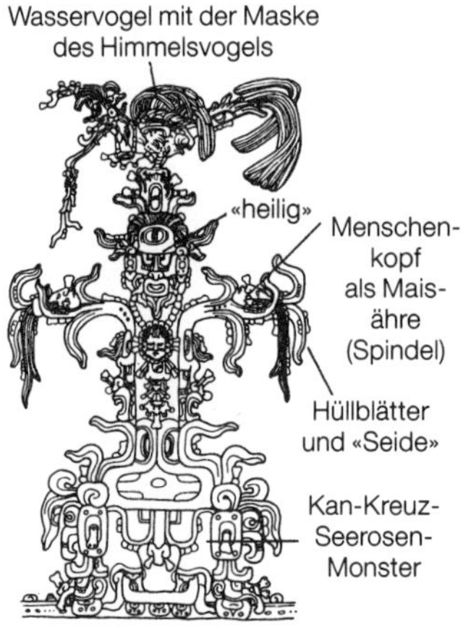

Blattkreuz

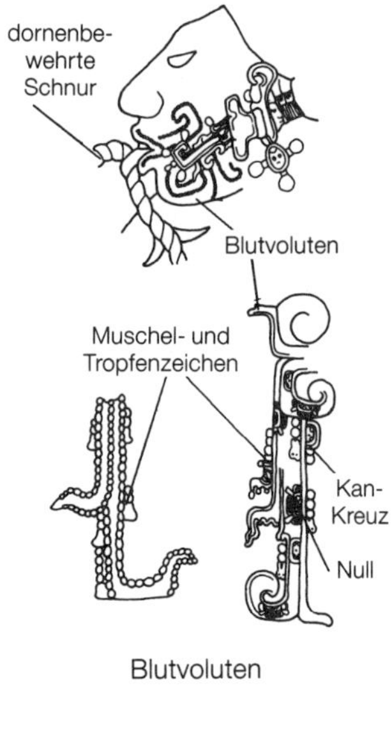

Blutvoluten

Blut wird durch eine gegabelte Volute dargestellt, manchmal mit einfacher Umrißlinie, manchmal mit aneinandergereihten Tropfen/Perlen, die ihrerseits ikonisch die Blutflüssigkeit symbolisieren, als Begrenzung. Um die Volute eindeutig als Blutsymbol – im Unterschied etwa zu Rauch- oder Wasservoluten – zu kennzeichnen, kombinierten die Maya sie mit Zeichen, die auf kostbares Material hindeuteten: *kan*, «gelb», *yax*, «blaugrün», *chac* «rot», Muscheln, Jadepreziosen wie Perlen und Ohrgehänge, Obsi-

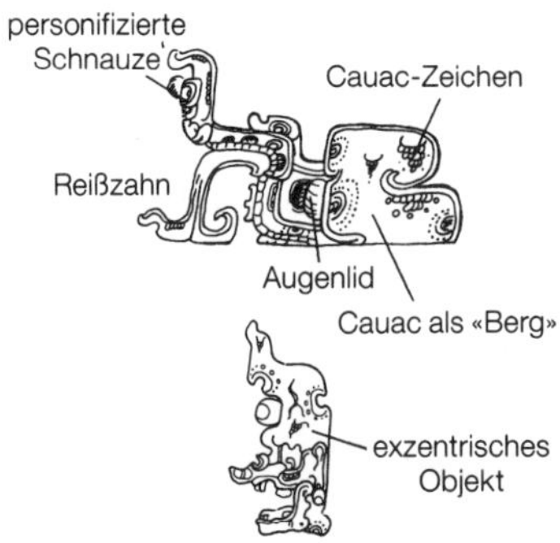

Cauac-Zeichen

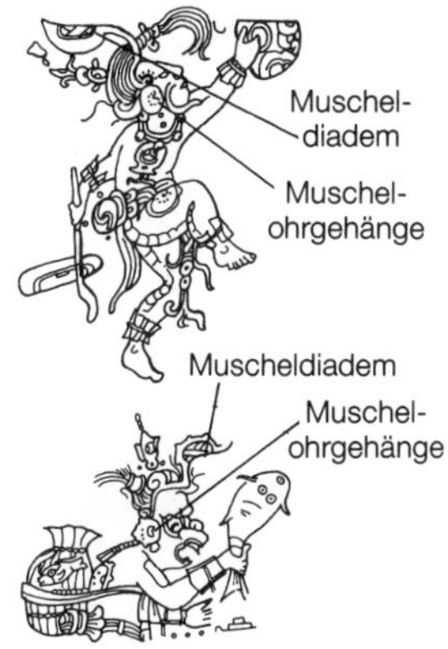

Chac-Xib-Chac

dian, Spiegel aus diversen Materialien, «Null»-Zeichen und Knochen. Zu diesem Zeichenrepertoire kommen Bilder von Gott C mit der Bedeutung «heilig», «sakral» hinzu. Blut ist die heilige Grundsubstanz des Menschen. Siehe auch Gott C.

Blutopferschale siehe Opferschale.

Cab oder **Caban** siehe Erdboden.

Cauac-Zeichen setzen sich zusammen aus einer traubenförmigen Gruppierung von drei, fünf oder mehr Scheiben, einer halbkreisförmig durchgezogenen Linie und einer punktierten Parallellinie. Sie leiten sich von dem Tageszeichen Cauac her, bezeichnen jedoch als ikonographische Motive Dinge aus Stein und das Witz-Monster (siehe dort). In der zoomorphen Variante oder mit gewelltem Umriß sind Cauac-Zeichen Attribute des Exzentrischen Feuersteingebildes (siehe dort). In Verbindung mit einem Kopf vom Typ Gott C verweisen sie auf einen sakralen Stein, zum Beispiel einen Altar. Weist die zoomorphe Form Augenlider und eine gestufte Stirn auf, symbolisiert sie das Witz-Monster, den «lebenden Berg». Siehe auch Witz-Monster.

Chac-Xib-Chac (Gott B) tritt häufig gepaart mit dem Jaguarjungen (siehe dort) auf, zuerst in Inschriften, in der spätklassischen Keramikmalerei in Tanz- und Opferszenen. Er kommt in anthropomorpher und in zoomorpher Variante vor, ist jedoch am Muscheldiadem, der Fischflosse im Gesicht (bei der anthropomorphen Variante) und dem Muschelohrschmuck zu erkennen; nicht selten schwingt er auch einen Keil. Abgesehen vom Muscheldiadem und dem Beil, kehren diese Attribute beim Gott GI der Göttertrias von Palenque wieder (siehe dort), und in der Tat ist es nicht auszuschließen, daß die beiden unterschiedliche Erscheinungsformen ein und desselben Wesens sind. Chac-Xib-Chac war der Prototyp von Chac, des großen Gottes der Maya von Yucatán zur Zeit der Conquista. Könige ließen sich häufig als Chac-Xib-Chac kostümiert porträtieren oder trugen sein Konterfei an einer Kette hinter ihren Beinen baumelnd. Auf der Kosmischen Schale (siehe Abb. 2.4) repräsentiert Chac-Xib-Chac, wie sich aus Zeitpunkt und Handlung bestimmen läßt, Venus in ihrer Erscheinungsform als Abendstern.[1]

Doppelköpfiger Schlangenstab siehe Schlangenstab.

Doppelköpfiges Monster (**Ungeheuer**) siehe Kosmisches Monster.

Der **Erdboden** wird durch Bänder symbolisiert, die *cab*-Zeichen aus der Glyphe «Erde» tragen. Die Bänder können Kerbungen aufweisen, die Spalten darstellen, aus denen Bäume oder Ahnen hervorkommen. Auf manchen Bildern vertreten die Erdbänder auch den Begriff der Domäne beziehungsweise des Herrschaftsgebiets.

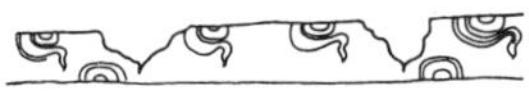

caban, «Erde»-Band

tok-pacal-Kriegsemblem

Das **Exzentrische Feuersteingebilde** und der **Schild aus menschlicher Gesichtshaut** – eine Feuerstein-Lanzenspitze («Exzentrisches» Gebilde) und ein mit einem abgeschundenen Menschengesicht überzogener Schild – sind ein zusammengesetztes Objekt, das in Palenque im Rahmen des Thronerhebungsritus aus dem Ahnenerbe an den neuen König übertragen wurde. An anderen Orten – so zum Beispiel in Tortuguero, Yaxchilán und Tikal – steht das Symbol in direkter Beziehung zu Krieg und Gefangenenmachen.

Gegensatzpaare siehe Zwillinge.

 GI, GII, GIII siehe Göttertrias von Palenque.

Die Göttertrias von Palenque

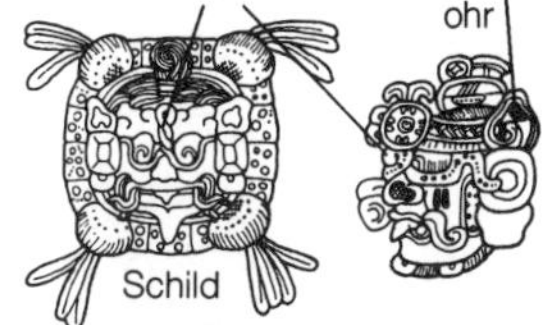

GIII als Jaguargott der Unterwelt

GI

GII (Gott K, Kauil)

GIII als Jaguar-Sonnengott

Götter der vier Himmelsgegenden siehe Richtungsgötter.

Als **Göttertrias von Palenque** werden drei Gottheiten bezeichnet, die in den Inschriften und Bildwerken von Palenque am ausgiebigsten dokumentiert, jedoch auch an anderen Orten vertreten sind. In Palenque wurden sie als Ahnen der Dynastie in Anspruch genommen. Als Kinder des noch aus der vorigen Schöpfungsepoche stammenden Urelternpaars der Götter wurden sie innerhalb eines Zeitraums von nur achtzehn Tagen geboren. Obgleich der Trias ein Verwandtschaftsverhältnis zu menschlichen Herrschern nur in den Inschriften von Palenque zugeschrieben wird, nehmen wir an, daß alle Maya-Könige sie als ihre Vorfahren betrachteten und daß darin die zentrale Rolle der drei Gottheiten in der Maya-Ikonographie begründet ist.

GI, der Erstgeborene, ist anthropomorph und unterscheidet sich von seinen Brüdern durch Muschel-Ohrschmuck und eine Fischflosse im Gesicht. In der frühklassischen Periode kommt er vor allem als Bildmotiv an Räuchergefäßen vor sowie als Maske, die der König bei bestimmten Riten trägt. Häufig trägt GI einen Kopfputz, der das Viergeteilte Monster (siehe dort) darstellt, und tritt im Verein mit dem Wasservogel (siehe dort) auf.

GII, der Letztgeborene der Trias, ist stets zoomorph. Sein wichtigstes Attribut ist ein rauchender Gegenstand – eine Zigarre, ein Fackelhalter, eine Beilklinge –, der in den Spiegel an seiner Stirn eingeschlagen ist. GII kann als Bild eines liegenden zwergartigen Wesens, als Figurine am Zepter des Herrschers oder als selbständige Vollplastik erscheinen. Sein Gesicht läuft stets in die Tierschnauze aus, die herkömmlicherweise als «lange Nase» bezeichnet wird; er hat einen Menschenkörper, dessen eines Bein häufig durch eine Schlange ersetzt ist (er ist also der schlangenfüßige Gott). Andere wissenschaftlich gebräuchliche Bezeichnungen für GII sind: Gott K[2], Manikin (Figurinenzepter) und Gott mit der langen Nase; als Maya-Namen sind ihm Tahil, Bolon Tz'acab und Kauil[3] zugeordnet worden. GII ist der Gott des Blutopferrituals, der Institution des Königtums und der Ahnenbeschwörungszeremonie. In vielen Fällen sieht man ihn aus dem einen Kopf des Schlangenstabs hervortreten.

GIII, der Zweitgeborene der Trias, vereinigt menschliche und tierische Züge (Jaguarohren). Über der Nasenwurzel zieht sich ein Ornament aus gedrehten Bändern, das wie eine verschlungene Teigwurst aussieht, die sich als «Tränenvolute» unter den Augen fortsetzt. GIII wird auch als Jaguargott der Unterwelt oder nächtliche Jaguarsonnengottheit bezeichnet. Am häufigsten wird er angetroffen als – am Gürtel oder im Arm getragener oder die Schilde von Königen und Würdenträgern schmükkender – isolierter Kopf. GI und GIII gemeinsam sind die Römernase, in die Stirn fallendes langes Haar und ein menschlicher Körper. Die beiden treten häufig als Zwillinge auf.

Gott B siehe Chac-Xib-Chac.

Charakteristisch für **Gott C** ist seine Affenschnauze, die häufig mit Darstellungen von Blutstropfen und anderen kostbaren Materialien verbunden ist. Der Lautwert seiner glyphischen Repräsentation, *k'ul*, ist das Maya-Wort für «göttlich» oder «heilig» beziehungsweise «sakral», so daß man davon ausgehen kann, daß der Bildrepräsentation von Gott C als semantisches Merkmal dieselbe Bedeutung zukommt. Ist das Bild von Gott C in der Darstellung eines Lebewesens, etwa eines Königs oder einer Gottheit, mitenthalten, so unterstreicht es eben die Göttlichkeit des Dargestellten. Tritt es als Detail im Bild eines Gegenstands auf, eines Baums, eines Blutstroms oder eines Gebäudes zum Beispiel, so signalisiert es, daß es sich um einen sakralen Gegenstand handelt. Siehe auch Blut und Weltenbaum.

Gott D ist der ikonographisch am schwierigsten zu identifizierende Gott der älteren Generation. Er hat große, quadratische Augen, eine tief herabhängende Nase, einen zahnlosen Mund und trägt ein Stirnband mit daranhängender Blume. Die Entzifferung seiner Namensglyphe in den Kodizes und den Inschriften der klassischen Periode lautet Itzamna. In Hieroglyphen in Naranjo und Caracol, die strukturelle Übereinstimmungen mit den Namensglyphen der Göttertrias von Palenque aufweisen, erscheint Gott D in Verbindung mit GIII oder dem Jaguarjungen.

 Gott K siehe Göttertrias von Palenque (GII).

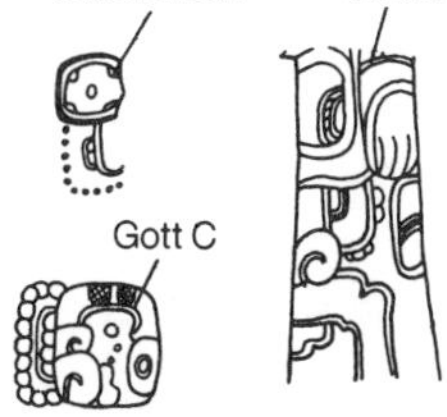

Gott C als «heilig», «sakral»

Gott D/Itzamná

Gott L

Gott «Narr»

Gott L gehört zu denjenigen unter den alten Maya-Göttern, die vornehmlich in Szenen, die in Xibalba spielen, abgebildet sind. Er ist altersschwach und -gebeugt, mit faltiger Haut und großer, tief über seinen zahnlosen Mund herabhängender Nase. Häufig wird er mächtige Zigarren oder kleinere Zigaretten rauchend dargestellt. Sein auffälligstes Attribut ist ein breitkrempiger Hut, auf dem ein mythischer Vogel (der «Muwan-Vogel», *Oxlahun Caan*, «Dreizehn Himmel») sitzt. Er residiert in einem Palast in der Unterwelt, wo er von hübschen jungen Göttinnen umsorgt wird, die die Zahl zwei personifizieren. Das Regiment, das er über Xibalba führt, wird von einem Kaninchen in der Rolle des Schreibers protokolliert.[4] Gott L ist auch der Gott, der den Vorsitz in der Götterversammlung führte, als am «Tag Null» 4 Ahau 8 Cumku der Kosmos neu geordnet wurde.

Gott N siehe Pauahtunob.

Gott «Narr» ist anfangs die Personifikation des dreizipfligen Abzeichens, das aus dem Stirnband der späten vorklassischen Könige eine Krone macht. Bis zur klassischen Periode hat sich aus diesem personifizierten Emblem die zoomorphe Variante der Glyphe «Ahau» gebildet. Jede beliebige anthropomorphe oder zoomorphe Glyphe in Form eines Kopfs nimmt die Bedeutung «Ahau» an, sobald der Kopf mit einem Stirnband mit dem Gott «Narr», dem *ahau*-Zeichen oder einem Spiegel erscheint. Eine typische Erscheinungsform von Gott «Narr» – so genannt wegen der Ähnlichkeit seines dreispitzigen Schädels mit der Kappe der mittelalterlichen europäischen Hofnarren – ist die Figurine («Manikin»; Figurinenzepter) in der Hand des Königs; meist jedoch trägt der König das Bild von Gott «Narr» am Stirnband oder als Brustschild. Varianten von Gott «Narr» mit Fischflossen im Gesicht kommen ebenfalls vor.

Himmelsband

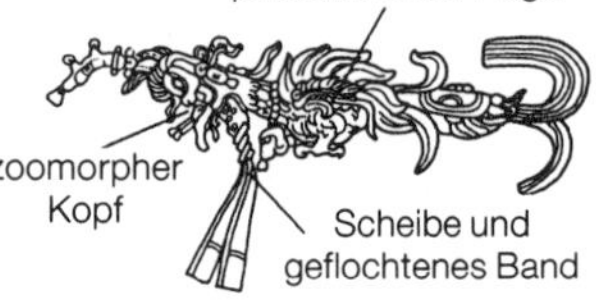

Der Himmelsvogel

Das **Himmelsband** ist ein schmales, durch senkrechte Balken in Abschnitte unterteiltes Band. In jedem Abschnitt findet sich die Glyphenbezeichnung für die Sonne, den Mond, einen Planeten oder einen anderen Himmelskörper.

Götter der vier **Himmelsgegenden** (**Himmelsrichtungen**) siehe Richtungsgötter.

Himmelsmonster siehe Kosmisches Monster.

Himmelsträger siehe Richtungsgötter.

Der **Himmelsvogel** (auch Schlangenvogel oder Höchste Vogelgottheit) hat einen langen Schwanz, personifizierte Flügel und den Kopf eines Zoomorphs. Häufig erscheint er mit einem runden Gegenstand und einem geflochtenen Band im Schnabel, einem dreigliedrigen Brustschmuck um den Hals und einem Schmuck aus Muschelschale am Jadestirnband. Die gängigste Darstellung zeigt den Himmelsvogel auf der Spitze des Weltenbaums (siehe dort) oder rittlings auf dem Körper des Kosmischen Monsters (siehe dort) sitzend. Am frühesten erscheint er in der Kunst der späten vorklassischen Periode des südlichen Hochlands. Dort symbolisiert er die Vorstellung von der aus den Fugen geratenen Natur, die von den Zwillingsheroen (siehe dort) und ihrer irdischen Verkörperung, dem König, wieder ins Lot gebracht wird.[5] Die Auffassung vom König als dem Wahrer der Naturordnung gelangte mit dem Bild des Himmelsvogels – zumal in der Verbindung mit dem Weltenbaum – in die Ikonographie der Tiefland-Maya.

Höchste Vogelgottheit siehe Himmelsvogel.

Ix-Chel siehe Mondgöttin.

Das **Jaguarjunge** tritt häufig gepaart mit Chac-Xib-Chac (siehe dort; siehe auch Zwillinge) in Tanz- und Opferszenen auf. Meist erscheint es mit einem menschlichen Kinderkörper, aber der Jaguar kann auch in ausge-

Jaguarjunges

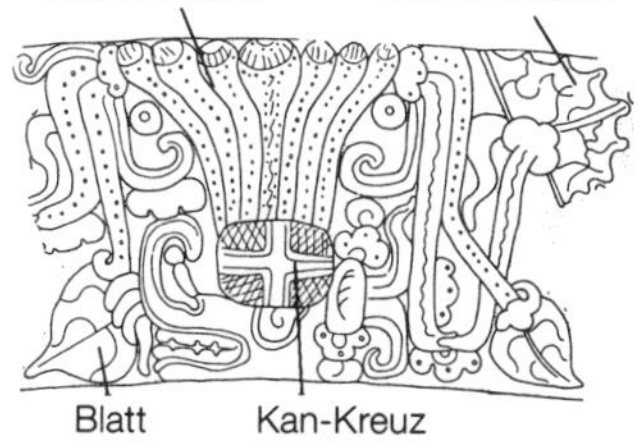

Kan-Kreuz-Seerosen-Monster

Königsgürtel

wachsener, rein zoomorpher Gestalt vorkommen. In beiden Erscheinungsformen trägt er einen Schal und ist ein Sonnensymbol. In der anthropomorphen Variante ist mitunter die «Teigwurst»-Augenumrahmung vorhanden, die eine Verbindung zwischen dem Jaguargott und Gott GIII der Trias von Palenque herstellt. Das Jaguarjunge spielt eine herausragende Rolle in den ältesten Inschriften von Tikal, so daß es den Anschein hat, als ob das Bildmotiv den Namen dieses Königreichs wiedergäbe. Zumindest erscheint die Annahme gerechtfertigt, daß der Jaguargott in besonderer Beziehung zu Tikal stand, möglicherweise Schutzgott der Stadt war. Auch in den ältesten Inschriften von Caracol tritt das Jaguarjunge auf.

Das **Kan-Kreuz-Seerosen-Monster** ist die Variante des Seerosen-Monsters (siehe dort) mit dem Kan-Kreuz auf der Stirn (Maya *kan* = gelb). In vielen Fällen treten die Wurzelgebilde, Blüten und Blätter der Pflanze aus dem Kopf des Monsters hervor. In seiner Symbolfunktion verweist es vor allem auf das agrarwirtschaftlich kanalisierte Feuchtland.

Der **Königsgürtel** ist ein breiter Hüftriemen mit vorn und seitlich angebrachten Jadeköpfen. Im typischen Fall krönen diese Köpfe – die, als Schriftzeichen gelesen, «Ahau» bedeuten – ein Matte-Zeichen (oder ein anderes Würdezeichen des Herrschertums) und drei Beile aus polierter Jade oder poliertem Feuerstein. Eine seitlich am Gürtel befestigte Kette ist so drapiert, daß ihr freies Ende, an dem ein Götterbild hängt, hinter den Beinen des Trägers hin und her baumelt. In vielen Fällen konnte die baumelnde Gottheit an ihren ikonographischen Merkmalen als Chac-Xib-Chac (siehe dort) identifiziert werden. Diese Erscheinungsform von Chac-Xib-Chac tritt auch als Kopfvariante einer wichtigen Titelglyphe auf, deren Lesung *chan yat*, in anderen Varianten *chan ton* lautet. Die Bedeutung der ersten Lesung läßt sich mit «von des Himmels Art ist sein Penis», die der zweiten mit «von des Himmels Art ist sein Geschlechtsteil» wiedergeben.

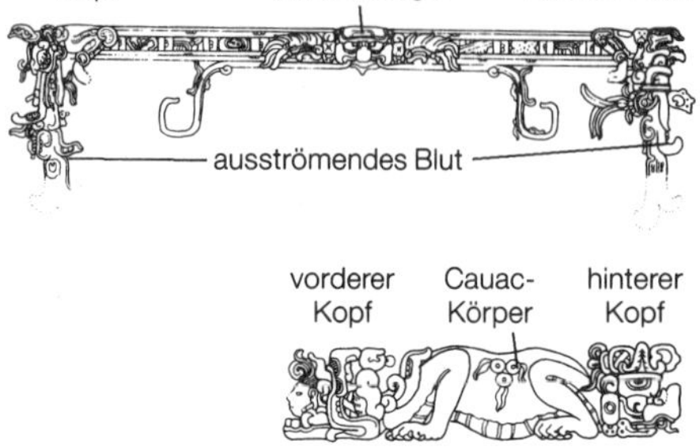

Das Kosmische Monster

Der Maisgott

Das Mexikanische Jahreszeichen

Das **Kosmische Monster** (andere Bezeichnungen: Himmelsmonster, doppelköpfiges/zweiköpfiges Monster/Ungeheuer, doppelköpfiger/zweiköpfiger Drache) ist ein drachenähnliches Ungeheuer mit einem Krokodilskopf, der sich durch Hirschohren auszeichnet. Am Leib hat es vier Beine, die gewöhnlich in Hirschhufen enden und Wasservoluten an den Gelenken tragen. Der Körper ähnelt zuweilen einem mit Cauac-Zeichen (siehe dort) markierten Krokodilleib, kann jedoch auch die Gestalt des Himmelsbandes (siehe dort) oder von S-förmig gebauchten Blutvoluten (siehe Blut) annehmen. In Yaxchilán hat das Monster zwei Krokodilsköpfe, im Regelfall jedoch verkörpert der zweite Kopf am hinteren Ende das Viergeteilte Monster (siehe dort), das im Verhältnis zum vorderen Kopf kopfunter am Leib hängt, womit es als eine Last am Körper des Himmelsmonsters gekennzeichnet ist. Der vordere Kopf ist gewöhnlich als Venus gekennzeichnet, während das Viergeteilte Monster die Sonne darstellt. Das Ganze symbolisiert die Bewegung von Venus und Sonne sowie – in erweitertem Sinn – auch die der anderen Planeten durch das Sternenmeer der Nacht und über das Himmelsgewölbe bei Tag. Mit seiner Existenz an der äußersten Grenze des Alls verkörpert das Kosmische Monster den Verbindungsweg zwischen natürlicher und übernatürlicher Welt. Siehe auch Weltenbaum.

Lebender Berg siehe Witz-Monster.

Der **Maisgott** wird als ein schöner Jüngling dargestellt, dem Maisblätter aus dem Kopf wachsen. Er wird mit den älteren mythischen Zwillingsbrüdern, dem Vater und dem Onkel der Zwillingsheroen, gleichgesetzt. Seine bekannteste Darstellung ist der Tänzer von Holmul.

Das **mexikanische Jahreszeichen** ist ein trapezförmiges Gebilde, dessen Symbolfunktion es in den Kontext des Tlaloc-Opfer-Komplexes verweist. Den Namen hat es in Anlehnung an ein ähnliches Zeichen erhalten, das in aztekischen Kodizes zur Bezeichnung von Jahresdaten dient. Siehe auch Tlaloc.

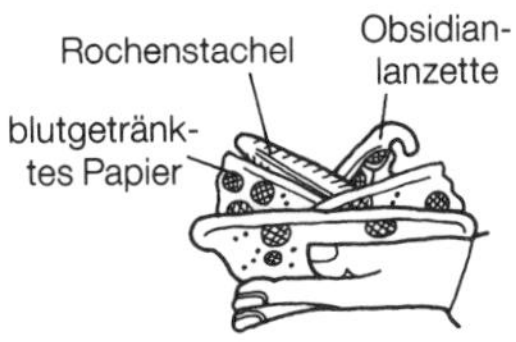

Aderlaßschale

Die Mondgöttin

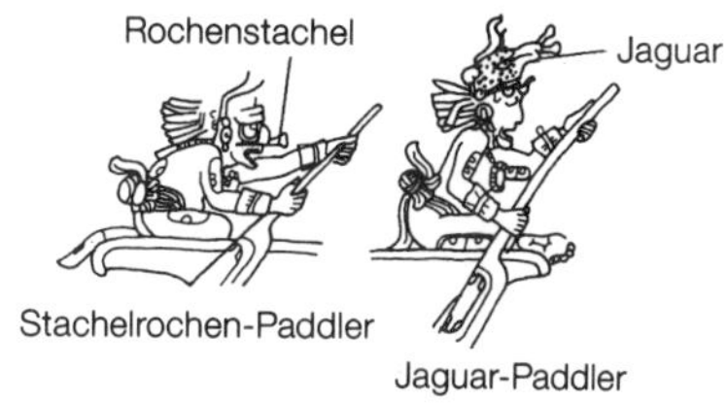

Die Paddler-Götter

Typisch für die klassische Periode ist das Bild der **Mondgöttin**, das diese mit einem Kaninchen im Arm in einem Mond-Zeichen sitzend zeigt. Ihr Kopf fungiert einesteils als Zahlzeichen «Eins», zum anderen zur Bezeichnung der Silbe *na*. Da der Laut *na*, als einsilbiges Wort genommen, die Bedeutung «edle Frau» hatte, wird der Kopf der Mondgöttin bei den Namen von Adelspersonen als Präfix verwendet, das die weibliche von der männlichen Form unterscheidet. In den Kodizes sowie in yucatekischen Quellen aus der Kolonialzeit heißt die Mondgöttin Ix-Chel und tritt zuweilen in Gestalt einer alten, zahnlosen Frau auf.

Die **Opferschale** (Maya *lac*) ist eine schrägumrandete flache Schale, die zur Aufnahme aller möglichen Opfergaben diente. Sie ist mit einer identisch geformten zweiten Schale als Deckel häufig in Kultdepots zu finden. In Blutopferszenen enthält sie gewöhnlich blutgetränktes Papier, verschiedene Lanzetten und die Schnur, die durch die Verwundung gezogen wird.

Die **Paddler-Götter** sind nach ihrer Erscheinung auf vier Knochen, die im Grab des Ah-Cacaw in Tikal gefunden wurden, bezeichnet. Die Ritzzeichnungen auf diesen Weihegaben zeigen sie, wie sie das Kanu des Lebens mit der Seele des Königs über die Grenze zwischen den Welten ins Totenreich paddeln. Die Paddler kommen besonders häufig in den Protokollen von Feiern zum Ende von Kalenderperioden vor, wo sie durch das Blutopfer des Königs zur Manifestation gebracht werden. Beide weisen im Erscheinungsbild die Merkmale der «alten» Götter auf. Den Alten Stachelrochen-Gott erkennt man am Schielauge und dem als Pflock in der Römernase getragenen Rochenstachel; manchmal trägt er einen Helm, der den mythischen Fisch *xoc* darstellt. Sein Zwillingsbruder ist ebenfalls als «alter Gott» erkennbar, zeichnet sich jedoch durch ein Stück Jaguarfell am Kinn und ein Jaguarohr aus; zusätzlich kann er einen Jaguarhelm tragen. Glyphische Substitute des Bildmotivs geben zu erkennen, daß die beiden Paddler den elementaren Gegensatz von Tag und Nacht symbolisieren. Der Alte Stachelrochen-Gott verkörpert den Tag und der Alte Jaguargott die Nacht.[7]

Pauahtunob (Gott N)

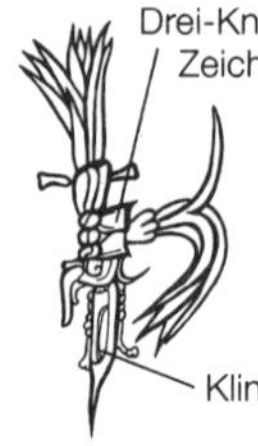

Personifizierte Lanzette

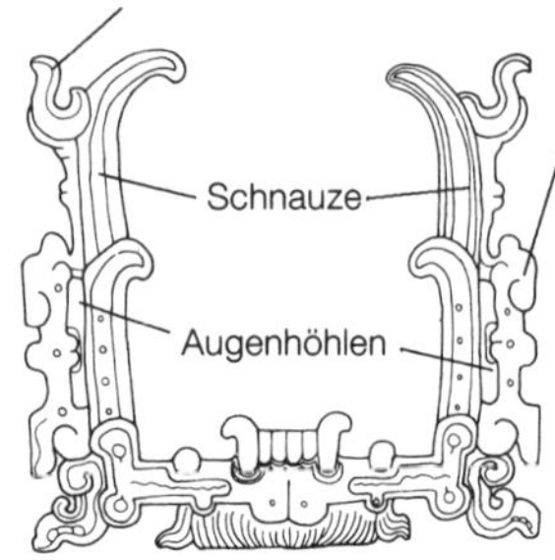

Der Rachen der Unterwelt

Die **Pauahtunob** (Gott N) zeigen die Merkmale «alter» Gottheiten, schiefstehende Zähne, kleine Menschenaugen und ein faltiges Gesicht. Oft tragen sie ein Netz-Stirnband und auf dem Körper Cauac-Zeichen beziehungsweise das Zeichen «Stein», was beides ihren Namen ausdrückt: *paua*, «Netz», *tun*, «Stein». Charakteristische Bildtypen zeigen sie mit einer Muschelschalen-Brustplatte oder aus einem Meerschneckenhaus oder einem Schildkrötenpanzer hervorkommend. Die Variante, die zusätzlich zum Netz-Stirnband Seerosen auf dem Kopf trägt, kann den Körper eines jungen Mannes haben.

Die **personifizierte Lanzette** ist eine Feuerstein- oder Obsidianklinge, zuweilen auch ein Dorn oder ein Rochenstachel, gekrönt von dem allgegenwärtigen langnasigen Kopf, der im Symbolsystem der Maya zur Personifikation lebloser Gegenstände diente. Das zweite unerläßliche Attribut sind drei übereinander angeordnete Knoten, die auf die rituelle Selbstverwundung als Zweck der Lanzette verweisen.

Der **Rachen der Unterwelt** ist in den weit aufgerissenen skelettierten Kinnbacken eines Zoomorphs symbolisiert. Er hat viel gemeinsam mit dem Rachen des Witz-Monsters (siehe dort), nur daß er stets skelettiert und als – um den Unterkieferknochen als Scharnier – aufgeklappter Längsschnitt dargestellt wird; der Rachen des Witz-Monsters hingegen erscheint, ob im Profil oder in Frontalsicht, stets als «natürliches» fleischbedecktes Maul eines lebenden Wesens. Der Rachen der Unterwelt symbolisiert den Tod beziehungsweise den Übergang von der natürlichen in die Jenseitswelt Xibalbas. Der Zugang zum Tempel 11 in Copán war als Rachen des Witz-Monsters, die zentrale Plattform im Tempelinnern als Rachen Xibalbas gestaltet: Um zum Tor der Unterwelt zu gelangen, mußte man in den Berg eintreten. Die Verschiedenheit der Portalstile läßt sich vielleicht so deuten, daß der Rachen der Unterwelt die den Xibalbanern, der Rachen des Witz-Monsters die der Menschenwelt zugewandte Seite des Jenseitstors darstellt.

Richtungsgötter: Im Maya-Pantheon gibt es mehrere Vierfaltigkeiten, deren Glieder die einzelnen Richtungen und Farben der Himmelsgegenden zugeordnet sind. Im *Codex Dresdensis* erscheint Chac (Gott B) als Hauptglied einer solchen Vierfaltigkeit, in der klassischen Periode jedoch sind es überwiegend Pauahtunob[9] (siehe dort) und Bacabob, die als vierfaltige Richtungsgottheiten auftreten. In der 819-Tage-Zählweise der klassischen Inschriften erscheint GII (Gott K) in vier Aspekten, denen jeweils eine Farbe und Richtung der vier Himmelsquadranten zugeordnet ist. Siehe auch Göttertrias von Palenque (GII) und Chac-Xib-Chac.

Schild aus menschlicher Gesichtshaut siehe Exzentrisches Feuersteingebilde.

Der Schlangenstab

Seerosen-Fisch-Monster

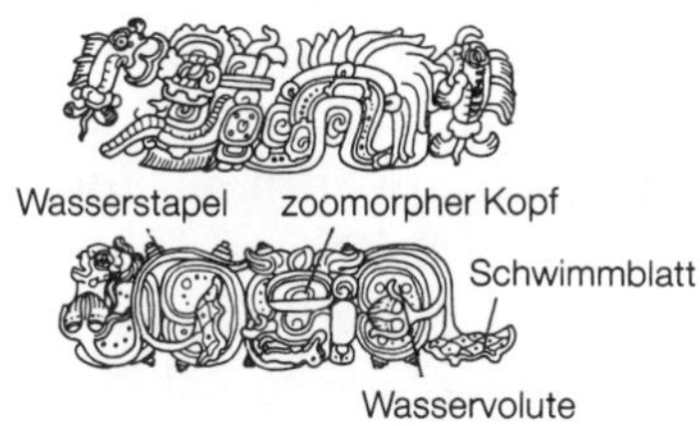

Seerosen-Monster

Der **Schlangenstab** (doppelköpfiger/zweiköpfiger Schlangenstab, Zeremonialstab) ist ein Würdezeichen des Herrschertums in Form eines balkenförmigen Zepters, das in der Regel auf beiden Armen horizontal, seltener schräg vor der Brust getragen wird. Bei der zeremoniellen Armhaltung für das Tragen des Schlangenstabs legt der Herrscher die Handrücken mit nach außen gerichteten Daumen aneinander. Die ursprüngliche Symbolfunktion des Schlangenstabs im späten Vorklassikum bestand darin, den Himmel zu vergegenwärtigen; dem lag der Gleichklang der Maya-Wörter *chan* mit der Bedeutung «Himmel» und *chan* mit der Bedeutung «Schlange» zugrunde. In der frühklassischen Periode begann er die Funktion eines Herrschaftszeichens zu übernehmen. Da der Schlangenstab ursprünglich einmal das Medium darstellte, durch das die Götter sich bewegten, deckt sich sein Stellenwert im Symbolsystem der Maya teilweise mit dem Symbolwert der Visionsschlange (siehe dort). In seiner voll entwickelten Form evoziert der Zeremonialstab sowohl die Vorstellung vom Himmel und dem Pfad der Götter als auch den Vorgang der Götterbeschwörung im Visionsritus.[9]

Schlangenvogel siehe Himmelsvogel.

Das **Seerosen-Monster** ist die Personifikation von Lagunen, Seen, Teichen, Tümpeln, Sumpfgewässern, toten Flußarmen, *bajos* und allen anderen

kin-Zeichen

Der Sonnengott

Hun-Ahau

Yax-Balam

Stirnband-Zwillinge

Formen von stehenden Gewässern. Seine charakteristischen Attribute sind die Blätter und Blüten der Seerose. Mitunter tritt es auch mit einer Imix-Glyphe auf der Stirn auf (die sich von anderen *imix*-Zeichen durch eine Kreuzschraffierung im Zentrum unterscheidet): Diese spezielle Variante steht in enger Verbindung mit den Tun- und Uinal-Glyphen, wie sie zur Notation der Langen Zählung verwendet werden. Ein besonders bedeutsamer Adelstitel der klassischen Periode verwendet den Uinal-Allograph zur Bezeichnung des Adels als «Seerosen-Menschen», möglicherweise auch als «Menschen aus den Sümpfen und Seen».

Der **Sonnengott** ist verwandt mit dem GIII der Göttertrias von Palenque (siehe dort). In einer speziellen Erscheinungsvariante stellt er sich als menschlicher Kopf mit Römernase und großen, verdrehten Augen dar. Das Vorhandensein der vierblättrigen Blumenblüte *kin* weist den Kopf als Sonnensymbol aus.

Die **Stirnband-Zwillinge**, deren charakteristisches Attribut ein dekoratives Stirnband mit dem Gott-«Narr»-Emblem des Königtums ist, finden sich als Bildmotiv hauptsächlich in der Keramikmalerei, wo ihre Namen Hun-Ahau und Yax-Balam lauten. In ihrer rein menschlichen Erscheinungsform sind sie die klassischen Prototypen der Zwillingsheroen des *Popol Vuh*. Hun-Ahau trägt auf Wangen, Armen und Beinen große Flecken und fungiert im Schriftsystem als anthropomorpher Allograph der Glyphe *ahau*, «Herr». Im *Codex Dresdensis* symbolisiert dieser Zwilling den Planeten Venus in seiner Erscheinungsform als Morgenstern. Sein Bruder zeichnet sich durch gepardelte Stellen an Kinn, Armen und Beinen aus sowie durch ein Muschelornament an der Stirn, das als *yax* zu entziffern ist. Dieser Gott fungiert außerdem als die personifizierte Form des Zahlzeichens Neun und der Glyphe *yax*, die, je nachdem, «blau-grün» oder «erster/erste/erstes» bedeutet. Siehe auch Göttertrias von Palenque.

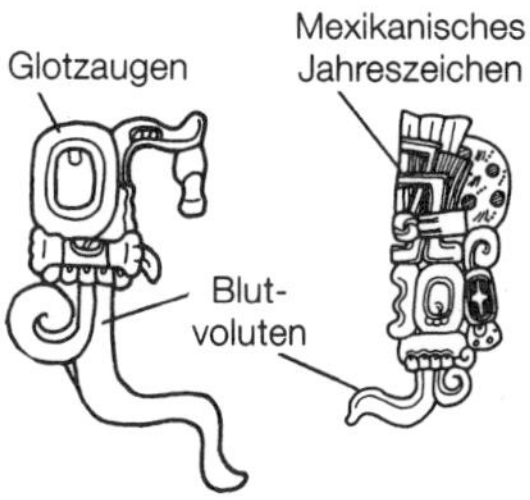

Tlaloc

Todesgott Gott A

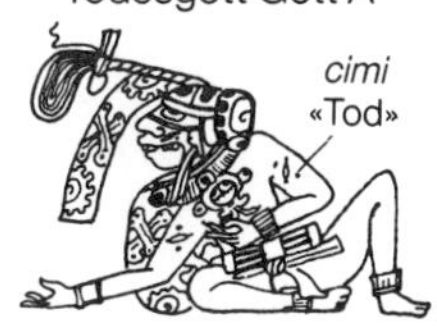

Todesgott Gott A'

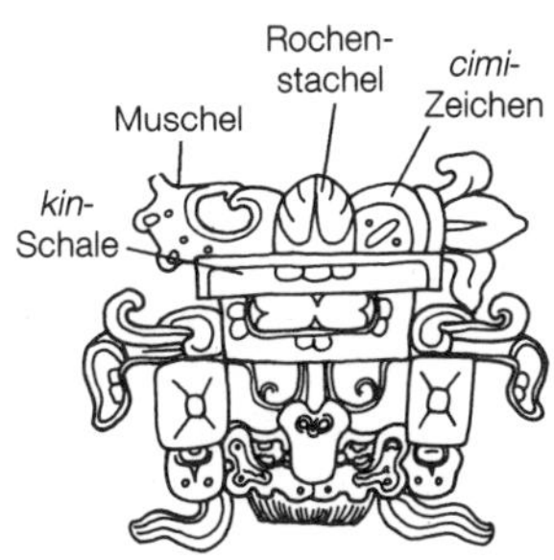

Viergeteiltes Monster

Tlaloc ist ein Symbolkomplex, der mit Krieg und Blutopfer assoziiert ist. Hauptkomponente ist ein großer Schädel ohne Unterkiefer, mit großen, stark umrandeten kreisrunden Augen, aus dessen Mundöffnung Blutvoluten hervortreten. Als weitere Komponenten gehören dazu Speerwerfer, Wurfspieße und ein bestimmter Typ eines rechteckigen, flexiblen Schilds. Ein Krieger im Tlaloc-Ornat trägt gewöhnlich einen den ganzen Körper bedeckenden Anzug aus Jaguarfell. Häufig gehört auch eine gehörnte Eule mit zum Motivrepertoire. Diesen Symbolkomplex mit seiner Sinnbeziehung zu Krieg und Opfer findet man bei vielen mesoamerikanischen Kulturen der Zeit, so auch bei den Teotihuacanos, von denen er möglicherweise in der frühklassischen Periode zu den Maya gelangte.

Der **Todesgott** (Gott A) erscheint als lebendes Skelett, manchmal mit von Fäulnisgasen aufgetriebenem Bauch. Gott A kommt in einer Vielfalt von Bildvarianten vor, die sich in kleinen anatomischen Details, den gegenständlichen Attributen und der dargestellten Handlung voneinander unterscheiden. Die Varianten könnten sowohl unterschiedliche Aspekte ein und desselben Gottes als auch ebenso viele verschiedene – nach unterschiedlichen Krankheiten oder Aktionen benannte – Herren des Todes bezeichnen.

Trias von Palenque siehe Göttertrias von Palenque.

Vier Himmelsgegenden, Götter der siehe Richtungsgötter.

Das **Viergeteilte Monster** erscheint in drei Hauptvarianten: 1. als zweiter Kopf am hinteren Ende des Kosmischen Monsters (siehe dort), 2. als separates Bildelement am Fuß des Weltenbaums (siehe dort) und 3. als Zepter oder Kopfputz. Der stets körperlose Schädel ist oberhalb der Schnauze mit Fleisch bedeckt, darunter skelettiert. Eine flache Opferschale mit dem Sonne-Zeichen *kin* bildet die Stirn; die Schale enthält einen

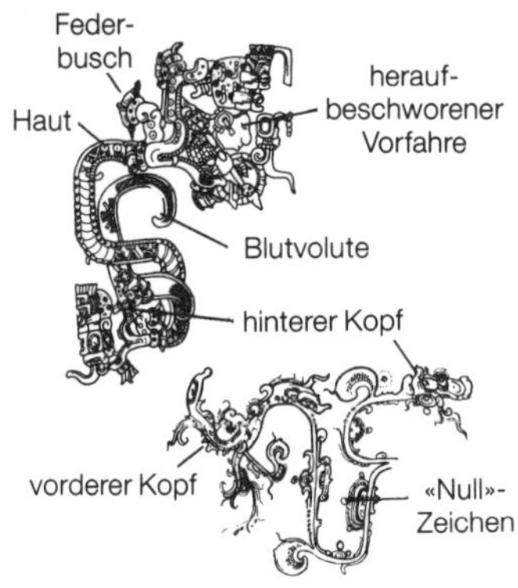

Visionsschlangen

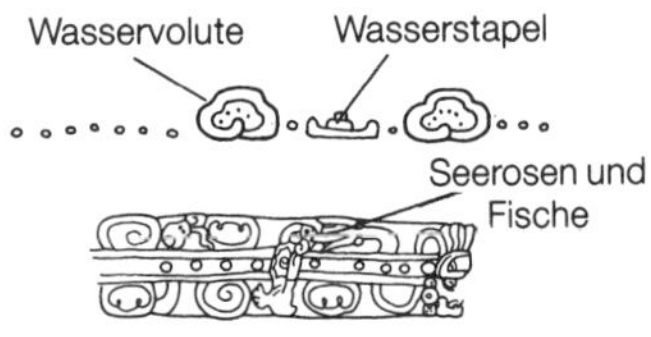

Wasser

Rochenstachel, eine Muschelschale und zwei gekreuzte Bänder. Der Rochenstachel repräsentiert das Blut der mittleren Welt, die Muschel die Wasser der Unterwelt und die gekreuzten Bänder die Bahn der Sonne, die die Milchstraße kreuzt, ein Zeichen für den Himmel, dessen Stelle in frühklassischen Kontexten ein Vogelflügel einnahm. Bei Gott GI aus der Göttertrias von Palenque (siehe dort) findet sich dieses Zeichen häufig als Kopfputz. Das Viergeteilte Monster symbolisiert die Sonne auf ihrer täglichen Bahn durch das All.

Die **Visionsschlange** wird gewöhnlich als aufgerichtete – manchmal gefiederte, manchmal teilweise enthäutete – Schlange dargestellt. Sie trägt das Symbol für personifiziertes (oder als «heilig» markiertes) Blut am Schwanz zur Bezeichnung der Substanz, mit der sie zur Erscheinung gebracht wird. Sie selbst symbolisiert den Weg, auf dem die Ahnen und Götter aus Xibalba in diese Welt gelangen, wenn sie im Blutopferritus beschworen werden. Im Normalfall werden Visionsschlangen mit nur einem Kopf dargestellt, doch sind auch doppelköpfige Exemplare bekannt. Die Maya verwischten anscheinend die Unterschiede zwischen Visionsschlangen und Doppelköpfigen Schlangenstäben (siehe Schlangenstab), weil in ihren Augen beide Symbole bedeutungsverwandt waren. [10]

Wacah Chan siehe Weltenbaum.

Wasser ist das Medium, in dem die Welt schwimmt. Man sieht es zuweilen aus der Pforte der Unterwelt hervorquellen. Zumindest auf manchen Bildern besteht die Atmosphäre in Xibalba aus Wasser, und alles, was dort geschieht, spielt sich so ab, als wenn es unter Wasser stattfände. Wasser wird auf zweierlei Art dargestellt: zum einen durch Wasserbänder, das sind horizontale Aneinanderreihungen von Tropfenmustern, Voluten und zu kleinen Haufen aufgestapelten Rechtecken, die Wasserspiegel, insbeson-

Wasservögel

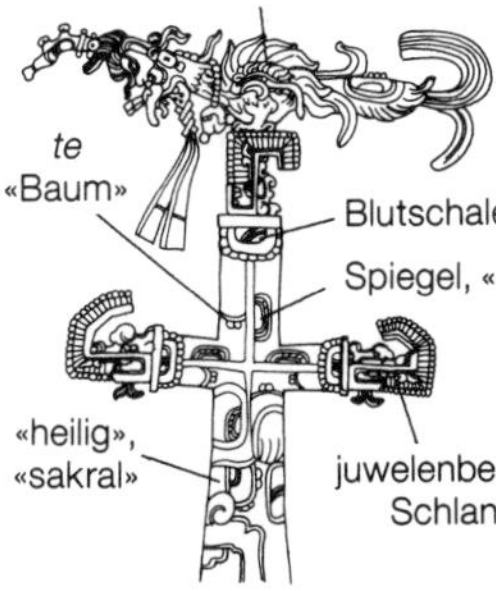

Der Weltenbaum
Wacah Chan

Witz-Monster

dere solche von seichten Wassern wie Sumpfgewässern und Bewässerungskanälen, symbolisieren; zum anderen in Form von Bändern mit Seerosenmuster. Aufgrund des Gleichklangs zwischen den Wörtern für «See», «Sumpfgewässer», «Fluß» einerseits und dem Wort *nab*, «Seerose», andererseits konnten Seerosenbänder all jene Gewässerformen symbolisieren. Die Symbolik des Seerosenbands vermischt sich in der Praxis nicht selten mit der des Blutbands. Ein Wasserloch ist das glyphische oder symbolische Zeichen für Wasser unter der Erdoberfläche, etwa in Cenotes oder in Form unterirdischer Wasserläufe. Dieses Zeichen ist verwandt mit der glyphischen oder bildlichen Repräsentation des Rachens der Unterwelt.

Der **Wasservogel** ist ein Phantasiewesen, das die gesamte Klasse der Vögel vertritt, die in den Augen der Maya durch ihre Affinität zum Wasser, insbesondere zu Flußläufen, Sumpfgewässern und den Kanälen des Hochäckersystems, charakterisiert waren. In der Regel wird dieser Vogel mit einem langen Hals dargestellt, aber wie die Emblemglyphe von Palenque zeigt, kommt er auch in einer Variante mit kurzem Hals vor. Auf dem Kopf trägt er eine Federkrone wie ein Reiher, der Schnabel ist gewölbt wie beim Kormoran. Siehe auch Himmelsvogel.

Der **Weltenbaum** stellt die Zentralachse aller drei Welten dar. Seine Namensglyphe lautet *Wacah Chan*, «Sechs Himmel» oder «Erhobener (bzw. Aufgerichteter) Himmel», in Symbolform erscheint er als Kreuz mit Gott-C-Markierung, die ihn als göttlich beziehungsweise heilig kennzeichnet. Seine Arme enden gewöhnlich in juwelengeschmückten, stumpfschnauzigen Schlangen, die das Opfergut der flüssigen Art symbolisieren – Menschenblut und seine Analoga: Kautschuk, Kopal und den roten Saft der Ceiba. In den Zweigen des Baums liegt das Signum der Königsmacht, der doppelköpfige Schlangenstab (siehe Schlangenstab), und zuoberst auf der Krone sitzt der Himmelsvogel (siehe dort), der im kosmologischen

Modell der Maya der Vogel des Zentrums ist. Der Weltenbaum entspringt oft hinter dem zweiten Kopf des Kosmischen Monsters (siehe dort), dessen erster Kopf als Wurzelbereich des Baums dargestellt werden kann. Der Weltenbaum ist der Verbindungsweg zwischen natürlicher und übernatürlicher Sphäre, als Zentrum des Kosmos gedacht; das Kosmische Monster ist derselbe Weg, als Peripherie des Alls gedacht. Der König ist der fleischgewordene Weltenbaum. Siehe auch Blattkreuz.

Das **Witz-Monster** symbolisiert den lebenden Berg. Es wird als vierbeiniges Zoomorph dargestellt, das mit Cauac- und «Stein»-Markierungen gekennzeichnet ist. Zur Unterscheidung von dem Zoomorph «Stein» dienen die Augenlider des Witz-Monsters und die gestufte Rinne, die über seine Stirn verläuft. Auf Keramikbildern ist das Monster häufig mit weitgeöffnetem Maul zu sehen. Als Tempelornament verwandelt es den Sakralbau in einen lebenden heiligen Berg; das aufgerissene Maul bildet in solchen Fällen den Eingang in das Innere des Bergs und symbolisiert dann einen Höhleneingang. Sollte der Berg, den das Witz-Monster symbolisierte, genau bezeichnet werden, wurden entsprechende Bildzeichen hinzugefügt oder der Name des Bergs in die Augenlöcher geschrieben. Siehe auch Cauac-Zeichen.

Zeremonialstab siehe Schlangenstab.

Zwillinge und Gegensatzpaare sind gleichsam die Matrix des kosmologischen Denkens der Maya. Paarige Gottheiten, wie zum Beispiel die den Tag/Nacht-Gegensatz repräsentierenden Paddler-Götter (siehe dort), gehören zu den verbreitetsten Erscheinungen in der mythologischen Ikonographie der Maya. Einige dieser Paare personifizieren logische Gegensätze, andere sind natürliche Zwillingsbrüder. Allerdings kann jedes Glied einer solchen Paarung auch für sich allein auftreten. Auch konnten von Fall zu Fall zur Symbolisierung neuer Gegensätze neue Paarungen gebildet werden. Die bekanntesten Zwillinge sind die Urväter-Heroen des *Popol Vuh*, die sowohl unter mythologischem wie historischem Aspekt mit einer Reihe häufig vorkommender Zwillinge der klassischen Periode verwandt sind. Daneben treten Gegensatzpaare mit einer gewissen Regelmäßigkeit in den Ankündigungskartuschen von Distanzangaben auf. In diesem Kontext versinnbildlichen die Gegensätze den historischen Wandel, die Ersetzung bestimmter Dinge durch andere. Zu den Gegensatzpaaren, die in diesem Zusammenhang eine Rolle spielen, zählen männlich/weiblich, Leben/Tod, Wind/Wasser, Venus/Mond, Blut/Wasser. Die Paarung von Gegensätzen ist bei den Maya bis auf den heutigen Tag ein Grundprinzip des Diskurses und der Metaphernbildung geblieben. Siehe auch Stirnband-Zwillinge, Göttertrias von Palenque, Chac-Xib-Chac und Jaguarjunges.

 Zwillingsheroen siehe Göttertrias von Palenque und Stirnband-Zwillinge.

ANHANG

Persönliches Nachwort der Verfasser

Ich kann mich noch lebhaft daran erinnern, wie ich zum erstenmal den Schotterweg zu den Ruinen von Palenque entlangging. Links und rechts gesäumt von schlingpflanzenbehangenem Gebüsch, das durchdrungen war vom Lärm spielender Kinder, Hundegebell und dumpf grollenden Truthahnlauten, führte der Weg vorbei an verfallenem Gemäuer im Schatten mit Girlanden von Schlingpflanzen behangenen Bäumen bis auf die grasbewachsene Plaza vor dem Tempel der Inschriften. Ich befand mich auf der ersten Mexikoreise meines Lebens, zu der die Wißbegier meines Mannes – Architekt von Beruf – den Anstoß gegeben hatte. Nie zuvor hatte ich die Üppigkeit des Tropenwaldlebens gesehen, nie zuvor die dodekaphonischen Weisen der Zikaden gehört. Beim Durchstreifen dieses magischen Fleckchens Erde, wo die Mauerfarbe der Ruinen von Flechtenkulturen bestimmt wird, spürte ich, wie sich in meiner Phantasie das ausdrucksvolle Bild einer versunkenen Welt formte. Von der verwunschenen Atmosphäre hier im Wald, in dem sich das Licht zwischen den hochaufragenden, in einen üppigen Behang von Orchideen, Bromelien und Lianenranken gehüllten Bäumen smaragdgrün verfärbte, ging ein exotischer Reiz aus, von dem ich mir nie hätte träumen lassen. Aus dem kalziumgesättigten Wasser, das in steinigen Bachbetten in die Ebene unterhalb der Terrasse von Palenque stäubend hinunterstürzt, so daß es Fels, Blatt, Zweig und zerfallenen Tempelbau gleichzeitig in seine Schleier hüllt, begannen vor meinem inneren Auge Bilder von Schöpfung und Zerstörung aufzusteigen.

Es war Zufall, daß es uns hierher verschlagen hatte, denn wir wollten in jenem Dezember 1970 eigentlich nur die touristische 08/15-Wallfahrt nach Yucatán zur Besichtigung der Renommierruinen von Uxmal, Chichén Itzá und Kabah absolvieren. Für den Abstecher nach Palenque entschieden wir uns erst in allerletzter Minute. Auf unserer Straßenkarte sah es so aus, als läge der Ort unweit der Autobahnstrecke, und dem Reiseführer, den wir uns gekauft hatten, war zu entnehmen, daß zwei Stunden oder auch mehr Aufenthalt hier sich allemal lohnen würden. Wir blieben zwölf Tage. Und bei der Abfahrt war mir klar, daß mein Leben und Lieben unwiderruflich eine neue Richtung genommen hatten.

Damals war ich hauptberuflich Malerin mit einem Lehrauftrag für Kunst an einer kleinen Universität in Mobile, Alabama. Wie die meisten Zeitgenossen fühlte ich mich frustriert von der Art Leben, die ich führte. Ich wußte, daß meine Arbeit als Kunstschaffende in der Gesellschaft ohne Bedeutung war. Zwar konnte ich im Bedarfsfall jederzeit einen Schwall vollmundiger Phrasen über den Sinn meines Tuns von mir geben, aber in meinem tiefsten Innern gab ich mich im Hinblick auf dessen faktische und faktisch unabänderliche soziale Irrelevanz keiner Täuschung hin. Und doch hatte ich mir, während ich mit meinen Anfangssemestern die «Einführung in die schönen Künste» abhielt – jenen Paradekurs, der dem Universitätsabsolventen von heute die Weihe des Kulturbürgers verleihen soll –, in Gedanken das utopische Bild von einer Kunst geformt, die im Lebenszusammenhang der Gesellschaft, auf deren Boden sie erwachsen ist, eine unverzichtbare Rolle spielt. Als ich mich dann zwischen den verstreut herumliegenden Steinen und dem bröckelnden Stuck der Wunderwelt von Palenque bewegte, begriff ich mit einemmal, daß ich hier auf die Verwirklichung meines Traums gestoßen war. Wie einen Zwang verspürte ich in mir das Bedürfnis, zu ergründen, wie, wann und warum all diese Dinge entstanden sind und wer ihre Urheber waren.

Es dauerte drei Jahre, bis ich die Antwort auf die letzte der Fragen – Wer? – gefunden hatte. Und wiederum hatte ich dies dem Zufall zu verdanken. Am letzten Tag der *Primera mesa redonda de Palenque*[1] im Dezember 1973 suchten Peter Mathews und ich nachmittags gemeinsam die Inschriften in den Ruinen von Palenque nach Namen und Daten von Königen ab. Nach dreistündiger Arbeit war es uns gelungen, nicht nur fünf Herrscher, sondern auch die Daten wichtiger Begebenheiten in ihrem Leben zu identifizieren.[2] Dieser Zauber des Entdeckens hat in den seither vergangenen fünfzehn Jahren nicht abgenommen. Seit damals bin ich die hingerissene Teilnehmerin an einer wundersamen Entdeckungsreise in die Vergangenheit, auf der es etwas ganz Besonderes zu entdecken gibt: die im dunklen Abgrund der Zeit versunkene Geschichte eines Volkes.

Der Gegenwart mit ihren aufregenden Entdeckungen gehen einhundertfünfzig Jahre voraus, in deren Verlauf Hunderte von Menschen mit ihrer vom Forschungsgeist beflügelten Arbeit die Fundamente legten, auf denen wir Heutigen bauen. Doch auch wenn wir die Schuld, in der wir Forscher heute unseren Vorgängern gegenüberstehen, anerkennen – was sich gegenwärtig in der Geschichte der Maya-Forschung ereignet, ist etwas Besonderes, das sich ähnlich wohl kaum je wiederholen dürfte. Es geschieht eben nur einmal, daß jemand erstmals den Namen Pacals entziffert oder herausfindet, wer den Tempel des Kreuzes in Palenque oder den Tempel 22 in Copán erbaute.[3]

Und die gegenwärtige Entdeckungsphase ist noch nicht vorüber, denn die Entzifferung des Schriftsystems der Maya, die Erforschung ihrer Religion und ihrer Politik, die Ausgrabung und Untersuchung ihrer Lebensspuren, das alles ist noch längst nicht abgeschlossen. Tatsächlich stehen diese Dinge sogar erst im Anfangsstadium. Woran wir den Leser dieses Buches teilhaben lassen möchten, ist nur eine Etappe der großen Reise und das Ergebnis der Arbeit vieler verschiedener Menschen und vielerlei Perspektiven. Die Erfolgsbilanz auf einem Forschungsgebiet ist niemals alleiniges Verdienst eines einzelnen.

Von Anfang an war es mein Ziel, die Maya in ihrer Kunst, Schrift, Architektur und den sonstigen Relikten ihrer Kultur zu begreifen. Das Bild des historischen Geschehens, das wir beide in *Die unbekannte Welt der Maya* entwerfen, spiegelt den heutigen Stand unseres Wissens über sie wider. Die Entzifferungsarbeit wird weitergehen, und künftige Grabungen werden neues Quellenmaterial zutage fördern: eine neue Wissenschaftlergeneration wird neue Perspektiven aufzeigen und die Strukturen, deren Beschreibung wir von den Vorgängern übernommen, modifiziert und erweitert haben, in ein neues Licht rücken – und auch in Zukunft werden die Zusammenhänge, wie sie sich aus heutiger Sicht darstellen, noch Abwandlungen erfahren. Die historische Ausdeutung der Fakten ist in Bereichen wie dem unseren nichts Endgültiges, sondern entsprechend der sich verändernden Natur ihres Materials ihrerseits beständiger Änderung unterworfen. Man kann dies mit jener Umwertung und Neuinterpretation der Geschichte vergleichen, zu denen wir uns im Rückblick auf die großen und kleinen Ereignisse, die unsere Weltsicht prägten, fortwährend auch im Alltagsleben genötigt sehen. Diejenigen meiner Landsleute, die gleich mir im mittleren Lebensalter stehen, haben diesen Wandel des Geschichtsbilds am Beispiel des Vietnamkriegs und seines Zusammenhangs kennengelernt. Das eigentlich Wunderbare aber für mich ist, daß die alten Maya jetzt erstmals eine Geschichte haben, die in diesen Umwertungsprozeß einbezogen werden kann.

Austin, Texas, im Mai 1989 — *Linda Schele*

Durch Palenque kam ich zum erstenmal im Sommer 1971, kurz nach Linda, auf dem Weg zur Insel Cozumel, wo ich im Rahmen des Harvard-Arizona Cozumel Project[4] mit der Exploration der Ruinenplätze beginnen sollte. Obwohl erst frisch graduiert und noch am Anfang meiner wissenschaftlichen Laufbahn, war ich schon seit acht Jahren «Dreckarchäologe» und als solcher inzwischen versiert dank Erfahrungen auf Ausgrabungsstätten in Nordamerika, Europa und dem Mittleren Osten. Ich liebe die Feldarbeit, und deshalb freute ich mich auf die Cozumel-Ruinen, auch wenn sie im Vergleich zu Palenque eher bescheiden wirken. Freilich stand bei meiner Beschäftigung mit den Maya ein ganz anderes Motiv im Vordergrund.

Ich wollte herausfinden, ob und auf welchem Weg dem Wesen des Maya-Schamanismus mit den Mitteln der Archäologie auf die Spur zu kommen sei. Mich interessierte der Zusammenhang zwischen politischer Herrschaft und religiösem Glauben. Mein Ehrgeiz nährte sich aus der gründlichen und intensiven Ausbildung in Sozialanthropologie und Maya-Ethnographie, die mir durch meine Universitätslehrer zuteil wurde. Ich wußte, daß die Institutionen der politischen Macht, wie sie bei den Maya seit Ankunft der Europäer verzeichnet und beobachtet worden waren, in die Aura der Heiligkeit gehüllt und in das Kosmische eingebettet waren. So erschien es mir als eine Herausforderung, womöglich mit archäologischer Hilfe den Schleier, den die christliche Sicht um die Tatsachen gebreitet hatte, durchdringen zu können, um die vorkolumbischen Institutionen politischer Zentralgewalt unverstellt in den Blick zu bekommen.

Da die Insel Cozumel noch unmittelbar vor der Eroberung Sakralzentrum und Wallfahrtsort war, konnte ich dort in der Tat Politik und Religion der Maya am Material von Ruinen und Kunstgegenständen studieren. Es war kein großes Problem, Verbindungslinien zwischen den von Beobachtern des 16. Jahrhunderts hinterlassenen, vergleichsweise differenzierten Augenzeugenberichten über Maya-Bauten und ihren Verwendungszweck auf der einen und dem archäologischen Material auf der anderen Seite zu ziehen. Aber wenn ich auf diese Weise auch den Schleier des Christentums durchdrungen hatte, so führte dies doch nicht hinter die von den spanischen Chronisten dokumentierte Epoche zurück. Die riesige Zeitspanne der vorkolumbischen Ära blieb außerhalb meines Gesichtskreises.

Mein nächster Forschungsauftrag führte mich nach Cerros in Belize und damit weg vom Untergang der Maya-Kultur und hin zu ihren Anfängen in der vorklassischen Periode, zurück bis zu den ältesten archäologischen Urkunden, und weit weg von den historischen Beobachtungen der Europäer. Als ich im Sommer 1977 zum erstenmal die große Sonnenmaske an der Struktur 5 C in Augenschein nahm, wurde mir klar, daß ich nicht umhinkönnen würde, mich in Maya-Ikonographie sachkundig zu machen und daraufhin dieses Bauwerk unter dem Aspekt seiner politisch-religiösen Funktion zu interpretieren. Zwar hatte zu meinem Studium auch eine Grundausbildung in Symbolanalyse gehört, aber über Kenntnisse der Maya-Kunst verfügte ich so gut wie nicht, und von Textübersetzung hatte ich keine Ahnung. Linda gehörte mit zu den Maya-Kunst-Experten, die auf meine Bitte um Feedback auf meinen ersten nennenswerten Artikel über meine Erhebungen in Cerros reagierten. Sie rief mich von Austin aus an und erklärte mir: «David, Sie sind auf total falschem Weg zu einem richtigen Ergebnis gekommen. Wir müssen unbedingt miteinander reden.»

Das war im Herbst 1979, und seither haben wir nicht mehr aufgehört, miteinander zu reden. Es fällt uns nicht schwer zusammenzuarbeiten – was nur natürlich ist: Das Wesen archäologischer Forschung ist Teamwork. Generelle Schlußfolgerungen sind immer das Produkt von Erkenntnissen vieler verschiedener Teilnehmer am Forschungsprozeß. Und Teamwork ist auch das Wesen epigraphischer und ikonographischer Maya-Forschung. Linda und ich betrachten die alten Maya dank unseres unterschiedlichen biographischen und Bildungshintergrunds aus verschiedenen Perspektiven. Das Aufeinanderabstimmen unserer Denkweisen erfolgte bisher auf eine Art, die uns in einigen Fällen undurchsichtig blieb, im Regelfall überraschte, im Normalfall höchst anregend und in ausnahmslos allen Fällen lohnend war. Ich für meinen Teil darf mich heute als Kenner der Ikonographie mit immerhin rudimentärer Beherrschung der Epigraphik betrachten. Linda ihrerseits ist heute eine Anhängerin des Strukturalismus und des Evolutionsgedankens. Das Wichtigste für uns beide ist jedoch: Wir sind heute etwas, das wir 1971 noch nicht hätten sein können: Historiographen der alten Maya.

Die unbekannte Welt der Maya ist das Resultat unserer Zusammenarbeit und hätte anders als auf diesem Weg nicht zustande kommen können. In beträchtlichem Umfang haben wir hier Material aus unserer persönlichen Tätigkeit im Bereich der wissenschaftlichen Maya-Forschung verarbeitet. Mit vier (Cerros, Palenque, Copán und Yaxuná) der sechs Regionen und der dort angesiedelten Gemeinschaften, die die Stützpfeiler unserer historischen Darstellung bilden, haben wir uns eingehend befaßt und darüber wissenschaftliche Studien veröffentlicht. Jeder von uns schrieb auf dem Computer seine Manuskriptbeiträge, um sie anschließend dem anderen zur Überarbeitung vorzulegen. Dieser fortgesetzte Dialog bewirkte, daß die Informationen, die der einzelne in das Gemeinschaftsunternehmen einzubringen hatte, immer wieder mit neuen Gedanken durchdrungen wurden. Am Ende unserer Arbeit schaltete sich Joy Parker als Expertin für Stilistik in die Schreibprozedur ein. Mit klarer Ausdrucksweise, wacher Intelligenz und Respekt für den Gegenstand unserer Arbeit glättete Joy den Erzählfluß und übersetzte unsere nicht selten komplizierten Begriffskonstruktionen ins Allgemeinverständliche.

Dieses Buch hat mich verwandelt. Wenn ich heute die Ruine eines Maya-Bauwerks betrachte und dabei an die Menschen denke, die das vor langer Zeit einmal erbaut, bewohnt oder anderweitig benutzt haben, dann sind dies nicht mehr bloß abstrakte Vorstellungen von einer Gesamtheit sozialer Kräfte, die in der Auseinandersetzung mit ihren materiellen Lebensbedingungen ihre Umwelt formte. Heute tauchen vor meinem inneren Auge Maya-Gesichter auf, Maya-Namen fallen mir ein, und ich suche nach Indizien für bewußtes menschliches Handeln und die kleinen Ereignisse des Alltagslebens. Keine Frage, Geschichte ist mit Einschränkungen zu betrachten. Bei den alten Maya war sie für die Machthaber und die gesellschaftliche Elite reserviert; so spiegelt sie mit Genauigkeit bestenfalls das Geschehen wider, wie es sich in den Augen jener kleinen Gruppe darstellte. Über das Leben der einfachen Leute schweigt sie sich aus. Nach Informationen über sie, deren Erfahrungen für das Schicksal der Maya keineswegs unbedeutend waren, müssen wir in den archäologischen Funden Ausschau halten. Aber heute fühle ich mich besser gerüstet für die weitere Teilnahme an der gemeinsamen Unternehmung, bei der es darum geht, die Erkenntnisse aus der «Dreckarchäologie» mit der Geschichte zu verknüpfen, die uns von den Königen und den Großen ihres Hofs hinterlassen wurde. Wenn sich meine Hoffnung erfüllt, werden wir aus dieser Synthese etwas über den Dialog des Volkes, der Quelle der Macht, mit den Eliten, den Trägern der Macht, erfahren.

Dallas, Texas, im Mai 1989 *David Freidel*

Anmerkungen

Vorwort

1 Die Bedeutung von *ahau* wird im Motul-Wörterbuch, einer der ältesten Quellen zum yucatekischen Maya der Kolonialzeit (ca. 1577), folgendermaßen umschrieben: *«rey o emperador, monarca, principe o gran señor»* («König oder Kaiser, Monarch, Fürst oder Edelmann»). In den Inschriften der klassischen Periode ist der Souverän ein *ahau*, aber *ahauob* sind auch viele hohe Würdenträger an seinem Hof. Den Inschriften zufolge übernahm der König bei der Thronbesteigung das Amt des *ahau* und war fortan *k'ul ahau*, «heiliger (oder göttlicher) Herr» seines Königreichs. Wir werden im folgenden den Ahau-Titel zur Bezeichnung der Maya höchster Rangstufe verwenden; die Pluralbildung werden wir nach der Maya-Regel in der Form Ahauob vornehmen.

1 Zeitreisen im Tropenwald

1 Das Huastekische gilt in der modernen Sprachwissenschaft als Maya-Sprache. Unter archäologischem wie linguistischem Aspekt erfolgte die Trennung zwischen dem Huastekischen und den anderen Maya-Sprachen schon sehr früh – vermutlich um 2000 v. Chr.

2 Der Begriff Mesoamerika wurde von Paul Krickhoff (1943) eingeführt. Er definiert sowohl einen geographischen als auch einen kulturellen Raum, nämlich das Gebiet autochthonen Landbaus, das im Westen an der Grenze zur mexikanischen Wüste endet und im Osten so weit reicht wie das Maya-Sprachgebiet und der kulturelle und wirtschaftliche Einfluß der Maya-sprechenden Volksgruppen.

3 Nach wie vor herrscht in der Wissenschaft alles andere als Einigkeit über die Beziehung zwischen der Jäger- und Sammlerpopulation, von der man im guatemaltekischen Maya-Hochland und im Tiefland von Belize verstreute Spuren von Lagern gefunden hat, und den ackerbauenden Bevölkerungsgruppen, die in der mittleren vorklassischen Periode (1000–400 v. Chr.) erscheinen. Nach Ansicht eines Teils der Gelehrtenwelt wanderten neue, große Bevölkerungsgruppen, die das seßhafte Dorfleben, den Gebrauch von Töpferwaren und den Anbau von Kulturpflanzen mitbrachten, zu Beginn dieser Periode in das Tiefland ein; nach Meinung dieser Gelehrten sind diese Gruppen die eigentlichen Vorfahren der Maya. Andererseits berichtet Fred Valdez (persönliche Mitteilung 1989) von Spuren präkeramisch-archaischen menschlichen Soziallebens direkt unter dem das mittlere Vorklassikum repräsentierenden Dorf am Fundort Colha in Nordbelize. Im Laufe weiterer Forschungen wird sich das Dunkel über der Beziehung zwischen einer eingeborenen Wildbeuterbevölkerung und den nachfolgenden seßhaften Ackerbauern mit der Zeit lichten. Daß es im Altertum Wanderungsbewegungen zwischen dem Maya-Hochland und dem angrenzenden Tiefland gegeben hat, ist kaum zu bezweifeln: Es gibt sie heute noch.

4 Wenn gesagt wird, daß der Schamane der «wertkonservative» Hüter und Bewahrer der Kulturtradition ist, so ist das nur die halbe Wahrheit. Seine fortwährend improvisierende Weltdeutung muß in den Erfahrungen seines Volks von der sich ständig wandelnden Welt verankert sein. Der Schamane wirkt homöostatisch – ausgleichend, Gleichgewicht schaffend – in jeder Beziehung: Er zielt auf den Ausgleich der Widersprüche im dörflichen Wertsystem, die sich zwangsläufig einstellen, wenn der Druck äußerer Verhältnisse die Gemeinschaft zum Einstellungswandel zwingt. Der Schamane bewahrt die alten Werte, indem er durch seine Ausdeutung die von den Maya in ihrer Umwelt wahrgenommenen Veränderungen mit ihrem jahrtausendealten elementaren Gedankengut in Einklang bringt.

5 Wir baten Stephen Houston und David Thompson telefonisch um eine schriftliche Bestätigung der neuen Lesung, damit wir uns erforderlichenfalls darauf beziehen könnten.

Die Briefe von Houston und Grube trafen mit nur vierundzwanzig Stunden Abstand voneinander bei uns ein. Der Vorgang ist symptomatisch für die zunehmende Dynamik auf dem Gebiet der Glyphenentzifferung. In einer Art Schneeballeffekt wachsen mit der Zahl der gelungenen Entzifferungen die Impulse zu neuen Lesungen. Und wenn dann die «kritische Masse» erreicht ist, stoßen in einer Art Kettenreaktion viele Forscher gleichzeitig auf dieselbe Lösung. Houston und Stewart (1989) haben inzwischen die Fakten publiziert, die sie zu dieser Lesung brachten.

6 Alexander von Humboldt reproduzierte 1810 in dem Bericht über seine gemeinsam mit dem Botaniker Aimé Bonpland durchgeführte Mexikoreise fünf Seiten des *Codex Dresdensis*. Antonio del Ríos Reisebericht erschien unter dem Titel *Description of the Ruins of an Ancient City* 1822 in dem Londoner Verlag Henry Berthoud; das Buch enthielt siebzehn Bildtafeln mit Wiedergaben von Reliefs aus Palenque.

7 Unsere Nacherzählung dieser interessanten Ereignisse basiert auf George Stuarts (o. J.) detaillierter Studie über die einschlägige Publikations- und Forschungsgeschichte.

8 In ihre Fußstapfen tritt heute Ian Graham, der Herausgeber des *Corpus of Maya Hieroglyphic Writing*, mit seinen exzellenten Veröffentlichungen von Umzeichnungen und Fotografien der Maya-Inschriften. Als weitere große Sammlerin und Archivarin ist Merle Greene Robertson zu nennen. Seit dreißig Jahren widmet sie ihr Leben ganz der Aufgabe, Abreibungen, Fotos und Zeichnungen von Inschriften und Bildwerken der Maya anzufertigen.

9 Die Beschreibung ist enthalten in *A Study of Maya Art* (1913). Das bereits 1909 als Dissertation fertiggestellte Werk ist die erste systematische Untersuchung zur Maya-Ikonographie der klassischen Periode. Viele der hier vorgetragenen Beobachtungen und Betrachtungen sind bis heute unverändert gültig geblieben.

10 Morley (1915, 26), der zu dieser Vorgehensweise riet und sie selbst praktizierte, war der erste, der für Quiriguá einen kriegerischen Zwischenfall vermutete. Bald darauf jedoch machte er es sich zur Lebensaufgabe, alle erreichbaren Inschriften der klassischen Periode zu fotografieren und zu analysieren. Herausgekommen sind dabei die beiden Veröffentlichungen *The Inscriptions at Copán* und *The Inscriptions of the Petén*, die als Quellensammlungen noch heute von bedeutendem Wert sind. In beiden Publikationen jedoch befaßt sich Morley fast ausschließlich mit kalendarischen Fakten. Nie wieder ließ er irgendwelches Interesse für den «Textrest» erkennen, den er kurioserweise in allen Zeichnungen, die er anfertigte, systematisch unterschlug.

11 Die wichtigsten Beiträge, die zur Durchsetzung des neuen Ansatzes führten, erschienen allesamt in den Jahren 1958–1964; zu ihnen gehören Berlin (1958 und 1959), Proskouriakoff (1960, 1961 a, 1961 b, 1963–1964) und Kelley (1962).

12 Das folgende Zitat stammt aus dem Vorwort zur Neuausgabe von Thompsons *Maya Hieroglyphic Writing: An Introduction* (1971, V); es ist jedoch nur ein Beispiel von vielen für Thompsons (1950, 311 f.) vernichtende Angriffe auf den – seinerzeit nicht nur von Knorozov, sondern auch von Whorf propagierten – Phonetismus. Und seine Meinung hatte Gewicht genug, daß daraufhin die Akten über den Fall geschlossen wurden und es bis Mitte der siebziger Jahre blieben. Zwar gibt es vereinzelt auch heute noch unerbittliche Gegner des Phonetismus, doch zweifelt angesichts des sich inzwischen angesammelten Faktenmaterials, und vor allem seit sich die Produktivität dieser Methode erwiesen hat, die Mehrzahl der Epigraphiker nicht mehr an der Richtigkeit von Knorozovs Ansatz. Wir diskutieren zwar immer noch über dieses oder jenes Detail und über bestimmte Lesungen, allgemeine Übereinstimmung herrscht jedoch in der Frage, wie das Schriftsystem grundsätzlich funktioniert.

13 Elizabeth Benson, bis 1979 Direktorin der Pre-Columbian Library and Collections der Dumbarton Oaks Institution in Washington, lud in den Jahren 1974–1978 zu einer Reihe kleinerer Konferenzen ein. Die Teilnehmer – David Kelley, Floyd Lounsbury, Peter Mathews, Merle Robertson und Linda Schele – erarbeiteten gemeinsam detaillierte Paraphrasen der Inschriften von Palenque. Im Zuge dieser Arbeit gelangen nicht nur viele neue Entzifferungen, sondern es entstand auch eine bedeutende Paraphrasierungsmethode, die auf der Syntaxanalyse der Hieroglyphentexte aufbaut.

14 Drei der vier erhaltenen Maya-Faltbücher sind nach ihren Aufbewahrungsorten

benannt: Dresdner Kodex *(Codex Dresdensis)*, Kodex Paris *(Codex Peresianus)*, Kodex Madrid *(Codex Tro-Cortesianus)*. Das vierte, der Kodex Grolier, befindet sich heute im Museo Nacional de Antropología e Historia in Mexiko. In den aus stucküberzogenem Rindenbastpapier gefertigten, in Leporellomanier gefalteten Kodizes sind bunte Bilder und Texte vereinigt. Die Maya lasen ihre Bücher, indem sie sie von links nach rechts ziehharmonikaartig entfalteten, am rechten Ende angekommen das Ganze umdrehten und auf der anderen Seite weiterlasen.

15 In den Kodizes der Mixteken wurden Familienstammbäume als Gemeindekataster geführt. In aztekischen Handschriften sind Abgabelisten, Geschichten unterschiedlichster Art und Kalenderalmanache aufgezeichnet, überdies wurden sie als Träger für Nachrichten verwendet, die von einem in den anderen Teil des Reichs übermittelt wurden.

16 Yucatecan ist die Urform des heutigen Yucatekisch, des Itzá und des Mopán, aus Cholan entwickelten sich das Chol, das Chontal und das Chorti sowie das heute ausgestorbene Cholti. In der Sprachwissenschaft findet man größtenteils die Ansicht vertreten, daß die Entwicklungsverzweigung, die zu den Tochtersprachen führte, nach dem Ende der klassischen Periode (um 900 n. Chr.) einsetzte.

17 Die Abkömmlinge der zwei Ursprachen wurden in der angegebenen Verteilung bei der Conquista angetroffen, nur daß zur damaligen Zeit in der Übergangsregion zwischen Chol und Chorti das heute ausgestorbene Cholti gesprochen wurde. Für die eine oder andere Dialektfamilie charakteristische glyphische Schreibweisen treten in annähernd gleicher Verteilung auf, so daß die Annahme gerechtfertigt ist, daß dieses Distributionsschema in ungefähr gleicher Form auch während der klassischen Periode gegeben war. Zwischen Yucatekisch und Chol fand vom späten Vorklassikum an in Wortschatz und Grammatik eine starke Wechselwirkung statt, obschon die beiden Sprachen sich dann in späteren Jahrhunderten in unterschiedlicher Richtung entwickelten.

18 Dieser spezielle Fall von Homophonie ist der Epigraphik und der Ikonographie zwar schon seit langem bekannt, doch wurde sein Gebrauch im Schriftsystem erstmals von Houston (1984) umfassend dokumentiert.

19 Wir sagen bewußt *Logogramm* und nicht *Piktogramm*, denn die Wortzeichen waren größtenteils nicht Bilder der Dinge, die sie bezeichneten. Die Piktogramme sind eine Teilmenge der Logogramme, so daß zwar alle Piktogramme Logogramme, aber nicht alle Logogramme Piktogramme sind.

20 Der russische Gelehrte Yuri Knorozow (1952) erkannte als erster das Funktionsprinzip dieser Art phonetischer Schreibweise, doch erst Jahrzehnte später fand seine These die allgemeine Anerkennung der Fachkollegen.

21 Kathryn Josserand hat die Diskursstruktur von Hieroglyphentexten untersucht und ist dabei auf aufschlußreiche Analogien zwischen alten und modernen Formen gestoßen. Sie stellte fest, daß viele stilistische Kunstgriffe der alten Maya – wie etwa Satz- und Gegensatzpaarungen (Lounsbury 1980), Konstruktion des Textes auf ein Gipfelereignis hin und die Durchbrechung der Syntaxregeln in der Umgebung dieses Gipfelpunkts – auch heute noch gebräuchlich sind.

22 Kontinuitäten in der Technik der Werkzeugherstellung deuten darauf hin, daß diese Menschen in der Zeit von 1500 bis 1000 v. Chr. nach und nach zur Lebensform der dörflichen Siedlungsgemeinschaft übergingen. Zumindest im Küstengebiet von Belize dürfte das der Fall gewesen sein; hier ist längs der Flüsse ein allmählicher Übergang zur Seßhaftigkeit in dauerhaften Dorfanlagen festzustellen. R. S. MacNeish (1982) führte in Belize eine Landaufnahme durch und entdeckte dabei archäologische Fundorte und Steinartefakte aus der archaischen, voragrarischen Epoche.

Bis zum Jahr 1988 datierte man die ältesten Maya-Landbauern mit Hilfe der Radiokarbonmethode anhand von Funden aus Cuello in Nordbelize auf etwa 2000 v. Chr., also in die frühe vorklassische Periode in Mesoamerika. Beim Austin Maya Hieroglyphic Workshop 1988 trug jedoch Norman Hammond, der Leiter der Ausgrabungen in Cuello, gewichtige Fakten vor, die dafür sprechen, die Siedlung in Cuello in einen tausend Jahre späteren Zeitraum, also in die mittlere vorklassische Periode, zu datieren.

23 Bis spätestens um 900 v. Chr. hatte sich im Copán-Tal eine hierarchische Gesellschaftsstruktur herausgebildet, die unter anderem einen Bestattungsstil mit reichen Beigaben

exotischer Güter, insbesondere Jade, mit sich brachte. Die in Copán entdeckten Gräber aus dieser Zeit, vor allem Grab XVIII-27, gehören mit zu den aufwendigsten Grabstätten der Frühzeit, die im Maya-Gebiet gefunden wurden (siehe W. Fash o. J.; Schele und M. Miller 1986, 75, Bildtafel 17).

24 Die Volksgruppen im pazifischen Tiefland galten lange Zeit als Vertreter der Maya-Sprachengruppe. Von Sprachwissenschaftlern – als erste zu nennen sind hier die Namen Terrence Kaufman, Lyle Campbell, Nicholas Hopkins und Kathryn Josserand – wird neuerdings die These vertreten, daß die Bewohner der Pazifikküste Dialekte der Mije- und Zoque-Sprachenfamilien sprachen, wobei man die Zoque im Westen der Region, näher zum Isthmus hin, die Mije weiter östlich, in Richtung El Salvador, anzusiedeln hätte (Kaufman, persönliche Mitteilung 1989). Wenn dem so wäre, stünde die älteste Symbolik des Königtums in dieser Region größtenteils in der Mije-Zoque- und nicht in der Maya-Kulturtradition.

25 Man spricht in diesem Zusammenhang von einer «segmentären» Sozialorganisation, weil die Gesellschaft im ganzen sich aus politisch autonomen Kleingruppen zusammensetzt, die, wenn es um Handel, Kult, Eheschließung oder die Überwindung von Feindseligkeiten geht, sich als Abkömmlinge derselben Stammeltern und mithin als Glieder (Segmente) einer großen Familie betrachten. Mit zunehmender Komplexität ihrer Gesellschaft entwickelten die Tiefland-Maya andere Formen der Sozialorganisation – so zum Beispiel die Gönner-Klient-Beziehung zwischen adligen und Handwerkerfamilien. Dessen ungeachtet blieb die segmentäre Organisationsform für die gesamte Dauer ihres Bestehens ein entscheidend wichtiges soziales und politisches Strukturelement der Maya-Kultur. Man hat die Kulturperiode des Maya-Volkstums auch als Periode der segmentären Staatsorganisation bezeichnet, und wie berechtigt diese Etikettierung ist, wird durch die allzeit gleichbleibend wichtige Rolle der Verwandtschaftsbeziehungen in der Königshierarchie klar.

Die archäologische Erforschung der Ursprünge der komplexen Gesellschaftsform der Tiefland-Maya schreitet im Innern der Halbinsel Yucatán in zügigem Tempo voran. Richard Hansen und Donald Forsyth (persönliche Mitteilung 1989) entdeckten erst vor kurzem in Nakbe bei El Mirador 18 bis 28 Meter hohe Mounds aus dem mittleren Vorklassikum, wahrscheinlich aus der Zeit um 600–300 v. Chr.: ein Anzeichen dafür, daß einzelne Maya-Gemeinschaften bereits vor Anbruch der späten vorklassischen Periode die für die nachfolgende Epoche der Königsherrschaft kennzeichnende Zentralisierung des Kultlebens und Konzentration des Arbeitskräftepotentials vollzogen hatten. Die Bevölkerung von Copán unterhielt schon während dieser mittleren vorklassischen Periode einen ausgedehnten Fernhandel, durch den exotische Güter wie Jade im Überfluß in den Ort gelangten. Vor kurzem wurden die kunstvoll verzierten Swazy-Keramiken aus Nordbelize vom frühen ins mittlere Vorklassikum umdatiert. An mehreren Ausgrabungsstätten in Belize, zu denen auch Cuello und Colha gehören, kamen bäuerliche Ansiedlungen von beachtlicher Größe zutage, in denen das Kultleben in jener Periode schon zentralisiert war und ausgedehnte Außenhandelsbeziehungen bestanden. In derselben Epoche erlebte La Venta, das berühmte Zentrum der Olmeken-Kultur an der mexikanischen Golfküste, seine Blütezeit und importierte Unmengen von Luxusgütern hochländischen Ursprungs. Einige Ursprungsorte für die in La Venta eingeführten Waren könnten wohl auch im Einzugsgebiet des Motagua am Südostrand des Maya-Tieflands gelegen haben.

Aufgrund der gewandelten Forschungslage neigen wir heute zu der Ansicht, daß sich im mittleren Vorklassikum ein Fernhandelsnetz – eine «Jadestraße» – von der Karibikküste der Belize-Region durch die Umgebung von El Mirador bis zur Golfküste quer über die Halbinsel zog. Die Situation dürfte nach unserer Ansicht eine ähnliche gewesen sein wie nach dem Zusammenbruch der südlichen Königreiche im 9. Jahrhundert n. Chr. Damals überlebten als eine Art demographischer Archipel im spärlich besiedelten Binnenland einige komplexe Gesellschaften, die sich mit großem Eifer auf den Fernhandel stürzten. Ähnlich wird man sich die Ausgangslage zu Beginn des demographischen Aufschwungs im Vorklassikum, der die Epoche der Hochkultur einleitete, vorstellen können. Nicht auszuschließen, daß in der Folge weiterer Entdeckungen im Innern der Halbinsel die Ursprünge der Institution des Ahau bis in die mittlere vorklassische Periode zurückdatiert werden müssen. Aber selbst wenn dem so wäre, der Blick auf andere Tropengebiete – etwa auf Zentralafrika – lehrt, daß kleine komplexe Gesellschaften und große Stammesgesellschaften jahrhundertelang nebeneinander existieren können, ohne daß die Stammesgesellschaften zur Staatsbildung veranlaßt werden. Das Faktenmaterial aus dem späten Vorklassikum spricht nach wie vor für die Hypothese, daß die Institution des Königtums sich bei den Tiefland-Maya im Lauf der letzten zwei Jahrhunderte vor Christus im Zuge eines rapiden sozialen Wandlungsprozesses konsolidierte und als dominierende Herrschaftsform durchsetzte.

26 Den mit der Erfindung des Königtums bei den Maya einhergehenden Strukturwandel im Verständnis der Verwandtschaftsbeziehungen haben wir in Freidel und Schele (1988b) behandelt.

27 Eine ausführliche Darstellung dieser Organisationsform am Beispiel der nachklassischen Quiché gibt John Fox (1987).

28 Lee Parsons (persönliche Mitteilung, August 1987) hat in einem Regionalzentrum im Gebiet der Pazifischen Abdachung ein Weihopfer aus dem späten Vorklassikum freigelegt, das drei geschnittene Jade-Diademsteine enthielt, die als Krone hätten getragen werden können. Einer dieser Steine hat die Form von Gott «Narr», der vom späten Vorklassikum bis in die Anfänge der nachklassischen Periode hinein das Erkennungszeichen der Königswürde im Kopfputz darstellt (Freidel und Schele 1988a). Auf Stele 5 der Ruinenstätte Izapa, eines Regionalzentrums der späten vorklassischen Periode im südlichen Hochland, ist eine Autoritätsperson mit Gott-«Narr»-Diadem abgebildet (Fields o. J.). Das läßt vermuten, daß die Institution des Königtums auf der Grundlage des Ahaustatus in der späten vorklassischen Periode sowohl im Süden wie im Norden des Maya-Lands anzutreffen war.

29 Eine mächtige Pyramide mit quadratischem Grundriß auf dem Ruinenplatz Acanceh im nördlichen Tiefland von Yucatán (Abbildung in Seler 1911) wurde von Joesink-Mandeville und Maluzin (1976) anhand einer teilweise erhaltenen Monumental-Stuckmaske einwandfrei ins Vorklassikum datiert. Die Ikonographie dieser Maske stimmt überein mit der Symbolik des Königtums, wie sie uns an den spät-vorklassischen Bauwerken in Cerros begegnet (Freidel und Schele 1988b). Das berühmte Flachrelief vor dem Eingang zum Höhlensystem von Loltún im nördlichen Tiefland stellt einen Maya-König dar. Auch wenn kein epigraphischer oder archäologischer Kontext vorhanden ist, der eine sichere Datierung erlauben würde, kann man sagen, daß der Stil der königlichen Insignien das Bild ins späte Vorklassikum verweist (Freidel und Andrews o. J.).

30 In El Mirador wurden in der späten vorklassischen Periode Stelen aufgestellt, und an der unweit dieser Riesenstadt gelegenen Fundstätte Nakbe hat Richard Hansen (1988) Steinstelen im Stil des späten Vorklassikums entdeckt. Bis jetzt hat man hier allerdings noch keine beschriftete Stele gefunden.

31 Dieses frühe Datum ist auf der Stele Hauberg (Schele 1985c; Schele und Miller 1986, 191) verzeichnet. Die gebräuchlichen Bezeichnungen für die Epochen der Maya-Geschichte – vorklassische, klassische und nachklassische Periode – sind insofern irreführend, als Urbanisierung und öffentliche Bautätigkeit gewaltigen Ausmaßes bereits vor der klassischen Periode bestanden. Zwar hatte man in Uaxactún schon früh einen bedeutenden Tempel aus dem späten Vorklassikum freigelegt (Ricketson und Ricketson 1937), doch erst im Lauf der letzten fünfzehn Jahre kamen die Archäologen dahinter, welche wahrhaft erstaunlichen Leistungen die Tiefland-Maya im späten Vorklassikum vollbracht hatten.

32 Das letzte datierte Monument der klassischen Periode wurde auf dem Ruinenplatz Toniná gefunden. Es trägt das Datum 10.4.0.0.0, das entspricht dem Jahr 909 n. Chr.

33 Pat Culbert (1988 und persönliche Mitteilung 1986) beziffert die Bevölkerungsdichte für das gesamte Maya-Gebiet auf durchschnittlich 200 Personen pro Quadratkilometer. Die Population von Tikal schätzt er auf 500000.

34 Zur Bezeichnung des Maya-Staatsgebildes verwenden wir von Fall zu Fall verschiedene Ausdrücke, so etwa – neben Stadt, Stadtstaat, Herrschaft, Königreich – auch Politie, einen Begriff, der Territorialhoheit und politische Verfügungsgewalt impliziert, ohne etwas über die innere Organisation des Gebildes auszusagen oder darüber, ob es sich um einen Staat oder eine Nation handelt.

35 Berlin (1958) entdeckte als erster in den Inschriften vieler verschiedener archäologischen Stätten diesen speziellen Glyphentyp, der jeweils aus einem variablen Haupt- und zwei konstanten Nebenzeichen besteht. Die Konstanten, die Berlin als «Wassergruppen»-Affix

und «Ben-Ich»-Affix bezeichnete, lesen wir heute als *ch'ul*, «heilig», und *ahau*; die variable Komponente gibt den Namen der Stadt wieder, in der die jeweilige Glyphe vorkommt. Da Berlin sich nicht sicher war, ob der von ihm entdeckte Glyphentyp auf die Stadt als geographische Entität oder auf die herrschende Dynastie verwies, gab er ihm einen in dieser Hinsicht neutralen Namen: *emblem glyph*, «Emblemglyphe» (im deutschen Sprachbereich gelegentlich auch mit «Wappenglyphe» übersetzt).

Die neuesten Untersuchungen zu den Emblemglyphen stammen von Peter Mathews (1985a, 1985b, 1986). Im Anschluß an die Arbeiten von Berlin und Marcus (1973 und 1976) stellte er fest, daß in manchen Fällen die Herrscher benachbarter Gemeinwesen dieselbe Emblemglyphe führten: So etwa sind sowohl die Herrscher von Palenque wie die von Tortuguero als Ahau von Palenque betitelt, was darauf hindeutet, daß das durch die Emblemglyphe bezeichnete Hoheitsgebiet weit mehr umfaßte als nur das Territorium des Hauptzentrums. Mathews bemerkte ferner, daß die Hauptkomponente der Emblemglyphen im Zusammenhang der (in Kapitel 5 geschilderten) Sternenkriege Lokalitäten zu bezeichnen scheint. Die Kombination dieser Fakten führte ihn zu der These, daß es sich bei den Emblemglyphen jeweils um den Titel der Person handelt, die eine Politie als *ch'ul ahau*, «heiliger Herr», regiert. Stuart und Houston (o. J.) haben ihrerseits Glyphen entdeckt, mit deren Hilfe innerhalb des durch eine Emblemglyphe bezeichneten Territoriums spezifische geographische Lokalitäten und einzelne Bevölkerungszentren identifiziert werden. Und schließlich zeigte sich in Copán, daß Adelshäuser, die sich von unterschiedlichen Stammvätern herleiteten und je verschiedene Unterzentren des Reichs regierten, gleichwohl allesamt dieselbe Emblemglyphe benutzten. In Río Amarillo erscheint die Emblemglyphe von Copán auf Altar 1 im Namen des Statthalters, der dieses Unterzentrum regierte und der für seine genealogische Linie einen anderen Gründer in Anspruch nahm als die Herrscherdynastie in Copán (Schele 1987d). Emblemglyphen zeigen demnach die politische und territoriale Einheit eines Königreichs beziehungsweise eines politischen Gebildes an, das aus mehreren geographisch getrennten städtischen Gemeinwesen besteht und in dem es Herrscherpositionen unterschiedlicher Rangstufen gibt.

36 Joe Ball (1989) berichtet, daß im Gebiet von Buena Vista in Nordbelize die ausgedehnteren Palastanlagen in Abständen von jeweils fünf Kilometern über die gesamte von ihm aufgenommene Region verteilt sind. Zwischen den größeren Komplexen sind, wiederum in gleichmäßigen Abständen voneinander, Wohnsiedlungen und Ein-Familien-Gehöfte zu finden. In den kleineren Gebäudekomplexen fand er Keramiken, die vermutlich im großen Regionalzentrum Buena Vista hergestellt worden waren. Wichtiger noch: Im Schutt von Buena Vista fand er auch hervorragend gearbeitete Keramiken, auf deren Rand der Name des Königs von Naranjo (Rauch-Hörnchen – wir werden ihm in einem der späteren Kapitel wiederbegegnen) aufgemalt war. Seiichi Nakamura (1987) und sein Team fanden im honduranischen La-Venta-Tal bei Copán das gleiche Bild. In einem der größten Zentren des von ihnen aufgenommenen Gebiets, in Los Higos, gibt es eine Stele im Stil von Copán, und noch auf der Ebene der kleineren Zentren gab es mindestens einen Ahau, der wichtig genug war, um vom Souverän Yax-Pac in Copán mit einer Alabastervase mit eingeritztem Dekor beschenkt zu werden. Die Verteilung von Geschenken zählte offenbar zu den Methoden, mit denen sich Maya-Könige die Treue ihrer Vasallen sicherten.

37 Nur für diese Gebiete wurde bislang der Gebrauch des *cahal*-Titels in den einschlägigen Arbeiten von Mathews und Justeson (1984, 212f.) und Stuart (1984b und 1986c) nachgewiesen. Doch darf man davon ausgehen, daß es in anderen Maya-Politien eine vergleichbare politische Rangverteilung – und vielleicht sogar auch diesen Titel – gab. Stuart und Houston (persönliche Mitteilung 1987) bezweifeln neuerdings, ob der Lautwert der betreffenden Titelglyphe mit *cahal* korrekt interpretiert ist, halten jedoch die Bedeutungsinterpretation nach wie vor für grundsätzlich richtig. Wir gebrauchen den Titel weiterhin in der Form *cahal*, da er nun einmal so in der Literatur eingeführt ist.

38 In Yaxchilán und Bonampak findet man Cahalob als Mitglieder des königlichen Hofstaats, aber an Orten wie Lacanjá und El Cayo waren sie Herrscher von Gnaden eines Oberherrschers, der in einem größeren Zentrum residierte. In einem Fall galt ein Cahal (Chac-Zutz' von Palenque) in der Mayanistik eine Zeitlang als König, heute weiß man jedoch, daß er in Wirklichkeit eine Art Feldmarschall des Königs war (Schele o. J. b).

39 In den Königreichen längs des Usumacinta findet man immer wieder die Besuche von Personen inschriftlich protokolliert, die als «Ahau des» *(yahau)* Oberherrschers verbündeter Reiche bezeichnet werden (Schele und Mathews o. J.). Solche Besuche spielten offenbar eine wichtige Rolle in der Pflege politischer Allianzen innerhalb eines Reichs.

40 In den Inschriften von Palenque, Tikal, Caracol, Calakmul und anderen findet man mehrfach solche Beispiele von Erbfolge in der Seitenlinie protokolliert (Schele o. J. e). Die Zahl der einwandfrei belegten Fälle spricht für die Vermutung, daß der Wechsel zwischen Brüdern in der Erbfolge eine allgemeingültige Regel war – eine Regel, die im guatemaltekischen Hochland möglicherweise heute noch gilt: Bei vielen der dort lebenden Maya-Gruppen erbt der jüngste Sohn das Haus der Eltern um den Preis der Verantwortung für ihre Altersversorgung. Manchmal geht das Haus noch zu Lebzeiten der Eltern in den Besitz des Sohnes über, der damit zugleich Familienoberhaupt wird.

41 Mathews (1986) definiert ein Staatswesen generell als Emblemgemeinschaft; da jedoch in den Inschriften des nördlichen Tieflands in der Regel keine Emblemglyphen vorkommen, greift er zur Bestimmung der politischen Grenzverläufe in der Nordregion auf andere, weniger zuverlässige Indikatoren zurück. Auf seiner politischen Landkarte des Maya-Gebiets zur Zeit des späten Klassikums präsentiert sich das gesamte Tiefland als eine Region von Kleinstaaten: Seine Angaben über die Zahl der Politien sind vielleicht doch eine Spur zu vorsichtig.

42 Kan-Xul von Palenque und Achtzehn-Kaninchen von Copán wurden jeweils nach langer erfolgreicher Regierung im Alter gefangengenommen und allem Anschein nach von ihren Überwindern – dem Herrscher von Toniná im einen, von Quiriguá im anderen Fall – geopfert.

43 Als wir 1970 zum erstenmal nach Palenque kamen, waren die südlich des Ruinenplatzes ansässigen Chol und Tzeltal für die Beförderung von Lasten aus dem heimischen Tulijá-Tal nach Salto de Agua und Villahermosa noch ganz auf Kanus angewiesen. Damals verstanden sich noch viele der Männer ausgezeichnet auf die Herstellung von Einbäumen. Inzwischen wurde jedoch eine Straße zwischen Palenque und San Cristóbal de las Casas angelegt, und mit ihr wurde die Region für den Lastwagen- und Omnibusverkehr erschlossen. Die jüngere Generation bedient sich heute moderner Transportmittel, und der Bootsbau ist eine aussterbende Kunst. Eine eingehende Darstellung des Kanubaus und seiner Rolle in der Chol-Gesellschaft findet sich bei Hopkins, Josserand und Cruz Guzman (1985).

44 Bei diesem Verfahren des Lastentransports wird das Transportgut in einem ringförmigen Lederriemen befördert, der quer über die Stirn des Trägers gespannt ist und über seinen Rücken hinunterläuft: So werden die Hals- und Rückenmuskeln sämtlich gleichmäßig beansprucht, was es einem einzelnen Träger ermöglicht, beträchtliche Lasten über weite Entfernungen zu transportieren. Diese Methode ist noch heute in ganz Mittelamerika üblich. Oft sieht man dort Kinder gebeugt unter den mächtigen Brennholzladungen, die sie täglich nach Hause schleppen, die Straße entlangschwanken. Ihre Eltern transportieren in gleicher Weise Mais in Zentnersäcken.

45 Wir alle haben wohl schon Fotografien von den Rauchschwaden gesehen, die über den brennenden Wäldern des Amazonasbeckens hängen. In der Trockenperiode zählen solche Brände auch im Maya-Gebiet zu den Alltagserscheinungen. Man neigt vielleicht zu der Vermutung, daß die Verhältnisse während der klassischen Periode nicht ganz so schlimm gewesen waren, aber die Archäologie und Untersuchungen der Siedlungsstruktur haben uns darüber belehrt, daß die Bevölkerungszahlen im Klassikum mindestens auf heutigem Niveau, wenn nicht sogar höher lagen. Auf dem Höhepunkt der klassischen Periode muß der Rauch der Brandrodungsfeuer in der Trockenzeit genauso drückend über der Landschaft gelastet haben wie heute.

2 Heiliger Raum, heilige Zeit und die Kosmologie der Maya

1 Die Szene auf dem Topf von Acasaguastlán (Schele und Miller 1986, 181, 193f.) zeigt, daß die Verbindung zwischen den zwei Seinsebenen für das Denken der klassischen Maya über bloße Wechselwirkung hinausging. Das Bild zeigt den Sonnengott in einer Vision begriffen, die durch zwei spiegelgleiche Visionsschlangen – die eine den Tag, die andere die Nacht verkörpernd – dargestellt ist. Zwischen den Windungen der Schlangenleiber erblickt man die Tiere aus Wald und Feld, dazu Motive, welche die Menschenwelt, die Wasser der beiden Welten und das die Brücke zwischen den Welten schlagende Opferritual symbolisieren. Der «Wachtraum» des Gottes ist die Welt, in der die Menschen leben. Auf der anderen Seite der Gleichung steht, wie David Stuart (1984a, 1988c) gezeigt hat, der Glaube der Maya, daß der Visionsritus, von Königen oder anderen Menschen ausgeführt, die Götter «gebiert». Er ist es, der die Wesen aus Xibalba – seien es die Übernatürlichen oder die Ahnen – dazu bringt, sich in der diesseitigen Welt zu manifestieren. Wenn diese beide Welten umgreifende Reziprozität des Visionsritus bei den Maya eine allgemein akzeptierte Glaubensmeinung war (und daß sie dies war, dafür gibt es viele Anzeichen), dann war die empirische Menschenwelt für die Maya eine Vision der Götter, während gleichzeitig die Menschheit mit der Ausübung desselben Visionsritus den Göttern zum physischen Dasein in der Mittelwelt der Menschen verhalf. In einem ganz konkreten Sinn gelangte jede der beiden Seinssphären zu manifester Existenz durch die Visionsriten, die in der jeweils anderen Sphäre ausgeführt werden.

2 Das ist nicht etwa nur Spekulation. Nicht das geringste Ergebnis der Revolution auf dem Gebiet der Entzifferung der Maya-Hieroglyphen ist die Bestätigung der Hypothese, daß das Weltbild der heutigen Maya-Bauern, das Weltbild ihrer Vorfahren zur Zeit der spanischen Eroberung und das Weltbild der Maya-Könige der klassischen Periode allesamt Variationen ein und desselben Grundschemas sind (Vogt 1964). Dieser Zusammenhang schließt notwendigerweise mit ein, daß auch die Bauern der klassischen Periode, die unmittelbaren Vorfahren der Bauern der Kolonialzeit, dieses Realitätsmodell teilten.

3 Die drei Schichten sind dargestellt in den drei Elementen, die aus der mit dem Sonnenzeichen markierten Opferschale auf der Stirn des Viergeteilten Monsters herausragen. Dieses Symbolwesen, das am Fuß des Weltenbaums ruht oder am Schwanzende des Himmelsmonsters hängt, repräsentiert die Sonne auf ihrem Weg durch jene drei Bereiche. Die drei Sphären wiederum sind in den drei Dingen symbolisiert, die in der Opferschale liegen: Die gekreuzten Bänder bezeichnen den Himmel, die Rochenstachel-Lanzette verweist auf das Opferblut, das für die irdische Mittelwelt steht, und die Muschel symbolisiert die Wasserwelt von Xibalba.

4 «Xibalba» ist das Quiché-Wort, mit dem im *Popol Vuh* die Unterwelt bezeichnet wird. Zur Herkunft des Namens merkt Recinos an: «*Chi-Xibalba*. In den alten Zeiten, liest man bei Vater Coto, bedeutete dieser Name *Xibalbay* den Teufel oder die Toten oder die Visionen, welche die Indianer hatten. In Yucatán bedeutet er dasselbe. Xibalba war der Teufel, und *xibil* hieß nach dem Motul-Wörterbuch verschwinden, sich auflösen wie eine Vision oder eine Luftspiegelung. Die Maya hatten einen Tanz, den sie *Xibalba ocot*, das heißt ‹Tanz des Dämons›, nannten. Im Glauben der Quiché war Xibalba die unterirdische Region, wo die Feinde des Menschen hausen.»

«Xibalba» gilt herkömmlicherweise als Synonym für «Unterwelt», und fraglos ist im *Popol Vuh* der Quiché (Tedlock 1985) mit Xibalba in der Tat in erster Linie die Unterwelt gemeint. Gleichwohl sind wir der Ansicht, daß die Maya der klassischen Periode das Jenseits als allerorten unsichtbar gegenwärtig betrachteten. Wenn man dem Herausgeber Dennis Tedlock trauen kann, hat Xibalba selbst im *Popol Vuh* auch himmlische Aspekte: «Sie [die Ahnherren-Zwillingsheroen] schlagen den schwarzen Weg ein, was auf der irdischen Sinnebene bedeutet, daß ihre Reise durch die Unterwelt sie von Osten nach Westen führt. Auf der himmlischen Ebene bedeutet es, daß sie zuletzt in dem schwarzen Spalt der Milchstraße gesehen wurden, bevor sie hinter den östlichen Horizont hinabtauchten. Daher heißt dieser Spalt bis auf den heutigen Tag ‹der Weg nach Xibalba›.» (Tedlock 1985, 38; Zusatz in eckigen Klammern von den Verfassern.) Auch aus Tozzers (1941, 132) Kommentar zu Landas Ausführungen über die Vorstellungen der Maya von Himmel und Hölle geht hervor, daß die Maya Yucatáns zur Zeit der Conquista sich den übernatürlichen Aufenthaltsort der Götter und der Ahnen als die Unterwelt, die Mittelwelt und den Himmel durchziehend dachten.

Unsere Analysen der Texte und Bilder, in denen sich die Jenseitsvorstellungen der Maya der klassischen Periode niederschlugen, führen zu der These, daß die Maya sich das Jenseits als eine Parallelwelt vorstellten, die sich dem Menschen in der Trance enthüllt. Die öffentlichen Foren für die Ritualhandlungen der Könige, auf denen das Volk sich versammelte, um den Opfern beizuwohnen, waren absichtsvoll so gestaltet, daß sie die Vorstellung vermittelten, sie lägen im Jenseits (man vergleiche beispielsweise Yax-Pacs Westhof auf der Akropolis in Copán in Kap. 8). Nach unserer Überzeugung bewirkte die suggestive Kraft der großen öffentlichen Feierlichkeiten – die Mischung aus Erschöpfung, Blutverlust, Rausch und beginnender Trance – in der Zuschauermenge Visionen der vom Herrscher beschworenen Jenseitsbewohner. Derlei ekstatische Massenerlebnisse lieferten den Beweis für die legitime Macht des Königs, zu dessen Hauptaufgaben auch die Deutung der Trancegesichte zählte.

5 Die Erzählungen des *Popol Vuh* vermitteln den besten und vor allen Dingen einen außerordentlich humorvollen Eindruck von Xibalba. Wer Englisch versteht, dem ist die Übersetzung von Dennis Tedlock (1985) zu empfehlen. Eine ausgezeichnete Übersetzung gibt es auch in deutscher Sprache: *Popol Vuh. Das Buch des Rates. Mythos und Geschichte der Maya.* Aus dem Quiché übertragen und erläutert von Wolfgang Cordan. 5. Aufl., Köln: Eugen Diederichs 1987. Über den Zusammenhang zwischen dem Weltbild des *Popol Vuh* und der Ikonographie der klassischen Periode hat keiner ausführlicher geschrieben als Michael Coe. Genauere Informationen über Xibalba und die Vorstellungen der Maya vom Leben nach dem Tod findet man bei Coe (1973, 1978 und 1982) sowie bei Schele und M. Miller (1986).

6 Thompson (1950, 10f.) war der Hauptverfechter der Gleichung Erdoberfläche = Krokodilrücken. Seine Überlegungen haben später in Pulestons (1976) Untersuchungen zur ikonographischen Widerspiegelung der Hochäcker-Wirtschaft Bestätigung gefunden. Neuerdings hat Taube (1988) mit überzeugenden Argumenten dartun können, daß auch der Schildkrötenrücken als Symbol für die Festlandfläche der Mittelwelt Verwendung fand.

7 Die Namen der Himmelsgegenden variieren von Maya-Dialekt zu Maya-Dialekt beträchtlich, und zwar bis zu einem gewissen Grad in Abhängigkeit davon, ob in der Namengebung als Perspektive des Sprechers die Blickrichtung von West nach Ost oder von Ost nach West vorausgesetzt wird. Den Osten benennen die einzelnen Dialekte mit je verschiedenen Ausdrücken: Im Yucatekischen heißt er *lakin*, «nächste Sonne»; im Cholti *tzatzib kin*, «starke Sonne»; im Chorti *wa'an kin*, «aufgegangene Sonne»; im Chol *pasib kin*, «eingetroffene Sonne». Das Wort für Norden lautet im Yucatekischen *xaman* (Etymologie unbekannt); *chäk iklel* und *kini ha'al*, die Chol- und die Tzeltal-Namen für den Norden bezeichnen diese Himmelsgegend als die Richtung, aus der die Winterregen kommen. Im Chorti heißt der Norden *tz'ik*, «links (von der Sonne)», und im Tzotzil *xokon winahel*, die «Seite des Himmels». Der Westen heißt im Yucatekischen *chikin*, «aufgegessene Sonne», und im Lacandón *yaram kin*, «unterhalb der Sonne». Das *bählib kin*, «untergegangene Sonne», und *mahlib kin*, «davongegangene Sonne», des Chol ebenso wie das *malel kakal*, «davongegangene Sonne», des Tzotzil apostrophieren den Westen als die Himmelsgegend, wo die Sonne unter- beziehungsweise davongeht. Der Süden – *nohol* im Yucatekischen und *nool* im Cholt – ist (wie man heute salopp sagen würde) die Schokoladenseite der Sonne, weil er für den Betrachter des aufgehenden Tagesgestirns rechterhand liegt.

8 Die Glyphe *wac ah chan* taucht im Tempel des Kreuzes in Palenque als Name des Adytons dieses Tempels auf und muß daher logischerweise einen Bezug zum Mittelstück der Relieftafel im Innern des Allerheiligsten haben. Dieses Mittelstück ist der Weltenbaum (siehe die Ausführungen über den Tempel des Kreuzes in Kap. 6). Beim 1978er Texas Workshop on Maya Hieroglyphic Writing schlug Nicholas Hopkins als erster die Entzifferung «aufgerichteter [oder erhobener] Himmel» für die fragliche Glyphe vor, und David

Stuart (persönliche Mitteilung 1986/87) hat mit seinen Untersuchungen zu den Eigennamen von Bauwerken und Stelen erheblich dazu beigetragen, die *wac-ah-chan*-Glyphe als Eigennamen zu identifizieren.

9 David Stuart (1988c) hat überzeugend nachgewiesen, daß der doppelköpfige Schlangenstab eines der Sinnbilder für die Kommunikation zwischen Diesseits und Jenseits darstellt.

10 In der Folge werden wir noch sehen, daß außer dem König auch andere Personen von Rang bei der Öffnung des Jenseitstors mittels Beschwörung der Visionsschlange mitwirken konnten. Aber solange es bei den Maya Könige gab, waren diese die Hauptfiguren solcher Ritualdramen.

11 Die Bemalung der Schale stammt von dem Künstler, der auch das berühmte polychrome Keramikgefäß aus Altar de Sacrificios bemalte. Eine ausführliche Analyse des Schalenbilds bei Schele und M. Miller (1986, 304–307, 310ff.).

12 Die ältesten Symbole für die Macht der Dinge waren vielgestaltig geformte Anhänger, die im späten Vorklassikum an Gegenständen wie beispielsweise Ohrpflöcken oder Aderlaßlanzetten befestigt wurden und durch Personifikation dieser Dinge deren Status als machtbegabte Lebewesen anzeigten (Schele und M. Miller 1986, 43f.; Freidel und Schele 1988b). Und noch die ganze klassische Periode hindurch waren auf den Kunstwerken im Öffentlichkeitsraum Menschen und Dinge mit diesen vielgestaltigen kleinen Abzeichen der Macht geschmückt. Den metaphysischen Hintergrund dieser Auffassung von der materiellen Welt resümiert der große Ethnograph und Mayanist E. Z. Vogt mit Blick auf die heutigen Maya des Hochlands von Chiapas folgendermaßen: «Das Phänomen der Seelenhaftigkeit ist keineswegs auf die menschliche Sphäre beschränkt. So gut wie alles, was in den Augen der Zinacantecos Wert und Bedeutung besitzt, besitzt auch eine Seele: Kulturpflanzen wie Mais, Bohne und Kürbis, Salz, Gebäude, das Herdfeuer, Kruzifixe, die Heiligenfiguren in den Kirchen, die bei Zeremonien und Feierlichkeiten gespielten Musikinstrumente und die Ahnengötter droben in den Bergen genauso wie der Erdherr im Boden unter ihren Füßen. In Zinacantan muß sich der Ethnograph alsbald darüber belehren lassen, daß die wichtigsten Interaktionen im Universum – anders als wir uns das vorzustellen pflegen – nicht zwischen Mensch und Mensch und auch nicht zwischen Mensch und Ding, sondern zwischen den Seelen der Menschen und der stofflichen Dinge, etwa von Kreuzen, stattfinden.» (Vogt o. J., 10f.) Und über Kreuze, das sollten wir gleich hinzufügen, schreibt Vogt: «In Chiapas versinnbildlichen sie ‹Eingänge› in die Sphäre der Ahnengötter, die im Innern von Hügeln und Bergen zu Hause sind, und/oder stellen die Ahnengötter selber dar, so wie die Stelen der klassischen Maya amtierende Herrscher oder die Vorfahren von Herrschern darstellen.» (Vogt o. J., 25) David Stuart (persönliche Mitteilung 1989) sieht in dem gleichen Vorstellungskomplex auch den Hintergrund der Gott-C- beziehungsweise «Wassergruppen»-Zeichen. Die Zeichen dieser Gruppe vertreten im Schriftsystem die Lesung «heilig» oder «sakral».

13 Nach den spanischen Chronisten bestand die wichtigste Andachtshandlung der Maya im Aderlaß, der an allen möglichen Körperteilen vorgenommen wurde. Die Abbildungen der klassischen Periode wie auch Schriftzeugnisse aus der Kolonialzeit dokumentieren, daß bei den wichtigeren Ritualakten das Blut meist aus dem Penis oder der Zunge genommen wurde, wenngleich auch Fälle belegt sind, in denen es von anderen Körperstellen stammte (Joralemon 1974; Thompson 1961). Nach Auffassung der Maya diente der Ritus zwei Hauptzwekken: zum einen als Lebenssubstrat und Nahrung der Götter, zum anderen als Mittel zur Hervorbringung von Visionen, die man als Kommunikation mit dem Jenseits verstand (Furst 1976). Im Glaubenssystem der Maya war der Blutentnahme-/Visionsritus der «Geburtsakt» (Stuart 1984a, 1988c), durch den die Götter in der menschlichen Seinssphäre «zur Welt gebracht» wurden. Jede bedeutende dynastische Feier, jedes Kalenderritual verlangte nach der Weihe des Blutentnahmeritus (Schele und M. Miller 1986), der die Mittelachse der Welten zur Manifestation brachte und die Kommunikation mit den Ahnen und den Göttern ermöglichte.

14 Die Maya-Dialekte haben zwei Wörter für «Haus»: *otot* und *na*. Die Bedeutung von *otot* schließt die Vorstellung von einem Inhaber mit ein (vergleichbar etwa den Ausdrücken «Heim» oder «Behausung» im Deutschen). Demgegenüber schließt *na* die Bedeutungskom-

ponente «im Besitz von» nicht mit ein. Das Wort *otot* kommt niemals vor, ohne zugleich auf einen Inhaber des Hauses zu verweisen – *otot* ist immer irgend jemandes Haus. Die Silbe *na* findet sich in den Eigennamen von Tempeln, die Glyphe *otot* hingegen als generische Bezeichnung der Dingkategorie, zu der das Ding «Tempel» gehörte. Tempel waren heilige Häuser im Besitz der Götter und der vergöttlichten Ahnen, waren deren Wohnsitz. Wir können also dem Sprachgebrauch entnehmen, daß der Tempel in den Augen der Maya ein bewohntes Gebäude war.

15 Der Begriff «Monster» (Synonym: «Ungeheuer») ist in der mayanistischen Literatur seit Spindens (1913) bahnbrechender Untersuchung der Maya-Ikonographie als Terminus technicus gebräuchlich, freilich ohne die Nebenbedeutungen, mit denen er für das Laienpublikum durch Horrorromane und -filme à la *Frankenstein* ausgestattet ist. Allgemein verknüpft man aber auch innerhalb unserer Kulturtradition mit dem Begriff «Monster»/«Ungeheuer» die Vorstellung von einem Mischwesen aus Tier und Mensch oder einer rein tierischen oder menschlichen Mißbildung, bei der das normale Erscheinungsbild bis ins Groteske verzerrt ist. Ähnlich verfuhren auch die Maya mit der Bildrepräsentation übernatürlicher Wesen. Sie vermischten die Züge verschiedener Ordnungen von Lebewesen oder verzerrten die einer einzelnen Ordnung, damit ein Bild entstand, das keinesfalls als Darstellung eines natürlichen Wesens mißverstanden werden konnte. Und in diesem rein formalen Sinn wird der Begriff «Monster» beziehungsweise «Ungeheuer» in der Mayanistik gebraucht, ohne daß mit ihm irgendwelche Negativbewertungen verbunden wären. Anders gesagt, wir gebrauchen den Begriff in seinem ursprünglichen Sinn, den das *Oxford English Dictionary* folgendermaßen umschreibt: «außergewöhnliche, unnatürliche oder ominöse Erscheinung, Fingerzeig oder Warnung Gottes», und ferner: «Fabeltier (wie z. B. Kentaur, Sphinx, Minotaurus, Tragelaph, Flügeldrache oder Wappentiere wie Greif u. a.), das entweder tierische und menschliche Formen in sich vereinigt oder aus verschiedenen Tieren zusammengesetzt ist».

16 David Stuart (persönliche Mitteilung 1987) erkannte in Copán erstmals die *witz*-Glyphe aus ihren vielen Abwandlungen heraus und interpretierte ihre Bedeutung als «Berg». Was aber das Wichtigste ist, auf der Hieroglyphentreppe entdeckte er ein Stück Text, in dem *witz* mit dem zoomorphen Allograph geschrieben ist, den man bis dahin mit dem Cauac-Monster identifiziert hatte. Von dem Cauac-Zoomorph, das «Stein» bedeutet, durch das Vorhandensein von Augenlidern sowie einer treppenförmigen Vertiefung in der Stirn unterschieden, präsentiert sich das *witz* hier als der auf den Kunstwerken und im Gebäudedekor der Maya so häufig zu findende langnasige Gott, dem man in der Vergangenheit den Namen Chac gegeben hat. Aber in diesem Fall bezieht sich das Bild nicht auf den Regengott, sondern sagt aus, daß der Tempel sowohl heiliger «Berg» wie heiliges Bauwerk ist. In Copán, insbesondere jedoch im Norden des Maya-Landes sind die Tempeleingänge als Rachen des Witz-Monsters gestaltet und damit auf Anhieb als *ti' otot*, «Maul des Gebäudes», zu erkennen. Die Mäuler der Berge sind, überflüssig zu sagen, die Höhlen, und in der Mythologie der Maya führt der Weg nach Xibalba durch eine Höhle. Nicht nur machten die Maya natürliche Höhlen mit Vorliebe zu Schauplätzen von Blutentnahme- und Visionsritualen (MacLeod und Puleston 1979), sondern sie betrachteten auch das Innere ihrer Tempel als den Höhlentunnel ins Jenseits. Das Blutopfer brachte mit dem Weltenbaum den Weg in die übernatürliche Welt zur Manifestation. Eine detaillierte Darstellung der Ikonographie des Wegs ins Jenseits gibt das Kapitel «Kingship and the Maya Cosmos» in *The Blood of Kings: Dynasty and Ritual in Maya Art* (Schele und M. Miller 1986, 301–316).

17 Man hat es hier mit allgemein verbreiteten Elementarsymbolen aus dem Motivkreis der schamanischen Ekstase zu tun (siehe Eliade 1957, Kap. 8). Nach unserer fundamentalen Arbeitshypothese kam das Charisma des Maya-Königs aus dem Schamanentum – in dem Sinn, wie Eliade den Begriff definiert.

18 Brauchtumsfeste der heutigen Maya schließen im allgemeinen die Aufstellung von Altären und Bäumen und die Errichtung von Pferchen mit ein, wobei das Anlageschema das hier beschriebene Modell des Weltbaus wiederholt: vier Bäume an den Ecken beziehungsweise sechs Pfosten, die den Altar tragen. Das Ideen- und Handlungsrepertoire der «eingeweihten» Ritualisten von heute rekrutiert sich aus dem gleichen Fundus wie das der königlichen Ritualpriester des Altertums: Da gibt es die Vorstellung vom viereckigen

Grundriß des Universums, die Schlachtopfer (heute sind es Hühner, Truthähne, Hirsche, Schweine) und – besonders bemerkenswert – die Grundregel, daß der so geschaffene «Ort» einen Durchgang ins Übernatürliche darstellt. Die Tatsache, daß im Kultleben der Maya-Dorfbevölkerung von heute vorkolumbisches Brauchtum, wie wir es als Besitz der Oberschicht und der Herrscher kennen, genauso lebendig ist, wie es – wenn man den spanischen Chronisten glauben darf – in den Kulten der Dorfbevölkerung zur Zeit der Conquista war, beweist, daß die Kultpraktiken und das dazugehörige Wissen im Altertum im Volk genauso verbreitet waren wie in der Oberschicht.

19 Daß im schamanischen Weltbild der Zugang zum Übernatürlichen allerorten zu finden ist, hat niemand klarer zum Ausdruck gebracht als Mircea Eliade: «Obwohl das schamanische Erlebnis im eigentlichen Sinn dank der kosmologischen Vorstellung von den drei kommunizierenden Ebenen [Erde, Himmel und Unterwelt] zum mystischen Erlebnis werden konnte, gehört diese kosmologische Vorstellung nicht ausschließlich der Ideologie des sibirischen und zentralasiatischen oder eines beliebigen anderen Schamanismus an. Es handelt sich hier um einen allgemein verbreiteten Gedanken, der aus dem Glauben an die Möglichkeit einer direkten Verbindung mit dem Himmel erwachsen ist. Auf makrokosmischer Ebene ist diese Verbindung durch eine Achse (Baum, Berg, Pfeiler usw.) verbildlicht, auf der mikrokosmischen durch den Mittelpfahl der Behausung oder das Loch oben im Zelt. Das bedeutet, daß *jede menschliche Behausung ins ‹Zentrum der Welt› projiziert ist*, daß jeder Altar, jedes Zelt, jedes Haus das Durchbrechen einer Ebene und damit die Auffahrt zum Himmel ermöglicht.» (Mircea Eliade, *Schamanismus und archaische Ekstasetechnik.* 6. Aufl., Frankfurt/M.: Suhrkamp 1989 [suhrkamp taschenbuch wissenschaft 126], 254; Hinzufügung in eckigen Klammern von den Verfassern, Hervorhebung im Original)

20 Was Vogt (o. J.) über die Stäbe schreibt, die in heutigen Maya-Landgemeinden des Hochlandes von Amtsinhabern als Abzeichen ihrer Würde getragen werden, ist völlig konform mit unseren Hypothesen bezüglich der Einstellung der alten Maya zu sakralen Gegenständen und Einrichtungen. So notiert er beispielsweise: «In Gemeinden wie zum Beispiel Chamula werden die Stäbe gewaschen und beweihräuchert nicht nur zu dem Zweck, sie von Schweißrückständen und Schmutz zu reinigen, sondern auch, um sie symbolisch reinzuwaschen von allen etwaigen Verfehlungen, mit denen ein Amtsvorgänger sie womöglich befleckt haben könnte. Man beachte, daß in Chamula die Stäbe bei der ersten Waschung von Schweiß, Schmutz und Amtsirrtümern ihrer früheren Träger gereinigt werden, daß man aber das Wasser und die Essenzen, die bei der zweiten und der dritten Waschung verwendet werden, den neuen Amtsinhabern hinterher zum Genuß vorsetzt und daß diese durch das Trinken dieser Flüssigkeit die heiligmächtige Kraft auffrischen, die ihnen von den vergöttlichten Ahnen vermittels dieser Stäbe verliehen wurde. Man beachte ferner, daß diese Stäbe mit dem silbernen Knauf für unfehlbar gehalten werden: Kommt es dennoch zu einem Irrtum im Amt, so geht die Schuld dafür auf das Konto des betreffenden Amtsinhabers.» (Vogt o. J., 39 f.). Ähnlich verhält es sich im Gemeindezentrum von Zinacantan, wo die wiederholte Ausführung eines Rituals jedesmal die Macht der aus Silbermünzen gefertigten Halsketten der hier stehenden Heiligenfiguren steigert (Vogt 1976, 127 f.).

21 In jüngerer Zeit haben Grabungen im Umfeld von Tempel 26 in Copán gezeigt, daß die Ikonographie des Ballspielplatzes bei allen Umbauten von der frühen bis zur späten klassischen Periode stets die gleiche blieb. Bei anderen Bauwerken, so etwa bei Tempel 22, behielt man durch alle baulichen Wandlungsphasen hindurch das ursprüngliche Skulpturprogramm bei, was zu der Vermutung Anlaß gibt, daß die Symbolfunktion der betreffenden Lokalitäten bereits zu einem sehr frühen Zeitpunkt in der Geschichte des Ortes festgelegt und hinterher nicht mehr geändert wurde. Bevor sie mit einem Neubau begannen, führten die Maya eine umständliche «rituelle Tötung» des vorhandenen Bauwerks und ein nicht minder umständliches Ritual zur Bändigung des in ihm akkumulierten Energiepotentials durch (Freidel und Schele o. J.; Schele 1988 b). Der Neubau wurde dann über dem vorhandenen Bau errichtet und, sobald er benutzbar war, mit einem umständlichen Weiheritual zum Leben erweckt. Diese Weihe- und Tötungsrituale finden sich in allen archäologischen Urkunden und sind an vielen Fundorten ein Dauerthema der historiographischen Inschriften.

 22 Diese Neutralisierungsrituale waren von großer Umständlichkeit und haben in der

archäologischen Urkunde allenthalben ihre Spuren hinterlassen. Menschen- wie Götterporträts wurden zerstört, und zwar häufig, indem man das linke Auge und die Nase zerschlug. Farbauftrag wurde abgewaschen oder weiß überstrichen, Bildwerke wurden verunstaltet, zertrümmert oder verbrannt, zuweilen auch hermetisch eingemauert. Um ihre Kraft zu neutralisieren, bohrte man Löcher in Keramikgefäße, andere Gegenstände wurden berieben oder zertrümmert. In einer Substruktur unter Tempel 26 in Copán hat man jüngst als Überbleibsel der rituellen Tötung eines älteren Tempels einen Ring aus Holzkohle und zerbrochenen Rochenstacheln gefunden (W. Fash 1986). In Cerros wurden die Fassaden der Bauwerke sorgsam mit Erde bedeckt und die Scherben Hunderter zerschlagener Tongefäße über die Gebäude verstreut. Auch die Beschädigungen an den Kolossalhäuptern von La Venta sind Spuren solcher Tötungsriten (Grove 1981); sie zeigen, daß diese Ritualpraxis und die ihr zugrundeliegende Auffassung von der heilig-mächtigen Kraft frühen historischen Ursprungs und in Mesoamerika auch außerhalb des Maya-Gebiets verbreitet waren.

23 Das *Alte Testament* ist eine vielschichtige Kompilation aus Geschichtsschreibung, Gesetzgebung, Dichtung und Weissagung (Drane 1983, 22f.), die während des langwierigen Übergangs des hebräischen Volks vom nomadischen Stammestum zum Staat von vielen Autoren (Spuhler 1985, 113) schriftlich fixiert wurde. Die Bibel ist undenkbar ohne die lange Vorgeschichte der Schriftkultur und der Literatur in Mesopotamien und Ägypten. In all diesen Punkten ist das *Popol Vuh* der Quiché durchaus mit der Bibel zu vergleichen. Das *Buch des Rates* ist eine vielschichtige Kompilation aus der Gesetzgebung, Dichtung und Geschichtsschreibung eines Volkstums. Und es steht in der Nachfolge der langen Schriftkulturtradition eines verwandten Volkstums in einer benachbarten Region, nämlich der Tiefland-Maya. Die Parallelen zwischen den Geschichtsberichten des *Alten Testaments* und den älteren Zeugnissen der Literatur Mesopotamiens muten oftmals geradezu verblüffend an – am verblüffendsten, wenn man die diversen Schöpfungsgeschichten miteinander vergleicht (Spuhler 1985, 114f.). Ähnlich zeigt sich heute immer deutlicher die Übereinstimmung zwischen dem Schöpfungsmythos des *Popol Vuh* und den kosmogonischen Ideen, wie man sie im sakralen Schrifttum der Tiefland-Maya der klassischen Periode findet. Man sollte allerdings nicht in den Irrtum verfallen, im *Popol Vuh* die direkte Widerspiegelung der kosmologischen und theologischen Vorstellungen der Maya des Klassikums sehen zu wollen: Es ist dies ebensowenig, wie das *Alte Testament* eine unveränderte Wiedergabe des Credos der Sumerer ist. In beiden Fällen hat man es mit einer langen und komplizierten literarischen und theologischen Überlieferung zu tun. In letzter Instanz kann sich unsere Rekonstruktion des Weltbilds der Maya der klassischen Periode nur auf die zeitgenössischen Texte, Bilder und archäologischen Funde gründen.

24 Die erhaltene Fassung des *Popol Vuh* setzt sich zusammen aus Erzählungen von den Urhelden der Maya-Mythologie, den Zwillingsheroen Hunahpu und Xbalanque, kosmogonischen Mythen und den Königslisten der Quiché bis zum Jahr 1550. Sie wurde in den ersten Jahren des 18. Jahrhunderts von dem spanischen Geistlichen Francisco Ximénez in Santo Tomás Chuilá, dem heutigen Chichicastenángo, entdeckt. «Ximénez hat den Text getreulich kopiert, doppelspaltig schreibend, indem er dem links erscheinenden Quiché-Wortlaut rechtsspaltig seine spanische Übersetzung beigibt. Danach reichte er das Original den Besitzern zurück.» (*Popol Vuh. Das Buch des Rates. Mythos und Geschichte der Maya.* Aus dem Quiché übertragen und erläutert von Wolfgang Cordan, 5. Aufl., Köln: Eugen Diederichs 1987, 7). Das Original ist heute verloren, erhalten geblieben ist uns Ximénez' Abschrift, die auf komplizierten Umwegen in die Newberry Library in Chicago gelangte. Es existieren drei Übersetzungen ins Englische, Recinos (1950), Edmonson (1971) und Tedlock (1985), von denen die jüngste zweifellos die lesbarste ist. In der Version von Wolfgang Cordan steht dem deutschsprachigen Leser eine Übersetzung zur Verfügung, die man in jeder Hinsicht als Glücksfall bezeichnen muß. Und mit Recht schreibt Cordan am Anfang seiner Einleitung: «Das *Buch des Rates* gehört zu den großen Schriften des Menschheitsmorgens.»

25 Siehe Freidel und Schele (1988b); Cortez (1986).

26 Karl Taube (1985) sieht einen Zusammenhang zwischen den älteren Zwillingen und dem Maisgott, vor allem in seiner Erscheinung als Tänzer von Holmul auf einer polychromen Vase von dieser Fundstätte.

27 In der Keramikmalerei der klassischen Periode führen die Unterweltlichen häufig

Emblemglyphen in ihren Namen. Houston und Stuart (1989) wiesen nach, daß sie als *way*, «Koessenzen» oder «spirituelle Doppelgänger», der Ahauob der betreffenden Königreiche zu betrachten sind.

28 In Michael Coes (1973, 1978, 1982) Studien zur Keramikmalerei der Maya findet der Leser umfassendes Abbildungsmaterial zu Xibalba und seinen Bewohnern.

29 Über das präkolumbische Ballspiel existieren fast noch mehr moderne als antike Mythen. Der hartnäckigste dieser modernen Mythen will wissen, daß der Sieger geopfert wurde, und zwar deshalb, weil der Verlierer sich der Rolle des Opfers unwürdig gezeigt habe. Es gibt nicht den geringsten Beweis für diese abenteuerliche Behauptung, vielmehr geht aus dem *Popol Vuh*, unserer detailreichsten Quelle in Sachen Ballspiel, eindeutig hervor, daß der Verlierer und nicht der Gewinner das Opfer war. Vater und Vaterbruder der Zwillingsheroen wurden enthauptet, nachdem sie den heimtückischen Herren des Todes im Spiel unterlegen waren. Die interessanteste Arbeit neueren Datums über das präkolumbische Ballspiel ist Ted Leyenaars (1978) Dokumentation einer Form, in der das Spiel noch heute in dem mexikanischen Staat Sinaloa gespielt wird; die hier gezeigten Fotos vom Spielverlauf und von der Ausrüstung der Spieler weisen erstaunliche Übereinstimmungen mit entsprechenden Darstellungen aus der klassischen Periode auf.

30 Sämtliche Kalenderperioden der Maya wurden in Einheiten von ganzen Tagen gezählt. Da die Maya die Bruchrechnung nicht kannten, wurde der Ausgleich für Zeitüberhänge bei Zyklen, deren Dauer keine ganzzahlige Summe von Tagen beträgt, wiederum in Schritten von ganzen Tagen geschaffen. Beispiel: Die Mondperiode (Lunation, «synodischer Monat») beträgt annähernd 29,53 Tage. Bei der Zählung nach ganzen Tagen ergibt sich ein von Mal zu Mal wachsender Fehler, den die Maya korrigierten, indem sie die Lunation alternierend mit 29 und mit 30 Tagen zählten, was einen Mittelwert von 29,5 Tagen ergibt. Aber auch dabei bleibt ein kleiner Rest, der sich mit der Zeit zu einer unübersehbaren Divergenz zwischen dem Soll-Stand des Mondzyklus laut Zählung und seinem am Himmel zu beobachtenden Ist-Stand auswächst. Zur Korrektur schuf man eine Monatsfolge, in der in gewissen Abständen zwei 30-Tage-Monate zusammengeklammert waren, wobei von Ort zu Ort ein je eigener Takt im Wechsel zwischen den 29- und 30-Tage-Zyklen eingehalten wurde. Eine restlos zufriedenstellende Lösung des Problems ergab sich dabei allerdings nirgends. Beim tropischen Jahr mit seiner realen Dauer von 365,2422 Tagen machten die Maya gar nicht erst den Versuch, das Problem zu lösen. Vielmehr zählten sie einfach von Tag zu Tag und ließen den jährlichen Überhang von 0,2422 Tagen schlicht unter den Tisch fallen. Sie waren sich über die tatsächliche Länge des Sonnenjahrs durchaus im klaren und, falls notwendig, auch in der Lage, sie in ihre Berechnungen einzubeziehen, so daß der Zeitpunkt für bestimmte wiederkehrende Riten von Mal zu Mal auf den gleichen Punkt im Sonnenjahr – etwa auf eine Sonnenwende – fiel. In ihrer Kalenderführung indessen zählten sie monoton Tag für Tag fort, so daß ihr Neujahrstag «1 Pop» bei jeder vierten Wiederkehr einen Tag tiefer ins Sonnenjahr hineinrutschte. Eine detaillierte Darstellung des Kalender- und Zählsystems der Maya gibt Floyd Lounsbury (1978).

31 Die Verwendung von einfachen Großbuchstaben als Götternamen geht zurück auf Schellhas (1904), der als erster Gelehrter unseres Jahrhunderts den Abbildungen und Namensglyphen der Götter in den erhaltenen Kodizes eine gründliche Untersuchung gewidmet hat. Gott K, der Gott der 819-Tage-Kalenderzählung, kommt in vier Aspekten vor, die sich in der ihnen jeweils zugeordneten Farbglyphe und dem Himmelsquadranten, den die gezählten Tage durchmessen, unterscheiden. Die erste Etappe der 819-Tage-Zählung begann am Tag 6.15.0 vor der gegenwärtigen Schöpfung und wird in den Hieroglyphentexten des Kreuztempels in Palenque mit der Geburt der Göttermutter in Zusammenhang gebracht (Lounsbury 1976, 1980; Schele 1981, 1984b).

32 Ein sinnfälliger Zusammenhang mit astronomischen oder jahreszeitlichen Rhythmen war bisher nicht zu erkennen, so daß wir annehmen, daß dieser Kalenderzyklus in numerologischen Spekulationen begründet ist.

33 Barbara MacLeod (persönliche Mitteilung 1987) gibt zu bedenken, daß *uayeb* eine Nominalisierung des Chol-Worts *wäyel*, «schlafen», sein könnte. *Uayeb* (der 5-Tage-Monat am Jahresende) wäre demnach der «schlafende» oder «ruhende» Teil des Jahres.

34 Wie andere mesoamerikanische Völker glaubten auch die Maya, daß die Welt in

regelmäßigen Abständen zerstört und neu geschaffen wird und daß dies vor der Schöpfung, in der wir jetzt leben, mehrmals der Fall war. Jede Schöpfung bestand aus einer Grundsubstanz, die durch ihren Gegensatz zerstört wurde (z. B. ein aus Feuer geschaffenes Universum wird durch Wasser zerstört). In der Mythologie der Azteken gilt die derzeitige Schöpfung als die fünfte in der Gesamtfolge, bei den Maya als die vierte. Dem *Popol Vuh* zufolge entspricht die Abfolge der Schöpfungen ebensovielen Versuchen der Götter, vernunftbegabte Wesen zu erschaffen, die imstande wären, den Rang der Götter zu erkennen, sie anzurufen, zu verehren, zu erhalten und zu nähren. Die Götter versuchten es erst mit Tieren, dann mit Menschen aus Erde und daraufhin mit Menschen aus Holz. Erst im vierten Anlauf brachten sie es mit Menschen aus Maisteig zu dem gewünschten Ergebnis.

35 Justeson und Mathews (1983) stellten die These auf, derzufolge die Bezeichnung für das 360-Tage-Jahr ein yucatekisches Wort ist und sich von dem Brauch herleitet, jeweils am Jahresende einen Kalenderstein aufzustellen.

36 Die alten Maya nannten den 20-Tage-Monat *uinic*, «Mensch», weil dieser Monat so viele Tage wie der Mensch Finger und Zehen hat. In der modernen Wissenschaft heißt er *uinal* nach dem Sprachgebrauch der yucatekischen Quellen der Kolonialzeit. In der klassischen Periode waren offenbar beide Ausdrücke in Gebrauch, denn in den Inschriften kommt sowohl die eine wie die andere Schreibweise vor – allerdings *uinic* häufiger als *uinal*.

37 Mit Ausnahme von *katun* sind alle zuvor erwähnten Begriffe Neubildungen der modernen Mayanistik anhand der den Yukatekisch-Wörterbüchern der Kolonialzeit entnommenen Elemente. Jeder dieser Ausdrücke setzt sich zusammen aus einem yucatekischen Zahlwort – *bak, pic, calab* – und der Hauptkomponente *tun*, die sowohl «Jahr» wie «Stein» bedeutet.

38 Wir transkribieren die vertikale Zeichenfolge der Maya als eine von links nach rechts zu lesende Folge von arabischen Zahlen mit Punkten als Trennungszeichen zwischen den verschiedenen Klassen von Perioden. Die Periode mit dem höchsten Stellenwert, das Baktun («400-Stein»), schreiben wir in der Form: 13.0.0.0.0, das heißt 13 Baktun, null Katun, null Tun, null Uinal, null Tage.

39 Die dreizehnte 400-Jahre-Periode des Maya-Kalenders wird demnächst zu Ende gehen: Am 23. Dezember 2012 kehrt das Datum 13.0.0.0.0 der Langen Zählung wieder; es fällt jedoch auf 4 Ahau 3 Kankin der Kalenderrunde, nicht auf den Schöpfungstag 4 Ahau 8 Cumku. Aus den antiken Inschriften wissen wir, daß die Maya den bevorstehenden Achsentag nicht für den Beginn einer neuen Schöpfung hielten, wie oft behauptet wird. In Cobá gaben die alten Maya das Schöpfungsdatum mit zwanzig Stellen über dem Katun wieder (siehe die erste der folgenden drei Datumsangaben).

13.13.13.13.13.13.13.13.13.13.13.13.13.13.13.13.13.13.13.13.0.0.0.0	4 Ahau	8 Cumku
13.13.13.13.13.13.13.13.9.15.13.6.9	3 Muluc	17 Mac
1.0.0.0.0.8	5 Lamat	1 Mol

Jede dieser Dreizehnerzahlen ist der Startpunkt für eine Chronometrie ungeheuerlicher Dimension: Jede Stelle springt von 13 auf 1 um, sobald sich auf der nächst tieferen Stelle zwanzig Einheiten angesammelt haben. Das Baktun sprang vierhundert Jahre nach dem Schöpfungstag von 13 auf 1. Die Olmeken-Kultur blühte in der 400-Jahre-Periode mit der Ordinalzahl 5; die ältesten in Mesoamerika schriftlich fixierten Daten stammen aus dem Baktun mit der Ordinalzahl 7; die klassische Periode der Maya-Kultur füllt das letzte Viertel von Baktun 8 und das gesamte Baktun 9. Die letzte bisher bekanntgewordene datierte Inschrift wurde in Toniná gefunden; das Datum ist der Tag 10.4.0.0.0 der Langen Zählung. Im Normalfall wurden in Datumsangaben die Stellen über der Baktun-Zählung weggelassen: Die Zeiträume, die sie bezeichneten, lagen außerhalb des Bereichs der historischen Vorstellungskraft.

Von dieser Regel wurde, soweit bisher bekannt, ein einziges Mal eine Ausnahme gemacht, und zwar in Yaxchilán, wo ein Schreiber auf der Treppe von Tempel 33 ein Datum mit acht Stellen über der Baktun-Zählung notierte (siehe oben, Datum in Zeile 2). Der betreffende Schreiber wollte mit dieser Notation das angegebene Datum in einen umfassenderen kosmischen Bezugsrahmen setzen und belehrt uns mit seinem stilistischen Kunstgriff darüber, daß die Kalenderperioden in den Dimensionen jenseits des Baktun seit Schöpfungsbeginn sämtlich bei der Zahl 13 stehengeblieben sind. Eine Inschrift im Inschriftentempel in Palenque blickt in die Zukunft voraus, auf das achtzigste Kalenderrunden-Jubiläum der Thronerhebung Pacals des Großen, und bestimmt diesen Termin mit der Angabe der genauen Zahl der Tage bis dahin. Zufällig liegt er nur acht Tage nach dem Ende der ersten 8000-Jahre-Periode (20 Baktun = 1 Pictun) seit Anbeginn dieses Weltzeitalters (siehe oben, Datum in Zeile 3). Das Pictun endet in unserem Kalender mit dem 15. Oktober 4772, Pacals Jubiläum fällt auf den 23. Oktober 4772.

Betrachten wir die drei oben angeführten Daten, so erhalten wir einen Eindruck vom Wesen der Maya-Zeitrechnung in bezug auf den Beginn dieser Schöpfung. Am Schöpfungstag wurde die Zählung aller Perioden jenseits des Katun – in der Notation alle Stellen über der des Katun – auf die Zahl 13 gesetzt (die allerdings in der Praxis der Kalenderrechnung den arithmetischen Wert Null vertritt). Jeder Zählzyklus des Kalenders umfaßt zwanzig Zyklen der nächst tieferen Stufe, so daß zwischen den Zählzyklen in der Notation folgende Stellenwertrelationen bestehen:

1 : 20 : 400 : 8000 : 160000 : 3200000 : 64000000 und so weiter *ad infinitum*. Daraufhin können wir nun auch ausrechnen, wie lange es dauern wird, bis die höchste Stelle im Schema der zitierten Datumsangabe aus Cobá auf 1 umspringen wird, nämlich 41341050000000000000000000000 Tropenjahre.

Diese gewaltigen Zahlen sollen, überflüssig zu sagen, in erster Linie die Unendlichkeit kosmischer Dimensionen zum Ausdruck bringen, demonstrieren indes aber noch eine andere Eigenheit des Zeitbegriffs der Maya. Die Lange Zählung scheint auf den ersten Blick eine lineare Konzeption der Zeit widerzuspiegeln, ist in Wahrheit jedoch – genau wie alle anderen Komponenten der Maya-Kalenderwissenschaft – eine zyklische. Die Epochen endeten, um von neuem zu beginnen, bildeten in ihrer (scheinbar linearen) Aufeinanderfolge (in Wirklichkeit) den Kreislauf einer umfassenderen Epoche und setzten sich ihrerseits aus Kreisläufen geringeren Ausmaßes zusammen. Die moderne Wissenschaft bedient sich zur Veranschaulichung der zyklischen Zeit des Bildes vom rollenden Rad; aber die Maya-Konzeption muß man sich als Rad vorstellen, in dem sich andere Räder drehen, Räder, in deren jedem sich wiederum andere Räder drehen usw. Die gewaltigen Dimensionen der äußersten Räder erlaubten den Maya die Überlagerung von linearer und zyklischer Zeitauffassung: Für den menschlichen Geist sind von den großen Kreisläufen nur tangentiale Abschnitte wahrzunehmen, in denen Kreisbogen und Gerade miteinander kongruieren. Auch im modernen westlichen Denken ermöglicht diese Art von Maßstab die Kombination von Linearität und Zyklizität in der Konzeption der Zeit: Unsere Kosmologen datieren den «Urknall» auf einen Zeitpunkt vor 15000000000 Jahren und rechnen mit der Möglichkeit, daß er nur einer von vielen «Urknallen» war.

40 Lounsbury (1976) spricht von «Zahlenmanipulationen»: planmäßig konstruierte kalendarische Distanzangaben, mit deren Hilfe Korrelationen zwischen Daten, die weit vor dem Schöpfungstag liegen, und Daten der historischen Gegenwart hergestellt werden. Solche manipulativ erzeugten Wechselbeziehungen dienen jeweils dem Zweck, die «Artgleichheit» zwischen einem gegebenen historischen Datum und einem vor Schöpfungsbeginn liegenden Datum zu erweisen («Artgleichheit» bedeutet in diesem Fall identische Position innerhalb eines der vielen Zählzyklen des Maya-Kalendersystems). Die Weltzeitalter diesseits und jenseits des Schöpfungstags (13.0.0.0.0 4 Ahau 8 Cumku) weisen je eigene Symmetrien und Strukturen der Heiligkeit auf. Der Nachweis der «Artgleichheit» zwischen einzelnen Tagen des gegenwärtigen und des vorangegangenen Weltzeitalters weist dem späteren Termin den gleichen Heiligkeitswert zu, wie ihn sein älteres Pendant hatte.

41 Von diesen vier Büchern heißen drei nach ihrem Aufbewahrungsort (Dresdner Kodex, Kodex Madrid, Kodex Paris) und einer nach dem Verleger der Erstveröffentlichung (Kodex Grolier). Sie sind aus stucküberzogenem Rindenbastpapier gefertigt und in Leporellomanier gefaltet und erklären in illustrierten Hieroglyphentexten, welche Götter und Verrichtungen den einzelnen Kalendertagen zugeordnet sind. Darüber hinaus enthalten sie astronomische Tabellen zur Berechnung des Standes der Venus und von Sonnenfinsternissen sowie andere Informationen und Hilfsmittel für Astrologen und Orakelpriester.

42 Um die Raum- und Zeitbegriffe der Maya in seine eigene Gedankenwelt zu übertragen,

sollte sich der heutige Leser das Raum-Zeit-Kontinuum als eine Matrix von Energiefeldern vorstellen. Diese Felder beeinflussen die Handlungen der Götter wie der Menschen und werden ihrerseits wieder in ihrer Konfiguration durch göttliches und menschliches Handeln beeinflußt. Für die Maya bestand hier eine vielfältig verschlungene intensive Wechselwirkung.

43 In Palenque, Tikal und Copán gefundene Hieroglyphentexte beziehen sich auf Vorgänge, die in der Epoche der Olmeken-Kultur (1100–600 v. Chr.) beziehungsweise in der späten vorklassischen Periode der Maya-Kultur (200 v. Chr. – 200 n. Chr.) stattfanden. Dabei gehen die Inschriften in Tikal und Palenque davon aus, daß die Dynastie des Ortes zur fraglichen Zeit schon an der Herrschaft war; wie man von den Archäologen erfahren kann, existierte jedoch von keinem der beiden Königtümer in der Olmeken-Zeit auch nur eine Andeutung. Man hat es hier mit dem symbolischen Ausdruck eines Bewußtseinsstands zu tun, der etwa dem der Azteken entspricht, wenn diese als legitime Nachfahren der Tolteken auftreten, oder – um ein näherliegendes Beispiel zu wählen – unserem eigenen Bewußtsein, wenn wir uns in politischer Hinsicht als Erben der alten Griechen und Römer empfinden.

44 Als wir mit der Niederschrift dieses Buches begannen, waren wir der Überzeugung, daß die Primogenitur-Ordnung bei den Maya das Grundsystem der Erbfolge und die Fälle, in denen von Bruder zu Bruder vererbt wird, seltene Ausnahmen davon gewesen seien. Während unserer Forschungen kamen wir jedoch zu der Erkenntnis, daß die kollaterale Erbfolge weitaus häufiger war, als wir zunächst angenommen hatten (Schele o. J. e). Nach wie vor sind wir der Meinung, daß die Primogenitur das bevorzugte Erbfolgeschema darstellte, doch war auch die kollaterale Erbfolge vom älteren auf den jüngeren Bruder legitim.

45 William Haviland (1968) gibt auf der Basis des ethnohistorischen, ethnologischen und archäologischen Kenntnisstands von 1968 einen so hell- wie weitsichtigen Überblick über das Verwandtschaftssystem der Maya. Die Befunde der Epigraphik haben seither die von ihm beschriebene paternale Clanstruktur bestätigt.

46 Zwar ist die Clanstruktur in der vorindustriellen Welt eine der verbreitetsten Formen der Sozialorganisation, doch hat man es im vorliegenden Fall insofern mit einer Besonderheit zu tun, als bei den Maya eine spezielle Glyphe existiert, die den Stammvater des Königsclans bezeichnet (Schele 1986b). Dieses Charakteristikum der Elite in der Maya-Sozialhierarchie ist nicht etwa zur Zeit der Conquista in die Vergangenheit rückprojiziert, sondern in historischen Dokumenten aus der klassischen Periode bezeugt. Der praktische Sinn des Bekenntnisses zu einem gemeinsamen Stammvater besteht in der darin enthaltenen Möglichkeit, sich als miteinander verwandt zu begreifen und gleichzeitig eine rangmäßige Staffelung vorzunehmen.

47 Für das Verwandtschaftssystem der Maya der klassischen Periode sind in der Forschung mehrere Modelle vorgestellt worden; für uns sprechen die bislang festgestellten Fakten am ehesten für ein patrilineales und patrilokales System. Die profiliertesten Verfechter dieses Modells sind Haviland (1977) und Hopkins (o. J.).

48 Die betreffende Großfamilien-Wohnanlage wurde in der zweiten Phase des Proyeto Arqueología de Copán freigelegt. Dr. William Fash stellte als erster die These auf, daß es sich um das Anwesen einer Schreibersippe handle, eine Deutung, der wir uns anschließen (W. Fash 1986 und 1989).

49 Mathews und Justeson (1984) identifizierten als erste die *cahal*-Glyphe als Adelsprädikat nachgeordneter Rangstufe. David Stuart (1984b) erweiterte die Diskussion darüber mit einer Analyse der Verbreitung und des ikonographischen Kontexts der Glyphe. Obschon die vorgeschlagene Entzifferung *cahal* in Fachkreisen nicht ganz unangefochten ist, werden wir sie hier der Einfachheit halber beibehalten, freilich mit dem Vorbehalt, daß die Lesung sich unter Umständen ändern kann.

50 Das Klassifizierungssystem für die Wohnanlagen im Copán-Tal wurde in Phase I des Proyeto Arqueología de Copán entwickelt (Willey und Leventhal 1979). In Phase II des PAC wurde unter Leitung von Dr. William Sanders von jedem der vier Typen ein exemplarischer Vertreter ausgegraben. Diese vier Musterbeispiele sind inzwischen restauriert und der Öffentlichkeit zugänglich. Die Ergebnisse der Grabungen in Copán wird das Instituto Hondureño de Antropología e Historia in einer Schriftenreihe mit dem Titel *Excavaciones en*

el area urbana de Copán veröffentlichen. Die in unserem Buch wiedergegebenen Informationen stammen aus persönlichen Gesprächen mit Dr. William Fash, einem Mitarbeiter des PAC (siehe auch W. Fash 1983b).

51 Peter Mathews (1975) identifizierte als erster das Verfahren der «Dynastenzählung» in Königsnamen, mit dem ein Herrscherhaus die Folge der von ihm gestellten Throninhaber protokolliert; Berthold Riese (1984) hat diesen Gedanken dann mit großem Gewinn weiterverfolgt. Wir konnten im Anschluß daran feststellen, daß die Zählung bei einem Ahnen beginnt, der den Titel «Erster Dynast» im Namen führt. In der Kreuzgruppe in Palenque und auf Altar 1 in Naranjo nimmt die Thronfolgerzählung ihren Ausgang jeweils von mythischen Vorfahren, die weit außerhalb der Dimension menschlicher Geschichte angesiedelt sind, nämlich in dem Weltzeitalter vor 4 Ahau 8 Cumku, dem ersten Tag der gegenwärtigen Schöpfung.

52 Auf Altar 1 präsentiert sich der Herrscher von Río Amarillo als Ahau der Politie Copán, führt seine Linie jedoch auf einen anderen Stammvater als die Herrscher von Copán zurück.

53 Die Zeremonien im Zusammenhang mit der Ernennung Chan-Bahlums zum designierten Thronerben von Palenque (Schele 1984c) begannen fünf Tage vor der Sommersonnenwende des Jahres 641 und endeten am 6. Dezember des darauffolgenden Jahres. Muan-Chan von Bonampak begann mit den Riten für seinen Erben am 14. Dezember 790 und beschloß sie am 6. August 792 mit einer Schlacht, in der er zum Geopfertwerden bestimmte Gefangene machte. Das Andenken an diese Riten ließ er in den faszinierenden Wandgemälden des Tempels 1 in Bonampak verewigen (M. Miller 1986b).

54 Umfassende Einzelheiten zum Blutentnahmeritus und seiner Darstellung in der Maya-Kunst findet man in den Kapiteln «Kingship and the Rites of Accession», «Bloodletting and the Vision Quest» und «Kingship and the Maya Cosmos» des Buches *The Blood of Kings: Dynasty and Ritual in Maya Art* (Schele und M. Miller 1986) sowie bei Stuart (1984a, 1988c).

55 Peter Furst (1976) beschrieb als erster den Blutentnahmeritus als Einstiegsphase von Trancevisionen, die von den Maya als Kommunikation mit der übernatürlichen Welt verstanden wurden. Furst – der an der Institution des Herrschertums in Mesoamerika seit den Tagen der Olmeken schon immer die schamanischen Aspekte hervorgehoben hatte – verwies auf Parallelen zwischen dem Blutopfer der Maya und Kultpraktiken vieler anderer Völker. David Stuart (1984a, 1988c) hat unsere Einsicht in die vielschichtigen Bilder und Texte, die von dem Blutopferritus handeln, beträchtlich vertieft. Eine ausführliche Erläuterung des Stellenwerts der Blutentnahme im Gesamtzusammenhang des Kultlebens sowie der dafür benötigten Gegenstände geben Schele und M. Miller (1986).

56 David Joralemon (1974) beleuchtet den ikonographischen Hintergrund der prismatischen Blutentnahmelanzette. Schele (1984 und o. J. d) untersucht die epigraphischen und ikonographischen Befunde, die für Obsidian als Material der prismatischen Blutentnahmelanzette sprechen. Freidel (1986a) wirft einen Blick auf die makroökonomische Funktion des Regierungsmonopols auf den Obsidianhandel.

57 Anlaß zu Festen, die in allen Maya-Gemeinwesen gefeiert wurden, lieferten die kalendarischen Regelmäßigkeiten: das Ende des Hotun (der Fünf-Jahre-Periode), das Ende des Katun (der Zwanzig-Jahre-Periode), der Beginn des neuen Jahres, der 819-Tage-Turnus, der Beginn der Regenperiode, herausragende Stadien des Sonnenjahrs wie die Solstitien oder das Durchqueren des Zenits, Stationen im planetarischen Zyklus. Jede größere Stadt feierte jedoch auch Feste, zu denen die Lokalgeschichte Anlaß gab: das Jubiläum der Stadtgründung, die Tage der Lokalgötter, die Jubiläen der herrschenden Dynastie. So setzte sich der Festkalender der Maya zum einen aus den – überall zur gleichen Zeit begangenen – allgemeinen Festen und zum anderen aus den von Ort zu Ort verschiedenen dynastischen Festen zusammen. In der epigraphischen Urkunde sind die Feste beiderlei Typs protokolliert.

58 David Stuart hat uns wesentlich dabei geholfen, eine Klasse von Verben zu identifizieren, die zur Protokollierung von Weiheritualen sowohl für Tempel im ganzen als auch für einzelne Teile ihres Stuck- oder Steindekors verwendet wurden. Stuart datiert die Weihe des Tempels 11 in Copán auf den 26. September 773, also auf einen Zeitpunkt vier Jahre nach der Weihe der «Zuschauertribüne» an der Südseite des Bauwerks, die am 27. März 769

stattfand. In der gleichen Größenordnung bewegen sich die Fristen im Fall des Tempels der Inschriften in Palenque. Das jüngste in den chronikalischen Texten auf den inneren Tafeln erwähnte Datum ist der 26. Oktober 675, ein Zeitpunkt, der rund acht Jahre vor dem Todestag Pacals (31. August 683) liegt. Wie es scheint, bezeichnet das Datum aus dem Jahr 675 das jüngste ins historische Protokoll aufgenommene zeitgeschichtliche Ereignis vor der Abdeckung der Tafeln mit einer Schutzmauer, hinter der sie bis zum Abschluß der Bauarbeiten verschwunden blieben. Gehen wir davon aus, daß die Mittel- und Rückwand des Gebäudes – weil die riesigen Tafeln ja an ihnen angebracht werden mußten – zum fraglichen Zeitpunkt fertiggestellt waren, so kommt man bei der Berechnung des Zeitaufwands für den Bau und die Ausführung des Bildschmucks auf ungefähr neun Jahre.

59 Zur Zeit der Conquista zeigten sich die Machthaber im nördlichen Tiefland ausgesprochen besorgt um das Wohlergehen der bäuerlichen Bevölkerung, und zwar eben weil schlechte Behandlung die Bauern zum Wegzug veranlaßte, der von amtlicher Seite kaum zu verhindern war (Roys 1962; N. Farris 1984 über demographische Strömungen). Was die präkolumbische Epoche betrifft, so zeigen das periodische Verlassen und Wiederbesiedeln mancher Zentren wie auch die andernorts feststellbaren untrüglichen Indizien für eine demographische Fluktuation, daß die Lage in dieser Hinsicht im Prinzip die gleiche war. Siehe Freidel (1983).

60 Wie Haviland (1967) an den in Tikal gefundenen Skeletten feststellte, waren die Mitglieder der Eliteschicht in der klassischen Periode von größerer Statur und im allgemeinen auch etwas robuster gebaut als die Vertreter des einfachen Volks.

61 Genau wie sie es heute noch tun, hielten die Maya auch im Altertum während religiöser Feste auf den öffentlichen Plätzen vor den Amtsgebäuden und Sakralbauten einen Jahrmarkt ab. (Siehe Freidel 1981c, wo die wirtschaftliche Bedeutung des Jahrmarkts bei den Maya genauer dargestellt ist.)

62 Über diplomatische Besuche von Würdenträgern in anderen Politien siehe Schele und Mathews (o. J.).

63 R. L. Roys (1957) hat alle Beschreibungen der Marktplätze an der Nordküste Yucatáns zusammengetragen.

64 Da die Zahlennotation der Maya mit nur dreierlei Zahlzeichen – Punkten (= 1), Strichen (= 5) und einem Symbol für die Null – arbeitete, deren Wert aus ihrer Stelle resultierte, ließen sich Addition und Subtraktion mittels einfacher räumlicher Verschiebeoperationen durchführen, die mit den nächstbesten Gegenständen in einem schnell in den Boden gekratzten Gittermuster getätigt werden konnten. Zum Addieren legte man zwei Zahlen nebeneinander aus und bildete nach einfachen Ersetzungsregeln die Summe. Für jeden erreichten Zwanzigerwert wurde eine Ebene höher eine Einheit zugelegt. Bei der Subtraktion lief das gleiche Verfahren in umgekehrter Richtung: Auch sie reduzierte sich auf ein Hin- und Herschieben von Zahlensymbolen, für das man keine komplizierten Werttabellen im Kopf zu haben brauchte. Multiplikation und Division waren nicht ganz so einfache Operationen, aber dennoch ohne Tabellen oder auswendiggelerntes «Einmaleins» zu bewältigen. Das System erlaubte es auch Ungebildeten, sich ohne große Mühe das für Handel und Wandel benötigte Maß an Rechenkunst anzueignen.

65 In Quellen aus der Kolonialzeit werden mündliche Vertragsabschlüsse beschrieben, es gibt jedoch keinen Grund für die Annahme, daß Verträge, Abgabelisten und eine Art Buchführung nicht auch in schriftlicher Form ausgeführt worden wären, zumal genau diese Dokumententypen in der Hinterlassenschaft der Azteken Zentralmexikos zu finden sind. Nur leider hielt das Material, das man zum Aufschreiben dieser Dinge benutzt haben dürfte, das stuckbeschichtete Rindenbastpapier, den klimatischen Bedingungen des Regenwalds, in dem die Maya lebten, auf Dauer nicht stand.

66 Siehe Landas Bericht über die Zustände in Yucatán kurz nach der Conquista (Tozzer 1941) und Roys' (1943) Darstellung der Lebensbedingungen der Indianer im Yucatán der Kolonialzeit.

67 Eine Darstellung der mesoamerikanischen Zahlungsmittel aus neuerer Sicht gibt Freidel (1986a).

68 Mehr über die Maya als Händler und Spekulanten bei Freidel und Scarborough (1982).

69 «... sie handelten mit allem, was es in diesem Land gab. Sie räumten Kredit ein, liehen aus und beglichen ihre Schuldigkeit in liebenswürdigster Form und ohne Wucher. Und die größte Zahl unter ihnen stellten die Landwirte und die Leute, die Mais und anderes Getreide anbauten, welches sie in schönen unterirdischen Vorratskammern und Kornspeichern lagerten, um (die Ernte), wenn es dann an der Zeit ist, zu verkaufen.» (Tozzer 1941, 96; Klammern im Original)

70 Derartige Besuche hochrangiger Würdenträger in Vertretung des Souveräns sind in der archäologischen Urkunde von Yaxchilán und Piedras Nigras bezeugt (Schele und Mathews o. J.), und auf mindestens einem Keramikgefäß aus Grab 116 in Tikal sind Würdenträger aus der Usumacinta-Region zu sehen, die auf Besuch in Tikal den lokalen Würdenträgern Geschenke darbringen (eine Umzeichnung dieser Szene in: W. R. Coe 1967, 102). Überhaupt gehört das Überreichen von Geschenken, insbesondere von Tuchen und mit verschiedenerlei Dingen gefüllten Schalen, bei den Maya zu den bevorzugten Motiven der Keramikmalerei.

71 Nachdem Dennis Puleston (1976 und 1977) die zentrale Rolle der Hochäcker-Agrarwirtschaft in der Kultur der alten Maya erkannt hatte, begann er mit wieder instand gesetzten alten Kanälen zu experimentieren, um herauszufinden, wie dieses Bodennutzungssystem praktisch funktionierte. Auf diesem Weg gelangte er nicht nur zu Informationen über das Ertragsvolumen beim Hochäcker-Landbau, sondern auch zu der Einsicht, daß mit der Hoch- oder Wölbäcker-Wirtschaft assoziierte Pflanzen und Tiere – Seerosen, Wasservögel, Fische und Kaimane – wichtige Motivkomponenten sowohl in der kosmologischen Symbolik wie in der des Maya-Königtums darstellten.

3 Cerros oder Die Könige nahen

1 Heutige Touristen zeigen sich an den Maya-Ruinenplätzen manchmal förmlich überwältigt von den architektonischen Leistungen, die sich ihnen hier präsentieren. Aber die Bautechniken der Maya – das Kraggewölbe und die Kombination Pfosten–Oberschwelle (Türsturz) – waren selbst nach antiken Maßstäben primitiv. Die sehenswertesten Kraggewölbe findet man in Palenque und – als Zementkernkonstruktion – in einigen Königreichen des nördlichen Tieflands. Die eigentlich staunenswerte technische Leistung der Maya ist, vom heutigen Standpunkt aus gesehen, ihr agrarwirtschaftliches Bodennutzungssystem. Zwar gibt es Indizien dafür, daß in vereinzelten Fällen Raubbau getrieben und der Boden heruntergewirtschaftet wurde, aber insgesamt gesehen sind die Leistungen der Maya auf dem Gebiet der Nahrungsmittelselbstversorgung und der Produktion landwirtschaftlicher Güter als sensationell zu bezeichnen. Wir, die wir einer Epoche angehören, in der die modernen Nationen tatenlos zusehen, wie der Regenwaldgürtel des Globus zerstört wird, haben eine Menge von den Maya zu lernen, die sich mit einer nach Millionen zählenden Population über tausend Jahre hinweg ohne derlei destruktive Folgen im tropischen Urwald am Leben erhielten.

2 Die Maya kannten Metalle spätestens seit dem frühen Klassikum, denn sie waren bei benachbarten Stammeskulturen des zentralamerikanischen Tieflands in Gebrauch. Aber aus bisher noch ungeklärten Gründen lehnten die Tiefland-Maya für sich selbst den Gebrauch von Metallen bis in die Spätphase ihrer Geschichte ab.

3 Was allerdings nicht zuletzt daran gelegen haben dürfte, daß es in Mesoamerika bis zur spanischen Eroberung keine Tiere gab, die sich als Lastträger oder Zugtiere geeignet hätten. Die größten Arten – Tapir, Nabelschwein (Pekari), Hirsch und verschiedene Großkatzen – waren von Natur aus ungeeignet für die Haustierhaltung oder Verwendung als Zug- oder Lasttier.

4 Zu welchen Zeiten an den einzelnen Orten im Maya-Tiefland die öffentlichen Bauten großen Stils entstanden, ist von Fall zu Fall noch umstritten. Matheny (1986) und Hansen (1984) datieren den Beginn der Bauarbeiten am Tiger-Komplex in El Mirador in das 2. Jahrhundert v. Chr., wohingegen W. R. Coe (1965 a) in Tikal große Repräsentationsbauten erst zu einem etwas späteren Zeitpunkt, um die Mitte des 1. vorchristlichen Jahrhunderts, auszumachen vermag. In puncto Datierung hat man es in Cerros (Belize) mit den gleichen

Verhältnissen wie in Tikal zu tun (Freidel und Scarborough 1982). Wir vertreten den Standpunkt, daß die Radiokarbonproben uns zwar für die ältesten mit Bildschmuck ausgestatteten Bauwerke (und somit für die ersten erkennbaren Manifestationen des Königtums) im Tiefland über einen Zeitraum von ungefähr hundert Jahren (125–25 v. Chr.) Kerndaten liefern, daß aber die Toleranzbereiche, in denen die statistische Wahrscheinlichkeit absoluter Gültigkeit der Kerndaten jeweils schwankt, sich allesamt in einer bestimmten Zone überschneiden. So zum Beispiel sind Struktur 34 in El Mirador, die per C^{14}-Methode auf 125 v. Chr. ± 90 Jahre datiert wurde, und Struktur 2A-sub 4 in Cerros, im selben Verfahren auf 50 v. Chr. ± 50 Jahre datiert, nach statistischen Kriterien «gleichaltrig».

5 Die ikonographischen und archäologischen Fakten, auf die sich diese Sicht der Dinge stützt, haben wir in einer Reihe von wissenschaftlichen Fachpublikationen dargelegt; siehe vor allem Freidel und Schele (1988 b).

6 Cerros, «Hügel» (Mehrzahl), ist der heutige Name des Ortes; wie er im Altertum hieß, ist unbekannt.

7 Hauptsächliches Indiz für die seefahrerischen Aktivitäten der Bewohner von Cerros sind die am Ort gefundenen Überreste von Korallen- und Tiefseefischen (Carr 1986 b). Aus mächtigen Baumstämmen gefertigte Einbäume waren bei den Maya von Belize seit alters her in Gebrauch und werden in einigen Landesteilen noch heute hergestellt.

8 Indizien für Fernhandelsbeziehungen zwischen Cerros und weiter nördlich gelegenen Küstensiedlungen sowie Orten in der Gebirgsregion des südlichen Hochlands und im Innern des südlichen Tieflands ergaben sich aus dem Vorhandensein exotischer Materialien, wie sie normalerweise nicht als Handelsgüter im alltäglichen Warenverkehr zwischen Nachbarn vorkommen. Die Bewohner von Cerros verfügten beispielsweise über erlesene Meermuschelschalen von der Nordküste der Halbinsel (Hamilton o. J.), und in der Handwerkerzunft des Ortes war man mit einer breiten Palette fremder Stile vertraut, die man in der lokalen Keramikproduktion souverän nachzubilden verstand (R. Robertson o. J.). Darüber hinaus wurden bei den archäologischen Grabungen zahlreiche exotische Materialien zutage gefördert, die nur aus anderen Gegenden von Belize oder aus dem südlichen Hochland stammen können (Garber 1986).

9 Eine einfache Repräsentativplattform der beschriebenen Art ist Struktur 2A-sub 4-1, die – wie der erste richtige Königstempel in Cerros (Struktur 5C-2) – mit zu den letzten ausgeführten Bauten des Haufendorfs gehört, das dann unter dem Zeremonialzentrum verschwand (Cliff 1986). Ähnliche Plattformen waren in der gleichen Epoche auch auf der Akropolis des guatemaltekischen Tikal die Vorform der Königstempel (W. Coe 1965 c).

10 In Cerros hat man in den Depots des überbauten Haufendorfs zertrümmerte Keramiktrommeln mit ausgeschnittenen oder aufgesetzten Gesichtern gefunden. Unter den hier vertretenen ikonographischen Motiven erkennt man die «Teigwurst»-Tränenvolute von GIII (dem jüngeren der beiden Ahnherren-Zwillingsheroen, einer Sonnengottheit) und Haifischzähne, die auf GI hindeuten, zu dessen Charakteristika Fischbartfäden zählen und der mit Xoc, dem Hai, assoziiert ist (siehe Glossar). Diese Trommeln eröffnen eine lange Tradition der für die Tiefland-Maya bezeichnenden figuralen Keramikgefäße und -gefäßuntergestelle (Freidel, Masucci, Jaeger und Robertson o. J.).

11 Die Angaben über Gemüseanbau und Nahrungsmittel basieren auf den Forschungen von Cathy Crane (1986). Fisch und Wild wurden von Carr (1986 a, 1986 b) identifiziert.

12 Die Trinkgefäße, die von den in Cerros tätigen Archäologen im privaten Sprachgebrauch liebevoll als «Bierseidel» bezeichnet wurden, waren äußerst zweckmäßig geformt: handlich, mit verengter Mundöffnung und beschwertem flachen Boden, der das Umfallen verhinderte. Robertson (1983) war es, der sie als Trinkgefäße identifizierte, die ausschließlich als Grabbeigaben dienten und bei hohen Festlichkeiten benutzt wurden.

13 Baumwollanbau konnte von Cathy Crane für Cerros zweifelsfrei nachgewiesen werden. Kakaoanbau ließ sich bisher nicht gleichermaßen schlüssig beweisen, doch hat man einige makrobotanische Relikte gefunden, von denen in dieser Hinsicht noch einiges zu erwarten ist.

14 Im Text beschrieben ist das Geschmeide eines Ahau, wie es tatsächlich in einem Kultdepot auf der obersten Plattform von Struktur 6B in Cerros gefunden wurde (Freidel 1979; Garber 1983; Freidel und Schele 1988 a). Struktur 6 war der zweite Königstempel, der

in Cerros errichtet wurde, und zwar zu einer Zeit, da der erste, Struktur 5 C-2, noch geöffnet und in Benutzung war. Aus Lage und Konzeption von Struktur 6 geht hervor, daß sie vom Nachfolger des Erbauers von Struktur 5 C-2 errichtet wurde. Es ist daher wahrscheinlich, daß es sich bei den im Hochplateau von Struktur 6 B vergrabenen Kleinodien um die Juwelen des ersten Königs von Cerros, des Erbauers von Struktur 5 C-2, handelt.

15 Eine akademisch-fachgerechte Darstellung von Ursprung und Verbreitung der skulptierten Pyramide bei den Tiefland-Maya in Freidel (1979; 1983); Freidel und Schele (1988 b).

16 Wir wissen nicht, wie die Arbeitsteilung bei den alten Maya im Baubereich aussah, gehen jedoch davon aus, daß es bei ihnen keine Architekten im modernen Sinn gab, mit anderen Worten: keine Fachleute, die für Entwurf und Planung des Bauwerks genauso verantwortlich waren wie für die künstlerische Gestaltung und die Bauausführung. Wahrscheinlicher ist, daß die Maya Fachleute für die Bauausführung hatten, ja daß solches Spezialistentum in Familientradition gepflegt wurde. Die Fertigkeiten dafür dürften jedoch weniger auf das künstlerische Moment des Bauens – auf den Ausdruck der propagandistischen Botschaft der Bauwerke – als vielmehr auf Meisterschaft im Handwerklichen ausgerichtet gewesen sein, also darauf, daß die vorgegebene, vorformulierte Botschaft zufriedenstellend in die Tat umgesetzt wurde. In Fortführung der von Frank Lloyd Wright, I. M. Pei und Mies van der Rohe inaugurierten Tradition ziehen wir für diese Form des Spezialistentums die Bezeichnung «Baumeister» der Bezeichnung «Architekt» vor.

17 Für diese Verrichtungen hat sich in der Wissenschaft der Begriff «rituelle Tötung» eingebürgert («termination ritual» im Englischen; vgl. Robertson und Freidel 1986), doch wurden bedeutende kultische Arbeitsleistungen von Anfang bis zum Ende von solchen Praktiken begleitet: sowohl Tempelbau- und -neubauarbeiten wie schließlich auch die Entweihung von Tempeln. Wir glauben, daß die bei solchen Anlässen zerschlagenen Töpferwaren zuvor die Speisen von Opfer- und Ritualmahlen enthielten, wie sie bei den Maya heute noch üblich sind. Die Angabe über die Obstblütenblätter ist ein Ergebnis noch laufender palynologischer Forschungen Cathy Cranes. Nachdem im Depot vier konservierte Pollenkörner einer Agave gefunden wurden, kann man damit rechnen, daß bei weitergehender Analyse ein kompletter Staubbeutel dieser Pflanze zusammenkommen wird.

18 Zwar wurden im gegebenen Fall unter dem Gebäude die Spuren einer derartigen Grundrißzeichnung nicht gefunden, doch war das geschilderte Verfahren bekanntermaßen die gängige Praxis im Maya-Hochbau (Smith 1950). Daß es auch hier Anwendung fand, folgt logischerweise schon aus dem Umstand, daß Pyramide und Treppe zusammen in *einem* Arbeitsgang errichtet wurden: ob am Ende die Proportionen des Ensembles stimmten, darüber wurde bereits in der ersten Arbeitsphase entschieden.

19 Diese Löcher zum Einpflanzen der mächtigen Pfosten waren 3,5 Meter tief, ihr Durchmesser betrug 1,2 Meter. Nimmt man Pfosten und Pfostenlöcher heutiger Maya-Bauten (Wauchope 1938) als Maßstab, so kommt man zu dem Ergebnis, daß die Pfosten in Cerros sich bis zu einer Höhe von sechs bis neun Metern über den Boden des Höhentempels erhoben. Da die Tempelwände nicht höher als zwei Meter waren, ragten die Pfosten weit über das Tempeldach hinaus.

20 Die Aufstellung der großen Pfosten bildet eine der Episoden im *Popol Vuh* der Quiché (Edmonson 1971; Tedlock 1985). Zur Zeit der Conquista wurden diese Pfosten im Ritualleben der Yucatekisch sprechenden Maya als *acante*, «aufgerichteter/aufgestellter Baum», bezeichnet (Tozzer 1941; Roys 1965). Mit der Aufstellung solcher Pfosten wurde ein Sakralraum geschaffen, in dem der Schamane Verbindung mit den übernatürlichen Mächten aufnahm. Aus akademischer Sicht haben wir die Rolle der Struktur 5 C-2-Pfosten in Cerros andernorts dargestellt (Freidel und Schele 1988 a).

21 Der Bauplan dieses Tempels ist zwar ungewöhnlich, aber nicht einzigartig. Tiefer in der Bucht von Chetumal, Cerros nach Osten hin genau gegenüber, liegt Santa Rita Corozal, ein Ruinenplatz, der einen frühklassischen Tempel besitzt (D. Chase und A. Chase 1986). Der Bauplan des Tempels von Santa Rita, einige Jahrhunderte jünger als Struktur 5 C-2 in Cerros, ist im Vergleich mit diesem zwar komplexer, in den Grundzügen aber ähnlich. Allen Maya-Tempeln gemeinsam war in der Regel ein Adyton oder innerstes Gemach, in dem die intimsten Teile der Ritualhandlung vorgenommen wurden (wie in Kapitel 7 im Zusammenhang mit Chan-Bahlums Inthronisationsmonumenten eingehender ausgeführt ist). Charak-

teristisch für Cerros ist lediglich, daß der Zugangsweg zum Adyton den Lauf der Sonne nachbildet.

22 Diese Ohrgehänge setzen sich aus mehr oder weniger gleichbleibenden Elementen zusammen. Das wichtigste Teil bestand aus einem dünnwandigen Zylinder aus Jade, auf einer Seite zu einer Scheibe ausgeklappt, die häufig durch eingeschnittene Ornamente zur Blume stilisiert war. Dieses – als Stecker im durchlöcherten Ohr getragene – Teil wurde gesägt, gebohrt und unter Verwendung von Schilfstroh, Schnur, Sand und Wasser geschliffen und poliert. Im frühen Klassikum trug der Ohrstecker häufig ein Quincunx-Muster in Form von vier Wölbungen, die quadratisch um das Loch in der Mitte der Scheibe angeordnet waren. Auf vielen Abbildungen ist der Stecker von einem Ornament in Form eines gerollten Maisblatts gekrönt und mit einem großen, häufig aus Muschelschale oder Perlen hergestellten Gegengewicht versehen. Bei einer anderen beliebten Variante stand ein fingergroßer, der Länge nach durchbohrter Zylinder schräg vom Mittelloch des Ohrsteckers ab. Um dieses Arrangement in gebührendem Abstand vom Gesicht zu halten, lief durch die Bohrkanäle im Stecker und seinem Aufsatz ein doppelt geführter Faden – vermutlich aus Hirsch- oder Katzendarm –, der am äußeren Ende des aufgesetzten Zylinders eine als Fixierung dienende Perle trug und an dem auf der Ohrinnenseite eine Muschelschale als Gegengewicht hing.

23 Es ist nicht nur nicht auszuschließen, sondern eher wahrscheinlich, daß Maya-Künstler wichtige öffentliche Arbeiten dieser Art in einem durch Fasten, Aderlaß und Einnahme von Rauschmitteln hervorgerufenen veränderten Bewußtseinszustand ausführten. Schele und M. Miller (1986) konnten für diese These Belege aus der klassischen Periode anführen, formuliert wurde sie bereits von Landa (Tozzer 1941) mit Blick auf die Holzschnitzer zur Zeit der Conquista. Nachdem sich nun einmal ein Fehler in den Proportionen eingeschlichen hatte, interpretierte man ihn offenbar als göttliche Absicht, der man sich nicht durch Korrektur widersetzen, sondern die man hinzunehmen und der man im weiteren Fortgang der Arbeit Rechnung zu tragen hatte.

24 Der älteste beschriftete Gegenstand in der archäologischen Urkunde des Tieflands ist ein knöchernes Blutentnahmestilett, das am Ruinenplatz Kichpanhá in einem Grab aus der späten vorklassischen Periode gefunden wurde (Gibson, Shaw und Finamore 1986).

25 Auch an dem hier besprochenen Bauwerk sind neben Ohrgehängen stark erhabene und besonders gestaltete Glyphentafeln angebracht. Solche Tafeln findet man in Cerros auch auf anderen Bauten aus dem späten Vorklassikum, nämlich auf Struktur 6B und 29B. Ähnliche Tafeln wurden auch für Struktur N9-56 in Lamanai (Pendergast 1981), Struktur 34 in El Mirador (Hansen 1984) und Struktur H-sub 8 in Uaxactún (Valdés 1988) beschrieben beziehungsweise fotografisch dokumentiert. Ohrgehänge – die magischen Gegenstände *par excellence* der auf diesen Relieftafeln in Maskenform abgebildeten Wesen – mit Glyphen zu «etikettieren» war demnach in der späten vorklassischen Periode ein Prinzip. Bislang sind nur die «Etiketten» der Ohrgehänge auf Struktur 5C-2 entziffert, worauf im Text alsbald zurückzukommen sein wird.

26 Diese vierblättrige Blumenblüte erscheint die gesamte klassische Periode hindurch auf der Wange des Sonnengotts, egal ob er in seiner jugendlich-anthropomorphen oder greisenhaft-anthropomorphen Gestalt oder als GIII mit der «Teigwurst»-Tränenvolute auftritt.

27 In dem großen Schöpfungsmythos der Quiché-Hochland-Maya, wie er im *Buch des Rates*, dem *Popol Vuh* (Edmonson 1971; Tedlock 1985), niedergelegt ist, werden die göttlichen Zwillinge nicht zu Sonne und Venus, sondern zu Sonne und Mond verklärt. Tatsächlich konnte der jüngere der Zwillinge in der klassischen Periode mit Sonne wie Mond assoziiert werden (Schele und M. Miller 1986, 308f.), während der ältere die Sonne in der ersten und Venus in der zweiten Opposition war. Es ist wichtig, sich klarzumachen, daß multidimensionale Wesen wie Jaguar/Sonne/Mond oder Venus/Himmelsmonster/Sonne nicht ausschließliche und unveränderbare, sondern vielmehr dynamischem Wandel unterworfene, vielgestaltige Entitäten waren. Der Seerosen-Jaguar zum Beispiel, als Inbegriff des Raubtierhaften Symbol der königlichen Kriegskunst, kann sowohl als Manifestation des Sonnengottes verstanden werden als auch im Zusammenhang der in Kapitel 4 geschilderten «Tlaloc-Venus»-Kriege mit dem Planeten Venus assoziiert sein. Solche «Aspekte» sind jeweils Ausdruck momentaner Affinitäten und Resonanzen. Daß manche dieser Verbindungen in der Gedankenwelt der Maya so erstaunlich dauerhaft und verbreitet sind, ist kein

Widerspruch zu der Tatsache, daß sie in ständiger ritueller Wiederholung immer wieder neu instituiert und bekräftigt werden müssen. Die charismatische Übernatur des Königs leitet sich letztlich aus einer Logik her, die sein Wesen in solch kosmischen Dimensionen begreift.

28 Wie im Glossar ausgeführt, besteht zwischen Venus und dem Himmelsmonster eine besonders starke Assoziation. Dieses nach Kaiman-Vorbild gestaltete Ungeheuer hatte die gleiche lange Schnauze wie das in Cerros abgebildete Wesen.

29 Wegen der Ähnlichkeit ihres dreispitzigen Schädels mit der Kappe der mittelalterlichen Hofnarren taufte Schele (1979, 49 f.) diese Gestalt auf den Namen Gott «Narr».

30 Im Maya-Schriftsystem gibt es eine eigene Klasse von Zeichen, die sogenannten semantischen Determinative (Bestimmungszeichen), die dazu dienen, in Zweifelsfällen die gemeinte Bedeutung klarzustellen. Ein solches Determinativ ist das Stirnband der Könige. Es kommt sowohl mit einer regulären Ahau-Glyphe als Anhängsel vor als auch mit einem Spiegel oder, im interessantesten Fall, mit einer Gott-«Narr»-Figur. Wo immer in einem Hieroglyphentext dieses Ahau-Gott-«Narr»-Stirnband vorkommt, ist die Lesung der so gekennzeichneten Glyphe «Ahau», gleichgültig, ob es sich um den Kopf-, Geier-, Nagetier-allograph oder welche Variante auch immer handelt. Wer in der klassischen Periode mit einem solchen Stirnband dargestellt wird, ist ein Ahau.

31 Die Rede ist hier von den Zwillingen speziell in ihrer Erscheinungsform als Stirnband-Zwillinge. Von diesen beiden, die die Namensglyphen Hun-Ahau und Yax-Balam führen, zeichnet sich der eine durch große dunkle Hautflecken und ein Gott-«Narr»-Stirnband aus, während der andere ein Yax-Zeichen aus Muschelschale an der Stirn und am Kinn sowie an Armen und Beinen Jaguarfellstücke trägt.

32 Andere Einzelheiten des Bildprogramms von Struktur 5 C-2 erhärten diese Deutung. Die Glyphentafeln, die den Ohrgehängen auf der Ostseite des Bauwerks als «Etiketten» beigeschrieben sind, enthalten das Wort *yax*, das «grün» und «erster/erste/erstes» bedeutet. An der gegebenen Stelle bezeichnet es Sonne und Venus als «die ersten», was sie im Osten bei Tagesanbruch ja auch sind. Auf der Westseite wird das Venus-Bild auf der oberen Tafel von einer umrahmenden schematischen Darstellung des Himmels beziehungsweise einer Schlange (in den Cholan-Dialekten sind die Wörter für «Himmel» und «Schlange» [*chan*/*chan*] gleichlautend) ausgewürgt, was eine «Abwärts»-Bewegung signalisiert: die Bewegungsrichtung, die man am Abend von der untergehenden Sonne und dem ihr nachfolgenden Abendstern erwartet.

33 Der Maya-Schamane schafft in seinem Umkreis einen vierfach gegliederten sakralen Raum. In einer neueren Fachpublikation (Freidel und Schele 1988 a) haben wir erläutert, wie die Könige des späten Vorklassikums die schamanische Ekstase mit der zu ihrer Zeit sich herausbildenden Definition des königlichen Charismas verbanden.

34 In Gruppe H in Uaxactún, einem unlängst freigelegten, erstaunlich gut erhaltenen Tempelkomplex im inneren Tiefland, findet man das Gott-«Narr»-Stirnband an Masken aus dem späten Vorklassikum (Valdés 1988).

35 Andere Deutungen der Bilder, die wir hier betrachten, sind denkbar und als erwägenswerte Optionen auch formuliert worden, so zum Beispiel die, daß das «erste» Zwillingsgestirn auf der Ostseite die Ahnen repräsentiert, das auf der Westseite den menschlichen König und seinen Erben (Freidel o. J.).

36 Das Lesen «zwischen den Zeilen», wie hier im Text geübt, ist der Schlüssel zum Verständnis der in diesen Masken und Kultbildern verborgenen menschlichen und politischen Komponenten. Auch wenn über die Ergebnisse solcher Interpretationen nicht immer Einigkeit herrscht, wird von niemandem angezweifelt, daß die Maya ihre Kunst und die öffentlich zur Schau gestellten Hieroglyphentexte nicht bloß als Weihopfer zur höheren Ehre der Götter verstanden, sondern damit auch politische Propaganda betrieben. Umfangreiche Belege dafür liefern, wie in den folgenden Kapiteln zu sehen sein wird, die Tempelinschriften der klassischen Periode.

37 Für das älteste Beispiel öffentlicher Baukunst in Cerros – Struktur 2 A-sub 4-1, die schmucklose kleine Pyramide bei den Landungsplätzen – erbrachte die Radiokarbondatierung eines in einem Stuckboden versiegelten verkohlten Stücks Holz das Datum 58 v. Chr. ± 50 Jahre. Aus dem Tötungsritual für das letzte in Cerros errichtete öffentliche Gebäude, Struktur 29 C, stammt ein angebranntes Stück Holz, das sich mit der C^{14}-Methode auf 25

v. Chr. ± 50 Jahre datieren ließ. Man sollte in diesem Zusammenhang jedoch nicht vergessen, daß Radiokarbondatierungen das Alter eines Objekts prinzipiell nur in Form einer statistischen Wahrscheinlichkeitskurve ermitteln können: Die Plus-minus-Jahresangabe bezeichnet die Toleranzspanne für das ermittelte tatsächliche Alter; je größer die Spanne, desto höher die Wahrscheinlichkeit, daß in ihr das gesuchte Datum liegt; anders gesagt, je unpräziser die Datierung, desto höher die Wahrscheinlichkeit, daß sie zutrifft. Die wahrscheinlichen Daten für Beginn und Ende der öffentlichen Bautätigkeit in Cerros überschneiden sich mit ihren Plus-minus-Toleranzspannen, so daß sich für die Abwicklung des gesamten Bauprogramms von Cerros eine Zeitdauer von wenigstens fünfzig und höchstens einhundertfünfzig Jahren ergibt. Andere archäologische Befunde stimmen mit dieser Datierung überein, so etwa die, daß zwischen dem ältesten und dem jüngsten Bauwerk keinerlei Wandel in Stil und Fertigungsweise der Keramik eingetreten ist (R. Robertson o. J.). Überdies wurden in der Schichtenfolge nur acht separate Bauphasen festgestellt (Freidel 1986c), was für einen Maya-Ruinenplatz wenig ist. Zusammengenommen erhärten die Befunde den Eindruck, daß Cerros im 1. vorchristlichen Jahrhundert eine regelrechte Explosion öffentlicher Bautätigkeit erlebte.

38 Auch Gruppe H in Uaxactún (siehe Kap. 4) realisiert dieses Anlageprinzip des Innenhofs auf einer Akropolis mit Zugang durch einen Portalbau.

39 Die Auswirkungen der Bautätigkeit auf die landschaftliche Umgebung von Cerros sind ausführlich dargestellt bei Vernon Scarborough (1983 und 1986).

40 Die Ausgrabungen von Tempeln und Tempelunterbauten in Cerros waren im Gegensatz zu denen anderer Maya-Ruinenplätze eher bescheiden. Das hat seinen Grund darin, daß diese Grabungen nur eine unter vielen Forschungsaufgaben waren, die das betreffende archäologische Projekt zu erfüllen hatte. Zukünftige Ausgrabungen in Cerros werden jedoch mit Sicherheit weiteres Material zum kunstvollen Stuckplastikdekor der Königsbauten des späten Vorklassikums zutage fördern. Ungeachtet unseres eingeschränkten Kenntnisstands in bezug auf die archäologische Urkunde in Cerros hat man es hier mit den bis heute umfangreichsten und wissenschaftlich am besten dokumentierten Beispielen dieser Art von Bildschmuck im Maya-Kulturkreis zu tun. In Uaxactún, El Mirador und Lamanai sind mit fortschreitender Exploration und Dokumentation gleichfalls bedeutende Materialien aus diesem Bereich zu erwarten.

41 Dies sind die Kleinodien, die wir in der «fiktiven Reportage» eingangs dieses Kapitels beschrieben.

42 Die Hand, die einen Spiegel hält, symbolisiert in den Hieroglyphentexten der klassischen Periode den Eintritt ins Herrscheramt (Schele und M. Miller 1986).

43 Nach Ansicht der alten Maya konnten heilige Flüssigkeiten ihre Gestalt verändern; bestimmte Substanzen wurden als Produkte von Transformationsprozessen betrachtet. Blut, Feuer und Wasser gehörten mit in diese Kategorie (Freidel 1985), aber auch andere Flüssigkeiten, Gase und Dämpfe (Schele und M. Miller 1986).

44 Die Opferung kostbarer oder magischer Gegenstände ist in der Geschichte des Tempelbaus der Maya-Könige eine verbreitete Erscheinung. Man spricht hier von Weihopfern oder Weihegaben, um zum Ausdruck zu bringen, daß man durch die Opfergaben von den Göttern die Weihe für Bauten oder Monumente (wie zum Beispiel Stelen) erlangen konnte. In einer ausführlichen Monographie hat William Coe (1959) am Beispiel eines einzelnen Zentrums (Piedras Nigras) die vielschichtige Symbolik der Weihopfer dargestellt. Das Kultdepot in Stele 7 in Copán sowie die kürzlich in Tempel 26 gefundenen Depots enthielten unter anderem uralte Familienerbstücke aus Jade. Solche Gegenstände wurden hauptsächlich bei den schamanischen Ritualen der Könige verwendet, wo sie dazu beitrugen, übernatürliche Wesen zur Erscheinung zu bringen (Freidel und Schele 1988a). Und wenn diese Dinge in Bauwerken vergraben oder in Geheimfächern in Bildwerken deponiert wurden, so geschah dies deshalb, um am Unterbringungsort die Konzentration heiligmächtiger Kraft zu bewirken und so dessen Eignung als Tor und Kommunikationspfad ins Jenseits zu steigern. Wie die Unterbringung heiliger Gegenstände die Konzentration von Macht am fraglichen Ort zur Folge hatte, so wurden umgekehrt diese Gegenstände, bevor man sie verstreute, zertrümmert und verbrannt, wenn man die örtlich akkumulierte heiligmächtige Kraft freisetzen wollte. Zwischen zwei älteren Bauphasen des Tempels 26 zum Beispiel wurde eine große Anzahl von Jadekleinodien in den Schwelbränden zerstört, die

man vor Beginn der neuen Bauphase rings um einen Tempel, den man überbauen wollte, anlegte. Tötungsrituale dieser Art (R. Robertson o. J.) bildeten oftmals gemeinsam mit späteren Weihezeremonien einen geschlossenen Festzyklus (Walker o. J.).

45 Diese Form des inneren Strebewerks oder baulichen Skeletts ist charakteristisch für die Maya-Architektur. Sie wurde insbesondere immer dann eingesetzt, wenn Kolossalbauten in schnellem Tempo errichtet wurden. Grobe Bruchsteine dienten als Füllung der einzelnen Zellen; vertikale Stabilität wurde erzielt mit Zwischenlagen aus einem Schotter-Sand-Gemisch, das dann wieder als Grundlage neuer Blöcke diente. Die Innenwände sorgten für die horizontale Stabilität.

46 Obwohl bei diesem Gebäudearrangement zwischen dem mittleren Tempel und den flankierenden Plattformen nur noch Platz für einen lächerlich engen Durchschlupf blieb, war die Anlage als Kopie eines seinerzeit üblichen Gliederungskonzepts gedacht, dessen prototypische Realisierung man heute in der – ebenfalls aus dem späten Vorklassikum datierenden – dreiunddreißig Meter hohen Pyramide in Lamanai vor sich hat (Pendergast 1981). Auch auf einer Pyramide in El Mirador findet sich dieses Arrangement (Matheny 1987). Das dreigliedrige Ensemble von kleinen Tempeln oder Tempelplattformen gehört zu den bedeutenderen architektonischen Traditionen des späten Vorklassikums.

47 Dieses Schema des Bildaufbaus ist am deutlichsten in den Tafeln in Palenque mit ihren drei figuralen Motiven exemplifiziert (Schele 1979), findet sich jedoch auch andernorts. Die berühmte Stele 31 in Tikal (Jones und Satterthwaite 1982) zeigt König Sturmhimmel, flankiert von Profilansichten seines Vaters Schnute.

48 Ausführlichere Darstellungen des Ballspiels bei den Maya der klassischen Periode geben Schele und M. Miller (1986, 261–264) sowie M. Miller und Houston (1987).

4 Ein Eroberungskrieg: Tikal unterwirft Uaxactún

1 In El Mirador stehen einige der größten Bauwerke der präkolumbischen Welt, Bauwerke, die mindestens zweihundert Jahre älter sind als die Sonnen- und die Mondpyramide in Teotihuacán. Über El Mirador und seine erstaunlichen Bauten informiert am eingehendsten Ray Matheny im *National Geographic Magazine* vom September 1987.

2 Der Absturz El Miradors in die politische Bedeutungslosigkeit ist eines jener ungelösten Rätsel der vorklassischen Periode, von denen in Kapitel 1 die Rede war. Die Stadt wurde nach ihrer Blütezeit von ihren Bewohnern nicht völlig aufgegeben, sondern prosperierte in bescheidenem Maß auch noch während der klassischen Periode, doch machten die Bewohner nicht den geringsten Versuch, auf der von konkurrierenden Königreichen beherrschten politischen Bühne eine tonangebende Rolle spielen zu wollen.

3 Die Etikettierung «Tlaloc-Venus» bezeichnet die Hauptmotive der mit dieser Art der Kriegführung assoziierten Bildwerke und trägt zudem der Tatsache Rechnung, daß die Termine für militärische Aktionen regelmäßig mit Rücksicht auf wichtige Stationen von Venus und Jupiter sowie auf Jupiter-Saturn-Konjunktionen gewählt wurden (Kelly 1975, 1977a, 1977b; Closs 1979; Lounsbury 1982; Schele 1984a, o. J. c). «Sternenkrieg» bezieht sich auf die Gepflogenheit der Maya, kriegerische Unternehmungen dieses Stils mit einem – über der Glyphe «Erde» beziehungsweise über der Namensglyphe des gegnerischen Königreichs plazierten – Venus-Zeichen (Kelley zufolge soll die Bedeutung lediglich «Stern» gewesen sein) zu protokollieren. Siehe auch Anmerkung 45.

4 W. R. Coe (1965a und 1965b) hat diese sehr frühen Siedlungsplätze sowie die Entwicklung Tikals von der späten vorklassischen bis zur frühen klassischen Periode eingehend beschrieben.

5 Von den Maya in den Kalkfels hineingearbeitete – als Zisternen, Keller, Vorratskammern oder, wie in dem im Text erwähnten Fall, Abfallgruben etc. genutzte – Höhlungen, häufig mit dem Querschnitt bauchiger Flaschen oder von Kuppelgewölben.

6 William Coe (1965b, 1406) selbst regte diese Deutung an.

7 Auch das leere Grab in Struktur 4 in Cerros bezeugt, daß in den frühen Tempelkomplexen gesellschaftlich hochstehende Personen beigesetzt wurden; allgemeine Verbreitung fand

die Vorstellung vom Leichnam als eines würdigen Bestandteils des sakralen Kraftfelds eines Bauwerks erst in der klassischen Periode. Es könnte sein, daß Tikal hier einen gewissen Entwicklungsvorsprung hatte.

8 Man fand zwei Skelette in diesem Grab. W.R. Coe (1965b, 15) identifizierte den Hauptbewohner als Frau.

9 Die vollständige Beschreibung von Grab und Inhalt bei W.R. Coe (1965a, 15ff., und 1965b, 1410ff.). Coggins (1976, 54–68) untersucht den stilistischen Stellenwert des Grabs.

10 Die archäologische Urkunde durchläuft derzeit einen rapiden Wandel, was die ältesten öffentlichen Bilder von Maya-Königen betrifft. Richard Hansen (1989) berichtet, daß er in Nakbe, einem Satelliten von El Mirador, gemeißelte Stelen mit der gleichen ausgefeilten Volutenornamentik, wie im Text beschrieben, angetroffen hat. Weil die dargestellten Personen auf diesen frühen Bildwerken häufig Masken tragen, macht es einige Probleme, sie als historische Persönlichkeiten zu identifizieren.

11 Eine detaillierte Beschreibung von Grab und Inhalt bei W.R. Coe (1965b, 21) und Coggins (1976, 79–83).

12 Die Maske hat das gleiche Größenverhältnis zu dem eingenähten Leichnam wie Brustplatten, die man als archäologische Fundstücke (Schele und M. Miller 1986, 81 [Bildtafel 19]) oder von Bildwerken her kennt. Am aussagekräftigsten sind die fünf am unteren Rand durchgebohrten Löcher für das Hohlstab- und Perlengehänge, mit dem solche Brustplatten in der Regel in den Maya-Abbildungen erscheinen.

13 Das dreispitzige Symbol des Ahautums, ursprünglich ein rein geometrisches Motiv, wurde als mittlerer von drei Edelsteinen an einem charakteristischen Stirnband getragen. Diese Krone mit den drei – hier noch rein geometrisch geformten – Steinen schmückt auch die Stirn der oberen Masken an Struktur 5C-2 in Cerros (siehe Kap. 3). An den Stuck-Göttermasken der Gruppe H in Uaxactún (Valdés 1987) präsentiert sich das Zentralelement in der Krone in personifizierter Form, mit dem grämlichen menschenähnlichen Gesicht, aus dem in der Folge die Gott-«Narr»-Gestalt der klassischen Ikonographie hervorgehen sollte.

14 William Haviland (1967, 322f.) notiert, daß sich um das Jahr 1 n.Chr. in Tikal ein Größenunterschied zwischen den in Prachtgräbern beigesetzten Leichnamen und den Toten aus anderen Bevölkerungsteilen feststellen läßt, der während des frühen Klassikums ständig zunahm. Haviland wertet dieses Phänomen als Indiz für die Herausbildung einer Machtelite, deren Mitgliedern eine bessere Nahrung zur Verfügung stand.

15 Christopher Jones (o.J.) zog Verbindungslinien zwischen den Bauphasen der Akropolis, der Großen Plaza und der Ostplaza einerseits und der aus den Inschriften rekonstruierten Dynastiegeschichte Tikals andererseits.

16 Christopher Jones (o.J.) vermutet ferner, daß um diese Zeit auch der östliche und der westliche Fußweg angelegt wurden, sozusagen «als formelle Anerkennung der alten Zugangswege zum Zentralbezirk».

17 Christopher Jones (o.J.) hält einen Zusammenhang zwischen den gewaltigen Bauprojekten und dem Herrscher in Grab 85 für wahrscheinlich.

18 Eines der fundamentalen historischen Probleme, mit denen der Mayanist sich konfrontiert sieht, ist die Frage, weshalb die Zentren des Petén in der späten vorklassischen Periode soviel größer waren als die Gemeinwesen in anderen Teilen des Tieflands. Eine der Hypothesen, die als Erklärung dafür vorgeschlagen wurden, lautet, daß El Mirador, Tikal, Uaxactún und andere Zentren schon sehr früh gute Beziehungen zu jenen Königreichen des Hochlands und der Pazifikregion unterhielten, die das Tiefland mit bestimmten wichtigen Gütern und Rohstoffen belieferten und ihren Handelspartnern in der gesellschaftlichen Entwicklung ein gutes Stück voraus waren (Sharer 1988). Dem können wir insoweit zustimmen, als solche Beziehungen, die gegebenenfalls den Zuzug von Tiefland-Bauern von weit her an die Handelsplätze gefördert hätten, in der Tat vorstellbar sind. Indes die wirkliche Attraktivität des sumpfigen Binnenlands liegt für den einfachen Bauern weniger in der Nähe zum Hochland als vielmehr in der durch ein effektives System der künstlichen Bewässerung ermöglichten intensiven Bodennutzung. Die in El Mirador, Tikal und Uaxactún im späten Vorklassikum entstandenen großen Kultbauten lassen vermuten, daß die

Machthaber dieser Zentren es verstanden, auch für Großprojekte von praktischem Wert die erforderlichen Arbeitskräfte zu beschaffen und zu organisieren – Großprojekte, unter denen die Anlage von Hochäckersystemen an erster Stelle rangiert haben dürfte. Überflüssig zu sagen, daß eine intensive Bodennutzung nicht nur die allgemeine Versorgung sicherte, sondern darüber hinaus auch den Produktionsüberschuß erzeugte, der die Grundlage des schwungvollen Handels mit dem Hochland darstellte. Diese «Attraktivität-gleich-Bodennutzung»-Hypothese verweist uns allerdings sofort auf die große Vorläuferkultur der Maya im mesoamerikanischen Feuchtland: die Olmeken an der Golfküste. Wir rechnen damit, daß die archäologische Feldarbeit in Zukunft noch Anhaltspunkte für eine direkte Verbindung zwischen Tiefland-Olmekenzentren wie La Venta und jenen bäuerlichen Pionieren des mittleren Vorklassikums, die als erste die Sümpfe des Petén urbar machten, zutage fördern wird.

19 Dieses berühmte Bauwerk wurde von Oliver und Edith Ricketson (1937) im Auftrag der Carnegie Institution systematisch beschrieben.

20 Im Zuge des Programa de Patrón de Asentamiento begann Juan Antonio Valdés (1988) im Jahr 1985 mit der Exploration der Gruppe H. Aus dem Innern des Unterbaus kamen lediglich Mamon- und Chicanel-Keramiken zutage, anhand deren sämtliche Substrukturen in das Vorklassikum datiert werden konnten. Insgesamt identifizierte Valdés sieben Bauphasen; eine davon umfaßt das ungewöhnlichste und vollständigste aus dem späten Vorklassikum bisher bekanntgewordene Maskendekor.

21 Nach vergleichenden ikonographischen Studien von Struktur 5 C-2 und Struktur E-VII-sub kam Freidel (1979; 1981 a) zu dem Schluß, daß in beiden Fällen der Sonnenzyklus und darüber der Venuszyklus abgebildet sind.

22 Die verschiedenen Bedeutungen, die einem Bauwerk zugeschrieben wurden, schlossen sich untereinander keineswegs aus. *Witz* ist ein Allgemeinbegriff mit der Bedeutung «Berg», und als *witz* kennzeichneten die Maya ihre Bauwerke in glyphischer oder symbolischer Form, um sie als lebende Berge zu identifizieren. Im Prinzip waren alle Maya-Pyramiden Witz-Monster. Bei manchen Bauwerken spielt die Repräsentation des Berggeists im Dekor eine untergeordnete Rolle, so etwa auch im Fall von Struktur 5 C-2 und Struktur E-VII-sub, wo das *witz* nur am unteren Teil der Fassade in Erscheinung tritt, über dem sich größer und imposanter die Sonnenmasken erheben. Bei anderen Bauten, so bei dem im Text behandelten, spielt der *witz*-Aspekt die beherrschende Rolle. Bei wieder anderen Bauwerken (die Beispiele dafür werden wir in den Kapiteln über Palenque und Copán besprechen) liegt der Hauptakzent auf dem Weltenbaum, der aus dem Herzen des Bergs hervorwächst. Wir haben es hier nicht mit unterschiedlichen, einander relativierenden oder gar widersprechenden Aussagen zu tun, sondern lediglich mit Teilansichten ein und desselben Weltbilds aus unterschiedlicher Perspektive. Für die Maya verlangt die Ästhetik des Kultlebens geradezu nach Kreativität und Nuancenreichtum des Ausdrucks.

23 Da das einzige absolut sichere Erkennungsmerkmal des Witz-Monsters ein Stufenmuster auf der Stirn ist, können wir die obere Maske, deren Stirnpartie zerstört ist, nur mit Vorbehalt als weiteres Witz-Monster interpretieren. Allerdings stellen die erhaltenen Partien der Maske – stumpfe Schnauze mit Menschennase darüber, «Atemvoluten» beiderseits des aufgerissenen Mauls und rechteckige blanke Augenlöcher – praktisch eine Nachbildung der unbeschädigten unteren Maske dar. Der Blick auf vergleichbare Fälle, etwa Struktur 5 C-2 und Struktur E-VII-sub, lehrt: Wenn die Baumeister des späten Vorklassikums einen Bedeutungsunterschied zwischen den Masken auf unterschiedlichen Ebenen eines Maskenstapels herausstellen wollten, so statteten sie die fraglichen Masken mit unterschiedlichen Schnauzenformen und sonstigen Verschiedenheiten im Erscheinungsbild aus. Es ist daher nicht unwahrscheinlich, daß hier die obere Maske die Bedeutung der unteren redupliziert.

24 Alle anderen Gebäude der Gruppe haben eine einzelne Tür auf der dem Innenhof zugewandten Seite, nur Sub-10 hat zwei Türen, eine zum Hof und eine gegenüberliegende in der plazaseitigen Wand. Beide Zugänge sind auf dem Plattformunterbau von Stuckmasken flankiert. Gruppe H-X war eine – am Ostende von zwei Gebäuden flankierte – Akropolis in verkleinertem Maßstab. Auf die Plattform dieser Akropolis gelangte man von Westen, von der Südplaza, her über eine Treppe. Oben angekommen, stand man vor Sub-10 und konnte nun den Innenhof entweder von links oder rechts um den Bau herumgehend betreten. Der

feierliche Prozessionszug jedoch führte die niedrige Treppe zu Sub-10 hinauf, durch den Innenraum hindurch auf die Ostseite und dort die Treppe hinunter. Eine Akropolis mit Portalbau stellt auch Struktur 6 in Cerros dar.

25 Das Aussehen der Jaguarmasken im Gebäudedekor des späten Vorklassikums variiert und reicht von dem verblüffend naturalistischen Tierbild der Struktur 29 in Cerros über das stumpfschnauzige, zähnebleckende Zoomorph der Sonne an Struktur 5 C-2 in Cerros bis zur anthropomorphen Variante, bei der die Reißzähne zu zwei gebogenen figürlichen Elementen in der Mundöffnung verkümmert sind. Mit letzterer hat man es hier zu tun. Von dem beim Sonnenjaguar der Struktur 5 C-2 die Schneidezähne repräsentierenden breiten Balken unter der Schnauze ist bei der anthropomorphen Variante nur noch ein einzelner vorstehender Zahn übriggeblieben, der dann später, in der klassischen Periode, als Bildelement das Erkennungsmerkmal der vergöttlichten Ahnen sein wird. Im vorliegenden Fall besitzt der anthropomorphe Jaguar allerdings noch die geschlitzten Augen und die gegabelten Augenbrauen der zoomorphen Variante des 5 C-2-Typs von Cerros. An Struktur 29 in Cerros tritt die anthropomorphe Jaguar-Ahau-Variante aus dem Kopf eines ganz naturalistisch wiedergegebenen Jaguars hervor, wodurch die Divergenz der Erscheinungsbilder noch besonders unterstrichen wird. An dem frühklassischen Tempel 5 D-23-2 in Tikal ist ebenfalls eine anthropomorphe Jaguarmaske zu sehen, die aus einem Jaguarkopf hervortritt; in diesem Fall trägt der Jaguar das Matte-Symbol im Maul (A. Miller 1986, Abb. 9). Die Jaguar-Ahau-Masken an Tempel H-sub-10 in Uaxactún schließen am unteren Bildrahmen jeweils mit einem gewaltigen Knoten ab, ein Zeichen dafür, daß sie ins Riesenhafte vergrößerte Nachbildungen der am Königsgürtel befestigten Masken sind. Die *ahau-pop-* («König/Matte»-) und *balam-pop-*(«Jaguar/Matte»-)Symbolik des Königtums wurde von Schele und J. Miller (1983) eingehend untersucht.

26 Weder im einen noch im anderen Fall ist das volle Ausmaß der Bautätigkeit im späten Vorklassikum bekannt; unter den Kolossalbauten in Tikal liegt wahrscheinlich noch eine Reihe bedeutender architektonischer Denkmäler aus jener Periode verborgen.

27 Die jüngsten Ausgrabungen in Calakmul stützen die Vermutung, daß dieser Ruinenplatz im südlichen Campeche ein bedeutendes Königreich der spät-vorklassischen/frühklassischen Periode repräsentiert. David Stuart wies uns 1989 in persönlichen Gesprächen darauf hin, daß man von der Spitze der höchsten Bauwerke in Calakmul die Pyramiden von El Mirador sehen kann. So wäre es nicht verwunderlich, wenn Calakmul beim Niedergang El Miradors beteiligt gewesen wäre; jedenfalls war jenes Königreich – wir werden es im nächsten Kapitel noch deutlicher sehen – für Tikal und Uaxactún ein ernst zu nehmender Konkurrent im Kampf um die Vorherrschaft in der Kernregion des Maya-Landes.

28 In frühklassischen Hieroglyphentexten besteht die Namensglyphe (siehe Abb. 4.10) aus dem Zeichen *yax*, «erster/erste/erstes» (einem mit einem Strick an den Enden kreuzweise zusammengebundenen quadratischen Bambusrahmen), und einem Fischkopf. Lounsbury und Coe (1968) schlugen für den «Käfig»-Teil der Glyphe die Lesung *moch* vor; für den mythologischen Fischkopf hatte zuvor schon Thompson die Lesung *xoc* angeregt. Zusammen mit dem *yax*-Präfix, mit dem jene beiden Zeichen manchmal auftreten, ergibt dies für den Namen die Lesung Yax-Moch-Xoc. Interessant ist, daß die *moch-xoc*-Glyphe auf Stele 39 auch im Namen von Groß-Jaguar-Tatze vorkommt, der bekanntermaßen nicht der Gründer, sondern Herrscher Nummer 9 der Dynastie war.

29 Diese Jahreszahlen wurden erstmals von Peter Mathews (1985a, 31) errechnet und in der Folge bekräftigt durch die Überlegung von Jones (o. J.), daß sich aus der Zahl von 349 Tun zwischen der Thronbesteigung des elften und der Thronbesteigung des neunundzwanzigsten Dynasten für die einzelnen Herrscher eine durchschnittliche Regierungszeit von 19,3 Jahren ergibt. In der Zeit von 375 bis 455 herrschten der neunte, der zehnte und der elfte Dynast, Herrscher Nummer 11, Sturmhimmel, vom Jahr 426 an. Setzen wir für jeden von Sturmhimmels zehn Vorgängern eine durchschnittliche Regierungszeit von einem Katun an, so kommen wir für das Gründungsdatum der Dynastie auf einen Wert, der irgendwo zwischen 8.9.0.0.0 (219 n. Chr.) und 8.10.0.0.0 (238 n. Chr.) liegt. Diese Berechnungen stehen im Einklang sowohl mit der archäologischen Urkunde Tikals, soweit bisher bekanntgeworden, als auch mit dem Umstand, daß die ältesten historiographischen Monumente beziehungsweise die mit historischen Informationen beschrifteten beweglichen

Gegenstände Datierungen von 120 bis 200 n. Chr. tragen (Schele und M. Miller 1986, 82f. und 199).

30 Christopher Jones (o. J.) hält es für möglich, daß Stele 36 noch älter als Stele 29 ist. Stele 36 wurde auf einer dreieinhalb Kilometer von der Nordakropolis entfernt beim Flugplatz von Tikal gelegenen Plaza entdeckt (C. Jones und Satterthwaite 1982, 76); nicht auszuschließen, daß sie einen der Herrscher zwischen dem Dynastiegründer und dem neunten Dynasten zeigt, deren Namen wir nicht kennen. Eigenartig ist auf jeden Fall der vom Zentralbezirk abgelegene Fundort.

31 Mathews (1985a, 44) bringt dieses Voluten-Jaguar-Bild in Verbindung mit einem zweiten Bedeutungsträger des Inhalts «Voluten-Ahau-Jaguar», einer Glyphe im Feld C5 auf Stele 31, die seiner Meinung nach einen Herrschernamen bezeichnet. Leider ist das Feld, das die zugehörige Datierung enthielt, im zerstörten Teil von Stele 31 lokalisiert, so daß wir nicht sagen können, ob die bezeichnete Person mit dem auf Stele 29 abgebildeten Ahau identisch ist oder nicht (der Name für sich allein genommen ist kein ausreichendes Indiz, denn wie europäische Fürstenhäuser verwendeten Maya-Dynastien Herrschernamen mehrfach).

32 Die Hauptkomponente der Emblemglyphe von Tikal ist ein Bündel senkrecht herabhängender Stränge, die mit einem verknoteten Band zusammengeschnürt sind. Die anthropomorphe Variante dieser Bündel-Glyphe ist ein Kopf mit Römernase, vor dessen Ohr ein verdrehter Strick oder Jaguarschwanz herabhängt. Die Könige auf Stele 29 und späteren Monumenten trugen einen Kopfputz mit dem verdrehten Strick (Jaguarschwanz) an der gleichen Stelle zum Zeichen dafür, daß sie die lebende Verkörperung der Emblemglyphe, also des Königreichs waren. Der gleiche Kopf fungiert auch als Allograph einer halb mit Jaguarfell bedeckten Ahau-Glyphe, der Schele (1985a) in einer älteren Untersuchung des allographischen Variationsspektrums dieser Glyphen noch die Lesung *balan-ahau*, «verborgener Herr», zuordnete.

Im Oktober 1989 informierten uns Stephen Houston und David Stuart, daß sie die vermeintliche *balan-ahau*-Glyphe als *way* läsen, ein Wort, das «Zauberer» und «Schutzgeist» (oder «Schutztier») bedeutet. Fast zur selben Zeit erhielten wir ein Schreiben von Nikolai Grube, in dem der Absender uns seine eigene Lesung der Glyphe und ihrer Kopf-Variante mitteilte. Alle drei meinten, daß die auf Stele 29 und 31 abgebildeten Könige in ihrer Funktion als «Zauberer» dargestellt seien und als Personen, die sich im Jenseits in ihr tiergestaltiges Alter ego verwandeln könnten. Uns erscheinen diese Beobachtungen einleuchtend, und wir möchten sie von unserer Seite lediglich durch die Ansicht ergänzen, daß dieser *way*-Kopf, wenn er – wie auf den Türstürzen des Tempels 4 – in der Position einer Emblemglyphe auftritt, sich auf den König in seiner Eigenschaft als *ch'ul way*, «heiliger Schamane», bezieht.

33 Der schwebenden Figur auf Stele 29 ist zwar kein Name beigeschrieben, aber wir können ihre Funktion aus vergleichbaren Darstellungen erschließen. In Tikal kommen zweierlei schwebende Figuren vor: durch Aderlaß zur Erscheinung gebrachte Götter (so etwa auf Stele 4 und 22) und durch das gleiche Ritual herbeibeschworene Ahnen. Auf Stele 31 wird die Bildkomponente des letztgenannten Typs ausdrücklich als der Vater der Hauptfigur Sturmhimmel identifiziert. Da die schwebende Figur auf Stele 29 unverkennbar menschlicher Natur ist, folgern wir, daß es sich um den Vorfahren handelt, von dem Voluten-Ahau-Jaguar den Thron erbte.

34 Schele und M. Miller (1986, 121) nannten den auf der Leidener Platte abgebildeten Herrscher Balam-Ahau-Chaan, während Mathews (1985a, 44) ihn «Mond-Null-Vogel» nannte und sich dabei auf seine Namensglyphe im Feld D6-C7 auf Stele 31 und im Feld A10 auf der Leidener Platte berief. Fahsen (1988b) schloß sich dieser Namensgebung an und identifizierte zugleich ein weiteres Vorkommen des Namens auf Altar 13 in Tikal.

35 Einen ausführlichen Kommentar der Ikonographie und des Hieroglyphentextes der Leidener Platte geben Schele und M. Miller (1986, 63–73, 110, 120f., 319).

36 David Webster (1977) ist nicht der einzige Mayanist, der die Überzeugung vertritt, daß eine Art allgemeiner Kriegszustand in der Anfangsphase der Tieflandkultur wesentlich zur Schaffung einer kriegerischen Machtelite beitrug. Nach Websters Ansicht überzogen die Maya-Kriegsherren ihre schlechter organisierten Nachbarn mit Eroberungskriegen, die ihnen sowohl Land als auch bewegliches Beutegut einbrachten, mit dem sie ihre Gefolgschaft

entlohnten. Wachsende Bevölkerungszahlen und das rückläufige quantitative Verhältnis von Bevölkerungszahl und landwirtschaftlich nutzbarer Bodenfläche spielen in Websters Szenarium die Rolle des Motors der Entwicklung, die über fortgesetzte militärische Auseinandersetzungen bei den Tiefland-Maya zur Ausbildung eines Kastensystems mit einer Kriegerelite an der Spitze führte. Den Anstoß zu diesen Überlegungen erhielt Webster durch die Entdeckung einer imposanten Befestigungsanlage aus dem späten Vorklassikum rings um das Zeremonialzentrum Becán in Campeche (Webster 1976). Aus unserer Sicht sind Websters Ideen zwar außerordentlich interessant, jedoch im wesentlichen reine Spekulation: Es gibt keinen eindeutigen empirischen Beweis für einen allgemeinen Kriegszustand im späten Vorklassikum und in den ersten Jahrhunderten der frühklassischen Periode. Die bäuerlichen Siedlungen der alten Maya waren von ihren vorklassischen Anfängen an bis in die ausgehende klassische Periode (800–1000 n. Chr.; siehe Ashmore 1981) im typischen Fall offene, weiträumig in der Landschaft verstreute Anlagen. Zweifellos gab es in den Zeremonialzentren Akropolisanlagen, die im Verteidigungsfall als Zitadellen hätten genutzt werden können, doch Festungen, wie man sie von Siedlungsgemeinschaften kennt, die ständiger Gefahr von Angriffen und Belagerungen ausgesetzt sind, blieben bei den Maya die Ausnahme. Wo Vernichtungskriege in neuzeitlichen und älteren vorindustriellen Gesellschaften das gewöhnliche Volk an seinen Wohnorten in Mitleidenschaft ziehen, führt dies häufig zur Herausbildung von wehrhaften Haufensiedlungen. In diesem Sinn kann man mit Blick auf die Maya der ausgehenden klassischen und nachklassischen Periode in einigen Fällen in der Tat von befestigter Siedlungsweise sprechen (Webster 1979). Unser eigener Standpunkt basiert auf dem beträchtlichen Informationsgehalt von Hieroglyphentexten und Bildzeugnissen. Für die Maya selbst stand fest, daß Kriege dazu dienten, das Charisma der Könige und des Hochadels zu erweisen. Ethnohistorische Befunde (Roys 1962) bestätigen, daß dieses Charisma der wichtigste Magnet war, der Siedler in Scharen in neuentstehende oder prosperierende Gemeinwesen zog (vgl. auch Demarest 1986, Kap. 7). Insbesondere die Königreiche des Petén waren auf den Einsatz von gewaltigen gutorganisierten Arbeiterheeren angewiesen, nicht nur für den Bau, Erhalt und Umbau ihrer Zeremonialbezirke, sondern auch für die Einführung und den Betrieb agrarwirtschaftlicher Systeme der intensiven Bodennutzung, die die Grundlage ihrer gesamten Volkswirtschaft waren. Die Auswirkungen von Kriegen auf die Lebensbedingungen des Volks harren noch der Erhellung durch archäologische Funde, indes liefert das epigraphische und ikonographische Material sichere Anhaltspunkte dafür, daß die Maya erst gegen Ende des 4. nachchristlichen Jahrhunderts Eroberungskriege zu führen begannen. Erste, vorläufige Ergebnisse laufender Forschungsprojekte zur Erkundung der Folgen des Eroberungskriegswesens (Chase o. J.) deuten darauf hin, daß die Sieger tatsächlich eine wirtschaftliche Besserstellung auf Kosten der Verlierer erfuhren, und zwar vermutlich durch rigorose Tributforderungen (vgl. Roys 1957, wo die Praktiken der Tributeintreibung zur Zeit der spanischen Eroberung geschildert sind).

37 Die Vorderseite von Stele 9 ist stark verwittert, aber nach Form, Größe und erkennbaren Einzelheiten korrespondiert der Gegenstand in der rechten Armbeuge der Hauptfigur mit den Göttermasken, die in Darstellungen von Herrschern auf Monumenten in Tikal und Xultún an der gleichen Stelle getragen werden. Auf der verwitterten Fläche vor den Beinen war vermutlich ein kniender Gefangener zu sehen.

38 Ein früheres Katun-Ende (8.4.0.0.0) ist auf einer zerbrochenen Beilklinge im Dumbarton-Oaks-Museum verzeichnet (Schele und M. Miller 1986, 84f.). Coggins (1979, 44f.) stellte die These auf, daß die Sitte, Katun-Jubiläen zu feiern, bei den Teotihuacanos entstanden und über Uaxactún zu den Maya durchgedrungen sei; generell seien Gedenkfeiern nicht nur für einmalige historische Ereignisse, sondern auch für zyklische Perioden der Langen Zählung in Teotihuacán aufgekommen und von dort zu den Maya gelangt. Dieser Gedanke ist völlig abwegig: Katun-Jubiläen setzen die Lange Zählung voraus, und in Teotihuacán fand sich bisher nicht das geringste Anzeichen dafür, daß man dort jemals die Lange Zählung benutzt oder auch nur gekannt hätte.

39 Fahsen (1988b) nimmt auch für Stele 28 Groß-Jaguar-Tatze als Stifter an und kann sich dabei auf den deutlich erkennbaren Jaguarkopf und die Jaguartatze in der linken unteren Ecke berufen. Die Zuweisung scheint also begründet, doch kollidiert sie mit der

stilgeschichtlichen Einordnung von Stele 28, derzufolge diese entweder auf 8.16.0.0.0 oder 8.17.0.0.0 zu datieren wäre.

40 Stele 39 wurde aus Struktur 5D-86-6 geborgen, in der sie vergraben gewesen war. Struktur 5D-86-6 gehört zum «Lost-World»-Komplex (Laporte und Vega de Zea 1988), einer Gebäudegruppe, die nach dem gleichen Plan angelegt ist wie die gleichzeitige Gruppe E in Uaxactún. Der riesigen Pyramide mit vier Treppen und Talud-Tablero-Terrassen sind auf der Ostseite in gleicher Anordnung wie bei der Gruppe E in Uaxactún drei Gebäude vorgelagert. Von Gruppe E weiß man, daß sie mit den äußeren Gliedern die Sonnwendpunkte, mit dem mittleren Glied die Tagundnachtgleiche repräsentiert. Der «Lost World»-Komplex ist in sehr viel größerem Maßstab abgelegt und wurde von Laporte als Werk Groß-Jaguar-Tatzes identifiziert, von dem Laporte vermutet, daß er im selben Gebäude begraben wurde wie Stele 39. Die Feierlichkeiten zum Ende von Katun 17 fanden sehr wahrscheinlich im «Lost World»-Komplex statt, möglicherweise auf der oberen Plattform der großen Pyramide im Zentrum der Gruppe.

41 Das Datum im erhaltenen Text bezieht sich auf ein Katun-Ende, das von den meisten Forschern als siebzehn verstanden wird, so daß man «8.17.0.0.0» zu lesen hätte. Der Name am Anfang des erhaltenen Textes lautet Jaguartatze: Exakt der gleiche Name erscheint mit dem gleichen Datum auch auf Stele 31. Indes bei der Betrachtung eines Abgusses des Monuments im Museo Nacional de Arqueología y Ethnología des Landes Guatemala kam Federico Fahsen (persönliche Mitteilung 1986) zu der Überzeugung, daß es sich bei der Katun-Zahl um eine Neunzehn, nicht um eine Siebzehn handelt. Uns kam das zunächst unglaubhaft vor, mit der Zeit ließen wir uns jedoch davon überzeugen, daß diese Deutung nicht von der Hand zu weisen ist. Nach dem Namen Jaguartatze steht der Ausdruck «Kind der Mutter» und dahinter ein Frauenname. Überdies könnte die allererste Glyphe das von David Stuart (1985b, 7) auf Stele 31 in Tikal identifizierte *yunen*-(«Kind-des-Elternteils»-) Zeichen sein. Der Name Jaguartatze könnte also in einer Aussage über die Abstammung des zum Zeitpunkt 8.19.0.0.0 in Tikal herrschenden Königs – der vermutlich Schnute war – stehen.

42 Über jenes Datum und die Ereignisse des betreffenden Tages hat, wie bei Coggins und Mathews nachzulesen, zu ihrer Zeit schon Tatiana Proskouriakoff Spekulationen angestellt. Den Gedankenfaden Proskouriakoffs weiterspinnend, lieferte Clemency Coggins mehrere Varianten eines im wesentlichen gleichbleibenden Szenariums. Danach verweist das Datum auf die Ankunft von Fremden in der Region, die entweder mit dem Tod Groß-Jaguar-Tatzes I. oder mit der Einbuße seiner Macht an jene Fremden in Zusammenhang stand. In ihrem ersten Szenarium formulierte Coggins (1976, 142; 1979b) die Hypothese, Schnute, der als nächster den Thron von Tikal einnahm, sei ein Fremder aus Kaminaljuyu gewesen. Im zweiten Szenarium (Coggins 1979a, 42) wandelte sie das dahingehend ab, Schnutes Heimat sei El Mirador gewesen, und nach Tikal sei er, mit Teotihuacanos im Gefolge, über die Zwischenstation Uaxactún gekommen. Die Teotihuacanos seien dann um 450 n. Chr. nach Kaminaljuyu weitergezogen. Neuere Befunde von Peter Mathews brachten Coggins (o. J.) zur nochmaligen Abänderung ihres Szenariums; in dieser jüngsten Version raubt Schnute am 8.17.1.2.17 in Tikal Rauch-Frosch – laut Coggins die Tochter Groß-Jaguar-Tatzes – und entführt sie nach Uaxactún, wo er sich mit ihr vermählt. Nach dem Tod Groß-Jaguar-Tatzes, seines frischgebackenen Schwiegervaters wider Willen, übernimmt Schnute dann auch in Tikal die Macht.

Peter Mathews (1985a, 33–46) untersuchte die Beziehungen zwischen Tikal und Uaxactún im unfassenderen historischen Kontext der frühklassischen Periode. Er hob hervor, daß 20 (57 Prozent) der insgesamt 35 bisher bekanntgewordenen Monumente aus der Achter-Baktun-Periode und 22 (43 Prozent) der 52 festgestellten Datierungen aus dieser Periode an diesen zwei Ruinenplätzen gefunden wurden. Das an beiden Orten übereinstimmend notierte Datum ist der früheste bisher entdeckte Fall einer derartigen Übereinstimmung (das heißt einer solchen, bei der die Übereinstimmung nicht ein Kalenderjubiläum betrifft); in der Folge beziehen sich derlei übereinstimmende Datierungen regelmäßig auf «wichtige Begegnungen auf dem Schlachtfeld», in einigen Fällen auch auf wichtige dynastische Ereignisse wie Thronerhebung oder die Geburt eines Erben. Im Handlungsprotokoll zu dem übereinstimmenden Datum identifizierte Mathews sowohl in Tikal wie in Uaxactún als Hauptakteur eine Person namens «Rauch-Frosch von Tikal», die – wie auch Groß-Jaguar-Tatze – ein rituelles Blutopfer darbrachte.

Mathews stellte ein Beziehungsgerüst zwischen den feststellbaren Fakten auf, das grundlegend für die Interpretation des Geschehens ist. Da Rauch-Froschs Name an beiden Orten mit der Emblemglyphe von Tikal erscheint, war er Ahau von Tikal, der in Uaxactún die führende Rolle übernahm. Die Eroberung Uaxactúns stand offenbar unter seiner Leitung, obwohl auch Groß-Jaguar-Tatze, der zu dieser Zeit bereits ein alter Mann gewesen sein muß, das Blutentnahmeritual ausführte. In Uaxactún erscheint Rauch-Frosch als Hauptfigur auf den Monumenten zum 8.18.0.0.0, während Schnute, der ungefähr ein Jahr nach der Eroberung Uaxactúns als Nachfolger Groß-Jaguar-Tatzes den Thron von Tikal bestieg, am selben Tag in Tikal die Katun-Weihe vornahm. Allerdings erscheint in Tikal auf allen Monumenten Schnutes auch Rauch-Froschs Name, und von Schnute heißt es da, daß er «im Lande von Rauch-Frosch» den Thron bestieg – das könnte also bedeuten, daß der neue Mann in Tikal Herrscher von Rauch-Froschs Gnaden gewesen wäre.

Mathews selbst kommentiert dieses Faktengerüst wie folgt:

«[...] wenn ich die Dinge richtig sehe, basiert die Natur der Verbindung zwischen Tikal und Uaxactún zu diesem Zeitpunkt auf dem Umstand, daß in Uaxactún jetzt Rauch-Frosch oder einer seiner nächsten Verwandten an die Macht gelangt ist. Dies könnte der Erfolg einer Eheschließung oder eines Eroberungsfeldzugs sein. Was laut historischem Protokoll am 8.17.1.4.12 geschah, könnte seiner Natur nach als Beweis für beide Möglichkeiten in Anspruch genommen werden. Blutopfer gehörten zu den wichtigsten Begleitumständen sowohl der Kriegführung (Opferung von Gefangenen) als auch von königlichen Hochzeiten (gemeinsame rituelle Selbstverwundung des Brautpaars). War das fragliche Ereignis ein Krieg, dann ist davon auszugehen, daß Tikal ein Mitglied seines Königshauses in Uaxactún als Herrscher installierte. War das Ereignis eine Eheschließung, dann verhielt sich die Sache aller Wahrscheinlichkeit nach so, daß Tikal in die Herrscherdynastie von Uaxactún einheiratete. Aber ob so oder so – nach meinem Dafürhalten spielte Tikal in jedem Fall die dominierende Rolle in der Beziehung zwischen den beiden Orten.»

Wir stimmen mit Mathews' Szenarium überein, das unseres Erachtens der Wahrheit am nächsten kommt, und geben zugleich der Eroberungsoption den Vorzug, wenngleich wir nicht ausschließen wollen, daß es im Gefolge der Eroberung auch zu einer Fürstenhochzeit kam. Die ikonographischen Motive, die zur Repräsentation des Geschehens herangezogen wurden, sind in der Geschichte der Maya durchgängig mit Krieg und Blutopfer verbunden.

43 Dieses Räuchergefäß hat die Form eines zoomorphen Kopfes mit einem dreizipfligen Gebilde über dem Auge. Der gleiche Kopf erscheint auf Stele 39, gekrönt von der Emblemglyphe Tikals und einem Himmel-Zeichen. Dieser Zusammenstellung begegnet man auch in Copán, nur daß hier das Hauptelement der Emblemglyphe von Tikal durch die Fledermaus-Insigne Copáns ersetzt ist; der dreispitzige Kopf läßt sich in diesem Fall als die Kopf-Variante eines Zeichens identifizieren, das unter dem Namen «Bestoßener Knochen» bekannt ist. In der Kombination mit dem Himmel-Zeichen dient der «Bestoßene Knochen» beziehungsweise seine Kopf-Variante als semantisches Merkmal, das einen Ausdruck als Ortsbezeichnung (Toponym) ausweist (Stuart und Houston o. J.). In den erwähnten Fällen identifiziert die Kombination «Himmel-Bestoßener Knochen» das Hauptzeichen der Emblemglyphe als Angabe über den Ort eines Geschehens, die als Verweis auf die geographische Lage einer Politie getroffen wird. Auf Stele 39 wird so als Ort des Geschehens Tikal genannt. Auf Stele 5 ist dieser Ort Uaxactún, das das gleiche halbierte Himmel-Zeichen verwendete, das auch Yaxchilán als Wappenbild wählte, obgleich keinerlei Grund zu der Annahme besteht, daß die beiden Städte irgend etwas miteinander zu tun hatten.

44 Ein Beispiel für die aufwendigste Form dieser Maya-Tracht ist auf dem Monument eines spätklassischen Kriegsherrn gegeben. Stele 2 in Dos Pilas (siehe Abb. 4.17b) zeigt Herrscher 3 (Houston und Mathews 1985, 17) in massiger Fülle auf dem Rücken eines Gefangenen, des Königs Yich'ak Balam von Seibal (oder Ceibal) (Stuart 1987b, 27f.). Herrscher 3 trägt den ballonförmigen Kopfputz, den wir von Rauch-Frosch her kennen, doch seine Bekleidung ist vervollständigt durch eine den ganzen Körper bedeckende Jaguar-Montur, das trapezförmige Gebilde, für das sich die Bezeichnung «mexikanisches Jahreszeichen» eingebürgert hat, eine Eule, die glotzäugige Tlaloc-Maske, Wurfspieße und recht-

eckige flexible Schilde. Auf Stele 8 in Piedras Nigras steht Herrscher 3 dieses Königreichs im gleichen Aufzug auf einem pyramidenförmigen Podest, während zwei Gefangene zu seinen Füßen knien.

45 Das Datum des in Dos Pilas protokollierten Geschehens (das auch auf Stele 2 in Aguateca verzeichnet ist) wurde zusammen mit einer bestimmten Klasse von miteinander verwandten Verben, die an anderen Fundorten Vorkommnisse des «Muschel-Stern»-Typs bezeichnen, erstmals von David Kelley (1977b) mit den periodischen Erscheinungen im Venuszyklus in Verbindung gebracht. Michael Closs (1979) und Floyd Lounsbury (1982) konnten nachweisen, daß die Vorkommnisse dieses Typs mit dem ersten Erscheinen der Venus als Abendstern und mit den beiden Elongationspunkten des Planeten korrelieren. In den Kreis der für den Tlaloc-Komplex wesentlichen Himmelserscheinungen schloß Lounsbury dann noch die stationären Punkte des Jupiters und des Saturns mit ein.

Berthold Riese (in Baudez und Mathews 1979, 39) äußerte als erster die Vermutung, daß die Stern-Muschel-Geschehnisse mit Krieg zu tun hatten, und Mary Miller (1986b, 48–51, 95–130) lieferte mit einer Analyse der Inschriften und Bilder in Raum 2 des Tempels der Wandgemälde in Bonampak den glänzenden Beweis für die Stichhaltigkeit dieser Hypothese. Dargestellt ist hier eine der erstaunlichsten Schlachtenszenen der Kunstgeschichte überhaupt, die sich unter einem Register befindet, das zeigt, wie aus dem Himmel Sterne in das Geschehen hineinschießen. Am Tag der Schlacht stand die Venus in unterer Konjunktion mit der Sonne, und wahrscheinlich folgte tags darauf der Frühaufgang als Morgenstern (M. Miller 1986b, 51). An dem fraglichen Tag, dem 2. August 792, fand überdies der Zenitdurchgang der Sonne statt, und auch die Sternbilder, die sich am östlichen Himmel unmittelbar vor Sonnenaufgang zeigten, Krebs und Zwillinge, sind auf dem Register dargestellt.

Die Tracht, wie sie bei den Maya im Zusammenhang mit der Eroberung Uaxactúns erstmals auftritt, mit Speerschleuder, Ballon-Kopfputz und Vogel-Emblem, wird in der Folge zum festen Bestandteil in der Ikonographie der Muschel-Stern-Ereignisse. Auch in Darstellungen von rituellen Selbstverwundungen (Schele 1984a) kommt dieser Gewandstil vor, so etwa auf Türsturz 24 und 25 in Yaxchilán, wo im ikonographischen Motivrepertoire jeweils ein quastengeschmückter zylindrischer Turban erscheint. Weitere dem Komplex zugehörige ikonographische Motive sind das als «mexikanisches Jahreszeichen» bezeichnete trapezförmige Gebilde und die glotzäugige Maske, für die bei den Azteken später der Name Tlaloc gebräuchlich war. Zusammen mit Ballon-Kopfputz, Speerschleuder, Eule, flexiblem Schild, Jaguar-Mosaik und körperbedeckender Jaguar-Montur bildeten diese Motive ein Ensemble von Elementen kultischer Ikonographie, das für die Maya Kriegs- und Opferhandlungen signalisierte (siehe Schele und M. Miller 1986, 175–240).

Dieses ikonographische Ensemble erscheint in den Jahren 450–900 n. Chr. auch in Teotihuacán, Monte Alban, Kaminaljuyu, Cacaxtla, Xochicalco und an zahlreichen anderen Orten in Mesoamerika. Diese Mischung aus traditionellen Maya-Bildmotiven und Motiven im Teotihuacano-Stil wurde erstmals in Kaminaljuyu entdeckt (Kidder, Jennings und Shook 1946) und alsbald als Indiz dafür gewertet, daß sich in den Maya-Städten, zumal in Tikal (Coggins 1976, 1979a, 1979b), Teotihuacanos aufgehalten haben müßten. Nun ist in der Tat nicht zu bestreiten, daß in der Ikonographie von Teotihuacán der gleiche Symbolkomplex präsent und mit Krieg (Pasztory 1974) und Menschenopfer (Oakland 1982; Parsons 1985) assoziiert ist. Von vielen Forschern wird daher Teotihuacán als Ursprungsort dieses kultischen Symbolkomplexes angesehen, von dem er dann in den mesoamerikanischen Kulturraum einsickerte, und zwar im Rahmen eines Geschehens, das allein die Teotihuacanos initiierten und bei dem sie stets die Handelnden blieben. Demgegenüber stehen wir auf dem Standpunkt, daß die Beziehungen zwischen den Maya und Teotihuacán in der klassischen Periode weitaus vielschichtiger waren, als dies in dem zitierten Modell vorausgesetzt wird. Zur Frage der Wechselwirkung Maya/Teotihuacán (aus Teotihuacano-Perspektive) siehe René Millon (1988).

46 In späteren Inschriften erscheint der gleiche Symbolkomplex mit der Abwandlung, daß mit dem «Venus»-Zeichen jetzt ein «Erde»-Zeichen oder die Hauptkomponente einer Emblemglyphe verbunden ist. Den damit assoziierten Typ der Kriegführung bezeichnen wir hier als «Stern-Muschel»- oder schlicht als «Sternenkrieg».

47 Die Parallelität zwischen dem Auftreten dieses Symbolkomplexes und den in den

Augen der Maya bedeutsamsten Stationen im Venus- beziehungsweise Jupiter-/Saturnzyklus (Frühaufgang von Morgen- und Abendstern, östlicher und westlicher Elongationspunkt der Venus, die stationären Punkte des Jupiters und des Saturns) ist erdrückend. Der beschriebene Kriegerornat und der dazugehörige ikonographische Komplex kommen an den folgenden archäologischen Stätten im Zusammenhang mit den genannten historischen Ereignissen jeweils in Parallele zu den erwähnten astronomischen Konstellationen vor:

(1) 8.17.1.4.12 = 16. 1. 378: Uaxactún, Stele 5: Eroberung durch Tikal an einem Tag ohne erkennbaren astronomischen Bezug
(2) 9.4.3.0.7 = 19. 10. 517: Piedras Nigras, Türsturz 12: Zurschaustellung eines Gefangenen während eines Besuchs auswärtiger Würdenträger 7 Tage vor maximaler Elongation (–0,7 Winkelgrad) des Morgensterns
(3) 9.4.5.6.16 = 5. 2. 520: Calakmul (Ausgrabungsstätte 2), Altar (Dallas): Geschehen unleserlich, erstes Erscheinen des Abendsterns (26 Tage nach oberer Konjunktion)
(4) 9.8.0.0.0 = 24. 8. 593: Lacanjá, Stele 1: Katun-Ende-Feier beim ersten Erscheinen des Abendsterns (33 Tage nach oberer Konjunktion)
(5) 9.8.13.10.0 = 4. 1. 607: Piedras Nigras, Türsturz 4: unbekanntes Ereignis 17 Tage vor maximaler Elongation (–1,7 Winkelgrad) des Abendsterns
(6) 9.8.14.17.16 = 3. 6. 608 und 9.9.12.0.0 = 10. 3. 625: Lamanai, Stele 9: Datumsangaben ohne astronomischen Bezug
(7) 9.9.15.0.0 = 23. 2. 628: Piedras Nigras, Stele 26: Periodenende-Feier 5 Tage nach maximaler Elongation (–0,14 Winkelgrad) des Morgensterns
(8) 9.10.6.2.1 = 6. 2. 639: Piedras Nigras, Türsturz 4: Tod von Herrscher 1, Rückläufigkeit der Venus vor unterer Konjunktion
(9) 9.11.0.0.0 = 14. 10. 652: Palenque, Tempel der Inschriften, mittlere Tafel: Mosaikhelm-Verbalphrase mit der Göttertrias beim ersten Erscheinen des Abendsterns (31 Tage nach oberer Konjunktion)
(10) 9.11.0.0.0 = 14. 10. 652: Piedras Nigras, Stele 34: Katun-Ende-Feier beim ersten Erscheinen des Abendsterns (31 Tage nach oberer Konjunktion)
(11) 9.11.6.1.8 = 11. 10. 658: Piedras Nigras, Türsturz 4: militärische Unternehmung von Herrscher 2; Jupiter befindet sich 1,44 Winkelgrad vor dem zweiten stationären Punkt (345,41)
(12) 9.11.6.2.1 = 24. 10. 658: Piedras Nigras, Türsturz 2: kriegerischer Zwischenfall unter Teilnahme des Erben und junger Männer aus Bonampak; Jupiter befindet sich 0,45 Winkelgrad vor dem zweiten stationären Punkt (344,46)
(13) 9.11.9.8.6 = 10. 2. 662: Piedras Nigras, Stele 35: Geschehen verwittert (6 Tage vor Muschel-Stern-Vorfall); Jupiter befindet sich 0,40 Winkelgrad vor dem zweiten stationären Punkt (89,68)
(14) 9.11.15.0.0 = 28. 7. 667: Chicagoer Ballspielplatz-Tafel: Menschenopfer im Zusammenhang mit Ballspiel, ausgeführt von Zac-Balam; Jupiter befindet sich 0,06 Winkelgrad vor dem zweiten stationären Punkt
(15) 9.12.0.0.0 = 1. 7. 672: Palenque, Inschriftentempel, mittlere Tafel: Mosaikhelm-Verbalphrase mit der Göttertrias 5 Tage nach maximaler Elongation (–0,73 Winkelgrad) des Abendsterns
(16) 9.12.7.16.17 = 27. 4. 680: Calakmul (Ausgrabungsstätte 2), Altar (Dallas): Geschehen unleserlich, Akteur: edle Dame aus Ruinenplatz Q, 12 Tage nach maximaler Elongation (–0,776 Winkelgrad) des Morgensterns
(17) 9.12.9.8.1 = 23. 10. 681: Yaxchilán, Türsturz 25: Inthronisation Schild-Jaguars, Frau Xoc bringt Hand-mit-Fisch-Blutopfer; Jupiter befindet sich 0,17 Winkelgrad nach dem zweiten stationären Punkt (318,27)
(18) 9.12.10.0.0 = 10. 5. 682: Copán, Stele 6: Katun-Ende-Feier bei rückläufiger Position der Venus nach unterer Konjunktion
(19) 9.12.11.13.0 = 20. 1. 684: Palenque, Kreuzgruppe: Zeremonien anläßlich Chan-Bahlums Inthronisation beendet 11 Tage vor maximaler Elongation des Morgensterns (–0,53 Winkelgrad)

(20) 9.12.14.10.11 = 16.11.686: Piedras Nigras, Stele 8: Aktion: *macah*, Akteur: Frau Ahpo-Katun, 4 Tage vor maximaler Elongation (–0,20 Winkelgrad) des Abendsterns

(21) 9.12.14.10.14 = 19.11.686: Piedras Nigras, Stele 8 und 7: Tod von Herrscher 2, 1 Tag vor maximaler Elongation (–0,10 Winkelgrad) des Abendsterns

(22) 9.12.14.10.17 = 22.11.686: Piedras Nigras, Stele 8: Aktion: *nawah*, Akteur: Frau Ahpo-Katun, 2 Tage nach maximaler Elongation (–0,18 Winkelgrad) des Abendsterns

(23) 9.12.14.11.1 = 26.11.686: Piedras Nigras, Stele 8: Vorbereitungsritus für Thronbesteigung von Herrscher 3, 6 Tage nach maximaler Elongation (–0,62 Winkelgrad) des Abendsterns

(24) 9.12.18.5.16 = 23.7.690: Palenque, Kreuzgruppe: Weihe der Kreuzgruppe, komplexe Konjunktion: Jupiter 0,33 Winkelgrad nach zweitem stationären Punkt (221,43), Saturn auf zweitem stationären Punkt (225,50), Mars auf 219,20 und der Mond auf 232,91.

(25) 9.12.19.14.12 = 10.1.692: Palenque, Kreuzgruppe: Weihe der *pib-na*-Heiligtümer 23 Tage vor maximaler Elongation (–1,67 Winkelgrad) des Morgensterns, am Tag des achten Tropenjahr-Jubiläums von Chan-Bahlums Thronbesteigung

(26) 9.13.3.8.11 = 21.8.695: Tikal, Struktur 5D-57: Aktion: *nawah*, Akteur: Herrscher A; Jupiter befindet sich 0,42 Winkelgrad vor dem ersten stationären Punkt (45,64), Saturn steht auf dem zweiten stationären Punkt (282,4)

(27) 9.13.3.9.18 = 17.9.695: Tikal, Tempel 1, Türsturz 3: Blutentnahme und 13-Katun-Jubiläum des letzten Datums von Stele 31; Jupiter befindet sich 0,36 Winkelgrad nach dem ersten stationären Punkt (45,70), Saturn steht auf dem zweiten stationären Punkt

(28) 9.13.17.15.12 = 28.10.709: Yaxchilán, Türsturz 24: Frau Xoc opfert Blut im Beisein Schild-Jaguars; Jupiter befindet sich 0,58 Winkelgrad nach dem ersten stationären Punkt (117,20), Saturn steht auf dem zweiten stationären Punkt (114,92)

(29) 9.14.0.0.0 = 5.12.711: Naranjo, Stele 1: Aktion unbekannt, Akteur: Rauch-Hörnchen, beim ersten Erscheinen des Abendsterns (25 Tage nach oberer Konjunktion)

(30) 9.14.0.0.0 = 5.12.711: Piedras Nigras, Stele 7: Katun-Ende-Feier beim ersten Erscheinen des Abendsterns (25 Tage nach oberer Konjunktion)

(31) 9.14.0.0.0 = 5.12.711: Tikal, Stele 16: Katun-Ende-Feier beim ersten Erscheinen des Abendsterns (25 Tage nach oberer Konjunktion)

(32) 9.14.9.7.2 = 9.3.721: Piedras Nigras, Stele 7: 17-Tun-Regierungsjubiläum von Herrscher 3; Jupiter befindet sich 0,81 Winkelgrad nach dem zweiten stationären Punkt (81,05), Saturn steht auf dem ersten stationären Punkt (249,77)

(33) 9.15.0.0.0 = 22.8.731: Calakmul (Ausgrabungsstätte 2), Altar (Dallas): Katun-Ende-Feier 5 Tage vor maximaler Elongation (–0,125 Winkelgrad) des Abendsterns

(34) 9.15.4.6.4 = 3.12.735: Aguateca, Monument 2, und Dos Pilas, Monument 16: «Stern-über-Seibal»-Krieg beim ersten Erscheinen des Abendsterns (31 Tage nach oberer Konjunktion)

(35) 9.15.5.3.13 = 7.10.736: Piedras Nigras, Stele 9: 7-Tun-Regierungsjubiläum von Herrscher 4, 21 Tage vor maximaler Elongation (–2,66 Winkelgrad) des Abendsterns

(36) 9.16.4.1.1 = 9.5.755: Yaxchilán, Türsturz 8 und 41: Vogel-Jaguar nimmt Juwelengeschmückter-Schädel gefangen an einem Tag ohne erkennbaren astronomischen Bezug

(37) 9.17.0.0.0 = 24.1.771: Tikal, Stele 22: Aussä-Ritus, merkliche Sonnenfinsternis 15 Tage nach oberer Konjunktion der Venus

(38) 9.17.5.8.9 = 15.6.776: Bonampak, Stele 2: Thronerhebung Muan-Chaans 14 Tage vor maximaler Elongation (–0,74 Winkelgrad) des Abendsterns

(39) 9.17.15.3.13 = 18.1.786: Bonampak, Stele 3: Muan-Chaan nimmt ??? gefangen, 13 Tage vor maximaler Elongation (–0,55 Winkelgrad) des Abendsterns

(40) 9.18.0.0.0 = 11.10.790: Cancuen, Monument 1: Katun-Ende-Feier 14 Tage vor maximaler Elongation (–0,43 Winkelgrad) des Abendsterns

(41) 9.18.1.15.15 = 16.8.792: Bonampak, Tempel der Wandgemälde, Raum 2: Schlacht

zwecks Gefangennahme von Opfern am Tag des Zenitdurchgangs der Sonne und der unteren Konjunktion der Venus

(42) 10.1.0.0.0 = 30.11.849: Ixlú, Stele 2: Aussä-Ritus 16 Tage nach maximaler Elongation (–0,95 Winkelgrad) des Abendsterns

Um nach objektiven Testregeln zu erhärten, daß die astronomischen Bezüge nicht etwa nur das Ergebnis der natürlichen Periodizität der Planetenbewegungen – also reine Zufallsprodukte – sind, berechneten wir für jedes einzelne Hotun-(Fünf-Jahresperioden-)Ende der gesamten klassischen Periode das Gregorianische Datum und daraus die Planetenkonstellation. Und siehe da, es blieb beim festgestellten Schema. Die Tlaloc-Krieg-Symbolik taucht immer dann auf, wenn ein Periodenende mit einer auffallenden Venus-, Jupiter- oder Saturnstation zusammentrifft, und wo dies nicht der Fall ist, findet man auch keine Tlaloc-Symbole.

Wenn die Maya – wofür einiges spricht – den Tlaloc-Symbol-Komplex tatsächlich von den Teotihuacanos übernahmen, dann war die Orientierung an astronomischen Konstellationen bei ihnen zum Zeitpunkt der Übernahme möglicherweise schon etablierter Brauch. Diese Möglichkeit läßt sich allerdings in keinem Test nachweisen, denn in Teotihuacán ist kein Kunstgegenstand und kein Bauwerk mit einer Datierung versehen. Offenbar hielten die Teotihuacanos den Kalender und die kalendarischen Daten, an denen mythische und historische Ereignisse stattgefunden hatten, nicht für wichtige öffentliche Informationen. Um so wahrscheinlicher ist deshalb, daß die Verbindung des Tlaloc-Kultsymbol-Komplexes mit astronomischen Gegebenheiten von den Maya nach der Übernahme des Lehnguts dort eingeführt wurde.

48 Wir können den aus vier Glyphen zusammengesetzten Ausdruck noch nicht vollständig interpretieren. Die Glyphe an erster Stelle zeigt eine Hand, von deren ausgestrecktem Zeigefinger ein Geschmeide hängt. Das gleiche Verbum signalisiert in anderem Zusammenhang das Ende eines Katun (oder generell einer Kalenderperiode) und wird zu diesem Zweck insbesondere dann mit Vorliebe benutzt, wenn eine Angabe über die Amtsperiode eines Herrschers damit verbunden ist. Dreimal findet sich das Verbum in der epigraphischen Urkunde mit beigeschriebener phonetischer Umschrift: 1. auf Monument 6 in Tortuguero, 2. auf Altar 1 in Naranjo und 3. auf Stele A in Copán (siehe Abb. 4.18). Die phonetische Umschrift ist eine Muschel mit drei Punkten, die entweder über einem Zeichen steht, für das Landa den Lautwert *ma* angibt, oder in eine gepunktete Kreislinie eingeschlossen ist, die nach allgemeiner Ansicht das Zeichen für die Silbe *ma* ist. Das Muschel-Zeichen ist die Hauptglyphe des Verbums, das im Dresdner Kodex und im Kodex Madrid sowie in den Inschriften von Chichén Itzá als «Feuerbohrer»-Glyphe identifiziert wurde. Lange Jahre gingen wir von der Annahme aus, die Lesung dieser Glyphe sei *hax*, die Bezeichnung für die Hin- und Herbewegung der Hände, die den Bohrer betätigen. Vor kurzem jedoch kam Nikolai Grube (persönliche Mitteilung 1987) bei einer Neuinterpretation auf die Lesung *hoch'*, ein Wort, das im Yucatekischen ebenfalls «bohren, durchbohren» bedeutet. In Grubes Lesung steht die Muschel in der phonetischen Schreibweise für den Lautwert *ho*, wonach sich aus der Umschrift im ganzen für die «Vollendung»-Hand der Lautwert *ho-m(a)* beziehungsweise *ho-m(o)* ergibt. Im Chol und im Yucatekischen bedeutet *hom* «beendigen, abschließen, fertig-

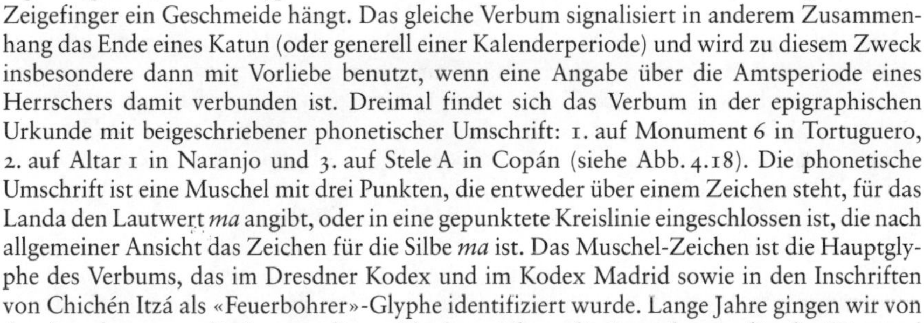

stellen *(acabarse)*» (siehe Aulie und Aulie 1978, 66; Barrera Vasquez 1980, 231). Im Yucatekischen gibt es Homophone, die «die Grenze zwischen zwei Besitztümern» oder, das wichtigste von allen, «Bauwerke abreißen oder schleifen, Hügel abtragen *(desplomar lo abovedado, derribar edificios, cerros)*» bedeuten. Im Kontext eines Eroberungsfeldzugs erscheint die letztgenannte Bedeutung die passendste.

David Stuart (persönliche Mitteilung 1988) begreift das *hom* wie bisher geschildert als Vorstufe eines Suffixes, das einer Wurzelsilbe die Endung *-h* hinzufügt. Im Anschluß an Stuarts Überlegungen schlug Stephen Houston *lah* als Lesung vor, ein yucatekisches Wort mit der Bedeutung «beendigen, zu Ende bringen». Diese Lesung bleibt als zweite Möglichkeit zu erwägen, wenngleich ihre Wahrscheinlichkeit gegenüber der ersten bedeutend geringer ist. In anderen Zusammenhängen, so etwa auf der Westtafel des Inschriftentempels in Palenque, bleibt nämlich das phonetische Komplement *ma* auch in Fällen erhalten, wo Suffixwechsel als Ausdruck der verschiedenen Zeitformen und/oder Aspekte eintritt. Aber auch wenn sich in der Folge die *lah*-Hypothese als die korrekte Lesung herausstellen sollte, wäre damit auf der semantischen Ebene immer noch eine passende Interpretation des bezeichneten Geschehens verbunden, nämlich daß die Schlacht den Unterlegenen in Uaxactún «ein Ende machte».

Unabhängig davon, welche Lesung sich auf Dauer als die haltbarere erweist, kann man wohl sagen, daß die Tatsache des Sinnzusammenhangs zwischen der «Vollendung»-Hand und kriegerischen Aktivitäten außer Zweifel steht. Auf Türsturz 3 des Tempels 4 in Tikal beispielsweise erscheint das Verbum im Protokoll eines Ereignisses, das einen Tag nach einer «Sternenkriegs»-Aktion gegen Yaxhá stattfand (siehe Glyphe C7a auf dem genannten Türsturz).

49 Von Mathews (1985a, 44) stammt die Beobachtung, daß die erste Glyphe im Protokoll dieses Blutentnahmeakts die untere Körperhälfte eines Mannes zeigt, der kniend auf seinen Fersen hockt – also in der Haltung eines Mannes, der sich selbst am Penis zur Ader lassen will (Joralemon 1974). Mathews schließt daraus, daß der Sinn dieser Glyphe im direkten Verweis auf eine von einem Mann am eigenen Geschlechtsteil vorgenommene Blutentnahme besteht. Federico Fahsen (1987) verzeichnet weitere Fälle, in denen das Verbum in gleicher Bedeutung in Tikal vorkommt. Das zweite Verbum zeigt eine Hand, die zwischen Daumen und Fingern eine Lanzette oder ähnliches hält. Das gleiche Zeichen tritt in der frühklassischen Form der Glyphe für die Himmelsrichtung «Westen» auf, die auf Türsturz 53 in Yaxchilán als Kopf eines auf die Sonnen-Glyphe einbeißenden Monsters zu sehen ist. Auf Stele 31 in Tikal kommt das Verbum zweimal vor, und in beiden Fällen ist der Hand mit der Lanzette ein *ba-* beziehungsweise *bi-*Zeichen beigeschrieben, was nach den Maya-Schreibregeln die phonetische Schreibweise eines Ausdrucks ist, der auf *-ab* oder *-ib* endet. Die yucatekische Bezeichnung für Westen ist *chikin*, «gebissene oder gegessene Sonne»; das Wort für «beißen» lautet *chii*; «gebissen» wie auch «stechen, punktieren» heißt *chi'bal* (Barrera Vasquez 1980, 92). Das fragliche Verbum lautet also allem Anschein nach *chi'bah*, «er wurde punktiert».

50 Prescott Follett (1932) lieferte eine sehr nützliche Bestandsaufnahme sämtlicher in der Maya-Kunst abgebildeter Waffen und militärischer Ausrüstungsgegenstände sowie die Auswertung aller Berichte über die Maya-Kriegführung aus der Kolonialzeit. Mary Miller (1986b) rekapituliert in ihrer Analyse der Wandgemälde von Bonampak das Kampfgeschehen, während Schele (1984a), Dillon (1982) und Taube (1988b) sich mit den Folgeereignissen befassen.

51 Marisela Ayala Falcón lenkte unsere Aufmerksamkeit auf bestimmte Zusammenhänge, hinter denen sich die vielleicht befremdlichste und bitterste Episode unserer Geschichte verbirgt. Stele 5, der Baum-Stein mit dem Bild des Eroberers Rauch-Frosch, wurde direkt vor dem Tempel B-VIII (siehe Abb. 4.5) aufgestellt. Dieses im Auftrag der Carnegie Institution in den dreißiger Jahren freigelegte Bauwerk war ausschließlich zum Mausoleum bestimmt. Ledyard Smith (1950, 101) beschreibt die Grabkammer, die wie ein Chultun unter dem Boden des Höhentempels angelegt war und bis zum Felsgestein hinunter in die Tiefe reichte. Die Konstruktionsweise des Tempelunterbaus und das verwendete Auffüllmaterial liefern ihm die Beweise dafür, daß die «Grabkammer gleichzeitig mit dem Unterbau ausgeführt wurde» (Smith 1950, 52).

Stele 5, das Denkmal der Eroberung, steht auf der verlängerten Mittellinie der Tempeltreppe. Die Stele «befindet sich nur wenige Zentimeter von der Mitte der Antrittsstufe entfernt. Der Estrich wurde zugleich mit der Treppe ausgeführt; er schmiegt sich an die Stele, die aber nicht nachträglich in den vorhandenen Estrich eingesenkt wurde» (Smith 1950, 52). Dagegen wurde für Stele 4, den Gedenkstein für Rauch-Froschs Feier des Katun-Endes 8.18.0.0.0, ein Loch aus dem Estrich herausgeschnitten. Treppe und Estrich wurden also bei der Aufstellung der Stele ausgeführt, woraus hervorgeht, daß der Tempel als Siegesdenkmal konzipiert war, das dem Andenken desselben Geschehens geweiht war wie Stele 5.

Über die Grabkammer schreibt Ledyard Smith (1950, 52): «Bemerkenswert ist, daß er [Tempel VIII] wahrscheinlich von Anfang an als Grabstätte konzipiert war und eines der ganz wenigen Gräber in dieser Fundstätte in sich birgt, die keine Einzelgräber sind, eine Grabkammer, die mit den fünf Skeletten, die sie enthielt, das einzige in Uaxactún gefundene Beispiel eines Gruppengrabs darstellt.» Die fünf Toten, die hier ruhten, verkörpern das eigenartigste Element des Ganzen. Nach dem Bericht von Smith (1950, 101) handelt es sich bei den gefundenen Skeletten jeweils um die Gebeine einer Frau, die zum Zeitpunkt ihres Todes schwanger war, einer zweiten erwachsenen Frau, eines kleinen Jungen und eines Säuglings. Wohl nicht ganz zufällig hat man damals das einzige Gruppengrab in ganz Uaxactún im Innern des Tempels angelegt, der zur Feier der Eroberung des Ortes durch Tikal errichtet wurde. Und ebensowenig dürfte die Zusammensetzung der Gruppe – zwei erwachsene Frauen, ein ungeborenes Kind, ein Säugling, ein älteres Kind – Zufall sein. Die Menschen, die man in dem Siegesmonument begrub, hatte man zuvor getötet, um die Dynastie auszurotten, die bisher über Uaxactún geherrscht hatte.

Den gefangenen König selbst brachte man zur Hinrichtung wahrscheinlich nach Tikal. Seine engsten Angehörigen blieben in Uaxactún zurück, wo ihnen sicher nicht entgangen ist, daß die Eroberer am einen Ende des langen Prozessionswegs, der die riesigen Tempelkomplexe der Stadt (Gruppe A und B in der Nomenklatur der Archäologen) miteinander verband, einen neuen Tempel errichteten. Und sie wußten wohl auch, daß im Innern des Unterbaus eine Grabkammer angelegt wurde und für wen sie bestimmt war.

Auch wie das Leben der fünf endete, läßt sich rekonstruieren. Ein kreisrunder Schacht führte in die Tiefe des Tempelunterbaus und endete nach fünf Metern im Felsgestein. Auf halber Höhe des Schachts verengte ein vorspringender Sims die Öffnung, am Boden war der Schacht in west-östlicher Richtung zur Grabkammer verbreitert. Die schwangere Frau fiel sterbend auf die Seite, die Knie wie zum Schutz des Ungeborenen hochgezogen. Die Leiche lag in der Südwestecke. Die andere Frau kam längs der Nordwand zu liegen; in Hüfthöhe neben ihr lag in der Mitte des Grabs der kleine Junge. Der Säugling wurde in die Südostecke geworfen. Um die Toten herum stellte man Töpfe, Schalen und Krüge auf, die vermutlich die Wegzehrung für die Reise ins Jenseits enthielten, dann wurden der Schacht zur Grabkammer mit einem «kunstvoll reliefierten rotgestrichenen Stuckdeckel» verschlossen und der Deckel selbst «mit dem Estrichbelag des Tempelbodens überzogen» (Smith 1950, 101).

52 Der Tatsache zum Trotz, daß Waffenkenntnis für die Kampftaktik eine entscheidend wichtige Rolle spielt, steht die Erforschung der Steinspitzen der Maya-Waffen noch am Anfang. Die im Text ausgeführte Hypothese, derzufolge die Teotihuacanos den Gebrauch der Speerschleuder im Maya-Tiefland einführten, ist nicht unsere Erfindung. So vermerken beispielsweise Irvin Rovner (1976, 46) für Becán und Hattula Moholy-Nagy (1976, 96) für Tikal die Verbindung von gestielter Geschoßspitzenform und aus Mexiko importiertem Obsidian in der Zeit der frühklassischen Kontakte mit Teotihuacán. Gordon Willey (1972, 161–177; 1978, 102–105) gibt in großen Zügen einen Überblick über die Entwicklung von zweiseitig behauenen zugespitzten Steinartefakten bei den Tiefland-Maya. Die vergleichsweise kurzgestielten Varianten der Steinspitze sind typisch für die spätklassische Periode. Wenngleich die Frage nach der Verwendung dieser Spitzen letztlich nur durch empirische Forschungen wie etwa die mikroskopische Untersuchung von Abnutzung beziehungsweise Beschädigung der Kanten zu beantworten ist, kann man doch sagen, daß die Spitzen sich für die Bewehrung von Wurfgeschossen wie dem mit dem Wurfstock geschleuderten Kurzspeer eigneten. Die größeren lorbeerblattförmigen Spitzen, die mehr für Stoßwaffen tauglich waren und in der Kunst der klassischen Periode ausführlich dokumentiert sind, sind für einzelne Fundstätten, wie zum Beispiel Uaxactún oder Altar de Sacrificios, seit der frühklassi-

schen Periode gesichert nachgewiesen und bestehen bis zum Ende des Spätklassikums. In der späten vorklassischen Periode sind die kurzstieligen Formen der zweiseitigen Spitze an Orten wie Cerros unbekannt (Mitchum 1986); typisches spitzgeformtes Artefakt ist der lange, gestielte, plankonvexe großflächige «Griffzapfendolch». Dieses Artefakt eignet sich für die Bewehrung von Stoßwaffen wie der Lanze, nicht jedoch für Wurfwaffen; im späten Vorklassikum ist es im Maya-Gebiet weit verbreitet (Sheets 1976). Aber zumindest in Ansätzen existieren auch Anhaltspunkte dafür, daß auf älteren Stufen der geschichtlichen Entwicklung bei autochthonen Tieflandbewohnern, die man hypothetisch mit archaischen Wildbeutergruppen in Belize gleichsetzt (MacNeish 1981), Wurfwaffen in Gebrauch waren. Nach unserer Mutmaßung waren den Maya Wurfstock und der damit geschleuderte Wurfspeer wahrscheinlich seit eh und je bekannt, gewannen jedoch erst dann große politische Bedeutung, nachdem sie von Groß-Jaguar-Tatze in den Rang von Kriegswaffen erhoben worden waren. Summa summarum: Von einer genaueren Erforschung der Steinartefakte dürfen wir uns für die Zukunft interessante neue Einblicke in den Wandel von Kampfstrategie und Kriegführung bei den Maya vom Jahr 400 n. Chr. an versprechen.

53 Mathews (1985a, 44f.) kommt zu einer ganz ähnlichen Deutung, doch sollte man nicht unerwähnt lassen, daß es in diesem Zusammenhang einige kalendarische Probleme gibt, deren Lösung in der Folge eventuell eine Revision bisher vorgeschlagener Interpretationen des fraglichen Hieroglyphentexts erforderlich machen könnte. Das eingangs des Textstücks genannte Kalenderrundendatum ist unverkennbar 10 Caban 10 Yaxkin mit G4 als aktivem Herrn der Nacht. Diese spezielle Kombination trifft jedoch nur für den 8.6.3.16.7 zu, einen Tag, der in einer Vergangenheit weit außerhalb der kalendarischen Dimensionen des fraglichen Textstücks liegt. Christopher Jones, Tatiana Proskouriakoff und andere (siehe C. Jones und Satterthwaite 1982, 70) wiesen darauf hin, daß auf Stele 4 als Tag der Thronbesteigung 5 Caban 10 Yaxkin wiederum mit G4 als Herrn der Nacht genannt sei, und daraufhin begann man sich an den Gedanken zu gewöhnen, daß das Datum auf Stele 31 eine Fehlangabe sei. Diese Interpretation ist jedoch in zweifacher Hinsicht problematisch:

(1) Direkt über dem fraglichen Kalenderrundendatum ist auf Stele 31 ein anderes Datum, nämlich 8 Men, genannt, und 8 Men liegt genau zwei Tage vor 10 Caban: eine Sachlage, durch die sich die Wahrscheinlichkeit für die Korrektheit der 10-Caban-Angabe erhöht.
(2) Der letzte Satzteil vor diesem Datum verzeichnet die Weihe eines Hauses mit dem Namen *Wi-te-na*. Das Datum des Ereignisses zu rekonstruieren ist insofern nicht ganz einfach, als ein Teil des Textes durch die anläßlich der Einlagerung von Stele 31 in Tempel 33 entzündeten rituellen Feuer zerstört wurde. Wenn wir aber davon ausgehen dürfen, daß das unmittelbar vor der durch den Brand zerstörten Fläche genannte Datum sich auf den Zeitpunkt der Hausweihe bezieht, dann läge dieser Zeitpunkt 17 Tun, 12 Uinal und 10 Kin (oder aber, da Distanzangaben auch in anderer Reihenfolge gelesen werden können, auf 17.10.12) nach der Eroberung Uaxactúns. Das wäre dann entweder der 8.17.18.17.2 11 Ik 15 Zip (26. Juni 395) oder der 8.17.18.15.4 12 Kan 17 Pop (19. Mai 395). Die Bedeutung des Hausweihetermins ergibt sich daraus, daß der für den 10 (oder 5) Caban 10 Yaxkin protokollierte Vorgang (von dem man bislang allgemein annimmt, daß es Schnutes Thronbesteigung war) nicht nur «im Lande von Rauch-Frosch», sondern auch im *Wi-te-na* stattfand. Wenn das Haus, das siebzehn Jahre nach der Eroberung Uaxactúns geweiht wurde, nicht gerade einen Vorläufer gleichen Namens hatte (wofür es keinerlei Anhaltspunkte gibt), dann steht fest, daß der auf Stele 31 protokollierte Vorgang nach jenem Termin stattfand.

Aus (2) ergibt sich als mögliches Datum für den Tag des Geschehens der 8.19.7.9.17 10 Caban 10 Yaxkin (2. September 423), wobei man freilich annehmen müßte, daß der Herr der Nacht auf der Stele falsch angegeben ist, denn jener Tag wurde nicht von G4, sondern von G8 regiert. Zum Glück spielt eine genaue Datierung für die Stichhaltigkeit der im Text vorgetragenen historischen Überlegungen keine ausschlaggebende Rolle: Unabhängig vom Zeitpunkt der Handlung war der Protagonist in jedem Fall Schnute, und er agierte «im Lande von Rauch-Frosch». Mit anderen Worten: Der höherrangige Ahau war Rauch-Frosch.

54 Daß Tikal und Uaxactún zur damaligen Zeit in enger wechselseitiger Beziehung standen, findet auch in dem frühklassischen Wandgemälde des Tempels XIII in Uaxactún seine Bestätigung. Es zeigt zwei hochrangige Würdenträger, die einander über einen dreispaltigen Hieroglyphentext hinweg in die Augen schauen. In ihrer Nähe befindet sich ein Palast, in dem drei Frauen sitzen; in zwei Registern über dem Gebäude sind diverse Ritualszenen abgebildet. Anhand der Kleidung, der dem Gebäude zugeordneten Keramiken und des Stils der Glyphenschrift ist das Gemälde etwa auf die Zeit von Stele 1 in Uolantún (8.18.0.0.0) und Stele 31 in Tikal (9.0.10.0.0) zu datieren (M. Ayala, persönliche Mitteilung 1989). Im Haupttext des Gemäldes ist eine Person namens Ma Kina Mo' (Herr Ara) und möglicherweise auch Sturmhimmel von Tikal erwähnt. Noch interessanter ist die von Fahsen (1988 a) mitgeteilte Inschrift auf einer Statue ohne Kopf in Tempel 3 D-43. Der Text stammt aus der Zeit um 8.18.10.8.12 (5. November 406) und erwähnt jemanden namens K'u-Mo'. Wir wissen nicht, ob diese beiden Erwähnungen von jemandem namens «Ara» sich auf ein und dieselbe Person beziehen, doch Zeit und Ort stehen damit durchaus im Einklang.

55 David Stuart (schriftliche Mitteilung, 10. Februar 1988) schlug für die erstmals von Kelley (1962) in Quiriguá identifizierte Glyphe T 565, die eine Verwandtschaftsbeziehung ausdrückt, die Lesung *yitan* (oder *yitah*) vor. Im Chorti bedeutet dieser Ausdruck «Geschwister von». Die Wurzel ist *ihtan, y* ist das Possessivpronomen in der Form für vokalisch anlautende Bezugswörter. Bei Tests in Tikal, Caracol, Chichén Itzá und auf anderen Ruinenplätzen hat sich diese Lesung für uns als außerordentlich fruchtbar erwiesen. So zum Beispiel fanden wir sie in Caracol zur Kennzeichnung der Beziehung zwischen zwei Königen (Herrscher IV und V) gebraucht, zwischen deren Geburtsdaten keine zwölf Jahre Abstand liegen.

56 In Palenque und Yaxchilán können in der Namensglyphe des Herrschers Pacal wie in der des Dritten Herrn der Nacht eine Ohreule und ein Schild einander substitutiv vertreten. Die Eule erscheint in diesem Kontext mit von einem Wurfspieß durchbohrten Kopf oder Körper. Und exakt diese Motivkombination ist auch im Kopfputz des Herrschers auf Stele 31 zu sehen, wo der durchbohrte Vogel mit einem Schild am Flügel erscheint. Im Titel des Herrschers ist der Wurfspieß durch die Speerschleuder ersetzt, woraus deutlich wird, daß «Speerschleuder – Eule» und «Speerschleuder – Schild» genauso wie Kombinationen des Elements «Wurfspieß» mit dem Element «Eule» oder «Schild» allesamt allographische Varianten ein und derselben Namensglyphe sind.

Varianten von Schild, Eule und Speerschleuder

Speerschleuder und Eule von der Ballspielplatzmarkierung in Tikal

Eule, Schild und Wurfspieß vom Kopfputz-Medaillon auf Stele 31 in Tikal

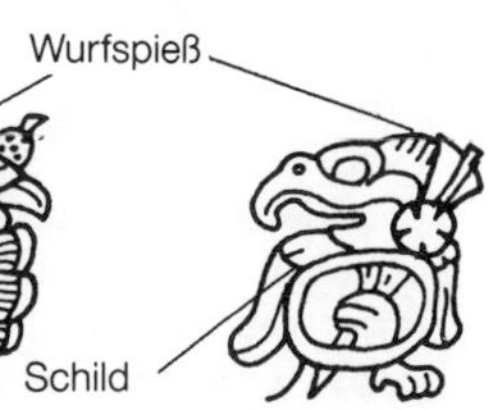

Eule, Schild und Wurfspieß aus der Namensglyphe auf einem Ohrgehänge

Eule mit Wurfspieß als Namensglyphe Pacals auf der Sklaventafel in Palenque

Palenque: Die Eule als Kopf-Variante der «Schild»-Glyphe für den Namen Pacals

«Schild» als Name Pacals auf der Tafel der 96 Glyphen

Yaxchilán, Türsturz 10: Die Pacal-Eule mit Wurfspieß als G3, einer der Herren der Nacht

Virginia Fields (persönliche Mitteilung 1989) wies uns auf die Bedeutung von Stele 32 (Jones und Satterthwaite 1982, Abb. 55 a) für die Interpretation des Speerschleuder-Eule-Motivs hin. Das betreffende Bruchstück wurde im sogenannten Problematischen Depositum 22 gefunden, einem in der Treppe von Struktur 5 D-26-1 auf der Nordakropolis verborgenen Weihopferdepot. Die Bildseite zeigt in Vorderansicht eine Person im gleichen Ornat, wie er auf dem Schild erscheint, den Schnute auf der Seitenfläche von Stele 31 trägt. Die Brustplatte hat die Form eines Vogels, der einen Kamm auf dem Kopf trägt und große Ähnlichkeit mit dem Vogel in Sturmhimmels Kopfputz-Medaillon aufweist, wenn nicht sogar identisch mit diesem ist. Sollte Fields recht haben mit ihrer Ansicht, daß dieser Vogel die Eule aus dem Speerschleuder-Titel ist, dann wäre dies der augenfällige Beweis für unsere These, daß dieser Titel mit dem Kriegerornat, wie Schnute ihn trägt, in unmittelbarem Zusammenhang steht.

Peter Mathews (persönliche Mitteilung, Dezember 1989) lieferte uns das letzte Teil des Puzzles mit einem Hinweis auf einen gewissen Zusammenhang zwischen dem Eulenmotiv und dem Lautwert des Cauac-Zeichens *(cu)* sowie auf einen einschlägigen Artikel im *Diccionario Maya Cordemex* (Barrera Vasquez 1980, 342). Das Cordemex-Wörterbuch gibt für das yucatekische *ku* (in der in diesem Buch gebrauchten Schreibweise *cu*) als Bedeutung an: «Eule als Zukunftsherold, Eule, Vogel der Weissagung in den Chilam-Balam-Büchern». *Cu* in der Bedeutung «Eule» ist auch für das Chol und das Tzeltal belegt; für diese Dialekte ist es in der Schreibweise *chu* verzeichnet. Insofern angenommen wird, daß die Dinge in den Ecken des Schilds in einem glyphischen Kontext den Lautwert *hi* oder *he* repräsentieren, wäre es durchaus möglich, daß die Konfiguration im ganzen die Lautung *cuh(e)* wiedergibt. Nach Mathews' Beobachtung ist also der Schild mit den Cauac-Zeichen ohne weiteres als phonetische Schreibweise von «Eule» zu entziffern, und zwar meint diese Schreibweise – was mindestens genauso wichtig ist – die Eule speziell unter dem Aspekt ihrer Verbindung mit Zukunftsprophezeiung und Hellseherei. Diese Verbindung scheint in der Phase der Sprachgeschichte, die das Cordemex-Wörterbuch repräsentiert – der kolonialzeitlichen –, bereits eine lange Geschichte gehabt zu haben, und die Basis dafür dürfte die herausragende Rolle des Eulenmotivs in der Ikonographie des im Text erläuterten speziellen Kriegsstils gewesen sein.

57 Das abschließend auf Stele 31 protokollierte Ereignis fand nach dem Julianischen Kalender am 11. Juni 439 statt; zu diesem Zeitpunkt war die Venus als Morgenstern 44,93 Winkelgrad von der Sonne entfernt. Die maximale Elongation trat sechzehn Tage später, am 27. Juni, ein: Nachdem die Venus sich inzwischen um 0,69 Winkelgrad weiterbewegt hatte, befand sie sich jetzt im Abstand von 45,62 Winkelgrad zur Sonne. Man kann jedoch bereits den Stand am 11. Juni als Zielpunkt der östlichen Elongation – den Punkt der größten Entfernung von der Sonnenekliptik – betrachten; zudem fehlte der Venus an diesem Tag mit nur 4,4 Bogensekunden Abstand von ihrem größten scheinbaren Durchmesser so gut wie nichts mehr an ihrer größten Helligkeit. Das fragliche Datum zählt also zu der Kategorie der astronomischen Hierophanien, über die wir im Zusammenhang mit der Tlaloc-Kriegführung bereits gesprochen haben (siehe Anm. 47).

58 Der Hieroglyphentext auf Stele 31, soweit er Schnute betrifft, setzte bis jetzt allen Entzifferungsbemühungen extrem harte Widerstände entgegen. Unser Wissen von den Aktionen und Akteuren beläuft sich einstweilen auf folgende Einzelheiten:

(1) Am 8.17.18.17.2 (26. Juni 395) weihte Schnute einen Tempel namens *Wi-te-na.*
(2) Am 8.17.2.16.17 (13. September 379) oder 8.19.7.9.17 (2. September 423) wickelte Schnute eine dynastische Feier ab, zu der das Zurschaustellen eines Zepters «im Lande von» Rauch-Frosch gehörte. (Zum Datierungsproblem siehe Anm. 53.)
(3) Am 8.18.0.0.0 (8. Juli 396) beging Schnute das Katun-Ende in seinem eigenen Land als Ein-Katun-Ahau; der Titel verrät, daß sein Träger zum Zeitpunkt des Geschehens entweder noch keine zwanzig Jahre alt oder noch keine vollen zwanzig Jahre im Amt war. Sollte es sich tatsächlich so verhalten, daß er siebzehn Jahre nach der Inthronisation noch nicht zwanzig war, dann ist vielleicht die frühe Thronerhebung die Erklärung dafür, daß hinterher Rauch-Frosch in der Rolle des herrschenden Ahau auftrat.

(4) Am 8.19.5.2.5 (13. April 421) führte eine unbekannte Person eine unbekannte Handlung aus.

(5) Am 8.18.15.11.0 (27. November 411) fand ein Ereignis statt, dessen Protokoll untergegangen ist, weil es auf einem inzwischen zerstörten Flächenstück der Stele stand. Wir kennen den Protagonisten des Geschehens nicht, wissen jedoch, daß sich zum fraglichen Zeitpunkt am Himmel eine der außergewöhnlichsten Hierophanien abspielte, denen man durch Maya-Inschriften jemals auf die Spur gekommen ist. Seit Juli des Jahres 411 pendelten Jupiter und Saturn in weniger als vier Grad Höhenabstand voneinander um einen Azimutwert von 72 Grad und produzierten dabei eine Dreierserie von Konjunktionen, deren letzte im März des darauffolgenden Jahres zu Ende ging. Das erwähnte Datum liegt kurz nach der zweiten Konjunktion, und genau an diesem Tag hatte Venus mit 47,22 Winkelgrad Abstand zur Ekliptik der Sonne ihre maximale Elongation als Abendstern erreicht.

Laut Federico Fahsen (1988b) war das in dem zerstörten Textstück protokollierte Ereignis jenes Tages Sturmhimmels Thronbesteigung. Diese These erscheint uns bemerkenswert, denn sie stimmt sehr gut mit der Chronologie des Hieroglyphentextes auf Stele 1 und der in Grab 48 – nach allgemeiner Ansicht Sturmhimmels letzte Ruhestätte – entdeckten Datumsangabe zusammen. Auf Stele 1 ist die «Vollendung des zweiten Katun» von Sturmhimmels Regierung protokolliert, das bedeutet, daß Sturmhimmels gesamte Regierungszeit *mindestens* vierzig Jahre betragen haben muß. Demnach muß, wenn sich die Datumsangabe auf der Wand von Grab 48 – 9.1.1.10.10 (20. März 457) – auf Sturmhimmels Todestag bezieht (Coggins 1976, 186), die Inthronisation *mindestens* zwanzig Jahre davor stattgefunden haben – mit anderen Worten, *spätestens* am 8.19.1.10.10. Nicht nur liegt der 8.19.10.0.0, der bislang fast allgemein als der Tag von Sturmhimmels Thronbesteigung angesehen wird, nach diesem Terminus ad quem, sondern das Zwei-Katun-Jubiläum, das auf den 9.1.10.0.0 fiel, liegt neun Jahre nach dem Todesdatum des Herrschers. Demgegenüber hat das von Fahsen vorgeschlagene frühere Datum den Vorzug, daß von ihm an gerechnet das Zwei-Katun-Jubiläum auf den 9.0.15.11.0 fällt, also auf einen Zeitpunkt sechs Jahre vor der Datumsangabe im Grab und nur kurz nach dem spätesten Datum auf Stele 31, dem 9.0.14.15.15 (C. Jones und Satterthwaite 1982, 73). Diese Chronologie wirkt insgesamt viel stimmiger.

Eine zusätzliche Bekräftigung erfährt Fahsens These von seiten der fragmentarischen Glyphe, die auf Stele 31 unmittelbar auf das Datum 8.18.15.11.0 folgt. Das Zeichen ähnelt der Glyphe T168:518, der in Naranjo und Palenque verwendeten Inthronisationsglyphe. Handelt es sich demnach bei dem erwähnten Datum um den Tag von Sturmhimmels Thronbesteigung, dann gewinnt von den oben unter (2) genannten Datierungsmöglichkeiten der frühere Termin an Wahrscheinlichkeit.

(6) Am 8.19.10.0.0 (1. Februar 426) trat Schnutes Sohn Sturmhimmel entweder das Herrscheramt an, oder aber er feierte an diesem Tag einfach nur die Vollendung des halben Katun.

59 Mag sein, daß dem Ereignis schon davor Denkmäler gewidmet worden waren. Wenn dem so ist, sind sie entweder zerstört oder noch unentdeckt.

60 In der Gedankenwelt der Maya waren dreizehn Katune eine Periode von besonderer Bedeutsamkeit. Mißt man die 7200 Tage des Katun mit der Elle der Dreizehn-Tage-Zählung des Tzolkin (des 260 [20 × 13]tägigen astronomischen Ritualkalenders) aus, so bleibt am Ende ein Rest von + 11 beziehungsweise – 2 (restlos durch 13 teilbar ist 7189 und dann wieder 7202). Das hat zur Folge, daß jedesmal, wenn in der Langen Zählung die Katun-Stelle um einen Zähler weiterrückt, in der Kalenderrunde an der Tzolkin-Position derselbe Tagesname wie zum Beginn der vorigen Katun-Periode erscheint, allerdings mit einer um 2 niedrigeren Zahl; die Zählung in der Kalenderrunde läuft also zur Katun-Zählung parallel nach dem Schema: 6 Ahau, 4 Ahau, 2 Ahau, 13 Ahau, 11 Ahau, 9 Ahau usw. Nach dreizehn Katunen kehrt in der Kalenderrunde die ursprüngliche Kombination wieder: Das 12-Etz'nab-11-Zip-Datum von Stele 31 (9.0.3.9.18) wiederholte sich, nachdem das Rad der Katune sich um dreizehn Positionen weitergedreht hatte, in der Form 12 Etz'nab 11 Zac.

Dieses Jubiläum beging ein spätklassischer Nachfahre Sturmhimmels mit einem Blutopfer und einem Krieg, über die wir im nächsten Kapitel mehr erfahren werden.

61 Die Spielfeldmarkierung wurde im Innern eines in einem Innenhof am Nordende der Gruppe 6C-XVI-sub aufgestellten Altars gefunden (Fialko und Laporte 1988). Der Altar ist ein als einstufige Talud-Tablero-Plattform ausgeführtes Podest, von einem flachen Sockel gekrönt, zu dem eine kurze Treppe hinaufführt und auf dem die Markierung ursprünglich aufgestellt war (siehe Abb. 4.19). Unserer Meinung nach handelt es sich um die Wohnanlage einer Adelsfamilie, die nicht dem Königshaus angehörte, sich aber der besonderen Gunst des Souveräns erfreut haben dürfte.

62 Eine Markierung sehr ähnlich den auf dem Wandgemälde abgebildeten wurde 1963 auf einer Ranch in La Ventilla bei Teotihuacán gefunden und befindet sich heute im Besitz des staatlichen Museo Nacional de Antropología e Historia in Mexiko. Sie besteht aus vier verzapften Stücken und ist mit 213 Zentimetern Höhe doppelt so hoch wie die ein Meter hohe Markierung von Tikal (Bernal 1970, Nr. 8). Das Denver Art Museum besitzt ein drittes Stück dieser Art, über dessen Herkunft jedoch nichts bekannt ist.

63 Wir haben es hier mit einer einzigartigen Facette der mesoamerikanischen Geschichte zu tun. Daß bereits die Tiefland-Maya der vorklassischen Periode, soweit sie in Königreichen organisiert waren, rituelle Anlässe unter anderem mit dem kultischen Kautschukballspiel begingen, haben wir auch bei unserer Betrachtung von Cerros feststellen können, wo uns erstmals die Ideenverbindung zwischen dem Ballspielplatz und dem abgetrennten Kopf des Jaguar-Sonnengotts auffiel. Das Ballspiel ist das fundamentale Sinnbild des «Stirb und werde»: Die göttlichen Ahnherren-Zwillinge erfahren Opfertod und Verklärung im Zusammenhang mit einem Ballspiel gegen die Herren des Totenreichs. Die speziell dem Ballspiel zugehörige Form des Opfertodes ist die Enthauptung, und wir sahen, welch herausragende Rolle der dem Opfer abgetrennte Kopf in der Ikonographie der Herrscher von Tikal und Uaxactún spielt. Und wir wissen inzwischen auch, daß das Ballspiel und das abgetrennte Haupt des Sonnengotts zentrale Motive in der Symbolik des Krieges sind.

So weit, so gut, aber auf den Ballspielplätzen der Maya wurden keine Markierungen des in Gruppe 6C-XVI-sub in Tikal gefundenen Typs verwendet. Die Spielfeldmarkierungen der Maya waren auf dem Boden plazierte skulptierte Steine beziehungsweise mit Zapfen an den seitlichen Begrenzungswänden angebrachte Steinringe oder -plastiken. Die Markierung aus Gruppe 6C-XVI-sub ist ein Artefakt im Teotihuacano-Stil, das in einer ganz anderen Art von Ballspiel Verwendung fand, einem Spiel, das nicht auf eigens zu diesem Zweck angelegten Spielplätzen, sondern wo eben Platz dafür war mit Stöcken und einem kleineren Ball gespielt wurde. Die Spuren dieser frühklassischen Form des Ballspiels hat Eric Taladoire (1981) in seiner umfassenden Monographie über das mesoamerikanische Ballspiel dokumentiert. In Teotihuacán findet man diese Spielweise und die zugehörigen Markierungen auf dem Tlalocán-Wandgemälde dargestellt; im La-Ventilla-Komplex des Ortes wurde ein reales Exemplar einer solchen Spielfeldmarkierung entdeckt. Außerhalb Teotihuacáns begegnet man der Markierung im westlichen Mesoamerika; ein Exemplar wird aus Kaminaljuyu gemeldet, einem Ort, von dem man sicher weiß, daß er in der fraglichen Epoche substantielle Beziehungen zu Tikal und anderen großen Maya-Zentren im Tiefland unterhielt (Brown 1977). Das in Tikal gefundene Exemplar wurde augenscheinlich am Ort angefertigt, denn die lange Inschrift auf dem Schaft ist eindeutig in Maya abgefaßt und bezieht sich auf lokale Ereignisse, gleichwohl kopiert die Markierung in der Form den Teotihuacano-Stil.

64 Das Datum der Ernennung ist nicht problemlos zu entschlüsseln. Die beste Lösung führt zu 8.16.17.9.0 11 Ahau 3 Uayeb (5. Mai 374), eine zweite Möglichkeit ist 8.18.5.1.0 11 Ahau 13 Pop (10. Mai 411) (Fialko 1988).

65 Pendergast (1971) fand grünen Obsidian in einem spät-vorklassischen Depot in Altun Ha; aus Nohmul meldet Hammond (o. J.) einen Fund von grünem Obsidian in spätvorklassischem Umfeld. Aus späterer Zeit sind Materialien im Teotihuacano-Stil aus einem Depot in Becán (Ball 1974b; 1979; 1983) sowie den Gräbern 10 und 48 in Tikal (W. R. Coe 1965a) bekannt. Umgekehrt wurden in Teotihuacán Artefakte im Maya-Stil ausgegraben (Linne 1934; 1942; Ball 1983). Das Auftauchen solcher importierten oder am Ort im Stil der fremden Kultur hergestellten Gegenstände zeigt an, daß zur fraglichen Zeit ein

ausgedehntes Handelsnetz im Entstehen war, über das nicht nur materielle Güter, sondern auch Ideen und Symbole in ganz Mesoamerika hin und her wanderten.

66 Der Tlaloc-Symbolkomplex steht in engem Zusammenhang besonders mit dem bereits erörterten «Stern-Muschel»-Krieg (Schele 1979; o. J.; Lounsbury 1982; M. Miller 1986b; Closs 1979). Viele der Eroberungsfeldzüge, bei denen die Herrscher großer Zentren gefangengenommen wurden, fanden im Zeichen dieser Symbolik statt: Caracols Niederwerfung von Tikal und Naranjo, Toninás Niederwerfung von Palenque, Dos Pilas' Niederwerfung von Seibal, Piedras Nigras' Niederwerfung von Pomona, Tikals Niederwerfung von Yaxha u. a.

In der Kunst der Maya sind Gefangene meist individualisiert dargestellt, manchmal mit einer Namensglyphe auf dem Körper, in der Mehrzahl der Fälle jedoch anonym. Die Eroberer stehen auf den Körpern der Gefangenen oder stellen sie als Opfer zur Schau, deren Tötung ihnen die Gunst der Götter eintragen wird. Namentlich bezeichnete Gefangene kommen selten vor, und eine noch größere Seltenheit sind Gefangene, die mit Namen und Herkunftsort bezeichnet sind. Es kann also davon ausgegangen werden, daß der Prestigegewinn, den Gefangene brachten, ebensosehr, wenn nicht sogar mehr von deren individueller Persönlichkeit abhing als von ihrer Zugehörigkeit zu diesem oder jenem Königreich. Und das gilt auch für Gefangene königlichen Geblüts, mit der einzigen Einschränkung, daß in ihrem Fall, wo immer möglich, der Ahau-Status betont wird. Wenn es bei den Maya Kriege gab, die mit Annexion und politischer Unterwerfung endeten, dann waren mit größter Sicherheit die Stern-Muschel-Aktionen solche Kriege. Das erste und vielleicht auch imposanteste Beispiel dieses Kriegsstils war die Eroberung Uaxactúns durch Tikal. Siehe Anm. 47, wo der Zusammenhang zwischen dem Tlaloc-Komplex von Krieg und Opfer einerseits und Himmelserscheinungen andererseits aufgezeigt ist.

67 Coggins (1976; 1979a, 259–268) hat diese Zuweisungen ausführlich begründet, im einen Fall (Grab 10/Schnute) allerdings mit nicht ganz so starken Argumenten wie im anderen. Dessen ungeachtet finden wir ihre Beweisführung überzeugend und schließen uns ihrer Meinung an.

68 Laut Coggins (1976, 177ff.) wurde dieses Depot in einer Grube westlich der Nordakropolis gefunden. Den Inhalt gibt sie an mit sieben Skeletten, einem Maisreibstein *(metate)* und einer Reibwalze *(mano)* aus Basalt, Muschelschalen, grünem Obsidian, einer Mosaikplakette und achtunddreißig Gefäßen, großenteils im Teotihuacano-Stil. Auf einem dieser Gefäße ist eine Gruppe von Teotihuacanos zu sehen, die augenscheinlich von einer Pyramide im Teotihuacano-Stil aufbricht, um zu einem Maya-Tempel zu wandern – eine Darstellung, so mutmaßt Coggins, die in anekdotischer Form das historische Geschehen des Einzugs der Teotihuacanos im Maya-Tiefland wiedergibt.

69 Etwa um dieselbe Zeit breitete sich das zylindrische Dreifußgefäß über ganz Mesoamerika aus und wurde in dem gesamten Kulturkreis zu einer der Hauptkeramikformen der frühklassischen Periode. Bei diesem Gefäß bietet sich die Außenfläche zur figürlichen Gestaltung förmlich an. Die zylindrischen Vasen der Maya sind im allgemeinen höher und schlanker als die der Teotihuacanos, die eine etwas abgeplattetere Form bevorzugten.

70 Eine andere Möglichkeit wäre, daß Tikal, Kaminaljuyu und Teotihuacán gemeint sind (Coggins 1979a, 263). Es könnte durchaus sein, daß der in der Mitte zwischen dem Teotihuacano-Tempel und der Maya-Pyramide abgebildete Tempel, der Charakteristika der Architekturstile beider Kulturen in sich vereinigt, Kaminaljuyu repräsentieren soll. Wenn allerdings Coggins mit ihrer Datierung des Problematischen Depositums 50 in die Zeitspanne 386–426 n. Chr. recht hätte, dann wäre das Depot rund fünfundsiebzig bis hundert Jahre älter als die ältesten Bauten und Gräber mit Teotihuacán-Einfluß in Kaminaljuyu. Hinzu kommt, daß durch die jüngsten Grabungen Juan Pedro Laportes (1988) in der «Lost-World»-Gruppe in Tikal die Präsenz der Talud-Tablero-Architektur in diesem Zentrum bereits für das 3. nachchristliche Jahrhundert zweifelsfrei belegt ist. Der Ort unter Maya-Herrschaft, an dem beide Architekturstile anzutreffen sind, ist also aller Wahrscheinlichkeit nach doch Tikal. Die zwei Beispiele des Talud-Tablero-Stils auf dem Vasenbild unterscheiden sich voneinander durch Dachkamm (Maya) und Dachzinne (Teotihuacán) sowie durch die U-förmigen Ornamente auf dem Maya-Tempel, die auf dem Teotihuacano-Tempel nicht vorhanden sind.

71 Auch Marcus (1980) widmete dem quastengeschmückten Kopfputz seine Aufmerksamkeit, und auch seiner Einschätzung nach hat man in ihm das Abzeichen von Gesandten aus Teotihuacán (ihm zufolge nach Monte Alban) vor sich.

72 Charles Cheek (1977) griff auf das Modell der Eroberungskampagne zurück, um das Auftreten von Teotihuacano-Stilmerkmalen im Bau- und Keramikstil von Kaminaljuyu zu erklären, wobei er den Zeitpunkt der Einnahme Kaminaljuyus durch die Teotihuacanos in das 6. Jahrhundert legt. Für Kenneth Brown (1977 und persönliche Mitteilung 1986) war Kaminaljuyu ein Handelszentrum, wo Tiefland-Maya und Hochland-Teotihuacanos auf neutralem Terrain gefahrlos zusammentreffen konnten.

In Kaminaljuyu scheinen im mittleren Klassikum (400–600 n. Chr.) sowohl Tiefland-Maya wie Teotihuacanos ansässig gewesen zu sein. Keramik und Jade-Artefakte der Tiefland-Maya waren in Teotihuacán präsent, vor allem im «Händlerviertel» mit seinen eigenartigen Rundbauten (Rattray 1986). In Tikal wiederum scheinen Teotihuacanos *in persona* präsent gewesen zu sein. Moholy-Nagy (persönliche Mitteilung 1986) ist der Überzeugung, daß es in Tikal eine Kolonie von Teotihuacanos gab. Den Beweis dafür sieht er in einer charakteristischen Bestattungsform mit Leichenverbrennung und Beisetzung der Überreste des Toten mitsamt Beigaben in einer Grube. Der Archäologie sind diese Grubengräber bekannt: das westlich der Nordakropolis entdeckte Problematische Depositum 50 und das vor Struktur 5D-26 mitten auf der Nordakropolis gefundene Problematische Depositum 22.

Im Anschluß an Überlegungen von Tatiana Proskouriakoff trug Coggins (1979b, 42) die These vor, daß sich in dem Auftauchen von Teotihuacano-Symbolelementen in Uaxactún und Tikal eine politische Überfremdung verrate. Coggins zufolge war Schnute ein fremdstämmiger Usurpator aus Kaminaljuyu. Die archäologischen Funde belegen allerdings, daß die Maya sich schon im späten Vorklassikum für den grünen Obsidian aus Teotihuacán interessierten, den sie für Opferdepots verwendeten. Wie die jüngsten Ausgrabungen in Tikal erwiesen haben, datiert die Präsenz der Talud-Tablero-Architektur am Ort aus einer Zeit lange vor der Eroberung Uaxactúns. Die Tiefland-Maya und die Teotihuacanos kannten sich seit langem und tauschten begehrte Waren aus, die sie jeweils nur von dem anderen beziehen konnten. Daß der Herrscher von Tikal nunmehr in der Teotihuacano-Tracht auftrat, bedeutet entweder, daß die alten Beziehungen jetzt eine Intensivierung erfuhren oder daß die Maya sich einen Teotihuacano-Ritualkomplex zu eigen machten. Keineswegs ist es ein Anzeichen für die Annexion oder die politische Unterwerfung des Zentralpetén durch eine fremde Macht.

73 Pasztory (1974) gliederte den Tlaloc-Symbolkomplex in zwei Unterkomplexe: Tlaloc A, die Symbolik des Wassers und des fruchtbaren Kulturlands, und Tlaloc B, die Symbolik des Kriegs und des Opfers. Sie wies darauf hin, daß die glotzäugigen Masken auf Stele 31 und den Gefäßen in Grab 10 keine Tlaloc-Bilder sind, sondern vielmehr Bilder von Menschengesichtern, denen Glotzaugen aufgesetzt sind, und diese Gesichter ordnete sie dann der Symbolik des Krieges in der Kunst von Teotihuacán zu (Pasztory 1974, 13 f.). Dieser Vorstellungskomplex von Krieg und Opfer bildet in Teotihuacán das Zentralthema der Wandgemälde von Atetelco. Die ikonographische Realisierung dieses Vorstellungskomplexes ist konform mit der Teotihuacano-Symbolik, wie sie auch andernorts in Mesoamerika vorkommt; leicht möglich, daß sie einen rituellen oder kultischen Komplex repräsentiert, den Kaufleute und Diplomaten aus Teotihuacán, als sie sich im 5. und 6. nachchristlichen Jahrhundert über den Großraum Mesoamerika ausbreiteten, einführten.

Karl Taube (o. J.) identifizierte vor kurzem einen Symbolkomplex um das Thema Krieg, den er dem Tempel des Quetzalcoatl zuschreibt. Zu den Elementen dieses Ensembles zählt unter anderem auch das Mosaikmonster, das Taube mit der Kriegsschlange gleichsetzt. Taube beruft sich in seinen Ausführungen auf die Berichte über die jüngsten Ausgrabungen im Tempel des Quetzalcoatl (Sugiyama 1989; Cabrera, Sugiyama und Cowgill 1988), bei denen Massengräber von Kriegern gefunden wurden, die möglicherweise im Rahmen der Tempelweihe-Zeremonie irgendwann um die Mitte des 2. Jahrhunderts n. Chr. geopfert worden waren. Eines dieser Gräber enthielt die Leichen von achtzehn Männern im Kriegeralter. Als Beigaben fand man bei ihnen Obsidianspitzen, Spiegel, wie sie von Kriegern hinten am Gürtel getragen wurden, Siegestrophäen in Gestalt von menschlichen Kieferknochen sowie Nachbildungen von Kiefern und Zähnen aus Muschelschalen. Außerdem fand man 4358 Stücke bearbeiteter Muschelschale, die zum großen Teil am Rand – nicht selten zweimal, an einander gegenüberliegenden Stellen – durchbohrt waren. In Anlehnung an Berlo (1976) kam Taube zu dem Schluß, daß es sich bei diesen Muschelscherben um die Einzelteile des Mosaikmonster- (in Taubes Nomenklatur: Kriegsschlangen-)Kopfputzes der Begrabenen handelt. Die jüngsten Grabungen in Teotihuacán und das damit einhergehende Studium der lokalen Symbolik des Krieges tragen sehr zur Vertiefung unseres Verständnisses der kriegerischen Tradition in Mesoamerika mit bei, insbesondere was den Tlaloc-Komplex betrifft, wie er uns in Uaxactún und Tikal begegnet.

74 Taube (o. J.) pflichtet René Millons (1981) Ansicht bei, derzufolge Teotihuacán bei allen mesoamerikanischen Völkern als der Ort galt, wo Sonne und Mond erschaffen wurden. Wir für unseren Teil sind noch nicht völlig überzeugt, daß die Maya diesen Glauben übernommen hatten. Richtig ist, daß zu den Bildmotiven in der Kunst Teotihuacáns, zumal auf dem sogenannten Tlalocán-Wandgemälde im Stadtteil Tetitla (Pasztory 1976), auch die Darstellung der Stadt als irdischer Kopie des heiligen Ursprungs aller Schöpfung und alles Geschaffenen gehört. Wir meinen, daß die Teotihuacanos sich als die Bewohner des heiligen Zentrums allen Seins in der menschlichen Existenzsphäre betrachteten. Demgegenüber übte im Weltbild der Maya jeder Tempel diese Funktion aus, und jeder König verkörperte in seiner Person die Weltachse. Aus unserer Sicht ist kein Anzeichen dafür zu erkennen, daß die Maya-Könige, die Maya-Elite oder das Maya-Volk die Teotihuacanos als absolut ehrfurchtgebietende höhere Wesen bestaunt hätten, mochten sich die Teotihuacanos selbst auch noch so sehr dafür halten.

75 Die detaillierte Darstellung dieses Bauopfers gab Hammond im *National Geographic Magazine* vom Juli 1982.

76 Es zeichnen sich allerdings Indizien dafür ab, daß dieser gesamte Opferkomplex im Kontext von Venuskulten stand. Pasztory (1976, 245–247) bringt die Ikonographie des Kriegertums auf den Wandgemälden in Atetelco mit dem Sonnenkult in Verbindung, das Motiv des glotzäugigen Kriegers mit halb geschwärztem Gesicht dagegen – im Einklang mit Sejourne – mit der späteren Venusgottheit Tlahuizcalpantecuhtli. Zu erwägen ist allerdings auch die Möglichkeit, daß die Menschenopfer-Venus-Korrelation eine nachklassische Abtretung der Tiefland-Maya an die Bewohner des Hochtals von Mexiko gewesen war. Der in Cacaxtla abgebildete, ins 8. Jahrhundert datierende Opferritus steht offenbar der spätklassischen Maya-Auffassung des Komplexes näher als der in Atetelco.

77 Ganz ähnlich auch Coggins (1979b, 41 f.).

5 Sternenkriege im siebten Jahrhundert

1 Die Könige wechselten zu einer Tracht, die sich aus einer Brustplatte an zweisträngiger Halskette, einem breiten Gürtel mit Kopf-Beil-Ensemble als Zierat vorn und Rückengestell hinten, einem Hüftrock mit darüberhängendem schmalen Lendenschurz sowie prächtigen Arm- und Fußreifen zusammensetzte. Der Kopfputz ist von Stele zu Stele verschieden, und auf Stele 3 und Stele 9 trägt Kan-Eber einen Schulterumhang.

2 Solche Stab-Monumente sind die Stelen Nummer 13, 9, 3, 7, 15, 27, 8 und 6.

3 Die brauchbarsten Angaben für die Ordnung der Monumente in zeitlicher Folge liefern Daten und die «Dynastenzählung» in einer Reihe von Herrschertiteln, die jeweils die numerische Position des Königs in der Thronfolgerreihe seit dem Gründer der Dynastie nennt (Mathews 1975; Riese 1984; Schele 1986b; Grube 1988). Titel mit «Dynastenzählung» sind uns sowohl auf Monumenten als auch auf einem aus Raubgut stammenden Topf überliefert (Robiscek und Hales 1981, 234); durch sie wissen wir, in welcher Reihenfolge die Könige, deren Namen wir kennen, geherrscht haben und an welchen Stellen unsere Königsliste noch Lücken aufweist. Unter Epigraphikern herrscht noch keine Einigkeit darüber, welches Monument (Monumente) welchem König zuzuordnen ist (sind). Für das historische Geschehen der fraglichen Zeit existieren in der Wissenschaft unterschiedliche Rekonstruktionen; die drei wichtigsten stammen von Clemency Coggins (1976), Chris Jones (C. Jones

und Satterthwaite 1982) und Peter Mathews (1985a). Aber keines dieser rekonstruierten Szenarien kann die letzte Wahrheit und Richtigkeit für sich allein reklamieren: Die Lücken in der epigraphischen Urkunde und der schlechte Erhaltungszustand der vorhandenen Zeugnisse machen jede Rekonstruktion dieses Abschnitts der Geschichte Tikals problematisch. Unsere Sicht der Dinge ist im Text wiedergegeben.

4 Coggins (1976, 184–208) identifizierte Grab 48 als Sturmhimmels letzte Ruhestätte. Chris Jones (o. J.) datiert den Bau von 5D-33-2 auf einen Zeitpunkt nach der Versiegelung des Eingangs zu Grab 48. Wieviel Zeit zwischen dem Vermauern des Eingangs zur Grabkammer und dem Beginn der Bauarbeiten verging, darüber vermag Jones nichts zu sagen, doch steht für ihn fest, daß die Tempelanlage in der Periode der Stab-Stelen entstand; auch die grandiose Struktur 5D-22-2, den riesigen Tempel am Nordrand der Akropolis, datiert er noch in diese Periode. Der Bildschmuck des Tempels ist auf das ausführlichste bei Arthur Miller (1986, 40–50) beschrieben, allerdings datiert er das Anlegen der Gräber und die Bauphasen anders als Coggins und Jones. Miller erwähnt auch, daß nach der Fertigstellung des Tempels keine Änderung des Bildschmucks mehr erfolgte, bis dann im 7. Jahrhundert das Ganze mit der dreiunddreißig Meter hohen Struktur 5D-33-1 überbaut wurde. Gleichgültig, welcher der Datierungsvorschläge in Zukunft als der stichhaltigere akzeptiert werden wird, klar ist auf jeden Fall, daß der Bildschmuck der Gebäude in der Periode der Stab-Könige in Auftrag gegeben wurde und diese Tempel bis ins 7. Jahrhundert die Hauptkulisse für die Auftritte des königlichen Ritualpriesters auf der Großen Plaza blieben.

5 Siehe Kapitel 4, Abb. 4.6 bis 4.9.

6 A. Miller (1986, 43f.) identifiziert die unteren Masken als «die Sonne noch in der Unterwelt». Für die Masken auf der mittleren Ebene sieht er einen Zusammenhang mit der Statuette des Alten Gottes auf Grab 10, der das gleiche dreizipflige Gebilde über dem Auge trägt wie das Cauac-Witz-Monster. Die oberen Masken interpretiert er als Venus. Millers Interpretation weicht zwar im konkreten Detail von der unseren ab, stimmt jedoch im Grundschema überein: Für ihn wie für uns stellen die Masken Erscheinungsformen der Zwillingsheroen und andere Motive kosmologischer Symbolik dar und definieren in dieser Bildersprache den Stellenwert des Tempels im Ritualleben von Tikal.

7 Die Zeitspanne vom Tod des elften Herrschers, Sturmhimmel, bis zur Thronbesteigung von Herrscher Nummer 21 beträgt 72 Jahre. Für die neun Könige, die sich diese Spanne teilten, ergibt sich also eine durchschnittliche Regierungszeit von acht Jahren.

8 Laut C. Jones (o. J.) wurden die Treppen des Zwillingspyramidenkomplexes mindestens einmal umgebaut, was in seinen Augen bedeutet, daß der Komplex für mehr als eine Katun-Weihe benutzt wurde. Zugleich hält er fest, daß im fraglichen Zeitabschnitt zwei Zwillingspyramidengruppen existierten.

9 Der Bautyp, den man «Zwillingspyramidengruppe» nennt, besteht jeweils aus vier eine erhöhte Plaza umgebenden Gebäuden. Zwei gleiche Pyramiden stehen einander gegenüber, die eine am Ostrand, die andere am Westrand der Plaza; sie haben einen rechteckigen Grundriß, an jeder der vier Seiten eine Treppe und keine Spur eines Gebäudes auf der Plattform. Vor der Westseite der östlichen Pyramide sind neun unbearbeitete Stelen nebst den dazugehörigen Altären aufgereiht. An der Nordseite der Plaza führt ein Bogendurchgang in einen mauerumfriedeten Hof, in dem eine einzelne skulptierte Stele, die das Protokoll der Katun-Weihe trägt, mit ihrem Altar aufgestellt ist. An der Südseite steht ein kleiner Palast mit nur einer einzigen Reihe von Räumen; neun Türen öffnen ihn zur Plaza hin (siehe Christopher Jones 1969, wo mehrere dieser Gruppen detailliert beschrieben sind). Die Datierung der Anfänge des Bautyps «Zwillingspyramidenkomplex» (Ende 5. oder Anfang 6. Jahrhundert) ist insofern von großer Bedeutung, als diese Komplexe, von denen es in Tikal insgesamt sieben gibt, regelmäßig in zwanzigjährigen Abständen gebaut wurden und damit für sich genommen ein verläßliches Zeitgerüst für das gleichzeitige historische Geschehen darstellen. Der Zwillingspyramidenkomplex ist als Bautyp ausschließlich in Tikal anzutreffen und spielte hier in der zweiten Hälfte der klassischen Periode eine zentrale Rolle im Kultleben.

10 Caracol wurde im Jahr 1937 von einem Holzfäller namens Rosa Mai entdeckt. Er meldete seine Entdeckung dem archäologischen Kommissar für Belize, A. H. Anderson, der den Ruinenplatz im darauffolgenden Jahr inspizierte. Linton Satterthwaite vom University Museum leitete von 1950 bis 1958 eine Reihe von Explorationsprojekten, die zur Ausgra-

bung und Sicherstellung zahlreicher Monumente führten (zur Forschungsgeschichte siehe A. und D. Chase 1987a, 3–7). Arlen und Diane Chase begannen im Jahr 1985 von neuem mit der Erforschung des Ortes und entdeckten in der Folge bislang unbekanntes epigraphisches und archäologisches Material von größter Bedeutung. Chase und Chase bestätigten ältere Berichte (Healy u. a. 1980) von einem außerordentlich dicht besiedelten Zentrum. Die Ruinenstadt Caracol liegt fünfhundert Meter über dem Meer auf dem Vaca-Plateau bei den Maya Mountains im südlichen Belize (A. und D. Chase 1987a, 1 f.).

11 *A Study of Classic Maya Sculpture* (1950). Die Autorin setzt hier mit minuziöser Genauigkeit den Darstellungsstil einer abgezählten Gruppe von Gegenständen auf Monumenten in Korrelation zu den an Ort und Stelle angegebenen kalendarischen Daten. Aus der Beobachtung des Stilwandels entwickelte sie einen Katalog zeitlich datierter Stilmerkmale, anhand dessen sich undatierte Monumente allein aufgrund stilistischer Merkmale chronologisch einordnen lassen. Proskouriakoffs Arbeit ist noch heute die wichtigste Grundlage für die Datierung von Maya-Plastiken allein aufgrund stilistischer Kriterien.

12 Siehe Proskouriakoff (1950, 111 f.).

13 In seinen so knappen wie glänzenden Ausführungen zu diesem Thema läßt Willey (1974) – der den Hiatus als eine Art «Generalprobe» für den später, im 9. Jahrhundert, folgenden Zusammenbruch der klassischen Kultur des südlichen Tieflands versteht – einen Großteil der politischen und wirtschaftlichen Probleme Revue passieren, mit denen die Maya sich infolge des Niedergangs des einstmals schwunghaften Handels mit Teótihuacán und der sprunghaften Zunahme miteinander konkurrierender Reiche im Tiefland konfroniert sahen (siehe auch Rathje 1971). Wenngleich noch von «prä-historischer» Warte urteilend, ortet Willey mit prophetischem Weitblick punktgenau den Bereich, wo – wie sich auch aus unserer Übersetzung der zeitgeschichtlichen Chroniken ergibt, die die Maya selber führten – in der Tat die sozialen Spannungen aufbrachen, die zur Krise führten. Über den Zusammenhang zwischen politischer und ökonomischer Macht scheinen die Maya Schweigen zu bewahren. Aber dieser Eindruck könnte täuschen. Wir für unseren Teil sind fest davon überzeugt, daß in den Hieroglyphentexten mehr Hinweise auf Reichtum und Prosperität rein wirtschaftlicher Art enthalten sind, als wir derzeit zu identifizieren vermögen. Aber die Hauptlast der Verantwortung für die Lösung der Aufgabe, die Maya auch in wirtschaftlicher Hinsicht in die historische Perspektive einzubeziehen, liegt eindeutig bei der feldforschenden Archäologie. Ein entscheidender Ansatzpunkt für die Lösung dürfte darin liegen, am Beispiel unvergänglicher Güter von strategisch wichtiger Bedeutung, wie zum Beispiel Obsidian, Jade und Muschelschalen, zu untersuchen, wie sich die aus den Texten erschließende Funktion und Wertstellung zu dem realen Bezugsfeld verhält, das sich für die konkreten archäologischen Fundstücke ermitteln läßt (Freidel 1986a). Inzwischen bleibt der Hiatus für Mayanisten ein Forschungsthema von übergreifender Bedeutung.

14 Im Jahr 1960 veröffentlichte Tatiana Proskouriakoff eine Studie über die Plazierung und das Arrangement der Monumente in Piedras Nigras und anderen Fundstätten. In dieser Untersuchung werden in Maya-Inschriften der klassischen Periode erstmals historische Aktionen und Akteure identifiziert. In den darauffolgenden Jahren publizierte die Autorin dann eine Reihe von Aufsätzen, die der Mayanistik unwiderruflich neue Horizonte eröffneten, indem sie das Instrumentarium aufzeigten, mit dessen Hilfe sich aus der epigraphischen Urkunde der Maya deren Geschichte rekonstruieren ließ. Unter anderem untersuchte Proskouriakoff in diesem Zusammenhang das Vorkommen von Frauen in den Inschriften und der Kunst der Maya (1961b), schilderte, auf welchem Weg sie zu ihrer historischen Methode gelangt war (1961a), und identifizierte die historischen Daten in den Inschriften von Yaxchilán (1963–1964). Hauptsächlich diesen Aufsätzen ist es zu verdanken, daß die Entzifferung der Maya-Inschriften in unserer Zeit so zügige Fortschritte macht und gleichzeitig die Geschichte der Maya mehr und mehr aus dem Dunkel der Vergessenheit auftaucht.

15 Chris Jones (o. J.) stellt fest, daß fast alle vor dem 9.7.0.0.0 entstandenen Monumente planvoll unleserlich und unkenntlich gemacht wurden, daß die Beschädigungen an jüngeren Monumenten dagegen zufallsbedingt seien. Die älteren Gedenksteine wurden abgeschliffen, in Stücke geschlagen und beiseite geschafft. Die reihenweise geschlagenen Löcher, die das weitere Zerstörungswerk erleichtern sollten, sind noch heute zu sehen. In anderen Fällen (auf der Rückseite von Stele 10 und an Altar 13) wurde das Relief glattgeschabt. Jones bemerkt

dazu: «Ich vermute, daß dieses Zerstörungswerk im Zusammenhang steht mit der Einnahme Tikals durch feindliche Kräfte, die vermutlich zum Ende der Regierung Zweifach-Vogels, des Herrschers auf Stele 17, stattfand.»

16 Laut A. und D. Chase (1987a, 33) wurde Altar 21 in einem entlang der Nord-Süd-Achse des Ballspielplatzes in Gruppe A ausgehobenen Graben gefunden. «Altar» ist nicht unbedingt die passendste Bezeichnung für das Monument. Im späten Vorklassikum bürgerte sich bei den Maya der Brauch ein, auf ihren Ballspielplätzen in der Mitte und an den Schmalseiten des Spielfelds diese Art flacher, mit figürlichen und/oder glyphischen Reliefs bedeckter Gedenksteine aufzustellen (Scarborough u. a. 1982). Die Steinblöcke dürften – als Markierungen – sowohl im Spielgeschehen wie auch bei den Ritualen, die der König auf dem Ballspielplatz vollzog, eine Rolle gespielt haben. Im allgemeinen waren die auf Ballspielplätzen lokalisierten Monumente, einschließlich der mancherorts an den Wänden angebrachten Reliefs, dem Themenkomplex Krieg und Opfer gewidmet. Diese stereotype Verbindung ist ein wichtiges Indiz dafür, daß zwischen Ballspiel und Krieg eine metaphorische Beziehung bestand (siehe Schele und M. Miller 1986, Kapitel 6). Der in der Mitte des Spielfelds gefundene Altar 21 ist ein runder Steinblock mit dem Datum 1 Ahau – es bezeichnet den Tag, mit dem der Katun, in dem die Weihe stattfand (9.10.0.0.0), zu Ende ging – und Stationen im Leben der Könige Herr Wasser und Herr Kan II. von Caracol (Herrscher III und V in der dynastischen Zählung). Stephen Houston (in A. Chase o. J.), der Epigraphiker im Caracol-Forschungsteam, begriff auf der Stelle, was diese bemerkenswerte Inschrift zu bedeuten hat. A. und D. Chase (1987a, 60ff.) trugen die These vor, daß der Hiatus in Tikal die unmittelbare Folge der Unterwerfung durch Caracol ist, eine Folgerung, der wir uns anschließen.

17 Wir folgen Houston, was den chronologischen Aspekt von Altar 21 betrifft (siehe Houston in A. Chase o. J.; A. und D. Chase 1987a, 99f.). Für den 9.6.2.1.11 6 Chuen 19 Pop ist eine «Beil»-Aktion verzeichnet. In Dos Pilas findet man eine derartige «Beil»-Aktion im Zusammenhang mit einem «Muschel-Stern»-Krieg notiert. Das Bezeichnendste jedoch ist, daß die gleiche Glyphe zum Ausdruck bringt, was Achtzehn-Kaninchen, dem Herrscher von Copán, widerfuhr, der von Cauac-Himmel, seinem Standesgenossen in Quiriguá, gefangengenommen wurde. Zwar erscheint das «Beil»-Verbum in den Kodizes auch in Zusammenhängen, in denen es ausschließlich um astronomische Fakten geht, aber ungeachtet dessen kann für die Inschriften auf Monumenten und Keramiken der klassischen Periode die Affinität des Verbums zum Themenkomplex des Krieges und des Enthauptungsrituals für erwiesen gelten (siehe zum Beispiel das polychrome Gefäß aus Altar de Sacrificios [Abb. in *National Geographic Magazine*, Dezember 1975, S. 774]).

18 Houston (in A. Chase o. J.) merkt an, daß der Termin des kriegerischen Unternehmens (9.6.8.4.2 7 Ik 0 Zip) zusammenfällt mit dem Aufenthalt der Venus an einem stationären Punkt, der die untere Konjunktion ankündigt. Das Verbum – ein Stern- (oder Venus-) Zeichen, gefolgt vom Hauptzeichen der Emblemglyphe von Tikal – tritt durchgängig in den inschriftlichen Protokollen von Kriegshandlungen auf, die mit Auffälligkeiten von Venus und/oder Jupiter und/oder Saturn synchronisiert waren. Der Schauplatz solcher Ereignisse wird dann in der Regel mit dem Hauptzeichen der Emblemglyphe des betroffenen Ortes bezeichnet, im Ausnahmefall steht an der betreffenden Stelle einfach nur die *cab*-(«Erde»-)Glyphe. Im gegebenen Fall fand der Sternenkrieg in Tikal statt.

19 Clemency Coggins (1976, 258) stellt fest, daß diese Periode durch «die Dürftigkeit ihrer Gräber gekennzeichnet» ist. Nur in einem einzigen Fall habe man bei einer Grabstätte «den Aufwand so weit getrieben, sie mit bemalten Keramiken auszustatten». Die Grabstätten außerhalb des Zeremonialbezirks, in reinen Wohngebieten, waren genauso ärmlich ausgestattet. Mit weitsichtigem Scharfblick erkannte Coggins (1976, 385f.) bei einer vergleichenden Stiluntersuchung in der Tikal-Region Einflüsse von seiten Caracols, die sie exakt in den bewußten Zeitabschnitt datierte und deren Kulminationspunkt sie im Zeitpunkt der Aufstellung der ersten Stele nach dem Hiatus erblickte: von Stele 30 und ihrem Altar, auf denen der Ahau-Name des Katun in unverfälschtem Caracol-Stil wiedergegeben ist. A. und D. Chase (1987, 60f.) erkannten in vielen Einzelheiten der Gräber von Tikal, vor allem in den Gräbern 23 und 24, die Bestattungsbräuche von Caracol wieder.

 Laut Chase und Chase (1989) kam es nach dem Krieg gegen Tikal in Caracol zu einem

Bevölkerungszuwachs von 325 Prozent. Parallel dazu stieg die Zahl von in einem Zug aus dem Boden gestampften Großbauprojekten, wie Tempel oder kolossale Stufenpyramiden ohne Tempelaufbau. Bestattungsraum wurde in Caracol Mangelware: Es kam so weit, daß man die Grabkammern in Gebäudeplattformen anlegte und mehrere Personen in einem Grab bestattete, ehe man es endgültig verschloß. Anders als in Tikal, wo man die Gräber nur noch dürftig mit Beigaben versah, wurden sie in Caracol mit staunenswertem Aufwand ausgestattet. A. und D. Chase (1989) glauben, daß die Arbeitskräfte, die für jene Großbauprojekte benötigt wurden, wie auch der plötzliche Reichtum Caracols in dieser Zeit aus dem unterworfenen Tikal herbeigeschafft worden waren.

20 Houston (in A. und D. Chase 1987a, 91) nimmt an, daß die Herrscher IV und V von Caracol Brüder waren, da ihr Geburtsdatum nur zwölf Jahre Unterschied aufwies (Herrscher IV wurde am 9.7.2.0.3 = 30. November 575, Herrscher V am 9.7.14.10.8 = 20. April 588 geboren). Für Houstons Annahme spricht auch der Vorschlag, den David Stuart (1987b, 27; 1988a; o. J.) in bezug auf die Lesung einer bestimmten Glyphe machte. Das letzte Textstück auf Tempel 6 enthält die Mitteilung, daß die Halbkatun-Weihe am 9.8.10.0.0 im Beisein von Herrscher V erfolgte, der als *yitan itz'in*, «jüngeres männliches Geschwister», von Herrscher IV identifiziert wird. Beachtung verdient in diesem Zusammenhang auch der Umstand, daß nirgendwo in den Inschriften ein klarer Vermerk über die Elternteile von Herrscher IV und V zu finden ist. Als wahrscheinlichsten Fall können wir annehmen, daß der Thron vom Vater an den erstgeborenen Sohn überging; es gibt aber auch gewisse Indizien, die dafür sprechen, daß im Zusammenhang mit diesen zwei Brüdern ein Bruch in der genealogischen Linie stattfand.

21 In der Emblemglyphe dieses Reichs ist das Hauptzeichen ein Schlangenkopf. Für Calakmul, eine Fundstätte nördlich der mexikanisch-guatemaltekischen Grenze, wurde diese Glyphe erstmals von Joyce Marcus (1973 und 1976) und später dann noch einmal von Jeffrey Miller (1974) reklamiert. Miller konnte als Herkunftsort für aus Raubgut stammende Stelen im Cleveland Museum of Art und im Kimbell Art Museum in Fort Worth die «Schlangen-Fundstätte» – wie Calakmul zuweilen auch genannt wird – nachweisen. Dies fand zwar zunächst allgemeinen Anklang, wurde dann aber in Anbetracht der ungewöhnlich weiten Verbreitung der Emblemglyphe und des schlechten Erhaltungszustands der Monumente von Calakmul von Epigraphikern verschiedentlich wieder in Frage gestellt. Als Peter Mathews (1979) alle bis zum Zeitpunkt seiner Unternehmung bekannt gewordenen Inschriften mit dem Schlangen-Emblem zusammenstellte (von denen viele von geraubten Kunstschätzen stammen), bezeichnete er den Herkunftsort mit dem neutralen Namen «Fundstätte Q».

Aber vor einigen Jahren entdeckte Ian Graham Reststücke der zersägten und geraubten Monumente, die derzeit in Cleveland und Fort Worth untergebracht sind, auf der westlich von Tikal im nordwestlichen Petén gelegenen Ruinenstätte El Perú. Dieser Fund überzeugte die meisten Epigraphiker davon, daß die Schlangen-Fundstätte entgegen allen früheren Mutmaßungen mit El Perú identisch sei.

Erst vor kurzem jedoch haben Stuart und Houston (o. J.) diese Annahme mit folgender Begründung wieder in Zweifel gezogen:

(1) Die Stelen in El Perú tragen eine Emblemglyphe, die keinerlei Ähnlichkeit mit dem Schlangen-Emblem aufweist noch in gleicher Manier gepaart mit diesem auftritt, wie man sie von den Doppelemblemglyphen Yaxchiláns, Palenques und Bonampaks her kennt. Dieser Sachverhalt spricht dafür, daß es sich bei der Schlangen-Emblemglyphe auf Stele 30 in El Perú um eine Reverenz vor einer auswärtigen Macht handelt.

(2) Ein in der Geschichte der Schlangen-Fundstätte äußerst wichtiger Herrscher namens Jaguartatze erscheint in den Inschriften mehrerer Ruinenplätze. Sein Geburtsdatum ist auf Stele 9 in Calakmul und auf Hieroglyphentafel 6 der «Fundstätte Q» verzeichnet. Seine Inthronisation ist auf Stele 30 in El Perú und auf Stele 13 in Dos Pilas protokolliert. Und schließlich ist seine Gefangennahme durch Ah-Cacaw von Tikal zusammen mit einem Feldzug Gegenstand einer Inschrift in Tempel I in Tikal. Die Erwähnungen in Tikal und Dos Pilas gelten unverkennbar einem Fremden. Die Erwähnung in El Perú könnte mit gleicher Wahrscheinlichkeit einen Einheimischen wie einen Fremden

betreffen, während im Fall der «Fundstätte-Q»- und der Calakmul-Inschriften die Wahrscheinlichkeit eher dafür spricht, daß sie einen Einheimischen betreffen.

(3) Und schließlich identifizierten Stuart und Houston einen Ortsnamen, der sich als Seerose *(nab)* über einer mit einem *tun*-Zeichen kombinierten *chi*-Hand präsentiert, was die Lesung *nab tunich* ergibt. Dieser Ortsname erscheint gemeinsam mit Namensglyphen, in denen das Schlangen-Emblem vorkommt, in der epigraphischen Urkunde von Naranjo und bezeichnet dort eindeutig einen fremden Ort. Die Inschriften in Dos Pilas geben an, daß Jaguartatzes Inthronisation in *Nab Tunich* erfolgte, und was das Wichtigste ist: auf Stele 51 in Calakmul ist *Nab Tunich* Bestandteil des Herrschernamens. Aus all dem folgern Stuart und Houston, daß der bezeichnete Ort mit größter Wahrscheinlichkeit ein Teilgebiet von Calakmul und das Schlangen-Emblem die Emblemglyphe von Calakmul ist.

Diese Meinung machten auch wir uns zu eigen, nachdem Linda Schele in der Sammlung Tamayo auf einem Bruchstück von der in Fort Worth aufbewahrten Stele das Protokoll eines «Gott-K-in-der-Hand»-Ritualakts entdeckte, der mit zwei Namen assoziiert war. Der erste ist der des Protagonisten der Stele, Mah Kina Balam, auf den nach einem dazwischengeschalteten *ichnal* der Name des zeitgenössischen Herrschers von «Fundstätte Q» folgt. David Stuart (persönliche Mitteilung 1988) hat die Bedeutung der *ichnal*-Glyphe als «im Beisein von» entschlüsselt. Der fragmentarische Text gibt also an, daß der Herr von El Perú das Ritual «im Beisein» des Herrschers von Calakmul vollzog, was wir als wichtiges Indiz dafür werten, daß Jaguartatze aus «Fundstätte Q» zum Zweck der Ritualteilnahme nach El Perú gereist war. Auf der Grundlage dieser Deutung haben wir keine Mühe, uns Marcus, J. Miller, Stuart und Houston anzuschließen, wenn sie das «Fundstätte-Q»-Reich mit Calakmul gleichsetzen. Allerdings müssen wir gewissenhafterweise auch zugeben, daß die Beweisführung in dieser Sache durchaus noch Ansatzpunkte für Kritik bietet.

22 Dieselbe Glyphe führte auch Herrscher Nummer 4 der Dynastie von Copán im Namen, der rund achtzig Jahre zuvor regierte (Grube und Schele 1988).

23 Wir haben, das soll hier auf gar keinen Fall verschwiegen werden, keinerlei direkten Beweis dafür, daß Yaxchilán in den herannahenden Kriegen irgendeine Rolle gespielt hätte. Andererseits ist aber auch Tatsache, daß ein Vertreter des Königs von Calakmul in offizieller Funktion an einem wichtigen Ritual teilnahm, das der zehnte König von Yaxchilán vollzog. Der Besuch beweist, daß die beiden Herrscher zumindest freundschaftliche Beziehungen unterhielten, wenn nicht sogar Bundesgenossen waren. Wenn es tatsächlich so war, wie Stele 25 vermuten läßt, daß Cu-Ix Herrscher I auf den Thron von Naranjo brachte, dann war der König von Naranjo mit hoher Wahrscheinlichkeit ein Mitglied der mutmaßlichen Allianz gegen Tikal. Tikal könnte damit um die Mitte von Katun 5 ins Zentrum einer strategischen Einkreisung geraten sein.

24 Dies ist der stationäre Punkt am Ende der rückläufigen Bewegung der Venus quer über die Sonne auf der unteren Konjunktion. Der Morgenstern nimmt anschließend wieder seine normale Bahn auf, die ihn zum maximalen Winkelabstand von der Sonne führt.

25 Gefangene, zumal hochrangige, wurden im Rahmen eines stilisierten Ballspiels geopfert, für das die Hieroglyphentreppe das Spielfeld abgab (Schele und M. Miller 1986, 214–263; M. Miller und Houston 1987).

26 Ausgehend von einem auf Stele 3 erwähnten Jubiläum und einem «Fünf-Katun-Ahau»-Titel im Namen von Herrscher I auf Stele 27 identifizierte Mathews (1977) als Geburtsdatum von Herrscher I von Naranjo den 9.5.12.0.4. Der «Fünf-Katun-Ahau»-Titel bedeutete für Mathews dann auch, daß Herrscher I mindestens bis zum 9.10.12.0.4 – also bis lange nach dem Zeitpunkt der Eroberung – regiert hatte. Dagegen interpretiert Closs (1985, 71) das auf Stele 25 erwähnte Jubiläum als Wiederkehr nicht des Geburts-, sondern des Inthronisationsdatums. Das hat den Vorzug, daß damit das Geburtsdatum auf einen Zeitpunkt vor dem 9.5.12.0.4 rückt und auch der Eintritt in den Fünf-Katun-Ahau-Status entsprechend früher stattfindet. Da wir im Zusammenhang mit den fraglichen Daten kein Verbum identifizieren können, das den Vorgang eindeutig als Geburt oder Thronbesteigung ausweist, werden wir, solange keine neuen Erkenntnisse vorliegen, auf eine abschließende Deutung verzichten müssen. Aus dem Hieroglyphentext auf Stele 25 geht aber wenigstens

hervor, daß der datierte Vorgang – egal ob Geburt oder Thronbesteigung – «im Lande des Cu-Ix von Calakmul» stattfand.

27 Heinrich Berlin (1973), der, wie er bei dieser Gelegenheit schrieb, den Hinweis auf den Sachverhalt einer persönlichen Mitteilung Linton Satterthwaites verdankte, machte erstmals öffentlich auf den Umstand aufmerksam, daß der 9.9.18.16.3 7 Akbal 16 Muan in der epigraphischen Urkunde sowohl Caracols wie Naranjos als denkwürdiges Datum verzeichnet ist; Berlin äußerte jedoch keine Meinung darüber, was dieser Umstand bedeuten könnte. David Kelley (1977b) formulierte die These, daß jener Tag der Termin des Frühaufgangs der Venus als Morgenstern gewesen sein könnte, relativierte diese Vermutung jedoch sogleich mit der Einschränkung, daß sein Faktenmaterial zu heterogen sei, um eine entschiedene Antwort zuzulassen. Der wichtigste Teil seiner Ausführungen betraf die Identifikation des mit dieser speziellen Kategorie kalendarischer Daten verbundenen «Muschel-Stern»-Komplexes. Im Anschluß an Kelley identifizierte Michael Closs (1979) die «Muschel-Stern»-Termine als Höhepunkte im Venusjahr und kam zu dem Schluß, daß zu dem Caracol-Naranjo-Termin das erste Erscheinen der Venus als Abendstern stattgefunden haben müsse, eine Zuordnung, die dann von Floyd Lounsbury erhärtet wurde, der auch die kriegerischen Aktivitäten des Königreichs Bonampak in diese Betrachtungsweise mit einbezog. (Siehe auch Anm. 45 und 47 zu Kap. 4.)

28 David Stuart (1987b, 29) las als erster die Zeichenverbindung als *k'u.xa.ah* und wies gleichzeitig darauf hin, daß sie in derselben Form auch auf einer Gefangenentafel in Toniná vorkommt. Im Urcholan, so führt er aus, bedeutet *k'ux* «essen/beißen/weh tun». Bei dem betreffenden Vorgang könnte es sich seiner Meinung nach um das Foltern von Gefangenen gehandelt haben, eine Praxis, die in episodischen Bildern der klassischen Periode ausreichend belegt ist; daneben erwähnt er jedoch auch, daß er von Victoria Bricker darauf aufmerksam gemacht wurde, daß hier ein Fall von Kannibalismus nicht auszuschließen sei: Kannibalismus ist durch die archäologischen Funde für viele Regionen Mesoamerikas, auch für das Maya-Tiefland, belegt. Freidel war Zeuge, als 1973 in der das späte Nachklassikum repräsentierenden Tiefland-Maya-Gemeinde San Gervasio auf der Insel Cozumel aus einer kleinen Plattform ein Depositum von metzgermäßig zugehackten entfleischten menschlichen Gebeinen ausgegraben wurde. Hände und Füße waren von den fleischigen Knochen der Gliedmaßen abgesägt worden. Was auch immer der Ausdruck *k'uxah* im Protokoll auf der Hieroglyphentreppe bedeutet, den betroffenen Gefangenen verhieß er nichts Gutes.

29 Mathews (1985a, 44) datierte Stele 6 auf den 9.6.0.0.0 und identifizierte sie als das letzte Monument vor Beginn eines zweihundertjährigen Hiatus in der Denkmalproduktion Uaxactúns.

30 Berlin (1958) registrierte als erster, daß in Tikal und den Orten der Petexbatún-Region die gleiche Emblemglyphe in Gebrauch war, obwohl sich die Glyphe hier von der dort in feinsten Nuancen unterschied. Marcus (1976, 63ff.) stellte die Hypothese auf, derzufolge auf der Hieroglyphentreppe in Dos Pilas die wahre Geschichte von Angehörigen der Eliteschicht von Tikal wiedergegeben ist, die Dos Pilas unterwarfen und hier als Statthalter von Gnaden des Regionalzentrums regierten. Für Coggins (1976, 445f.) stellt sich der Sachverhalt so dar, daß eine Seitenlinie der Dynastie von Tikal nach Sturmhimmels Tod nach Dos Pilas auswanderte und später dann einen Abkömmling nach Tikal entsandte, der dort als Herrscher A den alten Stamm wieder an die Macht brachte.

Houston und Mathews (1985, 9) sowie Mathews und Willey (o. J.) halten es ebenfalls für wahrscheinlich, daß die Gründung des Königreichs Dos Pilas von Tikal ausging, möglicherweise von einem jüngeren Sohn oder einem Zweig der königlichen Familie, der zu irgendeinem Zeitpunkt während des Hiatus auswanderte. (Dank unserem heutigen Kenntnisstand wissen wir, daß dieser Hiatus die Folge der Eroberung Tikals durch Caracol war.) Nach Überzeugung der genannten Autoren war der Dynastie von Dos Pilas jedes Mittel recht, ihren Einfluß in der Region auszuweiten und zu konsolidieren; sie schaffte es vor allem mit Kriegen und einer gezielten Heiratspolitik. In dieser Sicht erscheint Dos Pilas allerdings nicht als Vasallenstaat Tikals, sondern als unabhängige Politie – eine Sehweise, der wir uns anschließen. Ja, wir für unseren Teil nehmen sogar ein gewisses Spannungs- und Konkurrenzverhalten zwischen Tikal und Dos Pilas an, das an Intensität zunimmt, je konsequenter Tikal sich bemüht, das Ansehen seines Herrscherhauses wiederherzustellen.

31 Houston und Mathews (1985, 11 f.) zufolge ist der Name dieses zweiten Sohns, Schild-Jaguar, auf der Westlichen Hieroglyphentreppe in Dos Pilas verzeichnet.

32 Der Herr von El Chorro und der von El Pato benennen jeder eine Frau mit der Emblemglyphe von Tikal im Namen als Mutter. Mathews und Willey (o. J.) sowie Houston und Mathews (1985, 14) merken dazu an, daß der chronologische Rahmen dafür spricht, daß es sich um eine Schwester des Königs, zumindest aber um eine Angehörige der königlichen Familie von Dos Pilas handelt.

33 Bedauerlicherweise ist die Inschrift auf der betreffenden Stufe (Hieroglyphentreppe 2, Ost 3) zur Hälfte zerstört, so daß wir für die in diesem Abschnitt protokollierte Aktion weder das genaue Datum noch die Aktion selber kennen. Da jedoch die erhaltenen Daten auf der Treppe alle zwischen dem 9.11.9.15.9 und 9.12.10.12.4 liegen, gehen wir davon aus, daß auch das fehlende Datum in diesen Zeitraum fällt.

34 Stuart und Houston (o. J.) identifizierten die Zeichenkombination aus der Seerose-Imix-Glyphe *(nab)* und einem Drachen mit Muschelflügeln als den Namen des Petexbatún-Sees. Die Handlung wird mit «‹Muschel-Drachen›*-ti k'an toc*» angegeben und könnte sich an jenem See abgespielt haben. Die Inschrift bezeichnet Jaguartatze als *ihtah itz'in*, «jüngeren Bruder», eines Edlen von Calakmul, dessen Name möglicherweise ebenfalls in einer Inschrift in Dos Pilas genannt ist (Hieroglyphentreppe 2, Ost 4).

35 Jeffrey Miller (1974) identifizierte als erster das Datum von Jaguartatzes Thronbesteigung auf einem aus Raubgut stammenden Monument im Cleveland Museum of Art. Er äußerte die Vermutung, daß die Stele aus Calakmul stamme und einstmals zusammen mit einem anderen geraubten Monument, das sich im Kimbell Art Museum in Fort Worth befindet, ein Paar bildete. Dies erwies sich als korrekt, aber die fehlenden Stücke beider Monumente fand Ian Graham nicht in Calakmul, sondern in El Perú. Die Stele in Cleveland zeigt eine Frau, die mit dem Monument ihre Katun-Ende-Feier zum 9.13.0.0.0 protokolliert. Das bei Gelegenheit dieser Katun-Weihe mitgenannte dynastische Ereignis ist Jaguartatzes Thronerhebung.

36 David Stuart (1987b, 25 ff.) liest diese stilisierte Wiedergabe eines Auges als das Verbum *il*, «sehen», und sieht diese Lesung bekräftigt durch die dem Zeichen zugeordneten Paraphrasen und Substitute in phonetischer Schreibweise.

37 Wir erinnern uns, daß Stuart und Houston (siehe Anm. 21) das Toponym Calakmul zuordnen.

38 Das Vasenbild wurde – mit korrekter Deutung des Inhalts – erstmals publiziert in Houston und Mathews (1985, 14 f.).

39 Die zweite Glyphe in dem Text neben der sitzenden Gestalt ist das Zeichen *ch'ok*, das Grube, Houston und Stuart (persönliche Mitteilung 1988) und Ringle (1988, 14) mit jugendlichen Kronprätendenten in Verbindung bringen. Aufgrund eigener Beobachtungen können wir dem insoweit beipflichten, als der fragliche Titel in der Tat nur für Prätendenten gebraucht wird; das Alter der so titulierten Personen schwankt jedoch nach unserer Feststellung zwischen fünf und achtundvierzig Jahren. Es sind offenbar nicht die höchstrangigen Mitglieder einer Familie, die diesen Titel führen.

40 Proskouriakoff (1961 b, 94) identifizierte als erste diese Frau unter den Sujets der bildenden Kunst und der Hieroglyphentexte von Naranjo und stellte zugleich fest, daß jede ihrer Stelen mit einer zweiten, die einen Mann zeigte, gepaart war. Proskouriakoff registrierte die Emblemglyphe von Tikal im Namen dieser Frau und konstantierte, daß der Mann mehrere Jahre nach dem wichtigsten Datum in der Lebensgeschichte der Frau geboren war. Dazu merkte sie an: «Sie ist zweifellos älter als der Mann, und nichts spricht dagegen, hier eine Mutter-Sohn-Beziehung anzunehmen.» Berlin (1968, 18 ff.) schloß sich Proskouriakoffs Gedankengang an und fügte von seiner Seite die Mutmaßung hinzu, daß die Dynastie von Tikal ein weibliches Mitglied nach Naranjo verheiratet und der männliche Nachkomme dieser Frau seinerseits wieder eine Frau aus Tikal geehelicht habe. Molloy und Rathje (1974) und Marcus (1976) übernahmen diese Sicht der Dinge, indes konstatierte Peter Mathews (1979) in der Folge, daß der Name des Vaters der Frau aus der Fremde in der Abstammungsangabe auf Stele 24 in Naranjo mit dem Namen Feuerstein-Himmel-Gott K von Dos Pilas übereinstimmt. Houston und Mathews (1985, 11) formulierten die Hypothese, daß dieser König mit zwei Frauen fürstlichen Geblüts verheiratet war, von denen eine, die Mutter des

Thronfolgers, aus Itzán stammte, während die zweite ihm eine Tochter gebar, die er nach Naranjo schickte, damit sie dort einen Adligen heirate. Der Sproß dieser Ehe, Feuerstein-Himmel-Gott Ks Enkel, wurde der nächste König von Naranjo. Wir stimmen mit Mathews Deutung der Familienbeziehungen überein und meinen, daß die Prinzessin einen Mann aus dem Hochadel von Naranjo geheiratet haben muß, denn der nächste König, wenn er denn ihr Sohn war, führte nicht die Emblemglyphe von Dos Pilas, sondern die von Naranjo im Namen.

Berlin (1968, 18) konstatierte, daß das Datum von Frau Wac-Chanil-Ahaus Ankunft in Naranjo auch auf Stele 1 in Cobá erscheint, und zwar in Form einer Langen Zählung (die auf dieser Stele insgesamt zweimal angewandt wird) im letzten Textstück auf der Vorderseite. Die Wiedergabe des Datums in der Langen Zählung signalisiert, daß es sich um einen besonders wichtigen Abschnitt des auf der Stele protokollierten Geschehens handelt, doch leider ist das Verbum unleserlich verwittert. Es scheint im Zusammenhang mit einem kalendarischen Ereignis, möglicherweise einem Jubiläum, gestanden zu haben. Aber wie dem auch sei, der Akteur ist jedenfalls keine der Hauptfiguren aus der Geschichte, die im Süden zwischen Naranjo und Dos Pilas ablief. Das Stelenbild zeigt den Herrscher von Cobá, der in der Aufmachung des Tänzers von Holmul auf zwei gefesselten Gefangenen steht, die beiderseits von weiteren Gefangenen flankiert sind. Wir vermuten zwar, daß die Inschrift von Cobá einem lediglich lokalhistorisch bedeutsamen Vorgang gewidmet war, können aber andererseits auch nicht ausschließen, daß sich hinter der Tatsache, daß der bewußte Tag sowohl in Cobá wie in Naranjo gefeiert wurde, irgendeine wichtige Verbindung zwischen den beiden Regionen verbirgt.

41 Interessanterweise tauchen Varianten dieses Namens in Yaxchilán und Calakmul auf, hier als Bezeichnung der Ehefrau des Herrschers Yoc-Zac-Balam, dort – auf Türsturz 5 und 41 – im Zusammenhang mit einer Frau aus der Fremde. Vielerlei Gründe sind denkbar, die dem Gattungsnamen Wac-Chanil-Ahau diese weite Verbreitung verschafft haben könnten: War es vielleicht ein Titel, der den Ehefrauen von Königen oder womöglich der Königin-Mutter vorbehalten war? Oder signalisierte der Name vielleicht auf die eine oder andere Weise, daß seine Trägerin keine Einheimische war? Womöglich handelte es sich einfach um einen in der Usumacinta- und der Petexbatún-Region besonders populären Namen?

42 In dem Hieroglyphentext in Tikal baumelt von der Spitze des ausgestreckten Zeigefingers der Hand ein Juwelenanhänger herab. In Naranjo – wie übrigens auch auf Stele 3 in Caracol – taucht die Hand in einer Variante ohne das Geschmeide auf. Sowohl mit als auch ohne Juwelen kommt diese Hand in Glyphe D der Mondserie vor. Demnach könnte es sein, daß der semantische Wert beider Handformen der gleiche ist. Im Fall der Glyphe D klappt die Interpretation mit der Lesung *hom* problemlos, denn die Glyphe bezeichnet den Meßpunkt für den Phasenstand des Mondes.

Die Bedeutung «enden/endigen/beschließen» macht hier insofern Sinn, weil der aktuelle Phasenstand des Mondes nach seinem Abstand zu einem von drei Punkten gemessen wird: 1. Ende des ersten Viertels/Übergang zum Vollmond, 2. Ende des zweiten Viertels/Übergang zum Neumond und 3. Ende des Neumonds/Neubeginn des ersten Viertels. Die *hom*-Hand steht in diesem Zusammenhang für das Ende des zweiten Viertels: das Verschwinden beim Übergang zum Neumond. In dem in Naranjo gegebenen Textzusammenhang macht aber weder die Bedeutung «beenden» noch «Häuser und Gewölbe einreißen» viel Sinn. Wir meinen, daß die *hom*-Hand in diesem Fall mit einer anderen Bedeutungsvariante assoziiert ist, nämlich mit der Bedeutung «Grenze zwischen Besitztümern». Die Glyphe scheint uns demnach auf Frau Wac-Chanil-Ahaus Wiedererneuerung der Reichsgrenzen durch ihre politische Ehe zu verweisen.

Im archäologischen Material finden sich Indizien für einen Zusammenhang zwischen Exsekrationsritualen und Gründungs- beziehungsweise Wiedergründungsakten. Die beiden Rituale weisen in Form und Inhalt Gemeinsamkeiten auf (Freidel 1986b). Exsekrationsrituale mit Zerschlagen von Artefakten aus Ton, Jade und anderen Materialien und Überdekken der Scherben mit Kalkmergel fanden nicht nur bei der endgültigen Aufgabe von Bauwerken, sondern auch anläßlich von Umbauten statt. In Cerros, wo dieses Ritual im Maya-Gebiet erstmals identifiziert und dokumentiert wurde (Robin Robertson o. J.; Garber

1983), ist klar zu erkennen, daß die gleichen Weihegaben, die bei der rituellen Tötung eines Gebäudes verwendet werden, auch bei der Gebäudeweihe eine Rolle spielen (Walker o. J.). Da dem im Text erwähnten *hom*-Ritual drei Tage später eine Gebäudeweihe folgte, könnte es sehr wohl sein, daß wir es hier mit einem Paradebeispiel für ein Exsekrations/Konsekrations-Doppelritual zu tun haben.

43 Da das entsprechende Verbum andernorts als Bezeichnung für die Thronbesteigung identifiziert und die Jubiläen des fraglichen Termins später regelmäßig gefeiert wurden, hat Michael Closs (1985) das protokollierte Ereignis als Inthronisation des Kindes interpretiert.

44 Diese paarweise Gruppierung wurde erstmals von Proskouriakoff (1961b, 94) registriert. Stele 2, die Rauch-Hörnchen bei seinem ersten Katun-Jubiläum zeigt, bildet ein Paar mit Stele 3, auf der Frau Wac-Chanil-Ahau zu sehen ist. Die Inschrift auf Stele 3 stellt eine Verbindung her zwischen Frau Wac-Chanil-Ahaus Ankunft in Naranjo und Rauch-Hörnchens Jubiläum. Stele 30 – auch sie zeigt Rauch-Hörnchen beim ersten Katun-Jubiläum – bildet ein Paar mit Stele 29, auf der ebenfalls Frau Wac-Chanil-Ahaus Ankunft und dazu ihre erste Tempelweihe protokolliert ist. Rauch-Hörnchens Stele 28 bildet ein Paar mit Frau Wac-Chanil-Ahaus Stele 31. Und zusammen gehören schließlich auch Stele 22 und 24, die der Thronerhebung des kleinen Rauch-Hörnchens und deren unmittelbaren Konsequenzen gewidmet sind.

45 Graham (1975–1986, Bd. 2/3, 152) vermerkt, daß Ucanal am Hang des Südwestzipfels eines Gebirgszugs auf dem Westufer des Mopán liegt. In den Hieroglyphentexten heißt der Ort *Kan Witz*, «Kostbarer Berg».

46 Aufgrund von Gesprächen mit Peter Mathews (persönliche Mitteilung 1989) identifizierte Stephen Houston (1983) diesen Gefangenen und beschrieb erstmals den Krieg zwischen Naranjo und Ucanal. Er verzeichnete die einschlägigen Textstellen auf Stele 2 und 22 und identifizierte denselben Namen noch einmal auf einem Gefäß. Auch wies er darauf hin, daß der Name auf Stele 1 in Sacul auftaucht, dort mit dem Datum 9.16.8.16.1 5 Imix 9 Pop (12. Februar 760).

Der Text protokolliert ein Zepterritual, ausgeführt von einem einheimischen Herrscher «im Beisein von» (*yichnal* [Stuart, persönliche Mitteilung 1988]) Schild-Jaguar von Ucanal. Der Umstand, daß zwischen dem Angriff Naranjos und diesem Ritual fünfundsechzig Jahre vergangen waren, so Houston, mache es wahrscheinlich, daß es sich bei dem letztgenannten Schild-Jaguar um eine andere Person gleichen Namens handle. Im übrigen könne man davon ausgehen, daß das Herrscherhaus von Ucanal im Laufe dieser Zeit sein Ansehen wieder zurückgewonnen hatte.

47 In einem Kommentar zu diesem Text äußerte Berlin (1968, 20) die Ansicht, daß hier die Ehegattin des jungen Königs als Frau aus Tikal bezeichnet und keinesfalls von Frau Wac-Chanil-Ahau, der Tochter Feuerstein-Himmel-Gott Ks, die Rede sei. Wir stimmen dem zu, sind jedoch der Meinung, daß diese Frau ebenfalls aus Dos Pilas stammte. Vor ihrem Namen stehen die Glyphenzeichen «Achtzehn ???» und «Herr vom Ort des muschelgeflügelten Drachen». Der muschelgeflügelte Drache, das Toponym für die Petexbatún-Region, verweist auf Dos Pilas. Der so Bezeichnete dürfte ein Vornehmer aus Dos Pilas gewesen sein. Auf seinen Namen folgen ein *yitah*, «Geschwister von» (Stuart 1988a), und eine Glyphe, die Berlin als «Ehefrau» liest. Lounsbury (1984, 178f.) liest *yatan*, «seine Frau». Der männliche Gast aus Dos Pilas wird hier offenbar als «Geschwister der Ehefrau» des Königs vorgestellt. Die Frau stammte demnach aus Dos Pilas. Allem Anschein nach heiratete Rauch-Frosch eine Frau aus der Familie seines Großvaters, um das Bündnis mit Dos Pilas noch unverbrüchlicher zu machen.

48 Venus als Morgenstern hatte einen Winkelabstand von 6,93 Grad zur Sonne, während Jupiter auf 107,82 Grad und Saturn auf 108,09 Grad jeweils am zweiten stationären Punkt festhingen. Wie wir in den folgenden Kapiteln noch genauer sehen werden, wurden derartige Konstellationen zwischen Saturn und Jupiter von den Maya sorgfältig registriert und zur Terminierung wichtiger dynastischer Anlässe herangezogen.

49 Die folgenden planetarischen Daten wurden mit dem von Roger W. Sinnicott 1980 geschriebenen BASIC-Programm *Planet Positions* errechnet:

Tag und Weltzeit: 28. Juni 710 (Gregorianischer Kalender), 0.22 Uhr
JDN und Sternzeit: 1980560,515278; Mittlere Sonnenzeit Greenwich: 18 Std. 49,6 Min.

Planet	Länge	Breite	Distanz	Rektaszension	Abweichung
Sonne	95,45	0,00	1,017	6 23,8	+23 30
Mond	17,46	2,58	63,016	10,3	+ 9 17
Merkur	117,11	−2,45	0,671	7 54,7	+18 29
Venus	116,05	1,52	1,574	7 53,5	+22 35
Mars	115,22	1,20	2,584	7 49,7	+22 25
Jupiter	121,25	0,73	6,255	8 14,7	+20 44
Saturn	115,52	0,61	10,101	7 50,6	+21 47

Vom Beobachtungspunkt 89,0 Grad westl. Länge, 17,0 Grad nördl. Breite gesehen

Planet	Höhe	Azimut	Größe	Durchmesser	Phase (%)
Sonne	0,6	294,6	−26,8	31 30,9	
Mond	−64,1	356,3	−9,4	29 43,8	39,6
Merkur	19,4	284,1	1,5	10,0	20,7
Venus	19,9	288,4	−3,9	10,7	93,3
Mars	19,0	288,4	1,8	3,6	98,9
Jupiter	24,4	285,5	−1,8	31,5	
Saturn	19,1	287,7	0,3	16,5	

(Außendurchmesser des Saturnrings: 37,2 Bogensekunden)

50 Auf Ian Grahams (1975–1986, Bd. 2, 5) Karte des Großraums Naranjo wird *Sacnab* als zweiter Name für den Yaxhá-See angegeben. *Sacnab* heißt «Klarer See», *Yaxhá* heißt «Blaues Wasser». Maler (1908–1910, 70) berichtet von zwei Seen, die durch einen natürlichen Kanal miteinander verbunden seien: einer heiße *Yaxhá*, der andere *Sacnab*. Man darf davon ausgehen, daß in den Namen, die Maler Ende des 19. Jahrhunderts genannt wurden, die vorkolumbischen Bezeichnungen erhalten geblieben sind.

51 Der 9.14.0.0.0 ist auch auf Stele 23 genannt, allerdings als ein Zeitpunkt in der Zukunft, der nach dem augenblicklich protokollierten Abschnitt der Historie eintreten wird. Das Zusammentreffen von erstem Erscheinen des Abendsterns und Katun-Ende wurde auch in zwei anderen Königreichen auf Denkmälern festgehalten. Auf Stele 16 in Tikal trägt Ah-Cacaw zu diesem Anlaß den skelettierten Gott des Abendsterns (Lounsbury, persönliche Mitteilung 1978) im Kopfputz, und auf Stele C in Copán ist der 9.14.0.0.0 mit einer Distanzangabe verbunden, die auf ein Erscheinen des Abendsterns viele Jahre vor dem 4 Ahau 8 Cumku, dem ersten Tag des gegenwärtigen Weltzeitalters, Bezug nimmt.

52 1972 fand Ian Graham (1975–1986, Bd. 2, 3) diesen Stein «auf der Mittellinie des Ballspielplatzes in der nördlichen Verlängerung der Plaza». Seiner Theorie nach war er im Verlauf nachklassischer, vielleicht sogar nachkolumbischer Ereignisse dorthingelangt; nach unserer Überzeugung jedoch wurde er noch im Zusammenhang mit dem Geschehen, in dem er seine ursprüngliche Funktion hatte, bewußt an diesen Ort gebracht. Caracol unterwarf Naranjo und errichtete in der besiegten Stadt eine Treppe als Siegesmonument. Vierzig Jahre

später eroberte ein wiedererstarktes Naranjo Ucanal und deponierte ein Bruchstück aus jener Treppe auf dem Ballspielplatz des soeben besiegten Königreichs. Andere Autoren (Houston 1983, 34; Sosa und Reents 1980) sehen hier ebenfalls einen Zusammenhang zwischen Niederlage, Wiedererstarken und Siegesbewußtsein.

Nach Peter Mathews' Theorie (persönliche Mitteilung 1976) wurden die Siegestreppen den Besiegten von den Siegern aufgezwungen. Houston machte überdies darauf aufmerksam, daß diese Art Siegestreppen (wie aus den Ruinenplätzen Seibal, Naranjo und Resbalón zu ersehen) sich zwar in gutem Zustand befinden, jedoch meist bis zur Unleserlichkeit verändert wurden. Er vermutet, daß das Auseinandernehmen der Treppe und das chaotische Neuzusammenfügen für die Verlierer von damals, nachdem sie ihr früheres Prestige zurückerlangt hatten, der einzige Weg war, die Macht des Monuments zu neutralisieren. Offenbar bereitete es den Maya keine Probleme, die Monumente eines besiegten Gegners zu zerstören, wie Caracol das allem Anschein nach in Tikal tat. Doch für die Monumente eines Siegers galten andere Regeln: Die konnte man nicht so einfach verunglimpfen. Man baute sie um und zerstörte damit die bedeutungstragende Form, beraubte sie also ihrer Macht.

Interessanterweise war Ucanals Leidensweg an diesem Punkt noch nicht zu Ende. D. und A. Chase (1989) entdeckten in Caracol eine Relieftafel, auf der zwei gefesselt auf steinernen Thronschemeln sitzende Gefangene aus Ucanal zu sehen sind. Das Monument trägt das Datum 9.18.10.0.0. Es zeugt von einem Caracol, das wieder Stelen errichtete und zu seiner früheren Streitbarkeit zurückgekehrt ist. Offenbar schlug das wiedererstarkte Caracol mit gleicher Lust auf Ucanal los wie zuvor das erholte Naranjo.

53 C. Jones (o. J.) datiert mehrere bedeutende Bauprojekte in Tikal in die letzte Phase des Hiatus: die Erneuerung des Estrichs auf der Nordakropolis; die Vervollständigung der heute zu sehenden Acht-Tempel-Konfiguration; den Umbau der Umrandungen von Nord- und Mittlerer Akropolis, durch den die Mittlere Akropolis architektonisch von der Ostplaza isoliert wurde; und den Umbau der Ostplaza, der die Überbauung der zentralen Zwillingspyramidengruppe mit einem Ballspielplatz einschloß. Im Pyramidenunterbau des Tempels 5D-33-2, des gigantischen maskendekorierten Bauwerks an der Front der Nordakropolis, wurden die Gräber 23 und 24 angelegt. Nach Jones könnte es sich bei dem aufwendiger ausgestatteten Grab 23 um die Grabstätte Schild-Schädels, des Vaters von Herrscher A, handeln, der, so vermutet Jones, den größten Teil dieser Bautätigkeit initiierte.

54 C. Jones (1988, 107) liest den Namen «Ah-Cacaw»; in der einschlägigen Literatur wird dieser Herrscher jedoch auch unter dem Namen Zweifach-Kamm beziehungsweise unter der neutralen Bezeichnung Herrscher A geführt. Obschon die Lesung *ca* für ein bestimmtes Zeichen in der Namensglyphe in Zweifel gezogen wurde, werden wir in der Folge beim Namen Ah-Cacaw bleiben.

55 C. Jones (1988, 107) unter Berufung auf die bei Haviland (1967) zitierten osteometrischen Befunde.

56 Die archäologische Konvention der Bezeichnung von Bauphasen ist für den Laien auf den ersten Blick vielleicht ein wenig verwirrend. Man zählt die einzelnen Phasen von außen nach innen: «Tempel 32-1» bezeichnet also die letzte Bauphase des Tempels 32, «Tempel 32-2» die darunterliegende vorletzte, «Tempel 32-3» die vorvorletzte Phase und so weiter bis zur ältesten Bauphase.

57 Coggins (1976, 380) wie C. Jones (o. J.) mutmaßen, daß Grab 23, die prunkvollere der zwei unmittelbar vor Beginn der letzten Überbauung in Tempel 33-2 angelegten Grabstätten, Schild-Schädel beherbergte. Von diesem rätselhaften Herrscher sind keine skulptierten Monumente erhalten, doch ist er auf Türsturz 3 des Tempels 1 als Ah-Cacaws Vater genannt. Jones beschreibt ein bedeutendes Bauprogramm, das Tempel 5D-32-1 und das Grab des zweiundzwanzigsten Dynasten mit einschließt. Möglich, daß unter den letzten vier Vorgängern Ah-Cacaws auch auf dem Osthof und der Mittleren Akropolis Neubauten entstanden. Da von diesen vier nur der zweiundzwanzigste Dynast beschriftete Objekte hinterließ, wissen wir nicht, welcher der Herrscher für welche Bauten zuständig war. Daß aus der Regierungszeit der Dynasten zweiundzwanzig bis fünfundzwanzig keine beschrifteten Stelen existieren, können wir uns als Folge der Eroberung Tikals durch Caracol erklären; aber unerfindlich bleibt, weshalb diese Herrscher die in Stücke zerschlagenen Stelen ihrer Vorfahren achtlos vor der Nordakropolis herumliegen ließen.

58 Wenn unsere Rekonstruktion der Ereignisse richtig ist, dann wurde der einundzwanzigste Herrscher von Herrn Wasser von Caracol gefangengenommen. Der zweiundzwanzigste ruht in Grab 195 im Tempel 5D-32, der auf der Ostseite unmittelbar neben Tempel 33 steht. Tempel 33, der mittlere Tempel, birgt im Kern das Grab Sturmhimmels sowie zwei weitere Grabkammern, die im Pyramidenunterbau angelegt wurden, kurz bevor über der zweiten die dritte (und letzte, daher in der archäologischen Zählung Nummer 1: 33-1) Bauphase folgte. Wenn unsere Annahme zutrifft, daß Grab 23 den fünfundzwanzigsten und Grab 24 den vierundzwanzigsten Dynasten beherbergt, dann haben drei der vier Könige, die in der Zeit zwischen der Niederlage und Ah-Cacaw regierten, in den Gebäuden vor der Nordakropolis ihre letzte Ruhestätte gefunden.

59 Nach Shook (1958, 31) stand die Stele von Anfang an im hinteren Gemach des Tempels 5D-32. Da jedoch alle anderen Stelen in Tikal auf Plazaboden aufgestellt wurden, glauben wir davon ausgehen zu dürfen, daß sich diese Stele ursprünglich an einem anderen Ort befand und erst später in den Tempel gebracht wurde. Nach C. Jones (o. J.) stand Stele 26 ursprünglich vor Tempel 5D-32 und Stele 31 vor Tempel 5D-33. Die Auffassung, daß das Kultdepot an der diesseitigen Schwelle des Jenseitsportals dieser Tempel angelegt war, kann sich auf andere Fälle stützen, in denen Altäre und symbolische Darstellungen von Jenseitsbewohnern in Maya-Tempeln an der Rückwand des Allerheiligsten plaziert wurden – Fälle, auf die in Kapitel 6 näher einzugehen sein wird.

60 Nach C. Jones (o. J.) wurde ein Bruchstück von Stele 26 zusammen mit Altar 19 (dem Altar von Stele 31) in einer Grube dicht beim Unterbau von Tempel 33-1 vergraben. Da sich Bruchstücke von beiden Monumenten in ein und demselben Depot fanden, nimmt Jones an, daß beide Stelen in einer einzigen Zeremoniefolge, die mit der Wiedereinsetzung der Dynastie von Tikal verbunden war, in ihrer jeweils letzten Ruhestätte beigesetzt wurden. Demgegenüber vertreten wir einen etwas anderen Standpunkt: Ein faktischer Bruch in der dynastischen Tradition Tikals als Folge der Niederlage gegen Caracol ist für uns nicht zu erkennen. Es gibt keine epigraphischen Befunde, die darauf hindeuten würden, daß Caracol den Besiegten seine Satrapen aufgezwungen hätte; ja offensichtlich wurde in Tikal, anders als in Naranjo, noch nicht einmal ein Siegesmonument errichtet. Allem Anschein nach begnügten sich die Sieger damit, die historischen Monumente des lokalen Königtums zu entweihen und die öffentliche Geschichtsschreibung wirksam zu unterbinden. Die rituelle Beisetzung jener beiden Stelen – von denen die eine eine Liste der Könige aus der kämpferischsten und erfolgreichsten Epoche der Geschichte des Herrscherhauses trug, während die andere den großartigsten militärischen Triumph der Dynastie verkündete – läßt sich demnach aus unserer Sicht als eine Handlung deuten, mit der man die Schande tilgte, die den Monumenten des Ortes durch die Eroberer widerfuhr; und gleichzeitig wollte man sich des übernatürlichen Beistands versichern, dessen man zu Beginn einer neuen Ära militärischer Erfolge bedurfte.

61 Die Schilderung stützt sich auf Bilder im unteren Register der Wandgemälde in Raum 1 in Bonampak. Dort ist das inzwischen auch aus zahlreichen anderen Fundstätten bekannte Ritual einer «Feuer»-Gebäudeweihe zu sehen. Zwar geht es in dem Szenarium, das wir im Text entwerfen, um die ehrenvolle Beisetzung einer entweihten Stele, indes gehörte das «Feuer»-Ritual höchstwahrscheinlich in dieselbe Kategorie, denn die im Text erwähnten Opfergegenstände, die in den Depots gefunden wurden, sind die gleichen, wie sie auch aus Weihopferdepots anderer Bauwerke in Tikal bekannt sind (über den Zusammenhang zwischen Konsekrations- und Exsekrationsritualen – der Gebäudeweihe und der rituellen «Tötung» von Gebäuden – siehe Anm. 42).

62 Eine Erklärung für die Anwesenheit sowohl von Sippenhäusern als auch von Verwaltungs- und Sakralbauten auf der Mittleren Akropolis gibt Harrison (1970). Wir vermuten, daß die sogenannten Palastbauten zum einen als Wohnung für die königliche Familie, zum anderen als Amtsgebäude dienten.

63 Diese Opferschalen mit flachem Boden hat man in Rand-auf-Rand-Zweiersets als Deckeltopf-Opferbehälter in Depots gefunden, wie sie zumal im Zusammenhang mit Gebäudeweihen oder -exsekrationen in Gebrauch waren. In einem Fall ist auf der Wand einer Schale aus einer solchen Topf-Deckel-Kombination (Crocker-Delataille 1985, 231 [Nr. 354]) *zac lac* eingeritzt. Dieser Name stellt die Deckeltopf-Behälter in eine Reihe mit den großen steinernen Räuchergefäßen in Copán, die *zac lac tun* heißen (Stuart 1986e). *Zac*

bedeutet «weiß», aber auch «künstlich» im Sinne von «von Menschenhand gemacht». *Lac* ist das Wort für Schale, und *tun* drückt aus, daß die *zac lac* aus Stein gefertigt war. Beide Gefäßtypen dienten als Opferbehälter (und bei beiden ist die Höhlung wie das Innere eines Eimers oder einer tiefen Pfanne geformt). Shook erwähnt in seinem Bericht im Zusammenhang mit Tempel 34 weder den einen noch den anderen Typ von *zac lac*, doch erinnert seine Beschreibung der im Boden angelegten Opfergruben sehr stark an die Eimerform des Innern der Räuchergefäße von Copán. Wir vermuten, daß beide Arten von Höhlung im Bewußtsein der Maya funktional identisch waren; und obwohl in den Gruben des Tempels 34 keine Schalen deponiert wurden, gleichen die abgelegten Opferstücke ihrer Art nach dem Inhalt anderer Depots, in denen sich zusätzlich auch Schalen finden. Die Annahme, von der wir im Text ausgehen, nämlich daß für den Transport von Opfergaben *zac lac* benutzt würden, gründet sich auf zahlreiche Darstellungen von Kulthandlungen in der Keramikmalerei, in denen diese Schalen vorkommen. Die *lac*-Schale war eines der meistgebrauchten Kultgefäße für die Aufnahme von Opfergaben aller Art.

64 Hier lehnen wir uns an die Wandgemälde von Bonampak sowie des Tempels XIII in Uaxactún an.

65 Laut Shook (1958, 32) stammten die Materialien marinen Ursprungs teils aus dem Pazifik, teils aus dem Atlantik. Vermutlich deckte man sich in Tikal mit Handelsware sowohl von der mexikanischen Golfküste wie von der Karibikküste im Abschnitt Belize ein.

66 Feuerstein und Obsidian werden in den meisten Maya-Dialekten und in vielen Mythen mit dem Blitzschlag assoziiert. Höchst bemerkenswert ist, daß die kleinen Obsidianlamellen, die überall im Maya-Gebiet zu finden sind, im modernen Chol *u kach Lac Mam*, «Fingernägel des Blitzstrahls», heißen.

67 Vulkanisches Hämatit – Eisenglanz oder Eisenglimmer, chemisch Eisenoxid – ist ein sehr seltenes Mineral. In der Natur tritt es nur im Umkreis aktiver Vulkane auf (von denen es in den südlichen Maya-Mountains einige gibt). Eisenglimmer kristallisiert in Form von rötlichgelben, dunkelrot durchscheinenden Plättchen mit spiegelnder Oberfläche. Für Oxidationsprozesse praktisch unangreifbar, läßt sich das Mineral gleichwohl zu einem feinen rötlich-violetten Pulver zermahlen, das zu Dekorationszwecken verwendet werden kann. Das Pulver enthält glitzernde Kristallpartikel. Hämatit war bei den Maya als Material für die Herstellung von Mosaikspiegeln außerordentlich geschätzt und wurde für diesen Zweck sogar dem Pyrit (Eisenkies) vorgezogen, der bei den Tiefland-Maya ebenfalls zu den begehrten Importwaren zählte. Hämatit tritt im spät-vorklassischen Kontext in vergleichsweise großen, später dann in geringeren Mengen auf, was den Schluß zuläßt, daß die bekannten Lager im Hochland von begrenztem Umfang waren und sich im Lauf der klassischen Periode der Erschöpfung näherten. Für den Perlmutthintergrund des im Text erwähnten Spiegels machten wir eine Anleihe bei den spät-vorklassischen Spiegeln aus vulkanischem Hämatit, die zusammen mit dem Königsschmuck in dem in Kapitel 3 beschriebenen Kultdepot gefunden wurden.

68 Die Sitte, Jade-Artefakte, insbesondere Ohrgehänge, zu zertrümmern, wurde als Bestandteil der Exsekrationsrituale der Tiefland-Maya erstmals von James Garber (1983) nachgewiesen. David Grove (1987) glaubt, einen ähnlichen Brauch auch in Chalcatzingo, einem das mittlere Vorklassikum repräsentierenden Zentrum im mexikanischen Hochland, erkannt zu haben, und auch im Zusammenhang mit einer der frühesten Bauphasen des Tempels 10L-26 in Copán läßt sich ein solchermaßen instrumentiertes Ritual rekonstruieren.

69 Bündel der geschilderten Art sind seit langem von Vasenmalereien, skulptierten Monumenten und den Wandmalereien in Bonampak her bekannt. Die Quiché hatten *Pizom Q'aq'al* genannte heilige Bündel, die Reliquien ihrer Stammväter enthielten. In den amtlichen Zeremonien der Tzotzil spielen Bündel noch heute eine ähnliche Rolle wie im antiken Ritual. Im «Lost-World»-Komplex entdeckte Juan Pedro Laporte ein Depot in einem Deckeltopf-Behälter. Es bestand aus dem geschilderten Sortiment von Dingen marinen Ursprungs, Lanzetten aus den im heutigen Mexiko *cuerno de toro* genannten Dornen, Jade, Muschelschalen und so weiter. Das Ganze war in eine schwarze Substanz eingebettet, die sich in der chemischen Analyse als Papier aus dem Bast der wilden Feige *(Ficus cotonifolia)* erwies, das einst blau und rot bemalt gewesen war. Um den ganzen Packen war ein Streifen geflochtenen

Basts geschlungen. Als erste identifizierte Marisela Ayala (o. J.) dieses Opferbündel als ein aus der bildenden Kunst der Maya bekanntes Bündel.

70 Nach ethnohistorischen Quellen schildert Bruce Love (1987, 12) das rituelle Bestreichen von Götterbildern und Stelen mit Blut.

71 In Raum 1 des Tempels der Wandgemälde in Bonampak ist das Ankleiden von drei hochrangigen Edelleuten in eine aufwendige Tracht dargestellt. In der Weiheszene im unteren Register tanzen sie zur Musik einer Kapelle, die von rechts ins Bild kommt. Von links erscheint in lockerer Formation ein Zug weiterer Edelleute, die am Ritual sowohl als Mitwirkende wie als Zeugen teilzunehmen scheinen. Diese Art tänzerischer Einlage dürfte nicht nur in Bonampak, sondern auch anderswo, sicher auch in Tikal, Bestandteil aller oder jedenfalls der meisten Weiherituale gewesen sein.

72 C. Jones (o. J.) stellt fest, daß in einer Grube bei Tempel 33-1 ein weiteres Depot angelegt wurde, das Bruchstücke von Altar 19 (den er Stele 31 zuordnet) und ein Fragment von Stele 26 enthielt. Er sieht dies als Indiz dafür, daß Stele 26 und 31 gleichzeitig beigesetzt wurden.

73 Eine detaillierte Beschreibung der einzelnen Bauabschnitte von Tempel 33-1 gibt W. R. Coe (1967, 48). Coggins (1976, 445 ff.) und C. Jones (o. J.) sind übereinstimmend der Meinung, daß dieses Bauprojekt im Zusammenhang mit Ah-Cacaws Erneuerung des Herrschaftsanspruchs seiner Dynastie stand. Unser eigenes Bild der historischen Ereignisse gründet zwar auf der Arbeit dieser Autoren, doch sehen wir die Befunde in einem etwas anderen Licht. So stellt sich der Neubau von Tempel 33-1 zwar auch für uns als Bekräftigung des erneuerten dynastischen Machtanspruchs dar, aber gleichermaßen auch als Hilfsmittel zur protokollgerechten Deaktivierung der Nordakropolis. Für die Maya der klassischen Periode reicherten sich die materiellen Dinge mit heilig-mächtiger Kraft an, 1. solange sie eine kultische Funktion ausübten und dadurch die im Kult aktivierten Energien und Kräfte auf sich zogen und 2. wenn das Geschichte schaffende Handeln der Könige die Kräfte des Kosmos auf sie lenkte. Um die so in einem Objekt, das sie – entweder durch Überbauung oder indem sie es beseitigten – aus dem Verkehr zu ziehen gedachten, akkumulierte Kraft zu neutralisieren, nahmen die Maya in einem formellen Exsekrationsritual eine «Tötung» oder «Auslöschung» des Objekts vor. Die Beisetzung der Stelen 26 und 31 ist ein Beispiel für genau diese Art Exsekrationsritual; die Tötungsriten konnten jedoch auch andere Formen annehmen: in Keramiken bohrte man Löcher, Figuren wurde ein Auge ausgeschlagen, menschliche Gesichter auf Malereien und Reliefs wurden unkenntlich gemacht, von Skulpturen wurde die Bemalung abgewaschen und anderes mehr. Als Folge solcher Praktiken sind einer Hypothese David Groves (1981) zufolge auch die Beschädigungen an den Skulpturen der Olmeken zu erklären. Tempel 33-1 scheint nach dem gleichen Prinzip wie Tempel 14 in Palenque zu funktionieren. Tempel 14, nach dem Tod Chan-Bahlums von dessen Bruder Kan-Xul erbaut, feiert die Wiederkunft des toten Bruders aus Xibalba. Aber gleichzeitig bindet er auch die Kräfte der Kreuzgruppe an diesen Ort, indem er den zeremoniellen Hauptzugangsweg zu ihr verbaut (Schele 1988b). Den gleichen Zweck erfüllt in Tikal Tempel 33-1: Indem er den Prozessionsweg auf die Nordakropolis blockiert, beraubt er die Anlage ihrer Funktion als dynastisches Ritualzentrum und neutralisiert ihre Kraft.

74 In einer eingehenden Analyse konstatierte Coggins (1976, 371) die stilistische Verwandtschaft dieses Altars mit traditionellen Mustern Caracols und äußerte, lange bevor in Caracol Altar 21 entdeckt wurde, die Vermutung, daß hier wechselseitige Einflüsse vorliegen könnten.

75 Wir kennen noch keine phonetische Lesung für das betreffende Verbum, aber die Belege für seinen Zusammenhang mit Kriegführen und Gefangenemachen sind zahlreich und weit verbreitet. Ein weiterer bedeutsamer Kontext, in dem es auftritt, ist das Ritual zur Ernennung des Thronfolgers in Palenque. Die feierliche Designation des Thronerben, wie sie in Bonampak illustriert ist, ging ebenfalls mit dem Erbeuten und Opfern von Gefangenen einher.

76 Die öffentliche Zurschaustellung von Gefangenen nach der Schlacht ist die in der historiographischen Maya-Kunst am häufigsten wiedergegebene Sequenz des Kriegsgeschehens (Schele 1984a). Eines der beeindruckendsten Beispiele findet sich in Raum 2 des Tempels der Wandgemälde in Bonampak (M. Miller 1986, 112–130). In Tikal wird der

gezeigte Vorgang in phonetischer Schreibweise mit *nawah* bezeichnet, einem Ausdruck, der soviel wie «bekleiden» oder «auf/herausputzen» bedeutet (Bricker 1986, 158). Gemeint ist hier das Abreißen von Schmuck und Ehrenzeichen der Gefangenen, ihre Entkleidung bis auf einen grobgewirkten Lendenschurz, das Ersetzen der Ohrgehänge durch Blumen oder Papier und die Kennzeichnung als Opfer durch eine bestimmte Körperbemalung. Nach Landa (Tozzer 1941, 117ff.) wurden die Opfer, bevor sie gefoltert und/oder getötet wurden, blau bemalt.

In der Kunst treten Gefangene meist in der Rolle des Opfers und nicht als kämpfende Krieger auf. Gefangene zu machen – hauptsächlich solche von möglichst hohem Rang – war für die Mitglieder der Maya-Elite eine unerläßliche Pflicht, wenn sie ihr Ansehen wahren wollten. Menschenopfer wurden regelmäßig auch als Grabbeigaben und Bauopfer dargebracht. Brian Dillon (1982, 44) entdeckte ein Depositum von Geopferten, die sich nach vorläufigem Eindruck sämtlich in Bauchlage befanden, in die Kriegsgefangene typischerweise kurz vor ihrem Ende gebracht wurden. Oft ließ man Kriegsgefangene, zumal solche höheren Ranges, über Jahre hinweg am Leben. In solchen Fällen wurden die Gefangenen immer wieder bei allen möglichen Ritualen öffentlich zur Schau gestellt, und höchstwahrscheinlich schuf ihr Fortleben in ihrer Heimat beträchtliche Probleme, da der faktisch verwaiste Thron nicht neu besetzt werden konnte, solange der rechtmäßige Herrscher noch am Leben war.

Peter Harrison (1989) hat unser Wissen über Struktur 5D-57 um Einzelheiten erweitert, die ein zusätzliches Licht auf die im Text erzählte Geschichte werfen. Bei der siebten *Mesa Redonda de Palenque* demonstrierte er, daß die Erbauer der Mittleren Akropolis den Standort neuer Gebäude so wählten, daß er im Verhältnis zu vorhandenen Gebäuden bestimmte aus den Regeln der Trigonometrie entwickelte Vorgaben erfüllte. Nach dieser Methode wurde die Standortwahl für Struktur 5D-57 in Abhängigkeit vom Standort eines aus dem frühen Klassikum stammenden großen, zweigeschossigen Palastes am Westende der Mittleren Akropolis getroffen, eines Bauwerks, das in der archäologischen Literatur unter der Bezeichnung Struktur 5D-46 geführt wird und von Harrison «Groß-Jaguar-Tatzes Sippenhaus» getauft wurde. Späteren Herrschern bedeutete dieser Palast so viel, daß sie bei allen Anbauten sorgsam darauf bedacht waren, die ursprüngliche architektonische Konzeption des Gebäudes nicht zu verfälschen.

Die Identität des Erbauers von Struktur 5D-46 ist gesichert durch die Entdeckung eines Depositums in einem irdenen Gefäß unter der westlichen Treppe. Die Inschrift auf dem Behälter besagt, daß er für die Weihe von «Groß-Jaguar-Tatzes *k'ul na* (heiliges Haus)» angefertigt wurde. Ah-Cacaw setzte also das Bauwerk, auf dem zu sehen ist, wie er als Teil der Weihefeierlichkeiten für Tempel 33 Kriegsgefangene zur Schau stellt, durch die Standortwahl in Beziehung zum Wohnhaus des Ahnen, dessen Sieg über Uaxactún mit Stele 31 gefeiert wird, jenem Baum-Stein, der mit solch andachtsvollem Gepränge in Tempel 33 beigesetzt wurde: Eine bemerkenswerte Demonstration historischer Kontinuität und zugleich ein großartiges Beispiel für die Verflechtungen und Symmetrien geschichtlicher Abläufe, die in den Augen der Maya für alle politischen Visionen und Aktionen den faszinierenden Rahmen abgaben.

77 Die Verbalphrase schließt an dieser Stelle das «Hand-mit-Fisch»-Verbum ein, das – wie die Befunde von anderen Ruinenstätten durchgängig belegen – ein Blutentnahme- und Visionsritual anzeigt. Dem Verbum folgt eine gängige Zeichenkombination aus *tu* sowie einer Glyphe, die eine Lanzette darstellt, und einem «akbal»-Kompositum. Wir gingen früher davon aus, daß der semantische Wert der «akbal»-Glyphe darin bestehe anzugeben, daß die Handlung nachts stattfand, aber neuerdings schlug Victoria Bricker (1986, 73f.), wie es scheint mit Recht, eine andere Deutung vor: Die Glyphe setzt sich zusammen aus den Zeichen *ti* und *ya*, dem «akbal»-Zeichen und dem Zeichen *li*. Wenn man annimmt, daß das «akbal»-Zeichen in der phonetischen Schreibweise für die Silbe *ak'* steht, lautet das ganze Kompositum *ti yak'il*, «in seiner Zunge».

78 Das Verbum setzt sich zusammen aus dem Zeichen *ta* (T565) mit übergeschriebener Glyphe T79 (Wert unbekannt) plus angehängter Zeichenkombination *-wan*, einem Beugungssuffix für Verben, das die Position im oder die Form des Raums, in dem die Handlung stattfand, bezeichnet. Die gleiche Glyphe und ihre allographischen Varianten begegnen uns

auch in Palenque, Copán und anderen archäologischen Fundstätten im Kontext von Weiheritualen für Bauwerke und Monumente. Die Glyphennummer mit dem vorangestellten «T» bezieht sich auf die Zählung in Thompsons Katalog von 1962.

79 Ausführlich behandeln wir dieses Datum und die Ereignisse, die es bezeichnet, in den letzten Abschnitten von Kapitel 4. Proskouriakoff (Coggins 1984, 448) konstatierte als erste einen Zusammenhang zwischen dem Datum auf Stele 31 und dem in Tempel I.

80 Besonders interessant ist vor diesem Hintergrund eine Feststellung, die kürzlich Karl Taube (o. J.) in einer Studie über Spiegel und die Ikonographie des Krieges in Teotihuacán traf. Früheren Werken George Kublers (1976) folgend, glaubt Taube, auf Türsturz 2 eine Kaktusart zu erkennen, die im Hochland von Zentralmexiko beheimatet ist. Nach Ansicht der beiden Gelehrten nimmt das Podest, auf dem Ah-Cacaw steht, direkten Bezug auf Teotihuacán oder – wie Taube meint – sogar auf den Tempel des Quetzalcoatl. Uns scheint das nicht ausgeschlossen, allerdings glauben wir, daß der Bezug weniger direkt ist. Zu der Zeit, als in Tikal an den Türstürzen für Tempel I gemeißelt wurde, befand sich Teotihuacán bereits im Niedergang (Millon 1988); seine höchste Blüte hatte es zur Zeit der Eroberung Uaxactúns erreicht, als jene Ikonographie populär wurde. Wir vermuten also, daß der Bezug zunächst zur Eroberung von Uaxactún geht und dann erst das Andenken der Teotihuacanos zitiert, das für Tikal mit der Erinnerung an jenen Sieg über lange Zeit hinaus verbunden blieb. Zur Wechselbeziehung zwischen Maya und Teotihuacanos siehe René Millons (1988) Studie über den Niedergang Teotihuacáns.

81 Schele (1985a) schlug für die Emblemglyphe Tikals die Lesung *bal* oder *balan* vor. Neue Befunde an der Primären Standardsequenz auf Keramikgefäßen haben diese Lesung bekräftigt und eine direkte Verbindung zwischen diesem Jaguarkopf und der Emblemglyphe zu erkennen gegeben. David Stuart (1987b, 2–7) liest eine der Glyphen des Keramiktexts als *u tz'ibal*, «seine Schrift».

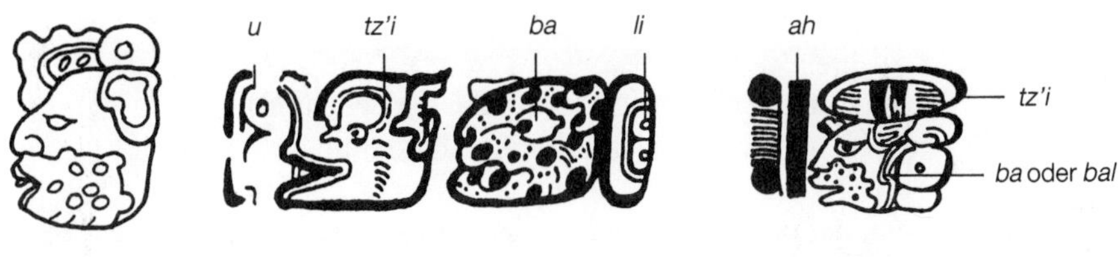

a) Die Kopf-Variante des Zahlworts «neun»

b) *u tz'ibal*, «das Schriftwerk von»

c) *Ah th'ib* «Er, der Schreiber»

In einer bestimmten Version dieser Glyphe ist die Silbe *ba* durch einen Jaguarkopf wiedergegeben, in einer anderen erscheint die Silbe *bal* als die Kopfvariante der Ziffer Neun. Die letztgenannte Glyphe stellt in der Standardform einen Menschenkopf mit jaguarfellbedecktem Unterkiefer und dem *yax*-Muschel-Zeichen als Affix an der Stirn dar. In einer Vielzahl der Fälle, in denen die Emblemglyphe von Tikal in ihrer Toponymform auftritt, ist dem «Bündel» ein *yax*-Präfix zugesellt. Da das Hauptzeichen der Emblemglyphe – genau wie die Kopfvariante der Neun – den Lautwert *bal* hat, lautete der Name Tikals wahrscheinlich *Yax Bal* oder *Yax Balam*. Der Kopf aus der personifizierten Ziffer Neun diente andererseits auch zur Wiedergabe von Bild wie Name des Jaguar-Glieds der Stirnband-Zwillinge, die eine der für die klassische Periode charakteristischen Erscheinungsformen der Zwillingsheroen sind. Offenbar wies der Name Tikals den Ort als eine dem Jaguargott geweihte Stätte aus.

82 Türsturz 3 in Tempel 4 zeigt Ah-Cacaws Sohn auf einem Thron sitzend, allerdings aus um 90 Grad verschobenem Blickwinkel, so daß der König dem Betrachter frontal zugewandt ist. Genau wie in Tempel I steht der Königsthron auf einem niedrigen Stufenpodest, doch hat der Künstler in diesem Fall die Tragstangen der Sänfte unübersehbar in das Bild mit aufgenommen.

83 Chris Jones (1988, 110) schließt sich der Meinung von Marcus (1976, 90) an, die Emblemglyphe im Namen dieses Adligen sei diejenige von Piedras Nigras. Diese These stützt sich darauf, daß das Präfix als Pflanzenblatt identifiziert wurde. Nun setzt sich aber das

Hauptzeichen der Emblemglyphe von Piedras Nigras aus den Silben *yo, ki* und *bi* zusammen, deren jede in einer Vielfalt von Substitutformen auftreten kann (Stuart 1987b, 37). Die Schlangenform der Emblemglyphe von Piedras Nigras besteht schlicht aus der Kopfvariante des *bi*-Zeichens. In der Emblemglyphe auf dem im Text erwähnten Knochen erscheint das «Blutgruppen»-Zeichen invertiert, das heißt mit dem gepunkteten Teil über, nicht unter dem Muschel-Zeichen. In Anbetracht all dessen glauben wir, daß wir es in dem Hauptzeichen der Emblemglyphe des gefangenen Edelmanns mit dem der «Fundstätte Q» beziehungsweise Calakmul zugeordneten Schlangenkopf zu tun haben.

84 Proskouriakoff (in C. Jones 1988, 109) konstatierte als erste dieses spezielle Todesdatum auf dem Knochen. Auch die fünf anderen auf MT 28 festgehaltenen Begebenheiten sind Todesfälle: So ist zum Beispiel für den 9.14.15.4.3 der Tod eines gewissen Achtzehn-Kaninchen-Gott K und für den 9.14.15.6.13 der Tod einer Frau verzeichnet. Es könnte sein, daß die Achtzehn-Kaninchen-Figur auch auf Türsturz 2 in Tempel I erwähnt ist.

85 C. Jones (persönliche Mitteilung 1986) hält es für so gut wie ausgeschlossen, daß bei dem Bau eine spätere Zugangsmöglichkeit zum Grab offengeblieben sein könnte. Herrscher B führte wahrscheinlich die Aufsicht beim Bau der Pyramide über dem Grab seines Vaters, doch dürften die Türstürze des Hochtempels noch von Ah-Cacaw selbst in Auftrag gegeben oder zumindest im inhaltlichen Konzept von ihm festgelegt worden sein.

86 David Stuart (persönliche Mitteilung 1985) erkannte als erster, daß die Namensangabe auf Stele 6 in Naranjo eine phonetische Paraphrase des Namens Rauch-Batab ist. Das Tageszeichen in der Kalenderrunde ist verwittert, es kommen jedoch nur drei mögliche Lesungen in Frage:

9.14.18.4.8	9 Lamat	11 Muan	28. Nov. 729
9.15.11.7.13	9 Ben	11 Muan	25. Nov. 742
9.16.4.10.18	9 Etz'nab	11 Muan	22. Nov. 755

6 Urmutterkinder: genealogische und dynastische Folge in Palenque

1 «Um die Mitte des 18. Jahrhunderts berichteten Angehörige des Padre Antonio de Solís, eines Pfarrers im nahegelegenen Tumbalá, über die seltsamen ‹Steinhäuser›, die sie auf ihren Streifzügen durch die Umgebung des Ortes gefunden hatten. Solís starb, bevor er selbst der Sache nachgehen konnte.» (R. L. Brunhouse, *Das Geheimnis der Maya.* München, Goldmann 1978, 14) Doch die Kunde verbreitete sich, und damit war Palenque für die Spanier «entdeckt». In den darauffolgenden vierzig Jahren kamen viele Besucher, und zwar sowohl Privatleute wie Regierungsbeauftragte, nach Palenque und fertigten hier Skizzen und Lagepläne der örtlichen Gegebenheiten an, die heute in Sevilla und Madrid und im Britischen Museum archiviert sind. Einen der frühesten dieser illustrierten Berichte über Palenque, den von Antonio del Río, veröffentlichte der Londoner Verleger Henry Berthoud im Jahr 1822 unter dem Titel *Description of the Ruins of an Ancient City Discovered near Palenque*; die sechzehn Radierungen nach Vorlagen des Autors waren von Jean Frédéric Waldeck angefertigt worden, der sich später ebenfalls als Archäologe in Mesoamerika betätigte. Zum populärsten Reisebericht über das Maya-Gebiet wurde jedoch John Lloyd Stephens', von Frederick Catherwood illustriertes, zweibändiges Werk *Incidents of Travel in Central America, Chiapas, and Yucatán* (2 Bde., New York 1841). Es war dieses außerordentlich erfolgreiche – und mit Recht so erfolgreiche – Werk, das die Kultur der alten Maya in das Bewußtsein der Weltöffentlichkeit rückte und dort jenes staunende Interesse für sie erweckte, das bis heute anhält. Wer sich für die Einzelheiten der Entdeckungs- und Forschungsgeschichte interessiert, findet diese in wünschenswerter Ausführlichkeit bei Graham (1971), Berlin (1970) und G. Stuart (o. J.).

2 Dieser Name vereinigt in einer Kompositglyphe die Merkmale des Schlange- und des Jaguar-Zeichens. Beim «Ersten Runden Tisch von Palenque» *(Primera Mesa Redonda de Palenque)*, einer im Dezember 1973 in Palenque abgehaltenen Fachkonferenz, auf der das

Gros der Könige von Palenque seine heutigen Namen erhielt, fiel die Entscheidung zugunsten einer Schreibweise, wie sie dem modernen Chol entspricht: *chan* für «Schlange» und *bahlum* für «Jaguar». Hinterher zeigte sich bei eingehenderer Beschäftigung mit den diesen Namen begleitenden phonetischen Komplementen, daß er ursprünglich wohl mehr wie sein Äquivalent im heutigen Yucatekisch, *can-balam*, ausgesprochen wurde, aber nach einiger Überlegung blieben wir dann doch bei der einmal gewählten Schreibweise, um hier nicht mit einer vorerst noch unvertrauten Schreibvariante des Namens womöglich Verwirrung zu stiften.

3 Die längste Maya-Inschrift findet sich auf der Hieroglyphentreppe des Tempels 22 in Copán. Von ihr ist bis heute immerhin so viel entziffert, daß wir wissen: Sie beschrieb einmal ausführlich die Geschichte der Dynastie von Copán. Doch leider war die Treppe schon zum Zeitpunkt ihrer Entdeckung stark verwittert und die ursprüngliche Komposition größtenteils zerstört. Und auch seit ihrer Entdeckung im Jahr 1898 waren die Zeitläufte dieser Treppe nicht wohlgesonnen: Ein großer Teil von dem, was damals noch unversehrt zutage trat, ist heute unwiderruflich verloren. Es besteht so gut wie keine Aussicht, daß wir den Text der Hieroglyphentreppe von Copán jemals ganz entziffern werden, so daß *summa summarum* der Inschriftentempel in Palenque die längste *intakte* Maya-Inschrift birgt.

4 Als Gerüst für seine epigraphische Dynastiegeschichte nahm Pacal die neun Katune vor seiner eigenen Gegenwart. Beginnend mit dem 9.4.0.0.0 protokollierte er für alle folgenden Katun-Enden bis zur Nummer 13 jeweils die letzte davor erfolgte Inthronisation eines Herrschers. Regierte in einem Katun mehr als ein König, wählte er in seiner historischen Dokumentation zusätzlich auch einmal die Vollendung des halben Katun oder der Dreizehn-Tun-Periode als chronologischen Bezugspunkt. Letzter Meilenstein auf der historischen Strecke war der 9.13.0.0.0, das Ende des Katun, in dem Pacal seinen Tempel erbaute und die Relieftafeln mit ihrer chronikalischen Beschriftung anfertigen ließ. Mit seinem Kunstgriff ordnete Pacal den Regierungsantritt jedes Herrschers von Chaacal I. bis zu sich selbst einem bestimmten Kalenderperiodenende zu: So gab er der Geschichte Palenques einen unverrückbaren, unanfechtbaren kosmischen Rahmen. Und indem er die Katun-Folge zum Gerüst des historischen Geschehens machte, schuf er zugleich den Prototyp der Katun-Geschichten, die späterhin mit den Chilam-Balam-Büchern in Yucatán so weite Verbreitung fanden. Lounsbury (1974) unterbreitete als erster einen Entzifferungsvorschlag für die Chronik auf dem Sarkophagrand, und Berlin (1977, 136) war es, der die Neunerreihe von Katunen als den Strukturrahmen der Dynastiegeschichte auf Pacals Hieroglyphentafeln identifizierte. Die ausführliche Entzifferung der Tafeln des Inschriftentempels findet man bei Schele (1983 und 1986c).

5 Auf späteren Hieroglyphentafeln sind mindestens drei, möglicherweise auch vier weitere Generationen inschriftlich dokumentiert, so daß sich unsere Kenntnis der Dynastiegeschichte von Palenque alles in allem auf dreizehn beziehungsweise vierzehn Generationen erstreckt.

6 In der ganzen epigraphischen Urkunde von Palenque ist nirgendwo eine genaue Angabe über die Verwandtschaftsbeziehungen zwischen Ac-Kan, Pacal I. und Frau Zac-Kuk zu finden, aber wir können den Sachverhalt aus folgenden Einzelheiten rekonstruieren: 1. Nur einer der zwei Männer, Ac-Kan, wurde König. Der im Inschriftentempel aufgestellte Katalog der Thronerhebungen in der Zeit vom 9.4.0.0.0 bis zu Pacal II. ist lückenlos, und Pacal I. kommt in diesem Katalog nicht vor. 2. Beide Männer starben im Jahr 612, Pacal I. am 9. März, Ac-Kan fünf Monate später, am 11. August. Interessant ist nun, daß in der Chronik auf dem Sarkophagrand die Todesdaten nicht in der zeitlichen Reihenfolge aufgeführt sind, vielmehr steht der zuletzt Gestorbene vor dem anderen, so, als sollten die beiden dem Betrachter nicht in der Reihenfolge ihres Todes, sondern in der Reihenfolge Ac-Kan/Pacal eingeprägt werden. 3. Nur einer der zwei Männer, und zwar – obwohl er niemals König war – Pacal I., ist auf der Seitenwand des Sarkophags im Bild dargestellt.

Irgend etwas an ihrer jeweiligen Rolle in der Dynastiegeschichte ließ es angezeigt erscheinen, in ihrem Fall das Prinzip der Katalogisierung in der Reihenfolge der Todesdaten zu unterbrechen und Ac-Kan vor Pacal zu nennen. Zugleich bestimmte dieses Etwas die Palencanos, Ac-Kan die Aufnahme in die Porträtgalerie der Herrscher auf den Seitenwänden des Sarkophags zu verweigern und statt seiner Pacal abzubilden. Die plausibelste Erklärung dafür ist, daß die beiden Männer Brüder waren und die Linie über Pacal fortgesetzt wurde.

Außer Ac-Kan wurden auch zwei andere Herrscher nicht in die Porträtgalerie auf den Sargwänden aufgenommen; nach dem Grund braucht man nicht lange zu suchen, denn in beiden Fällen ist ein Bruder vorhanden, der seinerseits eine Zeitlang König war und als solcher auch in der Porträtgalerie auf dem Sarg erscheint. Das erste dieser Herrscherpaare bilden Manik und Chaacal I., die im Abstand von fünfeinhalb Jahren geboren wurden; das zweite Paar setzt sich aus Chaacal II. und Chan-Bahlum I. zusammen, zwischen deren Geburtsdaten nur ein einziges Jahr liegt. In Anbetracht dieser minimalen Altersunterschiede bleibt eine Vater-Sohn-Beziehung ausgeschlossen: Die beiden waren jeweils Brüder. Vom ersten Brüderpaar wird nur Chaacal I. in die Porträtgalerie aufgenommen, vom zweiten Paar erscheint nur Chan-Bahlum I. auf der Sarkophagwand. Warum? Die Antwort hat mit der Erbfolgeordnung zu tun: Beide Brüder konnten zwar nacheinander den Thron besteigen, aber nur einer konnte mit seinen Nachkommen die Linie fortsetzen. Auf den Seitenwänden des Sarkophags ist die Generationenfolge in der Herrscherlinie unter Voraussetzung der Vorrangigkeit der Erbfolgeordnung dargestellt. Sieht man die Dinge aus dieser Perspektive, so enthüllt sich Pacal I. als ein Bruder Ac-Kans, dem, obwohl er selbst kein Herrscher war, als dem Vater eines Herrschers ein Platz in der Porträtgalerie der Dynastie gebührt: Pacal I. erscheint in der Ahnengalerie Pacals des Großen, weil er der Vater Frau Zac-Kuks war und der Großvater des Königs, der nach ihm benannt wurde – eben jenes Pacal II., der zu einem der größten Herrscher in der Geschichte Amerikas wurde.

7 Es ist jedoch nicht auszuschließen, daß solche Schrifttafeln dennoch existieren, wenn auch vorläufig noch in den tieferen Schichten unter dem Palast oder anderen Bauwerken verborgen: Tiefengrabungen wurden in Palenque bislang nur ausnahmsweise und dann mehr oder weniger zufällig vorgenommen. Der zeitliche Abstand zwischen der Regierungsperiode Frau Kanal-Ikals und derjenigen Pacals des Großen ist nicht sehr groß, und Frau Kanal-Ikal war, als ihr Urenkel geboren wurde, noch am Leben: Pacal wurde am 26. März 603 geboren, Frau Kanal-Ikal starb am 7. November 604. In Anbetracht ihrer hervorgehobenen Position in Pacals Geschichtswerk wie auch der zwanzigjährigen Dauer ihrer Regierung kann man wohl davon ausgehen, daß Frau Kanal-Ikal ihr Amt nicht ausübte, ohne Inschriften und Tempelbauten zu hinterlassen.

8 Zu diesem Zeitpunkt war er dreiundvierzig Jahre alt. Beim Tod seiner Mutter war er siebenunddreißig, beim Tod seines Vaters neununddreißig Jahre alt gewesen.

9 Anlage und Stil des Olvidado-Tempels wurden zu Erkennungsmerkmalen des Baustils von Palenque: zwei hintereinanderliegende Galerien mit Dreipaßgewölbe im Innern und dünne, mit mehreren Türöffnungen durchbrochene tragende Wände. Bei der in späteren Bauwerken angewandten Gewölbetechnik lehnten de facto die Außenwände über der inneren Laibung gegen die Mittelwand. Wie alle Maya brachten es auch die Palencanos nie zu einem echten Gewölbe, aber mit ihrer Technik erzielten sie die größte Spannweite bei geringster Mauerdicke; zudem konnten die Mauern großzügiger mit Türen durchbrochen werden. Das Ergebnis: Die Bauten in Palenque weisen größere und besser beleuchtete Innenräume auf als alle anderen Maya-Bauwerke. Der neue Stil begann mit dem Tempel Olvidado und erreichte seinen höchsten Vollendungsgrad in der Kreuzgruppe und in den Gebäuden A und D des Palastes.

10 Zu den von Pacal initiierten Bauwerken gehören möglicherweise auch die Gebäude K und L am südlichen Ende der Ost- beziehungsweise Westfassade und vielleicht noch andere bei den Grabungen auf den Palasthöfen entdeckte Bauten.

11 Über die Entwicklung des Baustils in Palenque im einzelnen siehe Schele (1986a).

12 Die Schlußfolgerung, daß mit der im Inschriftentempel genannten Frau Pacals Mutter gemeint ist, hat folgende Fakten zu Prämissen:

(1) Die Frau, die in der Totenliste auf dem Sarkophag in äquivalenter Position erscheint, ist Pacals Mutter Frau Zak-Kuk.
(2) Auf der Ovalen Tafel in Gebäude E des Palastes erhält Pacal von seiner – als solche ausdrücklich benannten – Mutter die Krone überreicht, sein Vater hingegen ist weder abgebildet noch erwähnt. Der für die Legitimität von Pacals Thronanspruch maßgebliche Elternteil ist demnach nicht sein Vater, sondern seine Mutter.
(3) Pacals Vater, Kan-Bahlum-Mo', ist in der ganzen epigraphischen Urkunde Palenques

niemals Gegenstand eines Inthronisationsprotokolls. Überdies ist Kan-Bahlum-Mo' nur ein einziges Mal abgebildet, und zwar auf der Seitenwand von Pacals Sarkophag, wo er in seiner Eigenschaft als Vater eines Herrschers, nicht als Herrscher aus eigenem Recht erscheint.

(4) Das Geburtsdatum der Göttin ist gezielt manipuliert, damit sich Homologiebeziehungen zum Geburtsdatum Pacals ergeben (siehe Anm. 35).

In der Zusammenfassung dieser Faktoren gewinnt man den Eindruck, daß Pacals Thronanspruch auf seiner mütterlichen, nicht seiner väterlichen Abkunft gründete. Zur Plausibilisierung dieses Erbfolgeschemas bediente sich Pacal der Strategie, wo immer möglich eine Äquivalenzbeziehung zwischen seiner Mutter und der Göttermutter herzustellen. Und im Rahmen dieser Strategie ist auch die Tatsache zu sehen, daß er der Frau, die nicht lange vor ihm auf den Thron gelangte, den Namen der Göttin anfügte.

Die Schriftform dieses Namens setzt sich zusammen aus dem Vogel der Emblemglyphe von Palenque – einem Reiher – als Hauptzeichen und einem Affix in Gestalt von Federn im Schnabel des Vogels. Lounsbury (persönliche Mitteilung 1977) hält es für möglich, daß man hier ein Wortspiel mit dem Namen Zac-Kuk vor sich hat, das auf dem Zusammenwirken folgender Elemente beruht: Im Yucatekischen und im Chol bezeichnet man den Reiher mit dem Ausdruck *zac bac*, «weißer Knochen», oder einem Ausdruck, der soviel wie «Weißkamm» oder «weiße Haube» bedeutet. Die Lesung *zac bac* funktioniert ganz hervorragend als Emblemglyphe von Palenque, denn das Hauptzeichen der Emblemglyphe ist ein langer Knochen oder ein Schädel, letzterer ebenfalls mit dem Lautwert *bac*. Lounsbury zufolge bedingen die Federn *(kuk)* im Schnabel des Vogels eine Abwandlung der Lautung von *zac bac* zu *zac kuk* – was ein Wortspiel mit dem Namen von Pacals Mutter ergab, die Zac-Kuk, «Weißer (oder Glänzender) Quetzal», hieß. Bis jetzt hat allerdings noch niemand eine Lesung für das kleine Affix, das der Reiher in der Namensform auf dem Kopf trägt, vorschlagen können. Beim Texas Workshop on Maya Hieroglyphic Writing 1989 brachte Dennis Tedlock eine andere Interpretation ins Spiel, derzufolge *zac bac* eine Anspielung auf *Xbaquiyalo*, die im *Popol Vuh* genannte erste Frau des Hunhunahpu und Mutter der Zwillinge Hun-Batz' und Hun-Chuen, ist.

13 Die Stufen sowohl der Treppe, die außen zum Tempel der Inschriften hinaufführt, als auch der Geheimtreppe zur Grabkammer sind jeweils fünfundvierzig Zentimeter hoch. In dem überwölbten Treppenschacht im Innern der Pyramide sind die Stufen heute meist naß und schlüpfrig von dem Kondenswasser, das sich aus der feuchtigkeitsgesättigten Luft niederschlägt, und wir nehmen an, daß dies zu der Zeit, als Pacal hier beigesetzt wurde, nicht anders war.

14 Es gibt zwar keine Mittel und Wege zu beweisen, *wer* die im Text beschriebenen Riten ausführte, *daß* sie jedoch stattgefunden und im einzelnen wie beschrieben ausgesehen haben, geht sowohl aus der archäologischen Urkunde von Palenque als auch aus anderen Quellen zu den Maya-Bestattungsbräuchen (an erster Stelle zu erwähnen ist hier der archäologische Befund in bezug auf die Grabstätte von Herrscher 3 in Piedras Nigras [Stuart 1985 a]) so gut wie zweifelsfrei hervor. Die Schilderung der Beigaben in Sarg und Krypta folgt Ruz' (1973) Inventar, im weiteren haben wir auch aus seiner Beschreibung der fünf Menschenopfer geschöpft (Ruz 1955). Linda Schele verbrachte Tage in der klaustrophobischen Atmosphäre von Pacals Gruft, wo sie Merle Greene Robertson beim Fotografieren des Stuckdekors an den Wänden assistierte.

15 Die erhaltenen Konturzeichnungen auf den Sargwänden sind nicht nur von hohem ästhetischen Niveau, sondern auch sehr sorgfältig ausgeführt. Demgegenüber ist die Skulptierung, zumal in den vom Bild des in die Unterwelt stürzenden Pacal entfernteren Zonen, nachlässig. Aus dieser Diskrepanz schließen Merle Robertson und Schele, daß die Bildhauerarbeit erst in allerletzter Minute und unter Zeitdruck in Angriff genommen wurde. Siehe Merle Robertsons (1983) fotografische Dokumentation über das Innere der Krypta.

16 Xoc wird auf der Palasttafel kurz erwähnt als derjenige, der, nachdem Kan-Xul in die Hände des Königs von Toniná gefallen war, das Nordgebäude des Palastkomplexes weihte. Er gelangte nicht auf den Thron, muß jedoch ein Würdenträger in hoher Funktion gewesen sein, sonst hätte er nicht, wie geschehen, als Ersatzmann für den gefangenen Kan-Xul

einspringen können, bis die königliche Sippe einen aus ihrer Mitte zum neuen König bestimmt hatte. Da Xoc zum Zeitpunkt von Pacals Tod dreiunddreißig Jahre alt war, glauben wir uns zu der Annahme berechtigt, daß er sowohl Pacal als auch seinen Nachkommen diente.

17 Tatsächlich wurde Chaacal König, nachdem Kan-Xul als Kriegsgefangener in Toniná geopfert worden war. In den Abstammungsangaben ist weder Chan-Bahlum noch Kan-Xul als sein Vater bezeichnet. Allem Anschein nach war Chaacal der Abkömmling einer Frau aus der Pacal-Sippe, vielleicht einer Schwester Chan-Bahlums und Kan-Xuls. Chac-Zutz' war ein Cahal, der unter der Regierung Chaacals in eine hohe Position in der Hierarchie des Königreichs (vielleicht zum Führer der Streitmacht) aufrückte.

18 Die Plazierung der Stuckhäupter, Schalen, Becher, des Königsgürtels und der Leichen der Geopferten ist aus den nachstehenden Skizzen zu ersehen.

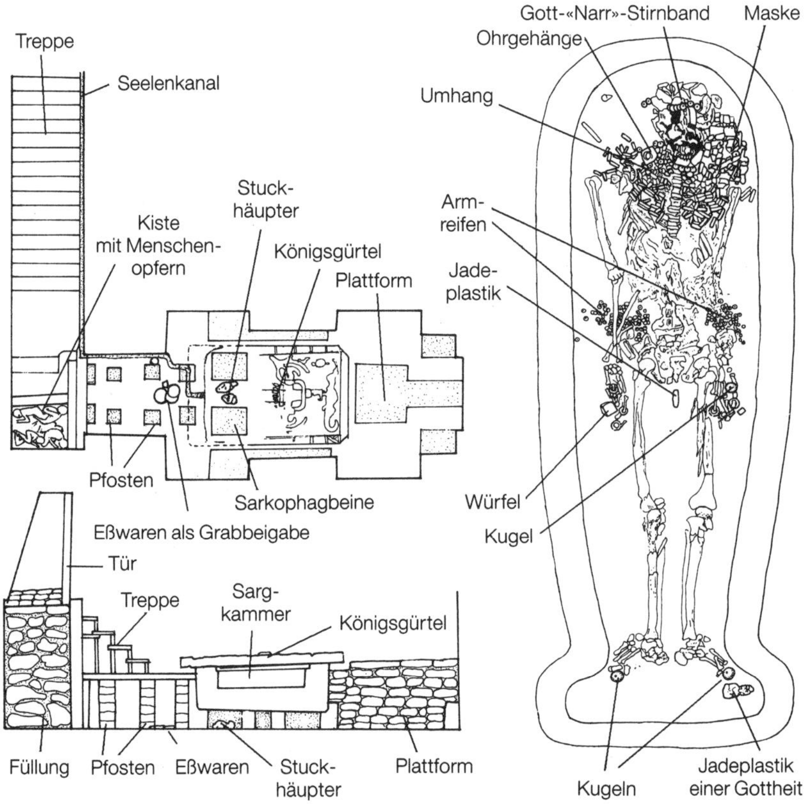

Pacals Grab und der Sarg

19 Eine andere Möglichkeit ist die, daß die Porträtköpfe Pacal den Großen und seine Gemahlin Frau Ahpo-Hel darstellen.

20 Als erste brachte Merle Robertson (1979) die Bilder auf diesen Pfeilern mit den Hieroglyphentexten in Verbindung, die von der Ernennung Chan-Bahlums zum künftigen Thronerben handeln. Daß Chan-Bahlum zur wandelnden Inkarnation der Sonne wurde, proklamiert er selbst in seinem glyphischen Protokoll der Zeremonie im Sonnentempel.

21 Der äußerst schlechte Erhaltungszustand, in dem sich diese Stuckporträts und die dazugehörigen Hieroglyphentexte befinden, läßt eine über jeden Zweifel erhabene Identifikation der dargestellten Personen nicht zu, aber logischerweise müßte es sich um die für Chan-Bahlums Legitimitätsanspruch maßgeblichen Vorfahren handeln. Zumindest denkbar ist der Fall, daß es sich um verschiedene Bilder ein und derselben Person, nämlich von Chan-Bahlums Vater Pacal handelt. Der Umstand jedoch, daß jeder einen anderen Kopfputz – in

einem Fall einen Jaguarkopf – trägt, spricht dann doch dafür, daß hier verschiedene Individuen abgebildet sind. Die Maya pflegten nicht selten mit dem Bildmotiv ihres Kopfputzes ihren Namen zu umschreiben. Von daher gesehen könnte es sich bei dem Träger des Jaguar-Kopfputzes um Chan-Bahlum I., Chan-Bahlums II. Ururururgroßvater, handeln.

22 In Bonampak ließ Chaan-Muan die Designation seines Erben in einem Wandgemälde darstellen, das zeigt, wie das Kind von einem hohen Würdenträger am Rand einer Pyramide zur Schau gestellt wird. Das Publikum ist auf dem Bild durch vierzehn hochrangige Adlige vertreten, doch kann man davon ausgehen, daß die Zeremonie eine öffentliche war und vor den Augen der gesamten Bevölkerung von Bonampak stattfand (M. Miller 1986b, 59–97). Auf Chan-Bahlums Reliefs in Palenque ist das Publikum nicht repräsentiert, aber wir können uns sagen, daß es jedermann mit einschloß, der drunten auf der Plaza vor den Pfeilern des Inschriftentempels stand. In der Kreuzgruppe verwendete Chan-Bahlum eine Pyramiden-Glyphe, um zum Ausdruck zu bringen, daß der Vorgang der Erhebung zum Thronerben (Schele 1984c) ein «pyramidaler» ist. De facto ist die Lesung der Glyphe *le.ma:ch'ul na* (nach den von Thompson in seinem *Catalog of Maya Hieroglyphs* 1962 aufgestellten Transkriptionsregeln) oder *lem ch'ul na*, und das yukatekische *lem* paraphrasiert Barrera Vasquez mit *«meter, encajar, introducir»*. Den Erben einsetzen bedeutete also «das Kind von der Pyramide herab vorstellen» – genau so, wie Chan-Bahlum es auf den Eingangspfeilern des Inschriftentempels ins Bild setzte.

23 Beim ersten Königstempel in Cerros ist zwar der Quincunx, ein fünfgliedriges Arrangement, die Grundfigur, die späteren Bauten sind jedoch nach dem Prinzip der Dreigliedrigkeit angelegt. Die frühesten Baumeister schufen zwar eine innovative Vielfalt architektonischer Kompositionsmuster, doch von ihnen allen waren die dreigliedrigen Arrangements am beliebtesten.

24 Die glyphische Bezeichnung für diese Miniaturhäuser – *pib na* – setzt sich zusammen aus dem Wort *pib*, «unterirdisch» (wie es etwa im Zusammenhang mit der Feuergrube gebraucht wird), und dem Wort *na*, «Haus, Gebäude». *Pib na* heißt auch das «Schwitzbad», das die Frauen nach der Niederkunft aufsuchten. In der Kosmologie vieler Maya-Gemeinschaften des heutigen Chiapas existiert im Herzen der Berge ein Schwitzbad. Mag sein, daß diese Vorstellung auch hier den Hintergrund bildet.

25 Der Hieroglyphentext auf der Tafel des Kreuzes umschreibt dieses zweite Ereignis mit der Wendung *yoch-te k'in-k'in*, «er wurde zur Sonne».

26 Auf allen drei Tafeln steht derselbe Text, nur jeweils anders segmentiert. Im Kreuztempel liest sich das: «Zehn Tage danach war er zum Aufgerichteten *(yoch-te acal)* geworden, und da sprach er von (*iwal chi-wa* oder *che-wa*) U-Kix-Chan, Mah Kina Chan-Bahlum, Sproß des Pacal, Blutherr von Palenque». Im Blattkreuztempel erscheint der erste Vorgang *(yoch-te)* auf der linken, der zweite *(chi-wa)* auf der rechten Tafel. Der Text der linken Tafel des Sonnentempels ist heute einzig noch in Maudslays (1889–1902, Bildtafel 86) Reproduktion von Waldecks Originalzeichnung erhalten, aber wenigstens ein Teil der Glyphen ist lesbar. Die erste Aussage lautet *chumlah ti ahau le*, «Er wurde zum König bestallt, Mah Kina Chan-Bahlum, Blutherr von Palenque». Der zweite Textabschnitt ist weitaus schwieriger, die überzeugendste Lösung scheint jedoch zu sein, den Anfang als Distanzangabe zu interpretieren, die auf das Ereignis zehn Tage nach der Inthronisation (9.12.11.13.0 5 Ahau 13 Kayab) weist; der Text mit der Spezifizierung des Ereignisses läuft dann auf die rechte Tafel über: Von dem, was da einmal stand, ist heute nur noch die lange Namensangabe des Akteurs, Chan-Bahlum, erhalten.

27 Unter Mayanisten ist die Frage der Identität des kleinen Mannes immer noch nicht vollständig ausdiskutiert. In einer Lehrveranstaltung über die Maya-Hieroglyphenschrift formulierte Floyd Lounsbury 1975 erstmals die Hypothese, es handle sich um Chan-Bahlum bei seiner Designation zum Thronerben. Diese Deutung bezieht ihre Plausibilität in erster Linie aus dem Umstand, daß die Texte neben dem Kopf der Figur in allen drei Fällen die Designation erwähnen und darüber hinaus in zwei Fällen auch eine Kriegshandlung, die ein Jahr nach der Designation, am 9.10.10.0.0, stattfand. Tatsächlich ist Lounsburys Auffassung erst vor kurzem wieder von Basse beifällig aufgenommen worden und erfreut sich überdies der Zustimmung David Stuarts. Eine wieder andere Deutung wurde 1987 im Rahmen des Advanced Seminar on Maya Hieroglyphic Writing vorgetragen. Tom Jones

vertrat dort die These, die kleine Gestalt stelle Bahlum-Kuk, den Gründer der Dynastie, dar. Auch diese Ansicht kann Plausibilität für sich in Anspruch nehmen, insofern Beispiele dafür existieren, daß Gründerfiguren in Inthronisationsszenen auftreten können (siehe Türsturz 25 in Yaxchilán und die Bank in Tempel 11 in Copán).

Gleichwohl sehen wir derzeit keine Notwendigkeit, von unserer Deutung des kleinen Mannes als Pacal abzurücken. Im einzelnen läßt sich das folgendermaßen begründen:

(1) Es findet die Übergabe eines zepterartigen Gegenstands statt (im Kreuztempel ist es ein Viergeteiltes Zepter, im Blattkreuztempel eine personifizierte Blutentnahmelanzette und im Sonnentempel das Ensemble aus dem mit der Haut eines Menschengesichts überzogenen Schild und dem Exzentrischen Feuersteingebilde). Die Gegenstände, die hier den Besitzer wechseln, repräsentieren die Macht des Throninhabers und werden sowohl in Palenque wie andernorts von den Maya-Herrschern bei Kulthandlungen mitgeführt. Wäre die kleine Gestalt tatsächlich Chan-Bahlum bei der Designation zum Thronerben, hätte er bereits als sechsjähriger Knabe über diese Dinge verfügt. Lounsbury (persönliche Mitteilung 1989) gibt dazu den Kommentar, man könne sich sehr gut vorstellen, daß zum Inhalt des Rituals auch die Einübung des zukünftigen Thronerben in die Handhabung der Gegenstände gehöre, die, wenn er später erst einmal König wäre, gewissermaßen sein tägliches Handwerkszeug sein würden. Einleuchtender als diese Erklärung scheint uns da doch der Gedanke, daß gezeigt wird, wie diese Insignien der Macht vom alten, verstorbenen, König weitergegeben werden an seinen Sohn, den angehenden neuen König.

(2) In den Bildern von der Zurschaustellung des designierten Thronerben auf den Pfeilern des Inschriftentempels mißt Chan-Bahlum 104 Zentimeter: Das entspricht ziemlich genau der durchschnittlichen Körpergröße von Sechsjährigen bei den heutigen Chol der Region (M. Robertson 1979, 132 f.). Die Körpergröße des Kindes, dessen Zurschaustellung im Tempel der Wandgemälde in Bonampak abgebildet ist, ist in maßstäblich korrektem Verhältnis zur Größe des Erwachsenen, der es trägt, wiedergegeben, und beide Figuren verhalten sich wiederum maßstäblich korrekt zum Abbild Chan-Bahlums auf dem Tempelpfeiler. Die eingehüllte Gestalt auf den Tafeln der Kreuzgruppe ist zwar kleiner als die andere Figur, aber längst nicht so klein, wie es dem Verhältnis zwischen einem Sechsjährigen und einem Erwachsenen entsprechen würde. Zu voller Höhe aufgerichtet, würde Chan-Bahlum, so wie er auf dem Inschriftentempel abgebildet ist, nur 56 Prozent der Körpergröße des Erwachsenen, der ihn auf den Armen trägt, erreichen, wohingegen die kleinere der zwei Figuren auf den Tafeln der Kreuzgruppe stattliche 73 bis 78 Prozent der Körpergröße der größeren Figur mißt. Nach den an heutigen Bewohnern der Region von Palenque vorgenommenen anthropometrischen Untersuchungen Robertsons mißt ein Sechsjähriger mit 104 Zentimetern ungefähr 60 Prozent der Körpergröße eines Erwachsenen (170 cm).

(3) Geht man davon aus, daß die dargestellte Szene Chan-Bahlums Thronerhebung illustriert – und die Inschriften liefern reichlich Material, das diese Annahme stützt –, dann findet man die Komposition des Dekors in allen drei Tempeln so angelegt, daß dieser kleine Mann als die Quelle der Macht erscheint. Er hält die Insignien der Macht auf den inneren Tafeln in den Händen, während der neue König sie auf den äußeren Tafeln trägt. Der Szenenwechsel von drinnen nach draußen schließt den Übergang der Machtsymbole von der kleinen auf die große Gestalt mit ein. Und gleichzeitig schlüpft die große Gestalt auf dem Weg von drinnen nach draußen in die Königstracht ältester, traditionellster Machart: Drinnen trägt sie nichts weiter als spärlichen Schmuck und einen baumwollenen Hüftrock, draußen ist zu dieser bescheidenen Ausstattung die volle Tracht hinzugekommen. Außerdem wechselt der Große zugleich mit dem Standort von drinnen nach draußen – besonders augenfällig wird dies im Kreuztempel – in der lateralen Gliederung der Komposition in die Position des Kleinen hinüber. In allen drei Tempeln dokumentiert sich also in der Anordnung der Bilder die Verwandlung der großen Gestalt vom Erben zum König auf dem Weg von drinnen nach draußen, und im Rahmen dieses Programms erweist sich die kleinere Gestalt als Garant der Legitimität von Chan-Bahlums Anspruch auf den Thron – und *der* kann

der Natur der Sache nach nur sein Vater Pacal oder der Dynastiegründer Bahlum-Kuk sein.

(4) Und schließlich sollte auch nicht übersehen werden, daß bei der feierlichen Ernennung des Erben weder in Palenque noch in Bonampak der sechsjährige Knabe irgendeine aktive Rolle spielte. Er wurde öffentlich als designierter Thronerbe präsentiert, aber die Initiative dazu ging jeweils vom Vater, dem amtierenden König, aus, und die Regie der Veranstaltung lag ausschließlich in dessen Händen. In Bonampak war es nicht der Knabe, sondern Chaa-Muan, der in den Krieg zog, um für diesen Anlaß Gefangene zum Opfern herbeizuschaffen, und in Palenque verewigte Pacal das Dreizehn-Haab-Jubiläum der Ernennung seines Erben auf den Tableritos im Unterirdischen Gebäude des Palastes, ohne den Namen Chan-Bahlum auch nur zu erwähnen. Der sechsjährige Chan-Bahlum war im Ernennungsritual Objekt und Zielpunkt der Handlung; deren Ursprung und Quelle aber war sein Vater Pacal.

Die Plausibilität der Hypothese, derzufolge es sich bei der kleineren Figur um Chan-Bahlum bei der Erhebung zum Thronerben handelt, ist gestiegen mit der Entdeckung, daß im Blattkreuz- wie im Sonnentempel die Bilder auf der Außenseite der Türpfosten des Adytons Chan-Bahlum auf unterschiedlichen, mindestens zehn Tage auseinanderliegenden Etappen des Inthronisationsrituals darstellen. Der Umstand, daß Chan-Bahlum auf den äußeren Tafeln zu unterschiedlichen Zeiten und mit unterschiedlichen Handlungen befaßt zu sehen ist, erhöht die Wahrscheinlichkeit, daß er auch auf den inneren Tafeln in verschiedenen Altersstufen und bei unterschiedlichen Verrichtungen abgebildet sein könnte. Wir halten zwar diese Wahrscheinlichkeit für nicht sonderlich hoch, können jedoch andererseits auch nicht leugnen, daß sie überhaupt existiert und in jeder gründlichen Erwägung des Sachverhalts mitberücksichtigt werden muß.

28 Die Tzotzil sprechenden Maya von Zinacantán im Hochland von Chiapas betrachten noch heute die christlichen Kreuze zu Füßen ihrer heiligen Berge als Durchlaß ins Jenseits, wo ihre Ahnen wohnen. Die Schamanen dieser Gemeinde kommunizieren an diesen heiligen Stätten regelmäßig mit der übernatürlichen Welt (Vogt 1976).

29 Eine ausführliche Darstellung des Weltenbaum-Symbols und seiner Rolle in der Maya-Ikonographie des Todes und des Blutopfers bei Schele und M. Miller (1986, 76f., 265–315).

30 Der greise Gott rechts ist bis heute nicht mit letzter Sicherheit identifiziert. Kelley (1965) tippte auf Gott M, doch blieb dies eine unsubstantiierte Mutmaßung. Der gleichen Göttergestalt begegnet man in der Maya-Kunst nur noch ein einziges Mal, als kleine Ritzzeichnung auf einem Knochen, der möglicherweise aus der Region Palenque stammt (siehe Crocker-Delataille 1985, Bildtafel 395). Das Arrangement der zwei unter der Last des Throns gebeugten alten Götter nimmt, bis in Kleinigkeiten damit übereinstimmend, das Schema vorweg, nach dem auf spätklassischen Stelen in Cobá Gefangene dargestellt wurden (Thompson, Pollock und Charlot 1932).

31 Gott L ist heute als eine der wichtigsten Unterweltgottheiten identifiziert. Was aber im gegebenen Zusammenhang noch wichtiger ist, er ist der Gott, der am Tag 4 Ahau 8 Cumku, dem ersten Tag der gegenwärtigen Schöpfung, den Vorsitz in der Götterrunde führt (M. Coe 1973, 107ff.). Mit der wiederholten Aufnahme dieses Gottes in seine Bildwerke bringt Chan-Bahlum zum Ausdruck, daß er als König in der Lage ist, die Einflüsse des Gottes L und der anderen Bewohner von Xibalba in seinem Gemeinwesen unter Kontrolle zu halten, ja vielleicht will er damit dem Bildbetrachter sogar suggerieren, daß der Stifter sich der bereitwilligen Mitwirkung jener Götter an seinen Unternehmungen zum Wohl des Königreichs und seiner Bewohner zu versichern weiß.

32 Die Gruppe wurde erstmals von Berlin (1963) registriert und erhielt von ihm den Namen «Trias von Palenque», weil sie ihm in den Inschriften dieses Ortes zum erstenmal begegnete. Auf Berlins Entdeckung aufbauend, identifizierte Kelley (1965) in der Kreuzgruppe die Geburtsdaten der einzelnen Glieder der Trias; gleichzeitig zog er Parallelen zwischen diesen Maya-Gottheiten und anderen Mitgliedern des mesoamerikanischen Pantheons. Lounsbury (1976, 1980, 1985) löste einige Probleme die Chronologie ihrer Lebensgeschichten betreffend und identifizierte auf der Tafel des Kreuzes die Namen ihrer Eltern. Zudem stellte er ausführliche Überlegungen in bezug auf ihre Identität an. In künstlerischen

Darstellungen treten sie sowohl einzeln als auch in der Gruppe an mehreren Maya-Ruinenplätzen auf. Hochinteressant ist, daß GI und GIII, der Erst- und der Zweitgeborene der Trias, in der spätvorklassischen Ursprungsphase der Maya-Monumentalkunst die am häufigsten abgebildeten Götter sind. Anders als ihr Name vermuten lassen könnte, handelt es sich bei der «Trias von Palenque» keineswegs um Lokalgottheiten.

33 Der Text, der dieses Ereignis protokolliert, ist eine paarige Konstruktion, die die Handlung in zwei Etappen zerlegt. Im ersten Glied heißt es von dem Gott: *yoch-te ta chan*, «er ging in den Himmel ein». Im zweiten Glied weiht er ein Haus namens *wac-ah-chan xaman waxac na GI*, «Hochgehobener-Himmel-Nord-Acht-Haus GI». Die erste Glyphe im Namen des Hauses setzt sich zusammen aus dem Hauptzeichen «Himmel», dem Präfix «sechs» und zwei darübergesetzten *ah*-Zeichen. Das Maya-Wort für «sechs» lautet *wac*. Barrera Vasquez (1980, 906) führt ein Homophon an, das *«cosa enhiesta»* bedeute (spanisch *enhestar* = «aufrichten, errichten [hoch]stemmen, [hoch]heben»). *Wac-ah chan* heißt demnach «hochgehobener Himmel». Auf diesen Teil des Namens folgen die Glyphe für «Norden» *(xaman)* und ein Bild des Kopfs von GI mit der Zahl Acht *(waxac)* und einem phonetischen *na* («Gebäude») als Präfix.

Gemeint sein dürfte hier wahrscheinlich zunächst das Hochheben des Himmels aus der Ursee bei der Schöpfung, ein Akt, der bekanntermaßen in vielen mesoamerikanischen Schöpfungsmythen vorkommt. Weiter heißt das Haus *yotot xaman*, «Haus des Nordens». Und *wacah chan* wie dieses Haus heißen auch das Allerheiligste des Kreuztempels und der Weltenbaum auf der Tafel im Innern. Was der Gott also tat, war, den Himmel an Ort und Stelle zu schaffen und ihm seine Ordnung zu geben und so die zentrale Weltachse aufzurichten. Da dieser Akt zweimal mit dem Norden in Zusammenhang gebracht wird, meinen wir, daß er im Bewußtsein der Maya das gleiche bedeutete wie das Fixieren des Polarsterns als Nabe, um die sich der Sternhimmel dreht. In den Tropen liegt die Position des Polarsterns sehr viel niedriger über dem Horizont, und die Bewegung der Gestirne am Nachthimmel wirkt für das Auge sehr viel auffälliger als in den gemäßigten Breiten – fast so, als befinde sich der Beobachter im Innern eines riesigen Fasses und verfolge mit den Blicken die Wanderschaft der Lichtpunktkonfigurationen rund um die Faßwand. Die Nabe und die sie umkreisende Sternenarchitektur bilden den gegliederten Raum, in dem sich die Sonne und die Planeten bewegen – den Raum, den GI' 542 Tage, das sind eineinhalb Jahre, nach Beginn des gegenwärtigen Weltalters schuf (Schele 1987a; o. J. e).

34 Floyd Lounsbury gelang es als erstem, die Chronologie dieses schwierigen Textstücks zu entziffern. Der Text beginnt mit einer Distanzangabe, die auf 8.5.0 lautet, einem Verbum, das auf den Vorgang der Geburt verweist, und einer Folge von Glyphen, die 4 Ahau 8 Cumku, den Schöpfungstag, als Bezugsdatum angeben. Vor Lounsbury war man in der Forschung meist davon ausgegangen, daß der hier gemeinte Geburtsvorgang das Ereignis sei, auf das sich die Initialserie bezieht; unter dieser Voraussetzung wäre allerdings die Distanzangabe zwangsläufig falsch, denn das in der Initialserie bezeichnete Datum liegt nicht, wie im Text angegeben, 8.5.0, sondern 6.14.0 vor dem Tag 4 Ahau 8 Cumku. Aufgrund geläufiger Strukturen der Maya-Grammatik konnte Lounsbury demonstrieren, daß an der entsprechenden Stelle im Text auf zwei verschiedene Geburten verwiesen wird und daß der Name der am 8.5.0 vor Anbruch des Weltalters geborenen Person im Text ausgelöscht wurde. Wiederum unter Zugrundelegung bekannter grammatikalischer Strukturen läßt sich der fehlende Name jedoch rekonstruieren: Es muß der des Subjekts der nächstfolgenden Handlung sein. Der fragliche Name ist also derjenige des Gottes GI', der eineinhalb Jahre nach Beginn des gegenwärtigen Weltalters den Himmel ordnete. Siehe Lounsbury (1980 und 1985), wo die Chronologie und Grammatik der einschlägigen Textstellen sowie die Identität der Göttertrias von Palenque ausführlich erläutert sind.

35 Lounsbury (1976) bezeichnete die Produktion der Maya auf diesem Sektor als «Zahlenkonstruktionen». Diese bestehen jeweils in einer zweistelligen Relation kalendarischer Daten: Der erste Term der Relation ist gewöhnlich ein Datum vor dem 4 Ahau 8 Cumku, der zweite ein Datum von historischer Bedeutung im gegenwärtigen Weltalter. Die Distanzangabe (Zahl der Tage), die den zeitlichen Abstand zwischen den beiden Terminen bezeichnet, ist eine «konstruierte» Zahl in dem Sinn, daß sie bewußt als arithmetisches Produkt aus vielen Faktoren und damit als vielfältig teilbare Zahl gewählt wird, womit sich

für die zwei Daten die Chance erhöht, daß sie (quasi «von selbst») in kalendarischen Zählzyklen auf homologe Punkte fallen. Chan-Bahlums Zahlenmanipulation liegt in der Wahl der Daten 12.19.13.4.0 8 Ahau 18 Zec und 9.8.9.13.0 8 Ahau 13 Pop beschlossen: Die beiden Termine sind in der Langen Zählung durch eine Spanne von 9.8.16.9.0 – das sind 1 359 540 – Tagen voneinander getrennt. 1 359 540 ist das Produkt von

$$2^2 \times 3^2 \times 5 \times 7 \times 13 \times 83,$$

und daraus ergeben sich im einzelnen folgende Zahlenrelationen:

1 359 540 = 5229 × 260 (der gleiche Tzolkin-Tag in der Kalenderrunde)
3735 × 364 (rechnerische Jahre)
1734 × 780 (Marsjahr und drei Tzolkin [3 × 260])
1660 × 819 (der gleiche Tag im 819-Tage-Quadranten)
747 × 1820 (Sieben-Tzolkin- bzw. Fünf-Rechenjahr-Zyklen)
581 × 2340 (Übereinstimmung des Herrn der Nacht mit dem Tzolkin)
417 × 3276 (so kommen beide Geburtsdaten in den Südquadranten der 819-Tage-Zählung zu liegen)

Damit fällt Pacals Geburtsdatum im Verhältnis zu Frau Biests Geburtsdatum auf den gleichen Tag im Tzolkin (8 Ahau), die gleiche Position im Marsjahr und unter das Regiment desselben Herrn der Nacht. Wichtiger noch, alle beide wurden zwanzig Tage, nachdem die 819-Tage-Zählung in den gelben Südquadranten eingerückt war, geboren, und in beiden Fällen begann der Quadrant mit dem Tzolkin-Tag 1 Ahau.

36 Nach dem Schöpfungsbericht des *Popol Vuh* ist die Urmutter die Tochter eines der Herren von Xibalba. Nachdem der Schädel Urvaters sie geschwängert hat, indem er ihr in die Hand spuckt, muß sie vor dem Zorn ihres Vaters in die Menschenwelt fliehen. Wie in Chan-Bahlums Geschichte ist die Urmutter auch hier eine Wanderin zwischen den Welten.

37 Die zwei Geburtsdaten sind: GI' = 12.19.11.13.0 1 Ahau 8 Muan (16. Juni 3122 v. Chr.); GII = 1.18.5.4.0 1 Ahau 13 Mac (8. November 2360 v. Chr.). Zwischen ihnen liegt eine Zeitspanne von 1.18.13.9.0 = 278 460 Tagen. Diese Zahl ist das Produkt aus folgenden Faktoren:

$$2^2 \times 3^2 \times 5 \times 7 \times 13 \times 17,$$

und daraus ergeben sich im einzelnen wiederum folgende Zahlenrelationen:

278 460 = 1071 × 260 (gleicher Tag im Tzolkin)
357 × 780 (gleicher Tag im Marsjahr/3-Tzolkin-Zyklus)
119 × 2340 (derselbe Herr der Nacht)
765 × 364 (rechnerisches Jahr)
153 × 1820 (Sieben-Tzolkin-/Fünf-Haab-Zyklus)
340 × 819 (der gleiche Tag in der 819-Tage-Zählung)
85 × 3276 (der gleiche Quadrant der 819-Tage-Zählung [Osten, Rot, Anfangstag 1 Imix])

Die zwei Geburtsdaten fallen also auf den gleichen Tag im 260-Tage-Jahr (Tzolkin), der zudem in beiden Fällen vom selben Herrn der Nacht regiert wird, und im 819-Tage-Zyklus stimmen die Quadranten und die Tage überein. Der Urvater wurde noch im vorigen Weltalter geboren, sein Sohn GII ist sein Spiegelbild in der gegenwärtigen Schöpfung.

38 Die «Hand-mit-Fisch»-Glyphe kommt in Yaxchilán auf den Türstürzen 13, 14 und 25 im Kommentar zu Szenen mit der Visionsschlange vor, auf den Türstürzen 39, 40 und 41 in der Erklärung von Bildern, die Vogel-Jaguar und zwei seiner Ehefrauen mit doppelköpfigen Schlangenstäben zeigen. Mit anderen Worten, die Tätigkeit, auf die dieses Wort verweist, ist die Beschwörung der Visionsschlange. Wenn die Wurzel durch ein Beugungssuffix transitiviert ist, folgt auf die Glyphe ein *k'ul*-(«heilig»-)Zeichen, woraus hervorgeht, daß der

Gegenstand der Tätigkeit der «heilige» Körpersaft: das Blut ist. In Fällen, wo kein *k'ul*-Zeichen steht, nimmt Gott K den Platz des Objekts in der transitiven Verbalphrase ein (worauf wir uns allerdings vorläufig noch keinen Reim zu machen wissen). Nicht auszuschließen ist, daß diese Zusammenstellung von Gott K mit der «Hand-mit-Fisch»-Glyphe und das häufige Vorkommen des Gottes im Maul des einen Kopfs am doppelköpfigen Schlangenstab ein und dieselbe Wurzel haben. Aus dem Rachen der Schlange tritt häufig die durch den Ritus erzeugte Vision hervor. «Eine Vision (beziehungsweise eine Gottheit) beschwören» wäre für den Augenblick eine angemessene Paraphrase für den Inhalt der «Hand-mit-Fisch»-Glyphe; die Entdeckung der noch ausstehenden phonetischen Lesung könnte in Zukunft unter Umständen noch ein metaphorisches Schema oder einen Bezug auf inhaltliche Aspekte der Vision enthüllen.

39 Constance Cortez (1986) und andere Forscher identifizieren diesen Vogel mit dem Vucub-Caquix des *Popol Vuh*. Nach Cortez repräsentiert er die Idee der Naturordnung. Wenn er der Versuchung der Hybris erliegt und sich verleiten läßt, mit der Glorie der Sonne zu wetteifern, gerät die natürliche Welt aus den Fugen. Im *Popol Vuh* widersetzen sich ihm die Zwillingsheroen, und indem sie ihn bezwingen, bringen sie die Natur ins alte Gleichgewicht und in ihren geordneten Lauf zurück. In dieser Sicht repräsentiert der Himmelsvogel ein Universum, dessen Ordnung durch den König in seiner Eigenschaft als Inkarnation der Zwillingsheroen gestiftet und bewahrt wird.

40 Auf der Tafel des Kreuzes sind diese Geschehnisse unmittelbar hinter Chan-Bahlums Beinen verzeichnet und mittels einer Distanzangabe mit seiner Thronbesteigung verknüpft.

41 Lounsbury (persönliche Mitteilung 1978) entdeckte als erster, daß Jupiter und Saturn an ihren stationären Punkten in weniger als 5 Grad Abstand festgenagelt waren. 1980 informierte er Dieter Dütting über diese Konstellation, und Dütting und Aveni (1982) erweiterten die Himmelserscheinung unter Einbeziehung von Mars und Mond zur Vierfachkonjunktion. Und zwar lokalisierten sie die Planeten für den 20. Juli 690 des Julianischen Kalenders an folgenden Koordinatenpunkten:

Planet	**Länge**	**Breite**
Mars	219,10°	−2,18°
Jupiter	221,94°	+0,83°
Saturn	225,52°	+2,04°
Mond	231,80°	−1,80°

Die Autoren beschreiben die Erscheinung folgendermaßen: «[...] alle vier Planeten standen im Sternbild Skorpion dicht beieinander (eine Vierfachkonjunktion), und sie müssen ein beeindruckendes Bild abgegeben haben, wie sie da mit dem rötlich schimmernden Antares nur wenige Grad südlich von der Gruppe über dem Höhenkamm lagerten, der den südlichen Horizont von Palenque bildet. In der Nacht vor dem 2 Cib 14 Mol befand sich der Mond noch am westlichen Ende der Planetenreihe, aber in der Nacht danach war er schon weit nach Osten abgerückt. Im Vor- und im Folgemonat hielt sich Mars in deutlicher Entfernung von Saturn und Jupiter. Das Datum der Inschrift bezeichnet also fraglos den optimalen Zeitpunkt, zu dem die vier auf engstem Raum beieinanderstanden.» Und weiter: «Konjunktionen von Jupiter und Saturn mit einer gewissen Maßtoleranz beim Abstand treten zwar nach überschlägiger Schätzung etwa fünfmal in jedem Jahrhundert auf, mit einem dritten Planeten in der Konstellation vermindert sich die Häufigkeit des Auftretens jedoch auf etwa einmal pro Jahrhundert.» Dütting und Aveni halten es für wahrscheinlich, daß die Palencanos die Himmelserscheinung als Erneuerung der Geburt der Göttertrias verstanden, wobei der Mond die Rolle der Mutter spielte. Für diese Auffassung spricht nicht zuletzt der Umstand, daß Chan-Bahlum in seiner Chronologie eine sorgfältige Verknüpfung zwischen den Geburtsdaten der Götter und dem Tag 2 Cib 14 Mol herstellte.

 Auf den vielleicht bemerkenswertesten neuen Befund im Zusammenhang mit diesem

Datum stießen unabhängig voneinander gleichzeitig Stephen Houston und David Stuart einerseits (mitgeteilt in einem Brief mit Datum vom 19. Oktober 1989) und Nikolai Grube andererseits (mitgeteilt in einem Brief gleichen Datums). Das Ereignis jenes Tages wird auf der Tafel der Sonne mit *pili u waybil* und in den anderen Tempeln mit *pili u chiltin* wiedergegeben. Sowohl Houston und Stuart als auch Grube identifizieren *way* und sein Vergangenheitspartizip *waybil* als das Maya-Wort für das, was im Aztekischen «Nagual» heißt, das Alter ego in Geist- oder Tiergestalt. Im Tzotzil des 16. Jahrhunderts (einem dem in Palenque gesprochenen Chol sehr ähnlichen Dialekt) bedeutet *chi'il* «Gefährte, Vertrauter (oder vertrautes Ding), Freund» (Laughlin 1988, 189).

Das Verbum, das phonetisch *pi-lu-yi* geschrieben wird, scheint eng verwandt zu sein mit dem Chol-Verbum *pi'len*, dessen Bedeutung mit «*acompañar* (begleiten)» und «*tener relación sexual* (eine sexuelle Beziehung haben)» angegeben wird (Aulie und Aulie 1978, 93). Von der zuletzt genannten Bedeutung weiß man, daß die Maya sie als Metapher für die astronomische Konjunktion gebrauchten, und ebendies ist ja das in der fraglichen Aussage protokollierte Ereignis. Nach Grubes brieflich mitgeteilter Ansicht betrachteten die Palencanos die Planeten als die Naguals (beziehungsweise als die spirituellen Alter egos) der Göttertrias von Palenque, und am 2 Cib 14 Mol waren die Naguals der Trias in Konjunktion (beziehungsweise zu einem Treffen zusammengekommen). Kombiniert man diese Perspektive mit derjenigen von Dütting und Aveni, so ergeben sich neue, bedeutsame Erkenntnisse darüber, wie die Palencanos die Himmelserscheinungen verstanden: An jenem Tag beispielsweise waren die Naguals der Göttertrias – Jupiter, Saturn und Mars – mit dem Nagual ihrer Mutter – dem Mond – zusammengetroffen.

Die aufsehenerregende Himmelserscheinung war offenbar der Grund dafür, die insgesamt drei Tage währenden Hausweiheriten auf den betreffenden Termin zu verlegen. Allerdings sollte auch nicht übersehen werden, daß dieser Termin nahe bei dem fünfundsiebzigsten Tropenjahr-Jubiläum von Pacals Thronbesteigung lag, das nur fünf Tage nach der Himmelserscheinung anstand. In Anbetracht von Chan-Bahlums Eifer, die Legitimität seines Thronanspruchs zu demonstrieren, muß man sich sagen, daß auch dieses Jubiläum in seine Terminkalkulation hineingespielt haben dürfte.

42 Die Frage, welches Bauwerk konkret als das «Mah Kina Bahlum-Kuk Na» zu betrachten ist, läßt mehrere Antworten zu. Für den Kreuztempel spricht das stärkste Argument: In ihm befindet sich die Herrscherliste, in der Bahlum-Kuk als Gründer der Dynastie genannt ist. Aber andererseits folgen in dem Text im Rücken Chan-Bahlums auf der Tafel des Blattkreuzes der Name Chan-Bahlum und die Wörter *pib nah* und *yotot* aufeinander in einem Kontext, der sich möglicherweise auf den umgebenden Blattkreuztempel bezieht. Wir glauben allerdings, daß Chan-Bahlum mit dem «Mah-Kina-Bahlum-Kuk»-Bauwerk die Kreuzgruppe im ganzen meinte. Die letzte und sehr geringe Möglichkeit wäre, daß der Inschriftentempel gemeint ist. Mathews (1980) identifizierte über den Pfeilern des Inschriftentempels eine Initialseriendatierung, die in der 819-Tage-Zählung mit der 2-Cib-14-Mol-Ereignisreihe zusammenpaßt. Seiner Meinung nach könnte sich die Datumsangabe auf die Himmelserscheinung, ebensogut aber auch auf den 3 Caban 15 Mol beziehen, in welch letzterem Fall Chan-Bahlum an diesem Tag das Grabmal seines Vaters geweiht hätte. Diese Hypothese ist von allen vier die am wenigsten zufriedenstellende: Chan-Bahlum legte erkennbar großen Wert darauf, die Parallelität zwischen seiner eigenen Aktion vom 3 Caban 15 Mol und der von GI' getätigten mythischen Hausweihe herauszustellen. In unseren Augen erscheint die Annahme viel logischer, daß es seine eigenen Bauwerke waren, die er zum Gegenstand solcher Tüfteleien machte.

43 Im Blattkreuz- und im Sonnentempel steht zwischen 3 Caban 15 Mol und dem Blutentnahmeakt eine Distanzangabe von drei Tagen. Auf der Tafel des Kreuzes indes ist der 3 Caban 15 Mol überhaupt nicht genannt; dort muß die Distanzangabe auf das Datum der Himmelserscheinung, den 2 Cib 14 Mol, bezogen werden. Der Tag des Blutopfers ist demnach nicht 6 Ahau 18 Mol, sondern 5 Cauac 17 Mol.

44 Reste der Pfeilerreliefs der Kreuzgruppe sind nur noch vom Sonnentempel erhalten. Die Inschrift ist lückenhaft, das Datum jedoch zweifelsfrei als der 9.2.19.14.12 5 Eb 5 Kayab zu identifizieren, und das Verbum ist dasselbe wie im Inneren des Gebäudes. Initial- und Ergänzungsserie befanden sich auf dem südlichen, Verbum und Akteur auf dem nördlichen

Pfeiler. Die Figuren auf den inneren Pfeilern sind weitgehend zerstört, aber auf Pfeiler C ist noch ein flexibler Schild mit Tlaloc-Bild zu erkennen. Die Tlaloc-Symbolik stand bei den Maya in Verbindung mit Blutopfer und Krieg, von daher gesehen, dürfen wir mit einer gewissen Berechtigung spekulieren, daß die Ereignisse des 5 Eb 5 Kayab die Erbeutung und Opferung von Kriegsgefangenen mit einschlossen. Die Pfeilerreliefs der beiden anderen Tempel der Kreuzgruppe sind restlos untergegangen, da jedoch die Treppenrampen und der Dekor der Türpfosten des Adytons in allen drei Tempeln im wesentlichen die gleiche Information nach dem gleichen Diskursschema darbieten, ist die Extrapolation erlaubt, daß es mit den Pfeilerreliefs der drei Tempel in dieser Beziehung nicht anders stand.

45 Zwar spielten für Chan-Bahlum astronomische Gegebenheiten bei Terminfestlegungen eine wichtige Rolle – er beendete die Feierlichkeiten anläßlich seiner Thronbesteigung im Zeichen einer maximalen Elongation der Venus und weihte die Kreuzgruppe zum Zeitpunkt einer ausgefallenen Planetenkonstellation –, doch die Wahl des Zeitpunkts für die Weihe der *pib na* traf er unbeeinflußt von derlei Rücksichten. Gleich Ah-Cacaw von Tikal ließ er sich von einem wichtigen Jubiläum motivieren, einen Tlaloc-Feldzug zu unternehmen.

Ein Zusammenhang des 5-Eb-5-Kayab-Termins mit dem Venuszyklus drängt sich zwar nicht gerade auf, könnte aber trotzdem bei der Wahl des Zeitpunkts für die Weihe der Adyta eine gewisse Rolle gespielt haben. Chan-Bahlums Inthronisationsritual hatte sich über zehn Tage hingezogen und im Zeichen der maximalen Elongation der Venus als Morgenstern seinen Abschluß gefunden. Die Weihe der *pib na* fand fast genau fünf Venusjahre danach statt, allerdings trennten den Planeten zu dem fraglichen Termin zwanzig Tage vom Elongationspunkt. Möglich, daß Chan-Bahlum bei der Festsetzung des Termins für die Weihe der *pib na* Rücksicht sowohl auf Pacals Tropenjahr-Jubiläum wie auf sein eigenes Venusjahr-Jubiläum nahm. Wie dem auch sei, jedenfalls spielte Venus in diesem Zusammenhang nicht die Hauptrolle.

46 Vom Türpfostendekor der Adyta ist aus allen drei Tempeln nur jeweils eine Tafel erhalten und von diesen wiederum nur die Tafel aus dem Blattkreuztempel vollständig. Da die Tafel auf dem Pfosten und die auf der Außenwand ein kompositorisches Ganzes bildeten, griff die Randleiste der äußeren Tafel an der Pfostenkante wie ein Scharnier auf den Rand der inneren Tafel über. Die Kenntnis dieses Sachverhalts erlaubt die Feststellung, daß die erhaltenen Tafeln sämtlich von den rechten Pfosten stammen. Die Möglichkeit, daß auf den linken Pfosten die Geburtsdaten der Göttertrias verzeichnet waren, ist also zumindest nicht von vornherein auszuschließen; solange jedoch keine weiteren Tafelfragmente auftauchen, werden wir uns kein zuverlässiges Bild von der Gesamtkomposition machen können.

47 Am augenfälligsten zeigt sich dieser Zusammenhang zwischen dem zentralen Bildmotiv und dem Namen des Allerheiligsten im Fall des Blattkreuztempels. Hier ist das Bildmotiv eine Maispflanze (von den Maya als «Baum» kategorisiert), die aus einem Monster mit Kan-Kreuz auf der Stirn hervorwächst, und der Name des Hauses ist als Baum-Zeichen über einem Kan-Kreuz geschrieben. Da der gleiche Zusammenhang auch für die beiden anderen Tempel gelten muß, können wir davon ausgehen, daß der Name des Baums auf der Blattkreuztafel *wacah chan* lautet. Beim Sonnentempel stößt man auf gewisse Schwierigkeiten, aber die Glyphe auf der Rampe ist eine Variante der «Frühsonne-über-dem-Horizont»-Glyphe, der wir in Kapitel 8 in einem Personennamen begegnen werden. Im gegebenen Fall ist ihr *Mah Kina* vorangestellt, was möglicherweise zur Unterstreichung der Tatsache dient, daß der GIII-Schild im zentralen Bildmotiv dieses Tempels die Sonne repräsentiert.

48 Der hier benutzte Ausdruck ist die Glyphe T606, die gelegentlich als «Kind der Mutter...» interpretiert wurde (Schele, Mathews und Lounsbury o. J.). David Stuart (o. J.) schlug vor kurzem die Lesung *u huntan* vor, die im Motul-Wörterbuch des Yucatekischen mit «sich einer Sache annehmen» und «etwas mit Sorgfalt und Liebe zur Sache tun» paraphrasiert ist. Stuart zufolge bezieht der Ausdruck sich auf das Kind als Gegenstand mütterlicher Hege und Pflege. In ebendiesem Sinn hat man die Beziehung zwischen den Göttern der Trias und dem König zu verstehen: Sie sind «Gegenstände seiner Fürsorglichkeit», und er sorgt für sie wie eine Mutter.

49 Wie schon im Zusammenhang mit der Himmelserscheinung vom 2 Cib 14 Mol sind die Götter hier als «Schützlinge» Chan-Bahlums tituliert. Das gleiche Verhältnis zwischen diesen Göttern und dem König ist in Katun-Ende-Protokollen im Tempel der Inschriften auch für Pacal angegeben. Die betreffende Glyphe – es ist T1.I.606:23 *(u huntan)* – identifiziert den König als die Pflegeperson der Götter, den Pfleger, der im gleichen Sinn für sie sorgt wie eine Mutter für ihre Kinder. Ausgehend von der Tatsache, daß die Maya den Blutentnahmeakt als buchstäbliches Gebären der Götter verstanden (Stuart 1984a), kommen wir zu dem Schluß, daß der König seiner Pflicht als Pfleger und Ernährer der Götter im Rahmen des Blutentnahmerituals genügte.

Welche Wichtigkeit bei den Maya dem Amt des «Ernährers der Götter» zukam, belegt der Schöpfungsmythos in der Form, wie das *Popol Vuh* ihn erzählt. Das folgende Zitat nennt den Grund, weshalb die Götter nach dem ersten, fehlgeschlagenen Versuch, den Menschen zu schaffen, nochmals von vorn begannen.

> So galt es denn einen neuen Versuch, den Menschen zu schaffen und zu bilden. Der Schöpfer, der Former und die Erzeuger sagten: «Auf ein neues! Schon naht die Morgenröte. Schaffen wir jene, die uns erhalten und ernähren. Was ist zu tun, daß man uns erhalte und erinnere auf der Erde? Schon schufen wir unsere ersten Werke, unsere ersten Wesen. Aber sie konnten uns nicht preisen und verehren. Laßt uns denn ein Wesen schaffen, das gehorsam sei und ergeben und uns nährt und erhält.»
>
> Also sprachen sie. (Cordan 1987, 33)

Für den Unterhalt seines Königs sorgte ein Gemeinwesen mit Tributen; das Quiché-Wort *tzuqul*, «Versorgung», heißt «ernähren, erhalten, aufziehen, knospen, sprießen, in Aufzucht nehmen, mit Tributen für jemandes Unterhalt sorgen» (Edmonson 1965, 136). Die Götter hingegen wurden mit Blutopfern erhalten und ernährt. Wenn er seine Funktion als «Pfleger der Götter» ausübte, wurde der König zur Mutter, die die Götter zur Welt brachte und im Dasein erhielt. Auf diese Metapher nimmt Chan-Bahlum im Dekor der Türpfosten seiner Heiligtümer Bezug.

50 In den Protokollen seiner Inthronisation beschwor Chaacal III. die Inthronisation von Frau Biest, um seine eigene Mutter mit der göttlichen Urmutter der Dynastie von Palenque in Parallele zu setzen. Chan-Bahlums jüngerer Bruder Kan-Xul fiel nach langer Herrschaft in die Hände eines Königs von Toniná. Dieses politische Desaster warf in Palenque allem Anschein nach einige Probleme bei der Thronfolge auf. Chaacal III., der als nächster auf den Thron gelangte, wählte das Datum seiner Inthronisation so, daß sich eine konstruierte Relation zum Inthronisationsdatum von Frau Biest ergab (Lounsbury 1976, 220f.). Noch interessanter ist, daß Frau Biests Inthronisationsdatum auf der Tafel des Kreuzes fehlerhaft wiedergegeben ist. Die Angabe beruht auf zwei Versehen:

(1) Die Distanzangabe wurde fälschlich unter Zugrundelegung des Datums 1 Ahau 18 Zotz' der 819-Tage-Zählung errechnet und nicht, wie es richtig gewesen wäre, mit Bezug auf das Datum 8 Ahau 18 Zec der Initialserie.

(2) Um das durch die Distanzangabe bezeichnete Kalenderrundendatum zu ermitteln, arbeitete der Schreiber mit zwanzig rechnerischen Jahren (jeweils 1.0.4.0 Tage der Langen Zählung). Wird zu einem Datum ein rechnerisches Jahr hinzuaddiert, bleibt in der Kalenderrunde die Tzolkin-Komponente insgesamt und in der Haab-Komponente die Tageszahl unverändert, aber der Monat fällt um eine Stelle in der Folge zurück, wie im folgenden exemplifiziert:

    1.12.19.0.2 9 Ik 0 Cumku + 1.0.4.0 =
    1.13.19.4.2 9 Ik 0 Kayab + 1.0.4.0 =
    1.14.19.8.2 9 Ik 0 Pax + 1.0.4.0 =
    1.15.19.12.2 9 Ik 0 Muan + 1.0.4.0 =
    1.16.19.16.2 9 Ik 0 Kankin + 1.0.4.0 =
    1.18.0.2.2 9 Ik 0 Mac + 1.0.4.0 =

1.19.0.6.2 9 Ik 0 Ceh + 1.0.4.0 =

2.0.0.10.2 9 Ik 0 Zac + 1.0.4.0 =

2.1.0.14.2 9 Ik 0 Yax

Die erwähnte Distanzangabe reicht vom 12.19.13.3.0 1 Ahau 18 Zotz' (im 819-Tage-Zyklus) bis zum neunten, dem letzten Zählschritt des obigen Schemas. Der Text nennt aber als Kalenderrundendatum 9 Ik 0 Zak, den vorletzten Zählschritt. Der Schreiber machte einen Schritt vor der richtigen Lösung halt.

Die Maya wußten selbst, daß sie hier einen Fehler gemacht hatten, denn schon die nächste Angabe zählt vom neunten, nicht vom achten Kalenderrundendatum weiter. Kann sein, daß sie das Versehen im Text stehen ließen, weil sie dachten, es sei auf göttliche Einwirkung zurückzuführen. Chaacal III. jedoch legte bei der Konstruktion von kalendarischen Homologien zwischen seiner eigenen und Frau Biests Inthronisation die falsche Kalenderrunde zugrunde. Wie es scheint, hatte Geschichte, war sie erst einmal in Stein gemeißelt, in den Augen der Maya Offenbarungscharakter.

7 Vogel-Jaguar und die Cahalob

1 Laut Teobert Maler (1901–1903) waren die Tempel von Yaxchilán weiß gestrichen. Im Innern lief auf der Mittelwand ein rotes Band entlang der Kämpferlinie.

2 Maudslay nannte den Ruinenplatz nach der in der Nähe lebenden Maya-Gemeinschaft *Menché Tinamit*. Maler (1901–1903, 104) fand diesen Namen nicht authentisch genug und bildete einen neuen durch Zusammensetzung der Elemente *yax*, «blau» beziehungsweise «grün», und *chilan*, ein Wort, das seiner Meinung nach «verstreut Herumliegendes» bedeutete und das er auf den Ruinenschutt bezog. Malers Namensprägung hat sich gehalten – bedauerlicherweise, muß man sagen, denn der Name, den Maudsley wählte, entspricht wahrscheinlich in sehr viel höherem Grad dem Namen, mit dem die entlang dem Fluß lebenden Indianer die antike Stadt bezeichneten.

3 Tatiana Proskouriakoff (1963/64) veröffentlichte zwei eingehende Studien zu den Lebensgeschichten Schild-Jaguars und Vogel-Jaguars, die noch heute als Musterbeispiele für die historische Erforschung der Maya-Inschriften gelten können.

4 In ihrer Untersuchung zur Geschichte des Königtums und der geographischen Ausrichtung von Bauwerken in Yaxchilán verzeichnet Carolyn Tate (1986b) eine Reihe von Tempeln, die zum Zeitpunkt der Sommersonnenwende der aufgehenden Sonne zugewandt sind. Da in Yaxchilán viele Gebäudeweihen am oder um den Tag der Sommersonnenwende stattfanden, ist diese Ausrichtung sicher nicht zufällig.

5 Der Name dieses Königs schreibt sich als Jaguarkopf, gekrönt von einem Affix, das das *Membrum virile* bezeichnet. Er lautete also aller Wahrscheinlichkeit nach Yat-Balam, «Jaguarpenis». Als «Stammvater-Jaguar» wurde er jedoch durch eine Veröffentlichung im *National Geographic Magazine* vom Oktober 1985 bekannt.

6 David Stuart (persönliche Mitteilung 1984) identifizierte als erster das Protokoll der Inthronisation von Stammvater-Jaguar auf der Hieroglyphentreppe 1. Die überzeugendste Rekonstruktion der Datumsangabe lautet 8.14.2.17.6 7 Cimi 14 Zotz'. Die letzte Datumsangabe in Yaxchilán – 9.18.17.13.14 9 Ix 2 Zec (13. April 808) – erscheint auf Türsturz 10, einem Monument Ma Kina Ta-Schädels, des letzten Vertreters der Dynastie auf dem Thron. Es besteht kein Zweifel, daß Yaxchilán innerhalb von fünfzig Jahren nach diesem Datum aufgegeben und verlassen war.

7 Die große Mayanistin Tatiana Proskouriakoff veröffentlichte zu ihrer Zeit zwei bahnbrechende Aufsätze, in denen sie erstmals ihre «historische Hypothese» vortrug: die Überzeugung, daß die Inschriften der Maya in erster Linie historische Ereignisse zum Gegenstand haben. Im ersten dieser Aufsätze (Proskouriakoff 1960) bezog sie die Beweise für ihre These aus Beobachtungen der Dynastiegeschichte von Piedras Nigras; damals fügte sie jedoch den

Maya-Herrschern, die sie zu identifizieren vermochte, noch keine individuellen Namen bei. Aber in einem zweiten Aufsatz (Proskouriakoff 1961a), in dem sie ihre Methode für ein breiteres Publikum erläuterte, bezeichnete sie sowohl die beiden großen Monarchen von Yaxchilán wie auch andere Große der Maya-Geschichte mit ihren mutmaßlichen Namen.

Die sechs Jahre von 1958 bis 1964 sind eine herausragende Periode in der Geschichte der Mayanistik. Proskouriakoffs Studien waren in kurzem Abstand auf eine Untersuchung Heinrich Berlins (1959) gefolgt, in der ihre Ergebnisse in Grundzügen bereits vorweggenommen waren. Berlin hatte auf den Seitenwänden des Sarkophags im Inschriftentempel in Palenque die Namen historischer Persönlichkeiten identifiziert. Und noch kein volles Jahr nach Proskouriakoffs zweitem Aufsatz brachte David Kelley (1962) seine grundlegende Studie zur Geschichte Quiriguás heraus. Mit diesen bahnbrechenden Arbeiten kam das Verständnis auf für die Form der Geschichtsschreibung der Maya und für ihre Geschichte, so wie sie selbst sie sahen und gesehen haben wollten.

8 Unsere Darstellung der Geschichte Yaxchiláns schöpft aus verschiedenen Quellen, unter anderem aus den einschlägigen Aufsätzen von Proskouriakoff (1963/64), Carolyn Tates (1986a) Untersuchungen zu Bau- und Staatskunst in Yaxchilán, Peter Mathews' (1975) Studie über die historischen Anfänge des Ortes und nicht zuletzt aus jahrelangem mündlichen und schriftlichen Gedankenaustausch mit Peter Mathews und David Stuart. Nach der Niederschrift des Manuskripts zu Kapitel 7 ging uns ein Exemplar von Peter Mathews' (1988) Dissertation über die Skulpturen Yaxchiláns zu, deren Befunde, soweit in unserem Zusammenhang von Interesse, wir nachträglich in unseren Text eingearbeitet haben.

9 Schild-Jaguars Geburtsdatum ist auf keinem der erhaltenen Monumente Yaxchiláns überliefert, aber Proskouriakoff (1963/64) konnte es aufgrund anderweitiger epigraphischer Befunde rekonstruieren in der Form: 9.10.15.0.0 ± 5 Jahre.

10 Den Namen Schild-Jaguar – der im Maya vermutlich Xtz'unun-Balam lautete – trugen auch der dritte und achte Dynast. Schild-Jaguars Vater war Vogel-Jaguar III., dessen Enkel Vogel-Jaguar der Große war in der Dynastie der vierte Träger des Namens Vogel-Jaguar. Wir werden Vogel-Jaguars des Großen gleichnamigen Großvater hier als Sechs-Tun-Vogel-Jaguar anführen, weil seine Namensglyphe in allen Fällen ein Sechs-Tun-Zeichen enthält, das im Namen seines Enkelsohns nicht vorkommt.

11 Das Ereignis, ein «Beil»-Krieg mit «Gefangennahme», ist auf der Inschriftentreppe von Gebäude C des Palastes in Palenque protokolliert mit dem Datum 9.11.1.16.3 6 Akbal 1 Yax (28. August 654). Der fürstliche Teilnehmer aus Yaxchilán war Balam-Te-Chac, der als *yitah*, «Geschwister», Schild-Jaguars, des Ahau von Yaxchilán, vorgestellt wird. In der epigraphischen Urkunde Yaxchiláns kommt dieser Bruder oder Halbbruder nicht vor; in Palenque allerdings erscheint er unzweifelhaft in einem Handlungszusammenhang, bei dem es um das Kriegführen und Gefangenemachen geht. Man beachte, daß Schild-Jaguar zur fraglichen Zeit bereits designierter Thronerbe war; denn warum sonst wohl hätte Pacal seinen Besucher aus Yaxchilán als Bruder eines Elfjährigen, der kein König war, vorstellen sollen?

12 Der hier für die Verwandtschaftsbeziehung gebrauchte Ausdruck *ihtan* bedeutet im heutigen Chorti «Geschwister», allerdings sind im verwandtschaftlichen Kategoriensystem vieler Maya-Gruppen «Geschwister», neben den Brüdern und Schwestern vom selben Elternpaar und Halbbrüdern und -schwestern von einem gemeinsamen Elternteil, auch die Abkömmlinge des Vaterbruders. Der Gefangene aus Yaxchilán muß demnach nicht unbedingt ein Sohn Sechs-Tun-Vogel-Jaguars, sondern könnte auch dessen Neffe gewesen sein.

13 Auf Türsturz 45 wird Ah-Ahaual vorgestellt als *yahau* = «Ahau [König] von» einem Herrschaftsgebiet, dessen Name mit einem Schlangenleibsegment, suffigiert mit einem *ni*-Phonem, wiedergegeben ist. Auf Stele 19 ist dieselbe Lokalität phonetisch mit *ma* und *na* umschrieben. Da jenes Schlangenleibsegment auch in der Glyphe *xaman*, «Norden» vorkommt, und zwar mit dem Lautwert *ma* oder *man*, meinen wir, daß der fragliche Ort bei den Maya damaliger Zeit *Man* hieß. Die bewußte Emblemglyphe taucht noch in anderen Zusammenhängen auf, so etwa auf Stele 5 in Tikal im Namen der

Mutter von Herrscher B. Bis jetzt ist es noch nicht gelungen, die Emblemglyphe einem bestimmten Ruinenplatz zuzuweisen; die Tatsache, daß Schild-Jaguar sich auf einen Gefangenen aus diesem Reich kaprizierte, beweist jedoch, daß es in der Welt der Maya großes Prestige genoß.

14 Nach allem, was wir heute von der Geschichte der Maya wissen, war dies ein einzigartiger Vorgang. Frauen kommen in den historiographischen Inschriften der Maya sonst allenfalls in ihrer Eigenschaft als Ehefrau oder als Mutter großer Herrscher vor. Zwar sind aus Palenque zwei Fälle bekannt, in denen eine Frau als Königin aus eigenem Recht herrschte, doch Tempel 23 in Yaxchilán ist das einzige große Monument, das von einer Frau als ihre persönliche Ruhmeshalle geweiht wurde. In der Ausgefallenheit des Vorgangs zeigt sich, welch wichtige Rolle diese Frau in der Geschichte Yaxchiláns spielte.

15 In Yaxchilán benutzten die Könige für die Plakatierung ihrer politischen Botschaften zweierlei Trägermedien: zum einen die vor den Tempelpyramiden aufgestellten großen Baum-Stein-Platten, zum anderen die steinernen Oberschwellen («Türstürze» oder «Linteln») in den Eingängen zum Innern der Tempelbauten. Die Lokaltradition schrieb für die Baum-Steine zwei Bilder mit komplementären Sujets vor (Tate 1986b): Die dem Tempel zugewandte Seite des Monuments hatte ein Blutentnahmeritual zur Feier des Endes einer Kalenderperiode und die zum Fluß hinüberblickende Seite eine Gefangennahme zu zeigen. Auf den Türstürzen dagegen war jeweils nur eine Szene zu sehen; da jedoch ein Bauwerk in der Regel mehrere Eingänge mit ebensovielen skulptierten Oberschwellen hatte, konnten die einzelnen Bilder als Elemente einer übergreifenden Komposition gestaltet werden. Es kamen entweder das eine oder das andere von zwei beliebten Kompositionsschemata oder beide zusammen mit einer Mischform zum Zuge: Die Schreiber konnten entweder unterschiedliche Aktionen und Akteure durch Versammlung im Bildprogramm eines einzigen Gebäudes in inhaltliche Beziehung zueinander setzen. Oder sie konnten ein einzelnes Ritual in Facetten oder einen Text in Teile zerlegen und diese dann auf *mehrere* Türstürze eines einzelnen Gebäudes verteilen. Auch Kombinationen der beiden Verfahrensweisen waren möglich. Damit verfügte der König über ein reichhaltiges rhetorisches Instrumentarium, das ihm von Fall zu Fall die Konstruktion von zwingenden Begründungen seines politischen Handelns ermöglichte. Es lag in seinem Ermessen, seinem Tun dessen historische Deutung gleich mitzugeben, indem er es mit den Mitteln der Kunst in den Zusammenhang der historischen und kosmischen Notwendigkeiten einordnete. Diese retrospektive Vernetzung unterschiedlicher Ritualakte und Ereignisse wurde zum Merkmal der politischen Rhetorik Yaxchiláns.

16 Bei der Rekonstruktion dieses Datums kam Proskouriakoff (1963/64) auf den 9.14.8.12.5. Demgegenüber machte Mathews (persönliche Mitteilung 1979) darauf aufmerksam, daß das Ereignis ein zweitesmal protokolliert wurde, und zwar auf Türsturz 23, wo das Datum zweifelsfrei als 9.14.14.13.17 zu identifizieren ist, eine Lesung, die noch bekräftigt wird durch den Umstand, daß auf Türsturz 26 G7 als regierender Herrscher der Nacht ausgewiesen ist. Wir haben uns im Text Mathews späterer Datierung angeschlossen.

17 Auf diesen Türstürzen koexistieren (und interferieren) drei verschiedene erzählerische Sujetkompositionen: 1. Die Inschriften auf der Außenseite: Sie protokollieren drei isolierte Abschnitte aus dem Tempelweiheritual (die Außenseite von Türsturz 24 wurde bei den Vorbereitungen für den Transport nach England zerstört [Graham 1975–1986, Bd. 3, 54]). 2. Die Inschriften auf der Unterseite: Sie geben die historischen Ereignisse in zeitlicher Folge wieder. 3. Die Bilder auf der Unterseite: Sie illustrieren die Blutentnahmerituale, die anläßlich jener Ereignisse stattfanden, wobei jedes Bild eine andere Etappe des Rituals festhält. So konnten die Bildhauer gleichzeitig die ganze Ritualhandlung in ihren wesentlichen Schritten und drei verschiedene historische Realisationen des Rituals abbilden. Eine ausführlichere Darstellung der Ikonographie dieser Türstürze und der abgebildeten Ritualakte geben Schele und M. Miller (1986).

18 Im Hintergrund neben dem Kopf der Schlange ist eine zweite Glyphe zu sehen, die zwei gekreuzten Fackeln ähnelt. Es ist das gleiche Zeichen, das in Copán in der «Dynastenzählung»-Komponente von Herrschertiteln den Namen des Dynastiegründers vertreten kann. Das Vorkommen dieses Zeichens in der Namensglyphe der Figur, die aus dem Schlangenrachen hervortritt, zeigt an, daß es sich um den Dynastiegründer Yat-Balam handelt.

19 Es ist natürlich nicht auszuschließen, daß solche Bilder einmal existierten, jedoch

untergegangen sind. Allerdings war die Inthronisation in Yaxchilán zwar häufig Gegenstand von Inschriften, aber als Thema figuraler Darstellung nie sonderlich beliebt. Auf dem Ruinenplatz fand sich bis jetzt nur noch ein einziges weiteres Beispiel für die Bilddarstellung der Inthronisation eines Herrschers (auf Türsturz 1, wo die Thronbesteigung Vogel-Jaguars protokolliert ist).

20 Das auf Türsturz 24 gezeigte Blutopfer fand genau achtundzwanzig Jahre (28 × 365,25 Tage) und vier Tage nach Schild-Jaguars Thronbesteigung statt.

21 Aus der Geschichte der Maya sind nur zwei weitere Fälle bekannt, in denen eine Frau eine gleichermaßen herausragende Stellung bekleidete. Frau Zac-Kuk war Königin von Palenque aus eigenem Recht. Frau Wac-Chanil-Ahau, die in Naranjo auf Stelen abgebildet ist, restaurierte die Dynastie von Naranjo und half diesem Königreich, die Folgen der verheerenden Niederlage gegen Caracol zu überwinden.

22 Mathews (1988, 171) hält es für wahrscheinlich, daß Frau Xoc (die bei ihm Frau Faust-Fisch heißt) in Grab 2 im Tempel 23 begraben war. Von neun gravierten Knochen, die in der Grabstätte gefunden wurden, tragen nach Mathews' Angaben sechs ihren Namen.

23 Die Inschrift protokolliert die Weihe eines Objekts, dessen Name in phonetischer Schreibweise mit *pa.si.l(i)* wiedergegeben ist. In den Chorti-Dialekten heißt *pasi* «öffnen, aufmachen, aufbrechen, eine Öffnung schaffen» (Wisdom o. J.). Das *pasil* ist also offenbar der Osteingang selbst: Möglicherweise wurde er lediglich zu dem Zweck geschaffen, als Anbringungsort für diesen Türsturz zu dienen.

24 Tom und Carolyn Jones enthüllten das in der Inschrift von Türsturz 23 verborgene Geheimnis und legten beim 1989er Maya Hieroglyphic Workshop der University of Texas ihre Entdeckung der Fachwelt vor.

25 Das Hauptzeichen der Emblemglyphe von Calakmul (alias «Fundstätte Q») ist ein Schlangenkopf. Exakt dieses Zeichen, kombiniert mit einem Frauenkopf und dem Wort *ah po*, erscheint auf Stele 10. Mit diesen Affixen werden Emblemglyphen in Titeln versehen, um den Träger des Titels als weiblichen Geschlechts auszuweisen. Die Gewissenhaftigkeit verlangt von uns aber auch, den Leser darauf hinzuweisen, daß die Zuweisung der Schlangen-Emblemglyphe an Calakmul von einer Reihe von Epigraphikern als unbegründet zurückgewiesen wird. In der speziellen Form, von der hier die Rede ist, wurde sie von Mathews für «Fundstätte Q» reklamiert und ist darüber hinaus die Emblemglyphe des Königreichs, das in den in Kapitel 5 geschilderten Sternenkriegen mit Caracol und Dos Pilas verbündet war. Interessant ist, daß der «Batab»-Titel in Frau Abendsterns Namensglyphe mit dem Richtungsindikator «Osten» erscheint. Berlin (1958) schlug seinerzeit als erster die Lesung «Batab» für diesen Titel vor, weil er ihn mit einem in yucatekischen Quellen belegten Titel mit der Bedeutung «Beilschwinger» identifizierte. Zwar ist inzwischen bekannt, daß jener Titel sich auf den Gott Chac bezieht und mit dem yucatekischen Titel nichts zu tun hat, aber trotzdem haben die Epigraphiker den Ausdruck «Bacab» als Spitznamen für jenen Titel beibehalten. In der Normalform erscheint der Titel in Yaxchilán stets in Verbindung mit dem Richtungsindikator «Westen». Die Abweichung von dieser Regel im Namen Frau Abendsterns könnte zum Ausdruck bringen, daß sie keine Einheimische war, sondern aus dem Osten stammte.

26 Vogel-Jaguar war bei der Weihe des Bildschmucks dreizehn Jahre alt und siebzehn zum Zeitpunkt der Gebäudeweihe.

27 In den Inschriften des Tempels 23 sind unter anderem noch folgende Daten und Ereignisse verzeichnet: die Weihe des Skulpturenschmucks am 5. August 723, die Weihe von Türsturz 26 am 12. Februar 724, das fünfundzwanzigjährige Jubiläum von Schild-Jaguars Thronbesteigung am 2. März 726 und schließlich auch die Weihe des Tempels selbst am 26. Juni 726 (also in enger Nachbarschaft zur Sommersonnenwende [siehe Tate 1986b]). Die Hieroglyphentexte geben auch an, daß diese Ritualhandlungen in Flußnähe ausgeführt wurden, also wahrscheinlich im Tempel 23 selbst oder in seiner unmittelbaren Umgebung. Stuart und Houston (o. J.) konnten eine bestimmte Klasse von Glyphen, «Toponyme», nachweisen, deren Funktion es ist, Lage- und Ortsverhältnisse zu bezeichnen, und die häufig in Begleitung einer – als «Bestoßener Knochen» bezeichneten – Lokativglyphe auftreten; zu ihnen gehören *witz*, «Berg», und *nab*, «Wasser, See, Fluß». Auf Türsturz 24 und 25 endet Frau Xocs Name in einer Zeichenkombination, in der Glyphe T606 (möglicherweise ein

weiterer Lokativ), *nab*, das Zeichen für «Gewässer», und das Hauptzeichen der Emblemglyphe von Yaxchilán, ein «halbierter Himmel», vereinigt sind. Diese Ortsangaben beziehen sich entweder auf den Fluß oder auf die Uferplatte gleich daneben, auf der Tempel 23 errichtet wurde.

28 Möglicherweise bedeutete diese Ehe lediglich die Wiederauffrischung eines alten Bündnisses. Auf den bereits in Kapitel 5 erwähnten frühklassischen Türstürzen in Yaxchilán ist verzeichnet, daß der zehnte in der Folge der Dynasten von Yaxchilán bald nach seiner Inthronisation von einem Abgesandten des Königs von Calakmul besucht wurde. Wir vermuten, daß Yaxchilán mit Cu-Ix, dem König von Calakmul, der in Naranjo Herrscher I zum Thron verhalf, verbündet war. Daß Cu-Ix ein gegen Tikal gerichtetes Bündnis mit Caracol unterhielt, steht außer Zweifel. Eine Allianz mit Yaxchilán hätte für ihn den Vorteil gebracht, daß der Bündnispartner ihm, wenn er sich nicht sogar zum Mitmachen entschloß, bei einem gegen Tikal gerichteten Krieg wenigstens nicht in die Quere kam.

29 Ihre Namensglyphe besteht unter anderem aus einem Schädel mit einem *ik*-Zeichen als Infix, dessen Bedeutung Lounsbury (persönliche Mitteilung 1980) als Venus in ihrer Erscheinungsform als Abendstern entschlüsselte. Auf diese Komponente des Namens folgte ein «Himmel»-Zeichen und darauf wiederum in aller Regel eine Reihe von Titeln.

30 Der Schriftblock in Form eines auf dem Kopf stehenden L vor den Füßen und den Schienbeinen der links stehenden kleineren Figur identifiziert diese aller Wahrscheinlichkeit nach als Schild-Jaguar. Das Kompositionsschema preßt diese Figur förmlich gegen den Bildrand: Ihr bleibt deutlich weniger Platz als ihrem Gegenüber, so daß sie sich mit der Ausführung in verkleinertem Maßstab begnügen muß. Der Stifter des Monuments war Vogel-Jaguar, der das unterschiedliche Maßstabsverhältnis und die Raumverteilung dazu benutzte, seinen Vater herabzustufen, auch wenn der zum Zeitpunkt des dargestellten Ereignisses noch der Herrscher war.

31 Die Figuren in den Ahnenkartuschen über dem Himmelsregister könnten theoretisch die Eltern sowohl der einen wie der anderen auf der Tafel abgebildeten Person sein. Die Hauptperson auf Stele 11 ist aber unverkennbar Vogel-Jaguar. Seine Eltern (Schild-Jaguar und Frau Abendstern) sind in der Herkunftsangabe auf der Rückseite des Monuments glyphisch vergegenwärtigt. Nach unserem Dafürhalten sind sie auch auf der Vorderseite als Vorfahren abgebildet.

32 David Stuart (o. J.) gelang der Nachweis, daß Groß-Schädel-Null der *ichan* von Vogel-Jaguars Sohn war. Das Chol-Wort *Ichan* bedeutet «Mutterbruder»: Groß-Schädel-Null war also Frau Groß-Schädel-Nulls Bruder und Vogel-Jaguars Schwager. Tatsächlich kommt die Verwandtschaftsbeziehung Herrn Groß-Schädel-Nulls und Frau Groß-Schädel-Nulls zu Vogel-Jaguars Sohn und künftigem Erben (der zum Zeitpunkt jenes Blutopfers noch gar nicht geboren war) bereits in den Namensglyphen der beiden Akteure zum Ausdruck: Auf Türsturz 14 endet Frau Groß-Schädel-Nulls Name mit dem Titel «Königin-Mutter» und Herrn Groß-Schädel-Nulls Name mit *yichan ahau*, «Mutterbruder des Königs». Die *chan*-Komponente der *yichan*-Glyphe ist hier mit der Kopf-Variante des «Himmel»-Zeichens geschrieben.

33 Da sowohl der Mann wie die Frau eine personifizierte Blutentnahmelanzette in der Hand halten, ist anzunehmen, daß sie beide ein Blutopfer brachten.

34 Die Szenen auf den Türstürzen 15, 16 und 17 kopieren, lediglich in veränderter Rollenbesetzung, ganz unverhohlen die Sujets der Türstürze 24, 25 und 26: 1. Frau Xocs Beschwörung des Dynastiegründers anläßlich Schild-Jaguars Thronbesteigung, 2. Frau Xoc und Schild-Jaguar beim Blutentnahmeritual anläßlich der Geburt des Erben und 3. die beiden beim Anlegen der Tracht vor Schild-Jaguars Aufbruch in die Schlacht anläßlich der Gebäudeweihe. Vogel-Jaguars Türstürze zeigen 1. den Stifter und seine Gattin beim Blutopfer zur Feier der Geburt eines Erben, 2. den Stifter kurz vor seiner Inthronisation beim Erbeuten eines vornehmen Gefangenen und 3. eine von Vogel-Jaguars anderen Frauen bei der Ausführung eines Visionsritus, dessen Anlaß vermutlich die Gebäudeweihe war. Vogel-Jaguar hielt sich also genau an das Kompositionsprinzip der Türstürze von Struktur 23, füllte das formale Schema jedoch mit Inhalten auf, die für sein eigenes politisches Schicksal von Bedeutung waren.

35 Ein Ausschnitt aus dem Stelenbild wurde im *National Geographic Magazine* (Oktober 1985. S. 521) veröffentlicht.

36 Drei-Katun-Herr wurde Vogel-Jaguar am 9.15.17.12.10: Die Stele muß also jüngeren Datums sein. Wenn der Tempel, in dem sie gefunden wurde, ihr ursprünglicher Aufstellungsort war, muß sie sogar jüngeren Datums als der 9.16.3.16.19 sein. Sie ist ein retrospektiv-apologetisches Monument, Teil von Vogel-Jaguars Propagandakampagne, mit der er die Legitimität seiner Linie zu demonstrieren bemüht war.

37 Die beiden anderen Türstürze des Gebäudes sind auf den 2. April 758 beziehungsweise den 29. Juni 763 datiert. Sie zeigen Frau Sechs-Tun aus Motul de San José beziehungsweise Frau Balam-Ix bei der Ausführung des «Hand-mit-Fisch»-Blutentnahmerituals. Türsturz 39 ist also ein retrospektives Monument, das irgendwann nach 763 zu dem Zweck angefertigt wurde, die Blutopfer der beiden Frauen in eine Reihe zu stellen mit dem Ritualgeschehen an jenem 9.15.10.0.1, das in Vogel-Jaguars Legitimationsstrategie eine so wichtige Rolle spielte.

38 Abgesehen von den drei Türstürzen in Yaxchilán sind uns detaillierte Bilder von ähnlichen Ritualhandlungen auf den Wandgemälden von Bonampak sowie in einer Reihe von Keramikmalereien überliefert.

39 Das Geschehen spielte am neunten Tag nach dem Sommersolstitium, so daß die Sonne in weniger als 1 Grad Entfernung vom Wendekreis aufging. Venus stand nach dem ersten Sichtbarwerden als Morgenstern in 71,06 Grad Abstand von der Sonne am stationären Punkt erstarrt. Die Sonne ging im Sternbild Zwillinge auf, und die Venus stand bei den Plejaden und deren Anhängsel, dem auffallend leuchtkräftigen Stern, der bei uns Aldebaran heißt (wir wissen nicht, wie die Maya ihn nannten).

40 Der Name des Tempels 23, des Gebäudes von Frau Xoc, ist auf Türsturz 23 als Hundekopf mit Sonnenauge geschrieben. Der Name des von Vogel-Jaguar geweihten Neubaus von Tempel 22 wie auch von dessen Vorgängerversion lautet auf Türsturz 21 *Chan-Ah-Tz'i*. Das im Text geschilderte Ritual könnte überall in der Stadt stattgefunden haben, aber wir siedeln es in unserer Rekonstruktion im Umkreis von Frau Xocs Tempel an, weil in diesem Bereich alle Bildmonumente zum Andenken an das Blutopferritual vom 9.15.10.0.1 plaziert waren. Diese Raumstelle war für Vogel-Jaguars Kampf um den Thron von überragender Bedeutung.

41 Tom Jones (1985) konnte mit triftigen Argumenten beweisen, daß der Usumacinta bei den Maya zur Zeit der Conquista «Xocol Ha» hieß.

42 Wenn Frau Xoc zum Zeitpunkt von Schild-Jaguars Thronbesteigung, wie sinnvollerweise anzunehmen ist, um die Zwanzig war, dann war sie etwa fünfundvierzig bis fünfzig Jahre alt (und damit sehr wahrscheinlich über das gebärfähige Alter hinaus), als Vogel-Jaguar zur Welt kam. Wer von ihren eigenen Kindern bis zu diesem Tag überlebt hatte, war schon oder zumindest fast schon im Erwachsenenalter.

43 Zum Zeitpunkt des im Text geschilderten Rituals war Schild-Jaguar vierundneunzig (± 2) Jahre alt. Frau Xocs Geburtsdatum ist unbekannt, fest steht jedoch, daß von Schild-Jaguars Inthronisation (an der sie als Erwachsene teilnahm) bis zu ihrem Tod am 9.15.17.15.14 siebenundsechzig Jahre vergingen. Nimmt man an, daß sie bei Schild-Jaguars Thronbesteigung mindestens achtzehn war, so wäre sie mit ungefähr fünfundachtzig Jahren gestorben und bei dem Blutentnahmeritual vom 9.15.10.0.1 Ende Siebzig gewesen. Wenn sie Schild-Jaguar um die Zeit seiner Thronbesteigung ein Kind gebar, so war dieses Kind – vorausgesetzt, es hatte überlebt – bei dem im Text geschilderten Ereignis Ende Sechzig, Enkel standen im fünften und Urenkel im dritten Lebensjahrzehnt und Ururenkel im Kindesalter. Da die Maya im Regelfall das sechste Lebensjahrzehnt nicht erreichten (allerdings gibt es Anzeichen dafür, daß die Lebenserwartung in der Oberschicht aufgrund besserer Lebensbedingungen, zumal besserer Ernährung, etwas höher lag als im Volk), könnte die Thronfolgeproblematik in Yaxchilán ihre Wurzel darin gehabt haben, daß Schild-Jaguar, alt wie er war, die Söhne und einen großen Teil der männlichen Enkel seiner Hauptfrau überlebt hat. Wenn dies zutrifft, dann wurde die Konkurrenz um den Thron zwischen den Enkeln, womöglich sogar Urenkeln Frau Xocs und Schild-Jaguars auf der einen und dem Sohn von Schild-Jaguar und Frau Abendstern auf der anderen Seite ausgetragen. Zumindest der Form nach waren die Ansprüche beider Seiten legitim, da sie hier wie dort von direkten Abkömmlingen des Königs

gestellt wurden; allerdings dürfte der Anspruch eines Sohnes größeres Gewicht gehabt haben als der entfernterer Nachkommen, zumal wenn er noch dazu von Schild-Jaguar selbst unterstützt wurde.

44 Die Tracht ist in Yaxchilán an Adligen zu sehen, die dem König beim Aussä-Ritus assistieren, und in Bonampak an den Adligen, die der Designation des Thronerben als Zeugen beiwohnen. Eine polychrome Keramikmalerei, die im Grab des Herrschers A in Tikal gefunden wurde, zeigt diplomatische Gesandte, die in diese Tracht gehüllt einem König Geschenke überbringen.

45 Wir wissen natürlich nicht, wie sich das Geschehen an jenem Tag im einzelnen abgespielt hat. Aus rein erzähltechnischen Gründen lassen wir die Personen einzeln nacheinander auftreten, es ist jedoch ebensogut möglich, daß die Blutentnahme von den Hauptakteuren gleichzeitig ausgeführt wurde. Die anderen Handlungselemente – die Tänzer, die Plazierung des Herrschers im Gebäudeinnern, die Musikanten – sind Anleihen aus den unteren Registern in Raum 1 und 3 des Tempels der Wandgemälde in Bonampak sowie von Türsturz 3 in Piedras Nigras.

46 Auf Bildern des Blutentnahmerituals geben die Ausführenden keinerlei Schmerzempfindung zu erkennen, und in Augenzeugenberichten wird dies ausdrücklich bestätigt (siehe Tozzer 1941, 114, Anm. 552).

47 Exakt dieser Vorgang, einschließlich Wechsel des Kopfputzes, ist auf Stele 35 wiedergegeben.

48 David Stuart (persönliche Mitteilung 1988) identifizierte eine Glyphengruppe auf Türsturz 14 (E3-D4), die auch auf Stele 10 und 13 in Copán vorkommt, als den Namen der Visionsschlange in speziell der Erscheinungsform, wie sie auf dem Türsturz in Yaxchilán auftritt.

49 Auf Stele 2 in Bonampak ist zu sehen, wie die Mutter und die Ehegattin dem König in gleicher Manier wie hier nachgestellt beim Opferritus assistieren.

50 Unsere Rekonstruktion der Szene ist gewissermaßen die Animation eines Stuckreliefs auf der Rückwand von Tempel 21, unmittelbar hinter jener Stele 35, auf der Frau Abendstern beim Vollzug des Blutentnahmerituals zu sehen ist. Das Relief zeigt eine großformatige sitzende männliche Figur, zu deren Rechten ein Mann und eine Frau und zu deren Linken zwei weitere Frauen sitzen. Wir glauben, daß hier die Hauptakteure des seinerzeitigen Blutentnahmerituals dargestellt sind: Schild-Jaguar mit Vogel-Jaguar und Frau Groß-Schädel-Null zur Rechten und Frau Xoc sowie Frau Abendstern zur Linken.

51 M. Miller und Houston (1987) erkannten als erste, daß die Schauplätze dieser Szenen nicht Ballspielplätze, sondern Hieroglyphentreppen sind.

52 An dem fraglichen Tag, dem 21. Oktober 744 n. Chr., befand sich Venus im Abstand von 46,218 Winkelgrad zur Sonne, und nur noch fünf Tage trennten den Planeten von der maximalen Elongation als Morgenstern. Wie wir inzwischen schon mehrfach feststellen konnten, gaben derartige Venus-Termine häufig den Anstoß für rituelle Aktivitäten, zumal für solche, die mit Krieg und Opfer zu tun hatten. Siehe Lounsbury (1982).

53 Insgesamt dreizehn Relieftafeln schmücken als Setzstufenelemente die Treppe unmittelbar vor den drei Eingängen von Tempel 33. Die Tafel im Zentrum zeigt Vogel-Jaguar beim Ballspiel; sie ist breiter als die anderen und sowohl daran wie an ihrer Position unschwer als Mittelpunkt der Gesamtkomposition zu erkennen. Die Setzstufen I, II und III zeigen jede eine Frau (eine ist Schild-Jaguars Mutter, Frau Pacal), mit einer Visionsschlange in den Armen in der Ausführung eines Rituals begriffen, das möglicherweise der Auftakt zu einem Ballspielritual war. Der Umstand, daß sich Vogel-Jaguars Großmutter unter den Abgebildeten befindet, legt die Vermutung nahe, daß die drei Frauen drei Generationen repräsentieren, aber auf den beiden anderen Tafeln ist die Verwitterung der Inschriften so stark, daß die Namen der Porträtierten nicht mehr zu identifizieren sind.

Auf den übrigen zehn Tafeln sind männliche Figuren beim Ballspiel zu sehen. Der Ball ist im Flug – ob von der Treppe weg oder zu ihr hin – erstarrt. Wiederum ist es bei einem Teil der Tafeln infolge starker Verwitterungsschäden an der Inschrift unmöglich, den jeweiligen Akteur zu erkennen. Zuverlässig identifiziert werden konnten allerdings Schild-Jaguar auf Stufe VI, Vogel-Jaguar der Große auf Stufe VII, dessen Großvater Sechs-Tun-Vogel-Jaguar III. auf Stufe VIII und der Cahal Kan-Toc auf Stufe X. Da verschiedene Generationen beim Spiel gezeigt werden, sind vermutlich auf den einzelnen Tafeln zeitlich auseinanderliegende Veranstaltungen wiedergegeben. Wir dürfen weiter davon ausgehen, daß der Treppendekor Vogel-Jaguar das Alibi lieferte, sich der Öffentlichkeit im Kreis all der Leute zu zeigen, die für die Legitimität seines Thronanspruchs bürgten.

54 Das Verbum ist die sogenannte «Ausstreu»- oder «Aussä»-Glyphe ohne die tropfenförmigen Objekte. David Stuart (persönliche Mitteilung 1989) postulierte für diese Hand vor kurzem die Lesung *ye*. Für das Proto-Cholan wird die Bedeutung von *ye'* mit «in die Hand nehmen» angegeben (Kaufman und Norman 1984, 137). Die nachfolgende Glyphe, *lomil*, ist die Bezeichnung für Lanzen oder andere lange Stäbe. Die gemeinte Aktion könnte also ein neuerliches Hantieren mit dem langen Klappenstab gewesen sein. Die erste Glyphe des stark verwitterten Namens nach der Verbalphrase ist als «Fünf-Katun-Ahau» zu entziffern, und dieser Titel wurde in Yaxchilán ausschließlich in Schild-Jaguars Namensglyphe gebraucht. Wir nehmen also an, daß als Subjekt der Handlung der zur fraglichen Zeit bereits verstorbene Schild-Jaguar fungierte.

55 Prinzipiell ist natürlich nicht auszuschließen, daß Vogel-Jaguar den Sachverhalt im nachhinein erfand, tatsächlich jedoch zum Zeitpunkt jenes Hotun-Endes keinerlei Befugnis hatte, irgendwelche rituellen Handlungen auszuführen. Immerhin wurde die Episode erst *nach* seiner Inthronisation aufgezeichnet, ist also kein Protokoll aus aktueller Sicht, sondern eine Retrospektive unter apologetischem Vorzeichen. Aber trotzdem, glauben wir, entspricht die Darstellung den Tatsachen. Zum Zeitpunkt der Aufstellung der Stele kurz nach Vogel-Jaguars offiziellem Regierungsantritt mußten die Vorgänge jenes Hotun-Endes und wie es gefeiert wurde, noch allen in bester Erinnerung sein. Wenn Vogel-Jaguar, um die Macht zu erringen und zu halten, auf Verbündete in den Reihen der Cahalob angewiesen war, dann hätte er sich mit einer so leicht zu durchschauenden Propagandalüge selbst geschadet.

Wir können also annehmen, daß Vogel-Jaguar zum fraglichen Zeitpunkt schon genügend Rückhalt im Adel hatte, um bei dem Ritual – womöglich sogar in der führenden Rolle – mitwirken zu können. Deswegen konnte er auch in seiner Rekapitulation der Episode angeben, daß das Herrschaftsgebiet, in dem die Feier stattfand, später das seinige werden sollte.

56 Stele 11 wurde vor Struktur 40 aufgestellt, einem Tempel, der direkt neben einem bedeutenden Tempel Schild-Jaguars erbaut worden war. Vor letzterem standen fünf Stelen; vier von ihnen waren Schild-Jaguars glanzvollsten Erfolgen beim Erbeuten von Gefangenen gewidmet, die fünfte trug das Protokoll der allerersten Klappenstab-Zeremonie. Daß für Stele 11, in deren Inschrift Vogel-Jaguars Thronbesteigung eine herausragende Rolle spielt (das Ereignis ist sowohl im unteren Register als auch auf der Seitenfläche erwähnt), ein Standort in nächster Nähe von Schild-Jaguars Tempel und seinen Monumenten ausgesucht wurde, beweist, daß die Klappenstab-Zeremonie und die Zurschaustellung der Gefangenen in Vogel-Jaguars Kampagne zur Legitimität seines Thronanspruchs eine wichtige Rolle spielten.

57 Auf Türsturz 16 stellt Vogel-Jaguar diesen Gefangenen als Cahal aus einem Königreich vor, das bislang noch nicht identifiziert werden konnte; es führt einen Kopf ähnlich dem der Schlange als Hauptzeichen in seiner Emblemglyphe.

58 Ix Witz (Jaguarberg) ist gleichfalls ein noch nicht identifiziertes Königreich. David Stuart (1987b, 21) identifizierte als erster die Emblemglyphe.

59 In dieser Erscheinungsform wird GII als Figurinenzepter oder Manikinzepter (nach engl. *manikin*, «[Garten-]Zwerg») bezeichnet. Ein anderer Name GIIs ist Kauil.

60 Diese Bündel spielten eine zentrale Rolle im Kultleben der Maya. In ethnohistorischen Quellenschriften heißt es von ihnen, daß sie die Quellen der Macht einer Sippe in sich enthalten, und häufig werden sie als Vermächtnis des halbgöttlichen Stammvaters des Geschlechts charakterisiert. Ihr Inhalt bestand aus Götterbildern, Jade-Artefakten, «exzentrischen Gebilden» und ähnlichen Dingen. «Exzentrische Gebilde» sind bizarr geformte Objekte aus Feuerstein oder Obsidian; da die von den Archäologen gefundenen Stücke keine Spuren einer Abnutzung zeigen, nimmt man an, daß sie keiner praktischen Funktion dienten, ja daß die bizarre Form gerade darauf zielte, sie dysfunktional zu machen; sie lassen sich dem Aussehen nach in verschiedene Kategorien einteilen, häufig sind halbmond-, dreizack- und

beilklingenähnliche Formen, aber auch Ähnlichkeiten mit menschlichen oder göttlichen Gesichtsprofilen und andere Formen kommen vor. Man weiß einigermaßen zuverlässig, daß die Bündel in der klassischen Periode zur Aufbewahrung von Götterbildern, wie beispielsweise dem Figurinenzepter oder Gott «Narr», dienten. Im «Lost-World»-Komplex in Tikal wurde im Zuge archäologischer Grabungen ein solches Bündel gefunden (Marisela Ayala o. J. und persönliche Mitteilung 1986). Die Umhüllung war aus Feigenbaum-Rindenbastpapier, mit einem Streifen geflochtenen Basts verschnürt, und das Ganze steckte in einem versteckten Kultdepot in einem Behälter, der aus zwei gleichen, Rand auf Rand liegenden flachen Opferschalen bestand. Dieses Bündel enthielt neben den Relikten von Meerestieren zu Blutentnahmelanzetten verarbeitete Dornen. Andere, ähnliche Kultdepots enthielten in aller Regel Instrumente, die zur Blutentnahme dienten, wie etwa Dornen, Rochenstachel oder Messer aus Feuerstein oder Obsidian. An einem solchen Feuersteinmesser, das aus einem in Colha (Belize) gefundenen Depot stammt, entdeckten Archäologen Spuren von Menschenblut (Dan Potter, persönliche Mitteilung 1987). Merle Robertson (1972) äußerte als erste die Vermutung, daß die Bündel im Zusammenhang mit dem Blutentnahmeritual stehen, eine Hypothese, die inzwischen durch archäologische Befunde bestätigt wurde. Einen zumindest partiellen Beweis für die Richtigkeit dieser Hypothese liefert auch Türsturz 1, insofern das Verbum im Hieroglyphentext über dem Kopf der Frau aussagt, daß sie demnächst ein Blutopfer bringen wird.

61 Daß sie eine rituelle Selbstverwundung vornehmen wird, bringt der Hieroglyphentext zum Ausdruck, indem er den Namen der Visionsschlange nennt, die auf ihre Beschwörung hin erscheinen wird: *Chanal Hun Winik Chan.*

62 Die Inschrift auf diesem Türsturz ist stark verwittert, aber aufgrund einer eingehenden Untersuchung des Steins kam Tate (1986a, 336) zu zwei möglichen Lesungen der Datierung: 9.16.6.11.0 3 Ahau 3 Muan und 9.17.6.15.0 3 Ahau 3 Kankin. Nach unserer Überzeugung wurde Tempel 20 von Vogel-Jaguar gebaut; damit scheidet aus unserer Sicht die zweite der vorgeschlagenen Möglichkeiten aus.

63 Tate (1986a, 307) meint, die nachlässige Skulptierung und das Fehlen einer Datierung ordneten das Monument dem unter dem letzten urkundlich belegten Herrscher Yaxchiláns herrschenden Spätstil zu. Da jedoch das Bauwerk im ganzen als Programm zur Selbstlegitimierung Vogel-Jaguars zu betrachten ist, scheint es uns sinnvoller anzunehmen, daß Türsturz 50 jene allererste Klappenstab-Aktion Schild-Jaguars zeigt, die auch auf Stele 50 zu sehen ist.

64 Diese Frau führt – wie die auf Türsturz 15 und 29 – die Ik-Emblemglyphe in ihrem Namen, es scheint sich jedoch um verschiedene Personen zu handeln. Auf Türsturz 15 und 29 lautet die Komponente des Namens vor der Emblemglyphe Frau Sechs-Tun, auf Türsturz 41 und 5 dagegen Frau Sechs-Himmel-Ahau. Wenn die zwei genannten Frauen in der Tat nicht identisch sind, dann hatte Vogel-Jaguar vier Ehegattinnen: Frau Groß-Schädel-Null (die Mutter seines Erben), Frau Balam aus Ix Witz und die zwei Frauen aus Motul de San José.

65 Der Name dieses Cahal erscheint durchgängig – so auch auf Türsturz 42 – mit dem Titel «Überwinder von Co-Te-Ahau».

66 Nach Tate (1985) handelt es sich um Frau Balam aus Ix Witz. Da diese Frau jedoch erst zwei Tage zuvor bereits auf Türsturz 43 aufgetreten war, halten wir es für wahrscheinlicher, daß Vogel-Jaguar sich die Gelegenheit nicht entgehen ließ, eine weitere seiner Frauen mit dieser Blutopferepisode in Zusammenhang zu bringen. Nach unserem Dafürhalten war dies die zweite Frau aus Motul de San José.

67 Auf Türstürzen, die nach jener Gefangennahme gemeißelt wurden, ließen die beiden Männer bei jeder Nennung ihres eigenen Namens auch die Namen ihrer Gefangenen aufzeichnen, und zwar ohne Rücksicht darauf, ob das thematisierte Geschehen vor oder nach dem Zeitpunkt der Gefangennahme lag.

Möglich, daß die auf Türsturz 8 abgebildete Szene nicht die Gefangennahme wiedergibt: Für diese Vermutung spricht der Umstand, daß die Gefangenen bereits entkleidet und in die – ihre bevorstehende Opferung anzeigenden – Lendentücher gehüllt sind. Der dargestellte Vorgang fand wahrscheinlich nach der Gefangennahme statt. Das Bild zeigt Sieger und Besiegte in dem Moment, da die Gefangenen öffentlich zur Schau gestellt und die Opferhandlung mit deren Folterung eingeleitet wird. Eine grafische Illustration dieser Phase des

Opferrituals findet sich auf der vierten Wand in Raum 2 des Tempels der Wandgemälde in Bonampak (siehe M. Miller 1986b, 113–130 und Bildtafel 2).

68 Die beiden Protagonisten sind praktisch von gleicher Statur, wichtiger jedoch ist, daß sie den gleichen Anteil am Bildraum besitzen. Vogel-Jaguar unterscheidet sich von Kan-Toc durch seine detaillierter ausgestaltete Tracht und den größeren Umfang des ihm gewidmeten Hieroglyphentextes. Auf Kan-Toc bezieht sich das kleinere Textstück zwischen den Akteuren.

69 Türsturz 54 war die Oberschwelle des mittleren, Türstürz 58 die Oberschwelle des linken und Türsturz 57 die Oberschwelle des rechten Eingangs.

70 David Stuart (o. J.) fand die Lesung dieser Glyphe und erkannte zugleich, daß sie die Rolle Herrn Groß-Schädel-Nulls in Vogel-Jaguars Lebensgeschichte erhellt.

71 Man beachte, daß Chel-Te auf beiden Türstürzen in annähernd gleicher Größe wie sein Vater erscheint, obwohl er am 9.16.5.0.0 erst fünf und am 9.16.15.0.0 vierzehn Jahre alt war. Der Maßstabsunterschied hat anscheinend nur die Funktion, Chel-Te als «Kind» zu kennzeichnen.

72 Tempel 1 beherbergt die Tempel 42 nachempfundenen Türstürze mit Bildern von Vogel-Jaguar und seinem Cahal Kan-Toc bei der Gefangennahme von Juwelengeschmückter-Schädel, einem gemeinsam mit Frau Sechs-Himmel-Ahau ausgeführten Vogelzepter-Ritual, einer zusammen mit Kan-Toc vorgenommenen Korbstab-Aktion und einer Bündel-/Figurinenzepter-Aktion unter Assistenz einer anderen Ehefrau. Tempel 1 verherrlicht Kan-Toc aller Wahrscheinlichkeit nach in der Absicht, seine unverbrüchliche Loyalität für Vogel-Jaguar und nach dessen Ableben für seinen Sohn Chel-Te zu zementieren.

73 Der Name dieser Figur ist mit einem Jaguarkopf geschrieben, neben dem die erhobene Pranke ein Cauac-Zeichen hält. Es ist eine Variante der Penis-Glyphe aus dem Namen des Stammvaters des Herrschergeschlechts von Yaxchilán. Wie es scheint, wird der Name des Besuchers hier mit Yat-Balam angegeben, aber selbstverständlich kann es sich nicht um den Gründer der Dynastie von Yaxchilán handeln, denn der war zum fraglichen Zeitpunkt schon sehr lange tot. Entweder liegt eine Namensgleichheit vor, oder der Herr von Piedras Nigras wollte seinem Besucher schmeicheln, indem er ihm den Namen des Dynastiegründers gab.

74 Proskouriakoff (1961a) war die erste, die diese Figuren als Jugendliche erkannte und daraus den Schluß zog, daß die Szene die Ernennung des Thronerben wiedergibt.

8 Copán oder Frühlicht stirbt am Papageienberg

1 Der letzte König dieses Gemeinwesens hieß Yax-Pac, was soviel wie «Erste-Sonne-am-Horizont» oder eben «Frühlicht» bedeutet. *Mo'-Witz*, «Papageienberg», hieß eine heilige Stätte in oder nahe bei Copán, von der bei mehreren spätklassischen Königen des Ortes die Rede ist. Mit dem Tod Yax-Pacs hörte im Copán-Tal in der Tat die Sonne zu scheinen auf, denn der in der Folge sich verschärfende Konkurrenzkampf zwischen König und Adel war eine der Hauptursachen für den beschleunigten Untergang des Königreichs.

2 Zu einem großen Teil sind die in diesem Kapitel vorgetragenen Ideen das Ergebnis gemeinsamer Arbeit von Dr. William Fash, Barbara Fash, Rudy Larios, David Stuart, Linda Schele und vielen anderen Mitarbeitern des Copán Mosaics Project und des Copán Acropolis Project. William Fash (1986a; Fash und Schele 1986; Fash und Stuart o. J.) formulierte als erster die These, daß der Konkurrenzkampf zwischen Königtum und Adel den Zusammenbruch der Zentralgewalt im Copán-Tal förderte.

3 Die Angaben zur Geschichte des Copán-Tals sind William Fashs (1983a) Studie über das Werden der Staatsform in dem Tal entnommen. Das älteste, auf der tiefsten Ebene unter Gruppe 9N-8 (Fash 1985) gefundene Depositum Copáns enthält Keramiken, Obsidian, Hirsch-, Schildkröten-, Kaninchen- und Nabelschweinknochen, Terrakotten und Holzkohle. Fash schloß daraus, daß der Ort als temporäres Lager benutzt wurde. Viel, der Keramiksachverständige des Proyeto Arqueología de Copán, sieht Zusammenhänge zwischen dieser frühen Keramik-Phase, der sogenannten Rayo-Phase, einerseits und der Cuadros-Phase an der Soconuscoküste sowie der Tok-Phase in Chalchuapa andererseits (Fash

1983a, 155). Die Keramiken umfaßten unter anderem lasierte Tecomates (das sind kugelige Tongefäße mit verengter Mündung ohne Hals) und flache, schrägwandige, mit Muschelabdrücken, Rötel und Hämatitfarbe dekorierte Schalen.

4 William Fash (1985; o. J. a) gibt eine detaillierte Beschreibung dieser Begräbnisplätze und sieht einen direkten Zusammenhang zwischen den Keramikbeigaben und den von Gordon (1898) in den Höhlen der Sesemil-Talregion (laut Fash ein Teil einer sehr alten Begräbnisanlage) entdeckten Keramiken aus dem mittleren Vorklassikum. Fash (1983a, 157f.) sieht für das mittlere Vorklassikum Ansiedlungen unter Gruppe 9N-8, in El Bosque und unter der Hauptgruppe belegt, schränkt jedoch ein, daß sich das Besiedlungsschema des Ortes aus den bisherigen Befunden nicht vollständig rekonstruieren lasse. Zu den reichhaltig mit Jadebeigaben ausgestatteten Gräbern merkt er speziell im Hinblick auf Grab VIII-27 und IV-35 an, daß sie, was Quantität und Qualität der Jadebeigaben angehe, nur noch von Grab V in La Venta (im mexikanischen Staat Veracruz) übertroffen würden.

5 Ausführlicher informieren über die Jadeartefakte und Keramiken dieser frühen Periode Schele und M. Miller (1986, 70, 80, 104, 119; dazu Bildtafeln 17 und 28–30).

6 W. Fash (1983a, 176) sieht die Ursachen dieser zunehmenden Siedlungsdichte auf dem besten Ackerland in sozialen und politischen Triebkräften, die nach und nach die Oberhand über die primären Subsistenzbedürfnisse gewannen. Mit der Etablierung des Herrschergeschlechts auf der Akropolis begannen die Copaneken es vorteilhaft zu finden, ihre Wohnsiedlungen so nahe wie möglich bei der Residenz anzulegen, und so opferten sie in der Folge ihr bestes Ackerland dafür. Fash erklärt sich das damit, daß die Vorgänge im Stadtkern aus der Sicht dieser Menschen wichtiger waren als mögliche Bedenken, was die eifrig fortschreitende Umfunktionierung von landwirtschaftlicher Nutzfläche in Baugrund betraf. In einem Fall (El Cerro de las Mesas) wurde ein Wohngebiet in einer für Siedlungszwecke denkbar ungünstigen, schwer zugänglichen Gegend angelegt; noch unentschieden ist, ob dies aus Sicherheitsgründen geschah oder ob eine für uns derzeit noch nicht erkennbare religiöse oder politische Motivation dahintersteckt.

7 Der nichtkalendarische Teil der Inschrift auf Stele 17 ist zerstört, doch einzelne Partien des mit der Datumsangabe 8.6.0.0.0 verbundenen Hieroglyphentexts auf Rauch-Imix-Gott Ks Stele 1 kehren im Protokoll desselben Ereignisses auf Achtzehn-Kaninchens Stele 4 wieder (Stuart 1986b). Das zweite auf Stele 1 protokollierte Ereignis ist leider unleserlich, zu erkennen ist jedoch die letzte Glyphe der Inschrift, und zwar als das Hauptzeichen der Emblemglyphe von Copán mit dem «Bestoßener-Knochen»-Affix, das die Funktion des Hauptzeichens als die eines Toponyms bestimmt – es bezeichnet das Königreich Copán in seinem «stofflichen» Aspekt: als einen durch seine geographische Lage definierten Ausschnitt aus dem physikalischen Universum. Es handelt sich hier um den gleichen Fall einer toponymisch gebrauchten Emblemglyphe, wir wir ihn bereits in Kapitel 5 auf Stele 39 in Tikal am Beispiel der Emblemglyphe von Tikal kennenlernten. Die Aktion, um die es in Copán in den Hieroglyphentexten mit dem Datum 8.6.0.0.0 geht, scheint nichts Geringeres als die Reichsgründung zu sein (Schele 1987b).

Ein frühes Datum trägt auch Altar I' (Morley 1920, 192): Es ist der 7.1.13.15.0 (9. Oktober 321 v. Chr.), ein Zeitpunkt, der dem Beginn der Niedergangsphase des spät-vorklassischen Copán erstaunlich nahe liegt. Bedauerlicherweise haben die Copaneken nicht protokolliert, was sich an jenem Tag ereignete.

8 In den Feldarbeitsperioden 1988 und 1989 förderte das unter der Leitung von Dr. William Fash stehende Copán Acropolis Project Bauwerke und beschriftete Monumente aus der Regierungszeit Yax-Kuk-Mo's zutage.

9 Sylvanus Morley konnte in seinen *Inscriptions of Copán* (1920) die Chronologie der Inschriften von Copán bereits weitgehend erhellen. Forscher einer jüngeren Generation – David Kelley (1962; 1976, 238–240), Joyce Marcus (1976), Gary Pahl (1976), Berthold Riese (o. J.; Riese und Baudez 1983), ferner David Stuart, Nikolai Grube, Linda Schele und andere in Beiträgen zu den *Copán Notes* – unterzogen Morleys Chronologie einer kritischen Revision und identifizierten eine Reihe von copanekischen Herrschern. Erstmals an Beispielen aus Yaxchilán und Copán erkannte Peter Mathews (o. J.) die «Dynastenzählung» in Herrschertiteln, und Riese (1984) konnte daraufhin nachweisen, daß dieses Titelelement in Maya-Inschriften weithin gebräuchlich ist. Die Identifikation Yax-Kuk-Mo's als des Dyna-

stiegründers begann, als David Stuart der Nachweis gelang, daß die Lebensdaten dieses Herrschers ins 5. Jahrhundert fallen. Im November 1985 teilte Stuart seine Entdeckung brieflich William Fash mit. In gemeinsamer Arbeit konnten Stuart und Schele (1986a; Schele 1986b) dann Yax-Kuk-Mo' als den Dynastiegründer verifizieren. Die copanekischen Könige nach ihm datierten den Beginn ihrer Dynastie in seine Regierungszeit und führten einen Titel, der ihre Position in der mit Yax-Kuk-Mo' beginnenden Reihe der Throninhaber angab: So zum Beispiel nannte sich Rauch-Imix-Gott K «Herrscher Nummer 12 seit Yax-Kuk-Mo'». Wir haben uns allerdings auch zu vergegenwärtigen, daß Yak-Kuk-Mo' nicht der eigentliche Gründer des Königreichs und dessen erster Herrscher war. Stuart (persönliche Mitteilung 1985) identifizierte auf Stele 24 einen noch früheren König, der hier mit dem Etikett «Erster auf dem Thron» versehen ist.

10 Altar Q wurde zeitweilig als Illustration einer Konferenz von Maya-Astronomen gedeutet; die Geschichte dieser Deutung referiert Carlson (1977). David Stuart (persönliche Mitteilung 1984) zog als erster die Möglichkeit in Betracht, daß die Daten auf Altar Q nicht den Zeitpunkt der Entstehung des Monuments bezeichnen, sondern früher liegen. Joyce Marcus (1976, 140–145) formulierte erstmals den Gedanken, daß es sich bei den gezeigten Figuren um Herrscherporträts handelt, und Riese (o. J.) identifizierte dann die Gesamtkomposition als Bildergalerie der Könige von Copán von Yax-Kuk-Mo' bis Yax-Pac in chronologischer Folge.

11 Das erste Ereignis ist eine «Gott-K-in-der-Hand»-Aktion. Das betreffende Verbum signalisiert die Präsentation eines Zepters und wird mit einem Prädikatsnomen spezifiziert, das der Hand, die das Zepter hält, entweder als Infix ein- oder als Suffix angegliedert ist. Die zweite Aktion ist phonetisch mit *ta.li* wiedergegeben, einem Verbum, das im Chol und im Chorti (den beiden Dialekten, die in der Region Copán gesprochen wurden) «ankommen», «eintreffen» bedeutet. In beiden Fällen folgt auf das Verbum eine Glyphe, die in späteren Inschriften innerhalb des Herrschertitels, der die Position in der Dynastenzählung bezeichnet, den Namen Yax-Kuk-Mo's vertreten kann. Dieses Zeichen umschreibt offenbar auf eine für uns derzeit noch nicht ganz durchsichtige Weise den Begriff «Gründer» oder möglicherweise auch «Sippe», «Geschlecht».

12 William Fash (persönliche Mitteilung 1989) entdeckte die in drei Stücke zerbrochene Stele als Depositum in einem Bauwerk unter Struktur 10L-26, dem berühmten Tempel der Hieroglyphentreppe. Das Monument trägt genau das gleiche Datum wie Stele J: 9.0.0.0.0. Auf der Vorderseite des Te-tun ist außer dem Datum der Name des Königs verzeichnet, der zum Zeitpunkt der Baktun-Wende regierte. David Stuart (in Stuart u. a. 1989) entdeckte im letzten Glyphenblock des zum Datum gehörenden Textstücks die fragmentarischen Reste des Namens Yax-Kuk-Mo' und damit die Bestätigung, daß er es war, der zum fraglichen Zeitpunkt auf dem Thron saß. Hauptfigur auf dem Te-tun und dessen Stifter war freilich Yax-Kuk-Mo's Sohn, die Nummer 2 in der Galerie der Könige auf Altar Q. Wir besitzen also in diesem noch zu Yax-Kuk-Mo's Lebzeiten oder bald nach seinem Tod angefertigten Monument den Beweis dafür, daß die Gründergestalt eine reale Person war. Überdies wurde das Monument besonders ehrfurchtsvoll behandelt und behutsam in dem Tempel beigesetzt, bevor dieser unter einer neuen Baustufe begraben wurde. Als in späteren Tagen ein Nachfahre mit dem Bau der Hieroglyphentreppe noch einmal die alte Größe der Ahnen beschwor, wählte er höchstwahrscheinlich Tempel 10L-26 als Standort, weil er wußte, daß tief unter dessen Fundamenten ein Tempel des Stammvaters seines Geschlechts verborgen lag.

13 In der vorläufigen Nomenklatur, die beim Copán Acropolis Project in Gebrauch ist, werden Bauwerke nach Vogelarten, Substrukturen nach Farben und Bauebenen nach Archäologen oder anderen Personen bezeichnet. Dieser frühe Tempelbau wird so lange Papagayo heißen, bis die Baugeschichte der ihn einbeziehenden Struktur 10L-26 vollständig geklärt ist und alle Phasen der Reihe nach durchnumeriert sind.

14 Strömsvik (1952, 198) veröffentlichte die Zeichnung einer Maske, die er auf einer Terrasse unter Struktur 10L-26 (dem «Tempel der Hieroglyphentreppe») gefunden hatte. Nach seinem Dafürhalten ist diese Terrasse gleichen Alters wie der erste Ballspielplatz. Untersuchungen im Proyeto Arqueología de Copán führten zu einer feiner gestuften Zeitskala und damit zugleich zur Datierung der ersten Phase des Ballspielplatzes und der ältesten

Bauebene von 10L-26 in die zweite Hälfte der Bajic-Phase (300–400 n. Chr.) (Cheek 1983, 203). Im Zuge des Copán Mosaics Project (1985 ff.) führte Dr. William Fash Strömsviks Arbeit weiter und entdeckte noch ältere, zum Teil mit mächtigen Stuckskulpturen dekorierte Plattformen und Strukturen. Die Mitarbeiter des Copán Mosaics Project stießen bis auf prädynastische Bauebenen vor, deren Beziehung zum Papagayo-Tempel und anderen überbauten Ebenen der Akropolis allerdings vorläufig noch ungeklärt ist. Da Stele 63 erwiesenermaßen gleich beim Bau des Papagayo in den Boden eingesenkt wurde, ist das Bauwerk in den Zeitraum von 9.0.0.0.0 bis etwa zum 9.0.5.0.0 (435–440) zu datieren. Mit dem Bau wurde erst begonnen, nachdem der Ballspielplatz 1 bereits angelegt war, doch in der gesamten nachfolgenden Geschichte des Königreichs blieb der Tempel, der an dem fraglichen Ort stand, wie auch immer er jeweils aussehen mochte, stets programmatisch auf den Ballspielplatz in seinen wechselnden Bauphasen bezogen.

15 Im Sommer 1989 sprach Linda Schele mit Rudy Larios, Richard Williamson und William Fash über die baugeschichtlichen Aspekte des Papagayo. Zwar war damals mit der Interpretation der archäologischen Befunde gerade erst begonnen worden, aber trotzdem waren sich alle drei Archäologen einig, daß Stele 63 von Anfang an auf dem Platz im hinteren Gemach des Tempels gestanden hatte. Damit ist der Bau in die Regierungszeit des unmittelbaren Nachfolgers von Yax-Kuk-Mo' – der vermutlich der Sohn des Dynastiegründers war – datiert. Später deponierte dann Herrscher Nummer 4, Cu-Ix, seine Treppenstufe vor der Stele, um seine Verbundenheit mit dem Dynastiegründer zu demonstrieren. Larios hat außerdem unbezweifelbare Anhaltspunkte dafür, daß mit dem Papagayo eine ältere, möglicherweise aus der Regierungszeit Yax-Kuk-Mo's stammende ausgedehnte Plattform überbaut wurde. Und diese Plattform ruht wiederum auf einer anderen Plattform, die in vordynastischer Zeit errichtet worden sein muß. Bei den Grabungen ist man bisher noch nicht auf Gesteinsgrund gestoßen, so daß es durchaus nicht vermessen ist, darauf zu hoffen, daß bei den nächsten Feldarbeitsperioden noch ältere Strukturen zum Vorschein kommen werden.

16 Der Papagayo-Tempel wurde in der Feldarbeitsperiode 1988 des Copán Mosaics Project unter der Leitung von Dr. William Fash freigelegt. Die Treppenstufe befand sich vor der von Herrscher Nummer 2 beim Bau des Tempels im hinteren Gemach errichteten Stele 63. Die Stufe trägt eine teilweise beschädigte Inschrift, bestehend aus dreißig Glyphen auf der Oberseite und einer einzelnen Glyphenreihe an der Vorderkante. Der Name des vierten Dynasten erscheint sowohl hier an der Vorderkante als auch auf einem Bruchstück von Stele 34, das neben der Westseite von Stele J auf der Großen Plaza gefunden wurde (Grube und Schele 1988). Das Stelenbruchstück war frisch zugehauen und für einen neuen Zweck (möglicherweise als Depot) in einem bislang noch nicht identifizierten Bauwerk verwendet worden. Nach unserer sicheren Kenntnis war der Papagayo mindestens die gesamte Regierungszeit des vierten Herrschers über, möglicherweise auch länger, offen.

17 Die Angaben von Namen und Daten in diesem Abschnitt beruhen auf den Untersuchungen David Stuarts (1987 und Brief an Fash von 1984) sowie auf den *Copán Notes*, einer während der Feldarbeitsperioden des Copán Mosaics Project in lockerer Folge erscheinenden Chronik der laufenden Ereignisse, die jeweils knapp über den aktuellen Stand der Forschungen informiert. Sämtliche Ausgaben der *Copán Notes* sind archiviert und einsehbar im Instituto Nacional de Antropología e Historia in Tegucigalpa und Copán (Honduras) sowie bei der University of Texas in Austin. Für Fragen der Dynastiegeschichte besonders ergiebige Ausgaben der *Notes* sind die Nummern 6, 8 und 14–17 aus dem Jahr 1986, 20–22 und 25/26 aus dem Jahr 1987 sowie 59–67 aus dem Jahr 1989.

18 Die rituelle Abgrenzung von Räumen, die Menschen, denen die Macht dazu gegeben ist, den Übertritt ins Jenseits erleichtern, zieht sich von der Konstruktion der von den vier Pfosten des Welthauses überragten Hochtempel des späten Vorklassikums, wie wir sie am Beispiel der Struktur 5C-2 in Cerros kennengelernt haben, bis zu der historischen Abhandlung vom Beginn der Kolonialzeit mit dem Titel *Ritual der Bacab* (Freidel und Schele 1988; Roys 1965) durch die Geschichte der Maya. Maya-Schamanen unserer Tage setzen diese Sitte mit dem Errichten von «Korrals» (Vogt 1976) und Altären fort. Die Eckpfosten des heiligen Raums heißen in den Gebeten des «Rituals der Bacab» *acantun*, «aufrechtstehende» oder «aufgerichtete Steine», oder *acante'*, «aufrechtstehende» oder «aufgerichtete Bäume».

Speziell in Copán nannte man Stelen *te-tun*, «Baum-Steine». Indem er mittels Stelen das gesamte Kerngebiet seines Königreichs abgrenzte, sprengte Rauch-Imix-Gott K den Rahmen des Üblichen. Die Stelen dienten den Maya-Königen in den allermeisten Fällen lediglich zur dauerhaften Kennzeichnung der Zentralstellung im heiligen Raum, die das eigene Selbst während der Reise ins Jenseits einnahm.

19 William Fash (1983a, 217–232) äußerte die Vermutung, daß die weit entfernt vom Sakralzentrum aufgestellten Stelen den Zweck gehabt haben könnten, die Einrichtung eines Staatswesens durch Rauch-Imix-Gott K um das Jahr 652 bekanntzumachen. Ein Großteil der epigraphischen Befunde, die er als Beweise für diese Hypothese heranzieht, ist inzwischen entweder durch neue Erkenntnisse überholt oder hat eine neue Deutung erfahren. So zum Beispiel präsentiert sich uns die Geschichte des frühklassischen Copán heute viel detailgenauer und zusammenhängender als noch im Jahr 1983. Obwohl demnach bezweifelt werden muß, daß Rauch-Imix-Gott K in Copán so weitreichende Änderungen des politischen Systems bewirkte, wie es zeitweilig den Anschein haben konnte, bleibt er dennoch der Herrscher, der im ganzen Tal beschriftete Monumente aufstellen ließ. Darüber hinaus errichtete Rauch-Imix-Gott K auch eine Stele in Santa Rita (Stele 23), und um die gleiche Zeit ließen die Herren von Río Amarillo (Schele 1987d) Altäre mit Inschriften bedecken, in denen sie den König von Copán als höchsten Herrscher anerkannten. Mag also Rauch-Imix-Gott K schon beim Antritt seines Erbes in Copán ein genuines Staatswesen vorgefunden haben, so bleibt es dennoch sein Verdienst, das Herrschaftsgebiet zu vorher nie gekannter Ausdehnung gebracht zu haben.

20 David Stuart (1987a) identifizierte als erster den Namen auf Altar L in Quiriguá als denjenigen von Rauch-Imix-Gott K. Die Angaben, die den König von Copán betreffen, bilden einen Randstreifen rings um die Oberfläche des Altars, während im Mittelfeld mit anderem Datum ein anderes Ereignis protokolliert ist. Das Datum im Mittelfeld – 9.11.0.11.11 – ist der zweihunderteinunddreißigste Tag nach dem im Randstreifen bezeichneten Katun-Ende. Die Verbalphrase enthält die Glyphe *ta yuc*. *Yuc* ist das Chorti-Wort für «zusammenschließen, vereinigen, Zusammenschluß, Vereinigung» (Wisdom o.J., 771). Durchaus möglich, daß Rauch-Imix-Gott K seinerzeit jenes Königreich mit dem seinigen vereinigte, es seinem Herrschaftsgebiet anschloß.

Der Vorgang erklärt, weshalb der erste bedeutende Herrscher Quiriguás, Cauac-Himmel, ins Protokoll der Geschichte schrieb, er sei *u cab*, «im Lande von» Achtzehn-Kaninchen von Copán inthronisiert worden: Quiriguá gehörte, nachdem Achtzehn-Kaninchens Vorgänger es seinem Reich «angeschlossen» hatte, zum hegemonialen Einflußbereich Copáns. Ein weiteres Indiz dafür, daß Rauch-Imix-Gott K Quiriguá unter seine Hegemonialherrschaft brachte, liefern spätere Herrscher von Quiriguá mit der Gepflogenheit, sich «Schwarzer Copán-Ahau» zu nennen und für ihr Geschlecht Yax-Kuk-Mo' als Stammvater zu reklamieren (Schele 1989c).

21 Etsuo Sato (1987) deutet das Auftauchen polychrom bemalter Keramik im La-Venta-Tal als Indiz für das Aufkommen von Eliten, die Zugang zu exotischen Töpferwaren hatten. In seinen Augen sind diese Eliten einerseits stark durch copanekischen Einfluß geprägt und halten andererseits Verbindung mit den Bewohnern von Naco und den Völkern im Sula-Tal.

22 Im einzelnen sind dies: die bifrontale Stele C (9.14.0.0.0), Stele F (9.14.10.0.0), Stele 4 (9.14.15.0.0), Stele H (9.14.19.5.0), Stele A (9.14.19.8.0 oder 9.15.0.3.0), Stele B (9.15.0.0.0) und schließlich Stele D (9.15.5.0.0). Das Datum auf Stele C, dem ersten Monument der Gruppe, bezeichnet neben dem Katun-Ende zugleich das erste Sichtbarwerden der Venus als Abendstern: Es ist das gleiche Datum, das auch mit Stele 16 in Tikal feierlich zelebriert wird. Auf Stele C wird der Bezug zur Venus zum Ausdruck gebracht, indem das Datum mittels einer Distanzangabe bezeichnet wird, die von einer Venuserscheinung lange vor Beginn der derzeitigen Schöpfung ausgeht. Manche Beobachter datieren Stele C auf einen späteren Zeitpunkt, doch die Inschrift besagt ausdrücklich, daß das Monument am 9.14.0.0.0 errichtet *(tz'apah)* wurde.

23 In der Ausgrabungsperiode 1987 trieb William Fash direkt unter dem Tempel von der Rückseite her einen Tunnel in die Plattform. Es kam zwar kein verstecktes Depot zutage, dafür jedoch ein Stück Steinschnauze von gleicher Form und gleichem Format wie die Witz-Monster, die an Achtzehn-Kaninchens Tempel die Ecken schmücken. Unser derzeitiger

Kenntnisstand kann uns noch keine Antwort auf die Frage geben, welcher König die ältere Bauphase ausführen ließ, aber klar ersichtlich ist, daß für den Dekor der älteren Phase die gleiche Ikonographie maßgebend war wie später für den Nachfolgebau. Siehe Larios und W. Fash (o. J.), die eine vorläufige Analyse der Endphasen von Tempel 22 und 26 unternommen haben.

24 Zwei beschriftete Steinbruchstücke wurden in den Stylobat der Endphase dieses Tempels eingesetzt. Eines trägt das Protokoll des ersten Katun-Jubiläums von Achtzehn-Kaninchens Thronbesteigung (David Stuart, persönliche Mitteilung 1987), das andere das Todesdatum von Rauch-Imix-Gott K (Schele 1987a). Aufgrund dieser Daten wie auch aus dem Stil der in einem versteckten Depot in dem jüngeren Bau gefundenen Gott-N-Skulptur läßt sich als Bautermin für das ältere Gebäude die zweite Hälfte der Regierungszeit Achtzehn-Kaninchens erschließen.

25 William Fash (1983a, 236f.) pflichtet Viel bei, der in seinen einschlägigen Untersuchungen zu dem Ergebnis kam, daß der Ursprung der polychrom bemalten Ulua-Keramik nicht im Sula-Tal, sondern im Comayagua-Tal liege. Überdies enthielten in den frühklassischen Bauphasen der Struktur 10L-26 (das heißt des Tempels der Hieroglyphentreppe) gefundene Depots Grünstein-Perlen und -Ohrstecker, die sich, was Formgebung und Bearbeitungstechnik betrifft, nicht im mindesten von den von Kenneth Hirth (1988) auf der zentralhonduranischen Ruinenstätte El Cajón ausgegrabenen Grünstein-Artefakten unterscheiden.

26 Rebecca Storey (1987 und persönliche Mitteilung) hat Beweise dafür, daß in der spätklassischen Periode die Sterberate im Copán-Kessel höher lag als die Geburtenrate. Bevölkerungswachstum konnte Achtzehn-Kaninchen nur bewirken, wenn es ihm gelang, Zuzügler von außerhalb des Tals zu rekrutieren. Welche Strategie auch immer er anwandte, um sein Ziel zu erreichen, er hatte jedenfalls durchschlagenden Erfolg damit: Gegen Ende des 8. Jahrhunderts war der Copán-Kessel so übervölkert, daß er seinen Bewohnern keine ausreichende Lebensgrundlage mehr zu bieten vermochte.

27 Einer Anregung Proskouriakoffs folgend, machte Kelley (1962, 324) erstmals auf die *u cab*-Ausdrücke in den Inschriften von Quiriguá aufmerksam mit dem Vermerk, daß *cab* in diesem Zusammenhang «Ort, Stadt, Welt» bedeute. David Stuart (1987a) interpretierte dann als erster die im Text erwähnte Inschrift als Information darüber, daß Cauac-Himmel als Herrscher von Achtzehn-Kaninchens Gnaden eingesetzt wurde und daß die Thronerhebung möglicherweise sogar in Copán stattfand. Diese Deutung harmoniert ausgezeichnet mit der Tatsache, daß er auf Altar L in Copán als Protagonisten Rauch-Imix-Gott K von Copán identifizieren konnte.

28 Morley (1915, 221) fiel als erstem auf, daß dieses Datum – 9.15.6.14.6 6 Cimi 4 Zec – einen herausragenden Tag in der Geschichte Quiriguás bezeichnet, und Kelley (1962, 238) äußerte die Vermutung, es beziehe sich auf «die Eroberung Quiriguás durch Copán, möglicherweise auch auf die Ernennung eines Copaneken zum König von Quiriguá». Für Proskouriakoff (1973, 168) gab sich in der hervorgehobenen Plazierung des Datums in Quiriguá zu erkennen, daß der Herrscher von Quiriguá als Sieger aus der Begegnung hervorgegangen war. Die Anregung ihrer Lehrerin weiterverfolgend, kam Marcus (1976, 134–140) zu dem Schluß, daß Cauac-Himmel, der Herrscher von Quiriguá, der «Überwinder von» Achtzehn-Kaninchen, des Königs von Copán, war. Das fragliche Ereignis identifizierte sie korrekt als eine Schlacht, in der Quiriguá seine Unabhängigkeit von Copán zurückeroberte.

Das im Zusammenhang mit jenem Datum gebrauchte Verbum besteht aus einem «Beil», gefolgt von einem T757-Hilfsverbum. In den Kodizes wird dieses Verbum zur Bezeichnung von «astronomischen» Vorkommnissen verwendet, und in Dos Pilas und anderen Fundstätten taucht es im Zusammenhang von «Stern-Muschel»-Kriegshandlungen auf (eine tabellarische Übersicht in Schele 1982, 351). In den Inschriften auf Monumenten der klassischen Periode ist das so bezeichnete Geschehen als «Schlacht» zu interpretieren, auf Keramiken jedoch erscheint die «Beil»-Glyphe vornehmlich im Kommentar zu Enthauptungsszenen oder als Annex zu den Namen von Göttern, die beim Akt der Selbstenthauptung gezeigt werden (siehe zum Beispiel das polychrome Gefäß aus Altar de Sacrificios [Abb. in *National Geographic Magazine*, Dezember 1975, S. 774]). Diese Verbindung zur Opferhandlung rückt die Möglichkeit in den Vordergrund, daß es sich bei der protokollierten Aktion unter Umständen um eine Enthauptung handelt. Nikolai Grube (persönliche Mitteilung 1989) und Jorge Orejel (o. J.) schlugen für die «Beil»-Glyphe übereinstimmend die Lesung *ch'ak*, «enthaupten» vor.

29 Der Fall Copán ist nicht der einzige seiner Art. Palenque traf ein ähnliches Schicksal, als Kan-Xul, der jüngere Bruder und Nachfolger Chan-Bahlums, in die Hände des Herrschers von Toniná fiel und aller Wahrscheinlichkeit nach geopfert wurde. Und wie Copán stürzte auch Palenque nicht ins Bodenlose, sondern lebte unter der alten Dynastie wie gewohnt weiter. Aber sowohl in Copán wie in Palenque blieb der Zwischenfall nicht ohne politische Konsequenzen, und zu diesen gehörte auch der Eintritt des niederen Adels als Akteur in das Drama der Geschichte. In beiden Königreichen mühten sich die Herrscher vergebens, die Dynastie wieder zum alleinigen Dreh- und Angelpunkt des Weltgeschehens zu machen.

30 Rauch-Affes Inthronisationsdatum wird an der Basis von Stele N sowie auf den Stufen 40 und 39 der Hieroglyphentreppe als der 9.15.6.16.5 6 Chicchan 3 Yaxkin angegeben (Stuart und Schele 1986b); an diesem Tag betrug der Winkelabstand zwischen Venus und Sonne 45,68 Grad.

31 Das Datum ist auf der Nordtafel im Osteingang von Tempel 11 mit 5 Cip 10 Pop beziehungsweise (in der korrekten Form der Kalenderrunde) 9.15.15.12.16 5 Cib 9 Pop wiedergegeben. Am fraglichen Tag war der Höhenabstand zwischen Abendstern und Sonne mit 7,09 Grad gerade groß genug für das erste Sichtbarwerden nach der oberen Konjunktion. Das Geschehen ist mit dem Ausdruck «es erschien der Große Stern» umschrieben. Bis vor kurzem sah Schele (Schele und M. Miller 1986, 123) dieses erste Erscheinen sechsundvierzig Tage nach der Thronbesteigung des nächsten Herrschers, Rauch-Muschel, angesiedelt, weil die Lange Zählung in der entsprechenden Datumsangabe einen Irrtum enthält: Tatsächlich bestieg Rauch-Muschel den Thron am 9.15.17.13.10 11 Oc 13 Pop (18. Februar 749), vierzehn Tage nach Rauch-Affes Ableben.

32 An der Basis von Stele N steht der – hier mit «Schildkröte-Muschel-Ahau» paraphrasierte (Schele und Grube 1988) – Name von Rauch-Muschels Vater im Anschluß an eine *yune*-(«Kind-von»-)Angabe. Die «Schildkröte-Muschel»-Glyphe in diesem Titel ist eine Variante der «Gott-N»-(«Pauahtun»-)Namensglyphe des Fürsten, dessen Thronerhebung in den in Nord-Süd-Richtung verlaufenden Hieroglyphenbändern an der Stelenbasis protokolliert ist. Hier ist «Pauahtun-Ahau» eindeutig als ein Name des vorigen Königs, Rauch-Affe, zu erkennen. Der fünfzehnte Throninhaber, Rauch-Muschel, war demnach der Sohn Rauch-Affes, der Nummer vierzehn auf dem Thron.

33 William Fash (persönliche Mitteilung 1989) will die Möglichkeit nicht völlig ausschließen, daß Rauch-Affe zum Teil auch schon die Arbeiten an der Endphase des Tempels 26 in Angriff nahm. In Anbetracht der Tatsache, daß von Rauch-Muschels Regierungsantritt bis zur Weihe des Gebäudes am 9.16.4.1.0 (Stuart und Schele 1986b) sechs Jahre vergingen, scheint die Vermutung durchaus berechtigt, daß der Beginn des Bauvorhabens noch in die Regierungszeit Rauch-Affes fiel.

34 Das Weihedatum ist auf den Mittelstreifen der östlichen Böschung des Ballspielplatzes verzeichnet. Es ist zwar nicht ganz einfach zu rekonstruieren, aber wie es scheint, ist die Kalenderrunde 10 Ben 16 Kayab (oder, der unwahrscheinlichere Fall, 10 Kan 17 Kayab) gemeint. Das 10-Ben-Datum fällt auf den 9.15.6.8.13 der Langen Zählung, und dieser Tag liegt nur 113 Tage vor dem Termin von Achtzehn-Kaninchens Hinrichtung in Quiriguá. Ein Initialseriendatum im selben Textzusammenhang nennt den Termin von Achtzehn-Kaninchens Thronbesteigung, woraus hervorgeht, daß er der Bauherr der Endphase des Ballspielplatzes war (Schele, Grube und Stuart 1989). Rudy Larios (persönliche Mitteilung 1989) konnte Bezüge zwischen dem Ballspielplatz III und Struktur 10L-26-2, der vorletzten Baustufe unmittelbar unter dem Tempel der Hieroglyphentreppe, aufzeigen. Die zeitliche Nähe zwischen dem Datum der Gebäudeweihe und Achtzehn-Kaninchens Gefangennahme könnte darauf hindeuten, daß Achtzehn-Kaninchen besiegt wurde bei dem Versuch, Gefangene zur Opferung im Rahmen der Weihezeremonie zu erbeuten.

Der Eigenname des Ballspielplatzes III ist auf der Hieroglyphentreppe auf zwei Bruchstükken verzeichnet, die inzwischen in Stufe 44 ihren Platz gefunden haben. Sie tragen als

Beschriftung ein unleserliches Datum und den Namen des Ballspielplatzes: *Ox Ahal Em* (Schele und Freidel o. J.), ein Name, der soviel wie «dreimal getätigte Niederfahrt» bedeutet und sich auf dieselben mythischen Begebenheiten bezieht wie die Ballspielszenen auf der Treppe des Tempels 33 in Yaxchilán (siehe Abb. 7.7).

Das «dreimal getätigte» Geschehen ist in der Namengebung *Ox Ahal Em* als Niederfahrt, in Yaxchilán hingegen als Opferung durch Enthauptung vorgestellt, in beiden Fällen wird jedoch auf dieselben Mythologeme angespielt – Mythologeme, die in schriftlicher Form im *Popol Vuh* überliefert sind. Zur ersten Niederfahrt und Enthauptung kommt es in der Geschichte von Hun-Hunahpu und Vucub-Hunahpu, den älteren Zwillingen. Das zweitemal waren es dann Hunahpu und Xbalanque, die Zwillingsheroen, die zur Opferung in die Unterwelt hinabstiegen. Um die Herren des Totenreichs zu überlisten, opferte einer den anderen. Die dritte Niederfahrt vollbringt der König in seiner Eigenschaft als Inkarnation der Heroenzwillinge. Sie läßt sich auf zweierlei Wegen bewerkstelligen: zum einen, indem der König in eigener Person in der durch Aderlaß bewirkten Ekstase auf die Reise geht; zum anderen, indem er einen Gefangenen, den er zuvor enthauptet hat, als Boten schickt. Der Ballspielplatz war demnach genauso ein Tor ins Jenseits, wie es das innerste Heiligtum der Tempel war. Diese Vorstellung spiegelt sich in allen drei Spielfeldmarkierungen wider, denn jede zeigt – wie durch eine Vierblattform – die Zwillingsheroen in der Begegnung mit einem der Herren des Totenreichs (Schele und M. Miller 1986, 251f., 257). Die Vierblattform symbolisierte seit den Tagen der Olmeken den Höhleneingang als das Tor zur Unterwelt. Der gesamte Ballspielplatz war für die Maya wie eine Arche, die auf den Wassern der Unterwelt schwamm, und das Spielfeld so etwas wie ein gläserner Boden an dieser Arche, der Durchblicke in die Unterwasserwelt der Xibalbaner gewährte. Dort vollzog sich – in der Zeitlosigkeit des Mythos, wie er dann zum Inhalt des *Popol Vuh* wurde – die immerwährende Konfrontation der Menschheit mit dem Tod. Für Gefangene ging das Spiel mit einer Niederlage aus, und sie wurden durch die «dreimal getätigte Niederfahrt» liquidiert. Die Ironie der Geschichte wollte es, daß Achtzehn-Kaninchen wahrscheinlich selbst auf diese Art sein Ende fand.

35 Die Inschrift zählt rund 1200 Glyphenblöcke mit meist zwei oder mehr Wörtern. Die Treppe hat mindestens 64 Stufen, jede Stufe faßt im allgemeinen 35 Glyphen. Auf einem Teil der Stufen befindet sich in der Mitte eine Figur, wodurch sich die Zahl der Glyphen vermindert, aber die jüngsten Ausgrabungen haben Anhaltspunkte dafür erbracht, daß die Treppe ursprünglich mehr als die bislang rekonstruierten 64 Stufen hatte. 2200 ist eine gute Schätzung.

36 Marcus (1976, 145) bemerkte als erste die Emblemglyphe von Palenque auf der copanekischen Stele 8, einem Monument, von dem wir inzwischen wissen, daß es Yax-Pacs Abstammung von jener Frau festhält. Nach Copán brachte sie offenbar einen Königsgürtel mit, auf dem die Namen von Familienmitgliedern standen; er ging in ihr Erbgut ein und wurde von ihren copanekischen Nachkommen in *deren* Familie weitervererbt. Auf unerfindlichen Wegen gelangte dieser Gürtel nach Comayagua, wo er Ende des 19. Jahrhunderts einem Indianer abgekauft wurde; heute befindet er sich im Britischen Museum (Schele und M. Miller 1986, 82, Bildtafel 21).

37 William Fash (1983b) ordnet die Familienresidenzen im Copán-Tal dem *sian otot*, dem (von Wisdom [1940] in aller Ausführlichkeit beschriebenen) bei den Chorti-Maya gebräuchlichen patrilokalen Maritalresidenz-System zu. Nach seiner Theorie spiegelt die antike Siedlungsstruktur ein Maritalresidenz-System ähnlich dem wider, wie es der modernen Siedlungsstruktur zugrunde liegt, so daß die zahlreichen antiken Wohnanlagen als die patrilokalen Residenzen patrilinealer Großfamilien betrachtet werden können.

38 William Fash (1983a, 192–195) gibt für die Fläche von 2,1 Quadratkilometern im Umkreis des Ballspielplatzes die Zahl der Gebäude mit 1489 an (nicht berücksichtigt sind in dieser Zahl natürlich die nicht georteten sowie die im Lauf der Zeit vom Río Copán fortgeschwemmten Strukturen). Unter der Voraussetzung, daß 84 Prozent aller Bauten für Wohnzwecke genutzt wurden und die Zahl der Bewohner jedes Gebäudes im Durchschnitt fünf betrug, errechnete er für die Besiedlungsdichte den Wert von 2977 Menschen pro Quadratkilometer. Webster (1985, 24) setzt die Bevölkerungsstärke im Copán-Kessel mit 15000 bis 20000 Menschen und die Bevölkerungsdichte in den Gebieten Las Sepulturas und

El Bosque mit 5000 Personen pro Quadratkilometer an. Die agrarwirtschaftlich genutzten Landstriche waren mit durchschnittlich 100 Personen pro Quadratkilometer weit weniger dicht besiedelt. Webster (1985, 50) setzt für das gesamte Stromgebiet des Copán eine Bevölkerungshöchstzahl von 20000 an und zitiert in diesem Zusammenhang die Meinung von Sanders, daß die Bevölkerungsdichte in der Nähe der Akropolis viel zu hoch gewesen sei, als daß all diese Menschen mit den agrarwirtschaftlichen Methoden, wie sie den Copaneken des 8. Jahrhunderts zur Verfügung standen, hätten ausreichend versorgt werden können. Die Versorgungslast wurde auf das Hinterland im weiten Umkreis von Copán abgewälzt.

39 W. Fash (1983a, 305–308) errechnete, daß die Kapazität des Copán-Kessels, etwa 10000 Menschen zu ernähren, im 8. Jahrhundert in signifikanter Weise überfordert wurde: Mit kürzeren Bracheperioden und verstärkter Entwaldung zur Gewinnung neuen Baulands sollte diese Kapazitätslücke geschlossen werden. Der Schwund des Mutterbodens durch Erosion, so Fash, ließ in den Hanglagen nur eine äußerst karge Krume zurück, und diese Auszehrung war so nachhaltig, daß auf dem hochgradig sauren Boden bis heute nur noch Kiefernwald gedeiht. Als weitere Folge der Entwaldung konstatierte Fash einen Rückgang der Niederschlagsmenge, der die Problemlage noch verschärfte. Das alles ereignete sich gerade zu der Zeit, als sich annähernd 15000 Menschen im Ballungsraum rund um die Akropolis drängten – 50 Prozent mehr, als der Boden des Kessels bei agrarwirtschaftlich sinnvoller Nutzung hätte ernähren können. Für Copán standen die Zeichen der Zeit auf Ruin.

40 Bei den jüngsten archäologischen Sondierungen unter dem Osthof identifizierten Robert Sharer und Alfonso Morales (persönliche Mitteilung 1989) zwei in der Mauerkonstruktion klar unterschiedene Gebäudetypen: Im einen Fall besteht das Mauerwerk aus Bruchsteinen, die mit einer dicken Stuckschicht überzogen sind, im anderen Fall aus sorgfältig geglätteten Quadern mit dünnem Stuckputz. Sharer (persönliche Mitteilung 1989) datiert den Vertreter des Gebäudetyps der zweiten Art aufgrund der ersten, vorläufigen Auswertung der Befunde in die erste Hälfte des 7. Jahrhunderts oder, anders gesagt, in die Zeit der letzten Regierungsjahre Butz'-Chans bis zur Mitte der Regierungszeit Rauch-Imix-Gott Ks. In diesem Zeitraum wechselten die Copaneken offenbar das Material der Bauplastik und gingen von Stuck zu Stein über – was darauf schließen läßt, daß das für die Stuckproduktion erforderliche Brennholz Mangelware geworden war. Jedenfalls hatte allerspätestens bis zur Regierungszeit Achtzehn-Kaninchens der Stein den Stuck als Material der Bauplastik verdrängt. Tatsächlich ist auch schon bei der letzten Vorläuferversion unmittelbar unter Achtzehn-Kaninchens Neubau von Tempel 22 der Skulpturenschmuck in Stein ausgeführt. Wenn der vermutete Grund dieses Wechsels zutrifft, dann kann man davon ausgehen, daß sich die Entwaldung in der Umgebung des Copán-Tals am Anfang der spätklassischen Periode in einem bedrohlichen Stadium befand.

41 Rebecca Storey (1987 und persönliche Mitteilung 1987–1989) hat Beweise dafür, daß die Bevölkerung des Copán-Tals insbesondere im 8. Jahrhundert ernsten Belastungen ausgesetzt war. Das ergibt sich aus Befunden, die gleichermaßen an Skeletten von Toten aus dem Oberschichtmilieu wie an Skeletten von Vertretern der unteren Volksschichten gemacht wurden. Nach Storeys Feststellung war die Sterberate besonders hoch bei den Fünf- bis Sechzehnjährigen, einer Bevölkerungsgruppe, in der sie an sich am niedrigsten hätte sein sollen. Darüber hinaus konstatierte die Beobachterin, daß Anämie eine verbreitete Erscheinung war. Im Copán-Tal des 8. Jahrhunderts, so Storey wörtlich, lebten kranke Menschen, die von Tag zu Tag kränker wurden, und dies gelte unterschiedslos für alle Schichten, für den Adel sowohl wie für das gemeine Volk.

42 Der Altar ist das älteste auf die Nachwelt gekommene Monument Yax-Pacs. Berücksichtigt man den Grund seiner Errichtung – die Feier des Periodenendes –, so liegt die Vermutung nahe, daß er den Eintritt seines Stifters in die öffentliche Geschichtsschreibung darstellt.

43 1985 fertigte David Stuart von der Treppe am Ende eines von Strömsvik unter Tempel 11 angelegten Tunnels eine neue Zeichnung an. Er erkannte, daß die Inschrift das Protokoll der Weihe von Struktur 11-sub 12 ist, einem Tempel, der ursprünglich auf einer in der Höhe niveaugleich mit dem Westhof abschließenden Plattform stand.

44 Mary Miller (1986; 83 f.; 1988; M. Miller und Houston 1987, 59) konstatierte hier als

erste einen Zusammenhang zwischen Ballspielszenen, Hieroglyphentreppe und Opferungsszenen und erkannte die «Zuschauertribüne» als seitliche Begrenzung eines stilisierten Ballspielplatzes. Zugleich bemerkte sie, daß der gesamte Platz sich als unter Wasser gelegen vorzustellen sei, und identifizierte die emportauchende Gottheit auf den Stufen als Chac-Xib-Chac.

45 Nach einer Auskunft von Barbara Fash (persönliche Mitteilung 1989) beschäftigte sich Proskouriakoff mit diesen Krokodilen in den Notizheften, die sie während ihrer – im Auftrag der Carnegie-Expedition unter Leitung von Strömsvik durchgeführten – Arbeit an Rekonstruktionszeichnungen anlegte.

46 Näheres über die Chronologie und den Inhalt des auf den Stufen der «Zuschauertribüne» protokollierten Geschehens bei Schele (1987b). Datum und Geschehen kommen noch einmal auf der westlichen Tafel im Nordeingang des darüberliegenden Tempels 11 vor, und hier erscheint Yax-Pacs Vorgänger Rauch-Muschel als Subjekt der Handlung. Wir vertreten die Theorie, daß es bei dem Ereignis um Rauch-Muschels Vergöttlichung und seine Auffahrt aus der Unterwelt im Anschluß an seinen Sieg über die Herren des Totenreichs geht (siehe Schele und M. Miller 1986, 265–300).

47 Yax-Pac weihte die «Zuschauertribüne» am 9.16.18.2.12 8 Eb 15 Zip (27. März 769) und den Altar Z am 9.16.18.9.19 12 Cauac 2 Zac (21. August 769). Die letzte Glyphe der Altarinschrift ist *ya.tz'i:ni*, das ist das Wort *yatz'in* in phonetischer Schreibweise. Dieses Wort tritt hier innerhalb des Namens einer in einem Nachsatz erwähnten Person (die nicht der König ist) auf. In Anbetracht dessen, daß *yitz'in* die Verwandtschaftsbeziehung «jüngerer Bruder» bezeichnet, sowie ferner des Umstands, daß weder im Yucatekischen noch in den Cholan-Sprachen ein Wort *yatz'* oder *yatz'in* mit passender Bedeutung existiert, scheint uns die Annahme berechtigt, daß die Glyphe die fragliche Person als «jüngeren Bruder des Königs» ausweist.

48 Als Termin einer Sonnenfinsternis ist der 9.17.0.0.0 13 Ahau 18 Cumku (24. Januar 771) durch sein Vorkommen in den einschlägigen Tabellen des *Codex Dresdensis* seit langem bekannt. David Kelley (1977, 406) registrierte, daß die Glyphe, die auf Stele E in Quiriguá für den 9.17.0.0.0 eine «Mondschwärze» meldet, eng verwandt ist mit der Glyphe, die im Dresdner Kodex (Blatt 21, B 1) denselben Verfinsterungstermin bezeichnet. In Tikal war während dieser Sonnenfinsternis, die hier um 12.49 Uhr begann und um 15.09 Uhr endete, die Sonnenscheibe zu einem Fünftel verdeckt (Kudlek 1978). In Quiriguá wurde das Vorkommnis auf Stele E und in Copán auf der östlichen Tafel im Südeingang des Tempels 11 festgehalten. Ebenfalls in Tempel 11 ist (auf der südlichen Tafel im Westeingang) das erste Sichtbarwerden des Abendsterns am 9.17.0.0.16 3 Cib 9 Pop (9. Februar 771) verzeichnet. Venus stand mit 7,46 Winkelgrad Abstand hoch genug über der Sonne, um über dem Rücken der Berge, die den Gesichtskreis der Copaneken begrenzten, deutlich wahrgenommen werden zu können.

49 Am 9.17.0.0.0 nahm Yax-Pac außerdem die Weihe des Altars 41 vor. Dieses Monument in Form einer dicken Steinplatte unterstreicht die kosmischen Bezüge jenes Katun-Endes. An zwei seiner Kanten ist auf Altar 41 die Weihezeremonie protokolliert, auf den beiden anderen Rändern sind ein Kosmisches Monster und eine Kröte zu sehen.

50 Tempel 21 stürzte in das neue Bett, das der Copán-Fluß sich entlang dem Ostrand der Akropolis grub. Wir haben keinen Hinweis auf seinen Bauherrn, aber auf den Bruchstücken, die auf der ehemals hinter dem Tempel stehenden Plattform liegen geblieben sind, erkennt man unter anderen ikonographischen Motiven auch solche aus dem Tlaloc-Komplex.

51 Obwohl nur noch sehr wenige Zeugnisse existieren, kamen wir aufgrund einzelner Gesteinsbrocken aus dem auf der Treppe unterhalb des Tempels liegenden Schutt gemeinsam mit William Fash zu der Ansicht, daß die Öffnung des Nordeingangs doch als Monsterrachen ausgeführt gewesen sein muß. Hauptstütze für diese Annahme sind große Steinfragmente mit eingemeißelten gekurvten Doppellinien, die anscheinend die eigentümliche Kontur eines aufgerissenen Mauls nachbilden sollen.

52 William und Barbara Fash, denen wir das Manuskript unseres Buches vor der Drucklegung zur Begutachtung überlassen hatten, wiesen in ihren Stellungnahmen zu diesem Kapitel beide mit gleichem Nachdruck darauf hin, daß wir nur für die Existenz von zwei solcher Pauahtunob handfeste Beweise haben. Von dem einen ist unter der riesigen Ceiba, die an der

Nordostecke den Tempel überragt, noch der Kopf an der Mauerruine zu sehen, der zweite Kopf liegt zwischen anderem Schutt unten auf der Großen Plaza. Da sich auf der Südseite des Gebäudes keine Spuren von Pauahtunob gefunden haben, ist vermutlich davon auszugehen, daß die kosmische Symbolik des Himmelsgewölbes als Fassadenschmuck absichtlich nur an der die Große Plaza überblickenden Nordseite des Gebäudes angebracht war. Barbara Fash wies uns auch darauf hin, daß Proskouriakoff in ihren Arbeitsnotizen aus Copán davon spricht, sie habe im Schutt, der dem Tempel 11 zuzuordnen sei, Stücke vom Reptilleib des Kosmischen Monsters wiedererkannt.

53 Eine Aufstellung der dort protokollierten Ereignisse, wie sie unserem Kenntnisstand von 1985 entsprach, findet sich in Schele und M. Miller (1986, 123). In der Feldarbeitsperiode 1987 widmete David Stuart diesen Inschriften ein intensives Studium; unter seiner Führung wurde damals der Inhalt der wichtigsten Tafeln rekonstruiert, zuerst der Tafeln auf der Westwand des Nord-Süd-Schiffs. Im November 1987 rekonstruierte Schele dann zusätzlich einige Textpartien auf der nördlichen Tafel im Westeingang. Aufgrund der Fortschritte der Textrekonstruktion und der damit einhergehenden verbesserten Lesungen verfügen wir heute über ein weitaus zutreffenderes Bild von der Chronologie und dem Inhalt der fraglichen Ereignisse, das im einzelnen so aussieht:

a) *Nordeingang, östliche Tafel:* Yax-Pacs Inthronisation am 9.16.12.6.16 6 Caban 10 Mol (2. Juli 763).
Nordeingang, westliche Tafel: Weihe der «Zuschauertribüne» sowie möglicherweise Vergöttlichung Rauch-Muschels am 9.16.18.2.12 8 Eb 15 Zip (27. März 769). Für den 9.14.15.0.0 (17. September 726) ist eine Aktion vermerkt; Fortsetzung des Textes im Südeingang, wo der Akteur genannt ist.
b) *Südeingang, östliche Tafel:* Fortsetzung und Schluß des Textes zum 9.14.15.0.0: Als Ausführender der Handlung ist Achtzehn-Kaninchen genannt. Am 9.17.0.0.0 Katun-Ende und Sonnenfinsternis.
Südeingang, westliche Tafel: Die Tempelweihe vom 9.17.2.12.16 1 Cib 19 Ceh (26. September 773). Die Art des Ereignisses erkannte David Stuart während seiner Studien im Jahr 1987.
c) *Osteingang, nördliche Tafel:* Erstes Sichtbarwerden der Venus als Abendstern am 9.15.15.12.16 5 Cib 9 Pop (15. Februar 747), dazu ein unidentifizierter Vorgang am 9.17.1.3.5 9 Chicchan 13 Zip (24. März 772) und ein wiederholter Hinweis auf den Weiheakt vom 9.17.2.12.16, diesmal bezogen auf das *xay*, die «Vierung» der Tempelkorridore.
Osteingang, südliche Tafel: 819-Tage-Zählung und Lange Zählung des Weihedatums 9.17.2.12.16 (läuft auf Westeingang über).
d) *Westeingang, nördliche Tafel:* Fortsetzung des Weihedatums und Protokoll des Weiheakts. Hotun-Ende 9.17.5.0.0, zugleich letzte Datumsangabe in dem Bauwerk.
Westeingang, südliche Tafel: Weiheakt und sechzehn Tage später (9.17.0.0.16 3 Cib 9 Pop = 9. Februar 771) erstes Sichtbarwerden des Abendsterns.

54 Der Text und die Figuren auf dieser Bank sind ausführlich beschrieben und analysiert in Schele und M. Miller (1986, 123 ff.); seit Fertigstellung des Manuskripts zu diesem Buch sind jedoch einige interessante neue Informationen aufgetaucht. Die zwanzig Figuren sitzen jeweils auf einer Glyphe, aber im Jahr 1986 identifizierten wir noch keine einzige dieser Glyphen mit dem Namen irgendeines Herrschers aus der Copán-Dynastie. David Stuart (persönliche Mitteilung 1987) äußerte den Gedanken, daß die Glyphe unter Figur 14 den Namen des siebten und die unter Figur 15 den Namen des elften Dynasten wiedergibt. Aber selbst wenn sich einzelne Glyphen als Herrschernamen entziffern lassen, so scheint es sich bei der Glyphenreihe im ganzen dennoch nicht um eine Königsliste, sondern um einen diskursiven Text zu handeln. Überdies gingen wir früher irrtümlich davon aus, daß die zehn Glyphen in der linken Texthälfte spiegelbildlich zur Mittelachse angeordnet seien, um aufzuzeigen, daß die Reihenfolge der Figuren von der Mitte nach außen verlaufe. Diese Deutung ist falsch. Die Glyphen unter den ersten vier Figuren von links nach rechts sind auch von links nach rechts zu lesen. Der restliche Text in der linken Hälfte zerfällt in mindestens zwei Teilsätze.

Der eine ist in der normalen Lese- und Schreibrichtung geschrieben und protokolliert die Weihe der Bank. Der zweite ist uns noch nicht ganz verständlich, muß aber einem dynastiegeschichtlichen Thema gewidmet sein. Damit ist immerhin ein Problem ausgeräumt, das mit unserer früheren Sicht der Dinge zusammenhing: Die Dynastie zählt, Yax-Pac mit eingeschlossen, sechzehn Herrscher – aber auf der Bank sind zwanzig Figuren dargestellt. Wenn vier davon mitsamt den Glyphen, auf denen sie sitzen, eine eigene Sinneinheit bilden, dann verkörpert der Rest wieder die korrekte Sechzehnzahl der Dynasten.

55 Die ehrgeizige Größe des Bauwerks überstieg die technischen Möglichkeiten der Copaneken und schuf praktisch von Anfang an Probleme. Das Ost-West-Schiff war zu breit für ein Kraggewölbe, zumal noch ein zweites Geschoß mit seiner Last hinzukam. Um das nachgebende Gewölbe abzustützen, zogen die Baumeister nachträglich neue Wände ein, durch die das Schiff auf die Hälfte seiner ursprünglichen Breite verengt wurde; unter diesen Maßnahmen litt die Lesbarkeit der Inschriften erheblich. Teilweise scheinen die Inschriften, zumal diejenigen im Westeingang, hinter einer Mauer verschwunden zu sein.

56 Laut Ricardo Argurcia (persönliche Mitteilung 1989), dem zweiten Direktor des Copán Acropolis Project, blickte die Fassade des Baus unmittelbar unter der Endstufe von Tempel 16 noch nicht nach Westen, sondern nach Osten. Nach seinem Dafürhalten entstand die gesamte architektonische Konzeption des Westhofs erst im Zusammenhang mit Yax-Pacs Bautätigkeit an Tempel 11 und 16. Wenn das zutrifft, dann ist die Stilisierung des Westhofs als Ursee und Unterwelt ein Teil von Yax-Pacs ganz persönlicher politischer Strategie.

57 Williamson, Stone und Morales (1989) konstatierten eine Verbindung zwischen der Ikonographie des Tempels 16 und der Symbolik der Tlaloc-Kriegführung, die eines der thematischen Leitmotive dieses Buches ist. Ricardo Argurcia (persönliche Mitteilung 1989) fand bei den Ausgrabungsarbeiten an Tempel 16 unwiderlegbare Beweise dafür, daß die letzte Bauphase unter Yax-Pac stattfand. Diese neue Datierung macht aus Tempel 11 und 16 zwei komplementäre Glieder eines geschlossenen Ensembles; sehr wahrscheinlich wurden die beiden Bauten zusammen entworfen und ausgeführt. Die Ikonographie des Westhofs mit ihren Todes- und Unterwasserweltmotiven ist also nicht das Ergebnis eines über die Regierungsperioden mehrerer Herrscher sich hinziehenden Traditionsbildungsprozesses, sondern wurde in einem einzigen Zug geschaffen.

58 William Fash (1983 a, 310–314) stellte als erster die Hypothese auf, derzufolge Yax-Pac mit dieser Strategie der – am archäologischen Material aus der Endphase der copanekischen Geschichte ablesbaren – um sich greifenden Parteien- und Flügelbildung Einhalt zu gebieten suchte. In den epigraphischen Befunden, auf die Fash sich stützt, sind seit der ersten Formulierung seiner Theorie drastische Veränderungen eingetreten, aber unser heutiges Verständnis von Yax-Pacs Strategie wäre ohne Fashs anfängliche Einsichten nicht denkbar.

Die Häuser, von denen im Text die Rede ist, sind die Hauptgebäude ausgedehnter, um mehrere Innenhöfe herum angelegter Wohnkomplexe. Die Bauten, um die es hier geht, sind im Innern jeweils mit einer Bank ausgestattet, wie häufig bei baulichen Einheiten von Wohnanlagen, doch speziell bei diesen Gebäuden handelt es sich im allgemeinen um größere und kunstvoller gearbeitete Bänke als sonst. Der Zweck dieses Möbelstücks ist unter Fachleuten umstritten: Nach Meinung mancher Forscher diente es lediglich als Schlafgelegenheit. Und ganz gewiß ist nicht zu bestreiten, daß die Bänke da und dort als Liegeplätze benutzt wurden – die Maya selbst nannten sie *chumib*, «Sitzgelegenheit». Aus Szenen, die wir auf bemalten Keramiken fanden, zogen wir für uns den Schluß, daß die Bänke vielseitig verwendbar waren, wie etwa zum Schlafen und Arbeiten, für die Abwicklung von Geschäften, als Thron bei Audienzen mit Untergebenen sowie als Altar bei Ritualhandlungen. Diese beschrifteten «Sitzgelegenheiten» standen sehr wahrscheinlich in den Räumen, von denen aus die Patriarchen die Angelegenheiten der Sippe regelten. Gebäude mit diesen Räumen nannten die Maya *otot*, das bedeutet «Haus» im Sinne von «Domizil», aber dieser Bezeichnung kommt etwa die gleiche Bedeutung zu, wie wenn ein Zeitgenosse von heute, der sich sein Büro in seiner Wohnung eingerichtet hat, von seinem Domizil spricht. Die fraglichen «Häuser» umschlossen auch bei den Maya mehr als nur den Wohnraum.

59 Unter seinem früheren Namen CV-43 ist dieser Komplex beschrieben bei Leventhal (1983).

60 Die Inschrift auf der Bank nennt eingangs ein Datum, das sich auf die Weihe des Gebäudes bezieht, in dem die Bank untergebracht ist. Weiter geht es dann mit einem Zeitsprung zu einem von Yax-Pac am 9.17.10.0.0 – an einem Tag, der bei der Anbringung der Inschrift noch in der Zukunft lag – ausgeführten Aussä-Ritus. Das Weihedatum ist schwer zu entziffern, große Wahrscheinlichkeit kann die Lesung 9.17.3.16.15 beanspruchen. Als Handlung angegeben ist ein Gott-N-Hausweiheakt unter Darbringung einer Opfergabe, die irgend etwas mit Rauch-Muschel zu tun hat. Da dieser Herrscher zu dem angegebenen Zeitpunkt schon lange tot war, vermuten wir, daß es sich um ein Opfer «für», nicht «von» Rauch-Muschel handelte (Schele 1989a). Eine andere Möglichkeit wäre, daß die Hausweihe noch unter Rauch-Muschel vorgenommen, jedoch erst kurz vor dem 9.17.10.0.0 mit der Aufstellung der Bank protokolliert wurde. Träfe diese Version des Geschehens zu, dann hätten beide Könige in den häuslichen Zeremonien jener Familie eine aktive Rolle gespielt.

61 Ebenfalls in Gruppe 9N-18 war Altar W' aufgestellt. Er trägt das Weihedatum 9.17.5.9.4, und in der dazugehörigen Inschrift wird das Familienoberhaupt als «dritter in der Folge» bezeichnet, die mit einem Mann namens Schädel, der ein Ballspieler war, beginnt. Nimmt man an, daß dieser Mann der Begründer dieses speziellen Familienzweigs war, dann hat man es möglicherweise mit dem gleichen Würdenträger zu tun, der unter Achtzehn-Kaninchen den Bau mit der Plastik des Brüllaffen-/Gott-N-gestaltigen Schreibers errichten ließ.

62 Berthold Riese (in Webster, W. Fash und Abrams 1986, 184) hatte das Monument ursprünglich auf den 9.17.16.13.10 11 Oc 3 Yax datiert. Grube und Schele (1987b) postulierten für die Tzolkin-Komponente der Kalenderrunde die Lesung 11 Ahau und gaben der Langen Zählung den Wert 9.19.3.2.0. Stuart, Grube und Schele (1989) schlugen dann für die Haab-Komponente die Lesung 3 Ch'en (statt 3 Yax) vor. Aus all dem ergab sich 9.17.10.11.0 11 Ahau 3 Ch'en, eine Datierung, die von allen diskutierten Möglichkeiten am besten sowohl mit dem Skulpturstil der Inschrift als auch mit dem Vermerk, daß Yax-Pac zum Zeitpunkt der Hausweihe im ersten Katun seiner Regierungszeit stand, harmoniert.

63 Der Abstand zwischen Venus und Sonne betrug am Jubiläumstag 46,35 und fünf Tage später, am Tag des Blutopfers, 46,21 Winkelgrad.

64 David Stuart (persönliche Mitteilung 1985) identifizierte als erster die Namensglyphe Yahau-Chan-Ah-Bac. Die Verwandtschaftsbeziehung zwischen dem Träger dieses Namens und Yax-Pac läßt sich aus den Inschriften zweier Monumente erschließen (Schele und Grube 1987a). Sowohl in der Herkunftsangabe für den König auf Stele 8 wie in derjenigen für Yahau-Chan-Ah-Bac auf Altar U ist die Frau aus Palenque als Mutter genannt. Auf keinem Monument findet sich eine Angabe darüber, wer Yax-Pacs Vater war, doch dürfen wir aus seiner Stellung als sechzehnter Thronfolger der Dynastie den Schluß ziehen, daß er der Sohn Rauch-Muschels war. Sein jüngerer Halbbruder dagegen war nicht Rauch-Muschels Sohn. Yax-Pac war bei seiner Inthronisation noch nicht zwanzig Jahre alt, und die Regierungszeit seines Vaters betrug keine fünfzehn Jahre. Wir vermuten deshalb, daß Rauch-Muschel bei seinem Tod eine junge Frau als Witwe zurückließ. Den Erben hatte sie in Yax-Pac geboren, aber nach dem Tod ihres ersten Gatten heiratete sie ein zweitesmal, und dieser Ehe entsproß Yahau-Chan-Ah-Bac, der somit Yax-Pacs Halbbruder war. Auf Altar U (siehe Abb. 8.19) enthält die Namensglyphe der Frau aus Palenque einen Statusindikator, der sie als Königinmutter ausweist.

65 Es gibt einige wichtige Unterschiede zwischen den Figuren des Altars T auf der einen und den Figuren des Altars Q, L und der Bank in Tempel 11 auf der anderen Seite. Auf den letztgenannten drei Monumenten tragen alle dargestellten Personen einen charakteristischen Brustschmuck, der in Copán ein spezielles Symbol der herrschenden Klasse zu sein scheint und interessanterweise auch bei dem Edelmann zu finden ist, dessen Porträt Stele 1 aus Los Higos – einem der ausgedehntesten Ruinenplätze im La-Venta-Tal an der nördlichen Grenze des copanekischen Einflußgebiets – schmückt. Demgegenüber handelt es sich bei den Figuren auf Altar T um eine gemischte Gesellschaft von rein menschlichen Gestalten und phantastischen Mischwesen auf den Seitenflächen. Unsere derzeitigen Kenntnisse reichen nicht aus, um festzulegen, ob die Phantasiewesen als Glyphenschrift oder als Bilder von Unterweltbewohnern verstanden werden wollen; eines jedoch ist sicher, es sollen keine Ahnendarstellun-

gen sein. Die vier menschlichen Figuren sind nicht namentlich identifiziert. Wir können nicht sagen, ob einer von ihnen – und gegebenenfalls wer – Yahau-Chan-Ah-Bac ist oder ob man sie als Ahnen oder vielleicht doch besser als Patriarchen der Zeit zu deuten hat. Aber mag das auch alles noch so unklar sein, der Figurenstil des Altars erinnert unverkennbar an Altar Q und Tempel 11, die beide schon standen, als Altar T errichtet wurde.

66 Stuart (1986a) identifizierte als erster den Eigennamen des Altars U. Näheres über Chronologie und Inhalt der Inschrift bei Schele und Stuart (1986b; 1986c).

67 Die phonetische Schreibweise des Namens ist *Yax.k'a:ma:la.ya (Yax K'amlay)*. Nikolai Grube (persönliche Mitteilung 1988) machte uns darauf aufmerksam, daß die Wurzel *kám* im Yucatekischen «einem anderen dienstbar sein» bedeutet sowie ferner «Verpflichtung, Primitialopfer der Frucht, Opfer». *K'amtesah* ist der «Verwalter oder Dienstmann» (Barrera Vasquez 1980, 373). Im Chorti gibt es das Wort *k'am*, «Nutzen, Funktion, Wert» und *k'amp'ah*, «nützlich, dienlich sein, einen Wert haben, etwas verrichten». Handelt es sich, wie Grube meint, bei *-lay* tatsächlich um ein Derivativsuffix, dann könnte es sein, daß der Betreffende allgemein bekannt war unter seiner Amtsbezeichnung: «Erster Verwalter».

In früheren Verlautbarungen zu diesem Gegenstand interpretierten wir die Yax-Kamlay-Glyphe noch als einen Titel, den Yahau-Chan-Ah-Bac sich bei der Einführung in das entsprechende Amt zulegte. Aber im Sommer 1989 entdeckte David Stuart den Namen dann auch auf Stele 29, auf dem neugefundenen Altar aus Tempel 22a und auf einem Hausmodell in der Nähe eines Wohngebäudes südlich der Akropolis. Er überzeugte uns, daß Yax-Kamlay und Yahau-Chan-Ah-Bac in Wirklichkeit zwei verschiedene Personen waren. Die Verwandtschaftsbeziehung zwischen Yax-Kamlay und Yax-Pac liegt nicht entfernt so klar auf der Hand wie die zwischen dem König und Yahau-Chan-Ah-Bac. Nicolai Grube und Schele halten es für möglich, daß eine bestimmte Glyphe in Yax-Kamlays Namen, wie er auf Altar U erscheint, die sie als *i.tz'i.ta* lesen, die nichtpossessive Form von «jüngerer Bruder» ist. Falls Lesung und Deutung zutreffen, war Yax-Kamlay ein jüngerer Vollbruder des Königs. Allerdings sind die Lesung und ihre Deutung einstweilen nur Hypothese. Eine Bestätigung der vermuteten Verwandtschaftsbeziehung kann erst mit dem Auftauchen neuen und solideren Faktenmaterials erfolgen.

68 Bei dem Schlangenstab im Bild auf der Ostseite der Stele 5 lugt aus jedem der zwei aufgesperrten Rachen eine winzige Ahnengestalt hervor. Der Ahne auf der Nordseite (zur Linken des Königs) trägt einen Rochenstachel, der auf der Südseite (zur Rechten) die Schale mit dem Blut, das ihn aus dem Jenseits herbeibeschworen hat.

69 Gemeint ist Stele 6, die ungefähr hundert Meter westlich von Stele 5 in einem kleinen, noch nicht vollständig freigelegten Wohnkomplex steht. Von einem fünfzig Meter weiter südlich in gleicher Entfernung von den Stelen gelegenen Punkt kann man beide Baum-Steine sehen.

70 Yax-Pac hat hier, um seine Betrachtung anzustellen, die Straße verlassen, die von der Akropolis westwärts zu der auf dem Hang im Osten von Stele 5 oberhalb dieser gelegenen großen Wohnsiedlung führte. Von der Stelle aus, an der er zuerst anhielt, konnte er die Ostseite von Stele 5 sehen, und nachdem er sich fünfzig Meter weiter nach Westen bewegt hatte, boten sich seinem Blick die Westseite von Stele 5 und die Vorderseite von Stele 6. Letztere war zur Feier des Periodenendes 9.12.10.0.0 aufgestellt worden, ein Anlaß, der mit einem Stillstand der Venus am stationären Punkt am Ende der Retrogradbewegung nach dem Frühaufgang als Morgenstern zusammenfiel. Auf demselben Monument ist die historisch früheste Ritualhandlung Achtzehn-Kaninchens protokolliert, der nach Rauch-Imix' Tod den Thron erben sollte.

71 Mit dieser Glyphe ist der Eigenname des Tempels 11 auf der westlichen Tafel im Südeingang wiedergegeben (Stuart, persönliche Mitteilung 1988).

72 Wir gehen an dieser Textstelle davon aus, daß Yax-Pac genau südlich von Stele 5 und 6 auf dem Westweg stand. Am fraglichen Tag, dem 25. Januar 793, ging die Sonne bei 112 Grad Azimut über dem Höhenkamm (Höhe ungefähr 8 Winkelgrad) am jenseitigen Talsaum auf. Von dem angegebenen Standpunkt aus hätte Yax-Pac die Sonne zwischen Tempel 16 und 11 und auf der Höhe einer gedachten Verbindungslinie zwischen den Bauten wahrgenommen, wobei Tempel 11 die Szene beherrscht hätte.

73 Die Identifikation des Tempels 22a verdanken wir einer brillanten Analyse Barbara

Fashs (1989; B. Fash u. a. o. J.). Im Zuge ihrer Untersuchungen an den skulptierten Elementen, die aus dem von Tempel 22 stammenden Schutt geborgen worden waren, konstatierte Fash eine Verwandtschaft des auf allen vier Seiten des Gebäudes im Fries auftretenden *pop*-(«Matte»-)Zeichens mit dem in den ethnohistorischen Quellen der Kolonialzeit dokumentierten Begriff *popol nah*, «Rathaus». Als auffällig hob Fash die Tatsache hervor, daß dem Tempel 22a als einzigem größeren Bauwerk auf der Akropolis ein großflächiger Patio vorgelagert ist. Da der Vorhof mehr Platz bietet als der Innenraum des Gebäudes, nimmt Fash an, daß hier die höchsten Würdenträger des Königreichs Copán mit dem Herrscher zu Ratsversammlungen zusammentrafen, die ähnlich ausgesehen haben müssen wie die Versammlung von Würdenträgern, die wir auf Türsturz 3 in Piedras Nigras dargestellt fanden (siehe Abb. 7.21).

Im Sommer 1989 lud Barbara Fash Tom und Carolyn Jones zur Mitarbeit bei der Auswertung von Bruchstücken enorm großer Glyphen ein, die man bei den unmittelbar vorausgegangenen Grabungen rings um Tempel 22a gefunden hatte, und im Verlauf dieser Arbeit kam man zu einem noch interessanteren Ergebnis. Gemeinsam konnte man aus den Fragmenten von den ursprünglichen Formen immerhin soviel restituieren, daß die Glyphen als eine Reihe von Ortsbezeichnungen erkennbar wurden. Später fand Fash Indizien dafür, daß sich über den toponymischen Glyphen Nischen befanden, in denen vollendet gemeißelte Figuren saßen. Aufgrund dieser Kombination prächtig gewandeter Figuren mit Ortsnamenglyphen liegt die Vermutung nahe, daß die einzelnen Glyphen nach dem Schema «Ahau des Ortes XYZ» zu verstehen waren. Das Popol Nah war demzufolge möglicherweise nicht nur mit «Matte»-Zeichen ornamentiert, die auf seine Funktion als Rathaus hinwiesen, sondern auch mit Bildern der Ahauob, die als Statthalter des Königs über Unterzentren (oder Quartiere des Oberzentrums) regierten. Derlei Zusammenkünfte kann man sich in heutigen Kategorien vergleichbar etwa einer Konsultation zwischen dem Bundeskanzleramt und Vertretern der Länderregierungen vorstellen.

Ein komplizierteres Problem ist die Datierung des Tempels 22a. Barbara Fash und David Stuart konnten aus Trümmern eine Reihe von Glyphen rekonstruieren, die über den «Matte»-Zeichen ebenfalls um das ganze Gebäude herum angebracht waren. Sie sind eindeutig als Tagesglyphen mit der Bedeutung 9 Ahau zu erkennen, eine Angabe, die sich im gegebenen Zusammenhang und ohne jegliche weitere kalendarische Zuordnung eigentlich nur auf das Ende einer größeren Kalenderperiode beziehen kann. Der einzige Tag, an dem in der nach archäologischen und stilgeschichtlichen Vorgaben in Frage kommenden Zeitspanne ein 9 Ahau und ein solches Periodenende zusammenfallen, ist das Hotun-(Fünf-Tun-) Ende 9.15.15.0.0 9 Ahau 18 Xul (4. Juni 746) – ein Termin kurz vor Rauch-Affes Tod: Möglich also, daß wir es im Popol Nah mit dem einzigen Bauwerk zu tun haben, das aus seiner Regierungszeit auf uns gekommen ist. Im Dekorstil ist Tempel 22a eine bewußte Kopie von Achtzehn-Kaninchens Prunkbau Tempel 22, allerdings scheint Rauch-Affe mit der Wahl eines so prestigeträchtigen Standorts für dieses Bauwerk der Ratsverwaltung in Copán eine neue, höhere Rangstellung eingeräumt zu haben. Könnte es sein, daß ihm gerade bei dem Gedanken an Achtzehn-Kaninchens unrühmliches Ende eine Änderung der seit alters her geübten Verwaltungspraktiken als politisch klug geboten schien?

74 Der eigenartig geformte Altar/Thron wurde während der Feldarbeitsperiode 1988 im hinteren Gemach des Tempels 22a entdeckt. Das Zeitgerüst der Inschrift besteht aus vier wichtigen Daten: (1) 9.18.5.0.0 4 Ahau 13 Ceh (15. September 795), ein Tag, als dessen Protagonist sowohl hier wie auf Altar U Yahau-Chan-Ah-Bac genannt ist; (2) 9.17.9.2.12 3 Eb 0 Pop (29. Januar 780), der Tag der Amtseinführung Yax-Kamlays; (3) 9.17.10.0.0 (2. Dezember 789), ein bedeutendes Periodenende und der Verankerungszeitpunkt der Chronologie des Monuments; (4) 9.17.12.5.17 4 Caban 10 Zip (19. März 783), Yax-Pacs erstes Katun-Jubiläum auf dem Thron. Die Inschrift stellt alle drei Hauptakteure in dieser Phase des historischen Dramas von Copán heraus: Yahau-Chan-Ah-Bac, Yax-Kamlay und Yax-Pac. Interessant ist in diesem Zusammenhang die Feststellung, daß auf der undatierten Stele 29 (in Morleys Nomenklatur: Altar O'), die in Abmessung und Stil mit dem hier beschriebenen Altar/Thron fast genau übereinstimmt, ebenfalls Yax-Kamlay und Yax-Pac zusammen genannt sind. Stele 29 wurde im Osthof gefunden, und es scheint nicht ausgeschlossen, daß sie ursprünglich einmal zusammen mit dem Stein aus Tempel 22a eine Einheit

bildete (Schele u. a. 1989). W. Fash (persönliche Mitteilung 1989) ist der Meinung, daß der Stein, nach Abnutzung, Form und Stellung zu schließen, einmal Teil eines Throns – vermutlich die Rückenlehne – war.

75 Große zoomorphe Altäre kamen unter Achtzehn-Kaninchen in Gebrauch, doch waren diese in aller Regel mit Stelen gepaart. In anderer, gewöhnlich rein glyphisch ornamentierter Form kannte man Altäre in Copán seit der Regierungszeit Rauch-Imix-Gott Ks, doch war die Kombination von Schrift- und figuralen Elementen nicht üblich. Bei Altar Q experimentierte Yax-Pac erstmals mit der Kombination dieser Formtypen, indes waren es die Altäre U und T, mit denen er hier sowohl in puncto Stil wie Format Neuland betrat. Vor dem Hintergrund der Tatsache, daß ungefähr zum selben Zeitpunkt auch die Herrscher von Quiriguá mit monolithischen Großplastiken zu experimentieren begannen, könnte die Abkehr der copanekischen Monumentalkunst von der Stelenform auf ein gewisses Zusammenwirken der Regierungsverantwortlichen und Künstler beider Stätten hindeuten.

76 Von William Fash (persönliche Mitteilung 1989) erhielten wir die Auskunft, daß in der Grabkammer Knochen-, Jade- und Alabastersplitter gefunden wurden, woraus folgt, daß sie ihrer Zweckbestimmung entsprechend genutzt worden war. Wer hier begraben lag, wissen wir nicht zuverlässig. Die Stele zum Andenken an Yax-Pacs Tod wurde in der Ecke aufgestellt, an der die Mauer neben dem Durchgang zum Osthof im rechten Winkel gegen die Westwand des Tempelunterbaus stieß. Die Stele war dem Tempel gegenüber so in Position gebracht, wie man es hätte erwarten dürfen, wenn Yax-Pac zwanzig Jahre nach dem inschriftlich auf dem Bauwerk genannten Datum dort begraben worden wäre. Die Grabkammer war so angelegt, daß sie über die Fertigstellung des Baus hinaus zugänglich blieb. Aber solange keine Inschrift gefunden ist, die über die Identität des Bestatteten Auskunft gibt, so lange sind alle Spekulationen eben Spekulationen.

77 Zwar sind die Könige auf den Stufen des Tempels 26 mit Waffen dargestellt, doch sitzen sie in passiver Haltung auf ihrem Thron. Das Arrangement ist nicht als Sequenz einer realen kriegerischen Aktivität zu verstehen; es zeigt also weder einen König vor dem Aufbruch in die noch nach der Rückkehr aus der Schlacht.

78 Zwei weitere Monumente lassen sich in die zwölfjährige Zeitspanne vom Ende des Katun 18 bis zum Jubiläum des Königs datieren. Altar R, der auf der Plattform vor Tempel 18 gefunden wurde, ist dem Andenken an Yax-Pacs Inthronisation sowie an ein zweites Ereignis, das am 9.18.2.8.0 7 Ahau 3 Zip (9. März 793) stattfand, gewidmet. Das zweite Monument, Altar F', wurde vor der (zu einem in südlicher Richtung unmittelbar neben der Akropolis gelegenen Wohnkomplex gehörenden) Struktur 32 gefunden (Morley, 1920, 373; siehe Abb. 8.11). Entlang dem Rand sind auf der Oberfläche des quadratischen Steinblocks Bänder, wie man sie zum Fesseln benutzte, eingraviert; sie umrahmen eine aus sechzehn Glyphenblöcken bestehende Inschrift. Der schwer zu entschlüsselnde Text protokolliert wieder einmal die Einsetzung eines Sippenpatriarchen in ein Amt, wobei unklar bleibt, um welches es sich handelt (Schele 1988a): Daß es sich nicht um das Amt des Ahau handelt, ist alles, was wir bisher darüber sagen können. Die Amtseinsetzung fand am 9.17.4.1.11 2 Chuen 4 Pop (3. Februar 775) statt, und am 9.18.8.1.11 10 Chuen 9 Mac (30. September 798) wurde das Vierundzwanzig-Tun-Jubiläum des Ereignisses begangen. Die Inschrift vermerkt, daß die Jubiläumsfeier im Beisein von Yax-Pac, der im zweiten Katun seiner Amtszeit als König stand, abgehalten wurde.

79 Daß König Vogel-Jaguar von Yaxchilán dem Herrn von Piedras Nigras einen Besuch abstattete, wurde bereits erwähnt; aber im allgemeinen pflegten die Könige sich in auswärtigen diplomatischen Angelegenheiten von Würdenträgern im Rang von Ahauob vertreten zu lassen. Näheres über solche diplomatischen Besuche und andere Interaktionen der Maya-Königreiche bei Schele und Mathews (o. J.).

80 Näheres über die Ikonographie und die Inschriften von Tempel 18 bei Baudez und Dowd (1983, 491ff.). Am Fuß dieses Bauwerks stand ein Monument, das die letzte auf Yax-Pac bezogene Datumsangabe trug (Stele 11). Laut Riese muß sich das Eingangsdatum der Inschrift, das als 6, 7 oder 8 Ahau zu entziffern ist, auf einen Zeitpunkt nach dem 9.18.0.0.0 beziehen: Das folgt zwangsläufig aus dem Umstand, daß Yax-Pac einen «Drei-Katun-Ahau»-Titel im Namen führt. Da ein Datum gewöhnlich nur dann mit der reinen

Ahau-Angabe bezeichnet wird, wenn es mit einem Periodenende zusammenfällt, kommen rein theoretisch die folgenden Stellen der Langen Zählung in Frage:

9.16.15.0.0 7 Ahau 18 Pop
9.17.5.0.0 6 Ahau 13 Kayab
9.19.10.0.0 8 Ahau 8 Xul

Da sich die Katun-Zählung in den Titeln, die Yax-Pac führte, anders als bei den Königen anderer Reiche (Schele 1989b) nicht auf Lebensjahre, sondern auf Amtsjahre bezieht, kann sie nicht zur Ermittlung des Lebensalters herangezogen werden. Sie hilft allerdings bei der chronologischen Einordnung der Stele 11. Yax-Pac war Ein-Katun-Ahau von 9.16.12.5.17 bis 9.17.12.5.17; er war Zwei-Katun-Ahau von 9.17.12.5.17 bis 9.18.12.5.17, und er war Drei-Katun-Ahau zwischen 9.18.12.5.17 und 9.19.12.5.17. Da die ersten beiden der ermittelten Ahau-Daten vor Yax-Pacs Thronbesteigung liegen, kommt als realistische Möglichkeit tatsächlich nur das dritte Datum, 9.19.10.0.0, in Frage.

81 Stuart (1984; 1988c) konstatierte einen direkten Zusammenhang zwischen der Visionsschlangensymbolik und dem Doppelköpfigen Schlangenstab.

82 Auf der Sarkophagplatte in Palenque fällt König Pacal mit einem rauchenden Gegenstand derselben Art – dem Symbol der Verwandlung im Tod – in der Stirn nach Xibalba hinab (Schele 1976, 17). Einige Beobachter wiesen darauf hin, daß solche rauchenden Gebilde auch an den Figuren auf Altar L zu sehen sind. Dem ist entgegenzuhalten, daß dort die Gegenstände jeweils in dem turbanartigen Kopfputz stecken. Auf dem Sarkophag König Pacals von Palenque und auf Stele 11 in Copán jedoch dringt das Beil in den Schädel ein.

83 Nicht auszuschließen ist auch die Möglichkeit, daß die Inschrift sich auf einen Nebenzweig der Linie bezieht, der von einem gewissen Achtzehn-Kaninchen-Schlange ausgeht, dessen Name ebenfalls auf Stele 6 erscheint. Die Glyphe zwischen Yax-Kuk-Mo' und dem «Achtzehn-Kaninchen»-Namen lautet *u loch*, was im Yucatekischen «Gabelung» und im Chorti «falten, biegen» bedeutet. Wir für unseren Teil gehen vorläufig davon aus, daß Achtzehn-Kaninchen-Schlange identisch ist mit Achtzehn-Kaninchen-Gott K, denn die Stele 6, auf der jener Name erscheint, datiert von einem Zeitpunkt, der nur acht Jahre vor Achtzehn-Kaninchen-Gott Ks Thronbesteigung liegt. David Stuart (persönliche Mitteilung 1987) bezweifelt allerdings, daß die beiden «Achtzehn-Kaninchen»-Namensbildungen ein und dieselbe Person bezeichnen, und diese Möglichkeit muß offengehalten werden. In der zweiten Jahreshälfte 1989 fiel uns dann noch eine weitere Möglichkeit ein – nämlich, daß die Namensglyphe «Achtzehn-Kaninchen-Schlange» sich auf die spezielle Tlaloc-Krieg-Visionsschlange bezieht, die sich auf der Vorderseite von Stele 6 und vermutlich auch auf Stele 11 befindet. Unter dieser Voraussetzung würde sich das «Hand-mit-Fisch»-Verbum in der Inschrift von Stele 6 auf das Erscheinen dieser speziellen Visionsschlange beziehen, während die *u loch*-Verbalphrase von Stele 11 in ihrer Bedeutung «etwas kreuzweise auf den Armen tragen» zur Geltung käme: Genau in dieser Lage befindet sich die Visionsschlange auf der einen wie auf der anderen Stele.

84 Grube und Schele (1987a) identifizierten diesen Herrscher und fanden für seine Namensglyphe die Lesung *U-Cit-Tok'*, «Schutzherr des Feuersteins». Der Kalenderrundentag seiner Inthronisation (3 Chicchan 3 Uo) paßt zur copanekischen Dynastiegeschichte nur an der im Text angegebenen Stelle der Langen Zählung.

85 In welches Amt U-Cit-Tok berufen wurde, bleibt in der Inschrift unerwähnt – was freilich auf den historischen Umständen beruhen könnte. Wir dürfen unterstellen, daß ursprünglich beabsichtigt war, das Monument, wie in Copán üblich, auf allen vier Seiten zu skulptieren; wäre es zur Ausführung dieser Absicht gekommen, dann hätte der Hieroglyphentext auf einer anderen Seite seine Fortsetzung gefunden. Aber der Bildhauer hat seine Arbeit nicht mehr beendet, und die Inschrift bricht mitten im Satz ab.

86 Morley (1920, 289) äußerte als erster den Gedanken, daß der Altar L sich in unfertigem Zustand befindet, und Barbara Fash (persönliche Mitteilung 1987) kam zu derselben Auffassung, als sie eine Zeichnung des Monuments anfertigte; sie war es auch, die uns auf den Sachverhalt aufmerksam machte.

87 Sowohl von William Fash als auch von Rebecca Storey (persönliche Mitteilung 1986/87) erhielten wir eine Schilderung des Vorfalls.

88 Nach Schätzung Rebecca Storeys (persönliche Mitteilung 1987), der Sachverständigen für physikalische Anthropologie, die mit der Untersuchung der in den Gräbern von Copán gefundenen Gebeine befaßt ist.

9 Königtum und Imperialpolitik in Chichén Itzá

1 Der Zusammenbruch, wie er im 9. Jahrhundert eintrat, zählt zu den großen sozialen Katastrophen der vorkolumbischen Geschichte (siehe Culbert 1973). E. W. Andrews IV. (1965; 1973) betont die Tatsache, daß im Anschluß an den großen Zusammenbruch der südlichen Königreiche die Staaten des nördlichen Tieflands im 9. und 10. Jahrhundert prosperierten und expandierten. In den jüngsten wissenschaftlichen Untersuchungen und Stellungnahmen zum Verhältnis zwischen dem historischen Schicksal der Maya im nördlichen und dem der Maya im südlichen Tiefland (Sabloff und E. W. Andrews V. 1986) kristallisiert sich immer deutlicher die Einsicht heraus, daß der Niedergang der südlichen und der Aufstieg der nördlichen Königreiche, gipfelnd schließlich in der Herausbildung des Hegemonialreichs Chichén Itzá, einander auf signifikante Weise zeitlich überschneiden.

2 Der berühmteste Architekturstil des nördlichen Tieflands ist der sogenannte Puuc-Stil, die in der Puuc-Region gepflegte exquisite Blendmauer-Bauweise (Pollock 1980), die vielen Sachkennern als Quintessenz und Inbegriff aller Vorzüge der Maya-Ingenieur- und Baukunst gilt. Der Puuc-Stil kam im Spätklassikum auf und hielt sich bis in die frühe nachklassische Periode (Sabloff und E. W. Andrews V. 1986). Ein eigener Baustil entwickelte sich jeweils auch in der Río-Bec-Region im nördlichen Zentralyucatán (Potter 1977) sowie in dem Gebiet zwischen der Río-Bec- und der Puuc-Region; ersterer wird als Río-Bec-, letzterer als Chenes-Stil (Pollock 1970) bezeichnet. Die Bautradition des Nordens schließt zwar den Gebäudetyp des im Süden stark verbreiteten Hochtempels-auf-Pyramidenunterbau ein, legt jedoch ebenso großes Gewicht auch auf den Typ des vielräumigen Gebäudes auf einem mächtigen, solide gemauerten Pyramidenunterbau. Diese Akzentverlagerung ist möglicherweise der architektonische Reflex eines Wandels im Bereich der Autoritätsstruktur und des Mechanismus der sozialen Kontrolle, wo jetzt Versammlungen eines vielköpfigen Führungsgremiums an die Stelle der Kulthandlungen des alleinherrschenden göttergleichen Priesterkönigs traten, für die der Hochtempel (Freidel 1986a), wie man ihn aus dem südlichen Tiefland zumal der spätklassischen Periode kennt, der ideale Schauplatz war.

3 Zur Zeit der spanischen Eroberung war den Maya das überkommene Schriftsystem noch geläufig. Die berühmtesten Monumente der autochthonen Literatur sind die sogenannten Chilam-Balam-Bücher (Edmonson 1982; 1986), die überwiegend Chroniken und Katun-Prophezeiungen enthalten. Benannt sind sie nach dem letzten großen Propheten der Maya, der ein Chilam (das heißt «Dolmetscher [der Götter]», anders gesagt, «Wahrsager») war und mit Familiennamen Balam («Jaguar») hieß. Nach Roys (1967, 3, 182–187) lebte der Chilam Balam um 1500 in Maní; seinen bleibenden Ruhm verdankt er der Tatsache, daß er ein Ereignis voraussagte, das im Rückblick auf die Ankunft der Spanier bezogen werden konnte, die vierzig Jahre danach erfolgte. Wörtlich heißt es bei Roys (1967, 3): «Das prompte Eintreffen der Vorhersage gab seinem Ruf als Seher solchen Auftrieb, daß ihm spätere Generationen auch die Urheberschaft an vielen Prophezeiungen zuschrieben, die schon lange vor seiner Zeit in Umlauf gewesen waren. Insofern Zukunftsvoraussagen in vielen älteren Büchern dieser Art die Hauptrolle spielen, war es nur natürlich, das gesamte Genre nach diesem berühmten Wahrsager zu benennen.»

Die Chilam-Balam-Bücher waren im yucatekischen Maya abgefaßt, aber in lateinischen Lettern geschrieben. Die «Prophezeiungen», die sie bieten, stimmen in manchem mit den westlichen Vorstellungen von Wahrsagerei überein, doch basiert die Zukunftsvoraussage hier auf der eingehenden Rekapitulation der historisch bedeutsamen Ereignisse und der politischen Auseinandersetzungen zwischen rivalisierenden Gemeinwesen und Familien von der Endphase der vorkolumbischen Epoche bis in die Kolonialzeit. Dennis Puleston (1979) vertritt die Ansicht, daß die fatalistische Grundeinstellung der Maya und ihr Glaube an die im wesentlichen zyklische Struktur der Zeit die Rekapitulation der Vergangenheit in die Erwartung einer seit Anbeginn der Zeiten ein für allemal unabänderlich festgelegten Zukunft übersetzen. Demgegenüber haben wir uns in den vorausgegangenen Kapiteln dieses Buches um den Nachweis bemüht, daß der theoretische und praktische Gebrauch, den die Maya von Geschichte als Leitfaden für politische Zukunftsentscheidungen machten, von Spürsinn und Kreativität getragen war. Bricker (1989) lieferte den souveränen Beweis, daß Teile der Chilam-Balam-Bücher direkte Transliterationen von Hieroglyphentexten ins lateinische Alphabet sind. Die Archäologen bemühen sich seit vielen Jahren, den Zusammenhang zwischen der rätselhaft-fragmentarischen Geschichtsschreibung der Chilam-Balam-Bücher und den Auswertungen der Ergebnisse archäologischer Geländeaufnahmen und Grabungen zu erhellen (Tozzer 1957; Pollock, Roys, Proskouriakoff und Smith 1962; Ball 1974a; Robles und A. Andrews 1986; A. Andrews und Robles 1985).

4 Wie bereits in Kapitel 1 erwähnt, deutet die Auswertung der klassischen Inschriften unter sprachwissenschaftlichem Aspekt darauf hin, daß die im Nord- und Ostteil der Halbinsel ansässigen Maya-Gruppen Yucatekisch sprachen. Das yucatekische Sprachgebiet erstreckte sich mindestens über das Territorium der heutigen Staaten Yucatán, Quintana Roo und Belize sowie das östliche Drittel des Petén. Verbindungen zwischen den Tiefland-Maya des Nordens und denen im Süden sind für die vorklassische Periode ebenso durch gemeinsame Keramikstile dokumentiert wie durch das Vorkommen von Handelswaren wie Grünstein und Hornstein im Norden, die nur aus dem Süden der Halbinsel oder auf dem Weg über ihn dorthin gelangt sein können. Wahrscheinlich lieferten die Bewohner des nördlichen Teils der Halbinsel im Austausch für derlei Dinge das Seesalz (Freidel 1978; E.W. Andrews V. 1981), das sie in ihren entlang der Küste angelegten Salzgärten gewannen. Daß die Maya des nördlichen Tieflands schon früh an der Einführung der Institution des Königtums partizipierten, geht aus dem berühmten Flachrelief am Eingang zu dem Höhlensystem von Loltún hervor: Zu sehen ist hier ein schreitender Ahau, der ein Gott-«Narr»-Diadem und am Gürtel den Jaguarkopf mit den drei Platten trägt (Freidel und A. Andrews o. J.). Nach stilgeschichtlichen Kriterien ist das Relief in die späte vorklassische Periode zu datieren.

5 Bei der Rekonstruktion der Geschichte von Chichén Itzá konnten wir uns nicht auf gleichermaßen gesicherte Fakten stützen wie in den Kapiteln über die südlichen Königreiche. Mit Ausnahme von Dzibilchaltún in der nordwestlichen Küstenebene sind die Maya-Städte im Nordteil der Halbinsel längst nicht so gründlich erforscht und in kulturhistorischer Perspektive ausgeleuchtet, wie das mit einer Reihe der Städte des südlichen Tieflands, die Gegenstand der vorangehenden Kapitel sind, geschehen ist. In Dzibilchaltún führte E. Wyllys Andrews IV. im Rahmen eines Langzeit-Forschungsprojekts ausgedehnte systematische Untersuchungen durch (E. W. Andrews IV. und E. W. Andrews V. 1980). Der Grundriß der Fundstätte, wie er sich im Zuge dieser Forschungen enthüllte (Kurjack 1974), brachte einer staunenden Fachwelt erstmals die gewaltige Ausdehnung der Städte im Norden zu Bewußtsein, an die zu glauben man sich lange weigerte. Erst neuerdings sind auf anderen Ruinenplätzen, wie in Cobá, Isla Cerritos, Sayil, Ek Balam und Yaxuná, Forschungsprojekte ähnlicher Art angelaufen.

Hinzu kommt, daß den seit über sechzig Jahren währenden Anstrengungen vieler Epigraphiker zum Trotz die Hieroglyphentexte des Nordens noch lange nicht so weit entschlüsselt sind wie die des Südens, was zum Teil daran liegt, daß im Norden der Anteil an phonetischen Schriftzeichen höher und die graphemische Analyse mit sehr viel größeren Schwierigkeiten verbunden ist. Das erste Datum überhaupt, das in Chichén Itzá entschlüsselt wurde, war die Initialserie 10.2.9.1.9 9 Muluc 7 Zac (Morley 1915). In den darauffolgenden zwei Jahrzehnten führte die Carnegie Institution (Washington) das Ausgrabungsprojekt durch, das den Rest der Inschriften zutage förderte, die das heute bekannte Korpus der Hieroglyphentexte von Chichén Itzá ausmachen (Martin 1928; Morley 1925; 1926; 1927; 1935; Ricketson 1925; Ruppert 1935). Hermann Beyer (1937) legte mit seiner strukturanalytischen Durchdringung dieses Textmaterials das Fundament für dessen weitere Erforschung, zu gleicher Zeit erkannte Thompson (1937) als erster das in Chichén Itzá gebräuchliche Tun-Ahau-Datierungssystem. Tatiana Proskouriakoff (1970) schnitt die heikle Frage an, wie man sich das Vorkommen von Maya-Inschriften auf Gebäuden in «toltekischer» Bauweise auf dieser Fundstätte zu erklären habe.

David Kelley (1968; 1976; 1982), der sich seit vielen Jahren mit den Inschriften von Chichén Itzá und Uxmal befaßt, ist das Verdienst zuzurechnen, eine Reihe von Schlüsselkategorien der komplexen und erst teilweise erhellten Verwandtschaftsbeziehungen in der Führungsschicht von Chichén Itzá identifiziert zu haben. Mit seinen Strukturanalysen und Interpretationen führte er den Erkenntnisstand auf diesem Sektor weit über die von der bisherigen Forschung erreichte Marke hinaus. Er identifizierte ferner den Träger des inschriftlich dokumentierten Namens Kakupacal, der in den Chilam-Balam-Büchern erwähnt und dabei als Itzá-Krieger etikettiert wird, als einen König von Chichén Itzá in der älteren Geschichte der Stadt. Angeregt von Kelleys richtungweisenden Arbeiten, verfocht Michel Davoust (1977; 1980) mit Vehemenz die These, daß Chichén Itzá von einer Dynastie beherrscht wurde, deren Vertreter in den Inschriften des Ortes namentlich genannt sind. Mit Davoust gehen wir zwar in interpretatorischen Detailfragen auseinander, aber das Zentralelement seiner Hypothese – die Existenz einer Dynastie – wurde inzwischen bestätigt.

James Fox (1984a; 1984b; o. J.) hat viel dazu beigesteuert, das Geheimnis der Inschriften von Chichén Itzá zu lüften; besondere Hervorhebung verdient seine Identifikation der Emblemglyphe dieser Kapitale. Jeff Kowalski (1985a; 1985b; 1989; Kowalski und Krochock o. J.) erzielte bedeutende Fortschritte in der Entschlüsselung der Inschriften von Uxmal und anderen Gemeinwesen, die das Endklassikum im nördlichen Yucatán repräsentieren, Chichén Itzá mit eingeschlossen. Ian Graham, Leiter des *Corpus of Maya Hieroglyphic Writing*-Projekts der Harvard University, stellte allen, die auf diesem Gebiet wissenschaftlich arbeiten, großzügig seine Umzeichnungen der Hieroglyphentexte aus dem nördlichen Tiefland zur Verfügung. David Stuart leistete Grundlegendes für unser Verständnis der politischen Verfassung Chichén Itzás sowohl mit publizierten Arbeiten (Stuart 1988a; Grube und Stuart 1987) als auch mit großzügigen persönlichen Auskünften über die Ergebnisse seiner laufenden Forschungsarbeiten. Seine Entschlüsselung der «Geschwister»-Beziehungen in der Führungsgruppe ist der Eckpfeiler der Interpretation der Inschriften von Chichén Itzá im Sinne einer Konziliarregierung.

Nicht zuletzt profitierten wir in ganz erheblichem Maß von den Ergebnissen der laufenden Forschungsarbeit Ruth Krochocks, deren Master-of-Arts-Examensarbeit über die Türstürze des Tempels der vier Linteln eine methodisch-wissenschaftliche Bravourleistung darstellt. Die Arbeit brachte den wegweisenden Durchbruch zum Verständnis der politischen Rhetorik in der Kunst von Chichén Itzá, indem sie als deren thematischen Brennpunkt das gemeinsame Auftreten zeitgenössischer Führergestalten in Weiheritualen nachwies. Unsere Versuche, auf dem von Krochock bezeichneten Weg allein weiterzukommen, gründen auf intensiven Gesprächen, die wir am Rand des Advanced Seminar in Maya Hieroglyphic Writing in Austin 1988 sowohl mit Ruth Krochock selbst als auch mit Richard Johnson, Marisela Ayala und Constance Cortez und bei der gleichen Gelegenheit 1989 mit Ruth Krochock, Jeff Kowalski, John Carlson und anderen führten. Quelle unserer Inspiration war ferner ein regelmäßiger Briefwechsel mit Ruth Krochock. Ausdrücklich möchten wir ihr an dieser Stelle noch einmal für ihren nützlichen Rat und ihre Ermahnungen zu Umsicht und Behutsamkeit danken.

6 Welche Ausdehnung Chichén Itzá tatsächlich hatte, ist niemals dokumentiert worden; bisher hat man sich bei der kartographischen Erfassung der Stadt stets mit dem Zentralbezirk begnügt. Mit unserer Angabe über das Flächenmaß schließen wir uns einer Schätzung an, die Fernando Robles und Anthony Andrews (1986) zufolge Peter Schmidt getroffen haben soll. In ihrem *Atlas von Yucatán* geben Silvia Garza T. und Edward Kurjack einen Schätzwert von dreißig Quadratkilometern an (Garza T. und Kurjack 1980).

Nach herkömmlicher Auffassung (Tozzer 1957) wurde Chichén Itzá im Lauf seiner Geschichte mehrfach von unterschiedlichen fremdstämmigen Volksgruppen erobert und besetzt gehalten, mit dem Ergebnis, daß die Stadt sich nach und nach aus einem «alten» Maya-Chichén in ein – zumal im großen nördlichen Zentrum – mexikanisch-toltekisch geprägtes «neues» Chichén verwandelte. Demgegenüber schließen wir uns der kürzlich von Charles Lincoln (1986) vorgetragenen Ansicht an, derzufolge Chichén Itzá in seiner gesamten Geschichte stets nur von einer einzigen, homogenen ethnischen Gruppe bevölkert war. Wie Lincoln sehr richtig feststellt, führt sich die Theorie von einem älteren Maya-Chichén selbst *ad absurdum*, denn nach Lage der Dinge hätte dies eine Ansiedlung ohne erkennbares räumliches Zentrum sein müssen. Nun waren die Maya zwar in Fragen der Siedlungs- bis hin zur Stadtplanung überaus flexibel, aber eine Maya-Kapitale ohne ein auf den ersten Blick als solches erkennbares Zentrum wäre nach aller sonstigen Erfahrung nicht denkbar gewesen.

Als ungebrochene geschichtliche Einheit betrachtet, beweist Chichén Itzá in der Architektur seiner kommunalen und herrschaftlichen Bauten eine erstaunliche Freude am Stilkontrast und eine kosmopolitische Aufgeschlossenheit für Impulse aus der Fremde: Man findet hier autochthone Stilelemente des Maya-Lands neben Stilelementen unverkennbar mexikanischen Ursprungs. Herkömmlicherweise führt man die mexikanische Komponente im kulturellen Erscheinungsbild Chichén Itzás auf die Eroberung des nördlichen Tieflands durch Tolteken aus Tula Hidalgo in Mexiko zurück (zu Tula vgl. Diehl 1981). Dagegen wandte George Kubler (1975) ein, daß man in Tula nur einem Bruchteil dessen begegnet, was Chichén Itzá an politischer Programmatik und architektonischer Formgebung aufzuweisen hat, und daß es mithin viel wahrscheinlicher ist, daß in der nicht zu bestreitenden Beziehung zwischen den beiden Städten Chichén Itzá der dominierende Teil war. Keine Frage, die Maya kooperierten mit Volksgruppen von der Golfküste und aus Mexiko, die vermutlich Händler- und Kriegergemeinschaften von der Art waren, wie sie später das Wirtschaftsleben des Aztekenreichs in Schwung hielten – aber es war die Maya-Kultur, die Ideen und Symbole in diese neue Regierungsform brachte. Wir sind der Ansicht, daß Kubler recht hat und daß Chichén Itzá sich zu einer wahrhaft gesamtmesoamerikanischen Metropole entwickelte, so wie dies früher Teotihuacán gewesen war. Dies war vielleicht die einzige Phase in der Geschichte der Maya, in der ihre Kultur für alle Völker Mesoamerikas den Ton angab. Da unserer Meinung nach Aufstieg und Größe Chichén Itzás nicht das Ergebnis einer toltekischen Invasion, sondern ein rein mesoamerikanisch und von Maya-Einfluß gesteuertes Phänomen waren, setzen wir bei der Übernahme der üblichen Sprachregelung vom «toltekischen» Chichén Itzá das Adjektiv «toltekisch» in Gänsefüßchen.

7 In der Regel werden wir Bezugnahmen auf die bis in die Kolonialzeit lebendige Überlieferung von Geschichten und Chroniken, die heute unter der Sammelbezeichnung «Chilam Balam» laufen, so weit wie möglich vermeiden. Zweifellos steckt in diesen Texten ein beachtlicher historischer Informationswert; aber auch die glanzvollen Leistungen Joseph Balls (1974a; 1986) und anderer Forscher, die in der Zeit vor der partiellen Entzifferung der Inschriften von Chichén Itzá in dieser Richtung arbeiteten, ändern nichts an der Tatsache, daß es noch sehr viel Mühe und Zeit kosten wird, die archäologischen und epigraphischen Befunde mit den ethnohistorischen Quellen nutzbringend zu koordinieren. Die historischen Partien der «Chilam-Balam»-Überlieferung sind überladen mit blumigen Bildern und tendenziösen Manipulationen von Fakten. Die Kernaussagen der Chroniken wurden von der Archäologie zum Teil bestätigt, so vor allem der Bericht, daß Fremde ins nördliche Tiefland kamen und hier im Bündnis mit dem autochthonen Adel neue Staaten – wie Chichén Itzá – schufen. Schlüsselfiguren dieser historischen Berichte kommen auch in den älteren Inschriften vor, so zum Beispiel Kakupacal von Chichén Itzá (Kelley 1968). Prinzipiell erreichbares Fernziel der historischen Mayanistik ist demnach ein Geschichtsbild, in das das Quellenmaterial aus allen drei Bereichen (Archäologie, Epigraphik, Ethnohistorie) integriert ist.

8 Über die zeitliche Einordnung des Aufstiegs der Puuc-Städte im Verhältnis zur Chronologie der südlichen Königreiche ist man sich in der Wissenschaft noch nicht völlig einig. Die meisten Spezialisten für das Thema finden, daß es sich am leichtesten damit leben läßt, den Beginn der Blütezeit der Puuc-Städte auf ungefähr 800 n. Chr. oder ein halbes Jahrhundert früher (Robles und A. Andrews 1986, 77) zu datieren. Damit ergäbe sich ein mindestens fünfzig Jahre währendes zeitliches Nebeneinander von Puuc-Königen und Königen im Süden.

9 Jeff K. Kowalski (1985a; 1985b 1987) lieferte im Zusammenhang seiner Uxmal-Studien die bisher umfassendste Untersuchung der politischen Organisation der Puuc-Städte, soweit sie in ikonographischen und epigraphischen Zeugnissen dokumentiert ist.

10 Diese Begriffe wurden populär durch J. E. S. Thompson (1970a), nach dessen Theorie es sich bei den betreffenden Volksgruppen um – in den im Westen an das Maya-Land angrenzenden sumpfigen Flußniederungen beheimatete – barbarische «mexikanisierte» Maya handelte, die aufgrund einer dynamischen Handelspolitik und unter Einsatz kriegerischer und diplomatischer Mittel ins Tiefland vordrangen und hier in der Zeit des großen

Zusammenbruchs eine neue Hegemonialherrschaft errichteten. Zwar gehen die Vorstellungen davon, wie diese Entwicklung im einzelnen ausgesehen haben könnte, unter den Spezialisten auseinander, doch besteht hinsichtlich des Grundfaktums einer in die Endklassik zu datierenden Wanderbewegung von Putún beziehungsweise Chontal in das Tiefland weitgehend Einigkeit (Sabloff und E. W. Andrews V. 1986).

Auf einer bestimmten Etappe ihrer Wanderschaft gründeten die (von vielen Beobachtern als eine Untergruppe der Putún-Maya eingestuften) Itzá entlang der Westküste der Halbinsel Yucatán, bei Chanpotón («Chan Putún») und anderswo in Campeche, eine Reihe von Städten. Im Kommentar zu seiner Übersetzung der Chilam-Balam-Bücher datiert Edmonson (1986) diese Niederlassungen in die Zeit vor dem Vorstoß der Itzá ins Innere der Halbinsel, der zur Gründung Chichén Itzás führte. Die archäologische Situation an der Westküste ist ein faszinierender, aber leider noch wenig erforschter Gegenstand. Auf der einen Seite gibt es hier eine Stadt wie Xcalumkin (Pollock 1980), in der man nicht nur auf Bauwerke mit Blendsteinmosaiken und spätklassische Datierungen in den Inschriften trifft, sondern in der politischen Praxis auch auf die Ahau-Cahal-Beziehung, deren Ursprünge im südlichen Tiefland im Westteil des Einzugsgebiets des Usumacinta – in einem Königreich wie Yaxchilán etwa – liegen. Und auf der anderen Seite trifft man hier weiter im Norden, in unmittelbarer Nachbarschaft der ertragreichen Salzgärten an der Küste, auf eine Stadt wie Chunchucmil (Vlchek, Garza und Kurjack 1978; Kurjack und Garza 1981), einen dicht von Wohnhäusern, Tempeln und Pyramiden bestandenen Ruinenplatz aus der klassischen Periode, der ungefähr sechs Quadratkilometer oder mehr bedeckt. Solange wir die Region entlang der Westküste archäologisch nicht besser erforscht haben, tun wir gut daran, die mehr oder weniger zusammenhanglosen Informationen, die uns über die Besiedlungsgeschichte jener Region allenfalls zur Verfügung stehen, mit Vorsicht zu genießen.

11 Robles und A. Andrews (1986) geben eine kritische Sichtung allen verfügbaren Faktenmaterials, das Aufschluß über die Ausdehnung und die politische Organisation von Cobá gewährt. Siehe auch Folan, Kintz und Fletcher (1983) sowie Folan und Stuart (1977), die Einzelheiten über die Siedlungsstruktur mitteilen.

12 Mit Bruchsteinen befestigte und einer Stuckdecke überzogene «weiße Straßen» *(sacbeob)* bauten die Maya schon von der vorklassischen Periode an. Zwar könnten diese Straßen durchaus auch für profane Zwecke wie den Warentransport oder schnelle Truppenbewegungen genutzt worden sein, doch allen Augenzeugenberichten aus der Zeit nach der Conquista (Freidel und Sabloff 1984) zufolge dienten sie in erster Linie als Prozessions- und Pilgerwege zwischen verbrüderten Adelsständen unterschiedlicher Zentren. In allen uns bisher bekanntgewordenen Fällen kam diese rituelle Nutzung der Sacbé der öffentlichen Demonstration eines politischen Abhängigkeits-/Dominanzverhältnisses gleich. Kurjack und E. W. Andrews V. (1976) haben alle archäologischen Indizien zusammengetragen, die für diese Deutung der Funktion der «weißen Straßen» zwischen Siedlungseinheiten unterschiedlicher Rangstufe sprechen. Die Sacbeob von Cobá sind ausführlich beschrieben bei Antonio Benavides C. (1981).

13 Die Frage nach der ursprünglichen Heimat der Itzá konnte von der Wissenschaft noch nicht abschließend beantwortet werden. Die Sprache der Itzá dürfte einer der Maya-Dialektfamilien – wahrscheinlich den Chontalsprachen – angehört haben, und von den Spekulationen über ihre Heimat besitzen die höchste Wahrscheinlichkeit diejenigen, die sich auf das Chontalpa, einen flachen Feuchtlandstreifen östlich des Usumacinta und nördlich des Petén, richten. Im perspektivisch verzerrten Geschichtsbild der Chilam-Balam-Bücher finden sich Anhaltspunkte dafür, daß die Itzá entlang der Westküste der Halbinsel eine Reihe von größeren Ansiedlungen gründeten (möglicherweise hat man auch einige der Ruinenplätze im Puuc-Stil in jener Region als Itzá-Gründungen zu betrachten), ehe sie versuchten, die Kontrolle über die gesamte Küste und damit die Hegemonie über ganz Yucatán zu erlangen. Die im Küstengebiet von Tabasco und Campeche ansässigen Maya waren zur Zeit der Conquista polyglott. Ein Großteil von ihnen sprach Nahuatl, die Sprache des Aztekenreichs, und allesamt waren sie gerissene, jederzeit ihren Vorteil wahrende Geschäftemacher und Krieger (Thompson 1970). Die archäologische Aufnahme der West- und Nordküste durch Anthony Andrews (1978) erbrachte den Beweis für die Existenz von Küstenenklaven mit Keramiken, die die charakteristischen Merkmale der Sotuta-Sphäre aufweisen – was ge-

wöhnlich als Indiz für Chichén-Itzá- beziehungsweise Itzá-Einfluß gewertet wird. Keine Frage, die Volksgruppe, die Chichén Itzá gründete und groß machte, hatte in puncto Regierungs- und Verwaltungsstil vieles von Mexiko übernommen (Wren o. J.). Es ist daher sehr wahrscheinlich, daß sie ihre abenteuerlichen Streifzüge auf der Halbinsel unterstützt von mexikanischen Bundesgenossen ausführten.

14 Der für Chichén Itzá und seine «Itzá»-Bevölkerung typische Töpfereistil wird als Sotuta-Sphäre-Stil bezeichnet. Die archäologische Aufnahme des Küstengebiets wurde hauptsächlich von Anthony Andrews (1978) durchgeführt. Im folgenden stützen wir uns weitgehend auf die Zusammenfassungen von Andrews und Robles (A. Andrews und Robles 1985; Robles und A. Andrews 1986). Aus dem archäologischen Befund in Isla Cerritos geht hervor, daß die Itzá den Obsidian, mit dem sie handelten, aus vielfältigen mexikanischen Quellen bezogen (A. Andrews, Asaro und Cervera R. o. J.).

15 Diese bedeutende Fundstätte wird im Rahmen eines langfristigen Projekts von Anthony Andrews, Fernando Robles und Mitarbeitern erforscht.

16 Izamal kann sich einer der größten Pyramiden des nördlichen Tieflands rühmen. Die erhaltenen Reste von monumentalen Stuckmasken, mit denen die Pyramide geschmückt war, sowie die Hausteinwände der Terrassenstufen zeigen an, daß das Bauwerk im wesentlichen in der frühklassischen Periode, lange vor dem Einfall der Itzá im Endklassikum, entstand (Lincoln 1980). Mangels weitergehender Feldforschungen haben wir keine Vorstellung von Größe und Bedeutung des Gemeinwesens zum Zeitpunkt des Itzá-Einfalls. Fest steht, daß die riesige Pyramide in dem ansonsten ebenen Gelände einen unübersehbaren geographischen Markierungspunkt darstellte, den die Itzá ohne großen Aufwand zum Wahrzeichen ihres eigenen Zentrums umfunktionieren konnten.

David Stuart (persönliche Mitteilung 1988) lenkte unsere Aufmerksamkeit auf die Tatsache, daß Izamal in der ethnohistorischen Quellenliteratur (Lizana 1892, Kap. 2) als Residenz eines Machthabers namens Hun-Pik-Tok, der eine Armee von «achttausend Feuersteinen» kommandierte, erwähnt ist. Den Namen Hun-Pik-Tok identifizierte Stuart überdies in der Inschrift der Casa Colorada in Chichén Itzá und auf dem Türsturz aus Halakal. Es existieren also Indizien sowohl ethnohistorischer als auch epigraphischer Art, die zugunsten der Hypothese sprechen, daß Izamal zur Zeit der Tempelweihen in Chichén Itzá bereits ein etabliertes Itzá-Zentrum war. Diese Tempelweihen fanden statt im Lauf des Katun 2 im Baktun 10, also in der Zeit, die in der Geschichte von Chichén Itzás Aufstieg zur Metropole der Itzá wahrscheinlich die «Gründerjahre»-Phase repräsentiert. Da sowohl Hun-Pik-Tok als auch Kakupacal (eine an überall in der Stadt verteilten Stellen mehrfach im Zusammenhang mit den Weihezeremonien erwähnte namhafte Größe im Machtgefüge Chichén Itzás) in der Schrift der Casa Colorada genannt ist, darf man annehmen, daß die beiden Männer Zeitgenossen waren.

Der Name Hun-Pik-Tok erscheint auch auf einem Monument aus Halakal, einer kleinen Trabantengemeinde im Osten von Chichén Itzá. Interesse verdient insbesondere der Umstand, daß *sowohl* Hun-Pik-Tok *als auch* ein anderer auf einem Türsturz aus dem Akab Tzib in Chichén Itzá genannter Würdenträger als Vasall des *«K'ul Cocom»* Kinnbacke-Fächer identifiziert wird (Grube und Stuart 1987, 8 ff.). Von archäologischer Warte stellte Lincoln (1986) in Izamal das Vorkommen von Sotuta-Keramik fest.

Es könnte durchaus von Bedeutung sein, daß Chichén Itzá und Yaxuná, der Grenzposten des Staates Cobá, beide ungefähr in der Mitte zwischen Izamal und Cobá liegen: In dieser Zone prallten die Interessen der Itzá und der Könige von Cobá hart aufeinander, um ihren Widerstreit mit Waffengewalt auszutragen. Wie wir bereits am Beispiel der großen militärischen Auseinandersetzungen zwischen Caracol, Tikal und Naranjo gesehen haben, kam es vor, daß Maya-Staaten mit Hegemonialbestrebungen ihr Aggressionspotential auf die Gemeinwesen im Grenzland zwischen dem eigenen Territorium und dem des Gegners konzentrierten; im erwähnten Fall waren diese Yaxha und Ucanal, die beide ungefähr in der Mitte zwischen Tikal und Caracol lagen.

17 Die Flächenausdehnung der südlichen Königreiche zu berechnen ist im Einzelfall immer noch ein schwieriges Unterfangen (siehe Kap. 1). Peter Mathews (1985a; 1985b) stellte die These auf, daß die emblemführenden Politien sich als Großmachtstaaten verstanden, die die Oberherrschaft über die kleineren, von Machthabern zweit- oder drittrangiger

Adelsklassen regierten Gemeinwesen beanspruchten. Unter dieser Voraussetzung und wenn man die Ausnahmefälle großer Gebietseroberungen, wie etwa die Annexion Uaxactúns durch Tikal, in die Überlegungen mit einbezieht, ergibt sich für die größten der südlichen Hegemonialreiche in puncto Flächenausdehnung eine Größenordnung von rund 2500 Quadratkilometern. Arthur Demarest und Stephen Houston äußerten (April 1989) in Vorträgen die Ansicht, das Königreich Dos Pilas habe 3700 Quadratkilometer gemessen, eine Angabe, die einstweilen noch der Bestätigung durch die Feldforschung harrt. Die Berechnung des Flächenumfangs des Staates Cobá zu der Zeit, als die große Sacbé nach Yaxuná gebaut wurde, gründet auf der von Robles und A. Andrews angefertigten Karte (1986, Abb. 3.4) sowie den im folgenden erläuterten Ausgangsdaten. Zunächst ist davon auszugehen, daß Cobá das Gebiet im Osten des Zentrums bis zur fünfundzwanzig Kilometer entfernten Karibikküste kontrollierte. Dies ergibt sich aus der vergleichenden Statistik der Verbreitung von Cobá-typischer Westcepech-Sphäre-Keramik und Chichén-typischer Sotuta-Sphäre-Keramik entlang der Ostküste. Allem Anschein nach mieden die Leute aus Chichén Itzá das Küstengebiet unmittelbar vor Cobá, als sie sich daranmachten, Gemeinden auf der Insel Cozumel zu gründen (siehe Freidel und Sabloff 1984; A. Andrews und Robles 1985).

Auszugehen ist ferner davon, daß die große Sacbé nach Yaxuná auf ganzer Länge durch einen fünfundzwanzig Kilometer breiten Korridor führte, der von Cobá kontrolliertes Gebiet war. Diese Breitenangabe nennt den Mindestwert für die Ausdehnung des Gebiets, aus dem die für den Bau benötigte Zahl von Arbeitskräften, Betreuern und Schutztruppen requiriert werden mußte. Auch die Frage, wie man sich das zeitliche Verhältnis zwischen dem Bau der Straße und dem Krieg zwischen Chichén Itzá und Cobá vorzustellen hat, ist nicht leicht zu beantworten. Robles (1980) datiert den Bau der Sacbé auf den Anfang der endklassischen Periode, also in die Zeit um 800 n. Chr. Nach unserer Überzeugung war der Krieg zwischen Cobá und Chichén Itzá um die Mitte des 9. Jahrhunderts in vollem Gang, denn die vielen Tempelweihen, mit denen in Chichén Itzá die ersten bedeutenden Kultbauten aktiviert wurden, fanden in der Zeit von 860 bis 880 statt. Die derzeitige Faktenlage erlaubt keine abschließende Entscheidung in der Frage, welche der zwei gegebenen Möglichkeiten die Wahrscheinlichkeit auf ihrer Seite hat: Cobá baute die Sacbé entweder – wie wir es im Text vorausgesetzt haben – als Antwort auf den Einfall der Itzá, oder aber der Straßenbau fand statt und diente der Proklamation von Cobás Hegemonialanspruch, bevor die Itzá-Invasion sich überhaupt als drohende Gefahr am Horizont abzeichnete. Dann hätten die Itzá den von Cobá bereits unterworfenen Gemeinwesen gegenüber kurioserweise als die «Befreier» der nördlichen Zentralregion auftreten können. Diese Taktik war in der ganzen Antike bei eroberungshungrigen Völkern sehr beliebt. So etwa «befreite» Sargon von Akkad das Land Sumer aus den Fängen seiner Rivalen im Kampf um die Vorherrschaft in Mesopotamien.

18 Der Ornat einiger Würdenträger in Yaxuná zeigt eine frappante Ähnlichkeit mit der Tracht von Würdenträgern, die sich unter der auf den Säulen vor dem Tempel der Krieger in Chichén Itzá dargestellten Tributprozession befinden.

19 Die Forschungen in Dzibilchaltún (E. W. Andrews IV. und V. 1980) ergaben unter anderem, daß zum selben Zeitpunkt, zu dem in der Stadt Sotuta-Sphäre-Keramiken aufzutreten begannen, ein rapider Niedergang der öffentlichen Bautätigkeit einsetzte, der in völligem Stillstand endete. E. W. Andrews IV. und V. (1980, 274) datieren die ersten Sotuta-Keramiken in Dzibilchaltún auf das Jahr 1000 n. Chr., allerdings mit Vorbehalt: Da diese unverwechselbaren Keramiken erstmals in oberirdischen Deposita in älteren Bauten auftreten, könnte es sein, daß der Zeitpunkt 1000 n. Chr. für den Beginn des Wandels in der Stadt zu spät angesetzt ist. In unserem eigenen historischen Szenarium tritt der Zusammenbruch von Dzibilchaltún hundert Jahre früher ein.

20 Bei den in jüngster Zeit vom Centro Regional de Yucatán (einer Abteilung des Instituto Nacional Autónoma de México) in Uxmal vorgenommenen Grabungen kamen im Bereich der Hauptplaza Sotuta-Sphäre-Keramiken zutage (Tomas Gallareta N., persönliche Mitteilung 1987).

21 Unsere Rekonstruktion des Geschehensverlaufs in Yaxuná und – über die Befunde von Yaxuná – indirekt auch von Chichén Itzás Krieg mit den Puuc-Städten und Cobá

basiert auf den Ergebnissen laufender Forschungsprojekte der Southern Methodist University, die finanziell getragen werden von der National Endowment for the Humanities und der National Geographic Society sowie von privaten Sponsoren (Freidel 1987).

22 Ein von der School of American Research (Santa Fe) abgehaltenes Fortgeschrittenenseminar über das Maya-Nachklassikum (Sabloff und E. W. Andrews V. 1986) beschäftigte sich fast ausschließlich mit diesem Problem. Siehe insbesondere den Beitrag von Charles Lincoln (1986).

23 Tatiana Proskouriakoff (1970) wies mit Nachdruck darauf hin, daß «toltekische» Kunstzeugnisse zusammen mit Maya-Inschriften auftreten, und meldete massive Zweifel an der damals allgemein vertretenen Überzeugung an, daß die zum Zeitpunkt der Entstehung dieser Kunstwerke in Chichén Itzá herrschende Schicht aus analphabetischen Fremden bestanden habe. Daß vor der Ankunft der weißen Eroberer jemals ein Analphabet habe über Maya herrschen können, ist eine ganz und gar abwegige Vorstellung, denn die auf der Beherrschung des Lesens und Schreibens aufbauende Kalenderkunde war ein unverzichtbares politisches Instrument aller Maya-Könige (Edmonson 1986). Hinzu kommt noch, daß auch die aus dem Heiligen Cenote geborgenen Goldscheiben, die nach ikonographischen Kriterien eindeutig der späten, «toltekischen» Periode zuzuordnen sind, Inschriften tragen (S. K. Lothrop 1952). Eine Glypheninschrift findet sich ferner auf einer knöchernen Aderlaßlanzette mit Goldgriff, die ebenfalls aus dem Cenote geborgen wurde (Coggins und Shane 1984). Daß diese Dinge aus Gold (einem Material, das den Königen der klassischen Periode unbekannt war beziehungsweise für das sie sich überhaupt nicht interessierten) bestehen, weist sie als Produkte der Spätzeit, der Zeit nach der Schriftkulturperiode, aus. Und schließlich gehören hierher auch die Berichte von Linea Wren (o. J.) und Ruth Krochock (1988) über die Entdeckung eines halbkugelförmigen Opfersteins aus Chichén Itzá, der ebenfalls eine Inschrift trägt. Auf diesem Stein ist eine Nachbildung der Opferszene zu sehen, die eine der Wände des Großen Ballspielplatzes schmückt – und der Große Ballspielplatz ist ohne Frage ein Bauwerk aus der Spätphase Chichén Itzás.

Aber mit all dem ist die Frage nach der Schriftkundigkeit und/oder -unkundigkeit des Publikums im späten Chichén Itzá – zu der Zeit, als auf der riesigen Plattform im Norden die letzten Tempel und Plätze gebaut wurden – noch längst nicht zuverlässig beantwortet. Wie Charlot (Morris, Charlot und Morris 1931) notierte, sieht man über den Köpfen der Teilnehmer der auf den Säulen im Nordzentrum abgebildeten Massenaufzüge häufig glyphenähnliche Embleme schweben. In den meisten Fällen lassen sich diese Formen jedoch nicht als Maya-Glyphen verifizieren. Manche ähneln mexikanischen Glyphen, bei anderen ist der Bildinhalt nicht zu entschlüsseln. Waren die hier Abgebildeten wirklich Analphabeten, oder machten sie einfach nur die neueste mesoamerikanische Mode auf dem Gebiet des Feine-Leute-Porträts mit? Wir können diese Frage zwar stellen, sie aber noch nicht beantworten.

24 Ruth Krochock (o. J.) muß das Verdienst zuerkannt werden, am Musterbeispiel der Türstürze des Tempels der vier Linteln Weihezeremonien in Chichén Itzá im Grundsatz als Teamwork mehrerer Personen identifiziert zu haben. Die nachfolgend im Text vorgetragenen Hypothesen über Verwandtschaftsverhältnisse basieren vorrangig auf der Identifikation des silbenschriftlichen Zeichens für *yitah*, der Glyphe für die «Geschwister»-Beziehung, die Protagonisten einer Generationsstufe miteinander verbindet (Stuart 1988a, Abb. 54g–i, und persönliche Mitteilung 1988), sowie auf Krochocks (1988) Analyse der «Kind-der-Mutter»- und «Mutter-von»-Beziehung.

25 Im archäologischen Fachidiom lautet der Name des Bauwerks «Struktur 3C1» (gemäß der von der Carnegie Institution entwickelten Nomenklatur; siehe Ruppert 1952, 34).

26 Diese einigermaßen überraschende Entdeckung wurde erstmals in einem im Frühjahrssemester 1989 an der University of Texas in Austin abgehaltenen Oberseminar über «Kultdepots und ihre stofflichen Relikte» vorgetragen. Bei der Auswertung der archäologischen Funde des Hohepriestertempels im Licht der Auskünfte, die sich aus der Sichtung sämtlicher Kultdepots der Stadt ergaben, drängte sich Annabeth Headrick wie von selbst die Hypothese auf, daß der Hohepriestertempel mit seiner siebenkammerigen Unterhöhlung eine frühe Etappe der Lokalgeschichte repräsentiert und später zum Prototyp für architekto-

nische Projekte im Norden wurde, so für das Castillo und die Prozession der Gefangenen auf den Säulen vor dem Tempel der Krieger.

Auf einer der Säulen im Tempelinnern (Lincoln 1968, Abb. 5.1) wird ein Gefangener gezeigt; das mit einer Inschrift versehene Bild weist die gleichen Stilmerkmale auf wie die Bilder auf den Säulen des Kriegertempels. Als Datum ist Kalenderrunde 2 Ahau 18 Mol angegeben, und dieser Angabe wird in der Langen Zählung die Position 10.8.10.11.0 zugeordnet, weil an diesem Tag das Ende einer Zehn-Tun-Periode mit einem 2 Ahau der Kalenderrunde, wie er in der letzten Glyphe dieses Texts bezeichnet ist, zusammenfällt. Nun kommt dieser 2 Ahau aber nicht innerhalb der für yucatekische Datumsangaben gebräuchlichen formelhaften Zeichenkonstellation vor. Wir meinen daher, daß er sich auf die Kalenderrunde des Eingangsdatums bezieht, nicht auf den Katun, in den dieses Datum fiel. Unter solchermaßen veränderten Voraussetzungen läßt sich das Datum der Säule ebensogut als 10.0.12.8.0 (3. Juli 842) oder 10.3.5.3.0 (7. Juni 894) interpretieren. Die erstgenannte Alternative hat überdies den Vorteil, daß sie die Datumsangabe im Grabe des Hohenpriesters zur ältesten aus Chichén Itzá bekanntgewordenen Datierung macht. Die Höhle unter dem Tempel setzte Headrick in Parallele zu Chicomoztoc, der siebenkammerigen Ursprungshöhle des aztekischen Mythos. Ihr Vorhandensein weist das Grab des Hohenpriesters auf der kosmischen Landkarte der Maya ebenso als Ort des «Ursprungs» aus, wie die Höhle unter der Sonnenpyramide in Teotihuacán den Bau für die Teotihuacanos zu einem «Ursprungs»-Ort macht (Heyden 1981).

27 Dieses neue Feuer, genannt *suhuy kak*, «jungfräuliches Feuer», erwähnt Landa in seiner *Relación de las cosas de Yucatán* (Tozzer 1941, 153, 155, 158) im Zusammenhang mit mehreren Ritualen, so zum Beispiel mit der Neujahrsfeier und dem Fest des Kukulcan in Maní.

28 Ruth Krochock (1988) führt bestechende Argumente dafür ins Feld, diese Opferszene in eine Reihe zu stellen mit den Bildern auf den Türstürzen des Tempels der vier Linteln. In den Chilam-Balam-Büchern (Edmonson 1986) ist die Rede von einer großen Schlangengottheit in Chichén Itzá, die *hapay can*, «saugende Schlange», geheißen und viele Edelleute aus anderen Gemeinwesen als Opfer gefordert habe.

29 James Fox (o. J.) identifizierte dieses Datum vor kurzem als Termin einer auffallenden Erscheinung im Jupiterzyklus. Tatsächlich ist es auch ein Saturn-Termin: Jupiter (auf 253,81 Grad) und Saturn (auf 259,97 Grad) hatten sich nach ungefähr vierzigtägigem Verweilen am zweiten stationären Punkt gerade wieder in Bewegung gesetzt. Es handelt sich um die gleiche Himmelserscheinung, wie sie in Palenque im Zusammenhang mit der Gebäudeweihe am 2 Cib 14 Mol und in Yaxchilán im Zusammenhang mit Frau Xocs Blutopfer (Türsturz 24) protokolliert wurde. David Stuart (persönliche Mitteilung 1989) bemerkte, daß die Glyphe, die in Palenque im Protokoll des Geschehens vom 2 Cib 14 Mol auftritt (*pil* oder *pul*), auch in der Inschrift der Casa Colorada vorkommt, hier aber leider im Zusammenhang mit dem Ereignis vom 7 Akbal, einem Termin ohne erkennbare astronomische Bezüge.

30 Eine Beschreibung der architektonischen Monumente Chichén Itzás sowie eine Karte mit der Einteilung in Planquadrate, auf der die wissenschaftliche Nomenklatur basiert, gibt Karl Ruppert (1952).

31 Steinbeile benutzten die Maya als Waffen, aber in einer Fülle von Bildern ist das Beil auch als Opferwerkzeug dokumentiert (Schele und M. Miller 1986).

32 In den Opferszenen auf den aus dem Heiligen Cenote geborgenen Schalen aus getriebenem Gold treten diese Messer besonders augenfällig in Erscheinung (S. K. Lothrop 1952).

33 Die letzten drei Glyphen in den Namen der drei Figuren im linken Bildteil sind jeweils ein *uinic*-Titel. Sie besagen, daß ihr Träger ein «Mensch» bestimmter Herkunft oder Rangstellung ist. Bedauerlicherweise ist der Rang, den der Titel bezeichnet, noch nicht entschlüsselt.

34 Der Patio-Quad-Gebäudetyp (auch Galerie-Patio-Typ genannt) hat eine Reihe charakteristischer Merkmale, die in verschiedenen Kombinationen auftreten können: 1. vertiefter Innenhof, 2. gemauertes Heiligtum an der Rückwand, 3. Vordergemach mit Kolonnade anstelle der Vorderwand, 4. Säulengang um den Innenhof. Im allgemeinen erhebt sich das Gebäude über quadratischem Grundriß, und die Wände bestehen aus Mauerwerk. Aufgrund

der Standorte dieser Gebäude in Chichén Itzá und der bei den Ausgrabungen zutage gekommenen Abfälle stellte Freidel (1981 b) die These auf, daß es sich um Wohnungen der Oberschicht handelt. Im Maya-Gebiet sind Patio-Quad-Strukturen außerhalb von Chichén Itzá selten. Beispiele für ihr Vorkommen sind aus Nohmul in Belize (D. und A. Chase 1982) und von der Insel Cozumel (Freidel und Sabloff 1984, Abb. 26a) bekannt, aber auch bei zeitgenössischen Volksgruppen im Hochland von Mexiko findet sich dieser Bautyp (so z. B. im Gebiet von Coxcatlan; siehe Sisson 1973).

35 Tatiana Proskouriakoff (1970) vertrat bereits vor geraumer Zeit die Ansicht, daß dieses Bauwerk mit seiner Zusammenstellung von Hieroglyphentext und typisch «toltekischen» Bildern es eigentlich vollkommen unglaubhaft erscheinen läßt, daß die Auftraggeber des historisch jüngsten Bau- und Kunstprogramms in Chichén Itzá analphabetische Fremde gewesen sein könnten.

36 David Stuart (persönliche Mitteilung 1987) wies uns auf eine Stelle bei Landa hin, wo von einer Gruppe von Brüdern die Rede ist, die über Chichén Itzá herrschten. Sie sollen aus dem Westen zugewandert sein und in der Stadt viele schöne Tempel errichtet haben (Tozzer 1941, 19, 177).

37 Ralph Roys (in Pollock u. a. 1962) beschreibt diese politische Organisationsform ausführlich am Beispiel der Konföderation von Mayapán, die nach dem gleichen Prinzip regiert wurde. Edmonson (1986) übersetzt *multepal* mit «Massenherrschaft». Barrera Vasquez (1980, 539f., 785) bringt unter dem Stichwort *multepal* die Glosse: «Gemeinschaftliche (beziehungsweise konföderative) Regierung, wie sie unter der Vorherrschaft Mayapáns in Geltung war, bis ihr Mitte des 15. Jahrhunderts ein großer Aufstand, der mit der Zerstörung der Stadt einherging, ein Ende machte.» Für *mul* sind die Paraphrasen «zusammen mit, etwas gemeinschaftlich oder zu mehreren tun» und «gruppenweise» angeführt, für *tepal* die Bedeutung «regieren, verwalten».

38 An den Maßstäben der klassischen Periode gemessen, ist Mayapán eine ziemlich glanzlose Ruinenstätte (J. Eric Thompson sprach in bezug auf Mayapán einmal von einer «Mogelpackung» [«a flash in the Maya pan» – ein im Grunde unübersetzbares Wortspiel mit dem Namen der Stadt]). Immerhin findet man hier außergewöhnlich gut erhaltene Überreste von Holzbauten mit Steinfundamenten. Die Carnegie Institution führte auf der Ruinenstätte ein langfristiges Forschungsprojekt durch (Pollock u. a. 1962), daher sind wir über die Anlage der Stadt gut informiert. Mehr oder weniger in ihrem Mittelpunkt steht sowohl in Mayapán wie in Chichén Itzá eine Pyramide über quadratischem Grundriß mit angebauter Säulenhalle. In Mayapán läuft diese Halle um die Pyramide herum, während sie in Chichén Itzá auf einer Seite die große nördliche Plaza abschließt: Beide Arrangements können sich jedoch nicht mit der Gewölbearchitektur der Puuc-Städte und der südlichen Königreiche messen. Kommunikationszentren in Gestalt von Säulenhallen (Freidel und Sabloff 1984) dienten als Versammlungsräume für öffentlich Bedienstete, als Schulräume für die Ausbildung der Knaben in den Kampfkünsten und in den Grundlagen des Kultlebens, als Schlafsäle für Männer, die sich mit Fasten auf bevorstehende Feste vorbereiteten, und als Unterkünfte für Miliztruppen. Diese Hallen waren nicht die Amtssitze hoher Würdenträger. Die Adelsresidenzen (Smith in Pollock u. a. 1962) waren über ganz Mayapán verteilt. Wir sahen in früheren Kapiteln, daß die Bauten, die – wie beispielsweise der Palast in Palenque – in den südlichen Königreichen das Äquivalent der Itzá-Säulenhallen darstellen, die Amtswohnungen der Königssippe waren. Die Multepal hat also in den Gemeinwesen, wo sie praktiziert wurde, ihren Ausdruck auch in der materiellen Kultur gefunden.

39 Nach Ralph Roys (1962, 78) fiel der Untergang von Mayapán in den Katun 8 Ahau, ungefähr auf das Jahr 1451.

40 Die Glyphe mit der Lesung *cocom* wurde in den Inschriften von Chichén Itzá erstmals von Grube und Stuart (1987, 10) identifiziert.

41 Die Identifikation dieser Zeichenkombination als Emblemglyphe von Chichén Itzá gelang James Fox (1984 b).

42 Unsere Darstellung des architektonischen und dekorativen Programms des Kriegertempel-Komplexes zehrt in hohem Maß von den sachkundigen und blendend geschriebenen Studien des Künstlers und Ikonographen Jean Charlot zu diesem Thema. Zusammen mit Ann Axtel Morris und Earl Morris (Morris u. a. 1931) publizierte Charlot eine Sammlung

von Aufsätzen über die glanzvollen archäologischen und restaurativen Leistungen, die im Auftrag der Carnegie Institution in der ersten Hälfte unseres Jahrhunderts an diesen Bauwerken vollbracht wurden. Nach der Hypothese Charlots stellen die Reliefs Anstrengungen in Richtung einer öffentlichen Porträtkunst dar. Dieser Einschätzung liegt die Feststellung zugrunde, daß die Künstler sich die Ausformung individueller Details sowohl in Kleidung als auch (soweit erhalten) in den Gesichtern angelegen sein ließen. Charlot bemerkte auch die rätselhaften glyphenähnlichen Elemente, die über den Köpfen einer Anzahl der dargestellten Personen schweben. Diese Zeichen lassen sich nicht als echte Maya-Glyphen identifizieren, scheinen jedoch eine Kennzeichnungsfunktion zu haben. Schwierig zu beantworten ist die Frage, weshalb die ausführenden Künstler zur Übermittlung des gleichen Informationsgehalts nicht die gängigen Glyphen verwendeten, obwohl die Oberschicht von Chichén Itzá zweifellos die gesamte Geschichte der Stadt hindurch der Glyphenschrift mächtig war: Noch auf so späten lokaltypischen Ausdrucksmedien wie den goldenen «Kriegsscheiben» und anderen Goldartefakten aus dem Heiligen Cenote (S. K. Lothrop 1952) sind Hieroglypheninschriften zu sehen.

43 Originale solcher Wurfspieße und Abwehrhölzer wurden aus dem Heiligen Cenote geborgen und befinden sich heute im Museum von Mérida.

44 Die Göttin Ix-Chel – «Frau Regenbogen», Gefährtin des Götterfürsten Itzamna und Schutzgöttin der Webkunst, des Kindbetts, der Zauberei und der Heilkunst – wurde bei den Itzá-Maya besonders in Ehren gehalten. Die Insel Cozumel war zur Zeit der Conquista ein Heiligtum Ix-Chels und Sitz eines wichtigen Orakels der Göttin. Auf dem Höhepunkt ihrer Macht hatten die Itzá auch Cozumel erobert, und es wäre möglich, daß damals das Orakel etabliert wurde. Auf Bildern in Chichén Itzá sieht man auch alte Frauen mit einem Totenschädel anstelle des Kopfes, die mit alten Pauahtunob tanzen: durchaus möglich, daß es sich dabei um Darstellungen der Göttin handelt. Die Frau in der im Text geschilderten Prozession ist aber wie alle anderen Abgebildeten eine reale Person, entweder eine Darstellerin der Göttin oder das Oberhaupt der ranghöchsten Brüdergemeinschaft. Erinnern wir uns, daß die genealogischen Tafeln in Chichén Itzá die Abstammungslinie der primären Gruppe auf Mutter und Großmutter zurückverfolgen. Wenn es zutrifft, daß die Frau in der Prozession das Oberhaupt der Brüdergemeinschaft ist, dann fand die Prozession in der Zeit der großen Hauptleute statt, die die in der ganzen Stadt zu findenden Türstürze weihten.

45 Tozzer (1941, 121) schildert die Körperpanzerung mit Baumwollbandagen vor dem Auszug in die Schlacht.

46 Gemeint ist hier das Grab des Hohenpriesters. Der Zugang zu der siebenkammerigen Höhle, ein künstlicher Schacht, war durch sieben in ihm angelegte Gräber versperrt, die Gebeine und eine Fülle von Weihegaben (Bergkristalle, Jade, Muscheln, irdene Gefäße und andere Dinge) enthielten (siehe Thompson 1938; Marquina 1964, 895 f.).

47 Landa (Tozzer 1941, 93 f.) schildert diese Form des Kampfspiels so: «Eines ist das Pfeilspiel, und das nennen sie *Colomche*, was diese Bedeutung hat. Sie spielen es, indem sie zum Rhythmus ihrer Musikanten einen weiten Reigen tanzen, und zwei von ihnen tanzen zur Musik in die Mitte hinein, einer von ihnen mit einem Bündel Pfeile [damit sind im gegebenen Kontext Wurfspieße gemeint], und dieser hält sich beim Tanzen mit seiner Last vollkommen aufrecht, indes der andere zum Boden niedergebückt tanzt; aber keiner von den beiden verläßt jemals den Kreis. Und der die Stöcke trägt, schleudert diese mit aller Macht gegen den anderen, und dieser fängt sie mit vielem Geschick auf, wozu er sich der Hilfe eines kleinen Stocks bedient.»

48 Der Inhalt dieser Szene ist weitgehend Spekulation, mit der wir dem Umstand Rechnung zu tragen versuchen, daß die in Chichén Itzá bei Prozessionszügen zur Schau gestellten gefesselten Gefangenen nicht wie auf den klassischen Monumenten des Südens zum Geopfertwerden entkleidet, sondern in vollem Ornat dargestellt sind. Eine mögliche Erklärung für diese ikonographische Besonderheit liegt in der Hypothese von einem Ritualgeschehen, das Kampfspiel und Opferhandlung miteinander verband. Tatsächlich praktizierten die Maya zur Zeit der Conquista eine Opferung mittels Pfeilschüssen, die Elemente des Kampfs und des Opferzeremoniells in sich vereinigte (Tozzer 1941, 118), allerdings wurde dabei das Opfer, bevor man es an einen Pfahl band, in klassischer Maya-Manier entkleidet.

Dem, was uns hier vorschwebt, am nächsten kommt die Aussage eines guterhaltenen polychromen Wandgemäldes in Cacaxtla, einem das späte Klassikum repräsentierenden Ruinenplatz im mexikanischen Hochland (Foncerrada de Molina 1978; Kubler 1980). Gezeigt ist hier ein rituelles Massaker an Kriegsgefangenen. Einige der Opfer sind nackt, andere, unter ihnen die Anführer, tragen noch vollen Kriegsornat und dazu Schilde. An den Körpern der Gefangenen sind klaffende Wunden zu sehen, die von Messerklingen und Wurfspießen stammen; einem ist das Bein an der Hüfte abgehauen. Die Szene gibt die Dramatik eines öffentlichen Gemetzels an Kriegsgefangenen wieder.

Zwar ist die räumliche Distanz zwischen den Wandgemälden von Cacaxtla und dem Maya-Tiefland groß, doch in Ikonographie und Stil gibt es unverkennbare Parallelen zwischen den Bildern in Chichén Itzá und denen in Cacaxtla; beide stammen aus der gleichen Zeit, möglicherweise sind die Bilder in Cacaxtla auch etwas älter. Auf weitgehend zerstörten Wandgemälden aus Mulchic in der Puuc-Region (Barrera Rubio 1980, Abb. 3) sind Kampf- und Opferszenen zu erkennen, darunter eine, in der sich messerschwingende Würdenträger über einen Gefangenen beugen, der einen prächtigen Kopfputz trägt. Der Leib des Opfers ist verwittert, der Kopfputz legt jedoch die Vermutung nahe, daß der Gefangene bei der Opferung Staatstracht trug. Dieses Beispiel liegt den Gegebenheiten in Chichén Itzá räumlich und zeitlich so nahe, daß man sich dadurch in der Hoffnung auf die Existenz künftig noch zu entdeckender Wandgemälde im nördlichen Tiefland bestärkt fühlen darf, die entweder den definitiven Beweis oder die Widerlegung der Hypothese von der Kampfspiel-Opferpraxis in dieser Region liefern. Vorerst glauben wir jedoch, daß die Hypothese von der Umwandlung edelgeborener Kriegsgefangener zu Mitgliedern der Konföderation die schlüssigste Erklärung für den politischen Erfolg Chichén Itzás enthält und von allen möglichen Erklärungen diejenige mit der größten Aussicht auf Bestätigung ist.

49 Arthur Miller (1977) prägte diese Namen für die beiden herausragenden Motive der Wandmalereien des Oberen Jaguartempels, eines der drei mit politischer Symbolik ausgeschmückten Gebäude, die zum Komplex des Großen Ballspielplatzes gehören.

50 Wir gehen davon aus, daß die Sonnenscheibe in der Ikonographie von Chichén Itzá das Äquivalent zur klassischen «Ahnenkartusche» des Südens ist. Die Motivkonfiguration, die uns zu dieser Schlußfolgerung brachte, ist vor allem in den oberen Registern von Stelenbildern der spätklassischen Periode zu beobachten. In Yaxchilán sieht man hier Figuren, die im beigeschriebenen Hieroglyphentext als die Eltern des Protagonisten identifiziert sind, umrahmt von Kartuschen, die nicht selten an den vier Ecken mit irgendwelchen säbelzähnigen Drachen verziert sind. Anders in Caracol. Hier sind in den oberen Registern aus Schalen und Himmelsbändern aufsteigende Visionsschlangen zu sehen. Manchmal sind die Figuren, die aus den aufgesperrten Rachen der Schlangen hervortreten, im beigeschriebenen Hieroglyphentext durch Namensnennung als die Eltern der Hauptperson gekennzeichnet (Stone, Reents und Coffman 1985, 267f.). In endklassischen Darstellungen sind Schlange beziehungsweise Kartusche durch eine gepunktete Linie ersetzt, in der David Stuart (1984a) das Symbol des Blutes erkannte, aus dem die Vision aufsteigt. In Jimbal und Ucanal sind es die Paddler-Götter oder Krieger in der Tlaloc-Aufmachung, die den Platz in den Blutvoluten besetzt halten. Die gleichen speerschleuderschwingenden Krieger treten in Chichén Itzá auf den Goldscheiben aus dem Heiligen Cenote und auf den Sonnenscheiben in den oberen Registern der Säulen vor dem Kriegertempel aus den Mäulern der Visionsschlangen hervor. Wir glauben, daß diese Visionsschlangen, Ahnenkartuschen, Blut- beziehungsweise Visionsvoluten und Krieger mit Speerwerfern und Wurfspießen eine Gruppe der Maya-Bildrhetorik bilden, zu der wir auch die Hauptmann-Sonnenscheibe-Bilder in Chichén Itzá zählen dürfen.

51 Näheres bei Kelley (1982; 1983, 205; 1984) und Lincoln (1986, 158).

52 Mit bestechenden Argumenten vertritt Ruth Krochock (1988) die Ansicht, daß die Federschlange faktisch die Blut-Visionsschlange des traditionellen Rituals der Maya-Könige ist. Die mit der Schlange verbundene Vogelsymbolik, so Krochock, könnte die Entsprechung zur Höchsten Vogelgottheit sein, die ihrerseits zum Symbolkreis des Weltenbaums gehört. Daneben gibt es in den mexikanischen Religionen eine starke Verbindung zwischen Adler und Herzopfer.

53 Die Tatsache, daß Ritualopfer-Ballspiele außerhalb der eigentlichen Ballspielplätze

auf großen Treppen stattfanden, wurde anhand des verfügbaren Quellenmaterials ausführlich belegt von Mary Miller und Stephen Houston (1987).

54 Auf die für die Maya selbstverständliche Ideenverbindung zwischen Ballspiel und Krieg wurde anläßlich der vorklassischen Ballspielplätze in Cerros bereits in Kapitel 3 eingegangen. Sowohl die Bewohner von Chichén Itzá wie ihre Gegner verstanden das Ballspiel als Sinnbild der Kriege, die sie miteinander führten. In Chichén Itzá ist im Bildprogramm eines kleinen Ballspielplatzes westlich der Patio-Quad-Halle des Mercado ein Flachrelief zu sehen, das einen Prozessionszug von Kriegern zeigt, die Gefangene vor sich herstoßen (Ruppert 1952). Das Sujet ist nahezu identisch mit dem eines Reliefs in X'telhu, einem Gemeinwesen, das zu den Satelliten von Yaxuná zählte: Hier sieht man außerdem die Krieger jene Schürze aus Tierhäuten und die knappsitzenden Ledergürtel tragen, die bei einer gewissen Variante des Ballspiels zur Spielerkleidung gehörten. In Yaxuná ist die Ballspielplatzgruppe der einzige Baukomplex, der in der endklassischen Periode – der Zeit, in die der Machtkampf zwischen Chichén Itzá und Cobá fiel – ganz neu entstand. Der abgehauene Kopf des auf dem Ballspielplatz beziehungsweise im Ballspielritual Geopferten war im Bewußtsein aller Beteiligten auf der Symbolebene eng verwandt mit dem Bild des Totenschädels, aus dem Seerosen sprießen. Dieser Schädel war Sinnbild der Fruchtbarkeit und Regeneration (Freidel 1987). In der auf dem Großen Ballspielplatz von Chichén Itzá abgebildeten Enthauptungsszene ist er auf der Mitte der Grundlinie zu sehen.

55 Die Schädelgerüstplattform in Chichén Itzá hat die für solche Bauten übliche Form, nur daß die Wände mit Reihen von skulptierten Totenschädeln dekoriert sind. Den realen Hintergrund dieser grausigen Bilddarstellung erblickt Tozzer (1957, 218f.) in der Maya-Sitte, abgetrennte Menschenköpfe aufzubewahren: die Köpfe geopferter Kriegsgefangener als Siegestrophäen und die Köpfe eines natürlichen Todes gestorbener hoher Herren der eigenen Gemeinschaft als verehrte Reliquien. Die als Trophäen genommenen Köpfe Geopferter und auf dem Schlachtfeld bezwungener Gegner wurden auf großen Holzgerüsten zur Schau gestellt, die bei den Azteken *tzompantli* hießen (Tozzer 1957, 130f.). Diese Gerüste waren sowohl in der Azteken-Kapitale Tenochtitlan wie auch in der Maya-Kapitale Chichén Itzá an den wichtigsten sakralen Orten aufgebaut.

56 Diese Verwandtschaftskategorie mit hier offensichtlich drei männlichen Individuen fand Jeff Kowalski (1985b) auch auf einem Monument aus Uxmal. Kowalski identifizierte die fragliche Glyphe als Verwandtschaftsbezeichnung, noch bevor Stuart die Entzifferung der *itah*-Glyphe gelungen war.

10 Das Ende einer Schriftkultur und ihr Vermächtnis an die Zukunft

1 Tozzer (1941, 28) zitiert Gaspar Antonio Chi, Landas yucatekischen Gewährsmann: «Sie hatten schriftliche Aufzeichnungen von allem, was es an Wichtigem in der Vergangenheit gegeben hatte, [...von] den Zukunftsvoraussagen ihrer Propheten und den Lebensläufen ihrer Herren; und aus dem Volk von Gesängen in unterschiedlichen Metren [...] je nachdem, was für eine Geschichte sie zum Inhalt hatten.»

2 Die Maya der nachklassischen Periode erfreuten sich wirtschaftlichen Wohlstands und eines schwunghaften Handels mit Volksgruppen jenseits ihrer Landesgrenzen. Sie wohnten in solide gebauten Häusern, und im ganzen gesehen konnten sie auf technischem Gebiet ihren Vorfahren durchaus das Wasser reichen, auch wenn sie es insofern bequemer hatten, als sie im Gegensatz zu den Menschen des Klassikums Metall als Werkstoff benutzten. Aber die Machthaber der späten nachklassischen Periode herrschten über die sozialen Energien ihres Volkes nicht mit der gleichen souveränen Autorität wie die der klassischen Periode, deren meisterliche Beherrschung des Instrumentariums der sozialen Kontrolle die Voraussetzung aller zu ihrer Zeit getätigten öffentlichen Arbeiten, zumal der Monumentalbauten der Zentralbezirke, war. Die Menschen der nachklassischen Periode waren zwar nicht weniger religiös als ihre Vorfahren. Ein beredtes Zeugnis ihrer Frömmigkeit sind die zahlreichen neuen Tempel und Altäre, die sie errichteten, aber diese waren ebenso oft Göttern wie Ahnen

geweiht und ebenso oft im privaten Bereich wie in öffentlichen Zentren zu finden. Manche Mayanisten sehen in dieser Entwicklung das Symptom weniger einer zunehmenden Verzettelung der sozialen Energien als vielmehr eines Wandels der Zielorientierung zu vermehrtem materiellen Wohlstand hin, insbesondere bei den Angehörigen des aufstrebenden Kaufmannsstandes, den *p'olomob*. Wie dem auch sei, die nachklassischen Maya, wie die Spanier sie bei ihrer Landung antrafen, waren im besten Fall ein Volk zwischen zwei großen Epochen.

3 Die erste systematische Untersuchung der Umstände des Zusammenbruchs wurde im Rahmen eines Seminars der School of American Research durchgeführt (Culbert 1973). Eine Reihe neuerer wissenschaftlicher Publikationen untersucht den Zusammenbruch der Maya-Kultur im Licht des Zusammenbruchs von Teotihuacán im 8. Jahrhundert (Diehl und Berlo 1989), im Licht der Archäologie des Nachklassikums in Nordyucatán und dem Petén (Sabloff und Andrews V. 1986a) sowie in universalhistorischer Beleuchtung (Yoffee und Cowgill 1988).

4 Das einzige in der Umgebung eines Zentrums, das Aufstieg und Zusammenbruch erlebte (nämlich bei Cerros in Belize) ausgegrabene System dieser Art läßt erkennen, daß die Kanäle innerhalb eines Jahrhunderts nach dem politischen Debakel bis zur völligen Unbenutzbarkeit versandeten (Scarborough 1983).

5 Diese Inschrift ist das älteste bisher bekanntgewordene Beispiel für die Verwendung eines Kalenderdatums in einer Maya-Namensglyphe der klassischen Periode. Der Brauch, ein Neugeborenes nach dem Tzolkin-Tag, an dem es zur Welt kam, zu benennen, war bei Volksgruppen im westlichen Mesoamerika üblich, so bei den Zapoteken, den Mixteken, den Cacaxtlanos, den Huasteken von El Tajín und wahrscheinlich auch bei den Teotihuacanos; aber die Maya der klassischen Periode verfuhren bei der Namengebung nach einem ganz anderen Prinzip. Da der Ton, aus dem die Vase hergestellt ist, aus der Ebene unterhalb von Palenque stammt, meinen wir, daß der Mann, der hier seine Thronerhebung protokollieren ließ, oder aber derjenige, aus dessen Händen der hier begrabene Palencano-Fürst das Gefäß empfing, ein Putún-Maya war.

6 Robert Rands (persönliche Mitteilung 1975) entdeckte im Material der Vase Spurenelemente, wie sie nur von den auf der Ebene wachsenden Gräsern produziert werden. Das Gefäß wurde in der Region hergestellt, die nach herrschender Meinung der Lebensraum der Putún-Maya war.

7 Lauro José Zavala (1951) fand dieses Skelett im Schutt des Westteils der südlichen Halle des Gebäudes AD im Palastkomplex. Nach seiner Mutmaßung kam der Mann durch das unerwartet einstürzende Gewölbe zu Tode, aber niemand machte sich die Mühe, den Leichnam unter den Trümmern hervorzuholen.

8 Die Todesangst der gefangenen Edelleute aus Pomoná ist subtil individualisiert und mit großer Feinfühligkeit wiedergegeben: Diese Studie zählt zu den Glanzleistungen der Maya-Porträtkunst. Der Umstand, daß die ausführenden Künstler ihr höchstes Geschick in die Darstellung der Gefangenen investierten, brachte Mary Miller zu der Überzeugung, daß es sich bei den Bildhauern um Sklaven aus der besiegten Stadt gehandelt haben müsse, die mit der Ausarbeitung des Monuments einen Teil der Tributschuld ihrer Heimatstadt gegenüber dem Sieger abtrugen. Wenn dies zutrifft, dann hätte Pomoná zumindest bis zum Anfang des 9. Jahrhunderts als Ort großer künstlerischer Entfaltung überlebt.

9 Wir haben diesen Herrscher von Calakmul in Kapitel 4 kennengelernt. Er setzte den ersten König von Naranjo ein, und anscheinend orderte er auch einen Gesandten zur Teilnahme an einem Ritualakt des Königs von Yaxchilán ab, der möglicherweise sein Verbündeter war.

10 Laut Demarest, Houston und Johnson (1989) umgab dieser Palisadenzaun in den letzten Jahren, in denen die Stadt noch bewohnt war, die zentrale Plaza in Dos Pilas. Wie die Autoren ferner berichten, ist Punta de Chamino, eine an der Spitze einer in den Petexbatún-See hineinragenden Landzunge gelegene Ruinenstätte, durch einen an deren schmalster Stelle quer über die Landzunge laufenden Festungswall geschützt. Von radikaler Zerstörungswut getragene kriegerische Auseinandersetzungen unter den Petexbatún-Staaten waren in den letzten Jahren ihres Bestehens an der Tagesordnung.

11 Jeff Kowalski (1989) verfolgte den Wanderweg des Itzá-Stils den Usumacinta hinauf

nach Seibal und zu dieser Gruppe von Fundstätten aus der Spätzeit im Hochland von Chiapas.

12 Der Auszug von Tiefland-Maya in die Hochlanddiaspora in klassischer Zeit ist in der Mayanistik Gegenstand laufender Forschungen. Mehr zu diesem Thema bei John Fox (1980; 1989) und David Freidel (1985 a).

13 An erster Stelle zu erwähnen ist hier Lamanai (Pendergast 1986), ein altes Sakralzentrum und Gemeinwesen, das nicht nur den großen Zusammenbruch unbeschadet überstand, sondern sich bis zur Eroberung durch die Weißen anhaltender Prosperität erfreute. Zwar gehörte die Führungsschicht Lamanais mit zur Maya-Elite der klassischen Periode, doch stellte man hier nur selten Stelen auf. Allerdings gibt es in Belize zwischen geschichtsschreibendem Königtum einerseits und dem letztendlichen Erfolg oder Mißerfolg des politischen Systems andererseits keinen gesicherten Zusammenhang. In Altun Ha, einem anderen altehrwürdigen und wohlhabenden Zentrum, wurde keine einzige Stele errichtet, und dennoch fiel dieses Gemeinwesen im Verlauf des allgemeinen Zusammenbruchs auseinander. Die Situation in Belize wirft ein Schlaglicht auf die Tatsache, daß das geschichtsschreibende Königtum bei den Maya zwar eines der wichtigsten Systeme der sozialen Steuerung und Kontrolle verkörperte – aber durchaus nicht das einzige System dieser Kategorie. Auch im Tiefland gab es Zentren, die Aufstieg und Niedergang erlebten, ohne jemals Stelen zu errichten oder Inschriften zu hinterlassen. Aber dennoch zeigt sich in der Verbindung zwischen dem Zusammenbruch der politischen und sozialen Strukturen im Tiefland und dem Scheitern des geschichtsschreibenden Königtums noch einmal die zentrale Bedeutung dieser Institution, die durchaus nicht beeinträchtigt wird durch die Tatsache, daß es in Einzelfällen möglich war, auch über das Ende der öffentlichen Geschichtsschreibung hinaus zu überleben. Dessenungeachtet gibt es in bezug auf das Verhältnis zwischen historisierenden Königen und ihren ahistorischen Amtsbrüdern eine Menge komplizierter Fragen, die in Zukunft noch zu klären sind (siehe Freidel 1983).

14 Sabloff und Willey (1967) formulierten erstmals die Hypothese, daß Seibals Spätblüte eine Folge der Unterwerfung der Stadt unter die Fremdherrschaft von Eindringlingen von außerhalb des Petén gewesen sein könnte. Rands (1973) meinte, eine Verwandtschaft zwischen der Keramik der Invasoren und den «Fine Paste Wares» der Palenque-Tabasco-Region erkennen zu können. Bei diesen Fremden, so scheint es, handelt es sich um die von Thompson so genannten Putún-Maya (siehe Anm. 18), die nicht nur als Itzá in Yucatán zu Glanz aufstiegen, sondern auch – wie an der Spur der «Fine Orange»-Keramik, die sie mit sich führten, zu erkennen – langsam den Río Usumacinta hinauf nach Seibal vordrangen.

15 Die Pyramide mit rechteckigem oder quadratischem Grundriß ist ein Maya-Bautyp mit sehr langer Tradition, die an Fundorten wie Tikal und Uaxactún bis in die vorklassische Periode zurückreicht. Wenngleich solche Pyramiden in gewissen Intervallen während der gesamten Dauer der klassischen Periode auftauchen, scheinen sie doch speziell im Endklassikum wieder zu herausragender Bedeutung aufgestiegen zu sein. Interessant sind in diesem Zusammenhang Fox' (1989) Bemerkungen über die Funktion des Prinzips der Viergliedrigkeit beim Ausbau segmentärer Sippen zu neuen Staatswesen in der nachklassischen Periode.

16 David Stuart (1987, 25 f.) wies als erster dem Verbum in der fraglichen Textpassage die Lesung *yilah*, «er sah es», zu und erkannte, daß hier von einem Besuch drei auswärtiger Edelleute die Rede ist, die eigens zur Teilnahme an Ah-Bolon-Tuns Periodenendefeier herbeigeeilt waren.

17 Siehe Jeff Kowalskis (1989) höchst aufschlußreichen Vergleich zwischen der Ikonographie Seibals und der Chichén Itzás. Bemerkenswert vor allem: In dem Kopfputz, den Ah-Bolon-Tun auf einer seiner Stelen trägt, identifizierte Kowalski ein Element mit Namen «Messer-Flügel», das auf Türstürzen in Chichén Itzá eine große Rolle in der Ikonographie des Schlangen-Vogels der Weissagung spielt (Krochock 1988). Dieser Bildkomplex steht seinerseits wiederum in Verbindung mit der in diesem Kapitel beschriebenen Visionsschlangen-/Ahnen-Ikonographie um den Hauptmann Sonnenscheibe.

18 Sabloff und Willey (1967) zufolge könnte es zur Zeit des großen Zusammenbruchs im südlichen Tiefland von Westen her über den unteren Usumacinta zu einer Invasion von

Barbaren gekommen sein. Ein aufschlußreiches Bild bietet das Auftauchen von «Fine Paste Wares»-Keramik aus der Tabasco-Region zusammen mit den barbarischen Stelen in Seibal. Thompson (1970, 3–47) nannte diese Eindringlinge Putún und stellte die These auf, daß sie Maya der Chontal-Sprachgruppe waren, die den größten Teil der klassischen Periode über in Tabasco gelebt hatten. Seiner Ansicht nach breiteten sie sich in den Wirren des Endklassikums flußaufwärts aus. Kowalski (1989) wie auch Ball und Taschek (1989) haben sich Thompsons Szenarium zu eigen gemacht und neues Material zur Stützung seiner Hypothese zusammengetragen.

19 Don Rice (1986, 332) kam aufgrund von Befunden an keramischem, stilistischem und architektonischem Material zu der Auffassung, daß die Bewohner von Ixlú in der Spätzeit fremdstämmige Invasoren waren. Da die in den Gebäuden von Ixlú aufgestellten Bänke in der Form denen im späten Seibal ähneln, nimmt er (1986, 336) an, daß die Eindringlinge aus Seibal an den Petén-Itzá-See gezogen waren.

20 Auf die Verwandtschaft zwischen dem Altar in Ixlú und einem Textstück auf Stele 8 in Dos Pilas hat Peter Mathews (1976) schon vor längerer Zeit aufmerksam gemacht. Die Parallelität rückt die Möglichkeit in den Blick, daß die neuen Herren von Ixlú Flüchtlinge aus Dos Pilas gewesen sein könnten, die sich beim Zusammenbruch dieses Staatswesens aus der heimatlichen Petexbatún-Region abgesetzt hatten.

21 Eine Säule aus Bonampak, die sich heute im Art Museum von St. Louis befindet, präsentiert ihren Protagonisten im Ahau-Rang als *yahau*, «untergebenen Ahau», des Königs von Toniná.

22 Bei ihrer kritischen Sichtung des archäologischen Materials, das Aufschluß über die Verwendung von Eulenvögeln als Weihegaben gewährt, machte Mary Pohl (1983) die Feststellung, daß die Maya für diese Zwecke Zwergkäuzchen bevorzugten. Wo Eulenvögel als ikonographische Elemente auftreten, ist ihr skulptiertes Bild nicht so naturalistisch ausgeführt, daß man sie unbedingt als Zwergkäuzchen identifizieren müßte; in Kultdepots jedoch kommen überwiegend Zwergkäuzchen vor. Laut Pohl halten sich diese Tiere mit Vorliebe in Höhleneingängen auf und gelten daher bei den Maya als Boten aus dem Jenseits. Möglich, daß sie es sind, die sich hinter den im Yucatekischen, Chol und Tzeltal mit dem Namen *cuh* bezeichneten Omenvögeln verbergen, und daß sie auch die Eulenvögel sind, die der «Speerschleuder-Schild-Eule»-Titel beschwört, dem wir zuerst bei Jaguartatze, dem Eroberer Uaxactúns, begegneten.

23 Die Federschlange konnte auch als Raubvogel, der die Herzen rituell Geopferter ausriß, in Erscheinung treten. Auf den Bildern des klauenbewehrten Kukulcan, die den Kriegertempel schmückten, lugt der Kopf eines Ahnen aus dem offenen Schnabel – eine ikonographische Analogie zu dem Bildtyp der klassischen Periode, auf dem der Ahne aus dem Maul der Visionsschlange hervortritt.

24 Neben Tatiana Proskouriakoff beschäftigte sich auch Samuel K. Lothrop (1952) ausgiebig mit diesen Scheiben und ihrem Verhältnis zur Ikonographie und Epigraphik des südlichen Tieflands.

25 Schon vor langem konstatierten die Fachleute an Fundstätten wie Xochicalco und Cacaxtla einen beachtlichen Einfluß der Maya-Kultur. Seit wir den hohen Stellenwert des Tlaloc-Komplexes in der Maya-Ikonographie der klassischen Periode erkannt haben, ist auch klar, daß die Bildwerke des Kriegertums in Chichén Itzá nicht das Resultat «toltekischer» Einflüsse, sondern die Fortsetzung genuiner Maya-Tradition sind. Auch in Cacaxtla scheinen die Darstellungen des Tlaloc-Kriegs eher vom Vorbild der Maya als dem der Teotihuacanos inspiriert zu sein. Und in der toltekischen Kapitale Tula, darauf hat George Kubler aufmerksam gemacht, sieht es ganz so aus, als hätte man hier den Kriegertempel von Chichén Itzá kopiert – und nicht umgekehrt. Mary Miller (1985) wies überzeugend nach, daß die berühmten Chac-Mool-Figuren, die ein Gemeingut des nachklassischen Mesoamerika sind, ihren Ursprung in Maya-Bildwerken der rituellen Opferung von Kriegsgefangenen haben.

26 Das Wort *can* kann außerdem noch «vier» und «Himmel» bedeuten, und demnach könnte der Name auch als «Vier-Stern» oder «Himmel-Stern» interpretiert werden. Laut Avendaño bedeutete der Name «Der Stern Zwanzig-Schlange».

27 Die Berichte von der Unterwerfung der Itzá der Petén-Itzá-Region wurden von Philip

A. Means (1917) herausgegeben. Dennis Puleston (1979) brachte erstmals Can-Eks Reaktion und die neuerdings rekonstruierten Geschichtsepisoden aus der klassischen Periode mit den Prophezeiungen der Chilam-Balam-Bücher in Verbindung.

28 Bei der im Text geschilderten Reise handelt es sich um eine neuerliche Entrada, die in einer 1989 von George Stuart entdeckten Handschrift protokolliert ist. Stuart stellte uns eine Abschrift der Transkription und der Übersetzung sowie des von Grant Jones erstellten Kommentars (Stuart und Jones o. J.) zur Verfügung und autorisierte uns, von den im Manuskript wiedergegebenen Einzelheiten der Reise und des Erscheinungs- sowie Charakterbilds Can-Eks nach Gutdünken Gebrauch zu machen.

29 Der Größenunterschied zwischen Maya-Adligen und Maya-Volk ist seit der vorklassischen Periode bezeugt. Can-Eks heller Teint dürfte durch eine Lebensweise bedingt sein, die ihn weit weniger als seine Untergebenen der glühenden Tropensonne aussetzte.

30 Auch auf den Wandgemälden von Bonampak sieht man mit Glyphen bemalte Baumwollstoffe, und in Raum 1 tragen die Ahauob knöchellange weiße Umhänge, die den von Avendaño beschriebenen verblüffend ähneln.

31 Avendaño (Means 1917, 128) berichtet: «Zu betrachten und zu bestaunen hatten wir da Gesteinsblöcke oder Gebäude auf hohen Erhebungen – so hoch, daß sie mit der Spitze fast dem Blick entschwanden. Und als wir sie unverhüllt, ins volle Sonnenlicht getaucht, vor unseren Blicken liegen sahen, da erfaßte uns Entzücken bei ihrem Anblick; und wir verwunderten uns ob ihrer Höhe, denn es schien, ohne Übertreibung zu sagen, unmöglich, dergleichen mit Menschenhand zu bewerkstelligen, es sei denn mit der Hilfe des Teufels, den sie dort, wie man sagt, in Gestalt eines bekannten Götzen anbeten.»

32 Dieses und die folgenden Zitate sind in Means' Übersetzung wörtlich aus Avendaños eigenem Bericht über seine Entrada entnommen (Means 1917).

33 Avendaños Schilderung (Means 1917, 137) zeugt von der starken Irritation, die die Spanier angesichts dieses unerwünschten, intimen Interesses an ihrer Person empfanden.

34 Die Episode (Means 1917, 140) erinnert an die Bedrohlichkeit der Chacanos bei Avendaños erstem Besuch.

35 Means (1917, 140).

36 Dieser 12.3.19.11.14 1 Ix 17 Kankin entspricht dem 13. März 1697 im Gregorianischen Kalender. Der 13. März 1697 des Julianischen Kalenders war der 12.3.19.11.4 4 Kan 7 Kankin.

37 Dennis Puleston (1979) sah als erster einen Zusammenhang zwischen Can-Eks Einlenken und dieser speziellen Katun-Prophezeiung und bemühte sich um den Nachweis, daß die Prophezeiungen der Chilam-Balam-Bücher zumindest teilweise aus der geschichtlichen Erfahrung der klassischen und nachklassischen Periode abgeleitet sind. Ihm zufolge ist Can-Eks Fatalismus obendrein typisch für das Geschichtsverständnis der vorkolumbischen Maya. Ein weiteres auslösendes Moment dürfte der bevorstehende Anbruch des Katun 8 Ahau gewesen sein, denn der war, wie eine Reihe von Zeugnissen belegt, im Bewußtsein der Maya eine Periode niedergehender Reiche und instabiler Regierungen.

38 Näheres über die Unterdrückung der indigenen Maya-Literatur bei Tozzer (1941, 77f.).

39 Martín war der Direktor des Proyecto Lingüistico «Francisco Marroquín», einer 1960 ins Leben gerufenen Organisation, die sich das Ziel gesetzt hat, Maya in Sprachwissenschaft auszubilden, um sie in die Lage zu versetzen, ihre Muttersprache aufzuzeichnen und zu erforschen.

40 Nicholas Hopkins und Kathryn Josserand wirkten als Lehrkräfte bei der Durchführung des Kurses mit. Nora England von der University of Iowa übersetzte unter Mithilfe von Lola Spillari de López die englischen Arbeitsvorlagen ins Spanische. Steve Eliot von der CIRMA druckte und vervielfältigte die spanischsprachigen Arbeitsvorlagen, und die CIRMA unterstützte das Vorhaben auf vielfältige Weise, so auch, indem sie einen Unterrichtsraum zur Verfügung stellte.

41 1989 reiste Linda Schele erneut nach Antigua, um einen Sprachkurs abzuhalten. Im Anschluß an die reguläre Kursdauer hängte man noch einen Tag an, um die beim vorherigen Mal abgebrochene Beschäftigung mit der Tafel der sechsundneunzig Glyphen zum Abschluß zu bringen. In der letzten Stunde wurden Übersetzungen der Inschrift in die Sprachen aller

Kursteilnehmer – ins Englische, Spanische, klassische Maya, Chorti, Pocoman, Cakchiquel, Quiché, Achi, Ixil, Mam, Jalcaltec und Kanhobal – vorgetragen.

42 Bei allen vergleichenden Datumsangaben in diesem Buch haben wir einen Abstand von 594285 Tagen zwischen dem Nulldatum des Maya-Kalenders und dem Nulldatum des Julianischen Kalenders – dem 1. Januar −4712 – zugrunde gelegt. Zwar sind wir nach wie vor der Überzeugung, daß diese Zahl das korrekte Verhältnis zwischen den zwei Kalendersystemen angibt, doch weicht sie um zwei Tage von der Kalenderrechnung alten Stils ab, wie sie noch heute bei den Maya des guatemaltekischen Hochlands in Gebrauch ist. Veranschlagt man mit Rücksicht auf diesen Sachverhalt den Abstand zwischen den Nulldaten des Julianischen und des Maya-Kalendersystems mit 584 283 Tagen, so ergibt sich für den 23. Juli 1987 im Maya-Kalender die Notation 12.18.14.3.17 3 Caban 5 Xul.

Glossar der Götternamen und ikonographischen Motive

1 Das betreffende Bildelement – die malerische Umsetzung des Phänomens des ersten Sichtbarwerdens des Abendsterns (Schele und M. Miller 1986, Bildtafel 122) – zeigt Chac-Xib-Chac beim Auftauchen aus den Wassern der Unterwelt. GI aus der Göttertrias von Palenque, der mit Chac-Xib-Chac viele Charakteristika gemeinsam hat, steht ebenfalls in Beziehung zum Planeten Venus, und zwar hauptsächlich durch seinen Geburtstag 9 Ik, der in der Mythologie aller mesoamerikanischen Völker als Venustag gilt. Und auch der Stirnband-Zwilling Hun-Ahau ist ein Venus-Symbol: Im Dresdner Kodex präsentiert er sich als eine Erscheinungsform des Morgensterns. Jede dieser drei Gottheiten korreliert also mit der einen oder anderen Erscheinungsform der Venus, und alle drei dürften somit lediglich unterschiedliche Aspekte ein und desselben göttlichen Wesens verkörpern.

2 «Die Erforschung der Götterwelt der Maya begann Ende des vergangenen Jahrhunderts, als die ersten Ansätze zum Verständnis des Kalenders und der Astronomie der Maya gelegt wurden. In der Zeit, als die Venus- und die Finsternistabellen im *Codex Dresdensis* entschlüsselt wurden, begann Paul Schellhas [1904] mit dem Studium der Göttergestalten in den drei erhaltenen Kodizes. Er erkannte, daß fast jeder Gestalt in den drei Handschriften eine, in wenigen Fällen auch mehrere Hieroglyphen zugeordnet waren, die ganz offensichtlich deren Namen bezeichneten. Um nicht von vornherein durch spekulative Deutung die Forschung in eine möglicherweise falsche Richtung zu bringen, verzichtete Schellhas auf die Benennung der Götter mit Mayanamen. Er führte statt dessen ein System von Buchstaben ein, mit dem jeder einzelne Gott bezeichnet wurde. Dieses System, obgleich es wenig anschaulich klingt, hat sich bis heute bewährt und wird in allen Arbeiten über die Götter der Kodizes angewendet.» (Nikolai Grube, Die Göttergestalten der Handschriften und ihre Hieroglyphen. In *Chactun – Die Götter der Maya. Quellentexte, Darstellung und Wörterbuch*. Hrsg. Christian Rätsch, Köln: Eugen Diederichs 1986, 61 f.)

3 Vgl. David Stuart (1987b, 15 f.).

4 Die Palastszene mit den jungen Göttinnen und dem Kaninchen beziehungsweise – wie es manchmal auch genannt wird – Häschen findet sich auf der sogenannten Häschenvase im Art Museum der Princeton University (Abb. in *Das Alte Mexiko. Geschichte und Kultur der Völker Mesoamerikas*. Hrsg. Hanns J. Prem und Ursula Dyckerhoff. München: C. Bertelsmann 1986, 176 f.; siehe Schele und M. Miller 1986, 115 a). Die Schöpfung am 4 Ahau 8 Cumku ist auf der sogenannten Vase der sieben Götter dargestellt (M. D. Coe 1973, 106–109).

5 Über die Phänomenologie der Höchsten Vogelgottheit im späten Vorklassikum und frühem Klassikum schreibt ausführlich Cortez (1986).

6 Näheres über den Maisgott und seine Stellung in der Ikonographie der klassischen Periode bei Taube (1985).

7 In den Inschriften von Copán kommt der Alte Stachelrochen-Gott mit *kin*- und der Alte Jaguargott mit *akbal*-Zeichen auf den Wangen vor (Schele 1987 f.).

8 Thompson (1934; 1970 b) gibt eine ausführliche Darstellung der Richtungsgötter und

ihres Bezugsfelds. M.D. Coe (1965) entdeckte Parallelen zwischen dem Ensemble der Richtungsgötter einerseits und der funktionalen und räumlichen Gliederung yucatekischer Dorfsiedlungen andererseits. Er konnte auch den Nachweis führen, daß die von Thompson als Bacabob identifizierten Götter die Pauahtunob der Kodizes und ethnohistorischen Quellen sind (Coe 1973, 14f.).

9 In den Grundzügen wurden die Befunde, die den Zusammenhang zwischen dem Schlangenstab und der Symbolik des Visionsritus dokumentieren, zu einem großen Teil von David Stuart (1984; 1988c) formuliert.

10 Einen skizzenhaften Überblick über die Häufigkeitsverteilung dieses Ineinanderfließens von Bildern und Funktionen im Symbolgebrauch der Maya lieferte David Stuart (1988c.).

Persönliches Nachwort der Verfasser

1 Diese von Merle Greene Robertson organisierte und in Palenque abgehaltene Tagung, an der fünfunddreißig der aktivsten Mayanisten unserer Zeit teilnahmen, war ein wichtiges Ereignis. Die Beschleunigung auf dem Gebiet der Glyphenentzifferung und der ikonographischen Deutungen kann auf diese Konferenz und die prompte Veröffentlichung ihrer Ergebnisse im darauffolgenden Jahr zurückgeführt werden.

2 Unsere Studien zur Dynastiegeschichte von Palenque basieren auf Berlins (1968) Identifikation der Herrscher, die hier Pacal, Kan-Xul, Chaacal und Kuk heißen, sowie auf Kublers (1969) Untersuchung zu den Personen, die er Sonne-Schild und Schlange-Jaguar nannte. Kelley (1968) führte den Nachweis, daß die phonetische Lesung des Namens eines dieser Könige Pacal, «Schild», lautet. Während unserer Arbeit ist es uns gelungen, zwei weitere Herrscher zu identifizieren sowie einen Inthronisationsvermerk zu entziffern und damit die in den Beiträgen von Berlin und Kubler noch verbliebenen Lücken zu schließen.

3 David Kelley entzifferte als erster den Namen Pacal in der originalen Lautung. Georg Kubler identifizierte Schlange-Jaguar (wir geben den Namen in der Folge in Chol mit Chan-Bahlum wieder) als Erbauer der Kreuzgruppe. David Stuart entzifferte die Inschrift mit der Datierung von Tempel 22 und identifizierte dabei Achtzehn-Kaninchen als den Erbauer.

4 Das Harvard-Arizona Cozumel Project stand unter der Leitung von Jeremy A. Sabloff und William L. Rathje. Finanziell gefördert wurde es hauptsächlich von der National Geographic Society. Die Beschreibung der Ruinenplätze auf der Insel siehe Freidel und Sabloff (1984).

Bibliographie

Das nachfolgende Literaturverzeichnis ist weitgehend identisch mit der Bibliographie der amerikanischen Originalausgabe. Es enthält alle in der deutschen Fassung genannten Titel. In den Fällen, in denen deutsche Ausgaben der aufgeführten Werke verfügbar sind, wurden Titel und bibliographische Angaben angeglichen.

ANDREWS, ANTHONY P.
1978 Puertos costeros del Postclásico Temprano en el norte de Yucatán. *Estudios de Cultura Maya* 11:75–93. México: Universidad Nacional Autónoma de México.

ANDREWS, ANTHONY P., FRANK ASARO, AND PURA CERVERA RIVERO
o. J. The Obsidian Trade at Isla Cerritos, Yucatán, México. *Journal of Field Archaeology* (im Druck).

ANDREWS, ANTHONY P., AND FERNANDO ROBLES C.
1985 Chichén Itzá and Cobá: An Itzá-Maya Standoff in Early Postclassic Yucatán. In *The Lowland Maya Postclassic*, edited by Arlen F. Chase and Prudence M. Rice, 62–72. Austin: University of Texas Press.

ANDREWS, E. WYLLYS, IV
1965 Archaeology and Prehistory in the Northern Maya Lowlands: An Introduction. In *Handbook of Middle American Indians, Vol. 2*, edited by Robert Wauchope and Gordon R. Willey, 288–330. Austin: University of Texas Press.
1973 The Development of Maya Civilization After Abandonment of the Southern Cities. In *The Classic Maya Collapse,* edited by T. Patrick Culbert, 243–265. A School of American Research Book. Albuquerque: University of New Mexico Press.

ANDREWS, E. WYLLYS, IV, AND E. WYLLYS ANDREWS V
1980 Excavations at Dzibilchaltún, Yucatán, México. *Middle American Research Institute Pub. 48*. New Orleans: Tulane University.

ANDREWS, E. WYLLYS, V
1981 Dzibilchaltún. In *Handbook of Middle American Indians, Supplement 1,* gen. editor Victoria R. Bricker; vol. editor Jeremy A. Sabloff with the assistance of Patricia A. Andrews, 313–344. Austin: University of Texas Press.

ASHMORE, WENDY
1981 *Lowland Maya Settlement Patterns*, edited by W. Ashmore. A School of American Research Book. Albuquerque: University of New Mexico Press.

AULIE, H. WILBUR, AND EVELYN W. DE AULIE
1978 Diccionario Ch'ol-Español: Español-Ch'ol. *Serie de Vocabulario y Diccionarios Indigenas «Mariano Silva y Aceves»* 21. México: Instituto Linguïstico de Verano.

AYALA FALCÓN, MARISELA
o. J. El bulto ritual de Mundo Perdido, Tikal, y los bultos mayas. A manuscript in the possession of the authors.

BALL, JOSEPH
1974a A Coordinate Approach to Northern Maya Prehistory: A. D. 700–1000. *American Antiquity* 39:85–93.
1974b A Teotihuacán-style Cache from the Maya Lowlands. *Archaelogy* 27:2–9.
1979 Southeastern Campeche and the Mexican Plateau: Early Classic Contact Situation. *Actes du XXII Congrès International de Américanistes* 8:271–280. Paris.
1983 Teotihuacán, the Maya, and Ceramic Interchange: A Contextual Perspective. In *Highland-Lowland Interaction in Mesoamerica: Interdisciplinary Approaches*, edited by Arthur G. Miller, 125–146. Washington, D. C.: Dumbarton Oaks Research Library and Collection.
1986 Campeche, the Itzá, and the Postclassic: A Study in Ethnohistorical Archaeology. In *Late Lowland Maya Civilization, Classic to Postclassic*, edited by Jeremy

A. Sabloff and E. Wyllys Andrews V, 379–408. A School of American Research Book. Albuquerque: University of New Mexico Press.

1989 Ceramics of the Lowlands. A paper presented at the Dumbarton Oaks Conference, «At the Eve of the Collapse: Ancient Maya Societies in the Eighth Century A. D.», held on October 7–8, 1989.

Ball, Joseph, and Jennifer Taschek

1989 Teotihuacán's Fall and the Rise of the Itzá: Realignments and Role Changes in the Terminal Classic Maya Lowlands. In *Mesoamerica After the Decline of Teotihuacán: A. D. 700–900*, edited by Richard Diehl and Janet Berlo, 187–200. Washington, D. C.: Dumbarton Oaks Research Library and Collection.

Barrera Rubio, Alfredo

1980 Mural Paintings of the Puuc Region in Yucatán. In *Third Palenque Round Table, 1978*, edited by Merle Greene Robertson, 173–182. Austin: University of Texas Press.

Barrera Vasquez, Alfredo

1980 *Diccionario Maya Cordemex, Maya-Español, Español-Maya*. Mérida: Ediciones Cordemex.

Baudez, Claude F., and Anne S. Dowd

1983 La decoración de Templo 18. In *Introducción a la arqueología de Copán, Honduras, Tomo II*, 447–500. Tegucigalpa: Instituto Hondureño de Antropología e Historia.

Baudez, Claude F., and Peter Mathews

1979 Capture and Sacrifice at Palenque. In *Tercera Mesa Redonda de Palenque Vol. IV*, edited by Merle Greene Robertson and Donnan Call Jeffers, 31–40. Palenque: Pre-Columbian Art Research, and Monterey: Herald Printers.

Benavides Correa, Antonio

1981 *Los Caminos de Cobá y sus implicaciones sociales*. México: Instituto Nacional de Antropología e Historia.

Berlin, Heinrich

1958 El glifo «emblema» en las inscripciones mayas. *Journal de la Société des Américanistes*, n. s. 47:111–119. Paris.

1959 Glifos nominales en el sarcófago de Palenque. *Humanidades* 2 (10):1–8. Guatemala: Universidad de San Carlos de Guatemala.

1963 The Palenque Triad. *Journal de la Société des Américanistes*, n. s. 52:91–99. Paris.

1968 Estudios Epigraphicos II. *Antropología e Historia de Guatemala*, 20 (1):13–24. Guatemala: Instituto de Antropología e Historia de Guatemala.

1970 Miscelánea palencano. *Journal de la Société des Américanistes*, n. s. 59:107–135. Paris.

1973 Contribution to the Understanding of the Inscriptions of Naranjo. *Bulletin de la Société Suisse des Américanistes* 37:7–14. Translated by Christopher Jones.

1977 *Signos y significados en las inscripciones mayas*. Guatemala: Instituto Nacional del Patrimonia Cultural de Guatemala.

Berlo, Janet

1976 The Teotihuacán Trapeze and Ray Sign: A Study of the Diffusion of Symbols. A master's thesis, Department of the History of Art, Yale University.

Bernal, Ignacio

1970 *100 Masterpieces of the Mexican National Museum of Anthropology*. New York: Harry N. Abrams, Inc.

Bricker, Victoria

1986 A Grammar of Mayan Hieroglyphs. *Middle American Research Institute Pub. 56*. New Orleans: Tulane University.

1989 The Last Gasp of Maya Hieroglyphic Writing in the Books of Chilam Balam of Chumayel and Chan Kan. In *Word and Image in Maya Culture: Explorations in Language, Writing, and Representation*, edited by William F. Hanks and Don S. Rice. Salt Lake City: University of Utah Press.

Brown, Kenneth L.

1977 The Valley of Guatemala: A Highland Port of Trade. In *Teotihuacán and Kaminaljuyu: A Study in Prehistoric Culture Contact*, edited by William T. Sanders and Joseph W. Michels, 1–204. *The Pennsylvania State University Press Monograph Series on Kaminaljuyu*. University Park: Pennsylvania State University Press.

Cabrera Castro, Rubén, Saburo Sugiyama, and George Cowgill

1988 Summer 1988 Discoveries at the Feathered Serpent Pyramid. A paper presented at the 1988 Dumbarton Oaks Conference on «Art, Polity, and the City of Teotihuacán».

Carlson, John

1977 Copán Altar Q: the Maya Astronomical Conference of A.D. 763? In *Native American Astronomy*, edited by Anthony Aveni, 100–109. Austin: University of Texas Press.

Carr, H. S.

1986a Faunal Utilization in a Late Preclassic Maya Community at Cerros, Belize. A Ph. D. dissertation, Department of Anthropology, Tulane University.

1986b Preliminary Results of Analysis of Fauna. In *Archaeology at Cerros, Belize, Central America, Vol. 1, An Interim Report*, edited by R. A. Robertson and D. A. Freidel, 127–146. Dallas: Southern Methodist University Press.

Chase, Arlen F.

o. J. Cycles of Time: Caracol and the Maya Realm. In *Sixth Palenque Round Table, 1986, Vol. VIII*, gen. editor Merle Greene Robertson. Norman: University of Oklahoma Press (im Druck).

Chase, Arlen F., and Diane Z. Chase

1987a Investigations at the Classic Maya City of Caracol, Belize: 1985–1987. *Pre-Columbian Art Research Institute, Monograph 3*. San Francisco: Pre-Columbian Art Research Institute.

Chase, Diane Z., and Arlen F. Chase

1982 Yucatec Influence in Terminal Classic Northern Belize. *American Antiquity* 47:596–614.

1986 *Offerings to the Gods: Maya Archaeology at Santa Rita, Corozal.* Orlando: University of Centra! Florida.

1989 Caracol Update: Recent Work at Caracol, Belize. A paper presented at the Seventh Round Table of Palenque, held in Palenque, Chiapas, México, in June 1989.

Cheek, Charles

1977 Excavations at the Palangana and the Acropolis, Kaminaljuyu. *Teotihuacán and Kaminaljuyu: A Study in Prehistoric Culture Contact*, edited by William T. Sanders and Joseph W. Michels. *The Pennsylvania State University Press Monograph Series on Kaminaljuyu.* University Park: Pennsylvania State University Press.

1983 Excavaciones el la Plaza Principal. *Introducción a la arqueología de Copán, Honduras, Tomo II*, 191–290. Tegucigalpa: Instituto Hondureño de Antropología e Historia.

Cliff, Maynard B.

1986 Excavations in the Late Preclassic Nucleated Village. In *Archaeology at Cerros, Belize, Central America, Vol. 1, An Interim Report*, edited by R. A. Robertson and D. A. Freidel, 45–63. Dallas: Southern Methodist University Press.

Closs, Michael

1979 Venus in the Maya World: Glyphs, Gods and Associated Phenomena. In *Tercera Mesa Redonda de Palenque, Vol. IV*, edited by Merle Greene Robertson and Donnan Call Jeffers, 147–172. Palenque: Pre-Columbian Art Research, and Monterey: Herald Printers.

1985 The Dynastic History of Naranjo: The Middle Period. In *Fifth Palenque Round Table, 1983, Vol. VII*, gen. editor Merle Greene Robertson; vol. editor Virginia M. Fields, 65–78. San Francisco: The Pre-Columbian Art Research Institute.

Coe, Michael D.
1965 A Model of Ancient Community Structure in the Maya Lowlands. *Southwestern Journal of Anthropology* 21:97–114.
1973 *The Maya Scribe and His World*. New York: The Grolier Club.
1978 *Lords of the Underworld: Masterpieces of Classic Maya Ceramics*. Princeton: The Art Museum, Princeton University.
1982 *Old Gods and Young Heroes: The Pearlman Collection of Maya Ceramics*. Jerusalem: The Israel Museum.
Coe, William R.
1959 Piedras Negras Archaeology: Artifacts, Caches, and Burials. *University Museum Monograph 18*. Philadelphia: University of Pennsylvania.
1965a Tikal, Guatemala, and Emergent Maya Civilization. *Science* 147:1401–1419.
1965b Tikal: Ten Years of Study of a Maya Ruin in the Lowlands of Guatemala. *Expedition* 8:5–56.
1967 *Tikal: A Handbook of Ancient Maya Ruins*. Philadelphia: University Museum, University of Pennsylvania.
Coggins, Clemency
1976 *Painting and Drawing Styles at Tikal: An Historical and Iconographic Reconstruction*. Ann Arbor: University Microfilms.
1979a A New Order and the Role of the Calendar: Some Characteristics of the Middle Classic Period at Tikal. In *Maya Archaeology and Ethnohistory*, edited by Norman Hammond and Gordon R. Willey, 38–50. Austin: University of Texas Press.
1979b Teotihuacán at Tikal in the Early Classic Period. *Actes du XLII Congrès International des Américanistes* 8:251–269. Paris.
o. J. There's No Place Like *Hom*. A paper presented at «Elite Interaction Among the Classic Maya,» a seminar held at the School of American Research, Santa Fe, October 1986.
Coggins, Clemency C., and Orrin C. Shane III
1984 *Cenote of Sacrifice: Maya Treasures from the Sacred Well at the Chichén Itzá*. Austin: University of Texas Press.
Cortez, Constance
1986 The Principal Bird Deity in Late Preclassic and Early Classic Maya Art. A master's thesis, University of Texas at Austin.
Crane, C. J.
1986 Late Preclassic Maya Agriculture, Wild Plant Utilization, and Land-Use Practices. In *Archaeology at Cerros, Belize, Central America, Vol. 1, An Interim Report*, edited by R. A. Robertson and D. A. Freidel, 147–166. Dallas: Southern Methodist University Press.
Crocker-Delataille, Lin
1985 The Maya. In *Rediscovered Masterpieces of Precolumbian Art*. Boulogne, France: Editions Arts 135.
Culbert, T. Patrick
1973 *The Classic Maya Collapse*, edited by T. Patrick Culbert. A School of American Research Book. Albuquerque: University of New Mexico Press.
1988 The Collapse of Classic Maya Civilization. In *The Collapse of Ancient States and Civilizations*, edited by Norman Yoffee and George L. Cowgill, 69–101. Tucson: University of Arizona Press.
Davoust, M.
1977 *Les chefs mayas de Chichén Itzá*. A manuscript circulated by the author. Angiers, France.
1980 Les premiers chefs mayas de Chichén Itzá. *Mexicon* 2 (2), May.
Demarest, Arthur A.
1986 The Archaeology of Santa Leticia and the Rise of Maya Civilization. *Middle American Research Institute Pub. 52*. New Orleans: Tulane University.
Diehl, Richard A.

1981 Tula. In *Handbook of Middle American Indians, Supplement 1*, gen. editor

Victoria R. Bricker; vol. editor Jeremy A. Sabloff with the assistance of Patricia A. Andrews, 277–295. Austin: University of Texas Press.

DIEHL, RICHARD A., AND JANET C. BERLO, EDITORS

1989 *Mesoamerica After the Decline of Teotihuacán: A.D. 700–900.* Washington, D. C.: Dumbarton Oaks Research Library and Collection.

DILLON, BRIAN

1982 Bound Prisoners in Maya Art. *Journal of New World Archaeology* 5:24–45. Los Angeles: Institute of Archaeology, University of California at Los Angeles.

DRANE, JOHN W.

1983 *The Old Testament Story: An Illustrated Documentary.* San Francisco: Harper & Row, Publishers.

DÜTTING, DIETER, AND ANTHONY F. AVENI

1982 The 2 Cib 14 Mol Event in the Palenque Inscriptions. *Zeitschrift für Ethnologie* 107. Braunschweig.

EDMONSON, MUNRO

1965 Quiche-English Dictionary. *Middle American Research Institute Pub. 30.* New Orleans: Tulane University.

1971 The Book of Counsel: The Popol Vuh of the Quiche Maya of Guatemala. *Middle American Research Institute Pub. 35.* New Orleans: Tulane University.

1982 *The Ancient Future of the Itzá: The Book of Chilam Balam of Tizimin.* Austin: University of Texas Press.

1986 *Heaven Born Mérida and Its Destiny: The Book of Chilam Balam of Chumayel.* Austin: University of Texas Press.

ELIADE, MIRCEA

1957 *Schamanismus und archaische Ekstasetechnik.* Aus dem Französischen übersetzt von Inge Köck. Zürich: Rascher.

FAHSEN, FEDERICO

1987 A Glyph for Self-Sacrifice in Several Maya Inscriptions. *Research Reports on Ancient Maya Writing 11.* Washington, D. C.: Center for Maya Research.

1988a A New Early Classic Text from Tikal. *Research Reports on Ancient Maya Writing 17.* Washington, D. C.: Center vor Maya Research.

1988b Los personajes de Tikal en el Clásico Temprano: la evidencia epigráfica. In *Primer Simposio Mundial Sobre Epigrafía Maya,* 47–60. Guatemala City: Asociación Tikal.

FARRIS, NANCY M.

1984 *Maya Society Under Colonial Rule: The Collective Enterprise of Survival.* Princeton: Princeton University Press.

FASH, BARBARA, WILLIAM FASH, SHEREE LANE, RUDY LARIOS, LINDA SCHEELE, AND DAVID A. STUART

o. J. Classic Maya Community Houses and Political Evolution: Investigations of Copán Structure 22A. A paper submitted to the *Journal of Field Archaeology.* September 1989.

FASH, WILLIAM

1983a Classic Maya State Formation: A Case Study and Its Implications. A Ph. D. dissertation, Department of Anthropology, Harvard University.

1983b Deducing Social Organization from Classic Maya Settlement Patterns: A Case Study from the Copán Valley. In *Civilization in the Ancient Americas: Essays in Honor of Gordon R. Willey,* edited by Richard M. Leventhal and Alan L. Kolata, 261–288. Albuquerque: University of New Mexico Press, and Cambridge: Peabody Museum of Archaeology and Ethnology, Harvard University.

1985 La secuencia de ocupación del Grupo 9N-8, Las Sepulturas, Copán, y sus implicaciones teóricas. *Yaxkin* VIII:135–149. Honduras: Instituto Hondureño de Antropología e Historia.

1986 La fachada de la Estructura 9N-82: composición, forma e iconografia. In *Excavaciones en el area urbana de Copán,* 157–319. Tegucigalpa: Secretaria de Cultura y Turismo, Instituto Hondureño de Antropoligía e Historia.

1989 The Sculpture Facade of Structure 9N-82: Content, Form, and Meaning. In *The House of the Bacabs*, edited by David Webster. Washington, D. C.: Dumbarton Oaks Research Library and Collection.

o. J. A Middle Formative Cemetery from Copán, Honduras. A paper delivered at the annual meeting of the American Anthropological Association, 1982. Copy in possession of the authors.

FASH, WILLIAM, AND LINDA SCHELE

1986 The Inscriptions of Copán and the Dissolution of Centralized Rule. A paper given at the symposium on «The Maya Collapse: The Copán Case» at the Fifty-first Meeting of the Society of American Archaeology, New Orleans.

FASH, WILLIAM, AND DAVID STUART

o. J. Interaction and Historical Process in Copán. In *Classic Maya Political History: Archaeological and Hieroglyphic Evidence*, edited by T. P. Culbert. A School of American Research Book. Cambridge: Cambridge University Press (im Druck).

FIALKO, VILMA

1988 El Marcador de Juego de Pelota de Tikal: nuevas referencias epigráficas para el Clásico Temprano. In *Primer Simposio Mundial Sobre Epigrafía Maya*, 61–80. Guatemala City: Asociación Tikal.

FIELDS, VIRGINIA

o. J. Political Symbolism Among the Olmecs. An unpublished paper on file, Department of Art History, University of Texas, Austin, dated 1982.

FOLAN, WILLIAM J., ELLEN R. KINTZ, AND LORAINE A. FLETCHER

1983 *Cobá: A Classic Maya Metropolis*. New York: Academic Press.

FOLAN, WILLIAM J., AND GEORGE E. STUART

1977 El Proyecto Cartográfico Arqueológico de Cobá, Quintana Roo: Informes Interinos Numeros 1, 2, y 3, *Boletín de la Escuela de Ciencias Antropológicas de la Universidad de Yucatán* 4 (22–23):15–71.

FOLLETT, PRESCOTT H. F.

1932 War and Weapons of the Maya. In *Middle American Papers. Middle American Research Series* 4, edited by Maurice Ries, 373–410. New Orleans: Tulane University.

FONCERRADA DE MOLINA, MARTA

1978 La pintura mural de Cacaxtla. *Anales del Instituto de Investigaciones Estéticas* 46. México: Universidad Nacional Autónoma de México.

FOX, JAMES

1984a Polyvalance in Maya Hieroglyphic Writing. In *Phoneticism in Mayan Hieroglyphic Writing*, edited by John Justeson and Lyle Campbell, 17–76. Albany: Institute for Mesoamerican Studies, State University of New York at Albany.

1984b The Hieroglyphic Band in the Casa Colorada. A paper presented at the American Anthropological Association, November 17, 1984, Denver, Colorado.

o. J. Some Readings Involving Dates at Chichén Itzá. A paper presented at «The Language of the Maya Hieroglyphs», a conference held at the University of California at Santa Barbara, February 1989.

FOX, JOHN W.

1980 Lowland to Highland Mexicanization Processes in Southern Mesoamerica. *American Antiquity* 45:43–54.

1987 *Maya Postclassic State Formation: Segmentary Lineage Migration in Advancing Frontiers*. Cambridge: Cambridge University Press.

1989 On the Rise and Fall of *Tuláns* and Maya Segmentary States. *American Anthropologist* 91:656–681.

FREIDEL, DAVID A.

1978 Maritime Adaptation and the Rise of Maya Civilization: The View from Cerros, Belize. In *Prehistoric Coastal Adaptations*, edited by B. Stark and B. Voorhies, 239–265. New York: Academic Press.

1979 Cultural Areas and Interaction Spheres: Contrasting Approaches to the Emergence of Civilization in the Maya Lowlands. *American Antiquity* 44:6–54.

1981a Civilization as a State of Mind: The Cultural Evolution of the Lowland Maya. In *The Transition to Statehood in the New World*, edited by Grant D. Jones and Robert Kautz, 188–227. Cambridge: Cambridge University Press.
1981b Continuity and Disjunction: Late Postclassic Settlement Patterns in Northern Yucatán. In *Lowland Maya Settlement Patterns*, edited by Wendy Ashmore, 311–332.
A School of American Research Book. Albuquerque: University of New Mexico Press.
1981c The Political Economics of Residential Dispersion Among the Lowland Maya. In *Lowland Maya Settlement Patterns*, edited by Wendy Ashmore, 371–382. A School of American Research Book. Albuquerque: University of New Mexico Press.
1983 Political Systems in Lowland Yucatán: Dynamics and Structure in Maya Settlement. In *Prehistoric Settlement Patterns: Essays in Honor of Gordon R. Willey*, edited by Evon Z. Vogt and Richard M. Leventhal, 375–386. Albuquerque: University of New Mexico Press, and Cambridge: Peabody Museum of Archaeology and Ethnology, Harvard University.
1985 Polychrome Facades of the Lowland Maya Preclassic. In *Painted Architecture and Polychrome Monumental Sculpture in Mesoamerica*, edited by Elizabeth Boone, 5–30. Washington, D. C.: Dumbarton Oaks Research Library and Collection.
1985a New Light on the Dark Age: A Summary of Major Themes. In *The Lowland Maya Postclassic*, edited by Arlen F. Chase and Prudence M. Rice, 285–309. Austin: University of Texas Press.
1986a Terminal Classic Lowland Maya: Successes, Failures, and Aftermaths. In *Late Lowland Maya Civilization: Classic to Postclassic*, edited by Jeremy A. Sabloff and E. Wyllys Andrews V, 409–430. A School of American Research Book. Albuquerque: University of New Mexico Press.
1986b Introduction. In *Archaeology at Cerros, Belize, Central America, Vol. 1, An Interim Report*, edited by R. A. Robertson and D. A. Freidel, xiii–xxii. Dallas: Southern Methodist University Press.
1986c The Monumental Architecture. In *Archaeology at Cerros, Belize, Central America, Vol. 1, An Interim Report*, edited by R. A. Robertson and D. A. Freidel, 1–22. Dallas: Southern Methodist University Press.
1987 *Yaxuna Archaeological Survey: A Report of the 1986 Field Season*. Dallas: Department of Anthropology, Southern Methodist University.
o. J. *The Monumental Architecture: Archaeology at Cerros, Belize, Central America, Vol. 5*. Dallas: Southern Methodist University Press (in Vorbereitung).

Freidel, David A., and Anthony P. Andrews
o. J. The Loltun Bas-relief and the Origins of Maya Kingship. *Research Reports on Ancient Maya Writing*. Washington D. C.: Center for Maya Research (im Druck).

Freidel, David A., Maria Masucci, Susan Jaeger, Robin A. Robertson
o. J. The Bearer, the Burden, and the Burnt: The Stacking Principle in the Iconography of the Late Preclassic Maya Lowlands. In *Sixth Palenque Round Table, 1986, Vol. VIII*, gen. editor Merle Greene Robertson. Norman: University of Oklahoma Press (im Druck).

Freidel, David A., and Jeremy A. Sabloff
1984 *Cozumel: Late Maya Settlement Patterns*. New York: Academic Press.

Freidel, David A., and Vernon L. Scarborough
1982 Subsistence, Trade and Development of the Coastal Maya. In *Maya Agriculture: Essays in Honor of Dennis E. Puleston*, edited by K. V. Flannery, 131–155. New York: Academic Press.

Freidel, David A., and Linda Schele
1988a Kingship in the Late Preclassic Lowlands: The Instruments and Places of Ritual Power. *American Anthropologist* 90:547–567.
1988b Symbol and Power: A History of the Lowland Maya Cosmogram. In *Maya Iconography*, edited by Elizabeth Benson and Gillett Griffin, 44–93. Princeton: Princeton University Press.

Furst, Peter T.
1976 Fertility, Vision Quest and Auto-Sacrifice: Some Thoughts on Ritual Blood-letting Among the Maya. In *The Art, Iconography, and Dynastic History of Palenque, Part III: Proceedings of the Segunda Mesa Redonda de Palenque*, edited by Merle Greene Robertson, 211–224. Pebble Beach, Calif.: Robert Louis Stevenson School.

Garber, James F.
1983 Patterns of Jade Consumption and Disposal at Cerros, Northern Belize. *American Antiquity* 48:800–807.
1986 The Artifacts. In *Archaeology at Cerros, Belize, Central America, Vol. 1, An Interim Report*, edited by R. A. Robertson and D. A. Freidel, 117–126. Dallas: Southern Methodist University Press.

Garza Tarazona de Gonzalez, Silvia, and Edward B. Kurjack
1980 *Atlas arqueológico del estado de Yucatán, Tomo 1*, Mérida: Instituto Nacional de Antropología e Historia.

Gibson, Eric C., Leslie C. Shaw, and Daniel R. Finamore
1986 Early Evidence of Maya Hieroglyphic Writing at Kichpanha, Belize. *Working Papers in Archaeology, No. 2*. San Antonio: Center for Archaeological Research, University of Texas at San Antonio.

Gordon, George Byron
1898 Caverns of Copán. *Memoirs of the Peabody Museum of Archaeology and Ethnology, Vol. I (5)*. Cambridge: Harvard University.

Graham, Ian
1971 *The Art of Maya Hieroglyphic Writing*. Cambridge: President and Fellows of Harvard College, and New York: Center for Inter-American Relations, Inc.
1975–1986 *Corpus of Maya Hieroglyphic Inscriptions*. Cambridge: Peabody Museum of Archaeology and Ethnology, Harvard University.

Grove, David
1981 Olmec Monuments: Mutilation as a Clue to Meaning. In *The Olmec and Their Neighbors: Essays in Memory of Matthew W. Stirling*. Washington D. C.: Dumbarton Oaks Research Library and Collections.
1987 *Ancient Chalcatzingo*, edited by David Grove. Austin: University of Texas Press.

Grube, Nikolai
1988 Städtegründer und «Erste Herrscher» in Hieroglyphentexten der Klassischen Mayakultur. *Archiv für Völkerkunde*, 69–90. Wien: Museum für Völkerkunde.

Grube, Nikolai, and Linda Schele
1987a U-Cit-Tok', the last King of Copán. *Copán Note 21*. Copán, Honduras: Copán Mosaics Project and the Instituto Hondureño de Antropología e Historia.
1987b The Date on the Bench from Structure 9N-82, Sepulturas, Copán, Honduras. *Copán Note 23*. Copán, Honduras: Copán Mosaics Project and the Instituto Hondureño de Antropología e Historia.
1988 Cu-Ix, the Fourth Ruler of Copán and His Monuments. *Copán Note 40*. Copán, Honduras: Copán Mosaics Project and the Instituto Hondureño de Antropología e Historia.

Grube, Nikolai, and David Stuart
1987 Observations on T110 at the Syllable *ko*. *Research Reports on Ancient Maya Writing 8*. Washington, D. C.: Center for Maya Research.

Hamilton, Rachel
o. J. The Archaeological Mollusca of Cerros, Belize. Manuscript to be included in the final reports of the Cerros Project, dated 1988.

Hammond, Norman
o. J. Excavation and Survey at Nohmul, Belize, 1986. A paper presented at the Fifty-first Annual Meeting of the Society for American Archaeology, New Orleans, April 1986.

Hansen, Richard
1984 Excavations on Structure 34 and the Tigre Area, El Mirador, Petén, Guatemala: A

New Look at the Preclassic Lowland Maya. A master's thesis, Department of Anthropology, Brigham Young University.
1989 Las investigaciones del sitio Nakbe, Petén, Guatemala: Temporada 1989. A paper delivered at the Tercer Simposio del Arqueología Guatemalteca, Guatemala City, July 1989.

HARRISON, PETER
1970 The Central Acropolis, Tikal, Guatemala: A Preliminary Study of the Functions of Its Structural Components During the Late Classic Period. A Ph. D. dissertation, Department of Anthropology, University of Pennsylvania.
1989 Architecture and Geometry in the Central Acropolis at Tikal. A paper presented at the Seventh Round Table of Palenque, held in Palenque, Chiapas, México, in June 1989.

HAVILAND, WILLIAM A.
1967 Stature at Tikal, Guatemala: Implications for Ancient Maya Demography and Social Organization. *American Antiquity* 32:316–325.
1968 Ancient Lowland Maya Social Organization. In *Archaeological Studies in Middle America. Middle American Research Institute Pub.* 26, 93–117. New Orleans: Tulane University.
1977 Dynastic Genealogies from Tikal, Guatemala: Implications for Descent and Political Organization. *American Antiquity* 42:61–67.

HEYDEN, DORIS
1981 Caves, Gods, and Myths: World-View and Planning in Teotihuacán. In *Mesoamerican Sites and World-Views*, edited by Elizabeth Benson, 1–37. Washington, D. C.: Dumbarton Oaks Research Library and Collections.

HIRTH, KENNETH
1988 Beyond the Maya Frontier: Cultural Interaction and Syncretism Along the Central Honduran Corridor. In *The Southeast Classic Maya Zone*, edited by Elizabeth Boone and Gordon Willey, 297–334. Washington, D. C.: Dumbarton Oaks Research Library and Collection.

HOPKINS, NICHOLAS
o. J. Classic-Area Maya Kingship Systems: The Evidence for Patrilineality. A paper presented at the Taller Maya VI, San Cristóbal, July 1982.

HOPKINS, NICHOLAS, J. KATHRYN JOSSERAND, AND AUSENSIO CRUZ GUZMÁN
1985 Notes on the Chol Dugout Canoe. In *Fourth Palenque Round Table, 1980, Vol. VI*, gen. editor Merle Greene Robertson; vol. editor Elizabeth Benson, 325–329. San Francisco: Pre-Columbian Art Research Institute.

HOUSTON, STEPHEN
1983 Warfare Between Naranjo and Ucanal. In *Contribution to Maya Hieroglyphic Decipherment I*, 31–39. New Haven: HRAflex Books, Human Relations Area Files, Inc.

HOUSTON, STEPHEN, AND PETER MATHEWS
1985 The Dynastic Sequence of Dos Pilas. *Pre-Columbian Art Research Institute Monograph 1*. San Francisco: Pre-Columbian Art Research Institute.

HOUSTON, STEPHEN, AND DAVID STUART
1989 The *Way* Glyph: Evidence for «Co-essences» Among the Classic Maya. *Research Reports on Ancient Maya Writing 30*. Washington, D. C.: Center for Maya Research.

JOESINK-MANDEVILLE, LEROY R. V., AND SYLVIA MELUZIN
1976 Olmec-Maya Relationships: Olmec Influence in Yucatán. In *Origins of Religious Art and Iconography in Preclassic Mesoamerica,* edited by H. B. Nicholson, 89–105. Los Angeles: UCLA Latin American Center Publications and Ethnic Arts Council of Los Angeles.

JONES, CHRISTOPHER
1969 The Twin Pyramid Group Pattern: A Classic Maya Architectural Assemblage at Tikal, Guatemala. A Ph. D. dissertation, University of Pennsylvania. Ann Arbor: University Microfilms.

1988 The Life and Times of Ah Cacaw, Ruler of Tikal. In *Primer Simposio Mundial Sobre Epigrafía Maya*, 107–120. Guatemala: Asociación Tikal.

o. J. Patterns of Growth at Tikal. In *Classic Maya Political History: Archaeological and Hieroglyphic Evidence*, edited by T. P. Culbert. A School of American Research Book. Cambridge: Cambridge University Press (im Druck).

JONES, CHRISTOPHER, AND LINTON SATTERTHWAITE

1982 The Monuments and Inscriptions of Tikal: The Carved Monuments. *Tikal Report No. 33: Part A. University Museum Monograph* 44. Philadelphia: University of Pennsylvania.

JONES, TOM

1985 The Xoc, the Shark, and the Sea Dogs: An Historical Encounter. In *Fifth Palenque Round Table, 1983, Vol. VII*, gen. editor Merle Greene Robertson; vol. editor Virginia M. Fields, 211–222. San Francisco: The Pre-Columbian Art Research Institute.

JORALEMON, DAVID

1974 Ritual Blood-Sacrifice Among the Ancient Maya: Part I. In *Primera Mesa Redonda de Palenque, Part II*, edited by Merle Greene Robertson, 59–76. Pebble Beach, Calif.: Robert Louis Stevenson School.

JUSTESON, JOHN, AND PETER MATHEWS

1983 The Seating of the *Tun*: Further Evidence Concerning a Late Preclassic Lowland Maya Stela Cult. *American Antiquity* 48:586–593.

KAUFMAN, TERRENCE S., AND WILLIAM M. NORMAN

1984 An Outline of Proto-Cholan Phonology, Morphology, and Vocabulary. In *Phoneticism in Mayan Hieroglyphic Writing*, edited by John S. Justeson and Lyle Campbell, 77–167. Albany: Institute for Mesoamerican Studies, State University of New York at Albany.

KELLEY, DAVID

1962 Glyphic Evidence for a Dynastic Sequence at Quiriguá, Guatemala. *American Antiquity* 27:323–335.

1965 The Birth of the Gods at Palenque. *Estudios de Cultura Maya* 5:93–134. México: Universidad Nacional Autónoma de México.

1968 Kakupacal and the Itzás. *Estudios de Cultura Maya* 7:255–268. México: Universidad Nacional Autónoma de México.

1975 Planetary Data on Caracol Stela 3. In *Archaeoastronomy in Pre-Columbian America*, edited by Anthony Aveni, 257–262. Austin: University of Texas Press.

1976 *Deciphering the Maya Script*. Austin: University of Texas Press.

1977a A Possible Maya Eclipse Record. In *Social Process in Maya Prehistory: Studies in Honour of Sir Eric Thompson*, edited by Norman Hammond. London: Academic Press.

1977b Maya Astronomical Tables and Incriptions. In *Native American Astronomy*, edited by Anthony Aveni, 57–74. Austin: University of Texas Press.

1982 Notes on Puuc Inscriptions and History. In *The Puuc: New Perspectives: Papers Presented at the Puuc Symposium, Central College, May 1977, Supplement*, edited by Lawrence Mills. Pella, Iowa: Central College.

1983 The Maya Calendar Correlation Problem. In *Civilization in the Ancient Americas: Essays in the Honor of Gordon R. Willey*, edited by Richard Leventhal and Alan Kolata, 157–208. Albuquerque: University of New Mexico Press.

1984 The Toltec Empire in Yucatán. *Quarterly Review of Archaeology* 5:12–13.

KIDDER, ALFRED, JESSE D. JENNINGS, AND EDWIN M. SHOOK

1946 Excavations at Kaminaljuyu, Guatemala. *Carnegie Institution of Washington Pub. 561*. Washington, D. C.

KNOROZOV, YURI

1952 Ancient Writing of Central America. An unauthorized translation from *Sovietskaya Etnografiya* 3:100–118.

KOWALSKI, JEFF K.
1985a Lords of the Northern Maya: Dynastic History in the Inscriptions. *Expedition* 27 (3):50–60.
1985b An Historical Interpretation of the Inscriptions of Uxmal. In *Fourth Palenque Round Table, 1980, Vol. VI*, gen. editor Merle Greene Robertson; vol. editor Elizabeth Benson, 235–248. San Francisco: Pre-Columbian Art Research Institute.
1987 *The House of the Governor: A Maya Palace at Uxmal, Yucatán, México*. Norman: University of Oklahoma Press.
1989 Who Am I Among the Itzá?: Links between Northern Yucatán and the Western Maya Lowlands and Highlands. In *Mesoamerica After the Decline of Teotihuacán: A. D. 700–900*, edited by Richard Diehl and Janet Berlo, 173–186. Washington, D. C.: Dumbarton Oaks Research Library and Collection.

KOWASLKI, JEFF K., AND RUTH KROCHOCK
o. J. Puuc Hieroglyphs and History: A Review of Current Data. A paper presented at the American Anthropological Meeting, Chicago, November 1987.

KROCHOCK, RUTH
1988 The Hieroglyphic Inscriptions and Iconography of Temple of the Four Lintels and Related Monuments, Chichén Itzá, Yucatán, México. A master's thesis, University of Texas at Austin.
o. J. Dedication Ceremonies at Chichén Itzá: The Glyphic Evidence. In *Sixth Palenque Round Table, 1986, Vol. VIII*, gen. editor Merle Greene Robertson. Norman: University of Oklahoma Press (im Druck).

KUBLER, GEORGE
1975 *The Art and Architecture of Ancient America: The Mexican, Maya and Andean Peoples*, 2nd ed. Harmondsworth, England: Penguin Books.
1976 The Double-Portrait Lintels at Tikal. *Actas del XXIII Congreso Internacional de Historia del Arte España Entre el Mediterráneo y el Atlántico*. Granada.
1980 Electicism at Cacaxtla. In *Third Palenque Round Table, 1978, Part 2*, edited by Merle Greene Robertson, 163–172. Austin: University of Texas Press.

KUDLEK, MANFRED
1978 Solar Eclipses Visible at Tikal, –1014 to +2038. A copy of tables run in Hamburg on December 14, 1978. Copy in possession of author.

KURJACK, EDWARD B.
1974 Prehistoric Lowland Maya Community and Social Organization: A Case Study at Dzibilchaltún, Yucatán, México. *Middle American Research Institute Pub. 38*. New Orleans: Tulane University.

KURJACK, EDWARD B., AND E. WYLLYS ANDREWS V
1976 Early Boundary Maintenance in Northwest Yucatán, México. *American Antiquity* 41:318–325.

KURJACK, EDWARD B., AND SILVIA GARZA T.
1981 Pre-Columbian Community Form and Distribution in the Norther Maya Area. In *Lowland Maya Settlement Patterns*, edited by Wendy Ashmore, 287–309. A School of American Research Book. Albuquerque: University of New Mexico Press.

LAPORTE MOLINA AND JUAN PEDRO
1988 Alternativas del Clásico Temprano en la relación Tikal-Teotihuacán: Grupo 6C-XVI, Tikal, Petén, Guatemala. A Dissertation for a Doctoral en Antropología, Universidad Nacional Autónoma de México.

LAPORTE MOLINA, JUAN PEDRO, AND LILLIAN VEGA DE ZEA
1988 Aspectos dinásticos para el Clásico Temprano de Mundo Perdido, Tikal. In *Primer Simposio Mundial Sobre Epigrafía Maya*, 127–141. Guatemala: Asociación Tikal.

LARIOS, RUDY, AND WILLIAM FASH
o. J. Architectural History and Political Symbolism of Temple 22, Copán. A paper presented at the Seventh Round Table of Palenque, in Palenque, Chiapas, México, June 1989.

LEVENTHAL, RICHARD
1983 Household Groups and Classic Maya Religion. In *Prehistoric Settlement Patterns: Essays in Honor of Gordon R. Willey*, edited by Evon Z. Vogt and Richard M. Leventhal, 55–76. Albuquerque: University of New Mexico Press, and Cambridge: Peabody Museum of Archaeology and Ethnology, Harvard University.
LEYENAAR, TED J. J.
1978 *Ulama: The Perpetuation in Mexico of the Pre-Spanish Ball Game Ullamaliztli.* Leiden, The Netherlands: Rijkmuseum voor Volkenkunde.
LINCOLN, CHARLES
1980 A Preliminary Assessment of Izamal, Yucatán, México. A bachelor's thesis, Tulane University.
1986 The Chronology of Chichén Itzá: A Review of the Literature. In *Late Lowland Maya Civilization: Classic to Postclassic*, edited by Jeremy A. Sabloff and E. Wyllys Andrews V, 141–196. A School of American Research Book. Albuquerque: University of New Mexico Press.
LINNE, S.
1934 Archaeological Researches at Teotihuacán, México. *The Ethnological Museum of Sweden, New Series No. 1.* Stockholm.
1942 Mexican Highland Cultures. *Ethnological Museum of Sweden, New Series No. 7.* Stockholm.
LIZANA, FR. BERNARDO DE
1892 *Historia y Conquista Espiritual de Yucatán.* El Museo Nacional de México. México: Imprenta del Museo Nacional. Reprint: Madrid: Historia 16, 1988.
LOTHROP, SAMUEL K.
1952 Metals from the Cenote of Sacrifice, Chichén Itzá, Yucatán. *Memoirs of the Peabody Museum of Archaeology and Ethnology, Vol. X (2).* Cambridge: Harvard University.
LOUNSBURY, FLOYD G.
1974 The Inscription of the Sarcophagus Lid at Palenque. In *Primera Mesa Redonda de Palenque, Part II*, edited by Merle Greene Robertson, 5–20. Pebble Beach, Calif.: Robert Louis Stevenson School.
1976 A Rationale for the Initial Date of the Temple of the Cross at Palenque. In *The Art, Iconography, and Dynastic History of Palenque, Part III: Proceedings of the Segunda Mesa Redonda de Palenque*, edited by Merle Greene Robertson, 211–224. Pebble Beach, Calif.: Robert Louis Stevenson School.
1978 Maya Numeration, Computation, and Calendrical Astronomy. In *Dictionary of Scientific Biography*, edited by Charles Coulson Gillispie, XV:759–818. New York: Charles Scribner's Sons.
1980 Some Problems in the Interpretation of the Mythological Portion of the Hieroglyphic Text of the Temple of the Cross at Palenque. In *Third Palenque Round Table, 1978, Part 2*, edited by Merle Greene Robertson, 99–115. Austin: University of Texas Press.
1982 Astronomical Knowledge and Its Uses at Bonampak, México. In *Archaeoastronomy in the New World*, edited by A. F. Aveni, 143–169. Cambridge: Cambridge University Press.
1984 Glyphic Substitutions: Homophonic and Synonymic. In *Phoneticism in Mayan Hieroglyphic Writing*, edited by John S. Justeson and Lyle Campbell, 167–184. Albany: Institute for Mesoamerican Studies, State University of New York at Albany.
1985 The Identities of the Mythological Figures in the «Cross Group» of Inscriptions at Palenque. In *Fourth Palenque Round Table, 1980, Vol. VI*, gen. editor Merle Greene Robertson; vol. editor Elizabeth Benson, 45–58. San Francisco: Pre-Columbian Art Research Institute.
LOUNSBURY, FLOYD G., AND MICHAEL D. COE
1968 Linguistic and Ethnographic Data Pertinent to the «Cage» Glyph of Dresden 36c.

Estudios de Cultura Maya 7:269–284. México: Universidad Nacional Autónoma de México.

LOVE, BRUCE

1987 Glyph T93 and Maya «Hand-scattering» Events. *Research Reports on Ancient Maya Writing 5*. Washington, D. C.: Center for Maya Research.

MACLEOD, BARBARA, AND DENNIS PULESTON

1979 Pathways into Darkness: The Search for the Road to Xibalba. *Tercera Mesa Redonda de Palenque, Vol. IV*, edited by Merle Greene Robertson and Donan Call Jeffers, 71–79. Palenque: Pre-Columbian Art Research and Monterey: Herald Printers.

MACNEISH, RICHARD S.

1981 *Second Annual Report of the Belize Achaic Archaeological Reconnaissance.* Andover, Mass.: Robert S. Peabody Foundation for Archaeology, Philipps Academy.

MALER TEOBERT

1901–1903 Researches in the Central Portion of the Usumasintla Valley. *Memoirs of the Peabody Museum of American Archaeology and Ethnology, Vol. II.* Cambridge: Harvard University.

1908–1910 Explorations of the Upper Usumasintla and Adjacent Region. *Memoirs of the Peabody Museum of American Archaeology and Ethnology, Vol. IV.* Cambridge: Harvard University.

MARCUS, JOYCE

1973 Territorial Organization of the Lowland Maya. *Science* 180:911–916.

1976 *Emblem and State in the Classic Maya Lowlands: An Epigraphic Approach to Territorial Organization.* Washington, D. C.: Dumbarton Oaks Research Library and Collection.

1980 Zapotec Writing. *Scientific American* 242:50–64.

MARQUINA, IGNACIO

1964 *Arquitectura phrehispánica.* México: Instituto Nacional Autónoma de México.

MARTIN, PAUL S.

1928 Report on the Temple of the Two Lintels. In *Carnegie Institution of Washington Year Book* 27:302–305. Washington, D. C.

MATHENY, RAY T.

1986 Early States in the Maya Lowlands During the late Preclassic Period: Edzna and El Mirador. In *City-States of the Maya: Art and Architecture*, edited by Elizabeth P. Benson, 1–44. Denver: Rocky Mountain Institute for Precolumbian Studies.

1987 El Mirador: An Early Maya Metropolis Uncovered. *National Geographic Magazine*, September 1987:317–339.

MATHEWS, PETER

1975 The Lintels of Structure 12, Yaxchilán, Chiapas. A paper presented at the Annual Conference of the Northeastern Anthropological Association, Wesleyan University, October 1975.

1976 The Inscription on the Back of Stela 8, Dos Pilas, Guatemala. A paper prepared for a seminar at Yale University. Copy provided by author.

1977 Naranjo: The Altar of Stela 38. An unpublished manuscript dated August 3, 1977, in the possession of the authors.

1979 Notes on the Inscriptions of «Site Q.» An unpublished manuscript in the possession of the authors.

1980 The Stucco Text Above the Piers of the Temple of the Inscriptions at Palenque. *Maya Glyph notes No. 10*. A manucript circulated by the author.

1985a Maya Early Classic Monuments and Inscriptions. In *A Consideration of the Early Classic Period in the Maya Lowlands*, edited by Gordon R. Willey and Peter Mathews, 5–54. Albany: Institute for Mesoamerican Studies, State University of New York at Albany.

1985b Emblem Glyphs in Classic Maya Inscriptions. A paper presented at the Annual Meeting of the Society of American Archaeology, Denver, 1985.

1986 Late Classic Maya Site Interaction. A paper presented at «Maya Art and Civilization: The New Dynamics», a symposium sponsored by the Kimbell Art Museum, Fort Worth, May 1986.
1988 The Sculptures of Yaxchilán. A Ph. D. dissertation, Department of Anthropology, Yale University.

MATHEWS, PETER, AND JOHN S. JUSTESON
1984 Patterns of Sign Substitution in Mayan Hieroglyphic Writing: «The Affix Cluster». In *Phoneticism in Mayan Hierglyphic Writing*, edited by John S. Justeson and Lyle Campbell, 212–213. Albany: Institute for Mesoamerican Studies, State University of New York at Albany.

MATHEWS, PETER, AND GORDON WILLEY
o. J. Prehistoric Polities in the Pasión Region: Hieroglyphic Texts and Their Archaeological Settings. In *Classic Maya Political History: Archaeological and Hieroglyphic Evidence*, edited by T. P. Culbert. A School of American Research Book. Cambridge: Cambridge University Press (im Druck).

MAUDSLAY, ALFRED P.
1889–1902 *Archaeology: Biologia Centrali-Americana*. Vol. 1. London: Dulau and Co. Reprint edition, 1974, Milparton Publishing Corp.

MEANS, PHILIP AINSWORTH
1917 History of the Spanish Conquest of Yucatán and of the Itzás. *Papers of Peabody Museum of American Archaeology and Ethnology, Vol. VII*. Cambridge: Harvard University.

MILLER, ARTHUR G.
1977 Captains of the Itzá: Unpublished Mural Evidence from Chichén Itzá. In *Social Process in Maya Prehistory: Studies in Honour of Sir Eric Thompson*, edited by Norman Hammond, 197–225. London: Academic Press.
1986 *Maya Rulers of Time: A Study of Architectural Sculpture at Tikal, Guatemala. Los Soberanos Mayas del Tiempo: Un Estudio de la Escultura Archquitectónica de Tikal, Guatemala*. Philadelphia: University Museum. University of Pennsylvania.

MILLER, JEFFREY
1974 Notes on a Stelae Pair Probalby from Calakmul, Campeche, México. In *Primera Mesa Redonda de Palenque, Part I*, edited by Merle Greene Robertson, 149–162. Pebble Beach, Calif.: Robert Louis Stevenson School.

MILLER, MARY E.
1985 A Re-examination of Mesoamerican Chacmool. *The Art Bulletin* LXVII:7–17.
1986a Copán: Conference with a Perished City. In *City-States of the Maya: Art and Architecture*, edited by Elizabeth P. Benson, 72–109. Denver: Rocky Mountain Institute for Pre-Columbian Studies.
1986b *The Murals of Bonampak*. Princeton: Princeton University Press.
1988 The Meaning and Function of the Main Acropolis, Copán. In *The Southeast Classic Maya Zone*, edited by Elizabeth Boone and Gordon Willey, 149–195. Washington, D. C.: Dumbarton Oaks Research Library and Collection.

MILLER, MARY E., AND STEPHEN D. HOUSTON
1987 The Classic Maya Ballgame and Its Architectural Setting: A Study in Relations Between Text and Image. *RES* 14:47–66.

MILLON, RENÉ
1981 Teotihuacán: City, State and Civilization. In *Handbook of Middle American Indians, Supplement 1*, gen. editor Viktoria R. Bricker; vol. editor Jeremy A. Sabloff with the assistance of P. A. Andrews, 198–243. Austin: University of Texas Press.
1988 The Last Years of Teotihuacán Dominance. In *The Collapse of Ancient States and Civilizations*, edited by Norman Yoffee and George L. Cowgill, 102–175. Tucson: The University of Arizona Press.

MITCHUM, B.

1986 Chipped Stone Artifacts. In *Archaeology at Cerros, Belize, Central America,*

Vol. 1, An Interim Report, edited by R. A. Robertson and D. A. Freidel, 105–115. Dallas: Southern Methodist University Press.

MOHOLY-NAGY, HATTULA

1976 Spatial Distribution of Flint and Obsidian Artifacts at Tikal, Guatemala. In *Maya Lithic Studies: Papers from the 1976 Belize Field Symposium*, edited by Thomas R. Hester and Norman Hammond, 91–108. Special Report No. 4. San Antonio: Center for Archaeological Research, The University of Texas at San Antonio.

MOLLOY, JOHN P., AND W. L. RATHJE

1974 Sexploitation Among the Late Classic Maya. In *Mesoamerican Archaeology: New Approaches*, edited by Norman Hammond, 430–444. Austin: University of Texas Press.

MORLEY, SYLVANUS GRISWOLD

1915 *An Introduction to the Study of Maya Hieroglyphics*. New York: Dover Publications. 1975 reprint.

1920 The Inscriptions at Copán. *The Carnegie Institution of Washington Pub. 219*. Washington, D. C.

1926 The Chichén Itzá Project. *Carnegie Institution of Washington Year Book 26*: 259–273. Washington, D. C.

1927 Archaeology. *Carnegie Institution of Washington Year Book 26*: 231–240. Washington, D. C.

1935 Inscriptions at the Caracol. In *The Caracol of Chichén Itzá, Yucatán, México. Carnegie Institution of Washington Pub. 454*, edited by Karl Ruppert. Washington, D. C.

MORRIS, EARL H., JEAN CHARLOT, AND ANN AXTELL MORRIS

1931 The Temple of the Warriors at Chichén Itzá, Yucatán, vols. 1 and 2. *Carnegie Institution of Washington Pub. 406*. Washington, D. C.

NAKAMURA, SEIICHI

1987 Proyecto Arqueológico La Entrada, Temporada 1986–1987: resultados preliminares e interacción interregional. A paper presented at IV Seminario de Arqueología Hondureña, held in La Ceiba, Altántida, Honduras, June 22–26.

OAKLAND, AMY

1982 Teotihuacán: The Blood Complex at Atetelco. A paper prepared for a seminar on the transition from Preclassic to Classic times, held at the University of Texas, 1982. Copy in possession of author.

OREJEL, JORGE

o. J. An Analysis of the Inscriptions of the Petex Batun Region. A paper prepared for the graduate seminar on Maya Hieroglyphic Writing, University of Texas, 1988.

PAHL, GARY

1976 Maya Hieroglyphic Inscriptions of Copán: A Catalogue and Historical Commentary. A Ph. D. dissertation, University of California. Ann Arbor: University Microfilms.

PARSONS, MARK

1985 Three Thematic Complexes in the Art of Teotihuacán. A paper prepared at the University of Texas. Copy in possession of author.

PASZTORY, ESTHER

1974 The Inconography of the Teotihuacán Tlaloc. *Studies in Pre-Columbian Art and Archaeology 15*. Washington, D. C.: Dumbarton Oaks Research Library and Collection.

1976 *The Murals of Tepantitla, Teotihuacán*. New York: Garland Publishing.

PENDERGAST, DAVID M.

1971 Evidence of Early Teotihuacán-Lowland Maya Contact at Altun Ha. *American Antiquity* 35:455–460.

1981 Lamanai, Belize: Summary of Excavation Results 1977–1980. *Journal of Field Archaeology* 8:29–53.

1986 Stability Through Change: Lamanai, Belize, from the Ninth to the Seventeenth Century. In *Late Lowland Maya Civilization, Classic to Postclassic*, edited by

Jeremy A. Sabloff and E. Wyllys Andrews V, 223–249. A School of American Research Book. Albuquerque: University of New Mexico Press.
POHL, MARY
1983 Maya Ritual Faunas: Vertebrate Remains from Burials, Caches, Caves and Cenotes in the Maya Lowlands. In *Civilization in the Ancient Americas: Essays in Honor of Gordon R. Willey*, edited by Richard M. Leventhal and Alan L. Kolata, 55–103. Albuquerque: University of New Mexico Press, and Cambridge: Peabody Museum of Archaeology and Ethnology, Harvard University.
POLLOCK, H. E. D.
1970 Architectural Notes on Some Chenes Ruins. In *Monographs and Papers in Maya Archaeology, Papers of the Peabody Museum of Archaeology and Ethnology, Vol. 61*, edited by William R. Ballard Jr., 1–87. Cambridge: Harvard-University.
1980 The Puuc: An Architectural Survey of the Hill Country of Yucatán and Northern Campeche, México. *Memoirs of the Peabody Museum of Archaeology and Ethnology, Vol. XIX*. Cambridge: Harvard University.
POLLOCK, H. E. D., RALPH L. ROYS, TATIANA PROSKOURIAKOFF, AND A. LEDYARD SMITH
1962 Mayapán, Yucatán, México. *Carnegie Institution of Washington Pub. 619*. Washington, D. C.
POTTER, DAVID F.
1977 Maya Architecture of the Central Yucatán Peninsula. *Middle American Research Institute Pub. 44*. New Orleans: Tulane University.
PROSKOURIAKOFF, TATIANA
1950 A Study of Classic Maya Sculpture. *Carnegie Institution of Washington Pub. 593*. Washington, D. C.
1960 Historical Implications of a Pattern of Dates at Piedras Negras, Guatemala. *American Antiquity* 25:454–475.
1961a Lords of the Maya Realm. *Expedition* 4 (1):14–21.
1961b Portraits of Women in Maya Art. *Essays in Pre-Columbian Art and Archaeology*, edited by Samuel K. Lothrop and others, 81–99. Cambridge: Harvard University Press.
1963–1964 Historical Data in the Inscriptions of Yaxchilán, Parts I and II. *Estudios de Cultura Maya* 3:149–167 and 4:177–201. México: Universidad Nacional Autónoma de México.
1970 On Two Inscriptions at Chichén Itzá. In *Monographs and Papers in Maya Archaeology, Papers of the Peabody Museum of Archaeology and Ethnology, Vol. 67*, edited by William R. Ballard Jr., 459–467. Cambridge: Harvard University.
1973 The Hand-Grasping-Fish and Associated Glyphs on Classic Maya Monuments. In *Mesoamerican Writing Systems*, edited by Elizabeth P. Benson, 165–178. Washington, D. C.: Dumbarton Oaks Research Library and Collection.
PULESTON, DENNIS
1976 The People of the Cayman/Crocodile: Riparian Agriculture and the Origins of Aquatic Motifs in Ancient Maya Iconography. In *Aspects of Ancient Maya Civilization*, edited by François-Auguste de Montequin, 1–26. Saint Paul: Hamline University.
1977 The Art and Archaeology of Hydraulic Agriculture in the Maya Lowlands. In *Social Process in Maya Prehistory: Studies in Honour of Sir Eric Thompson*, edited by Norman Hammond, 449–469. London: Academic Press.
1979 An Epistemological Pathology and the Collapse, or Why the Maya Kept the Short Count. In *Maya Archaeology and Ethnohistory*, edited by Norman Hammond and Gordon R. Willey, 63–71. Austin: University of Texas Press.
RATHJE, WILLIAM L.
1971 The Origin and Development of Lowland Classic Maya Civilization. *American Antiquity* 36:275–85.

RATTRAY, EVELYN

1986 A Gulf Coast-Maya Enclave at Teotihuacán. A paper presented at the Fifty-first Annual Meeting of the Society for American Archaeology, New Orleans, April 1986.

RECINOS, ADRIAN

1950 *Popol Vuh, the Sacred Book of the Ancient Quiche Maya.* Translated by Delia Goetz and S. G. Morley. Norman: University of Oklahoma Press. (dt. Ausgaben: *Popol Vuh. Das heilige Buch der Quiché-Indianer von Guatemala*, nach einer wiedergefundenen alten Handschrift neu übersetzt und erläutert von Leonhard Schultze-Jena. Stuttgart: Kohlhammer, 1944. – *Das Buch des Rates. Popol Vuh. Schöpfungsmythos und Wanderung der Quiché-Maya*, aus dem Quiché übertragen und erläutert von Wolfgang Cordan. Köln: Diederichs, 1962.)

RICE, DON S.

1986 The Petén Postclassic: A Settlement Perspective. In *Late Lowland Maya Civilization, Classic to Postclassic*, edited by Jeremy A. Sabloff and E. Wyllys Andrews V, 301–344. A School of American Research Book. Albuquerque: University of New Mexico Press.

RICKETSON, OLIVER G., JR.

1925 Report on the Temple of the Four Lintels. *Carnegie Institution of Washington Year Book* 24:267–269. Washington, D. C.

RICKETSON, OLIVER G., AND EDITH B. RICKETSON

1937 Uaxactún, Guatemala: Group E 1926–1931. *Carnegie Institution of Washington Pub.* 477. *Washington, D. C.*

RIESE, BERTHOLD

1984 Hel hieroglyphs. In *Phoneticism in Mayan Hieroglyphic Writing*, edited by John S. Justeson and Lyle Campbell, 263–286. Albany: Institute for Mesoamerican Studies, State University of New York at Albany.

o. J. Notes on t he Copán Inscriptions. On file in the archives of the Proyeto Arqueología de Copán, Copán, Honduras. (Vgl.: *Grundlagen zur Entzifferung der Maya-Hieroglyphen.* Dargestellt an den Inschriften von Copán. Hamburg: Renner in Komm., 1971.)

RIESE BERTHOLD, AND CLAUDE F. BAUDEZ

1983 Esculturas del las Estructuras 10L-2 y 4. In *Introducción a la arqueología de Copán, Honduras, Tomo II*, 143–190. Tegucigalpa: Instituto Hondureño de Antropología e Historia.

ROBERTSON, MERLE GREENE

1972 The Ritual Bundles of Yaxchilán. A paper presented at the symposium on «The Art of Latin America», Tulane University, New Orleans. Copy in possession of author.

1979 An Iconographic Approach to the Identity of the Figures on the Piers of the Temple of Inscriptions, Palenque. In *Tercera Mesa Redonda de Palenque, Vol. IV*, edited by Merle Greene Robertson and Donnan Call Jeffers, 129–138. Palenque: Pre-Columbian Art Research, and Monterey: Herald Printers.

1983 The Temple of the Inscriptions. *The Sculpture of Palenque, Vol. I.* Princeton: Princeton University Press.

ROBERTSON, ROBIN A.

1983 Functional Analysis and Social Process in Ceramics: The Pottery from Cerros, Belize. In *Civilization in the Ancient Americas: Essays in Honor of Gordon R. Willey*, edited by Richard M. Leventhal and Alan L. Kolata, 105–142. Albuquerque: University of New Mexico Press.

o. J. *Archaeology at Cerros, Belize, Central America, The Ceramics.* Dallas: Southern Methodist University Press (in Vorbereitung).

ROBERTSON, ROBIN A., AND DAVID A. FREIDEL (HRSG.)

1986 *Archaeology at Cerros, Belize, Central America, Vol. 1, An Interim Report.* Dallas: Southern Methodist University Press.

Robiscek, Francis, and Donald Hales
1981 *The Maya Book of the Dead. The Ceramic Codex.* Charlottesville: The University of Virginia Museum. Distributed by the University of Oklahoma Press.

Robles C., Fernando
1980 La secuencia cerámica de la región de Cobá, Quintana Roo. A master's thesis, Escuela Nacional de Antropología e Historia and Instituto Nacional de Antropología e Historia, México, D. F.

Robles C., Fernando, and Anthony P. Andrews
1986 A Review and Synthesis of Recent Postclassic Archaeology in Northern Yucatán. In *Late Lowland Maya Civilization*, edited by Jeremy A. Sabloff and E. Wyllys Andrews V, 53–98. A School of American Research Book. Albuquerque: University of New Mexico Press.

Rovner, Irwin
1976 Pre-Columbian Maya Development of Utilitarian Lithic Industries: The Broad Perspective from Yucatán. In *Maya Lithic Studies: Papers from the 1976 Belize Field Symposium*, edited by Thomas R. Hester and Norman Hammond, 41–53. Special Report No. 4. San Antonio: Center for Archaeological Research, University of Texas at San Antonio.

Roys, Ralph L.
1943 The Indian Background of Colonial Yucatán. *Carnegie Institution of Washington Pub. 548. Washington, D. C.*
1957 The Political Geography of the Yucatán Maya. *Carnegie Institution of Washington Pub. 613*. Washington, D. C.
1962 Literary Sources for the History of Mayapán. In *Mayapán, Yucatán, México. Carnegie Institution of Washington Pub. 619*. Washington, D. C.
1965 *Ritual of the Bacabs.* Norman: University of Oklahoma Press.
1967 *The Book of the Chilam Balam of Chumayel.* Norman: University of Oklahoma Press.

Ruppert, Karl
1935 The Caracol of Chichén Itzá, Yucatán, México. *Carnegie Institution of Washington Pub. 454*. Washington, D. C.
1952 Chichén Itzá, Architectural Notes and Plans. *Carnegie Institution of Washington Pub. 595*. Washington, D. C.

Ruz Lhuillier, Alberto
1955 Exploraciones en Palenque 1952. In *Anales del Instituto Nacional de Antropología e Historia VI:* 82–110. México: Secretaria de Pública.
1973 El Templo de las Inscripciones, Palenque. *Instituto Nacional de Antropología e Historia, Colección Científica, Arqueología 7*. México.

Sabloff, Jeremy A., and E. Wyllys Andrews V
1986 *Late Lowland Maya Civilization, Classic to Postclassic*, edited by Jeremy A. Sabloff and E. Wyllys Andrews V. A School of American Research Book. Albuquerque: University of New Mexico Press.

Sabloff, Jeremy A., and Gordon R. Willey
1967 The Collapse of Maya Civilization in the Southern Lowlands: A Consideration of History and Process. *Southwestern Journal of Anthropology* 23:311–336.

Sato, Etsuo
1987 Resultados preliminares del analísis de la cerámica en el Valle de La Venta, La Entrada. A paper presented at the IV Seminario de Arqueología Hondureño, held in La Ceiba, Honduras, June 1987.

Scarborough, Vernon L.
1983 A Late Preclassic Water System. *American Antiquity* 48:720–744.
1986 Drainage Canal and Raised Field Excavations. In *Archaeology at Cerros, Belize, Central America, Vol. 1, An Interim Report*, edited by R. A. Robertson and D. A. Freidel, 75–87. Dallas: Southern Methodist University Press.

SCARBOROUGH, V. L., B. MITCHUM, H. S. CARR, AND D. A. FREIDEL
1982 Two Late Preclassic Ballcourts at the Lowland Maya Center of Cerros, Northern Belize. *Journal of Field Archaeology* 9:21–34.
SCHELE, LINDA
1976 Accession Iconography of Chan-Bahlum in the Group of the Cross at Palenque. *The Art, Iconography, and Dynastic History of Palenque, Part III. Proceedings of the Segunda Mesa Redonda de Palenque*, edited by Merle Greene Robertson, 9–34. Pebble Beach, Calif.: Robert Louis Stevenson School.
1979 Genealogical Documentation in the Tri-Figure Panels at Palenque. In *Tercera Mesa Redonda de Palenque, Vol. IV*, edited by Merle Greene Robertson and Donnan Call Jeffers, 41–70. Palenque: Pre-Columbian Art Research, and Monterey: Herald Printers.
1981 *Notebook for the Maya Hieroglyphic Writing Workshop at Texas*. Austin: Institute of Latin American Studies, University of Texas.
1982 *Maya Glyphs: The Verbs*. Austin: University of Texas Press.
1983a Human Sacrifice Among the Classic Maya. In *Ritual Human Sacrifice in Mesoamerica*, edited by Elizabeth P. Benson, 7–48. Washington, D. C.: Dumbarton Oaks Research Library and Collection.
1983b *Notebook for the Maya Hieroglyphic Writing Workshop at Texas*. Austin: Institute of Latin American Studies, University of Texas.
1984a Human Sacrifice Among the Classic Maya. In *Ritual Human Sacrifice in Mesoamerica*, edited by Elizabeth Boone, 7–49. Washington, D. C.: Dumbarton Oaks Research Library and Collection.
1984b *Notebook for the Maya Hieroglyphic Writing Workshop at Texas*. Austin: Institute of Latin American Studies, University of Texas.
1984c Some Suggested Readings of the Event and Office of Heir-Designate at Palenque. *Phoneticism in Mayan Hierglyphic Wirting*, edited by John S. Justeson and Lyle Campbell, 287–307. Albany: Institute of Mesoamerican Studies, State University of New York at Albany.
1985 Balan-Ahau: A Possible Reading of the Tikal Emblem Glyph and a Title at Palenque. In *Fourth Palenque Round Table, 1980, Vol. VI*, gen. editor Merle Greene Robertson; vol. editor Elizabeth Benson, 59–65. San Francisco: Pre-Columbian Art Research Institute.
1986a Architectural Development and Political History at Palenque. In *City-States of the Maya: Art and Architecture*, edited by Elizabeth P. Benson, 110–138. Denver: Rocky Mountain Institute for Pre-Columbian Studies.
1986b The Founders of Lineages at Copán and Other Maya Sites. *Copán Note 8*. Copán, Honduras: Copán Mosaics Project and the Instituto Hondureño de Antropología e Historia.
1986c *Notebook for the Maya Hieroglyphic Writing Workshop at Texas*. Austin: Institute of Latin American Studies, University of Texas.
1987a A Possible Death Date for Smoke-Imix-God K. *Copán Note 26*. Copán, Honduras: Copán Mosaics Project and the Instituto Hondureño de Antropología e Historia.
1987b Stela I and the Founding of the City of Copán. *Copán Note 30*. Copán, Honduras: Copán Mosaics Project and the Instituto Hondureño de Antropología e Historia.
1987c Notes on the Río Amarillo Altars. *Copán Note 37*. Copán, Honduras: Copán Mosaics Project and the Instituto Hondureño de Antropología e Historia.
1988a Altar F' and the Structure 32. *Copán Note 46*. Copán, Honduras: Copán Mosaics Project and the Instituto Hondureño de Antropología e Historia.
1988b The Xibalba Shuffle: A Dance After Death. In *Maya Iconography*, edited by Elizabeth Benson and Gillett Griffin, 294–317. Princeton: Princeton University Press.
1989a A House Dedication on the Harvard Bench at Copán. *Copán Note 51*. Copán, Honduras: Copán Mosaics Project and the Instituto Hondureño de Antropología e Historia.

1989b The Numbered-Katun Titles of Yax-Pac. *Copán Note 65*. Copán, Honduras: Copán Mosaics Project and the Instituto Hondureño de Antropología e Historia.
1989c Some Further Thoughts on the Copán-Quiriguá Connection. *Copán Note 67*. Copán, Honduras: Copán Mosaics Project and the Instituto Hondureño de Antropología e Historia.
o. J. House Names and Dedication Rituals at Palenque. In *Visions and Revisions*. Albuquerque: University of New Mexico Press. (im Druck).
o. J. The Demotion of Chac-Zutz': Lineage Compounds and Subsidiary Lords at Palenque. In the *Sixth Palenque Round Table, 1986, Vol. VIII*, gen. editor Merle Greene Robertson. Norman: University of Oklahoma Press. (im Druck).
o. J. the Tlaloc Heresy: Cultural Interaction and Social History. A paper given at «Maya Art and Civilization: The New Dynamics», a symposium sponsored by the Kimbell Art Museum, Fort Worth, May 1986.
o. J. Blood-letting: A Metaphor for «Child» in the Classic Maya Writing System. A manuscript prepared in 1980 for an anthology in honor of Floyd G. Lounsbury.
o. J. Brotherhood in Ancient Maya Kingship. A paper presented at the SUNY, Albany, conference on «New Interpretation of Maya Writing and Iconography», held October 21–22, 1989.

SCHELE, LINDA, AND DAVID FREIDEL
o. J. The Courts of Creation: Ballcourts, Ballgames, and Portals to the Maya Otherworld. In *The Mesoamerican Ballgame*, edited by David Wilcox and Vernon Scarborough. Tucson: University of Arizona Press (im Druck).

SCHELE, LINDA, AND NIKOLAI GRUBE
1987a The Brother of Yax-Pac. *Copán Note 20*. Copán, Honduras: Copán Mosaics Project and the Instituto Hondureño de Antropología e Historia.
1988 The Father of Smoke-Shell. *Copán Note 39*. Copán, Honduras: Copán Mosaics Project and the Instituto Hondureño de Antropología e Historia.

SCHELE, LINDA, NIKOLAI GRUBE, AND DAVID STUART
1989 The Date of Dedication of Ballcourt III at Copán. *Copán Note 59*. Copán, Honduras: Copán Mosaics Project and the Instituto Hondureño de Antropología e Historia.

SCHELE, LINDA, AND PETER MATHEWS
o. J. Royal Visits Along the Usumacinta. In *Classic Maya Political History: Archaeological and Hieroglyphic Evidence*, edited by T. P. Culbert. A School of American Research Book. Cambridge: Cambridge University Press.

SCHELE, LINDA, PETER MATHEWS, AND FLOYD LOUNSBURY
o. J. Parentage Expressions from Classic Maya Inscriptions. Manuscript dated 1983.

SCHELE, LINDA, AND JEFFREY H. MILLER
1983 The Mirror, the Rabbit, and the Bundle: Accession Expressions from the Classic Maya Inscriptions. *Studies in Pre-Columbian Art & Archaeology 25*. Washington, D. C.: Dumbarton Oaks Research Library and Collection.

SCHELE, LINDA, AND MARY ELLEN MILLER
1986 *The Blood of Kings: Dynasty and Ritual in Maya Art*. New York: George Braziller, Inc., in association with the Kimbell Art Museum, Fort Worth.

SCHELE, LINDA, AND DAVID STUART
1986a Te-tun as the Glyph for «Stela.» *Copan Note I*. Copán, Honduras: Copán Mosaics Project and the Instituto Hondreño de Antropología e Historia.
1986b The Chronology of Altar U. *Copán Note 3*. Copán, Honduras: Copán Mosaics Project and the Instituto Hondureño de Antropología e Historia.
1986c Paraphrase of the Text of Altar U. *Copán Note 5*. Copán, Honduras: Copán Mosaics Project and the Instituto Hondureño de Antropología e Historia.

SCHELE, LINDA, DAVID STUART, NIKOLAI GRUBE, AND FLOYD LOUNSBURY
1989 A New Inscription from Temple 22a at Copán. *Copán Note 57*. Copán, Honduras: Copán Mosaics Project and the Instituto Hondureño de Antropología e Historia.

SCHELLHAS, PAUL

1904 Representation of Deities of the Maya Manuscripts. *Papers of the Peabody Museum of American Archaeology and Ethnology, Vol. IV (1).* Cambridge: Harvard University.

SELER, EDUARD

1911 Die Stuckfassade von Acanceh in Yucatán. In *Sitzungsberichte der Königlich Preußischen Akademie der Wissenschaften* 47: 1011–1025.

SHARER, ROBERT J.

1988 Early Maya Kingship and Polities. A paper presented a the IV Texas Symposium, «Early Maya Hieroglyphic Writing and Symbols of Rulership: The Archaeological and Epigraphic Evidence for Maya Kingship and Polities», March 10, 1988. Austin: University of Texas.

SHEETS, PAYSON D.

1976 The Terminal Preclassic Lithic Industry of the Southeast Maya Highlands: A Component of the Proto-Classic Site-Unit Intrusions in the Lowlands? In *Maya Lithic Studies: Papers from the 1976 Belize Field Symposium*, edited by Thomas R. Hester and Norman Hammond, 55–69. Special Report No. 4. San Antonio: Center for Archaeological Research, University of Texas at San Antonio.

SHOOK, EDWIN M.

1958 The Temple of the Red Stela. *Expedition* 1 (1):26–33.

SISSON, EDWARD B.

1973 First Annual Report of the Coxcatlan Project. *Tehuacán Project Report No. 3.* Andover, Mass.: R. S. Peabody Foundation for Archaeology, Phillips Academy.

SMITH, A. LEDYARD

1950 Uaxactún, Guatemala: Excavations of 1931–1937. *Carnegie Institution of Washington Pub. 588.* Washington, D. C.

SOSA, JOHN, AND DORIE REENTS

1980 Glyphic Evidence for Classic Maya Militarism. *Belizean Studies* 8 (3):2–11.

SPINDEN, HERBERT J.

1913 A Study of Maya Art, Its Subject Matter and Historical Development. *Memoirs of the Peabody Museum of American Archaeology and Ethnology, Vol. VI.* Cambridge: Harvard University.

SPUHLER, JAMES N.

1985 Anthropology, Evolution, and «Scientific Creationism». *Annual Review of Anthropology* 14:103–133.

STEPHENS, JOHN L, AND FREDERICK CATHERWOOD

1841 *Incidents of Travels in Central American, Chiapas, and Yucatán.* Harper and Brothers, New York. Reprint: New York: Dover Publications, 1969. (dt. Ausgabe: *Reiseerlebnisse in Centralamerica, Chiapas und Yucatán*, übersetzt von Ed Hoepfner. Leipzig: Dyk, 1854; erneut in *In den Städten der Maya. Reisen und Entdekkungen in Mittelamerika und Mexico.* Köln 1980.)

STONE, ANDREA, DORIE REENTS, AND ROBERT COFFMAN

1985 Genealogical Documentation of the Middle Classic Dynasty of Caracol, El Cayo, Belize. In *Fourth Palenque Round Table, 1980, Vol. VI*, gen. editor Merle Greene Robertson; vol. editor Elizabeth Benson, 267–276. San Francisco: Pre-Columbian Art Research Institute.

STOREY, REBECCA

1987 Mortalidad durante el Clásico Tardio en Copán y El Cajón. A paper presented at the IV Seminario de Arqueología Hondureño, held in La Ceiba, Honduras, June 1987.

STRÖMSVIK, GUSTAV

1952 The Ball Courts at Copán. *Contributions to American Anthropology and History* 55:185–222. Washington, D. C.: Carnegie Institution of Washington.

STUART, DAVID

1984a Blood Symbolism in Maya Iconography. RES 7/8:6–20.

1984b Epigraphic Evidence of Political Organization in the Usumacinta Drainage. An unpublished manuscript in possession of the authors.
1985a The Inscription on Four Shell Plaques from Piedras Negras, Guatemala. In *Fourth Palenque Round Table, 1980, Vol. VI*, gen. editor Merle Greene Robertson; vol. editor Elizabeth Benson, 175–184. San Francisco: Pre-Columbian Art Research Institute.
1985b A New Child-Father Relationship Glyph. *Research Reports on Ancient Maya Writing, 1 & 2*, 7–8. Washington, D. C.: Center for Maya Research.
1986a The Hieroglyphic Name of Altar U. *Copán Note 4*. Copán, Honduras: Copán Mosaics Project and the Instituto Hondureño de Antropología e Historia.
1986b The Chronology of Stela 4 at Copán. *Copán Note 12*. Copán, Honduras: Copán Mosaics Project and the Instituto Hondureño de Antropología e Historia.
1986c The Classic Maya Social Structure: Titles, Rank, and Professions as Seen from the Inscriptions. A paper presented at «Maya Art and Civilization: The New Dynamics», a symposium sponsored by the Kimbell Art Museum, Forth Worth, May 1986.
1986d The «Lu-bat» Glyph and its Bearing on the Primary Standard Sequence. A paper presented at the «Primer Simposio Mundial Sobre Epigrafia Maya», a conference held in Guatemala City in August 1986.
1986e A Glyph for «Stone Incensario». *Copán Note 1*. Copán, Honduras: Copán Mosaics Project and the Instituto Hondureño de Antropología e Historia.
1987a Nuevas interpretaciones de la historia dinástica de Copán. A paper presented at the IV. Seminario de Arqueología Hondureño, held in La Ceiba, Honduras, June 1987.
1987b Ten Phonetic Syllables. *Research Reports on Ancient Maya Writing 14*. Washington, D. C.: Center for Maya Research.
1988a Letter dated February 10, 1988, circulated to epigraphers on the *ihtah* and *itz'in* readings.
1988b Letter to author dated March 8, 1988, on the *iknal/ichnal* reading.
1988c Blood Symbolism in Maya Iconography. In *Maya Iconography*, edited by Elizabeth Benson and Gillett Griffin, 175–221. Princeton: Princeton University Press.
o. J. Kingship Terms in Mayan Inscriptions. A paper prepared for «The Language of Maya Hieroglyphs», a conference held at the University of California at Santa Barbara, February 1989.

STUART, DAVID, NIKOLAI GRUBE, AND LINDA SCHELE
1989 A New Alternative for the Date of the Sepulturas Bench. *Copán Note 61*. Copán, Honduras: Copán Mosaics Project and the Instituto Hondureño de Antropología e Historia.

STUART, DAVID, NIKOLAI GRUBE, LINDA SCHELE, AND FLOYD LOUNSBURY
1989 Stela 63: A New Monument from Copán. *Copán Note 56*. Copán, Honduras: Copán Mosaics Project and the Instituto Hondureño de Antropología e Historia.

STUART, DAVID, AND STEPHEN HOUSTON
o. J. Classic Maya Place Names. *Research Reports on Ancient Maya Writing*. Washington, D. C.: Center for Maya Research.

STUART, DAVID, AND LINDA SCHELE
1986a Yax-K'uk'-Mo', the Founder of the Lineage of Copán. *Copán Note 6*. Copán, Honduras: Copán Mosaics Project and the Instituto Hondureño de Antropología e Historia.
1986b Interim Report on the Hieroglyphic Stair of Structure 26. *Copán Note 17*. Copán, Honduras: Copán Mosaics Project and the Instituto Hondureño de Antropología e Historia.

STUART, GEORGE
o. J. Search and Research: An Historical and Bibliographic Survey. In *Ancient Maya Writing*. Austin: University of Texas Press (in Vorbereitung).

STUART, GEORGE, AND GRANT JONES
o. J. Can Ek and the Itzas: New Discovered Documentary Evidence. Washington, D. C.: Center for Maya Research (in Vorbereitung).

SUGIYAMA, SABURO

1989 Burials Dedicated to the Old Temple of Quetzalcoatl at Teotihuacán, México. *American Antiquity* 54:85–106.

TALADOIRE, ERIC

1981 Les terrains de jeu de balle (mesoamérique et sud-ouest des Etats-Unis). *Etudes Mesoaméricaines Série II:4*, Mission Archaeologique et Ethnologique Française au Mexique.

TATE, CAROLYN

1985 Las mujeres de la nobleza de Yaxchilán. A paper presented at the «Primer Simposio Internacional de Mayistes», a conference held in México, D. F.

1986a The Language of Symbols in the Ritual Environment at Yaxchilán, Chiapas. A Ph. D. dissertation, University of Texas at Austin.

1986b Summer Solstice Ceremonies Performed by Bird Jaguar III of Yaxchilán, Chiapas, México. *Estudios de Cultura Maya* 16:85–112. México: Universidad Nacional Autónoma de México.

TAUBE, KARL

1985 The Classic Maya Maize God: A Reappraisal. In *Fifth Palenque Round Table, 1983, Vol. VII*, gen. editor Merle Greene Robertson; vol. editor Virginia M. Fields, 171–181. San Francisco: The Pre-Columbian Art Research Institute.

1988a A Prehispanic Maya Katun Wheel. *Journal of Anthropomorphic Research* 44:183–203.

1988b A Study of Classic Maya Scaffold Sacrifice. In *Maya Iconography*, edited by Elizabeth Benson and Gillett Griffin, 331–351. Princeton: Princeton University Press.

o. J. The Temple of Quetzalcoatl and the Cult of Sacred War at Teotihuacán. An unpublished manuscript provided by the author.

TEDLOCK, DENNIS

1985 *Popol Vuh: The Definitive Edition of the Mayan Book of the Dawn of Life and the Glories of God and Kings*. New York: Simon and Schuster. (Vgl. die dt. Ausgaben bei Recinos.)

THOMPSON, J. ERIC S.

1934 Sky Bearers, Colors and Directions in Maya and Mexican Religion. *Carnegie Institution of Washington Pub. 436, Contribution 10*. Washington, D. C.

1937 A New System for Deciphering Yucatecan Dates with Special Reference to Chichén Itzá. *Carnegie Institution of Washington Pub. 483, Contribution 22*. Washington, D. C.

1938 *The High Priest's Grave*. Chicago: Field Museum of Chicago.

1950 Maya Hieroglyphic Writing: An Introduction. *Carnegie Institution of Washington Pub. 589*. Washington, D. C.

1961 A Blood-Drawing Ceremony Painted on a Maya Vase. *Estudios de Cultura Maya* 1:13–20. México: Universidad Nacional Autónoma de México.

1970a *Maya History and Religion*. Norman: University of Oklahoma Press.

1970b The Bacabs: Their Portraits and Glyphs. In *Monographs and Papers in Maya Archaeology, Papers of the Peabody Museum of Archaeology and Ethnology, Vol. 61* edited by William R. Ballard Jr. Cambridge: Harvard University.

1971 *Maya Hieroglyphic Writing: An Introduction*. Norman: University of Oklahoma Press.

THOMPSON, J. E. S., H. E. D. POLLOCK, AND J. CHARLOT

1932 A Preliminary Studio of the Ruins of Cobá, Quintana Roo. *Carnegie Institution of Washington Pub. 424*. Washington, D. C.

TOZZER, ALFRED M.

1941 Landa's Relación de las Cosas de Yucatán: A Translation. *Papers of the Peabody Museum of American Archaeology and Ethnology, Vol. 18*. Cambridge: Harvard University. Reprinted with permission of the original publishers by Kraus Reprint Corporation, New York, 1966.

1957 Chichén Itzá and Its Cenote of Sacrifice: A Comparative Study of Contemporaneous Maya and Toltec. *Memoirs of the Peabody Museum of Archaeology and Ethnology, Vol. XI and XII*. Cambridge: Harvard University.

VALDÉS, JUAN ANTONIO

1987 Uaxactún: recientes investigaciones. *Mexicon* 8 (6):125–128.

1988 Los mascarones Preclássicos de Uaxactún: el caso del Grupo H. In *Primer Simposio Mundial Sobre Epigrafía Maya*, 165–181. Guatemala City: Asociación Tikal.

VLCHEK, DAVID T., SILVIA GARZA DE GONZALEZ, AND EDWARD B. KURJACK

1978 Contemporary Farming and Ancient Maya Settlements: Some Disconcerting Evidence. In *Pre-Hispanic Maya Agriculture*, edited by Peter D. Harrison and B. L. Turner II, 211–223. Albuquerque: University of New Mexico Press.

VOGT, EVON Z.

1964 The Genetic Model and Maya Cultural Development. In *Desarollo Cultural de los Mayas*, edited by E. Z. Vogt and A. Ruz, 9–48. México: Universidad Nacional Autónoma de México.

1976 *Tortillas for the Gods: A Symbolic Analysis of Zinacanteco Rituals*, Cambridge: Harvard University Press.

o. J. Indian Crosses and Scepters: The Results of Circumscribed Spanish-Indian Interactions in Mesoamerica. A paper presented at «Word and Deed: Interethnic Images and Responses in the New World», a conference held in Trujillo, Spain, December 12–16, 1988.

WALKER, DEBRA S.

o. J. A Context for Maya Ritual at Cerros, Belize. A paper presented at the Advanced Seminar on Maya Hieroglyphic Writing, Austin, Texas, March 21, 1986.

WAUCHOPE, ROBERT

1938 Modern Maya Houses: A Study of Their Significance. *Carnegie Institution of Washington Pub. 502*. Washington, D. C.

WEBSTER, DAVID

1976 Defensive Earthworks at Becan, Campeche, México: Implications for Maya Warfare. *Middle American Research Institute Pub. 41*. New Orleans: Tulane University.

1977 Warfare and the Evolution of Maya Civilization. In *The Origins of Maya Civilization*, edited by R. E. W. Adams, 335–371. A School of American Research Book. Albuquerque: University of New Mexico Press.

1979 Cuca, Chacchob, Dzonot Ake: Three Walled Northern Maya Centers. *Occasional Papers in Anthropology No. 11*, Department of Anthropology. University Park: Pennsylvania State University.

1985 Recent Settlement Survey in the Copán Valley, Copán, Honduras. *Journal of New World Archaeology* V (4):39–63.

WEBSTER, DAVID L., WILLIAM L. FASH, AND ELLIOT M. ABRAMS

1986 Excavaciones en el Conjunto 9N8: Patio A (Operación VIII). In *Excavaciónes en el area urbana de Copán*, 157–319. Tegucigalpa: Secretaria de Cultura y Turismo, Instituto Hondureño de Antropología e Historia.

WILLEY, GORDON R.

1972 The Artifacts of Altar de Sacrificios. *Papers of the Peabody Museum of Archaeology and Ethnology, Vol. 64(1)*. Cambridge: Harvard University.

1974 The Classic Maya Hiatus: A Rehearsal for the Collapse? In *Mesoamerican Archaeology: New Approaches*, edited by Norman Hammond, 417–430. London: Duckworth.

1978 Excavations at Seibal, Department of Petén, Guatemala, Number 1, Artifacts. *Memoirs of the Peabody Museum of Archaeology and Ethnology, Vol. XIV*. Cambridge: Harvard University.

WILLEY, GORDON, AND RICHARD LEVENTHAL

1979 Prehistoric Settlement at Copán. In *Maya Archaeology and Ethnohistory*, edited by Norman Hammond and Gordon R. Willey, 75–102. Austin: University of Texas Press.

WILLIAMSON, RICHARD, DONNA STONE, AND ALFONSO MORALES
1989 Sacrifice and War Iconography in the Main Group, Copán, Honduras. A paper presented at the Seventh Palenque Round Table, in Palenque, Chiapas, México, June 1989.
WISDOM, CHARLES
o. J. Materials on the Chorti Languages. Collection of Manuscripts of the Middle American Cultural Anthropology, Fifth Series, No. 20. Microfilm, University of Chicago.
WREN, LINEA
o. J. Elite Interaction During the Terminal Classic Period of the Northern Maya Lowlands: Evidence from the Reliefs of the North Temple of the Great Ballcourt at Chichén Itzá. In *Classic Maya Political History: Archaeological and Hieroglyphic Evidence*, edited by T. P. Culbert. A School of American Research Book. Cambridge: Cambridge University Press (im Druck).
YOFFEE, NORMAN, AND GEORGE L. COWGILL, EDITORS
1988 *The Collapse of Ancient States and Civilizations.* Tucson: University of Arizona Press.
ZAVALA, LAURO JOSÉ
1951 Informe personal de exploraciones arqueológicas: segunda temporada 1950. An unpublished report provided by Alberto Ruz Lhull.

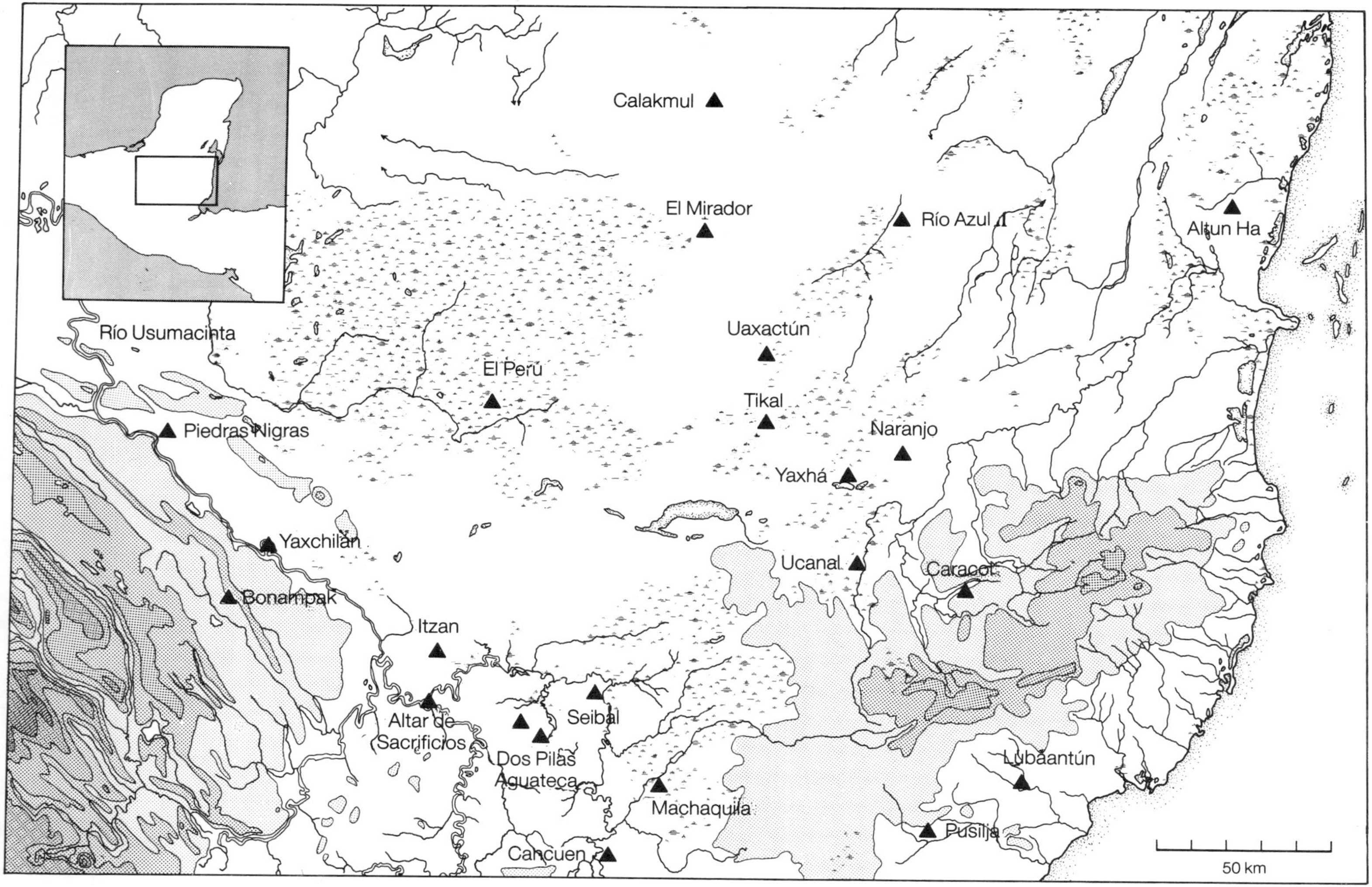

Karte 1: Das südliche Tiefland

Höhenunterschied zwischen schraffierten Flächen: 300 m

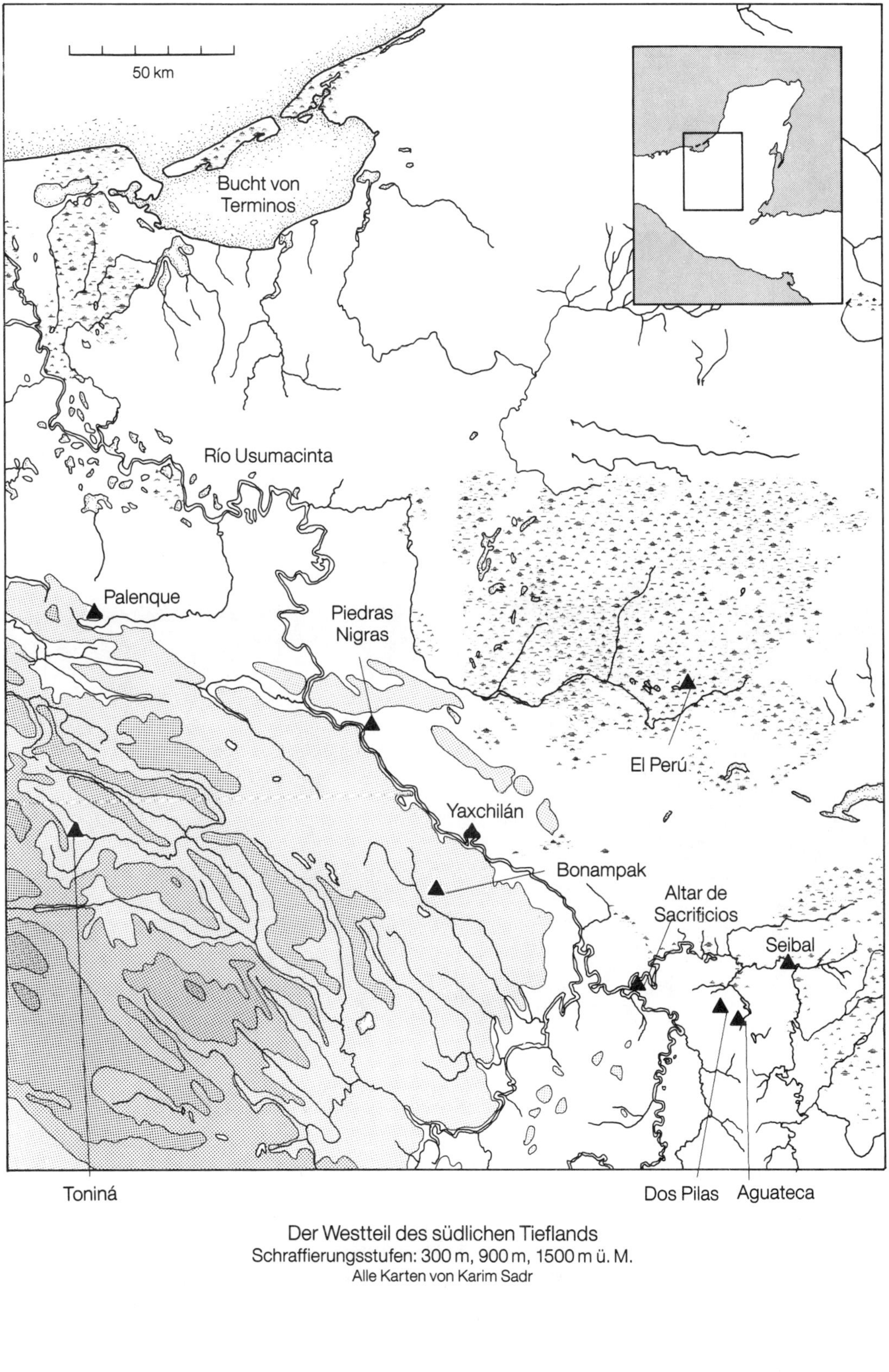

Der Westteil des südlichen Tieflands
Schraffierungsstufen: 300 m, 900 m, 1500 m ü. M.
Alle Karten von Karim Sadr

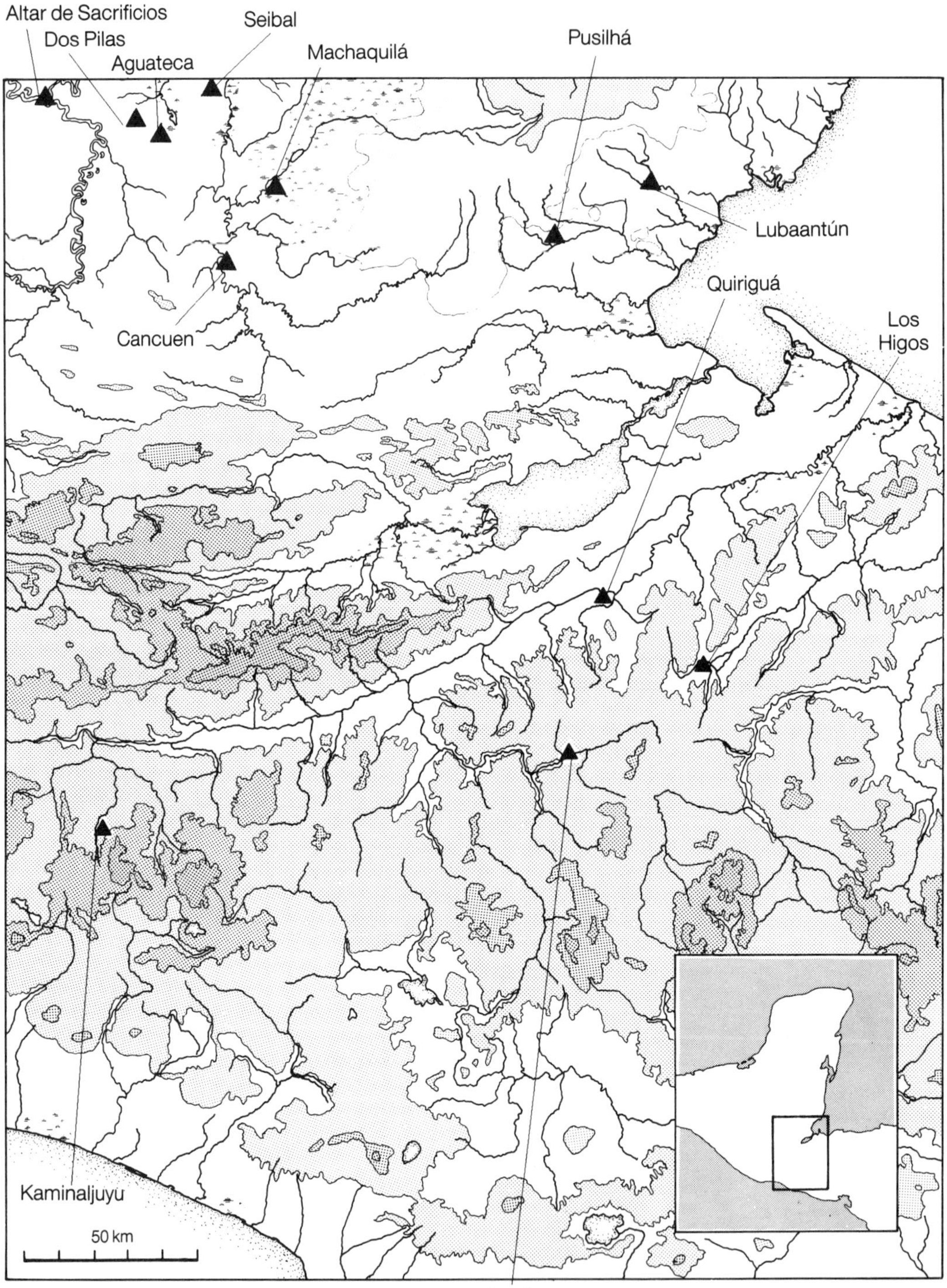

Der Ostteil des Maya-Landes
Schraffierungsstufen: 600 m, 1500 m, 2100 m ü. M.

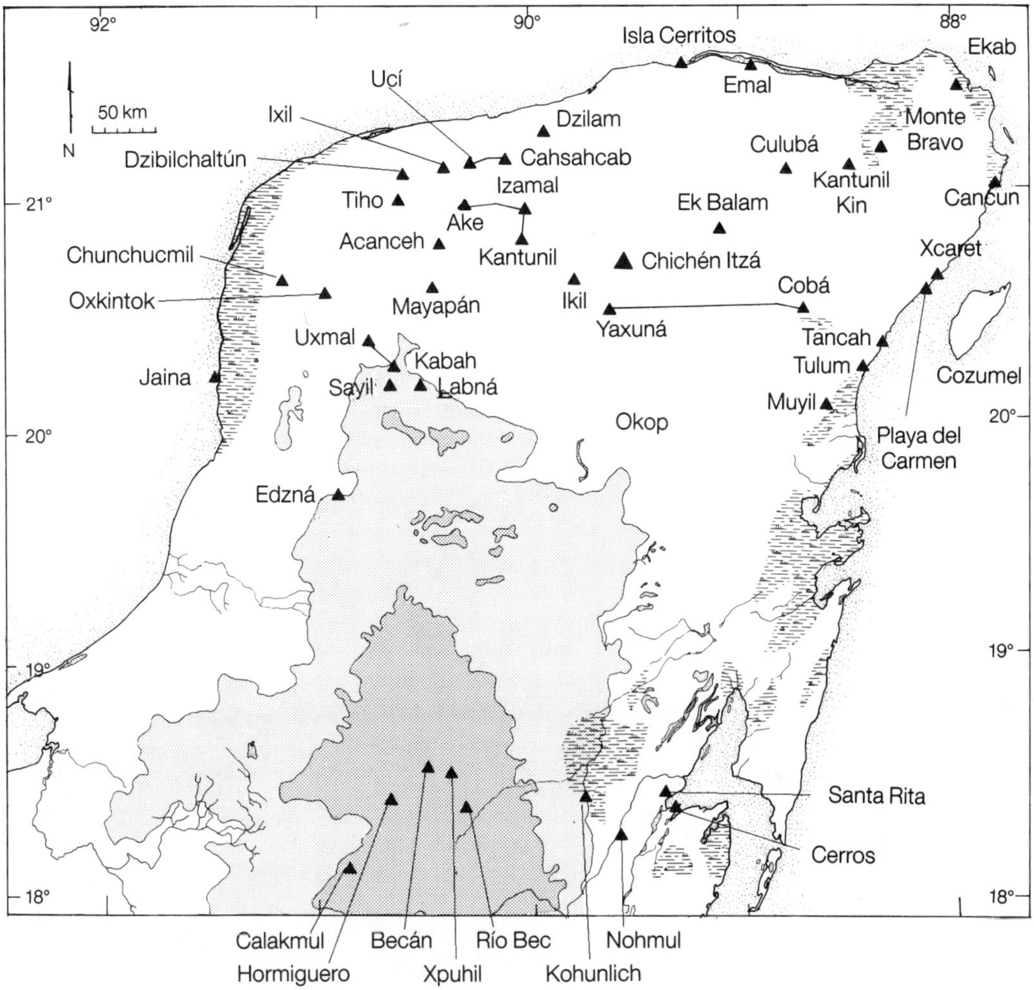

Die Halbinsel Yucatán und das nördliche Tiefland
Schraffierungsstufen: 75 m, 150 m ü. M.

Zeittafel

1100 v. Chr.		Die ersten Siedler im Copán-Tal
1000 v. Chr.		Hochblüte der Olmeken-Kultur an der Golfküste; erste Dorfsiedlungen und Anfänge hierarchischer Sozialorganisation in der Pazifikzone; permanente Siedlungen im Copán-Tal
		MITTLERES VORKLASSIKUM
900 v. Chr.		Reich ausgestattete Gräber im Copán-Tal
600 v. Chr.		Älteste Dorfsiedlung auf dem Terrain von Tikal
500 v. Chr.		Städte und Fernhandel
		SPÄTES VORKLASSIKUM
300 v. Chr.		Beginn der späten vorklassischen Periode
200 v. Chr.		Im Süden frühe Izapa-Monumente mit Motiven aus der Mythologie des *Popol Vuh*; Aktivität im Copán-Tal geht zurück
100 v. Chr.		Auftauchen von Tempeln mit plastischem Dekor im gesamten nördlichen Tiefland; im Süden skulptierte und datierte Monumente, große Städte; Erscheinen der Schrift im Maya-Land; Bildung der Institution des Königtums
50 v. Chr.		Struktur 5C-2 in Cerros; Nordakropolis und Stelen in Tikal; Gruppe H in Uaxactún; El Mirador beherrschendes Zentrum im Tiefland; grüner Obsidian aus der Gegend von Teotihuacán in Nohmul
50 n. Chr.		El Mirador, Cerros u. a. Zentren aufgegeben
		FRÜHKLASSIKUM
120	8.4.0.0.0	Ältester Gegenstand mit entziffertem Datum (Beil in Dumbarton Oaks)
150	8.6.0.0.0	Copán wird Königreich
199	8.8.0.4.0	Erste datierte Stele (Hauberg)
219	8.9.0.0.0	Dynastiegründer Yax-Moch-Xoc, Herrscher in Tikal
292	8.12.14.8.15	Stele 29, ältestes Monument in Tikal
320	8.14.2.17.6	Dynastiegründer Yat-Balam besteigt den Thron von Yaxchilán
328	8.14.10.13.15	Stele 9, ältestes Monument in Uaxactún
376	8.17.0.0.0	Groß-Jaguar-Tatze zelebriert Katun-Ende in Tikal

378	8.17.1.4.12	Tikal erobert Uaxactún; Tlaloc-Krieg-Komplex erstmals in der Ikonographie der Maya
379	8.17.2.16.17	Schnutes Thronerhebung unter Rauch-Froschs Ägide in Tikal
396	8.18.0.0.0	Rauch-Frosch zelebriert Katun-Ende in Uaxactún, Schnute tut dasselbe in Tikal
411	8.18.15.11.0	Nach Himmelserscheinungen terminiertes «Inthronisations»-Geschehen in Tikal
426	8.19.10.0.0	Mutmaßlicher Termin der Thronbesteigung Sturmhimmels von Tikal
426	8.19.10.11.17	Dynastiegründer Yax-Kuk-Mo' von Copán führt ein Figurinenzepter-Ritual aus
431	8.19.15.3.4	Dynastiegründer Bahlum-Kuk besteigt den Thron von Palenque
439	9.0.3.9.18	Letztes auf Stele 31 protokolliertes Ereignis: Sturmhimmel opfert Blut
445	9.0.10.0.0	Stele 31 in Tikal geweiht
475	9.2.0.0.0	Kan-Eber Herrscher in Tikal
488	9.2.13.0.0	Jaguartatze-Schädel Herrscher in Tikal (Nr. 14)
504	9.3.16.18.4	Neuer Herrscher (Name unbekannt) besteigt den Thron von Tikal
514	9.4.0.0.0	Neuüberbauung der Nordakropolis in Tikal
527	9.4.13.0.0	In Tikal regiert Herrscher Nr. 19
537	9.5.3.19.15	Zweifach-Vogel, Herrscher Nr. 21, in Tikal inthronisiert (?)
553	9.5.19.1.2	Herr Wasser besteigt den Thron von Caracol
556	9.6.2.1.11	Caracol unternimmt «Beilkrieg»-Aktion gegen Tikal
557	9.6.3.9.15	Letztes in Tikal inschriftlich erwähntes Datum vor der Eroberung
562	9.6.8.4.2	Caracol führt «Sternenkrieg» gegen Tikal

SPÄTKLASSIKUM

599	9.8.5.16.12	Herrn Wassers ältester Sohn wird König von Caracol
603	9.8.9.13.0	Geburt Pacals des Großen in Palenque (unter der Regierung Ac-Kans)
612	9.8.19.7.18	Frau Zac-Kuk, Pacals Mutter, besteigt den Thron von Palenque
615	9.9.2.4.8	Thronbesteigung Pacals
618	9.9.4.16.2	Herrn Kan II., Herrn Wassers jüngerer Sohn, wird König von Caracol
619	9.9.5.13.8	Herr Kan II. von Caracol handelt gemeinsam mit dem König von Calakmul (Fundstätte Q?)

626	9.9.13.4.4	Caracols erster Überfall auf Naranjo
627	9.9.14.3.5	Caracol überfällt Naranjo zum zweitenmal
628	9.9.14.17.5	Rauch-Imix-Gott K besteigt den Thron von Copán
630	9.9.17.11.14	Ein Mitglied des Hochadels von Naranjo stirbt
631	9.9.18.16.3	Caracol führt einen Sternenkrieg gegen Naranjo
635	9.10.2.6.6	Geburt Chan-Bahlums, des Sohns König Pacals von Palenque
636	9.10.3.2.12	Caracols zweiter Sternenkrieg gegen Naranjo
640	9.10.7.13.5	In Palenque stirbt Frau Zac-Kuk, die Mutter Pacals
641	9.10.8.9.3	Designation Chan-Bahlums zum Thronerben von Palenque
642	9.10.10.0.0	Weihe der Hieroglyphentreppe, des Siegesmonuments Caracols, in Naranjo
643	9.10.10.1.6	In Palenque stirbt Pacals Vater Kan-Bahlum-Mo'
644	9.10.11.17.0	Kan-Xul, Chan-Bahlums Bruder, in Palenque geboren
645	9.10.12.11.2	Feuerstein-Himmel-Gott K besteigt den Thron von Dos Pilas
647	9.10.14.5.10	In Palenque weiht Pacal seinen ersten Tempel
647	9.10.15.0.0	Geburt Schild-Jaguars, Sohn von 6-Tun-Vogel-Jaguar
649	9.10.16.16.19	Geburt Jaguartatzes von Calakmul (Fundstätte Q)
652	9.11.0.0.0	Rauch-Imix-Gott K von Copán feiert das Katun-Ende mit der Weihe eines Monuments in Quiriguá und zugleich mit der dezentralen Aufstellung von Stelen im Copán-Tal; in Palenque zelebriert Pacal das Katun-Ende
664	9.11.11.9.17	Feuerstein-Himmel-Gott K nimmt während seiner langdauernden Feldzüge in der Petexbatún-Region Tah-Mo' gefangen
675	9.12.3.6.6	Pacal beginnt in Palenque mit dem Bau des Tempels der Inschriften
681	9.12.9.8.1	Schild-Jaguar besteigt den Thron von Yaxchilán
682	9.12.9.17.16	Thronerhebung Ah-Cacaws von Tikal
682	9.12.10.5.12	Frau Wac-Chanil-Ahau, die Tochter Feuerstein-Himmel-Gott Ks, trifft in Naranjo ein und restituiert die Dynastie
683	9.12.11.5.18	Tod Pacals von Palenque
684	9.12.11.12.10	Chan-Bahlum während einer zehntägigen Zeremonie auf den Thron von Palenque erhoben
686	9.12.13.17.7	Thronerhebung Jaguartatzes von Calakmul (Fundstätte Q) mit Feuerstein-Himmel-Gott K als Zeugen
688	9.12.15.13.7	Geburt Rauch-Hörnchens von Naranjo
690	9.12.18.5.16	Chan-Bahlum von Palenque weiht in dreitägiger Zeremonie die Kreuzgruppe
692	9.12.19.14.12	Chan-Bahlum aktiviert die *pib na* in den Tempeln der Kreuzgruppe

692	9.13.0.0.0	Ah-Cacaw errichtet in Tikal die erste Stele und erbaut die erste Zwillingspyramidengruppe seit der Niederlage gegen Caracol
693	9.13.1.3.19	Rauch-Hörnchen von Naranjo, der Enkel Feuerstein-Himmel-Gott Ks, besteigt mit fünf Jahren den Thron
693	9.13.1.4.19	Naranjo überfällt Ucanal: Kinichil-Cab fällt als Gefangener in die Hände von Frau Wac-Chanil-Ahau
695	9.13.2.16.0	Naranjos zweiter Einfall in Ucanal
695	9.13.3.6.8	Achtzehn-Kaninchen besteigt den Thron von Copán
695	9.13.3.7.18	Ah-Cacaw von Tikal nimmt Jaguartatze von Calakmul (Fundstätte Q) gefangen
695	9.13.3.9.18	Ah-Cacaw weiht Tempel 33-1 mit Blutopferriten 260 Tun (13 Katun) nach dem letzten Datum auf Stele 31, dem Monument, das Tikals Eroberung Uaxactúns feiert
695	9.13.3.13.15	Tikal nimmt einen Adligen aus Calakmul (Fundstätte Q) gefangen
698	9.13.6.2.0	Schild-Gott K, der Sohn Feuerstein-Himmel-Gott Ks, wird König von Dos Pilas
698	9.13.6.4.17	Kinichil-Cab aus Ucanal bei Opferritual in Naranjo vorgeführt
698	9.13.6.10.4	Schild-Jaguar aus Ucanal bei Opferritual in Naranjo vorgeführt
699	9.13.7.3.8	Frau Wac-Chanil-Ahau steht auf dem Rücken ihres zu Boden gestreckten Gefangenen Kinichil-Cab aus Ucanal
702	9.13.10.0.0	Stelenweihe und Periodenendefeier in Naranjo, bei welcher Gelegenheit Schild-Jaguar aus Ucanal zur Ader gelassen wird
702	9.13.10.1.5	Tod Chan-Bahlums von Palenque
702	9.13.10.6.8	Chan-Bahlums jüngerer Bruder Kan-Xul besteigt den Thron von Palenque
709	9.13.17.12.10	Geburt Vogel-Jaguars, des Sohns Schild-Jaguars von Yaxchilán
709	9.13.17.15.12	Schild-Jaguars Gattin Frau Xoc bringt ein Blutopfer durch Selbstverwundung an der Zunge dar
709	9.13.17.15.13	Frau Abendstern, Vogel-Jaguars Mutter, führt gemeinsam mit Schild-Jaguar ein Bündel-Ritual aus
710	9.13.18.4.18	Rauch-Hörnchen von Naranjo überfällt Yaxhá
711	9.13.19.6.3	Rauch-Hörnchen von Naranjo überfällt Sacnab
711	9.14.0.0.0	Rauch-Hörnchen errichtet in Naranjo eine Stele; Ah-Cacaw errichtet in Tikal eine Stele und seine zweite Zwillingspyramidengruppe
712	9.14.0.10.0	Schild-Jaguar aus Ucanal stirbt in Naranjo den Opfertod
713	9.14.1.3.19	Rauch-Hörnchen von Naranjo feiert sein erstes Katun-Jubiläum als König mit der Aufstellung der Stelen 2 und 3
715	9.14.3.6.8	Aus Anlaß seines ersten Katun-Jubiläums als König weiht Achtzehn-Kaninchen von Copán Tempel 22

723	9.14.11.15.1	In Yaxchilán weiht Schild-Jaguars Gattin Frau Xoc den Bildschmuck des Tempels 23
726	9.14.14.8.1	Frau Xoc und Schild-Jaguar von Yaxchilán weihen Tempel 23
734	9.15.3.6.8	Ah-Cacaws Sohn wird König von Tikal
736	9.15.4.16.11	Schild-Jaguar vonYaxchilán verrichtet die Klappenstab-Zeremonie
738	9.15.6.14.6	Achtzehn-Kaninchen von Copán wird von Cauac-Himmel von Quiriguá gefangengenommen und geopfert
738	9.15.6.16.5	Rauch-Affe besteigt den Thron von Copán
741	9.15.9.17.16	Schild-Jaguar von Copán führt gemeinsam mit seinem Sohn Vogel-Jaguar die Klappenstab-Zeremonie aus
741	9.15.10.0.1	Vogel-Jaguar (der Sohn Schild-Jaguars), Frau Abendstern (Vogel-Jaguars Mutter), Frau Groß-Schädel-Null (Vogel-Jaguars Ehefrau) und Herr Groß-Schädel-Null (der Patriarch seiner Familie) zelebrieren eine rituelle Blutentnahme
742	9.15.10.17.14	Tod Schild-Jaguars von Yaxchilán
744	9.15.13.6.9	Vogel-Jaguar von Yaxchilán tritt in einem rituellen Ballspiel auf
746	9.15.15.0.0	Vogel-Jaguar von Yaxchilán zelebriert im Namen seines Vaters das Ende der Kalenderperiode
747	9.15.16.1.6	Vogel-Jaguar von Yaxchilán führt im eigenen Namen die Klappenstab-Zeremonie aus
749	9.15.17.12.16	Tod Rauch-Affes von Copán
749	9.15.17.13.10	Rauch-Affes Sohn Rauch-Muschel besteigt den Thron von Copán
749	9.15.17.15.14	Tod Frau Xocs, Schild-Jaguars Witwe
749	9.15.18.3.13	Vogel-Jaguar von Yaxchilán reist nach Piedras Nigras zur Teilnahme am ersten Katun-Jubiläum von Herrscher 4
750	9.15.19.1.1	Vogel-Jaguar opfert in Chac-Xib-Chac-Maske Gefangene
751	9.15.19.15.3	Tod Frau Abendsterns, der Mutter Vogel-Jaguars
752	9.16.0.13.17	Vogel-Jaguar von Yaxchilán nimmt Yax-Cib-Tok gefangen
752	9.16.0.14.5	Geburt Chel-Tes, Vogel-Jaguars von Yaxchilán und Frau Groß-Schädel-Nulls Sohn
752	9.16.1.0.0	Inthronisation Vogel-Jaguars in einer Neun-Tage-Zeremonie, deren Abschluß die Weihe des Tempels 22 bildet
752	9.16.1.2.0	Vogel-Jaguar von Yaxchilán führt ein Drei-Zepter-Ritual mit Frau Sechs-Himmel-Ahau und ein Figurinenzepter-Ritual mit seinem Cahal Kan-Toc aus
752	9.16.1.8.6	Vogel-Jaguar führt mit Kan-Toc die Figurinenstab-Zeremonie und mit Frau Balam-Ix eine Blutentnahme aus
752	9.16.1.8.8	Vogel-Jaguar von Yaxchilán nimmt Juwelengeschmückter-Schädel gefangen

756	9.16.5.0.0	Sein erstes Periodenende als König begeht Vogel-Jaguar von Yaxchilán mit drei verschiedenen Zeremonien: einmal assistiert von einem Cahal, dann gemeinsam mit seiner Frau und schließlich mit seinem Sohn Chel-Te und Groß-Schädel-Null, dem ihm verschwägerten Sippenpatriarchen
757	9.16.6.0.0	Vogel-Jaguar von Yaxchilán feiert mit seinem Sohn Chel-Te sein Hotun-Jubiläum
757	9.16.6.9.16	Vogel-Jaguar von Yaxchilán reist nach Piedras Nigras, um seine Unterstützung des Erben von Herrscher 4 zu bekräftigen
757	9.16.6.11.14	Tod des Herrschers 4 von Piedras Nigras
757	9.16.6.17.17	Herrscher 5 besteigt den Thron von Piedras Nigras
763	9.16.12.5.17	Yax-Pac, der Sohn der Frau aus Palenque, besteigt den Thron von Copán
766	9.16.15.0.0	Vogel-Jaguar von Yaxchilán zelebriert das Ende der Kalenderperiode gemeinsam mit seiner Frau und seinem Sohn sowie den beiden Chahalob Groß-Schädel-Null und Tilot
766	9.16.15.0.0	Yax-Pac von Copán stellt auf der Großen Plaza Altar G3 auf
768	9.16.17.6.12	Vogel-Jaguar von Yaxchilán führt mit seinem Schwager Groß-Schädel-Null das Klappenstabritual aus
769	9.16.18.0.0	Yax-Pac von Copán beginnt mit dem Umbau von Tempel 11
771	9.17.0.0.0	Yax-Pac feiert das Katun-Ende mit der Weihe des Tempels 21a
773	9.17.2.12.16	Yax-Pac weiht den Hochtempel von Struktur 11
775	9.17.5.0.0	Yax-Pac weiht Altar Q
780	9.17.9.2.12	Yax-Pacs jüngerer Bruder wird «Erster Verwalter» des Königreichs
780	9.17.10.0.0	Yax-Pac zelebriert das in Gruppe 9M-18 protokollierte Aussä-Ritual
781	9.17.10.11.0	Yax-Pac weiht die Bank in Gruppe 9N-8
783	9.17.12.5.17	Yax-Pac feiert sein erstes Katun-Jubiläum als König mit der Weihe des Tempels 22a, mit der Aufstellung der Stele 8 in dem Gebiet, das heute unter dem Dorf San José de Copán begraben liegt, und – gemeinsam mit seinem jüngeren Bruder – mit der Aufstellung des Altars T im selben Gebiet
790	9.18.0.0.0	Letztes in Pomoná (Tabasco) und Aguateca inschriftlich erwähntes Datum
793	9.18.2.5.17	Yax-Pac feiert sein 30-Tun-Jubiläum als Herrscher und sein jüngerer Bruder am selben Tag sein 13-Haab-Jubiläum als «Erster Verwalter»
793	9.18.3.0.0	Letztes in Yaxhá inschriftlich erwähntes Datum

795	9.18.5.0.0	Letztes in Bonampak inschriftlich erwähntes Datum; Yax-Pac stellt im Tempel 22a-Rathaus einen Altar auf
799	9.18.9.4.4	6-Cimi-Pacal besteigt den Thron von Palenque: letztes in Palenque inschriftlich erwähntes Datum
800	9.18.10.0.0	Yax-Pac und sein Bruder stellen auf der Großen Plaza Altar G1 auf
801	9.18.10.17.18	Yax-Pac weiht Tempel 18
802	9.18.12.5.17	Yax-Pac feiert sein Zwei-Katun-Jubiläum
807	9.18.17.1.13	Tag des auf Stele 1 in La Amelia protokollierten Ballspiels: letztes im Petexbatún-Staat inschriftlich erwähntes Datum
808	9.18.17.13.4	Letztes in Yaxchilán inschriftlich erwähntes Datum

ENDKLASSIKUM

810	9.19.0.0.0	Yax-Pac reist nach Quiriguá, um dort zur Feier des Katun-Endes ein Aussä-Ritual vorzunehmen; letztes Monument in Chinkultic; in Calakmul, Naranjo und Quiriguá letztes inschriftlich erwähntes Datum
820	9.19.10.0.0	Stele 11 in Copán feiert Yax-Pacs Verklärung zum vergöttlichten Ahnen
822	9.19.11.14.5	U-Cit-Tok besteigt den Thron von Copán, im Lauf der darauffolgenden fünf Jahre bricht die Zentralgewalt zusammen
830	10.0.0.0.0	In Oxpemul und Uaxactún wird das Ende der Baktun-Periode gefeiert
841	10.0.10.17.15	Letztes in Machaquilá inschriftlich erwähntes Datum
842	10.0.12.8.0	Datum der auf einer Säule des Hohepriestertempels in Chichén Itzá dargestellten Gefangennahmeszene
849	10.1.0.0.0	Bolon-Tun, ein Fürst vom Putún-Typ, herrscht über Seibal und feiert das Katun-Ende mit der Errichtung von Tempel A3 mitsamt fünf dazugehörigen Stelen; in Altar de Sacrificios, Xunantunich und Ucanal letztes inschriftlich erwähntes Datum
859	10.1.10.0.0	Letztes in Caracol inschriftlich erwähntes Datum
862	10.1.13.0.0	Weihedatum des Palasts in Labná
867	10.1.17.15.13	Frühestes in Cichén Itzá (auf dem «Viehtränke-Türsturz») inschriftlich erwähntes Datum
869	10.2.0.0.0	Der letzte Herrscher in Tikal beim Aussä-Ritual: letztes in Tikal inschriftlich erwähntes Datum
869	10.2.0.1.9	Feuerzeremonie, ausgeführt von Yax-Uk-Kauil und anderen Fürstlichkeiten von Chichén Itzá; Kakupacal bringt ein Blutopfer dar, protokolliert in der Casa Colorada in Chichén Itzá
870	10.2.0.15.3	Weihe der Casa Colorada in Chichén Itzá
874	10.2.5.0.0	Gedenkstein in Comitán

879	10.2.10.0.0	Letztes in Ixlú inschriftlich erwähntes Datum; Gedenkstein in Quen Santo
881	10.2.12.1.8	Yax-T'ul und andere Fürstlichkeiten weihen den Tempel der vier Linteln (Türstürze) in Chichén Itzá
889	10.3.0.0.0	In La Muñeca, Xultún, Uaxactún, Jimbal und Seibal letztes inschriftlich erwähntes Datum
898	10.3.8.14.4	Letztes in Chichén Itzá inschriftlich erwähntes Datum
901	10.3.11.15.14	Datum auf der Spielfeldmarkierung in Uxmal
907	10.3.17.12.1	Datum auf einem Deckstein am Nonnenkloster in Uxmal
909	10.4.0.0.0	Letztes Monument mit Datierung in der Langen Zählung (in Toniná)

NACHKLASSIKUM

1200	10.19.0.0.0	Chichén Itzá wird aufgegeben
1250	11.1.10.0.0	Gründung Mayapáns
1451	11.11.10.0.0	Untergang Mayapáns
1502	11.14.2.0.0	Auf seiner vierten Reise stößt Kolumbus in der Bucht von Honduras auf ein Handelsschiff derMaya
1511	11.14.11.0.0	Aguilar und Guerrero landen schiffbrüchig an der Ostküste Yucatáns
1519	11.14.18.17.16	Cortés landet auf der Insel Cozumel, wo er Naum-Pat begegnet
1521	11.15.1.8.13	Tenochtitlan, die Hauptstadt der Azteken, fällt
1524	11.15.4.8.9	Alvarado gründet Guatemala-Stadt
1525	11.15.5.2.1	Cortés trifft auf seinem Zug durch das Maya-Land nach Honduras in der Itzá-Kapitale Tayasal mit König Can-Ek zusammen
1542	11.16.2.3.4	Die Spanier gründen die Stadt Mérida
1618	11.19.19.9.1	Im Katun 3 Ahau besuchen Fuensalida und Orbita Itzá-König Can-Ek
1695	12.3.17.10.0	Avendaños erster Besuch bei Itzá-König Can-Ek
1696	12.3.18.8.1	Itzá-Herrscher Can-Ek läßt sich von Avendaño zum Christentum bekehren
1697	12.3.19.11.14	Die Itzá werden von den Spaniern unterworfen, und dies ist das Ende des letzten unabhängigen Maya-Königreichs

Register

Kursive Ziffern verweisen auf Abbildungshinweise

Danksagung

Sowohl bei der Erarbeitung der Ideen, mit denen wir den Leser in diesem Buch bekanntmachen, als auch beim Schreiben und Ausfeilen des Manuskripts haben uns viele Menschen geholfen. Ihnen allen möchten wir danken. An erster Stelle zu nennen ist hier Maria Guarnascelli, die Programmdirektorin und Vizepräsidentin des Verlags William Morrow. Als sie im Frühjahr 1986 Linda Schele anrief und ihr vorschlug, für Morrow ein Buch über die Maya zu schreiben, stieß sie uns damit die Tür zu einer neuen Welt auf, von der wir bis heute angenommen hatten, daß sie uns ewig fremd bleiben würde, ja müsse. Maria sah ein publizistisches Potential in unseren Ideen stecken; sie meinte, wir könnten durchaus auch lernen, für ein breites Publikum zu schreiben. Den Werdegang des Manuskripts hat sie von Anfang bis Ende aufmerksam verfolgt und dabei stets Verständnis für unsere Anwandlungen von Ängstlichkeit und Verzagtheit bewiesen, jeden Fortschritt der Arbeit mit Begeisterung quittiert, gnadenlos alle Grenzpfähle umgestoßen, die wir unserer Phantasie gesetzt glaubten, und uns überhaupt auf jede erdenkliche Art und Weise ermutigt und angespornt. Kurzum, sie sah etwas in uns stecken, das uns selbst verborgen war, und ohne den überaus kräftigen Schub und Rückhalt von ihrer Seite hätten wir beide uns niemals an eine dermaßen umfängliche und ehrgeizige schriftstellerische Aufgabe herangemacht. Dank schulden wir ihr auch dafür, daß sie uns in Joy Parker die Helferin vermittelte, die gewissermaßen als die «unsichtbare Dritte» hinter den Kulissen das Erscheinungsbild unseres Buches mitprägte. Dessen stilistische Durchgeformtheit und Lesbarkeit sind großenteils ihrem Fingerspitzengefühl zu danken.

Bei der Manuskripterstellung wurde für die Texterfassung und -formatierung die Textverarbeitungs-Software *Nota Bene* der Firma Dragonfly benutzt. Für Leser, die sich dafür interessieren, wie das Teamwork beim Schreiben und Forschen in unserem Fall funktionierte, sei erwähnt, daß es kein festes Schema gab, sondern daß unsere Vorgehensweise von Kapitel zu Kapitel variierte; durchgängig wurde jedoch allen Beteiligten die Bereitschaft zu Entgegenkommen und Rücksichtnahme abverlangt. Zum geringeren Teil schrieben wir die Rohfassungen der einzelnen Kapitel gemeinsam am Computer; meist verfuhren wir jedoch so, daß einer allein die Rohfassung eines Kapitels erarbeitete und sie in Form einer Diskettenkopie per Post dem anderen zuschickte, der dann, wie wir das in unserem Privatjargon nannten, eine «Textmassage» vornahm, indem er das Geschriebene nach eigenem Gutdünken überarbeitete oder neu faßte, erweiterte oder kürzte. Die einzelnen Kapitel wanderten so lange zwischen den Autoren hin und her, bis jedes zur homogenen Verschmelzung unser beider unterschiedlicher Perspektiven und Spezialkenntnisse geworden war.

Joy Parker, eine professionelle Schriftstellerin, die sich zuvor für Maya und Maya-Kultur nicht sonderlich interessiert hatte, konnte dafür gewonnen werden, die in krassem Fachchinesisch geschriebene Erstfassung unseres Manuskripts in eine auch für ein Laienpublikum verständliche Sprachform zu bringen. Sie begann ihre Tätigkeit damit, daß sie nach Austin kam und uns vor laufendem Tonbandgerät drei volle Tage lang einem Verhör über die Welt der Maya unterzog – es war das einzige Thema, über das während dieser Zeit zwischen uns gesprochen wurde. Mit der Ausbeute ihrer Tonbandprotokolle machte sie sich dann an die Ausarbeitung unseres Manuskripts und schaffte es nebenher auch noch, die Bedienung eines Computers und den Umgang mit dem Programm *Nota Bene* zu erlernen. Kapitel für Kapitel schrieb sie unsere ursprüngliche Textfassung um, indem sie die Ausdrucksweise vereinfachte und durch Streichung inhaltlicher Wiederholungen verknappte; zu unserer nicht geringen Überraschung drängte sie uns an vielen Stellen zu präziseren Detailangaben.

Die Idee, in den Text von Zeit zu Zeit «fiktive Reportagen» aus dem Leben der Maya einzufügen, geht auf das Vorbild Gordon Willeys zurück. 1982 veranstaltete die School of American Research in Santa Fe eine Konferenz über die Maya-Kultur der ausgehenden klassischen und nachklassischen Periode; Professor Willey trug zur Unterhaltung der Teilnehmer bei, indem er sein Referat über die letzten Tage des Königshofs zu Seibal in eine köstliche romanhafte Form kleidete. Jeremy A. Sabloff und David Freidel vervielfältigten diese Vignette und verteilten sie als institutsinternen kleinen Privatdruck an die Gäste der Emeritierungsfeier von Professor Willey. Ebensowenig wie Professor Willeys glanzvolle wissenschaftliche Laufbahn war damit die Idee der «fiktiven Reportage» zu Ende. In der Folge wurde sie sowohl in Jeremy Sabloffs als auch in unseren Publikationen weiter kultiviert. In der Entwurfsfassung des Manuskripts hatten wir für *A Forest of Kings* nur eine einzige derartige fiktive Reportage vorgesehen, aber Joy bestand auf mehr – sie konnte gar nicht genug davon bekommen. Wir staunten, wie gut sich das machte, und waren am Ende genauso begeistert wie sie.

Wenn Joy eine Etappe der Manuskriptredaktion abgeschlossen hatte, schickte sie ihre Kapitelfassung an Freidel, der ihre Fragen beantwortete, seine eigenen Korrekturen in das Manuskript eintrug und das Ganze an Schele weiterreichte. Die Zusammenarbeit mit einem Nichtfachmann beim Verfassen eines Buches ist ein ausgezeichneter Gradmesser für Texttransparenz: Erhielten wir unseren Text völlig umgekrempelt wieder zurück, dann wußten wir, daß unsere Darstellung schon im Ansatz die wünschenswerte Klarheit vermissen ließ. Wenn nötig, wurde ein Kapitel mehrmals auf das Karussell gesetzt. Als ein wahrer Segen erwies sich bei diesem Procedere die von dem Programm *Nota Bene* zur Verfügung gestellte Textmarkierungsfunktion.

Ein Großteil des in diesem Buch präsentierten Ideenmaterials hat sich in jahrelangem Gedankenaustausch mit Freunden, Kollegen, Mitarbeitern und Studenten herausgebildet. Für ihre Mithilfe beim Ideenfindungsprozeß danken wir namentlich Floyd Lounsbury, Peter Mathews, Merle Robertson, William Fash, David Stuart, Nikolai Grube, Elizabeth Benson, Robert Rands, David Kelley, Christopher Jones, Juan Pedro LaPorte, Juan Antonio Valdés, Gordon Willey, Evon Vogt, Brian Stross und Barbara MacLeod sowie den zahlreichen Teilnehmern der Texas Meetings von Maya Hieroglyphic Writing. Dankbar erwähnt sei ferner, daß wir einer Reihe von Kollegen einzelne Kapitel zur Begutachtung vorlegten und daraufhin wertvolle Anregungen und kritische Hilfestellungen als Feedback erhielten, so etwa von Patrick Culbert, Robert Sharer, William und Barbara Fash, Ruth Krochock, Kent Reilly, Marisela Ayala, Anthony Andrews, Peter Harrison, Linea Wren und E. Wyllys Andrews IV. Ganz besonders danken wir Peter Harrison, der uns Fotografien von Tikal überließ, wie sie nirgendwo sonst zu bekommen waren, und McDuff Everton, der uns seine außergewöhnlichen Panoramaaufnahmen von Palenque zur Verfügung stellte. Nicht vergessen seien schließlich auch Justin und Barbara Kerr, die uns die Benutzung ihres Bildarchivs gestatteten, das neben *roll-outs* von Keramik unter anderem auch Fotografien von den Kunst- und Baudenkmälern der bedeutendsten Maya-Ausgrabungsstätten enthält, die die Kerrs im Lauf ihrer langen Liebesromanze mit den Maya aufgenommen haben. Nicht weniger als diese Dinge wußten wir die gastfreundliche Aufnahme – einschließlich Übernachtung und Frühstück – zu schätzen, die uns jedesmal, wenn wir in New York zu tun hatten, bei den Kerrs zuteil wurde.

Linda Scheles Forschungstätigkeit, deren Ertrag hier in verschiedenen Kapiteln niedergelegt ist, wurde im Lauf der Jahre vom Research Committee of the University of South Alabama, vom University Research Institute of the University of Texas at Austin und von Dumbarton Oaks, Washington, D. C., gefördert. Lindas Analyse der Inschriften von Copán wurde im Rahmen eines umfassenderen Forschungsprojekts, des – unter der Leitung von Dr. William Flash und des Instituto Hondureño de Antropología e Historia stehenden – Copán Mosaics Project, durchgeführt. Die Fertigstellung eines Teilstücks dieser Analyse war die Ausbeute eines von Juni bis Dezember 1987 währenden Studienaufenthalts in Honduras, der durch ein Forschungsstipendium der Fullbright-Stiftung ermöglicht worden war. Finanzielle Unterstützung erfuhr das Copán Mosaics Project von seiten der National Science Foundation (1986–1988), der National Geographic Society (1986–1989), der National Endowment for the Humanities (1986/87), des Center for Field Research (EARTHWATCH; 1985–1988), der Wenner-Gren Foundation for Anthropological Research (1987 und 1989), dem H. J. Heinz Charitable Fund (1986) und dem Council for International Exchange of Scholars (1987).

Für die in Kapitel 3 referierten Forschungen über Cerros hatte das Büro des Archäologischen Kommissars für Belize das Patronat übernommen. Die leitenden Beamten des Büros –

namentlich Joseph Palacio, Jaime Awe, Elizabeth Graham Pendergast und Harriot Topsey – räumten uns bei der Arbeit viele Steine aus dem Weg. Finanziert wurde das Cerros-Projekt von der National Science Foundation sowie aus privaten Zuwendungen von Bürgern der Stadt Dallas an die Cerros Maya Foundation. Als Kuratoren dieser Stiftung fungierten T. Tim Cullum und Richard Sandow, die sich auch von mancherlei unvermutet auftauchenden Problemen nicht davon abhalten ließen, den Startschuß für das Projekt zu geben. Für ihre Herzlichkeit, ihr Engagement und ihre Geduld möchten wir uns an dieser Stelle ganz besonders bedanken. Während ihrer gesamten Dauer wurde unsere Arbeit von Stanley Marcus sowie – durch seine Vermittlung – zahlreichen anderen Privatpersonen finanziell unterstützt. Mr. Marcus hat sich David Freidel gegenüber, seit dieser seine Tätigkeit in Dallas antrat, stets in besonderer Weise als Freund und Mentor gezeigt. Das Forschungsprojekt in Cerros wurde ursprünglich von Dr. Ira Abrams geleitet, ohne dessen Tatkraft und Unternehmungsgeist wir nie in den Besitz des Materials für Kapitel 3 dieses Buches gekommen wären.

Die in Kapitel 10 referierte Forschungstätigkeit in Yaxuná steht unter der Schirmherrschaft des mexikanischen Instituto Nacional de Antropología e Historia. Die Leiter des INAH in Mérida, Ruben Maldonado und Alfredo Barrera, haben viel dazu beigetragen, uns die Arbeit in Yaxuná zu erleichtern. Dr. Fernando Robles, der Chef der Forschungsabteilung des INAH, und Dr. Anthony Andrews führten David Freidel zum erstenmal nach Yaxuná und haben in der Folge die Arbeit an dieser Ausgrabungsstätte nach Kräften gefördert. Finanziell getragen wird das Yaxuná-Projekt von der National Endowment for the Humanities, der National Geographic Society, dem Provost's Office of Southern Methodist University sowie – durch Vermittlung von Mr. Stanley Marcus – von privaten Spendern.

Bildnachweis

Abb. 5.12, 5.13, 5.14, 5.15, 5.16, 5.17, 5.18 Ian Graham and Eric Von Euw, *Corpus of Maya Hieroglyphic Inscriptions,* Volume 2, Part 1, Naranjo. Peabody Museum Press. Copyright © 1975 by the President and Fellows of Harvard College

Abb. 5.8 b–e, 5.11 Ian Graham and Eric Von Euw, *Corpus of Maya Hieroglyphic Inscriptions,* Volume 2, Part 2, Naranjo, Chinhuitz, Xunantunich. Peabody Museum Press. Copyright © 1978 by the President and Fellows of Harvard College

Abb. 4.5 Eric Von Euw and Ian Graham, *Corpus of Maya Hieroglyphic Inscriptions,* Volume 5, Part 2, Xultún, La Honradéz, Uaxactún. Peabody Museum Press. Copyright © 1984 by the President and Fellows of Harvard College

Abb. 4.13, 4.15, 4.20 Ian Graham, *Corpus of Maya Hieroglyphic Inscriptions,* Volume 5, Part 3, Uaxactún. Peabody Museum Press. Copyright © 1986 by the President and Fellows of Harvard College

Abb. 7.1, 7.2, 7.9 b–c, 7.10, 7.11, 7.12, 7.13 (nur Karte), 7.14, 7.15, 7.16, 7.20 Ian Graham and Eric Von Euw, *Corpus of Maya Hieroglyphic Inscriptions,* Volume 3, Part 1, Yaxchilán. Peabody Museum Press. Copyright © 1977 by the President and Fellows of Harvard College

Abb. 2.14, 7.5 b, d, f, 7.6 a, c–d, 7.13 a–c, 7.15, 7.17, 7.18 Ian Graham *Corpus of Maya Hieroglyphic Inscriptions,* Volume 3, Part 2, Yaxchilán. Peabody Museum Press. Copyright © 1975 by the President and Fellows of Harvard College

Abb. 7.4 (nur Türsturz 23), 7.7, 7.9 a Ian Graham *Corpus of Maya Hieroglyphic Inscriptions,* Volume 3, Part 3, Yaxchilán. Peabody Museum Press. Copyright © 1975 by the President and Fellows of Harvard College

Abb. 10.5 Ian Graham *Corpus of Maya Hieroglyphic Inscriptions,* Volume 2, Part 3, Ixkún, Ucanal, Ixtutz, Naranjo. Peabody Museum Press. Copyright © 1980 by the President and Fellows of Harvard College

Abb. 10.8 b Eric Von Euw, *Corpus of Maya Hieroglyphic Inscriptions,* Volume 5, Part 1, Xultún. Peabody Museum Press. Copyright © 1978 by the President and Fellows of Harvard College

Abb. 10.12 a Samuel Lothrop, Metals from the Cenote of Sacrifice, Chichén Itzá, Yucatán. Memoirs of the Peabody Museum, Harvard University, Volume 10, Number 2. Copyright © 1952 by the President and Fellows of Harvard College

Abb. 10.5, 10.6 b Ian Graham, Archaeological Explorations in El Petén, Guatemala. *Middle American Research Institution, Tulane University,* Publication 33

Abb. 5.4 (Caracol Altar 21) Mit freundlicher Genehmigung von Arlen und Diane Chase und Stephen Houston

Abb. 5.21 Mit freundlicher Genehmigung von Peter Harrison

Abb. 6.3, 6.5, 6.8, 10.7 a Mit freundlicher Genehmigung von Merle Greene Robertson

Abb. 7.6 Mit freundlicher Genehmigung von Carolyn Tate

Abb. 9.2, 9.3 Mit freundlicher Genehmigung von Justin Kerr

Abb. 10.9 Mit freundlicher Genehmigung von Peter Mathews

Abb. 10.11 Mit freundlicher Genehmigung von Ruth Krochock

Alle Zeichnungen aus Kapitel 8 mit freundlicher Genehmigung des Instituto Hondureño de Antropología e Historia